D1749272

Unser Goethe

Goethes erhaltene Kleider

UNSER GOETHE

Ein Lesebuch

Herausgegeben von
Eckhard Henscheid &
F. W. Bernstein

Zweitausendeins

Unveränderte, neu durchgesehene Ausgabe
der Erstausgabe von 1982.

Gesamtredaktion und vielfältige Beihilfe von
Gerd Haffmans und Franz Cavigelli.
Gestaltung von Klaus Schröder und Hans Höfliger.
Zeichnung auf dem Vorsatz von Fr. W. Riemer, um 1810.
Chronik von Gerd Haffmans,
Register von Manfred Papst,
nicht nachgewiesene Vignetten von F. W. Bernstein, 1982.

Die jeweiligen Eigentümlichkeiten der Orthographie
und Interpunktion wurden beibehalten.

1. Auflage, Februar 1987.
2. Auflage, Oktober 1987.
Copyright © 1986 by Zweitausendeins,
Postfach, D-6000 Frankfurt am Main 61.

Alle Rechte vorbehalten, insbesondere das Recht des Nachdrucks
in Zeitschriften oder Zeitungen, des öffentlichen Vortrags,
der Verfilmung oder Dramatisierung, der Übertragung durch
Rundfunk, Fernsehen oder Video, auch einzelner Text- und Bildteile.
Der gewerbliche Weiterverkauf von Platten, Büchern oder
anderen Sachen aus der Zweitausendeins-Produktion bedarf in jedem Fall
der schriftlichen Genehmigung durch die Geschäftsleitung
vom Zweitausendeins Versand in Frankfurt.

Herstellung Dieter Kohler & Bernd Leberfinger, Nördlingen.
Satz LibroSatz, Kriftel.
Druck Wagner GmbH, Nördlingen.
Einband G. Lachenmaier, Reutlingen.

Dieses Buch gibt es nur bei Zweitausendeins
im Versand (Postfach, D-6000 Frankfurt am Main 61) oder
in den Zweitausendeins-Läden in Berlin, Essen, Frankfurt, Freiburg,
Hamburg, Köln, München, Saarbrücken.

In der Schweiz über buch 2000,
Postfach 89, CH-8910 Affoltern a.A.

9783080646551

*Man gewinne einen Schriftsteller nur erst
lieb, und die geringste Kleinigkeit, die ihn
betrifft, hört auf, uns gleichgültig zu sein.*

Lessing

Inhalt

Zum Geleit 9
Zur Person und zur Sache 23
Minnesangs Frühling 85
Vermischtes I 143
Werthers lange Leiden 157
Goethe-Vertonungen (Auswahl) 203
Mignon und Meister 221
Vermischtes II 245
Über allen Gipfeln 259
Weimar, klassisch und west-östlich 307
Faust 425
Faust, Vorläufer und Nachfahren 551
Faust-Vertonungen (Auswahl) 581
Aus der Sekundärliteratur 605
Bettina und die Folgen 619
Vermischtes III 647
Goethe und . . . 665
Fundsachen 741
Der schöne Greis 755
. . . und kein Ende 867
Eckermann und sein Goethe (Schauspiel) 975
Ich denke dein 1111

Anhang
Kleine Goethe-Chronik 1119
Nachweis 1135
Register 1141

ZUM GELEIT

I

Sich Goethe watend nähern

(Überschrift in der Frankfurter Allgemeinen, 1980)

II

Um einen Goethe von innen bittend

(Ortega y Gasset, 1934)

III

Man sollte Goethe aus der Welt schaffen. Wenn ich nicht zu eigenliebig wäre und die Überzeugung mich nicht festhielte, ich könne einmal etwas leisten, so würd ich's tun. Es wäre dann die Tat einer großartigen Verzweiflung.

(Wilhelm Waiblinger, 12. 4. 1821)

IV

Denn die Tatsache läßt sich in Deutschland nicht wegleugnen: je mehr über einen Schriftsteller geschrieben wird, um so weniger dringt er in das Bewußtsein der Menge.

(Ludwig Geiger, Der Goethekult, Deutsche Revue, 1901)

V

Am 22. März 1982 hätte Goethe, der bekannte Volksschriftsteller, seinen 150. Todestag feiern können. Allein, ein tückisches Leiden, Freund Hein und die allgemeine Unverschämtheit der Zeit waren nicht danach, warfen ihn aufs Krankenlager und zwangen ihn in die Knie. Kaum anzunehmen, daß der wegen seiner Vitalität, seiner geistigen Rüstigkeit und seiner stilistischen Geradlinigkeit beliebte Dichter dann am 28. August 1999 wenigstens seinen 250. Geburtstag begehen kann. Doch mal sehen.

(Eckhard Henscheid, 1982)

VI

»Hier irrte Goethe!« schrieb Bismarck anläßlich der Erstbesteigung der Sophien-Ausgabe an die Nordwand des Goetheturmes in Sachsenhausen. Und das war auch schon das Signal zum Ausbruch eines allgemeinen freien und geheimen Goethe-Verständnisses. Erfaßt und in geistigen Gemeinbesitz übergeführt wurden nicht nur die Goethe-Werke in Weimar, Frankfurt, Bochum und Amberg, auch die wichtigen Stationen seines Lebens wurden als Lehrgut verstaatlicht:
— sein Streben nach mehr Licht,
— seine Verlobung mit Schiller,
— seine Entdeckung des Zwischenkieferreims,
— sein Frauenplan,
— seine Reise nach Australien,
um nur fünf zu nennen.

Haben diese älteren Marksteine der Goethekunde inzwischen etwas an Glanz verloren, so glitzert das Unergründliche, das Nie-Gewußte noch immer wie verrückt: Wo er seine Lieder an Frieda versteckt? Wo er mit Frau von Stein die Nacht verbracht und wo er mit Elke Sommer rumgemacht? (Auf dem Kickelhahn.) Wie sein Name von rückwärts gelesen heißt und was er uns heute noch zu sagen hat?

Diesen Fragen hat sich jeder gerade heute und überhaupt.

Ein Rätsel aber ist inzwischen gelöst: von wem er die Frohnatur hat.

Von Mütterchen.

(F. W. Bernstein, 1982)

VII

»Es ist die lächerlichste Prätension, allen gefallen zu wollen« (Goethe zu Riemer). Das wollen und können weder Goethe noch dies Goethe-Lesebuch. Aber seine Herausgeber sind ja nicht dumm und wissen vielmehr noch ein Goethe-Wort: »Gegen große Vorzüge eines andern gibt es kein Rettungsmittel als die Liebe.« Und das gilt für uns, dies Goethe-Lesebuch und sogar für Goethe.

Aber eine Liebeserklärung vorweg macht es auch nicht viel einfacher, krampflos und ungestelzt weiterzusprechen. Eines steht fest: Wir wollen Goethe nicht legitimieren, nicht reinigen und nicht retten, nicht auf den Punkt bringen und schon gar nicht seine Message verkünden. Wir wollen ihn vielmehr in vielen Textgestalten vorstellen als das, was er allzeit war und ist: als ein fesselndes, aufreizendes, äußerst merkwürdiges Genie, das Staunen, Widerspruch, Kopfschütteln und Ehrfurcht provozieren kann; heute wie je.

Dabei müßte man ihn fürchten. Die Verblödungsgefahr ist auch heute noch groß, wenn einer sich ungeschützt Goethen aussetzt, ihn zu feiern. Symptome: Die Sprache gerinnt, Satzteile flocken aus, Wörterschlieren, Sabber und ein in toto ungutes Gefühl bleiben als Rückstände. Auch andere Aggregatzustände sind vorgekommen: Die Sätze werden weich, teigigem Quark gleich, oder sie zerbröseln. Die Stimmen der in seinen Bann Geratenen geraten ins Säuseln oder in ein schrilles Schnattern:

»Wäre es uns noch erlaubt, zu erwägen, ob wir Goethes Tag feiern wollen! Das ist längst verfallen. Wir müssen stumm wissen, daß wir es nicht dürfen . . .«

Mit diesen Dumpfgockeleien büßt ein Rudolf Pannwitz kurz vor der 100-Jahr-Feier 1932 seine geringe Sprachfähigkeit noch vollends ein. Und an seiner Seit', in derselben Nummer der ›Literarischen Welt‹, verdummt zornig Professor Vossler und schlägt scheppernd aufs Blech: »Ob wir vorbereitet, würdig und innerlich berechtigt sind, den Todestag Goethes zu feiern, kommt gar nicht in Frage. Wir sind dazu verpflichtet!«

Ähnlich, nur jetzt wieder ehrfurchtsweicher, tönt noch 30 Jahre später des deutschen Sprachraums Ober-Goethist, der Zürcher Professor Emil Staiger. Wir werden einen Teil dieser jahrhundertlangen Prozession erstarrter Feierer und Schauerer vorführen – sehe jeder, wo er bleibe!

Bedachtsam und letzten Endes freilich nicht genug zu loben sind dagegen schon eher die bewegten und bewegenden Zeugnisse der Goethe-Liebhaber, die vom Loben nicht vor den Kopf geschlagen wurden. Freilich, der Lärm um Goethen hielt sich irgendwie schon immer in Grenzen, der Fachzunft vor allem, auch der allseitigen Berufslober: Goethe war, getreu seiner eigenen Ahnung Eckermann gegenüber, nie populär und muß es wohl sinnvoll auch nicht unbedingt sein. Obwohl, schade ist das andererseits schon ein wenig. Denn eigentlich könnte und sollte er gerade jenen oft ein wenig auf die Sprünge helfen, die sonst ihre sieben Zwetschgen noch gut beieinander haben.

Nach dem Orakel älterer und jüngerer Großdeuter des Goethekults soll es Zeiten der Goethe-Nähe und der Goethe-Ferne geben. Danach wären wir momentan sicherlich ziemlich weit von Goethe weg. Sind wir davongelaufen? Hat Er sich abgewendet? Sind wir zu resistent? Oder nur indifferent? Sackerment!

Dagegen gilt es anzukämpfen!

Und vor allem wider den (noch immer oder schon wieder) putzmodischen Anti-Goethe-Affekt des oft grundlos schlechten Gewissens; wider die als Legende sich fortzeugende Legende, daß man Klassik und Humanismus am geschicktesten mit zähem Ressentiment begegnen sollte, will man von beiden nicht eingemacht werden; wider die oftmals auch nur schiere Uninformiertheit darüber, daß Goethe der uninteressanteste Deutsche nicht war.

Was geht jedoch an unseren Bildungsanstalten vor? Ist Goethe noch ein Bildungsfaktor? Wenigstens ein Sozialisationsfaktor?

Vergeblich war bislang das Warten auf einen neuen Goethe-Anfang. In der vorherrschenden Finsternis der Riesenzwerggesamtschulen rumpeln längst Kafka, Brecht, »Die Sprache der Bild-Zeitung« und überhaupt »verbale Kommunikation« samt den dazugehörigen Punktzahlen herum, zu schulischem Lernstoff versteinert und in den Dunkelkammern der Lehrpläne verbunkert. Im außerschulischen Bereich der Lehrenden wie Lernenden hat's – auch wenn Deutsch wieder Pflichtfach geworden ist – mehr hedonistische Freizeitangebote an Bukowski und Lethargi, Papalagi und Radikali, Arbeitslosi, Rockmusi, Krimi, Aggressivi, Sensibili, Sponti, Schlaffi, Depri und Capri – und jedenfalls keinen Platz im Regal mehr für Goethe. Selbst Germanistikprofessoren, hört unsereins, neigen der Ansicht zu, von Goethe brauche man nichts zu lesen, Marx und Freud genügten vollauf.

Deppen wird's immer geben, aber: Daß er weder von den staatlichen Rahmenrichtlinien vereinnahmt noch (schon wieder) von den Massenmedienspukanstalten der Freizeitindustrie verhacktstückt worden ist, das könnte eine Chance sein: Goethen samt seinem Drumherum und seinen Folgen neu darzubieten: sperrig, unverpackbar und irritierend.

Unsere höheren, Hohen und Höchsten Schulen, die weiland Weihestätten von Goetheforschung und Goethezelebration, wo die Hohenpriester ständig strebend ständig neue Goethebeweise erließen, sind Hort und Monsalvatsch gewesen. Lang ist's her und längst geht es primär nicht mehr darum, den Klassiker wider seine Apostel zu verteidigen. Seit deren Absterben scheint nun aber der Widerspruch, den sie in die Welt setzten, die Attitüde des Klassikerhasses, in vertrotzten, nachgerade kindischen Formen zu überleben: meist als Kostümierung von Unwissenheit und schlecht und recht objektloser, zum teil wunschloser Antipathie. Zu Zeiten der Studentenbewegung wurde Adorno, als er seinen Vortrag »Zum Klassizismus von Goethes Iphigenie« in Berlin halten wollte, bitter geschmäht, und Günter Grass, selber schon als »Stellvertreter Goethes auf Erden« verdächtigt (einen deplacierteren Verdacht hat's selten gegeben), dichtete seinerseits zierlich von »Adorno mit der schönen Zunge«, der im »geheizten Zimmer« sitze und sich's gut gehen lasse, indessen er, Grass, mit der äußersten Kraftanstrengung einer militanten Schnecke hinter Willy . . . o Gott, o Gott – was wir aber damit sagen wollen: Auch die Abkehr von Goethe respektive Klassik respektive klassischer Ästhetik macht offenbar nicht unbedingt weiser. Aber dreister: im Mai 1968 schrieben die Studenten an die Wand des besetzten Germanistischen Seminars der Freien Universität Berlin:

> »Wie fatal!
> Im Regal,
> Wo gestern
> Göthe stand,
> Schläft heute
> Dieter Kunzelmann.«

Es sollen dann auch, wie gesagt, Germanistik-Professoren herangereift sein, die – »zieht die Professoren an ihren verstopften Ohren« – wacker und jederzeit den Unfug der Goethe-Verweigerung mitmachten. Als Übung in blinder Negation. Der Schwachsinn scheint im Abbau begriffen. Eine freilich noch schwankende und auch sonst nicht unverdächtige Fachkraft, der Jung-Germanist Leo Kreutzer, versichert uns, er ahnde frische Luft für Goethen, inmitten des allgemeinen Smogs; schön wär's.

Auch außerhalb der Universitäten scheint es in den letzten Jahren um die Selbstverständlichkeit des Umgangs mit dem Ersten Dichter der Nation schlecht gestanden zu haben. Dabei formierten die Gebildeten, die feinen und feingebildeten und/oder sich fein dünkenden Leute, die »ihren« Goethe beherrschten und dressiert hatten, die Humanitäts- und speziell Goethe-Philister, spätestens seit Gottfried Kellers Polemiken zur Kenntlichkeit entstellt, alles in allem längst keine Gefahr mehr fürs freie Geistesleben. Aber ihre Mumien müssen halt noch immer als Buh-Männer herhalten; und insofern scheint uns z. B. die Passage aus Wolf Wondratscheks Gedicht »Hotel ›Zum Deutschunterricht‹«, das auf die Professor Unrats abhebt und deren farcehafte Klassiker-Rezeption, zu Recht auszugsweise zitiert: nämlich der reine, abgekochte und noch auf die dümmlichste Zustimmung der neuen Uninformierten hoffende Schwindel.

Insgesamt macht sich wohl eher allgemeine Indifferenz breiter als etwa die alte Glorifizierung oder aber heroische Verweigerung. Oder andererseits Verlegenheit. Sie artikuliert sich etwa in seichten Albernheiten wie z. B. dem doppelsinnigen Titel »Mein Gott Goethe« des zwischen inspirierter Neugier und neoakademischen Krampfigkeiten und Pampfigkeiten ziellos herumgeschüttelten, um lockeren Umgangston bemühten Buchs des schon erwähnten Germanisten Leo Kreutzer. Oder in dem aufdringlichen Fragezeichen des Rowohlt-Sammelbands »Von Goethe lernen?« von 1974: die dort anthologisch Versammelten mochten halb, und halb haben sie sich nicht dürfen trauen, nämlich von ihrer Ängstlichkeit ablassen, nur ja nichts Falsches zu sagen, nur ja nicht etwa Goethen gar zu sehr zu mögen und dies zu strahlend zu zeigen (gehören doch

Gefühle in gruppendynamische Seminare). Andere Klassiker wie Brentano, Büchner, Hölderlin, Kleist, Heine sind, entgegen dem Gerücht, offenbar ungleich besser, nur Schiller wohl noch übler dran. Das hat sicher so seine Gründe, aber längst wäre es itzt an der Zeit, den mitgeschleppten Ballast an schon traditioneller Resistenz und die gleichfalls schon altehrwürdigen »Rezeptions«-Barrieren, wenn sie denn keiner anderen Therapie zugänglich sind, gelegentlich dem tunlichen Vergessen zu überantworten oder halt flott und frischausgeschlafen über Bord zu werfen – was eine Metapher, selbst Goethe hätte sie durchgehen lassen müssen!

Unsicherheit scheint momentan zu dominieren, Hans Mayers »geheime Funktionslosigkeit von Goethes Werk«; aber keine ganz unfruchtbare. Zwar veranstaltet Insel im Jubeltodesjahr 1982 im Verein mit der feschen Stadt Frankfurt und der daran soziologisch interessierten Goetheuniversität einen etwas sehr einfältigen Goethe-Wettbewerb, und dabei muß ausgerechnet der Oberschluri Andy Warhol als Goethe-Werber herhalten – aber an einem Transformatorenhäuschen in der Frankfurter Eppsteiner Straße, dort, wo gemeinhin der Oberbürgermeister Wallmann und der Kapitalismus ihr Fett abkriegen, findet sich zur gleichen Zeit, zart hingespraht, befremdend, aber unmißverständlich affirmativ der Vokativ »Goethe!«

Das soll ein Wort sein.

Dies Lesebuch möchte zu einem derart sich anzettelnden Goethe-Tauwetter beitragen. Seine frost- und krampflösende Wirkung möge es bei den Gebildeten unter seinen Verächtern wie bei den frommen Goethe-Jüngern, bei den Meistern des Freien Deutschen Hochstifts wie bei den Knechten in den Feuilleton-Redaktionen erweisen und überhaupt sich allen Anfeindungen gewachsen. Den Leuten aber, die ihn, Goethen, kaum kennen und mögen (was auf Gegenseitigkeit beruht: er mochte und kannte »die Leute« auch nicht) – denen soll hinwiederum kein Volksschriftsteller aufgeschwatzt werden. Sie werden geraden Sinns auch dieses Buch ignorieren. Eigentlich schade.

Dies Lesebuch mischt Texte von, über und zu Goethe auf möglichst wild-bunte Weise. Großes und Minderes, »Affirmatives«, Kritisches, Respektloses, Belangloses, und Verehrungsvolles. Auch Danebengeratenes und völlig Verbumfeites. Die rührend peinigenden Unglücke verfehlter Goethe-Liebe waren uns Herausgebern meist lieb. Dieses matte Murmeln etwa, von Wilhelm Schäfer aus dem Goethejahr 1932: »Sollte nicht aus der falschesten Beschäftigung mit Goethe noch ein Körnchen Segen aufgehen können?« Sie sind uns lieber, diese Innigkeiten und Herzensergiessungen, als etwa pseudokritische und synthetisch-spekulative Dümmlichkeiten der Art von Plenzdorfs »Die neuen Leiden des jungen W.« (ob diese schale Reiz- und Manipulationsprosa in ihrer anbiedernden Antihaltung nicht am Ende doch nur ein cleverer Marketing-Manager verzapft hat?), die wir aber, wie viele andere und schwere Verfehlungen, hier gleichfalls aufgenommen haben.

Bei der Auswahl von Goethe-Texten ließen wir uns fast unbeirrbar von drei Kriterien leiten – wir hätten sonst aus diesem totgesagten Park, diesem Dings, dieser silbernen Fruchtschale (nein, halt, damit meinte er ja die Frauen), diesem Garten der Wortkünste also nicht wieder herausgefunden. 1. Aufgenommen wurde ein Teil wenigstens dessen, was gemeinhin als »unverzichtbar« gilt, gesicherte Werte also, die freilich partiell wirklich Goethes Bestes wohl sind; 2. Unsere jeweiligen Lieblingstexte, willkürlich und streng subjektiv; 3. Texte, die in der Anthologie parodiert oder sonstwie produktiv weiterverwendet werden.

Parodie: Goethe selbst – siehe das Kapitel »Minnesangs Frühling« – stand ihr ziemlich unentschlossen gegenüber; der im Fritz Mauthner'schen Sinn »liebenden« fast ebenso wie der polemischen, der von l'art pour l'art oder auch der nur attackierend-beschränkten, der nachäffenden, der kommerzialistisch abgreiferischen, parasitären. Wir haben Beispiele aller Art ohne Scheu adaptiert, virtuose, dumme, verschnarchte und peinliche Parodien, damit alles schön wild und geschmacksverstörend unter einem Deckel sei. Karl Kraus bestand darauf, die wuchernden Variationen des vielgeschundenen »Über allen Gipfeln ist Ruh« (nur »Lili Marleen« wurde wohl ähnlich oft parodiert!) seien Beweise für die Herrschaft schrankenloser Barbarei, Gipfel und Tiefstsenke zugleich der Zuhälterkultur, seien die Apokalypse selber. Wir teilen diese Ansicht

Goethe-Büste von J. G. Schadow, 1816

nicht ganz. Wir haben den in der ›Fackel‹ gefundenen einschlägigen Goethe-Schrott zu anderem, zum Beispiel zu dem 1978 von Wulf Segebrecht gesammelten, zusammengetragen. Nicht allein zu Abschreckzwecken. Auch das Dümmste vom Dummen kann schon wieder produktiv sein, und »if all is bad, it is good to know the worst«. Schamlosigkeit dieser Frevel ist das eine Moment, Dreistigkeit im Umgang mit Klassikern ein anderes – und es kann zum Guten ausschlagen, was immer Kraus dafür an Strafen verhängt. Im Verein mit einer nicht erstarrten Verehrungshaltung kann solche Unverschämtheit uns auf Trab bringen, vor dem Banne der Verblödung retten. Auch »Reichskleinodien« sind, entgegen den Geboten von Karl Kraus und Robert Neumann, parodierbar. Zwar mag's einen davor oft grauen, aber das »Sich-Wiedererkennen« von »Oberstimmen der Hoch- und Kunstpoesie« und des »Basso continuo populärer Grundgesänge« könnte, frei nach dem Parodisten und Parodienkenner Peter Rühmkorf, auch in Goethes Garten Fruchtzeugendes pflanzen. Nochmals, und auch für andere Buchabschnitte geltend: Wir haben mit einigem Verdruß oder schon mit zusammengebissenen Zähnen vielfach auch schreckensreiche Texte zum Druck befördert, als Dokumente von Sprachverheerung, verwahrloster Bildung und verwilderter Gesittung – aber auch als Hirnentkrampfungsmedizin.

Die Herausgeber, keineswegs Goethephilologen, auch keine Experten, sondern vor allem willige Dilettanten, wollen mit diesem durch Bilder und Notentexte angereicherten Lesebuch auch ein Kaleidoskop von gut zweihundert Jahren Kultur- und Rezeptionsgeschichte erstellen. Kulturgeschichte: Ludwig Börnes ebenso ahndungsvoll grandiose wie intellektuell kleinkarierte, so spektakuläre wie spekulative Großabrechnung mit Goethe, die erste ihrer Art wohl, ist vor allem auch ein bedeutendes Dokument des heraufziehenden Journalismus, der in Glanz und Elend journalistischen Denk-, Manövrier- und Schreibweise; noch heute funktionieren nach dem gleichen Verfahren ›Spiegel‹-Titelgeschichten. Rezeptionsgeschichte: Natürlich in allen Ehren und Grenzen. Denn mit einem Werk wie Karl Robert Mandelkows »Goethe in Deutschland – Rezeptionsgeschichte eines Klassikers«, dessen erster Band 1980 erschienen ist, können und wollen wir nicht konkurrieren. Wir durften von ihm profitieren und sind ihm, wie anderen großen Sammelarbeiten, von Flodoard Freiherr von Biedermann und Bode bis zu Friedhelm Kemp und Segebrecht, zu großem Dank verpflichtet. Auch vielen anspruchsloseren und törichten Sammelwerken gilt unser Dank; wer suchet, findet überall.

Im Sinne der Übersichtlichkeit und Unverzagtheit haben wir den »philologischen Apparat« auf ein Minimum beschränkt: Belegt wird jeder Text im allgemeinen nur mit Autorenname, Werk- oder Buchtitel samt Entstehungs- oder, im Sonderfall, Veröffentlichungsjahr. In einigen Fällen haben wir uns zu kleinen, meist polemischen Anmerkungen bereit gefunden. Bei vielen Texten mußte schmerzhaft, ja barbarisch gekürzt werden. Wir hoffen, bei solchen Amputationen im Sinn von Goethes Schiller-Lob operiert zu haben: »Im Streichen war er groß« – im übrigen soll's den Leser drängen, den Urtext aufzuschlagen.

Was alles nicht im Buche ist, darauf werden uns künftige Rezensentengeschlechter aufmerksam machen; das wird ein Aufmerksammachen geben. Dem vielen, zum Teil an entlegenen Stellen Veröffentlichten steht eine kleine Reihe unveröffentlichter Originaltexte gegenüber, oft aus der allerjüngsten Gegenwart, vor allem aus dem Einzugsbereich der sogenannten »Neuen Frankfurter Schule«; komische Texte fast ausschließlich.

Den Abschluß des Bandes bildet ein Schauspiel/Hörspiel »Eckermann und sein Goethe«, das die Herausgeber zusammen mit Bernd Eilert geschrieben haben und das 1979 vom Hessischen Rundfunk uraufgeführt wurde. Dieser Text nimmt im Verhältnis zu den anderen bedenklich breiten Raum ein, wir glauben aber seine ungekürzte Veröffentlichung hier aus gleich vier Gründen vertreten zu können: Erstens ist er noch nirgendwo gedruckt veröffentlicht; zweitens scheint er uns eher ein Lesestück; drittens bezieht sich das Stück, im Unterschied etwa zu dem gleichfalls im Frühjahr 1982 erscheinenden Goethe-Eckermann-Spiel von Martin Walser, ganz aufs Original und möchte diesem sehr großen Buch vielleicht über diese Schiene sogar neue Freunde gewinnen; und viertens ist das Stück sehr gut.

Ein vergleichsweise letztes Wort: Walter Benjamin pries im Goethejahr 1932 an »willkommenen neuen Goethebüchern« ausdrücklich deren »Gründlichkeit in Verbindung mit Grundsatzlosigkeit«. Das ist eine fruchtbare Koalition. Dieses Lob würden wir auch gerne hören. Mit oder ohne Quellenangabe.

Es trifft nicht die falschen.

Göttingen, am 22. März 1982

F. W. Bernstein & Eckhard Henscheid

ZUR PERSON
UND
ZUR SACHE

Wärme ins All

Von Franz Grillparzer

Er war nicht kalt, wie ihr wohl meint,
Nur hielt er die Wärme zu wenig vereint
Und da er sie teilte zuletzt ins All,
Kam wenig auf jeden einzelnen Fall.

(Goethe, 1846)

Nicht anders als mit Liebe

Von Thomas Mann

Ich kann von Goethe nicht anders sprechen als mit Liebe, das heißt: aus einer Intimität, deren Anstößigkeit durch den lebendigsten Sinn fürs Inkommensurable gemildert wird. Von seinen Gipfeln zu künden, überlasse ich bescheidentlich historisch-kommentatorischen Geistern und Bildungsnaturen, die sich dem Höchsten rein erkenntnismäßig gewachsen fühlen – was etwas anderes ist, als teilzuhaben an seiner Substanz und nur hierin, nicht im Geistigen also, sondern im Menschlichen, Natürlichen eine Art von Recht, eine Art von Möglichkeit des Mitredens zu finden. Nur aus der eignen Substanz und dem eignen Sein, aus einer gewissen familiären Erfahrung also, der kindlich-stolzen Verbundenheit des »Anch' io sono pittore«, weiß meinesgleichen von Goethe zu reden – und warum ein Wiedererkennen, ein Recht auf Zutraulichkeit verleugnen, das weit ins Überpersönliche, ins Nationale reicht! Die Welt feiert in diesem Jahre, diesen Tagen den großen Städter; mit jener Familiarität aber, von der ich sprach, aus unserer Substanz, die die seine war, können nur wir Deutsche es tun. Das Würdig-Bürgerliche als Heimat des Allmenschlichen, Weltgröße als Kind der Bürgerlichkeit – dies Schicksal von Herkunft und kühnstem Wachstum ist nirgends zu Hause wie bei uns; und alles Deutsche, das aus Bürgerlichkeit ins Geistige wuchs, ist lächelnd zu Hause im Frankfurter Elternhaus. –

Man kann die Figur dieses großen Menschen und Dichters oder, besser gesagt, dieses großen Menschen in Dichtergestalt in verschiedenen Maßen sehen, je nach dem historischen Gesichtswinkel, unter dem man sie ins Auge faßt. Er ist zum Beispiel – und dies ist die bescheidenste Perspektive – der Herr und Meister einer deutschen Bildungsepoche, der klassischen Epoche, der die Deutschen den Ehrentitel des Volkes der Dichter und Denker verdanken, der Epoche eines idealistischen Individualismus, die den deutschen Kulturbegriff recht eigentlich begründet hat und deren humaner Zauber, bei Goethe besonders, in einer eigentümlichen psychologischen Verbindung von autobiographischer Selbstausbildung und Selbsterfüllung mit dem *Erziehungs*gedanken besteht, und zwar so, daß die Erziehungsidee Brücke und Übergang bildet aus der Welt des persönlich Innermenschlichen in die Welt des Sozialen. Goethe als Repräsentanten dieser klassisch-humanen Bildungsepoche zu sehen, ist also der engste Gesichtswinkel, unter dem man seine Gestalt visieren mag. Ein anderer, viel größerer ist möglich und legt sich nahe. Es ist derjenige, den einer seiner ersten ausländischen Verehrer, Thomas Carlyle, sofort nach dem Tode des großen Deutschen auf ihn anwandte, indem er darauf hinwies, daß es auf dieser Erde Menschen gegeben hat, deren Impulse nicht vor fünfzehnhundert Jahren ihre vollkommene Entwicklung erreicht hätten, und die vielmehr noch nach zweitausend Jahren in völliger Individualität fortwirkten. Spricht man unter diesem Gesichtspunkt von dem Zeitalter Goethe's, so bemißt es sich nicht nach Jahrhunderten, sondern nach Jahrtausenden, und tatsächlich liegen in diesem Persönlichkeitswunder, das Goethe hieß und auf das schon den Mitlebenden die Bezeichnung »ein göttlicher Mensch« zwanglos anwendbar schien, mythusbildende Kräfte, wie nur in den größten menschlichen Erscheinungen, die über die Erde gewandelt sind, und niemand kann sagen, in welches Maß seine Gestalt mit der Zeit noch hineinwachsen mag.

Zwischen diesen beiden Möglichkeiten aber, ihn zu sehen, der vergleichsweise intimsten und der großartigsten, gibt es eine dritte und mittlere; und für uns, die wir ein Zeitalter, das bürgerliche, sich enden sehen und deren Schicksal es ist, in Nöten und Krisen des Überganges den Weg in neue Welten, neue Ordnungen des Innen und Außen zu finden, ist diese dritte optische Möglichkeit die nächstliegende und natürlichste: ihn nämlich als Repräsentanten des Halbjahrtausends zu betrachten, das wir die bürgerliche Epoche nennen, und das vom fünfzehnten bis zur Wende des neunzehnten Jahrhunderts reicht. Den dicht vor der Mitte des achtzehnten Geborenen trug sein vitaler Antrieb noch ein Menschenalter ins neunzehnte Jahrhundert hinein, und obgleich die Wurzeln seiner Kultur im achtzehnten liegen, hat er geistig und seelisch vom neunzehnten vieles mitumfaßt, nicht nur auf eine seherisch ankündigende Weise, wie in seinem epischen Alterswerk, dem sozialen Roman ›Wilhelm Meisters Wanderjahre‹, worin er die ganze ökonomisch-soziale Entwicklung des neuen Jahrhunderts als vorsorgender Erzieher antizipiert, sondern auch unmittelbar dichterisch, etwa in den ›Wahlverwandtschaften‹, die zwar Rokokolandschaft und Rokokostüm haben, aber deren innere Menschlichkeit nicht mehr dem achtzehnten Jahrhundert und seinem spröden Rationalismus angehört, sondern in neue Seelenlagen, dunklere und tiefere Gefühls- und Gedankenwelten hinüberleitet.

Ein Sohn des achtzehnten, des neunzehnten Jahrhunderts; aber ein Sohn des sechzehnten, des Reformationszeitalters ebensogut, ein Bruder Luthers und ein Bruder des Erasmus zugleich. Mit beiden Gestalten verbinden ihn seine Züge auffallender und von ihm selbst betonter Verwandtschaft und Sympathie; man kann sagen, daß er die Charaktere beider in sich vereinigt: Als Ausbruch großen Deutschtums, als ein aus Volkskräften gespeistes Ingenium ist er Luther ganz brüderlich nahe, und er selbst hat nicht verfehlt, sich neben ihn zu stellen, sich mit ihm zu vergleichen. Das Gedankenspiel ist charakteristisch, worin er sich versuchsweise als Bibelübersetzer vorstellt und erklärt, nur das Zarte darin getraue er sich allenfalls besser zu machen. Er ist Protestant, sagt Riemer und spricht es aus, daß er protestiere gegen »Papsttum und Pfafftum« und es immer tun werde, das heißt nach seiner Erklärung *vorwärtsschreiten*. Denn alles Retardierende in der Fortbildung der Menschheit war und hieß ihm Pfafftum, es sei in Kirche oder Staat, in Wissenschaft und Kunst. »Der Protestant steht niemand besser als dem Deutschen, ja der Deutsche wäre nichts ohne den Protestantismus.« Aber es gibt Äußerungen, welche ihn dem Erasmus verwandter erscheinen lassen als Luthern, dem Volksmann.

Franztum drängt in diesen verworrenen Tagen, wie einstmals Luthertum es getan, ruhige Bildung zurück.

Das Distichon zeigt klar und deutlich, wie er sich, im sechzehnten statt im achtzehnten Jahrhundert geboren, gehalten haben würde: Im Namen des Hochbegriffes der ›Bildung‹, der Natur und Kultur in sich vereinigt, wäre er für Rom und gegen die geistliche ›Aufregung‹ gewesen oder hätte doch eine so zweideutige und unzuverlässige Stellung eingenommen wie Erasmus, von dem Luther sagte, daß die Ruhe ihm teurer sei als das Kreuz, und über den er selbst mit unverhohlener Sympathie geäußert hat, er habe zu denen gehört, die froh sind, daß sie selbst gescheit sind und keinen Beruf finden, andere gescheit zu machen, was man ihnen auch nicht verdenken könne. Das ist der Geistesaristokratismus des Humanisten, die Sympathie mit dem Feinen, Unvolkstümlichen, die Goethe's Natur mit umschloß, wie sie alle Gegensätze in sich zu schließen geschaffen war.

(aus: Goethe als Repräsentant des bürgerlichen Zeitalters, 1932)

Goethes Biographie

Von Friedrich Hebbel

Anfangs ist es ein Punkt, der leise
zum Kreise sich öffnet,
Aber, wachsend, umfaßt dieser am Ende
die Welt.

(aus: Gedichte, 1842)

Wie sah Goethe aus?
Ein Versuch, diese Frage zu beantworten

Von Ph. Weilbach

Die anziehende Zusammenstellung von Goethebildnissen, welche Herr Professor Fr. Zarncke mit so viel Liebe zu seiner Aufgabe im XI. Bande der Abhandlungen der philologisch-historischen Klasse der königl. sächsischen Gesellschaft der Wissenschaften publizirt hat, ist gewiß allen Freunden der Persönlichkeit Goethe's eine bedeutungsvolle Gabe gewesen, besonders in der Heimat des Dichters. Jedoch auch in Dänemark, wo die frühere Generation der Ästhetisch-Gebildeten und zum Teil ihre Epigonen im höchsten Grade nicht allein den Dichter, sondern auch den Menschen Goethe liebten und bewunderten, haben diese Bildnisse Anklang gefunden. Der Verfasser hat die Bildnissammlung mit einem gründlichen raisonnirenden Texte begleitet, und der einsichtsvolle Leser wird ihm dankbar sein für alles, was er darin zur Orientirung und zur Zeitbestimmung geleistet hat. Wer anderes darin suchen will, mißversteht die Absicht des Verfassers.

Durchsieht man nun mit Aufmerksamkeit diese ganze Sammlung von Bildnissen, von der Jugend Goethe's an bis zu seinem Tode, so drängt sich bald das Bedürfnis auf, aus der auf den ersten Blick fastunüberschaubaren Menge von mehr oder weniger künstlerisch gelungenen Bildnissen, bei denen die reelle Ähnlichkeit bisweilen in Frage zu stellen sein möchte, ausfindig zu machen, wie man sich die wirkliche Form des Kopfes, das volle Antlitz oder wenigstens den Aufbau des Schädels und der einzelnen Gesichtszüge vorzustellen habe.

Da drängt sich mir die Frage entgegen: Hat diese Aufgabe in Deutschland nicht schon längst ihre Lösung gefunden? Ist mein Versuch nicht schon ein ganz überflüssiger? Eine Abhandlung mit dem Titel wie K. J. Schröers »Goethe's äußere Erscheinung« muß ja alles gesagt haben! Nun, dieses liebenswürdige Büchlein giebt wohl einen geistvollen Gesamteindruck von der Persönlichkeit Goethe's, und besonders wird unsere Einbildungskraft auf die angenehmste Weise angeregt beim Lesen der vielen Schilderungen von Zeitgenossen, die nicht genug hervorheben können, welchen unerklärlichen Zauber Goethe's »Erscheinung« auf Gebildete und Ungebildete machte. Das Titelbild zeigt uns auch eine Reihe von Goethebildnissen nach der Zeitfolge geordnet, der Text sagt uns aber nicht, daß der Verfasser versucht hat, sich eine deutliche Vorstellung von der wirklichen äußeren Erscheinung Goethe's zu bilden, obgleich die Wahl der Bildnisse eine nicht unglückliche ist.

Aus der ganzen Reihe von Porträts, die Herr Prof. Zarncke in seiner Sammlung dem Publikum vorgeführt hat, ist für den Zweck dieser Darlegung eine kleine Anzahl ausgesucht, die als Beilage dieser Zeilen reproduzirt worden ist und den Versuch unterstützen soll, dem Leser eine Vorstellung von den Gesichtszügen zu geben, aus denen sich die Physiognomie des großen Dichters aufbaut. Die jetzige Generation, welche die lebende Persönlichkeit nicht mehr erblickt hat, kann nicht hoffen, die Frage durch selbstempfangene Eindrücke noch voll entscheiden zu können. Und selbst innerhalb jener Begrenzung ist die Frage eine schwierige, vielleicht eine unlösbare.

Der Leser findet auf der beigegebenen Tafel (Nr. 1–8) acht Bildnisse Goethe's von 1779 bis 1829 reichend, im ganzen ein halbes Jahrhundert umspannend, und es werden ihm darin folgende physiognomische Züge als allen Bildnissen gemeinschaftlich auffallen müssen:

1) Ein im Verhältnis zu der Maske oder dem eigentlichen Antlitz eher kleiner als großer Hinterkopf, und dieser ziemlich hochliegend, auf einen kräftigen und – das ergiebt sich aus der Form des Kopfes – schrägliegenden Hals aufgesetzt.

2) Eine mächtige Stirn, schon von Jugend auf groß und stark zurückweichend.

3) Ein recht großes Ohr, von besonders ausgebildeter Form, ein musikalisches Ohr.

4) Als Erbschaft von mütterlicher Seite große, feurige, doch aber tiefliegende Augen, deren außerordentliche Schönheit von allen Zeugen in begeisterten Worten bewundert, aus den Bildnissen jedoch nur in schwachem Abglanz zu ahnen ist.

5) Mittelstarke, in schönem Bogen gezeichnete Augenbrauen.

6) Ein ausgeprägt kräftiger Übergang zu der wohlgebildeten Adlernase mit der fleischigen, nicht ganz wenig herabhängenden Nasenspitze.

7) Ein großer lieblicher und auf Bildnissen aus den Jugendjahren etwas sinnlicher Mund mit einer fast zu kurzen Oberlippe. Das Porträt seines Vaters (Lavater, Phys. Fragm. III, 221) zeigt ein deutliches Hervortreten des Unterkiefers, welches auf den Sohn vererbt zu sein scheint, jedoch weniger scharf ausgesprochen, vielleicht nur noch als ein Hervorschieben der Unterlippe erkennbar.

8) Ein derbes, fleischiges Kinn mit kräftig ausgebildetem knochigen Kinnbacken.

Diese Gesichtszüge müssen für unzweifelhaft gelten, da sie von der Jugend bis zum hohen Alter, nicht allein in den in der Beilage wiedergegebenen, sondern auch in der Mehrzahl der übrigen Bildnisse wiederkehren, ja selbst in der Zeichnung noch hervortreten, die Preller nach der Leiche verfertigte (...)

In welchem Verhältnisse stehen nun die Gesichtszüge Goethe's, wie sie aus den hier reproduzirten Bildern hervorleuchten, zu der Persönlichkeit des Dichters?

Die starke Entwickelung des Vorhaupts ist die notwendige Bedingung eines kräftigen Geisteslebens. Die Bedeutung einer zurückweichenden Stirn – ein physiognomischer Zug von, wie es scheint, viel ausgedehnterem Vorkommen im vorigen Jahrhundert als in diesem – hebt schon Lavater in seinen Physiognom. Fragmenten bei Erwähnung des Porträts eines geistig begabten Mannes hervor. »Das Zurückgehen der Stirne«, sagt er (l. c. III, 199), »ist in beyden diesen Bildern sichtbarer und dadurch erhält der Ausdruck von reicherem Imaginationsgenie wieder soviel, als ihm durch die ... abzugehen scheint«, und später (l. c. 207): »Daß es schlechterdings keinen Dichter geben kann, der eine Stirne so), oder eine Stirne so (hat«.

Auf der anderen Seite deuten die starken Bogen der Stirn grade über den Augen auf eine hochentwickelte Intelligenz, die kräftige Nasenwurzel und die Größe der Nase auf helle Verstandesklarheit, während die in Knochen und Fleisch gleichmäßige Ausbildung des Kinns auf Festigkeit des Charakters hinweist.

Diese Elemente der Physiognomie versprechen uns demnach eine fein und harmonisch entfaltete Intelligenz, von reicher Imaginationsgabe beherrscht, von gutem, gesundem Verstande geleitet, von scharfer Beobachtungsgabe unterstützt, Arbeitskraft und Festigkeit des Charakters, Sinnlichkeit und Lebenslust des Gemüts, aber von logischer Klarheit und festem Willen im Zaume gehalten: Ein großer Dichter und ein großer Mann.

(aus: Wie sah Goethe aus?, Zeitschrift für bildende Kunst, 1889)

Goethes gedenken

Von Hugo von Hofmannsthal

Goethes gedenken? Wie, bedarfs dazu
Besondern Tages? Braucht es da ein Fest?
Sein zu gedenken, der aus seinem Bann
Nie unsern Geist, nie unsre Brust entläßt!
Die Männer und die Frauen unsrer Zeit,
Wie haben sie von ihm gelernt zu lieben:
Wie dürftig wäre diese Welt geblieben,
Hätt er sie nicht im voraus uns geweiht!

(Prolog zu einer Gedächtnisfeier für Goethe
am Burgtheater zu Wien, 1899)

Seiner Augen Gewalt

Besonders kam einer, mit großen hellen Augen, prachtvoller Stirn und schönem Wuchs, mutig ins Zimmer.

(Heinrich Jung-Stilling, September 1770)

Er sieht blaß aus, hat eine große, etwas gebogene Nase, ein längliches Gesichte und mittelmäßige schwarze Augen und schwarzes Haar.
>(Gottl. Friedr. Ernst Freiherr v. Schönborn an H. W. von Gerstenberg, 12. 10. 1773)

Mit seinen Augen, ach!
>(Caroline Luise Hempel an Gleim, 27. 5. 1778)

Goethe hat einen Adlerblick, der nicht zu ertragen ist.
>(August Wilhelm Iffland an seinen Bruder, 29. 12. 1779)

Schöne braune Augen
>(Johann Anton Leisewitz, Tagebuch 14. 8. 1780)

(. . .) sein Auge sehr eindrucksvoll, lebhaft
>(Friedrich Schiller an Körner, 12. 9. 1788)

Anfangs quälten mich seine Blicke, die ich immer auf mir und an mir empfand, wenn ich ihn *nicht* ansah, die dann die des *forschenden* Beobachters waren; und des Beobachters ohne *Hoffnung* und Glauben an reinen Menschenwert, der nur neue Gestalten zu seinen lebensvollen Gemälden sucht und in die Welt sieht wie in einen Guckkasten (. . .) da faßte mich plötzlich sein Flammenauge (. . .)
>(Friederike Brun, Tagebuch 7.–9. 7. 1795)

Und als ich mich jäh umwandte, ruhete sein großes, dunkles, wundervolles Auge liebreich und warm auf dem bepurpurten Antlitz des bewegten Knaben. *Den* Blick werde ich nie vergessen (. . .)
>(W. G. Gotthardi, 1800)

Aus dem einen Auge blickt ihm ein Engel, aus dem andern ein Teufel (. . .) Er spricht mit funkelnden Augen (. . .)
>(Ernst v. Pfuel an Karoline de la Motte Fouqué, 22. 8. 1810)

Der Alte wurde ganz gerührt davon, drückte mir die Hand und fiel mir um den Hals, das Wasser stand ihm in den Augen.
>(Sulpiz Boisserée, Tagebuch 8. 5. 1811)

Er aber sagte voll unbeschreiblicher Anmut des Blickes (...) Sein freundliches Auge (...)

(Friedrich Baron de la Motte Fouqué, 1. 12. 1813)

Mit seinen Jupiteraugen mich anblickend (...)

(Arthur Schopenhauer, ca. 1814)

Sein Merkwürdigstes sind die großen schwarzen Augen, aus denen gleich die gewaltige Fähigkeit entgegenleuchtet, ohne Anstrengung zu durchschauen, was ein Sterblicher mag. Vielleicht sind sie jetzt auf dem Erdboden einzig in ihrer Art.

(August Kestner, 1815)

Die Stirn hoch gewölbt, das Auge noch frisch und feurig (...)

(Josef Sebastian Grüner, 26. 4. 1820)

Der Kopf eines Jupiter Stator.

(Kaiser Nikolaus von Rußland, nach Smirnow, Mai 1821)

Der arcus senilis in der Hornhaut beider Augen beginnt zwar sich zu bilden, aber ohne dem Feuer des Auges zu schaden. Überhaupt ist das Auge an ihm vorzüglich sprechend, und mir erschien darin zumeist die ganze Weichheit des Dichtergemüts, welche sein übriger ablehnender Anstand nur mit Mühe zurückzuhalten und gegen das Eindringen und Belästigen der Welt zu schützen scheint; doch auch das ganze Feuer des hochbegabten Sehers leuchtete in einzelnen Momenten des weitern mehr erwärmten Gesprächs mit fast dämonischer Gewalt aus den schnell aufgeschlagenen Augen.

(Karl Gustav Carus, Tagebuch 21. 7. 1821)

Das Feuer blitzte aus seinen Augen (...)

(Grüner, 8. 8. 1822)

Während er mir so von den Farben erzählte, bewunderte ich die seiner Augen; die Iris ist aus drei deutlichen Schattierungen zusammengesetzt; ein breiter blauer Kreis umschließt die braune Grund-

farbe der Iris und bildet so mit dem Schwarz der Pupille drei konzentrische Kreise von eigener, aber nicht unangenehmer Wirkung: wenig Menschen haben einen so ausdrucksvollen Blick, wie der seinige ist.
(Friedrich Soret, Tagebuch 6. 5. 1823)

Während er mit einem Reichtum der Ausdrücke und einer Kraft des Stils, die ich nicht wiedergeben kann, redete, glänzten seine Augen in ungewöhnlichem Feuer, und man sah in ihnen den Ausdruck des Triumphes, während ein ironisches Lächeln über seine Lippen zu gleiten schien, seine schönen Züge waren imposanter denn je.
(Soret, 30. 12. 1823)

Über Goethes Aussehen erschrak ich bis in tiefster Seele, das Gesicht gelb und mumienhaft, der zahnlose Mund in ängstlicher Bewegung, die ganze Gestalt ein Bild menschlicher Hinfälligkeit. Vielleicht Folge seiner letzten Krankheit. Nur sein Auge war klar und glänzend. Dieses Auge ist die einzige Merkwürdigkeit, die Weimar jetzt besitzt.
(Heinrich Heine an R. Christiani, 26. 5. 1825)

Seine Blicke waren ernst, aufmerksam und begleiteten lebhaft, was er sprach und was er vernahm.
(Karl August Varnhagen von Ense, Tagebuch 8. 7. 1825)

Sehen Sie meinem Wolf in die Augen, sagte Goethe, es spricht so etwas heraus, daß man meinen sollte, er werde ein Dichter.
(Grüner, September 1825)

Seine geistreichen, dunkeln Augen schienen, wie man heute sagen würde, zwei Telegraphen zu sein, die mit Blitzesschnelle die dem Gehirn entspringenden Gedanken mitteilten.
(William Swifte, April 1826)

In seinen Augen ein außerordentliches Feuer, das plötzlich daraus hervorbricht, um die richtige Idee von Goethe zu haben, wenn er er selbst ist, das heißt ungezwungen.
(Joh. Jak. Ampère an André Marie Ampère, 9. 5. 1827)

Unter der gewaltigen Stirn blitzten zwei große braune Augen.

(Wilhelm Zahn, 7. 9. 1827)

Die Augen stehen schräg, denn die äußeren Augenwinkel haben sich stark gesenkt, auch die Augensterne sind kleiner geworden, weil sich durch eine starartige Verbildung ein weißer Rand umhergegossen hat.

(Freiherr von Stackelberg an August Kestner, 15. 11. 1829)

Nur sein lebhaftes, mitunter feuriges Auge (. . .) bezeugte auch im Äußeren noch die Herrschaft des gewaltigen Geistes über den achtzigjährigen Körper.

(Ludwig Löw, 3. 10. 1829)

Dazu sitzt er in einer dunklen Ecke wie ein Jupiter tonans und blitzt mit den alten Augen.

(Felix Mendelssohn an seine Eltern, 25. 5. 1830)

Seine Augen waren groß und weit geöffnet, Blitze schienen aus ihnen hervorzusprühen. – Der Eindruck war in Wahrheit überwältigend und wird mir, solange ich atme, unvergeßlich bleiben.

(Johann Gustav Stickel, ca. 1831)

Sein Auge glänzte von der inneren Lebendigkeit, die bei seinem hohen Alter nur von seiner mannhaften Gelassenheit gemäßigt wurde.

(Graf Alexander Grigorewitsch Stroganoff, unbestimmt)

Der Glanz der Augen (. . .)

(Friedrich Johannes Frommann, unbestimmt)

Die Augen merkwürdig groß, die Pupillen braun. Sie schienen Blitze zu strahlen, wenn er sprach; nie habe ich bei einem menschlichen Wesen, welches Geschlechtes es auch war, solche Augen wieder gesehen.

(Großherzog Carl Alexander, 1899)

Man bemerke das mit *einem* fortgehenden Schnellblicke durchdringende, verliebte – sanft geschweifte, nicht sehr tiefliegende, helle, leichtbewegliche Auge – die so sanft sich drüber hinschleichende Augenbraue (...)

(aus: Johann Caspar Lavater, Physiognomische Fragmente, 1775/78)

Ich bin keineswegs überrascht, daß Herr Goethe in Weimar allgemein gefallen hat. Da ihm ein so glänzender und unbestrittener Ruf wie der seinige vorausging, da er zudem auf den ersten Blick *den Blitz in seinen Augen* trägt, so mußte er alle Herzen durch das unendlich Liebenswürdige seines Umgangs rühren (...) Beim ersten Anblick durch den Glanz seiner Augen fesselnd.

(Johann Georg Zimmermann an Frau von Stein, 29. 12. 1775)

Sein erster Anblick stimmte die hohe Meinung ziemlich tief herunter, die man mir von dieser anziehenden und schönen Figur beigebracht hatte. Er ist von mittlerer Größe, trägt sich steif und geht auch so; sein Gesicht ist verschlossen, aber sein Auge sehr ausdrucksvoll, lebhaft, und man hängt mit Vergnügen an seinem Blicke.

(Friedrich Schiller an Körner, 12. 9. 1788)

... viel Majestät im Blicke, und auch Liebe.

(Friedrich Hölderlin an Neuffer, 19. 1. 1795)

Ein ausdrucksvolleres, mobileres Gesicht habe ich nie gesehen.

(Johanna Schopenhauer an ihren Sohn, 14. 11. 1806)

Ein gar prächtiges Gesicht mit zwei klaren braunen Augen, die mild und durchdringend zugleich sind.

(Johanna Schopenhauer an ihren Sohn, 28. 11. 1806)

Er ist ganz Natur, und seine klaren, hellen Augen benehmen alle Lust sich zu verstellen; man fühlt, daß er doch durch alle Schleier sieht.

(Johanna Schopenhauer an ihren Sohn, 30. 1. 1807)

Ein großer Deutscher
Von Loriot

(1981)

Auf seiner Stirn und in seinem Blick liegt etwas Tieftragisches (...)
Vom Werther zum Faust, und selbst den ›Beiträgen zur Optik‹,
alles kann man dort lesen. Es ist ein universeller Geist; man könnte
glauben, daß auf ihn das Wort gemünzt sei: Der Mensch ist der
Inbegriff des Alls. Sein Benehmen ist kalt; und doch fühlt man sich
zu ihm wie zu einem übernatürlichen Wesen hingezogen; aber
sofort fühlt man auch, daß man nicht seinesgleichen ist. Wenn er
die Augen aufhebt, so ist es, als weine er über die Menschheit; wenn
er sie auf jemand heftet, scheint sein Blick zu durchbohren. Aber
dies Durchdringende des Blicks tut einem wohl.

(Marquis de Custine an Rahel Varnhagen, August 1815)

Dazu machte er Augen, wie der alte Löwe, wenn er einschlafen
will.
(Felix Mendelssohn an seine Eltern, 21. 5. 1830)

Ohne Übertreibung, es ist etwas Jupiterhaftes an ihm (...) Die
Augen braun, klar, lebhaft, zeichnen sich noch durch eine Eigentümlichkeit
aus, nämlich durch eine lichtgraue, wie emaillierte
Linie, welche die Iris beider Augen am äußeren Rande rings umfaßt.
Adam [*Mickiewicz. Anm. der Herausgeber*] verglich sie dem
Saturnusringe. Wir sahen bisher bei niemand etwas Ähnliches.

(Anton Eduard Odyniec an Korsak, 20. 8. 1829)

In der Tat, die Übereinstimmung der Persönlichkeit mit dem
Genius, wie man sie bei außerordentlichen Menschen verlangt,
fand man ganz bei Goethe (...) Dieser würdevolle Leib war nie
gekrümmt von christlicher Wurmdemut; die Züge dieses Antlitzes
waren nicht verzerrt von christlicher Zerknirschung; diese Augen
waren nicht christlich sünderhaft scheu, nicht andächtelnd und
himmelnd, nicht flimmernd bewegt: – nein, seine Augen waren
ruhig wie die eines Gottes. Es ist nämlich überhaupt das Kennzeichen
der Götter, daß ihr Blick fest ist und ihre Augen nicht
unsicher hin und her zucken (...) Letztere Eigenschaft hatten auch
die Augen des Napoleon. Daher bin ich überzeugt, daß er ein Gott
war. Goethes Auge blieb auch in seinem hohen Alter ebenso

göttlich wie in seiner Jugend (...) Wahrlich, als ich ihn in Weimar besuchte und ihm gegenüberstand, blickte ich unwillkürlich zur Seite, ob ich nicht auch neben ihm den Adler sähe mit den Blitzen im Schnabel. Ich war nahe dran, ihn griechisch anzureden.

(aus: Heinrich Heine, Die romantische Schule, 1835)

Goethe, der Götter Güte

Von August Wilhelm Schlegel

Bewundert nur die feingeschnitzten Götzen,
Und laßt als Meister, Führer, Freund uns Goethen:
Euch wird nach seines Geistes Morgenröten
Apollos goldner Tag nicht mit ergötzen.

Der lockt kein frisches Grün aus dürren Klötzen,
Man haut sie um, wo Feurung ist vonnöten.
Einst wird die Nachwelt all die Unpoeten
Korrekt versteinert sehn zu ganzen Flözen.

Die Goethen nicht erkennen, sind nur Goten,
Die Blöden blendet jede neue Blüte,
Und, Tote selbst, begraben sie die Toten.

Uns sandte, Goethe, dich der Götter Güte,
Befreundet mit der Welt durch solchen Boten,
Göttlich von Namen, Blick, Gestalt, Gemüte.

(1800)

Ihr nennt ihn euer

Von Stefan George

Ihr nennt ihn euer und ihr dankt und jauchzt –
Ihr freilich voll von allen seinen trieben
Nur in den untren lagen wie des tiers –
Und heute bellt allein des volkes räude . . .
Doch ahnt ihr nicht daß er der staub geworden
Seit solcher frist noch viel für euch verschliesst
Und dass an ihm dem strahlenden schon viel
Verblichen ist was ihr noch ewig nennt.

(aus: Goethe-Tag, in: Der siebente Ring, 1899/1907)

Das Äußere

Von Christoph Wilhelm Hufeland

Als Knabe und Jüngling schon sah ich ihn im Jahre 1776 in Weimar erscheinen in voller Pracht der Jugend und des anfangenden Mannesalters. Nie werde ich den Eindruck vergessen, den er als Orestes im griechischen Kostüm in der Darstellung seiner ›Iphigenie‹ machte; man glaubte einen Apollo zu sehen. Noch nie erblickte man eine solche Vereinigung physischer und geistiger Vollkommenheit und Schönheit in einem Manne als damals in Goethe (. . .) Es ist mir nie ein Mensch vorgekommen, welcher zu gleicher Zeit körperlich und geistig in so hohem Grade vom Himmel begabt gewesen wäre und auf diese Weise in der Tat das Bild des vollkommensten Menschen darstellte. Aber nicht bloß die Kraft war zu bewundern, die bei ihm in so außerordentlichem Grade Leib und Seele erfüllte, sondern mehr noch das herrliche Gleichgewicht, was sich sowohl über die physischen als geistigen Funktionen ausbreitete, und die schöne Eintracht, in welcher beides vereinigt war, so daß keines, wie so oft geschieht, auf Kosten des andern lebte oder es störte (...) Solche Erfahrungen gehören zu den seltensten Geschenken des Himmels. Es ist eine Freude, zu sehen, daß die Entstehung so vollkommener Menschennatur auch noch in unseren Zeiten möglich ist, die so manche für eine Periode der Abnahme des Menschengeschlechts halten.

(Nachschrift zu Karl Vogels Krankheitsbericht 1832)

Die Stärke seines Kopfes
Von Anne Germaine von Staël

Goethe ist wunderbar geistreich in der Unterhaltung, und es paßt sehr gut auf ihn: Geist muß zu plaudern verstehen. Wenn man Goethe zum Reden bringen kann, ist er bewundernswert: seine Beredsamkeit ist von Gedanken erfüllt, seine Plauderei ist zugleich voll Anmut und Philosophie; seine Einbildungskraft ist von den äußeren Gegenständen eingenommen wie die der Künstler bei den Alten, und nichtsdestoweniger hat sein Verstand mehr als genug von der Reife unserer Zeit. Nichts verrückt die Stärke seines Kopfes, und selbst die Widersprüche seines Charakters, der Laune, Verlegenheit, Zurückhaltung schreiten wie Schatten am Fuß des Gebirges über den Gipfel, auf den sein Genie gestellt ist.

(Januar/Februar 1804)

Vom göttlichen Goethe
Von Gottfried August Bürger

Wer sollt es aber wagen,
Vom göttlichen Goethe zu sagen,
In Dramen ihm gleich zu sein?
Er baut auf wächserne Flügel,
Ich geb ihm Brief und Siegel,
Er fällt ins Wasser hinein!

(aus: Brief an Boie, 10. 7. 1775)

Nicht unfehlbar
Von Friederike Kempner

Auch Goethe war nicht unfehlbar,
Was auch die Goethe-Jünger meinen:
Was sich nicht schickt, schickt sich für keinen,
Für jeden das, was recht und wahr!

(1873)

Goetheaffen
Von Karl Kraus

Nun tragen sie's und werden täglich dreister.
Der legt den abgelegten Schlafrock an,
der hat sich eingespielt in Wilhelm Meister
und spricht mit sich als seinem Eckermann.

Allwärts umblickend, weit und breit gesinnt,
notiert geruhig er, was man so findt,
scheint briefzuwechseln gar mit einem Kind.
Und siehe, im Olympischen nicht faul,
verachtet er wie jener den Jean Paul
und tut sich um und um in Weimars Landschaft
mit dem Bewußtsein tiefster Wahlverwandtschaft.
Träf' ihn so allverklärt und heidnisch-fromm
Poincaré, er spräch: voilà un homme!
Stirbt er dereinst, so fehlt das Letzte nicht,
der Zweifel, ob es lautete: Mehr Licht!
Den drängt es faustisch ohne viele Faxen,
denn er ist bei den Müttern aufgewachsen.
Was er nicht fühlt, er wird es sich erjagen
und magisch-kophtisch-orphisch sich ergehn,
im Nachgefühl zum Augenblicke sagen:
Verweile doch, man wird ja doch da sehn!
Der, angefrischt, eratmet im Ergetzen,
er möge sich in einen Hofkreis setzen,
der fühlt sich wühlend mit dem Tonfall treiben,
der wird im July an Ulriken schreiben
und wenn auch mühsam, wird's ihm doch gelingen,
hiebei kein grades Wort hervorzubringen.
Und er begibt sich schon, des zum Beweise,
aus dem ihm angenehmen Hoheitskreise,
stracks auf die dritte italiänische Reise.
Dort dort jedoch, fällt grade ihm nichts ein,
schreibt er es angelegentlich der Stein.
Der eine macht es mit der Frohnatur,
der andere hat vom Vater die Statur.
Der reimt sich was vom Lieben und vom Leben,
das wird ein artig Angebinde geben,
denn er hat es vom Leben wie vom Lieben
des alten Goethe einfach abgeschrieben.
Doch daß die Ähnlichkeit tritt ganz hervor,
fehlt ihm fürs Lustspiel jeglicher Humor.

Drum zeigt man besser gleich das ernste Führen;
da müßt' man sich im Karlsbad genieren.
Und dort gefiel' ihm sicherlich, ich wette,
nebst allerlei das Chor der Operette,
und besser hats, so fände er am End',
kein Neutrum als das alte Kontinent.
Nur daß vergebens man, kein Glück ist ganz,
zur Kur und Cour erwartet seinen Franz.
Mit Goethes höherer Muse sich begatten
erweist sogleich: die Frau ist ohne Schatten.
Zieht uns hinan dies Ewig-Weibliche,
dort war's getan, das Unabschreibliche.
Reckt zur Bedeutung sich das Vergängliche,
wird Ereignis der Zeitung das Unzulängliche.
Mit klassizistisch gemeßner Gebärde
erlebt sich gar noch dieses Stirb und Werde;
Urväter Hausrat ein Divan ziere,
daß man west-östlich sich orientiere;
und sowieso befaßt mit Altertümern,
braucht man sich fürder nicht zu bekümmern,
denn wer schon vom jungen Goethe geborgt,
der hat auch fürs Alter ausgesorgt,
und muß von Natur man mit Wasser kochen,
man nimmt, und wenn die Welt voll Teufel wäre,
dazu osteologisch ein paar Knochen
und wirft sich einfach auf die Farbenlehre.
Über derlei hat sich noch niemand beschwert,
denn das Delikt ist im Begehen verjährt,
und keiner hat, wenn's so vollkommen klappt,
den Täter je auf frischer Tat ertappt;
und dem wird im unwiderstehlichen Zwange
bei seiner Goethe-Ähnlichkeit nicht bange.
Doch was immer von diesem sich einer auch leiht,
den Tonfall, die Haltung, das Alterskleid,
eins haben sie bis heut nicht nach Hause getragen –
was doch jeder Deutsche von Goethe hat,

das täglich von allen Zungen genannte,
freilich von keiner noch angewandte
– und gerade ihnen ließ er es sagen –:
das am besten bekannte Goethe-Zitat.

(aus: Die Fackel, 622–31, 1923)

Ziemlich tief herunter

Von Friedrich Schiller

Endlich kann ich Dir von Goethe erzählen, worauf Du, wie ich weiß, sehr begierig wartetest. Ich habe vergangenen Sonntag, den 7. September, beinahe ganz in seiner Gesellschaft zugebracht, wo er uns mit der Herder, Frau von Stein und der Frau von Schardt, der, die Du im Bad gesehen hast, besuchte. Sein erster Anblick stimmte die hohe Meinung ziemlich tief herunter, die man mir von dieser anziehenden und schönen Figur beigebracht hatte. Er ist von mittlerer Größe, trägt sich steif und geht auch so; sein Gesicht ist verschlossen, aber sein Auge sehr eindrucksvoll, lebhaft, und man hängt mit Vergnügen an seinem Blicke. Bei vielem Ernst hat seine Miene doch viel Wohlwollendes und Gutes. Er ist brünett und schien mir älter auszusehen, als er meiner Berechnung nach wirklich sein kann. Seine Stimme ist überaus angenehm, seine Erzählung fließend, geistvoll und belebt; man hört ihn mit überaus vielem Vergnügen; und wenn er bei gutem Humor ist, welches diesmal so ziemlich der Fall war, spricht er gern und mit Interesse. – Unsere Bekanntschaft war bald gemacht und ohne den mindesten Zwang; freilich war die Gesellschaft zu groß und alles auf seinen Umgang zu eifersüchtig, als daß ich viel allein mit ihm hätte sein oder etwas anderes als allgemeine Dinge mit ihm sprechen können (. . .)

Im ganzen genommen ist meine, in der Tat große Idee von ihm nach dieser persönlichen Bekanntschaft nicht vermindert worden; aber ich zweifle, ob wir einander je sehr nahe rücken werden.

(aus: Brief an Christian Gottfried Körner, 12. 9. 1788)

Die Stimme

Von Gustav Parthey

Wohl hatte ich mir aus Zelters Gesprächen einen gewaltigen Goethe konstruiert, aber die Wirklichkeit übertraf alles Gedachte und Eingebildete. Der sonore Baß seiner Stimme hatte noch mit 78 Jahren eine ungemeine Weichheit und war der feinsten Modulationen fähig. Bei aller innerlichen Freude über mein Glück ließ ich mich nicht von unnötiger Redseligkeit hinreißen (. . .) Die großartigen Unternehmungen des Pascha Mehmed Ali, des kühnen Regenerators von Ägypten, fanden Goethes vollste Anerkennung, wogegen der Kammerjunker sich an der mörderischen Vertilgung der Mamlucken auf der Zitadelle von Kairo ergötzte.

(25. 8. 1827)

Die Rede

Von Freiherr von Stackelberg

Es war eine Lust, den Alten mit Kindern, die immer ab und zu bei ihm vorkamen, sprechen zu hören, denn er hat eine rührende Art, sich mit ihnen zu unterhalten, und spricht dann ganz in ihrem Sinne, drum sie auch an ihm hängen und ganz mit ihm vertraut sind. Ich könnte nicht aufhören, von ihm zu erzählen, so hat er mich bezaubert, so schlicht und naiv ist sein Reden, so ungekünstelt und ungewählt sind seine Worte und immer treffend; er hat die Naturpoesie in seinem Besitz.

(aus: Brief an August Kestner, 15. 11. 1829)

Die Sprache
Von Victor Cousin

Seine Unterhaltung war zuerst ziemlich frostig, belebte sich allmählich (...) Es ist mir unmöglich, eine Vorstellung von der Anmut der Worte Goethes zu geben: alles ist individuell und grenzt an die Magie des Unendlichen: die Knappheit und der Umfang, die Klarheit und die Stärke, die Fülle und die Einfachheit und eine unaussprechliche Anmut sind in seiner Sprache.

(18. 10. 1817)

Alles Gewordene und Bestehende
Von Gottfried Keller

Ich bemerkte sogleich, daß in unserer Stube eine kleine Veränderung vorgegangen war. Ein artiges Lotterbettchen stand an der Wand, welches die Mutter aus Gefälligkeit von einem Bekannten gekauft, der dasselbe nicht mehr unterzubringen wußte; es war von der größten Einfachheit, leicht und zierlich gebaut und statt des Polsters nur mit weiß und grünem Stroh überflochten und doch ein allerliebstes Möbel. Aber auf demselben lag ein ansehnlicher Stoß Bücher, an die fünfzig Bändchen, alle gleich gebunden, mit roten Schildchen und goldenen Titeln auf dem Rücken versehen und durch eine starke vielfache Schnur zusammengehalten, wie nur eine Frau oder ein Trödler etwas zusammenbinden kann. Es waren Goethes sämtliche Werke, welche einer meiner Plagegeister hergebracht hatte, um sie mir zur Ansicht und zum Verkauf anzubieten. Es war mir zu Mute, als ob der große Schatten selbst über meine Schwelle getreten wäre; denn so wenige Jahre nach seinem Tode verflossen, so hatte sein Bild in der Vorstellung des jüngsten Geschlechtes bereits etwas Dämonisch-Göttliches angenommen, das, wenn es als eine Gestaltung der entfesselten Phantasie einem im Traume erschien, mit ahnungsvollem Schauer erfüllen konnte. Vor einigen Jahren hatte ein deutscher Schreinergeselle, welcher in unserer Stube etwas zurechthämmerte, dabei von ungefähr gesagt: »Der große Goethe ist gestorben«, und dies unbeachtete Wort klang mir immer wieder nach. Der unbekannte Tote schritt fast durch alle Beschäftigungen und Anregungen und überall zog er angeknüpfte Fäden an sich, deren Enden nur in seiner unsichtbaren Hand verschwanden. Als ob ich jetzt alle diese Fäden in dem ungeschlachten Knoten der Schnur, welche die Bücher umwand, beisammen hätte, fiel ich über denselben her und begann hastig ihn aufzulösen, und als er endlich aufging, da fielen die goldenen Früchte des achtzigjährigen Lebens auf das schönste auseinander, verbreiteten sich über das Ruhbett und fielen über dessen Rand auf den Boden, daß ich alle Hände voll zu tun hatte, den Reichtum zusammenzuhalten. Ich entfernte mich von selber Stunde an nicht mehr vom Lotterbettchen und las dreißig Tage lang, indessen es noch einmal strenger Winter und wieder Frühling wurde; aber der weiße Schnee ging mir wie ein Traum vorüber, den ich unbeachtet von der Seite glänzen sah. Ich griff zuerst nach allem, was sich durch den Druck als dramatisch zeigte, dann las ich alles Gereimte, dann die Romane, dann die Italienische Reise, dann einige künstlerische Monographien, und als sich der Strom hierauf in die prosaischen Gefilde des täglichen Fleißes, der Einzelmühe verlief, ließ ich das Weitere liegen und fing von vorn an und entdeckte diesmal die einzelnen Sternbilder in ihren schönen Stellungen zueinander und dazwischen einzelne seltsam glänzende Sterne, wie den Reineke Fuchs oder den Benvenuto Cellini. So hatte ich noch einmal diesen Himmel durchschweift und vieles wieder doppelt gelesen und entdeckte zuletzt noch einen ganz neuen hellen Stern: Dichtung und Wahrheit. Ich war eben mit diesem *ein* Mal zu Ende, als der Trödler hereintrat und sich erkundigte, ob ich die Werke behalten wolle, da sich sonst ein anderweitiger Käufer gezeigt habe. Unter diesen Umständen mußte der Schatz bar bezahlt werden, was weit über meine Kräfte ging; die Mutter sah wohl, daß er mir etwas Wichtiges war, aber mein dreißigtägiges Liegen und Lesen machte sie unentschlossen, und darüber ergriff der Mann wieder seine Schnur, band die Bücher zusammen, schwang den Pack auf den Rücken und empfahl sich.

Es war, als ob eine Schar glänzender und singender Geister die Stube verließen, so daß diese auf einmal still und leer schien; ich sprang auf, sah mich um und würde mich wie in einem Grabe gedünkt haben, wenn nicht die Stricknadeln meiner Mutter ein freundliches Geräusch verursacht hätten. Ich machte mich ins Freie; die alte Bergstadt, Felsen, Wald, Fluß und See und das formenreiche Gebirge lagen im milden Schein der Märzsonne, und indem meine Blicke alles umfaßten, empfand ich ein reines und nachhaltiges Vergnügen, das ich früher nicht gekannt. Es war die hingebende Liebe an alles Gewordene und Bestehende, welche das Recht und die Bedeutung jeglichen Dinges ehrt und den Zusammenhang und die Tiefe der Welt empfindet. Diese Liebe steht höher als das künstlerische Herausstehlen des einzelnen zu eigennützigem Zwecke, welches zuletzt immer zu Kleinlichkeit und Laune führt; sie steht auch höher als das Genießen und Absondern nach Stimmungen und romantischen Liebhabereien, und nur sie allein vermag eine gleichmäßige und dauernde Glut zu geben.

(aus: Der grüne Heinrich, Erste Fassung, 1854)

Muckertum im Goethekultus

Von Gottfried Keller

Es existiert eine Art Muckertum im Goethekultus, das nicht von Produzierenden, sondern von wirklichen Philistern, vulgo Laien, betrieben wird. Jedes Gespräch wird durch den geweihten Namen beherrscht, jede neue Publikation über Goethe beklatscht – er selber aber nicht mehr gelesen, weshalb man auch die Werke nicht mehr kennt, die Kenntnis nicht mehr fortbildet. Dies Wesen zerfließt eines Teils in blöde Dummheit, anderen Teils wird es wie die religiöse Muckerei als Deckmantel zur Verhüllung von allerlei Menschlichem benutzt, das man nicht merken soll. Zu alledem dient eben die große Universalität des Namens.

(aus: Brief an Ludwig Geiger, 11. 3. 1884)

Die Universalität Goethes
Von Robert Musil

Die Welt des Schreibens und Schreibenmüssens ist voll von großen Wörtern und Begriffen, die ihre Gegenstände verloren haben. Die Attribute großer Männer und Begeisterungen leben länger als ihre Anlässe, und darum bleiben eine Menge Attribute übrig. Sie sind irgendeinmal von einem bedeutenden Mann für einen anderen bedeutenden Mann geprägt worden, aber diese Männer sind längst tot, und die überlebenden Begriffe müssen angewendet werden. Deshalb wird immerzu zu den Beiwörtern der Mann gesucht. Die »gewaltige Fülle« Shakespeares, die »Universalität« Goethes, die »psychologische Tiefe« Dostojewskis und alle die anderen Vorstellungen, die eine lange literarische Entwicklung hinterlassen hat, hängen zu Hunderten in den Köpfen der Schreibenden umher, und aus reiner Absatzstockung nennen diese heute schon einen Tennisstrategen abgründig oder einen Modedichter groß.

(aus: Der Mann ohne Eigenschaften, 1930)

Wo nicht Göthe, doch gewiß Bethge
Von Christoph Lichtenberg

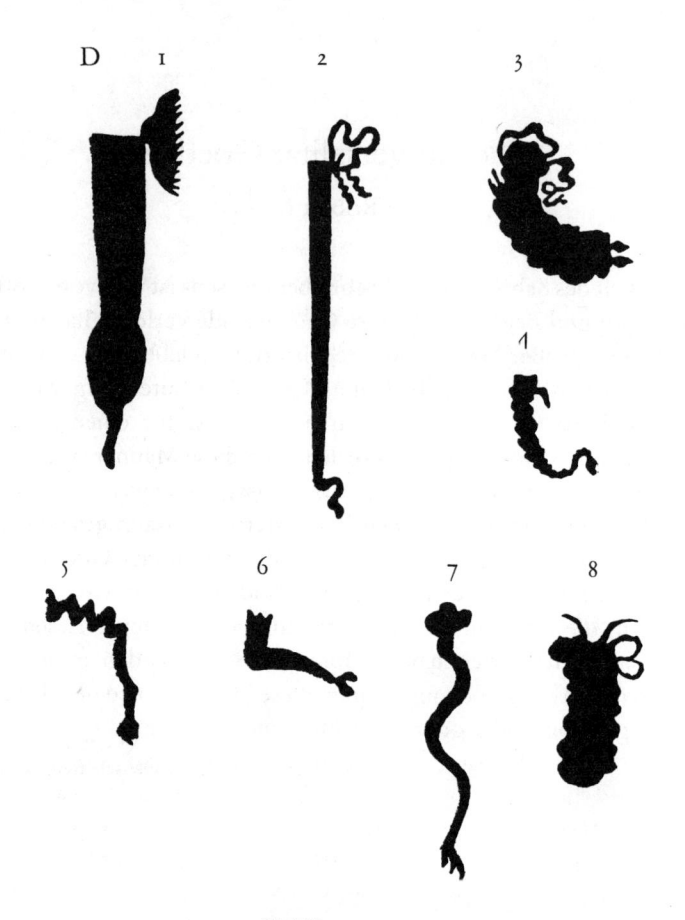

Erklärungen
D. 1. Ist fast Schwanzideal. Germanischer eiserner Elater im Schaft; Adel in der Fahne; offensiv liebende Zärtlichkeit in der Rose; aus der Richtung fletscht Philistertod und unbezahltes Conto. Durchaus mehr Kraft als Besonnenheit.

2. Hier überall mehr Besonnenheit als Kraft. Ängstlich gerade, nichts Hohes, Aufbrausendes, weder Newton noch Rüttgerot[1], süßes Stutzerpeitschchen, nicht zur Zucht, sondern zur Zierde, und zartes Marcipanherz ohne Feuerpuls. Ein Liedchen sein höchster Flug, ein Küßchen sein ganzer Wunsch.

3. Eingezwängter Fülldrang. Eine Pulvertonne unter einem Feuerbecken vergessen, wenns aufliegt, füllts die Welt. Edler, vortrefflicher Schwanz, englisch in beiderlei Verstand. Schade, daß du von sterblichem Nacken herabstarrst. Flögst du durch die Himmel, die Kometen würden sprechen: welcher unter uns will es mit ihm aufnehmen? Studirt Medicin.

4. Satyrmäßig verdrehte Meerrettigform. Der Kahlköpfigkeit letzter Tribut, an Schwanzheit bezahlt. Alte Feldmarschallskraft, zu Fähndrichs Natur aufpomadet, aufgekämmt und aufaffectirt. Kampf zwischen Natur und Kunst, wo beide auf dem Platz bleiben. Strecke du das Gewehr, armer Teufel, und laß die Perücke einmarschiren.

5. An Schneidergesellheit und Lade grenzende schöne Literatur. In dem scharfen Winkel, wo das Haar den Bindfaden verläßt, wo nicht Göthe, doch gewiß Bethge[2], hoher Federzug mit Nadelstich. Polemik in der horizontalen Richtung, Freitisch in der Quaste. In der fast zu dünne gezeichneten Wurzel Winzigkeit mit Hände reibender Pusillanimität. Informirt auf dem Claviere.

6. Sicherlich entweder junger Kater oder junger Tiger, mit einem Haarübergewicht zum letztern.

7. Abscheulich. Ein wahrhaftes Pfui! Wie kannst du an einem Kopf gesessen haben, den Musen geheiligt! Im trunkenen Streit mußt du vielleicht einmal irgend einem Badergesellen oder Stadtmusikanten entrissen und aus Triumph am Purschenhaar geknüpft sein. Elendes Werk, nicht der Natur, sondern des Seilwinders. Hanf bist du, und als Hanf hättest du dich besser geschickt, den Hals deines geschmacklosen Besitzers an irgend einen Galgen zu schnüren.

---

[1] Rüttgerot war ein Mörder, der zu Eimbeck 4 Meilen von Göttingen gerädert wurde. S. Lavaters physiognomische Fragmente.

[2] Bethge war der berühmteste Schneider zu Göttingen, zu seiner Zeit.

8. Heil dir und ewiger Sonnenschein, glückseliges Haupt, das dich trägt. Stünde Lohn bei Verdienst, so müßtest du Kopf sein, vortrefflicher Zopf, und du Zopf, beglückter Kopf. Welche Güte in dem seidenen zarten Abhang, wirkend ohne Hanf herbergendes maskirendes Band, und doch Wonne lächelnd wie geflochtene Sonnenstrahlen.

(Acht Silhouetten von Purschenschwänzen zur Übung, in: Fragment von Schwänzen, 1783)

Ein Mangel an Natürlichkeit
Von Christine Reinhard

Dann erschien Goethe! – (...) Er hat an sich zu viel Förmlichkeit und einen Mangel an Natürlichkeit, die kein Vertrauen hervorrufen, im Gegenteil jede Herzensergießung ausschließen (...) er gleitet über das menschliche Elend hinweg wie ein Bewohner einer andern Welt. Niemals spricht er über sich selbst, niemals habe ich ihn an Freuden und Kummer anderer Anteil nehmen gesehen. Man bemerkt selten an ihm ein Zeichen der Zustimmung oder Mißbilligung. Nichts bewegt ihn. Er lebt im Kreise seiner Ideen und seines Wissens, einem ungeheuren Kreis, der alle Wissenschaften umfaßt, und er macht sein Spiel mit den abstraktesten Materien. Er beschäftigt sich eifrig mit Botanik, Chemie, Mineralogie, Astronomie; alles ist ihm vertraut. Die Theorie der Farben ist zur Zeit sein Steckenpferd, und die Schlußfolgerungen, die mein Mann daraus gezogen hat, beweisen, daß, ausgehend von der Chemie, sie bei der Philosophie endigt. Gewohnt, umschmeichelt zu werden, kann ihn keine Art der Huldigung mehr in Erstaunen versetzen.

(aus: Brief an ihre Mutter, 10. 7. 1807)

Ja, ja! Hem, hem!
Von Sulpiz Boisserée

Der alte Herr ließ mich eine Weile warten, dann kam er mit gepudertem Kopf, seine Ordensbänder am Rock; die Anrede war so steif vornehm als möglich. Ich brachte ihm eine Menge Grüße. Recht schön! sagte er. Wir kamen gleich auf die Zeichnungen, das Kupferstichwesen, die Schwierigkeiten, den Verlag mit Cotta und alle die äußern Dinge. Ja, ja! schön! hem, hem!

(aus: Brief an seinen Bruder Melchior, 3. 5. 1811)

Er brummte am Dienstag, als ich bei ihm mit den Zeichnungen allein war, wirklich zuweilen wie ein angeschossener Bär (...)

(aus: Brief an Johann Baptist Bertram, 10. 5. 1811; *vgl. auch Wilhelm an Jacob Grimm, 13. 12. 1809: »... und invitierte mich immer zum Trinken, indem er an die Bouteille zeigte und leis brummte, was er überhaupt viel tut« Anm. der Herausgeber.*)

Hm! hm! Jo, jo!
Von Heinrich Luden

Frau von Knebel führte mich in das Zimmer: Hier ist der Zauderer! sagte sie. In dem Zimmer befanden sich außer den Herren Knebel und Hufeland nur Goethe und Riemer, der Goethe zu begleiten pflegte. Alle standen schweigsam da; kein Gesicht zeigte sich freundlich. Hufeland sah gutmütig vor sich hin, Riemer gleichgültig, Knebel verlegen, Goethe verdrießlich (...) Während ich diese Worte sprach, ließ Goethe ein paar Male ein beifälliges Hm! hm! vernehmen, und Knebel warf sein gewöhnliches Jo, jo! Jo, jo! hinein (...)

(10. 8. 1806)

M-h-h

Von Friedrich Notter

Dabei ließ nichts das hohe Alter desselben ahnen als ein fast nach jedem fünften oder sechsten Wort kommendes langgedehntes M-h-h, das jedoch deutlich mehr aus dem Mund als der Brust kam und eher angenommene Gewohnheit als irgendwie ein Zeichen von Erschöpfung oder sonstiger Beschwerde zu sein schien.

(Juni 1829)

O ja. Auch. Hm!

Von Heinrich Luden und Johann Wolfgang Goethe

Noch eine Anekdote mag mitgeteilt werden, weil sie uns ungemein ergötzte durch die Weise, in welcher sie erzählt wurde. Ich will sie mit Goethes Worten wiedergeben; die Weise muß freilich ein jeder hinzudenken:

In meiner Art auf und ab wandelnd, war ich seit einigen Tagen an einem alten Mann von etwa 78 bis 80 Jahren häufig vorübergegangen, der, auf sein Rohr mit einem goldenen Knopfe gestützt, dieselbe Straße zog, kommend und gehend. Ich erfuhr, es sei ein vormaliger hochverdienter österreichischer General aus einem alten, sehr vornehmen Geschlechte (...) Nun aber trat ich einmal auf einem Spaziergang etwas zur Seite, um, ich weiß nicht was, genauer anzusehen. Da kam der Alte freundlich auf mich zu, entblößte das Haupt ein wenig, was ich natürlich anständig erwiderte und redete mich folgendermaßen an: Nicht wahr, Sie nennen sich Herr Goethe? – Schon recht. – Aus Weimar? – Schon recht. – Nicht wahr, Sie haben Bücher geschrieben? – O ja. – Und Verse gemacht? – Auch. – Es soll schön sein. – Hm! – Haben Sie denn viel geschrieben? – Hm! es mag so angehen. – Ist das Versemachen schwer? – So, so! – Es kommt wohl halter auf die Laune an: ob man gut gegessen und getrunken hat, nicht wahr? – Es ist mir fast so vorgekommen. – (...) Aber sagen S' mir doch, was haben S' denn geschrieben? – Mancherlei, von Adam bis Napoleon, vom Ararat bis zum Blocksberg, von der Zeder bis zum Brombeerstrauch. – Es soll halter berühmt sein. – Hm! Leidlich. – Schade, daß ich nichts von Ihnen gelesen und auch früher nichts von Ihnen gehört habe. Sind schon neue verbesserte Auflagen von Ihren Schriften erschienen? – O ja, wohl auch. – Und es werden wohl noch mehr erscheinen? – Das wollen wir hoffen. – Ja, schauen S', da kauf ich Ihre Werke nicht. Ich kaufe halter nur Ausgaben der letzten Hand; sonst hat man immer den Ärger, ein schlechtes Buch zu besitzen, oder man muß dasselbe Buch zum zweiten Male kaufen. Darum warte ich, um sicher zu gehen, immer den Tod der Autoren ab, ehe ich ihre Werke kaufe. Das ist Grundsatz bei mir, und von diesem Grundsatz kann ich halter auch bei Ihnen nicht abgehen. – Hm! –

(1806)

Johann Wolfgang Goethe
(einer strebsamen Jugend zugeeignet)

Von Karl Hoche

INFO-PAPER

Goethe kam am 28. 8. 1749 in 6 Frankfurt/Main auf die Welt. Die Stadt war damals noch ungeheuer reaktionär, das Riesenhaus am Großen Hirschgraben, in dem die Familie wohnte, hatten die Goethes zum Beispiel nicht besetzt, es gehörte ihnen. Deshalb gefiel es John dort nicht besonders, und er fuhr in die DDR, wo er in Leipzig Jura studierte. Obwohl er vorher nur Hauslehrer gehabt hatte, war das kein Problem, denn es gab damals noch keinen Numerus clausus. Das Studium ödete ihn wahnsinnig an, er war lieber kreativ, produzierte Visuelles und arbeitete an der Vermittlung von ästhetischer Theorie und Praxis. Später flippte er echt aus, und nach einer reichlich zickigen Flucht in die Krankheit kam er nach Frankfurt zurück.

Der Alte schickte ihn nach Straßburg. Dort ging ihm seine kirchenrechtliche Doktorarbeit gewaltig in die Hose, da er sich als absoluter Jesus-People-Sympathisant erwies. Er behauptete nämlich, daß die bestehenden Kirchen mit Jesus nichts mehr zu tun hatten. Mit sowas ging er den dortigen orthodoxen Lutheranern mächtig auf den Geist, und der Doktortitel war gestorben. In Straßburg schaffte er sich an die Pastorentochter Friederike Brion, die seine erste große Geschichte wurde. Goethe, der ungeheuer kommunikativ war (fünfzehntausend Briefe sind noch da), hat in der Liebe immer wahnsinnig viel gebracht. Daß er sich in Leipzig einen Syph geholt hätte, ist aber nur ein Gerücht. Er hatte auch eine weibliche Komponente drauf und konnte sich gut in die Girls einfühlen. Insbesondere hatte er auch schnell raus, wenn ihn irgend so eine Frieda monopolisieren wollte, da war er dann immer ganz plötzlich weg vom Fenster. Die Ehe war für ihn ein Horrortrip, da war er Gefühlsanarchist, auch wenn er ideologisch eher ein Law-and-Order-Typ war. Mit Friederike machte er ziemlich lange, aber als es soweit war, stieg er irre cool auf sein Pferd, sagte »Mach's gut, Partner«, und ritt weg, bis er nur noch ein winziger Punkt am Horizont war.

Danach wurde er Praktikant am Reichskammergericht in Wetzlar. Damit es nicht zu öde wurde, legte er sich wieder mal eine Tante zu. Sie hieß Charlotte Buff und war verlobt. Goethe fand es ungeheuer beschissen, daß es damals noch keine Wohngemeinschaften gab, sondern nur Zweierbeziehungen. So schrieb er den *Werther,* in dem er seine Situation schilderte, nur mit dem Unterschied, daß sein Held sich erschoß, während Goethe hinter anderen Weibern her war. Der *Werther* war sofort ein totaler Spitzenbestseller. Sowas von new sensibility war noch nie da, die Leser erschossen sich reihenweise. Das Buch enthielt scharfe Angriffe auf die damalige Gesellschaft, allerdings nur auf individuell anarchistischer Basis. Goethes Bewußtsein war einigermaßen beknackt, denn er konnte den Marxismus und somit auch die Gesetzmäßigkeiten der Geschichte leider noch nicht kennen.

Goethe geht auf Einladung des dortigen Herzogs nach Weimar und macht da zunächst ein großes Faß auf. Später steigt er auf dem Langen Marsch durch die Institutionen in die Administration ein. Er versucht was zu machen, aber er ist einfach zu sehr isoliert. Wie nicht anders zu erwarten, zieht er wieder eine Frau an Land, die Hofdame Charlotte von Stein. Da der Geschlechtsverkehr damals noch einen anderen Stellenwert hatte, gab es inzwischen viel Research, ob er mit ihr geschlafen hat oder nicht. Weil er immer voll da war, wird man sagen können, er hat. Die Schreibtischarbeit stinkt ihn ungeheuer an, er geht auf einen großen Italien-Trip. Frau von Stein wußte wieder mal gar nichts und ist entsprechend sauer. Nach der Rückkehr jobbt er weiter in Weimar, sucht sich ein Mädchen, Christiane Vulpius, das seine Mutter einen »Bettschatz« nannte (womit sich GV-Forschungen erübrigen) und heiratet sie dann schließlich sogar. Als uralter Knacker, Christiane hatte schon längst den Löffel weggeschmissen, reißt er noch die neunzehnjährige Ulrike von Levetzow auf, der Ehemuffel macht ihr sogar einen Heiratsantrag, weil sie ihn sonst nicht reingelassen hätte. Aber da ist der Ofen eigentlich schon aus, der Meister hustet hierzu nach alter Gewohnheit noch ein Gedicht aufs Papier, und am 22. März 1832 haut es ihn dann endgültig vom Schlitten.

Goethe, der im Alter oft als ein reichlich pompöses Arschloch auftrat, war in Wirklichkeit ein enorm kaputter Typ, der alle Mühe hatte, einigermaßen auf dem Damm zu bleiben. In seiner Familie gab es eine Menge Bekloppter. Mit seinem ganz schön happigen Weinkonsum war er übrigens echt drogenabhängig, auch wenn die Art des Stoffs, Opas Alkohol, nicht gerade riesig ist. Seine große Gabe: er hatte oft ein wahnsinnig gutes feeling. Lebte er heute, wäre er vielleicht sogar noch besser als Peter Handke.

(aus: Das Hoche Lied, 1976)

Geschmackloses über Goethe

Von Oskar Prang (Frankfurt/M.)

In der allgemeinen Gefühlsstumpfheit empfinde ich die Leserzuschrift von Joachim Hein vom 1. 10. über das Machwerk des Münchner Satirikers Karl Hoche (FR vom 25. 9., »Goethes Liebesleben erregt Abgeordneten«) als einen Lichtblick. Es gibt also doch noch nichtreglementierte Seelen. Allenfalls könnte man es noch verstehen, wenn ein Studienrat am Kopernikus-Gymnasium in Ratingen seiner elften Klasse ein typisches Beispiel von Vulgärsprache geben wollte, um sie davor zu bewahren, in die übliche Primitivität eines Teenager-Jargons zu verfallen. Sollte so etwas aber schlechthin das einzige sein, was jungen Menschen heute im Literatur-Unterricht über Goethe angeboten wird, so kann man sie nur zutiefst bedauern. Wird ihnen doch auf diese Weise vieles vorenthalten, was ihr Leben nicht allein formt und bildet, sondern es auch ungemein zu bereichern und zu vertiefen vermag. Und wofür es sich auch für junge Menschen heute noch zu begeistern lohnt: das Werk unserer großen Dichter! Wem allerdings jegliches Gefühl für die Schönheit der Sprache Goethes abgeht, dem wird es auf solche Weise nicht gelingen, dem großen Sohn unserer Stadt den »Kranz der Unsterblichkeit von der Stirne zu reißen«. Mag er sich noch so sehr darin gefallen, die eigene Verkommenheit hinter dem angeblich ausschweifenden Leben jener genialisch begabten Persönlichkeiten zu verstecken und dem staunenden Leser aufzuzeigen, wie allzumenschlich sie doch allesamt gewesen sind. Dies paßt so hübsch in die öde Gleichmacherei, welche sich überall breitmacht. (Entmythologisieren nennt man dies.) Wie man vorher dem zarten, edlen Hölderlin die Jakobinermütze aufs Haupt zu stülpen sich anschickte, so jetzt Goethe als »Gefühlsanarchist aus Frankfurt«, welcher als »uralter Knacker noch Ulrike von Levetzow aufgerissen«, dann aber doch noch »ein Gedicht aufs Papier gehustet«. Immerhin die »Marienbader Elegie«, die Goethe-Verehrer in aller Welt noch bewundern werden, wenn die Erzeugnisse eines bloßen Zeitgeistes längst wie Spreu im Winde verweht sein werden. Auch wenn es jetzt manchmal so aussehen mag, als ob »man hierzulande wiederum blöde die eigene Seele leugnete« (Hölderlin).

(Leserbrief an die Frankfurter Rundschau, 1980)

Er mag ihn nicht!
Von Paul Léautaud

Donnerstag, 20. Oktober 1949

Heute früh habe ich mir bei meiner Zeitschriftenhändlerin die Goethe-Sondernummer der Nouvelles Littéraires angesehen. Nur einen Blick habe ich hineingeworfen. Ich werde doch nicht für diese paar Zeilen 18 Francs oder gar mehr (Sondernummer!) ausgeben. Die deutsche Literatur kenne ich wenig und mehr den Namen als den Werken nach. In meiner Antwort hätte ich sagen können, daß ich persönlich Schopenhauer und Lichtenberg weit über den emphatischen Goethe stelle (. . .)

(aus: Literarisches Tagebuch, 1893–1953, übersetzt von Hanns Grössel, 1966)

Der ganze Goethe
Von Richard Friedenthal

Es gibt Zeiten der Goethe-Nähe und Goethe-Ferne, und beide Arten haben wir erlebt. Als ich zuerst Goethe zu lesen begann, vor über fünfzig Jahren, bestand noch eine festgefügte Goethe-Tradition, die unmittelbar nach Weimar zurückreichte. Bis zur Wende unseres Jahrhunderts lebte noch die letzte seiner vielen Geliebten als uraltes Stiftsfräulein in Böhmen, der Großherzog von Weimar, der als Knabe mit den Enkeln gespielt hatte, und ich habe von

Leuten gehört, die mit ihnen gesprochen hatten. In meiner eignen Familie besaßen wir einige solcher direkten Verbindungen zum »großen Alten«, wie er damals unweigerlich genannt wurde. Mein Urgroßvater mütterlicherseits, Konrektor Elster in Helmstedt, Verfasser eines Buches über DIE HÖHERE ZEICHENKUNST mit mannigfachen Hinweisen auf Goethe, hatte sich an einer der Kunstausstellungen des Dichters beteiligt und ein eigenhändiges Schreiben erhalten mit ausführlicher Würdigung, worin vermerkt war, daß er das Blatt »auf einen hinlänglichen Stab gerollt« zurückerhielte. Dieser »hinlängliche Stab« war ein geflügeltes Wort bei uns, und er hat tiefere Bedeutung. Ein anderer Urvater väterlicherseits war der Berliner Verleger Adolph Martin Schlesinger, der vor allem Musik verlegte, die MATTHÄUSPASSION, die Felix Mendelssohn soeben aufgeführt hatte, Beethovens letzte Quartette und Zelters Liederhefte; er war aber auch an Literatur interessiert und brachte erste Übersetzungen Balzacs heraus, der junge Heine wohnte in seinem Haus ›Unter den Linden‹. Und so beteiligte er sich an dem Wettbewerb um die große GESAMTAUSGABE LETZTER HAND und schickte seinen Sohn dazu nach Weimar. Der »große Alte« forderte die damals enorme Summe von hunderttausend Talern. Das war nicht zuviel für Goethes Werke, aber für den Musikverleger, und so erhielt dann Cotta den Zuschlag.

Daneben gab es in meiner Jugend die ebenfalls bereits sehr etablierte Goethe-Forschung, die noch an der wissenschaftlichen Ausgabe seiner Werke arbeitete und mit ihren 143 Bänden erst fertig wurde, als ich aus dem Ersten Weltkrieg nach Hause kam; sie war später in meinem Besitz. Sie ist mir allerdings ebenso abhanden gekommen wie meine übrige große Sammlung von Ausgaben Goethes, seiner Zeitgenossen und von zeitgenössischen Memoirenwerken, Zeitschriften und Dokumenten oder die schöne große Farbskizze Tischbeins aus der römischen Campagna. All das verschwand während der Zeit des Zweiten Weltkrieges, der ja auch eine Zeit der Goethe-Ferne war.

Damals aber, in meiner Jugend, las ich vor allem Goethe in der gerade erscheinenden Ausgabe des Insel-Verlages. Die Bände waren auf englischem Bibelpapier gedruckt, von den Buchkünstlern der Schule des William Morris ausgestattet und, wie der Prospekt verkündete, »unzerreißbar« gebunden. Sie haben mich seither begleitet und sich in der Tat als unzerreißbar erwiesen, selbst als sie mir 1944 bei einem Bombenangriff aus meiner Londoner Wohnung in den Garten geschleudert wurden, wo ich sie wieder aufsammelte. Ich hatte, als ich in ihnen zu lesen begann, noch keine Ahnung, daß ich einmal mit dem Verleger dieser schönen Ausgabe in Beziehung treten würde und daß meine eignen Bücher unter dem gleichen Signet mit dem Insel-Schiff erscheinen würden. Mit Anton Kippenberg habe ich dann, als er mein Verleger wurde, manche Gespräche über Goethe geführt. Der Katalog seiner Sammlung ist mir noch heute der wertvollste Wegweiser durch die unermeßliche Goethe-Literatur, und nicht weniger wichtig waren mir die Hinweise, die dieser größte und leidenschaftlichste aller Goethe-Kenner in der Unterhaltung gab. Da wurde nicht im tremolierenden Ton der unausstehlichen Goethe-Schwärmerei geredet. Es wurde sachlich, auch mit Bremer Humor, gesprochen. Da habe ich viel gelernt, was nicht in den Büchern stand.

Dann wurde ich auch mit der Goethe-Philologie vertraut; ich habe selbst eine Goethe-Auswahl in zwei Dünndruckbänden herausgegeben, 1932 und 1952 in erweiterter Ausgabe im Knaur-Verlag, eine englische GOETHE-CHRONICLE, einen Privatdruck seiner englisch gekritzelten Versuche für die Maximilians-Gesellschaft. Ich habe mich weiter mit Goethe beschäftigt und auch die vielen Bände der »Goethe-Gesellschaft« gelesen, deren erste Serie meine Großmutter noch abonniert hatte, die englische, französische, amerikanische Literatur und vor allem die Werke der Zeit, die über Weimar hinausführen in den weiteren Umkreis seiner Epoche. Die *Goethe-Zeit:* Das ist nicht nur »Alt-Weimar«, das kaum ganz so traulich war, wie es oft dargestellt wird. Da gibt es Kriege, Revolutionen; da ist nicht nur das zierliche, sondern auch das brutale Rokoko mit seinem Soldatenhandel; unmittelbar neben dem Musenhof wird Spießruten gelaufen, am Vorabend der IPHIGENIE. Da gibt es große Umwälzungen der gesellschaftlichen Ordnung, nicht nur der Kunststile, die vom Barock bis zur Romantik gehen. Darüber fand ich wenig in der Goethe-Literatur. Es schien mir wohl der Mühe wert, den Dichter, den Weisen, den Naturdeuter einmal hineinzustellen in diese größeren Zusammenhänge. Denn diese Zeit, so weit sie zurückzuliegen scheint, ist auch unsere Zeit: Damals wurden die Grundlagen gelegt für die Welt, in der wir uns einrichten müssen. Es ist kein »goldnes Zeitalter«, wie Goethe es im Griechentum erträumte, sowenig er eine Vaterfigur ist, zu der man sehnsüchtig zurückschauen könnte. Er ist ein Mensch mit seinem Widerspruch, nach seiner eignen Lebenslehre aus »polaren« Gegensätzen zusammengesetzt und zur Einheit gestaltet. Wer nur die Resultate abschöpfen und sich an den »Ganzheitsmenschen« Goethe halten – oder anklammern will, der verkennt die große Leistung. Der ganze Goethe: Das ist nicht nur der »vollendete« olympische Greis, der sehr wohl toben, lästern, »bestialisch sein« konnte, wie er fröhlich bekannte; das ist Mephisto und Faust; das ist Iphigenie und die derbe römische Geliebte, die beide zur gleichen Zeit bedichtet werden, die eine ganz Seele, die andere ganz Leib – und so, in Seele und Leib, scheint mir, muß Goethe erfaßt werden, wenn man ihn verstehen und – das wichtigste – sein Werk genießen will.

(aus: Goethe – Sein Leben und seine Zeit, 1963)

Will auch gelebet sein

Von Franz Grillparzer

Wo du stehst im Kreis der Wesen,
Stellt er sich als Führer ein;
Doch will er nicht bloß gelesen,
Er will auch gelebet sein.

(In ein geschenktes Exemplar
von Goethes Werken, 1820)

Die Deutschen haben keinen Geschmack

Von Johann Wolfgang Goethe

Von Kunst hat unser Publikum keinen Begriff (. . .) Die Deutschen sind im Durchschnitt rechtliche, biedere Menschen aber von Originalität, Erfindung, Charakter, Einheit und Ausführung haben sie nicht den mindesten Begriff. Das heißt mit Einem Worte sie haben keinen Geschmack. Versteht sich auch im Durchschnitt. Den rohren Teil hat man durch Abwechslung und Übertreiben, den gebildetern durch eine Art Honettetät zum besten. Ritter, Räuber, Wohltätige, Dankbare, ein redlicher biederer Tiers-Etat, ein infamer Adel pp. und durchaus eine wohlsouteniert Mittelmäßigkeit, aus der man nur allenfalls abwärts ins Platte, aufwärts in den Unsinn einige Schritte wagt, das sind nun schon zehen Jahre die Ingredienzien und der Charakter unsrer Romane und Schauspiele.

(aus: Brief an Johann Friedrich Reichardt, 28. 2. 1790)

Geibel war größer

Von Karl Kraus

Behaupte ich mit der Beharrlichkeit, die mir so wenig Erfolg erstritten hat: daß ein Zeitungsblatt mehr gegen unsere sittliche Entwicklung bewirkt hat als sämtliche Bände Goethes für sie (. . .) So denke ich, und bezeuge es mit der Tatsache, daß die Deutschen, und wenn sie noch so lügen, aus ihrem Herzen keine Mördergrube machen, wenns ihre Kultur gilt, und daß sie in hundert Jahren auf ihren Goethe nicht so stolz waren wie in fünf auf ihre Bombenschmeißer (. . .) Wenn das Volk Goethes nicht schon im Frieden gelogen hätte, so hätte es ruhig zugegeben, daß es Geibel für einen weit größern Dichter hält. Wie könnte man die Unentbehrlichkeit der ewigen Werte für das deutsche Gemüt besser beweisen als durch den Umstand, daß vom Erstdruck des Westöstlichen Divan der Verlag Cotta voriges Jahr die letzten Exemplare vom Tausend an einen Liebhaber verkauft hat.

(aus: Die Fackel, 519/20, 1919)

Goethe und die Folgen

Von Robert Gernhardt

Der Dichter, der sich hinsetzt und eine Dichtung dichtet, ist einer Lawine vergleichbar. Wenn er ein wirklich schönes und wertvolles Werk geschaffen hat, werden bald kluge Köpfe ihre Federn spitzen und Bücher über des Dichters Buch schreiben. Was so entsteht, heißt man Sekundärliteratur. Und die Titel der Sekundärliteratur werden dann in einer Bibliographie zusammengestellt. Je größer ein Dichter ist und je mehr er geschrieben hat, desto mehr wird auch über ihn geschrieben, das ist einleuchtend. Nun ist Goethe aber überhaupt der allergrößte deutsche Dichter, viel geschrieben hat er auch, was mag also über ihn alles geschrieben worden sein? Diese Frage beantworten die Goethebibliographien, und die Antwort würde eigentlich nur den Gelehrten interessieren, wenn sich die aufgezählten Werke lediglich auf den Dichter bezögen. Doch Goethe war ja nicht nur ein Dichter, er war viel mehr, und niemand, der nicht in eine solche Bibliographie geschaut hat, kann ermessen, was Goethe alles war. Der faustische Forscherdrang eines ganzen Volkes hat sich eines seiner Größten bemächtigt, um keine Frage über den Erforschten mehr offenzulassen.

Es gibt zwei Bibliographien:

GOETHE-BIBLIOGRAPHIE

von Hans Pyritz. Lieferung 1–7, Heidelberg 1955–1962, (wird fortgesetzt) und

GRUNDRISS ZUR GESCHICHTE
DER DEUTSCHEN DICHTUNG

von K. Goedeke, 1 Bd., 1859, und Bd. IV, 2; IV, 3 und IV, 5 der dritten Auflage. Dresden 1910, 1912 und Berlin 1960.

Die erste zählt bisher 7031 Titel auf, ist jedoch erst bei Goethe dem Dichter angelangt, die zweite enthält auf ca. 2300 Seiten 46 000 Titel von Aufsätzen und Schriften. Beide betonen, daß sie nicht Vollständigkeit erstrebt hätten, und klagen über die Flut des Goetheschrifttums, die es dem Interessierten schwer mache, sich zurechtzufinden. Eine kleine Hilfe versucht dieser Aufsatz zu geben. Wer bisher in Goethe ein Phänomen erblickte, das nur den geistigen Menschen zu beschäftigen habe, wird sehen, daß er sich geirrt hat. Er geht uns alle an. Doch wir wollen der Reihe nach vorgehen; Goethe zerfällt in drei Teile, beginnen wir mit dem ersten: dem Menschen.

Schon hier wird scheinbar Selbstverständliches zum Problem. Folgende Aufsätze führen uns in den Fragenkreis ein:

J. Spenlé: Ist Goethe ein Deutscher?[1]; K. Röhrich: Wer stahl Goethes Geburtsurkunde?[2]; N. Hansen, Ein Tropfen Türkenblut in Goethes Adern?[3].

Das sind Fragen, die vielleicht schon manchen von uns heimlich beunruhigt haben, wie schön, daß jemand den Versuch gemacht hat, sie zu beantworten. Auf diesem Fundament können wir weiter bauen, wir lesen: L. Sternaux: Weihnachten bei Goethe[4]; und Max Hecker: Wie Goethes Geburtstage gefeiert wurden[5]. Wer Japanisch kann, greife noch zu der Arbeit von K. Mitsui: Chichi to shite no Goethe (G. als Vater)[6].

Das hat uns Goethe als Mensch nähergebracht, und wir können uns seinen menschlichsten Seiten zuwenden. Von den neun Arbeiten über seine Augen greifen wir heraus: H. Cohn: Goethes

---

[1] Goethe, est-il allemand? La Vie en Alsace, 1932, S. 49–55
[2] Offenbach Post, 28. August 1948
[3] Jahrbuch der Sammlung Kippenberg
[4] Daheim, Jg. 58, 1921, Nr. 13–14
[5] Inselschiff 1 (1920)
[6] Tokio 1932

Kurzsichtigkeit und seine Lorgnetten[7]; und als Gegenstimme: F. Vierling: Goethe kurzsichtig?[8]! Noch weiter dringen die Arbeit von H. Würtz: Goethes Wesen und Umwelt im Spiegel der Krüppelpsychologie[9]; und die Dissertation von F. Lorenz: Goethes Leben. Eine Krankengeschichte, Jena 1937.

Der Titel freilich klingt ein wenig düster, wenden wir uns noch einem erfreulicheren zu, der Dissertation von W. Fischer: Goethes Zähne. Untersuchung der vorhandenen Schriften Goethes und seiner Zeitgenossen auf die Fragen: War G. nach dem Jahre 1818 gänzlich zahnlos? und: Trug G. zu irgendeinem Zeitpunkt Zahnersatz? Bonn 1950[10].

Goethe, der Mensch – dazu gehört auch der liebende Goethe. Wir greifen zu: B. Springer: Der Schlüssel zu Goethes Liebesleben. Ein Versuch[11]; T. Reik: Warum verließ Goethe Friderike?[12] und J. Dietzgen: Goethes Lieb' und Untreu. In: J. Dietzgen, sämtliche Schriften, herausgegeben von E. Dietzgen, München, Verlag der Dietzgenschen Philosophie. Soviel von Dietzgen[13].

Ein Neuenkirchener mag nun einwenden, das sei alles ganz interessant, aber er als Neuenkirchener sehe nicht ein, was Goethe mit ihm zu tun habe. Er irrt. Der Aufsatz von P. Eickhoff: Wie G. 1792 von Münster nach Paderborn fuhr und in Neuenkirchen übernachten mußte[14], wird ihn eines Besseren belehren. Das gilt auch für die Anlieger der Bergstraße (siehe K. Henkelmann: G.s Beziehungen zur hessischen Bergstraße[15]) und für die Kölner

---

[7] Wochenschrift für Therapie und Hygiene des Auges 4 (1900–01)
[8] Chronik des Wiener Goethe-Vereins
[9] Leipzig 1932. Zum Zusammenhang von Körpergestalt (Kurzbeinigkeit) und Verhaltensweise bei Goethe
[10] Vollständiger Titel: Eine Zusammenstellung und krit. Untersuchung der Zahn-, Mund- und Kieferleiden Goethes unter Beachtung des Standes der Zahnheilkunde im 18. Jhdt.
[11] Berlin, Verlag der Neuen Generation, 1926
[12] Imago 15 (1929)
[13] Sämtliche Schriften von E. Dietzgen, München, Verl. der Dietzgenschen Philosophie – Bd. 3, 1911
[14] Ravensbergerblätter für Geschichte, Volks- und Heimatkunde 27 (1927)
[15] Bergsträßer Geschichtsblätter 3 (1926)

(s. I. Gentges: G. und der Kölner Karneval[16]). Jedem Trierer sei noch die Arbeit von H. Schiel ans Herz gelegt: Wann war G. in Trier und wo wohnte er? Eine Richtigstellung[17].

Ähnliche Arbeiten gibt es zu Tausenden. Wer aber unter ihnen seinen Heimatort nicht entdeckt, braucht trotzdem nicht abseits zu stehen. Er hat doch sicher einen Beruf, und jeder Beruf hat auch wieder seinen Goethe. Was den Apothekern recht ist (H. Vogler: G. in seinen Beziehungen zu Apothekern, Apothekerzeitung[18]), ist den Pharmazeuten billig (J. Noggler: G. in seinen Beziehungen zu Pharmazeuten, Pharm. Monatshefte[19]). Wer wollte es da den Hygienikern und Eisenbahnern zumuten, auf Goethe zu verzichten? (s. W. Bode: Goethes Hygiene, Hygienische Rundschau[20], und M. v. Weber: G. und die Dampfmaschine, Zeitschrift des Vereins deutscher Eisenbahnverwaltungen[21]). Der Gärtner greife zu G. Balzer: Gestalten aus G.s Gärtnerbekanntschaften[22], der Bienenfreund zu A. Bröker: G. und die Bienen, Leipziger Bienenzeitung[23], der Innenarchitekt zu R. Herzogs Dissertation: G. in seiner Stellung zur Farbe des Innenraumes, Dresden 1944, der Sportler zu H. Müller-Schönau; Sportsmann Goethe[24], und J. Kleinpaul: Konnte G. schwimmen?[25]

Hier kommt jeder zu seinem Recht, hier darf jeder mitmachen: der Okkultist (M. Seiling: G. als Okkultist[26]), der Arbeiter (A. Hoffmann: G. und der werktätige Mensch[27]), der Bauer (G. Scholz: G. und die bäuerliche Welt. Die ländlichen Grundlagen seines

---

[16] Deutscher Kulturwart 1939
[17] Goethe-Ausstellung zum 200. Geburtstag, Trier 1949
[18] H. Vogler: G. in seinen Beziehungen zu Apothekern, Apothekerzeitung, Nr. 15 (1900)
[19] J. Noggler: G. in seinen Beziehungen zu Pharmazeuten, Pharm. Monatshefte, Nr. 4 (1923)
[20] W. Bode: Goethes Hygiene, Hygienische Rundschau, 1900, S. 721/88
[21] M. v. Weber: G. und die Dampfmaschine, Zeitschrift des Vereins deutscher Eisenbahnverwaltungen, Leipzig 1865
[22] G. Balzer: Gestalten aus G.s Gärtnerbekanntschaften, Goethe 14/15, 1952–53
[23] Ein Ausklang zum Goethejahr, Jg. 63, 1949, H. 12
[24] H. Müller-Schönau: Sportsmann Goethe, Leipzig 1936
[25] Leipzig, N. Nachr. 1930
[26] Berlin 1920 (Okkulte Welt 9/10)
[27] Goethe. Neue Folge des Jahrbuchs der Goethe-Gesellschaft, 1949

Denkens[28]), der Wetterforscher (C. Kaßner: G. und der Wetterdienst im Großherzogtum Sachsen-Weimar[29]), der Statistiker (Ph. Schwarz: G. und die Statistik[30]), der Schwamm (W. Arndt: G. und die Schwämme[31]), der Italienreisende (H. Prang: G. als Benutzer von ital. Reiseführern[32]) und der Geimpfte (H. Cohn: G. und der Impfzwang[33]).

Goethe als Finanzminister, als Kriegsminister, als Verwaltungsmann, als Wegbaudirektor, das wird unsere Regierenden interessieren, Goethe und die Textilindustrie, die Zuckerfabrikation und das Versicherungswesen, da wird der Industrielle angesprochen, und zum Schluß sei noch auf einige Schriften hingewiesen, die Goethes ganze Weite zeigen: Fr. List: G.s durchwachsene Birne (ein familiengesch. und literarhist. Beitrag zu G.s morphologischen Studien)[34], Th. Friedrich: G. und die Gulaschkanone[35], und W. Flach: G.s Mitwirkung am Zillbacher Holzprozeß[36]. Vielleicht hat nun ein armer alter Kunstblumenhersteller den Aufsatz bis hierher gelesen und will schon das Heft entmutigt aus der Hand legen. Alle haben ihren Goethe, mag er verbittert seufzen, nur ich nicht. Er irrt! Für ihn und alle Goethefreunde darum ein letzter Titel: B. Schier: Goethe als Freund der Kunstblumenerzeugung, Hessische Blätter für Volkskunde 42 (1951) S. 63 bis 70.

[28] Goslar 1940. Forschungen der Ges. der Freunde des deutschen Bauerntums
[29] Zeitschr. für angewandte Meteorologie 59 (1942)
[30] Zeitschr. des. Bayer. Statistischen Landesamtes 64, 1932
[31] SB. der Ges. naturforschender Freunde zu Berlin, 1939
[32] Goethe. Jahrbuch der Goethe-Gesellschaft, 1936
[33] GJb. 23, 1902
[34] JbGGes. 9, 1922
[35] Universum, Jg. 59, 12. September 1943
[36] Ein Stück aus Goethes amtlicher Tätigkeit, 1954

(aus: Pardon, 1963)

Richard Friedenthals Goethe

Nachgezeichnet von Hans Traxler

GOETHE, EIN PATRIZIER?

Großvater Göthé war Damenschneider, Urgroßvater Hufschmied, Goethes Vater hatte den Ratstitel für 313 Gulden gekauft. (S. 11)

GOETHE, EIN CHRIST?

In Straßburg versuchte er mit der These zu promovieren, Jesus sei nicht der Gründer der christlichen Religion gewesen. (S. 117)

GOETHE, EIN FRAUENFREUND?

Als Minister schlief er oft beim Herzog Karl August. Kabinettssitzungen fanden von Bett zu Bett oder auf dem Sofa statt. (S. 231)

GOETHE, EIN OLYMPIER?

Er entdeckt, den Zwischenkieferknochen und beweist, daß Mensch und Affe doch gemeinsame Ahnen haben (Darwinist!). (S. 299)

GOETHE, EIN BERUFENER?

Nachdem er als Jurist gescheitert war, befragte er das Orakel, ob er lieber Dichter oder Maler werden sollte. (S. 134)

GOETHE, EIN TIERFREUND?

1817 wird er als Weimarer Theaterdirektor entlassen, weil er den Pudel von Karl Augusts Mätresse nicht auftreten läßt. (S. 484)

GOETHE, EIN PATRIOT?

Mit einem Beamten wettet er um eine Kiste Rheinwein (!), daß Napoleon (!) den Endsieg erringen werde. (S. 584)

GOETHE, EIN KAVALIER?

Seine Frau Christiane Vulpius, später die »dicke Göthin« genannt, verließ er oft, so daß sie allein tanzen gehen mußte. (S. 333)

GOETHE, EIN GROSSER EROTIKER?

Die meisten seiner Liebeshändel waren flüchtige Begegnungen, deren Bedeutung von der Nachwelt stark überschätzt wurde. Sein erstes richtiges Liebeserlebnis findet Goethe erst als Vierzigjähriger auf seiner italienischen Reise. (Faustina) (S. 312)

GOETHE, EIN APOLL?

Er hatte zu kurze Beine, sein Leib war aufgeschwemmt; auch litt er an Gesichtsrose. Mit 65 war Goethe zahnlos. (S. 7–732)

GOETHE, EIN DICHTER?

Das wohl. Doch war seine Selbstbiographie (Wilhelm Meister) nie so bedeutend wie die von R. Friedenthal (siehe die Bestsellerliste von ehemals).

(Roman-Kompreß zu Richard Friedenthals Goethe – sein Leben und seine Zeit, aus: Pardon 1963)

Richter und Henker

Von Karl Kraus

DER OPTIMIST Aber die Deutschen sind schließlich doch auch das Volk der Dichter und Denker. Widerspricht nicht die deutsche Bildung dem von Ihnen behaupteten Materialismus?

DER NÖRGLER Die deutsche Bildung ist kein Inhalt, sondern ein Schmückedeinheim, mit dem sich das Volk der Richter und Henker seine Leere ornamentiert.

DER OPTIMIST Das Volk der Richter und Henker? So nennen Sie die Deutschen? Das Volk Goethes und Schopenhauers?

DER NÖRGLER So kann es sich selbst nennen, weil es gebildet ist, aber es müßte dafür von rechtswegen nach seinem populärsten Strafparagraphen, nämlich wegen groben Unfugs, vom Weltgericht abgeurteilt werden.

DER OPTIMIST Warum denn?

DER NÖRGLER Weil Goethe und Schopenhauer gegen den heutigen Zustand des deutschen Volkes mit mehr Berechtigung alles das vorbrächten, was sie gegen ihre deutsche Zeitgenossenschaft auf dem Herzen hatten, und mit mehr Schärfe als der ›Matin‹. Sie müßten heute froh sein, wenn es ihnen glückte, als lästige Inländer über die Grenze zu kommen. Goethe hat schon dem aufgeschwungenen Zustand, in dem sich sein Volk während des Befreiungskrieges befand, nichts als das Gefühl der Leere abgewinnen können, und die deutsche Umgangs- und Zeitungssprache könnte Gott danken, wenn sie heute noch auf dem Niveau wäre, auf dem Schopenhauer sie verächtlich gefunden hat. Kein Volk lebt entfernter von seiner Sprache, also von der Quelle seines Lebens, als die Deutschen. Welcher neapolitanische Bettler stünde seiner Sprache nicht näher, als der deutsche Professor der seinen! Ja, aber gebildet ist dieses Volk wie kein andres und weil seine Doktoren ohne Ausnahme, das heißt, wenn sie nicht in einem Pressequartier unterkommen, mit Gasbomben hantieren, macht es gleich seine Feldherrn zu Doktoren. Was hätte Schopenhauer zu einer philosophischen Fakultät gesagt, die ihre höchste Ehre an einen Organisator des Maschinentods vergibt? Gebildet sind sie, das muß ihnen der britische Neid lassen, und wissen Bescheid von allem. Ihre Sprache dient eben noch dem Zweck, Bescheid zu sagen. Dieses Volk schreibt heute das abgestutzte Volapük des Weltkommis, und wenn es die Iphigenie nicht zufällig ins Esperanto rettet, so überläßt es das Wort seiner Klassiker der schonungslosen Barbarei aller Nachdrucker und entschädigt sich in einer Zeit, in der kein Mensch mehr das Schicksal des Wortes ahnt und erlebt, durch Luxusdrucke, Bibliophilie und ähnliche Unzucht eines Ästhetizismus, die ein so echtes Stigma des Barbarentums ist wie das Bombardement einer Kathedrale.

(aus: Die letzten Tage der Menschheit, 1926)

Abmarsch 20 Uhr

Von Krieck

Universität
Johann Wolfgang Goethe
Frankfurt.

Frankfurt, Mai 1933

Das Studentenfreikorps lädt die Gesamtheit des Professorenkollegiums zu der Verbrennung der marxistischen und korruptionistischen Schriften ein, die Mittwoch abend, den 10. Mai auf dem Römerberg stattfinden wird.

Die Studenten würden es im Hinblick auf die große symbolische Bedeutung dieser Zeremonie begrüßen, die Gesamtheit der Professorenschaft dort zu sehen.

Ich lade daher die Kollegen ein, zahlreich daran teilzunehmen.

Abmarsch: von der Universität auf den Römerberg Mittwoch abend um 20 Uhr, mit Musik. Die Korporationen werden in Uniformen daran teilnehmen, ebenso die SA-Bataillone.

Der Rektor: Krieck.

(cit. nach Karl Kraus, Die dritte Walpurgisnacht, 1933)

Herr G. erteilt Sprachunterricht

Von F. W. Bernstein

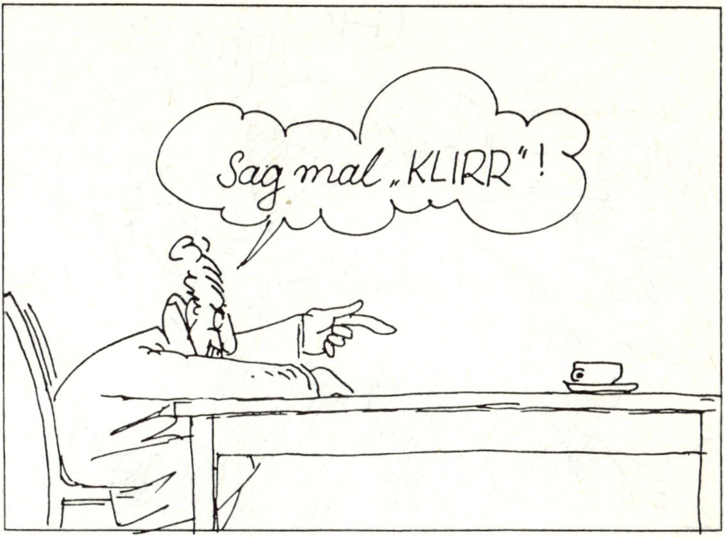
Sag mal „KLIRR"!

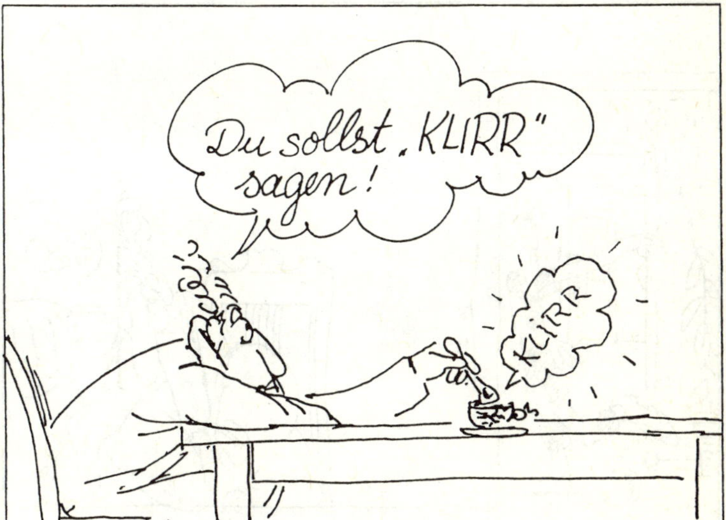
Du sollst „KLIRR" sagen!
KLIRR

(aus dem Kinderbuch: Sag mal Hund, 1978/82)

Der Herr Geheimrat empörte sich
Von Arno Holz

Du warst kein Großer aus einem Guß,
o Goethe, du Eklektikus!
Du warst, und wenn sich auch alles entsetzt,
aus tausend Lappen zusammengefetzt!
Zwar in deiner Jugend, à la bonne heure,
gingst du durch jedes Nadelöhr.
Da hatte dein Rückgrat noch keinen Knax,
ehrlich schwurst du auf Hans Sachs.
Tänzeltest nicht in französischem Schuh,
hörtest den Herderschen Volksliedern zu.
Krochst in kein Mausloch, sondern läutetest mit Sturm,
klettertest auf den Straßburger Münsterturm!
Doch der Deutsche in dir hielt nicht lange Stich.
Der Herr Geheimrat empörte sich.
Und als du dann gar noch Minister geworden –
Schwamm drüber! Ich will dich nicht ganz ermorden.

(aus: Die Blechschmiede, 1902)

Nun schwimme ich langsam
Von Alfred Döblin

Mit Ehrfurcht denke ich an einen Mann, den ich viel angegriffen habe, ich wie viele andere, und von dem ich jetzt und noch oft reden werde, weil er mir oft gegenwärtig ist, nämlich Goethe. Ich habe ihn sowenig gekannt wie die Millionen anderer, die ihn verehren. Ich habe ihn dann geschmäht, weil ich ehrlich bin und er zu dem Lehrplan und Lernstoff gehörte. Und nun schwimme ich langsam in seinem Wasser. Dieser Mann steht in vielen großen Städten auf marmornen Sockeln, man hat ihn so hoch setzen müssen, um zu zeigen, wie weit man sich von ihm entfernte. Es ist nötig, ihn herunterzuholen. Eingehen in ihn kann man nur durch seine Farbenlehre, die Pflanzenmetamorphose, Gespräche, Briefe. Er hat alles an sich vorübergehen lassen und hat nur getrachtet, zu wachsen. Er kannte nicht Verdienen und Streben, er hat nichts, nichts gelernt. Sein Verhältnis zu Kant war himmlisch. Und wie er sich fast weiblich träge von Schiller und vielen anderen befruchten ließ und alles doch nur aus ihm wuchs. Verstünden doch unsere Lehrer eine Spur von dem, was Goethe ihnen demonstriert. Nirgendwo läßt sich so sehen wie an ihm, was Lernen heißt. Sich entfalten, sich vergrößern. In die Welt wachsen.

Mit der Umwelt leben. Gewaltig regiert aber über die Menschen –

(aus: Der deutsche Maskenball, 1921)

Der Todeskampf

Von Karl Vogel

Erst den anderen Morgen um halb neun Uhr wurde ich herbeigeholt. Ein jammervoller Anblick erwartete mich! Fürchterlichste Angst und Unruhe trieben den seit langem nur in gemessenster Haltung sich zu bewegen gewohnten, hochbejahrten Greis mit jagender Hast bald ins Bett, wo er durch jeden Augenblick veränderte Lage Linderung zu erlangen vergeblich suchte, bald auf den neben dem Bette stehenden Lehnstuhl. Die Zähne klapperten ihm vor Frost. Der Schmerz, welcher sich mehr und mehr auf der Brust festsetzte, preßte dem Gefolterten bald Stöhnen, bald lautes Geschrei aus. Die Gesichtszüge waren verzerrt, das Antlitz aschgrau, die Augen tief in ihre lividen Höhlen gesunken, matt, trübe; der Blick drückte die gräßlichste Todesangst aus.

(20. 3. 1832)

Der Tod

Von Pauline Hase

Er ist in Ottiliens Armen gestorben, und zwar hat der Atem so ruhig und sanft aufgehört, daß sie den Moment des Todes nicht genau weiß und noch in dem Glauben gewesen ist, daß er ruhe, als er schon gestorben war.

Er mag sehr heiter noch gewesen sein, so hat er vor seiner letzten Stunde zu ihr gesagt: Nun Frauenzimmerchen, gib mir mal dein gutes Pfötchen! Und hat sie so auch immer festgehalten, bis sie endlich die Leiche hat loslassen müssen.

(an Alwine Härtel, 3. 4. 1832)

Der Tote

Von Kanzler Friedrich von Müller

Er starb den seligsten Tod, selbstbewußt, heiter, ohne Todesahnung bis zum letzten Hauch, ganz schmerzlos. Es war ein allmählich sanftes Sinken und Verlöschen der Lebensflamme ohne Kampf. Licht war seine letzte Forderung, eine halbe Stunde vor dem Ende befahl er: Die Fensterladen auf, damit mehr Licht eindringe.

(an Bettina von Arnim)

Goethe – ein Schattenbild

Von Robert Neumann nach Herbert Eulenberg

An einem sonnigen Dezembermorgen des Jahres 1749 lustwandelte Herr Gotthold Ephraim Lessing – er hatte eben seine Hamburgische Dramaturgie vollendet – in Gesellschaft eines großen, hageren Mannes mit strengen, doch gütigen Augen durch die winkeligen Gäßchen der freien Reichsstadt Frankfurt am Main. »Was uns fehlt«, beendete er eben eine längere Rede, »was uns fehlt, mein lieber Herr Klopstock, ist die Anteilnahme der Nation! Wer zum Beispiel wird Sie nicht loben? Aber wird Sie darum auch jeder lesen? Nein! Wir wollen weniger . . .«

»Ich weiß, was Sie sagen wollen, mein Werter«, unterbrach ihn jener, strich sich die schon ergrauenden Locken aus der hohen Stirn und fuhr fort: »Was uns fehlt, ist ein Fürst! Ein Dichterfürst! – Doch was ist dies?« hielt er den Schritt an und wies nach einem Säugling, der eben von seiner Amme vorübergetragen ward. »Doch was ist dies? Sollte etwas dieser hier . . .«

»Da mögen Sie wohl recht haben«, erwiderte Lessing erschüttert. »Täusche ich mich nicht, so ist dies des Herrn Rat Goethe, wohnhaft hierorts im Hirschgraben, jüngster Sproß, den man auf den Namen Johann Wolfgang getauft hat. Betrachtet man das feurige Auge des Kindes, so ahnt man schon heute, welche Wirkung er dereinst mit seinem ›Werther‹, dem klassischen Romane zweier Liebenden, in ganz Deutschland erzielen wird!«

»Eine Wirkung«, fiel ihm der würdige Begleiter in die Rede, »die nur erreicht werden wird durch die seiner Schauspiele. Ich nenne ›Götz von Berlichingen‹ und ›Egmont‹, ›Clavigo‹ und ›Der Großkophta‹ . . .«

»Nicht zu vergessen die beiden Teile des ›Faust‹«, fuhr der andere fort, »jenes dramatischen Gedichtes . . .«

». . . das uns in so ungezwungener Weise zur Erwähnung der eigentlichen Gedichte des dereinstigen Geistesheros hinüberführt. Ich will gar nicht sprechen von den meisterlichen Balladen, den tiefschürfenden Sinnsprüchen, den scharf geschliffenen Distichen – nennen will ich nur ›Abschied‹ und ›Beherzigung‹, ›Charade‹ und ›Demut‹, ›Erster Verlust‹ und ›Frühlingsorakel‹, ›Glücksfahrt‹ und ›Heidenröslein‹ . . .«

»Sie übersehen dabei«, unterbrach ihn lebhaft der aus Hamburg zugereiste berühmte Kritiker-Dichter, »den ›Westöstlichen Divan‹, jene Sammlung, deren Farbenpracht für jedermann eine Lehre . . .«

»Die Farbenlehre!« rief Klopstock. »Doch was ist dies? Warum trägt die Amme den Knaben mit einer Gebärde des Widerwillens eilig ins Haus?«

Der andere flüsterte erschüttert: »Er hat sich...«

Aber Klopstock schnitt dem Kleineren mit einer herrischen Gebärde das Wort ab. »Gott segne ihn«, sagte er mit markiger Stimme.

Und sie faßten einander an der Hand und schritten weiter in den klaren Dezembermorgen.

(aus: Mit fremden Federn, 1923/26)

Es hört uns niemand

Von Franz Grillparzer

FRIEDRICH Um wieder auf Goethe zu kommen: seine frühern Werke sind zu natürlich und seine spätern zu künstlich (...)
LESSING Du forderst die Natur bei Shakespeare und weisest sie bei Goethe zurück.
FRIEDRICH Shakespeare hat eben die Natur genommen, wie der Dichter soll: in ihren großen Verhältnissen. Goethe stellt sie zwar mit Treue dar, bringt sie aber vorher auf sein eigenes Maß herab. Hat er nicht aus Egmont einen Lebemenschen gemacht und aus dem Tyrannen Alba einen ganz plausiblen homme d'état? Ist in der Iphigenie eine Spur von dem heroischen Zeitalter, in dem die Handlung spielt? Oder glaubst du, daß solche Gesinnungen und Charaktere möglich sind, wenn nicht lange vor Anfang der Handlung der Herr Onkel seine eigenen Kinder gegessen und der Vater seine Tochter den Göttern zum Opfer gebracht hat? Nichts davon zu sagen, daß dieser König Thoas nicht danach aussieht, daß ein neues Menschenopfer irgend von ihm zu befürchten stünde. Goethe hat nur den Winckelmann in Handlung gesetzt und auf

lebende Menschen angewendet, was von toten Statuen allerdings seine Geltung haben mag.

LESSING Ich war Goethes Freund nicht, solang' ich lebte, er war aber auch damals nicht, was er später geworden ist. Er ist denn doch der Glanzpunkt unserer Nation.

FRIEDRICH Das ist ja, was ich sage. Ich tadle nicht ihn, sondern euch. Daß ihr nichts Großartiges in eurer Natur habt und keine Energie. Hat sich nicht Goethe über sich selbst als Dichter lustig gemacht? Oder was anders wäre der Kern seines Wilhelm Meister, ja seines Tasso, wo zuletzt die Lumpe recht behalten?

LESSING Laß uns nicht ungerecht sein, König, wir sind auf dem graden Wege.

FRIEDRICH Es hört uns niemand, da können wir schon ein wenig übertreiben. Dann? Hat er nicht nur die Blüte eurer Poesie herbeigeführt, sondern ist auch Ursache an ihrem Verfall.

LESSING Ich weiß, was du sagen willst, und es ist etwas daran.

(aus: Friedrich der Große und Lessing, Ein Gespräch im Elysium, 1841)

MINNESANGS FRÜHLING

Willkommen und Abschied

Von Johann Wolfgang Goethe

Es schlug mein Herz, geschwind zu Pferde!
Es war getan fast eh gedacht.
Der Abend wiegte schon die Erde,
Und an den Bergen hing die Nacht;
Schon stand im Nebelkleid die Eiche,
Ein aufgetürmter Riese, da,
Wo Finsternis aus dem Gesträuche
Mit hundert schwarzen Augen sah.

Der Mond von einem Wolkenhügel
Sah kläglich aus dem Duft hervor,
Die Winde schwangen leise Flügel,
Umsausten schauerlich mein Ohr;
Die Nacht schuf tausend Ungeheuer,
Doch frisch und fröhlich war mein Mut:
In meinen Adern welches Feuer!
In meinem Herzen welche Glut!

Dich sah ich, und die milde Freude
Floß von dem süßen Blick auf mich;
Ganz war mein Herz an deiner Seite
Und jeder Atemzug für dich.
Ein rosenfarbnes Frühlingswetter
umgab das liebliche Gesicht,
Und Zärtlichkeit für mich – ihr Götter!
Ich hofft es, ich verdient es nicht!

Doch ach, schon mit der Morgensonne
Verengt der Abschied mir das Herz:
In deinen Küssen welche Wonne!
In deinem Auge welcher Schmerz!
Ich ging, du standst und sahst zur Erden
Und sahst mir nach mit nassem Blick:
Und doch, welch Glück, geliebt zu werden!
Und lieben, Götter, welch ein Glück!

Die Nähe der Geliebten

Von Johann Wolfgang Goethe

Ich glaubte eine Stimme vom Himmel zu hören und eilte, was ich konnte, ein Pferd zu bestellen und mich sauber herauszuputzen. Ich schickte nach Weyand, er war nicht zu finden. Dies hielt meinen Entschluß nicht auf, aber leider verzogen sich die Anstalten, und ich kam nicht so früh weg, als ich gehofft hatte. So stark ich auch ritt, überfiel mich doch die Nacht. Der Weg war nicht zu verfehlen, und der Mond beleuchtete mein leidenschaftliches Unternehmen. Die Nacht war windig und schauerlich, ich sprengte zu, um nicht bis morgen früh auf ihren Anblick warten zu müssen (...)

Früh beizeiten rief mich Friederike zum Spazierengehn; Mutter und Schwester waren beschäftigt, alles zum Empfang mehrerer Gäste vorzubereiten. Ich genoß an der Seite des lieben Mädchens der herrlichen Sonntagsfrühe auf dem Lande, wie sie uns der unschätzbare Hebel vergegenwärtigt hat. Sie schilderte mir die erwartete Gesellschaft und bat mich, ihr beizustehn, daß alle Vergnügungen womöglich gemeinsam und in einer gewissen Ordnung möchten genossen werden. Gewöhnlich, sagte sie, zerstreut man sich einzeln; Scherz und Spiel wird nur obenhin gekostet, so daß zuletzt für den einen Teil nichts übrigbleibt, als die Karten zu ergreifen, und für den andern, im Tanze sich auszurasen.

Wir entwarfen demnach unsern Plan, was vor und nach Tische geschehn sollte, machten einander wechselseitig mit neuen geselligen Spielen bekannt, waren einig und vergnügt, als uns die Glocke nach der Kirche rief, wo ich denn, an ihrer Seite, eine etwas trockene Predigt des Vaters nicht zu lang fand.

Zeitverkürzend ist immer die Nähe der Geliebten, doch verging mir diese Stunde auch unter besonderem Nachdenken. Ich wiederholte mir die Vorzüge, die sie soeben aufs freiste vor mir entwickelte: besonnene Heiterkeit, Naivetät mit Bewußtsein, Frohsinn mit Voraussehn: Eigenschaften, die unverträglich scheinen, die sich aber bei ihr zusammenfanden und ihr Äußeres gar hold bezeichneten.

(aus: Dichtung und Wahrheit, 1812/13)

Friederike von Sesenheim

Von Moritz August Nobbe

Nicht schmücket dich der Zauber der Antike,
Der uns berückt die schönheitstrunknen Sinne –
Im sanftren Lichte treuer Frauenminne
Erscheinst du unsern Blicken, Friederike.

Enttäuscht in deinem Hoffen, deinem Lieben,
Hast du des Glückes Hinfall still ertragen,
Und hast in mildem, rührendem Entsagen
Des Frauenleides volle Bahn umschrieben.

Warum auch mußte dein Geschick dich führen
Heraus aus deines Friedens stillem Kreise?
Warum auch mußten deine Lebensgleise
Die Sonnenbahn des Genius berühren?

Zwar ein Moment nur war's, dann trennten wieder
Die Bahnen sich; die seine, sonnig-heiter,
Erhob in kühnem Schwung sich prachtvoll weiter –
Die deine senkte sich bescheiden nieder.

Dir aber war genug geschehn für immer!
Zu blendend war des Augenblickes Helle;
Wie hätte auch für den, der in die Quelle
Des Lichts geblickt, die Welt noch Glanz und Schimmer?

O wäre nie der holden Dämmrung Hülle,
Die dich umgab, vom Glanz des Lichts betroffen –
O hätte sich dein Lieben und dein Hoffen
Entfalten dürfen ungesehn und stille!

Zwar der Unsterblichkeit geweihter Orden,
Er würde nimmer deine Brust dann schmücken;
Du würdest keine Herzen mehr entzücken – –
Doch glaub' ich, du wärst glücklicher geworden!

(aus: Gedichte, 1911)

Wiederholte Spiegelungen

Von Johann Wolfgang Goethe

Um über die Nachrichten von Sesenheim meine Gedanken kürzlich auszusprechen, muß ich mich eines allgemein-physischen, im besondern aber aus der Entopik hergenommenen Symbols bedienen; es wird hier von wiederholten Spiegelungen die Rede sein.

1) Ein jugendlich-seliges Wahnleben spiegelt sich unbewußt-eindrücklich in dem Jüngling ab.

2) Das lange Zeit fortgehegte, auch wohl erneuerte Bild wogt immer lieblich und freundlich hin und her, viele Jahre im Innern.

3) Das liebevoll früh Gewonnene, lang Erhaltene wird endlich in lebhafter Erinnerung nach außen ausgesprochen und abermals abgespiegelt.

4) Dieses Nachbild strahlt nach allen Seiten in die Welt aus, und ein schönes, edles Gemüt mag an dieser Erscheinung, als wäre sie Wirklichkeit, sich entzücken und empfängt davon einen tiefen Eindruck.

5) Hieraus entfaltet sich ein Trieb, alles, was von Vergangenheit noch heranzuzaubern wäre, zu verwirklichen.

6) Die Sehnsucht wächst, und um sie zu befriedigen, wird es unumgänglich nötig, an Ort und Stelle zu gelangen, um sich die Örtlichkeit wenigstens anzueignen.

7) Hier trifft sich der glückliche Fall, daß an der gefeierten Stelle ein teilnehmender unterrichteter Mann gefunden wird, in welchem das Bild sich gleichfalls eingedrückt hat.

8) Hier entsteht nun in der gewissermaßen verödeten Lokalität die Möglichkeit, ein Wahrhaftes wiederherzustellen, aus Trümmern von Dasein und Überlieferung sich eine zweite Gegenwart zu verschaffen und Friederiken von ehmals in ihrer ganzen Liebeswürdigkeit zu lieben.

9) So kann sie nun ungeachtet alles irdischen Dazwischentretens sich auch wieder in der Seele des alten Liebhabers nochmals abspiegeln und demselben eine holde, werte, belebende Gegenwart lieblich erneuen.

(aus: Biographische Einzelheiten, 1823)

Frankfurt a. M. Goethehaus.

Das Goethe-Geburtshaus in Frankfurt am Main

Wo bist du dann gesessen?

Anonym

Aufm Bergle bin ich gesessen,
Hab dem Vögele zugschaut,
Ist ein Federle abe geflogen,
Hab'n Häusle draus baut.

(aus: Des Knaben Wunderhorn, 1806)

Schweizerlied

Von Johann Wolfgang Goethe

Ufm Bergli
Bin i gesässe,
Ha de Vögle
Zugeschaut:
Hänt gesunge,
Hänt gesprunge,
Hänt 's Nästli
Gebaut.

In ä Garte
Bin i gestande,
Ha de Imbli
Zugeschaut:
Hänt gebrummet,
Hänt gesummet,
Hänt Zelli
Gebaut.

Uf d' Wiese
Bin i gange,
Lugt i Summer-
Vögle a:

Hänt gesoge,
Hänt geofloge,
Gar z'schön hänt s'
Getan.

Und da kummt nu
der Hansel,
Und da zeig i
Em froh,
Wie sie's mache,
Und mer lache
Und mache's
Au so.

(1775/79)

Das Schweizer Lied von Goethe, ein Drama

Von Urs Widmer

Personen:
Goethe
Hansel

Alpenwiese. Rechts ein Garten. Vögel, Bienen, Sommervögel. Im Hintergrund Gebirge. Goethe tritt auf. Goethe, auf das Gebirge weisend: Ufm Bergli bin ich gesässe, ha de Vögle zugeschaut, hänt gesunge, hänt gesprunge, hänt s Nestli gebaut. *Auf den Garten weisend:* In ä Garte bin ich gestande, ha de Imbli zugeschaut, hänt gebrummet, hänt gesummet, hänt Zelli gebaut. *Auf die Alpenwiese weisend:* Uf d Wiese bin i gange, lugt i Summervögle a, hänt gesoge, hänt gefloge, gar z'schön hänts getan. *Hansel tritt auf, auf diesen weisend:* Und da kummt nu der Hansel, und da zeig i em froh, wie's sie's mache, und mer lache, und mache's au so. *Goethe zeigt es Hansel. Sie lachen. Sie machen es auch so. Vorhang.*

(aus: Das Normale und die Sehnsucht, 1972)

Annette an ihren Geliebten

Von Johann Wolfgang Goethe

Ich sah, wie Doris bei Damöten stand,
Er nahm sie zärtlich bei der Hand;
Lang sahen sie einander an,
Und sahn sich um, ob nicht die Eltern wachen,
Und da sie niemand sahn,
Geschwind – Genug, sie machtens, wie wirs machen.

(1768)

Riese, guten Tag!

Von Johann Wolfgang Goethe

Riese, guten Tag! morgens um 6
Riese, guten Abend! den 21., abends um 5
Gestern hatte ich mich kaum hingesetzt, um euch eine Stunde zu widmen, als schnell ein Brief vom Horn kam und mich von meinem angefangenen Blatte wegriß. Heute werde ich auch nicht länger bei euch bleiben. Ich geh in die Komödie. Wir haben sie recht schön hier. Aber dennoch! Ich bin unschlüssig! Soll ich bei euch bleiben? Soll ich in die Komödie gehn? – Ich weiß nicht! Geschwind! Ich will würfeln. Ja ich habe keine Würfel! – Ich gehe! Lebt wohl! –
    Doch halte! nein! ich will dableiben (...)
    Heut hab ich angefangen, Collegia zu hören. Was für? – Ist es der Mühe wert, zu fragen? Institutiones imperiales. Historiam juris. Pandectas und ein Privatissimum über die sieben ersten und sieben letzten Titel des Codicis. Denn mehr braucht man nicht, das übrige vergißt sich doch. Nein, gehorsamster Diener! das ließen wir schön unterwegs. – Im Ernste, ich habe heute zwei Collegien gehört, die Staatengeschichte bei Prof. Böhmen, und bei Ernesti über Cicerons

Gespräche vom Redner. Nicht wahr, das ging eh an? Die andere Woche geht Collegium philosophicum et mathematicum an. –
    Gottscheden hab ich noch nicht gesehen. Er hat wieder geheuratet. Eine Jungfer Obristleutnantin. Ihr wißt es doch. Sie ist neunzehn und er fünfundsechzig Jahr. Sie ist vier Schuh groß und er sieben. Sie ist mager wie ein Hering, und er dick wie ein Federsack. – Ich mache hier große Figur! – Aber noch zur Zeit bin ich kein Stutzer. Ich werd es auch nicht.

(aus: Brief an Johann Jakob Riese, 20. 10. 1765)

Harzreise im Winter

Von Johann Wolfgang Goethe

Dem Geier gleich,
Der, auf schweren Morgenwolken
Mit sanftem Fittich ruhend,
Nach Beute schaut,
Schwebe mein Lied!

Denn ein Gott hat
Jedem seine Bahn
Vorgezeichnet,
Die der Glückliche
Rasch zum freudigen
Ziele rennt;
Wem aber Unglück
Das Herz zusammenzog,
Er sträubt vergebens
Sich gegen die Schranken
Des ehernen Fadens,
Den die doch bittre Schere
Nur einmal löst.

In Dickichtsschauer
Drängt sich das rauhe Wild,
Und mit den Sperlingen
Haben längst die Reichen
In ihre Sümpfe sich gesenkt.

Leicht ists, folgen dem Wagen,
Den Fortuna führt,
Wie der gemächliche Troß
Auf gebesserten Wegen
Hinter des Fürsten Einzug.

Aber abseits, wer ists?
Ins Gebüsch verliert sich sein Pfad,
Hinter ihm schlagen
Die Sträuche zusammen,
Das Gras steht wieder auf.
Die Öde verschlingt ihn.

Ach, wer heilet die Schmerzen
Des, dem Balsam zu Gift ward?
Der sich Menschenhaß
Aus der Fülle der Liebe trank?
Erst verachtet, nun ein Verächter,
Zehrt er heimlich auf
Seinen eignen Wert
In ungnügender Selbstsucht.

Ist aus deinem Psalter,
Vater der Liebe, ein Ton
Seinem Ohre vernehmlich,
So erquicke sein Herz!
Öffne den umwölkten Blick
Über die tausend Quellen
Neben dem Durstenden
In der Wüste.

Der du der Freuden viel schaffst,
Jedem ein überfließend Maß,
Segne die Brüder der Jagd
Auf der Fährte des Wilds
Mit jugendlichem Übermut
Fröhlicher Mordsucht,
Späte Rächer des Unbilds,
Dem schon Jahre vergeblich
Wehrt mit Knütteln der Bauer!

Aber den Einsamen hüll
In deine Goldwolken!
Umgib mit Wintergrün,
Bis die Rose wieder heranreift,
Die feuchten Haare,
O Liebe, deines Dichters!

Mit der dämmernden Fackel
Leuchtest du ihm
Durch die Furten bei Nacht,
Über grundlose Wege
Auf öden Gefilden;
Mit dem tausendfarbigen Morgen
Lachst du ins Herz ihm;
Mit dem beizenden Sturm
Trägst du ihn hoch empor.

Winterströme stürzen vom Felsen
In seine Psalmen,
Und Altar des lieblichsten Danks
Wird ihm des gefürchteten Gipfels
Schneebehangner Scheitel,
Den mit Geisterreihen
Kränzten ahnende Völker.

Du stehst mit unerforschtem Busen
Geheimnisvoll offenbar
Über der erstaunten Welt
Und schaust aus Wolken
Auf ihre Reiche und Herrlichkeit,
Die du aus den Adern deiner Brüder
Neben dir wässerst.

(1777)

Das Trübe hell das klare schwarz ...

Von Johann Wolfgang Goethe

Das nächste hell und deutlich Alp
Schnee im Vorgrund und weise Runsen
Tannen auf dem Rücken ab
Berge gegen über mit Tannen reihen
deutlich in der Sonne schwarz die Tannen
See grün und duncklich
Zwischen allem Wolcken
Über allem Wolcken
der Abstich des Trüben und klaren
das Trübe hell das klare schwarz bestimmt (...)
Der See heller als der Nebel hoch
dunckler ab.
das Buschig Gehauene der Berge
Das bröckliche Absincken des Rasen
durch Schnee und Gewässer
An den Tag kommen Felsen zusammen
gebacken von Fluß steinen
Fichten die Wurzelfassen und stürzen
von den Felsen wenn der Rasen
nicht mehr halten kann

Meist kleine Fichten halbwüchsige
viel gestürzte starcke
Das streifigte der bewachsenen Felsen vom
Ablaufen des Wassers. Die Entdeckung des
festen Felsen vom gesunckenen Rasen
Oben Fichten tiefer ab Buchen, Ahorn, tiefer Nusbäume

Goethes Text zur flüchtigen und fragmentarischen Zeichnung einer Schweizer Landschaft vom Juni 1775. Zu diesem starken Text schreibt er später in seinen Lebenserinnerungen: »Drang und Eile zugleich nötigten mich zu einem wunderbaren Hülfsmittel: kaum hatte ich einen interessanten Gegenstand erfaßt und mit wenigen Strichen im Allgemeinen auf dem Papier angedeutet, so führte ich das Detail, das ich mit dem Bleistift nicht erreichen noch durchführen konnte, in Worten gleich daneben aus . . .«

(aus: G. Femmel, Corpus d. Goethezeichnungen, 1958)

Freier Goethe, du

Von Johann Heinrich Voß

Wo du edel entbrannt, wo hochgelahrte
Diener Justinians Banditen zogen
    Die in Roms Labyrinthen
        Würgen das Recht der Vernunft;

Freier Goethe, du darfst die goldne Fessel
Aus des Griechen Gesang geschmiedet, höhnen!
Shakespeare durft' es und Klopstock.
Söhne, gleich ihm, der Natur!

Mag doch Heinrichs Homer, im trägen Mohnkranz,
Mag der große Corneill' am Aristarchen-
Throne knieend, das Klatschen
Staunender Leutlein erflehn!

Deutsch und eisern, wie Götz, sprich Hohn den Schurken –
Mit der Fessel im Arm! Des Sumpfes Schreier
Schmäht der Leu zu zerstampfen
Wandelt durch Wälder und herrscht!

(An Goethe, 1773)

Wir sangen Goethe

Von Jean Paul

Die Sonne beschauete sich trunken über der Schweiz im glänzenden erhabnen Eisspiegel des Montblanc, indes sie unbewußt wie mit zwei Armen des Schicksals Tag und Nacht in Hälften zerstückelte und jedem Lande und Auge so viel herunterwarf wie dem andern. – Wir sangen Goethes Lied auf den Frühling.

(aus: Siebenkäs, 1795)

Herz, mein Herz

Von Ludwig Eichrodt

Herz, mein Herz, was ficht dich an,
    Daß dir's flumrig ist?
Sprich, warum, wieso, wie wann,
    Wo dich das verdrießt?

Ach, ob auch schon tausendmal
  Lieschen ich geküßt,
Ueber aller Zahlen Zahl
  Schwindelt mein Gelüst (...)

Ach, dem Monde zürn' ich, der
  Ihr an's Lager schleicht,
Und – säh' ich sie nimmer mehr,
  Stürbe ich vielleicht!

(aus: Bürgerlicher Wolfgang,
in: Lyrische Karikaturen, 1869)

Wie lacht die Flur! Ay!

Nach Bertolt Brecht von Robert Neumann

The Mahagonny-Ay-Ay-Song

> Motto: Ich gestehe, daß ich in
> Dingen des geistigen Eigentums –

Wie herrlich leuchtet
mir die Natur!
Wie glänzt die Sonne!
Wie lacht die Flur!
Ay!
Es dringen Blüten
Aus jedem Zweig
Und tausend Stimmen
Aus dem Gesträuch.
Mahagonny Mahagonny Ay!

Und Freud und Wonne
Aus jeder Brust.
O Erd, o Sonne!
O Glück, o Lust!
O Lieb, o Liebe!
So golden schön,
Wie Morgenwolken
Auf jenen Höhn!
... Mahagonny ...!

(aus: Mit fremden
Federn, 1923/26)

An den Mond

Von Johann Wolfgang Goethe

Füllest wieder Busch und Tal
Still mit Nebelglanz,
Lösest endlich auch einmal
Meine Seele ganz,

Breitest über mein Gefild
Lindernd deinen Blick,
Wie des Freundes Auge mild
Über mein Geschick.

Jeden Nachklang fühlt mein Herz
Froh in trüber Zeit,
Wandle zwischen Freud und Schmerz
In der Einsamkeit.

Fließe, fließe, lieber Fluß!
Nimmer werd ich froh.
So verrauschte Scherz und Kuß
Und die Treue so.

Ich besaß es doch einmal,
Was so köstlich ist!
Daß man doch zu seiner Qual
Nimmer es vergißt!

Rausche, Fluß, das Tal entlang,
Ohne Rast und Ruh,
Rausche, flüstre meinem Sang
Melodien zu,

Wenn du in der Winternacht
Wütend überschwillst
Oder um die Frühlingspracht
Junger Knospen quillst.

Selig, wer sich vor der Welt
Ohne Haß verschließt,
Einen Freund am Busen hält
Und mit dem genießt.

Was von Menschen nicht gewußt
Oder nicht bedacht,
Durch das Labyrinth der Brust
Wandelt in der Nacht.

(1777/89)

Still mit Napalmglanz

Von Fitzgerald Kusz

Füllest wieder Busch und Tal
Still mit Napalmglanz
sengest endlich auch einmal
meine Hütte ganz

> Breitest über mein Gefild
> lindernd deinen Segen
> und aus deinen Bombern quillt
> sanfter Freiheitsregen
>
> (Goethe an Nixon, aus:
> Gegendarstellungen, 1973)

Sei gefühllos

Von Wilhelm Raabe

Velten lächelte.

»Es war um das Jahr siebenzehnhundertsiebenundsechzig und der größte Egoist der Literaturgeschichte also achtzehn Jahre alt, da er seinem Freunde Behrisch den Rat zusang:

> Sei gefühllos!
> Ein leichtbewegtes Herz
> Ist ein elend Gut
> Auf der wankenden Erde;

und er hat selber sein Leben in Poesie und Prosa danach eingerichtet, und es ist ihm wohl gelungen. Es war im Salon der Mrs. Trotzendorff, als mir beim zufälligen Blättern in allen möglichen Bilderbüchern jenes Wort des frühreifen Lebenshelden in Puder, Kniehose, seidenen Strümpfen und Schnallenschuhen in dem rechten Augenblick wieder vor die Augen kam. Unser Dämonium bedient sich viel öfter, als man merkt, solcher Mittelchen, um uns unter die Arme zu greifen, sowie auch um uns davor zu behüten, uns lächerlicher zu machen, als unbedingt zum Fortbestehen der Welt durch den Verkehr von Hans und Grete notwendig ist. Man kann auch von einem achtzehnjährigen Jungen was lernen, zumal wenn der Genius dem Bengel die Stirn berührt hat. Es war der Gesellschaftsabend, an welchem mir unsere Kleine aus dem Vogelsang zum erstenmal ganz deutlich machte, was alles zu einem elenden Gut auf der wankenden Erde werden kann. Verse habe ich nie gemacht, aber die Fähigkeit habe ich doch, im Komischen wie im Tragischen das momentan Gegenständliche, wenn du willst, das Malerische, das Theatralische jedenfalls mit vollem Genuß und in voller Geistesklarheit objektiv aufzufassen; ich habe an jenem, der alte Goethe würde sagen: bedeutenden Abend dem Papa Trotzendorff das Blatt aus seinem Renommiertischexemplar gerissen, es fein zusammengefaltet und in die Brusttasche geschoben. Manchen Leck in meinem Lebensschiff habe ich bis zum heutigen Tage damit zugestopft.« (. . .)

Dann nahm er mich am Arm und führte mich aus der Kammer fort und bot mir eine Zigarre an. Er zündete eine an, und so lehnten wir wieder in dem kleinen Garten an der letzten grünen Hecke unserer Jugendzeit. Ich fröstelnd in dem kalten Mauerschatten von meiner Eltern Anwesen her, und ohne zu wissen, was ich ihm sagen sollte. So sprach denn auch ich, wie unbewußt, und nicht zu ihm, sondern für mich den furchtbaren Rat:

>»Sei gefühllos!
>Ein leichtbewegtes Herz
>Ist ein elend Gut
>Auf der wankenden Erde.«

»Der schickte seine Vulpius nach Frankfurt am Main, um den Hausrat seiner Mutter zu versteigern, aber der Tor hatte selbst sich schon längst einen neuen gesammelt und sammelte weiter daran, um ihn Erben zu hinterlassen, denen er schwer auflag.«

(aus: Die Akten des Vogelsangs, 1895)

Heidenröslein

Von Johann Wolfgang Goethe

Sah ein Knab ein Röslein stehn,
Röslein auf der Heiden,
War so jung und morgenschön,
Lief er schnell, es nah zu sehn,
Sahs mit vielen Freuden.
Röslein, Röslein, Röslein rot,
Röslein auf der Heiden.

Knabe sprach: Ich breche dich,
Röslein auf der Heiden!
Röslein sprach: Ich steche dich,
Daß du ewig denkst an mich,
Und ich wills nicht leiden.
Röslein, Röslein, Röslein rot,
Röslein auf der Heiden.

Und der wilde Knabe brach
's Röslein auf der Heiden;
Röslein wehrte sich und stach,
Half ihm doch kein Weh und Ach,
Mußt es eben leiden.
Röslein, Röslein, Röslein rot,
Röslein auf der Heiden.

(1771)

Nach Martin Heidegger

Von Armin Eichholz

»Sah ein Knab' ein Röslein stehn« lautet die erste Zeile eines Liedes »Heidenröslein« von Johann Wolfgang von Goethe. Was hat sich

Goethe eigentlich dabei gedacht, als er das Lied mit solchen Worten beginnen ließ?

Sah

Die Philosophie, die das Anwesende auf sein Ansehen hin besieht, sieht in diesem Imperfekt des Sehens das Präsens des Wissens, in welcher Präsenz das Gesehene präsent ist. Sehen wird hier als Vor-sich-haben im Gegenüberstellen eines sinnlich Wahrgenommenen gedacht. Die Art des gedachten sinnlichen Vorhabens west an in dem ah, als welches es von dem s ge-aht wird. In diesem Ge-ahten aht das ah bereits als das versehentlich bej-ahte Aha.

ein Knab

Der anwesende Knab', im Wagnis seiner dumpfen Lust schutzlos in Offene gehalten (Rilke), west im Gegenüberstellen als ein Wesen, das von dem von ihm zu Sichtenden im Willen zum Willen gewillt wird. Wer so wild west, kann auch als Abwesender durch Unwesen das eigene Anwesen verwesen. Wes Wesen wesentlicher west, weeste erst, wenn er gewest ist. Der Knab' beknab'ert das erst zu Sichtende als das schon Gesehene, und zwar nicht zu knap'. Sein gesehenes Seiendes ist also ein angeknab'ertes Sein, dessen Wesen innerhalb der Metaphysik nicht als das Seine zu erfahren ist. (L' Inconnue de la Seine.)

'

Das ' von Knab steht als '-haftes ins Offene zu einem u, und was vom Dinghaften des Dings gilt, das gilt auch vom '-haften des ' und vom u-haften des u; das eine '-t und das andere u-t vor sich hin, und in diesem Vor-sich-hin-'u en wird zweideutig das gegenwärtig in der Unverborgenheit Anwesende ins Offene gehalten, so daß es jeweils zusammenwesend in der Sicht steht. Das je-weilige Gesicht weilt seine Weile '-weilig im u oder u-weilig im '. ' im u und u im ' 'u-en solange 'u-haft im 'u-lichen 'u, bis 'u u' wird, u' 'u und uuuu'''' . . . .

ein Röslein

Und was ist in Wahrheit das Röslein, sofern es ein Röslein ist? Was an dem Aus-sich-herausröselnden so aussieht wie das Rösleinhafte im Sinne des ge-läufigen Rösleinbegriffes, das ist, vom zu Be-röselnden her erfahren, das Bröselnde, also das durch die -Öse gebröselte Rösleinbrösl. Das Röslein-sein dieses Ösenbrösls öffnet sich in die Offenheit des Offenen, so daß das zerbröselte Röslein im offenen Ofen röslt und als solches ein Geröstetes wird.

stehn

Stehn ist hier als Imstande-sein zu verstehen, anständig der Stätte des ständigen Standes vorzustehen. Die verständlichste Art dieses Vorstehens ist unter Umständen der Ständer, wegen dessen Beständigkeit ein gestandener Verstand von allen Standarten mit Abstand am wenigsten Anstände hat. Da nicht zu befürchten steht, daß durch ein abgestandenes Geständnis Mißverständnisse entstehen, sei noch der unmißverständliche Mißstand eingestanden, daß das Über-sich-hinaus-stehende selbständig in das Offenstehende als solches gestanden wird. Auch dieser Umstand hat seinen verborgenen Grund in der metaphysischen Grundstellung Goethes.

* * *

Wenn wir uns also an das halten, was aus der Sprache zur Sprache gekommen ist, dann besagt der ins Offene gewendete Spruch

»Sah ein Knab' ein Röslein stehn«

offen gesagt:

»Aha, einer beknab'ert ein Geröstetes stehend«

Der verweste Spruch des mit Fug und Recht nicht anwesenden Goethe bedeutet, daß dessen Anwesen in das Abwesen verfugt wurde. Was dem Anwesenden gehört, ist der Fug. Ein Spruch, aus dem Sein als Anwesen gedacht, ist der fugend-fügende Fug. Sprüche, aus dem Sein in die Verwesung gedacht, gehören zur Un-Fuge, sind der Un-Fug.

(Un-Fuge, aus: In flagranti, 1954)

Röslein auf der Heiden

Volkstümliche Dichtung
aus älterer Zeit

Sie gleicht wohl einem Rosenstock,
Drum geliebt sie mir im Herzen,
Sie trägt auch einen roten Rock,
Kann züchtig, freundlich scherzen,
Sie blühet wie ein Röselein,
Die Bäcklein wie das Mündelein;
Liebst du mich, so lieb ich dich,
Röslein auf der Heiden!

Der die Röslein wird brechen ab,
Röslein auf der Heiden,
Das wird wohl tun ein junger Knab
Züchtig, fein bescheiden,
So stehn die Steglein auch allein,
Der lieb' Gott weiß wohl, wen ich mein,
Sie ist so gerecht, von gutem Geschlecht,
Von Ehren hochgeboren (...)

(aus dem Liederbuch des Paul von der Aelst,
1602)

Ich sah ein Röschen

Von T. C. Müchler

Ich sah ein Röschen am Wege stehn,
es war so blühend und wunderschön,
es hauchte Balsam weit um sich her,
ich wollt' es brechen und stach mich sehr.

Ihr lieben Mädchen, dies sing' ich euch,
ihr seid in allem dem Röschen gleich,
ihr lockt durch Schönheit uns um euch her
und seid dann spröde und quält uns sehr.

Doch hört nun weiter, was drauf geschehn.
Ich ging von dannen und ließ es stehn,
und eh' sein Ende der Tag erreicht,
war's von der Sonne ganz ausgebleicht.

Und nun die Lehre? Sie ist nicht schwer,
drum sag ich weiter kein Wörtchen mehr,
leicht könnt ihr zeigen, daß ihr sie wißt,
wenn ihr nun alle den Sänger küßt.

(ca. 1800)

Das Büchlein

Von Lebrecht Dreves

Sah ein Fürst ein Büchlein stehn
In des Ladens Ecke
Nahm es rasch, es durchzusehn
Las es auch vorm Schlafengehn
Doch mit tausend Schrecken.

(aus: Lieder eines Hanseaten, 1843)

Über Parodie

Von Johann Wolfgang Goethe

Wie ich ein Todfeind sei von allem Parodieren und Travestieren hab ich nie verhehlt; aber nur deswegen bin ich's, weil dieses garstige Gezücht das Schöne, Edle, Große, herunterzieht um es zu vernichten; ja selbst den Schein sah ich nicht gern dadurch verjagt.

(aus: Brief an Zelter vom 26. 6. 1824)

»Der ›Komischen Erzählungen‹ (Wielands) geschieht ehrenvolle Erwähnung; aber hier ist keine Spur von Einsicht in den Charakter der Dichtart selbst. Der Rezensent hatte seinen Geschmack, wie damals alle, an Beispielen gebildet. Hier ist nicht bedacht, daß man vor allen Dingen bei Beurteilung solcher parodistischen Werke den originalen edlen, schönen Gegenstand vor Augen haben müsse, um zu sehen, ob der Parodist ihm wirklich eine schwache und komische Seite abgewonnen, ob er ihm etwas geborgt oder, unter dem Schein einer solchen Nachahmung, vielleicht gar selbst eine treffliche Erfindung geliefert.«

(aus: Dichtung und Wahrheit, siebentes Buch, 1811)

PS: »Der über jeden Zweifel erhabene Künstler Goethe ist dem Parodisten daher ebenso unzugänglich wie der ›katastrophale Stilist‹ Hitler.«

(aus: Winfried Freund, Die Literarische Parodie, 1981, nach: Robert Neumann, Ästhetik der Parodie, 1927/28)

Wie ein Elefantenkind

Von Loriot

Sah ein Knab' ein Röslein stehn,
Röslein auf der Heide,
War so schön im Morgenwind,
Wie ein Elefantenkind ...

(Wendelin in:
Wum und Wendelin, 1977)

Das Seidenhöslein

Von N. N.

Sah ein Knab' ein Höslein weh'n,
– Höslein unter'm Kleide!
War so weiß und blütenschön,
Knisterte beim Geh'n und Dreh'n,
War von feinster Seide!
Höslein, Höslein, Höslein weiß!
Höslein unter'm Kleide!

Und der Knabe lief hinzu –
– Höslein unter'm Kleide!
Höslein machte leis': Frou frou!
Sei nur nicht zu schüchtern, du,
Denn ich bin von Seide!
Höslein, Höslein, Höslein weiß!
Höslein unter'm Kleide! (...)

(Das Seidenhöslein, 1925)

Und dreht' dran rum

Von Robert Gernhardt und Peter Knorr

Sah ein Knab ein Röslein stehn,
Röslein auf der Heiden,
War so jung und morgenschön,
Lief er schnell, es nah zu sehn,
Sahs mit vielen Freuden.
Hob es auf und dreht' dran rum,
Schaute lauernd um sich,
Plötzlich sprang das Döslein auf –
Inhalt: Zwei-Mark-fumsig.

(aus: Da geht's lang, 1979. *Der Text steht im Zusammenhang eines parodistisch albernden Wettbewerbs. Anm. der Herausgeber.*)

Ich ging im Walde

Von Vladimir Nabokov

Ember zögerte, dann wählte er hintereinander. Der Anschluß war besetzt. Diese Folge kurzer, stangenförmiger Summtöne glich der senkrechten Reihe von übereinanderstehenden I's in dem Verzeichnis der Gedichtanfänge einer Lyrikanthologie. Ich bin keiser. Ich bin müde. Ich bin nur Flamme. Ich danke Gott. *Ich ging im Walde.* Ich hab es getragen. Ich hab in kalten Wintertagen. Ich habe meine Zeit in heißer Angst verbracht. Ich habe was Liebes. Ich hab's gewagt. Ich hân mîn lêhen. Ich hört ein Sichelein. Ich, in die Schönheit. Ich liege. *Ich sah.* Ich sâz. Ich seh Geliebte dich noch. Ich sehe. Ich sehe. Ich steh auf hohem Balkone. Ich stehe in Waldesschatten. Ich trage. Ich träum. *Ich weiß. Ich weiß nicht.* Ich wil trûren. Ich will. Ich will. Ich will . . .

(aus: Bend Sinister, 1947, übersetzt von Dieter E. Zimmer, 1962)

Zufall oder Plagiat?

Ein Vergleich

Wo willst du, klares Bächlein hin
So munter?
Du eilst mit frohem leichten Sinn
Hinunter.
Was suchst du eilig in dem Tal?
So höre doch und sprich einmal!
(. . .) Zur Mühle da hinunter ich soll,
Und immer bin ich rasch und voll (. . .)
Es blickt die schöne Müllerin
Wohl freundlich manchmal nach dir hin?

(...) Dann stürz ich auf die Räder mich
Mit Brausen,
Und alle Schaufeln drehen sich
Im Sausen (...)
Geselle meiner Liebesqual,
Ich scheide;
Du murmelst mir vielleicht einmal
Zur Freude.
Geh, sag ihr gleich und sag ihr oft,
Wie still der Knabe wünscht und hofft!

(aus: J. W. Goethe,
Der Junggesell und der Mühlbach, 1787)

Wohin so schnell, so kraus, so wild, mein lieber Bach?
Eilst du voll Zorn dem frechen Bruder Jäger nach (...)
Ich hört ein Bächlein rauschen
Wohl aus dem Felsenquell,
Hinab zum Tale rauschen
So frisch und wunderhell (...)
Hinunter und immer weiter,
Und immer dem Bache nach,
Und immer frischer rauschte
Und immer heller der Bach (...)
Zur Müllerin hin! So lautet der Sinn (...)
Daß die schöne Müllerin
Merkte meinen treuen Sinn!
Könnt ich brausend die Räder führen!
Könnt ich drehen alle Steine (...)
Und rief mit Singen und Klingen:
Geselle, Geselle mir nach!
Kehr um, kehr um, und schilt erst deine Müllerin (...)
Geh, Bächlein, hin und sag ihr das; doch sag ihr nicht,
Hörst du, kein Wort, von meinem traurigen Gesicht (...)
Gute Ruh, gute Ruh!
Tu die Augen zu!

(aus: Wilhelm Müller/Franz Schubert,
Die schöne Müllerin, 1818/1824)

Dunkle Begebenheit
Von N. N.

»Eine verlegene und verjährte Albernheit« nannte Goethe später einen seiner Streiche aus den ersten Jahren in Weimar; mancher nahm das Stückchen übel, und es kostete ihn die Freundschaft Friedrich Heinrich Jacobis, mit dem er doch einst enthusiastisch-freundschaftliche Briefe gewechselt hatte. Was war passiert? Bei einem Hoffest in der Nähe Weimars, im Wald bei Ettersburg, griff Goethe nach Jacobis soeben erschienenem Roman *Woldemar,* las voller Spott einige Passagen – aus dem Exemplar, das ihm der Dichter geschickt hatte! – vor, stieg auf einen Baum, hielt aus dem Stegreif eine geistvolle Schmährede gegen das Buch und rief dann, es müsse »zur wohlverdienten Strafe und anderen zum abschreckenden Exempel mit beiden Deckeln an eine Eiche festgenagelt werden: »Hier soll es so lange flattern, als ein Blatt drin ist!« Sprach's und tat's, zum Ergötzen des Herzogs, der rauhen Späßen nicht abgeneigt war und aus vollem Halse lachte, als Goethe vorbeikommende Spaziergänger ermunterte, sich über den Anblick des gekreuzigten Buches zu amüsieren.

Einige Tage später ging Wieland im Ettersburger Wald spazieren und fand das Buch noch immer an die Eiche genagelt. Alle Blätter hatte inzwischen der Wind herausgerissen.

(aus: Goethe – anekdotisch, hrsg. von Jörg Drews, o. J.; *siehe auch Jacobis Brief an Goethe vom 15. 9. 1779, Johanna Schlossers Brief an Jacobi vom 27. 9. 1779, Jacobis Brief an Johanna Schlosser vom 10. 11. 1779 und Goethes Brief an Jacobi vom 2. 10. 1782. Anm. der Herausgeber.)*

Und er war tot
Von Johann Gottfried Herder

Herr Oluf reitet spät und weit,
Zu bieten auf seine Hochzeitleut;

Da tanzen die Elfen auf grünem Land,
Erlkönigs Tochter reicht ihm die Hand.

»Willkommen, Herr Oluf! Was eilst von hier?
Tritt her in den Reigen und tanz mit mir.«

»Ich darf nicht tanzen, nicht tanzen ich mag,
Frühmorgen ist mein Hochzeittag.«

»Hör an, Herr Oluf, tritt tanzen mit mir,
Zwei güldne Sporne schenk ich dir.

Ein Hemd von Seide so weiß und fein,
Meine Mutter bleicht's mit Mondenschein.«

»Ich darf nicht tanzen, nicht tanzen ich mag,
Frühmorgen ist mein Hochzeittag.«

»Hör an, Herr Oluf, tritt tanzen mit mir,
Einen Haufen Goldes schenk ich dir.«

»Einen Haufen Goldes nähm ich wohl;
Doch tanzen ich nicht darf noch soll.«

»Und willt, Herr Oluf, nicht tanzen mit mir,
Soll Seuch und Krankheit folgen dir.«

Sie tät einen Schlag ihm auf sein Herz,
Noch nimmer fühlt er solchen Schmerz.

Sie hob ihn bleichend auf sein Pferd.
»Reit heim nun zu dein'm Fräulein wert.«

Und als er kam vor Hauses Tür,
Seine Mutter zitternd stand dafür.

»Hör an, mein Sohn, sag an mir gleich,
Wie ist dein' Farbe blaß und bleich?«

»Und sollt sie nicht sein blaß und bleich.
Ich trat in Erlenkönigs Reich.«

»Hör an, mein Sohn, so lieb und traut,
Was soll ich nun sagen deiner Braut?«

»Sag ihr, ich sei im Wald zur Stund,
Zu proben da mein Pferd und Hund.«

Frühmorgen und als es Tag kaum war,
Da kam die Braut mit der Hochzeitschar.

Sie schenkten Met, sie schenkten Wein;
»Wo ist Herr Oluf, der Bräutigam mein?«

»Herr Oluf, er ritt in den Wald zur Stund,
Er probt allda sein Pferd und Hund.«

Die Braut hob auf den Scharlach rot,
Da lag Herr Oluf und war tot.

(Erlkönigs Tochter, 1778)

Erlkönig

Von Johann Wolfgang Goethe

Wer reitet so spät durch Nacht und Wind?
Es ist der Vater mit seinem Kind;
Er hat den Knaben wohl in dem Arm,
Er faßt ihn sicher, er hält ihn warm.

Mein Sohn, was birgst du so bang dein Gesicht? –
Siehst, Vater, du den Erlkönig nicht?
Den Erlenkönig mit Kron und Schweif? –
Mein Sohn, es ist ein Nebelstreif. –

»Du liebes Kind, komm, geh mit mir!
Gar schöne Spiele spiel ich mit dir;
Manch bunte Blumen sind an dem Strand,
Meine Mutter hat manch gülden Gewand.«

Ludwig Richter: Der Erlkönig

Mein Vater, mein Vater, und hörest du nicht,
Was Erlenkönig mir leise verspricht? –
Sei ruhig, bleibe ruhig, mein Kind;
In dürren Blättern säuselt der Wind. –

»Willst, feiner Knabe, du mit mir gehn?
Meine Töchter sollen dich warten schön;
Meine Töchter führen den nächtlichen Reihn
Und wiegen und tanzen und singen dich ein.«

Mein Vater, mein Vater, und siehst du nicht dort
Erlkönigs Tochter am düstern Ort? –
Mein Sohn, mein Sohn, ich seh es genau:
Es scheinen die alten Weiden so grau. –

»Ich liebe dich, mich reizt deine schöne Gestalt;
Und bist du nicht willig, so brauch ich Gewalt.«
Mein Vater, mein Vater, jetzt faßt er mich an!
Erlkönig hat mir ein Leids getan! –

Dem Vater grauset's, er reitet geschwind,
Er hält in Armen das ächzende Kind,
Erreicht den Hof mit Mühe und Not;
In seinen Armen das Kind war tot.

(1782)

Ach, Sohn, das ist Rauch

Von Eduard Mörike

Das Auswendiglernen wird ihr sehr leicht. Klärchen und Lotte K[rehl] haben ihr neulich Goethes »Erlkönig« eingeübt, um mich durch eine Deklamation zu überraschen. Ich merkte etwas und fing einmal des Abends unvermutet ganz feierlich an: »Wer reitet so spät durch Nacht und Wind?« – aber nicht weiter. Sie war wie aus dem Himmel gefallen, weil sie der Meinung war, ich kenne die Sache gar nicht; sie lief gleich eifrig nach dem Buch, hinter das ich gekommen sein möchte. Um sie zu trösten, machte ich eine närrische Manipulation, wodurch man bald alles wieder vergessen könne, indem ich mit gespreizten Fingern mir mehrmals durch die Haar aufwärts strich und bei wieder versuchter Rezitation auch sogleich merklich fackelte, was sie unendlich freute. Verirrungen wie folgende ließen das Beste hoffen:

> »Siehst, Vater, du den Erlkönig nicht,
> Den Erlenkönig mit Kron und Schweif?« –
> »Ach, Sohn, das ist Rauch
> aus meiner Rauchtabakspfeif.«

Am Ende war das Gedicht so entstellt, daß man es wirklich nicht mehr kannte; denn es wurde mit dem heftigen »Frisieren« (sie sagte aber jedesmal »Frasieren«) immer aufs neue angefangen. Zuletzt lenkte ich zu ihrer völligen Beruhigung in das Lied ein »Wohlauf, Kameraden, aufs Pferd! aufs Pferd!« – wobei nur noch die schwache Spur von Reiten übrigblieb.

(aus: Brief an Wilhelm Hartlaub, 6. 12. 1839)

Der Erlkönig

Von N. N.

*Bürgerliches Trauerspiel in drei Aufzügen
nach dem Gedichte eines gewissen Goethe*

Personen

Der Erlkönig, eine unbekannte Größe
Der Vater, ein reitender Bürgerwehr
Sein Kind, Mitglied des fliegenden Korps
    der jungen Kaufleute
Erlkönigs Töchter, zwei unmoralische Frauenzimmer
Eine alte graue Weide
Ein Wind, der in dürren Blättern säuselt
Ein Hof, den man mit Mühe und Not erreicht

Erster Akt

*Der Erlkönig, als Konstabler verkleidet, tritt auf.
Im Hintergrund der Vater mit seinem Kind.*

ERLKÖNIG Wer reitet so spät durch Nacht und Wind?
VATER Entschuldigen Sie gütigst, ich bin es, wenn Sie nichts dagegen haben.
ERLKÖNIG Wer sind Sie, nächtlicher Rumtreiber?
VATER Ich bin der Vater mit seinem Kind, Grobian!
ERLKÖNIG Was? Grobian? Ich bin erkannt! *Er reist sofort ab und will nicht eher wiederkehren, bis die Ruhe vollständig hergestellt ist.*

Der Vorhang kann aber nicht so lange warten und fängt an, langsam herunterzukommen.

Zweiter Akt

*Vater und Kind sind noch immer
mit Reiten beschäftigt.*

DER ERLKÖNIG *erscheint und bemüht sich, dem jungen Bürgerwehrmann
etwas vorzureden, worauf dieser in die Goetheschen Worte ausbricht*
Mein Vater, mein Vater, und hörest du nicht,
Was Erlenkönig mir leise verspricht?
VATER Ach was, dummer Junge, es hat schon mancher König was
leise versprochen und es laut nicht gehalten.

Bei diesen Worten beginnt der Wind in dürren Blättern zu säuseln.

ERLKÖNIGS TÖCHTER *kommen um die Ecke und rufen*
Na, wie is es, Kleener?
Willst, feiner Knabe, nicht mit uns gehn?
DAS KIND
Mein Vater, mein Vater, und siehst du nicht dort
Erlkönigs Töchter am düstern Ort?
VATER Halt 's Maul, Schafskopf, und laß dir nich
von die ollen Weibsbilder graulich machen.
DIE ALTE GRAUE WEIDE *sehr empfindlich* Entschuldigen Sie, ich bin
kein Weibsbild, ich bin nur eine alte Weide und scheine so
grau.

Dritter Akt

*Im Vordergrunde der Hof. Im Hintergrund sieht man den Wald
vor lauter Bäumen nicht.
Das Mitglied des fliegenden Korps der jungen Kaufleute
liegt tot auf dem Boden.
Der Vorhang fällt, ohne die Einigkeit Deutschlands abzuwarten.*

(1848)

Das unheimlich Sadistische
Von Carl Ludwig Schleich

Conrad Ansorge begleitete mich meisterhaft. Er stellte Löwes »Erlkönig«, wie so viele, weit über den Schuberts und behauptete, Schubert habe den dämonischen Trieb zur Knabenliebe, den Goethe gestalten wollte, gar nicht verstanden, ihm fehle das unheimlich Sadistische in der Musik, wie denn auch Schuberts »Ganymed« aus dem gleichen Grunde völlig mißverstanden sei. Erst Hugo Wolf habe diese naive, griechische Dämonie des Jupiter richtig erfaßt und vertont. Was waren das schöne Abende (. . .).

(aus: Besonnte Vergangenheit, 1920)

Es ist die Mutter mit ihrem Kind
Von N. N.

Wer sitzt dort im Ballsaal? So sage geschwind!
Es ist die Mutter mit ihrem Kind;
Sie zupft das Mädchen leis' an dem Arm,
Sie fragt sie innig, sie fragt sie warm:

Mein Kind, was wendest du bang dein Gesicht?
Siehst, Mutter, du den Leutnant nicht?
Den Leutnant drüben, mit Geist und Genie?
Mein Kind, er ist 'ne brillante Partie.

»Ach, gnädiges Fräulein, der erste Ton
Erklingt zum Walzer dort gar wohl schon;
Ich fasse kühn die rosige Hand!
Auf Ehre! Superb', ein schneid'ges Gewand!«

O Mutter, o Mutter! und hörest du nicht,
Wie keck der Leutnant jetzt zu mir spricht?
Sei ruhig, bleibe ruhig, mein Kind,
Und nimm die Männer, so wie sie sind (. . .)

Die Mutter lächelt, erhebt sich geschwind,
Sie hält in den Armen ihr zitterndes Kind,
Führt hin es zu ihm mit schmeichelndem Laut . . .
In ihren Armen das Mädchen war – Braut.

(Der Ballabend, aus:
Silentium für einen komischen Vortrag, o. J.)

Weidenkätzchenjammer
Von A. D. M.

Der amtliche Preuß. Pressedienst warnt vor dem Anschneiden der (heuer sehr früh entwickelten) Weidenkätzchen, das auf Grund der § 24, Nr. 2, § 30, Nr. 5 und § 18 des Forst- und Feldpolizei-G.-B., gegebenen Falles sogar nach § 242 des R. St. G. verfolgbar sei.

> Sah ein Knab ein Kätzchen stehn
> Kätzchen auf der Weiden
> Lief er schnell es nah zu seh'n,
> ohne vorerst nachzuspäh'n,

wie der § 24 II, § 30 V und § 18 ff. des Forst- und Feldpolizeigesetzbuches, gegebenen Falles sogar § 242 des Reichsstrafgesetzbuches in diesem Fall entscheiden.

> Knabe sprach, Ich breche Dich
> Kätzchen auf der Weiden!
> Kätzchen sprach: Ich räche mich!
> Daß Du ewig denkst an mich!

denn nach § 24 II, § 30 V und § 18 ff. des Feld- und Forstpolizeigesetzbuches, gegebenenfalls § 242 des Reichsstrafgesetzbuches brauch ich es nicht zu leiden.

> Und der wilde Knabe brach
> Kätzchen auf der Weiden
> Doch bald kam die Strafe nach
> und er sitzt, mit Weh und Ach,

nach § 24 II, § 30 V und § 18 ff. des Feld- und Forstpolizeigesetzbuches im idealen Zusammenhang mit § 242 des Reichsstrafgesetzbuches wegen Weidenkätzchen-Schneiden!

(aus: Jugend, Heft 16/1925)

Wer wandert so spät

Von Walther Deneke

Wer wandert so spät durch Nacht und Wind?
Ein Dichter mit seinem Musenkind.
Im Arme hält er das Manuskript,
Sorgfältig hat er es abgetippt.

Mein Werk, du zitterst, sprich, was dir gebricht?
Siehst, Vater, du den Heimeran nicht?
Den Heimeran, der in München verlegt?
Mein Kind, sei darob nicht aufgeregt.

»Du liebes Buch, komm geh mit mir,
Viel tausend Bände mach ich aus dir.
Mein Buchbinder gibt dir ein schönes Gewand,
Fritz Fliege schmückt dich mit Künstlerhand.«

Mein Vater, mein Vater, und hörest du nicht,
Was Heimeran mir leise verspricht?
Sei ruhig mein Kind, o glaube nicht das,
Der Heimeran schreibt sich selber was (...)

Dem Vater grauset's, er flüchtet geschwind,
Er hält in den Armen sein Musenkind.
Er wußte genau, warum er das tat:
In seinem Arme das Werk war – Plagiat.

(aus: Literaturballade, in: Hinaus in die Ferne, 1943)

Es ist der Wehner

Von Lerryn und Fredrik

ERZÄHLER
> Wer reitet so spät durch Nacht und Wind?
> Das ist der Wehner er reitet geschwind
> er hält einen Juso im linken Arm
> er hält ihn sicher daß Gott erbarm'

HERBERT
> Mein Sohn was wirst du so froh im Gesicht?

JUSO
> Siehst Vater du die Aktionseinheit nicht?
> Sie kommt immer näher ich erkenn' sie sogleich

HERBERT
> Mein Sohn das ist nur ein Nebelstreif

JUSO
> Mein Vater mein Vater ach siehst du denn nicht?
> Das ist kein Nebel was da zu mir spricht

HERBERT
> Sei ruhig sei nur ruhig mein Kind
> in linken Blättern säuselt der Wind

JUSO
> Ach Vater ach Vater ach sag doch ein Wort
> die Aktionseinheit reißt mich sonst mit sich fort

HERBERT
> Mein Sohn mein Sohn ich seh' es genau
> das sind nur Parolen so alt und so grau

JUSO
>   Ach Vater ach Vater die Aktionseinheit spricht
>   von Strauß und Konsorten da trennt man sich nicht
>   Profitgeier lauern schon weit und breit
>   zufrieden über den linken Streit

ERZÄHLER
>   Den Wehner schlottert's er treibt den Gaul
>   er schert nach rechts aus mit Schaum vorm Maul
>   er hält sich im Sattel – doch Schockschwerenot –
>   in seinen Armen der Juso war ... (Pause)
>   rot!

(Aktionseinheit, Song für drei Stimmen, aus: Politische Lieder, 1971)

Kind schreit, Vater reit't

Von Albert Roderich

Vater und Kind
Reiten geschwind
Töchter von Erlkönig
Necken das Kind ein wenig.
Kind schreit,
Vater reit't
Kommen zu Haus mit Not.
Vater lebendig, Kind tot.

(aus: Der Urgemütliche, 1890)

Vater und Hund
Von Loriot

Wer reitet so spät bei Nacht sich wund?
Es ist der Vater mit seinem Hund!

(Wum in: Wum und Wendelin, 1977)

Ein Abschied
Von Robert Gernhardt

»Vater, lieber Vater mein,
willst du meine Mutter sein?«

Verlegen fährt sich
der Bub durch den Schopf
und schaut auf den Vater,
doch er schüttelt den Kopf,
blickt in das Licht,
das im Fenster sich bricht,
und spricht:

»Mein Kind, was du da von dir gibst,
klingt im Detail zwar allerliebst,
jedoch im großen Ganzen –«

Musik erklingt,
der Knabe winkt:
»Komm, Vater, laß uns tanzen!«

Vier Stunden später. Leer ist der Saal.
Der Vater hat müde zum hohen Portal
die Schritte gelenkt
und denkt,
den Blick auf den schlafenden Buben gesenkt:

»Ich hab's erwogen, hab geschwankt,
hätt' gern erfüllt, was er verlangt,
es war nicht drin.
Was er wahrscheinlich erst begreift,
wenn er vom Knaben zum Weibe gereift,
leb wohl, Katrin!«

Und behutsam setzt er
das Kind in den Schnee
und geht in die Nacht,
die hereinbrechende . . .

(aus: Robert Gernhardt/F. W. Bernstein,
Besternte Ernte, 1976)

Rotkehlgen, süße Kupplerin
Von Sebastianus Segelfalter

Thema

Kommt ein Vogel geflogen,
Setzt sich nieder auf mein' Fuß,
Hat 'nen Zettel im Schnabel,
Von der Liebsten einen Gruß.
Lieber Vogel, flieg weiter,
Nimm 'nen Gruß mit und 'nen Kuß,
Denn ich kann dich nicht begleiten,
Weil ich hierbleiben muß.
(Volkslied)

Der junge Goethe, Das Veilgensträußgen

Durch Wiesen ging ich für mich hin,
Ein Liedgen leise pfeifend,
Da kommt von schöner Schäferin
Rotkehlgen, süße Kupplerin,
Mich mit dem Flügel streifend.

Oh, Botin, die mich hoch beglückt,
Ruh aus ein kleines Weilgen,
Bis aus dem Rasen ich gepflückt
Und an die Lippen leis gedrückt
Ein Sträußgen blauer Veilgen!

Hast du dem Liebgen die gebracht,
Stell sie in kleine Vase.
Die Knospen werden über Nacht
Erblühn zu ihrer vollen Pracht
Viel schöner als im Grase.

Wenn manchmal drauf ihr Äuglein fällt,
Hinein sich senkt ihr Näsgen,
Ans Himmelbettgen hingestellt...
Ach Lieb, was uns zusammenhält,
Sei kein zerbrechlich Gläsgen!

(S. Segelfalter [Richard Müller-Freienfels],
Die Vögel der deutschen Dichter, 1947)

Ich denke dein

Von Friedrich Matthisson

Ich denke dein,
wenn durch den Hain
der Nachtigallen
Akkorde schallen!
Wann denkst du mein?
Ich denke dein
im Dämmerschein
der Abendhelle
am Schattenquelle!
Wo denkst du mein?

Ich denke dein
mit süßer Pein
mit bangem Sehnen
und heißen Tränen!
Wie denkst du mein?
O denke mein
bis zum Verein
auf besserm Sterne!
In jeder Ferne
denk ich nur dein!

(Andenken, aus: Lieder,
1781)

Ich denke dein

Von Friederike Brun

Ich denke dein, wenn sich im Blütenregen
Der Frühling malt
Und wenn des Sommers mildgereifter Segen
In Ähren strahlt.

Ich denke dein, wenn sich das Weltmeer tönend
Gen Himmel hebt
Und vor der Wogen Wut das Ufer stöhnend
Zurücke bebt.

Ich denke dein, wenn sich der Abend rötend
Im Hain verliert
Und Philomenens Klage leise flötend
Die Seele rührt.

Beim trüben Lampenschein in bittren Leiden
Gedacht' ich dein;
Die bange Seele flehte nah am Scheiden:
Gedenke mein!

Ich denke dein, bis wehende Zypressen
Mein Grab umziehn;
Und auch in Tempels Hain soll unvergessen
Dein Name blühn.

(aus: Musenalmanach, 1795)

Ich denke dein

Von Johann Wolfgang Goethe

Ich denke dein, wenn mir der Sonne Schimmer
    Vom Meere strahlt;
Ich denke dein, wenn sich des Mondes Flimmer
    In Quellen malt.

Ich sehe dich, wenn auf dem fernen Wege
    Der Staub sich hebt;
In tiefer Nacht, wenn auf dem schmalen Stege
    Der Wandrer bebt.

Ich höre dich, wenn dort mit dumpfem Rauschen
    Die Welle steigt;
Im stillen Haine geh ich oft zu lauschen,
    Wenn alles schweigt.

Ich bin bei dir, du seist auch noch so ferne,
    Du bist mir nah!
Die Sonne sinkt, bald leuchten mir die Sterne.
    O wärst du da!

(1796)

Goethe, Brun und die Hintergründe
Von David Veit

Vor einiger Zeit, da er hier war, ließ ihm Latrobe ein Lied von ich weiß nicht wem und aus dem »Musikalischen Blumenstrauß«, komponiert von Zelter, mit dem Anfang »Ich denke Dein« vorsingen und spielte es selbst. Er war tief gerührt von der Komposition, ging nach Hause und flickte es mit aller Gewalt in die »Claudine« ein, aber mit ganz abgeändertem Text.

(aus: Brief an Rahel Levin, 4. 6. 1795)

Ich denke dein
Von Theodor Körner

Ich denke dein im Morgenlicht des Maien
    Im Sonnenglanz;
Ich denke dein, wenn mich die Sterne freuen
    Am Himmelskranz.

Ich sorg' um dich, wenn in des Berges Wettern
    Der Donner lauscht;
Du schwebst vor mir, wenn ich den dunkeln Blättern
    Der Zephir rauscht.

Ich höre dich, wenn bei des Abends Gluten
    Die Lerche schwirrt;
Ich denke dein, wenn durch des Deiches Fluten
    Der Nachen irrt.

Wir sind vereint, uns raubt der Tod vergebens
    Der Liebe Lust;
O, laß mich ruhn, du Sonne meines Lebens
    An deiner Brust!

(ca. 1815)

Ich denke dein

Von Eginhardt

Ich denke dein, wenn aus den Wolken oben
Der Donner kracht!
Oft hast du's ja, mit Schelten und mit Toben,
Ihm nachgemacht.

Ich sehe dich, wenn unser Weiberspittel
Spazieren geht.
Wenn um die Säbelbeine flott der Kittel
Im Weste weht.

Ich höre dich, wenn heis're Raben krächzen,
Beim Flug' zur Rast;
Wenn unsere dicken Nudelgänse ächzen,
Zerplatzend fast.

Ich bin bei dir, ertönt auch in der Schenke
Manch' lust'ges Wort;
Ich kehre bang' nach Hause dann, und denke:
Ach wär sie fort!

(Nähe der Frau, aus: Z. Funk, Das Buch
deutscher Parodien und Travestien, 1840/41)

Ich denke dein

Von Heinrich Kämpchen

Ich denke dein im tiefsten Bergverließ,
Du bist mein Stern, du hellest mir die Nacht.
Wenn ich die Schicht beginn, wenn ich sie schließ,
Mit dir ist sie begonnen und vollbracht.

Ich denke dein – fern von dem goldnen Tag –,
Nicht hemmt dein Bild die düstre Felsenwand.
Du bist mir nah beim wilden Wetterschlag,
Und deine Flügel halten mich umspannt.

Ich denke dein im Schoß der ewgen Nacht,
Und nimmer hat ihr Grauen mich geschreckt.
Der Schwaden flammt, der wilde Donner kracht,
Mich hält der Liebe Götterschild bedeckt.

Ich denke dein – und ist es Schicksals Schluß,
Schließt mich der Berg in seine Klüfte ein,
Ich sende sterbend dir den letzten Kuß.
Und sterbend, Mädchen, sterbend denk ich dein.

(Knappenliebe, aus: Schacht und Hütte, 1898)

Die Sehnsucht ist zu groß

Von Ludwig Herzer und Fritz Löhner

Nach Goethe

Nr. 5 1/2. Blicke ich auf deine Hände ...
(Melodram.)

GOETHE
    Nun kann ich nicht mehr schweigen,
    Die Sehnsucht ist zu groß!
    O, gib dich mir zu eigen,
    Ich laß dich nicht mehr los!
    Du hast mit Zauberfädchen
    Gefesselt mich an dich.
    O sprich, geliebtes Mädchen,
    Denkst du auch so an mich?

FRIEDERIKE
>Ich denke dein, wenn mir der Sonne Schimmer
>>Vom Himmel *(! – Anm. der Herausgeber)* strahlt.
>Ich denke dein, wenn sich des Mondes Flimmer
>>Im Teiche *(! – Anm. der Herausgeber)* malt.
>Ich seh' dich in der Quelle, wenn ich trinke,
>In tiefer Nacht, wenn ich in Träumen sinke.
>:Du bist mir ewig nah und schwebst um mich!:
>Muß in deinem Zauberkreise
>Leben nun auf deine Weise,
>Denn ich liebe dich!

GOETHE
>Nein, Geliebte, nein! Das wär das Ende!
>Reich' mir nicht den Mund, nur die Hände (. . .)

Nr. 11. Stammbuchszene.

LISELOTTE, DOROTHEE, HORTENSE, ÄNNCHEN:
>Lieber Doktor, lieber Doktor!
>Nur ein Verslein zum Gedenken
>Sollen Sie uns schenken!

GOETHE
>Wenn's weiter nichts ist, einen ganzen Strauß
>Schüttle ich aus dem Aermel heraus!
>>»Liebe schwärmt auf allen Wegen,
>>Treue wohnt für sich allein.
>>Liebe kommt euch rasch entgegen,
>>Aufgesucht will Treue sein.«
>Und nun signiert
>Und auch datiert!

LIESELOTTE
>Ach, wie charmant! Ach, Gott, wie fein!
>Das trag' ich gleich der Mama hinein!
>Die wird sich freu'n!

Nr. 19 1/2. Ein Herz, wie Gold so rein ...

GOETHE
    Ja, wie eine Idylle ... von Jugend, Liebe und Glück!

Ich weiß es wohl, was mir gefällt
Im stillen Pfarrershaus.
In dieser kleinen engen Welt
Ging Jugend ein und aus.
Ich besaß es doch einmal,
Was so köstlich ist,
:Daß man's doch zu seiner Qual
Nimmermehr vergißt!:

R e f r a i n :
Ein Herz, wie Gold so rein,
Ein treues Herz war mein
Und seine Liebe war so süß
Wie Frühlingssonnenschein.
O wundervolle Zeit,
Wie bist du, ach, so weit!
Jetzt singt ein Vögelein
Im Nachtigallenhain:
Vorbei! Vorbei! Vorbei!

Nr. 19 3/4. Finaletto. Ende des Singspiels.

    (aus: Friederike, Singspiel in 3 Akten, Musik von Franz Lehár,
                                                                       1928)

Goethe und Friederike

Als Goethe das Tanzbein schwingen

Nach Kammersänger Bollmann

Nach einer Fahrt mit Hindernissen ist Kammersänger Bollmann – der Goethe in Lehárs »Friederike« – Samstag abend in Wien eingetroffen.

»Ich würde«, sagt Bollmann, »es als Arroganz empfinden, wollte ich den großen Dichter auf der Bühne darstellen. Nur den jungen Studenten Goethe zu verkörpern, habe ich mir vorgenommen. Ich will meiner Gestalt alle schwulstige Würde, alle bedrückende Schwere nehmen. Ich scheue mich keineswegs, im ersten Akt als Goethe sogar das Tanzbein zu schwingen. Dadurch habe ich auch die schauspielerische Möglichkeit, die Entwicklung Goethes vom Studenten zum großen Dichter im letzten Akt, der acht Jahre später spielt, anzudeuten. Mit dieser Auffassung, die ich einem eingehenden Studium des Lebens Goethes verdanke, stehe ich durchaus im Einklang mit der Auffassung Lehárs selber. Und die Kritik hat mir bisher auch darin recht gegeben: Nur so konnte sich der empfindsamste Goethe-Verehrer nicht verletzt fühlen. Die Rolle an sich macht mir ungemein viel Freude. Ich hatte seinerzeit Unrecht, als ich »Zarewitsch« für Lehárs bestes Werk erklärte. Ich ahnte damals nicht, daß es noch eine Steigerungsmöglichkeit gebe. Nun aber sage ich: »Friederike« ist Lehárs reifstes Werk . . .«

(cit. nach: Karl Kraus, Die Fackel, 806–09, 1929)

Herbstgefühl

Von Johann Wolfgang Goethe

Fetter grüne, du Laub,
Am Rebengeländer
Hier mein Fenster herauf!
Gedrängter quellet,
Zwillingsbeeren, und reifet
Schneller und glänzend voller!
Euch brütet der Mutter Sonne
Scheideblick, euch umsäuselt
Des holden Himmels
Fruchtende Fülle,
Euch kühlet des Mondes
Freundlicher Zauberhauch,
Und euch betauen, ach!
Aus diesen Augen
Der ewig belebenden Liebe
Vollschwellende Tränen.

(1775)

Ohne Wein und ohne Weiber...

Von J. W. Goethe u. a.

Ohne Wein kan's uns auf Erden
Nimmer wie dreyhundert werden
Ohne Wein und ohne Weiber
Hohl der Teufel unsre Leiber. (Goethe)
Wozu sind wohl Apollos A f f e n
Als wie zu bouts rimés g e s c h a f f e n
Sie halten oft gleich einer L a u s
In Clios Haar u. Pomade S c h m a u s. (Fritz Stolberg)
Flieh Bruder G. Flieh! Er stößt mit seinem H o r n
Weich aus den B...sk, u. fürchte seinen P i n s e l!
Sein Mund ist abgrundreich, Sein Witz ist wie ein D o r n
Erschaft des Lachens viel und doch noch mehr G e w i n s e l.
(Lavater)

Dem Wolf dem thu ich Esel b o h r e n
Dadurch ist er gar bass g e s c h o r e n
Da sizt er nun das arme S c h a a f
Und fleht Erbarmung von dem G r a f. (Christian Stolberg)
Ein edles Mädchen Herz schlägt das nicht eine W u n d e?
Ein bitrer scharfer Wiz, beißt der nicht wie ein H u n d e?
Böse Laune, blödes staunen macht mich jez l a h m
Wiederstand und lachen drüber aber z a h m. (Heß' Schwager)

Unterm lieben Schweizer Himmel
Ists nicht gut zu seyn ein Lümmel
Doch wie bös ist nicht die Luft?
O die macht mich bald zum Schuft. (Kayser)
Wolt soll Euch zeigen meinen Witz
Möchts aber nehmen vor Grütz

Drum will ihm lieber setzen Damm
Ihr wißts ja so, bin ein gutes Lamm. (Haugwitz)
Herr Göthe sollt uns Juden mahlen
und theologische Cabalen
mit der geübten Mahlers Hand
Dies sey uns seines Geistes Pfand! (Heß)
Ein jeder der schreibet in dieses Buch
Mag zum Teufel schicken mit einem Fluch
Wenn ihn einer nicht will lassen Gahn
Nach seinem Sinn und Herzens Wahn. (Passavant)

(Gesellige Reimerei auf einer Bootsfahrt auf dem Zürichsee am 15. Juni 1775; *bei der gleichen Bootsfahrt entstand auch die Urfassung von Goethes bekanntem Gedicht »Auf dem See«, Anm. der Herausgeber*)

Wer mitgenießt ...
Von N. N.

Einer der enthusiastischsten, aber auch seltsamsten Bewunderer Goethes war Gottlieb Wilhelm Burmann, der Redakteur der in Berlin erscheinenden Spenerschen Zeitung. Als Goethe im Frühjahr 1778 in Berlin weilte, suchte er Burmann in seinem Bureau auf. Burmann fragte den Eintretenden, was ihn herführe und wer er sei. »Goethe«, sagte der Besucher. Burmann sprang von seinem Stuhl auf, warf sich Goethe zu Füßen und wälzte sich ganz exaltiert auf dem Fußboden herum. »Um Himmels willen! Was haben Sie?« rief Goethe, vor solchem Gefühlsausbruch ganz erschrocken.

»Ach, die Freude, die Freude, daß Sie mich besuchen! Ich kann meine Freude einfach nicht besser ausdrücken«, stammelte der hochbeglückte Zeitungsmann.

»Nun, wenn's das ist, dann will ich mich gern zu Ihnen werfen«, rief Goethe, legte sich gleichfalls hin – und die beiden wälzten sich miteinander auf dem Fußboden herum.

(aus: Goethe – anekdotisch, hrsg. von Jörg Drews, o. J.)

Abenteuer mit Dichtung

von Jürgen Theobaldy

Als ich Goethe ermunterte einzusteigen
war er sofort dabei.
Während wir fuhren
wollte er alles ganz genau wissen
ich ließ ihn mal Gas geben
und er brüllte: »ins Freie!«
und trommelte auf das Armaturenbrett.
Ich drehte das Radio voll auf
er langte vorn herum
brach den Scheibenwischer ab
und dann rasten wir durch das Dorf
über den Steg und in den Acker,
wo wir uns lachend und schreiend
aus der Karre wälzten.

(1974)

VERMISCHTES I

Goethe, der jetzt der wahre Statthalter des poetischen Geistes auf Erden ist (...)

(Novalis, in: ›Athenäum‹, 1798)

*

Oder nimm an: GOETHE hätte *nich* Goethe sonder ›*Fick*‹ geheißen? Und unsere Schullehrer wären genötigt, sich immerfort solcher Wendungen zu bedienen, wie ›der große Fick sagt‹, ›Ficks Faust‹: ›Wie heißt es beim Fick?:!‹ –

(aus: Arno Schmidt, Zettels Traum, p. 60, 1969)

*

Goethes Charakter ist fürchterlich; das Genie ohne Tugend muß dahin kommen.

(Jean Paul an v. Oertel, 1796)

*

Goethe – über den ich Dir ein Oktavbändchen zufertigen möchte – ist Gott gleich.

(Jean Paul an Jacobi, 15. 5. 1799)

*

Selbst Goethe stand ewig allein.

(aus: Friedrich Nietzsche, Nachgelassene Fragmente, 1870/71)

*

Insgemein hat man nur eine Seele, aber Goethe hat hundert.

(Lavater, nach einem Bericht Zimmermanns, o. J.)

*

Was er gegeben hat, das hat er gegeben – und jetzt ist er fürs Publikum so unfruchtbar wie eine Sandwüste (...)

(aus: von Lose, Schattenrisse edler Teutschen, 1783/84)

*

Du sagst »Wie schön ist Werther«. Ich sage: »Wenn wir aber die Wahrheit sagen wollen, so ist viel Gemütsschwefel drin«, das ist eine lächerliche unangenehme Bemerkung, aber ich bin dein Freund, während ich es sage, ich will Dir nichts Böses tun.

(Franz Kafka an Max Brod)

*

Weiß nicht, ob's 'n Geschicht oder 'n Gedicht ist; aber ganz natürlich gehts her, und weiß einem die Tränen recht aus 'm Kopf herauszuholen. Der arme Werther! Er hat sonst so feine Einfälle und Gedanken.

(aus: Matthias Claudius, Die Leiden des jungen Werther, 1774)

*

Als Goethe seine Haushälterin heiratete, hatte er den *Werther* hinter sich.

(Gustave Flaubert an Louise Colet, 21./22. 8. 1853)

*

(Wutz) schreibt über alles, und wenn die gelehrte Welt sich darüber wundert, daß er fünf Wochen nach dem Abdruck der Wertherschen Leiden einen alten Flederwisch nahm und sich eine alte Spule auszog und damit stehenden Fußes sie schrieb, die Leiden – ganz Deutschland ahmte nachher seine Leiden nach –: so wundert sich niemand weniger über die gelehrte Welt als ich.

(aus: Jean Paul, Die unsichtbare Loge – Schulmeisterlein Maria Wutz, 1790–92)

*

Ich hätte Goethen vor Liebe fressen mögen.

(Christoph Martin Wieland an Merck, 27. 8. 1778)

*

Im übrigen hat er mehr ein gutes Plappermaul als Gründlichkeit.

(Johann André an L. Ysenburg v. Buri, 18. 7. 1764)

*

Goethe ist wirklich ein guter Mensch, nur etwas leicht und spatzenmäßig (...)

(Johann Gottfried Herder an Caroline Flachsland, 1772)

Goethe steckt voll Lieder.
(Caroline Flachsland an Herder, 1772)

*

Im Frühjahr kam hier ein gewisser Goethe aus Frankfurt, seiner Hantierung nach Dr. juris, 23 Jahr alt, einziger Sohn eines sehr reichen Vaters (. . .) Er hat sehr viel Talente, ist ein wahres Genie und ein Mensch von Charakter; besitzt eine außerordentlich lebhafte Einbildungskraft, daher er sich meistens in Bildern und Gleichnissen ausdrückt. Er pflegt auch selbst zu sagen, daß er sich immer uneigentlich ausdrücke, niemals eigentlich ausdrücken könne.
(Johann Christian Kestner, Mai 1772)

*

Sein Herz ist so edel als eins. Wenn er einmal in der Welt glücklich wird, so wird er Tausende glücklich machen; und wird ers nie, so wird er immer ein Meteor bleiben, an dem sich unsere Zeitgenossen müde gaffen und unsere Kinder wärmen werden.
(Johann Georg Schlosser an Lavater, 17. 10. 1773)

*

Goethe ist nicht glücklich und kann schwerlich glücklich werden.
(Johanna Schlosser an Jacobi, 31. 10. 1779)

*

Der unglückliche Goethe, der so viel Existenzen unglücklich gemacht hat.
(aus: Franz Kafka, Tagebücher, 1912)

*

Titan war durch Reisen über das andere Geschlecht verdorben wie Goethe (. . .) Kalt wie Goethe mag er nie werden (. . .) Er habe die verschlossene handelnde Liebe wie Goethe.
(aus: Jean Paul, Genieheft, 1794)

Goethe war bei uns, ein schöner Junge von fünfundzwanzig Jahren, der vom Wirbel bis zur Zehe Genie und Kraft und Stärke ist; ein Herz voll Gefühl, ein Geist voll Feuer mit Adlersflügeln, qui ruit immensus ore profundo.

(Josef J. W. Heinse an K. Schmidt, 13. 9. 1774)

*

Dieser Goethe, von dem und von dem allein ich vom Aufgang bis zum Niedergang der Sonne und von ihrem Niedergang bis wieder zu ihrem Aufgang mit Ihnen sprechen und stammeln und singen und dithyrambisieren möchte (. . .) Brannte nicht unser Herz in uns, als er mit uns redete?

(Friedrich August Werthes an F. H. Jacobi, 18. 10. 1774)

*

Ich weiß es wohl, daß er nicht *allezeit* liebenswürdig. Er hat widrige Seiten. Ich habe sie wohl erfahren. Aber die Summe des Menschen zusammengenommen, ist unendlich gut. Er ist mir ein Erstaunen, auch selbst von Güte.

(Karl Ludwig von Knebel an Lavater, 1. 9. 1780)

*

Man sagte sonst, er sei stolz; wenn man aber darunter das Niederdrückende und Zurückstoßende im Benehmen gegen unsereinen verstand, so log man. Man glaubt oft einen recht herzguten Vater vor sich zu haben. Noch gestern sprach ich ihn hier in Jena im Club.

(Friedrich Hölderlin an L. Neuffer, 13. 1. 1795)

*

Mein Sohn hat gesagt, was einen drückt, das muß man verarbeiten, und wenn er ein Leid gehabt hat, da hat er ein Gedicht daraus gemacht.

(Elisabeth Goethe zu Bettina Brentano, 21. 9. 1807)

*

Er ist das vollkommenste Wesen, das ich kenne, auch im Äußeren.

(Johanna Schopenhauer an ihren Sohn, 28. 11. 1806)

Goethe ist ein unbeschreibliches Wesen.

                      (Johanna Schopenhauer an ihren Sohn, 5. 1. 1807)

*

Noch eines: er spielt Klavier, und gar nicht schlecht.

                              (David Veit an Rahel Levin, 8. 2. 1795)

*

Er hält sich für einen Alkibiades, und man hat ihn genug verwöhnt, um ihn in allen seinen Prätentionen zu bestärken. Ein maßloser Ehrgeiz wird ihn stets hindern, völlig glücklich zu sein.

                                                (Graf Putbus, 1776)

*

Goethe – nun das weiß alle Welt! Der hat mir oft bange gemacht, aber denk', Bruder, die Anmerkung ist mir oft über ihn eingefallen: Wenn ein Mensch auch nichts anderes als Genie ist, gar keine Stetigkeit, keine Schwerkraft hat, die ihn nach dem Mittelpunkt zieht, so treibt ihn der Wind durch alle Lüfte um; er flackert, lodert; niemand kann sich an seinem Feuer erwärmen, noch durch sein Licht geleitet werden. Doch glaub' ich noch immer, er wird noch ein brauchbarer Mann werden. Er war's noch nicht. Weiter hat er noch nichts getan, als daß er wie ein wilder, ungeheurer Mastochse auf der Wiese herumgeeilt und vorne und hinten in die Höhe sprang. Da krochen dann hundert Frösche nebeneinander ans Ufer hin, mochten gerne alle so Ochsen sein, pausten und dehnten sich, daß es zum Erbarmen war. Darüber haben wir andern Geschöpfe nun zwar herzlich gelacht; aber, Bruder Lerse, das ist gar ein kleines Verdienst, auf fetter Wiese umherzugaukeln und die Leute lachen machen. Wird er aber einmal zahm, so daß sein Herzog mit ihm pflügen kann, nun, dann gib achte, was aus Goethe wird.

                    (Heinrich Jung-Stilling an Franz Ch. Lerse, 6. 3. 1780)

*

Kein deutsches Ereignis, sondern ein europäisches.

                    (aus: Friedrich Nietzsche, Götzen-Dämmerung, 1889)

Ich hätte ihn eher für einen biederherzigen Amtmann als für den großen Schriftsteller gehalten.

(Johannes Daniel Falk an seinen Bruder, 28. 12. 1794)

*

Wenn du wüßtest, liebster Abeken, welche Ehrfurcht und Liebe dieser Mann in Weimar durch sein bloßes Dasein verbreitet (...)

(Heinrich Voß an seine Freunde, 10. 4. 1804)

*

So, wie er war, habe ich nie einen liebenswürdigeren Mann gesehen.

(Caroline Sartorius, 16. 10. 1808)

*

(...) und schieden von ihm voll von dem Eindrucke seines hohen Geistes, seiner imponierenden Persönlichkeit und seines ebenso tiefen als edlen Gemüts.

(Freiherr von Heß, 27. 5. 1813)

*

Nie habe ich auch nur einmal gefunden, er sei kalt oder gar herzlos (...) Der Vater war ein Mann des Volkes, das weiß der, der in Weimar auf keine Schule und keine Anstalt irgendeiner Art, die dem Volk im allgemeinen zugute kommt, stoßen kann, ohne in ihrem ersten Ursprung den Namen des Vaters nennen zu hören.

(Ottilie von Goethe an Abeken, 4. 7. 1861)

*

Unter die lobenswerten Eigenschaften Goethes muß ich rechnen, daß er Eleganz, Nettigkeit und gefälliges Aussehen auch bei dem kleinsten Geschäft anzubringen sich bemüht (...)

(Friedrich Theodor Kräuter in einem Brief, 1821)

*

Stets war er ruhig, heiter und human, ich habe ihn nie anders gesehen.

(Johann Christian Schuchardt)

Sr. Exelentz der Geheime Rath von Göthe saß selbst mit seiner Demois. Vulpius in der Loge und blickte so herab auf das Entzücken, welches das Kind seines Geistes rings verbreitete.

(aus: Joseph von Eichendorff, Tagebuch, 1805 – anläßlich einer Aufführung des »Götz« in Lauchstädt)

*

Göthens Brief ist Göthens Brief.

(Clemens Brentano an Savigny, 1802)

*

Sie haben in allem recht, was Sie von Goethe sagten. Das ist gewiß einer der vortrefflichsten Menschen, die man sehen kann.

(Johann Heinr. Wilhelm Tischbein an Lavater, 9. 12. 1786)

*

Der edle, menschenfreundliche Goethe

(Karl Philipp Moritz an Joachim Heinrich Campe, 20. 1. 1787)

*

Goethe war diesen Morgen ein Viertel auf 10 bei mir. Dies ist mein Adelsdiplom.

(Rahel Varnhagen von Ense an Karl August Varnhagen von Ense, 8. 9. 1815)

*

Goethe war, inmitten eines unreal gesinnten Zeitalters, ein überzeugter Realist.

(aus: Friedrich Nietzsche, Götzen-Dämmerung, 1889)

*

Daß es Goethe leicht gewesen wäre, ohne seiner Frau etwas zu vergeben, meine Frau für ihre langgehegte fromme Anhänglichkeit tröstend zu belohnen und mit ein paar Worten für die erlittene Kränkung zu entschädigen, wird Ihnen eingeleuchtet haben.

(Achim von Arnim an Riemer, 28. 10. 1811)

Sein Benehmen ist kalt; und doch fühlt man sich zu ihm wie zu einem übernatürlichen Wesen hingezogen.

(Marquis de Custine, 22. 8. 1815)

*

Goethens hoher Baum treibt die Wurzel in Deutschland und senkt den Blütenüberhang hinüber ins griechische Klima.

(aus: Jean Paul, Vorschule der Ästhetik, 1804)

*

Goethe aber, der immer der Unverschämtere ist, hat geradezu die Verwegenheit gehabt, auch im sinnlichsten, augenscheinlichsten und trivialsten Sinne wahr zu sein, indem er das Leben erst mit einem goldenen Baume (...) verglich und dann erst noch das Gleichnis eines Baums dahin ausbreitete, an einen grünen, von der Sonne durchstrahlten, vergoldeten Baum zu denken.

(aus: Gottfried Keller, Das goldene Grün bei Goethe und Schiller, 1855)

*

Der Baum des Lebens ist nicht der Baum der Erkenntnis (...) In dem Eden der Kunst und Wissenschaft, das er (Goethe) den Menschen eröffnet hat, sind der Baum des Lebens und der Baum der Erkenntnis eins.

(aus: Georg Brandes, Goethe, 1921)

*

Goethe wird von sehr vielen Menschen (auch außer Herdern) mit einer Art von Anbetung genannt und mehr noch als Mensch denn als Schriftsteller geliebt und bewundert.

(Friedrich Schiller an Chr. G. Körner, 12. 8. 1787)

*

Dieser Mensch, dieser Goethe, ist mir einmal im Wege, und er erinnert mich so oft, daß das Schicksal mich hart behandelt hat.

(Schiller an Körner, 9. 3. 1789)

Goethe, der bei uns ist, macht mir zu viel Lärm.

(Schiller an Wilhelm v. Humboldt, 4. 1. 1796)

*

Meine Bekanntschaft mit Goethe, die ich auch jetzt, nach einem Zeitraum vom sechs Jahren, für das wohltätigste Ereignis meines Lebens halte (. . .) Er hat eine hohe Wahrheit und Biederkeit in seiner Natur, und den höchsten Ernst für das Rechte und Gute.

(Friedrich Schiller an die Gräfin Schimmelmann, 23. 11. 1800)

*

Die Liebkosungen von Goethe scheinen mir die Liebkosungen eines Tigers.

(Johann Georg Zimmermann an Lavater, November 1777)

*

Wer kann verschiedener denken als Goethe und ich; und dennoch lieben wir uns sehr. Goethe war voll Bonhomie, zu Ihnen zu kommen. Das weiß ich. Sie werden über den Mann erstaunen, der mit dem Grimm des Tigers die Gutherzigkeit eines Lämmleins verbindet.

(Lavater an Wieland, 8. 9. 1775)

*

Aber, frage ich dagegen, was war Goethe eigentlich nicht?

(aus Gottfried Benn, Soll die Dichtung das Leben bessern, 1955)

*

Jede Partei zählte ihn zu den Ihrigen und machte ihn zu ihrem Anwalt oder gar zum Oberhaupt. Goethe aber blieb an keiner Sache haften (. . .)

(Johann Stephan Schütze, ca. 1804)

*

Ich habe *Unendliches* von ihm gehabt. Er nicht mich.

(Rahel Varnhagen an Karl August Varnhagen, 1815)

Goethe (...) dieser Ur-Dichter

(Jean Paul, Vorschule der Ästhetik, 1804)

*

Wo ist das Buch, in welchem, so wie in diesem, die reichste Imagination mit dem größten praktischen Verstande zusammentrifft?

(aus: Clemens Brentano, Fragment eines Briefs über Wilhelm Meisters Lehrjahre, 1799)

*

Die *romantisch-epische* Form, oder jenen Geist, welcher in den altfranzösischen und altfränkischen Romanen gehauset, rief Goethes Meister, wie aus übereinander gefallenen Ruinen, in neue frische Lustgebäude zurück mit seinem Zauberstab.

(aus: Jean Paul, Vorschule der Ästhetik, 1804)

*

Abends lese ich Theaterstücke von Goethe. Was für ein Stück, der *Götz von Berlichingen!*

(Gustave Flaubert an Louise Colet, 8. 2. 1852)

*

Vous êtes un homme (Voilà un homme).

(Napoleon, 1808)

*

Ich höre kein Wörtchen von Goethe. Es ist doch so wunderlich, daß wir ihn alle so lieb haben u. Er sich immer verbirgt. — —

(Johann Heinrich Merck an Wieland, 28. 5. 1778)

*

Lassen Sie meine Grüße an M. Göt bestellen.

(Napoleon, 1808)

*

Welch ein verdauungsfreudiger Riesenmagen für das Empirische! Hier, in dem Tagebuch der italienischen Reise, ist das in höchster

Potenz vorhanden, was ich den ›Eros des Objektiven‹ nenne: und der rührte mich beim Lesen neuerlich an; das unerschütterliche Grundwissen, daß unser Geist nur sicher geht, bewahrt vor schweren Verfehlungen und die zarte Hülle des komplexen Lebens nie zerreißend, wenn er im Jetzt und Hier und so Seienden einen unwiderruflichen Text erblickt der in durchaus dem Erfahrbaren entnommenen Schriftzeichen gültig und verbindlich über das Jenseits davon Liegende aussagt.

(aus: Heimito von Doderer, Tangenten, Tagebuch 1940–50)

*

Wir nehmen ein schönes, wonnevolles, süßes Gefühl mit nach Hause, so gut, also ob wir eine Bouteille Champagner ausgeleert – aber das ist auch alles. Eine Nacht drauf geschlafen, und alles ist wieder vertilgt.

(aus: Jakob Michael Reinhold Lenz, Über Götz von Berlichingen, 1773)

*

Ihn (Goethe) unter die großen Dichter zu zählen, fehlen ihm Hauptelemente, fürnemlich die Phantasie, woraus denn der Mangel an Erfindung und Idealität herfließt.

(Maler Müller an Friedrich Blatt, 1810)

*

He is a nice guy.

(William Shakespeare, 1616)

*

Er ist, mit einem Worte, ein sehr merkwürdiger Mensch.

(Johann Christian Kestner, 1772)

*

Schtell'o'ch ma vor: Der hätte nich GOETHE, sondern ›FICK‹ geheißn' – (: ›Das FICK-Haus in Weimar; das FICK-Jahrbuch; er erhielt den FICK-Preis für 1968; FICK'S ›Faust‹; oder n FICK-Jubiläum: wo Mann 'ne FICK-Medallje verlieh'n bekommt . . .

(aus: Arno Schmidt, Zettels Traum, p 900, 1969)

*

Das mindeste, was man verlangen müßte, um die Aufmerksamkeit zu erregen, wären bewährte Aufschriften wie »Goethes Faust ist der beste!«

(aus: Robert Musil, Denkmale, 1936)

*

Nur von Goethe übertroffen.

(Adalbert Stifter über sich selbst, cit. nach Arno Schmidt, Der sanfte Unmensch, 1958)

*

Goethe wird und muß übertroffen werden (. . .)

(aus: Novalis, Zu Goethes Wilhelm Meister, 1798)

WERTHERS
LANGE LEIDEN

Das volle, warme Gefühl

Von Johann Wolfgang Goethe

Mußte denn das so sein, daß das, was des Menschen Glückseligkeit macht, wieder die Quelle seines Elendes würde? Das volle, warme Gefühl meines Herzens an der lebendigen Natur, das mich mit so vieler Wonne überströmte, das rings umher die Welt mir zu einem Paradiese schuf, wird mir jetzt zu einem unerträglichen Peiniger, zu einem quälenden Geist, der mich auf allen Wegen verfolgt. Wenn ich sonst vom Felsen über den Fluß bis zu jenen Hügeln das fruchtbare Tal überschaute und alles um mich her keimen und quellen sah, wenn ich jene Berge, vom Fuße bis auf zum Gipfel, mit hohen, dichten Bäumen bekleidet, jene Täler in ihren mannigfaltigen Krümmungen von den lieblichsten Wäldern beschattet sah und der sanfte Fluß zwischen den lispelnden Rohren dahin gleitete und die lieben Wolken abspiegelte, die der sanfte Abendwind am Himmel herüberwiegte, wenn ich dann die Vögel um mich den Wald beleben hörte und die Millionen Mückenschwärme im letzten roten Strahle der Sonne mutig tanzten und ihr letzter zuckender Blick den summenden Käfer aus seinem Grase befreite und das Schwirren und Weben um mich her mich auf den Boden aufmerksam machte und das Moos, das meinem harten Felsen seine Nahrung abzwingt, und das Geniste, das den dürren Sandhügel hinunter wächst, mir das innere, glühende, heilige Leben der Natur eröffnete: wie faßte ich das alles in mein warmes Herz, fühlte mich in der überfließenden Fülle wie vergöttert, und die herrlichen Gestalten der unendlichen Welt belebten sich allbelebend in meiner Seele. Ungeheure Berge umgaben mich, Abgründe lagen vor mir und Wetterbäche stürzten herunter, die Flüsse strömten unter mir, und Wald und Gebirg erklang; und ich sah sie wirken und schaffen ineinander in den Tiefen der Erde, alle die unergründlichen Kräfte; und nun über der Erde und unter dem Himmel wimmeln die Geschlechter der mannigfaltigen Geschöpfe. Alles, alles bevölkert mit tausendfachen Gestalten; und die Menschen dann sich in Häuslein zusammen sichern und sich einnisten und herrschen in ihrem

Sinne über die weite Welt! Armer Tor! der du alles so gering achtest, weil du so klein bist. – Vom unzugänglichen Gebirge über die Einöde, die kein Fuß betrat, bis ans Ende des unbekannten Ozeans weht der Geist des Ewigschaffenden und freut sich jeden Staubes, der ihn vernimmt und lebt. – Ach damals, wie oft habe ich mich mit Fittichen eines Kranichs, der über mich hinflog, zu dem Ufer des ungemessenen Meeres gesehnt, aus dem schäumenden Becher des Unendlichen jene schwellende Lebenswonne zu trinken und nur einen Augenblick in der eingeschränkten Kraft meines Busens einen Tropfen der Seligkeit des Wesens zu fühlen, das alles in sich und durch sich hervorbringt. Bruder, nur die Erinnerung jener Stunden macht mir wohl. Selbst diese Anstrengung, jene unsäglichen Gefühle zurückzurufen, wieder auszusprechen, hebt meine Seele über sich selbst und läßt mich dann das Bange des Zustandes doppelt empfinden, der mich jetzt umgibt.

Es hat sich vor meiner Seele wie ein Vorhang weggezogen, und der Schauplatz des unendlichen Lebens verwandelt sich vor mir in den Abgrund des ewig offenen Grabes. Kannst du sagen: *Das ist!* da alles vorübergeht? da alles mit der Wetterschnelle vorüberrollt, so selten die ganze Kraft seines Daseins ausdauert, ach! in den Strom fortgerissen, untergetaucht und an Felsen zerschmettert wird? Da ist kein Augenblick, der nicht dich verzehrte und die Deinigen um dich her, kein Augenblick, da du nicht ein Zerstörer bist, sein mußt; der harmloseste Spaziergang kostet tausend armen Würmchen das Leben, es zerrüttet *ein* Fußtritt die mühseligen Gebäude der Ameisen und stampft eine kleine Welt in ein schmähliches Grab. Ha! nicht die große, seltne Not der Welt, diese Fluten, die eure Dörfer wegspülen, diese Erdbeben, die eure Städte verschlingen, rühren mich; mir untergräbt das Herz die verzehrende Kraft, die in dem All der Natur verborgen liegt; die nichts gebildet hat, das nicht seinen Nachbar, nicht sich selbst zerstörte. Und so taumle ich beängstigt. Himmel und Erde und ihre webenden Kräfte um mich her: ich sehe nichts als ein ewig verschlingendes, ewig wiederkäuendes Ungeheuer.

(aus: Die Leiden des jungen Werthers, 1774)

Wollüstiger Schmerz tröpfelt
Von Christian Daniel Schubart

Da sitz' ich mit zerfloßnem Herzen, mit klopfender Brust und mit Augen, aus welchen wollüstiger Schmerz tröpfelt, und sag Dir, Leser, daß ich eben »Die Leiden des jungen Werthers« von meinem lieben Goethe – gelesen? – nein, verschlungen habe. Kritisieren soll ich? Könnt' ich's, so hätt' ich kein Herz... Soll ich einige schöne Stellen herausheben? Kann nicht. Das hieße mit dem Brennglas Schwamm anzünden und sagen: Schau, Mensch, das ist Sonnenfeuer! – Kauf's Buch und lies selbst! Nimm aber dein Herz mit! – Wollte lieber ewig arm sein, auf Stroh liegen, Wasser trinken und Wurzeln essen, als einem solchen sentimentalischen Schriftsteller nicht nachempfinden können.

(aus: Deutsche Chronik, 1774)

In Tränen schmelzen
Von Johann Caspar Lavater

Werthers Leiden werden dich entzücken und in Tränen schmelzen. Du würdest den Doktor Goethe vergöttern. Er ist der furchtbarste und der liebenswürdigste Mensch.

(nach: Johann Georg Zimmermann, Brief an Charlotte von Stein, 19. 1. 1775)

Der arme Heinse ward übermannt
Von Friedrich Heinrich Jacobi

Der arme Heinse ward übermannt, geriet außer sich, sein Angesicht glühte, seine Augen taueten, seine Brust hob sich empor; Bewunderung, Entzücken erfüllte seine Seele. »Über alles, was Goethe bisher gemacht hat«, sagt' er, »ist dies göttliche Werk, ganz voll Kraft, ganz voll Leben, aber damit auch alle seine Kraft, all sein Leben: da steht er nun in seiner höchsten Größe, an der äußersten Grenze seiner Jünglingschaft.« Zuweilen hielt ich inne, sprach einige Worte, las dann weiter, und wand meinen Mann immer höher und höher, bis es endlich dahin kam, daß er in der lautersten Wahrheit seines Herzens zeugte, du seist der größte Mann, den die Welt hervorgebracht hat; kein altes, kein neues Volk habe ein solches Wunder aufzuweisen, als Werthers Leiden.

(aus: Brief an Goethe, 21. 10. 1774)

Der Kopf ein Gefühl von Träne
Von Wilhelm Heinse

Wer gefühlt hat, und fühlt, was Werther fühlte, dem verschwinden die Gedanken wie leichte Nebel vor Sonnenfeuer, wenn er's bloß anzeigen soll. Das Herz ist einem so voll davon, und der ganze Kopf ein Gefühl von Träne. O Menschenleben, welche Glut von Qual und Wonne vermagst du in dich zu fassen! Da liegt er im Kirchhof unter den zwo Linden im hohen Grase. Tief ist sein Schlaf, niedrig sein Kissen von Staub; und o wann wird es Morgen im Grabe, zu gebieten dem Schlummerer: Erwache! – Armer Werther! Unglücklichere Lotte!

(Rezension des »Werther« in der Damenzeitschrift »Iris«, 1774)

Werthers Pfannkuchen

Von Georg Christoph Lichtenberg

London, 1. mai 1775

Für die Leiden und Freuden und Tollheiten des jungen Werthers danke ich dir vielmals. Ist es wahr, daß sich ein junger Herr von Lüttichow über das Buch erschossen hat, das mag mir ein rechter Herr von Lüttichow gewesen sein. Ich glaube, der Geruch eines Pfannkuchens ist ein stärkerer Bewegungs-Grund, in der Welt zu bleiben, als alle die mächtig gemeinten Schlüsse des jungen Werthers sind, aus derselben zu gehen (. . .)

(aus: Brief an J. Ch. Dieterich, 1. 5. 1775)

Erkennungsdienstliches

Von Jean Paul

Hamlet ist der Vater aller Werther.

(aus: Vorschule der Ästhetik, 1804)

*

Ich gestehe es, ich bin gern ästhetischer frère terrible und setze der Welt, die in meine unsichtbare Mutter-Loge sich hineinlieset, gern den Degen auf die Brust und dergleichen Streiche mehr – das kömmt aber davon, weil man in der Jugend Werthers Leiden lieset und besitzt, von welchen man, wie ein Meßpriester, ein unblutiges Opfer veranstaltet, ehe man die Akademie beziehet. Ja wenn ich noch heute einen Roman verfaßte: so würd' ich – da der blauröckige Werther an jedem jungen Amoroso und Autor einen Quasichristus hat, der am Karfreitage eine ähnliche Dornenkrone aufsetzt und an ein Kreuz steigt – es auch wieder so machen . . .

(aus: Hesperus, 1795)

Man bedenke um Gottes Willen!

Von Johann Melchior Goeze

Einem jeden Christen, der für das Wort des Heilandes »Ich sage euch, wer ein Weib ansiehet, ihrer zu begehren, der hat schon die Ehe mit ihr gebrochen im Herzen.« (Matth. 5,28) noch einige Ehrerbietung hat, der die Worte des heiligen Johannes »Wir wissen, daß ein Totschläger nicht hat das ewige Leben bei ihm bleibend.« (1. Joh. 3,15) als einen Lehrsatz ansiehet, welcher sich auf ein unveränderliches Urteil unsers allerheiligsten und allerhöchsten Richters gründet, muß notwendig das Herz bluten, wenn er »Die Leiden des jungen Werthers« lieset (. . .) Man bedenke um Gottes Willen, wie viele unsrer Jünglinge mit Werthern in gleiche Umstände geraten können und solches insonderheit in der gegenwärtigen Epoche, da es als höchste Weisheit angesehen wird, junge Seelen nicht sowohl durch Gründe der Religion in eine recht christliche Fassung zu setzen als vielmehr dieselben mit lauter phantastischen Bildern anzufüllen und die Empfindungen in ihnen weit über ihre Grenzen hinaus zu treiben.

(aus: Freiwillige Beiträge zu den Hamburgischen Nachrichten aus dem Reiche der Gelehrsamkeit, 1775)

Rektor Hasenkamp findet seinen Meister

Nach Lavater

Wenn man dem Bericht des berühmten Physiognomikers Lavater glauben darf, so geschah es in Duisburg, im Jahre 1774, daß bei einem Essen ein gewisser Rektor Hasenkamp in die Nähe Goethes zu sitzen kam. Hasenkamp bedachte wohl nicht so recht, daß jedes Ding seine Zeit hat, und richtete, obwohl die Stimmung heiter und die Unterhaltung eher scherzhaft war, plötzlich in feierlichem Ton an den jungen Dichter die Frage: »Sind Sie der Herr Goethe?« –

Lotte übergibt dem Boten Werthers die Pistolen
Sepiazeichnung von Chodowiecki

»Ja!« – »Und Sie haben das berüchtigte Buch *Die Leiden des jungen Werthers* geschrieben?« – »Ja.« – »So fühle ich mich durch mein Gewissen verpflichtet, Ihnen meinen Abscheu vor dieser ruchlosen Schrift zu erkennen zu geben. Gott wolle Ihr verkehrtes Herz bessern! Denn wehe, wehe dem, der Ärgernis gibt!«

Jedermann war aufs peinlichste davon berührt, daß der geistliche Herr dem Gespräch eine so ernsthafte Wendung zu geben versuchte und daß er gerade in diesem Moment auf die Anwürfe einging, der *Werther* verherrliche den Selbstmord und Goethe habe mittelbar Schuld am Freitod einiger exaltierter Jünglinge. Doch Goethe erlöste alle aus der bangen Situation, indem er dem ehrlichen, aber pedantischen Hasenkamp entgegnete: »Ich sehe es ganz ein, daß Sie mich aus Ihrem Gesichtspunkt so beurteilen müssen, und ich ehre Ihre Redlichkeit, mit der Sie mich bestrafen. Beten Sie für mich!«

(aus: Goethe – anekdotisch, hrsg. von Jörg Drews, o. J.)

Dieses gefährliche Extrem
Von Friedrich Schiller

Ein Charakter, der mit glühender Empfindung ein Ideal umfaßt und die Wirklichkeit flieht, um nach einem wesenlosen Unendlichen zu ringen, der, was er in sich selbst unaufhörlich zerstört, unaufhörlich außer sich suchet, dem nur seine Träume das Reelle, seine Erfahrungen ewig nur Schranken sind, der endlich in seinem eigenen Dasein nur eine Schranke sieht und auch diese, wie billig ist, noch einreißt, um zu der wahren Realität durchzudringen – dieses gefährliche Extrem des sentimentalischen Charakters ist der Stoff eines Dichters geworden, in welchem die Natur getreuer und reiner als in irgendeinem andern wirkt, und der sich unter modernen Dichtern vielleicht am wenigsten von der sinnlichen Wahrheit der Dinge entfernt.

Es ist interessant, zu sehen, mit welchem glücklichen Instinkt alles, was dem sentimentalischen Charakter Nahrung gibt, im

»Werther« zusammengedrängt ist; schwärmerische unglückliche Liebe, Empfindsamkeit für Natur, Religionsgefühle, philosophischer Kontemplationsgeist, endlich, um nichts zu vergessen, die düstre, gestaltlose, schwermütige Ossianische Welt. Rechnet man dazu, wie wenig empfehlend, ja wie feindlich die Wirklichkeit dagegen gestellt ist, und wie von außen her alles sich vereinigt, den Gequälten in seine Idealwelt zurückzudrängen, so sieht man keine Möglichkeit, wie ein solcher Charakter aus einem solchen Kreise sich hätte retten können.

(aus: Über naive und sentimentalische Dichtung, 1795/96)

Klopstock!

Von Johann Wolfgang Goethe

Ich sah manchen, der in Hoffnung auf ein saftiges Pfand sein Mäulchen spitzte und seine Glieder reckte. »Wir spielen Zählens«, sagte sie. »Nun gebt acht! Ich geh im Kreise herum von der Rechten zur Linken, und so zählt ihr auch rings herum, jeder die Zahl, die an ihn kommt, und das muß gehen wie ein Lauffeuer und wer stockt oder sich irrt, kriegt eine Ohrfeige, und so bis tausend.« Nun war das lustig anzusehen. Sie ging mit ausgestrecktem Arm im Kreis herum. »Eins«, fing der erste an, der Nachbar »zwei«, »drei« der folgende, und so fort. Dann fing sie an, geschwinder zu gehen, immer geschwinder; da versahs einer, patsch! eine Ohrfeige, und über das Gelächter der folgende auch patsch! Und immer geschwinder. Ich selbst kriegte zwei Maulschellen und glaubte mit innigem Vergnügen zu bemerken, daß sie stärker seien, als sie sie den übrigen zuzumessen pflegte. Ein allgemeines Gelächter und Geschwärm endigte das Spiel, ehe noch das Tausend ausgezählt war. Die Vertrautesten zogen einander beiseite, das Gewitter war vorüber, und ich folgte Lotten in den Saal. Unterwegs sagte sie: »Über die Ohrfeigen haben sie Wetter und alles vergessen!« Ich konnte ihr nichts antworten. »Ich war«, fuhr sie fort, »eine der Furchtsamsten, und indem ich mich herzhaft stellte, um den anderen Mut zu geben, bin ich mutig geworden.« Wir traten ans Fenster. Es donnerte abseits, und der herrliche Regen säuselte auf das Land, und der erquickendste Wohlgeruch stieg in aller Fülle einer warmen Luft zu uns auf. Sie stand auf ihren Ellenbogen gestützt, ihr Blick durchdrang die Gegend, sie sah gen Himmel und auf mich, ich sah ihr Auge tränenvoll, sie legte ihre Hand auf die meinige und sagte »Klopstock!« Ich erinnerte mich sogleich der herrlichen Ode, die ihr in Gedanken lag, und versank in dem Strome von Empfindungen, den sie in dieser Losung über mich ausgoß. Ich ertrugs nicht, neigte mich auf ihre Hand und küßte sie unter den wonnevollsten Tränen.

(aus: Die Leiden des jungen Werthers, 1774)

A trois

Von Johann Christian Kestner

Mittags aß Dr. Goethe bei mir im Garten; ich wußte nicht, daß es das letzte Mal war. Abends kam Dr. Goethe nach dem Deutschen Hause. Er, Lottchen und ich hatten ein merkwürdiges Gespräch von dem Zustande nach diesem Leben, vom Weggehen und Wiederkommen usw., welches nicht er, sondern Lottchen anfing. Wir machten miteinander aus, wer zuerst von uns stürbe, sollte, wenn er könnte, den Lebenden Nachricht von dem Zustande jenes Lebens geben; Goethe wurde ganz niedergeschlagen; denn er wußte, daß er am anderen Morgen weggehen wollte.

(aus: Tagebuch, 10. 9. 1772)

Liebe Lotte!
Von Johann Wolfgang Goethe

Liebe Lotte, es fällt mir den Augenblick so ein, daß ich lang einen Brief von dir habe, auf den ich nicht antwortete. Das macht, du bist die ganze Zeit, vielleicht mehr als jemals, *in cum et sub* (laß dir das von deinem gnädigen Herrn erklären) und mit mir gewesen. Ich lasse es dir ehstens drucken. – Es wird gut, meine Beste. Denn ist mirs nicht wohl, wenn ich an euch denke?

Ich bin immer der Alte und deine Silhouette ist noch in meiner Stube angesteckt, und ich borge die Nadeln davon wie vor alters. Daß ich ein Tor bin, daran zweifelst du nicht, und ich schäme mich, mehr zu sagen. Denn wenn du nicht fühlst, daß ich dich liebe, warum lieb ich dich? – !

(Brief an Charlotte Kestner, März 1774)

Werther muß sein!
Von Johann Wolfgang Goethe

Da hab ich deinen Brief, Kestner! An einem fernen Pult, in eines Malers Stube, denn gestern fing ich an, in Öl zu malen, habe deinen Brief und muß dir zurufen Dank! Dank, Lieber! Du bist immer der Gute! – O könnt ich dir an Hals springen, mich zu Lottens Füßen werfen, eine, eine Minute, und all all das sollte getilgt, erklärt sein, was ich mit Büchern Papier nicht aufschließen könnte! – O ihr Ungläubigen! würd ich ausrufen! Ihr Kleingläubigen! – Könntet ihr den tausendsten Teil fühlen, was Werther tausend Herzen ist, ihr würdet die Unkosten nicht berechnen, die ihr dazu hergebt! – Du schickst mir Hennigs Brief, er klagt mich nicht an, er entschuldigt mich. Bruder, lieber Kestner! Wollt ihr warten, so wird euch geholfen. Ich wollt um meines eignen Lebens Gefahr willen Werthern nicht zurückrufen, und glaub mir, glaub an mich; deine

Besorgnisse, deine Gravamina schwinden wie Gespenster der Nacht, wo du Geduld hast, und dann – binnen hier und einem Jahr versprech ich euch auf die *lieblichste, einzigste, innigste* Weise alles, was noch übrig sein möchte von Verdacht, Mißdeutung pp. im schwätzenden Publikum! obgleich das eine Herd Schwein ist, auszulöschen, wie ein reiner Nordwind Nebel und Duft. – Werther muß – muß sein!

(aus: Brief an Johann Christian Kestner, 21. 11. 1774)

Diese wunderliche Krankheit

Von Johann Wolfgang Goethe

Wenn das *taedium vitae* den Menschen ergreift, so ist er nur zu bedauern, nicht zu schelten. Daß alle Symptome dieser wunderlichen, so natürlichen als unnatürlichen Krankheit auch einmal mein Innerstes durchrast haben, daran läßt »Werther« wohl niemand zweifeln. Ich weiß recht gut, was es mich für Entschlüsse und Anstrengungen kostete, damals den Wellen des Todes zu entkommen, so wie ich mich aus manchem spätern Schiffbruch auch mühsam rettete und mühselig erholte.

Ich getraue mir, einen neuen »Werther« zu schreiben, über den dem Volke die Haare noch mehr zu Berge stehn sollten als über den ersten.

(aus: Brief an Zelter, 3. 12. 1812)

Alle Welt im Wertherfrack

Von Karl August Böttiger

Als der Doktor und Exadvokat Goethe als Favorit des Herzogs hier eintrat, fand ihn auch die verwitwete Herzogin äußerst liebenswürdig und witzig. Seine Geniestreiche und Feuerwerke spielten nirgends ungescheuter als bei ihr; er hat ihr selbst mit Undank gelohnt. Alle Welt mußte damals im Wertherfrack gehen, in welchen sich auch der Herzog kleidete, und wer sich keinen schaffen konnte, dem ließ der Herzog einen machen. Oft stellte sich der Herzog mit Goethen stundenlang auf den Markt und knallte mit ihm um die Wette mit einer abscheulich-großen Parforce-Karbatsche. Niemand kann diese Periode besser beschreiben als Bertuch, der einmal so geärgert wurde, daß er bald an einem Gallenfieber gestorben wäre.

(nach einem Gespräch mit Wieland, Februar 1797)

Die Werther-Krankheit
Von Karl Hillebrand

Werther gehört ganz seiner Zeit an; er teilt alle ihre Antipathien und Sympathien, namentlich aber alle Illusionen, ihren Glauben an die Unfehlbarkeit des Individuums, als sittlicher Mensch wie als Künstler. Ihm zufolge zerstört die Gesellschaft den Genius, wie sie die Natürlichkeit vernichtet, und er sucht das Paradoxon sophistisch in der Literatur wie im Leben nachzuweisen. Was Wunder, wenn er sich in seine innere ideale Welt flüchtet; birgt doch dieser anspruchsvolle Name den naivsten Egoismus. Werther ist ganz und durchaus von seinen Gefühlen beherrscht, von seinen augenblicklichen Stimmungen, von seiner Laune, und er weiß sich was darauf.

(aus: Die Werther-Krankheit in Europa, 1885)

Folge mir nicht

Von Johann Wolfgang Goethe

Jeder Jüngling sehnt sich, so zu lieben,
Jedes Mädchen, so geliebt zu sein.
Ach, der heiligste von unsern Trieben,
Warum quillt aus ihm die grimme Pein?

*

Du beweinst, du liebst ihn, liebe Seele,
Rettest sein Gedächtnis vor der Schmach;
Sieh, dir winkt sein Geist aus seiner Höhle:
Sei ein Mann und folge mir nicht nach.

(Motti zum 1. und zum 2. Buch der 2. Auflage
des Werther, 1775)

Gewühl auf Erden

Von Karl Philipp Moritz

Zu diesem allen kam nun noch, daß gerade in diesem Jahre *die Leiden des jungen Werthers* erschienen waren, welche nun zum Teil in alle seine damaligen Ideen und Empfindungen von *Einsamkeit, Naturgenuß, patriarchalischer Lebensart, daß das Leben ein Traum sei,* usw. eingriffen. –

Er bekam sie im Anfange des Sommers durch Philipp Reisern in die Hände, und von der Zeit an, blieben sie seine beständige Lektüre, und kamen nicht aus seiner Tasche. – Alle die Empfindungen, die er an dem trüben Nachmittage auf seinem einsamen Spaziergange gehabt hatte, und welche das Gedicht an Philipp Reisern veranlaßten, wurden dadurch wieder lebhaft in seiner Seele. – Er fand hier seine Idee vom *Nahen* und *Fernen* wieder, die er in seinen Aufsatz über die Liebe zum Romanhaften bringen wollte – seine Betrachtungen über Leben und Dasein fand er hier fortgesetzt. – »*Wer kann sagen, das ist, da alles mit Wetterschnelle vorbeiflieht?*« – Das war eben der Gedanke, der ihm schon lange seine eigne Existenz wie Täuschung, Traum und Blendwerk vorgemalt hatte. –

Was aber nun die eigentlichen Leiden Werthers anbetraf, so hatte er dafür keinen rechten Sinn. – Die Teilnehmung an den Leiden der Liebe kostete ihn einigen Zwang – er mußte sich mit Gewalt in diese Situation zu versetzen suchen, wenn sie ihn rühren sollte, – denn ein Mensch der liebte und geliebt ward, schien ihm ein fremdes ganz von ihm verschiedenes Wesen zu sein, weil es ihm unmöglich fiel, sich selbst jemals, als einen Gegenstand der Liebe von einem Frauenzimmer zu denken. – Wenn Werther von seiner Liebe sprach, so war ihm nicht viel anders dabei, als wenn ihn Philipp Reiser von den allmählichen Fortschritten, die er in der Gunst seines Mädchens getan hatte, oft stundenlang unterhielt. –

Aber die allgemeinen Betrachtungen über Leben und Dasein, über das Gaukelspiel menschlicher Bestrebungen, über das zwecklose Gewühl auf Erden; die dem Papier lebendig eingehauchten echten Schilderungen einzelner Naturszenen, und die Gedanken über Menschenschicksal und Menschenbestimmung waren es, welche vorzüglich Reisers Herz anzogen. –

Die Stelle, wo Werther das Leben mit einem Marionettenspiel vergleicht, wo die Puppen am Draht gezogen werden, und er selbst auf die Art mitspielt oder vielmehr mitgespielt wird, seinen Nachbar bei der hölzernen Hand ergreift, und zurückschaudert – erweckte bei Reisern die Erinnerung an ein ähnliches Gefühl, das er oft gehabt hatte, wenn er jemandem die Hand gab. Durch die tägliche Gewohnheit vergißt man am Ende, daß man einen Körper hat, der ebensowohl allen Gesetzen der Zerstörung in der Körperwelt unterworfen ist, als ein Stück Holz, das wir zersägen oder zerschneiden, und daß er sich nach eben den Gesetzen, wie jede andere von Menschen zusammengesetzte körperliche Maschine bewegt. – Diese Zerstörbarkeit und Körperlichkeit unseres Körpers wird uns nur bei gewissen Anlässen lebhaft – und macht daß wir von uns selbst erschrecken, indem wir plötzlich fühlen, daß wir etwas zu sein glaubten, was wir wirklich nicht sind, und statt dessen etwas sind, was wir zu sein uns fürchten. – Indem man nun einem andern die Hand gibt, und bloß den Körper sieht und berührt, indem man von dessen Gedanken keine Vorstellung hat, so wird dadurch die Idee der Körperlichkeit lebhafter, als sie es bei der Betrachtung unseres eignen Körpers wird, den wir nicht so von den Gedanken, womit wir ihn uns vorstellen, trennen können, und ihn also über diese Gedanken vergessen.

Nichts aber fühlte Reiser lebhafter, als wenn Werther erzählt, daß *sein kaltes freudenloses Dasein neben Lotten in gräßlicher Kälte ihn anpackte.* – Dies war gerade, was Reiser empfand, da er einmal auf der Straße sich selbst zu entfliehen wünschte, und nicht konnte, und auf einmal die ganze Last seines Daseins fühlte, mit der man einen und alle Tage aufstehen und sich niederlegen muß. – Der Gedanke wurde ihm damals ebenfalls unerträglich, und führte ihn mit schnellen Schritten an den Fluß, wo er die unerträgliche Bürde dieses elenden Daseins abwerfen wollte – und wo *seine Uhr auch noch nicht ausgelaufen war.* –

Kurz, Reiser glaubte sich mit allen seinen Gedanken und Empfindungen, bis auf den Punkt der Liebe, im Werther wiederzufinden. – »Laß das Büchlein deinen Freund sein, wenn du aus Geschick oder eigner Schuld keinen nähern finden kannst.« – An diese Worte dachte er, sooft er das Buch aus der Tasche zog – – er glaubte sie auf sich vorzüglich passend. – Denn bei ihm war es, wie er glaubte, teils Geschick, teils eigne Schuld, daß er so verlassen in der Welt war; uns so wie mit diesem Buche konnte er sich doch auch selbst mit seinem Freunde nicht unterhalten. –

Fast alle Tage ging er nun bei heiterm Wetter mit seinem Werther in der Tasche den Spaziergang auf der Wiese längst dem Flusse, wo die einzelnen Bäume standen, nach dem kleinen Gebüsch hin, wo er sich *wie zu Hause fand,* und sich unter ein grünes Gesträuch setzte, das über ihm eine Art von Laube bildete – weil er nun *denselben* Platz immer wieder besuchte, so wurde er ihm fast so lieb, wie das Plätzchen am Bache – und er lebte auf die Weise bei heiterm Wetter mehr in der offenen Natur, als zu Hause, indem er zuweilen fast den ganzen Tag so zubrachte, daß er unter dem grünen Gesträuch den Werther, und nachher am Bache den Virgil oder Horaz las.

(aus: Anton Reiser, 1785)

Garstiges Gewäsche

Von Friedrich Nicolai

Als Albert aus seinem Zimmer zurückkam, wo er mehr hin- und hergegangen war und sich gesammelt als seine Pakete durchgesehen hatte, kam er wieder zu Lotten und fragte lächelnd: »Und was wollte Werther? Sie wußten ja so gewiß, daß er vor Weihnachten nicht wiederkommen würde!« – Nach Hin- und Widerreden gestand Lotte aufrichtig wie ein edles deutsches Mädchen den ganzen Vorgang des gestrigen Abends ... Lotte weinte bitterlich. Albert nahm sie bei der Hand und sagte sehr ernsthaft: »Beruhigen Sie sich, liebstes Kind. Sie lieben den Jungen; er ist's wert, daß Sie ihn lieben, Sie haben's ihm gesagt, mit dem Munde oder mit den Augen, 's ist einerlei.« – Lotte fiel ihm schluchzend in die Rede ... Indem kam der Knabe, der Werthers Zettelchen brachte, worin er Alberten um die Pistolen bat. – Albert las den Zettel, murmelte vor sich hin: »Der Querkopf!«, ging in sein Zimmer, ergriff die Pistolen, lud sie selbst und gab sie dem Knaben. »Da, bring sie« sagt' er »deinem Herrn. Sage ihm, er soll sich wohl damit in acht nehmen, sie wären geladen. Und ich ließe ihm eine glückliche Reise wünschen.«

Lotte staunte. – Albert erklärte ihr nun weitläufig, er gebe nach reifer Überlegung alle Ansprüche an sie auf. Er wolle eine zärtliche wechselseitige Liebe nicht stören ... Aber er wolle ihr Freund bleiben ...

Werther erhielt indessen die Pistolen, setzt' eine vor den Kopf, drückte los, fiel zurück auf den Boden. Die Nachbarn liefen zu, und weil man noch Leben an ihm verspürte, ward er auf sein

Bette gelegt ... Albert ... fand ihn auf dem Bette liegend, das Gesicht und das Kleid mit Blut bedeckt ... Die Umstehenden traten weg und ließen beide allein ... Werther stieß – für einen so hart Verwundeten beinahe mit zu heftiger Stimme – viel unzusammenhängendes garstiges Gewäsche aus zum Lobe des süßen Gefühls der Freiheit, diesen Kerker zu verlassen, wenn man will. – Albert: »Armer Tor, der du alles so gering achtest, weil du so klein bist! Konnt'st nicht? 's war keine Hülfe da? Konnt' ich nicht, der ich dich liebe, weil ein braver Junge bist, dir Lotten abtreten? Faß'n Mut, Werther, 'ch will's noch itzt tun!« – Werther richtete sich halb auf: »Wie? Was? Du könntest, du wolltest?«

Albert: »Guter Werther, bist'n Tor! ... Da, laß dir's Blut abwischen! ... Da lud ich dir die Pistolen mit 'ner Blase voll Blut, 's von 'em Huhn, das heute abend mit Lotten verzehren sollt'.« – Werther sprang auf: »Seligkeit – Wonne!« usw. – Er umarmte Alberten. Er wollte es noch kaum glauben, daß sein Freund so großmütig gegen ihn handeln könne ...

Und so gingen sie zum Abendessen.

(aus: Freuden des jungen Werthers, 1775)

Nicolai auf Werthers Grabe

Von Johann Wolfgang Goethe.

Ein junger Mann, ich weiß nicht wie,
Starb einst an der Hypochondrie
Und ward auch so begraben.
Da kam ein starker Geist herbei,
Der hatte seinen Stänkrig frei,
Wie ihn so Leute haben.
Er setzt gemächlich sich aufs Grab
Und legt sein reinlich Häuflein ab,

Beschauet freundlich seinen Dreck,
Geht wohl erathmend wieder weg
Und spricht zu sich bedächtiglich:
»Der gute Mann, wie hat sich der verdorben!
Hätt' er geschissen so wie ich,
Er wäre nicht gestorben!«

(Goethes Entgegnung auf die Werther-Parodie
»Freuden des jungen Werthers« von Nicolai, 1776)

Glücklicher Werther

Von Heinrich Kleist

Zu L . . . e in Frankreich war ein junger Kaufmannsdiener, Charles C . . ., der die Frau seines Prinzipals, eines reichen, aber bejahrten Kaufmanns, namens D . . ., heimlich liebte. Tugendhaft und rechtschaffen, wie er die Frau kannte, machte er nicht den mindesten Versuch, ihre Gegenliebe zu erhalten, um so weniger, da er durch Bande der Dankbarkeit und Ehrfurcht an seinen Prinzipal geknüpft war. Die Frau, welche mit seinem Zustande, der seiner Gesundheit nachteilig zu werden drohte, Mitleiden hatte, forderte ihren Mann, unter mancherlei Vorwand, auf, ihn aus dem Hause zu entfernen; der Mann schob eine Reise, zu welcher er ihn bestimmt hatte, von Tage zu Tage auf, und erklärte endlich ganz und gar, daß er ihn in seinem Comptoir nicht entbehren könne. Einst machte Herr D . . ., mit seiner Frau, eine Reise zu einem Freunde aufs Land; er ließ den jungen C . . . im Hause zurück. Abends, da schon alles schläft, macht sich der junge Mann, von welchen Empfindungen getrieben, weiß ich nicht, auf, um noch einen Spaziergang durch den Garten zu machen. Er kommt bei dem Schlafzimmer der teuern Frau vorbei, er steht still, er legt die Hand an die Klinke, er öffnet das Zimmer; das Herz schwillt ihm bei dem Anblick des Bettes, in welchem sie zu ruhen pflegt, empor, und kurz, er begeht, nach manchen Kämpfen mit sich selbst, die Torheit, weil es doch niemand sieht, und zieht sich aus und legt sich hinein. Nachts, da er schon mehrere Stunden, sanft und ruhig, geschlafen, kommt, aus irgendeinem besonderen Grunde, der, hier anzugeben, gleichgültig ist, das Ehepaar unerwartet nach Hause zurück; und da der alte Herr mit seiner Frau ins Schlafzimmer tritt, finden sie den jungen C..., der sich, von dem Geräusch, das sie verursachen, aufgeschreckt, halb im Bette erhebt. Scham und Verwirrung, bei diesem Anblick, ergreifen ihn; und während das Ehepaar betroffen umkehrt und wieder in das Nebenzimmer, aus dem sie gekommen waren, verschwindet, steht er auf und zieht sich an; er schleicht, seines Lebens müde, in sein Zimmer, schreibt einen kurzen Brief, in welchem er den Vorfall erklärt, an die Frau, und schießt sich mit einem Pistol, das an der Wand hängt, in die Brust. Hier scheint die Geschichte seines Lebens aus; und gleichwohl (sonderbar genug) fängt sie hier erst allererst an. Denn statt ihn, den Jüngling, auf den er gemünzt war, zu töten, zog der Schuß dem alten Herrn, der in dem Nebenzimmer befindlich war, den Schlagfluß zu; Herr D... verschied wenige Stunden darauf, ohne daß die Kunst aller Ärzte, die man herbeigerufen, imstande gewesen wäre, ihn zu retten. Fünf Tage nachher, da Herr D... schon längst begraben war, erwachte der junge C..., dem der Schuß, aber nicht lebensgefährlich, durch die Lunge gegangen war, und wer beschreibt wohl – wie soll ich sagen, seinen Schmerz oder seine Freude? als er erfuhr, was vorgefallen war, und sich in den Armen der lieben Frau befand, um derentwillen er sich den Tod hatte geben wollen! Nach Verlauf eines Jahres heiratete ihn die Frau; und beide lebten noch im Jahr 1801, wo ihre Familie bereits, wie ein Bekannter erzählt, aus 13 Kindern bestand.

(Der neuere – glücklichere – Werther, aus den »Berliner Abendblättern«, 1810)

Die törichten Blätter verwünscht

Von Johann Wolfgang Goethe

Fraget nun, wenn ihr auch wollt! Mich werdet ihr nimmer
                                               erreichen,
   Schöne Damen und ihr Herren der feineren Welt!
Ob denn auch Werther gelebt? ob denn auch alles fein wahr sei?
   Welche Stadt sich mit Recht Lottens, einer Einzigen, rühmt?
Ach, wie hab' ich so oft die törichten Blätter verwünscht,
   Die mein jugendlich Leid unter die Menschen gebracht!
Wäre Werther mein Bruder gewesen, ich hätt' ihn erschlagen,
   Kaum verfolgte mich so rächend sein trauriger Geist.

                (aus: Römische Elegien, Varianten der zweiten Elegie, 1788)

Ein kranker jugendlicher Wahn

Von Johann Wolfgang Goethe

In einem solchen Element, bei solcher Umgebung, bei Liebhabereien und Studien dieser Art, von unbefriedigten Leidenschaften gepeinigt, von außen zu bedeutenden Handlungen keineswegs angeregt, in der einzigen Aussicht, uns in einem schleppenden, geistlosen, bürgerlichen Leben hinhalten zu müssen, befreundete man sich in unmutigem Übermut mit dem Gedanken, das Leben, wenn es einem nicht mehr anstehe, nach eignem Belieben allenfalls verlassen zu können, und half sich damit über die Unbilden und Langeweile der Tage notdürftig genug hin. Diese Gesinnung war so allgemein, daß eben »Werther« deswegen so große Wirkung tat, weil er überall anschlug und das Innere eines kranken jugendlichen Wahns öffentlich und faßlich darstellte (...)

    Unter einer ansehnlichen Waffensammlung besaß ich auch einen kostbaren und wohlgeschliffenen Dolch. Diesen legte ich mir jederzeit neben das Bette, und ehe ich das Licht auslöschte, versuchte ich, ob es mir wohl gelingen möchte, die scharfe Spitze ein paar Zoll tief in die Brust zu senken. Da dieses aber niemals gelingen wollte, so lachte ich mich zuletzt selbst aus, warf alle hypochondrischen Fratzen hinweg und beschloß zu leben. Um dies aber mit Heiterkeit tun zu können, mußte ich eine dichterische Aufgabe zur Ausführung bringen, wo alles, was ich über diesen wichtigen Punkt empfangen, gedacht und gewähnt, zur Sprache kommen sollte. Ich versammelte hierzu die Elemente, die sich schon ein paar Jahre in mir herumtrieben, ich vergegenwärtigte mir die Fälle, die mich am meisten gedrängt und geängstigt; aber es wollte sich nichts gestalten: es fehlte mir eine Begebenheit, eine Fabel, in welcher sie sich verkörpern könnten.

Auf einmal erfahre ich die Nachricht von Jerusalems Tode, und unmittelbar nach dem allgemeinen Gerüchte sogleich die genauste und umständlichste Beschreibung des Vorgangs, und in diesem Augenblick war der Plan zu »Werthern« gefunden, das Ganze schon von allen Seiten zusammen und ward eine solide Masse, wie das Wasser im Gefäß, das eben auf dem Punkte des Gefrierens steht, durch die geringste Erschütterung sogleich in ein festes Eis verwandelt wird (...)

Jerusalems Tod, der durch die unglückliche Neigung zu der Gattin eines Freundes verursacht ward, schüttelte mich aus dem Traum, und weil ich nicht bloß mit Beschaulichkeit das, was ihm und mir begegnet, betrachtete, sondern das Ähnliche, was mir im Augenblicke selbst widerfuhr, mich in leidenschaftliche Bewegung setzte, so konnte es nicht fehlen, daß ich jener Produktion, die ich eben unternahm, alle die Glut einhauchte, welche keine Unterscheidung zwischen dem Dichterischen und dem Wirklichen zuläßt. Ich hatte mich äußerlich völlig isoliert, ja die Besuche meiner Freunde verboten, und so legte ich auch innerlich alles beiseite, was nicht unmittelbar hierher gehörte. Dagegen faßte ich alles zusammen, was einigen Bezug auf meinen Vorsatz hatte, und wiederholte mir mein nächstes Leben, von dessen Inhalt ich noch keinen dichterischen Gebrauch gemacht hatte. Unter solchen Umständen, nach so langen und vielen geheimen Vorbereitungen, schrieb ich den

»Werther« in vier Wochen, ohne daß ein Schema des Ganzen oder die Behandlung eines Teils irgend vorher wäre zu Papier gebracht worden (...)

Ich fühlte mich, wie nach einer Generalbeichte, wieder froh und frei und zu einem neuen Leben berechtigt.

(aus: Dichtung und Wahrheit, 1812/13)

Lotte 1816

Von Thomas Mann

»Meine lieben Damen«, sagte er, indem er jeder eine Hand reichte, Charlotten die rechte und Lottchen die linke, dann aber sogar ihrer beider Hände zusammenzog und sie zwischen seinen eigenen hielt, – »so kann ich Sie denn endlich mit eigenem Munde in Weimar willkommen heißen! Sie sehen da jemanden, dem die Zeit lang geworden ist bis zu diesem Augenblick. Das nenne ich eine treffliche, belebende Überraschung. Wie müssen unsere guten Landkammerrats sich nicht gefreut haben über so lieb-erwünschten Besuch! Nicht wahr, es muß nicht gesagt sein, wie sehr wir es zu schätzen wissen, daß Sie, einmal in diesen Mauern, an unserer Tür nicht vorübergegangen sind!«

Er hatte »lieb-erwünscht« gesagt, – dank dem halb verschämten, halb genießerischen Ausdruck, den sein lächelnder Mund dabei gehabt, war die zarte Stegreifbildung gar reizend herausgekommen.

(aus: Lotte in Weimar, 1939)

Lotte beim Kammerherrn

Von Klara Kestner

Wir fuhren am 25. September zu Goethe (...) Rührung kam nicht in sein Herz, seine ersten Worte waren, als ob er Mutter noch gestern gesehen: Es ist doch artig von Ihnen, daß Sie es mich nicht entgelten lassen, daß ich nicht zuerst zu Ihnen kam (er hat nämlich etwas Gicht im Arm). Dann sagte er: Sie sind eine recht reizende Frau und dergleichen gewöhnliche Dinge mehr (...) Leider aber waren alle Gespräche, die er führte, so gewöhnlich, so oberflächlich, daß es eine Anmaßung für mich sein würde, zu sagen, ich hörte ihn sprechen, oder ich sprach ihn, denn aus seinem Innern oder auch nur aus seinem Geiste kam nichts von dem, was er sagte. Beständig höflich war sein Betragen gegen Mutter und gegen uns alle, wie das eines Kammerherrn (...) er wollte verbindlich sein, doch alles hatte eine so wunderbare Teinture von höfischem Wesen, so gar nichts Herzliches, daß es doch mein Innerstes oft beleidigte.

(aus: Brief an ihren Bruder August, 29. 9. 1816)

Goethe und Kestners Briefwechsel

Von Franz Grillparzer

Nun endlich seid ihr doch im klaren;
Ihr steht auf dem Boden des wirklich Wahren,
Es hat tatsächlich eine Lotte gegeben,
Ihr Nachtkamisol ist gemalt nach dem Leben.
Wenn wir von kleinen Rotznäschen lasen,
Hatten die Kinder wirklich schmutzige Nasen,
Und der Gatte, gestorben seit manchem Jahr,
War fürstlich hannövrischer Archivar;
Nur hätten wirs noch viel echter genossen,
Hätte sich Goethe wirklich erschossen.

(aus: Epigramme, 1855)

Zu ausführliche Berichterstattung
Von Wilhelm Raabe

Ach, der Vater Werthers hat über dem Vorwort zu seines Sohnes Leiden wohl mit gesenktem Haupte gesessen und des Sammelfleißes und der zu ausführlichen Berichterstattung Doktor Goethes über Privatgeschichten nicht mit Behagen gedacht!

(aus: Hastenbeck, 1898)

In Goethe manchmal
Von Georg Büchner

Über Tisch war Lenz wieder in guter Stimmung: man sprach von Literatur, er war auf seinem Gebiete. Die idealistische Periode fing damals an; Kaufmann war ein Anhänger davon, Lenz widersprach heftig. Er sagte: Die Dichter, von denen man sage, sie geben die Wirklichkeit, hätten auch keine Ahnung davon; doch seien sie immer noch erträglicher als die, welche die Wirklichkeit verklären wollten. Er sagte: Der liebe Gott hat die Welt wohl gemacht, wie sie sein soll, und wir können wohl nicht was Besseres klecksen; unser einziges Bestreben soll sein, ihm ein wenig nachzuschaffen. Ich verlange in allem – Leben, Möglichkeit des Daseins, und dann ist's gut; wir haben dann nicht zu fragen, ob es schön, ob es häßlich ist. Das Gefühl, daß, was geschaffen sei, Leben habe, stehe über diesen beiden und sei das einzige Kriterium in Kunstsachen. Übrigens begegne es uns nur selten: In Shakespeare finden wir es, und in den Volksliedern tönt es einem ganz, in Goethe manchmal entgegen; alles übrige kann man ins Feuer werfen. Die Leute können auch keinen Hundsstall zeichnen. Da wollte man idealistische Gestalten, aber alles, was ich davon gesehen, sind Holzpuppen. Dieser Idealismus ist die schmählichste Verachtung der menschlichen Natur.

(aus: Lenz, 1835)

Girre nicht wie Werther!

Von Heinrich Heine

Deutscher Sänger! sing und preise
Deutsche Freiheit, daß dein Lied
Unsrer Seelen sich bemeistre
Und zu Taten uns begeistre,
In Marseillerhymnenweise.

Girre nicht mehr wie ein Werther,
Welcher nur für Lotten glüht –
Was die Glocke hat geschlagen,
Sollst du deinem Volke sagen,
Rede Dolche, rede Schwerter!

Sei nicht mehr die weiche Flöte,
Das idyllische Gemüt –
Sei des Vaterlands Posaune,
Sei Kanone, sei Kartaune,
Blase, schmettre, donnre, töte!

Blase, schmettre, donnre täglich,
Bis der letzte Dränger flieht –
Singe nur in dieser Richtung,
Aber halte deine Dichtung
Nur so allgemein als möglich.

(Die Tendenz, 1842)

Eine chinesische Mauer

Von Georg Lukács

Von Nietzsche über Gundolf bis zu Spengler und Klages, Chamberlain und Rosenberg hat ein jeder aus Goethe den Begründer der herrschenden entwicklungsfeindlichen, fortschrittsfeindlichen, irrationalistischen Weltanschauung gemacht (...) Ist es ja ein Gemeinplatz sowohl der bürgerlichen Literaturgeschichte, daß Aufklärung und »Sturm und Drang«, insbesondere der »Werther«, in ausschließendem Gegensatz zueinander stehen. Diese Literaturlegende beginnt bereits mit dem berühmten Buch der Romantikerin, Frau von Staël, über Deutschland. Sie wird dann auch von den bürgerlich-progressiven Literaturhistorikern übernommen und dringt durch die Vermittlung der bekannten Schriften von Georg Brandes in die pseudo-marxistische Vulgärsoziologie ein. Es ist selbstverständlich, daß bürgerliche Literaturhistoriker der imperialistischen Periode, wie Gundolf, Korff, Strich usw., an dieser Legende begeistert weiterbauen. Ist sie doch das beste ideologische Mittel, eine chinesische Mauer zwischen Aufklärung und deutscher Klassik aufzurichten, die Aufklärung zugunsten der späteren reaktionären Tendenzen in der Romantik herabzusetzen.

(aus: Goethe und seine Zeit, 1936/47)

Mit Werther leben

Von Johann Wolfgang Goethe

»Du hast dich dem allerverdrießlichsten Trieb
In deinen Xenien übergeben.«
Wer mit XXII den Werther schrieb,
Wie will der mit LXXII leben!

(aus: Zahme Xenien, 1815)

*

»Worauf lauerst du hier?« – Ich erwarte den dummen Gesellen,
Der sich so abgeschmackt über mein Leiden gefreut.

(aus: Xenien, 1797)

Werther und der Bischof

Von Friedrich Soret

Goethe (nimmt von diesem Augenblick den widerspruchsvollen und ironischen Ton seines Mephisto an): Halten Sie mich für einen Dummkopf! Hätte ich Mißbräuche aufgestöbert und enthüllt, auf sie aufmerksam gemacht, ich, der ich in England von ihren Erträgen gelebt haben würde? Wenn ich als Engländer geboren wäre (Gott sei Dank, daß ichs nicht bin), würde ich ein millionenreicher Herzog oder noch eher ein Erzbischof mit 60 000 Pfund Einkommen gewesen sein.

Ich: Recht so; aber wenn zufälligerweise dieses große Los nicht auf Sie gefallen wäre? Es gibt so viele Nieten.

Goethe: Ich glaube wohl. Aber nicht jedermann ist für das große Los geschaffen. Glauben Sie, ich wäre so dumm gewesen, auf eine Niete hereinzufallen? Ich hätte tapfer die Partei der 39 Artikel ergriffen, ich hätte sie unter all ihren Gesichtspunkten verteidigt, vor allem den Artikel 13, er wäre für mich ein Gegenstand ganz besonderer Aufmerksamkeit und Zärtlichkeit gewesen; ich hätte, in einem Wort, so viel gelogen in Versen und Prosa, daß die 60 000 Pfund mir nicht hätten entgehen können (...) Gott, welche Freude hätte ich, die 39 Artikel auf meine Weise zu handhaben, um diese dumme Menge in Erstaunen zu versetzen.

Ich: Aber ohne danach zu streben, Erzbischof zu werden, ist das ein Vergnügen, das Sie sich gestatten könnten. Wir sind hier auf dem wahren Boden des Mephisto, und Ew. Exzellenz fängt prächtig an; warum sollten Sie nicht fortfahren?

Goethe: Nein! ich werde ruhig bleiben; man muß gut bezahlt werden, um List zu haben, so gut zu lügen, ich tue es nicht für weniger als eine Bischofsmütze, begleitet von den 60 000 Pfund. (...)

Goethe kommt dann immer wieder mit demselben Ton voll Schalkheit und Ironie auf das Thema der englischen Bischöfe zurück und erzählt sein Abenteuer mit dem Bischof Lord Bristol (...) Dieser gute Bischof wollte mir eine Predigt über den »Werther« halten; er bemühte sich, mein Gewissen zu beunruhigen, weil ich die Menschen in die Versuchung des Selbstmordes geführt und sogar mehrere verursacht hatte; es ist ein unmoralisches, zu verdammendes Buch usw. Halt! rief ich; welchen Ton schlagen Sie den Großen dieser Welt gegenüber an, die mit einem Federzug und im Interesse der literarischen Produkte ihrer Diplomaten hunderttausend Männer ins Feld schicken, achtzigtausend von ihnen töten lassen und ihre Untertanen zum Mord anreizen, zu Plünderungen, zu Vergewaltigungen, zu Raubmord? Sie singen ein Tedeum darüber. Was tun Sie, um sich selbst Beifall zu zollen, wenn arme Schwachköpfe, erschreckt von den schönen Reden über die Hölle, die Sie von der Höhe ihrer Kanzel herab halten, ihren Rest von Verstand verlieren und ihre elenden Tage im Irrenhaus vollenden; ohne alle die zu zählen, die sich selbst töten, um rascher ins Paradies zu kommen oder sich von ihren religiösen Ängsten zu befreien; was tun Sie dann? Sie segnen Gott dafür! Und mit welchem Recht, ich bitte Sie, werden Sie jetzt einem genialen Dichter verbieten, ein Werk zu schreiben, das, von einigen beschränkten Geistern schlecht verstanden, die Welt höchstens von einem Dutzend oder zwei wirklicher Dummköpfe und von einer fixen Idee Besessener befreit hat, die nichts Besseres tun konnten, als sich zu erschießen? Das ist ein der Menschheit erwiesener Dienst; warum wollen Sie mir diese kleine Waffentat vorwerfen, wenn Sie, Priester und Fürsten, sich viel schlimmere erlauben? Bin ich nicht schon moralisch sicher, daß alle diejenigen, die sich töten, nachdem sie den »Werther« gelesen hatten, nicht taugten, eine vernünftige Rolle in der Welt zu spielen? Können Sie dasselbe von Ihren Opfern sagen? Der Herr Bischof wurde nach diesem Ausfall sanfter als ein Lamm, so grob er auch von Natur war; aber ich hatte den Weg zu seinem Herzen gefunden; er war fortan voll Höflichkeit gegen mich, begleitete mich bei meinem Weggang zur Tür und ließ mir dann seinen Kaplan, um die Ehrenbezeigungen fortzusetzen. Dieser sagte zu mir, als er die Schwelle überschritten hatte: Ach, Herr von Goethe, wie gut haben Sie gesprochen! Wie haben Sie das Geheimnis gefunden, Mylord zu gefallen, mit weniger Energie wären Sie sehr unzufrieden von Ihrem Besuch weggegangen.

Ich: Sie haben oft Ärger wegen Ihres »Werther« gehabt; das erinnert mich an Ihr Gespräch über ihn mit Napoleon. War Talleyrand dabei?

Goethe: Ja, natürlich. Ich konnte mich über Napoleon nicht beklagen wie über Bristol. Der Kaiser war ausgesucht höflich gegen mich und behandelte den Gegenstand als vornehmer Mann.

(aus: Tagebuch vom 17. 3. 1830; *vgl. Eckermann, Gespräche mit Goethe, 17. 3. 1830, und das Hörspiel »Eckermann und sein Goethe« am Schluß dieses Buchs; Anm. der Herausgeber.*)

Lottes Butterbrote
Von Gustave Flaubert

Der Lichtschein aus den Läden erhellte Augenblicke lang ihr bleiches Profil, dann hüllte sie wieder der Schatten ein. Und inmitten der Wagen, der Menschenmenge und des Lärms gingen sie dahin, ohne sich ablenken zu lassen, ohne etwas zu hören, wie Menschen, die in einer Landschaft miteinander über Lagen toter Blätter dahinschreiten.

Sie erzählten einander von den alten Tagen, den Diners zur Zeit der »Industriellen Kunst«, den Steckenpferden Arnoux', von seiner Art, an den Spitzen seines Kragens zu zupfen und sich den Schnurrbart mit Pomade einzureiben, und von anderen vertraulicheren und tieferen Dingen. Wie entzückt war er gewesen, als er sie das erstemal hatte singen hören. Wie schön sie damals an ihrem Namenstag in Saint-Cloud gewesen war! Er erinnerte sie an den kleinen Garten in Auteuil, an Abende im Theater, eine Begegnung auf dem Boulevard, an frühere Dienstleute, an ihre Negerin.

Sie war erstaunt über sein Gedächtnis.

Und sie entgegnete ihm:

»Zuweilen kommen mir Ihre Worte wieder wie ein fernes Echo, wie Glockenklang, vom Winde hergetragen; und dann ist mir, als ob Sie da seien, wenn ich in Büchern von Liebe lese.«

»Sie haben mich alles, was die andern übertrieben nennen, fühlen gelehrt«, entgegnete Frédéric, »ich verstehe Werther, den Lotte mit ihren Butterbroten nicht abstößt.«

»Armer lieber Freund!«

Sie seufzte; nach einem langen Schweigen sagte sie:

»Was liegt an allem anderen, wir haben einander sehr geliebt!«

»Doch ohne einander zu gehören!«

»Vielleicht war es besser so!« erwiderte sie.

(aus: L'Education sentimentale, 1869, übersetzt von E. A. Rheinhardt und Ute Haffmans, 1979)

Peinlich

Von Klemens Fürst von Metternich

Karlsbad, 30. Juli 1818

Bei der ersten Wiederholung des Konzerts kommt Goethe. Ich stelle ihn der Catalani vor und sage: »Das ist ein Mann, auf den Deutschland stolz ist.« Valabrègue frägt: »Wer ist Goethe?« Ich sage ihm: »Der Verfasser des ›Werther‹.« Der Dummkopf vergißt das nicht, geht einige Tage später auf Goethe zu und sagt zu ihm: »Lieber Goethe! Wie schade, daß Sie nicht Potier in der Rolle Werthers (Werther-Parodie von Kringsteiner?) spielen sehen konnten, Sie hätten sich tot darüber gelacht.«

(aus seinen Memoiren)

Die entsetzliche Mordgeschichte
von dem jungen Werther

Von Ludwig Richter

Ein Sänger führt die Mordgeschichte vor.

Werther besucht Lotte.

Werther im Sturm verliert seinen Hut.

Albert entdeckt im Spiegel sein Geweih.

Werther kniet vor Lotte.

Werthers Leiche.

(1849)

Vorbild Werther

Von Eckhard Henscheid

Worum es mir geht: um Aufklärung für möglichst 1 Million Leser, d. h. Käufer; wie sie schon Goethe im Falle des »Werther« gefordert, gekriegt und als Norm festgelegt hat. Wenn nur jeder 60. Deutsche sich mein Buch aufschwätzen läßt, bin ich hochzufrieden. Und ich meine, dafür sollte mir jedes Mittel recht sein. Ich bin jetzt 48 Jahre und muß, ihr Herren Rezensenten und Richter über literarische Integrität, an meinen Lebensabend denken! Goethe muß es wissen. Die Botschaft aber, an der mir liegt, ist über jeden Zweifel erhaben.

(aus: Die Mätresse des Bischofs, 1978)

Wer liest Werther?

Von Reinhard Lettau

Um zu verstehen, wie zivilisiert es hier früher noch zuging, und wie herrlich weit wir es seither gebracht haben, stelle man sich einmal vor, es würde heute der Oberkommandierende eines Invasionsheeres – etwa der amerikanische General Westmoreland oder dessen chinesischer Nachfolger – die wichtigsten Schriftsteller des von seinen Truppen überrannten Landes zu sich bitten, um mit ihnen stundenlang ästhetische und poetologische Fragen zu diskutieren. Als Napoleon im Jahre 1808 nach Erfurt kam, unterhielt er sich mit Goethe über die *Leiden des jungen Werthers* – jenen wohl ersten europäischen »Bestseller« der deutschen Literatur, dessen Held 34 Jahre vorher, bei Erscheinen des Buches im Jahre 1774, über Nacht zur Kultfigur mehrerer Generationen wurde. Noch im Jahre 1825 war es in Leipzig gesetzlich verboten, in Werther-Kleidung (blauem Frack mit Messingknöpfen, gelber Weste, braunen Stulpenstiefeln) herumzulaufen. Den Gesprächsaufzeichnungen des Kanzlers von Müller zufolge machte der Kaiser »eine tief eindringende Analyse dieses Romans, wobei er jedoch an gewissen Stellen eine Vermischung der Motive des gekränkten Ehrgeizes mit denen der leidenschaftlichen Liebe finden wollte«. Napoleon zu Goethe: »Das ist nicht naturgemäß und schwächt bei dem Leser die Vorstellung von dem mächtigen Einfluß, den die Liebe auf Werther gehabt. Warum haben Sie das getan?«

In der nicht endenden, reichen Wirkungsgeschichte dieses Romans ist die Kritik Napoleons besonders faszinierend. Was alle Welt (bis zu Camus hin) an diesem Buch am meisten aufregte und was sie am meisten erörterte, nämlich die von weitem schon sichtbare Frage des Selbstmords, der hier sozusagen zum Naturrecht erklärt wird, scheint für Napoleon ganz plausibel und unproblematisch gewesen zu sein. Seine Kritik ist nicht moralisch, sondern psychologisch und zugleich handwerklich. Denn fast genau in der Mitte des in zwei Teile gegliederten Buches entschließt sich der tödlich verliebte Werther zur plötzlichen Abreise. Nachdem es mit seiner Kunst (Malerei) und mit der Liebe nicht geklappt hat, versucht er es mit der Gesellschaft. Wie der mit Goethe befreundete braunschweigische Legationssekretär Carl Wilhelm Jerusalem, dessen Wetzlarer Selbstmord die Abfassung des Buches *auslöste,* so scheitert auch Werther, indem er in adliger Gesellschaft als Bürger gedemütigt wird.

Abgesehen davon, daß der Emporkömmling Napoleon hiervon nichts wissen wollte, und abgesehen davon, daß der durch Napoleons Aufmerksamkeit wohl doch geschmeichelte Goethe ihm hierin offenbar folgte: Napoleon hat die zentrale gesellschaftliche und zugleich künstlerische Frage an das Buch gestellt. Jedoch selbst wenn man ihm darin recht gibt, daß die gesellschaftliche Verletzbarkeit des Helden von dessen privater Verletzbarkeit zu trennen sei (ich fürchte, diese Liebe wäre in jeder denkbaren gesellschaftlichen Situation gescheitert), so bliebe doch das Karriere-Zwischenspiel, das den Helden nach »Wahlheim« (!) und zu Lotte zurückführt, nicht nur psychologisch glaubwürdig, sondern sogar universell gültig: erst die Praxis der fluchtartigen Entfernung von Lotte kann die Unvermeidbarkeit dieser Liebe erweisen, durch die nun mögliche, traurige Rückkehr. Denn die Einsichten des Zwischenspiels waren im ersten Teil des Buches in zahlreichen Briefen (z. B. dem vom 21. Juni 1771) schon begrifflich vorweggenommen; sogar schon in Briefen, die er vor seiner Bekanntschaft mit Lotte an seinen Freund Wilhelm schreibt.

So erscheint schon in der Gefängnismetapher des Briefes vom 22. Mai 1771 als Funktion von Kunst: die täuschende Ornamentierung von Wänden, »zwischen denen man gefangen sitzt«, die Entfernung des Leidens von seinen erkennbaren Gründen, und »Freiheit« erscheint als Freiheit zum Tode. Und in dem ungeheuer wichtigen Brief vom 26. Mai 1771 werden beide, Kunst und Liebe, als Tätigkeiten erkannt, in denen gut zu sein nicht nur nicht gut genug, sondern entsetzlich ist – sie dulden keinen Kompromiß: gefährliche Einsichten, die Werther »vergißt«. Es ist ein Wissen, das immer wieder physisch verifiziert werden muß, der Körper glaubt es nicht. Der Körper glaubt nie etwas, er akzeptiert nur Tatsachen.

Die Welt wird hier nicht so erlebt, daß man sich in ihr »entwickeln« könnte. »Entwicklung« erscheint hier als ein schreckliches Torkeln zwischen begrifflichen Einsichten, deren Vergessen und neuer, desillusionierender sinnlicher Erfahrung – und schon hierin ist der Roman wahrer und radikaler als fast alles, was seither geschrieben wurde.

Denn der Nicht-Entwicklung des Helden entspricht nun auch die gewählte künstlerische Form des Briefromans. Die monologische Sprache der Briefe – manchmal (24. Dezember 1772) nur ihr Datum – beglaubigt die Einsamkeit des Schreibenden. Ferner hat im Moment des Schreibens der Briefschreiber nicht die Kenntnis der Zukunft der Handlung, so daß jede erzählte Gegenwart für sich bleibt, ungewiß, offen, von Nicht-Fortsetzung bedroht. Die Gegenwart des Schreibens (16. Juni 1771!) kann mitgeschrieben werden, sogar das Nicht-Schreiben, der Ausdruck von Ausdruckslosigkeit (10. Mai 1771). Dies alles sind nun wirklich »avantgardistische« oder realistische Methoden, die die Welt wahrer, oder in der Sprache der Zeit: »natürlicher« darzustellen erlauben. In Vorwegnahme von Büchners *Lenz*, zu dem dieses unvergleichliche, geniale Buch direkt hinzuführen scheint (30. November 1772: Blumenpflücker im Winter, die Feindschaft von Glück und Bewußtsein), ist es nun möglich, als »schön« zu entdecken: das »nötigste«, »harmloseste« (12. Mai 1771). Dieses wird, wiederum in Vorwegnahme von Büchners Medusa-Metapher, von Werther gemalt, »ohne das mindeste von dem Meinen hinzuzutun« (26. Mai 1771).

Für solche Passagen opfert man dann gern den schon damals in der Literatur allwissend und schwatzhaft sich selber feiernden, sog. »ironischen« Erzähler, der uns mit seinen entsetzlich langen Romanen, in denen er auf Zehenspitzen hin- und herhuschend alles hübsch und artig dekoriert, bis zum heutigen Tage zu Tode langweilt. Mit dem *Werther,* den er natürlich nicht liest, ist ihm längst das Todesurteil gesprochen. Aber wer liest schon *Werther?*

(Notizen zum Werther, aus: Zerstreutes Hinausschaun, 1980)

An Werther

Von Johann Wolfgang Goethe

Noch einmal wagst du, vielbeweinter Schatten,
Hervor dich an das Tageslicht,
Begegnest mir auf neubeblümten Matten,
Und meinen Anblick scheust du nicht.
Es ist, als ob du lebtest in der Frühe,
Wo uns der Tau auf einem Feld erquickt
Und nach des Tages unwillkommner Mühe
Der Scheidesonne letzter Strahl entzückt;
Zum Bleiben ich, zum Scheiden du erkoren,
Gingst du voran – und hast nicht viel verloren.

Des Menschen Leben scheint ein herrlich Los:
Der Tag wie lieblich, so die Nacht wie groß!
Und wir, gepflanzt in Paradieses Wonne,
Genießen kaum der hocherlauchten Sonne,
Da kämpft sogleich verworrene Bestrebung
Bald mit uns selbst und bald mit der Umgebung;

Keins wird vom andern wünschenswert ergänzt,
Von außen düsterts, wenn es innen glänzt,
Ein glänzend Äußres deckt ein trüber Blick,
Da steht es nah – und man verkennt das Glück.

Nun glauben wirs zu kennen! Mit Gewalt
Ergreift uns Liebreiz weiblicher Gestalt:
Der Jüngling, froh wie in der Kindheit Flor,
Im Frühling tritt als Frühling selbst hervor,
Entzückt, erstaunt, wer dies ihm angetan?
Er schaut umher – die Welt gehört ihm an.
Ins Weite zieht ihn unbefangne Hast,
Nichts engt ihn ein, nicht Mauer, nicht Palast;
Wie Vögelschar an Wäldergipfeln streift,
So schwebt auch er, der um die Liebste schweift,
Er sucht vom Äther, den er gern verläßt,
den treuen Blick, und dieser hält ihn fest.

Doch erst zu früh und dann zu spät gewarnt,
Fühlt er den Flug gehemmt, fühlt sich umgarnt;
Das Wiedersehn ist froh, das Scheiden schwer,
Das Wieder-Wiedersehn beglückt noch mehr,
Und Jahre sind im Augenblick ersetzt;
Doch tückisch harrt das Lebewohl zuletzt.

Du lächelst, Freund, gefühlvoll, wie sich ziemt:
Ein gräßlich Scheiden machte dich berühmt;
Wir feierten dein kläglich Mißgeschick,
Du ließest uns zu Wohl und Weh zurück;
Dann zog uns wieder ungewisse Bahn
Der Leidenschaften labyrinthisch an;
Und wir, verschlungen wiederholter Not,
Dem Scheiden endlich – Scheiden ist der Tod!
Wie klingt es rührend, wenn der Dichter singt,
Den Tod zu meiden, den das Scheiden bringt!
Verstrickt in solche Qualen, halbverschuldet,
Geb ihm ein Gott zu sagen, was er duldet.

(aus: Trilogie der Leidenschaft, 1823/24)

Gibt einfach den Löffel ab

Von Ulrich Plenzdorf

Und kein Papier, Leute. Ich fummelte wie ein Irrer in dem ganzen Klo rum. Und dabei kriegte ich dann dieses berühmte Buch oder Heft in die Klauen. Um irgendwas zu erkennen, war es zu dunkel. Ich opferte also zunächst die Deckel, dann die Titelseite und dann die letzten Seiten, wo erfahrungsgemäß das Nachwort steht, das sowieso kein Aas liest. Bei Licht stellte ich fest, daß ich tatsächlich völlig exakt gearbeitet hatte (. . .) Drei Stunden später hatte ich es hinter mir.

Ich war fast gar nicht sauer! Der Kerl in dem Buch, dieser Werther, wie er hieß, macht am Schluß Selbstmord. Gibt einfach den Löffel ab. Schießt sich ein Loch in seine olle Birne, weil er die Frau nicht kriegen kann, die er haben will, und tut sich ungeheuer leid dabei. Wenn er nicht völlig verblödet war, mußte er doch sehen, daß sie nur darauf wartete, daß er was *machte,* diese Charlotte. Ich meine, wenn ich mit einer Frau allein im Zimmer bin und wenn ich weiß, vor einer halben Stunde oder so kommt keiner da rein, Leute, dann versuch ich doch *alles*. Kann sein, ich handle mir ein paar Schellen ein, na und? Immer noch besser als eine verpaßte Gelegenheit. Außerdem gibt es höchstens in zwei von zehn Fällen Schellen. Das ist Tatsache. Und dieser Werther war . . . zigmal mit ihr allein. Schon in diesem Park. Und was macht er? Er sieht ruhig zu, wie sie heiratet. Und dann murkst er sich ab. Dem war nicht zu helfen. Wirklich leid tat mir bloß die Frau. Jetzt saß sie mit ihrem Mann da, diesem Kissenpuper.

(aus: Die neuen Leiden des jungen W., 1973)

Alles klar

Von Graf Leo Nikolajewitsch Tolstoi

Den »Werther« gelesen. Einzigartig.
(Tagebuch vom 29. 9. 1855)

Blindlings

Von Franz Kafka

Blindlings sage ich: lies Werthers Leiden!
(aus: Brief an Felice Bauer, 13. 3. 1913)

Talmisentimentalität und reelle Verlogenheit

Von Peter Altenberg

Siehe, man wird milde und verständnisvoller!

Habe mit 55 Jahren »Die Leiden des jungen Werther« wieder gelesen. Verstehe absolut nicht mehr diese Talmisentimentalität und reelle Verlogenheit dieser Lotte Kestner gegenüber und ihrem Gatten, Herrn Albert, diesem Biederen, die man einst verehrte. Beide weiden sich doch gleichsam an der mysteriösen Wirkung, die diese anständige Gans auf das zarte Dichtergemüt dieses herrlichen unglückseligen Werther ausübt, ja, beziehen davon sogar vielleicht einen Teil ihres eigenen Lebensglückes! »Mir zwa g'hören halt einmal zusammen, etsch!« Albert müßte als wirklich anständiger Mensch, der ein Philister eben nie ist, nie sein kann, der Lotte sagen: »Mein liebes Kind, dieser Edelmensch ist krank an dir, erhöre ihn ein einziges Mal und entlasse ihn dann gnädig, daß er die Edellast seiner armen gequälten Seele wenigstens weiter ertragen könne durch die ewige Erinnerung an eine Glückseligkeit, die ich tausendmal habe durch Schicksals unverdiente Gnade!«

Und Lotte ihrerseits müßte es von selbst sagen: »Werther, du bist an mir krank, und ich sollte, im Gegensatze zu jedem fremden Arzte, der für nichts seine ganze Kunst jedesmal aufbietet, irgendeinen gleichgültigen Fremden zu heilen, dich vor mir dahinsiechen lassen und trotzdem keine Hand rühren?! Da müßte ich mich ja als eine feige Mörderin vor mir selbst schämen!«

Aber es geht eben anders aus, und alle Hypokriten sind gerührt. Ich nicht!

Lotte und Herr Albert, euer schmales, mageres Eheglück wiegt nicht auf eine einzige Qualstunde Werthers!

Dös merkt's euch, ihr Herrschaften, die sich anständig dünken, weil's ka Herz habts! Außer für ihr G'schäft, das sie untereinander machen! Aber wirklich untereinander!

(aus: Fechsung, 1915)

Charlottens Brief

Von Eckhard Henscheid

Werter Werther,
Denkst Du noch des Camembert, der
Unsre Liebe sanktionierte,
Während ich Dich deflorierte –
Wart einmal: beziehungsweise
Du mich. Ach, du Scheiße,
Beinahe hätt ich's vergessen
(so geht's halt den Topmätressen)

Dir zu sagen, wie ich Dich
Liebe ganz herztausiglich!
Du, mein kleiner Gardeoberst,
Du mein Scheißer! Warte, ob erst
Albert aus dem Hause fort –
Nein, er hockt auf dem Abort –
Trotzdem wag ich diesen Brief!
Ja, der Camembert hat tief
Mir damals das Herz durchbohrt.
Glaub's mir, Werther, jedes Wort
Dieses Klopstock, den wir lasen,
Und du tät'st so artig blasen,
Ging mir an die Eier mein –
Stop! Die Eier sind ja Dein
Ein und Alles – Hen kai pan,
Wie Du's ausdrückst, werter Mann.
Kurz, wie man's auch dreht und wendet –
Albert scheint am Klo verendet –
Ich bin Din und Du bist min!
Ach, ich möcht' nach Westberlin!
Sightseeing mit Dir, das wär's,
Unter des Berliner Bärs
Tatzenpratzen Dich zu knutschen,
Schnell in' Grunewald zu rutschen –
Ach, wie wird mir Wetzlar öde,
»Lar« fürwahr – und dann die blöde
Hühnerfickerei des Pfarrers
Hiebel Jochen, dieses Schmarrers,
Der mich ständig hacken will,
Und ich halt auch schon brav still,
Bis Du wiederkömmst, mein Sauschwanz,
Bleib ich ewig treu und Dein ganz;
Spitz wie Wetzlarer Karotte
Wartet Dein – mmmh Bussi!
      Lotte.

        (1981)

*In gekürzter Form bringen wir den internationalen Bucherfolg von
J. W. Goethe*

Ein Sommer mit Lotte

Es war eine herrliche Zeit – doch sie nahm beinahe ein böses Ende

Von Robert Gernhardt

Ich war anfangs nicht besonders begeistert, als ich hörte, daß ich nach Wetzlar versetzt sei. Wetzlar war eine kleine Stadt, was sollte mich dort schon erwarten? Doch bald lernte ich ein Mädchen kennen, das es mir besonders antat. Sie hieß Charlotte. Gemeinsam streiften wir durch Wald und Feld – bis ich erfuhr, daß sie verlobt war. Albert, ihr Verlobter, kehrte zurück, und für mich begann eine schreckliche Zeit. Ich war so verzweifelt, daß ich mein Leben beenden wollte und einen Diener zu Lottens Verlobtem schickte. Er sollte Albert um seinen Revolver bitten und ihn mir bringen. War es Zufall oder Absicht – er kehrte mit einem Heft Reader's Digest zurück. Mißmutig begann ich darin zu lesen, doch bald hatte ich Charlotte vergessen.

Eine neue Welt tat sich mir auf, die fesselnden Artikel zogen mich in ihren Bann, ich merkte kaum, wie die Zeit verflog. Besonders ermutigte es mich zu erfahren, wie andere Menschen in weit schlimmeren Lagen mit ihrem Schicksal fertig geworden sind. Seitdem bin ich ein treuer Freund des »Besten« und erwarte jede Nummer mit Ungeduld – so wie viele hunderttausend Menschen in acht Erdteilen.

(Schluß einer Reader's Digest-Parodie, in: Pardon, 1963)

GOETHE-VERTONUNGEN
(AUSWAHL)

Nähe des Geliebten

Goethe

Op. 5 N° 2

Langsam, feierlich, mit Anmut M.M. ♩ = 50

1. denke dein, wenn mir der Sonne Schimmer vom Meere strahlt; ich denke dein, wenn sich des Mondes Flimmer in Quellen malt.—
2. sehe dich, wenn auf dem fernen Wege der Staub sich hebt; in tiefer Nacht, wenn auf dem schmalen Stege der Wandrer bebt.
3. höre dich, wenn dort mit dumpfem Rauschen die Welle steigt. Im stillen Hain, da geh ich oft zu lauschen, wenn alles schweigt.
4. bin bei dir; du seist auch noch so ferne, du bist mir nah! Die Sonne sinkt, bald leuchten mir die Sterne. O, wärst du da!—

Franz Schubert, Nähe des Geliebten (2. Fassung), op. 5, 2 (1815)

Heidenröslein

Joh. Wolfg. von Goethe

Johann Friedrich Reichardt, 1794

Lebhaft

1. Sah ein Knab ein Rös-lein stehn, Rös-lein auf der Hei-den,
2. Kna-be sprach: „Ich bre-che dich, Rös-lein auf der Hei-den!"
3. Und der wil-de Kna-be brach 's Rös-lein auf der Hei-den,

1. war so jung und mor-gen-schön, lief er schnell, es nah zu sehn,
2. Rös-lein sprach: „Ich ste-che dich, daß du e-wig denkst an mich,
3. Rös-lein wehr-te sich und stach, half ihm doch kein Weh und Ach,

1. sah's mit vie-len Freu-den.
2. und ich will's nicht lei-den.
3. mußt es e-ben lei-den.

1.-3. Röslein, Röslein, Röslein rot, Röslein auf der Hei-den.

Johann Friedrich Reichardt, Heidenröslein (1794)

15. Das Veilchen

Lied für eine Singstimme mit Klavierbegleitung
Text von Johann Wolfgang von Goethe
KV 476

Datiert Wien, 8. Juni 1785

1. Ein Veil-chen auf der Wie-se stand, ge- bückt in sich und un-be-kannt; es war ein her-zigs Veil-chen. Da kam ein' jun-ge Schä-fe-rin mit leich-tem Schritt und mun-term Sinn da-her, da-her, die Wie- se her und sang.

2. Ach! denkt das Veil- chen, wär' ich nur die schön-ste Blu-me der Na- tur, ach nur ein klei-nes

Wolfgang Amadeus Mozart, Das Veilchen, KV 476 (1785)

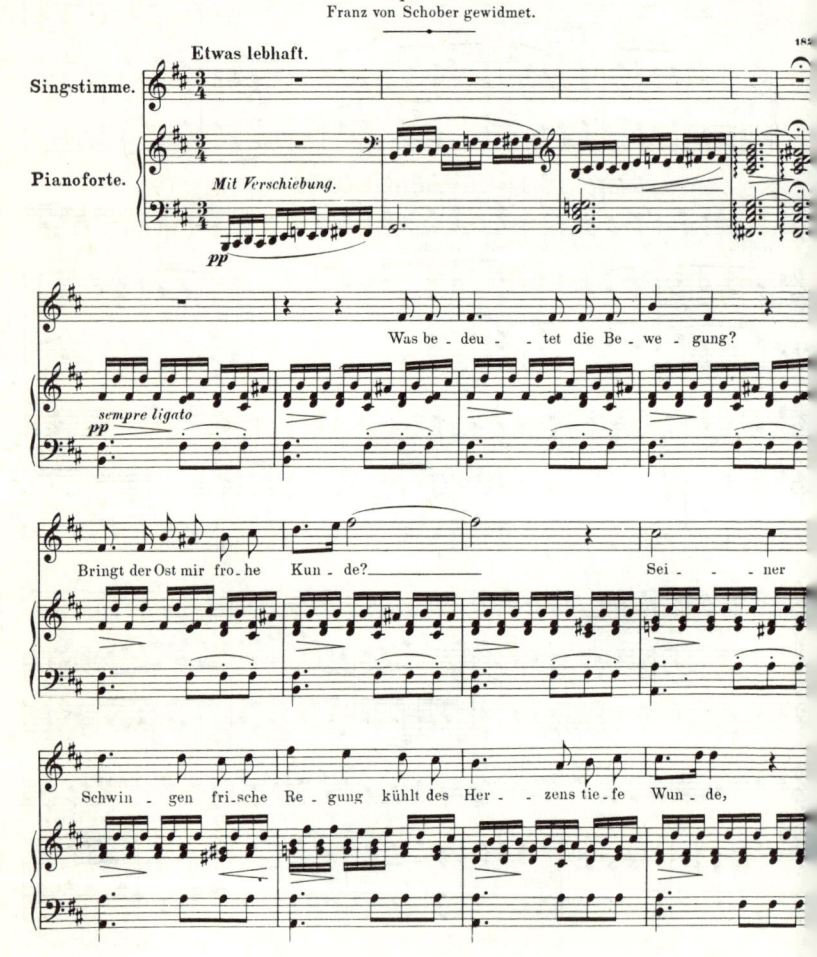

Franz Schubert, Suleika, op. 14 (1821)

N.º 44. SULEIKA.
(Goethe.)
Comp. 1837.

Op. 57. N.º 3.

Allegro assai.

1. Was be-deu-tet die Be-wegung, bringt der Ost mir frohe Kun-de? Seiner
2. Lindert sanft der Sonne Glühen, kühlt auch mir die heissen Wangen, küsst die

Schwingen frische Regung kühlt des Her-zens, kühlt des Herzens tiefe Wunde. Ko-send
Reben noch im Fliehen, die auf Feld und Hü-gel, auf Feld und Hügel prangen. Und mir

spielt er mit dem Staube, jagt ihn auf in leichten Wölkchen, treibt zur sichern Re-ben-laube der In-
bringt sein leises Flüstern von dem Freunde tausend Grüsse; eh' noch die-se Hü-gel düstern, grüssen

sek-ten fro-hes Völk-chen. Was be-deu-tet die Be-wegung, bringt der Ost mir fro-he Kunde?
mich wohl tau-send Küs-se, eh' noch die-se Hügel düstern, grüssen mich wohl tausend Küsse,

Sei-ner Schwingen fri-sche Re-gung kühlt.... des Her-zens tie-fe
eh' noch die-se Hü-gel dü-stern, grü-ssen mich wohl tau-send

Felix Mendelssohn, Suleika, op. 57, 3 (1837)

IX.
Lied der Suleika.
Goethe.

Ziemlich langsam.

Wie mit in_nigstem Be_ha_gen, Lied, em_pfind' ich dei_nen Sinn! Lie_be_voll du scheinst zu sa_gen, dass ich ihm zur Sei_te bin, zur Sei_te bin. Dass er e_wig mein ge_den_ket, sei_ner Lie_be Se_lig_keit *(nach und nach schneller)* im_mer dar der Fer_nen schen_ket, die ein Le_ben ihm ge_

ritard.

Robert Schumann, Lied der Suleika, aus »Myrthen« op. 25 (1840)

Johannes Brahms, Liebliches Kind, op. 70, 3 (1877)

Carl Loewe, Ein Gleiches, op. 9 (1818)

Ludwig van Beethoven, aus: Musik zu »Egmont«, op. 84 (1813)

Tasso, Lamento e Trionfo.

Symphonische Dichtung No. 2.
Symphonic Poem No. 2.   Poème symphonique No. 2.

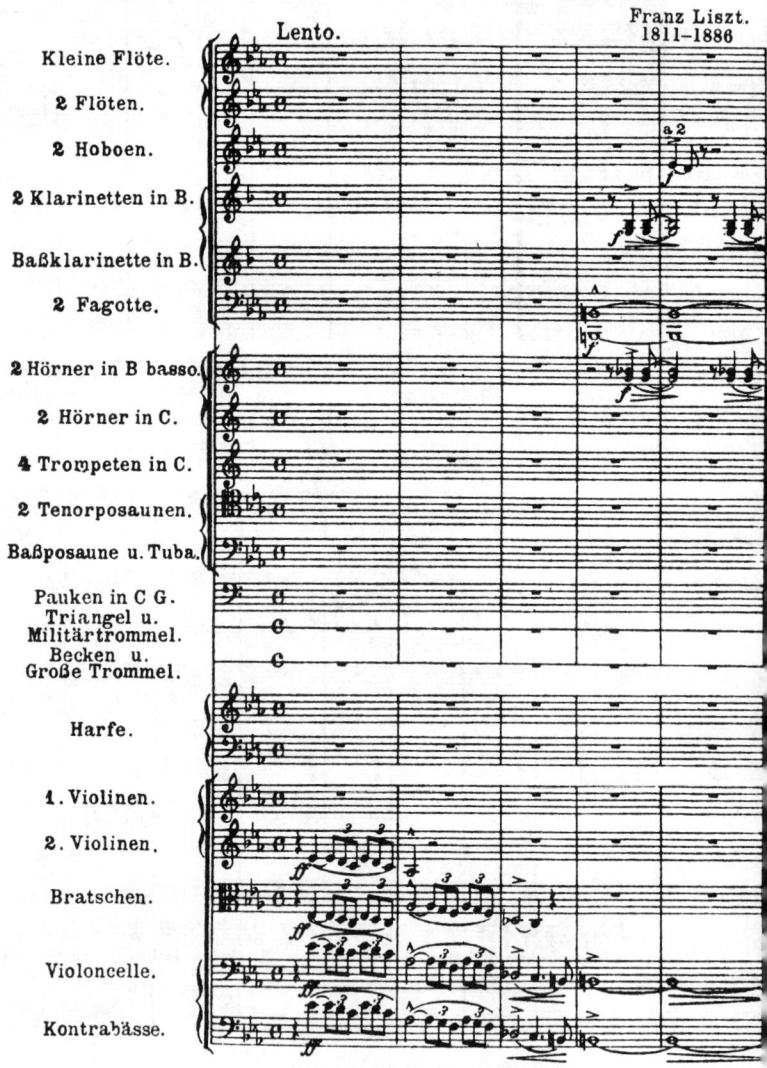

Franz Liszt.
1811–1886

Franz Liszt, Tasso (1849)

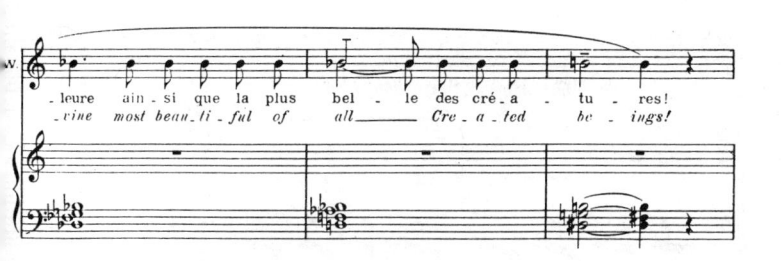

Jules Massenet, aus der Oper »Werther« (1892)

Mignon.
Goethe.

Op. 75. N° 1.

Ludwig van Beethoven, Kennst du das Land, op. 75, 1 (1809)

Mignon.

Aus Goethe's „Wilhelm Meister".

Für eine Singstimme mit Begleitung des Pianoforte
componirt von

FRANZ SCHUBERT.

23. October 1815.

Mässig.

Kennst du das Land, wo die Ci_tro_nen blühn, im dunk_len Laub die
Kennst du das Haus? Auf Säu_len ruht sein Dach, es glänzt der Saal, es

Gold_O_ran_gen glühn, ein sanf_ter_ Wind vom
schim_mert das_ Ge_mach, und Mar_mor_bil_der

blau_en Him_mel weht, die Myr_the still und hoch der Lor_beer
stehn und sehn mich an: Was hat man dir, du ar_mes Kind,_ ge-

steht, kennst du es wohl?
than? kennst du es wohl?

Franz Schubert, Kennst du das Land (1815)

Mignons Lied
Gedicht von Goethe.

Franz Liszt.
(Vertont im Februar 1842, in dieser Form veröffentlicht 18..)

Franz Liszt, Kennst du das Land (1842)

Ambroise Thomas, aus der Oper »Mignon« (1866)

Mignon

Döbling,
17. Dezember 1888

Langsam und sehr ausdrucksvoll

Kennst du das Land, wo die Zi-tro-nen blühn,
im dunkeln Laub die Gold-o-ran-gen glühn,
ein sanfter Wind vom blau-en Him-mel weht,

Hugo Wolf, Kennst du das Land (1888)

MIGNON UND MEISTER

Mignon

Von Johann Wolfgang Goethe

Kennst du das Land, wo die Zitronen blühn,
Im dunkeln Laub die Goldorangen glühn,
Ein sanfter Wind vom blauen Himmel weht,
Die Myrte still und hoch der Lorbeer steht,
Kennst du es wohl?
                Dahin! Dahin
Möcht ich mit dir, o mein Geliebter, ziehn!

Kennst du das Haus? Auf Säulen ruht sein Dach.
Es glänzt der Saal, es schimmert das Gemach,
Und Marmorbilder stehn und sehn mich an:
Was hat man dir, du armes Kind, getan?
Kennst du es wohl?
                Dahin! Dahin
Möcht ich mit dir, o mein Beschützer, ziehn!

Kennst du den Berg und seinen Wolkensteg?
Das Maultier sucht im Nebel seinen Weg,
In Höhlen wohnt der Drachen alte Brut,
Es stürzt der Fels und über ihn die Flut;
Kennst du ihn wohl?
                Dahin! Dahin
Geht unser Weg! O Vater, laß uns ziehn!

                              (1780)

Mignon! Mignon!

Klein Mignon

(aus: Privatsammlung Professor Dieter Richter, ca. 1910)

Breit die Männer, die Weiber rund

Von Johannes Daniel Falk

Kennst du das Land? Auf Dämmen ruht sein Grund;
Breit sind die Männer, und die Weiber rund;
Flamländer stehn und schreien um dich her;
»Oranje boven! Wat believt, mijn Heer?«
Kennst du das Land? Dorthin, dorthin
Möcht' ich mit dir, o mein Geliebter, ziehn!

Kennst du das Land? Die Freistatt ehedeß
Von Mut und Freiheit – jetzt vom besten Käs';
Wo stehn um frische Hering', Boot an Boot,
Mijn Heer Krumpipen, mijn Heer van der Noot:
Kennst du das Land? Dorthin, dorthin
Möcht' ich mit dir, o mein Geliebter, ziehn!

Kennst du das Land? wo schält der Schiffsjung' Bork';
Wo schwimmt das Seevolk oben, leicht wie Kork;
Wo, wie dein Vorahn' uns gelehrt, Salmas,
Noch Licht, noch Luft, noch Wasser taugt etwas:
Kennst du das Land? Dorthin, dorthin
Möcht' ich mit dir, o mein Geliebter, ziehn!

(Sehnsucht nach Holland, aus: Taschenbuch für Freunde
des Scherzes und der Satire, 1797)

Kennst du das Land

Von Clemens Brentano

O wär' ich dieser Welt doch los
Los von den vielen Dingen
Und säß' in kühlem Felsenschoß
Zu schweigen oder singen,
    Ja, schweigen oder singen
Oder was es soll sein,
Du müßtest vollbringen
Du wüßtest's allein

    (aus: Kennst du das Land, 1818)

Volksvertreter stehn und sehn dich an

Von Franz Dingelstedt

Kennst du das Land, wo Einheitsphrasen blühn,
In dunkler Brust Trennungsgelüste glühn,
Ein kühler Wind durch Zeitungsblätter weht,
Der Friede still und hoch die Zwietracht steht?
Kennst du es wohl? Dahin! Dahin
Möcht ich mit dir, o mein Geliebter, ziehn.

Kennst du das Haus? Auf Säulen ruht sein Dach,
Es hallt der Saal, die Galerie hallt nach,
Und Volksvertreter stehn und sehn dich an:
»Was haben wir fürs arme Volk getan?«
Kennst du es wohl? Dahin! Dahin
Möcht ich mit dir, o mein Beschützer, ziehn!

    (Mignon als Volks-Kammer-Sängerin, 1848)

Wanderlust

Von Ludwig Eichrodt

Nach Italien, nach Italien,
Möcht ich Alter jetzt einmaligen!
   Wo die Pomeranze wohnt,
Wo die wunderschönen Mädchen
Unter süßen Triolettigen
   Singen, wandelnd unterm Mond –
Dahin, Alter, laß mich ziehn!

Nach Sizilien, nach Sizilien,
Sollst du in die Reise willigen!
   Wo von Wolken nicht die Spur,
Wo die Menschen müßig gehen,
Wo die Augen ewig sehen
   In das himmlische Azur –
Dahin, Alter, laß mich ziehn!

(aus: Wanderlust, in: Fliegende Blätter, 1848)

Akademische Wanderlust

Von Ludwig Eichrodt

Nach dem hohen Idealien
Wollt' ich wallen mit Amalien,
Wo der Sturm des Jammers schweigt;
Wo die reinen Formen wohnen,
Wo von ihren Weltenthronen
Die gewollte Gottheit steigt.

Nach Myriadien, nach Myriadien
Schleudert mich, ihr Schicksalsradien,
Wo der Sirius eisig glüht,
Wo der Unsinn grausam gipfelt,
Wo die Wurst gen Himmel zipfelt,
Und die Welt benebelt flieht.

(aus: Akademische Wanderlust, 1890)

Wo die Zitrone dampft

Von Alfred Kerr

Kennst du das Land, wo die Zitrone samft
    Im dunklen Glühwein scheibenförmig dampft,
Ein kalter Hahn zum grauen Himmel kräht,
    Die Myrte still und tief der Lire steht?
Kennst du es wohl?
    Heim nach Berlin
Laß zur Erwärmung mein Gefrierfleisch ziehn!

(aus: Riviera-Tagebuch, 1925)

Kennst du das Land, wo die Kanonen

Von Erich Kästner

Kennst du das Land, wo die Kanonen blühn?
Du kennst es nicht? Du wirst es kennenlernen!
Dort stehn die Prokuristen stolz und kühn
In den Büros, als wären es Kasernen.

Dort wachsen unterm Schlips Gefreitenknöpfe.
Und unsichtbare Helme trägt man dort.
Gesichter hat man dort, doch keine Köpfe.
Und wer zu Bett geht, pflanzt sich auch schon fort!

Wenn dort ein Vorgesetzter etwas will
– und es ist sein Beruf etwas zu wollen –
steht der Verstand erst stramm und zweitens still.
Die Augen rechts! Und mit dem Rückgrat rollen!

Die Kinder kommen dort mit kleinen Sporen
und mit gezognem Scheitel auf die Welt.
Dort wird man nicht als Zivilist geboren.
Dort wird befördert, wer die Schnauze hält.

Kennst du das Land? Es könnte glücklich sein.
Es könnte glücklich sein und glücklich machen!
Dort gibt es Äcker, Kohle, Stahl und Stein
Und Fleiß und Kraft und andre schöne Sachen.

Selbst Geist und Güte gibt's dort dann und wann!
Und wahres Heldentum. Doch nicht bei vielen.
Dort steckt ein Kind in jedem zweiten Mann.
Das will mit Bleisoldaten spielen.

Dort reift die Freiheit nicht. Dort bleibt sie grün.
Was man auch baut – es werden stets Kasernen.
Kennst du das Land, wo die Kanonen blühn?
Du kennst es nicht? Du wirst es kennenlernen!

(aus: Bei Durchsicht meiner Bücher, 1933/1946)

Mignon

Von Johann Wolfgang Goethe

Heiß mich nicht reden, heiß mich schweigen,
Denn mein Geheimnis ist mir Pflicht.
Ich möchte dir mein ganzes Innre zeigen,
Allein das Schicksal will es nicht.

Zur rechten Zeit vertreibt der Sonne Lauf
Die finstre Nacht, und sie muß sich erhellen;
Der harte Fels schließt seinen Busen auf,
Mißgönnt der Erde nicht die tiefverborgnen Quellen.

Ein jeder sucht im Arm des Freundes Ruh:
Dort kann die Brust in Klagen sich ergießen;
Allein ein Schwur drückt mir die Lippen zu,
Und nur ein Gott vermag sie aufzuschließen.

(1780)

Wir entfernen uns

Von Johann Wolfgang Goethe

Spotte, wie du willst. Ich lieb Ihn! ich lieb ihn! Mit welchem Entzücken sprech ich zum ersten Mal diese Worte aus! Das ist diese Leidenschaft, die ich so oft vorgestellt habe, von der ich keinen Begriff hatte. Ja, ich will mich ihm um den Hals werfen! ich will ihn fassen, als wenn ich ihn ewig halten wollte. Ich will ihm meine ganze Liebe zeigen, seine Liebe in ihrem ganzen Umfang genießen.

Mäßigt Euch, sagte die Alte gelassen: mäßigt Euch! Ich muß Eure Freude durch ein Wort unterbrechen: Norberg kommt! in vierzehn Tagen kommt er! Hier ist sein Brief, der die Geschenke begleitet hat.

Und wenn mir die Morgensonne meinen Freund rauben

sollte, will ich mirs verbergen. Vierzehn Tage! Welche Ewigkeit! In vierzehn Tagen, was kann da nicht vorfallen, was kann sich da nicht verändern!

Wilhelm trat herein. Mit welcher Lebhaftigkeit flog sie ihm entgegen! mit welchem Entzücken umschlang er die rote Uniform, drückte er das weiße Atlaswestchen an seine Brust! Wer wagte hier zu beschreiben, wem geziemt es, die Seligkeit zweier Liebenden auszusprechen! Die Alte ging murrend beiseite, wir entfernen uns mit ihr und lassen die Glücklichen allein.

(aus: Wilhelm Meisters Lehrjahre, 1794)

Dies treffliche Produkt Ihres Genius
Von Friedrich Schiller

Mit wahrer Herzenslust habe ich das erste Buch Wilhelm Meister durchlesen und verschlungen, und ich danke demselben einen Genuß, wie ich lange nicht, und nie als durch Sie gehabt habe. Es könnte mich ordentlich verdrüßen, wenn ich das Mißtrauen, mit dem Sie von diesem trefflichen Produkt Ihres Genius sprechen, einer andern Ursache zuschreiben müßte, als der Größe der Forderungen, die Ihr Geist jederzeit an sich selbst machen muß. Denn ich finde auch nicht etwas daran, was nicht in der schönsten Harmonie mit dem lieblichen Ganzen stünde. Erwarten Sie heute kein näheres Detail meines Urteils (. . .) Herr von Humboldt hat sich auch recht daran gelabt und findet, wie ich, Ihren Geist in seiner ganzen männlichen Jugend, stillen Kraft und schöpferischen Fülle. Gewiß wird diese Wirkung allgemein sein. Alles hält sich darin so einfach und schön in sich selbst zusammen, und mit wenigem ist so viel ausgerichtet. Ich gestehe, ich fürchtete mich anfangs, daß wegen der langen Zwischenzeit, die zwischen dem ersten Wurfe und der letzten Hand verstrichen sein muß, eine kleine Ungleichheit, wenn auch nur des Alters, sichtbar sein möchte. Aber davon ist auch nicht eine Spur zu sehen. Die kühnen poetischen Stellen, die aus der stillen Flut des Ganzen wie einzelne Blitze vorschlagen, machen eine treffliche Wirkung, erheben und füllen das Gemüt. Über die schöne Charakteristik will ich heute noch nichts sagen. Ebensowenig von der lebendigen und bis zum Greifen treffenden Natur, die in allen Schilderungen herrscht, und die Ihnen überhaupt in keinem Produkte versagen kann.

(aus: Brief an Goethe, 9. 12. 1794)

Aus diesem Labyrinthe

Von Johann Wolfgang Goethe

Sie haben mir durch das gute Zeugnis, das Sie dem ersten Buche meines Romans geben, sehr wohlgetan. Nach den sonderbaren Schicksalen, welche diese Produktion von innen und außen gehabt hat, wäre es kein Wunder, wenn ich ganz und gar konfus darüber würde. Ich habe mich zuletzt bloß an meine Idee gehalten und will mich freuen, wenn sie mich aus diesem Labyrinthe herausleitet.

(aus: Brief an Schiller, 10. 12. 1794)

Mignon

Von Johann Wolfgang Goethe

>   Nur wer die Sehnsucht kennt,
>   Weiß, was ich leide!
>   Allein und abgetrennt
>   von aller Freude,
>   Seh ich ans Firmament
>   Nach jeder Seite.
>   Ach, der mich liebt und kennt,
>   Ist in der Weite!

Es schwindelt mir, es brennt
Mein Eingeweide.
Nur wer die Sehnsucht kennt,
Weiß, was ich leide!

*

So laßt mich scheinen, bis ich werde,
Zieht mir das weiße Kleid nicht aus!
Ich eile von der schönen Erde
Hinab in jenes feste Haus.

Dort ruh ich eine kleine Stille,
Dann öffnet sich der frische Blick;
Ich lasse dann die reine Hülle,
den Gürtel und den Kranz zurück.

Und jene himmlischen Gestalten,
Sie fragen nicht nach Mann und Weib,
Und keine Kleider, keine Falten
Umgeben den verklärten Leib.

Zwar lebt ich ohne Sorg und Mühe,
Doch fühlt ich tiefen Schmerz genung.
Vor Kummer altert ich zu frühe:
Macht mich auf ewig wieder jung.

(1780)

Bis ich scheine

Von Günther Anders

»Laß mich scheinen, bis ich werde« (Mignon).
»Laß mich werden, bis ich scheine« (V.).

(aus: Die Welt als Phantom und Matrize, in:
Die Antiquiertheit des Menschen, Band 1, 1956)

Das pure Subjekt der Sehnsucht

Von Ernst Bloch

Mignons drei Lieder singen derart drei Steigerungen der Sehnsucht aus und dreifach gesteigerten Empfang durch deren eigenen, immer unabgelenkteren Inhalt (...) Am Ende fragen Goethes himmlische Gestalten durchaus nach Mann und Weib, das heißt, sie fragen vielleicht nicht nach dem Mann, aber sie antworten ihm – als geahntes Gretchen, als Helena, als Pandora – in Gestalt des Weibs. Mignon, das pure *Subjekt* der Sehnsucht, kann dem Dichter nicht ein *Objekt* der Sehnsucht werden, doch das Marianische in ihr tritt durchaus auch im »Meister« mit jener Grazie heraus, die von Gnaden kommt. Also zweifellos nicht als Mignon, doch nun gerade wieder stellvertretend für das in ihr Bedeutende, an einer sie Verstehenden, nämlich an der schönen Reiterin, die Wilhelm zu Hilfe kommt, als er, von Räubern verwundet, am Boden liegt.

(aus: Das Prinzip Hoffnung, 1954)

Ein albernes Buch

Von Novalis

Gegen »Wilhelm Meisters Lehrjahre«. Es ist im Grunde ein fatales und albernes Buch – so pretentiös und pretiös – undichterisch im höchsten Grade, was den Geist betrifft – so poetisch auch die Darstellung ist. Es ist eine Satire auf die Poesie, Religion usw. Aus Stroh und Hobelspänen ein wohlschmeckendes Gericht, ein Götterbild zusammengesetzt. Hinten wird alles Farce. Die ökonomische Natur ist die wahre – übrigbleibende.

Goethe hat auf alle Fälle einen widerstrebenden Stoff behandelt. Poetische Maschinerie.

Friedrich verdrängt Meister von der Philine und drängt ihn zur Natalie hin.

Die Bekenntnisse sind eine Beruhigung des Lesers – nach dem Feuer, Wahnsinn und wilden Erscheinungen der ersten Hälfte des dritten Teils.

Das viele Intrigieren und Schwatzen und Repräsentieren am Schluß des vierten Buchs verrät das vornehme Schloß und das Weiberregiment – und erregt eine ärgerliche Peinlichkeit.

Der Abbé ist ein fataler Kerl, dessen geheime Oberaufsicht lästig und lächerlich wird. Der Turm in Lotharios Schlosse ist ein großer Widerspruch mit demselben.

Die Freude, daß es nun aus ist, empfindet man am Schlusse im vollen Maße.

Das Ganze ist ein nobilitierter Roman.

Wilhelm Meisters Lehrjahre, oder die Wallfahrt nach dem Adelsdiplom.

»Wilhelm Meister« ist eigentlich ein »Candide«, gegen die Poesie gerichtet.

Die Poesie ist der Arlequino in der ganzen Farce. Im Grunde kommt der Adel dadurch schlecht weg, daß er ihn zur Poesie rechnet, und die Poesie, daß er sie vom Adel repräsentieren läßt. Er macht die Musen zu Komödiantinnen, anstatt die Komödiantinnen zu Musen zu machen. Es ist ordentlich tragisch, daß er den Shakespeare in diese Gesellschaft bringt.

Aventuriers, Komödianten, Mätressen, Krämer und Philister sind die Bestandteile des Romans. Wer ihn recht zu Herzen nimmt, liest keinen Roman mehr.

Der Held retardiert das Eindringen des Evangeliums der Ökonomie. Marionettentheater im Anfang. Der Schluß ist wie die letzten Stunden im Park der schönen Lili.

So sonderbar, als es manchen scheinen möchte, so ist doch nichts wahrer, als daß es nur die Behandlung, das Äußre – die Melodie des Stils ist, welche zur Lektüre uns hinzieht und uns an dieses oder jenes Buch fesselt. »Wilhelm Meisters Lehrjahre« sind ein mächtiger Beweis dieser Magie des Vortrags, dieser eindringlichen Schmeichelei einer glatten, gefälligen, einfachen und mannigfaltigen Sprache. Wer diese Anmut des Sprechens besitzt, kann uns das Unbedeutendste erzählen, und wir werden uns angezogen und unterhalten finden – diese geistige Einheit ist die wahre Seele eines Buchs – wodurch uns dasselbe persönlich und wirksam vorkommt. Es gibt einseitige und vielseitige – eigentümliche und gemeinsame Seelen – zu den letzteren scheint die Seele in »Wilhelm Meisters Lehrjahren« zu gehören, die man vorzüglich die Seele der guten Gesellschaft nennen möchte.

»Wilhelm Meisters Lehrjahre« sind gewissermaßen durchaus prosaisch – und modern. Das Romantische geht darin zugrunde – auch die Naturpoesie, das Wunderbare, – Er handelt bloß von gewöhnlichen menschlichen Dingen – die Natur und der Mystizism sind ganz vergessen. Er ist eine poetisierte bürgerliche und häusliche Geschichte. Das Wunderbare darin wird ausdrücklich als Poesie und Schwärmerei behandelt. Künstlerischer Atheismus ist der Geist des Buchs. Sehr viel Ökonomie – mit prosaischem, wohlfeilem Stoff ein poetischer Effekt erreicht.

(aus: Fragmente und Studien, 1798)

Harfenspieler

Von Johann Wolfgang Goethe

Wer nie sein Brot mit Tränen aß,
Wer nie die kummervollen Nächte
Auf seinem Bette weinend saß,
Der kennt euch nicht, ihr himmlischen Mächte!

Ihr führt ins Leben uns hinein,
Ihr laßt den Armen schuldig werden,
Dann überlaßt ihr ihn der Pein;
Denn alle Schuld rächt sich auf Erden.

(1780)

Keine Lust auf Tränen

Von Oscar Wilde

Diese Verse zitierte meine Mutter oft an trüben Tagen ihres späteren Lebens: ich lehnte es entschieden ab, ihre ungeheure Wahrheit hinzunehmen oder anzuerkennen. Ich verstand sie nicht. Ich erinnere mich gut, wie ich meiner Mutter immer wieder sagte, ich hätte keine Lust, mein Brot mit Tränen zu essen oder auch nur eine Nacht auf meinem Bette weinend zu sitzen. Ich ahnte nicht, daß das Schicksal mir gerade das als eine seiner besonderen Gaben zugedacht hatte; ja, daß ich ein volles Jahr meines Lebens wenig anderes tun sollte.

(aus: Brief an Lord Alfred Douglas, Januar-März 1897)

Wer nie ein liebes Weib

Von Rudolf Rodt (Ludwig Eichrodt)

Wer nie die Freiheit heiß geliebt,
    Wer nie, in Sturm und Drang,
In bittern Zweifeln sich geübt,
    Und mit sich selber rang;
Weß Seele, ohne kräft'gen Schwung,
Nie flammte in Begeisterung
    Und freudiger Begier –
    Ein Schwächling ist er mir!
    (...)

Wer nie ein liebes Weib umarmt,
    Den Becher nie geküßt,
Er ist an Leib und Seel verarmt,
    Von keinem Stern begrüßt;

Dem hat sich auch kein Freund gesellt,
Der schleichet durch die schöne Welt
Ein Trostverlaßner hin –
Er hat es nicht Gewinn.

(aus: Lied, in: Gedichte in allerlei Humoren, 1853)

Wer seinen Käs nicht wiederkäut

Von Ludwig Eichrodt

Wer niemals in Verlegenheit
Und Wien gewesen ist,
Wer seinen Käs nicht wiederkäut
Und froh mit Thränen ißt,
Der geh nicht eh'r vom Platze heut,
(Als bis der Wächter Zwölfe schreit)
Als bis er aus Verlegenheit,
Juvivallera vallera, vallerala
Juvivallera vallera la –

(aus: Quodlibet teutonicum furiosum, 1890)

Wer nie versalzne Suppe aß

Von N. N.

Wer nie versalzne Suppe aß,
Wer nie vor lederzähen Klößen
Und halbverbrannten Schnitzeln saß,
Vor dem will ich mein Haupt entblößen,
Ihn fragen froh und freudiglich:
»Wo speisen Sie denn eigentlich?«

(Stoßseufzer eines Junggesellen, 1886)

Wer nie sein Brot im Bette aß
Von N. N.

Wer nie sein Brot im Bette aß,
Der weiß auch nicht, wie Krümel pieken.

(Volksmund, 20. Jahrhundert)

Wer nie sein Brot mit Tränengas
Von der Münchner Lach- und Schießgesellschaft

Wer nie sein Brot mit Tränengas
Vermischt hinunterschluckte,
Wen nie in hohlen Zähnen was
Geheimes schrecklich juckte,
Hali hallo, hallo hali,
So einer taugt nicht für die Abwehr,
Wenns Personal auch noch so knapp wär.

(aus: Halt die Presse, 1963)

Wilhelm Meisters Lehrjahre – ein Extrakt
Von und nach Hermann Hesse

Der Mensch ist an die Stelle der Götter gerückt, die Würde des Menschentums ist die Krone der Welt und das Fundament jedes Glaubens geworden (...) Welche wunderbare Fülle von Begabung, von Arbeit, von Können, von Zusammenhalt und Einigkeitsgefühl! Welche Schar von großen, würdigen Menschen, deren beinahe jeder uns wie eine Verkörperung jenes Ideals erscheint!

(...) alle Dichtungsarten schienen hier zusammenzuspielen und einen wundersamen Mikrokosmos erbaut zu haben, ein ideales Spiegelbild der Welt (...) Der ganze Goethe ist in diesem wunderlichen Werk gespiegelt: Feuergeist und stürmende Wildheit der Werthertage weht verglühend darin nach, Früchte der Freundschaft mit Schiller, Spuren der italienischen Einflüsse stellen sich dar, die ganze Atmosphäre der besten Weimarer Jahre atmet voll und klar herein (...) Der Grundgedanke des Wilhelm Meister und die einzige zweifellose Einheit in diesem Werk ist Goethes großer Lebensgedanke selbst (...) ein ungeheurer Versuch des Dichters, Jahrzehnte eines fabelhaft vielfältigen und tätigen Lebens dichterisch zu kristallisieren. Es ist im Wilhelm Meister das Höchste, das Unmögliche versucht, das macht ihn zum Vorbild für die größten Romane eines halben Jahrhunderts (...) Aber nicht nur die Weite des Umfangs und die reife Größe der Menschlichkeit, die wir im Wilhelm Meister finden, ist nie wieder erreicht worden *(! – Anm. der Herausgeber)*, sondern es ist auch nie wieder ein ähnlich großes Wollen im Roman formal so schön und meisterlich bezügelt und gelöst worden (...) die ungeheure Weite des Horizonts, den er in einem einzigen Werk aufzuspannen unternahm (...) die edle Sehnsucht nach einem reinen, vollkommenen Sein und Wirken, nach Wachstum und Bildung zum immer Vollkommeneren, Reineren, Wertvolleren. Diese Sehnsucht allein ist es (...) durch eine entschiedene Fähigkeit zur Menschenliebe und zu sittlichem Handeln höhergerückt (...) der Mensch in seiner Kulturfähigkeit, der zum Leben mit seinesgleichen, zur Wirkung und Unterordnung, zu Tätigkeit und wertvollem Mitleben Gewillte (...) Dankbarkeit, Ehrfurcht, Gerechtigkeit sind die Gaben dieses Menschen, dessen Wesen Liebe ist (...) nicht einen Augenblick sehen wir Wilhelm ohne Liebe leben (...) ein Dokument der edelsten Menschlichkeit und eine Bürgschaft für den Wert und die Dauer geistiger Kultur.

(aus: Wilhelm Meisters Lehrjahre, 1914, in: Eckart 8; *Anm. der Herausgeber: Uff!*)

Ihn künstlerisch attackieren!

Von Arno Schmidt

» *Leben meine Werke noch im Volke* ? « *:* Eigentlich hätte ich ja lachen müssen ; lachen und gegenfragen : Haben *jemals* die Werke eines bedeutenden Dichters in › seinem Volke ‹ gelebt ? ! – Nu, man kann's ihm ja auch *so* zu verstehen geben :

» *Aber certainement !* « bestätigte ich willig : » in gebildeten Kreisen hört man durchaus noch manchmal ein › Das paßt wie Faust auf's Gretchen ‹ ; und im Volke hat sich das andere Zitat, das › Leckt mich ‹, herrlich eingebürgert ! « / (Wie schade, daß ich kein verstecktes Tonbandgerät besaß! – Aber nachher hätte man wohl auch wieder nur *meine* Stimme gehört; wie ne Schachpartie, wo die weißen Züge fehlen). / (Was n Einfall : n Dichter › im Volke leben ‹. Wir wollen doch weißgott froh sein, wenn uns die *Intellektuellen* noch kennen !)

(. . .)

» *Wenn Sie heute schrieben :* hier an dieser Stelle : den › Werther ‹ ; die Epigramme und Elegien ; Prometheus auf Italienischer Reise : Sie stünden längst vor Gericht ! Als Defaitist ; als Erotiker ; wegen Gotteslästerung ; Beleidigung politischer Persönlichkeiten ! « / › Untergehend sogar ist's immer dieselbe Sonne ‹ ? : die hier grinste uns affenrot, aus einem Vatermörder von steifem Wolkentaft, in die Gesichter. Ich sagte das auch unverhohlen ; und er genehmigte nach kurzem Überlegen die Metapher.

Ihn künstlerisch attackieren : von den Prosaformen her : » Die übel zusammengeleimten Anekdoten des › Meister ‹ : wenn der Stoff ausgeht, stellt sich zwanglos eine vor 20 Jahren geschriebene Novelle ein. / Und erst die Kapitelübergänge ! - Bitte :

› Lehrjahre, V, 9 : . . . so handelten sie noch manches ab. Wir (sic ! : › WIR ‹) lassen uns hierauf nicht weiter ein, sondern legen vielleicht künftig die neue Bearbeitung Hamlets selbst demjenigen Theile unserer Leser vor, der sich etwa dafür interessieren könnte ‹ : und das auf einmal mitten in eine Erzählung hinein!! › Lehrjahre, V, 14 : . . . und führte ein wunderbares Gespräch mit ihm, das wir aber, um unsere Leser nicht mit unzusammenhängenden Ideen und bänglichen Empfindungen zu quälen, lieber verschweigen, als ausführlich mittheilen. ‹ : die typische Flüchtigkeit-Faulheit eines Diktierenden ; der's satt hat, und Feierabend machen will!

Jetzt reist der Held ab ; aber 1 Seite im Manuskriptbuch ist gerade noch frei ? – : holen wir schnell n altes Gedicht aus der Schublade (und etwas noch geheimrätliches Steiferes gibt es bald nicht!) ; und knoten es also an den groben Hauptfaden an : › Lehrjahre, V, 16 : . . . und so lassen wir unsern Freund unter 1000 Gedanken und Empfindungen seine Reise antreten, und zeichnen hier noch zum Schlusse ein Gedicht auf, das Mignon mit großem Ausdruck einigemal recitiert hatte, und das wir früher mitzutheilen durch den Drang so mancher sonderbaren Ereignisse verhindert wurden : . . . ‹ : also noch tiefer kann ein Prosaschreiber kaum sinken ; Wenn das heute jemand riskierte : steinigen würde man das Faultier : und mit Recht! «

(aus: Goethe, und Einer seiner Bewunderer, in: Dya Na Sore, 1958)

Deutsches Volkslied

Von Klabund

Es braust ein Ruf wie Donnerhall,
Daß ich so traurig bin.
Und Friede, Friede überall,
Das kommt mir nicht aus dem Sinn.

Kaiser Rotbart im Kyffhäuser saß
An der Wand entlang, an der Wand.
Wer nie sein Brot mit Tränen aß,
Bist du, mein Bayerland!

Wer reitet so spät durch Nacht und Wind?
Ich rate dir gut, mein Sohn!
Urahne, Großmutter, Mutter und Kind
Vom Roßbachbataillon.

O selig, o selig, ein Kind noch zu sein,
Von der Wiege bis zur Bahr!
Mariechen saß auf einem Stein,
Sie kämmte ihr goldenes Haar.

Sie kämmt's mit goldenem Kamme,
Wie Zieten aus dem Busch.
Sonne, du klagende Flamme:
Husch! Husch!

Der liebe Gott geht durch den Wald,
Von der Etsch bis an den Belt,
Daß lustig es zum Himmel schallt:
Fahr wohl, du schöne Welt!

Der schnellste Reiter ist der Tod,
Mit Juppheidi und Juppheida.
Stolz weht die Flagge Schwarzweißrot.
Hurra, Germania!

(1927)

VERMISCHTES II

Goethe nimmt häufig zu wenig Rücksicht auf seine Leser.

(Franz Grillparzer, 1827)

*

G schrieb eigentlich für sich.

(aus: Friedrich Wilhelm Riemer, Mittheilungen über Goethe, 1841)

*

Er bekümmert sich um kein Urteil. Solange seine Schriften vom Buchhändler tüchtig bezahlt werden, weil sie Abgang finden, ist ihm alles einerlei (...) Vor dem Dinge, das man Publikum nennt, hat er eine souveräne Verachtung. Es freuet ihn, wenn er dem Ungeheuer Brocken hinwerfen kann, an welchem es sich die Zähne blutig beißt.

(Karl Ludwig Knebel)

*

Man streute wohl ehemals Goethen Weihrauch; jetzt aber erkühnen sich Knaben, ihn mit Teufelsdreck zu parfümieren. Ich würde sagen, was für einen Zauber muß Schmeichelei mit sich führen, da Goethe nicht an einem solchen Gestank erstickt? Aber ich denke zu gut von ihm, als daß ich einen Augenblick glauben sollte, er habe diesen Gestank gerochen.

(aus: F. M. Klinger, Betrachtungen und Gedanken über verschiedene Gegenstände der Welt und der Literatur, 1803)

*

Man merkt an Goethes Gedichten, daß er eine Menge Hindernisse, Rücksichten, Kritiken und Bemerkungen, die ihm entgegengestellt werden könnten, vollständig geringschätzt und verachtet.

(aus: Madame de Staël, De l'Allemagne, 1814)

*

Wenn ich nun das Studieren ein tätiges Leiden oder ein Empfangen aller Erkenntnis, als einer unendlich zusammenhängenden, ewigen, nenne, so könnte ich den in seiner Individualität vollendeten Studenten (heißt hier nur Nichtphilister) jenen nennen, der auf allen Punkten seiner selbst gleich stark empfängt und giebt, und diesen denke ich mir als eine Kugel, nenne ihn den Gesunden, Natürlichen, den Gebildeten; will aber, um meine Meinung dem Bilde zu nähern, ihn jenen nennen, dessen Berührung mit der äußeren Welt, dessen Haut (um es ledern herauszusagen) in gleichem Maße einatmet und ausdünstet. Goethe scheint mir bis jetzt unter den Bekannten der zu sein, dessen ideelle Erscheinung ich am ersten eine solche nennen möchte. Alle anderen haben mehr oder weniger ein übertriebenes Einatmen und fatales Ausdünsten.

(aus: Clemens Brentano, Der Philister vor, in und nach der Geschichte, 1811)

*

Doch hass' ich Bonaparte nicht so sehr, als ich die Franzosen verachte; und – Goethe war weitsichtiger als die ganze Welt, da er schon den Anfang der Revolution so verachtete wie wir das Ende.

(Jean Paul an Otto, 19. 6. 1804)

*

Goethe ist liberal in der Theorie; in der Praxis huldigt er entgegengesetzten Anschauungen.

(aus: Friedrich Soret, Erinnerungen, 19. 9. 1830)

*

Ich höre gern von Ihren Beschäftigungen. Eine Novelle Lenz war einmal beabsichtigt. Schrieben Sie mir nicht, daß Lenz Göthes Stelle bei Friedriken vertrat? Was Göthe von ihm in Straßburg erzählt, die Art, wie er eine ihm in Kommission gegebene Geliebte zu schützen suchte, ist an sich schon ein sehr geeigneter Stoff.

(Karl Gutzkow an Georg Büchner, 6. 2. 1836)

*

Ich habe neulich einen Brief von Goethe an einen Maler gelesen, worin über ein gewisses Kunstwerk verständige und sinnige Worte gesagt waren. In dem Schreiben kam Ew. *Wohlgeboren* vor. Es war wunderlich zu lesen, an einem solchen Orte und von einem solchen

Manne. Wir geringen Leute, wir müssen freilich alles folgsam mitmachen, und dürfen es nicht wagen, störend in die Gebräuche der Menschen einzugreifen. Aber wenn *ich* Goethe wäre, ich duldete es nicht und ließe mir ebenso angelegen sein, eine abgeschmackte Sitte außer Gang zu bringen, als es mir wäre, irgend eine Kunstansicht geltend zu machen.

(aus: Ludwig Börne, Aphorismen und Miszellen, ca. 1820)

*

Und Herr Goethe, was ist das für ein Mensch! Welcher Hochmut, welche Hoffart! (...) Der verkauft noch seine Windeln spannenweise. Pfui!

(Ludwig Börne an Jeanette Wohl, 25. 11. 1821)

*

Es ist mir, als würde mit Goethe die alte deutsche Zeit begraben, ich meine an dem Tage müsse die Freiheit geboren werden.

(Ludwig Börne, Briefe aus Paris, 1832)

*

Nehmt einige Bogen Papier und schreibt drei Tage hintereinander ohne Falsch und Heuchelei alles nieder, was euch durch den Kopf geht. Schreibt, was ihr denkt von euch selbst, von euern Weibern, von dem Türkenkrieg, von Goethe, vom Kriminalprozeß, vom Jüngsten Gerichte, von euern Vorgesetzten – und nach Verlauf der drei Tage werdet ihr vor Verwunderung, was ihr für neue, unerhörte Gedanken gehabt, ganz außer euch kommen. Das ist die Kunst, in drei Tagen ein Originalschriftsteller zu werden!

(aus: Ludwig Börne, Die Kunst, in drei Tagen ein Original-Schriftsteller zu werden, 1823)

*

Pustkuchen hat gegen Goethe geschrieben und wer gegen Goethe schreibt, den hohen Priester von Karlsbad, ist ein Revolutionär.

(Ludwig Börne, 1832)

(...) diese Titanen im Schlafrock, diese patriotischen Pinsel, welche ihren Kindern z. B. die Lektüre Goethes verbieten, diese Bilderstürmer (...)

(Karl Gutzkow, in: Phönix, 7. 1. 1835)

*

Goethe wird nie ein Heiliger des Volks werden. Er wird der Masse, die ihn nicht gelesen hat oder die ihn nicht versteht, immer gleichgültig bleiben.

(Karl Gutzkow, Offenes Sendschreiben an den hiesigen Göthe-Ausschuß, in: Frankfurter Telegraph, 1837)

*

Alles Gravitätische, Schwerflüssige, Feierlich-Plumpe, alle langwierigen und langweiligen Gattungen des Stils sind bei den Deutschen in überreicher Mannigfaltigkeit entwickelt, – man vergebe mir die Tatsache, daß selbst Goethes Prosa, in ihrer Mischung von Steifheit und Zierlichkeit, keine Ausnahme macht, als ein Spiegelbild der »alten guten Zeit«, zu der sie gehört, und als Ausdruck des deutschen Geschmacks, zur Zeit, wo es noch einen »deutschen Geschmack« gab: der ein Rokoko-Geschmack war, in moribus et artibus.

(aus: Friedrich Nietzsche, Jenseits von Gut und Böse, 1886)

*

Goethe stand über den Deutschen in jeder Beziehung und steht es auch jetzt noch: er wird ihnen nie angehören.

(aus: Friedrich Nietzsche, Menschliches, Allzumenschliches, 1878/80)

*

Der Faust ist eine einzige nationale Redeentfaltung im K n i t t e l - v e r s.

(aus: Friedrich Nietzsche, Nachgelassene Fragmente, 1872/73)

*

(...) So daß Goethe nicht bloß für Deutschland, sondern für ganz Europa bloß ein Zwischenfall, ein schönes Umsonst gewesen wäre?

(aus: Friedrich Nietzsche, Menschliches, Allzumenschliches, 1878/80)

Auch in der Poesie hatten Goethe und Schiller bereits den neuen Tag angebrochen, aber sie hatten noch keine Gemeinde. Das Wetterleuchten dieser Genien, obgleich den Frühling andeutend und vorbereitend, blendete und erschreckte vielmehr im ersten Augenblick die Menge; man hörte überall die Sturmglocken gehn, niemand aber wußte, ob und wo es brennt, die einen wollten löschen, die anderen schüren, und so entstand die allgemeine Konfusion, womit das neunzehnte Jahrhundert debütierte.

(aus: Joseph von Eichendorff, Halle und Heidelberg)

*

Möchten die Deutschen bald einsehen, daß Goethes Pfad für ihn allein gebahnt war, Schillers Weg aber auch andere zum Ziele führt.

(Franz Grillparzer, Widmungsblatt, 1835)

*

Es folgt ferner, daß eine gewisse feurige Sprachfülle, z. B. von Sturz, Schiller, Herder, sich schwerer mit der ironischen Kälte und Ruhe verträgt; so auch schwer Lessings witziger dialektischer Zickzack und zweischneidige Kürze. Desto mehr Wahlverwandtschaft hat die Ironie mit Goethes epischer Prose.

(aus: Jean Paul, Vorschule der Ästhetik, 1804)

*

Goethe, der den Hans Sachs, die Romantiker und Griechen in sich vereinigt, ist ein so guter Esser als Dichter und hat wahrscheinlich diese Geister vorweggespeiset.

(aus: Die Nachtwachen des Bonaventura, wahrscheinlich von Ernst August Friedrich Klingemann, 1804)

*

Das andre, was ich nicht hören mag, ist ein berüchtigtes »und«: die Deutschen sagen »Goethe *und* Schiller«, – ich fürchte, sie sagen »Schiller und Goethe« ...

(aus: Nietzsche, Götzen-Dämmerung, 1889)

Mangel der Erkennbarkeit entscheidet das persönliche Bedürfnis. Goethe, naturwissenschaftlich gebildet, wie auch Voltaire es gewesen war, wünschte sein individuelles Fortleben nach dem Tode. Voltaire begnügte sich mit der Erhaltung der Kraft.

(aus: Heinrich Mann, Ein Zeitalter wird besichtigt, 1939/41)

*

Lavater hat eben darum mehr Wörter geschaffen als Lessing und Herder und Goethe zusammen.

(aus: Jean Paul, Vorschule der Ästhetik, 1804)

*

Ein Homer hätte keinen Achill, ein Goethe keinen Faust gedichtet, wenn Homer ein Achill und wenn Goethe ein Faust gewesen wäre.

(aus: Friedrich Nietzsche, Zur Genealogie der Moral, 1887)

*

Um so viel Rousseau mehr ist als Schiller, um so viel ist Goethe schlechter als Voltaire.

(aus: Ludwig Börne, Briefe aus Paris, 1832)

*

Welch ein Volk besaß einen solchen Mann? Voltaire ist eine Karikatur neben ihm.

(aus: Herman Grimm, Schiller und Goethe, 1859)

*

Der große Goethe, so sehr er Grieche ist (...)

(aus: Arthur Schopenhauer, Die Welt als Wille und Vorstellung, 1818/44)

*

Warum sollten wir unsern Goethe nicht in gleichen Ehren halten, nicht mit der gleichen Sorgfalt pflegen, wie die Italiener ihren Dante, die Engländer ihren Shakespeare?

(Karl August Varnhagen in einer Buchrezension, 1858)

Ebenso ist es sehr leicht und lohnend, als Dramatiker kräftiger als Shakespeare oder als Erzähler ausgeglichener als Goethe zu sein, und ein rechter Gemeinplatz hat immerdar mehr Menschlichkeit in sich als eine neue Entdeckung.

(aus: Robert Musil, Der Mann ohne Eigenschaften, 1930)

*

Mit dem feinen Wertgefühl, das ihm eigen ist, hat Emerson, als er die Repräsentanten des Menschengeschlechtes darstellte, Shakespeare als »the poet« und Goethe als »the writer« bezeichnet.

(aus: Franz Schnabel, Goethe)

*

In »Literarisches Zentralblatt«. Ein Zukunftspoem, über die Vereinigung Deutschlands, Emerson über Shakespeare und Goethe, im »Athenaeum« Dickens' Streitrede über den Literaturfonds. Die Belagerung Lakhnaus. Englands Unmenschlichkeit. Um 7 gegessen, Suppe. Tantchen kam.

(Leo Tolstoi, Tagebuch vom 24. 3. 1857)

*

Doch ich schließe mit einem Zitat Goethes, eines romantischen Naturalisten oder naturalistischen Romantikers – eines soviel wie das andere – wie Sie wollen.

(Gustave Flaubert an Léon Hennique, 3. 2. 1880)

*

Dergleichen krasse, mechanische, demokritische, plumpe und wahrhaft knollige Theorien sind ganz der Leute würdig, die, funfzig Jahre nach dem Erscheinen der Goetheschen Farbenlehre, noch an Newtons homogene Lichter glauben und sich nicht schämen es zu sagen.

(aus: Arthur Schopenhauer, Die Welt als Wille und Vorstellung, 1818)

*

Der Begriff der mechanischen Kausalität war es, der Goethe gänzlich abging. Deshalb blieb seine Farbenlehre, abgesehen von deren

subjektivem Teil, trotz den leidenschaftlichen Bemühungen eines langen Lebens, die totgeborene Spielerei eines autodidaktischen Dilettanten.
(aus: Emil du Bois-Reymond, Goethe und kein Ende, 1882)

*

Goethe beginnt eben da, wo die Physik aufhört.
(aus: Rudolf Steiner, Goethes naturwissenschaftliche Schriften, 1886)

*

Goethe hat zuerst die freie Natur wieder erobert; Goethe war der erste deutsche Dichter, der wieder im Grase lag.
(aus: Bertolt Auerbach, Goethe und die Erzählkunst, Vortrag auf dem Berliner Goethekolloquium, 1861)

*

Göthe sagt ungefähr dies: Die Leute jammern, daß die Frömmigkeit abnimmt. Wer hindert sie, so fromm zu sein, wie sie wollen, und nun erst recht? Das leuchtet mir ein.
(Wilhelm Busch an Nanda Keßler, 3. 5. 1906)

*

Was aber das Christentum anlangt, so bin ich bei all meiner aufrichtigen Hochachtung gegen dasselbe doch kein Christ. Eher bin ich ein antiker Heide wie der große Goethe.
(aus: Dostojewski, Die Dämonen, 1871)

*

(Goethe) hat sich – können wir ungescheut aussprechen – die Erklärung und Behandlung des Bösen, Sündlichen in der sittlichen Welt *zu leicht gemacht*.
(Heinrich Gelzer, 1841)

*

Man kennt das Schicksal Goethes im moralinsauren altjungfernhaften Deutschland (...) Vor allem aber war die höhere Jungfrau empört: alle kleinen Höfe, alle Art »Wartburg« in Deutschland bekreuzte sich vor Goethe, vor dem »unsauberen Geist« in Goethe. – *Diese* Geschichte hat Wagner in Musik gesetzt. Er *erlöst* Goethe, das versteht sich von selbst; aber so, daß er, mit Klugheit, zugleich die Partei der höheren Jungfrau nimmt. Goethe wird gerettet: ein Gebet rettet ihn, eine höhere Jungfrau *zieht ihn hinan*... Was Goethe über Wagner gedacht haben würde?

(aus: Friedrich Nietzsche, Der Fall Wagner, 1888)

*

Von Goethe habe ich die Methode, von Nietzsche die Fragestellungen.

(aus: Oswald Spengler, Der Untergang des Abendlandes, 1922)

*

Sollten die neuesten Schöpfungsversuche in ihr Nichts versinken, sollten die Fluten des Westens und des Ostens über Deutschland zusammenschlagen, so würde doch Ihr Name bezeugen, daß wir gewesen sind.

(Karl Friedrich Reinhard an Goethe, 3. 9. 1808)

*

Wenn wir dankbar sind, daß er unser ist und uns gebildet hat, wenn wir ihn ohne Heuchelei bewundern und immerdar von ihm lernen, so haben wir genug getan.

(aus: Ludwig Tieck, Goethe und seine Zeit, 1828)

*

Daß Du Goethen als unseren Größten anerkennst, weiß ich; daß ich manches von ihm gelesen habe, vermutest Du vielleicht; in dem Fall aber, hoff ich, zweifelst Du nicht daran, daß ich Deinem Urteil wahrhaft beitreten werde.

(Eduard Mörike an Wilhelm Waiblinger, 11. 11. 1821)

*

Durch all mein Leben begleitete *der* mich unfehlbar, und kräftig und gesund brachte der mir zusammen, was ich, Unglück und

Glück zersplitterte, und ich nicht sichtlich zusammenzuhalten vermochte. Mit seinem Reichtum machte ich Kompagnie, er war ewig mein einzigster, gewissester Freund (...)

(Rahel Varnhagen an Karl August Varnhagen, Juli 1808)

*

Nun kommt die Zeit immer stärker heran, die ich schon früher, die ich schon bald nach Goethes Tod erwartete, die Zeit, wo sein Name sich den Deutschen verdunkelt, wo man ihn stets weniger versteht und ihn auch schon äußerlich weniger kennt (...) Nun aber tritt wirklich die Verdunkelung ein.

(Karl August Varnhagen, Tagebuch 9. 9. 1842)

*

Die größte Dichtung, welche wir von ihm besitzen, ist sein Leben.

(aus: Gustav Freytag, Festartikel zum 28. 8. 1849)

*

Die bedeutendste aller Dichtungen Goethes ist fraglos sein eigenes Leben.

(aus: Houston Stewart Chamberlain, Goethe, 1912)

*

Das Publikum jedoch wendet seine Teilnahme sehr viel mehr dem Stoff als der Form zu, und bleibt eben dadurch in seiner höheren Bildung zurück. Am lächerlichsten legt es diesen Hang bei Dichterwerken an den Tag, indem es sorgfältig den realen Begebenheiten, oder den persönlichen Umständen des Dichters, welche ihnen zum Anlaß gedient haben, nachspürt: ja, diese werden ihm zuletzt interessanter, als die Werke selbst, und es liest mehr *über,* als *von* Goethe, und studiert fleißiger die Faustsage, als den Faust. Und wenn schon Bürger sagt: »sie werden gelehrte Untersuchungen anstellen darüber, wer die Lenore eigentlich gewesen«; so sehn wir dies an Goethe buchstäblich in Erfüllung gehn, da wir schon viel gelehrte Untersuchungen über den Faust und die Faustsage haben. Sie sind und bleiben stoffartig.

(aus: Arthur Schopenhauer, Parerga und Paralipomena, 1851)

Die klassischen Phrasen eines Shakespeare, Goethe, Schiller, welche tausend Büchern zum Motto dienten, wurden nicht aus Chroniken und Memoiren abgeschrieben, sondern selbst gemacht.

(Gottfried Keller an Hermann Hettner, 29. 5. 1850)

*

Wo ist die Nachfolge Goethes, Schillers, Heines? An Talent fehlt es Ihnen sicher nicht; doch schaden nach meiner Auffassung zwei Dinge Ihrer literarischen Produktion: erstens Ihre übertriebenen Militärlasten und zweitens Ihre sozialen Verhältnisse (...)

(aus: Ernest Renan, Lettre à un ami d'Allemagne, 1879)

*

Es kann die Spur von meinen Erdentagen das Unvermeidliche mit Würde tragen.

(Julius »Wippchen« Stettenheim, 1877)

*

– dann Weimar zum achtzigjährigen Jüngling

(Georg Wilhelm Friedrich Hegel, 1829, aus: Briefe von und an Hegel, 1952/60)

*

Bei aller inneren Wahrheit reichen für unser jetziges Bedürfnis, für den heutigen Gesichtskreis, unsere alten klassischen Dokumente nicht mehr aus, und ich glaube keine krasse Dummheit zu sagen, wenn ich behaupte, daß die Lessingische ›Dramaturgie‹ uns mehr in historischer und formeller Hinsicht noch berührte, fast wie sein Kampf mit dem Pastor Goeze. Und was ist seither geschrieben worden? Die praktischen, ebenfalls klassischen Erfahrungen und Beobachtungen von Goethe, Schiller und Tieck! aber diese Leute sind längst gestorben und ahnten nicht den riesenschnellen Verfall der alten Welt. Es verhält sich ja ebenso mit den Meisterdichtungen Goethes und Schillers; es ist der wunderliche Fall eingetreten, wo wir jene klassischen Muster auch nicht annähernd erreicht oder glücklich nachgeahmt haben und doch nicht mehr *nach ihnen zurück,* sondern nach dem unbekannten Neuen streben müssen, das uns so viele Geburtsschmerzen macht.

(Gottfried Keller an Hermann Hettner, 4. 3. 1851)

Niemand hat die Wandlung im deutschen Volksgemüt, das Erstarken des freudigen nationalen Selbstgefühls mächtiger gefördert als Goethe.

(Heinrich von Treitschke)

*

Sein Werk, der Gedanke an ihn, sein Name [haben] in Deutschland nichts verändert, keine Unmenschlichkeit ausgemerzt, keinen Zoll Weges Bahn gebrochen in eine bessere Zeit.

(aus: Heinrich Mann, Französischer Geist, 1919)

ÜBER ALLEN GIPFELN

Wandrers Nachtlied

Von Johann Wolfgang Goethe

Der du von dem Himmel bist,
Alles Leid und Schmerzen stillest,
Den, der doppelt elend ist,
Doppelt mit Erquickung füllest,
Ach, ich bin des Treibens müde!
Was soll all der Schmerz und Lust?
Süßer Friede,
Komm, ach komm in meine Brust.

(1776)

Ein Gleiches

Von Johann Wolfgang Goethe

Über allen Gipfeln
Ist Ruh,
In allen Wipfeln
Spürest du
Kaum einen Hauch;
Die Vögelein schweigen im Walde.
Warte nur, balde
Ruhest du auch.

(1780)

Schläfst du auch

Von August von Kotzebue

Göthes Iphigenia wurde in einem Walde nahe bei Weimar gedichtet, wo er in den Stunden der Weihe und Begeisterung die gewünschte Empfindsamkeit fand. An der Wand der Eremitage, der Geburtsstätte der Iphigenia, liest man noch folgende von Goethe geschriebene Zeilen:

>Ueber allen Wipfeln ist Ruh,
>In allen Zweigen hörst du
>Keinen Hauch;
>Die Vöglein schlafen im Walde,
>Warte nur, balde
>Schläfst du auch.

(aus: Der Freimüthige, oder
Berliner Zeitung für gebildete,
unbefangene Leser, 1803)

Calmness reigns

Von N. N.

Calmness reigns o'er the tops of the trees! not a breath is heard among the branches! – The birds are asleep in the grove – wait but a little while, and thou too sleepest.

(aus: Anecdotes of German authors and authoresses residing at Weimar in Saxony, in: The monthly magazine, or British register, 1801)

The indispensable syllable e in Vögelein

Von Elizabeth M. Wilkinson

There is in it not a simile, not a metaphor, not a symbol. Three brief, simple statements of fact are followed by a plain assertion for the future . . . We point to the immediacy with which language here conveys the hush of evening: *Über allen Gipfeln / Ist Ruh*. In the long *u* of *Ruh* and in the ensuing pause we detect the perfect stillness that descends upon nature with the coming of twilight. *In allen Wipfeln / Spürest du / Kaum einen Hauch*. The gentle expiration of breath in *Hauch,* and in the echoing *auch* of the last line, has often been compared to that last sighing of the wind as it dies away in the trees. While the indispensable syllable *e* in *Vögelein* and *Walde* makes the sixth line a lilting lullaby . . . *Warte nur, balde / Ruhest du auch*. Here the verse does not describe the stillness of evening, it has become the stillness of evening; the language is evening stillness itself . . . It is absolutely essential, it is indeed the heart of the poem's meaning and the feature which stamps it as peculiarly and specifically Goethean, that *Gipfel* should precede *Wipfel*. For the order of the natural objects mentioned here is not arbitrary. It is not dictated purely by the mood of his wanderer as he stands, a human being over against nature, and lets his eye range across the evening landscape, seeing in its stillness an analogy of the peace which will one day tranquillize his own troubled breast – nature here plays no mere analogical role, is no mere background for human needs and desires, something outside and around man, other than himself and ever to be sought in nostalgic longing. Nor is the order of the objects determined purely by the requirements of aesthetic composition, an order of the outward appearances of nature as perceived by the senses. It is an order of the inner process of nature as known by the mind, an organic order of the evolutionary progression in nature, from the inanimate to the animate, from the mineral, through the vegetable, to the animal kingdom, from the hill-tops, to the tree-tops, to the birds, and so inevitably to man. The poet-wanderer here is not embracing Nature in the Romantic way. He is, of necessity, by the very order of the poem, embraced within it, as the last link in the organic scale of being . . . Here, in this lyrical poem, his (Goethe's) experience of natural process has been so completely assimilated into the forms of language, that it is communicated to us directly by the order of the words, or by such a fine nuance as the modulation from *Gipfeln* to *Wipfeln*. For this is not just a pleasant musical assonance – though it is that too . . . The change of a single letter in a word . . . reflects those imperceptible changes which mark the slow evolution of one form of nature out of another . . . A natural process . . . has become language, has been wrought in another substance, the poet's own material . . . It would be difficult to find in literature a lyric of such brevity containing so much profundity of objective thought. What is so amazing about it, is that subjective and objective experience are here completely fused . . . A fine stylistic point is of importance here . . . In the line *Ruhest du auch* it is impossible to emphasize *du* except by a violation of metrical stress, and it is to do violence to the meaning and quality of the whole poem to force it out of its naturally unstressed position . . .«

(aus: Goethe's poetry. German Life and Letters, 1949)

So lieblich beruhigend

Von Johann Wolfgang Goethe

Auf einem einsamen Bretterhäuschen des höchsten Gipfels der Tannenwälder recognoscirte ich die Inschrift (. . .) des Liedes, das Du auf den Fittichen der Musik so lieblich beruhigend in alle Welt getragen hast.

(aus: Brief an Zelter, 4. 9. 1831)

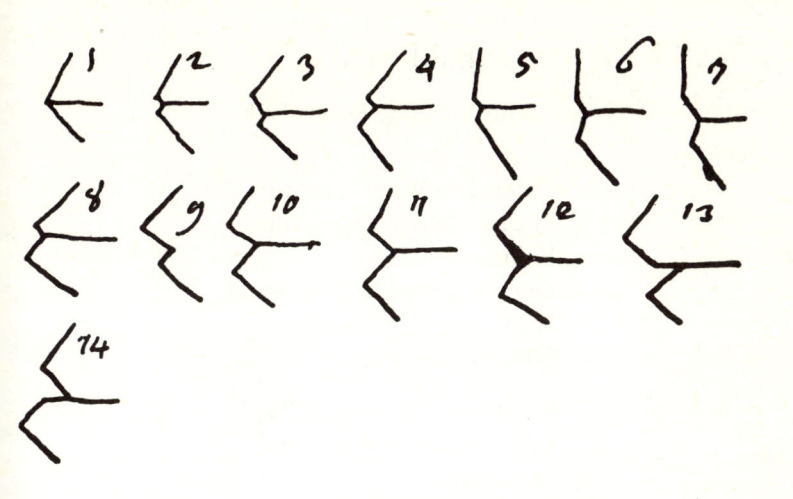

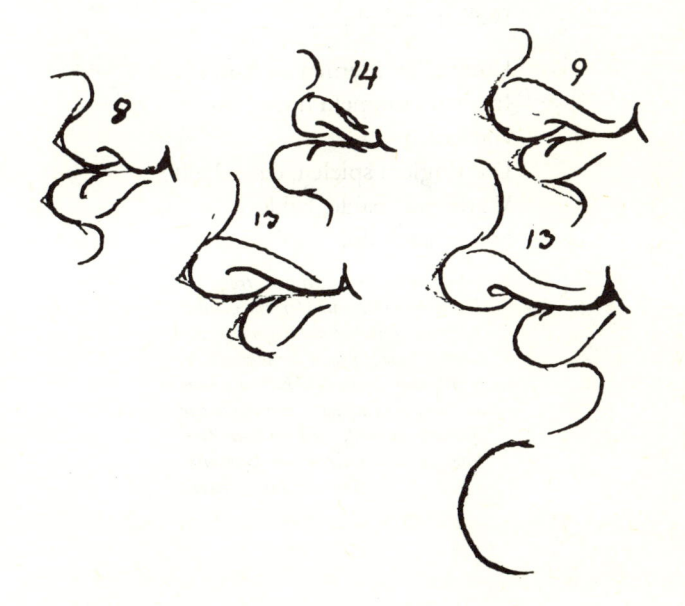

*Schemata verschiedener Lippenstellungen, Notizbuchblatt 1787
(nach: Gerhard Femmel, Corpus der Goethezeichnungen, Leipzig 1958)*

Balde, balde

Von Johannes Daniel Falk

Unter allen Wipfeln ist Ruh;
In allen Zweigen hörest du
Keinen Laut;
Die Vöglein schlafen im Walde;
Warte nur, balde, balde
Schläffst auch du.

Unter allen Monden ist Plag';
Und alle Jahr und alle Tag'
Jammerlaut!
Das Laub verwelkt in dem Walde;
Warte nur, balde, balde
Welkst auch du!

Unter allen Sternen ist Ruh';
In allen Himmeln hörest du
Harfenlaut;
Die Englein spielen, das schallte;
Warte nur, balde, balde
Spielst auch du!

> (1817. *Die erste Strophe trägt den Vermerk »Der erste Vers von Göthe«. — Es hat offenbar nichts genützt, daß Goethe Falk, in dem berühmten Gespräch über Unsterblichkeit, als einen der wenigen Zeitgenossen sehr tief in sein Innerstes einweihte — die zeitlosen Zwerenze haben eben ihre eigene Dynamik, Anm. der Herausgeber*)

Warte nur, balde ...

Sur les cimes des monts

Von Louis de Ronchand

Sur les cimes des monts
Là-haut tout est tranquille.
Au sein des bois profonds
L'ombre dort immobile.
Les oiseaux sont muets
    Dans les bosquets . . .
Attends, et pour toi-même
Bientôt viendra la paix
    Suprême!

Thou too shalt rest

Von Henry Wadsworth Longfellow

O'er all the hill-tops
Is quiet now,
In all the tree-tops
Hearest thou
Hardly a breath;
The birds are asleep in the trees:
Wait; soon like these
Thou too shalt rest.

(cit. nach Goethes Gedichte,
Auswahl von Dr. Rudolf Franz,
1939)

Rasch noch e' Deppchen
Von N. N.

Aus en' sächs'schen Radsgeller

Drowen im Schdädchen
Is Ruh',
Nur noch dei' Schkädchen
Klobbest du
Im diggsden Rauch;
De Gellnerin senkt schon ihr Geppchen,
Rasch noch e' Deppchen,
Dann geh'n mer auch.

(aus: Fliegende Blätter, 1891)

Die Humore
ihrer Kegelbahnen
Von Karl Kraus

Es ist ganz bestimmt keiner anderen Nation als der deutschen von der Natur die Gabe verliehen worden, den Abstand, in dem sie sich zu den Gipfelwerken ihrer Sprache befindet, durch deren Schändung zu verringern, sie herabzusetzen, anstatt sich zu ihnen emporzuheben, sich's mit ihnen »gemütlich« zu machen, kurz, sich eben für die Würde und Höhe durch eine ekelhafte Vertraulichkeit zu entschädigen. Keine andere ist ja auch in so weitem Abstand von ihren genialen Möglichkeiten geboren, und jede wahrt ihn dennoch mit dem Respekt, den sie im Stolz auf ihre Ausnahmen sich selbst schuldig ist. Der durchschnittliche Franzose würde sich eher die Zunge abbeißen, ehe er mit ihr ein nationales Heiligtum besudeln wollte, und er hat doch wahrlich keines, das an Goethes »Wanderers Nachtlied« heranreicht. Aber unter den Deutschen gibt es keine Zunft, die diesen Abendhauch nicht schon für die Humore ihrer Kegelbahnen und Exkneipen benutzt und beschmutzt hätte. Sie lassen nur jene ihrer Dichtungen ungeschoren, die sie nicht kennen (weshalb sich etwa Claudius und Goeckingk pietätvoller Grabesruhe erfreuen). Und es muß einmal mit der Unverhohlenheit, die der Sache würdig ist, gesagt werden, daß, wenn man von der allnationalen Schändlichkeit eines politischen Spekulantentums absieht, das ja aus jedem Volk eine Horde von Besoffenen, wenn nicht eine Herde von Schlachtvieh machen kann, die Wesensart alles Außerdeutschen, jener, die in Paris oder die in Humpoletz leben, dem Menschheitsideal, welches im hohen deutschen Sprachwerk abgebildet ist, erfaßt und erfassend, näherzukommen scheint als alles, was deutsch zu sprechen vorgibt (...) Solchen Ulkes zum Schutze des Goethe-Gedichtes erdreistet sich ein nationales Bewußtsein, in dessen Metropole Linz kürzlich das Folgende entstanden ist:

> Töff, Töff:
> In ganz O.Öst. ist Ruh!
> Von einer Autolinien-Eröffnung spürest du
> Kaum einen Hauch.
> Warte nur, balde ...

In dieser verkürzten Form wird es mir übermittelt, und vermutlich hat der grunzende Genius es dabei bewenden lassen. Diese nunmehr wohl schon über alle Berufe und Interessengruppen des deutschen Sprachgebietes verbreitete Belustigung, die sie Goethes Nachtlied abzugewinnen vermochten, dürfte also eine Form der Bildungsdichtung vorstellen, die sich allmählich, aber unmittelbar aus der gleichfalls bei keiner andern Nation in ähnlichem Ausmaß gepflegten Volkspoesie der Klosettinschriften herausentwickelt hat (...)

Wie ihre Erotik, so ist auch ihr Humor ein »Benützen«.

(aus: Made in Germany, 1925)

Unter allen Wassern

Von Ludwig Riecker (München)

Unter allen Wassern ist – »U«!
Von Englands Flotte spürest du
Kaum einen Hauch . . .
Mein Schiff ward versenkt, daß es knallte –
Warte nur, balde
Versinkt deins auch!

(Lied des englischen Kapitäns,
1917, cit. nach Karl Kraus)

Im Zeichen des Krebses

Von N. N.

Frei nach Goethe

In allen Betrieben ist Ruh' –
Nur beim Vergnügen spürest du
Keine Not. –
Von Sparsamkeit gar kein Gedanke
Aber zu Hause im Schranke –
Leider kein Brot!

(aus: Fränkischer Kurier, cit. nach
Karl Kraus, Die Fackel, 751–56, 1927)

Stoßseufzer
einer Konzertdirektion

Von N. N.

In allen Sälen ist Ruh'.
In allen Häusern spürst du
Radiogebrauch.
Warte nur, balde schließe ich auch.

(aus: Hannoverscher Anzeiger, cit. nach
Karl Kraus, Die Fackel, 751–56, 1927)

In allen Börsensälen
ist Ruh

Versammlung des Bunds
der Landwirte 1894

In allen Börsensälen ist Ruh
Von den Kindern Israels findest Du
Kaum einen Hauch.
Da drüben sind noch einige Schreier
Aber warte nur, Abraham Mayer
Balde ruhest Du auch.

(cit. nach Karl Kraus,
Die Fackel 649–56, 1924)

Über allen Räumen

Von N. N.

Über allen Räumen ist Ruh',
Vom Waschtag spürest Du –
Kaum einen Hauch!
Warte nur, balde . . .
Rumplext Du auch!
»Rumplex-Waschmaschine«, Wien, V.

(aus: Neue Freie Presse, cit. nach
Karl Kraus, Die Fackel, 668–75, 1924)

Ruhen und Erheben

Von N. N.

»Über allen Wipfeln ist Ruh,
Warte nur, balde ruhest auch du«
Und fröhlich erhebst du am Morgen dich immer
In dem vom »Geburth« durchwärmten Zimmer.

(Eine Ofenfirma zum 75jährigen Jubiläum,
cit. nach Karl Kraus, Die Fackel, 912, 1935)

Die Kundschaft ist pleite

Von »Ein humorvoller Fabrikant«

In allen Geschäften ist Ruh,
Von Umsätzen spürest du
Kaum einen Hauch.
Schon ist pleite
Die Kundschaft, die alte;
Warte nur! Balde
Bist du es auch!

   (Humor aus Thüringen,
    cit. nach Karl Kraus,
   Die Fackel, 857–63, 1931)

An alle Eck' und End'

Von N. N.

An alle Eck' und End'
Redet man mit die Händ' –
Nach östlichem Brauch.
Das Deutsche längst schon verhallte.
Warte nur, balde
Mauschelst du auch.

 (aus: ›Reichspost‹, cit. nach Karl Kraus,
    Die Fackel, 552/53, 1920)

Die Kleider tadellos sitzen
Von N. N.

An eine ungläubige Frau

Mit Schnitten, die Semper gibt aus,
Wird Dir das Schneidern im Haus
Unentbehrlicher Brauch.
Die Kleider tadellos sitzen!
Warte nur, bald wirst benützen
Semper-Schnitte Du auch.

(aus: Prager Tageblatt, cit. nach Karl
Kraus, Die Fackel, 717–23, 1926)

Das Schweigen
der »Neuen Freien Presse«
Von Karl Kraus

Am wenigsten hat noch die Neue Freie Presse gelogen. Sie war sogar so ehrlich, die ganze Begebenheit aus der Welt hinauszufälschen. Sie hat in ihrer Vornehmheit wieder einmal – in der letzten Zeit mehren sich die Fälle – gratis geschwiegen. Besorgt muß man sich fragen, wie sich die »Concordia« als Interessenvertretung der Wiener Journalistik zu einer derartigen beständigen Entwertung des Schweigens stellen wird? Es liegt etwas Stimmungsvolles in diesem großen Schweigen, dessen künstlerische Wirkung von Goethe in seinem »Über allen Wipfeln ist Ruh'« *(! – Anm. der Herausgeber)* und von Böcklin in seinem »Schweigen im Walde« auch nicht annähernd erreicht wurde.

(aus: Die Fackel, 6, 1899)

Lapsus und Urfassung

Von Karl Kraus

Und da geschieht es dem Literaturhistoriker *(Eduard Boas, Nachträge zu Goethes sämtlichen Werken – Anm. der Herausgeber),* der zuerst die endgültige Fassung von Wanderers Nachtlied mitteilt, daß ihm der Drucker den Schluß so hinsetzt, wie etwa der Ungar in der Anekdote ein Reimwort zitiert.

> Über allen Gipfeln
> Ist Ruh,
> In allen Wipfeln
> Spürest du
> Kaum einen Hauch;
> Die Vögelein schweigen im Walde.
> Warte nur, balde
> Ruhest a u c h d u.

Wird hier durch die Umstellung zweier Worte das Werk entwertet, so zeigt die Urfassung in der Tat, wie wenig Worte verändert werden mußten und wie weit doch der Weg zu einem Gipfel deutscher Lyrik war:

> U n t e r allen Gipfeln ist Ruh;
> In allen Wäldern hörest du
> Keinen Laut!
> Die Vögelein schlafen im Walde;
> Warte nur! balde, balde
> Schläfst auch du!

(Man hätte nur »Die Vögelein s c h l a f e n« erhalten gewünscht.)

(aus: Die Fackel, 577–82, 1921)

Fällt Warschau auch

Von Karl Kraus

Florianigasse. Hofrat i. P. Dlauhobetzky v. Dlauhobetz und Hofrat i. P. Tibetanzl treten auf.

DLAUHOBETZKY V. DLAUHOBETZ Bin neugierig, ob morgen in der Mittagszeitung – du, das is mein Lieblingsblatt – ob morgen also mein Gedicht erscheint, gestern hab ich ihr's eingeschickt. Willst es hören? Wart – *(Zieht ein Papier hervor.)*

TIBETANZL Hast wieder ein Gedicht gemacht? Worauf denn?

DLAUHOBETZKY V. DLAUHOBETZ Wirst gleich merken, worauf. Wanderers Schlachtlied. Das is nämlich statt Wanderers Nachtlied, verstehst –

> Über allen Gipfeln ist Ruh,
> Über allen Wipfeln spürest du
> Kaum einen Hauch –

TIBETANZL Aber du – das is klassisch – das is ja von mir!

DLAUHOBETZKY V. DLAUHOBETZ Was? Von dir? Das is klassisch, das is von Goethe! Aber paß auf, wirst gleich den Unterschied merken. Jetzt muß ich noch einmal anfangen.

> Also über allen Gipfeln ist Ruh,
> Über allen Wipfeln spürest du
> Kaum einen Hauch.
> Der Hindenburg schlafet im Walde,
> Warte nur balde
> Fällt Warschau auch.

Ist das nicht klassisch, alles paßt ganz genau, ich hab nur statt Vöglein Hindenburg gesetzt und dann also natürlich den Schluß auf Warschau. Wenn's erscheint, laß ich mir das nicht nehmen, ich schick's dem Hindenburg, ich bin ein spezieller Verehrer von ihm.

TIBETANZL Du, das is klassisch. Gestern hab ich nämlich ganz dasselbe Gedicht gemacht. Ich habs der Muskete einschicken wollen, aber –

DLAUHOBETZKY V. DLAUHOBETZ Du hast dasselbe Gedicht gemacht? Gehst denn nicht –

TIBETANZL Ich hab aber viel mehr wie du verändert. Es heißt: Beim Bäcken.

> Über allen Kipfeln ist Ruh,
> Beim Weißbäcken spürest du
> Kaum einen Rauch.

DLAUHOBETZKY V. DLAUHOBETZ Das is ja ganz anders, das is mehr gspassig!

TIBETANZL

> Die Bäcker schlafen im Walde
> Warte nur balde
> Hast nix im Bauch.

DLAUHOBETZKY V. DLAUHOBETZ Du, das is förmlich Gedankenübertragung!

TIBETANZL Ja, aber jetzt hab ich mich umsonst geplagt. Jetzt muß ich warten, ob deins erscheint. Wenn deins erscheint, kann ich meins nicht der Muskete schicken. Sonst glaubt man am End, ich hab dich paradiert! *(Beide ab.)*

(aus: Die letzten Tage der Menschheit, 1922)

Gern über allen Gipfeln Ruh

Von Karl Kraus

Im Halbschlaf erledige ich viel Arbeit. Eine Phrase erscheint, setzt sich auf die Bettkante und spricht zu mir. Die Situation, die sie herbeigerufen hat, ist die denkbar unpassendste. Einer etwa speit und sagt hinterher: »Kommentar überflüssig.« Wenn Gesichter im Raum sind, weiß ich, daß ich schlafen werde. Vorher treiben sie Allotria. Nichts ist ihnen heilig. Sie sprechen und gestikulieren in einer Art, daß mir bald Hören und Sehen vergehen wird. Einer hat Lippen, von denen ihm beim Sprechen die Bildung herunterrinnt. Und so etwas wagt Goethe zu zitieren. Halb erinnere ich mich, womit ich mich am Schreibtisch beschäftigt habe. Halb an ein Abenteuer im Osten, wo einer beim Kartenverkauf gut abschnitt. Den Widerstand der Zeit gegen die neue Lyrik begriff ich nunmehr in dem Wort, das die Stimme eines alten ehrlichen Juden, dem man nichts beweisen kann, neben mir sagte: »Ich hab gern über allen Gipfeln Ruh.«

(aus: Die Fackel, 389/90, 1913)

Kein Hauch sich regte
Von Paul Pasig

Hier schuf der Genius manch unsterblich Lied,
Wenn heil'ge Ruhe lag ob allen Gipfeln,
Wenn purpurn längst der Tag hinabgeglüht,
Kein Hauch sich regte in den dunkeln Wipfeln.

(aus: Huldigungsgruß, in: Goethe und Ilmenau, 1902)

Aber das Andere, Ruhevolle
Von Anneliese Braun

In wäldertiefes leises Eigentum
lenkt sehnsuchtsvoll der Schritt. Das laute Herz
erklingt in Sanftheit. Rings
das Bergland liegt abendlich erschlossen,
mit Baum und Moos und Quell getaucht in Frieden
und wie von später Sonne groß beschenkt.
es ist das Eine: wenn bedrängungsvoll
des Tages Stimmen und der Nächte Stummheit
sich überstürzend fragen nach dem Sinn,
und der Dämon Zeit,

stehend im Nichts,
unerbittlich sie aufsaugt,
weiß ich: ich bin ein Mensch.
Aber das Andere, Ruhevolle, ist Gott.

(Goethe auf dem Kickelhahn bei Ilmenau, 1931)

Aller Berge Gipfel

Nach Lermontov

Aller Berge Gipfel
Ruhn in dunkler Nacht,
Aller Bäume Wipfel
Ruhn, kein Vöglein wacht,
Rauscht kein Blatt im Walde,
Überall ist Ruh.
Warte, Wandrer, balde
Balde ruhst auch du!

(Deutsche Rückübersetzung einer
Übersetzung von Lermontov, die
Anton Rubinstein vertonte, 1840)

Warrrrrrrte nur ...

Von Christian Morgenstern

Warrrrrrrte nur ...
wie viel schon riß ich ab von dir
seit den Äonen unsres Kampfs –
warrrrrrrte nur ...
wie viele stolze Festen wird
mein Arm noch in die Tiefe ziehn –

warrrrrrrte nur . . .
zurück und vor, zurück und vor –
und immer vor mehr denn zurück –
   warrrrrrrte nur . . .
und heute mild und morgen wild –
doch nimmer schwach und immer wach –
   warrrrrrrte nur . . .
umsonst dein Dämmen, Rammen, Baun,
dein Wehr zerfällt, ich habe Zeit –
   warrrrrrrte nur . . .
wenn erst der Mensch dich nicht mehr schützt –
wer schützt, verloren Land, dich dann?
   warrrrrrrte nur . . .
mein Reich ist nicht von seiner Zeit:
er stirbt, ich aber werde sein –
   warrrrrrrte nur . . .
und will nicht ruhn, bis daß du ganz
in meinen Grund gerissen bist –
   warrrrrrrte nur . . .
bis deiner höchsten Firnen Schnee
von meinem Salz zerfressen schmilzt –
   warrrrrrrte nur . . .
und endlich nichts mehr ist als Ich
und Ich und Ich und Ich und Ich –
   warrrrrrrte nur . . .

                              (Meeresbrandung, 1913)

Kängurst auch du

Von Joachim Ringelnatz

Ich suche Sternengefunkel.
Sonne brennet mich dunkel.
Sonne drohet mit Stich.

Warum brennt mich die Sonne im Zorn?
Warum brennt sie gerade mich?
Warum nicht Korn?

Ich folge weißen Mannes Spur.
Der Mann war weiß und roch so gut.
Mir ist in meiner Muschelschnur
So négligé zu Mut.

Kam in mein Wigwam
Weit über das Meer,
Seit er zurückschwamm.
Das Wigwam
Blieb leer.

Drüben am Walde
Kängt ein Guruh – –

Warte nur balde
Kängurst auch du.

(Abendgebet einer erkälteten
Negerin, ca. 1920)

In allen Gipfeln . . .

Von Bertolt Brecht

1
Einst kam ein altes Weib daher
2
Die hatte kein Brot zum Essen mehr
3
Das Brot, das fraß das Militär
4
Da fiel sie in die Goss', die war kalte
5
Da hatte sie keinen Hunger mehr.

6
Darauf schwiegen die Vöglein im Walde
Über allen Wipfeln ist Ruh
In allen Gipfeln spürest du
Kaum einen Hauch.

7
Da kam einmal ein Totenarzt einher
8
Der sagte: Die Alte besteht auf ihrem Schein
9
Da grub man die hungrige Alte ein
10
So sagte das alte Weib nichts mehr
11
Nur der Arzt lachte noch über die Alte
12
Auch die Vöglein schwiegen im Walde
Über allen Wipfeln ist Ruh
In allen Gipfeln spürest du
Kaum einen Hauch.

(aus: Liturgie vom Hauch, 1927)

Kaum einen Hauch

Von Alfred Polgar

Was wäre der Autor der »Ilias« ohne Bilder und Vergleiche? Ein Kriegsberichterstatter. Was Shakespeare ohne sie? Ein entlaubter Stamm, ein einarmiger Riese und noch vieles sonst, was einem Vergleicher, der recht im Zuge ist, hier einfallen mag. Im dichtesten Gedicht deutscher Sprache, immerhin, gibt es kein Strichlein eines Bildes. Und von Metaphern »spürest du kaum einen Hauch«.

(aus: Von Bildern und Vergleichen, 1953)

unruh & atomkernrauch

Von Johannes Hubert

über allen gipfeln
ist unruh,
in allen wipfeln
spürest du
atomkernrauch.
die kobolde lärmen im walde.
warte nur, balde
kobaldest du auch.

(aus: haltet das pulver trocken, 1964)

Schon einen Hauch

Von Günter Kunert

(...) Durch die noch stillen Wälder ziehen sich
Panzergräben
Auf den Landkarten erst, doch wer durch die Wälder
Geht, spüret
Schon einen Hauch (...)
Ruhe. Sicherheit
Keine.

(aus: Ich bringe eine Botschaft, in: Erinnerung an einen
Planeten, 1963)

Ein Gleiches – 1970
Von N. N.

In Düsenmaschinen herrscht Ruh.
Vom Lärm der Turbinen spürst du
kaum einen Hauch.
Pistolen schweigen verborgen –
warte nur, morgen
entführt man dich auch.

    (Leserbrief aus: Der Spiegel 39/1970)

Die du bei den Treibern
Von Hildegard Wohlgemuth

Die du bei den Treibern bist,
mit Geschrei den Wildpark füllest,
den, der doppelzüngig ist,
gern mit Doppellader killest,

ach, ich bin kein Wildsau-Heger.
Was soll all die Keiler-ei.
Meine Jäger,
kommt, ach kommt, und schießt mich frei.

    (aus: agitprop, 1969)

Ruh und

Von Friedrich Achleitner

ruh
und
ruh
und
ruh
und
ruh
und ruh und ruh und ruh und
ruh
und
ruh
und
ruh
und
ruh

(aus: Prosa, Konstellationen, Montagen,
Dialektgedichte, Studien, 1970)

Ein gleiches

Von Ernst Jandl

ÜBE!
rrrrrrrrrrrrrrrrrrrrrrrrrrrrrrrrrrrrrrrrrrrrrrrrrrrrrrrrrrrrrrrrrrrrrrrrrrrrrrrr
A!
lllllllllllllllllllllllllllllllllllllllllllllllllllllllllllllllllllllllllllllllll
(eng)
iiiiiiiiiiiiiiiiiiiiiiiiiiiiiiiiiiiiiiiiiiiiiiiiiiiiiiiiiiiiiiiiiiiiiiiiiiiiiiiiii
PPP−
FEHL NIE!
sssssst

rrrrrrrrrrrrrrrrrrrrrrrrrrrrrrrrrrrrrrrrrrrrrrrrrrrrrrrrrrrrrrrrrrrrrrrrrr
(»uuuhii«)
NNNA!
lllllllllllllllllllllllllllllllllllllllllllllllllllllllllllllllllllllllllllllllllllllllll
EEE!
nnnnnnnnnnnnnnnnnnnnnnnnnnnnnnnnnnnnnnnnnnnnnnnnnnnnnnnnn
WIPP!

FEHL'N'S?
(»püree«)
ssst! du!

        »kau
        meinen
        (hhhhhhhh)
        auch . . .«
                »diii
                eee«
  »vögel!«
                »eee«
  »ihn!«
                »s-c-hwwwe —————— i«

GEH NIE IM WALD
eeewa . . .

rrrrrrrrrrrrrrrrrrrrrrrrrrrrrrrrrrrrrrrrrrrrrrrrrrrrrrrrrrrrrrrrrrrrrrrrrr
TEE.
nnn-
UUU?
(rrrrrrrb
alder uuhe)
ssst! du!
        »au!«
c ————————————————————————— h

(aus: Der künstliche Baum, 1970)

Tu quoque mox requiem

Von Eduard Arens

Culmina stant immota iugis, iam cuncta quiescunt,
Halitus arboribus dormit et aura silet.
In silvis tenerae somno tacuere volucres.
Expecta: invenies tu quoque requiem.

(Viator hymnus vespertinus, Simile quid, in:
Das humanistische Gymnasium 37, 1926)

Üba olle Gipfen

Von Franz Ringseis

Üba olle Gipfen
iss staad.
In olle Wipfen
waht
nur a Lüftal, so weich –
Koa Vogal rührt si im Woid,
Wart nur, boid
bist aar a Leich.

(aus: Sagsd wasd magst, Mundartdich-
tung heute in Bayern und Österreich,
hrsg. von Friedl Brehm, 1975)

Nikotinarm im Rauch

Von Joachim Schwedhelm

Über allen Wipfeln ist Ruh',
bei jedem Zug spürest du:

Nikotinarm im Rauch!
Ein Förster im Walde
denkt: Warte nur, balde
rauchst du sie auch –
die neue SMOKING superlong.

   (aus: Werbe-Lyrik, in: Die Zeit,
   20. 12. 1968; der Text ist fingiert)

über ein weilchen

Von Reinhard Döhl

warte nur balde
über ein weilchen
flort auch
denk mir mein Teilchen
striche das seilchen
treibe das keilchen
spiele mein zeilchen
lasse es auch
brauchediebrauch
brauchediebrauch
hackebeilchen
schnittlauch
wackle den bauch
steile das steilchen
warte nur balde
über ein weilchen
über ein geilchen
weilchelst du auch.

(aus: fingerübungen, 1962)

Auch nicht ein Hauch

Von Herbert Asmodi

Goethe an Herder
Anno 1786
Gleich nach der Ankunft in Rom:

Ich will,
Solange ich hier bin,
Die Augen auftun,
Bescheiden sehen
Und erwarten,
Was sich mir in der Seele bildet (...)

Heilige Einfalt!

Kein Wunder, daß diese Knacker passé sind.
Wie wollen Sie sowas demokratisieren?
Nichts für Neckermann
Und nichts für die Kollegen.

Und über allen Wipfeln
Auch nicht ein Hauch
Von Soziologie.

In Stuttgart
Soll noch einer sitzen,
Der sammelt solche Kacke
Zu einem neuen Schatzkästlein
Fürs Altenprogramm.

(aus: Programme, in: Jokers Gala, 1975)

Über allen Gipfeln ...
Von Arno Schmidt

»Die schweine Vögeln im Walde?! (W entrüstet / und Er, still):
»Warte nur; balde –«.

(aus: Zettels Traum, 1969)

Germanistik in der Krise
Von Eckhard Henscheid

Zu immer rüderen Sitten und grassierenden Ausschweifungen kommt es gegenwärtig im Hochschulbereich innerhalb des Dissertationswesens. Die bislang schärfste Entgleisung wurde dabei kürzlich im Zuge einer »Doktorarbeit« über (sic!) »Formprobleme der Lyrik« an der (sic!) Johann Wolfgang Goethe Universität Frankfurt gemeldet. Auf S. 34 seiner Arbeit zitiert der Kandidat:

> Über allem Gipfelm
> Ost Rih,
> In allwm Wipgeöns
> Spüreat fu
> Laum eimem Jaucj;
> Sie Vöfelnein schqiifen om Waldw.
> Warooetnut valfe
> Tihesz Xu aicj.

Wir meinen: So geht es – bürgerlicher oder marxistischer Wissenschaftsbegriff hin und her – natürlich nicht. Und so was will mal Magister, Doktor gar werden! Und fette Kohle machen! Aber statt daß sie sich anständig auf den Hosenboden setzten und unseres unsterblichen Goethes unsterblichstes Gedicht wenigstens sauber abtippten, hat es natürlich wieder mal pressiert, da muß man ja partout mitten in der Nacht aus der Einsamkeit des Studierkäm-

merleins noch zur Freundin laufen und einen auflegen oder in eine Kneipe, um sich den Arsch vollzusaufen – und so was kriegt dann auch noch Honeff und ein Doktorandemszipendium, eine Saierei ost das, eone ganz aisgischamtte! Mot silchem Topfejlerm ind Buersaifen ind amdauetnden Qeiberfugggen schlißm wur die wissemxchafzloch-zechmilogiscje Lücke ninals!
»Tihesz Xu aicj«! Öächerloch!

(1974)

Derlei Geschmacklosigkeiten

Von Kurt Bartsch

Auf der Bühne eine blutbefleckte Badewanne auf Rädern, darin zwei Popanze, die Herren Hegel und Goethe darstellend. Auf einem Podest stehen die großen deutschen Revoluzionäre Peter Weiss und Martin Walser. Letzterer hat etliche Instrumente umgehängt, mit denen er im Bedarfsfall Lärm erzeugen kann. Weiss klopft dreimal mit dem Stab auf den Boden. Dies gleicht einer Ritualhandlung.

WEISS

    Verehrtes Publikum

WALSER

    Das Stück unter der Leitung des Herrn Peter Weiss
    erbringt so hoffen wir den Beweis
    daß die teutsche Revoluzion auf der Strecke blieb
    weil Goethe z. B. die »Iphigenie« schrieb

WEISS

    Mit seidener Hose und gepuderter Perücke
    sehn Sie besagten Herrn in unserem Stücke
    Wenn er auftritt bringt er immer einen vornehmen Ton
    in die ernsten Belange der Revoluzion

GOETHE *(von Waldhörnern begleitet)*

    Die Vöglein schweigen im Walde
    über allen Wipfeln ist Ruh

WEISS

    Um derlei Geschmacklosigkeiten entgegenzutreten
    habe ich Martin Walser um eine Abhandlung gebeten
    worin es in schlichter Prosa heißt
    daß Goethe auf alles was Größe hat scheißt

    Weiss bricht den Stab über Goethe. Feierlicher Musikeinsatz

WALSER *(zitiert aus eigenen Werken)* Goethe hatte zu einem entscheidenden Zeitpunkt der deutschen Geschichte die Chance, die bürgerliche Kultur in eine geradezu demokratische Richtung zu lenken, doch er ging an den Hof. Dies ist der exemplarische Verrat in der deutschen Geistesgeschichte. Gerade er hätte es sich leisten können, nicht an den Hof zu gehen. Die Französische Revolution erkannte er erst an, als sie in der Gestalt eines Kaisers zu ihm kam. So konnte dann solch völlig unernste, unverbindliche Literatur wie die »Iphigenie« entstehen, die man hundertfünfzig Jahre lang als humanes Lippenbekenntnis nachbetete, das man politisch nicht ernst zu nehmen brauchte. Den Goethe-Kult finde ich allerdings noch widerlicher als den Mann selbst.

    Die Musik ist zu Ende. Das Publikum atmet auf

WEISS

    Neben Goethe der andere geistige Flegel
    heißt Georg Wilhelm Friedrich Hegel

WALSER

    Da uns die »Phänomenologie«[1] die er verfaßte
    ferner die »Logik«[1] nicht in den Kram paßte
    lassen wir beide kurzerhand weg
    und verweisen auf den übrigen Dreck

WEISS

    Herr Hegel sagen wir ging auf die Knie
    und verfaßte die »Staats- und Rechtsphilosophie«

---

[1] die Hauptwerke der Hegelschen Dialektik

womit er wie Marx richtig bemerkte
der preußischen Reaktion den Rücken stärkte

Musikeinsatz

WALSER *(singt)*
Hegel war kein Revoluzzer
sondern Preußens Stiefelputzer
WEISS *(singt)*
Abseits von der Hölderlinie
schrieb ein Lump die »Iphigenie«

Musik zu Ende

WALSER *(auf Goethe und Hegel deutend)*
Wie Sie sehn sind beide Herren aus Pappe
damit sie ihrer unverzeihlichen Schlappe
wegen vom Publikum nicht zerrissen werden
Wir wollen schließlich kein Menschenleben gefährden
WEISS
Obwohl es sich um Verräter handelt
WALSER
Denn auch Verräter haben sich schon gewandelt
WEISS
Wir haben deshalb beschlossen die beiden Herrn
zwecks geistiger Wandlung in eine Heilanstalt einzusperrn
WALSER
Der Direktor der Anstalt heißt Karl Wilhelm Marx
und ist der Kopf des Weltproletariats
WEISS UND WALSER *(singen)*
Darum tragen statt der Fräcke
heute wir Kartoffelsäcke
So verkörpern in der Tat
wir das Proletariat

Musik zu Ende. Walser stößt in ein Horn. Karl Marx kommt auf einem hölzernen Zweirad. Er trägt einen langen Bart

WALSER *(im Ton einer Liebeserklärung)*
>Höre großer Prophet hier stehen zwei Herrn
>die Einlaß in deine Anstalt begehrn

WEISS
>Damit sie lernen dialektisch zu denken
>muß man sie mit Geist von deinem Geist tränken

WALSER
>Sonst bleibt nur noch die Hydrotherapie

MARX
>Gut
>Im Namen der Dichtkunst und Philosophie
>wollen wir für die neuen Insassen
>unserer Anstalt eine Art Kopfwäsche veranlassen

Zwei Wärter kommen und schlagen Schaum

MARX
>Da wir Goethe den »Faust« und Hegel die »Dialektik« verdanken
>sind folglich nicht sie sondern diese die Kranken

Er zeigt auf Martin Walser und Peter Weiss. Die Wärter nehmen sie in Gewahrsam

MARX
>Es empfiehlt sich über ihr undialektisches Denken
>an Stelle des Vorhangs die Köpfe zu senken

(aus: Die Hölderlinie, Eine deutsche Komödie nach Peter Weiss und Martin Walser, aus: Kalte Küche, 1974)

Ruh, aussteigen, zu Hause
Von Horst Bingel

Für Marie Luise Kaschnitz

Wenn wir drei, du, das Bärchen und ich
mit dem Zeppelin bald verreisen
und du Deutschland von oben siehst,
so ganz klein, gedrängt, etwas ängstlich,
so ohne Blasmusik, ohne Bier und Trara,
wenn wir drei, du, das Bärchen und ich
dreitausend Jahre später landen,
werden sie strammstehen, stolz sein,
und all die kleinen Eselchen, grau,
zwei Ohren, ein Häubchen auf,
sie drehen nicht das Wasserrad,
denn mit dem Zipfel, dem Häubchen
kann man fliegen, manchmal fliegen auch,
der Zeppelin, der Zeppelin,
er rührt sich nicht, er dreht sich nicht,
wir werden landen, ein Kleiner und so weiter,
wir bringen uns 'ne Pauke mit,
und die jungen Mädchen denken: Soldaten,
sie drehen aus den Zipfeln
und drehen, knüpfen, schütteln:
Über allen Gipfeln ist Ruh,
aussteigen, zu Hause.

(Feinsliebchen, aus: Lied für Zement, 1975)

»Warte nur, balde..«

Von Horst Haitzinger

(aus: Der Spiegel Nr. 49/1972)

Warte nur balde – die Krise

Von Peter Rühmkorf

Wo ich schon nichts mehr beherrsche,
hassend was ich bediene,
liebend was ich verlor,
zöge ich selbst noch die rasende robespierresche
G l e i c h m a c h e m a s c h i n e
diesem Konkurrenzkäfig vor.

Wo waren wir stehengeblieben?
K a p i t a l i s m u s   i s t   K i e z :
einer betreibe des anderen Unterwerfung –
Warte nur balde – die Krise – die Lageverschärfung –
die inneren Widersprüche – dann unsre Klassenjustiz!

(aus: Meine Stelle am Himmel, in:
Walther von der Vogelweide, Klopstock und ich, 1975)

andres nachtlied

Von Landfried Schröpfer

über allen
ist
in allen
    du
    kaum einen
    die   im
        nur
           du auch

(1978)

Balde, berückt in Verzückung

Von Eckhard Henscheid

(. . .) Ja, in den Ozean all deiner Tricks will ich mich
Stürzen, Bum, sturztrunken einfallen laut in die
Chöre des Jubels, Sohn einer fußballträumenden
Mutter. Anbeten will ich – gleich dir, der du
Betest vor Spielbeginn und auch während des
Kampfs »ständig vertieft bist im Gebet«, wie
Wieder die »Rundschau« weiß. Anbeten will ich,
Singen dein Lob all mein Lebtag und
Endlich, wenn's gut geht, warte nur balde,
Berückt in Verzückung unendlicher Schöne vergeh'n – – –

(aus: Hymne auf Bum Kun Cha, 1979)

versteckst du dich auch

Von Josef Berlinger

In deutschen Landen ist Ruh,
allerorten findest du
den gleichen Brauch;
die Linken verstecken sich im Walde.
Warte nur, balde
versteckst du dich auch.

(Nachtlied an eine Liberale, aus:
Die Horen 104, 1976)

... liegst du auf der Halde

Von N. N.

In den Räumen des Asta der Göttinger Universität wurde ein Fahndungsplakat des Bundeskriminalamts beschlagnahmt: Fotos der gesuchten Terroristen waren mit Bildern Prominenter ausgetauscht, darunter von CSU-Chef Strauß, CDU-Chef Kohl, Verteidigungsminister Leber und dem Fernsehjournalisten Eduard Zimmermann. Unter seinem Foto steht:
>Warte nur balde –
>liegst du auf der Halde.

(Bild-Zeitung vom 17. 9. 1977)

Rückwärts A

Von Brigitte Schulze

Rebü nella Nlefpig
tsi Hur,
ni nella Nlefpiw
tserüps ud
muak nenie Hcuah.
Eid Nielegöv negiewhcs mi Edlaw.
Etraw run: edlab
tsehur ud hcua.

(aus: Wipfelruh, Pa-Ra-Bü 17, 1979)

Gegensatz A

Von Brigitte Schulze

Unter keinen Tälern
ist Lärm,
außerhalb der Wurzeln
bist du unempfindlich
gegen Sturm.
Die Würmer lärmen im Wasser,
warte es nicht ab: sofort
wirst du nicht krakeelen.

(aus: Wipfelruh, 1979)

Meint der vielleicht

Von Walter E. Richartz

Meint der vielleicht: Kipfeln?
Ich les da: Kuh!
Und logisch wär: Dick-felln.
Rührest du?
Gartenspritzschlauch.
Nein: Vögelein schweigen auf Halde!
Kartenschnurfalte,
Du Ludenbauch!

(aus: Wipfelruh, 1979)

Bienen, Frühstücke u. a.

Von Thomas Bernhard

HERR MEISTER
Goethe hatte ein gestörtes Verhältnis zu den Bienen
das weiß ich ab heute
Es ist alles falsch was er über die Bienen geschrieben hat.

Ein so großer Geist wie Goethe
und alles falsch
Wir glauben immer
alles in und an einem großen Geiste stimmt
aber hier irren wir
Jetzt habe ich die Beweise
daß Goethe was die Bienen betrifft geirrt hat (. . .)
Wir studieren das Leben
und dringen immer tiefer ein
und die Finsternis wird immer größer (. . .)
Forscher sind wir alle
Forscher, Fräulein Werdenfels, Forscher
Alles passabel auf dem Frühstückstischchen
aber wo sind die Wahlverwandtschaften
Die Lektüre die Frühstückslektüre
Bevor wir den Fruchtsaft trinken
lesen wir noch ein paar Seiten
so halten wir es hier im Weinberg
etwas Philosophisches naturgemäß
es ist kein komplettes Frühstück
ohne eine philosophische Lektüre
oder wenigstens philosophische Dichtung (. . .)
Die Wahlverwandtschaften
was für ein herrliches Buch
Wir leben ein Leben in Goethe wissen Sie
wie Professor Stieglitz in meiner Tetralogie sagt

Nun wollen wir aber zum Frühstück schreiten
Fräulein Werdenfels

(aus: Über allen Gipfeln ist Ruh, 1981)

Die Krankheit des Moritz Meister und seiner Adepten ist der permanente Versuch des Übersteigens aller Gipfel, doch da ist – wie das Stück lehrt – Ruh', nichts.

(aus: Suhrkamp-Klappentext zu Thomas Bernhard, Über allen Gipfeln ist Ruh, 1981)

Ist auch schon lang tot

Und der Pfarrer von Roth
Ist auch schon lang tot.
Warte nur, balde
Ruhest du auch.

(Volksgut, ca. 1960)

Und überhaupt

Von Robert Gernhardt und Peter Knorr

Sah ein Knab ein Röslein stehn,
Röslein auf der Heiden,
War so jung und morgenschön,
Lief er schnell, es nah zu sehn,
Sahs mit vielen Freuden.
Warte nur, balde
Ruhest du auch.

(aus: Da geht's lang, 1979. *Der Text steht im Zusammenhang eines parodistisch albernden Wettbewerbs. Anm. der Herausgeber.*)

Nun wollen wir wieder gehen

Von Johann Christian Mahr

Am 26. August 1831 gegen Abend traf Goethe mit seinen beiden Enkeln und Bedienung im Gasthofe ›Zum Löwen‹ hier in Ilmenau ein (. . .) Ganz bequem waren wir so bis auf den höchsten Punkt des Kickelhahns gelangt, als er ausstieg, sich erst an der kostbaren Aussicht auf den Rondell ergötzte, dann über die herrliche Waldung freute und dabei ausrief: Ach, hätte doch dieses Schöne mein guter Großherzog Karl August noch einmal sehen können! – Hierauf fragte er: Das kleine Waldhaus muß hier in der Nähe sein. Ich kann zu Fuß dahin gehen, und die Chaise soll hier so lange warten, bis wir zurückkommen. Wirklich schritt er rüstig durch die auf der Kuppe des Berges ziemlich hochstehenden Heidelbeersträucher hindurch bis zum wohlbekannten, zweistöckigen Jagdhause, welches aus Zimmerholz und Bretterbeschlag besteht (. . .) Beim Eintritt in das obere Zimmer sagte er: Ich habe in früherer Zeit in dieser Stube mit meinem Bedienten im Sommer acht Tage gewohnt und damals einen kleinen Vers hier an die Wand geschrieben. Wohl möchte ich diesen Vers nochmals sehen, und wenn der Tag darunter vermerkt ist, an welchem es geschehen, so haben Sie die Güte, mir solchen aufzuzeichnen. Sogleich führte ich ihn an das südliche Fenster der Stube, an welchem links mit Bleistift geschrieben steht:

> Über allen Gipfeln ist Ruh,
> In allen Wipfeln spürest du
> Kaum einen Hauch;
> Die Vögelein schweigen im Walde.
> Warte nur, balde
> Ruhest du auch.

D. 7. September 1780   Goethe

Goethe überlas diese wenigen Verse, und Tränen flossen über seine Wangen. Ganz langsam zog er sein schneeweißes Taschentuch aus seinem dunkelbraunen Tuchrock, trocknete sich die Tränen und sprach in sanftem, wehmütigem Ton: Ja: warte nur, balde ruhest du auch! schwieg eine halbe Minute, sah nochmals durch das Fenster in den düsteren Fichtenwald und wendete sich darauf zu mir mit den Worten: Nun wollen wir wieder gehen!

WEIMAR, KLASSISCH UND WEST-ÖSTLICH

Weimar 1776
Von Heinrich Voß und Byern

In Weimar geht es erschrecklich zu. Der Herzog läuft mit Goethen wie ein wilder Bursche auf den Dörfern herum; er besäuft sich und genießet brüderlich einerlei Mädchen mit ihm. Ein Minister, der's gewagt hat, ihm seiner Gesundheit halber die Ausschweifungen abzuraten, hat zur Antwort gekriegt: er müßte es tun, um sich zu stärken. Er ist sehr schwach von Körper, und sein Vater ist vom Trinken gestorben.

Klopstock hat desfalls an Goethe geschrieben und ihm seinen Wandel vorgerückt. Goethe verbat sich solche Anmaßungen, und Klopstock schrieb ihm darauf, daß er seiner Freundschaft unwürdig sei.

(Heinrich Voß an Ernestine Boie, Juni 1776)

In Berlin hatte ich einen Diskurs mit Himburg, der mir versicherte, Goethe und sein Busenfreund, der Herzog, führten das ausschweifendste Leben von der Welt; wir würden auch wohl nichts mehr von ihm zu hoffen haben, weil er sich den ganzen Tag in Branntwein besöffe.

(Byern an Knebel, Dezember 1776)

Der Gefährlichste für das Herz des Weibes
Von Johann Georg Zimmermann

Sie wollen, daß ich Ihnen von Goethe erzähle; Sie wünschen, ihn kennenzulernen (. . .) Ein Fremder, der kürzlich bei mir einsprach, hat mir folgendes Portrait von ihm entworfen: »Er ist 24 Jahre alt; ist Rechtsgelehrter, guter Advokat, Kenner und Leser der Alten, besonders der Griechen; Dichter und Schriftsteller; orthodox; heterodox; Possentreiber; Musikus; zeichnet frappant; (...) kurz, es ist ein *großes Genie,* aber ein *furchtbarer Mensch.*« Eine Frau von Welt, die ihn oft gesehen hat, sagte mir, Goethe sei der schönste Mann, der lebhafteste, der originellste, der glühendste, der stürmischste, der sanfteste, der verführerischste, und der *gefährlichste* für das *Herz* eines Weibes, den sie zeitlebens gesehen habe.

(aus: Brief an Charlotte von Stein, 19. 1. 1775)

klassisch

Von Hermann Jandl

das frauerl hat ihren hund
der hund hat seinen stein
die stein hatte den goethe
aber wen hast du

(aus: leute leute, 1970)

An Charlotte von Stein

Von Johann Wolfgang Goethe

Warum gabst du uns die tiefen Blicke,
Unsre Zukunft ahndungsvoll zu schaun,
Unsre Liebe, unserm Erdenglücke
Wähnend selig nimmer hinzutraun?
Warum gabst uns, Schicksal, die Gefühle,
Uns einander in das Herz zu sehn,
Um durch all die seltenen Gewühle
Unser wahr Verhältnis auszuspähn?

Ach, so viele tausend Menschen kennen,
Dumpf sich treibend, kaum ihr eigen Herz,
Schweben zwecklos hin und her und rennen
Hoffnungslos in unversehnem Schmerz;
Jauchzen wieder, wenn der schnellen Freuden
Unerwart'te Morgenröte tagt.
Nur uns armen liebevollen Beiden
Ist das wechselseitge Glück versagt,
Uns zu lieben, ohn uns zu verstehen,
In dem andern sehn, was er nie war,
Immer frisch auf Traumglück auszugehen
Und zu schwanken auch in Traumgefahr.

Glücklich, den ein leerer Traum beschäftigt!
Glücklich, dem die Ahndung eitel wär!
Jede Gegenwart und jeder Blick bekräftigt
Traum und Ahndung leider uns noch mehr.
Sag, was will das Schicksal uns bereiten?
Sag, wie band es uns so rein genau?
Ach, du warst in abgelebten Zeiten
Meine Schwester oder meine Frau.

Kanntest jeden Zug in meinem Wesen,
Spähtest, wie die reinste Nerve klingt,
Konntest mich in *einem* Blicke lesen,
Den so schwer ein sterblich Aug durchdringt;
Tropftest Mäßigung dem heißen Blute,
Richtetest den wilden, irren Lauf,
Und in deinen Engelsarmen ruhte
Die zerstörte Brust sich wieder auf;
Hieltest zauberleicht ihn angebunden
Und vergaukeltest ihm manchen Tag.
Welche Seligkeit glich jenen Wonnestunden,
Da er dankbar dir zu Füßen lag,
Fühlt' sein Herz an deinem Herzen schwellen,
Fühlte sich in deinem Auge gut,
Alle seine Sinnen sich erhellen

Und beruhigen sein brausend Blut!
Und von allem dem schwebt ein Erinnern
Nur noch um das ungewisse Herz,
Fühlt die alte Wahrheit ewig gleich im Innern,
Und der neue Zustand wird ihm Schmerz.
Und wir scheinen uns nur halb beseelet,
Dämmernd ist um uns der hellste Tag.
Glücklich, daß das Schicksal, das uns quälet,
Uns doch nicht verändern mag.

(1776)

Was suchte er in Italien?

Von Hans Mayer

Was suchte Goethe in Italien, was hat er dort gefunden? Es ist nicht der Blick des Historikers, der auf den Dingen ruht. Goethe ist nicht Herder; erst recht sieht er Volk und Kultur nicht wie der spätere Jacob Burckhardt. Unablässig scheint er in Italien bemüht, die Gegenden, Dokumente und Monumente gleichsam als geschichtslose, in ihrer »eigentlichen«, für Goethe also übergeschichtlichen Seinsgestalt zu erfassen. Schon in Terni, noch vor der Ankunft in Rom, wird notiert: »Mit dem, was man klassischen Boden nennt, hat es eine andere Bewandtnis. Wenn man hier nicht phantastisch verfährt, sondern die Gegend real nimmt, wie sie daliegt, so ist sie doch immer der entscheidende Schauplatz, der die größten Taten bedingt, und so habe ich immer bisher den geologischen und landschaftlichen Blick benutzt, um Einbildungskraft und Empfindung zu unterdrücken und mir ein freies, klares Anschauen der Lokalität zu erhalten.« Die Reminiszenzen aus Geschichte und klassischer Lektüre werden gleichsam als störend empfunden; der Geologe und Landschaftszeichner in Goethe wird aufgerufen, über der Reinheit der Anschauung und dieser ersten Begegnung mit Italien zu wachen. Erst wenn diese Schau italienischer Realitäten gelang, wird der geschichtliche Sinn zu Hilfe gerufen, weshalb Goethe sogleich fortfährt: »Da schließt sich dann auf eine wundersame Weise die Geschichte lebendig an, und man begreift nicht, wie einem geschieht, und ich fühle die größte Sehnsucht, den Tacitus in Rom zu lesen.«

Diese Haltung setzt sich immer wieder durch. Als der sizilianische Führer bei einem Ausflug in der Nähe von Palermo die Anschauung des fruchtbaren Tals und schönen Frühlingsmorgens »durch seine Gelehrsamkeit verkümmerte, umständlich erzählend, wie Hannibal hier vormals eine Schlacht geliefert und was für ungeheure Kriegstaten an dieser Stelle geschehen«, wird Goethe ärgerlich. »Unfreundlich verwies ich ihm das fatale Hervorrufen solcher abgeschiedenen Gespenster.« Der Führer, notiert Goethe, gleichzeitig für sich selbst, ist darüber verwundert, »daß ich das klassische Andenken an so einer Stelle verschmähte«. Der Reisende ist sich des Ungewöhnlichen, nahezu Bildungsfeindlichen seiner Haltung einigermaßen bewußt. »Ich konnte ihm freilich nicht deutlich machen, wie mir bei einer solchen Vermischung des Vergangenen und des Gegenwärtigen zu Mute sei.« Nicht die Geschichte also suchte er in Italien. Sie wird beinahe als störend empfunden, wenn es darauf ankommen soll, die Menschen wie die Werke in ihrem eigentlichen Sein, jenseits aller Geschichtlichkeit, zu erblicken.

Es ist aber nicht so, daß Goethe vor allem erkennen oder selbst verstehen möchte: auf das *Sehen* kommt es an. Allerdings ist das Goethesche Sehen immer im Sinne des Türmers Lynkeus zu deuten. Im zweiten römischen Aufenthalt findet sich unter dem 30. Juni 1787 eine Eintragung aus Anlaß des Peter-und-Paul-Tages: »Da ich neuerdings nur die Sachen und nicht wie sonst bei und mit den Sachen sehe, was nicht da ist, so müssen mir so große Schauspiele kommen, wenn ich mich freuen soll.« Der Ausspruch scheint rätselhaft, hängt aber innig mit Goethes Scheu vor der bloßen Geschichtlichkeit und mit seiner Sehnsucht zusammen, möglichst das reine Sein der Landschaften, Menschen, sogar der Kunstwerke erschauen zu wollen. Alle Geschichtskenntnis und Erinnerung literarischer wie antiquarischer Art scheint demnach bloß dahin zu führen, »bei und mit den Sachen« zu sehen – und Chimären statt der Realitäten zu erblicken. Daß Goethe seinen Ausspruch durchaus so versteht, zeigt bereits eine Eintragung aus der ersten Zeit in Rom. »Ich will Rom sehen«, heißt es am 29. Dezember 1786, »das bestehende, nicht das mit jedem Jahrzehnt vorübergehende.« Das bestehende Rom als Gegensatz zum jeweiligen geschichtlichen Aspekt, zum vorübergehenden Rom? Dies eben ist gemeint. Rom als Sein: genauso verstanden wie das Sein des Frühlingstages bei Palermo, wie das Sein des Volkes von Neapel oder des römischen Volkes im Karneval. Überall das »bestehende« Sein, nicht die – für Goethe – ephemere Geschichtlichkeit. Die darf erst Zutritt haben, wenn das bestehende Reale rein erschaut wurde. In höchst eigentümlicher Weise verbindet Goethe das Suchen nach dem Eigentlichen jenseits aller geschichtlichen Vergänglichkeit mit Erinnerungen an sein eigenes Leben, vor allem an seine Jugend. Eine der ersten Eintragungen nach der Ankunft in Rom ist gleichsam bemüht, Jugendgedanken von Rom mit dem nun Vorgefundenen in Einklang zu bringen: »Wohin ich gehe, finde ich eine Bekanntschaft in einer neuen Welt, es ist alles, wie ich mir's dachte und alles neu. Ebenso kann ich von meinen Beobachtungen, von meinen Ideen sagen. Ich habe keinen ganz neuen Gedanken gehabt, nichts ganz fremd gefunden, aber die alten sind so bestimmt, so lebendig, so zusammenhängend geworden, daß sie für neu gelten können.« Alles paßt zusammen: das weggebannte geschichtliche Gedächtnis; die unpassende historische Reminiszenz einer Hannibalschlacht; Sehen der Sachen statt eines Sehens aus Anlaß der Sachen; das bestehende Rom im Gegensatz zu seiner geschichtlichen Relativierung. Das bestehende Rom gleichzeitig verstanden als objektiv feststellbare Wirklichkeit wie als subjektiver Gedanke *von* dieser Realität, den Goethe seit seiner Jugend, seit dem Blick auf die »Prospekte von Rom« im Vorsaale des Vaterhauses am Hirschgraben zu besitzen glaubte. Das wirkliche Rom als Bestätigung seiner Idee.

Hieran erst kann ermessen werden, was Goethe in Italien suchte und fand. Die bisherigen Lebens- und Werk-Etappen lassen sich nur von hier deuten; der Blick auf die Besonderheiten des nachitalienischen Goethe erschließt sich von dieser Stelle. Franz Mehring wollte in Goethes späterem Schaffen nach der Rückkehr aus Italien, in der angeblichen Beschränkung auf die »rein ästhetische Kultur« Goethes, überhaupt der deutschen Klassik, »nicht die Vollendung, sondern eine Verkümmerung dieses großen Menschen« erblicken. Damit aber wird die Position des Stürmers und Drängers Goethe und des gescheiterten frühen Reformators zu Weimar allzu einseitig und positiv der allzu negativ gesehenen späteren Klassizität gegenübergestellt. Goethe selbst hat in schmerzlichem Krisenbewußtsein klarer gesehen. Seine italienischen Einsichten haben nichts mit Verkümmerung zu tun, sondern mit tiefer Einsicht auch in die geschichtlichen Zusammenhänge, denen sein bisheriges Leben und Wirken unterworfen war.

Nicht allerdings, daß sich Goethe bei der Begegnung mit

Italien ein tieferes Verständnis der gesellschaftlichen Konstellationen seiner Zeit erworben hätte. Seine Aufzeichnungen zwischen 1786 und 1788 bleiben in erstaunlicher Weise unberührt von aller Reflexion über geschichtliche Ereignisse damaliger Zeit, die den Heutigen bei Anruf dieser Jahreszahlen alsbald gegenwärtig sind. Genau drei Jahre vor Goethes Flucht aus Karlsbad, am 3. September 1783, war durch internationalen Vertrag zu Versailles der *amerikanische Unabhängigkeitskampf* beendet worden. Die Vereinigten Staaten traten ihren Weg in die Geschichte an. Von 1785 bis 1786 hatte die Halsbandgeschichte eine ernste Bedrohung des französischen Königtums gebracht. Goethe beschäftigte sich sogleich, wie seine späteren dramatischen Bemühungen um diesen Stoff beweisen, mit der ungeheuerlichen Affäre; allein ihre geschichtliche Bedeutung ist ihm wohl erst später, nach Ausbruch der Revolution, bewußt geworden. In der Italienischen Reise wird die Halsbandaffäre in kurzer Andeutung bloß erwähnt, als in Sizilien eine Begegnung mit der Familie des Balsamo-Cagliostro zustande kommt. Daß in jenen Jahren, die Goethe in Italien zubrachte, eine Welt zu Ende ging, die man später den Ereignissen seit 1789 ausdrücklich unter der Bezeichnung des *Ancien Régime* entgegenstellen sollte, war Goethe in Italien ganz offensichtlich nicht bewußt. Seine Bemühung, das Geschichtsbewußtsein, und damit auch das Gesellschaftsbewußtsein damaliger Zeit, bei Betrachtung nicht bloß der Landschaft und der Kunstwerke, sondern auch der realen Verhältnisse in Volk und Herrscherschicht des damaligen Italien fast ungeduldig auszusperren, ließ sich nicht ohne Verlust an Einsicht durchsetzen. Kaum etwas in den Briefen und Berichten aus Italien läßt erkennen, daß drei Jahre nach Reiseantritt eine geschichtliche Bewegung anheben könnte, die nicht bloß ihr Ursprungsland Frankreich von Grund auf umgestalten sollte und dazu führte, jenes Italien, das Goethe noch erblickt hatte, von Grund auf zu transformieren, sondern die Goethes eigenes Dasein und das seines Herzogs wie Herzogtums veränderte: durch Ereignisse, deren Heraufziehen der Reisende in Italien nicht bemerken konnte oder mochte.

(aus: Goethe, Ein Versuch über den Erfolg, 1973)

Goethe in Rom

Von Hans Traxler

Goethe überquert den Brenner

Herr Goethe stand in Rom

fast ständig unter Strom

Essen bei Peppino,

viel Vino, Cappuccino,

am Abend far l'amore

im Brunnen vor dem Tore

Schrieb er an Frau von Stein:

"Bei Gott, so solls doch sein!"

(aus: Leute von Gestern, 1981)

Scherze und Steinarten

Von Johann Heinrich Wilhelm Tischbein

Nachdem wir uns lange an der schönen Gegend ergötzt hatten und vom Anschauen der ausgegrabenen Antiken und so vielfacher Gegenstände ermüdet waren, gingen wir nach Torre dell' Annunziata, wo uns in einer Osteria ein Mittagsmahl erwartete. Hier wurde viel gescherzt; aber der rechte Spaß begann erst nach dem Essen. Wir gingen an den Strand des Meeres, welcher gerade hinter dem Hause war. Die Meisten streckten sich hier auf den Sand nieder, der sanft wie Sammet ist. Doch war ihre Ruhe nur von kurzer Dauer. Sie sprangen bald wieder auf und der gute Lacrymä-Christi, welcher in die Köpfe gestiegen war, that seine Wirkung, besonders bei Hackert. Sie fingen an zu schäkern und sich mit Sand zu werfen. Die Marchesina Venuti, welche einen munteren Geist hatte, wollte sich nicht überwinden lassen. Beide Hände griff sie voll Sand und warf damit. Nun wurde der Kampf allgemein; Jeder wurde beworfen und Jeder griff nach Sand; anfangs nur nach trockenem, dann nach feuchtem und endlich nach ganz nassem, so daß Alle ganz übertüncht wurden. Dann fielen sie erschöpft zur Erde; aber kaum ausgeruht, erneuerten sie den Kampf mit noch größerem Eifer. Jetzt wurde nur nach dem nassesten im Wasser gegriffen; der Gegner wollte das Einsammeln dieser anklebenden Munition verhindern und stieß den, welcher sich eben danach bückte. Dadurch kam der in's Wasser, und damit auch der Andere naß würde, zog er ihn nach. So begann nun der Kampf im Meere. Sie benetzten sich mit Seewasser und trieben sich in dem nassen Elemente umher, wo dann die Kampflust abgekühlt wurde. Ganz ermattet streckten sie sich auf den Sand an die Sonne; in kurzer Zeit war Alles wieder trocken, der Sand fiel ab und ließ nicht den geringsten Fleck nach. Das Ufer ist hier so flach, daß man weit in's Meer hineingehen kann, ehe das Wasser bis an die Waden steigt. Goethe hatte sich vom Kampfe abgesondert und klopfte Stücke von den Felsblöcken, welche hier liegen, um die Brandung zu brechen, und untersuchte die Steinarten.

(aus: Aus meinem Leben, neu herausgegeben 1861)

Ein Mißverständnis

Von Robert Gernhardt

Nach der italienischen Reise

Von Charlotte von Stein

Nimm Dich in acht, daß Dir's nicht wie unserm ehemaligen Freund nach seiner italienischen Reise geht! Noch letzt antwortete er jemanden, der die Aussicht ins Ilmtal lobte: »Das ist keine Aussicht!« und sah dick mürrisch aus.

(aus: Brief an ihren Sohn Friedrich, Juli 1794)

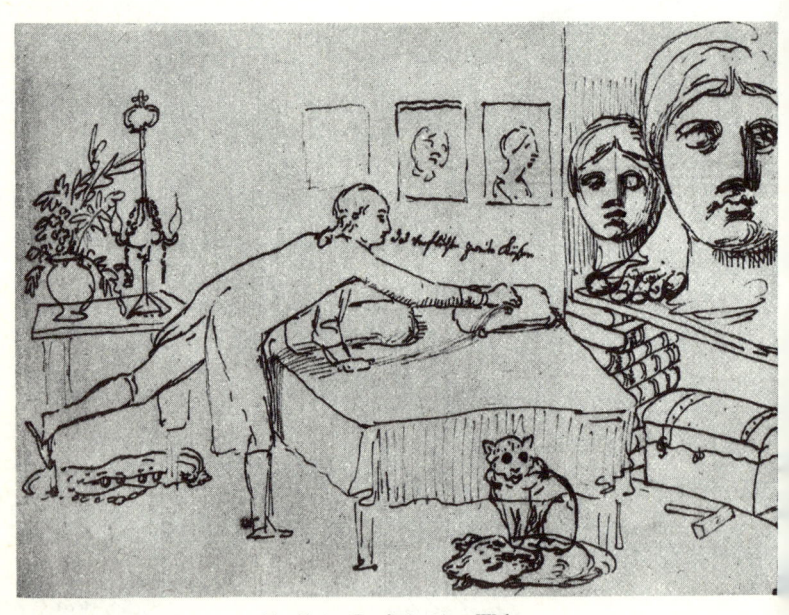

*Tischbein, Goethe in seiner Wohnung
auf dem Corso in Rom*

Bei allem gescheitert

Von Peter Hacks

DIE FRAU VON STEIN *fährt fort*

Goethe, so glauben viele, sei nach Weimar gekommen und habe sich binnen weniger Tage, willenlos in mich verliebt. Der wirkliche Hergang war anders. Goethe kam nach Weimar mit dem festen Vorsatz, ein Verhältnis mit mir zustandezubringen.

Vergessen wir nicht: dieser aufstrebende junge Advokat und berüchtigte Poet gelangte zum ersten Mal in bessere Kreise. Er hatte sich eine Dame von Hof zu lieben vorgenommen, und Herr Doktor Zimmermann hatte ihn auf mich neugierig gemacht. Es ist nur natürlich, daß er nach kurzer Umschau gefunden hatte, daß ich seinem Plan hinreichend entsprach, und daß er mir also versicherte, sein Herz gehöre mir für ewig. Ein sehr gewöhnlicher Unsinn, aber was soll das Wort Liebe in dem Zusammenhang? Ich maße mir keineswegs die Vorzüge an, die genügen, um die Liebe eines Goethe zu begründen. Aber hätte er nicht wenigstens vorher einen Blick auf mich werfen können, bevor er beschloß, mich zum Gegenstand seiner weltbedeutenden Leidenschaft zu erklären? Auf die Gefahr hin, der Eitelkeit überführt zu werden: ich hatte das Bedürfnis, mit meiner Person, unwichtig, wie sie einmal ist, an dem Geschehen beteiligt zu sein.

Aber das bewerkstelligte sich nicht leicht. Ich sah schnell, daß ich die falsche war, und daß das nicht an mir lag. Jede wäre die falsche gewesen. Diese glücklichste Befindlichkeit des Herzens haben ihm die Götter versagt. Er ist jeder aufrichtigen Zuneigung unfähig. Ihm ist kein Gefühl bekannt, weil ihm keins fremd ist; er glüht auf Beschluß, weil er niemals glüht.

Goethe ist Junggeselle. Ein Junggeselle aber – wenn ich je eine Erfahrung gemacht habe, dann diese – ist ein Mann, der nicht lieben kann. Im Gemüt eines Unverheirateten über dreißig werden Sie unfehlbar eine morsche Stelle wahrnehmen, die im Wachstum begriffen ist. Die Ehe, Josias, – mag sein, unter dem Gesichtspunkt, aus dem sie eingegangen worden, unter dem Gesichtspunkt der Liebe betrachtet, ist sie eine Täuschung. Aber es zeugt von keinem aufrechten Herzen, in dieser Hauptangelegenheit des Lebens voraussichtig gehandelt zu haben. Goethe liebte nicht einmal Loulouchen.

Übrigens, eines Tages schenkte ich ihm ein blaues Band, er genoß diesen Triumph sehr. Hinterher mußte er ansehn, daß ich Loulouchen ein lila und silbernes Bändchen umgebunden hatte. Das hat ihn mächtig verstimmt.

Die Junggesellen wollen uns weismachen, sie mieden die Anstrengungen der Ehe, weil sie für die Liebe geboren seien. Was sie in Wahrheit meiden, sind die Anstrengungen der Liebe.

Welche Opfer habe ich nicht um meiner Liebe willen gebracht. Ich mußte für Goethe Zeit haben, ungeachtet meines reichlich gefüllten Tagesplanes. Ich mußte mich zur frühesten Stunde in meinem Staat und Putz herzeigen, ungeachtet meiner häuslichen Verrichtungen. Ich mußte die Vertraulichkeit unseres Umgangs ermöglichen, ungeachtet der Forderungen des äußern Rufs, von denen zu schweigen, welche die innere Stimme der Sittlichkeit erhebt. Von Goethe wurde kein Gegenopfer verlangt. Er hatte Muße, Oden zu machen und sich zu frisieren, wann immer ihm danach zu Mut war, und was seinen Ruf betraf, konnte der durch Unvorsicht nur gehoben werden.

So nämlich steht es um das amouröse Wesen der Junggesellen. Sie freuen sich festlicher Stunden; danach eilen sie in ihre Kammer und erholen sich.

Und wenn ich mich zu irgendeinem Zeitpunkt der törichten Einbildung hätte hingeben mögen, Goethe könne mich lieben, so hätte er allerdings gesorgt, daß diese Einbildung mir rasch vergangen wäre. Das erste, was er mir mitteilte, war seine unumstößliche Absicht, Junggeselle zu bleiben. Er schrieb eigens ein Theaterstück, worin stand, er werde mich auf der Stelle heiraten, falls ich nur erstens zwanzig Jahre jünger und zweitens seine Schwester wäre. In der Tat, das war recht artig zu lesen.

Als ihm der Doktor Zimmermann meinen Schattenriß vorgelegt hatte, hatte er darunter geschrieben: »Siegt mit Netzen«. Mit Netzen, ich? Ich? O Goethe, du schändliches Weib.

Aber nun fragen Sie mich, Stein, wie es möglich war, daß ich zu diesem Mann oder Menschen, oder was immer, dessen Gleichgültigkeit ich im Augenblick durchschaut hatte, mich mit solch unwiderstehlicher Macht hingezogen fand. Nun, mein Guter, es war eben um dieser Gleichgültigkeit willen. Wissen Sie nicht, daß wir Frauenspersonen lieben müssen, wo wir nicht siegen können?

Goethes Gewalt über mich beruhte in der Grenzenlosigkeit seiner Eigenliebe. Und das Geheimnis seiner Eigenliebe wiederum war: sie war um die Liebe zu keinem anderen Menschen vermindert.

Sonst, wenn wir ehrlich sein wollen, hatte er nicht eben viel zu seinen Gunsten vorzuweisen. Er liebte sich ohne besonderen Grund, und das Mißverhältnis zwischen der Höhe seines Selbstgefühls und dem Mangel an wirklichen Erfolgen ist die Formel, die ihn erklärt.

In der Tat ist Goethe bei allem, was er erstrebte, gescheitert.

(aus: Ein Gespräch im Hause Stein über den abwesenden Herrn von Goethe, 1976)

If Goethe went too

Von N. N.

Frau von Stein
Went to bed at nine.
If Goethe went too
Nobody knew.

(Englisches Gedicht
unbekannter Herkunft)

Beherzigung

Von Johann Wolfgang Goethe

Eines schickt sich nicht für alle!
Sehe jeder, wie er's treibe,
Sehe jeder, wo er bleibe,
Und wer steht, daß er nicht falle!

(ca. 1790)

Freuend sich am
eignen Schalle

Von Friedrich Schlegel/Ernst Heimeran

Eines schickt sich nicht für alle!
Sehe jeder, wen er reibe
Wisse jeder, was er schreibe
Freuend sich am eignen Schalle!

(aus: Über die Unverständlichkeit, 1800,
Kontraktion von Ernst Heimeran)

Lebt wohl!

Von Johann Wolfgang Goethe

IPHIGENIE Denk an dein Wort, und laß durch diese Rede
Aus einem graden, treuen Munde dich
Bewegen! Sieh uns an! Du hast nicht oft
Zu solcher edeln Tat Gelegenheit.
Versagen kannst du's nicht; gewähr es bald!

THOAS So geht!
IPHIGENIE Nicht so, mein König! Ohne Segen,
　　Im Widerwillen scheid ich nicht von dir.
　　Verbann uns nicht! Ein freundlich Gastrecht walte
　　Von dir zu uns: so sind wir nicht auf ewig
　　Getrennt und abgeschieden. Wert und teuer,
　　Wie mir mein Vater war, so bist du's mir,
　　Und dieser Eindruck bleibt in meiner Seele.
　　Bringt der Geringste deines Volkes je
　　Den Ton der Stimme mir ins Ohr zurück,
　　Den ich an euch gewohnt zu hören bin,
　　Und seh ich an dem Ärmsten eure Tracht:
　　Empfangen will ich ihn wie einen Gott,
　　Ich will ihm selbst ein Lager zubereiten,
　　Auf einen Stuhl ihn an das Feuer laden,
　　Und nur nach dir und deinem Schicksal fragen.
　　O geben dir die Götter deiner Taten
　　Und deiner Milde wohlverdienten Lohn!
　　Leb wohl! O wende dich zu uns und gib
　　Ein holdes Wort des Abschieds mir zurück!
　　Dann schwellt der Wind die Segel sanfter an.
　　Und Tränen fließen lindernder vom Auge
　　Des Scheidenden. Leb wohl! und reiche mir
　　Zum Pfand der alten Freundschaft deine Rechte.
THOAS Lebt wohl!
　　　　　　　　(aus: Iphigenie auf Tauris, 1779/86)

Draußen tobt die Schlacht

Von Gottfried Benn

Goethe sitzt in Weimar und dichtet die Iphigenie, draußen tobt die Schlacht von Jena und Auerstädt, sie irritiert ihn, doch er schreibt weiter, Abwegiges, aber Bleibendes, das Parzenlied.
　　　　　　　　(aus: Drei alte Männer, 1948)

Aber auch Goethe sehen wir hier stehen. Seine Iphigenie ist sachlich und politisch absolut unnatürlich. Daß jemand in Weimar sitzt zwischen den Hof- und Biedermeierleuten und die eminenten Verse an den Weg des Todes dichtet, Parzenlied und unheimliche Beschwörung der Tantaliden, für diesen Grad des Unnatürlichen gibt es gar kein Wort.

(aus: Dorische Welt, 1934)

Warnung

Von Karl Kraus

Soll einer hergehn und soll einmal das Schlußwort der Iphigenie stehlen: »Lebt wohl!«

(aus: Die Fackel, 360–62, 1912)

Er ist also jetzt Wirklicher Geheimrat

Von Johann Gottlieb Herder

Er ist also jetzt Wirklicher Geheimer Rat, Kammerpräsident, Präsident des Kriegscollegii, Aufseher des Bauwesens bis zum Wegbau hinunter, Direktor des Bergwerks, dabei auch *directeur des plaisirs,* Hofpoet, Verfasser von schönen Festivitäten, Hofopern, Balletts, Redouten-Aufzügen, Inskriptionen, Kunstwerken et cetera, Direktor der Zeichen-Akademie, in der er den Winter über Vorlesungen über die Osteologie gehalten; selbst überall der erste Akteur, Tänzer, kurz das Factotum des Weimarschen und, so Gott will, bald der Majordomus sämtlicher Ernestinischer Häuser, bei denen er zur Anbetung herumzieht.

(aus: Brief an Johann Georg Hamann, 11. 7. 1782)

Hätschelhans und Bettschatz

Von Anna Catharina (»Frau Rat«) Goethe

Lieber Sohn! Gratuliere zum künftigen neuen Weltbürger – nur ärgert mich, daß ich mein Enkelein nicht darf ins Anzeigblättchen setzen lassen – und ein öffentlich Freudenfest anstellen. – Doch da unter diesem Mond nichts Vollkommenes anzutreffen ist, so tröste ich mich damit, daß mein Hätschelhans vergnügt und glücklicher als in einer fatalen Ehe ist. – Küsse mir deinen Bettschatz und den kleinen August – und sage letzterem, daß das Christkindlein ihm schöne Sachen von der Großmutter bringen soll (...)

(aus: Brief an Johann Wolfgang Goethe, 24. 9. 1795)

Er fängt an alt zu werden

Von Friedrich Schiller

Übrigens ergeht's ihm närrisch genug. Er fängt an alt zu werden, und die so oft von ihm gelästerte Weiberliebe scheint sich an ihm rächen zu wollen. Er wird, wie ich fürchte, eine Torheit begehen und das gewöhnliche Schicksal eines alten Hagestolzen haben. Sein Mädchen ist eine Mamsell Vulpius, die ein Kind von ihm hat und sich nun in seinem Hause fast so gut als etabliert hat. Es ist sehr wahrscheinlich, daß er sie in wenigen Jahren heiratet.

(aus: Brief an Körner, 1. 11. 1790)

Eine Tasse Tee sei gegönnt

Von Johanna Schopenhauer

Denselben Abend ließ er sich bei mir melden und stellte mir seine Frau vor. Ich empfing sie, als ob ich nicht wüßte, wer sie vorher gewesen wäre; ich denke, wenn Goethe ihr seinen Namen gibt, können wir ihr wohl eine Tasse Tee geben. Ich sah deutlich, wie sehr mein Benehmen ihn freute (...)

(aus: Brief an ihren Sohn, 20. 10. 1806)

Die Anschauung Ihres Geistes

Von Friedrich Schiller

Man brachte mir gestern die angenehme Nachricht, daß Sie von Ihrer Reise wieder zurückgekommen seien. Wir haben also wieder Hoffnung, Sie vielleicht bald einmal bei uns zu sehen, welches ich an meinem Teil herzlich wünsche. Die neulichen Unterhaltungen mit Ihnen haben meine ganze Ideenmasse in Bewegung gebracht, denn sie betrafen einen Gegenstand, der mich seit etlichen Jahren lebhaft beschäftigt. Über so manches, worüber ich mit mir selbst nicht recht einig werden konnte, hat die Anschauung Ihres Geistes (denn so muß ich den Totaleindruck Ihrer Ideen auf mich nennen) ein unerwartetes Licht in mir angesteckt. Mir fehlte das Objekt, der Körper, zu mehreren spekulativischen Ideen, und Sie brachten mich auf die Spur davon. Ihr beobachtender Blick, der so still und rein auf den Dingen ruht, setzt Sie nie in Gefahr, auf den Abweg zu geraten, in den sowohl die Spekulation als die willkürliche und bloß sich selbst gehorchende Einbildungskraft sich so leicht verirrt. In Ihrer richtigen Intuition liegt alles und weit vollständiger, was die Analysis mühsam sucht, und nur weil es als ein Ganzes in Ihnen liegt, ist Ihnen Ihr eigener Reichtum verborgen; denn leider wissen wir nur das, was wir scheiden. Geister Ihrer Art wissen daher selten, wie weit sie gedrungen sind, und wie wenig Ursache sie haben, von der Philosophie zu borgen, die nur von ihnen lernen kann. Diese kann bloß zergliedern, was ihr gegeben wird, aber das Geben selbst ist nicht die Sache des Analytikers, sondern des Genies, welches unter dem dunkeln, aber sichern Einfluß reiner Vernunft nach objektiven Gesetzen verbindet.

Lange schon habe ich, obgleich aus ziemlicher Ferne, dem Gang Ihres Geistes zugesehen und den Weg, den Sie sich vorgezeichnet haben, mit immer erneuerter Bewunderung bemerkt. Sie suchen das Notwendige in der Natur, aber Sie suchen es auf dem schwersten Wege, vor welchem jede schwächere Kraft sich wohl hüten wird. Sie nehmen die ganze Natur zusammen, um über das Einzelne Licht zu bekommen; in der Allheit ihrer Erscheinungsarten suchen Sie den Erklärungsgrund für das Individuum auf. Von der einfachen Organisation steigen Sie, Schritt vor Schritt, zu den mehr verwickelten hinauf, um endlich die verwickeltste von allen, den Menschen, genetisch auf den Materialien des ganzen Naturgebäudes zu erbauen. Dadurch, daß Sie ihn der Natur gleichsam nacherschaffen, suchen Sie in seine verborgene Technik einzudringen. Eine große und wahrhaft heldenmäßige Idee, die zur Genüge zeigt, wie sehr Ihr Geist das reiche Ganze seiner Vorstellungen in einer schönen Einheit zusammenhält. Sie können niemals gehofft haben, daß Ihr Leben zu einem solchen Ziele zureichen werde, aber einen solchen Weg auch nur einzuschlagen, ist mehr wert, als jeden andern zu endigen – und Sie haben gewählt, wie Achill in der Ilias zwischen Phtia und der Unsterblichkeit. Wären Sie als ein Grieche, ja nur als ein Italiener geboren worden, und hätte schon von der Wiege an eine auserlesene Natur und eine idealisierende Kunst Sie umgeben, so wäre Ihr Weg unendlich verkürzt, vielleicht ganz überflüssig gemacht worden. Schon in die erste Anschauung der Dinge hätte Sie dann die Form des Notwendigen aufgenommen, und mit Ihren ersten Erfahrungen hätte sich der große Stil in Ihnen entwickelt. Nun, da Sie ein Deutscher geboren sind, da Ihr griechischer Geist in diese nordische Schöpfung geworfen wurde, so blieb Ihnen keine andere Wahl, als entweder selbst zum nordischen Künstler zu werden, oder Ihrer Imagination das, was ihr die Wirklichkeit vorenthielt, durch Nachhilfe der Denkkraft zu ersetzen und so gleichsam von innen heraus und auf einem rationalen Wege ein Griechenland zu gebären. In derjenigen Lebensepoche, wo die Seele sich aus der äußern Welt ihre innere bildet, von mannighaften Gestalten umringt, hatten Sie schon eine wilde und nordische Natur in sich aufgenommen, als Ihr siegendes, seinem Material überlegenes Genie diesen Mangel von innen entdeckte, und von außen her durch die Bekanntschaft mit der griechischen Natur davon vergewissert wurde. Jetzt mußten Sie die alte, Ihrer Einbildungskraft schon aufgedrungene schlechtere Natur nach dem besseren Muster, das Ihr bildender Geist sich erschuf, korrigieren, und das kann nun freilich nicht anders als nach leitenden Begriffen vonstatten gehen. Aber diese logische Richtung, welche der Geist bei der Reflexion zu nehmen genötiget ist, verträgt sich nicht wohl mit der ästhetischen, durch welche allein er bildet. Sie hatten also eine Arbeit mehr, denn so wie Sie von der Anschauung zur Abstraktion übergingen, so mußten Sie nun rückwärts Begriffe wieder in Intuitionen umsetzen und Gedanken in Gefühle verwandeln, weil nur durch diese das Genie hervorbringen kann.

So ungefähr beurteile ich den Gang Ihres Geistes, und ob ich recht habe, werden Sie selbst am besten wissen. Was Sie aber schwerlich wissen können (weil das Genie sich immer selbst das größte Geheimnis ist), ist die schöne Übereinstimmung Ihres philosophischen Instinktes mit den reinsten Resultaten der spekulierenden Vernunft. Beim ersten Anblicke zwar scheint es, als könne es keine größere Opposita geben, als den spekulativen Geist, der von der Einheit, und den intuitiven, der von der Mannigfaltigkeit ausgeht. Sucht aber der erste mit keuschem und treuem Sinn die Erfahrung, und sucht der letzte mit selbsttätiger freier Denkkraft das Gesetz, so kann es gar nicht fehlen, daß nicht beide einander auf halbem Wege begegnen werden. Zwar hat der intuitive Geist nur mit Individuen und der spekulative nur mit Gattungen zu tun. Ist aber der intuitive genialisch, und sucht er in dem Empirischen den Charakter der Notwendigkeit auf, so wird er zwar immer Individuen, aber mit dem Charakter der Gattung erzeugen; und ist der spekulative Geist genialisch, und verliert er, indem er sich darüber erhebt, die Erfahrung nicht, so wird er zwar immer nur Gattungen, aber mit der Möglichkeit des Lebens und mit gegründeter Beziehung auf wirkliche Objekte erzeugen.

Aber ich bemerke, daß ich anstatt eines Briefes eine Abhandlung zu schreiben im Begriff bin – verzeihen Sie dem lebhaften Interesse, womit dieser Gegenstand mich erfüllt hat; und sollten Sie Ihr Bild in diesem Spiegel nicht erkennen, so bitte ich sehr, fliehen Sie ihn darum nicht (...)

Meine Freunde sowie meine Frau empfehlen sich Ihrem gütigen Andenken, und ich verharre hochachtungsvoll

Ihr gehorsamster Diener　　　　　　　　　　F. Schiller

(aus: Brief an Goethe, 23. 8. 1794)

Wollen wir manches durchsprechen

Von Johann Wolfgang Goethe

Zu meinem Geburtstag, der mir diese Woche erscheint, hätte mir kein angenehmer Geschenk werden können als Ihr Brief, in welchem Sie, mit freundschaftlicher Hand, die Summe meiner Existenz ziehen und mich, durch Ihre Teilnahme, zu einem emsigern und lebhafteren Gebrauch meiner Kräfte aufmuntern.

Reiner Genuß und wahrer Nutzen kann nur wechselseitig sein, und ich freue mich, Ihnen gelegentlich zu entwickeln: was mir Ihre Unterhaltung gewährt hat, wie ich von jenen Tagen an auch eine Epoche rechne, und wie zufrieden ich bin, ohne sonderliche Aufmunterung auf meinem Wege fortgegangen zu sein, da es nun scheint, als wenn wir, nach einem so unvermuteten Begegnen, miteinander fortwandern müßten. Ich habe den redlichen und so seltenen Ernst, der in allem erscheint, was Sie geschrieben und getan haben, immer zu schätzen gewußt, und ich darf nunmehr Anspruch machen, durch Sie selbst mit dem Gange Ihres Geistes, besonders in den letzten Jahren, bekannt zu werden. Haben wir uns wechselseitig die Punkte klar gemacht, wohin wir gegenwärtig gelangt sind, so werden wir desto ununterbrochner gemeinschaftlich arbeiten können.

Alles, was an und in mir ist, werde ich mit Freuden mitteilen. Denn da ich sehr lebhaft fühle, daß mein Unternehmen das Maß der menschlichen Kräfte und ihrer irdischen Dauer weit übersteigt, so möchte ich manches bei Ihnen deponieren und dadurch nicht allein erhalten, sondern auch beleben.

Wie groß der Vorteil Ihrer Teilnehmung für mich sein wird, werden Sie bald selbst sehen, wenn Sie, bei näherer Bekanntschaft, eine Art Dunkelheit und Zaudern bei mir entdecken werden, über die ich nicht Herr werden kann, wenn ich mich ihrer gleich sehr deutlich bewußt bin. Doch dergleichen Phänomene finden sich mehr in unsrer Natur, von der wir uns doch gerne regieren lassen, wenn sie nur nicht gar zu tyrannisch ist.

Ich hoffe bald einige Zeit bei Ihnen zuzubringen, und dann wollen wir manches durchsprechen (...)

Leben Sie recht wohl und gedenken mein in Ihrem Kreise.

Ettersburg, den 27. August 1794   Goethe

(aus: Brief an Schiller, 27. 8. 1794)

Endlich mit Vertrauen!

Von Friedrich Schiller

Bei meiner Zurückkunft von Weißenfels fand ich einen sehr herzlichen Brief von Goethe, der mir nun endlich mit Vertrauen entgegenkommt. Wir hatten vor sechs Wochen über Kunst und Kunsttheorien ein langes und breites gesprochen und uns die Hauptideen mitgeteilt, zu denen wir auf ganz verschiedenen Wegen gekommen waren. Zwischen diesen Ideen fand sich eine unerwartete Übereinstimmung, die um so interessanter war, weil sie wirklich aus der größten Verschiedenheit der Gesichtspunkte hervorging. Ein jeder konnte dem anderen etwas geben, was ihm fehlte, und etwas dafür empfangen. Seit dieser Zeit haben diese ausgestreuten Ideen bei Goethe Wurzel gefaßt, und er fühlt jetzt ein Bedürfnis, sich an mich anzuschließen und den Weg, den er bisher allein und ohne Aufmunterung betrat, in Gemeinschaft mit mir fortzusetzen.

(aus: Brief an Körner, 1. 9. 1794)

Die meiste Zeit mit Goethe
Von Friedrich Schiller

Ich bringe die meiste Zeit des Tages mit Goethen zu, so daß ich bei meinem langen Schlafen kaum für die nötigsten Briefe noch Zeit habe. Vor einigen Tagen waren wir von ½ 12 Uhr, wo ich angezogen war, bis nachts um 11 Uhr ununterbrochen beisammen. Er las mir seine ›Elegien‹, die zwar schlüpfrig und nicht sehr dezent sind, aber zu den besten Sachen gehören, die er gemacht hat. Sonst sprachen wir sehr viel von seinen und meinen Sachen, von anzufangenden und angefangenen Trauerspielen u. dgl. (. . .) Alsdann hat er mir vorgeschlagen, einen Briefwechsel mit ihm über Materien zu eröffnen, die uns beide interessieren, und dieser Briefwechsel soll dann in den ›Horen‹ gedruckt werden.

(aus: Brief an seine Frau, 20. 9. 1794)

Um Goethens willen lieb
Von Christian Gottfried Körner

Ich freue mich, daß Du den Meister beurteilen willst. Dich wird diese Beschäftigung interessieren, und Dich auf manche fruchtbare Ideen bringen. Und dann ist mirs um *Goethens* willen lieb. Um uns Werke von solchem Umfange zu liefern, bedarf es einer Aufmunterung. Für den deutschen Dichter gibt es keine Hauptstadt. Sein Publikum ist zerstreut und besteht aus einzelnen Köpfen, die seinen

Wert zu schätzen wissen, aber deren Stimme selten laut wird. Die unsichtbare Kirche bedarf eines Repräsentanten, sonst glaubt der Dichter in einer Wüste zu sein, und zu diesem Repräsentanten schickt sich niemand besser als Du.

(aus: Brief an Schiller, 8. 7. 1796)

Tabulae votivae und Xenien

Von Friedrich Schiller und Johann Wolfgang Goethe

An die Muse
Was ich ohne dich wäre, ich weiß es nicht; aber mir grauet,
Seh ich, was ohne dich Hundert' und Tausende sind.

Metaphysiker und Physiker
Alles will jetzt den Menschen von innen, von außen ergründen,
Wahrheit, wo rettest du dich hin vor der grausamen Jagd?

Die Systeme
Prächtig habt ihr gebaut. Du lieber Himmel! Wie treibt man,
Nun er so königlich wohnt, den Irrtum heraus?

Mein Glaube
Welche Religion ich bekenne? Keine von allen,
Die du mir nennst! »Und warum keine?« Aus Religion.

Schönheit
Schönheit ist ewig nur Eine, doch mannigfach wechselt das Schöne,
Daß es wechselt, das macht eben das Eine nur schön.

An die Dichter
Laß die Sprache dir sein, was der Körper den Liebenden; *er* nur
Ists, der die Wesen trennt und der die Wesen vereint.

Das Mittel
Willst du in Deutschland wirken als Autor, so triff nur tüchtig,
Denn zum Beschauen des Werks finden sich wenige nur.

Der Kunstgriff
Wollt ihr zugleich den Kindern der Welt und den Frommen gefal-
len?
Malet die Wollust – nur malet den Teufel dazu.

Amor als Schulkollege
Was das entsetzlichste sei von allen entsetzlichen Dingen?
Ein Pedant, den es jückt, locker und lose zu sein.

Das Deutsche Reich
Deutschland? aber wo liegt es? Ich weiß das Land nicht zu finden.
Wo das gelehrte beginnt, hört das politische auf.

Übertreibung und Einseitigkeit
Daß der Deutsche doch alles zu einem Äußersten treibet,
Für Natur und Vernunft selbst, für die nüchterne, schwärmt!

(aus: Musenalmanach, 1797)

An die Dichter der »Xenien«

Von August Wilhelm Schlegel

Monostrophische Ode in dem Silbenmaße
»Ehret die Frauen«

»Was einer einbrockt, das muß er auch essen.«
Hattet den rostigen Spruch ihr vergessen,
Als ihr die »Xenien« botet zum Schmaus?
Was ihr gefrevelt in schwärmender Jugend,
Kommt euch, bei reifender männlicher Tugend,
Auf dem Theater zu Hof und zu Haus.
»Stella«, »Clavigo«, »Kabale«, »Fiesko«,
»Räuber«, gemalt in dem krudesten Fresko,
Brüteten Iffland und Kotzebue aus.

(aus: Musenalmanach, 1832)

Das Distichon

Im Hexameter steigt des Springquells melodische Säule,
Im Pentameter drauf fällt sie melodisch herab.

(Goethe/Schiller)

Im Hexameter träumt der Held von unsterblichem Ruhme,
Im Pentameter drauf ist er unsterblich blamiert.

(Anonym)

Im Hexameter zieht der ästhetische Dudelsack Wind ein,
Im Pentameter drauf läßt er ihn wieder heraus.

(Matthias Claudius)

Elegien und Horen
mit »u«

Von Karl August Böttiger

Zu den merkwürdigsten Erscheinungen an unserm literarischen Himmel gehören Goethes »Elegien« im Sechsten Stück der »Horen«. Es brennt eine genialische Dichterglut darinnen, und sie stehn in unserer Literatur *einzig*. Aber alle ehrbaren Frauen sind empört über die bordellmäßige Nacktheit. Herder sagte sehr schön: er habe der Frechheit ein kaiserliches Insiegel aufgedrückt. Die Horen müßten nun mit einem »u« gedruckt werden.

(1788)

Ein Arschgesicht

Von N. N.

Der Weimarer Gymnasialdirektor Karl August Böttiger gehörte einige Jahre zu dem Freundeskreis um Goethe, Schiller, Herder und Wieland, bis es zu Zerwürfnissen kam und er als Studiendirektor an eine Dresdener Schule ging. Von dort intrigierte er wacker gegen die einstigen Freunde und setzte auch allerlei üble Gerüchte über sie in die Welt. Einmal, als Goethe zur Kur in Karlsbad weilte, kam er von einem Morgenspaziergang nach Hause und meinte: »In der Welt stößt man doch immer und allenthalben auf unsaubere Geister! Da habe ich von fern einen Mann vorbeirutschen sehen, und der Kerl hat mich ordentlich erschreckt: Ich glaubte, den leibhaftigen Böttiger erblickt zu haben!« – »Oh, Exzellenz«, erwiderte ein Freund, »Ihre Augen haben da nicht getrogen. Es war wirklich der leibhaftige Böttiger.« – Goethe, nach kurzem Besinnen: »Gottlob, gottlob, daß der Herr nicht noch ein zweites solches Arschgesicht geschaffen hat!«

(aus: Goethe – anekdotisch, hrsg. von Jörg Drews, o. J.)

Meister des Briefschlusses

Von Johann Wolfgang Goethe und Friedrich Schiller

Hochachtungsvoll verharre ich Euer Hochwohlgeboren gehorsamster Diener und aufrichtigster Verehrer

(Schiller an Goethe, 13. 6. 1794)

*

Leben Sie recht wohl und gedenken mein in Ihrem Kreise.

(Goethe an Schiller, 27. 8. 1794)

*

Alles bei uns empfiehlt sich Ihrem freundschaftlichen Andenken, und ich bin mit der herzlichsten Verehrung der Ihrige

(Schiller an Goethe, 31. 8. 1794)

*

Leben Sie recht wohl und grüßen die Ihrigen.

(Goethe an Schiller, 4. 9. 1794)

*

Wir alle empfehlen uns Ihrem Andenken bestens.

(Schiller an Goethe, 20. 10. 1794)

*

Leben Sie recht wohl und lassen mich unter den Ihrigen gegenwärtig sein.

(Goethe an Schiller, 25. 10. 1794)

*

Ganz der Ihrige. (Schiller an Goethe, 29. 11. 1794)

*

Leben Sie recht wohl und lassen mich nicht ferne von sich und den Ihrigen sein.

(Goethe an Schiller, 2. 12. 1794)

Da die Post sogleich abgeht, so habe ich nur soviel Zeit, um Ihnen für die Güte, mit der Sie meine Bemerkungen aufnahmen, und für den übrigen Inhalt Ihres Briefes von ganzem Herzen zu danken.

(Schiller an Goethe, 3. 12. 1794)

*

Leben Sie recht wohl und halten Sie sich frisch. Möchten Sie doch durch körperliche Zufälle nicht so oft in Ihrer schönen Geistestätigkeit gestört werden.

(Goethe an Schiller, 5. 12. 1794)

*

Mit meiner Gesundheit geht es heute wieder recht brav, und ich werde mich sogleich an das Avertissement machen. Ganz der Ihrige.

(Schiller an Goethe, 6. 12. 1794)

*

Leben Sie recht wohl. Nächstens mehr.

(Goethe an Schiller, 21. 2. 1795)

*

Alles empfiehlt sich Ihnen bestens.

(Schiller an Goethe, 8. 3. 1795)

*

Empfehlen Sie mich den Ihrigen.

(Goethe an Schiller, 11. 3. 1795)

*

Meine Frau empfiehlt sich Ihnen bestens. Leben Sie recht wohl und behalten uns in freundschaftlichem Angedenken.

(Schiller an Goethe, 6. 7. 1795)

*

Leben Sie recht wohl mit den Ihrigen und denken mein.

(Goethe an Schiller, 8. 7. 1795)

*

Leben Sie desto wohler und wärmer und gedenken mein.

(Goethe an Schiller, 19. 7. 1795)

Leben Sie recht wohl, und der Himmel bringe Sie gesund und heiter zurück.

(Schiller an Goethe, 20. 7. 1795)

*

Ich freue mich recht, Sie wieder zu sehen.

(Goethe an Schiller, 17. 10. 1795)

*

Meine Frau und Schwiegermutter, die auf einige Wochen hier ist, empfehlen sich.

(Schiller an Goethe, 19. 10. 1795)

*

Leben Sie recht wohl. Lieben Sie mich. Empfehlen Sie mich der lieben Frauen und Ihrer Frau Mutter. Das Schwiegertöchterchen säumt noch.

(Goethe an Schiller, 28. 10. 1795)

*

Haben Sie die neuen Musen-Almanache angesehen? Sie sind horribel. Leben Sie recht wohl.

(Schiller an Goethe, 1. 11. 1795)

*

Leben Sie recht wohl! Mögen wir recht lange uns der Unsrigen und unserer Freundschaft erfreuen. Zum neuen Jahre hoffe ich Sie wieder auf einige Zeit zu besuchen.

(Goethe an Schiller, 21. 11. 1795)

*

Leben Sie recht wohl. Ich freue mich, wenn wir nach Neujahr wieder eine Strecke lang miteinander leben können.

(Schiller an Goethe, 23. 11. 1795)

*

Grüßen Sie Humboldt recht vielmals und sagen mir bald ein Wort, wie Sie sich befinden, und wie Ihre Arbeit gelingt.

(Goethe an Schiller, 5. 12. 1796)

Herzlich grüßen wir Sie alle.

(Schiller an Goethe, 6. 12. 1796)

*

Leben Sie recht wohl und grüßen alles, was Sie umgibt.

(Goethe an Schiller, 7. 12. 1796)

*

Ich umarme Sie von ganzem Herzen.

(Schiller an Goethe, 9. 12. 1796)

*

Leben Sie recht wohl, grüßen alles und erhalten mir Ihre so wohlgegründete Freundschaft und Ihre so schön gefühlte Liebe, und sein Sie das Gleiche von mir überzeugt.

(Goethe an Schiller, 10. 12. 1796)

*

Leben Sie recht wohl, mein teurer, mir immer teurerer Freund. Mich umgeben noch immer die schönsten Geister, die Sie mir hier gelassen haben, und ich hoffe immer vertrauter damit zu werden. Leben Sie recht wohl.

(Schiller an Goethe, 4. 4. 1797)

*

Leben Sie recht wohl, grüßen die Ihrigen und lassen von meinen Briefen, außer den Nächsten, niemand nichts wissen noch erfahren.

(Goethe an Schiller, 17. 8. 1797)

*

Leben Sie wohl. Sehen Sie doch das Blatt an, worein ich packe.

(Schiller an Goethe, 15. 9. 1797)

*

Leben Sie wohl und lieben mein liebendes Individuum trotz allen seinen Ketzereien.

(Goethe an Schiller, 5. 5. 1798)

Meine Frau grüßt.
                           (Schiller an Goethe, 9. 11. 1798)

*

Leben Sie recht wohl, ich sage nichts weiter.
                           (Goethe an Schiller, 10. 11. 1798)

*

Leben Sie recht wohl in Ihren jetzigen Zerstreuungen. Wie wünschte ich, daß Sie mir Ihre Muse, die Sie jetzt gerade nicht brauchen, zu meiner jetzigen Arbeit leihen könnten.
                           (Schiller an Goethe, 30. 11. 1798)

*

Leben Sie recht wohl und verzeihen Sie der abermaligen Unfruchtbarkeit dieses Briefes, der ich durch eine Portion Rüben nachzuhelfen suche.
                           (Goethe an Schiller, 6. 3. 1799)

*

Leben Sie recht wohl für heute. Meine Frau, die nicht ganz wohl war, aber wieder besser ist, grüßt herzlich. Für die Rüben danken wir schön.
                           (Schiller an Goethe, 7. 3. 1799)

*

Leben Sie recht wohl und fleißig.
                           (Goethe an Schiller, 26. 6. 1799)

*

Leben Sie aufs beste wohl. Die Frau grüßt Sie. Den August haben wir gestern hier gehabt.
                           (Schiller an Goethe, 19. 7. 1799)

*

Leben Sie recht wohl. August hat sich sehr gefreut, Karl und auch Ernstchen wieder zu sehen, von dem er viel erzählt hat.
                           (Goethe an Schiller, 20. 7. 1799)

In der Komödie sehe ich Sie heute wohl?

(Schiller an Goethe, 14. 11. 1803)

*

Tausend Lebewohl! im himmlischen Sinne.

(Goethe an Schiller, 13. 12. 1803)

*

Leben Sie recht wohl, bleiben Sie gesund und heiter, und fahren Sie säuberlich mit der Pilgerin, die zu Ihnen wallet. Sowie ich etwas Näheres erfahre, gebe ich Ihnen Nachricht.

(Schiller an Goethe, 14. 12. 1803)

Halluzination

Von Karl Kraus

Zum zweihundertsten Geburtstag der Mutter Goethes
Von
Friedrich Schiller
Aber nein, es ist ein Kommerzialrat.

(aus: Die Fackel, 847–51, 1931)

Das ist Deutsch

Von Edgar Allan Poe

›Und sterb ich doch, so sterb ich denn
Durch sie – durch sie?‹

Das ist Deutsch – von Schiller – und heißt, was es heißt.

(aus: Wie man einen Blackwood-Artikel schreibt, 1838)

Reisebetrachtungen

Von Franz Kafka

29. September. Goethes Tagebücher. Ein Mensch, der kein Tagebuch hat, ist einem Tagebuch gegenüber in der falschen Position. Wenn er zum Beispiel in Goethes Tagebüchern liest: »11. 1. 1797. Den ganzen Tag zu Hause mit verschiedenen Anordnungen beschäftigt«, so scheint es ihm, er selbst hätte noch niemals an einem Tag so wenig gemacht.

Reisebetrachtungen Goethes anders als die heutigen, weil sie aus einer Postkutsche gemacht und mit den langsamen Veränderungen des Geländes sich einfacher entwickeln und viel leichter selbst von demjenigen verfolgt werden können, der jene Gegenden nicht kennt. Ein ruhiges, förmlich landschaftliches Denken tritt ein. Da die Gegend unbeschädigt in ihrem eingeborenen Charakter dem Insassen des Wagens sich darbietet und auch die Landstraßen das Land viel natürlicher schneiden als die Eisenbahnstrecken, zu denen sie vielleicht im gleichen Verhältnis stehn wie Flüsse zu Kanälen, so braucht es auch beim Beschauer keiner Gewalttätigkeiten und er kann ohne große Mühe systematisch sehn. Augenblicksbeobachtungen gibt es daher wenige, meist nur in Innenräumen, wo bestimmte Menschen gleich grenzenlos einem vor den Augen aufbrausen, zum Beispiel österreichische Offiziere in Heidelberg, dagegen ist die Stelle von den Männern in Wiesenheim der Landschaft näher, »sie tragen blaue Röcke und mit gewirkten Blumen verzierte weiße Westen« (nach dem Gedächtnis zitiert). Viel über den Rheinfall bei Schaffhausen niedergeschrieben, mitten drin mit größeren Buchstaben: »Erregte Ideen.«

(aus: Tagebücher, 1911)

Der Grüß-Meyer

Von Johann Wolfgang Goethe und Friedrich Schiller

I

Vielleicht besuch ich Sie bald mit Meyer (. . .)

                        (Goethe an Schiller, 28. 10. 1794)

*

Meyer grüßt vielmals.

                        (Goethe an Schiller, 6. 12. 1794)

*

Meyer grüßt.

                        (Goethe an Schiller, 2. 1. 1795)

*

Meyer kommt mit und grüßt Sie bestens.

                        (Goethe an Schiller, 7. 1. 1795)

*

Meyern bitte ich mich recht freundschaftlich zu empfehlen.

                        (Schiller an Goethe, 7. 1. 1795)

*

Meyer grüßt.

                        (Goethe an Schiller, 27. 1. 1795)

*

Meyer grüßt vielmals.

                        (Goethe an Schiller, 11. 2. 1795)

*

(. . .) und Meyern bitte ich von meiner Seite bestens zu grüßen (. . .)

                        (Schiller an Goethe, 22. 2. 1795)

Meyer bitte ich herzlich zu grüßen.

(Schiller an Goethe, 19. 3. 1795)

*

Meyer grüßt, er ist auf alle Weise fleißig.

(Goethe an Schiller, 21. 3. 1795)

*

An Meyern bitte meinen herzlichen Gruß zu machen.

(Schiller an Goethe, 4. 5. 1795)

*

Meyer ist sehr fleißig.

(Goethe an Schiller, 12. 5. 1795)

*

Meyern wünsche viel Glück zu seiner Arbeit. Grüßen Sie ihn herzlich von mir.

(Schiller an Goethe, 15. 5. 1795)

*

Meyer grüßt und ist sehr fleißig.

(Goethe an Schiller, 10. 6. 1795)

*

Meyern bitte recht schön zu grüßen.

(Schiller an Goethe, 12. 6. 1795)

*

Ich sehne mich, Sie bald zu sehen und unsern Freund Meyer.

(Schiller an Goethe, 17. 7. 1795)

*

Meyer grüßt vielmals.

(Goethe an Schiller, 18. 8. 1795)

*

Meyer grüßt.

(Goethe an Schiller, 24. 8. 1795)

Meyer bereitet sich zur Abreise (...)

(Goethe an Schiller, 14. 9. 1795)

*

Meyer packt (...)

(Goethe an Schiller, 26. 9. 1795)

II

Von Meyern habe ich einen Brief von München mit sehr schönen Nachrichten von diesem Orte (...)

(Goethe an Schiller, 1. 11. 1795)

*

Von Meyern habe ich einen Brief aus Rom, er ist glücklich daselbst angelangt und sitzt nun freilich im Rohre (...)

(Goethe an Schiller, 30. 12. 1795)

*

Ich habe einen gar schönen und guten Brief von Meyer erhalten, der seinen Zustand recht deutlich darstellt (...)

(Goethe an Schiller, 30. 1. 1796)

*

Meyers Briefe bringen Sie wohl mit, wenn Sie herkommen. Ich bin sehr erwartend (...)

(Schiller an Goethe, 31. 1. 1796)

*

Meyer hat wieder geschrieben (...)

(Goethe an Schiller, 12. 2. 1796)

*

Meyer hat wieder geschrieben.

(Goethe an Schiller, 13. 2. 1796)

*

Ich habe zwei Briefe von Meyer erhalten, die mich sehr beruhigen.

(Goethe an Schiller, 22. 7. 1796)

Ich schicke hier einen guten Brief von Meyer; es ist der zweite den ich von Florenz erhalte (...)

(Goethe an Schiller, 26. 7. 1796)

*

Meyers Stimme aus Florenz hat mich recht erquickt und erfreut.

(Schiller an Goethe, 28. 7. 1796)

*

Des guten Meyers Beobachtungen schmerzen mich (...)

(Goethe an Schiller, 2. 8. 1796)

*

Meyer hat geschrieben und ist recht gutes Mutes.

(Goethe an Schiller, 13. 8. 1796)

*

Meyer hat wieder geschrieben (...)

(Goethe an Schiller, 29. 9. 1796)

*

Meyer grüßt schönstens; er hält sich sehr wacker in Florenz.

(Goethe an Schiller, 13. 11. 1796)

*

Meyer grüßt herzlich von Florenz.

(Goethe an Schiller, 19. 11. 1796)

*

Es ist mir dieser Tage der Brief von Meyern wieder in die Hände gefallen, worin er den ersten Teil seiner Reise bis Nürnberg beschreibt. Dieser Brief gefällt mir gar wohl (...)

(Schiller an Goethe, 10. 2. 1797)

*

Meyer grüßt aufs beste (...)

(Goethe an Schiller, 18. 2. 1797)

Von Meyer habe ich die Zeit nichts wieder gehört.

(Goethe an Schiller, 1. 7. 1797)

Es wird doch nichts passiert sein?

*

Von Meyer habe ich noch nichts vernommen.

(Goethe an Schiller, 5. 7. 1797)

*

Ich versäume nicht, Ihnen sogleich das Briefchen zu schicken, das ich soeben von Meyer erhalte.

(Goethe an Schiller, 7. 7. 1797)

*

Da unser Freund Meyer wieder auf nordischem Grund und Boden gerettet ist, so seh ich manches Gute voraus.

(Goethe an Schiller, 8. 7. 1797)

*

Meyers glückliche Ankunft (. . .) haben mich herzlich gefreut.

(Schiller an Goethe, 10. 7. 1797)

III

Auch ist die berühmte Marianna Meyer hier; es ist schade, daß sie nicht einige Tage früher kam, ich hätte doch gewünscht, daß Sie dieses sonderbare Wesen hätten kennen lernen.

(Goethe an Schiller, 26. 7. 1797)

Wohl verrückt geworden?

*

Grüßen Sie Meyern.

(Schiller an Goethe, 15. 9. 1797)

Na also!

Leben Sie wohl und Meyern sagen Sie die freundschaftlichsten Grüße von uns.

(Schiller an Goethe, 22. 9. 1797)

*

Meyern viele Grüße.

(Schiller an Goethe, 2. 10. 1797)

*

Herzlich willkommen war mir Ihr und Meyers Brief, den ich vor wenigen Stunden erhalten (...) herzlich begrüßen wir Sie und Meyern, dem ich für seinen Brief schönstens danke.

(Schiller an Goethe, 6. 10. 1797)

Na, na! Nicht gleich übertreiben.

*

Meyer grüßt schönstens.

(Goethe an Schiller, 17. 10. 1797)

*

Leben Sie recht wohl mit Meyern, den wir herzlich grüßen.

(Schiller an Goethe, 30. 10. 1797)

*

Meyer grüßt.

(Goethe an Schiller, 10. 11. 1797)

*

Meyern grüße ich.

(Schiller an Goethe, 22. 11. 1797)

*

An Meyern viele Grüße.

(Schiller an Goethe, 24. 11. 1797)

*

Leben Sie recht wohl mit unserm Freunde Meyer.

(Schiller an Goethe, 28. 11. 1797)

Leben Sie recht wohl und erfreuen Sie sich mit Meyern Ihrer erbeuteten Kunstschätze (...)

        (Schiller an Goethe, 1. 12. 1797)

     *

Die schönen Sachen von Meyer zu sehen, wäre wohl eine Spazierfahrt wert.

        (Goethe an Schiller, 6. 12. 1797)

     *

Dem alten Meyer freue ich mich auch etwas von dem Wallenstein zu zeigen.

        (Schiller an Goethe, 8. 12. 1797)

     *

Grüßen Sie Meyern.

        (Schiller an Goethe, 12. 12. 1797)

     *

Leben Sie wohl und grüßen Sie Meyern.

        (Schiller an Goethe, 12. 1. 1798)

     *

Meyer ist fleißig und grüßt schönstens.

        (Goethe an Schiller, 24. 1. 1798)

     *

Meyer ist voller Verwunderung, der sich sonst nicht leicht verwundert.

        (Goethe an Schiller, 3. 2. 1798)

     *

Meyern recht viele Grüße.

        (Schiller an Goethe, 20. 2. 1798)

     *

und so fortan.

Ich kann den Menschen nicht vergessen

Von Bernhard Rudolf Abeken

Die Schauspielerin Wolff erzählte einmal, als sie den Epilog zu Schillers Glocke bei Goethe einübte, daß er bei einem besonders treffenden Worte sie faßte, mit den Worten: Ich kann, ich kann den Menschen nicht vergessen! sie unterbrach und eine Pause, um sich zu erholen, verlangte.

Ein andermal habe sie, da sie die Eugenie habe spielen sollen, bei Goethe in seinem Zimmer allein Leseprobe gehabt. Als sie an das Ende des vorletzten Monologs gekommen:

Und wenn ich dann vom Unbill dieser Welt
Nichts mehr zu fürchten habe, spült zuletzt
Mein bleichendes Gebein dem Ufer zu,
daß eine fromme Seele mir das Grab
Auf heimschem Boden wohlgesinnt bereite –

habe Goethe sein Gefühl bewältigt; mit Tränen im Auge habe er sie innezuhalten gebeten.

(1805)

Aus Schonung und Delikatesse

Von Karl Friedrich Reinhard

Allerdings, sagte Goethe, muß man meine Sprache erst eine Zeitlang hören, um mich zu verstehen, da ich mit niemandem spreche als mit Männern, die mich fassen können, wie Sie z. B., so habe ich mich verwöhnt, besonders mit Schiller. Da ging es Schlag auf Schlag.

Schiller war im höchsten Grade Idealist und reflektierend, schon in unsern Ansichten über Poesie gingen wir durchaus voneinander ab. Er war für die moderne sentimentale, reflektierende Poesie, mir war diese ein Greuel, da ich die alte, naive durchaus vorzog. Diese Verschiedenheit kränkte Schiller. Aus Schonung und Delikatesse hörten wir endlich auf zu streiten, aber Schiller behielt es auf dem Herzen (. . .)

Von Schiller sagte er noch: Es ist unglaublich, wie dieser Mann sich in den letzten Jahren ausgebildet, wie frei er sich bewegt hat. Seit zehn oder zwölf Jahren glaubte man, er könnte kein Jahr mehr leben; man hatte sich daran gewöhnt und glaubte nicht mehr, daß er sterben könnte.

(aus: Tagebuch 30. 5./10. 6. 1807)

Schillers Reliquien

Von Johann Wolfgang Goethe

Im ernsten Beinhaus wars, wo ich beschaute,
    Wie Schädel Schädeln angeordnet paßten;
    Die alte Zeit gedacht ich, die ergraute.
Sie stehn in Reih geklemmt, die sonst sich haßten,
    Und derbe Knochen, die sich tödlich schlugen,
    Sie liegen kreuzweis, zahm allhier zu rasten.
Entrenkte Schulterblätter! was sie trugen
    Fragt niemand mehr, und zierlich tätge Glieder,
    Die Hand, der Fuß, zerstreut aus Lebensfugen.
Ihr Müden also lagt vergebens nieder,
    Nicht Ruh im Grabe ließ man euch, vertrieben
    Seid ihr herauf zum lichten Tage wieder,
Und niemand kann die dürre Schale lieben,
    Welch herrlich edlen Kern sie auch bewahrte.
    Doch mir Adepten war die Schrift geschrieben,
Die heilgen Sinn nicht jedem offenbarte,
    Als inmitten solcher starren Menge
    Unschätzbar herrlich ein Gebild gewahrte,

Daß in des Raumes Moderkält und Enge
　Ich frei und wärmefühlend mich erquickte,
　Als ob ein Lebensquell dem Tod entspränge.
Wie mich geheimnisvoll die Form entzückte!
　Die gottgedachte Spur, die sich erhalten!
　Ein Blick, der mich an jenes Meer entrückte,
Das flutend strömt gesteigerte Gestalten.
　Geheim Gefäß, Orakelsprüche spendend,
　Wie bin ich wert, dich in der Hand zu halten?
Dich höchsten Schatz aus Moder fromm entwendend
　Und in die freie Luft, zu freiem Sinnen,
　Zum Sonnenlicht andächtig hin mich wendend!
Was kann der Mensch im Leben mehr gewinnen,
　Als daß sich Gott-Natur ihm offenbare?
　Wie sie das Feste läßt zu Geist gerinnen,
　Wie sie das Geisterzeugte fest bewahre.

(1829)

Bewegt gar wunderlich

Von Wilhelm von Humboldt

Heute nachmittag habe ich bei Goethe Schillers Schädel gesehen. Goethe und ich – Riemer war noch dabei – haben lange davor gesessen, und der Anblick bewegt einen gar wunderlich... Goethe hat den Kopf in seiner Verwahrung und zeigt ihn niemand. Ich bin der einzige, der ihn bisher gesehen, und er hat mich sehr gebeten, es hier nicht zu erzählen.

Zuerst mußt Du wissen, daß man den Kopf nicht absichtlich vom Rumpf getrennt hat. Die oberen Särge hatten in dem Gewölbe, wo Schiller vorläufig hingestellt war, die unteren zerbrochen. Das Gewölbe war außerdem feucht gewesen. So waren die Gebeine der einzelnen Begrabenen auseinandergegangen und lagen entblößt. Man suchte nach den Schillerschen und fand das ganze Skelett bis auf einige Teile. Goethe nahm nur den Schädel und ließ die übrigen Gebeine in der Bibliothek in einen Kasten niederlegen. Da sollen diese ruhen, bis er selbst stirbt. Dann hat er auf dem neuen Kirchhof, wo sich auch der Großherzog eine Familiengruft errichtet hat, eine Gruft neben dieser zurichten lassen. In dieser will er dann mit Schiller begraben sein ...

Daß man bei der Niederlegung des Kopfes Reden gehalten, daß Schillers Sohn [Ernst] dabei tätig gewesen ist, alles das ist gegen Goethes Absicht geschehen, der auch keinen Teil daran genommen. Er ist vielmehr den Tag verreist. Goethes Absicht ist allein gewesen, die Gebeine und besonders den Schädel herauszufinden, hervorzusondern von den übrigen, die durch eine Art Nachlässigkeit im Gewölbe vermischt lagen, und sie schicklich und anständig aufzubewahren, bis man sie der Erde auf eine angemessene Weise zurückgeben könnte.

So, liebe Li, wirst Du auch nichts hierin finden, das irgendeine Zartheit verletzte. Vielmehr liegt in der Vereinigung zweier großer Männer, die sich so nahe im Leben standen, auch im Grabe etwas Schönes und edel Empfundenes.

Goethe spricht von seinem eigenen Tode mit einer großen Ruhe und Gelassenheit, mit mehr selbst, als ich erwartet hätte. Ich glaube aber, daß glücklicherweise der Zeitpunkt noch weit entfernt ist. Er hat eigentlich weder Krankheit noch Krankheitsstoff, wie es scheint. Ein großer Beweis dafür ist, daß er, der sonst so regelmäßig ein Bad besuchte, jetzt ohne allen Schaden nun schon zwei- oder gar dreimal die Kur unterlassen hat. Er ist kräftig, heiter und sehr produktiv, auch an allem mehr oder weniger Anteil nehmend. Er hatte ein Geschwulst der Ohrdrüse (Parotis), die aufging und mehrere Monate lang in Eiterung geblieben ist. Man glaubt, daß ihm dies heilsam geworden ist, und merkwürdig ist es, daß, da man alles tat, um ein Zuheilen absichtlich zu verhindern, das Geschwür sich von selbst geschlossen und die Eiterung nach und nach aufgehört und daß er auch davon keinen Nachteil gespürt hat. Alle seine Sinne sind noch von gewohnter Schärfe (...)

Goethe ißt indes doch ziemlich stark. Im Lauf des Vormittags trinkt er ein großes Wasserglas Wein und ißt Brot dazu, und am

Weihnachtsfeiertag sah ich ihn des Morgens eine solche Portion Napfkuchen zu dem Wein verzehren, daß es mich wirklich wunderte.

(Brief an seine Frau, 29. 12. 1826)

Schillers Schädel

Von Kay Borowsky

Als Schiller tot war, blieb nur noch der Schädel von ihm übrig, der Körper verschwand irgendwohin, wahrscheinlich haben ihn die Freimaurer gestohlen. Zur Totenfeier lud man Goethe ein, die Rede zu halten. Als Goethe den Rest des armen Schiller sah, konnte er nur ›o je‹ sagen, mehr brachte er nicht heraus. Er soll eine ganze Stunde stumm dagestanden sein, sich am Kopf gekratzt und ›o je‹ gemurmelt haben. Erst später, im Wirtshaus, als er mehrere Flaschen seines Lieblingsweins, des ›Eilfers‹ von 1811, auch ›Kometenwein‹ genannt, getrunken hatte, entrang sich ihm ein Stoßseufzer, der ein wenig deutlicher war: »Der arme Schiller!«

Trotzdem berichten uns die Literaturwissenschaftler von einer Goetheschen »Rede auf Schillers Schädel« – immer müssen diese Leute aus einer Mücke einen Elefanten machen.

(aus: Goethe liebte das Seilhüpfen, Eine sehr vertrackte Literaturgeschichte von Goethe bis Handke, 1980)

Weimar 1797

Von Garlieb Merkel

Die Versammlung war diesen Abend sehr zahlreich, d. h., fast ganz Weimar war da, ausgenommen der Hof und die drei literarischen Heroen, Herder, Wieland und Goethe. Übrigens lernte ich die ganze obere ästhetische Beamtenwelt mit ihren gleichfalls ästhetischen Familien kennen und den feineren Gesellschaftston Weimars, den sonderbarsten, den ich irgendwo bemerkt habe. Man hat eine Schreibart, die man poetische Prosa nennt: der hiesige Ton hätte sehr gut prosaische Poesie genannt werden können. Er war zusammengesetzt aus Kleinstädterei, höfischen Rücksichten und literarischer Wichtigtuerei. Die Ereignisse in der Literatur wurden wie Stadtneuigkeiten besprochen und diese als literarische Konsequenzen. Besonders fiel es mir auf, immer nur vom *Hofrat* Wieland, *Geheimen Rat* Goethe, *Vizepräsidenten* Herder sprechen zu hören. Man nannte sie gar nicht ohne den Titel. Ich flüsterte Weyland zu, diese Titel gemahnten mich bei diesen Männern wie die Deckel, die man um Bücher schlüge, damit sie selbst nicht vernutzt würden. Er lächelte zwar, aber es schien ihn zu verletzen. Eigentlich war jener Gebrauch eine Artigkeit der Sprechenden gegen sich selbst. In der ganzen Gesellschaft war wahrscheinlich, mich ausgenommen, kein einziger Unbetitelter, selbst unter den wenigen Kaufleuten, und so setzte sich denn jeder, wenn er die großen Dichter auch bei dem Titel nannte, mit ihnen in dieselbe Kategorie. Der Gebrauch fing damals schon an in Deutschland allgemein zu werden, daß jeder Schriftsteller mit einem Titel begabt wurde oder sich begaben ließ, für Geld und gute Worte. Ich betrachtete es daher bald als Lebensregel, besonders bei Schriftstellern: Quilibet praesumitur – Rat, donec probetur contrarium. Ich täuschte mich fast nie, machte aber oft die Erfahrung, daß der Deckel mehr wert war als das Buch.

(aus: Darstellungen und Charakteristiken aus meinem Leben, 1840)

Ein höchst widerlicher Eindruck
Von Garlieb Merkel

Wie gesagt: die Xenien waren soeben erschienen, als ich nach Jena kam. Die eigentliche Veranlassung dieser »Saat von zehntausend Pfeilen«, durch die sie fast entschuldigt wird, war mir unbekannt:

sie taten also ungefähr dieselbe Wirkung auf mich wie auf jedermann: sie ergötzten und empörten mich. Eben hatt' ich das Büchelchen eines Tages mit Unwillen auf den Tisch geworfen, als ich eine Einladung von Loder erhielt, mit der Bemerkung, Goethe brächte den Abend bei ihm zu. Bei meinem Eintritt in den Gesellschaftssaal fand ich eine hohe, stattliche Gestalt, mit einem Gesicht voll ruhiger Größe und – Stolz, an den Spiegeltisch in der hellsten Beleuchtung lehnen, und die meisten Professoren von Jena, alle im möglichsten Putz, bildeten einen ehrfurchtsvoll lauschenden Zirkel um sie her.

Den ganzen Nachmittag war ich mit mir selbst uneins gewesen, ob das glänzendste Genie eines Dichters wohl hinreichen *sollte,* ihm ein solches Produkt desselben, wie die Xenien waren, verzeihen zu lassen – und hier fand ich den Hauptverfasser derselben, wie er sich mit hohem Selbstgefühl huldigen ließ. Noch dazu waren unter den Ehrfurchtsvollen manche der Verhöhnten selbst. Diese Erscheinung machte einen höchst widerlichen Eindruck auf mich, der nie ganz verwischt worden ist.

Loder stellte mich Goethen vor. Nach ein paar gewechselten Worten zog ich mich *in* den Halbkreis, nach einigen Minuten *aus* demselben zurück und suchte Goethe weder an diesem Abend, noch während der drei folgenden Jahre, von denen ich den größten Teil in seinem Wohnort zubrachte, jemals wieder nahe zu kommen. Das entgegengesetzte Betragen wäre unstreitig klüger gewesen: aber die allgemeine Stimme in Weimar über ihn hatte nichts, das mich dazu aufmuntern konnte.

(aus: Goethe, 1824)

Goethe als Treppenbauer

Von Johann Wolfgang Goethe

In seinem Tagebuch entwirft Goethe am 7. 8. 1797 in Frankfurt eine Treppe, deren Stufen rot-weiß abgesetzt sind.

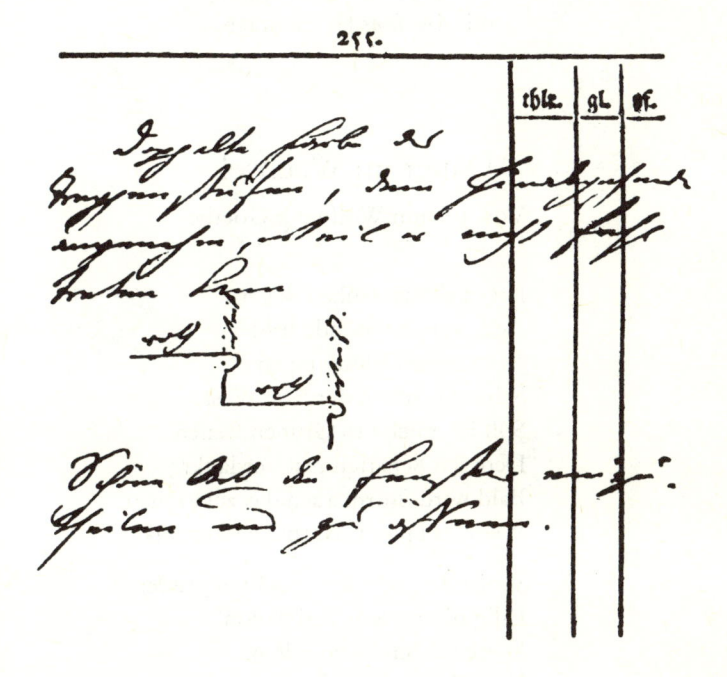

Doppelte Farbe der
Treppenstufen, dem Hinabgehenden
angenehm, weil er nicht fehl
treten kann.

(aus: G. Femmel, Corpus der Goethe-Zeichnungen, Bd. V A, Nr. 384, Leipzig 1958)

Goethe sieht traurig
Von Clemens Brentano

Herder ist von uns gegangen
Goethe sieht ihm traurig nach
Wieland trocknet seine Wangen
Und *Amaliens* Herze brach.

(1803)

Dauer im Wechsel
Von Johann Wolfgang Goethe

Hielte diesen frühen Segen,
Ach, nur *eine* Stunde fest!
Aber vollen Blütenregen
Schüttelt schon der laue West.
Soll ich mich des Grünen freuen,
Dem ich Schatten erst verdankt?
Bald wird Sturm auch das zerstreuen,
Wenn es falb im Herbst geschwankt.

Willst du nach den Früchten greifen,
Eilig nimm dein Teil davon!
Diese fangen an zu reifen,
Und die andern keimen schon.
Gleich mit jedem Regengusse
Ändert sich dein holdes Tal,
Ach, und in demselben Flusse
Schwimmst du nicht zum zweitenmal!

Du nun selbst! Was felsenfeste
Sich vor dir hervorgetan,
Mauern siehst du, siehst Paläste
Stets mit andern Augen an.

Weggeschwunden ist die Lippe,
Die im Kusse sonst genas,
Jener Fuß, der an der Klippe
Sich mit Gemsenfreche maß.

Jene Hand, die gern und milde
Sich bewegte wohlzutun,
Das gegliederte Gebilde,
Alles ist ein andres nun.
Und was sich an *jener* Stelle
Nun mit deinem Namen nennt,
Kam herbei wie eine Welle,
Und so eilts zum Element.

Laß den Anfang mit dem Ende
Sich in *eins* zusammenziehn!
Schneller als die Gegenstände
Selber dich vorüberfliehn!
Danke, daß die Gunst der Musen
Unvergängliches verheißt:
Den Gehalt in deinem Busen
Und die Form in deinem Geist.

(1803)

Doch nur Kalendersprüch!

Von Ödön von Horváth

VALERIE Mariann! Hier wird jetzt versöhnt!

MARIANNE *deutet auf Alfred* Aber nicht mit dem!

VALERIE Auch mit dem! Alles oder nichts! Auch das ist doch nur ein Mensch!

ALFRED Ich danke dir.

MARIANNE Gestern hast du noch gesagt, daß er ein gemeines Tier ist.

VALERIE Gestern war gestern, und heut ist heut, und außerdem
kümmer dich um deine Privatangelegenheiten.
ALFRED Nur wer sich wandelt, bleibt mit mir verwandt.
OSKAR *zu Marianne*
    Denn so lang du dies nicht hast,
    Dieses »Stirb und Werde«,
    Bist du noch ein trüber Gast
    Auf der dunklen Erde!
MARIANNE *grinst* Gott, seid ihr gebildet –
OSKAR Das sind doch nur Kalendersprüch!
VALERIE Sprüch oder nicht Sprüch!

                        (aus: Geschichten aus dem Wienerwald, 1931)

Der Gott und die Bajadere

Von Bertolt Brecht

O bittrer Argwohn unsrer Mahadöhs
Die Huren möchten in den Freudenhäusern
Wenn sie die vorgeschriebne Wonne äußern
Nicht ehrlich sein. Das wäre aber bös.

Wie schön singt jener, der das alles weiß
Von jener einzigen, um die's ihm leid war
Um den von Anfang ausgemachten Preis.

Wie streng er prüfte, ob sie ihn auch liebte!
Ausdrücklich heißt's, er hab ihr Pein bereitet . . .
Sechs waren schon geprüft, doch erst die siebte

Vergoß die Tränen, als sie ihn verlor!
Doch wie belohnte er sie auch: beneidet
Von allen hob er sie am Schluß empor!

             (Über Goethes Gedicht »Der Gott und die Bajadere«,
                                            1938)

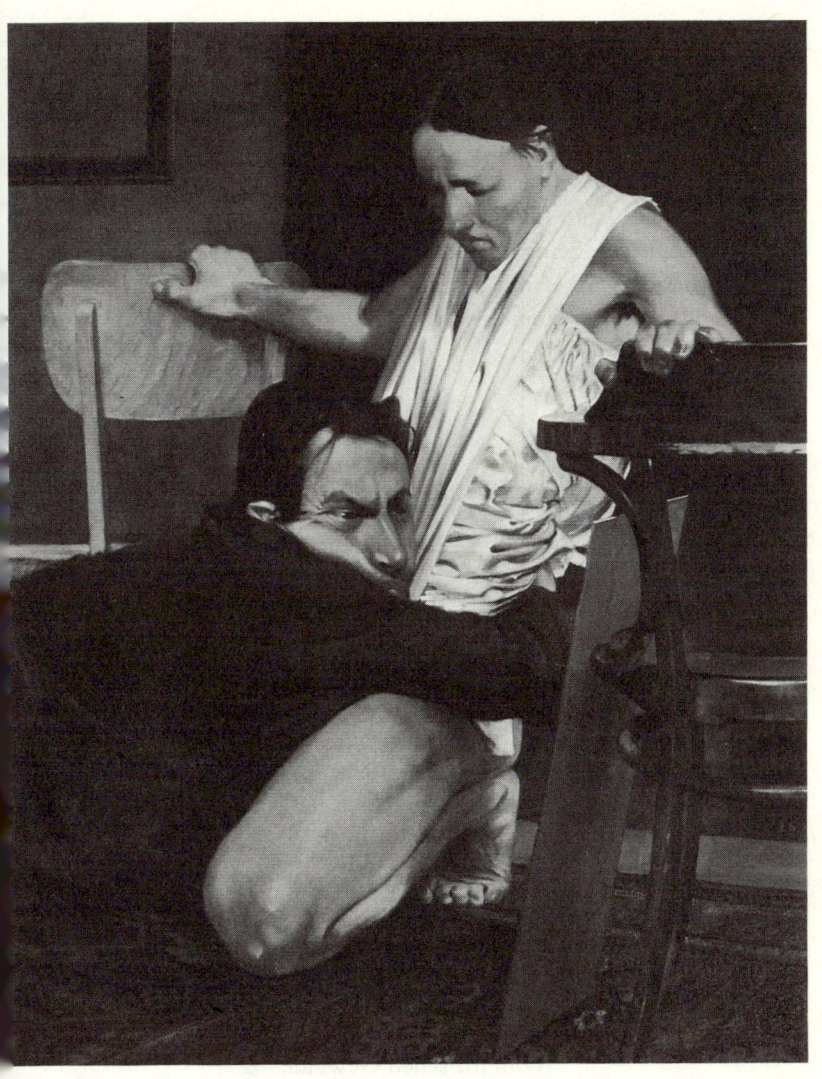

Johannes Grützke: Hermann und Dorothea, 1978

Tumult zuwider

Von Wolfgang Harich

Goethe verhielt sich zu der Umwälzung in Frankreich von vornherein ablehnend; nicht aus konservativem Parteigeist oder moralisierender Entrüstung – darüber war er erhaben –, wohl aber, weil er Unruhe und Unordnung, die in seine Bildungskreise einzubrechen drohten, haßte. Seine Einstellung glich der des Erasmus zur Reformation. Obwohl er mit den sozialen Inhalten des Geschehens im Grunde übereinstimmte, waren ihm die tumultuosen Formen zuwider.

(aus: Jean Pauls Revolutionsdichtung, 1974)

Nachtgesang

Von Johann Wolfgang Goethe

O gib, vom weichen Pfühle,
Träumend, ein halb Gehör!
Bei meinem Saitenspiele
Schlafe! Was willst du mehr?

Bei meinem Saitenspiele
Segnet der Sterne Heer
Die ewigen Gefühle;
Schlafe! Was willst du mehr?

Die ewigen Gefühle
Heben mich, hoch und hehr,
Aus irdischem Gewühle;
Schlafe! Was willst du mehr?

Vom irdischen Gewühle
Trennst du mich nur zu sehr,
Bannst mich in diese Kühle;
Schlafe! Was willst du mehr?

Bannst mich in diese Kühle,
Gibst nur im Traum Gehör.
Ach, auf dem weichen Pfühle
Schlafe! Was willst du mehr?

(ca. 1802)

Allzusehr die ewigen Gefühle

Von Joseph von Eichendorff

Ach, von dem weichen Pfühle,
Was treibt dich irr umher?
Bei meinem Saitenspiele
Schlafe, was willst du mehr?

Bei meinem Saitenspiele
Heben dich allzusehr
Die ewigen Gefühle;
Schlafe, was willst du mehr?

Die ewigen Gefühle,
Schnupfen und Husten schwer,
Ziehn durch die nächtge Kühle;
Schlafe, was willst du mehr?

Ziehn durch die nächtge Kühle
Mit den Verliebten her,
Hoch auf schwindlige Pfühle;
Schlafe, was willst du mehr?

Hoch auf schwindligem Pfühle
Zähle der Sterne Heer;
Und so dir das mißfiele:
Schlafe, was willst du mehr?

(1815)

Schlafe, mein Volk, schlaf aus!

Von Hoffmann von Fallersleben

Wo sind noch Würm' und Drachen,
Riesen mit Schwert und Speer?
Was kannst du weiter machen?
Schlafe! was willst du mehr?

Du hast genug gelitten
Qualen in Kampf und Strauß;
Du hast genug gestritten –
Schlafe, mein Volk, schlaf aus!

Wo sind noch Würm' und Drachen,
Riesen mit Schwert und Speer?
Die Volksvertreter wachen:
Schlafe! was willst du mehr?

(1840)

Wiegenlied

Von Georg Herwegh

Schlafe, was willst du mehr?
Goethe

Deutschland – auf weichem Pfühle
Mach dir den Kopf nicht schwer!
Im irdischen Gewühle
Schlafe, was willst du mehr?

Laß jede Freiheit dir rauben,
Setze dich nicht zur Wehr,
Du behältst ja den christlichen Glauben:
Schlafe, was willst du mehr?

Und ob man dir alles verböte,
Doch gräme dich nicht zu sehr,
Du hast ja Schiller und Goethe:
Schlafe, was willst du mehr?

Dein König beschützt die Kamele
Und macht sie pensionär,
Dreihundert Taler die Seele:
Schlafe, was willst du mehr?

Es fechten dreihundert Blätter
Im Schatten, ein Sparterheer;
Und täglich erfährst du das Wetter:
Schlafe, was willst du mehr?

Kein Kind läuft ohne Höschen
Am Rhein, dem freien, umher:
Mein Deutschland, mein Dornröschen,
Schlafe, was willst du mehr? –

(1841)

Preußen,
was willst du mehr?

Von N. N.

Hört endlich auf zu streiten,
Macht mir's nicht gar zu schwer!
Wir haben ja gute Zeiten –
Preußen, was willst du mehr?

Der Handel steht in Blüte,
Es wimmelt der Verkehr,
Das Defizit wird zur Mythe –
Preußen, was willst du mehr?

Laß dir zu sehr nicht grauen
Vor all dem Militär;
Es kommt ja nicht zum Hauen –
Preußen, was willst du mehr?

Und macht heut oder morgen
Er dir das Herzchen schwer:
Bismarck wird alles besorgen –
Preußen – was willst du mehr?

(1863)

Wir spielen mit Ahnungen

Von Johann Wolfgang Goethe

Mittler stockte. Eduard fuhr fort: Mein Schicksal und Ottiliens ist nicht zu trennen, und wir werden nicht zugrunde gehen. Sehen Sie dieses Glas! Unsere Namenszüge sind darein geschnitten. Ein fröhlich Jubelnder warf es in die Luft: niemand sollte mehr daraus trinken; auf dem felsigen Boden sollte es zerschellen, aber es ward aufgefangen. Um hohen Preis habe ich es wieder eingehandelt, und ich trinke nun täglich daraus, um mich täglich zu überzeugen: daß alle Verhältnisse unzerstörlich sind, die das Schicksal beschlossen hat.

O wehe mir, rief Mittler, was muß ich nicht mit meinen Freunden für Geduld haben! Nun begegnet mir noch gar der Aberglaube, der mir als das Schädlichste, was bei den Menschen einkehren kann, verhaßt bleibt. Wir spielen mit Voraussagungen, Ahnungen und Träumen und machen dadurch das alltägliche Leben bedeutend. Aber wenn das Leben nun selbst bedeutend wird, wenn alles um uns sich bewegt und braust, dann wird das Gewitter durch jene Gespenster nur noch fürchterlicher.

Lassen Sie in dieser Ungewißheit des Lebens, rief Eduard,

zwischen diesem Hoffen und Bangen dem bedürftigen Herzen doch nur eine Art von Leitstern, nach welchem es hinblicke, wenn es auch nicht darnach steuern kann.

(aus: Die Wahlverwandtschaften, 1808/09)

Korrespondierende Kopfschmerzen
Von Thomas Mann

Halten wir uns auf der künstlerischen Ebene vorderhand! Stellen wir fest, daß die ›Wahlverwandtschaften‹ Goethe's *ideellstes* Werk sind, – wie er selbst es in einem Gespräch mit Eckermann bezeugt, in dem er sagt, es sei im ganzen nicht seine Art gewesen, als Poet nach der Verkörperung von etwas Abstraktem zu streben. Das einzige Produkt von größerem Umfang, wo er sich bewußt sei, nach Darstellung einer durchgreifenden Idee gearbeitet zu haben, möchten etwa seine ›Wahlverwandtschaften‹ sein. – Die Erinnerung an Schillers unsterbliche Abhandlung über das Naive und Sentimentalische ist deutlich – an diesen klassischen Essay der Deutschen, der eigentlich alle übrigen überflüssig macht, da er sie in sich enthält, in dessen Antithesenwelt aber Wirklichkeit und Leben niemals rein aufgegangen sind. Die Kunstwelt war allezeit voll von Mischungen beider Elemente, und Schillers kritische Sonderung irrt selbst theoretisch in dem einen Punkt, daß er nur das Geistige als strebend – nämlich nach Natur, nach Verleiblichung –, die Natur aber, das Naive, als in sich ruhend schildert. Streben ist nicht nur beim Geist, es ist auch dort, wohin er strebt. Auch die Natur ist sentimentalisch, ihr Ziel ist Vergeistigung. Eine hohe Begegnung von Natur und Geist auf ihrem sehnsuchtsvollen Weg zueinander: das ist der Mensch; und wir dürfen ein Werk, worin sie sich rein durchdringen, als ein höchstes, ein menschlichstes ansprechen.

Wirklich sind die ›Wahlverwandtschaften‹ geistige Konstruktion in einem Grade, wie man ihn bei Goethe, dem Sohn der Natur, nicht leicht zum zweitenmal findet. Die Bewußtheit und Kunstklugheit des Werkes wurde denn auch den Zeitgenossen sofort bemerklich, – im Sinn der Bewunderung teils und teils des Tadels. Eine gewisse Magerkeit der Gestalt und Symmetrie der Anordnung fiel auf, die Kürze der Erzählung gegen die langen und häufigen Reflexionen ebenfalls, und Solger schrieb damals an Goethe selbst, daß »man nach gemeiner Ansicht die Geschichte fast nur das *Gerippe* eines Romanes nennen könnte«. Er bewundert als »äußerst kunstreich«, wie die Personen nur in Gruppen einander entgegengestellt und die Teile jeder Gruppe einander nicht wenig verwandt und doch so weit, so sicher, so konsequent geschieden seien, »ja auch in dieser Verschiedenheit so geistreich *unter sich* gruppiert erscheinen«. Er räumte ein, daß »einigemal die Personen etwas mehr um des Dichters und besonders um der herbeizuführenden Situation willen, als aus sich selbst und ihrem inneren Wesen zu tun schienen«, aber er betont auch mit Genugtuung, daß sie, die Charaktere, »keine wesenlosen Ideen« seien, sondern »wahre Personen« und Individuen, ohne daß, wie er hinzufügt, viel auf das gezählt wäre, was man im gemeinen Leben Eigenheiten nennt. »Diese scheinen vielmehr, wie kleine späte Drucker auf das Gemälde, nur aufgetragen, den Schein der Wirklichkeit täuschender – so täuschend zu machen, als die würdige Kunst mag.« – Würdiger Solger! Nicht wachsplastische Panoptikum-Illusion, vor welcher der Pöbel das Maul aufsperrt: Leben im Licht des Gedankens, die ideelle Transparenz der Charaktere, die aber keineswegs wesenlose Ideen, sondern Menschen sind, – das empfand er als »würdige Kunst«, und er gibt in der Tat damit die Bestimmung des Dichterischen. Die Figuren der ›Wahlverwandtschaften‹ sind voll warmen individuellen Lebens. Riemer erzählt, wie man in Karlsbad förmlich unter diesen eingebildeten Personen der Phantasie verkehrt habe, als wären es wirkliche, und wie sie auch zu Vergleichungen mit wirklichen nötigten. Eine Charlotte war gleich unter den Badegästen gefunden, ein Hauptmann ebenfalls, ein Lord, ein Mittler desgleichen. Daß vollends der Architekt, die Figur, die vielleicht am meisten Beifall erhielt, ein ausgemachtes Porträt sei, war rasch herum: man kannte das Urbild, man wies mit Fingern auf den lang gewachsenen jungen Künstler aus Kassel, Engelhardt mit Namen, der Goethen für diese Gestalt seine Züge hatte leihen müssen, und Abbilder gesellschaftlicher Wirklichkeit wollte man auch sonst in den Gestalten des sensationellen Romanes erkennen: in Charlotte die Herzogin Luise, im Hauptmann einen Freiherrn von Müffling, in Luciane das Fräulein von Reitzenstein und so fort. *Zugleich* aber sind diese Menschen Symbole, ebenmäßig angeordnete und durcheinander bewegte Schachfiguren einer hohen Gedankenpartie, Repräsentanten einer Naturmystik, die ihnen die Namen Otto und Ottilie, korrespondierende Kopfschmerzen zuspielt, sie anderer Leute Kinder zur Welt bringen läßt... Wir sagen »zugleich«, nicht nebenher, außerdem. Denn es handelt sich um ein Ineinander von Plastik und Idee, von Vergeistigung und Verleiblichung, eine wechselseitige Durchdringung des naiven und sentimentalischen Wesens, wie sie sich, sollten wir denken, so glücklich in aller Kunstgeschichte nicht wieder ereignet hat.

(aus: Zu Goethe's ›Wahlverwandtschaften‹, 1925)

Verwandte Engelsbilder

Von Johann Wolfgang Goethe

Was sollen wir, bei diesem hoffnungslosen Zustande, der ehegattlichen, freundschaftlichen, ärztlichen Bemühungen gedenken, in welchen sich Eduards Angehörige eine Zeitlang hin- und herwogten. Endlich fand man ihn tot. Mittler machte zuerst diese traurige Entdeckung. Er berief den Arzt und beobachtete, nach seiner gewöhnlichen Fassung, genau die Umstände, in denen man den Verblichenen angetroffen hatte. Charlotte stürzte herbei: ein Verdacht des Selbstmordes regte sich in ihr; sie wollte sich, sie wollte die andern einer unverzeihlichen Unvorsichtigkeit anklagen. Doch der Arzt aus natürlichen und Mittler aus sittlichen Gründen wußten sie bald vom Gegenteil zu überzeugen. Ganz deutlich war Eduard von seinem Ende überrascht worden. Er hatte, was er bisher sorgfältig zu verbergen pflegte, das ihm von Ottilien übrig Gebliebene, in einem stillen Augenblick, vor sich aus einem Kästchen, aus einer Brieftasche ausgebreitet: eine Locke, Blumen, in glücklicher Stunde gepflückt, alle Blättchen, die sie ihm geschrieben, von jenem ersten an, das ihm seine Gattin so zufällig-ahnungsreich übergeben hatte. Das alles konnte er nicht einer ungefähren Entdeckung mit Willen preisgeben. Und so lag denn auch dieses vor kurzem zu unendlicher Bewegung aufgeregte Herz in unstörbarer Ruhe; und wie er in Gedanken an die Heilige eingeschlafen war, so konnte man wohl ihn selig nennen. Charlotte gab ihm seinen Platz neben Ottilien und verordnete, daß niemand weiter in diesem Gewölbe beigesetzt werde. Unter dieser Bedingung machte sie für Kirche und Schule, für den Geistlichen und den Schullehrer ansehnliche Stiftungen.

So ruhen die Liebenden nebeneinander. Friede schwebt über ihrer Stätte, heiter verwandte Engelsbilder schauen vom Gewölbe auf sie herab, und welch ein freundlicher Augenblick wird es sein, wenn sie dereinst wieder zusammen erwachen.

(aus: Die Wahlverwandtschaften, 1808/09)

Das furchtbare Wesen

Von Walter Benjamin

Das Verständnis der »Wahlverwandtschaften« aus des Dichters eigenen Worten darüber erschließen zu wollen, ist vergebene Mühe. Gerade sie sind ja dazu bestimmt, der Kritik den Zugang zu verlegen. Dafür aber ist der letzte Grund nicht die Neigung, Torheit abzuwehren. Vielmehr liegt er eben in dem Streben, alles jenes unvermerkt zu lassen, was des Dichters eigene Erklärung verleugnet. Der Technik des Romanes einerseits, dem Kreise der Motive andererseits war ihr Geheimnis zu wahren. Der Bereich poetischer Technik bildet die Grenze zwischen einer oberen, frei-liegenden und einer tieferen, verborgenen Schichtung der Werke.

Was der Dichter als seine Technik bewußt hat, was auch schon der zeitgenössischen Kritik grundsätzlich erkennbar als solche, berührt zwar die Realien im Sachgehalt, bildet aber die Grenze gegen ihren Wahrheitsgehalt, der weder dem Dichter noch der Kritik seiner Tage restlos bewußt sein kann. In der Technik, welche – zum Unterschied von der Form – nicht durch den Wahrheitsgehalt, sondern durch die Sachgehalte allein entscheidend bestimmt wird, sind diese notwendig bemerkbar. Denn dem Dichter ist die Darstellung der Sachgehalte das Rätsel, dessen Lösung er in der Technik zu suchen hat. So konnte Goethe sich durch die Technik der Betonung der mythischen Mächte in seinem Werke versichern. Welche letzte Bedeutung sie haben, mußte ihm wie dem Zeitgeist entgehen. Diese Technik aber suchte der Dichter als sein Kunstgeheimnis zu hüten. Hierauf scheint er anzuspielen, wenn er sagt, er habe den Roman nach einer Idee gearbeitet. Diese darf als technische begriffen werden. Anders wäre kaum der Zusatz verständlich, der den Wert von solchem Vorgehen in Frage stellt. Sehr wohl aber ist begreiflich, daß dem Dichter die unendliche Subtilität, die die Fülle der Beziehung in dem Buch verbarg, einmal zweifelhaft erscheinen konnte. »Ich hoffe, Sie sollen meine alte Art und Weise darin finden. Ich habe viel hineingelegt, manches hineinversteckt. Möge Ihnen dieses offenbare Geheimnis zur Freude gereichen.« So schreibt Goethe an Zelter. Im gleichen Sinne pocht er auf den Satz, daß in dem Werke mehr enthalten sei »als irgend jemand bei einmaligem Lesen aufzunehmen imstande wäre«. Deutlicher als alles spricht aber die Vernichtung der Entwürfe. Denn es möchte schwerlich Zufall sein, daß von diesen nicht einmal ein Bruchstück aufbehalten blieb. Vielmehr hat der Dichter offenbar ganz vorsätzlich alles dasjenige zerstört, was die durchaus konstruktive Technik des Werkes gezeigt hätte. – Ist das Dasein der Sachgehalte dergestalt versteckt, so verbirgt ihr Wesen sich selbst. Alle mythische Bedeutung sucht Geheimnis. Daher konnte gerade von diesem Werk Goethe selbstgewiß sagen, das Gedichtete behaupte sein Recht wie das Geschehene. Solches Recht wird hier in der Tat, in dem sarkastischen Sinne des Satzes, nicht der Dichtung, sondern dem Gedichteten verdankt – der mythischen Stoffschicht des Werkes. In diesem Bewußtsein durfte Goethe unnahbar, zwar nicht über, jedoch in seinem Werke verharren, gemäß den Worten, welche Humboldts kritische Sätze beschließen: »Ihm aber darf man so etwas nicht sagen. Er hat keine Freiheit über seine eigenen Sachen und wird stumm, wenn man im mindesten tadelt.« So steht Goethe im Alter aller Kritik gegenüber: als Olympier. Nicht im Sinne des leeren epitheton ornans oder schön erscheinender Gestalt, den die Neuern ihm geben. Dieses Wort – Jean Paul wird es zugeschrieben – bezeichnet die dunkle, in sich selbst versunkene, mythische Natur, die in sprachloser Starre dem Goetheschen Künstlertum innewohnt. Als Olympier hat er den Grundbau des Werkes gelegt und mit kargen Worten das Gewölbe geschlossen.

In dessen Dämmerung trifft der Blick auf das, was am verborgensten in Goethe ruht. Solche Züge und Zusammenhänge, die im Lichte der alltäglichen Betrachtung sich nicht zeigen, werden klar. Und wiederum ist es allein durch sie, wenn mehr und mehr der paradoxe Schein von der vorangegangenen Deutung schwindet. So erscheint ein Urgrund Goetheschen Forschens in Natur nur hier. Dieses Studium beruht auf bald naivem, bald auch wohl bedachterem Doppelsinn in dem Naturbegriff. Er bezeichnet nämlich bei Goethe sowohl die Sphäre der wahrnehmbaren Erscheinungen wie auch die der anschaubaren Urbilder. Niemals hat doch Goethe Rechenschaft von dieser Synthesis erbringen können. Vergebens suchen seine Forschungen statt philosophischer Ergründung den Erweis für die Identität der beiden Sphären empirisch durch Experimente zu führen. Da er die »wahre« Natur nicht begrifflich bestimmte, ist er ins fruchtbare Zentrum einer Anschauung niemals gedrungen, die ihn die Gegenwart »wahrer« Natur als Urphänomen in ihren Erscheinungen suchen hieß, wie er in den Kunstwerken sie voraussetzte. Solger gewahrt diesen Zusammenhang, der insbesondere gerade zwischen den »Wahlverwandtschaften« und Goethescher Naturforschung besteht, wie ihn auch die Selbstanzeige betont. Bei ihm heißt es: »Die Farbenlehre hat mich gewissermaßen überrascht. Weiß Gott, wie ich mir vorher gar keine bestimmte Erwartung davon gemacht hatte; meistens glaubte ich bloße Experimente darin zu finden. Nun ist es ein Buch, worin die Natur lebendig, menschlich und umgänglich geworden ist. Mich dünkt, es gibt auch den Wahlverwandtschaften einiges Licht.« Die Entstehung der Farbenlehre ist auch zeitlich der des Romanes benachbart. Goethes Forschungen im Magnetismus vollends greifen deutlich in das Werk selbst ein. Diese Einsicht in Natur, an der der Dichter die Bewährung seiner Werke stets vollziehen zu können glaubte, vollendete seine Gleichgültigkeit gegen Kritik. Ihrer bedurfte er nicht. Die Natur der Urphänomene war der Maßstab, ablesbar jeden Werkes Verhältnis zu ihr. Aber auf Grund jenes Doppelsinns im Naturbegriff wurde zu oft aus den Urphänomenen als Urbild die Natur als das Vorbild. Niemals wäre diese Ansicht mächtig geworden, wenn – in Auflösung der gedachten Äquivokation – es sich Goethe erschlossen hätte, daß adäquat im Bereich der Kunst allein die Urphänomene – als Ideale – sich der Anschauung darstellen, während in der Wissenschaft die Idee sie vertritt, die den Gegenstand der Wahrnehmung zu bestrahlen, doch in der Anschauung nie zu verwandeln vermag. Die Urphänomene liegen der Kunst nicht vor, sie stehen in ihr. Von Rechts wegen können sie niemals Maßstäbe abgeben. Scheint bereits in dieser Kontamination des reinen und empirischen Bereichs die sinnliche Natur den höchsten Ort zu fordern, so triumphiert ihr mythisches Gesicht in der Gesamterscheinung ihres Seins. Es ist für Goethe nur das Chaos der Symbole. Als solche nämlich treten bei ihm die Urphänomene, in Gemeinschaft mit den anderen auf, wie so deutlich unter den Gedichten das Buch »Gott und Welt« es vorstellt. Nirgends hat der Dichter je versucht, eine Hierarchie der Urphänomene zu begründen. Seinem Geiste stellt die Fülle ihrer Formen nicht anders sich dar als dem Ohre die verworrene Tonwelt. In dieses Gleichnis mag erlaubt sein, eine Schilderung, die er von ihr bietet, zu wenden, weil sie selbst so deutlich wie nur weniges den Geist, in dem er die Natur betrachtet, kundgibt. »Man schließe das Auge, man öffne, man schärfe das Ohr, und vom leisesten Hauch bis zum wildesten Geräusch, vom einfachsten Klang bis zur höchsten Zusammenstimmung, von dem heftigsten leidenschaftlichsten Schrei bis zum sanftesten Wort der Vernunft ist es nur die Natur, die spricht, ihr Dasein, ihre Kraft, ihr Leben und ihre Verhältnisse offenbart, so daß ein Blinder, dem das unendlich Sichtbare versagt ist, im Hörbaren ein unendlich Lebendiges fassen kann.« Wenn im extremsten Sinne also selbst die »Worte der Vernunft« zur Habe der Natur geschlagen werden, was Wunder, wenn für Goethe der Gedanke niemals ganz das Reich der Urphänomene durchleuchtete. Damit aber beraubte er sich der Möglichkeit, Grenzen zu ziehen. Unterscheidungslos verfällt das Dasein dem Begriffe der Natur, der ins Monströse wächst, wie das Fragment von 1780 lehrt. Und zu den Sätzen dieses Bruchstückes – »der Natur« – hat Goethe noch im späten Alter sich bekannt. Ihr Schlußwort lautet: »Sie hat mich hereingestellt, sie wird mich auch herausführen. Ich vertraue mich ihr. Sie mag mit mir schalten; sie wird ihr Werk nicht hassen. Ich sprach nicht von ihr; nein, was wahr ist und was falsch ist, alles hat sie gesprochen. Alles ist ihre Schuld, alles ist ihr Verdienst.« In dieser Weltbetrachtung ist das Chaos. Denn darein mündet zuletzt das Leben des Mythos, welches ohne Herrscher oder Grenzen sich selbst als die einzige Macht im Bereich des Seienden einsetzt.

Die Abkehr von aller Kritik und die Idolatrie der Natur sind die mythischen Lebensformen im Dasein des Künstlers. Daß sie in Goethe eine höchste Prägnanz erhalten, dies wird man im Namen des Olympiers bedeutet sehn dürfen. Er bezeichnet zugleich im mythischen Wesen das Lichte. Aber ein Dunkles entspricht ihm, das aufs schwerste das Dasein des Menschen beschattet hat. Davon lassen sich Spuren in »Wahrheit und Dichtung« erkennen. Doch das wenigste drang in Goethes Bekenntnisse durch. Einzig der Begriff des Dämonischen steht, wie ein abgeschliffener Monolith, in ihrer Ebene. Mit ihm leitete Goethe den letzten Abschnitt des autobiographischen Werkes ein. »Man hat im Verlaufe dieses biographischen Vortrags umständlich gesehen, wie das Kind, der Knabe, der Jüngling sich auf verschiedenen Wegen dem Übersinnlichen zu nähern gesucht; erst mit Neigung nach einer natürlichen Religion hingeblickt, dann mit Liebe sich an eine positive festgeschlossen; ferner durch Zusammenziehung in sich selbst seine eigenen Kräfte versucht und sich endlich dem allgemeinen Glauben freudig hingegeben. Als er in den Zwischenräumen dieser

Regionen hin und wieder wanderte, suchte, sich umsah, begegnete ihm manches, was zu keiner von allen gehören mochte, und er glaubte mehr und mehr einzusehen, daß es besser sei, den Gedanken von dem Ungeheuren, Unfaßlichen abzuwenden. – Er glaubte in der Natur, der belebten und unbelebten, der beseelten und unbeseelten etwas zu entdecken, was sich nur in Widersprüchen manifestierte und deshalb unter keinen Begriff, noch viel weniger unter ein Wort gefaßt werden könnte. Es war nicht göttlich, denn es schien unvernünftig; nicht menschlich, denn es hatte keinen Verstand; nicht teuflisch, denn es war wohltätig; nicht englisch, denn es ließ oft Schadenfreude merken. Es glich dem Zufall, denn es bewies keine Folge; es ähnelte der Vorsehung, denn es deutete auf Zusammenhang. Alles, was uns begrenzt, schien für dasselbe durchdringbar; es schien mit den notwendigen Elementen unsres Daseins willkürlich zu schalten; es zog die Zeit zusammen und dehnte den Raum aus. Nur im Unmöglichen schien es sich zu gefallen und das Mögliche mit Verachtung von sich zu stoßen. – Dieses Wesen, das zwischen alle übrigen hineinzutreten, sie zu sondern, sie zu verbinden schien, nannte ich dämonisch, nach dem Beispiel der Alten und derer, die etwas Ähnliches gewahrt hatten. Ich suchte mich vor diesem furchtbaren Wesen zu retten.« Es bedarf kaum des Hinweises, daß in diesen Worten, nach mehr als fünfunddreißig Jahren, die gleiche Erfahrung unfaßbarer Naturzweideutigkeit sich kundtut wie in dem berühmten Fragmente. Die Idee des Dämonischen, die abschließend noch im Egmont-Zitat von »Wahrheit und Dichtung«, anführend in der ersten Stanze der »Orphischen Urworte« sich findet, begleitet Goethes Anschauung sein Leben lang. Sie ist es, die in der Schicksalsidee der »Wahlverwandtschaften« hervortritt, und wenn es noch zwischen beiden der Vermittlung bedürfte, so fehlt auch sie, die seit Jahrtausenden den Ring beschließt, bei Goethe nicht. Greifbar weisen die Urworte, andeutend die Lebenserinnerungen auf die Astrologie als den Kanon des mythischen Denkens. Mit der Hindeutung aufs Dämonische schließt, mit der aufs Astrologische beginnt »Wahrheit und Dichtung«. Und nicht gänzlich scheint dies Leben astrologischer Betrachtung entzogen. Goethes Horoskop, wie es halb spielend

Angelica Kauffmann: Die Musen vor Goethes Büste, 1788

und halb ernst Bolls »Sternglaube und Sterndeutung« gestellt hat, verweist von seiner Seite auf die Trübung dieses Daseins. »Auch daß der Aszendent dem Saturn dicht folgt und dabei in dem schlimmen Skorpion liegt, wirft einige Schatten auf dieses Leben; mindestens eine gewisse Verschlossenheit wird das als ›rätselhaft‹ geltende Tierkreiszeichen im Verein mit dem versteckten Wesen des Saturn im höheren Lebensalter verursachen; aber auch« – und dies weist auf das Folgende voraus – »als ein auf der Erde kriechendes Lebewesen in dem der ›erdige Planet‹ Saturn steht, jene starke Diesseitigkeit, die sich in ›derber Liebeslust mit klammernden Organen‹ an die Erde hält.«

»Ich suchte mich vor diesem furchtbaren Wesen zu retten.« Den Umgang der dämonischen Kräfte erkauft die mythische Menschheit mit Angst. Sie hat aus Goethe oft unverkennbar gesprochen. Ihre Manifestationen sind aus der anekdotischen Vereinzelung, in der fast widerwillig von den Biographen ihrer gedacht wird, in das Licht einer Betrachtung zu stellen, die freilich schreckhaft deutlich die Gewalt uralter Mächte in dem Leben dieses Mannes zeigt, der doch nicht ohne sie zum größten Dichter seines Volkes geworden ist. Die Angst vorm Tode, die jede andere einschließt, ist die lauteste. Denn er bedroht die gestaltlose Panarchie des natürlichen Lebens am meisten, die den Bannkreis des Mythos bildet. Die Abneigung des Dichters gegen den Tod und gegen alles, was ihn bezeichnet, trägt ganz die Züge äußerster Superstition. Es ist bekannt, daß bei ihm niemand je von Todesfällen reden durfte, weniger bekannt, daß er niemals ans Sterbebett seiner Frau getreten ist. Seine Briefe bekunden dem Tode des eigenen Sohnes gegenüber dieselbe Gesinnung. Nichts bezeichnender als jenes Schreiben, in dem er Zeltern den Verlust vermeldet, und seine wahrhaft dämonische Schlußformel: »Und so, über Gräber, vorwärts!« In diesem Sinne setzt die Wahrheit der Worte, die man dem Sterbenden in den Mund gelegt hat, sich durch. Darinnen hält die mythische Lebendigkeit zuletzt dem nahen Dunkel ihren ohnmächtigen Lichtwunsch entgegen. Auch wurzelte in ihr der beispiellose Selbstkultus der letzten Lebensjahrzehnte. »Wahrheit und Dichtung«, die »Tag- und Jahreshefte«, die Herausgabe des Briefwechsels mit Schiller, die Sorge für denjenigen mit Zelter sind ebenso viele Bemühungen, den Tod zu vereiteln. Noch klarer spricht die heimliche Besorgnis, welche statt als Hoffnung die Unsterblichkeit zu hüten als ein Pfand sie fordert, aus alledem, was er vom Fortbestand der Seele sagt. Wie die Unsterblichkeitsidee des Mythos selbst als ein »Nicht-Sterben-Können« aufgezeigt ist, so ist sie auch im Goethischen Gedanken nicht der Zug der Seele in das Heimatreich, sondern eine Flucht vom Grenzenlosen her ins Grenzenlose. Vor allem das Gespräch nach Wielands Tod, das Falk überliefert, will die Unsterblichkeit naturgemäß und auch, wie zur Betonung des Unmenschlichen in ihr, nur großen Geistern eigentlichst zugebilligt wissen.

Kein Gefühl ist reicher an Varianten als die Angst. Zur Todesangst gesellt sich die vorm Leben, wie zum Grundton seine zahllosen Obertöne. Auch das barocke Spiel der Lebensangst vernachlässigt, verschweigt die Tradition. Ihr gilt es, eine Norm in Goethe aufzustellen, und dabei ist sie weit davon entfernt, den Kampf der Lebensformen, den er in sich austrug, zu gewahren. Zu tief hat Goethe ihn in sich verschlossen. Daher die Einsamkeit in seinem Leben und, bald schmerzlich und bald trotzig, das Verstummen.

(aus: Goethes Wahlverwandtschaften, 1922)

Nicht wegerklärt

Von Theodor W. Adorno

Durch Auflösung der Rätselgestalt der Kunstwerke werden die Kunstwerke selbst nicht ›wegerklärt‹, derart, als ob es ihrer, sobald ihre Wahrheit einmal bekannt ist, nicht mehr bedürfe. Ich glaube, dieser Widerspruch muß einbezogen werden in die Betrachtung der Kunst selbst, den ich als den Konflikt von Rationalität und Irrationalität im Verhältnis der Kunstwerke bezeichnet habe. Ich erinnere mich aus meiner Jugend, als die Wahlverwandtschaftsarbeit von Benjamin herauskam, daß es damals in unserem Kreis Kontroversen darüber gab, ob nun nicht eine solche Theorie, dadurch daß sie nun bündig den Wahrheitsgehalt des Werkes zu erfassen sucht, entweder an ihm vorbeideutet, oder aber, wenn es ihr gelänge, den Wahrheitsgehalt selber zu erfassen, dann das Werk überflüssig wäre. Diese Alternative ist falsch.

(aus: Vorlesungen zur Ästhetik, 1967–68)

Die Wahlverwandtschaften
Aus einer Porno-Parodie des Romans (Anonym)

Eduard – so nennen wir einen reichen Baron im besten Mannesalter – Eduard hatte in seiner Baumschule die schönste Stunde eines Aprilnachmittags zugebracht, um frisch erhaltene Pfropfreiser auf junge Stämme zu bringen. Sein Geschäft war eben vollendet; er legte die Gerätschaften in das Futteral zusammen und betrachtete seine Arbeit mit Vergnügen, als der Gärtner hinzutrat und sich an dem teilnehmenden Fleiße des Herrn ergötzte.

Hast du meine Frau nicht gesehen? fragte Eduard, indem er sich weiterzugehen anschickte.

Drüben in den neuen Anlagen, versetzte der Gärtner. Die Mooshütte wird heute fertig, die sie an der Felswand, dem Schlosse gegenüber, gebaut hat. Alles ist recht schön geworden und muß Ew. Gnaden gefallen. Man hat einen vortrefflichen Anblick: unten das Dorf, ein wenig rechter Hand die Kirche, über deren Turmspitze man fast hinwegsieht; gegenüber das Schloß und die Gärten. Ganz recht, versetzte Eduard, einige Schritte von hier konnte ich die Leute arbeiten sehen.

Dann, fuhr der Gärtner fort, öffnet sich rechts das Tal, und man sieht über die reichen Baumwiesen in eine heitere Ferne. Der Stieg die Felsen hinauf ist gar hübsch angelegt. Die gnädige Frau versteht es; man arbeitet unter ihr mit Vergnügen.

Geh zu ihr, sagte Eduard und betrachtete ihn dabei mit einem wissenden Lächeln, und ersuche sie, auf mich zu warten. Sage ihr, ich wünsche die neue Schöpfung zu sehen und mich daran zu erfreuen.

Der Gärtner entfernte sich eilig, und Eduard folgte bald.

Dieser stieg nun die Terrassen hinunter, musterte im Vorbeigehen Gewächshäuser und Treibebeete, bis er ans Wasser, dann über den Steg an den Ort kam, wo sich der Pfad nach den neuen Anlagen in zwei Arme teilte. Den einen, der über den Kirchhof ziemlich gerade nach der Felswand hinging, ließ er liegen, um den anderen einzuschlagen, der sich links etwas weiter durch anmutiges Gebüsch sachte hinanwand; da, wo beide zusammentrafen, setzte er sich für einen Augenblick auf einer wohlangebrachten Bank nieder, betrat sodann den eigentlichen Stieg und sah sich durch allerlei Treppen und Absätze auf dem schmalen, bald mehr bald weniger steilen Wege endlich zur Mooshütte geleitet.

An der Türe empfing Charlotte ihren Gemahl und ließ ihn dergestalt niedersitzen, daß er sie in vorteilhafter Beleuchtung betrachten konnte. Charlotte hatte ihr oberes Gewand abgeworfen, unter dem sie ein dünnes Kleid aus fließendem Stoff trug, das seitlich Einblick auf ihre blaugeäderten Brüste gewährte und linkerhand nur durch die steil aufragende, erstaunlich große Brustwarze wie an einem Knopfe gehalten wurde. Selbst unter dem reichen Faltenwurf, der sich an ihrem Bauche staute, konnte Eduard den Nabel und den großen schwarzen Dreieckschatten erkennen, den er den Wald von Dunsinan zu nennen pflegte, worauf sie sich früher stets rasiert hatte.

Nur eines habe ich zu erinnern, setzte er hinzu: die Hütte erscheint mir etwas zu eng.

Für uns beide doch geräumig genug, versetzte Charlotte.

Nun freilich, sagte Eduard, für einen dritten ist auch wohl noch Platz.

Warum nicht? versetzte Charlotte, und auch für ein Viertes. Für eine größere Gesellschaft wollen wir schon andere Stellen bereiten. Da wir denn ungestört hier allein sind, sagte Eduard, und ganz ruhigen heiteren Sinnes, so muß ich dir gestehen, daß ich schon einige Zeit etwas auf dem Herzen habe, was ich dir anvertrauen muß und möchte, und nicht dazu kommen kann.

Ich habe dir so etwas angemerkt, versetzte Charlotte.

Und ich will nur gestehen, fuhr Eduard fort, wenn mich der Postbote morgen früh nicht drängte, wenn wir uns nicht heut entschließen müßten, ich hätte vielleicht noch länger geschwiegen.

Was ist denn? fragte Charlotte freundlich entgegenkommend.

Es betrifft unseren Freund, den Hauptmann, antwortete Eduard.

Du kennst die traurige Lage, in der er, wie so mancher andere, ohne sein Verschulden gesetzt ist. Wie schmerzlich muß es einem Manne von seinen Kenntnissen, seinen Talenten und Fertigkeiten sein, sich außer Tätigkeit zu sehen und – ich will nicht lange zurückhalten mit dem, was ich für ihn wünsche: ich möchte, daß wir ihn auf einige Zeit zu uns nähmen.

Das ist wohl zu überlegen und von mehr als *einer* Seite zu überlegen, versetzte Charlotte.

Meine Ansichten und Gefühle bin ich dir bereit mitzuteilen, entgegnete ihr Eduard. In seinem letzten Briefe herrschte ein stiller Ausdruck des tiefsten Mißmutes; nicht daß es ihm an wahlverwandter Gesellschaft gänzlich mangelte; denn er weiß sich durchaus zu beschränken und für das notwendige empfahl ich ihm den jungen Diener. Du weißt, daß er durch meinen Umgang zu einem durchaus gelehrigen, zu vielerlei Aufmerksamkeiten bereiten und überaus zartfühlenden Gespielen geworden ist. Was dem Freunde wahrhaft fehlt, ist die Gegenwart des Freundes, ist die alte gegenseitige Vertrautheit, die uns aus der Zeit der Jünglingsjahre verbindet.

Ich will dir nicht verhehlen, meine Liebe, wie sehr auch ich ihn misse. Das Vielfache, was er inzwischen, seit wir uns nicht sahen und fühlten, an sich ausgebildet hat, ihn der Lust und der Leidenschaft Fremder, womöglich Unwürdiger überlassen zu sehen, stimmt mich trübsinnig. Eine doppelte Qual, wenn Du einräumst, wie selten wir uns noch unserer ehelichen Spiele zu erinnern vermögen. Es ist recht schön und liebenswürdig von dir, versetzte Charlotte, daß du des Freundes Zustand mit so viel Teilnahme bedenkst; allein erlaube mir, dich aufzufordern, auch deiner, auch unser zu gedenken.

Das habe ich getan, entgegnete ihr Eduard. Wir können von seiner Nähe uns nur Vorteil und Annehmlichkeit versprechen. Von dem Aufwande will ich nicht reden, der auf alle Fälle gering wird, wenn er zu uns zieht. Der Vorteile dagegen sehe ich viele. Bedenke doch, daß er, wenn er mich der alten Knabenlust erinnert, ich zugleich dir auch wieder den herben Moschus zwischen den Schenkeln saugen werde, der mein Fleisch gegen dich aufrichtete, als wir noch glücklich waren. Nach diesen Tagen und Wochen, da hier jeder für sich seine Geschäfte betrieb und jeder seinen Sehnsüchten nachhing, sehe ich im Hauptmann, meinem lieben Freunde, eine höchst begrüßenswerte Bereicherung. Ich fühle nur zu sehr, daß mir ein Mann dieser Art abgeht.

Nur mühsam, versetzte Charlotte, vermag ich Dich ganz zu verstehen. Mag ich da doch so gern unserer frühesten Verhältnisse gedenken. Wir liebten uns als junge Leute auf das leidenschaftlichste. Noch herzlich erinnere ich mich des Tages als wir im Salon der Gräfin C. das erstemal die wenigen Minuten allein zu nutzen verstanden: wie ich vornüber in den Sessel gelehnt, meine Kleider von dir blitzschnell gerafft fand und unversehens deine Männlichkeit zwischen den Schenkeln fühlte, indes die Diener im Nebenraum mit dem Tafelsilber klirrten. Du warst erhitzt und erregt. Ohne auch nur in mich zu dringen, spürte ich den heißen Knauf: wie er pulsierte, sich an den zarten Innenseiten rieb und vom Saft der Lust, den ich noch durch das letzte Untergewand entließ, immer geschmeidiger wurde. Mehr als die Dauer einer Minute bedurfte es wohl nicht, bis du dich entludest und ich zusammen mit deinen heftigen Zuckungen deines heißen, Stoß für Stoß quellenden Tributs gewahr wurde, der nun die Schenkel hinabronn und den ich, um die peinliche Entdeckung durch Dritte vermeiden zu können, nur flink vom eilends hingehaltenen Handteller trinken konnte.

Du wirst es nicht vergessen haben. Als der Diener, den Baron L. anmeldend, in den Salon trat, vermochtest du dich im letzten Augenblick zum Fenster zu wenden, um dein ragendes Glied zu verbergen, indes ich mir ungeniert den Mundwinkel tupfen konnte – nicht, wie der Bedienstete gemeint haben mochte, um einen Krümmel vom Gebäck zu entfernen . . .

Wenn mir nur nicht, versetzte Eduard lachend, indem er sich bemühte, Charlottens Hand zu seinem Hosenlatze zu leiten, – wenn mir nur nicht bei alle dem, was du mir so liebevoll und verständig wiederholst, immer der Gedanke beiginge, durch die Gegenwart des Hauptmanns würde nichts gestört, ja vielmehr alles beschleunigt und neu belebt.

So laß mich dir denn aufrichtig gestehen, entgegnete Charlotte mit einiger Ungeduld und zog ihre Hand von des Gatten schwellendem Latze, nicht ohne zuvor mit einem spitzen Kneifen in den sich bäumenden Zwergriesen ihrem Unmut Ausdruck gegeben zu haben, dieses Vorhaben widerspricht meinem Gefühl und eine Ahnung weissagt mir nichts Gutes (. . .)

(. . .) Die Liebenden verstanden die Rede des Majors gut, begaben sich denn also zu den beiden andren und nahmen zur Linken und zur Rechten der Liegenden und des Knieenden ihre Position ein. So soll es sein, so wollen wir es tun, sprach Eduard. Er beugte sein Haupt hinab zum Schoße seiner Gattin und fuhr dreimal mit seiner wohlgefeuchteten Zunge den Lustspalt auf und nieder, damit er auf den Eindringenden vorbereitet sei. Bei diesem tat Ottilie desgleichen, stülpte ihre Lippen über den entblößten Eichelknauf des Majors, nicht ohne dreimal mit der speichelbenetzten Zunge über die zuckende Öffnung zu gleiten. Nun war alles bereitet. Eduard öffnete mit kundiger Hand die Lippen, die den Schoß seiner Gattin verschlossen; Ottilie umfaßte mit zwei Fingern die Gliedschaft des Majors und führte das Instrument dorthin, wo ihr Geliebter jenem aufgetan. Ihr natürlicher Verstand wußte zu verhindern, daß des Majors Waffe sich sogleich in Charlottens herrliche Wunde versenkte, vielmehr führte sie die Lanzenspitze die Öffnung herauf und herunter, ließ sie einen Viertelzoll hineinschlüpfen und sogleich wieder herausgleiten, preßte sie auf Charlottens rötlich sich vorreckendes Lustsignal, daß die Freundin ein leises Stöhnen vernehmen ließ und erlaubte erst darauf mit einem feierlichen: es sei denn, dem Major den Weg in die Tiefe, den er augenblicklich antrat, darauf auf der Stelle umkehrte, aber sofort wieder zurückfand, und so immer weiter, immer schneller, mit kräftigen hengstigen Rammstößen, und Gestöhn, Gebrüll, Geschrei, die die heilige Handlung begleiteten.

Eduard und Ottilie taten nach diesem Beistande wie ihnen geheißen und vereinigten sich neben den unaufhörlich Rammelnden abermals, wobei ihre zuckenden Leiber immer dichter aufeinander rückten, so daß endlich nicht mehr zwei Körper schmirgelnd und quietschend ineinander staken, sondern ein sich knäulendes, übers Kreuz verknotetes, stöhnendes, scheinbar verendendes Tier mit vier Rücken entstand, das schließlich wie unter dem Beil des Schlächters auseinanderfiel und in einem tiefen Schlafe versank.

So ruhen die Liebenden nebeneinander, Friede schwebt über ihrer Stätte, heitere verwandte Engelsbilder schauen vom Gewölbe auf sie herab, und welch ein freundlicher Augenblick wird es sein, wenn sie dereinst wieder zusammen erwachen.

(Anfang und Schluß aus: Johann Wolfgang von Goethe, Die Wahlverwandtschaften, Nummernbücher Normalverlag, Frankfurt am Main 1971; *bei dem Verfasser handelt es sich um einen bekannten deutschen Kulturreferenten, der aber als solcher seine Anonymität gewahrt wissen möchte, schade; ein so guter Text.*
Anm. der Herausgeber.)

Erleuchtetes zu sehen!

Von Johann Wolfgang Goethe

PROMETHEUS
Verleihet gleich
So Schad als Nutz!
Hier weih ich euch
Zu Schutz und Trutz.
Auf, rasch Vergnügte,
Schnellen Strichs!
Der barsch Besiegte
Habe sichs!

Hier leistet frisch und weislich dringende Hochgewalt
Erwünschten Dienst. Das Feuerzeichen schwindet schon,
Und brüderlich bringt würdge Hülfe mein Geschlecht.
Nun aber Eos, unaufhaltsam strebt sie an,
Sprungweise, mädchenartig, streut aus voller Hand
Purpurne Blumen. Wie an jedem Wolkensaum
Sich reich entfaltend sie blühen, wechseln, mannigfach!
So tritt sie lieblich hervor, erfreulich immerfort,
Gewöhnet Erdgeborner schwaches Auge sanft,
Daß nicht vor Helios' Pfeil erblinde mein Geschlecht,
Bestimmt, Erleuchtetes zu sehen, nicht das Licht!

> EOS *von dem Meere heraufsteigend*
> Jugendröte, Tagesblüte
> Bring ich schöner heut als jemals
> Aus den unerforschten Tiefen
> Des Okeanos herüber.
> Hurtiger entschüttelt heute
> Mir den Schlaf, die ihr des Meeres
> Felsumsteilte Bucht bewohnet,
> Ernste Fischer, frisch vom Lager!
> Euer Werkzeug nehmt zur Hand!
>
> Schnell entwickelt eure Netze,
> Die bekannte Flut umzingelnd:
> Eines schönen Fangs Gewißheit
> Ruf ich euch ermunternd zu.
> Schwimmet, Schwimmer! taucht! ihr Taucher!
> Spähet, Späher, auf dem Felsen!
> Ufer wimmle wie die Fluten,
> Wimmle schnell von Tätigkeit!

(aus: Pandora, 1807/08)

Zur »Pandora«

Von Eckhard Henscheid

Tempora mutantur et nos dazu. Alt sind wir geworden, sehr alt, und wir sehen mit nicht geringer Bangnis auf das verworrene, verwirrende, oft unverständliche Treiben der Jugend. Rock, Beat, Blue jeans, Flowerpower, Trip, Punk, Hippie, Hasch ... Das meiste verstehen wir Alten dabei nicht richtig mehr, meist nicht den Sinn, oft nicht einmal die blanken Wörter, was sie so bedeuten (Semantik).

Und doch, hin und wieder können auch wir Alten noch mitreden und das Maul aufreißen und der Jugend was mit auf ihre verworrenen Pfade geben. Gerade z. B. Hasch. Hasch! Selbstverständlich! Auch wir Alten haben gehascht! Seinerzeit! Wie die Teufel! Jede freie Minute! Buben und Mädel wild durcheinander! Mit Händen und Füßen, mit Hängen und Würgen! Und stets war ein bißchen das Herz dabei, der Zauber des anderen Geschlechts, der horror eroticus demens, das alte Wahre jenseits der –

Oh, der Verfasser dieses erinnert sich noch ganz genau: Jener seligen, unwiederbringlichen Stunden, jener alles verstehenden, alles verzeihenden, jeden Scheiß mitmachenden jungen Mädchen, wie sie, um mit Goethe zu sprechen, »meinen Blick gehascht ... liebebedürftig, hülfsbedürftig, tiefen Blicks« (Pandora). Kein Vergleich zur heutigen Hascherei! Schön war das damals! Und gesund! Und »saudumm« (Die natürliche Tochter)!

(1974)

Das große A

Von Friedrich Gottlob Wetzel

Vor G – macht die gehör'gen Reverenzen,
Denn Er, das große A, ist ja der Samen,
Daraus so schöne Redensarten kamen.

(aus: Phöbus, 1808)

Herr von Goethe

Von Heinrich von Kleist

Siehe, das nenn ich doch würdig, führwahr, sich im Alter beschäftigen!
Er zerlegt jetzt den Strahl, den seine Jugend sonst warf.

(aus: Epigramme, 1808)

Mächtiges Überraschen

Von Johann Wolfgang Goethe

Ein Strom entrauscht umwölktem Felsensaale,
Dem Ozean sich eilig zu verbinden;
Was auch sich spiegeln mag von Grund zu Gründen,
Er wandelt unaufhaltsam fort zu Tale.

Dämonisch aber stürzt mit einem Male –
Ihr folgen Berg und Wald in Wirbelwinden –
Sich Oreas, Behagen dort zu finden,
Und hemmt den Lauf, begrenzt die weite Schale.

Die Welle sprüht, und staunt zurück und weichet,
Und schwillt bergan, sich immer selbst zu trinken;
Gehemmt ist nun zum Vater hin das Streben.

Sie schwankt und ruht, zum See zurückgedeichet;
Gestirne, spiegelnd sich, beschaun das Blinken
Des Wellenschlags am Fels, ein neues Leben.

(1807/08)

Laß, Freund, die Unform
Von Johann Heinrich Voß

Auch du, der, sinnreich durch Athenes Schenkung,
Sein Flügelroß, wenn's unfügsam sich bäumet
Und Funken schnaubt, mit Kunst und Milde zäumet,
Zum Hemmen niemals, nur zur freien Lenkung:

Du hast, nicht abhold künstelnder Beschränkung,
Zwei Vierling' und zwei Dreiling' uns gereimet?
Wiewohl man hier Kernholz verhaut, hier leimet,
Den Geist mit Stümmlung lähmend und Verrenkung?

Laß, Freund, die Unform alter Trouvaduren,
Die einst von Barnarn, halb galant, halb mystisch,
Ableierten ihr klingendes Sonetto;

Und lächle mit, wo äffische Naturen
Mit rohem Sang' und Klingklang' afterchristlich,
Als Lumpenpilgrim, wallen nach Loretto.

> (An Goethe, 1808; dazu Goethe an Zelter am 22. 6. 1808:
> »Wenn Ihnen das Voßische Sonett zuwider ist,
> so stimmen wir auch in diesem Punkt völlig überein.«)

Ein hoher Clown
Von Yaak Karsunke

hier zeigt man euch – gar gräßlich anzuschaun –
Torquato Tasso, einen hohen clown,
der sich verrenkt & jämmerlich sich windet,
sich selbst den schwanz voll kunst zur schleife bindet.

dem dichter wird bei hofe applaudiert,
weil stilvoll er verhüllt, wonach er nackt doch giert;
bis endlich sein bedürfnis roh durch die metaphern bricht:
den kraftakt honoriert ihm die gesellschaft nicht!

daß der beherrschte sich nicht selbst beherrscht,
heißt: schuld.
& prompt entzieht der herrscher ihm die huld,
steckt Tassos arbeit ein, verläßt den ort,

& nimmt auch noch die beiden Leonoren mit sich fort.
zu spät schreit unser held jetzt auf: tyrann!
(dann biedert er sich bei Antonio an.)

(simples sonett auf Torquato Tasso, 1969)

Das Kleinod

Von Gottfried Keller

»Nur Ordnung, Anmut!« Tönt es immerdar,
Wer spricht von Ordnung, wo die Berge wanken?
Wer spricht von Anmut, während die Gedanken
Noch schutzlos irren mit zerrauftem Haar?

Noch kämpfen wir, durchringend Jahr um Jahr,
Noch tut uns not ein scharf, ob unschön Zanken;
Durch dieses Zeitenwaldes wirre Ranken
Lacht eine Zukunftsau noch nicht uns klar.

Und Goethe ist ein Kleinod, das im Kriege
Man still vergräbt im sichersten Gewölbe,
Es bergend vor des rauhen Feindes Hand;

Doch ist der Feind verjagt, nach heißem Siege
Holt man erinnrungsfroh hervor dasselbe.
Und läßt es friedlich leuchten durch das Land.

(Die Goethe-Pedanten, 1845)

So'n abgefuckter Kacker

Von Robert Gernhardt

Sonette find ich sowas von beschissen,
so eng, rigide, irgendwie nicht gut;
es macht mich ehrlich richtig krank zu wissen,
daß wer Sonette schreibt. Daß wer den Mut

hat, heute noch so'n dumpfen Scheiß zu bauen;
allein der Fakt, daß so ein Typ das tut,
kann mir in echt den ganzen Tag versauen.
Ich hab da eine Sperre. Und die Wut

darüber, daß so'n abgefuckter Kacker
mich mittels seiner Wichserein blockiert,
schafft in mir Aggressionen auf den Macker.

Ich tick nicht, was das Arschloch motiviert.
Ich tick es echt nicht. Und wills echt nicht wissen:
Ich find Sonette unheimlich beschissen.

(Materialien zu einer Kritik der bekanntesten Gedicht-
form italienischen Ursprungs, in: Wörtersee, 1981)

Auf ewig Lebewohl

Von Adam Oehlenschläger

So nahmen wir einen kalten Abschied. Das war mir aber in meiner tiefsten Seele zuwider; denn keinen Mann in der Welt liebte und schätzte ich mehr wie Goethe, und nun sollte ich ihn vielleicht nie mehr im Leben sehen! Die Postpferde waren um fünf Uhr den nächsten Morgen bestellt. Die Uhr war halb elf des Abends; ich saß in meiner Stube betrübt allein, das Haupt an die Hand gelehnt, Tränen im Auge. Da ergriff mich ein unbezwingbares Sehnen, ihn noch zu guter Letzt an mein Herz zu drücken, aber zugleich rührte sich auch in meiner Brust der Stolz gekränkter Ehre, und ich wollte nicht in Demut vor ihm erscheinen.

Ich lief nach Goethes Hause und sah noch Licht; ich ging zu Riemer auf sein Zimmer und sagte: Lieber Freund, kann ich nicht Goethe einen Augenblick sprechen! Ich möchte ihm gern noch ein Lebewohl sagen. Riemer wunderte sich, weil er mich aber in Gemütsbewegung sah und alles wußte, antwortete er: Ich will es ihm sagen; ich will sehen, ob er noch nicht zu Bette ist. – Er kam zurück und bat mich hereinzutreten, indem er sich selber entfernte. – Da stand der Verfasser ›Götz von Berlichingens‹ und ›Hermann und Dorotheas‹ im Nachtkamisol und zog seine Uhr auf, um zu Bett zu gehen. Als er mich sah, sagte er freundlich: Nun, mein Bester! Sie kommen ja wie der Nikodemus. – Herr Geheimrat! sprach ich, erlauben Sie, daß ich dem Dichter Goethe auf ewig Lebewohl sage. – Nun leben Sie wohl, mein Kind! versetzte er herzlich. Nichts mehr! Nichts mehr! rief ich gerührt und verließ schnell das Zimmer.

(6. 11. 1809)

Ludwig Michalek, Goethes Reisewagen

Goethe liebt die Kaiserin!

Von Johannes Urzidil

Auf einer Bildnisminiatur, die Jean-Baptiste Isabey 1812 schuf, erscheint Maria Ludovica als filigran-zarte Schönheit, dunkeläugig und mit jenem halb fragenden, halb wissenden Lächeln, das noch als archaisches Erbtum um die Lippen italischer Frauen schweben kann. Wenn Gesicht und Gestalt, Haltung und Bewegung von Geschlecht auf Geschlecht übergehen, dann auch eine Art des Lächelns oder Ernstes. Auf dem Porträt wirkt sie wie eine Principessa aus einem Buch Stendhals, der seine vornehmen Italienerinnen dichtete, wie sie sein Landsmann und Zeitgenosse Isabey malte. Gewiß war an ihr nichts wesentlich Österreichisches, konnte es nicht sein. Dennoch aber hat sie dem »Österreichischen« etwas Zartestes und Unvergängliches hinzugefügt, so wie der italienische Klang des Barocks sich österreichischen Kirchen und Schlössern für immer mitteilte.

Österreichisch jedoch in vollkommenster Lieblichkeit und Leiblichkeit wirkt ihre Hofdame Josephine O'Donell auf der Silberstiftzeichnung eines unbekannten Künstlers (von viel Ähnlichkeit mit der Hand Isabeys), helläugig, wienerisch umlöckelt und umflauscht, resch und fesch, echte Gräfin und echtes Mädel aus der Vorstadt.

Maria Ludovica Beatrice, geborene Prinzessin von Este, war dreiundzwanzig Jahre alt und seit zwei Jahren die dritte Gemahlin des mehr als zwanzig Jahre älteren Kaisers Franz. Dadurch war sie zur Stiefmutter der mit ihr gleichaltrigen Maria Louise geworden, der Gattin Napoleons, den Maria Ludovica nicht nur stiefschwiegermütterlich, sondern aus hundert anderen Gründen leidenschaftlich haßte, einen Spitzbuben nannte und gegen den sie in Wien eine Kriegspartei organisierte. Sie bestand also keineswegs bloß aus Lieblichkeit. Sie hatte das ferraresische Temperament, das aus ihren Augen leuchtete. Einen plötzlichen Einfall konnte sie nie zurückhalten und fuhr leicht anderen in die Rede. Sie ging gern auf Scherze ein und lachte echt, hell und langandauernd. An ihrer

Lunge stimmte etwas nicht, weshalb sie täglich Eselinnenmilch trank, nicht ohne jeweils Bonmots über ihre »Milchgeschwister« zu machen. Man hatte sie italienisch und französisch erzogen. Ihr Literaturlehrer, der liberale Exjesuit Clemente Bondi, hatte ihr zuerst einen Begriff von dem unvergänglichen Wert seiner eigenen Idyllen vermittelt, nebenher hatte er freilich auch Diderot, Montesquieu, Voltaire, Massillon und Bossuet gelten lassen. Von deutschen Autoren hatte sie bis dahin nur Kotzebue gelesen.

Als sie nun am 6. Juni 1810 in Karlsbad dem Reisewagen entstieg, hatte sie sich zunächst ein Gedicht anzuhören, betitelt »Der Kaiserin Ankunft«. Der kaiserliche Kreishauptmann hatte sie dann untertänigst über den Autor unterrichtet, den berühmten Goethe, den er selbst im Namen der Karlsbader Bevölkerung um die Stanzen gebeten hatte.

Goethe wußte von Maria Ludovica mehr als sie von ihm. Schon im Sommer 1808 hatten ihm seine Wiener Bekannten in Karlsbad und Franzensbad von ihr vorgeschwärmt, und er hatte sich sogar einiges Anekdotische über sie aufgezeichnet. Nun sollte er des Abends, bei einem Empfang im Sächsischen Saal, ihr vorgestellt werden. Aber zunächst kam der Graf Peter Corneillan zum Handkuß, weil er eine Mappe seiner Karlsbader Veduten zu überreichen hatte, die die Kaiserin dankend an ihre Oberhofmeisterin Gräfin Althan weitergab. Dann kam die lange Reihe der Liechtensteins, Colloredos, Rasumowskis, des Uradels und des Adels von ungefähr. Dann auch präsentierte man den Dichter des Begrüßungspoems sowie des »Tasso«, und die geborene Prinzessin von Este lächelte huldreich. Sie war reisemüde, aber es kam doch zu einem Gespräch, fast zu einer Unterhaltung. In dem Brief jedenfalls, den sie pflichtschuldigst in der Nacht noch an ihren Gemahl schrieb, bemerkte sie mit einigem Stolz, »der berühmte Verfasser Goethe« habe »eine anspielende Poesie auf ihre Ankunft gemacht« und der Graf Corneillan, »ein sehr artiger und angenehmer Mann«, habe ihr »die Gegenden von Karlsbad geschenkt, von ihm selbst gezeichnet.«

Die Erscheinung der Kaiserin muß den Dichter fasziniert haben. Denn er schrieb für sie und an sie noch drei weitere Gedichte und ließ die ganze Reihe auf eigene Kosten sogleich drucken (in 300 Exemplaren für 75 Gulden). Wie sehr aber auch Maria Ludovica von Goethe beeindruckt war, zeigt ein Brief Christianes nach Karlsbad (19. Juni), die Goethe schreibt, Prinz Bernhard (von Weimar) habe »allerwegen erzählt, daß die Kaiserin zu ihm gesagt hätte, er sollte Dir sagen: daß Du doch recht oft mit ihr sprechen möchtest, weil sie sich gern mit Dir unterhielt«. Obwohl aber die Kaiserin bis zum 23. Juni in Karlsbad blieb, hören wir nichts über eine weitere Begegnung mit Goethe. Sie begab sich dann zur Nachkur nach Teplitz, wo Gentz von ihr herangezogen wird, der in seinem Tagebuch (I, 218) von der außerordentlichen Frau berichtet, die sich mit ihm über die wichtigsten Themen unterhielt und ihm bei häufigen Zusammenkünften eine Menge Schmeichelhaftes gesagt habe, wovon er zitiert, »was sie bei Gelegenheit von Goethe zu mir sagte«, nämlich: »Es ist nicht allen gegeben, so zu schreiben wie Sie [Gentz] und sich doch jedermann so klar und unbefangen mitteilen zu können.« Möglich, daß dies Maria Ludovica »bei Gelegenheit von Goethe« sagte, aber eine feinere Natur als Gentz hätte sich gegen ein solches Kompliment auf Kosten Goethes gewehrt. Die Kaiserin hatte indessen ihrem Vorleser, Fürsten Karl von Lichnowski, aufgetragen, Goethe ihre Erkenntlichkeit zum Ausdruck zu bringen. Sie befahl die Anfertigung einer goldenen Dose mit ihrem Namenszug in Brillanten. Sie nahm es ernst mit diesem Geschenk, wie man an der verspäteten Zusendung (18. Februar 1811) erkennt, zu deren Entschuldigung Lichnowski vorbrachte, es seien durch Ungeschicklichkeit der Goldschmiede bereits zwei Dosen, auf denen eine Lyra in Brillanten hätte angebracht werden sollen, nicht nach dem Geschmack der Kaiserin ausgefallen.

In Wien wünschte man seit Jahren, Goethe möge zu Besuch kommen, ja womöglich seinen Wohnsitz dorthin verlegen. Manche Adelskreise ebenso wie die Intellektuellen um Marianne von Eybenberg und Cäcilie von Eskeles hätten das gern gesehen. Fürst Lichnowski machte Maria Ludovica mit den Werken des Dichters der Reihe nach bekannt. Unter dem 22. Januar 1812 berichtet Caroline von Humboldt: »Die Kaiserin hat mir mehrmals von dem

Glück gesprochen, das Ihre Bekanntschaft, teurer Goethe, ihr gewährt habe.« Im Februar 1812 ernannte die »Kaiserliche Akademie der Künste« Goethe zum Ehrenmitglied. Den verschiedenen Einladungen wich Goethe aus. »Die Fähigkeit zu solchen Entschlüssen vermindert sich bei mir von Jahr zu Jahr und ich kann es nicht mehr weiter bringen als meine Zeit unter Weimar, Jena und Carlsbad zu teilen« (an Frau von Grotthus).

Im Sommer 1812 hoffte Goethe, der Kaiserin in Karlsbad wieder zu begegnen. Sie hatte sich daselbst mit ihrem Gemahl und ihrer Stieftochter, der französischen Kaiserin, zum Kurgebrauch angesagt. »Pomp and circumstances« waren außergewöhnlich, und Goethe hatte für die drei hohen Gäste drei Begrüßungsgedichte vorbereitet, die ihnen »im Namen der Karlsbader Bürger« überreicht und vorgetragen werden sollten. Allein wider Erwarten strich Maria Ludovica Karlsbad vom Programm und fuhr von Prag direkt nach Teplitz. Kaiser Franz jedoch und Marie Louise beglückten Karlsbad und wurden mit den beiden für sie bestimmten Gedichten empfangen. »Blumen auf den Weg Ihro des Kaisers Majestät am Tage der höchst beglückenden Ankunft zu Karlsbad alleruntertänigst gestreut von der Karlsbader Bürgerschaft den 2. Juli 1812«, lautete die kitschbiedermeierliche Überschrift, für die aber Goethe nicht verantwortlich zeichnete. Das Gedicht für Maria Ludovica sandte er nach Teplitz an Carl August mit der Bitte, es an die Kaiserin weiterzuleiten.

Die Wirkung war probat, und schon am 8. Juli erhielt Goethe von seinem Herzog eine jener Einladungen, deren Dringlichkeit einem Befehl gleichkam. Es sei der Wunsch der Kaiserin, ihn vorlesen zu hören. »Lichnowski und Althan schreien beide nach Dir.« Und fünf Tage später heißt es über die Kaiserin: »Sie sagte mir viel Schönes auf Deine Rechnung.« Nicht nur war sie inzwischen mit Goethes Dichtungen bekannt geworden. Auch Carl August tat alles, um Goethe bei Hofe wünschenswert erscheinen zu lassen. Er fühlte sich wohl in Gesellschaft der schönen Feindin Napoleons, vor der er sich frei äußern konnte, und ihm wäre eine engere Beziehung der Kaiserin zu seinem Minister nur angenehm gewesen, der unter dem Lorbeer des Dichters aufmerksame politische Ohren verbarg. Goethe selbst ließ in Karlsbad keine Zeit verstreichen. Gesundheitlich hatte er dort diesmal ohnehin nichts gewonnen. Am 14. Juli traf er in Teplitz ein, wo nicht nur Maria Ludovica, sondern auch Beethoven ihn erwartete.

Aber es ist keineswegs ein Poeta Laureatus, der da auf Kothurnen schreitend sein Lied ertönen läßt, sehr bald bricht der Mensch mit seinem Widerspruch hervor, vollzieht sich ergreifend eine lebende Reprise der »Tasso«-Phänomene, die sich sogar – mutatis mutandis – an zwei Leonoren entzünden. Im Rahmen strengster Diskretion hatte sich angebahnt, was sehr rasch komprimierte Heftigkeit gewann. Goethe sah Maria Ludovica beinahe täglich, und wenn er sie nicht sah, sandte er ihr schriftliche Botschaften durch ihre Hofdame, die Gräfin O'Donell oder durch Lichnowski. Maria Ludovica war vorsichtig. Sie richtete nie eine Zeile an Goethe, ja dem Dichter verbot sie ausdrücklich, ihre Gestalt in irgendeinem seiner Werke auftauchen zu lassen, auch nicht in poetischer Verkleidung. Sie erlegte ihm strengste Verschwiegenheit über ihre Beziehungen und Gespräche auf. Das hatte gewiß nicht bloß politische Gründe und war auch kein bloßes Gefallen an Geheimnistuerei. Es ist schon so mit aller Diskretion, daß ihre Vorhänge porös sind. Wenn manche Interpreten von einer erotischen Neigung Maria Ludovicas zu Goethe sprechen, der in sie bis zur Weißglut verliebt gewesen sei, so mögen sie zu weit gehen. Aber ganz und gar bestreiten läßt es sich nicht.

Goethe traf die Kaiserin entweder im »Herrenhaus«, wo sie wohnte, oder im Schloß der Clarys oder in deren prächtigem Garten. Die regelmäßigen Zusammenkünfte wurden durch Vorlesungen eingeleitet, aber Goethe war überdies im Laufe von kaum vier Wochen elfmal mit bei Tafel. Zumeist las er dann auch nach Tisch etwas vor. Christiane erfährt das Sachliche genau, so vom 19. Juli: »Nach Tafel befahl die Kaiserin auf die anmutigste Weise, daß ich die [Huldigungs-] Gedichte vorlesen sollte, welches wohl das sicherste Zeichen der Zufriedenheit war... Einer der ersten Staatsmänner [gemeint ist Graf Rud. Chotek] äußerte vertraulich gegen mich, er kenne gar wohl die Schwierigkeit der Aufgabe und sehe mit Vergnügen, wie glücklich sie gelöst sei. Dies wird besonders Johnen [Goethes Sekretär] freuen, welcher am besten weiß, wie bedenklich mir die Sache gewesen.« Die Schwierigkeit hatte vor allem darin gelegen, drei disparate oder jedenfalls nur scheinbar harmonierende Elemente wie Maria Ludovica, den österreichischen Kaiser und die Gattin Napoleons im Angesicht der ebenfalls divergierenden Völker und in einer bereits prekär werdenden geschichtlichen Situation einmütig zu feiern. Goethe verließ sich auf den Beistand der Natur und des Menschlichen und so gelangen die drei Kunststücke.

Nichts lag näher, als daß Goethe Maria Ludovica aus »Tasso« vorlas, dann »Iphigenie«, am Ende auch »Pandora«. »Wer von der Schönen zu scheiden verdammt ist, fliehe mit abgewendetem Blick!« Man denke sich eine junge Zuhörerin den magischsten Kräften ausgeliefert, die jemals Dichtung unmittelbar übte, und man denke sich den Dichter vor solch aufnahmewilligem Spiegel. Mit seinen schönsten Liedern und Romanzen machte er sie vertraut, viele mußte er mehrmals lesen, besonders »Wirkung in die Ferne«. Aber er las auch Balladen von Schiller und las aus Calderón. Maria Ludovica aber saß keineswegs immer verzückt und sprachlos da. Sie unterbrach, wenn sie eine Aufklärung wünschte oder etwas bemerken wollte. Eine gespannte, nicht immer bequeme, jedoch höchst intelligente Zuhörerin, die sich mit außerordentlichem Geist und großer Originalität zu äußern verstand. »Man kann sich kaum einen Begriff von ihren Vorzügen machen. Ihr werdet über gewisse Dinge, die ich zu erzählen habe, erstaunen, beinahe erschrecken« (an Christiane, 19. Juli).

Am Vormittag fanden solche Vorlesungen zuweilen in einem kleinen Gartentempelchen bei Clarys statt, als »Hütte« oder auch als »Tabagie« bezeichnet, wo die Hofdame Gräfin O'Donell mit dabei war oder Wache hielt, weshalb sie denn auch zum Andenken von Goethe eine Zeichnung dieses antikisierenden Häuschens erhielt mit einem Vers, der auf »böse Zungen« anspielte. Josephine, geborene Gräfin Gaisruck, war eine voll erblühte Dreißigerin und seit zwei Jahren Witwe nach dem Finanzminister Grafen Josef O'Donell von Tyrconell. Sie war ein stets wohlgelauntes, munteres und neckisches Persönchen, groß im Erfinden von Spielen, Ränken und abenteuerlichen Anschlägen, daher als Hofdame einer jungen Kaiserin richtig am Platze und ganz und gar in der Lage, ihre Talente zu entfalten. Einer der gesellschaftlichen Hauptspäße bestand darin, daß man einander gegenseitig im Scherz kleine Gegenstände entwendete oder versteckte, worauf sich eine spätere Briefstelle der O'Donell an Goethe bezieht: »Der mit Diebssinn behaftete Herzog hat mir drei sehr hübsche Briefe geschrieben und sich so vollkommen des Stehlens entwöhnt, daß er mir mehr gab, als er im Stande zu nehmen wäre. Er schickte mir nämlich alle Ihre Werke und seit geraumer Zeit hat mir nichts mehr Vergnügen gemacht.« Es kann als sicher gelten, daß jener herzogliche Diebssinn sich nicht bloß auf gegenständliche Werte bezog.

Merkwürdigerweise nannte Goethe die Gräfin »Friederike«, obwohl sie doch Josephine hieß und bei Hofe vertraulich auf wienerisch »Pepi« oder »Fini« oder auch »Sefrl« gerufen wurde. Der Dichter arbeitete damals in Teplitz in seinen wenigen Freistunden an »Dichtung und Wahrheit« und war eben bei der Sesenheimer Friederike angelangt. Er las wohl auch einiges aus diesem Text vor. Eine spielerische Identifizierung wäre immerhin denkbar, zumal auch die O'Donell einen ihrer Briefe mit »Ihre getreue Friederike« unterzeichnet (während sie ein andermal lustig genug signiert: »Die Nachbarin vom ersten Stock aus der Töpferschenke«). In Goethes Tagebuch ist zwar immer von »Ihro Majestät, der Kaiserin« die Rede, und in der Öffentlichkeit trat man zur Seite und neigte sich zutiefst (Beethoven zum Verdruß), aber im vertrauten Kreise ging es gemütlich zu, alle Welt plauderte im Wiener Dialekt, und die »pfirsichblütenfarbene Soubrette« (wie Goethe die O'Donell apostrophierte) sorgte für »Stimmung«.

Zweifellos war er für Josephine oder »Friederike« sehr eingenommen, und es war gewiß nicht bloße Berechnung, wenn er die einflußreiche Dame mit Aufmerksamkeit überhäufte, ihr Blumen und Schokolade sandte und Teetassen aus feinem böhmischem Porzellan verehrte. Sie war auch das Ziel kleiner Verse und Gedichte. (Zu seinem Geburtstag überraschte er sie von Karlsbad aus mit Zeichnungen zweier Marienkapellen, du Pont und de la Harpe, für ihr Album, »welches der wilde Sinn des Weltkindes nicht hat entweihen können«.) In Teplitz war sie für ihn nicht nur die wichtige Vertraute seiner Beziehung zu Maria Ludovica, sie war auch ein notwendiges Ferment des Kurgebrauchs, denn sie sorgte dafür, daß er zeitig aufstand, um seine Badestunde, von 5 bis 6 Uhr früh, pünktlich einzuhalten. Das mußte er, denn er fühlte sich gesundheitlich nicht auf der Höhe, und er mußte es auch deshalb, weil er tagsüber gar nicht zum Kurgebrauch kam. Josephine-»Friederike« war nicht bloß hinter dem Vergnügen her. Naiv bat sie ihn, sie doch »auf einen Weg zu führen, um all dasjenige zu erlernen, was man gewöhnlich von Frauenzimmern verlangt«; halbe Bibliotheken zu verschlingen sei zwar nicht gerade ihre Sache, aber man könne doch ernsteres Studium mit einer sich darauf beziehenden Lektüre verbinden und so das Trockene mit dem Interessanten verweben. Die Gute hatte noch kurz vorher von der deutschen Literatur nicht viel mehr als ihre Herrin gekannt, lediglich »Hermann und Dorothea«, woraus ihr verstorbener Gatte, der Finanzminister, ihr vor Jahren einiges vorgelesen hatte, um sie mit den Schicksalen einfacher Menschen in schwankenden Zeiten bekannt zu machen. Nun war Goethe da, lebendig und mit Händen zu greifen, nach dem Abbate Bondi geradezu eine Offenbarung, denn nicht nur war er ein Dichter, er schien auch alles zu wissen, und alles verdeutlichte sich mit ihm.

Die andere Hauptrolle im kaiserlichen Zirkel hatte Fürst Karl von Lichnowski inne. Er war der Arbiter Elegantiarum der Kaiserin, und wie die meisten Wiener Adligen war er von großer Musikalität. Er hatte Mozart beim preußischen Hof eingeführt und hatte sein Wiener Haus Beethoven eröffnet. Nun lag ihm daran, daß die Kaiserin durch Goethe die Welt der deutschen Dichtung kennenlerne, auch Schiller, Wieland und Herder, von dem ihr Goethe erzählt hatte und auf dessen Schriften sie besonders neugierig war. Lichnowski erbat sich von Goethe eine Übersicht der besten zeitgenössischen deutschen Literatur als Grundlage einer Handbibliothek für die Kaiserin, die durch seine Belehrung »in Stand gesetzt zu werden wünsche, ein poetisches Gedicht auch nach seinem poetischen Wert beurteilen zu können« (Billet Lichnowskis vom 27. Juli). Was man sich dabei vorstelle? Nun, Josephine-»Friederike« kommentierte es in einem zierlichen Briefchen: »Eine Anleitung zur Beurteilung der Poesie überhaupt; indem sie wohl dieses oder jenes Gedicht bewundern wird, ohne gleichzeitig zu wissen, ob es so gemacht ist, wie es sein sollte etc. Sie verstehen mich schon[1].«

Wenn man feststellt, die Teplitzer Zeit Goethes mit Maria Ludovica hätte kaum vier Wochen gedauert, so ist damit wenig gesagt. Hier wieder einmal tritt das besondere Zeitmaß der Dichter in seine Rechte. Vielleicht war es viel weniger, vielleicht nur ein Augenblick, in Wirklichkeit und Wirkung war es eine Ewigkeit. Die Zeit dieser Welt lief nebenher. Einmal, in Eichwald während eines Ausflugs, ward die Kaiserin selbst von poetischen Ambitionen ergriffen, woraus ein Lustspielchen »Die Wette« hervorging, in das Goethe etwas undeutlich mit verwickelt war. Schrieb sie es? Schrieb er es? Redigierte er bloß ihren Text? Ein Liebespaar stand jedenfalls im Mittelpunkt. Und am Ende wird Goethe nicht ganz wohl dabei.

Am 10. August nimmt die Kaiserin von Teplitz Abschied, und am folgenden Tag kehrt Goethe nach Karlsbad zurück. Mit diesem körperlichen Entschwinden wird sie bereits so sehr zur Vision, daß Goethe drei Tage später an Reinhard schrieb: »Eine solche Erscheinung gegen das Ende seiner Tage zu erleben, gibt die angenehme Empfindung, als wenn man bei Sonnenaufgang stürbe und sich noch recht mit inneren und äußeren Sinnen überzeugte, daß die Natur ewig produktiv, bis ins Innerste göttlich, lebendig, ihren Typen getreu und keinem Alter unterworfen ist.« Dies ist die unmittelbarste, stärkste und gehaltvollste Aussage des Hauptbeteiligten über die Beziehung.

Von Teplitz aus hatte Goethe gegenüber Christiane angedeutet, es sei nicht zu berechnen, welche Folgen sein Verhältnis zur Kaiserin haben könne. Sicher war dies nicht bloß konkret zu

---

[1] Lichnowski erfreute sich in der Folgezeit der besonderen Schätzung Carl Augusts, weil er ihn des öfteren mit Sliwowitz (Slibowitza = Pflaumenschnaps) versorgte.

Später einmal versuchte Lichnowski in Weimar ein größeres Darlehen auf seine schlesische Herrschaft zu erlangen, was aber von Carl August wie auch von Goethe weise und höflich abgelehnt wurde.

verstehen. Varnhagen, der an Rahel schrieb, Goethe wünsche Theaterdirektor in Wien zu werden, war falsch informiert. »Man sagt, er sei sehr eifrig dazu, allein ungeachtet der Vorliebe der Kaiserin würde er gegen die Dummheit des geistscheuen Publikums und den schon im Voraus laut gewordenen Haß vieler Schauspieler nicht auskommen.« Die Herren Mimen trügen Goethe unter anderem nach, er habe sich zu submiß bei Metternich für die Ehrenmitgliedschaft der Wiener Akademie bedankt. »Die Leute bedenken nicht, daß niemand weniger die hergebrachten Formen verletzt als Goethe.« Da nun wieder war Varnhagen richtig informiert und begriff das Wesen und die besondere Situation Goethes besser als Beethoven im gleichen Jahre. Sicher ist, daß Goethe sich in den komplizierten österreichischen Verhältnissen schwerlich zurechtgefunden hätte, wo man zugleich gegen Napoleon und mit ihm verschwägert war, wo – wie zu allen Zeiten – liberale und konservative Kräfte einander entgegenwirkten und wo der Erzreaktionär Metternich zugleich der Befreiung Deutschlands von Fremdherrschaft den Weg bahnte, in zuversichtlicher Hoffnung, daß der Druck eines einheimischen Absolutismus, wie groß er auch sei, weniger empfunden würde als der eines fremden[2].

In der kurzen Lebensspanne, die Maria Ludovica noch vergönnt war, gedachte sie Goethes immer mit aufmerksamem Herzen. Da sie auf Anregung Goethes die Romane und Verserzählungen Wielands gelesen hatte, sandte ihr Carl August den Bericht über die Weimarer Logenfeier zu Wielands Andenken mit Goethes Trauerrede (vom 18. Februar 1813). Rühmend bedankt sie sich noch für diese Sendung. Aber die Krankheit zehrte das zarte Geschöpf bereits auf. Sie siechte nur noch dahin und starb am 7. April 1816 im Alter von neunundzwanzig Jahren.

Goethe war tief erschüttert. Er schrieb seinem Verleger Cotta, der Verlust der Kaiserin habe ihn so getroffen, daß sein poetisches

---

[2] Goethe trug noch nach der Schlacht bei Leipzig völlig unbefangen den Orden der französischen Ehrenlegion im gleichen Knopfloch mit dem russischen Sankt-Annen-Orden. Rahel schreibt aus Prag an Varnhagen, ein österreichischer General »habe ihn deshalb angefahren« (Feldzeugmeister Graf Hieronymus von Colloredo-Mansfeld).

Talent darüber verstumme[3]. Nie kam er später nach Böhmen, ohne sich in irgendeiner Art ihr Bild zu vergegenwärtigen. Der Gräfin O'Donell sandte er von Karlsbad (1. Mai 1820) – in Anspielung auf seine einstigen Gedichte »Der Kaiserin Becher« und »Der Kaiserin Platz« – die ergreifenden Gedenkverse »Hier, wo noch ihr Platz genannt wird . . .«, die für die Innenseite eines Kästchens bestimmt waren, darinnen die O'Donell persönliche Andenken an ihre Fürstin und Freundin bewahren wollte. Diese Verse bezeugen, wie viel ihm Maria Ludovica bedeutet hatte und noch bedeutete. An Reinhard schrieb er (25. Mai 1821), er habe »den Tod der hochseligen Kaiserin noch nicht verwunden; es ist eben als wenn man einen Hauptstern am Himmel vermißte, den man nächtlich wiederzusehn die erfreuliche Gewohnheit hatte.« Süßes Leben! Schöne freundliche Gewohnheit . . . Seine Souvenirs an Maria Ludovica bewahrte er als höchste Kostbarkeiten, und noch 1826 zeigte er sie Grillparzer. »Diese Schätze waren, halb orientalisch, . . . in ein seidenes Tuch eingeschlagen und Goethe benahm sich ihnen gegenüber mit einer Art Ehrfurcht.«

Daß er 1813 gleich am Tage seiner Ankunft in Teplitz (26. April) die ersten Zeilen an Josephine O'Donell richtete, lag daran, daß er Maria Ludovica wiederzusehen hoffte. »Gewissermaßen als Flüchtling aus dem sehr unruhigen Thüringen in dem friedlichen Böhmen angelangt, ist mein erstes, die Augen ostwärts zu wenden und zu hoffen, daß mir von dorther einige gnädige und freundliche Blicke möchten entgegenkommen.« Der Brief aber, den er am 4. Juni aus dem »teuren Teplitz« an Josephine und mit dem er ihr seinen Aufsatz »Aus Teplitz« sendet, spricht der Adressatin ganz außerordentliche Bedeutung zu. »Sie haben mich mir selbst wiedergegeben. Sie haben mir mit Teplitz, mit Böhmen ein Geschenk gemacht. Ich sehe nun erst die Natur wieder und fange an, mich derselben von vorn zu freuen.« Waren diese Beteuerungen nur für Josephine bestimmt, oder hatten sie ein über sie hinausreichendes Ziel? Noch dreimal schrieb er ihr in jenem Sommer und setzte

---

[3] In den »Tag- und Jahresheften« zu 1816 bemerkt er rückblickend: »Der Tod der Kaiserin versetzte mich in einen Zustand, dessen Nachgefühl mich niemals wieder verließ.«

später von Weimar aus die Korrespondenz fort. Auch Carl August schrieb der Gräfin fleißig von Teplitz aus, versäumte nicht, sie in gewohnter Weise dabei »aufzuziehen«, und bemerkte, drollig auf die schöne Fürstin Leopoldine Liechtenstein anspielend, über Goethe: »Unter uns gesagt, er ist Ihnen nicht treu. Wer aber würde das in dieser Welt bleiben? Dazu haben wir Zeit genug in der Ewigkeit.«

Nach der Leipziger Schlacht machte Josephines Stiefsohn, Moritz O'Donell, mit seiner Gattin Christine (uns aus Teplitz bereits als Titine von Ligne bekannt) in Weimar seine Aufwartung. »Ich kenne keine liebenswürdigeren Menschen«, sagte Goethe zu Riemer. Der Mutter sendet er in den Folgejahren nach Wien immer wieder Freundschaftszeichen, unter anderem den 2. und 3. Teil der Selbstbiographie (die »Friederiken«-Phase) mit herzlichen Widmungsversen. So 1814 das »Taschenbuch für Damen«, mit dem 2. Teil und der Strophe:

> *Die kleinen Büchlein kommen froh,*
> *Der werten Dame sich zu bücken,*
> *Doch Lieb und Freundschaft auszudrücken,*
> *Bedürft es ein in Folio.* (3. Februar)

Als er 1818 nach längerer Pause wieder nach Böhmen kam, begrüßte ihn Josephine in Franzensbad. Sie sprachen über Tod und Verklärung Maria Ludovicas. Zum Abschied reicht er der Freundin einen böhmischen Glasbecher, »heiter und glänzend gemalt«, darin ein Blatt mit den Zeilen

> *Ich dachte dein, und Farben bunt erschienen*
> *Im Sonnenglanz mir vorm Gesicht . . .* (8. August)

Und als er dann fünf Wochen später wieder durch Franzensbad kam, war es der Gedanke an Josephine und die Vision Maria Ludovicas, aus denen sich die »Divan«-Verse im »Buch der Betrachtungen« formten:

> *Woher ich kam? Es ist noch eine Frage,*
> *Mein Weg hierher, der ist mir kaum bewußt . . .*
>
> (aus: Goethe in Böhmen, 1932)

Die Kaiserin liebt Goethe
Von F. W. Bernstein

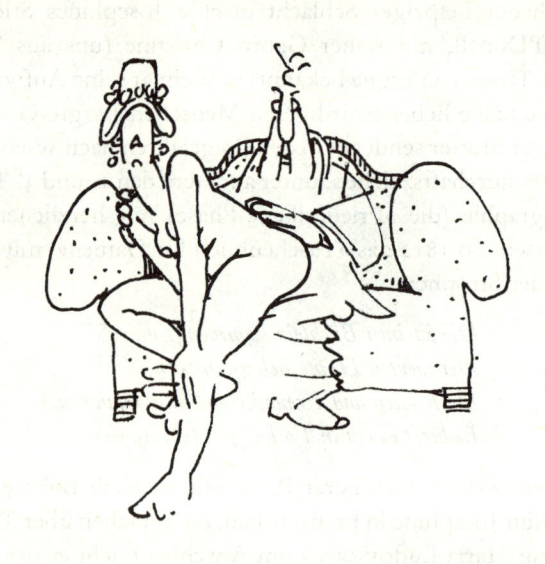

(1982)

Du Stern des Dichterpoles
Von Graf August von Platen

Dein Name steht zu jeder Frist
Statt eines heiligen Symboles
Auf Allem, was mein eigen ist,
Weil du mir Stern des Dichterpoles,
Weil du mir Schacht des Lebens bist.

Der Orient sei neu bewegt,
Soll nicht nach dir die Welt vernüchtern;
Du selbst, du hast's in uns erregt:
So nimm hier, was ein Jüngling schüchtern
In eines Greises Hände legt.

(An Goethe, 1821)

Selige Sehnsucht
Von Johann Wolfgang Goethe

Sagt es niemand, nur den Weisen,
Weil die Menge gleich verhöhnet,
Das Lebendge will ich preisen
Das nach Flammentod sich sehnet.

In der Liebesnächte Kühlung,
Die dich zeugte, wo du zeugtest,
Überfällt dich fremde Fühlung,
Wenn die stille Kerze leuchtet.

Nicht mehr bleibest du umfangen
In der Finsternis Beschattung,
Und dich reißet neu Verlangen
Auf zu höherer Begattung.

Keine Ferne macht dich schwierig,
Kommst geflogen und gebannt,
Und zuletzt, des Lichts begierig,
Bist du Schmetterling verbrannt.

Und so lang du das nicht hast,
Dieses: Stirb und Werde!
Bist du nur ein trüber Gast
Auf der dunklen Erde.

(aus: West-östlicher Divan, 1814/19)

Ein Scherzgedicht für Goethen

Von Marianne Willemer

Zu den Kleinsten zählt man mich,
Liebe Kleine nennst Du mich.
Willst Du immer so mich heißen,
Werd ich stets mich glücklich preisen.

Als den Größten kennt man Dich,
Als den Besten ehrt man Dich,
Sieht man Dich, muß man Dich lieben;
Wärst Du nur bei uns geblieben.

Ins Gedächtnis präg ich Dich,
In dem Herzen trag ich Dich,
Nun möcht ich der Gnade Gaben
Auch noch gern im Stammbuch haben.

(1814)

Ginkgo biloba.

Dieses Baums Blatt, der von Osten
Meinem Garten anvertraut,
Giebt geheimen Sinn zu kosten
Wie's den Wissenden erbaut.

Ist es ein lebendig Wesen,
Das sich in sich selbst getrennt,
Sind es zwey die sich erlesen,
Daß man sie als Eines kennt.

Solche Frage zu erwiedern
Fand ich wohl den rechten Sinn;
Fühlst du nicht an meinen Liedern
Daß ich Eins und doppelt bin.

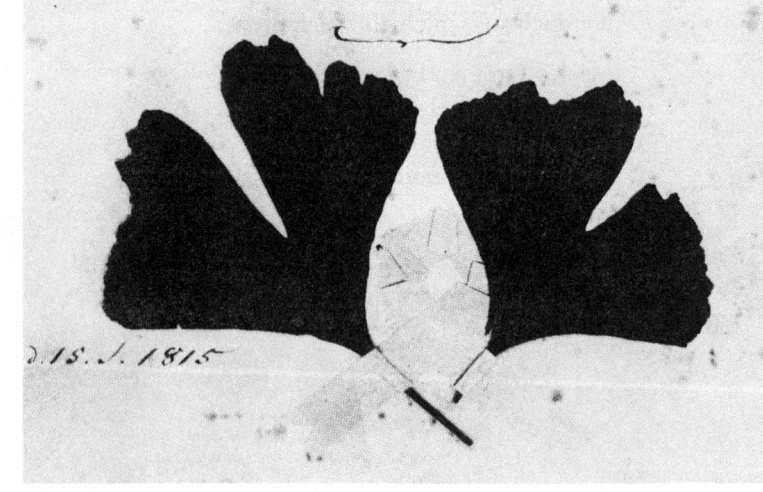

d. 15. J. 1815

Ginkgo biloba, Goethes eigenhändige Reinschrift, 1815

Suleika

Von Johann Wolfgang Goethe
und Marianne Willemer

Was bedeutet die Bewegung?
Bringt der Ost mir frohe Kunde?
Seiner Schwingen frische Regung
Kühlt des Herzens tiefe Wunde.

Kosend spielt der mit dem Staube,
Jagt ihn auf in leichten Wölkchen,
Treibt zur sichern Rebenlaube
Der Insekten frohes Völkchen;

Lindert sanft der Sonne Glühen,
Kühlt auch mir die heißen Wangen,
Küßt die Reben noch im Fliehen,
Die auf Feld und Hügel prangen.

Und mir bringt sein leises Flüstern
Von dem Freunde tausend Grüße;
Eh noch diese Hügel düstern,
Grüßen mich wohl tausend Küsse.

Und so kannst du weiter ziehen!
Diene Freu'nden und Betrübten.
Dort, wo hohe Mauern glühen,
Find ich bald den Vielgeliebten.

Ach, die wahre Herzenskunde,
Liebeshauch, erfrischtes Leben
Wird mir nur aus seinem Munde,
Kann mir nur sein Atem geben.

*

Ach, um deine feuchten Schwingen,
West, wie sehr ich dich beneide:
Denn du kannst ihm Kunde bringen,
Was ich in der Trennung leide!

Die Bewegung deiner Flügel
Weckt im Busen stilles Sehnen;
Blumen, Augen, Wald und Hügel
Stehn bei deinem Hauch in Tränen.

Doch dein mildes, sanftes Wehen
Kühlt die wunden Augenlider;
Ach, für Leid müßt ich vergehen,
Hofft ich nicht zu sehn ihn wieder.

Eile denn zu meinem Lieben,
Spreche sanft zu seinem Herzen;
Doch vermeid, ihn zu betrüben,
Und verbirg ihm meine Schmerzen.

Sag ihm, aber sags bescheiden:
Seine Liebe sei mein Leben;
Freudiges Gefühl von beiden
Wird mir seine Nähe geben.

(aus: West-östlicher Divan, 1815/19)

Ach, um deine Feuerschwingen

Von Hellmuth Krüger

Ach, um deine Feuerschwingen
Dich, Rakete, ich beneide,
Kannst bis in den Himmel dringen
Während ich auf Erden leide.

> Zwischen oben, zwischen unten
> Schwebst du artig auf im All:
> Wir ergötzen uns am Bunten,
> Du erquickst uns durch den Knall!
>
> (Die klassische Rakete nach Goethe, o. J.)

Der starre Stamm

Von Ludwig Börne

Nein, das sind keine Weingesänge, das sind keine Liebeslieder! Das sind keine losen, das sind feste Gedichte [im »West-östlichen Divan«]. Wohl anmutig säuselt die Luft durch Zweige und Blätter und schüttelt sie freundlich; aber den starren Stamm bewegt sie nicht...

Das zahme Dienen trotzigen Herrschern hat sich Goethe unter allen Kostbarkeiten des orientalischen Basars am begierigsten angeeignet. Alles andere *fand* er, dieses *suchte* er; Goethe ist der gereimte Knecht, wie Hegel der ungereimte.

Goethes Stil ist zart und reinlich: darum gefällt er. Er ist vornehm: darum wird er geachtet – von andern. Ich aber untersuchte, ob die so glatte Haut Kraft und Gesundheit bedecke, und ich fand es nicht; fand keine Ader, die von der lilienweißen Hand den Weg zum Herzen zeige. Goethe hat etwas Würdiges, aber diese Würde kömmt nicht von seiner Herrlichkeit, sondern von glücklicher Anmaßung, von Etikette...

Goethe spricht langsam, leise, ruhig und kalt. Die dumme, scheinbeherrschte Menge preist das hoch. Der Langsame ist ihr bedächtig, der Leise bescheiden, der Ruhige gerecht und der Kalte vernünftig. Aber es ist alles anders. Der Mutige ist laut, der Gerechte eifrig, der Mitleidige bewegt, der Entschiedene schnell. Wer auf dem schwanken Seile der Lüge tanzt, braucht die Balancierstange der Überlegung; doch wer auf dem festen Boden der Wahrheit wandelt, mißt nicht ängstlich seine Schritte ab und schweift mit seinen Gedanken nach mehr Lust umher. Seht euch vor mit allen, die so ruhig und sicher sprechen!

(aus: Tagebuch, 27. 5. 1830)

Suleika und d'Finerl

Von Fritz von Herzmanovsky-Orlando

Rochus Großkopf, ein stattlicher Fünfziger, galt als schwer begütert, hatte zwei uralte, weitläufige Häuser in St. Pölten, wo er den größten Teil des Jahres zubrachte. Er, der als Lebemann, in St. Pölten sogar als Roué, galt, war im übrigen ein feinsinniger Sammler kostbarer Antiquitäten, ja noch mehr: war Mäzen. So steht es beispielsweise fest, daß Goethe, der freundlichen Einladung Großkopfs Folge leistend, einige Wochen in dessen St. Pöltner Heim zugebracht hat, wo der alternde Dichterfürst in der absoluten Ruhe der verträumten Bischofsstadt den Faust II beendet haben soll, wie Rat Großkopf bisweilen diskret durchblicken ließ.

Was er ebenso durchblicken ließ, war, daß Goethe ihm, der, wie kaum ein zweiter, in der Geschichte des Hebammenwesens zu Hause wäre, bezüglich der »Mütter« manches zu danken habe.

Von einem Stückchen Originalgoldspitze vom Grabe des hl. Ignatius von Loyola, dem besten Amulett für Erstgebärende, das er seinem illustren Hausgast geschenkt, wolle er gar nicht reden.

Auch einige Glanzlichter über die Alterstorheiten Faustens habe er, Großkopf, aus dem üppigen Füllhorn seiner Erlebnisse der unsterblichen Dichtung beigesteuert.

»Aber, wo find't man denn an Dank, b'sonders wann man a St. Pöltner is . . . Jo, jo.«

Die Herren führten einen lebhaften Briefwechsel, der uns aber leider nicht erhalten ist, da spätere Mißhelligkeiten den reinen

Freundschaftsbund trübten und sowohl Goethe wie Großkopf im ersten Zorn die Briefe vernichteten.

Von allen Vermutungen über den Bruch zwischen den beiden bedeutenden Männern hat folgende Version die meiste Wahrscheinlichkeit für sich:

Daß Großkopf in einer vertrauten Stunde beim feurigen Vöslauerwein, in der Meinung, sich das unbegrenzte Vertrauen des aufgeräumten Olympiers erworben zu haben, so weit ging, mit bereits stammelnder Zunge folgendes Geständnis zu beginnen: »Sö, Exzellenz, was eine gewisse Suleika betrifft, die was doch das Nachgeschwisterkind von meiner seligen Wetti-Tant' aus Linz is, so hat's da noch a jüngere Schwester geben, die was man Ihna nie g'zeigt hat! Hähä! Hat freilich später a böses End' g'nommen, 's Madel – aber a saubere Nudel is g'wesen. Waderln hat s' gehabt, gustios, wie s' als a Vierzehnjährige so z' mir ins Museumzimmer kommen is, mit die zyprischen Versteinerungen spielen . . . No, Exzellenz haben ja d' Schwester g'nommen . . . Waßt, du hast halt d' Suleika g'habt und i d' Finerl . . . Sag' ma anander du! Gelt? Schani?« Diese plumpe Vertraulichkeit war Goethen doch zuviel. Er sprang auf und ließ sich in der ersten Erregung hinreißen, mit den brüskesten Worten – noch dazu in Gegenwart einer hohen Standesperson aus Kremsmünster – an Großkopf ein dessen Mannesstolz tief demütigendes Ansinnen zu stellen, das dadurch nicht gemildert war, daß er es vor langen Jahren dem edlen Helden seines Sturm- und Drangdramas selbst in den Mund gelegt hatte.

Welch ein Sturz in die Tiefe für den St. Pöltner Kunstfreund, der sich schon auf den Höhen des Helikon dicht vor dem Bruderkuß des Musenlieblings gewähnt hatte.

Dann hätte sich aber Goethe sofort zusammengenommen und mit der ganzen unnachahmlichen Würde eines herzoglich weimarschen Staatsministers und Kammerherrn die Stätte des so schrill ausklingenden Symposions verlassen.

(aus: Der Gaulschreck im Rosennetz, 1928)

Die lange Verherrlichung des Eilfer
Von Johann Wolfgang Goethe

Ältere Fassung

Wo man mir Guts erzeigt überall,
  's ist eine Flasche Eilfer,
Am Rhein, am Main und Necker
  Man bringt lächelnd Eilfer.
Hört man doch auch wohltätige Namen
  Wiederholt wie Eilfer,
Friedrich den Zweiten zum Beispiel
  Als beherrschenden Eilfer,
Kant wird noch immer genannt
  Als anregender Eilfer.
Mehrere Namen in der Stille
  Nenn ich beim Eilfer.
Von meinen Liedern sprechen sie auch
  Rühmlich froh wie vom Eilfer,
Trinken auf mein Wohl klingend mit mir,
  Alles im reinsten Eilfer.
Dies würde mich mehr freuen,
  Mehr als der Eilfer,
Tränke nur Hafis auch. Der Würdige
  Trinke den Eilfer!
Eilig steig ich zum Hades hinab,
  Wo vom Eilfer
Nüchterne Seelen nicht trinken,
  Sage: Den Eilfer!
Eilig, Hafis, geh! da droben stehet
  Ein vollkommenes Glas Eilfer,
Das der Freund mir einschenkte,
  Der würdigste, der den Eilfer
Sich abspart, damit ich reichlich genieße
  Den vollkommenen Eilfer.

Hafis, jedoch eile! Denn zum Pfande
  Bleib ich, bis du geschlurft den Eilfer
An der Tagseite des Rheingaus,
  Wo verherrlicht der Eilfer,
Ich an der Nachtseite: hier schaudert
  Den, der gewohnt an Eilfer.
Komme zurück, Besonnener,
  Unbesonnen durch Eilfer,
Daß ich Ahnherr dich grüße,
  Atmend noch Eilfer!
Kehr ich zurück, so eifert die Freundin:
  »Hat doch der Eilfer
Abermals dich niedergeworfen!
  Trunken vom Eilfer,
Lagst unempfindlich meinem Kosen,
  Als wäre der Eilfer
Meinen Küssen vergleichbar.
  Meide den Eilfer!«
Und sie weiß nicht, daß du, Hafis,
  An meiner Statt den Eilfer
Ausgeschlurft, ich aus Liebe zu dir
  Seelenlos dalag! das soll nur der Eilfer
Alles haben getan und verbrochen,
  Der unschuldige Eilfer!
Liebchen aber sagt: »Diesen Rival,
  Den Schenken des Eilfer,
Neid ich wie des schwarzaugigen Schenken
  Stets bereiten Eilfer.
Hatem! sieh mir ins Auge!
  Den Schenken, den Eilfer
Laß sie fahren! diese Küsse, sie sind von heute,
  Was will der Eilfer!«
Denn ich möchte gar zu gern
  Trinken den Eilfer,
Wenn er alt ist, denn gegenwärtig
  Ist er allzu rasch und jung, der Eilfer.

Niemals möcht ich entbehren
  Im Leben den Eilfer,
Der so viel wuchs und gut
  Anno Eilf. Drum heißt er Eilfer.

Sing es mir ein andrer nach,
  Dieses Lied vom Eilfer!
Denn ich sangs im Liebesrausch
  Und berauscht vom Eilfer.

(aus: Nachlaß zum ›Divan‹, ca. 1805)

Die kürzere Verherrlichung des Eilfer

Von Johann Wolfgang Goethe

Jüngere Fassung

Wo man mir Guts erzeigt überall,
  's ist eine Flasche Eilfer.
Am Rhein und Main, im Neckertal,
  Man bringt mir lächelnd Eilfer.
Und nennt gar manchen braven Mann
  Viel seltner als den Eilfer:
Hat er der Menschheit wohlgetan,
  Ist immer noch kein Eilfer.
Die guten Fürsten nennt man so,
  Beinahe wie den Eilfer;
Uns machen ihre Taten froh,
  Sie leben hoch im Eilfer.
Und manchen Namen nenn ich leis,
  Still schöppelnd meinen Eilfer:
Sie weiß es, wenn es niemand weiß,
  Da schmeckt mir erst der Eilfer.
Von meinen Liedern sprechen sie
  Fast rühmlich wie vom Eilfer,

Und Blum' und Zweige brechen sie,
    Mich kränzend und den Eilfer.
Das alles wär ein größres Heil –
    Ich teilte gern den Eilfer –
Nähm Hafis auch nur seinen Teil
    Und schlurfte mit den Eilfer.
Drum eil ich in das Paradies,
    Wo leider nie vom Eilfer
Die Gläubgen trinken. Sei er süß,
    Der Himmelswein! Kein Eilfer.
Geschwinde, Hafis, eile hin!
    Da steht ein Römer Eilfer!

Schöpft der Greis itzt

Von Friedrich Rückert

Wollt ihr kosten
Reinen Osten
Müßt ihr gehn von hier zum selben Manne,
Der vom Westen
Auch den besten
Wein von jeher schenkt' aus voller Kanne.
Als der West war durchgekostet,
Hat er nun den Ost entmostet.
Seht, dort schwelgt er auf der Ottomane.

Abendröthen
Dienten Goethen
Freudig als dem Stern des Abendlandes;
Nun erhöhten
Morgenröthen
Herrlich ihn zum Herrn des Morgenlandes.

Wo die beiden glühn zusammen,
Muß der Himmel blühn in Flammen,
Ein Diwan voll lichten Rosenbrandes.

Könnt ihr merken
An den Stärken
Dieses Arms, wie lang' er hat gefochten?
Dem das Alter
Nicht den Psalter
Hat entwunden, sondern neu umflochten.
Aus iran'schen Naftabronnen
Schöpft der Greis itzt, was die Sonnen
Einst Italiens ihm, dem Jüngling, kochten.

Jugendhadern
In den Adern,
Zorn und Gluth und Mild' und süßes Kosen;
Alles Lieben
Jung geblieben,
Seiner Stirne stehen schön die Rosen.
Wenn nicht etwa ew'ges Leben
Ihm verliehn ist, sei gegeben
Langes ihm von uns gewognen Loosen.

Ja von jenen
Selbst, mit denen
Du den neuen Jugendbund errichtet,
Sei mit Brünsten
Unter Künsten
Aller Art, in der auch unterrichtet,
Wie Saadi in jenem Orden
Über hundert Jahr alt worden,
Und Dschami hat nah daran gedichtet.

(Zu Goethe's west-östlichem Diwan)

West-östlich

Von Christian Morgenstern

Palmström ist nervös geworden;
darum schläft er jetzt nach Norden.

Denn nach Osten, Westen, Süden
schlafen, heißt das Herz ermüden.

(Wenn man nämlich in Europen
lebt, nicht südlich in den Tropen.)

Solches steht bei zwei Gelehrten,
die auch Dickens schon bekehrten –

und erklärt sich aus dem steten
Magnetismus der Planeten.

Palmström also heilt sich örtlich,
nimmt sein Bett und stellt es nördlich.

Und im Traum, in einigen Fällen,
hört er den Polarfuchs bellen.

Als er dies v. Korf erzählt,
fühlt sich dieser leicht gequält;

denn für ihn ist Selbstverstehung
daß man mit der Erdumdrehung

schlafen müsse, mit den Posten
seines Körpers strikt nach Osten.

Und so scherzt er kaustisch-köstlich:
»Nein, m e i n Diwan bleibt – west-östlich!«

(aus: Palmström, 1910)

Hafis mit dem Colt, okay?

Von Al Strong

Bei Dr. Ragnar, einem Orientalen, der einen roten Punkt über dem linken Auge trägt, ist der alte Herr gut aufgehoben. Ich warte, bis er untersucht ist. Das Haus ist ausgestattet wie ein Serail. Verse aus Hafis Erzählungen kommen mir in den Sinn.

> Dort im Reinen und im Rechten
> will ich menschlichen Geschlechten
> in des Ursprungs Tiefe dringen,
> wo sie noch von Gott empfingen
> Himmelslehr in Erdensprachen,
> und sich nicht den Kopf zerbrachen.
> Wo sie noch den Vater ehrten ...

»Ihr Vater wird älter als wir alle«, beruhigt mich Dr. Ragnar.

»Du bist das Gesetz«, sage ich, zum Schluß kommend. »Du holst mir den Cowboy mit dem Colt, okay? Und krümm ihm kein Haar, hörst du!«

»Okay, halt die Kutsche an.«

(aus: Der Lieblingssohn des Teufelsclans, 1981)

FAUST

Rockwell Kent, Holzschnitt zur Szene
»Nacht«, 1940

O Faust!

Von Friederike Kempner

O Faust, Du Bild des Menschen,
Bald groß und klar, bald düster wild:
Wer Dich gemalt, er war an Kunst ein Riese,
Gigantisch war der Stoff, und nett gelang das Bild!

(1873)

O tempora, o mores!

Von Pater Adam Müller

Eine solche Fratze, ein solches infernalisches Wolfsgerippe, das eine sittlich-ernste Grimasse schneidet, die Augen naturfromm verdreht und den schrecklichen Rachen bald andächtig zuspitzt, bald wichtigtuend aufreißt, als hätte es den Ton anzugeben im Chorale des Universums, ein solches Monstrum mit dem goldenen Vließ der Poesie zu umhängen und möglichst interessant und anmutig, als den Ausbund philosophischer Tiefe und dichterischer Divination hinzustellen, hat Goethe zwei Menschenalter hindurch einen guten Teil seiner schönen Begabung verschwendet! O tempora, o mores!

(aus: Ethischer Charakter von Göthes Faust. Mit einem Faustmärchen als Anhang, 1885)

Der Theaterbesuch

Von Karl Valentin

DIE FRAU *kommt eilig herein* Du, Alter, denk dir nur, jetzt geh ich über die Treppen rauf, da begegnet mir unser Hausfrau und hat mir schon wieder was g'schenkt – rat amal, was s' mir g'schenkt hat?

DER MANN Sei net kindisch, sag's halt.

DIE FRAU Da schau her, zwei Theaterbilletten für'n Faust – was sagst denn du dazu?

DER MANN Dank schön! Warum geht's denn net selber nei, des alte Luada?

DIE FRAU Ja mei, sie wird halt koa Zeit ham.

DER MANN So so, s i e hat keine Zeit, aber w i r müssen schon Zeit habn.

DIE FRAU Aber sei doch net so undankbar.

DER MANN Da siehst doch ganz deutlich, daß die Frau irgendwas gegen uns hat, sonst tat s' doch net ausgerechnet uns die Karten schenken.

DIE FRAU Aber sie wollte uns doch nur eine Freude bereiten.

DER MANN Sie uns? Haben wir vielleicht ihr schon mal eine Freude bereitet?! – Niemals!

(aus: Der Theaterbesuch, 1938)

Habe nun, ach!

Von Johann Wolfgang Goethe

In einem hochgewölbten, engen gotischen Zimmer.
Faust, unruhig auf seinem Sessel am Pulte

FAUST Habe nun, ach! Philosophie,
Juristerei und Medizin
Und leider auch Theologie
Durchaus studiert, mit heißem Bemühn.
Da steh ich nun, ich armer Tor!
Und bin so klug als wie zuvor;
Heiße Magister, heiße Doktor gar,
Und ziehe schon an die zehen Jahr
Herauf, herab und quer und krumm
Meine Schüler an der Nase herum –
Und sehe, daß wir nichts wissen können!
Das will mir schier das Herz verbrennen.
Zwar bin ich gescheiter als alle die Laffen,
Doktoren, Magister, Schreiber und Pfaffen;
Mich plagen keine Skrupel noch Zweifel,
Fürchte mich weder vor Hölle noch Teufel –
Dafür ist mir auch alle Freud entrissen,
Bilde mir nicht ein, was Rechts zu wissen,

Bilde mir nicht ein, ich könnte was lehren,
Die Menschen zu bessern und zu bekehren.
Auch hab ich weder Gut noch Geld,
Noch Ehr und Herrlichkeit der Welt;
Es möchte kein Hund so länger leben!
Drum hab ich mich der Magie ergeben,
Ob mir durch Geistes Kraft und Mund
Nicht manch Geheimnis würde kund;
Daß ich nicht mit sauerm Schweiß
Zu sagen brauche, was ich nicht weiß;
Daß ich erkenne, was die Welt
Im Innersten zusammenhält,
Schau alle Wirkenskraft und Samen
Und tu nicht mehr in Worten kramen.

O sähst du, voller Mondenschein,
Zum letzten Mal auf meine Pein,
Den ich so manche Mitternacht
An diesem Pult herangewacht:
Dann über Büchern und Papier,
Trübselger Freund, erschienst du mir!
Ach! könnt ich doch auf Bergeshöhn
In deinem lieben Lichte gehn,
Um Bergeshöhle mit Geistern schweben,
Auf Wiesen in deinem Dämmer weben,
Von allem Wissensqualm entladen
In deinem Tau gesund mich baden!

Weh! steck ich in dem Kerker noch?
Verfluchtes dumpfes Mauerloch,
Wo selbst das liebe Himmelslicht
Trüb durch gemalte Scheiben bricht!
Beschränkt von diesem Bücherhauf,
Die Würmer nagen, Staub bedeckt,
Den bis ans hohe Gewölb hinauf
Ein angeraucht Papier umsteckt;

Mit Gläsern, Büchsen rings umstellt,
Mit Instrumenten vollgepfropft,
Urväter-Hausrat drein gestopft –
Das ist deine Welt! das heißt eine Welt!

Und fragst du noch, warum dein Herz
Sich bang in deinem Busen klemmt?
Warum ein unerklärter Schmerz
Dir alle Lebensregung hemmt?
Statt der lebendigen Natur,
Da Gott die Menschen schuf hinein,
Umgibt in Rauch und Moder nur
Dich Tiergeripp und Totenbein.

Flieh! auf! hinaus ins weite Land!
Und dies geheimnisvolle Buch,
Von Nostradamus' eigner Hand,
Ist dir es nicht Geleit genug?
Erkennest dann der Sterne Lauf,
Und wenn Natur dich unterweist,
Dann geht die Seelenkraft dir auf,
Wie spricht ein Geist zum andern Geist.
Umsonst, daß trocknes Sinnen hier
Die heilgen Zeichen dir erklärt!
Ihr schwebt, ihr Geister, neben mir:
Antwortet mir, wenn ihr mich hört!

(aus: Faust, Der Tragödie erster Teil,
1787/1806)

Nächste Doppelseite: (aus: R. Gernhardt/F. W. Bernstein/F. K. Waechter,
Die Wahrheit über Arnold Hau, 1966/74)

DER TRAGÖDIE ERSTER TEIL ˣ⁾

NACHT *symbolisch*

In einem hochgewölbten, engen gotischen Zimmer
Faust unruhig auf seinem Sessel am Pulte.

FAUST. Habe nun, ach! Philosophie,
Juristerei und Medizin,
Und leider auch Theologie
Durchaus studiert, mit heißem Bemühn.
Da steh' ich nun, ich armer Tor,
Und bin so klug als wie zuvor!   *sehr gut!*
Heiße Magister, heiße Doktor gar,
Und ziehe schon an die zehen Jahr'   *zehn?*
Herauf, herab und quer und krumm
Meine Schüler an der Nase herum –
Und sehe, daß wir nichts wissen können!   *Könnte von mir sein*
Das will mir schier das Herz verbrennen.
Zwar bin ich gescheiter als alle die Laffen,   *antiklerikal*
Doktoren, Magister, Schreiber und Pfaffen;
Mich plagen keine Skrupel noch Zweifel,
Fürchte mich weder vor Hölle noch Teufel –
Dafür ist mir auch alle Freud' entrissen,
Bilde mir nicht ein, was Rechts zu wissen,   *Klar!*
Bilde mir nicht ein, ich könnte was lehren,
Die Menschen zu bessern und zu bekehren.
Auch hab' ich weder Gut noch Geld,
Noch Ehr' und Herrlichkeit der Welt;
Es möchte kein Hund so länger leben!   *Hunde können nicht studieren*
Drum hab' ich mich der Magie ergeben,
Ob mir durch Geistes Kraft und Mund
Nicht manch Geheimnis würde kund;
Daß ich nicht mehr mit sauerm Schweiß
Zu sagen brauche, was ich nicht weiß;
Daß ich erkenne, was die Welt
Im Innersten zusammenhält,
Schau' alle Wirkenskraft und Samen,   *na!*
Und tu' nicht mehr in Worten kramen.

Margin annotations (left):
Ne ganze Menge!
Hast es nicht, Faust?
schlechter Reim – besser: Fürcht mich weder vor Taunus noch Eifel

n besser: Tinten (?)
ˣ⁾ *Mit Anmerkungen von A. Hau*

O sähst du, voller Mondenschein,   *guter Reim!*
Zum letztenmal auf meine Pein,
Den ich so manche Mitternacht
An diesem Pult herangewacht:
Dann über Büchern und Papier,   — *Damit ist*
Trübsel'ger Freund, erschienst du mir!   *der Mond*
Ach! könnt' ich doch auf Bergeshöh'n   *gemeint*
In deinem lieben Lichte gehn,
Um Bergeshöhle mit Geistern schweben,
Auf Wiesen in deinem Dämmer weben,   *Entweder*
Von allem Wissensqualm entladen,   *weben oder*
In deinem Tau gesund mich baden!   *baden. Beides zusammen geht nicht!*

Weh! steck' ich in dem Kerker noch?
Verfluchtes dumpfes Mauerloch,
Wo selbst das liebe Himmelslicht
Trüb durch gemalte Scheiben bricht!
Beschränkt von diesem Bücherhauf,   — *dichterische*
Den Würme nagen, Staub bedeckt,   *Freiheit*
Den, bis ans hohe Gewölb' hinauf,   *angeraucht?!*
Ein angeraucht Papier umsteckt;
Mit Gläsern, Büchsen rings umstellt,
Mit Instrumenten vollgepfropft,
Urväter-Hausrat drein gestopft –
Das ist deine Welt! das heißt eine Welt!

Und fragst du noch, warum dein Herz   *Allerdings!*
Sich bang in deinem Busen klemmt?   *Seit wann*
Warum ein unerklärter Schmerz   *klemmen sich*
Dir alle Lebensregung hemmt?   *Herzen?*
Statt der lebendigen Natur,
Da Gott die Menschen schuf hinein,
Umgibt in Rauch und Moder nur   — *besser: Tigerripp'*
Dich Tiergeripp' und Totenbein.

Flieh! auf! hinaus ins weite Land!   *O Fluchtgedanke*
Und dies geheimnisvolle Buch,
Von Nostradamus' eigner Hand,   — *sehr gut!*
Ist dir es nicht Geleit genug?   *komischer*
Erkennest dann der Sterne Lauf,   *Name. Herken!*

Habe Brockhaus und Gott weiß
Von N. N.

Schattenspiel-Fragment

Herr von Faust *sitzt auf seinem Rittergute in einem hochgewölbten, engen gotischen Zimmer unruhig auf seinem Sessel am Lesepult:*

> Habe Brockhaus und Pierer und Gott weiß
> Wen noch studiert mit Müh und Fleiß,
> Selbst Rotteck und Welcker mit heißem Bemühn,
> Und doch will alles das nicht ziehn!
> Ich steh nun da als armer Tor
> Und bin so klug als wie zuvor.
> Zwar bin ich Mitglied vom Herrenhaus,
> Und sitze drin jahrein, jahraus;
> Doch hab ich noch nie was sprechen können –
> Das will mir schier das Herz verbrennen.
> Muß jetzt nun wieder nach Berlin,
> Nach der langen Leipziger Straße ziehn!
> Da werd ich nun wieder sitzen müssen
> Und keine Silbe zu reden wissen!
> Das ist ein abgeschmacktes Leben;
> Darum hab ich mich dem konservativen Staats-
> und Gesellschaftslexikon ergeben,
> Daß mir durch Hermann Wageners Mund
> Das ganze Wissen werde kund;
> Daß ich nicht mehr mit saurem Schweiß
> Anhören muß, was ich nicht weiß,
> Erkenne, was die alte Welt
> Am besten noch zusammenhält.

Er schlägt einen Band auf, um sich Auszüge zu machen.

> Gedruckt steht hier: »Im Anfang war – der Fürst!«
> Hier stock ich schon und sage mir: Du irrst!

Es mußte doch zuerst was existieren,
Was so ein Fürst hat zu regieren!
Erleuchtet von der Macht des höhern Sinns
Denk ich mir drum: Im Anfang war – der Prinz!
Doch nein, auch dem muß ich mich widersetzen:
Ich kann den Prinz so hoch nicht schätzen!
Drum glaub ich, daß ich jetzt das Richt'ge traf,
Ja, ja, so ist's: Im Anfang war – der Graf!
Bedenke wohl die erste Zeile,
Daß deine Feder sich nicht übereile!
Ward wirklich ihm allein der herrlichste Beruf,
War wirklich es der Graf, der alles schuf?
Mir hilft der Geist! Ich hab's, ich hab es nun!
Wie lebte Adam? – Ohne was zu tun!
Drum ist es klar – ich hab's, ich hab es schon –
So ist's: Es war im Anfang – der Baron!
Das laß ich stehn und ändre nichts mehr dran:
Die Menschheit fängt mit dem Baron erst an.

(1861)

Prost, wache auf!

Von Kurd Laßwitz

PROST

Habe nun, ach Geometrie,
Analysis und Algebra
und leider auch Zahlentheorie
studiert, und wie, das weiß man ja!
Da steh' ich nun als Kandidat
und find' zur Arbeit keinen Rat.
Ließe mich gern Herr Doktor lästern;
zieh' ich doch schon seit zwölf Semestern

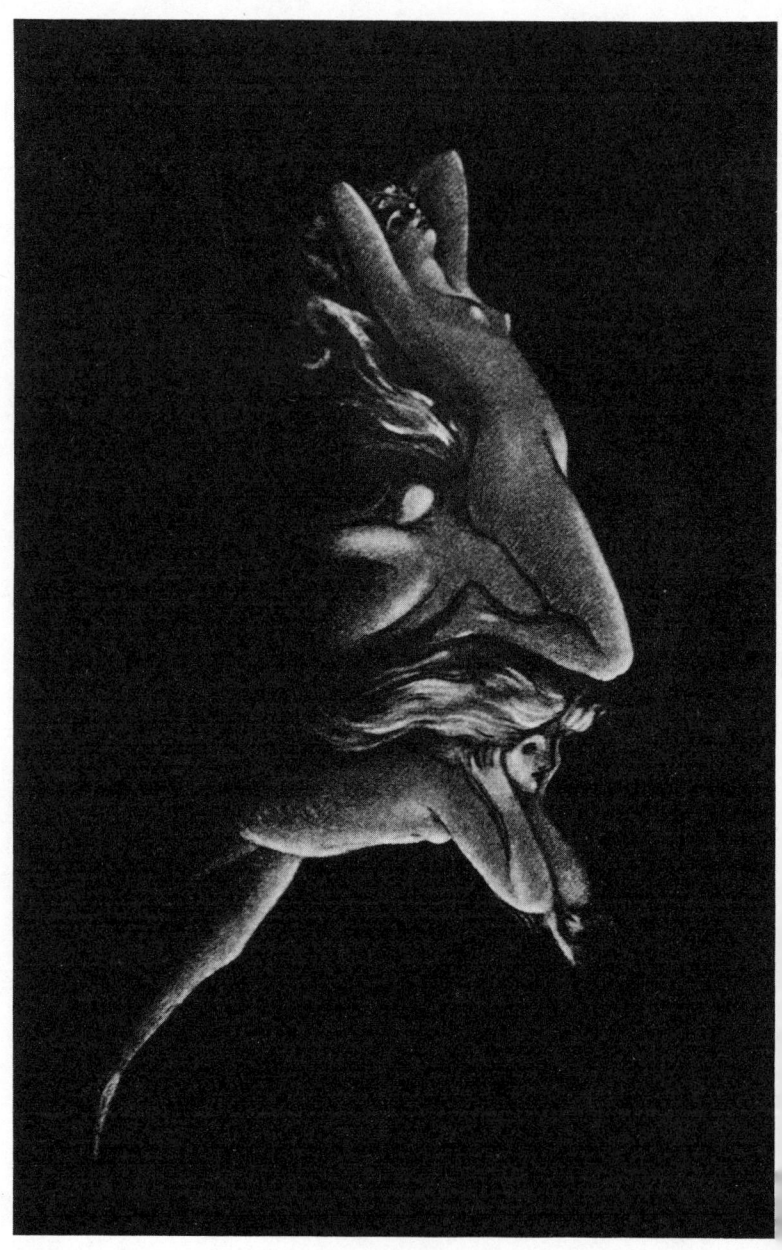

John de Yongh, Mephisto-Kopf, Lithographie, 1907

herauf, herab und quer und krumm,
meine Zeichen auf dem Papiere herum
und seh', daß wir nichts integrieren können.
(...)
Ob nicht auch schon der *stille* Suff
mitunter klare Einsicht schuf?
    (Stärkt sich.)
Schon fühle ich ein sanftes Weh'n
durch Kopf und Glieder lieblich geh'n
– ich dächte – laßt doch einmal sehn,
den Riemann müßt' ich jetzt verstehn.
    (Schlägt ein Buch auf.)
Ha, welche Wonne fließt in diesem x
auf einmal mir durch alle meine Sinnen!
Jetzt will mir scheinen, müßt' ich augenblicks
das längst gesuchte Integral gewinnen.
(...)

DX

Du flehst, den Geist Dx zu schauen,
zu sehen ein Differential
– mich rührte deines Hirnes Qual –
da bin ich! – Welch' Philistergrauen
faßt, alten Burschen, dich? Wo ist der Kehle Zug,
die manchen Ganzen in der Leib dir schlug?
Wo bist du, *Prost,* der so unendlich trank,
daß er mich zu erscheinen zwang?
(...)

MEPHIST

Er schläft. Geleert ist seine Kuffe.
Ja, so was kommt vom stillen Suffe.
Fahr' nur so fort! Ich sage Amen!
Dann fällst du glänzend durch's Examen.
(...)
Prost, wache auf!
(...)

PROST
>   Wer sind Sie? Gehen Sie zum Teufel.
MEPHIST
>   Ist nicht erst nötig, denn ich selber bin's.
>   Du aber scheinst mir nicht ganz hellen Sinn's.
>   (. . .)
>   (aus: Prost, der Faust-Tragädie (-n)ter Teil, 1906)

Bilder aus dem Wirtschaftsleben
Von N. N.

DIREKTOR
>   Mein teurer Freund, ich rat Euch drum
>   Zuerst der Akten Studium.
>   Da wird der Geist Euch wohl dressiert,
>   In spanische Stiefel eingeschnürt,
>   Daß er bedächtiger fortan
>   Hinschleiche die Gedankenbahn
>   Und nicht etwa die Kreuz und Quer
>   Irrlichteriere hin und her.
>   Dann lehret man Euch manchen Tag,
>   Daß, wo Ihr sonst auf einen Schlag
>   Geäußert Eure Meinung frei,
>   Eins – zwei – drei dazu nötig sei.
>   Abteilung eins, Abteilung zwei
>   Sind kontrolliert von Nummer drei,
>   Und wird von vier nicht approbiert,
>   So wird der Akt zurückgeführt;
>   Dann geht es im gewundnen Lauf
>   Aufs neu denselben Weg hinauf,
>   Und bis Entscheidung ist gefaßt,
>   Sind Tinte und Papier verblaßt.
>   Drum fragt vor jedem Wort zumal

  Mit Demut Euren Prinzipal,
  Und sorget stets, bevor Ihr schreibt,
  Daß Euch ein Ausweg offenbleibt,
  Um, falls die Fassung nicht beliebt,
  Ihr sie auf einen andern schiebt.
STIFT
  Mir wird von alledem so dumm,
  Als ging' mir ein Mühlrad im Kopf herum.
  Fast möcht ich nun die Buchhaltung studieren.
DIREKTOR
  Ich wünschte nicht, Euch irr'zuführen;
  In Büchern liegt das Soll und Haben
  Geheimnisvoll und tief begraben,
  Aus Millionen von Addenden
  Wird die Belastung konstruiert
  Und in unzähl'gen Elementen
  Dem Saldo wieder zugeführt;
  Das Ziffernchaos zu verbinden,
  Gruppiert nach Konti, mit Geschick
  Die richtige Bilanz zu finden,
  Das ist des Fachmanns Meisterstück.
  Die Ziffern müssen sich wohl decken,
  Allein sie lassen sich auch strecken,
  Und ward vergebens dies versucht,
  Um Soll und Haben auszugleichen,
  Dann werden Konti umgebucht
  Mit Kalkulieren und mit Streichen.
  Am besten ist es, die Bilanz erst hinzuschreiben
  Und die Entwickelung nach rückwärts dann zu treiben;
  Denn ist plausibel nur der Rechenschaftsbericht,
  So fragt man um Belege grübelnd nicht.
STIFT
  Ihr flößet Mut in Herz und Wesen,
  Doch Kühnheit auch, am Schluß zu fragen,
  Ob gütig Ihr vom Gründungswesen
  Mir wollt ein kräftig Wörtlein sagen.

DIREKTOR

>Der Geist des Gründertums ist leicht zu fassen;
>Ihr durchstudiert die große und die kleine Welt,
>Um es am Ende gehnzulassen,
>Wie's Gott gefällt.
>Ein Titel muß dem Publikum
>Erst impfen des Vertrauens Samen,
>Drum sorgt für ein Konsortium
>Von Kavalieren und illustren Namen.
>Dann laßt das Volk geblendet blicken
>In einen glänzenden Prospekt,
>Beweist als Ziel, das Ihr Euch vorgesteckt,
>Den heißen Wunsch, die Menge zu beglücken,
>Und daß kein neugebornes Kind so rein
>Als der mit Euch verbundne Bankverein.

STIFT

>Das sieht schon besser aus! Man sieht doch wo und wie.

DIREKTOR

>Grau, teurer Freund, ist alle Arbeitsmüh'
>Und grün der Börse goldner Baum.

(1890)

Noch dümmer

Von Josef Eberle

Da steh ich nun, ich armer Tor,
Und bin so klug als wie zuvor. –

So Faust nach langem Studium,
Und andern gehts noch schlimmer:
Denn mancher, der zuvor bloß dumm,
Ist hinterher noch dümmer.

(aus: Zeitgenosse Goethe,
Sprüche und Widersprüche, 1977)

Julis Nisle, In Faust's Studierstube,
Stahlstich 1840

Im Anfang war die Tat

Von Richard Wagner

Sehr leicht fiel es dagegen einem deutschen Fürsten, der hierfür keinen neuen Satz aus seinem Budget zu beschaffen, sondern einfach nur denjenigen zu verwenden hätte, welchen er bisher zur Unterhaltung des schlechtesten Opentheaters bestimmt ... wird dieser Fürst sich finden? – »Im Anfang war die Tat.«

(Richard Wagner, 1864)

Prometheus-Faust

Von Karl Henckell

Wer faßt die Welt, die er umspannte,
Wer seine Wirkung in ein Wort?
Wie jeder ihn für sich erkannte,
So ist er, so lebt Goethe fort.

Als Sonnenkönig laßt mich preisen,
Als Mehrer ihn vom Reich des Lichts,
Als majestätisch lebensweisen
Bemeisterer des Weltgedichts.
Der aufgetan war allen Tönen
Der Menschlichkeit und Gott-Natur,
In sich das All geeint zum Schönen
Und leuchtend zog lebendige Spur.
Der mit Prometheus-Faust gerungen
Um Freiheit, tiefsten Lebenssinn,
Der Höll- und Himmelslied gesungen,
Versucher und Versöhnerin.

O Wort so frisch wie Tau im Grase,
Wenn Morgensonne Perlen streut,
Wort feingeformt wie Griechenvase,
Wort brausend-stark wie Pfingstgeläut!
Wort aus des Wesens Kern entsprossen.
Des schalen Flitterprunkes bar,
Das Seelenwelten aufgeschlossen,
Und immer groß, weil immer wahr.
Du hast mein Herz mit süßen Schauern
Der Schönheitswollust oft erfüllt,
In Liebeslust und Todestrauern
Des Lebens Tiefen mir enthüllt (. . .)

(aus: Goethe, 1899)

Gesalbt von seines Liedes Weihe

Von Theodor Körner

Fleug auf, mein Lied, fleug durch die Bahn der Sonnen,
Hinauf, hinauf! durch aller Himmel Raum!
Die Erde sinkt, das Dunkel ist zerronnen,
Ich bade mich im Urquell aller Wonnen;
Der Wahn entflieht, zur Wahrheit wird der Traum.
Im Frühlingshauche fühl' ich mich begeistert,
Mir flammt die Welt im nie gesehnen Brand,
Der Sänger, der den Sonnenlenker meistert,
Er reißt dem Gott die Zügel aus der Hand.

Es flammt die neue Leuchte durch die Ferne,
Er zündet sie mit ewigjunger Glut
Und rauscht harmonisch durch das Reich der Sterne.
Starr bleibt der Gott, daß er die Bahn erlerne;
Denn nimmer taucht der Wagen in die Flut.

Der Sänger lenkt ihn durch des Äthers Freie,
Sein Ruf gebeut dem göttlichen Gespann,
Er strebt, gesalbt von seines Liedes Weihe,
Zum Urquell ew'ger Lebensglut heran.

(aus: An Goethe, als ich den Faust gelesen hatte,
in: Knospen, 1810)

Philosophisches Poem

Von Friedrich Wilhelm Joseph Schelling

(...) wenn irgend ein Poem philosophisch heißen kann, dieses Prädikat Goethes Faust allein zugelegt werden muß. Der herrliche Geist, der mit der Kraft des außerordentlichen Dichters den Tiefsinn des Philosophen vereint, hat in diesem Gedicht einen ewig frischen Quell der Wissenschaft geöffnet, der allein hinreichend war, die Wissenschaft in dieser Zeit zu verjüngen, die Frischheit eines neuen Lebens über sie zu verbreiten. Wer in das wahre Heiligtum der Natur dringen will, nähere sich diesen Tönen aus einer höheren Welt und sauge in früher Jugend die Kraft in sich, die wie in dichten Lichtstrahlen von diesem Gedicht ausgeht und das Innerste der Welt bewegt.

(aus: Philosophie der Kunst, Vorlesungen, 1802/03)

Fragment und Drama

Von Friedrich Schlegel

Das Göthische Fragment aber, der *alte* Faust, war ein geschlossenes Ganze, und ist nur erst Fragment durch die spätere Erweiterung geworden. Um deutlich zu seyn: Faust kann nur als Fragment, und nicht in einem gerundeten Drama erscheinen. Der ganze Mensch kömmt uns als der ewig finstre melancholische Rachegeist über den Trümmern einer untergegangenen großen Welt vor. Wenn er ins Leben tritt, so muß er zerstören, denn er findet die jetzige Welt zu schaal; darum erscheint er nicht Hand an sie legend, und sich sorglos treibend, mehr genießend als ehrgeitzig. In großen Stunden sucht er die alte Welt in seinem innern geisterhaften Wesen auf, und findet auch in der Erinnerung Trümmer, wie ein Strand den das Meer verlassen. Er hätte den Teufel nicht nöthig, wenn er nicht doch immer der rechtschaffene Deutsche wäre, unermüdlich und systematisch in seinem Bestreben. Ihm verwandt ist der eben daher wenig dramatische Hamlet, mehr der innere bessere Faust, und Don Juan, lustig in die Welt tretend, frey und leicht, aber auch ein harter Bösewicht in seinen Grundzügen, den deßwegen der steinerne Gast eben so jovialisch, wie zu einem gräßlichen Tanze hohlt. So sind wenigstens einige Grundzüge in Göthe's Faust, obgleich er nicht eigentlich kolossal erscheint. Nur sein Teufel ist doch mehr ein moderner Weltmann, dem alles unter einer leichten und beweglichen Maske durchschlüpft, als daß er eigentlich unter dem Charakter des Teufels, wie ein furchtbares, riesenhaftes, halb thierisches Genie erscheint, das räthselhaft vor dem Eingange eines Abgrundes steht.

(aus: Deutsches Museum, 1813)

24 Füße

Von Karl Marx

Das Geld, indem es die *Eigenschaft* besitzt, alles zu kaufen, indem es die Eigenschaft besitzt, alle Gegenstände sich anzueignen, ist also der *Gegenstand* im eminenten Sinn. Die Universalität seiner *Eigenschaft* ist die Allmacht seines Wesens; es gilt daher als allmächtiges Wesen ... Das Geld ist der *Kuppler* zwischen dem Bedürfnis und dem Gegenstand, zwischen dem Leben und dem Lebensmittel des Menschen. *Was* mir aber *mein* Leben vermittelt, das *vermittelt mir* auch das Dasein der andren Menschen für mich. Das ist für mich der *andre* Mensch.

> »Was Henker! Freilich Händ' und Füße
> Und Kopf und Hintre, die sind dein!
> Doch alles, was ich frisch genieße,
> Ist das drum weniger mein?
> Wenn ich sechs Hengste zahlen kann
> Sind ihre Kräfte nicht die meine?
> Ich renne zu und bin ein rechter Mann
> Als hätt' ich vierundzwanzig Beine.«

(...) beginnen wir zunächst mit der Auslegung der Goethischen Stelle.

Was durch das *Geld* für mich ist, was ich zahlen, d. h. was das Geld kaufen kann, das *bin ich,* der Besitzer des Geldes selbst. So groß ist die Kraft des Geldes, so groß meine Kraft. Die Eigenschaften des Geldes sind meine – seines Besitzers – Eigenschaften und Wesenskräfte. Das, was ich *bin* und *vermag,* ist also keineswegs durch meine Individualität bestimmt. Ich *bin* häßlich, aber ich kann mir die *schönste* Frau kaufen. Also bin ich nicht *häßlich,* denn die Wirkung der *Häßlichkeit,* ihre abschreckende Kraft ist durch das Geld vernichtet. Ich – meiner Individualität nach – bin *lahm,* aber das Geld verschafft mir 24 Füße; ich bin also nicht lahm; ich bin ein schlechter, unehrlicher, gewissenloser, geistloser Mensch, aber das Geld ist geehrt, also auch sein Besitzer. Das Geld ist das höchste Gut, also ist sein Besitzer gut, das Geld überhebt mich überdem der Mühe, unehrlich zu sein; ich werde also ehrlich präsumiert; ich bin *geistlos,* aber das Geld ist der *wirkliche Geist* aller Dinge, wie sollte sein Besitzer geistlos sein?

(aus: Zur Kritik der Nationalökonomie, 1844)

»Faust« alias »Hans Wurst«

Von Johann Wolfgang Goethe

Hab ich endlich mit allem Fleiß
Manchen moralisch politischen Schweiß
Meinem Mündel Hanswurst erzogen
Und ihn ziemlich zurechtgebogen.
Seine Lust in den Weg zu scheißen
Hab nicht können aus der Wurzel reißen.
Hab ihn gelehrt nach Pflichtgrundsätzen
Ein paar Stunden hintereinander zu schwätzen,
Indes er sich am Arsche reibt
Und Wurstel immer Wurstel bleibt (...)

(aus: Hans Wursts Hochzeit, 1775)

Vorschlag zur Güte

Von Ernst Johann

Bei Hans Wursts Papieren finden sich noch ein paar Fetzen, die man in den Gang der Handlung nicht so recht einpassen kann. Sinngemäß gehören sie hierher.

> Und hinterdrein komm ich bei Nacht
> Und vögle sie daß alles kracht
> Sie schwaumelt oben in höheren Sphären
> Läßt sich unten
> mit Marcks der Erde nähren ...

Verdient nicht, nebenbei gesagt, das schöne Wort »schwaumeln« eine Wiederbelebung?

(aus: Unziemliche Sachen, Aus dem ›Geheimen Archiv‹ eines gewissen Herrn von G., 1980)

Keusch

Von Jean Paul

Die größten Dichter waren die keuschesten, unter unsern nenn' ich nur Klopstock und Herder, Schiller und Goethe.

(aus: Vorschule der Ästhetik, 1804)

Die Faust-Idee

Von Friedrich Nietzsche

Eine kleine Näherin wird verführt und unglücklich gemacht; ein großer Gelehrter aller vier Fakultäten ist der Übeltäter. Das kann doch nicht mit rechten Dingen zugegangen sein? Nein, gewiß nicht! Ohne die Beihilfe des leibhaftigen Teufels hätte es der große Gelehrte nicht zustande gebracht. – Sollte dies wirklich der größte deutsche »tragische Gedanke« sein, wie man unter Deutschen sagen hört? – Für Goethe war aber auch dieser Gedanke noch zu fürchterlich; sein mildes Herz konnte nicht umhin, die kleine Näherin, »die gute Seele, die nur einmal sich vergessen«, nach ihrem unfreiwilligen Tode in die Nähe der Heiligen zu versetzen; ja selbst den großen Gelehrten brachte er, durch einen Possen, der dem Teufel im entscheidenden Augenblick gespielt wird, noch zur rechten Zeit in den Himmel, ihn, »den guten Menschen« mit dem »dunklen Drange«: – dort im Himmel finden sich die Liebenden wieder. – Goethe sagt einmal, für das eigentlich Tragische sei seine Natur zu konziliant gewesen.

(aus: Menschliches, Allzumenschliches, 1878/80)

*Eugène Delacroix, Zur Szene »Vor dem Tor«,
Lithographie 1828*

Welch ein Aufhebens!

Von Karl Kraus

Gretchen-Tragödie – welch ein Aufhebens! Die Welt steht stille, Himmel und Hölle öffnen sich, und in den Sphären klingt die Musik unendlichen Bedauerns: Nicht jedes Mädchen fällt so 'rein!
    Wird in Deutschland der dramatische Knoten noch immer aus der Jungfernhaut geschürzt?

(aus: Sprüche und Widersprüche, 1924)

Walpurgisnacht

Von Thomas Mann

Wirklich tauchten neue Verkleidungen auf: Damen in Herrentracht, operettenhaft und unwahrscheinlich durch ausladende Formen, die Gesichter bärtig geschwärzt mit angekohltem Flaschenkork; Herren, umgekehrt, die Frauenroben angelegt hatten, über deren Röcke sie strauchelten, wie zum Beispiel Studiosus Rasmussen, welcher, in schwarzer, jettübersäter Toilette, ein pickeliges Dekolleté zur Schau stellte, das er sich mit einem Papierfächer kühlte, und zwar auch den Rücken. Ein Bettelmann erschien knickbeinig, an einer Krücke hängend. Jemand hatte sich aus weißem Unterzeug und einem Damenfilz ein Pierrotkostüm hergestellt, das Gesicht gepudert, so daß seine Augen ein unnatürliches Aussehen gewannen, und den Mund mit Lippenpomade blutig aufgehöht. Es war der Junge mit dem Fingernagel. Ein Grieche vom Schlechten Russentisch, mit schönen Beinen, stolzierte in lila Trikotunterhosen, mit Mäntelchen, Papierkrause und einem Stockdegen als spanischer Grande oder Märchenprinz daher. Alle diese Masken waren nach Schluß der Mahlzeit eilig improvisiert worden. Es litt Frau Stöhr nicht länger auf ihrem Stuhl. Sie verschwand, um nach kurzer Zeit als Scheuberweib wiederzukehren, mit geschürztem

Rock und aufgestülpten Ärmeln, die Bänder ihrer Papierhaube unter dem Kinn geknotet und bewaffnet mit Eimer und Besen, die sie zu handhaben begann, indem sie mit dem nassen Schrubber unter die Tische, den Sitzenden zwischen die Beine fuhr.

»Die alte Baubo kommt allein«,

rezitierte Settembrini bei ihrem Anblick und fügte auch den Reimvers hinzu, klar und plastisch. Sie hörte es, nannte ihn »welscher Hahn« und forderte ihn auf, seine »Zötchen« für sich zu behalten.

(aus: Der Zauberberg, Kapitel »Walpurgisnacht«, 1924)

Walpurgisnacht
Von Arno Holz

Szenerie ein in tausend Farben brennender Sonnenuntergang, der über phantastisch wechselnden Gedankenlandschaften, Gedankenbildern und Gedankenszenen allmählich in Nacht verschwimmt, aus der riesenhaft ein magisch glimmender Traummond taucht.

CHOR,
> *das erste der sich jetzt in beschwingter Folge, wie stets unmittelbar aus sich selbst, in lebendigst sich bewegende Buntplastik umsetzenden Gedanken-, Gefühls- und Empfindungsgebilde in schweren Rhythmen begrüßend:*

Hoch auf blendend weißer Klippe
dunkelblau ein Pinienwald
und durch seine jähe Wildnis,
blutend, Flöten ... Wars der Tod?

Fern am fernen Horizont,
dunkel durch die dunkle Flut,
trieb er aufgereckt sein Fahrzeug
mitten in die rote Sonne,

und die Abendwinde blähten
seinen hänfnen Büßermantel
halbrund wie ein Segel auf.

Mitten in die Sonne fuhr er,
mitten in die rote Sonne.

ALLES, *»bis«*
Mitten in die Sonne fuhr er,
mitten in die rote Sonne!

FARBENRAUSCHLER
Fahl sitzt der Abend hoch zu Roß,
am Himmel brennt sein Wolkenschloß!
In tausend Feuern flackt die Glut,
schwarz von den Weiden tropfts wie Blut!

APOLLONIUS GOLGATHA,
jetzt natürlich nicht mehr auf seinem Schaukelpferd; sondern mehr wie in Byronpose auf den »Ruinen von Athen«; den »Farbenrauschler«, in dem er einen Parteigänger seines alten Widersachers, des Herrn Mitte Dreißig, wittert, sofort auf ihn eifersüchtig, noch übertrumpfend:

Bauernbräuten gleich mit Tschappeln,
in Scharlachlüften, goldstarr, Pappeln!
Zypressen, die um düstre Schragen
wie schwarze Trauerfackeln ragen!

AUTOR,
ohne daß weder er noch das Publikum sich auch nur im geringsten darüber verwundern, wieder komplett »vorhanden«; ihrer Luft- und Lichtmalerei sich anschließend:
Aus schimmernden Wolken ballen sich Leiber,
in smaragdenen Seeen baden Gigantenweiber;
sich stoßende, schiebende, drängende Burgen,
getürmt von riesigen Demiurgen!

APOLLONIUS GOLGATHA,
ein fernes Großstadtgeräusch, das plötzlich, störend-pfiffartig-unliebsam, in die geheiligten Tempelräume, Tempelhallen und Tempellokalitäten der alles verstehenden, alles sehenden, alles in sich verspü-

*renden Zirbeldrüse dringt, einbricht, und an die unterdes sogenannte
»Außenwelt« mahnt, sofort automatisch-dramatisch-emphatisch in
die diesem »Inzidenz« latente, kongruente, konsequente Wortvierzei-
lermusik »umwertend«:*
Über dem schwarzen Schornsteingewimmel,
grellgelb, blitzt der Abendhimmel,
Wolkenschäfchen ziehn zur Schur,
o Silhouettenschneiderin Natur!
DER HERR MITTE DREISSIG,
*der grade eben wieder aus seiner Virginia einen kräftigen, däf-
tigen Schluck genommen; von dem konstatierten Vorkommnis ebenfalls nicht ganz unberührt geblieben; in üblicher Gefaßt-
heit:*
Fahl und finster,
über Ginster,
sieht nun bald der trübe Mond,
mittels Lappen,
welche quappen,
handwerksmäßig hinschablont.
Hinter Hügeln, die sich böschen,
knarrt und quarrt es schon von Fröschen,
eine Flöte, der das nicht behagt,
wimmernd durch den späten Abend klagt!
(...)
DER HERR MITTE DREISSIG
Modern, daß alles nur so kracht,
modern sei die Parole,
modern sei die Walpurgisnacht
vom Scheitel bis zur Sohle!
VERBLÜFFTER,
*über diese unerhörte »Androhung« noch ganz erstarrt-
perplex:*
Alpha, Beta, Gamma, Delta,
so was war noch nicht auf der Welt da!
Läßt sich nun etwa noch das Schwein
auf einen »Kampf« mit *Wolfgang* ein?

ZWEITER

    Unmöglich! Unmöglich! Das wäre ja!
    Ganz ausgeschlossen! Hahaha!
    So ein Knirps und der Weimarer Wolkengott!
    So ein Gaudium! So ein Spott!

DRITTER

    Walpurgisnacht! Dies Kronjuwel!
    Von Graz bis Glatz! Von Kiel bis Kehl!
    Dies Prachtstück teutscher Poesie!
    Schändung! Besudlung! Blasphemie!

VIERTER,

    schon halb wieder beruhigt:
    Nein nein, nein nein! Ich glaub es nicht!
    Was auch der Lümmel uns verspricht!
    Paßt auf! Er zieht den Schwanz wieder ein!
    Es *kann* nicht sein! Es *kann* nicht sein!
    (. . .)

DIE SILHOUETTE DES MANNES IM SCHLAFROCK,

Maske, »Kunstgreis«; in imponierend geheimrätlicher Haltung; die Hände, würdevoll, hinter sich gekreuzt; gleichsam ein schwarzes Standbild, das sich von seinem milchigen Hintergrunde, »bedeutungsvoll«, abhebt:

Kaffer, Zulu, Hottentott,
ja, so wills mir scheinen,
jeder Mensch hat seinen Gott,
habe du drum deinen!

Den fast nichts als Kinderschreck,
jenen allzu Kleinen,
darfst du freudig, darfst du keck,
darfst du fromm verneinen!

Jede Schranke, die dich hemmt,
dingt dich dem Gemeinen,
nur wem nichts mehr wesensfremd,
ahnt den Ewig-Einen!

Das Haus ist jetzt vollkommen dunkel, und sogar die kleinen rubinroten Scheiben über den Notausgängen haben aufgehört zu glühen.
STIMME, *bekannt-unbekannt; langsam, tief, feierlich:*
GOTT ... IST NICHT ... GOTT
WIRD!

(aus: Moderne Walpurgisnacht, in: Die Blechschmiede, 1902)

Walpurgisnacht

Von Wolf Biermann

Marie, als ich deinen Leib, Marie
Aus der Seele hab reißen müssen
Da hab ich mir ja die Seele selbst
Aus meinem Leib gerissen
Jetzt schmeißen sich alle in mein Bett
Jetzt kriechen sie auf mein Laken:
Soldatenkadaver im Stacheldraht
Und eisenarmige Kraken
Und Lenin fickt Hitler in Stalingrad
Und Stalin küßt Prag mit Panzern
Quer durch mein Bett tobt eine Schlacht
Mit Rotarmisten und Landsern
   Marie, mach weg! mach weg! mach weg
   die mir den Saft aussaugen!
   Jag die Dämonen weg, Marie
   mit deinen Kinderaugen!

(aus: Walpurgisnacht, 1978)

Das ist auch meine Meinung
Von Wilhelm Waiblinger

Matthison ist ein ganz herrlicher Mann. (...) Er erzählte mir, daß er einst bei Goethe gewesen sei, daß dieser ihn auf einem Spaziergang in seinem Garten an der Hand gegriffen und gefragt habe: »Welches meiner Werke schätzen sie am meisten?« Matthison antwortete ohne Zaudern: »Faust.« – »Das ist auch meine Meinung«, sagte Goethe und drückte ihm die Hand.

(25. 11. 1820)

Der geschwänzte Popanz des Volkes
Von Wilhelm Hauff

Der *Goethische Mephistophiles* ist eigentlich nichts anders als jener gehörnte und geschwänzte Popanz des Volkes. Den Schweif hat er aufgerollt und in die Hosen gesteckt, für die Bocksfüße hat er elegante Stiefeln angezogen, die Hörner hat er unter dem Barett verborgen – siehe da den Teufel des großen Dichters! Man wird mir einwenden: »Das gerade ist ja die große Kunst des Mannes, daß er tausend Fäden zu spinnen weiß, durch die er seine kühnen Gedanken, seine hohen überschwenglichen Ideen an das Volksleben, an die Volkspoesie knüpft.« »Halt Freund! ist es eines Mannes, der, wie sie sagen, so hoch über seinem Gegenstand steht und sich nie von ihm beherrschen läßt, ist es eines solchen Dichters würdig, daß er sich in diese Fesseln der Popularität schmiegt; sollte nicht der königliche Adler dieses Volk bei seinem populären Schopf fassen und mit sich in seine Sonnenhöhe tragen?«

»Verzeihe, Wertester«, erhalte ich zur Antwort, »du vergissest, daß unter diesem Volk mancher eine Perücke trägt; würde ein solcher nicht in Gefahr sein, daß ihm der Zopf breche und er aus halber Höhe wieder zur Erde stürzte? Siehe! der Meister hat dies besser bedacht; er hat aus jenen tausend Fäden, von welchen ich dir sagte, eine Strickleiter geflochten, auf welcher seine Jünger säuberlich und ohne Gefahr zu ihm hinaufklimmen. Der Meister aber setzet sie zu sich in seine Arche, gleich Noah schwebt er mit ihnen über der Sündflut jetziger Zeit und schaut ruhig wie ein Gott in den Regen hinaus, der aus den Federn der kleinen Poeten strömt.«

»Ein wässeriges Bild!« entgegne ich, »und zugleich eine Sottise; befand sich denn in jener Arche nicht mehr Vieh als Menschen? Und will der Meister warten, bis die Flut sich verlaufe und dann seine Stierlein und Eselein, seine Pfauen und Kamele Paar und Paar auf die Erde spazieren lassen?

Will er vielleicht wie jener Patriarch die Erfindung des Weines sich zuschreiben, sich ein Patent darüber ausstellen lassen und über seine Schenke schreiben: ›Hier allein ist Echter zu haben‹, wie Maria Farina auf sein Kölnisches Wasser, so für alle Schäden gut ist?«

Aber, um wieder auf Mephistophiles zu kommen; gerade dadurch, daß er einen so überaus populären und gemeinen Teufel gab, hat Goethe offenbar nichts für die Würde seines schönsten Gedichtes gewonnen. Er wird zwar viele Leser herbeiziehen, dieser Mephisto, viele Tausende werden ausrufen: »Wie herrlich! das ist der Teufel, wie er leibt und lebt.« Um die übrigen Schönheiten des Gedichtes bekümmern sie sich wenig, sie sind vergnügt, daß es endlich einmal eine Figur in der Literatur gibt, die ihrer Sphäre angemessen ist.

»Aber erkennst du denn nicht«, wird man mir sagen, »erkennst du nicht die herrliche, tiefe Ironie, die gerade in diesem Mephistophiles liegt?«

Ironie? Und welche? Ich sehe nichts in diesem meinem Konterfei, als den gemeinen »Ritter von dem Pferdefuß«, wie er in jeder Spinnstube beschrieben wird. Man erlaube mir, dieses Bild noch näher zu beleuchten. Ich werde nämlich vorgestellt als ein Geist, der beschworen werden kann, der sich nach magischen Gesetzen richten muß:

> »Gesteh' ich's nur, daß ich hinausspaziere,
> Verbietet mir ein kleines Hindernis,
> Der Drudenfuß auf Eurer Schwelle«;

und dieser Schwelle Zauber zu zerspalten

>»Bedarf ich eines Rattenzahns«,

daher befiehlt

>»Der Herr der Ratten und der Mäuse,
Der Fliegen, Frösche, Wanzen, Läuse«

in einer Zauberformel seinem dienstbaren Ungeziefer, die Kante, welche ihn bannte, zu benagen. Auch kann ich nicht in das *Studierzimmer* treten, ohne daß der Doktor Faust dreimal »Herein!« ruft. In andere Zimmer, wie z. B. bei Frau Martha und in Gretchens Stübchen, trete ich ohne diese Erlaubnis. Doch den Schlüssel zu diesen sonderbaren Zumutungen finden wir vielleicht in dem Vers:

»Gewöhnlich glaubt der Mensch, wenn er nur Worte hört,
Es müsse sich dabei auch etwas denken lassen!«

Doch weiter.

Ich stehe auf einem ganz besonderen Fuß mit *den Hexen*. Die in der Hexenküche hätte mich gewiß liebevoller empfangen, aber sie sah keinen *Pferdefuß*, und um mich bei ihr durch mein Wappen zu legitimieren, mache ich eine unanständige Gebärde.

»Mein Freund, das lerne wohl verstehen,
Das ist die Art, mit Hexen umzugehen.«

Auf dem Brocken in der Walpurgisnacht bin ich noch viel besser bekannt. Das Gehen behagt mir nicht, ich sage daher zum Doktor:

»Verlangst du nicht nach einem Besenstiele?
Ich wünschte mir den allerderbsten Bock.«

Auch hier

»Zeichnet mich kein Knieband aus,
Doch ist der Pferdefuß hier ehrenvoll zu Haus.«

Um unter diesem gemeinen Gelichter mich recht zu zeigen, tanze ich mit einer alten Hexe und unterhalte mich mit ihr in Zoten, die man nur durch Gedankenstriche

>»Der hatt' ein – – –
So – es war, gefiel mir's doch«

anzudeuten wagt.

Ich bin selbst in Fausts Augen ein widerwärtiger, hämischer Geselle, der

>»– – kalt und frech
Ihn vor sich selbst erniedrigt –«

Ich bin ohne Zweifel von häßlicher, unangenehmer Gestalt und Gesicht, zurückstoßend, was man mit mildem Ausdruck markiert, intrigant und im gemeinen Leben einen abgefeimten Spitzbuben zu nennen pflegt.

Daher sagt Gretchen von mir:

>»Der Mensch, den du da bei dir hast,
Ist mir in tiefer inn'rer Seele verhaßt.
Es hat mir in meinem Leben
So nichts einen Stich ins Herz gegeben
Als des Menschen widrig Gesicht. –
Seine Gegenwart bewegt mir das Blut,
Ich hab' vor dem Menschen ein heimlich Grauen. –
– Kommt er einmal zur Tür herein
Sieht er immer spöttisch drein
Und halb ergrimmt. –
Es steht ihm an der Stirn geschrieben,
Daß er nicht mag eine Seele lieben etc.«

Daher sage ich auch nachher:

>»Und die Physiognomie versteht sie meisterlich,
In meiner Gegenwart wird ihr, sie weiß nicht wie;
Mein *Mäskchen* da weissagt verborgnen Sinn,
Sie fühlt, daß ich ganz sicher ein Genie,
Vielleicht wohl gar der Teufel bin.«

Soll dies bei Gretchen Ahnung sein? Ist sie befangen in der Nähe eines Wesens, das, wie man sagt, ihren Gott verleugnet? Ist es etwa ein unangenehmer Geruch, eine schwüle Luft, die ihr meine Nähe ängstlich macht? Ist es kindlicher Sinn, der den Teufel früher ahnet als der schon gefallene Mensch, wie Hunde und Pferde vor nächtlichem Spuk scheuen, wenn sie ihn auch nicht sehen? Nein – es ist nur allein mein Gesicht, mein Mäskchen, mein lauernder Blick, mein höhnisches Lächeln, das sie ängstlich macht, so *ängstlich,* daß sie sagt:

>» – Wo er nur mag zu uns treten,
> Mein' ich sogar, ich liebte dich nicht mehr. –«

Wozu nun dies? Warum soll der Teufel ein Gesicht schneiden, das jedermann Mißtrauen einflößt, das zurückschreckt, statt daß die Sünde, nach den gewöhnlichsten Begriffen, sich lockend, reizend sehen läßt?

Wer hat nicht die herrlichen Umrisse über Goethes Faust von dem genialen Retsch gesehen! Gewiß, selbst der Teufel muß an einem solchen Kunstwerk Freude haben. Ein paar Striche, ein paar Pünktchen bilden das liebliche, sinnige Gesicht des kindlichen, keuschen Gretchens, Faust in der vollendeten Blüte des Mannes steht neben ihr; welche Würde noch in dem gefallenen Göttersohn!

Aber der Maler folgt der Idee des Dichters, und siehe, ein Scheusal in Menschengestalt steht neben jenen lieblichen Bildern. Die unangenehmen Formen des dürren Körpers, das ausgedörrte Gesicht, die häßliche Nase, die tiefliegenden Augen, die verzerrten Mundwinkel – hinweg von diesem Bild, das mich schon so oft geärgert hat.

Und warum diese häßliche Gestalt? frage ich noch einmal. Darum, antworte ich, weil Goethe, der *so hoch über seinem Werk schwebende Dichter,* seinen Satan anthropomorphisiert; um den gefallenen *Engel* würdig genug darzustellen, kleidet er ihn in die Gestalt eines tief gefallenen *Menschen.* Die Sünde hat seinen Körper häßlich, mager, unangenehm gemacht. In seinem Gesicht haben alle Leidenschaften gewühlt und es zur Fratze entstellt; aus dem hohlen Auge sprüht die grünliche Flamme des Neides, der Gier; der Mund ist widrig, hämisch wie der eines Elenden, der alles Schöne der Erde schon gekostet hat und jetzt aus Übersättigung den Mund darüber rümpft; der Unschuld ist es nicht wohl in seiner befleckenden Nähe, weil ihr vor diesen Zügen schaudert.

So hat der Dichter, weil er einen schlechten Menschen vor Augen hatte, einen schlechten Teufel gemalt.

Oder steht etwa in der Mythologie des Herrn von Goethe, der Teufel könne nun einmal nicht anders aussehen, er *könne* sein Gesicht, seine Gestalt nicht *verwandeln?* Nein, man lese:

»Auch die Kultur, die alle Welt beleckt,
Hat auf den Teufel sich erstreckt;
Das nordische Phantom ist nun nicht mehr zu schauen,
Wo siehst du Hörner, Schweif und Klauen?

— — — —

Du nennst mich Herr Baron, so ist die Sache gut,
Ich bin ein Kavalier wie andre Kavaliere!«

Und an einem andern Ort läßt er mich mein Gesicht ein »Mäskchen« nennen; folglich *kann* er sich eine Maske geben, *kann* sich verwandeln; aber, wie gesagt, der Dichter hat sich begnügt, das *nordische Phantom* dennoch beizubehalten, nur daß er mich von *»Hörnern, Schweif und Klauen«* dispensiert.

Dies ist das Bild des Mephistophiles, dies ist Goethes Teufel, jenes nordische Phantom soll *mich* vorstellen; darf nun ein vom Dichter so hochgestellter Mensch durch eine so niedrige Kreatur, die sich schon *durch ihre Maske verdächtig macht,* ins Verderben geführt werden? Darf jener große Geist, der noch in seinem Falle die übrigen hoch überragt, darf er durch einen gewöhnlichen »Bruder Lüderlich«, als welchen sich Mephisto ausweist, herabgezogen werden? Und – muß nicht *diese* Maske der Würde jener Tragödie Eintrag tun?

Doch ich schweige; an geschehenen Dingen ist nichts zu ändern, und meine verehrte Großmutter würde über diesen Gegenstand zu mir sagen:

»Söhnchen! *diabole!* Bedenke, daß ein großer Dichter ein großes Publikum haben, und um ein großes Publikum zu bekommen, so populär als möglich sein muß.«

(aus: Mitteilungen aus den Memoiren des Satan, Bemerkungen über das Diabolische in der deutschen Literatur, 1825)

Die Rechte des Fleisches
Von Heinrich Heine

Das hat nun längst schon das deutsche Volk geahnt: denn das deutsche Volk ist selber jener gelehrte Doktor Faust, es ist selber jener Spiritualist, der mit dem Geiste endlich die Ungenügbarkeit des Geistes begriffen und nach materiellen Genüssen verlangt und dem Fleische seine Rechte wiedergibt; – doch noch befangen in der Symbolik der katholischen Poesie, wo Gott als der Repräsentant des Geistes und der Teufel als der Repräsentant des Fleisches gilt, bezeichnete man jene Rehabilitation des Fleisches als einen Abfall von Gott, als ein Bündnis mit dem Teufel.

Es wird aber noch einige Zeit dauern, ehe beim deutschen Volke in Erfüllung geht, was es so tiefsinnig in jenem Gedichte prophezeit hat, ehe es eben durch den Geist die Usurpationen des Geistes einsieht und die Rechte des Fleisches vindiziert. Das ist dann die Revolution, die große Tochter der Reformation.

(aus: Die romantische Schule, 1835)

Wie eine edle Musik
Von Gottfried Keller

Die Verse des Faust, welche jeden Deutschen, sobald er einen davon hört, elektrisieren, diese wunderbar gelungene und gesättigte Sprache klang fortwährend wie eine edle Musik, machte mich froh und setzte mich mit in Schwung, obgleich ich nicht viel mehr davon verstand als mancher Professor, der zum zwölften Male über Faust liest.

(aus: Der Grüne Heinrich, Erste Fassung, 1854)

Karl Spitzweg, Zur Szene »Straße I«,
Bleistiftzeichnung um 1850

Weder – Weder

Von Hanns von Gumppenberg

Hochgeehrte Versammlung!
Der Genius läßt sich nur dann wahrhaft nachgenießen, wenn wir mit Anspannung aller unserer geistigen Kräfte versuchen, seinen Spuren auch bis in die kleinsten Einzelheiten seines Wollens und Vollbringens ehrfürchtig zu folgen. Nachdem mir heute die Auszeichnung zuteil geworden ist, Ihnen, meine Damen und Herren, den Vortrag zum Gedächtnis unseres großen Meisters halten zu dürfen, glaubte ich daher dieser hohen Aufgabe nicht besser gerecht werden zu können, als indem ich Sie in das Verständnis eines solchen Einzelphänomens Goethescher Dichtkunst einführe, dessen wahrer Wert und weittragende Bedeutung durch kurzsichtige Bedenken profan-grammatikalischer Art bis heute eine traurige Verschleierung, ja fast eine trübe Negation erfuhren. Ich meine jene Stelle in dem großen Lebenspoem des Meisters, wo Gretchen Faustens erster Annäherung entgegnet:

»Bin *weder* Fräulein, *weder* schön,
Kann ungeleitet nach Hause gehn.«

Noch heute gibt es, Gott Apollo und den Musen sei es geklagt, allerlei schwächere Intellekte, die nicht begreifen können, welche tiefen inneren Notwendigkeiten den Meister hier zwangen, von der grammatikalisch üblichen Form »weder – noch« in kühner Überzeugungssicherheit abzuweichen und dafür die ungewöhnliche, aber jedes wahrhaft unbefangene Empfinden schon an sich höchst reizvoll berührende Form »weder – weder« zu gebrauchen. Ich will, meine verehrten Damen und Herren, ganz auf den wohlfeilen Hinweis verzichten, daß der Genius *stets* seine ureigensten Bahnen wandelt, und daß es daher gar nicht überraschen könnte, wenn er ganz grundsätzlich und bei jeder Gelegenheit sich in Widerspruch mit der gemeinen Normalgrammatik setzen würde. Allein, wie gesagt, die begeisternde Wahrheit der schrankenlosen Abnormität des Genius ist ja uns allen so gegenwärtig, daß sie keiner näheren

Beleuchtung bedarf. Vielmehr möchte ich zeigen, daß dieser allgemeinen Tatsache, die den Genius nur negativ von uns minderwertigen Sterblichen unterscheidet, in jenem besonderen Falle der Abweichung auch sehr positive Rechtfertigungen zur Seite stehen, und zwar in Hülle und Fülle. Ich maße mir nicht an, diese Fülle der positiven Rechtfertigungen zu erschöpfen: würden doch meine bescheidenen Kräfte hierfür ebenso wenig ausreichen als Ihre eigene physische Ausdauer. Aber ich hoffe, meine verehrten Damen und Herren, daß meine Ausführungen Ihnen das freudige Bewußtsein von jener unbeirrbar elementaren Treffsicherheit unseres Meisters geben werden, die sich ausspricht in seinem herrlichen Wort:

»Ein guter Mensch in seinem dunklen Drange
Ist sich des rechten Weges wohl bewußt;«

oder vielleicht noch bezeichnender in der Gedichtstelle

»Das Maultier sucht im Nebel seinen Weg.«

Nach diesen notwendigen Vorbemerkungen trete ich meinem Thema mit der bewährten Sonde der literarästhetischen Forschung näher und frage:

Warum ließ Goethe an jener Stelle sein Gretchen »weder – weder« sagen, und nicht »weder – noch«?

Die Antwort lautet erstens: weil Goethe ein *Klassiker* war und sich dementsprechend auch immer streng-klassisch ausdrücken mußte. Denn was allein läßt sich als streng-klassische Ausdrucksweise bezeichnen? Offenbar nur *jene* Ausdrucksweise, welche der Antike am innigsten angenähert ist. Wie aber sagte der antike Kulturmensch für »weder – noch?« Er sagte als Römer »neque – neque«, und er sagte als Grieche »οὔτε – οὔτε«, das heißt: er *wiederholte dasselbe Wort!* Es ergab sich daher für den Klassiker Goethe einfach die immanente Notwendigkeit, auch *seinerseits* das gleiche Wort zu wiederholen! Allerdings muß man dabei annehmen, daß er längere Zeit überlegte, ob er »noch – noch« oder »weder – weder« schreiben sollte: und jeder Feinfühlige wird noch heute die Qualen nachfühlen können, die seine Dichterseele bei diesem schwierigen Dilemma durchlitt. Zuletzt aber half wieder

der kategorische Imperativ seines streng-klassischen Formbewußtseins. Denn das Wort »noch« war nur *einsilbig,* das Wort »weder« aber zweisilbig, genau wie das Wort »neque« oder »οὔτε«, ferner kam für Goethe mehr das römische »neque« in Betracht als das griechische »οὔτε«, weil er zwar in Rom war, aber nicht in Athen; und da zeigte sich ihm dann zu seiner frohen Überraschung, daß das Wort »weder« zugleich in *vokalischem* Betracht völlig der klassisch-römischen Vorlage entsprach, indem wir in »weder« ganz wie in »neque« den zweifachen E-Laut beobachten. Somit ist sonnenklar nachgewiesen, daß schon der Drang des Goethischen Genius, sich möglichst klassisch der Antike anzuschließen, geradezu gebieterisch die Form »weder – weder« forderte.

Aber auch noch andere Gründe trieben den Meister zu dieser reizvoll-aparten Formgebung. Vor allem *zweitens:* die Notwendigkeit des korrekten und gefälligen rhythmischen Versflusses. Man höre nur, wie der fragliche Vers grammatikalisch korrekt sich anhören würde:

»Bin weder Fräulein noch schön« – –

Hätte das nicht entsetzlich abgehackt geklungen? Und anderseits war es für den Genius völlig ausgeschlossen, Gretchen auf die Frage Faustens mit einem Satze antworten zu lassen, der auf ihrer Seite irgendeine geistige Selbständigkeit verraten hätte, indem er sie zur Versfüllung noch irgendwelche anderen Ausdrücke hätte gebrauchen lassen als jene, die ihr Faust ohnehin in den Mund legt. Das hätte einen schreienden Widerspruch bedeutet gegen die süße Unberührtheit und Einfalt des holden Bürgerkindes! Es gab also auch in rhythmischer und psychologischer Hinsicht nur die *eine* Möglichkeit »weder – weder«.

Drittens aber, meine sehr verehrten Damen und Herren, war diese Form auch eine schlichte Notwendigkeit im charakteristischen Sinne der momentanen dramatischen Situation. Der E-Laut hat in unserer geliebten deutschen Sprache etwas Ablehnendes und Feindseliges an sich, wie schon die Worte »Ekel«, »Weh« und »Pest« deutlichst bezeugen. Die dramatische Stimmung der so liebenswerten vorläufigen Sprödigkeit Gretchens konnte daher gar nicht entsprechender herbeigeführt werden als wieder durch die Form »*weder – weder*«, die den fast gehässig ablehnenden E-Laut viermal nachdrücklichst wiederholt. Ich kann mir hier nicht die Nebenbemerkung versagen, daß auch schon der *Name* von Faustens erotischem Objekt für jeden Einsichtsvollen in überraschender Weise demselben Zwecke dient; denn auch der Eigenname »Gretchen« enthält diesen vorläufig zurückweisenden E-Laut zweimal, und zudem erfreut er durch die weitere Tiefgründigkeit, daß er klanglich dem Diminutivum von Gräte – ich meine die Fischgräte – ähnelt: also jenem Knochensurrogat der Wasserbewohner, das den Genußfreudigen zunächst durch stachlige Feindseligkeit abwehrt; man vergesse dabei nicht das Backfischalter Gretchens, und man vergleiche in diesem reizvollen Zusammenhang auch Goethes unsterbliches Gedicht ›Heideröslein‹, in dem es bekanntlich heißt:

»Röslein sprach: ich steche dich«,

und die mystisch geniale Notwendigkeit auch der Namengebung »Gretchen« wird Ihnen allen unmittelbar einleuchten.

Viertens aber entsprach die Form »weder – weder« dem dramatischen Augenblick auch im mimisch-plastischen Sinne für die Schauspielerin, der die Darstellung des Gretchens anvertraut ist. Es liegt in der Natur der schauspielerischen Wiedergabe jenes Moments der Ablehnung, daß Gretchen ihre Entgegnung, sie halte sich für kein Fräulein und auch nicht für schön, mit einem reizend schnippischen Kopfwerfen erst nach links und dann nach rechts begleitet. Für beide Kopfbewegungen aber muß nach dem künstlerischen Gesetz der Symmetrie selbstverständlich genau derselbe Zeitraum zur Verfügung stehen: und dies wiederum ist nur denkbar, wenn das zweite, den schnippischen Kopfwurf nach rechts einleitende Wort genau ebenso lang ist wie das erste, das den schnippischen Kopfwurf nach links einleitet. Auch in der Wahrnehmung der *rein schauspielerischen* Interessen hat also hier der Genius instinktiv dem Gesetz der höchsten Schönheit gehorcht.

Aus der Fülle weiterer künstlerischer Forderungen, die den erhabenen Meister ganz ebenso zu der Wahl des »weder – weder«

nötigten, will ich nur noch *eines* hervorheben: nämlich, daß diese Form auch im Sinne einer *packenden Symbolik des Ewigweiblichen* die einzig entsprechende war. Wir haben Gretchen bekanntlich als ein Wesen aufzufassen, das a) von bezaubernder Jugendfrische, b) ausnehmend schön, c) kindlich fromm, aber d) auch sehr sinnlich veranlagt ist, das ferner e) sich erst sehr spröde verhält, endlich aber f) sich in ihrer selbstlosen Hingabe sogar *verführen* läßt – kurz, meine verehrten Damen und Herren: wir sehen in Gretchen den *idealen Inbegriff* der deutschen *Jungfrau,* welcher *seinerseits* wieder der *ideale Inbegriff* des deutschen *Weibes* ist. Was aber lag nun näher, als diese bedeutsame Repräsentation der echtesten und schönsten Weiblichkeit durch Gretchen auch lautlich-symbolisch zum Ausdruck zu bringen? Auch *dies* wollte der Genius des unsterblichen Meisters nicht verabsäumen, auch *dieser* Forderung genügte er durch die nachdrückliche Wiederholung des wunderbar-weich-wollüstig-weiblichen Konsonanten »W« in jenem herrlichen »weder – weder«! Ich sage daher nicht zuviel, wenn ich zusammenfassend behaupte, daß die europäische Dichtkunst, ja wohl die gesamte menschliche Kultur nichts von gleicher Bedeutsamkeit diesem faustischen »weder – weder« an die Seite zu stellen hat: weder bisher, weder in allen kommenden Aeonen!

(aus: Goethes »Weder – Weder«, 1901)

Überall erhältlich

Von N. N.

Der neue Goethe
Mich ergreift, ich weiß nicht wie,
Himmlisches Behagen,
Hab' mit Salat in Huber-Essig
Ich gefüllt den Magen.
      Überall erhältlich.

(aus: Wiener Neueste Nachrichten, cit. nach
Karl Kraus, Die Fackel, 743–50, 1926)

Faustische Fenster

Von Oswald Spengler

Die Architektur des Fensters ist eins der bedeutendsten Symbole des faustischen Tiefenerlebnisses und gehört ihm allein. Hier wird der Wille fühlbar, aus dem Innern ins Grenzenlose zu dringen, wie es später die in diesen Wölbungen heimische Musik des Kontrapunktes wollte, deren körperlose Welt immer die der ersten Gotik geblieben ist.

(aus: Der Untergang des Abendlands, 1922)

Zurück zur Natur

Von Samuel Beckett

Die Merde hat mich wieder.

(aus: Watt, 1944, übersetzt
von Elmar Tophoven, 1970)

Gretchen am Spinnrad

Von Johann Wolfgang Goethe

Meine Ruh ist hin,
Mein Herz ist schwer;
Ich finde sie nimmer
Und nimmermehr.

Wo ich ihn nicht hab,
Ist mir das Grab,
Die ganze Welt
Ist mir vergällt.

Mein armer Kopf
Ist mir verrückt,
Mein armer Sinn
Ist mir zerstückt.

Meine Ruh ist hin,
Mein Herz ist schwer;
Ich finde sie nimmer
Und nimmermehr.

Nach ihm nur schau ich
Zum Fenster hinaus,
Nach ihm nur geh ich
Aus dem Haus.

Sein hoher Gang,
Sein' edle Gestalt,
Seines Mundes Lächeln,
Seiner Augen Gewalt,

Und seiner Rede
Zauberfluß,
Sein Händedruck,
Und ach, sein Kuß!

Meine Ruh ist hin
Mein Herz ist schwer;
Ich finde sie nimmer
Und nimmermehr.

Mein Busen drängt
Sich nach ihm hin;
Ach, dürft ich fassen
Und halten ihn

Und küssen ihn,
So wie ich wollt,
An seinen Küssen
Vergehen sollt!

(1772/75)

Es plagen die Menschen mich immer mehr

Von J. St.

Meine Ruh' ist hin,
Mein Dasein schwer,
Es plagen die Menschen
Mich immer mehr.

Wenn einer was
Entdecken will
Und nichts entdeckt,
Ist's ein Bazill.

Steht der Verstand mal
Dem Forscher still,
So fragt der grimmig:
»Où est la Bacille?«

Nach wie vor schaut er
Ins Mikroskop
Und wenn er nichts findet,
Nennt er's Mikrob.

Meine Ruh' ist hin,
Mein Dasein schwer,
Es plagen die Menschen
Mich immer mehr.

Doch hoff' ich noch,
Trotz Ach und Weh,
Ein Forscher wird fassen
Eine neue Idee;

Der Menschheit Leiden
Schiebt in die Schuh'
Er andern Tierchen,
Dann hab' ich Ruh'!

(Stoßseufzer des Bazillus,
aus: Festschrift zur Heidelberger
Naturforscherversammlung,
1889)

Der neue Alexander

Von Heinrich Heine

Es ist ein König in Thule, der trinkt
Champagner, es geht ihm nichts drüber;
Und wenn er seinen Champagner trinkt,
Dann gehen die Augen ihm über.

Die Ritter sitzen um ihn her,
Die ganze historische Schule;
Ihm aber wird die Zunge schwer,
Es lallt der König von Thule:

»Als Alexander, der Griechenheld,
Mit seinem kleinen Haufen
Erobert hatte die ganze Welt,
Da gab er sich ans Saufen.

Ihn hatten so durstig gemacht der Krieg
Und die Schlachten, die er geschlagen;
Er soff sich zu Tode nach dem Sieg,
Er konnte nicht viel vertragen.

Ich aber bin ein stärkerer Mann
Und habe mich klüger besonnen:
Wie jener endete, fang ich an,
Ich hab mit dem Trinken begonnen.

Im Rausche wird der Heldenzug
Mir später weit besser gelingen;
Dann werde ich, taumelnd von Krug zu Krug,
Die ganze Welt bezwingen.«

(1844)

Es ist ein König in Thule

Von Heinrich Heine

Es ist ein König in Thule, der hat
'nen Becher, nichts geht ihm darüber,
Und wenn er aus dem Becher trinkt,
Dann gehen die Augen ihm über.

Dann steigen in ihm Gedanken auf,
Die kaum sich ließen ahnden,
Dann ist er kapabel und dekretiert,
Auf dich, mein Kind, zu fahnden.

Geh nicht nach Norden, und hüte dich
Vor jenem König in Thule,
Hüt dich vor Gendarmen und Polizei
Vor der ganzen historischen Schule.

(aus: Deutschland. Ein Wintermärchen,
Paralipomena, 1844)

Es war ein König von Thule

Von Friedrich von Sallet

Es war ein König von Thule,
Zu seinem Volk er sprach:
»Geh nur erst in die Schule!
Die Freiheit folgt schon nach.

Mit einem Eid gewaltig
Versprech ich sie dir klar.
Und was ich verspreche, das halt ich
Am 30sten Februar.«

Da war das Volk bestochen,
Manch Jahr lang Vivat schrie,
Bis endlich Lunte rochen
Die größten Pfiffici.

»Ach, stünd er im Kalender!
Jetzt bleibt uns nichts als Spott.« –
So ändert den Kalender!
Helft euch, so hilft euch Gott.

(Hyperboräische Ballade, 1845)

Ach, neige du Schmerzensreiche

Von Bertolt Brecht

In ihrer Kammer, vor dem sehr kleinen
Madonnenbild kniet die Geängstigte
Kniet die Beladene, kniet
Die gepeinigte große Sünderin

Hat zu Maria die Verzweifelte
Nochmals die Hände erhoben. Solches
Tat sie von Kindesbeinen an, immer
Wann sie in Drangsal und Not war.

Und die Gequälte bittet Marie, die milde
Treffliche Fürsprecherin, um Rettung vor Schmach
Und Tod. Selbst reich an Schmerzen brach sie
Der Schmerzensreichen die Blumen am Morgen.

Tonlos betet die Geschlagene also.
Kein Klingen im Gebet, wie im Herzen
Kein Hoffen mehr auf Marie
Zu der sie betet, ein Brauch von alters her.

(Ach, neige du Schmerzensreiche, anläßlich
der Inszenierung von Goethes ›Urfaust‹ 1952)

Inconvenient relatives

Von Aldous Huxley

But then it must be admitted that they hadn't the advantage of reading Goethe's *Faust*. They hadn't learnt that inconvenient relatives could be given sleeping-draughts.

(aus: After Many a Summer, 1939)

Im Gewölb der unkonstruierbaren Frage

Von Ernst Bloch

Gretchen verschwindet und ist befreit von allem sich Bewegen, um dennoch früher als Faust im Himmel zu scheinen. Aber sie erhebt sich auf Geheiß der Madonna gloriosa; denn in dem Weib wirkt das reinste Staunen, ahnend und erfüllend, zutiefst erfließend, Jungfrau und Mutter zugleich. Sie hält so utopisch den Kranz: Muse, Sibylle, Geheimnis und unergründliche Bewacherin seiner Tiefe zugleich. Darin ist sie der träumende Schoß und im Gewölb der unkonstruierbaren Frage, die durchs Geliebtenland am trostreichsten widerhallt, die Ampel zugleich, das Herdsymbol wie aus Ankunft. Was der Mann ist, sieht er vor sich ziehen; aber wenn es wieder in ihn einkehrt, zurückkommt und mit ihm, dem Erhörten, Gewonnenen, produktiv Angetroffenen, letzthin wieder adäquat wird, dann ist es weiblicher Natur. Er hat das Ideelle nicht nur nach Goethes geheimnisvollem Wort in weiblicher Form konzipiert, sondern das Letzte, das den Menschen überhaupt erwartet, *ist nach Gestalt und Wesen das Weib.*

> (aus: Geist der Utopie, 1918/23. *Dies ist zweifellos mehr ein Text zum Summen und Brummen als zum Entnehmen plausibler Information. Trotz seiner Schönheit: derart zeigen sich nun freilich, dem bloßen Auge gut erkennbar, fast alle Texte Blochs; frägt sich bei der Gelegenheit wieder mal, wann endlich einer unserer gegenwärtigen Schriftsteller oder Professoren den Mut, den Fleiß und den Pioniergeist aufbringt, Bloch als das vorzustellen und historisch zu würdigen, was er zu wesentlichen Teilen seines Gesamtwerks ist, vorzüglich wenn es um Frauen geht: ein Summskopf – und Ampel zugleich – von ungeheuren Dimensionen im Gewölb der unkonstruierbaren Frage; Anm. der Herausgeber.*)

Vinzenz Raimund Grüner, Zur Szene »Kerker«,
Stich um 1810

Mephisto und Arbenin

Von Fjodor Michailowitsch Dostojewski

»Ist Gott oder nicht? Nur im Ernste! Ich muß das jetzt im Ernste wissen.«

»Nein, es ist kein Gott!«

»Alescha, ist Gott!«

»Es ist Gott!«

»Iwan, gibt es aber eine Unsterblichkeit, ich meine irgendeine, wenn auch eine kleine, eine winzige?«

»Es gibt auch keine Unsterblichkeit!«

»Gar keine?«

»Gar keine!«

»Das heißt, ist da ganz und gar nichts oder irgend etwas? Ist doch vielleicht irgend etwas in dieser Art vorhanden? Das wäre doch immerhin nicht Nichts!«

»Es ist ganz und gar nichts vorhanden!« (...)

»Ja, aber er glaubt doch wohl an Gott!«

»Nicht für einen Kopeken. Hast du denn das nicht gewußt? Er selber sagt es doch allen, das heißt nicht allen, vielmehr nur allen gescheiten Leuten, die zu ihm kommen. Dem Gouverneur Schulz hat er geradezu ins Gesicht gesagt: ›Ich glaube, aber ich weiß nicht, an was!‹«

»Ist das möglich?«

»Genauso. Ich verehre ihn aber. Es ist in ihm etwas von Mephistopheles, oder besser aus dem ›Helden unserer Zeit‹ ... Arbenin, oder wie er dort heißt ... das heißt, siehst du, er ist ein Wollüstling, er ist so sehr Wollüstling, daß ich auch jetzt noch für meine Tochter fürchten würde, oder für meine Gattin, wenn die zu ihm beichten ginge. Weißt du, wenn er zu erzählen beginnt ... vor zwei Jahren lud er uns zu sich zum Tee ein, ja, mit Likör (die Damen senden ihm solchen); ja, wie er sich losließ, von früheren Zeiten zu erzählen, da sind wir vor Lachen geradezu geborsten. Besonders wie er eine Kranke heilte. Er hat beim Kaufmann Demidoff 60 000 Rubel ergattert.« (...)

Der Greis war nicht zu beruhigen. Er war bis zu jener Grenze der Trunkenheit gelangt, wo es manchen Trunkenen, der bis dahin friedlich war, plötzlich unwiderstehlich danach gelüstet, sich zu ereifern und sich zu zeigen.

»Nun . . . was denn, am Ende gar! Ach, der Kopf tut mir weh. Nimm den Kognak weg, Iwan, zum drittenmal sage ich es.«

(aus: Die Brüder Karamasoff, 1879/80, übersetzt von Karl Nötzel, 1921)

Alias Faust
Von Anton Čechov

Ich bin kein Professor und weit entfernt von akademischen Würden, aber es ist für niemand von Ihnen ein Geheimnis, daß ich (. . .) an Fragen wissenschaftlichen Charakters arbeite und manchmal sogar in unserer lokalen Zeitung wissenschaftliche Artikel veröffentliche . . . So ist in der vergangenen Woche von mir ein Artikel ›Über die Schädlichkeit von Haustieren‹ unter dem Pseudonym ›Faust‹ veröffentlicht worden.

(aus: Über die Schädlichkeit des Tabaks, 1886, übersetzt von Peter Urban, 1980)

The Old Fellow vs. the Ancient One

From time to time I visit the old fellow,
And I take care to keep on good terms with Him.
Civil enough is the same God Almighty,
To talk so freely with the Devil himself.

(translated by Percy Bysshe Shelley, 1824)

The Senior, now and then, I like to see –
No, not for Worlds, would I our commerce break!
How pleasant, that a Lord so great as He
So freely with the Devil himself should speak!

> (translated into English rhyme by The Honorable
> Robert Talbot, 1834)

I like to see the Ancient One occasionally,
and take care not to break with him.
It is really civil in so great a Lord,
to speak so kindly with the Devil himself.

> (translated into English prose by A. Hayward, Esq.,
> 1834)

I like to see the old one now and then,
And do, t'avoid a rupture all I can:
In a great Lord forsooth it's very civil
To speak humanely even to the Devil.

> (translated by Arthur Schopenhauer, cit. nach:
> Wilhelm Gwinner, Arthur Schopenhauer aus
> persönlichem Umgang dargestellt, 1862)

I like at times the ancient one to see,
And not to break with him take care.
T''is truly kind in a great Lord as he
Thus with the dev'l himself to speak so fair.

> (translated by V. Beresford, 1862)

I like, at times, the Ancient One to see,
And guard 'gainst breaking with him – 'tis so civil
In one so mighty so polite to be,
So kindly speaking with the very devil!

> (translated by Lewis Filmore, o. J.)

The Old One now and then I like to see,
And not to break with him take special heed.
'Tis very good of such a great grandee
To be so civil to me, – 'tis indeed.

(translated into English verse by Sir Theodore Martin,
K.C.B., 1875)

I like, at times, to hear the Ancient's word,
And have a care to be most civil:
It's really kind of such a noble Lord
So humanly to gossip with the Devil.

(translated, in the original metres,
by Bayard Taylor, o.J.)

From time to time I like to see the Old One,
And keep from breaking with him, as I can.
In such a mighty Lord 'tis very civil
To parley so humanely with the Devil.

(translated, chiefly in blank verse,
by James Adey Birds, B. A., F.G.S., 1880)

At times I like the Ancient One to see,
And try not to dispute with Him, or cavil.
'Tis kind of such Mighty Lord as He
To treat thus humanly the very devil.

(translated, in the original metres,
by Frank Claudy, 1886)

I like at times the Ancient One to see,
And not to break with Him I seek;
It showeth, in so great a Lord, comely,
So homely with the Devil himself to speak.

(translated in the original rhyme and metre
by Alfred Henry Huth, 1889)

From time to time I like to see the Ancient One,
and am careful not to break with him.
It is quite handsome of a great Lord
to speak so kindly with the devil himself!

                (a literal translation by Beta, 1895)

I like to see the Old Chap now and then;
To break with him would be a pity.
To find a great Lord kind as other men –
And with the Devil, too – is downright pretty!

                (translated by R. McLintock, 1897)

The ancient one I like sometimes to see,
And not to break with him am always civil;
'Tis courteous in so great a lord as he,
To speak so kindly even to the devil.

                (translated by Anna Swanwick, L.L.D.,
                  Translator of Aeschylus, etc., 1902)

I like to see the Ancient now and then,
And shun a breach, for truly 'tis most civil
In such a mighty personage, to deign
To chat so affably, e'en with the very Devil.

                (translated by Albert G. Latham, 1902)

I'm very glad to have it in my power
To see him now and then; he is so civil:
I rather like our good old governor –
Think only of his speaking to the devil!

                (translated by John Anster, L.L.D., 1903)

I like to see the old man now and then,
and I take good care to keep in with him.
It's nice of so great a personage
to talk to the devil himself in this human way.

                (translated by Barker Fairley, 1970)

Notre Méphistophélès

J'aime à visiter de temps en temps le vieux Seigneur,
et je me garde de rompre avec lui.
C'est fort bien de la part d'un aussi grand personnage,
parler de lui-même au diable avec tant de bonhomie.

(traduction de Gérard de Nerval, 1828)

De temps en temps j'aime assez à le voir,
Le vieux. J'ai d'ailleurs mon système.
Et c'est charmant à lui, grand seigneur, de savoir
S'humaniser avec le diable même.

(traduction métrique par Georges Pradez, 1895)

De temps en temps, je vois le Vieux. Je le ménage,
Loin de rompre avec lui. C'est aimable, en effet,
Que, même avec le diable, un si grand personnage
Cause humainement, comme il fait.

(traduit par Marc Monnier, o.J.)

Der Teufel und der liebe Gott

Der Niedergang des Faustischen
Von Hans Schwerte

›Faust ist tot‹, hat Günther Anders unlängst behauptet. Gemeint ist die von Goethe gestaltete poetische Figur, mit ihr die ›Faust‹-Dichtung. Das dürfte eine übereilte, eine falsche Prognose sein. Tot ist ›das Faustische‹. Es ist im Gerichtsgang der Geschichte als bodenlos, als nichtig befunden worden. Es kann nicht neu erstehen, so wenig wie der ›faustische Deutsche‹. Aber aus dem tödlichen Niedergang des ›Faustischen‹ erhebt sich die Dichtung ›Faust‹ zu neuem poetischen Leben.

(aus: Faust und das Faustische, Ein Kapitel deutscher Ideologie, 1962)

Diese sehr ernsten Scherze
Von Johann Wolfgang Goethe

Es sind über sechzig Jahre her, daß die Konzeption des ›Faust‹ bei mir jugendlich von vorne herein klar, die ganze Reihenfolge hin weniger ausführlich vorlag. Nun hab ich die Absicht immer sachte neben mir hergehen lassen und nur die mir gerade interessantesten Stellen einzeln durchgearbeitet, so daß im zweiten Teile Lücken blieben, durch ein gleichmäßiges Interesse mit dem übrigen zu verbinden. Hier trat nun freilich die große Schwierigkeit ein, dasjenige durch Vorsatz und Charakter zu erreichen, was eigentlich der freiwillig tätigen Natur allein zukommen sollte. Es wäre aber nicht gut, wenn es nicht auch nach einem so langen, tätig nachdenkenden Leben möglich geworden wäre, und ich lasse mich keine Furcht angehen, man werde das Ältere vom Neueren, das Spätere vom Früheren unterscheiden können; welches wir denn den künftigen Lesern zur geneigten Einsicht übergeben wollen.

Ganz ohne Frage würd es mir unendliche Freude machen, meinen werten, durchaus dankbar anerkannten, weitverteilten

Freunden auch bei Lebzeiten diese sehr ernsten Scherze zu widmen, mitzuteilen und ihre Erwiderung zu vernehmen. Der Tag aber ist wirklich so absurd und konfus, daß ich mich überzeuge, meine redlichen, lange verfolgten Bemühungen um dieses seltsame Gebräu würden schlecht belohnt und an den Strand getrieben, wie ein Wrack in Trümmern daliegen und von dem Dünenschutt der Stunden zunächst überschüttet werden. Verwirrende Lehre zu verwirrtem Handel waltet über die Welt, und ich habe nichts angelegentlicher zu tun, als dasjenige, was an mir ist und geblieben ist, wo möglich, noch zu steigern und meine Eigentümlichkeiten zu kohibieren, wie Sie es, würdiger Freund, auf Ihrer Burg ja auch bewerkstelligen.

(Brief an Wilhelm von Humboldt, 17. 3. 1832)

Faust und Siegfried

Von Ferdinand Brockerhoff

Faust hat unseres Erachtens für die neuere, mit der Reformation anhebende Epoche der deutschen Bildungsgeschichte eben dieselbe Bedeutung, welche Siegfried, der Held des Nibelungenliedes, für eine frühere Periode derselben in Anspruch nehmen darf. Der Eine wie der Andere ist ein treuer und scharfer Ausdruck des spezifisch deutschen Volksgeistes; in beiden ist das ihn beseelende Prinzip der freien, unendlichen Persönlichkeit in verschiedenen Formen ausgeprägt worden. Faust ist im Wesentlichen nichts als eine höhere Potenz des Siegfried; was dieser für die Sphäre der sinnlichen Unmittelbarkeit, ist jener für die des denkenden Geistes; der tiefere Grund, die eigentliche Wurzel des deutschen Wesens, das Gemüt mit seinem unendlichen Inhalte und dem nimmer rastenden Schöpfungsdrange, ist beiden gemeinsam.

(aus einer Rezension, 1853)

Faust und das Reichsdenken

Von Hans Schwerte

Das imperiale Reichsdenken hatte von ›Faust‹ Besitz ergriffen. Der nationale Aufschwung und Ausgriff wurde ›faustisch‹ interpretiert – und umgekehrt: ›faustisch‹ wurde ein ›visionäres‹ Leitwort nationalen Selbstbewußtseins und ideologischer Selbstberuhigung und Selbstverherrlichung, bis in die Schützengräben des Ersten Weltkrieges, bis in die nationalen Manifeste der Weimarer Zeit und noch in die des Nationalsozialismus (...)

›Faustisch‹ begann ein auszeichnendes Schlagwort zu werden, dessen innere Problematik (einschließlich der ›Faustischen Tragik‹) einem bestimmten Geschichtsraum und Kulturkreis zur Einlösung vorbehalten blieb – dem germanischen Abendland (womit jedoch meist verschämt ›Deutschland‹, in welcher Form immer, umschrieben wurde) (...) Das ›Problem‹ wurde zu einem nationalen Programm entwickelt.

(aus: Faust und das Faustische, 1962)

Faust und die nationale Einheit

Von W. Somerset Maugham

Professor Erlin gab Philip jeden Tag eine Stunde. Er stellte eine Liste der Bücher auf, die Philip lesen mußte, bis er reif wurde für das größte aller Werke, den *Faust*. In der Zwischenzeit ließ er ihn ein Stück von Shakespeare, das Philip in der Schule durchgenommen hatte, ins Deutsche übersetzen.

Es war damals in Deutschland die Zeit von Goethes höchstem Ruhm. Ungeachtet seiner eher herablassenden Haltung gegenüber Patriotismus, wurde er als Nationaldichter angesehen, und seit dem Krieg im Jahre 1870 galt er als einer der bedeutendsten Vertreter der nationalen Einheit. Die Schwärmer schienen in der Wildheit der Walpurgisnacht das Rattern der Artillerie in Gravelotte zu hören. Aber ein Zeichen der Größe eines Schriftstellers ist es, daß sich unterschiedlich denkende Menschen für ihn begeistern; und Professor Erlin, der die Preußen haßte, war ein leidenschaftlicher Bewunderer Goethes, dessen Werke in ihrer olympischen Gelassenheit einem gesunden Geist die einzige Zuflucht gegenüber dem Ansturm der neuen Generation zu bieten schienen.

(aus: Der Menschen Hörigkeit, 1915, übersetzt von Mimi Zoff und Susanne Feigl, 1972)

Das Schnarchen der Greifen
Von Johann Peter Eckermann

Der zweite Teil von Goethes ›Faust‹ ist meistens zu einer Zeit geschrieben, in der ich selber in Weimar anwesend war und im täglichen Verkehr mit Goethe mich sehr wohl als Augenzeuge betrachten darf. Die Periode des Niederschreibens dieser Dichtung fällt hauptsächlich in das Jahr 1823, in welchem ich nach Weimar kam, und setzte sich fort bis in den März 1832, wo der ›Faust‹ abgeschlossen dalag und Goethe ihn als vollendet ansehen konnte. Die Anfänge gehen noch bis zu Schillers Zeit zurück, und Goethe rühmte noch spät, daß ihm das Glück zuteil geworden, eine große Stelle der Helena Schillern noch vorlesen zu können. Sowie nun Goethe das Glück anerkannte, seine Dichtung Schillern vorlesen zu können, so wird es in noch höherem Grade bei Schillern und jedem anderen der Fall gewesen sein, denn Goethe war der Mann dazu, sich als Vorleser bewundern zu lassen, besonders in Dingen, wie der ›Faust‹, welches als ein Stück seiner eigenen Seele zu betrachten ist. Schon der Ton seiner Stimme war im hohen Grade merkwürdig; bald wie ein Gelispel, bald wie das Rollen eines Donners, durch alle denkbaren Naturlaute gehend, und dann wieder ging sie plötzlich zu ganz anderen Dingen über, wie zum Beispiel bei dem Schnarchen der Greifen, welches er genau nachzuahmen versuchte, wobei gewöhnlich lauter garstige Töne zum Vorschein kamen, die gequetscht und mit sichtbarer Anstrengung aus der Kehle sich vernehmen ließen; und da war es wiederum, wo er sich groß zeigte, wenn er in dem Ton der griechischen Tragödie mächtig erschütternde Dinge hervorbrachte. Am liebsten hörte man ihn jedoch, wenn seine Stimme, durch keine Leidenschaftlichkeit gehoben, im ruhigen Gang der Rede dahinrollte, wie zum Beispiel in der Helena, wo das Geschrei der Kraniche zur Sprache kam, deren Getön von hoher Luft herab, den zuhörenden Wanderer heraufzublicken anlockt.

Bewundert viel und viel gescholten

Von Johann Wolfgang Goethe

Helena tritt auf und Chor gefangener Trojanerinnen.

HELENA

> Bewundert viel und viel gescholten, Helena,
> Vom Strande komm ich, wo wir erst gelandet sind,
> Noch immer trunken von des Gewoges regsamem
> Geschaukel, das vom phrygischen Blachgefild uns her
> Auf stäubig-hohem Rücken durch Poseidons Gunst
> Und Euros' Kraft in vaterländische Buchten trug.
> Dort unten freuet nun der König Menelas
> Der Rückkehr samt den tapfersten seiner Krieger sich.
> Du aber heiße mich willkommen, hohes Haus,
> Das Tyndareos, mein Vater, nah dem Hange sich
> Von Pallas' Hügel wiederkehrend aufgebaut
> Und, als ich hier mit Klytämnestren schwesterlich,
> Mit Kastor und auch Pollux fröhlich spielend wuchs,
> Vor allen Häusern Spartas herrlich ausgeschmückt.
> Gegrüßet seid mir, der ehrnen Pforte Flügel ihr!

Durch euer gastlich ladendes Weit-Eröffnen einst
Geschahs, daß mir, erwählt aus vielen, Menelas
In Bräutigamsgestalt entgegen leuchtete.
Eröffnet mir sie wieder, daß ich ein Eilgebot
Des Königs treu erfülle, wie der Gattin ziemt!
Laßt mich hinein! und alles bleibe hinter mir,
Was mich anstürmte bis hieher, verhängnisvoll.
Denn seit ich diese Schwelle sorgenlos verließ,
Cytherens Tempel besuchend, heiliger Pflicht gemäß,
Mich aber dort ein Räuber griff, der phrygische,
Ist viel geschehen, was die Menschen weit und breit
So gern erzählen, aber der nicht gerne hört,
Von dem die Sage wachsend sich zum Märchen spann.

(aus: Faust, der Tragödie zweiter Teil, 1800/26)

Helena

Von Heinrich Heine

Du hast mich beschworen aus dem Grab
Durch deinen Zauberwillen,
Belebtest mich mit Wollustglut –
Jetzt kannst du die Glut nicht stillen.

Preß deinen Mund an meinen Mund,
Der Menschen Odem ist göttlich!
Ich trinke deine Seele aus,
Die Toten sind unersättlich.

(aus: Neue Gedichte, 1844)

Der Reim als Vor-Euphorion

Von Karl Kraus

Das Recht, das eine falsche Reimtheorie auch dem »guten Dichter« gegenüber betont, darf eine, die auf das Wesen dringt, vor dem besten nicht preisgeben, und Goethe selbst, der im »Faust« wie das All auch die eigene sprachliche Welt von der untersten bis zur höchsten Region umfaßt, hätte aus dieser in die Beiläufigkeiten nicht mehr zurückgefunden, worin ein Nebeneinander von Sinn und Klang etwa das Zitat, aber nicht die Gestalt sichert. Von solchen Beispielen hätte Helena in jener bedeutenden Szene, wo der Reim als ein Vor-Euphorion der Wort-Buhlschaft entspringt, ihn nimmer gelernt. Wie erschließt sich dort – »die Wechselrede lockt es, ruft's hervor« – sein innerstes Wesen:

> Ein Ton scheint sich dem andern zu bequemen,
> Und hat ein Wort zum Ohre sich gesellt,
> Ein andres kommt, dem ersten liebzukosen.

Und diese Liebe macht den Vers, und dann ist auf die Frage der Helena

> »So sage denn, wie sprech' ich auch so schön?«

auch gleich der Reim da:

> »Das ist gar leicht, es muß von Herzen gehn.
> Und wenn die Brust von Sehnsucht überfließt,
> Man sieht sich um und fragt –«
> »Wer mitgenießt.«

Und sie lernt es, bis sich an seine Frage, wer dem »Pfand« der Gegenwart Bestätigung gibt, der unvergleichliche Ton der Liebe schmiegt: »Meine Hand.« (...) Ein ästhetisches Gesetz wäre dem Vorgang der Schöpfung, der im poetischen Leben kein anderer als im erotischen ist – und wunderbar offenbart sich diese Identität eben in der Wortpaarung zwischen Faust und Helena –, schlechthin nicht aufzuzwingen.

(aus: Der Reim, Die Fackel, 757–58, 1927)

Der Reim und das Bewußtsein

Von Peter Rühmkorf

Lassen wir es denn damit bewenden, daß der Reim in jedem Fall in geselligem Vergnügen wurzelt und daß er gut daran tut, diese Herkunft niemals vergessen zu machen. Mit eines anderen Worten:

HELENA
  So sage denn, wie sprech' ich auch so schön?
FAUST
  Das ist gar leicht, es muß von Herzen gehn.
  Und wenn die Brust von Sehnsucht überfließt,
  Man sieht sich um und fragt –
HELENA
  – wer mitgenießt.

Die flüchtig schöne Verbindung von Faust und Helena, im Reimbund besiegelt, ja im Reim überhaupt erst zum Bewußtsein gelangt und auf einen Namen gebracht, trägt uns ein wahrhaft würdiges Wort zum Mitnehmen nach, das heißt ganz ohne Abstrich: »Mitgenuß«. Denn nichts Höheres möchte der Reim als freudig mit den Ohren gelöffelt und der Seele als ein Lockruf eingeflüstert werden. Und nichts Edleres hat er im Sinn als den Zusammenhang des tragisch Getrennten, fatal Auseinandergerissenen, umständehalber Zerteilten wenigstens für einige Atemzüge lang als möglich erscheinen zu lassen. Was uns nicht hindern soll, ihm von Zeit zu Zeit gehörig zu mißtrauen und ihm – besonders wo er uns in Gewöhnung wiegt – unser verzogenes Trommelfell und unsere von gesellschaftswegen tief verstimmte Binnenbesaitung als verbindliches Resonanzsystem entgegenzuhalten.

(aus: agar agar – zaurzaurim, 1981)

Faust und Helena

Von Wolfgang Schadewaldt

Goethe als Dichter zeigt in Bildern und Gestalten, *was ist* und *wie es ist:* das Seiende in der ihm eigenen doppelten Geschichtetheit, den Menschen in seiner tragischen Amphibolie, und er tut es in seinem hohen Alter mit jener bejahenden Illusionslosigkeit, mit der er damals sehr düster in die Zeit und auf den Menschen blickte und doch das Wort zu sprechen wußte: »Wie es auch sei, das Leben, es ist gut.« – »Ens est bonum.«

(aus: Faust und Helena, 1956)

Das langweiligste Produkt

Von Graf Alexander G. Stroganoff

Meine Deutung seiner Philosophie, welche ich ihm bei den vielen Gelegenheiten dazu unverhohlen mitteilte, schien ihm besonders wohl zu gefallen, weil er sie durch Byrons Urteil, auf das er viel hielt, bestätigt fand. Es kamen Dinge zur Sprache, die Goethe gewiß niemals zu wiederholen gewagt hat. Ich bemerkte ihm diese Vermutung, und er gestand lächelnd, daß er nicht im Sinne habe, sie Lügen zu strafen. Aber weil wir einmal im Offenbaren sind, sagte er, so will ich Ihnen nur gestehen, daß ich den Sinn von allem Besprochenen in den zweiten Teil meines ›Faust‹ gelegt habe und deshalb gewiß bin, daß dieser Schluß nach meinem Tode von meinen Landsleuten für das langweiligste Produkt meines Lebens wird erklärt werden.

(ca. 1830)

SS-Lyrik

Von Gottfried Benn

Angeregt durch Ihre neulichen Bemerkungen über die klassische Walpurgisnacht, verschaffte ich mir den Faust, um den ich mich jahrelang nicht gekümmert hatte. Der Eindruck war natürlich der von etwas sehr Modernem, aber der Eindruck war zwiespältig. Der I. Teil bestürzend schön und herrlich wie am ersten Tag, der II. eigentlich vor Allem: seltsam. Natürlich erhaben, aber eigentlich doch Alles göttliche Schrulligkeiten, – Schaum, hell oder tief gefärbte Seifenblasen von Einem, der auf einem Balkon steht, selber irreal und unbeweglich, immer neue Tonpfeifen und Strohhalme hervorzaubernd, die bunten Kugeln abzublasen. Etwas zuviel Chor, Greife, Lamien, Pulcinellen, Imsen, Kraniche und Empusen denkt man manchmal, zuviel Rohrgeflüster und Gesäusel und Frühlingsblüten und Elfenkreise und Sternenkränze und selige Knaben. Es ist Alles nicht mehr ganz berührbar für unsereinen, – dies schmerzliche Gefühl entsteht. Sehr interessant Euphorion! Aber was ist eigentlich mit dem Kaiser und seinen fortgesetzten Wahlreden, und dann die S.S.-Lyrik im »Inneren Burghof«, Vers 9450 ff. – »In Stahl gehüllt, vom Strahl umwittert –«, höchst merkwürdige Stelle! Im ganzen II. Teil nichts mehr von Konflikt, Antithese, Drama, selbst nichts von Rede und Gegenrede, – jede Erscheinung sprudelt, murmelt, jauchzt und betet vor sich hin, treibt ihre monomane Lyrik vor, deren Inhalt allerdings immer einheitlich das gleiche dunkle, aber optimistisch gesehene, götterbewegte Universum ist. Einer der seltsamsten Vorgänge scheint mir am Schluss die nüchterne Vertreibung und Ausrottung von Philemon und Baucis im Interesse der Volksdemokratie bezw. einer Laune des Bauherrn, man könnte es unmittelbar und anschaulich amoralisch nennen.

Als Ganzes eines der geheimnisvollsten Geschenke des deutschen Geistes an unser Jahrhundert; – die Grenze zwischen Phantasie und Spiritismus scheint mir nicht überall deutlich, es hat klare Züge von Elevation. Überblickt man das Ganze, ist man verblüfft von soviel Simplizität, fast Infantilität eines Sursum corda, dem gegenüber das Irdische des Mephisto fast zuwenig existentielles Gewicht zu haben scheint, – zuviel Irrlicht und Elmsfeuer bei zu wenig Sumpf und Decomposition. Das Gigantische des Ganzen steht natürlich überhaupt nicht in Frage. Auf der anderen Seite scheint mir, daß gerade F. II den Abstand der Goetheschen Existenz von der heutigen am klarsten zum Ausdruck bringt. In ihr ist die Antike und das Barock in einer Realität noch da, die heute, in einem echten mutativen Process erloschen, als abgelebt betrachtet werden muss. Auch die Sprachart, überall schön und rührend, wäre heute als Ausdrucksmittel kaum ansetzbar. Die Sprache scheint mir überhaupt am ehesten sich zu entspannen und zu gilben – ein Eindruck, den mir auch kürzlich Zarathustra gab, über den ich Ihnen schrieb. Aber das Ganze, wie gesagt: Geheimnis neben Geheimnis, und Abgrund u. Tiefe, Kälte und sowohl lässige wie dämonische Erfahrung auf jeder Seite – –; schleierhaft ist mir nur, dass dies Werk eingegangen ist in das Bewußtsein der Nation als seine grösste Offenbarung. Es ist doch völlig unzugänglich, nämlich eine Landschaft, die es für niemanden gab und für keinen gibt, eine Landschaft, über die sich ein riesiger Traktor wälzt, Schellen an den Rädern und Schwerter an den Füssen, und pflügt und sät und erntet, vor sich immer neue Ährenfelder und hinter sich immer neue gefüllte Scheuern, aber aus denen weder Brod noch Kuchen kommt, – doch verhält es sich wahrscheinlich bei der Divina Commedia ebenso, deren Wurzel und Ausstrahlung ich nicht beurteilen kann.

(Brief an F. W. Oelze, 29. 7. 1948)

Prüfung bestanden!

Von Friedrich Theodor Vischer

Die Vorigen. Aus der Seitenspalte erscheint Helena.

HELENA

> Erkennst du mich, o ritterlicher Faust, nicht mehr,
> Mich Helena, mit der du einst im Liebesbund
> Ineinsgeschlungen selig die Vereinigung
> Entzweiter Kunstprinzipien stelltest dar?
> Du warst der Inhalt, das romantische Prinzip,
> Ich aber das antike, war die schöne Form.
> Nachdem sodann das süß prinzipielle Band
> Die Frucht getragen der modernen Poesie
> In ihrer wild erhabnen Übersprudelung,
> Da freilich mußt' ich lassen dich in tiefem Harm.

FAUST

> Ach, alter Schatz, geschätzte Gliederpuppe,
> Mir dünkt es, ausgegessen ist die Suppe,
> Im Anfang schien mir's nett, doch die arkadsche Feier,
> Gesteh' ich's nur, sie war langweilig ungeheuer.

HELENA

> Ach geh, in jenen Grotten war's entzückend schön!
> Das frühe Scheiden hat mich bitterlich gereut,
> Die Renaissance, sie ist nicht ganz noch dargestellt,
> Laß uns zu diesem Zweck noch mehr Prinzipchens tun!

FAUST

> So wisse doch, ich bin ja fortgeschritten,
> Hab mich entwickelt, hab mich evolviert,
> Hab aus des Humanismus Lauberhütten
> Zur Tat, zur Aktion mich resolviert,
> Der Schönheit weiches, stilles Element*
> Ist jetzt ein aufgehobenes Moment.

HELENA

    Bei meinen Göttern! Dir scheint leider unbekannt,
Was Interpretentiefsinn neuerdings entdeckt:
Ich bin ja Heroine, jener Tatensinn,
Den du nach meinem Scheiden in der Brust verspürt,
Du dankst ihn mir. Hellenischer hoher Heldengeist:
Der Bund mit mir hat mächtig dir ihn eingeimpft.
Aus ein paar Wörtchen des Mephisto schließt man dies:
»Man merkt es wohl, du kommst von Heroinen her«,
So sprach er. Daß man richtig draus argumentiert,
Ist evident, denn du gewannest eine Schlacht.

FAUST

    Ah bah! Der Nekromant von Norcia, der Sabiner,
So gab ich an, war da mein treuer Diener;
In Wahrheit ist's Mephistos Zaubermacht,
Die mir den Sieg zustande hat gebracht.
Gestand ich doch: das wär' die rechte Höhe,
Da zu befehlen, wo ich nichts verstehe.

HELENA

    Ja hattest du denn nicht mit blonder Krieger Schar
Im dritten Akt erobert den Peloponnes?

FAUST

    Nun ja, als Goethe jene Worte schrieb,
Da hatt' er einfach diesen Punkt vergessen,
So kam es denn, daß beides stehenblieb;
Er ist halt überm Faust zu lang gesessen.
Doch auf was Grund – die Frage sei getan –
Sprichst du den Heroinentitel an?
Wenn's wahr ist, was geflüstert ward im Land,
Du habest noch in deinem led'gen Stand
Mit Theseus in Athen dich amüsiert,
Hat er zur Heldin dadurch dich kreiert?
Zwar allerdings trotz diesem Abenteuer
Erschienen noch in Spartas Fürstensaal
In ganzen Scharen elegante Freier,
Worunter mancher stolze General;

Doch wirst du selber nicht behaupten:
Weil sie in dir die Heroine glaubten;
Es galt ja doch nur
Der hübschen Figur.
Der Menelaos wurde der Beglückte,
Doch bald darauf der jämmerlich Berückte,
Mit einem stolzen Hirschgeweih Geschmückte,
Denn mit Prinz Paris, dem geputzten Fant,
Geschniegelten, trojanischen Leutenant,
Bist du nach Asien durchgebrannt.
Der Krieg brach los, du standst in guter Ruh
Und sahest mit dem Operngucker zu.
Genug, mir galt es nur, zu demonstrieren:
Verhältnisse mit Offizieren,
Sie können selbst bei schönen Damen
Den Anspruch auf den Heldennamen
Nicht logisch motivieren.

HELENA

Treuloser, hörst du nicht der Liebe Stimme mehr,
Dein Herz ist, hoff ich, doch kein Rabenvaterherz;
Erscheine, unsrer raschen Hochzeit rasche Frucht!
Euphorion kommt aus der Seitenhöhle gehüpft,
zur Laute singend, in kurzen Pausen hochaufspringend.

EUPHORION

Bin die Begeisterung,
Bin der sublime Schwung,
Bin auch der wilde Sprung
Tief in die Niederung,
Hurre hopp hopp!

Bin Himmelsstürmerei,
Edelste Raserei
Neuester Poesei,
Ungezähmt göttlich frei!
Hurre hopp hopp!
(Springt stärker auf.)

HELENA
>   Ach du lieb Knabenbild,
>   Springe doch nicht so wild,
>   Möglichenfalls
>   Brichst du den Hals!

EUPHORION *(springt noch heftiger)*
>   Fern und so weiter fern,
>   Weit und so ferner weit
>   Spring ich und hüpf ich gern
>   Hoch über Raum und Zeit,
>   Hurre hopp hopp!
>
>   Fort und so ferner fort,
>   Fern und so forter fern
>   Stürm ich von Ort zu Ort,
>   Frage nach keinem Herrn!
>   Hurre hopp hopp!
>
>   Treulich und so fortan
>   Flieg ich zum Himmelszelt,
>   Freilich und fort so an
>   Nieder zur Erdenwelt!
>   Hurre hopp hopp!

HELENA
>   O denk, o denke,
>   Wem du gehörest,
>   Wie du uns störest
>   Durch diese Schwänke!
>   Lasse vom tollen Trieb
>   Deinem Papa zulieb,
>   Welcher im Staat
>   Möglicher künftiger,
>   Wirklicher zünftiger,
>   Zünftiger wirklicher,
>   Spreeflußbezirklicher
>   Geheimerrat!

EUPHORION *(wie vorhin)*
>Bin nicht nur Sang und Klang,
>Sondern auch Tatendrang,
>Nicht nur Geistüberschwang,
>Auch etwas Dong Juang!
>Hurre hopp hopp!
>
>Bin nämlich eigentlich,
>Wenn man profunder bohrt,
>Merklich hinzeigentlich
>Byron der stolze Lord.
>Hurre hopp hopp!
>
>Springe auch wagentlich
>Diesem Mann und Papa
>Nicht viel nachfragentlich
>Über den Kopf, haha!
>Hopsasa, hopsasa
>Hurre hopp hopp!
>*(Er springt beiden mit sog. Grätschsprung über den Kopf.)*

VALENTIN
>Jetzt ist's zuviel, verzogner Naseweis,
>Lausbub, ich packe dich am Hosenpreis!

FAUST
>Ja, faß ihn nur und gib zu seinem Heil
>Ihm eine Tracht auf jenen Teil
>Der menschlichen Persönlichkeit,
>Der stets, da er so rund und breit,
>Am meisten ein Objekt ist der Erziehung,
>Ein Ziel der pädagogischen Bemühung!
>*(Valentin tut es.)*

HELENA
>Laß ab, laß ab, du nordisch eherner Barbar,
>Germanischen Waldes wildes Eichelfraßprodukt!

FAUST
>Ὁ μη δαρεις ἄνθρωπος οὐ παιδεύεται.

EUPHORION
>Ototoi, ai, ai, ai!

HELENA
>Ach, diese Hiebe auf des Kindes zart Gesäß,
>Sie sind trotz tiefem Wort des Dichters Sophokles
>Für fühlend weiches Griechenmutterherz zu räs!

VALENTIN *(fortfahrend)*
>Hei! Wie das patscht
>Und platzt und klatscht!

FAUST
>Der Mensch ist schrecklich drastisch,
>Die Griechin gar hört man in Reimen klagen.

VALENTIN
>Es macht sich gar so gut elastisch,
>'s ist eine Lust, recht draufzuschlagen.

HELENA *(wankend)*
>Entsetzt vom Anblick dieser grausen Schauderat,
>Geb ich verhauchend meine Seele jetzt zurück
>In das geheimnisvolle Müttermagazin.
>Ein altes Wort bewährt sich traurig auch an mir:
>Daß Draht und Kleister dauerhaft sich nie vereint.
>Zerrissen ist der Fädchen und der Drähtchen Band,
>Werg, Leinwand, Flicken, Pappe fallen stäubend ab.
>Bejammernd solches, sag ich schmerzlich Lebewohl
>Und sinke dir noch einmal weinend an die Brust,
>Doch sterbend laß ich meine Krinoline dir!
>*(Sie umarmt Faust und löst sich in Teilchen auf,*
>*welche in die Krinoline hineinfallen.)*

FAUST
>O dieser Wendung Tiefsinn ist enorm!
>Es bleibet vom Antiken nur die Form!
>Zwar ist's schon einmal dagewesen,
>Auch kann man's sonst in Büchern lesen.

VALENTIN *(in die Krinoline hineinblickend)*
>Was tausend! Trödelwerk von lauter Drähtchen,
>Von Kurbeln, Stangen, Bügeln, Rädchen

Verkritzeltes Papier aus Schülermappen,
Pappreste, Leinwandfetzen, Flicken, Lappen –
Ganz blieb nur dieses luft'ge Reifgestelle,
Da sieht man's recht: Plusmacherei der Hölle!

FAUST

Am Hühnerkorbe freilich ist nicht viel!
Die Mode geht jetzt auf ein andres Ziel;
Von außen her umnähet sie den Rock
Mit Flatteraufputz, windigem Gelock,
Nach hinten drängt sie mit vermehrten Kräften,
Der Wölbung dort ein Bauschwerk aufzuheften,
Dort häuft und häuft sie und gestaltet so
Das zücht'ge Weib zum wandelnden Popo;
Sieht man sie gehn, so ist der rechte Name:
Da kommt ja ein Popo mit etwas Dame.
Die Dichtkunst, diesem reinen Drange gleich,
Baut dortherum ihr muffig Himmelreich;
Standhaft erprobet im Kloakenwerke
Des Nasennerves ungewohnte Stärke
Der neuen Zeit Savonarola,
Herr Zola,
Und ruft der Klassizistenzunft zum Trutz:
Das wahrhaft Ideale ist der Schmutz!
Da ist die steifste Klassik mir doch lieber;
Heb auf den Korb und stürze mir ihn über.

VALENTIN *(tut es, reißt aber das Gestell wieder weg und wirft es beiseite)*

Den Teufel auch! Was soll die Narretei!
Was soll die Maske der entseelten Puppe!
Geh du natürlich, ungezwungen, frei
Wie ich in deiner guten, deutschen Juppe.

FAUST *(nach dem Gestell greifend)*

Nein, nein! Hochklassisch will ich jetzo bleiben
Der Poesie zu ihrem wahren Heil,
Pandora, Epimenides will ich schreiben,
Will schreiben meinen eignen, zweiten Teil.

VALENTIN
> Du warst ein andrer Kerl, mein Bester,
> Als mich du schriebst und meine Schwester!
> Zum Henker mit dem steifen Artefakt,
> Das dich in Roßhaar, Wachstuch, Werg verpackt!
> *(Er zerreißt das Gestell.)*

EUPHORION *(der wimmernd zugesehen)*
> Schreckliche Rupferei!
> All meine Hupferei
> Wird Überdruß!
> Müde des Tageslichts,
> Streb ich ins ew'ge Nichts –
> Dies ist der Schluß.
>
> Werde vor bittrem Leid
> Jetzt die Zerrissenheit,
> Weltschmerzlerei,
> Die pessimistische,
> Die nihilistische
> Ausmerzlerei.
>
> Fort mit der Seinerei!
> Sei's die Verneinerei,
> Die jetzt regiert!
> Fort die Fortanerei!
> Hoch die Nirwanerei!
> Welt sei negiert!
> *(Er springt mit einer heftigen Schnellung ans Gewölbe auf und fällt zerplatzt in Form von Guttaperchalappen herunter.)*

VALENTIN
> Da liegt der Spatz
> Da sieh den Schatz!
> Ein Haufen Gummifetzen!

FAUST
> Es ist auch wahr, wer mag sich da ergetzen,
> Am Puppenspiele weiter noch sich letzen!

Das ganze Zeug ist endlich mir entleidet,
Ich mache einen Strich,
Der jetzt entschlossen scheidet
Mein altes Ich von einem neuen Ich.
(Er stößt die Lappen mit dem Fuße zu den Krinolinresten.)
Fort mit dem Plunder, und zertreten sei
Die tatenfaule Humanisterei!
(Beide treten auf den Resten herum.)
GESANG UNSICHTBARER GUTER GEISTER
Glücklich erstanden!
Selig derjenige,
Der die Helenige,
Mehr krinolinische
Als heroinische,
Nicht sehr natürliche,
Wächsern figürliche,
Klassisch beschwatzende,
Mannsgeist befratzende,
Dann die euphorische,
Hüpfend emporische,
Auf und ab purzliche,
Springende, sturzliche,
Naseweis knabische,
Gummiarabische,
Sturmdrangpoetische,
Wilde, phrenetische,
Lordische, britische,
Launische, wittische,
Zweifelzerbissene,
Weltschmerzzerrissene,
Willen kastrierende,
Dasein negierende
Prüfung bestanden!

(aus: Faust – Der Tragödie dritter Theil, treu im Geiste des zweiten Theils des Götheschen Faust gedichtet von Deutobold Symbolizetti Allegoriowitsch Mystifizinsky, 1862/86)

Faustfieber

Von Jakob Burckhardt

Ihr Faustfieber erinnert mich auf rührende Weise an eine ähnliche Epoche, weniger in meinem Leben als in dem meiner Kommilitonen vor sechzehn bis siebzehn Jahre (...) Nur soviel will ich Ihnen sagen: es ist ein festes, unabweisbares Schicksal der gebildeten deutschen Jugend, daß sie in einem bestimmten Lebensalter am Faust bohre und grüble, und dieses Schicksal sind Sie nun im Begriff zu erfüllen. Sie helfen eine Regel konstatieren.

(aus: Brief an Adolf Brenner, 11. 11. 1855)

Das Allerheiligste

Von Franz Dingelstedt

Welchen Deutschen, und kenne er noch so genau den Goetheschen ›Faust‹, die zweite Bibel unserer Nation, überrieselt nicht ein leiser Schauer beim Eintritt in das Allerheiligste unseres nationalen Schrifttums, als sei es ein deutscher Dom, Eichendom oder Domkirche, deren hohe Wölbungen und dämmerhelle Säulenhallen ihn magisch umfangen?

(aus: Eine Faust-Trilogie, 1876)

Faust und der Arbeiter

Von Max Grunwald

Das ist es, was Faust und Goethe als Höchstes in diesem Leben sahen: Stück für Stück durch der Menschheit Arbeit, durch der Menschen Tätigkeit der Natur abzuringen.

(aus: Goethe und die Arbeiter, Rede, 1908)

Dramatische Volksfeste

Von Herman Grimm

Ich zweifle nicht, daß eine Zeit kommen wird, wo Aufführungen des zweiten Teiles des Faust, vereint mit dem ersten, sich zu wirklichen dramatischen Volksfesten gestalten könnten. Die Laufbahn dieses größten Werkes des größten Dichters aller Völker und Zeiten hat erst begonnen, und es sind für die Ausnutzung seines Inhalts nur die ersten Schritte getan worden.

(aus: Goethevorlesungen, 1874/75)

Lynkeus & Ph. Reclam jun.

Von Dieter Höss

Die Urenkel des Gründers (in der Möchstraße singend):

Von Lehrern erkoren,
Von Schülern bestellt,
Der Schule verschworen
Gefällt uns die Welt.

Erwirbt jeder Streber,
Bestellt jedes Fell
Den Nathan, die Weber,
Den Faust und den Tell.

So sehn wir bei allen
das nämliche Ziel:
Oft wenig bezahlend
bezahlen sie viel.

Ihr tüchtigen Pauker,
Was je Ihr gelehrt,
Es sei wie es wolle:
Uns war es was wert!

(aus: ... an ihren Büchern werdet
ihr sie erkennen, 1966)

Es sei wie es wolle

Von Karl Kraus

Daß ich Lichtenbergs Wort zitieren und nicht stehlen wollte, weiß er [Kerr] ganz genau. Seine Hohlköpfigkeit ist nur darin gelegen, zu glauben, daß er mit solchen Schurkenstreichen reussieren werde, deren einzige sittliche Rechtfertigung doch wirklich nur in seiner Hoffnung bestehen könnte, daß es nie herauskommen wird. Darin wird er enttäuscht. Hingegen kann er ganz sicher sein, daß ich mich nicht etwa mit der Enthüllung revanchieren werde, er habe »leider vergessen«, bei seinem Buchtitel »Es sei wie es wolle, es war doch so schön« mitzuteilen, daß er »von Goethe stammt«. Nein, hier liegt bestimmt keine Plünderung eines Klassikers vor, nur eine Beschmutzung.

(aus: Die Fackel, 787–94, 1928)

Zum Sehen geboren

Von Günther Anders

Da sitzen wir nun also, wir die Brüderschaft des Lynkeus von heute, »zum Sehen geboren, zum Schauen bestellt«, und schauen. Aber nicht Lynkeus scheint unser Patron, nicht er unser Vorbild. Und nicht wie *er* schauen wir. Sondern, da wir unser Haus nicht verlassen, da wir lauern, daß die Beute uns ins Netz falle, wie die Spinne. Zur Falle ist unser Haus geworden. Nur was in ihr sich verfängt, ist uns Welt. Außerhalb ist nichts (...)

(...) Wenn aber einer unter uns wäre, der doch noch lynkeushaft: »zum Sehen geboren, zum Schauen bestellt«, sich loszureißen suchte von diesem Truge und sich aufmachte, um wirklich »in die Ferne zu blicken« und »in der Nähe zu sehen« – rasch würde er seine Suche aufgeben, um als völlig Betrogener zurückzukehren.

Denn draußen würde er nun nichts anderes mehr vorfinden, als die Vorbilder jener Bilder, die seine Seele schablonenhaft hatten prägen sollen; nichts anderes als die diesen Bildern nachgebildeten Vorbilder, nichts anderes als die für die Herstellung der Matrizen benötigten Matrizen.

(aus: Die Antiquiertheit des Menschen, 1956)

Goethes Gretchen

Von Peter Neugebauer

*Also gut, Fräulein Gretchen, ich werde versuchen,
Sie irgendwie in meinem Stück unterzubringen.*
(aus: Neugebauers Neurosen, 1980)

Waldung, sie schwankt heran

Von Johann Wolfgang Goethe

Heilige Anachoreten gebirgauf verteilt,
gelagert zwischen Klüften

CHOR UND ECHO
    Waldung, sie schwankt heran,
    Felsen, sie lasten dran.
    Wurzeln, sie klammern an,
    Stamm dicht am Stamm hinan.
    Woge nach Woge spritzt,
    Höhle, die tiefste, schützt.
    Löwen, sie schleichen stumm-
    freundlich um uns herum,
    Ehren geweihten Ort,
    Heiligen Liebeshort.
PATER ECSTATICUS *auf- und abschwebend*
    Ewiger Wonnebrand,
    Glühendes Liebeband,
    Siedender Schmerz der Brust,
    Schäumende Gotteslust.
    Pfeile, durchdringet mich,
    Lanzen, bezwinget mich,
    Keulen, zerschmettert mich,
    Blitze, durchwettert mich!
    Daß ja das Nichtige
    Alles verflüchtige,
    Glänze der Dauerstern,
    Ewiger Liebe Kern!
    (. . .)
PATER SERAPHICUS
    Steigt hinan zu höherm Kreise,
    Wachset immer unvermerkt,

Wie nach ewig reiner Weise,
Gottes Gegenwart verstärkt.
Denn das ist der Geister Nahrung,
Die im freisten Äther waltet:
Ewigen Liebens Offenbarung,
Die zur Seligkeit entfaltet.

CHOR SELIGER KNABEN *um die höchsten Gipfel kreisend*

Hände verschlinget
Freudig zum Ringverein,
Regt euch und singet
Heilge Gefühle drein!
Göttlich belehret,
Dürft ihr vertrauen;
Den ihr verehret,
Werdet ihr schauen.

ENGEL *schwebend in der höheren Atmosphäre,*
Faustens Unsterbliches tragend.

Gerettet ist das edle Glied
Der Geisterwelt vom Bösen:
Wer immer strebend sich bemüht,
Den können wir erlösen.
Und hat an ihm die Liebe gar
Von oben teilgenommen,
Begegnet ihm die selige Schar
Mit herzlichem Willkommen.

(...)

DIE VOLLENDETEREN ENGEL

Uns bleibt ein Erdenrest
Zu tragen peinlich,
Und wär er von Asbest,
Er ist nicht reinlich.
Wenn starke Geisteskraft
Die Elemente
An sich herangerafft,

Kein Engel trennte
Geeinte Zwienatur
Der innigen Beiden;
Die ewige Liebe nur
Vermags zu scheiden.

DIE JÜNGEREN ENGEL

Nebelnd um Felsenhöh
Spür ich soeben
Regend sich in der Näh,
Ein Geister-Leben.
Die Wölkchen werden klar:
Ich seh bewegte Schar
Seliger Knaben,
Los von der Erde Druck,
Im Kreis gesellt,
Die sich erlaben
Am neuen Lenz und Schmuck
Der obern Welt.
Sei er zum Anbeginn,
Steigendem Vollgewinn
Diesen gesellt!

DIE SELIGEN KNABEN

Freudig empfangen wir
Diesen im Puppenstand;
Also erlangen wir
Englisches Unterpfand.
Löset die Flocken los,
Die ihn umgeben!
Schon ist er schön und groß
Von heiligem Leben.

DOCTOR MARIANUS *in der höchsten, reinlichsten Zelle*

Hier ist die Aussicht frei,
Der Geist erhoben.
Dort ziehen Fraun vorbei,
Schwebend nach oben.

>   Die Herrliche, mitteninn,
>   Im Sternenkranze,
>   Die Himmelskönigin,
>   Ich sehs am Glanze.
>   (...)

UNA POENITENTIUM *sonst* GRETCHEN *genannt.*
Sich anschmiegend.
>   Neige, neige,
>   Du Ohnegleiche,
>   Du Strahlenreiche,
>   Dein Antlitz gnädig meinem Glück!
>   Der früh Geliebte,
>   Nicht mehr Getrübte,
>   Er kommt zurück.

SELIGE KNABEN *in Kreisbewegung sich nähernd*
>   Er überwächst uns schon
>   An mächtigen Gliedern,
>   Wird treuer Pflege Lohn
>   Reichlich erwidern.
>   Wir wurden früh entfernt
>   Von Lebechören;
>   Doch dieser hat gelernt,
>   Er wird uns lehren.

DIE EINE BÜSSERIN *sonst* GRETCHEN *genannt*
>   Vom edlen Geisterchor umgeben,
>   Wird sich der Neue kaum gewahr,
>   Er ahnet kaum das frische Leben,
>   So gleicht er schon der heiligen Schar.
>   Sieh! Wie er jedem Erdenbande
>   Der alten Hülle sich entrafft
>   Und aus ätherischem Gewande
>   Hervortritt erste Jugendkraft!
>   Vergönne mir, ihn zu belehren,
>   Noch blendet ihn der neue Tag.

MATER GLORIOSA
    Komm, hebe dich zu höhern Sphären!
    Wenn er dich ahnet, folgt er nach.
DOCTOR MARIANUS *auf dem Angesicht anbetend*
    Blicket auf zum Retterblick,
    Alle reuig Zarten,
    Euch zu seligem Geschick
    Dankend umzuarten!
    Werde jeder beßre Sinn
    Dir zum Dienst erbötig!
    Jungfrau, Mutter, Königin.
    Göttin, bleibe gnädig!
CHORUS MYSTICUS
    Alles Vergängliche
    Ist nur ein Gleichnis;
    Das Unzulängliche,
    Hier wirds Ereignis;
    Das Unbeschreibliche,
    Hier ist's getan;
    Das Ewig-Weibliche
    Zieht uns hinan.
        FINIS

(aus: Faust, Der Tragödie zweiter Teil, 1831)

Zur Schlußszene des Faust
Von Theodor W. Adorno

Für den Alexandrinismus, die auslegende Versenkung in überlieferte Schriften, spricht manches in der gegenwärtigen geschichtlichen Lage. Scham sträubt sich dagegen, metaphysische Intentionen unmittelbar auszudrücken; wagte man es, so wäre man dem jubelnden Mißverständnis preisgegeben. Auch objektiv ist heute wohl alles verwehrt, was irgend dem Daseienden Sinn zuschriebe, und noch dessen Verleugnung, der offizielle Nihilismus, verkam zur Positivität der Aussage, einem Stück Schein, das womöglich die Verzweiflung in der Welt als deren Wesensgehalt rechtfertigt, Auschwitz als Grenzsituation. Darum sucht der Gedanke Schutz bei Texten. Das ausgesparte Eigene entdeckt sich in ihnen. Aber beide sind nicht Eines: das in den Texten Entdeckte beweist nicht das Ausgesparte. In solcher Differenz drückt sich das Negative, die Unmöglichkeit aus; ein O wär' es doch, gleich weit von der Versicherung, daß es so sei, wie von der, es sei nicht. Die Interpretation beschlagnahmt nicht, was sie findet, als geltende Wahrheit und weiß doch, daß keine Wahrheit wäre ohne das Licht, dessen Spur in den Texten sie folgt. Das färbt sie als die Trauer, von welcher die Behauptung des Sinnes nichts ahnt und welche von der Insistenz auf dem, was der Fall sei, krampfhaft verleugnet wird. Der Gestus des interpretierenden Gedankens gleicht dem Lichtenbergischen »Weder leugnen noch glauben«, den verfehlte, wer ihn einebnen wollte auf bloße Skepsis. Denn die Autorität der großen Texte ist, säkularisiert, jene unerreichbare, die der Philosophie als Lehre vor Augen steht. Profane Texte wie heilige anschauen, das ist die Antwort darauf, daß alle Transzendenz in die Profanität einwanderte und nirgends überwintert als dort, wo sie sich verbirgt. Blochs alter Begriff der Symbolintention zielt wohl auf diese Art des Interpretierens.

Dem heute unversöhnlich klaffenden Widerspruch zwischen der dichterisch integren Sprache und der kommunikativen sah bereits der alte Goethe sich gegenüber. Der zweite Teil des Faust ist einem Sprachverfall abgezwungen, der vorentschieden war, seitdem einmal die dinghaft geläufige Rede in die des Ausdrucks eindrang, die jener darum so wenig zu widerstehen vermag, weil die beiden feindlichen Medien doch zugleich eins sind, nie ganz gelöst voneinander. Was an Goethes Altersstil für gewaltsam gilt, sind wohl die Narben, die das dichterische Wort in der Abwehr des mitteilenden davontrug, diesem selber zuweilen ähnlich. Denn tatsächlich hat Goethe keine Gewalttat an der Sprache begangen. Er hat nicht, wie es am Ende unvermeidlich ward, mit der Kommunikation gebrochen und dem reinen Wort eine Autonomie zugemutet, wie sie, durch den Gleichklang mit dem vom Kommerz besudelten, allzeit prekär bleibt. Sondern sein restitutives Wesen trachtet, das besudelte als dichterisches zu erwecken. An keinem einzelnen könnte das gelingen, so wenig wie in der Musik ein verminderter Septimakkord, nach der Schande, die ihm die Vulgarität des Salons antat, je wieder klingt wie jener mächtige am Anfang von Beethovens letzter Klaviersonate. Wohl aber flammt die heruntergekommene und zur Metapher verschlissene Wendung dort noch einmal auf, wo sie buchstäblich genommen ist. Dieser Augenblick birgt die Ewigkeit der Sprache am Schluß des Faust in sich. Der Pater profundus preist, als »liebevoll im Sausen«, den »Blitz, der flammend niederschlug, / Die Atmosphäre zu verbessern, / Die Gift und Dunst im Busen trug«. (11 879/81). Auf den Vorsatz, die Atmosphäre zu verbessern, redet unterdessen das armseligste Konferenzkommuniqué sich heraus, wenn es den verängstigten Völkern vertuschen will, daß wieder nichts erreicht wurde. Schlachtet der scheußliche Brauch nicht selber bereits einen Goethevers aus, dessen Kenntnis freilich den zitierfreudigen Herren schwerlich zuzutrauen ist, so war an der eingängigen Phrase schon zu Goethes Zeiten kaum viel Segen. Er aber fügt sie in die Darstellung von Abgrund und Wasserfall ein, die mit ungeheurem Bogen den Ausdruck der permanenten Katastrophe in einen des Segens umschafft. »Die Atmosphäre zu verbessern« ist Werk der furchtbaren Liebesboten, die den in der Schwüle Erstickenden den Atem des ersten Tages zurückerstatten. Sie retten die Banalität, die es bleibt, und sanktionieren zugleich das Pathos der dröhnenden Naturbilder als eines erhabener Zweckmäßigkeit. Ruft wenige Verse vorm Finis die Mater gloriosa aus: »Komm, hebe dich zu höhern Sphären« (12 094), so verwandelt ihr Stichwort die eitle Klage der bürgerlichen Mutter über den mangelnden Realitätssinn ihres Sprößlings, der allzu gern dort verweile, in die sinnliche Gewißheit einer Szenerie, deren Bergschluchten zur »höheren Atmosphäre« geleiten. – »Weichlich« ist ein pejoratives Wort, war es wohl auch damals. Fleht aber die Magna peccatrix »Bei den Locken, die so weichlich / Trockneten die heil'gen Glieder« (12 043/4), so erfüllt sich die Form mit der wörtlichen Kraft der adverbiellen Bestimmung, empfängt die Zartheit des Haares, Zeichen der erotischen Liebe, in der Aura der himmlischen. Das Unzulängliche, hier wird's Ereignis, in der Sprache.

Berührung der Extreme: man ergötzt sich an dem Vers der Friederike Kempner, die anstelle des selber schon unmöglichen Miträupchens vom Miteräupchen spricht, um durch das souverän eingefügte e die ihren Trochäen fehlende Silbe einzubringen. So hält ein ungeschickter Knabe, wider die Regel, beim Eierlauf das Ei fest, um es ungefährdet ans Ziel zu tragen. Aber die Schlußszene des Faust kennt das gleiche Mittel, dort wo der Pater Seraphicus vom Wasserstrom, der abestürzt (11 910) redet; auch in der Pandora braucht Goethe »abegewendet«. Die sprachgeschichtliche Begründung, daß es um die mittelhochdeutsche Form der Präposition sich handle, mildert nicht den Schock, den der Archaismus, Spur einer metrischen Not, bereiten könnte. Wohl aber die unermeßliche Distanz eines Pathos, das mit dem ersten Ton so weit weg ist vom Trug der natürlichen Rede, daß keinem diese einfiele und keinem das Lachen. Der Schritt vom Erhabenen zum Lächerlichen, welcher der kleinste sein soll, entscheidet über den hohen Stil; nur was an den Abgrund der Lächerlichkeit gezogen wird, hat soviel Gefahr in sich, daß daran das Rettende sich mißt und daß es gelingt. Wesentlich ist der großen Dichtung das Glück, das sie vorm Sturz bewahrt. Das Archaische der Silbe jedoch teilt sich mit, nicht als vergeblich romantisierende Beschwörung einer unwiederbringlichen Sprachschicht, sondern als Verfremdung der gegenwärtigen, die sie dem Zugriff entzieht. Dadurch wird sie zum Träger jener ungeselligen Moderne, von der Goethes Altersstil bis heute nichts einbüßte. Der Anachronismus wächst der Gewalt der Stelle zu. Sie führt die Erinnerung an ein Uraltes mit sich, welche die Gegenwart der leidenschaftlichen Rede als eine des Weltplans offenbart; als wäre es von Anbeginn so und nicht anders beschlossen gewesen. Der so schrieb, durfte auch den Chor der seligen Knaben ein paar Verse weiter singen lassen: »Hände verschlinget, / Freudig zum Ringverein« (11 926/7) – ohne daß, was danach mit dem Wort Ringverein geschah, dem Namen Unheil brächte. Paradoxe Immunität gegen die Geschichte ist das Echtheitssiegel jener Szene.

In der Strophe der johanneischen Mulier Samaritana heißt es
– abermals dem Vers zuliebe, abermals äußerste Tugend aus Not –
anstatt Abraham Abram. Im Lichtfeld des exotischen Namens wird
aus der vertrauten, von zahllosen Assoziationen überdeckten Figur
aus dem Alten Testament jäh der östlich-nomadische Stammesfürst. Die treue Erinnerung an ihn wird mit mächtigem Griff der
kanonisierten Tradition entrissen. Das allzu gelobte Land wird
gegenwärtige Vorwelt. Ausgeweitet über die zur Idylle geschrumpften Patriarchenerzählungen hinaus, gewinnt sie Farbe
und Kontur. Das auserwählte Volk ist jüdisch wie das Bild der
Schönheit im dritten Akt griechisch. Sagt die mit Bedacht gewählte
Bezeichnung Chorus mysticus in der Schlußstrophe mehr als das
vage Cliché einer Sonntagsmetaphysik, dann zitieren die Sachgehalte, mochte Goethe es wollen oder nicht, jüdische Mystik herbei.
Der jüdische Tonfall der Ekstase, rätselhaft in den Text verschlagen, motiviert die Bewegung der Sphären jenes Himmels, der über
Wald, Fels und Einöde sich eröffnet. Er ahmt die göttliche Gewalt
in der Schöpfung nach. Der Ausruf des Pater ecstaticus: »Pfeile,
durchdringet mich, / Lanzen, bezwinget mich, / Keulen, zerschmettert mich, / Blitze, durchwettert mich!« (11858/61); vollends die Verse des Pater profundus: »O Gott! beschwichtige die
Gedanken, / Erleuchte mein bedürftig Herz!« (11 888/9) sind die
einer chassidischen Stimme, aus der kabbalistischen Potenz der
Gewura. Das ist der »Bronn, zu dem schon weiland / Abram ließ
die Herde führen«, und daran hat Mahlers Komposition in der
Achten Symphonie sich entzündet.

Wer Goethe nicht unter die Gipsplastiken geraten lassen
möchte, die in seinem eigenen Weimarer Haus herumstehen, darf
der Frage nicht ausweichen, warum seine Dichtung mit Grund
schön genannt wird, trotz der prohibitiven Schwierigkeiten, welche der Riesenschatten der geschichtlichen Autorität seines Werkes
einer Antwort bereitet. Die erste wäre wohl eine eigentümliche
Qualität von Großheit, die nicht mit Monumentalität zu verwechseln ist, aber der näheren Bestimmung zu spotten scheint. Am
ähnlichsten ist sie vielleicht dem Gefühl des Aufatmens im Freien.
Es ist kein unvermitteltes vom Unendlichen, sondern geht dort auf,

wo es ein Endliches, Begrenztes überschreitet; das Verhältnis zu diesem bewahrt sie vorm Zerfließen in leeren kosmischen Enthusiasmus. Großheit selber wird erfahrbar an dem, was von ihr überflügelt wird; nicht zuletzt darin ist Goethe Wahlverwandter von Hegels Idee. In der Schlußszene des Faust ist diese rein in der Sprachgestalt gegenwärtige Großheit nochmals die von Naturanschauung wie in der Jugendlyrik. Ihre Transzendenz aber läßt konkret sich nennen. Die Szene beginnt sogleich mit der Waldung, die heranschwankt, der unvergleichlichen Modifikation eines Motivs aus Shakespeares Macbeth, das seinem mythischen Zusammenhang entrückt wird: der Gesang der Verse läßt Natur sich bewegen. Bald darauf hebt der Pater profundus an: »Wie Felsenabgrund mir zu Füßen / Auf tiefem Abgrund lastend ruht, / Wie tausend Bäche strahlend fließen / Zum grausen Sturz des Schaums der Flut, / Wie strack mit eignem kräftigen Triebe / Der Stamm sich in die Lüfte trägt: / So ist es die allmächtige Liebe, / Die alles bildet, alles hegt« (11 866/73). Die Verse gelten der Szenerie, einer hierarchisch gegliederten, in Stufen aufsteigenden Landschaft. Was aber in ihr sich zuträgt, der Sturz des Wassers, erscheint, als spräche die Landschaft ihre eigene Schöpfungsgeschichte allegorisch aus. Das Sein der Landschaft hält inne als Gleichnis ihres Werdens. Es ist dies in ihr verschlossene Werden, welches sie, als Schöpfung, der Liebe anverwandelt, deren Walten im Aufstieg von Faustens Unsterblichem verherrlicht wird. Indem das naturgeschichtliche Wort das verfallene Dasein als Liebe anruft, öffnet sich der Aspekt der Versöhnung des Natürlichen. Im Eingedenken ans eigene Naturwesen entragt es seiner Naturverfallenheit.

Das Begrenzte als Bedingung der Großheit hat bei Goethe wie bei Hegel seinen gesellschaftlichen Aspekt: das Bürgerliche als Vermittlung des Absoluten. Hart prallt beides zusammen. Nach den emphatischen Versen »Wer immer strebend sich bemüht, / Den können wir erlösen« (11 936/7), die nicht umsonst von Anführungszeichen eingefaßt werden wie ein Zitat, Maxime innerweltlicher Askese, fahren die Engel fort: »Und hat an ihm die Liebe gar / Von oben teilgenommen, / Begegnet ihm die selige Schar / Mit herzlichem Willkommen« (11 938/41): wie wenn das Äußerste, wonach die Dichtung tastet, zum Streben nur als ergänzendes Akzidens hinzukäme; lehrhaft streckt das »gar« den Zeigefinger in die Höhe. Vom gleichen Geist ist die karge und herablassende Belobigung Gretchens als der »guten Seele, die sich einmal nur vergessen« (12 065/6). Um die eigene Weitherzigkeit unter Beweis zu stellen, meint der Kommentator dazu, die Zahl der Liebesnächte werde im Himmel nicht nachgerechnet, und markiert so erst das Philiströse des Passus, der klügelnd die entschuldigt, welche alle Schmach der männlichen Gesellschaft zu erdulden hatte, während mit ihrem Geliebten, dem Meuchelmörder ihres Bruders, weit großzügiger verfahren wird. Lieber als bürgerlich das Bürgerliche vertuschen sollte man es begreifen in seinem Verhältnis zu dem, was anders wäre. Dies Verhältnis vielleicht definiert Goethes Humanität und die des objektiven Idealismus insgesamt. Die bürgerliche Vernunft ist die allgemeine und eine partikulare zugleich; die einer durchsichtigen Ordnung der Welt und eines Kalküls, der dem Vernünftigen sicheren Gewinn verspricht. An solcher partikularen Vernunft bildet sich die allgemeine, welche jene aufhöbe; das gute Allgemeine realisierte sich nur durch den bestimmten Zustand hindurch, in dessen Endlichkeit und Fehlbarkeit. Die Welt jenseits des Tausches wäre zugleich die, in welcher kein Tauschender mehr um das Seine gebracht würde; überspränge Vernunft die Einzelinteressen abstrakt, ohne Aristotelische Billigkeit, so frevelte sie gegen Gerechtigkeit, und Allgemeinheit selber reproduzierte das schlechte Partikulare. Das Verweilen beim Konkreten ist unauslöschliches Moment dessen, was von der Partikularität sich befreit, während doch deren Bestimmtsein in solcher Bewegung ebenso als beschränkt bestimmt wird wie die blinde Herrschaft eines Totalen, das der Partikularität nicht achtet. Hat der junge Goethe, in einem Entwurf zum ersten Auftreten Gretchens, »das anmuthige beschränkte des bürgerlichen Zustands« gerühmt, so ist dies früh geliebte Beschränkte in die Sprache des alten eingedrungen. So wenig verschmilzt es mit ihr wie in der bürgerlichen Gesellschaft das Einzelne mit dem Ganzen. Aber an ihm nährt sich die Kraft des Übersteigens. Nämlich als Nüchternheit. Das Wort, das dissonierend noch inmitten des äußersten Überschwangs, sich selbst prüfend und abwägend, seiner mächtig bleibt, entgeht dem Schein von Versöhnung, der diese hintertreibt. Erst das Besonnene, Einschränkende, etwa im Sprachgestus der vollendeteren Engel, die von ihrem Erdenrest sagen »Und wär' er von Asbest, / Er ist nicht reinlich« (11956/7), sättigt die Elevation mit der Schwere des bloßen Daseins. Sie erhebt sich darüber, indem sie es mitnimmt, anstatt ohnmächtig, losgelöste Idee, es unter sich zu belassen. Human läßt die Sprache das Nichtidentische, in den protestierenden Worten des jungen Hegel Positive, Heteronome stehen, opfert es nicht der bruchlosen Einheit eines idealischen Stilisationsprinzips: im Eingedenken der eigenen Grenze wird der Geist zum Geist, der über jene hinwegträgt. Das Pedantische, dessen Einschlag der Schlußszene insgesamt nicht fehlt, ist nicht nur Eigenheit, sondern hat seine Funktion. Es giriert die Verpflichtungen, welche die Handlung umschreiben, ebenso wie die, welche die Dichtung selbst eingeht, indem sie die Handlung entfaltet. Nur dadurch aber, daß der Ausdruck Schuldverschreibung seine schwere Doppelbedeutung, die einer zu begleichenden Rechnung und die der Schuldhaftigkeit des Lebenszusammenhangs behält, bewegt sich das Irdische dergestalt, wie das Gleichnis der heranschwankenden Waldung es erheischt. Der Bodensatz des Pedestren, nicht vollends Spiritualisierten will durch seine Differenz vom Geiste dessen Vermögen zur Rettung verbürgen. Eingebracht wird die Dialektik des Namens aus dem Prolog im Himmel, wo Faust dem Mephistopheles der Doktor heißt, dem Herrn aber sein Knecht. Die Nüchternheit ist die des Geheimrats und die heilige in eins.

Das fiktive Zitat »Wer immer strebend sich bemüht« bezieht sich, wie man weiß, gleich den darauffolgenden Versen der jüngeren Engel auf die Wette, über die freilich bereits in der Grablegungsszene entschieden ist, wo die Engel Faustens Unsterbliches entführen. Was hat man nicht alles angestellt mit der Frage, ob der Teufel die Wette nun gewonnen oder verloren habe. Wie sophistisch hat man an den Potentialis »Zum Augenblicke dürft' ich sagen« sich geklammert, um herauszulesen, daß Faust das »Verweile doch, du bist so schön« des Studierzimmers gar nicht wirklich spreche. Wie hat man nicht, mit der erbärmlichsten largesse, Buchstaben und Sinn des Paktes unterschieden. Als wäre nicht die philologische Treue die Domäne dessen, der auf der Unterschrift mit Blut besteht, weil es ein ganz besonderer Saft sei; als hätte in einer Dichtung, die wie kaum eine andere deutsche dem Wort den Vorrang erteilt vorm Sinn, die dümmlich sublime Berufung auf diesen die geringste Legitimation. Die Wette ist verloren. In der Welt, in der es mit rechten Dingen zugeht, in der Gleich um Gleich getauscht wird – und die Wette selbst ist ein mythisches Bild des Tauschs – hat Faust verspielt. Nur rationalistisches, nach Hegels Sprachgebrauch reflektierendes Denken möchte sein Unrecht in Recht verbiegen inmitten der Sphäre des Rechts. Hätte Faust die Wette gewinnen sollen, so wäre es absurd, Hohn auf die künstlerische Ökonomie gewesen, ihm im Augenblick seines Todes eben die Verse in den Mund zu legen, die ihn dem Pakt zufolge dem Teufel überantworten. Vielmehr wird Recht selber suspendiert. Eine höhere Instanz gebietet der Immergleichheit von Credit und Debet Einhalt. Das ist die Gnade, auf welche das trockene »gar« verweist: wahrhaft jene, die vor Recht ergeht; an der der Zyklus von Ursache und Wirkung zerbricht. Der dunkle Drang der Natur steht ihr bei, aber gleicht ihr nicht ganz. Die Antwort der Gnade auf das Naturverhältnis, wie immer auch in diesem vorgedacht, springt doch umschlagend als neue Qualität hervor und setzt in die Kontinuität des Geschehenden die Zäsur. Diese Dialektik hat die Dichtung sichtbar genug gemacht mit dem alten Motiv des betrogenen Teufels, dem nach seinem Maß, dem rechtenden Verstande, der wie Shylock auf dem Schein besteht, das Verbriefte vorenthalten wird. Ginge die Rechnung so bündig auf, wie jene es wollen, welche die Gnade vorm Teufel verteidigen zu müssen glauben, der Dichter hätte sich den kühnsten Bogen seiner Konstruktion ersparen können: daß der Teufel, bei ihm schon der von Kälte, übertölpelt wird von der eigenen Liebe, die Negation der Negation. In der Sphäre des Scheins, des farbigen Abglanzes, erscheint Wahrheit selber als das Unwahre; im Licht der Versöhnung jedoch verkehrt diese Verkehrung sich abermals. Noch das Naturverhältnis der Begierde, das dem Zusammenhang der Verstrickung angehört, enthüllt sich als das, was dem Verstrickten entrinnen hilft. Die Metaphysik des Faust ist nicht jenes strebende Bemühen, dem im Unendlichen die neukantische Belohnung winkt, sondern das Verschwinden der Ordnung des Natürlichen in einer anderen.

Oder ist es auch das noch nicht? Ist nicht gar die Wette »im höchsten Alter« Faustens vergessen, samt aller Untat, die der Verstrickte beging oder gestattete, selbst noch der letzten gegen Philemon und Baucis, deren Hütte dem Herrn des neu den Menschen unterworfenen Bodens so wenig erträglich ist wie aller naturbeherrschenden Vernunft, was ihr nicht gleicht? Ist nicht die epische Gestalt der Dichtung, die sich Tragödie nennt, die des Lebens als eines Verjährens? Wird nicht Faust darum gerettet, weil er überhaupt nicht mehr der ist, der den Pakt unterschrieb; hat nicht das Stück in Stücken seine Weisheit daran, wie wenig mit sich selbst identisch der Mensch ist, wie leicht und winzig jenes »Unsterbliche«, das da entführt wird, als wäre es nichts? Die Kraft des Lebens, als eine zum Weiterleben, wird dem Vergessen gleichgesetzt. Nur durchs Vergessen hindurch, nicht unverwandelt überlebt irgend etwas. Darum wird der Zweite Teil präludiert vom unruhigen Schlaf des Vergessens. Der Erwachende, dem »des Lebens Pulse frisch lebendig schlagen«, der »wieder nach der Erde blickt«, vermag es nur, weil er nichts mehr weiß von dem Grauen, das zuvor geschah. »Dieses ist lange her.« Auch im Anfang des zweiten Akts, der ihn nochmals im engen gotischen Zimmer, »ehemals Faustens, unverändert« zeigt, naht er der eigenen Vorwelt nur sich als Schlafender, gefällt von der Phantasmagorie des Künftigen, der Helenas. Daß im Zweiten Teil so spärlich der Realien des ersten gedacht wird; daß die Verbindung sich lockert, bis die Deutenden nichts in Händen halten als die dünne Idee fortschreitender Läuterung, ist selber die Idee. Wenn aber, mit einem Verstoß gegen die Logik, dessen Strahlen alle Gewalttaten der Logik heilt, in der Anrufung der Mater gloriosa als der Ohnegleichen das Gedächtnis an Gret-

Nächste Doppelseite: (aus: R. Gernhardt/F. W. Bernstein/F. K. Waechter,
Die Wahrheit über Arnold Hau, 1966/74)

FÜNFTER AKT · HIMMEL

    Und ein büßendes Gewinnen
    In die Ewigkeiten steigerst,
    Gönn auch dieser guten Seele,
    Die sich einmal nur vergessen,
    Die nicht ahnte, daß sie fehle,
    Dein Verzeihen angemessen!

UNA POENITENTIUM, sonst Gretchen genannt. Sich anschmiegend.

    Neige, neige,
    Du Ohnegleiche,
    Du Strahlenreiche,
    Dein Antlitz gnädig meinem Glück!
    Der früh Geliebte,
    Nicht mehr Getrübte,
    Er kommt zurück.

SELIGE KNABEN in Kreisbewegung sich nähernd.

    Er überwächst uns schon
    An mächtigen Gliedern,
    Wird treuer Pflege Lohn
    Reichlich erwidern.
    Wir wurden früh entfernt
    Von Lebechören;
    Doch dieser hat gelernt,
    Er wird uns lehren.

DIE EINE BÜSSERIN, sonst Gretchen genannt.

    Vom edlen Geisterchor umgeben,
    Wird sich der Neue kaum gewahr,
    Er ahnet kaum das frische Leben,
    So gleicht er schon der heiligen Schar.
    Sieh, wie er jedem Erdenbande
    Der alten Hülle sich entrafft
    Und aus ätherischem Gewande
    Hervortritt erste Jugendkraft.
    Vergönne mir, ihn zu belehren,
    Noch blendet ihn der neue Tag.

MATER GLORIOSA.

    Komm! hebe dich zu höhern Sphären!
    Wenn er dich ahnet, folgt er nach.

FAUST · ZWEITER TEIL

DOCTOR MARIANUS, auf dem Angesicht anbetend.
Blicket auf zum Retterblick,
Alle reuig Zarten,
Euch zu seligem Geschick
Dankend umzuarten.
Werde jeder beßre Sinn
Dir zum Dienst erbötig;
Jungfrau, Mutter, Königin,
Göttin, bleibe gnädig!

[margin: Typisch Akademiker! (Weltfremd) man betet auf KNIEEN]
[margin right: Was denn noch alles?]

CHORUS MYSTICUS. *(Gemischter Chor?)*
Alles Vergängliche
Ist nur ein Gleichnis; *(Ha, ha!)*
Das Unzulängliche, *ja wohl!*
Hier wird's Ereignis; *genau!*
Das Unbeschreibliche,
Hier ist's getan; *Schon mal gehört*
Das Ewig-Weibliche
Zieht uns hinan. *Zitat?*

FINIS.

Fazit:
Zum Schluß nicht mehr so spannend — wer etwas aufgepaßt hatte, wußte schon in der Mitte wer der Mörder ist. Trotzdem: ein gut gebautes, schwungvolles Stück, das trotz einiger Ungereimtheiten poetisch, aber eingehend auf menschliche Urakten hinweist (Osterspaziergänge, Pudelentpuppungen, Teufelspakte, Entjungferungen etc.) Interessant wie sowas auf der Bühne wirken könnte! Ob man nicht mal eine Aufführung wagen sollte?

A.H.

chens Verse im Zwinger wie über Äonen heraufdämmert, dann spricht daraus überselig jenes Gefühl, das den Dichter mag ergriffen haben, als er kurz vor seinem Tod auf der Bretterwand des Gickelhahns das Nachtlied wieder las, das er vor einem Menschenalter darauf geschrieben hatte. Auch jene Hütte ist verbrannt. Hoffnung ist nicht die festgehaltene Erinnerung sondern die Wiederkunft des Vergessenen.

(aus: Akzente 1959, wiederabgedruckt in: Noten zur Literatur II)

Lustig gelebt, selig gestorben
Von Joseph von Eichendorff

Faust, den doch offenbar längst der Teufel geholt, erscheint hier auf einmal als völlig courfähiger Kavalier am himmlischen Hofe, Gott, dem himmlischen Hofstaate und dem vor lauter Respekt ganz dumm gewordenen Teufel mit seiner eminenten Weltbildung imponierend – eine opernartige Heiligsprechung dieser Bildung, die auf den Unbefangenen fast den Eindruck macht, wie eine vornehme Umschreibung des trivialen Volkstextes: Lustig gelebt und selig gestorben (...) Faust ist ohne Zweifel nicht nur das größte Gedicht unserer Literatur, sondern zugleich die wahre Tragödie der neuen Zeit.

(aus: Geschichte der poetischen Literatur Deutschlands, 1857)

Wo die Weltwurst zipfelt

Von Friedrich Theodor Vischer

FAUST
> Jetzt sprech ich, wie ich mag, ich bin ja ein Verklärter!
> Bildung: zu leer noch ist mir der Begriff,
> Zu unbestimmt und zu abstrakt,
> Zu theoretisch, allgemein und nackt,
> Da liegt noch nicht der Has im Pfeffer,
> Es will noch einen andern Treffer.

VALENTIN
> Mir scheint, man wolle hier uns informieren,
> Daß man die Stiefel gründlich solle schmieren;
> Am besten aber ist ein Paar von Juchten,
> Vorab zum Marsche durch Morast und Schluchten.

DR. MARIANUS
> Du sprichst nur immer noch naiver!
> Du klebst am Nächsten, denke künftig tiefer!
> Doch schaut und faßt euch in der Seele Grund,
> Das Hauptsymbol, es rührte sich jetzund,
> Ursinnes Urwort uns zu geben kund!

PATER ECSTATICUS
> Schon reget sich sein zangenhafter Mund.

PATER SERAPHICUS
> Aufglühet mystisch seiner Augen Rund.

PATER PROFUNDUS
> Schon gurgelt's im geheimnisvollen Schlund.

DR. MARIANUS
> Er zaudert noch, er läßt uns eine Frist,
> Bis seine Rede meditieret ist,
> Inbrünstiglich von himmelnahen Stufen
> Mit echtem Goethe-Vers ihn anzurufen.

PATER ECSTATICUS Ewiger Wonnebrand,
> Brennendes Liebeband,
> Stiefel am Wolkenrand,

Drücke mich, zwänge mich,
Schnürend beenge mich,
Zwickend bedränge mich,
Leichdorn durchsenge mich,
Leder, das tüchtige,
Presse das Nichtige,
Daß sich's verflüchtige!
Ist es erst ganz durchbohrt,
Durchgeglüht, durchgechlort,
Früher nicht, erst alsdann
Löse den Lederbann,
Hebe des Felles Druck,
Wunderbar Schreinerstuck!

PATER SERAPHICUS
Schau ich, wonneglutdurchbebet,
Zu des Holzes hohem Sitz,
Ahn ich, was im Innern lebet
Für ein ungeheurer Witz!
Blick herab auf meiner Füße
Welt- und erdgemäß Organ,
Daß du sehest, wie sie büße,
Sieh der Zehen Gegend an!
Über Steine, über Wurzeln
Muß geprüfter Kömmling purzeln,
Wund vom Haufwerk rauher Felsen,
Naß vom Strom, der abestürzt,
Wund von Schrund, weil keine Stelzen
Ihm den steilen Weg verkürzt!

SELIGE KNABEN *(in Kreisbewegung herschwebend)*
Morgenwölkchen kommt geschwebet,
Aus dem Schulstaub hergestrebet,
Neubegierige Schar der Kleinen;
Sehen Wunderbild erscheinen,
Doch mit kurzen Knabenbeinen,
Mit dem niedern Starenflug
Reicht der Blick nicht hoch genug.

>   Nimm uns auf in deine Mutze,
>   Nackentasche der Kapuze,
>   Daß von deiner Augenhöhe
>   Unser kindlich Auge sehe!
> FAUST Ach, sind im Seligen-Revier
>   Denn diese Schlingel wieder hier?
>   Fängt gar der Lehrkurs wieder an?
>   Ich meinte, dies sei abgetan!
>   Steck sie hinein in deinen alten Flaus,
>   Da hinterm Hals, wo blau und weiß gefleckt
>   Dein Schnupftuch bei der Tabaksdose steckt,
>   Und laß die Rangen ja nicht wieder raus!
> PATER SERAPHICUS *(schiebt die Knaben an genannte*
>   *Stelle in seine Kapuze)*
>   Guckt hervor und sehet recht
>   Idealen Stiefelknecht!
> SELIGE KNABEN
>   Schweißhaft riecht's an diesem Ort,
>   Bitte, laß uns wieder fort!
> PATER SERAPHICUS
>   Sie tun nicht gut, sie krabbeln,
>   Sie wühlen, bohren, zappeln.
> FAUST So schüttle schnell das naseweise Pack
>   Mit kräftigem Ruck aus dem Kapuzensack,
>   Daß sie hinunter von den Himmelsstiegen
>   In Purzelbäumen wieder abwärts fliegen
>   Bis in die Schule, der sie durchgebrannt,
>   Daß ihnen dort die Hose wird gespannt!
>   Dort lehrt wohl schon, und ohne Steckenbann,
>   Als strenger Herr ein neuer Schultyrann.
>   *(Es geschieht.)*
> DR. MARIANUS
>   Nach dieser Episode aus dem Mundus
>   (Der Vorderhimmel ist noch halbe Welt)
>   Folgt nun der dritte Pater, der Profundus,
>   Mit Hochgesang hinan zum Himmelszelt.

PATER PROFUNDUS
>   Aus des Abgrunds dunklen Tiefen
>   Komm ich aufwärts angestiefelt.
>   Fußes Schmerzen nimmer schliefen,
>   Weil der Strumpf zu grob verwiefelt,
>   Weil ein plumper Erdenflegel
>   In den Absatz Bretternägel
>   Eintrieb, weil er, was zerstücket,
>   Grob mit Pechschnur hat geflicket
>   Mit den Pfriemen, mit den Ahlen!
>   O beschwicht'ge diese Qualen,
>   Schaff Erlösung, schaff ein End,
>   Urbedeutsam Instrument!

DR. MARIANUS
>   Er kommt, er kommt, der hohe Festmoment!
>   Durch beide Stiefel geht ein seltsam Schüttern,
>   Ein Rücken, Schieben, geisterhaftes Zittern,
>   Nicht mehr gemessen, wilder jetzt und wilder
>   Bewegen sich die Leichdorngruppenbilder.
>   *(Feierlicher Donner.)*

STIEFELKNECHT *(im tiefsten Baß)*
>   Ung
>   Lung
>   Ickelung
>   Wickelung
>   Twickelung
>   Entwickelung
>   Twickelung
>   Wickelung
>   Ickelung
>   Lung
>   Ung.

(Lang und würdevoll nachdröhnendes Echo:)
>   Ung!

(Die Stiefel fliegen wie weggeschleudert seitwärts, die Hühneraugen wirbeln kaum unterscheidbar.)

VALENTIN.
>>Eng<< wird's der Stiefel wegen heißen wohl. (...)
FAUST

Leb wohl, leb wohl, geh froh dahin!
(Zu Lieschen.)
Mir ist es, als beneid ich –

LIESCHEN

Faust, Faust! Nicht so, ich bitte dich!
Horch auf, es donnert feierlich.
(Donner. Valentin geht mit Bärbelchen ab, bleibt aber noch in Sicht. Es erscheint über dem Stiefelknecht eine große Null.)

NULL *(im allertiefsten Baß)*

Euch Bilder jetzt verschling ich wie ein Nero:
Das Absolute ist das reine Zero.
(Die Null verschlingt Stiefelknecht, Stiefel, Hühneraugen und schwebt nun allein in der Höhe.)

VALENTIN *(zurückblickend)*

Prost Mahlzeit! Nun, ein rechter guter Magen
Kann schon etwas vertragen.

DR. MARIANUS *(nachrufend)*

Geh hin in Frieden, schaue nicht mehr um!
Niemals begreifst du höchstes Symbolum!
Doch wir, vertraut dem überird'schen Glanze,
Wir suchen jetzt das inhaltvolle Ganze,
In seiner Sinnbezüglichkeit
Mit heiliger Vergnüglichkeit
Zu fassen in bedeutungsvolles Wort.
Einleitend fang ich an, ihr fahret fort!
Dieses Historium

DR. ECSTATICUS

Ist kein Brimborium,

DR. SERAPHICUS

Ist Allegorium,

DR. PROFUNDUS

Ursinns Sensorium,

FAUST
>Urpräzeptorium,

LIESCHEN
>Bildungsdoktorium,

VALENTIN *(von ferne, ehe er den Blicken verschwindet, ruft lachend zurück)*
>Schuhrevisorium!

(Es erscheinen kaum sichtbar drei Chöre von seligen Geistern und singen.)

JÜNGLINGSGEISTER
>Nektarciborium!

VOLLENDETERE FRAUENGEISTER
>Mehr als Cichorium!

GREISENGEISTER *(hüstelnd)*
>Logischen Urbegriffs Inhalatorium!

DR. MARIANUS
>>Empor nun, ganzes Auditorium!
>>Aufschwingt euch zum Emporium,
>>>Allwo unbeschnipfelt
>>>Die Idee sich gipfelt,
>>>Wo das I sich tüpfelt,
>>>Wo der Weltbaum wipfelt,
>>>Wo die Weltwurst zipfelt!

(Während sämtliche leibhafte Personen sich anfassen und nach der Höhe des Wolkenbergs zu schweben beginnen, ertönt ein)

CHORUS MYSTICUS. Das Abgeschmackteste,
>Hier ward es geschmeckt,
>Das Allervertrackteste,
>Hier war es bezweckt;
>Das Unverzeihliche,
>Hier sei es verziehn;
>Das ewig Langweilige
>Zieht uns dahin!
>(Der Vorhang fällt.)

>>>>FINIS
>>>>(aus: Faust – Der Tragödie dritter Theil, 1862/86)

Pro domo
Von Friedrich Theodor Vischer

Und ich lebe des Glaubens, daß er im Elysium mir dankt; denn Goethe im Elysium ist der verjüngte, der wahre Goethe, nicht der Allegorientrödler und Geheimnisdüftler von 70–80 Jahren.

(aus: Pro domo, Verteidigungsschrift von Faust, Der Tragödie dritter Theil, in: Kritische Gänge, 1863)

Habe das Kleinliche
Von Ludwig Eichrodt

Habe das Kleinliche
Längst abgethan;
Das Sauberschweinliche,
Urgesund Reinliche
Breche sich Bahn,
Das Wassersteinliche
Zieht mich hinan.
Denn das Unleibliche,
Maimondenscheibliche,
Urturteltäubliche
Ist nur ein Wahn;
Das Zeitvertreibliche
Walzend Betäubliche,
Weltnabelreibliche
Will sich mir nahn,
Das Unverkneipliche,
Hier ist's verthan.

Das Unausbleibliche,
Wechselverschreibliche,
Hat mich schon dran.
Das *Eheweibliche*
Geht mich nichts an!

(aus: Sudler, 1890)

Nachspiel

Von Friedrich Theodor Vischer

Es tritt ein die Gesellschaft der an Goethes Faust sich zu tot erklärt habenden Erklärer, bestehend aus Präsident Denkerke, drei Stoffhubern mit Namen Scharrer, Karrer, Brösamle, drei Sinnhubern mit Namen Deuterke, Grübelwitz, Hascherl.

DENKERKE
Still! Keinen Zank! seid ruhig! Haltet Frieden!
In zwei Parteien sind wir zwar geschieden,
Doch beide haben in des Abgangs Stunden
Zu meiner Wahl in Eintracht sich verbunden,
Zur Wahl als Führer, Sprecher, Präsident.
Ihr seid in mir nicht zwei mehr, nicht getrennt,
Zur Einheit aufgehobenes Moment.
So folgt mir auch und löset in Gesang
Die Dissonanz, den unschön harten Klang.
Ihr kennt ein Lied und wißt, wie schön es klingt,
Das der Ideenjagd hohen Wert besingt;
Wohlan, damit kein Zwist uns wieder scheide,
Wir gleichen aus, wir singen alle beide!
Das eine, das ja tief und echt
Dem Werte des Exakten wird gerecht,
Es mag vorangehn. Vorgang in der Zeit
Ist noch kein Vorrang. Singt, ihr seid bereit.

GESANG DER STOFFHUBER

War's um sechs Uhr oder sieben,
Wann er diesen Vers geschrieben?
War's vielleicht präzis halb achte,
Als er zu Papiere brachte
Diesen Einfall, diesen Witz?

War es vor, war's nach dem Essen,
Als bei Lotten er gesessen?
Was des weitern dann geschehen,
Durfte, fragen wir, es sehen
Der Geliebten kleiner Fritz?

Wie war's mit Corona Schröter?
Rosenrötlich oder röter?
Was ist Sage, was Geschichte?
Auch auf diesen Streitpunkt richte
Sich die Nase scharf und spitz!

Marianne – wer es wüßte,
Ob er nur die Stirne küßte,
Ob er, um nicht bloß zu nippen,
Kühnlich Lippen drückt' auf Lippen,
Amors älterer Noviz?

Ach, die Knöpf an seinem Rocke,
Ach, die Haare jeder Locke,
Wer sie pünktlich könnte zählen,
Würde nicht den Weg verfehlen
Zu der Wahrheit tiefstem Sitz.

Nur ein Schwätzer kann verübeln
Dieses Stöbern, Krabbeln, Grübeln,
Diese kritisch feine Beize,
Frucht der süßen Prickelreize,
Diesen edeln Wunderfiz.

Doch uns lockt nicht nur das Nächste,
Ha! wir wagen zu dem Texte
Konjektürchen anzubringen,
Große Tat! Wird sie gelingen –:
Unser schönstes Benefiz!

Echter Forschung Morgenröte,
Über Lessing, Schiller, Goethe,
Über groß und kleine Dichter
Glüh' empor, verkünde Lichter,
Neu und blendend wie ein Blitz!

Laß ersterben das Abstrakte,
Laß erblühen das Exakte!
Leuchte, zeuge, ziehe, züchte
Wahrer Literargeschichte
Musterhafteste Miliz!

Laß ersterben die Ästhetik,
Laß erblühn die Arithmetik!
Schüler, auf! zum Heiligtume
Der addierten Bröselkrume
Walle feierlichen Schritts!

Geist, Entwicklungsgang und Fatum:
Ihr Geheimnis ist das Datum,
Die Geschichte ist Kalender,
Leb' er hoch, der Einsichtspender
Und sein Segen, die Notiz!

DENKERKE
Macht eine Pause, netzet erst die Kehle,
Damit die Kraft dem zweiten Sang nicht fehle!
Er preist das höhere Studium,
Der erste war doch nur Präludium.

SCHARRER
Da danken wir und sagen frei:
Präsidium spricht als Partei!

DENKERKE
>   In allen Ehren sollt ihr ja doch gelten,
>   Gelehrte Vorarbeit, wer wird sie schelten?

BRÖSAMLE
>   Was Vorarbeit? Wer darf uns so taxieren?
>   Die ganze Arbeit ist es, die wir führen.

DENKERKE
>   Ihr streitet doch bei jedem Schritt!
>   Gefällt's euch nicht, singt eben ihr nicht mit!

KARRER
>   Jawohl, die andern haben auch nicht mitgesungen,
>   Als vorhin unser beßres Lied erklungen.

DEUTERKE
>   So laßt es nur, wir können euch entbehren,
>   Wir werden um drei Stimmen uns nicht scheren!
>   Sind ohnedies so dünn wie eine Zaser,
>   Man hört's, euch fehlt die Kehlkopfmuskelfaser.
>   Ihr, Brüder, desto heller singt,
>   Daß laut die Halle wiederklingt!

GESANG DER SINNHUBER
>   Lebe hoch die tiefre Deutung,
>   Bloß Exaktes ist vom Übel!
>   Hoch die philosoph'sche Häutung,
>   Schälung dichterischer Zwiebel!
>
>   Hier ist nie ein Ding es selber;
>   Männer, Weiber, acta, facta,
>   Löwen, Hunde, Ochsen, Kälber
>   Sind Begriffe, sind abstracta.
>
>   Nur der Geist, er macht lebendig,
>   Buchstab ist nur Feld im Winter,
>   Saatkorn schlummert innewendig;
>   Fraget stets: was ist dahinter?
>
>   Wer sich nur am Bild ergetzet,
>   Sinnlich ist er, soll sich schämen.

Wer den Wert ins Zentrum setzet,
Fragt: was läßt sich draus entnehmen?

Erster Sinn will wenig sagen;
Vorwärts mit bedachten Schritten!
Nach dem zweiten mußt du nagen,
Weiter, weiter nach dem dritten!

Der Poet ist ein Verstecker,
Flieht, was nur sich selbst bedeutet,
Und erwartet den Entdecker,
Welcher den Begriff erbeutet.

Nur erklären, nur erklären,
Aber ja kein Urteil wagen,
Nur verehren, nur verehren,
Ob poetisch? ja nicht fragen!

Doch auf des Parnasses Gipfeln
Mit den dankbaren Poeten
Wandeln unter Lorbeerwipfeln
Arm in Arm die Interpreten.

DENKERKE

Exest, colloquium!
Stoßt an, stoßt an mit hellem Klang!

*

UNBEKANNTER

Verzeiht, verzeiht, ich sag es ungeniert:
Ich find in Eures Dramas zweitem Teile
Fast keinen Satz, fast keine Zeile,
Die nicht kurios, nicht manieriert,
So daß es mir im Kopfe rädelt, surrt,
Summt, kitzelt, krabbelt, schwirrt und schnurrt;
Ich kann nicht anders, muß, sooft ich's lese,
Als wenn ein Kobold im Genick mir säße,
Muß in dem Tone weiter bestehn, reimen,
Muß drehen, schnitzeln, schnipfeln, päppeln, leimen.

ALTER HERR *(für sich)*
>Wie unbequem auch dieser Flegel spricht,
>Gesteh' ich mir, ganz unrecht hat er nicht.
>Ward mir's doch am erreichten Ziele
>Im Himmelslicht auf einmal selber klar,
>Daß ich zuletzt ein alter Schnörkler war,
>Als ob ein Zöpfchen mir vom Nacken fiele.
>Und dennoch ist der Naseweis zu schelten.
>*(Laut.)*
>Und ließ' ich auch, was du mir vorrückst, gelten,
>Dennoch ist Spott auf gute Geister schlecht,
>Den Tadel bringt er um sein halbes Recht.

UNBEKANNTER
>Hätt ich's mit dir allein zu tun,
>Ließ' ich vielleicht die spitze Feder ruhn,
>Allein die blind lobpreisenden Verehrer,
>Nußknackerisch scholastischen Erklärer,
>Kleinmeister, brillenaugigen Magister,
>Die famuli, die Pietätsphilister,
>Die »Goethereifen«, die Goethe-Pietisten,
>Die selbstgefällig dir im Mantel nisten,
>Nur dieses Volk, für welches du ein Gott,
>Ist schuldig, daß mein Tadel ward zum Spott;
>Dir selber, denk ich, sind in Himmelshallen
>Die Schuppen von dem Auge schon gefallen.

ALTER HERR *(für sich)*
>Er sah's nicht, wie es vorhin mich ergetzte,
>Als man beschleunigt an die Luft sie setzte,
>Doch ist, als ahnt' er's.
>*(Laut.)*
>Allzu frech und wild
>War doch dein Hohn auf tiefgedachtes Bild,
>Auf manches hochbedeutsame Symbol,
>Das du verzerrtest läppisch, albern, hohl
>Und überdies frivol.

UNBEKANNTER
>   Ei, meine Späße, freilich sind sie krumm,
>   So toll wie meine Reime und so dumm,
>   Hanswurstisch, närrisch und gerade drum
>   Nicht bös,
>   Nicht gegen dich maliziös.
>   Ich dachte mir bei diesen Spielereien:
>   Vielleicht sie fallen mir herein,
>   Zerbrechen über meine Rätselknöpfe
>   Sich gar am Ende auch noch ihre Köpfe,
>   Wie sie an deinen harten Nüssen knackten,
>   Mit Spatzenschnäbeln bohrten, pickten, hackten –
>   Du saßest in bequemer Ruh
>   Verborgen hinter spanischer Wand
>   Und horchtest lächelnd dem Geknacke zu –

ALTER HERR
>   Vergleichst du mein Gebild mit deinem Tand?
>   Nur das Bedeutende macht sinnen,
>   Reizt, nötigt zum Gedankenspinnen.
>   An *deinen* Rätseln, diesen dünnen Blechen,
>   Wir niemand Kopf und Zähne sich zerbrechen
>   Weißt du, wie meine Prachtallegorien,
>   Anschauungen im großen Stil,
>   Bezaubernd Phantasie und Formgefühl,
>   Gewaltig jetzt auf eurer Bühne ziehn?

UNBEKANNTER Verzeih, o großer, wunderbarer Mann,
>   Wenn ich darauf nicht fein erwidern kann.
>   Ausstattungsstück ist jetzt dein Faust geworden,
>   Da gaffen sie in dichtgedrängten Horden
>   Beim zweiten Teile dumpfen Staunens voll,
>   Und keiner weiß, was er sich denken soll.
>   Ist's aber – ja, ich frage – ist es gut,
>   Daß also man am schwachen Volke tut?
>   Daß man es anhält, sich für klug zu halten,
>   Indes beim Anblick blendender Gestalten

Narkotisch alle Nerven sich beduseln
Und Fragezeichen im Gehirne wuseln?
ALTER HERR *(für sich)*
Zu lange schon! Er wird mir grob und gröber,
Der kecke Spürer, unbescheidne Stöber,
Noch manches, was ich selber längst erkannt,
Rührt er mir auf mit wühlerischer Hand,
Wenn ich nicht jetzt ein kurzes Ende mache
Mit raschem Schritt zum Mittelpunkt der Sache.
(Laut.)
Du weißt wohl nicht, mein Freund, wie grob du bist?
UNBEKANNTER
Im Deutschen lügt man, wenn man höflich ist.
ALTER HERR
Noch eines sag ich,
Noch eines frag ich –
Und traurig g'nug, daß ich noch fragen muß –:
Der Faust am Schluß,
Der Faust als Volksregent
Im Kampfe mit dem Wogenelement,
Der Mann der Tat, der wirkt und schafft,
Die rein bewußte, sturmgereifte Kraft,
Der Faust, dem hohen Sinne ganz ergeben:
Nur der verdient sich Freiheit, so wie Leben,
Der täglich sie erobern muß, –
Der Faust, der selig in die Zukunft schaut,
Wo alles grünen wird, was er gebaut,
Wo er, fortwirkend in der Zeiten Fluß,
Mit freiem Volk auf freiem Grund wird stehn,
Der Faust, der *nun* zum Augenblicke spricht:
Verweile doch, du bist so schön!
Der große Faust – und den verstehst du nicht?
Die Lösung des Prologes und der Wette,
Daß er dem Tod, dem Teufel nun erliegt
Und dennoch es verdient, daß ich ihn rette,
Den Faust, der in der Niederlage siegt,

Den Faust, in dem die Menschheit lebt
Und ewig irrend ewig strebt,
Den siehst du nicht? Was jede Seele trifft,
Bespritzest du mit deines Hohnes Gift, –
Und ich – Fürbitter soll ich für dich sein?
Hinweg, sag ich, fort zur verdienten Pein!

UNBEKANNTER

Nicht so ist's; mehr als manch Verehrerhundert
Hab ich von Herzen diesen Schluß bewundert,
Doch um so mehr des Schlusses Schluß beklagt,
Der nach des Schlusses wahrem Geist nicht fragt.
Gilt es denn gleich, woher ich die Symbole,
Aus welchem Fundort die Motive hole?
Darfst du, den Faust zum Himmel aufzuschwingen,
In pfäffische Gesellschaft ihn verbringen,
Die ihn, wenn sie halbwegs ihn nur gekannt,
Als Ketzer hätte sicherlich verbrannt?
Geruch des Weihrauchs, stimmt er zu den Sphären,
Wo mündig frei der Geist sich soll bewähren?
Soll altehrwürdig hier das Sinnbild walten,
Die Bibel bot dir schlichtere Gestalten.
Ich bleib dabei, die salbungsvollen Glatzen,
Sie sind und bleiben lächerliche Fratzen.

ALTER HERR

Das ist zu stark! Noch einmal sag ich, fort!

UNBEKANNTER

Es ist noch nicht mein letztes Wort.

(aus: Faust – Der Tragödie dritter Theil, 1862/86)

Das Unaufhörliche
Von Gottfried Benn

CHOR

Das Unaufhörliche:
Großes Gesetz.

Das Unaufhörliche
mit Tag und Nacht
ernährt und spielt es sich
von Meer zu Meer,
mondlose Welten überfrüht,
hinab, hinab.

Es beugt die Häupter all,
es beugt die Jahre.
Der Tropen Brände,
der Arktis eisge Schauer,
hinab, hinab,
ein Hauch.

Und stolze Häupter,
von Gold und Kronen umarmt
oder im Helm des namenlosen Mannes:
das Unaufhörliche,
es beugt auch dich.

Das Unaufhörliche.
Verfall und Wende
die Meere über,
die Berge hoch.

Sein Lager
von Ost nach West
mit Wachen auf allen Höhn,
kein Ding hat Frieden
vor seinem Schwert.

O Haupt,
von Gold und Doppelflügeln umarmt,
es beugt auch dich.

(aus: Das Unaufhörliche, 1931)

Und so ist es uns gelungen

Von Bertolt Brecht

SNYDER

    Und so ist es uns gelungen
    Gott hat wieder Fuß gefaßt
    Höchstes haben wir bezwungen
    Niederstem uns angepaßt.
    In den Höhn und Niederungen
    Wißt ihr, was ihr an uns habt:
    Endlich ist es uns gelungen
    Endlich hat das Ding geklappt!

DIE POLIZISTEN

    Hier ist eine ohne Obdach
    Aufgelesen auf den Schlachthöfen in
    Erkranktem Zustand. Ihr
    Letzter fester Aufenthaltsort war
    Angeblich hier.

JOHANNA

    Nimmer nimmt mir der Untergegangene
    Meinen Brief ab.
    Kleinen Dienst guter Sache, zu dem ich
    All mein Leben gebeten wurd, einzigen!
    Habe ich nicht ausgerichtet. (...)

MAULER
>   Auch in unserer Mitte fehle
>   Nicht die kindlich reine Seele
>   Auch in unserm Chor erschalle
>   Ihre herrlich lautre Stimme
>   Sie verdamme alles Schlimme
>   Und sie spreche für uns alle.

SNYDER
>   Erhebe dich, Johanna der Schlachthöfe
>   Fürsprecherin der Armen
>   Trösterin der untersten Tiefe!

JOHANNA
>   Welch ein Wind in der Tiefe! Was für ein Geschrei
>   Verschweigst du, Schnee?
>   Eßt die Suppe, ihr!
>   Schüttet nicht die letzte Wärme aus, ihr
>   Keinebeutemehr! Eßt die Suppe!
>   Hätte ich doch
>   Ruhig gelebt wie ein Vieh
>   Aber den Brief abgegeben, der mir anvertraut war!

DIE SCHWARZEN STROHHÜTE
>   Ach, wie ist sie noch verwirrt
>   Die durch Nacht zum Licht gewandelt!
>   Menschlich nur hast du gehandelt!
>   Menschlich nur hast du geirrt!

JOHANNA
>   Wieder beginnt das Lärmen der Betriebe, man hört es.
>   Und versäumt ist wieder
>   Ein Einhalt
>   Wieder läuft
>   Die Welt die alte Bahn unverändert.
>   Als es möglich war, sie zu verändern
>   Bin ich nicht gekommen; als es nötig war
>   Daß ich kleiner Mensch half, bin ich
>   Ausgeblieben.

MAULER
> Ach, der Mensch in seinem Drange
> Hält das Irdische nicht aus
> Und in seinem stolzen Gange
> Aus dem Alltäglichen
> Ganz Unerträglichen
> In das Unkenntliche
> Hohe Unendliche
> Stößt er übers Ziel hinaus. (...)

DIE SCHWARZEN STROHHÜTE
> Ach, es bleibt am Ende alle
> Mühe Stückwerk, unbeseelt
> Wenn der Stoff dem Geiste fehlt.

DIE SCHLÄCHTER
> Herrlich ist's in jedem Falle
> Wenn sich der Geist dem Geschäfte vermählt! (...)

ALLE
> Schenke dem Reichen Erbarmen, Hosianna!
> In deinen Armen, Hosianna!
> Schenk deine Gnad, Hosianna!
> Und deine Hilf dem, der hat, Hosianna!
> Hab mit dem Satten Erbarmen, Hosianna!
> Hilf deiner Klasse, die dir hilft, Hosianna!
> Aus reichlichen Händen, Hosianna!
> Zerstampfe den Haß, Hosianna!
> Lach mit dem Lachenden, laß, Hosianna!
> Seine Missetat glücklich enden, Hosianna! (...)

SNYDER
> Johanna Dark, fünfundzwanzig Jahre alt, gestorben
> an Lungenentzündung auf den Schlachthöfen, im
> Dienste Gottes, Streiterin und Opfer.

MAULER
> Ach, das Reine
> Ohne Fehle
> Unverderbte, Hilfsbereite
> Es erschüttert uns Gemeine!

Weckt in unsrer Brust die zweite
Bessere Seele!
DIE SCHLÄCHTER UND VIEHZÜCHTER
Seht, dem Menschen seit Äonen
Ist ein Streben eingesenkt
Daß er nach den höheren Zonen
Stets in seinem Geiste drängt.
Sieht er die Gestirne thronen
Ahnt er tausend Himmelwärtse
Während er zu seinem Schmerze
Mit dem Fleisch nach unten hängt.
MAULER
Ach, in meine arme Brust
Ist ein Zwiefaches gestoßen
Wie ein Messer bis zum Heft.
Denn es zieht mich zu dem Großen
Selbst- und Nutz- und Vorteilslosen
Und es zieht mich zum Geschäft
Unbewußt!
ALLE
Mensch, es wohnen dir zwei Seelen
In der Brust!
Such nicht eine auszuwählen
Da du beide haben mußt.
Bleibe stets mit dir im Streite!
Bleib der Eine, stets Entzweite!
Halte die hohe, halte die niedere
Halte die rohe, halte die biedere
Halte sie beide!

(aus: Die heilige Johanna der Schlachthöfe,
1931)

The Eternal Feminine

> All that is transitory
> Is merely a simile;
> The incomplete
> Is here fulfilled
> The inexpressible
> Here is attained;
> The eternal feminine
> Draws us onward.

(Quelle:
Schallplatten-Cover)

Welt-Rad, das rollende

Von Friedrich Nietzsche

Das Unvergängliche
Ist nur ein Gleichnis!
Gott, der Verfängliche,
Ist Dichter-Erschleichnis ...
Welt-Rad, das rollende,
Greift Ziel auf Ziel:
Not – nennt's der Grollende,
Der Narr nennt's – Spiel...
Welt-Spiel, das herrische,
Mischt Sein und Schein: –
Das Ewig-Närrische
Mischt *uns* hinein ...!

(An Goethe, Lieder des Prinzen
Vogelfrei, Anhang zu:
Die Fröhliche Wissenschaft, 1882)

Hitzblitzend himmelwärts
Von Eckhard Henscheid

Schimmerwellen sanfter Freudenhügel! Mondlicht schummelte und klopfte auf den Busch, der die Bierbude umflorte, in seinem Silberscheine blendete Kodaks goldbrauner Nacken wie betörend zu hündisch wallendem Glücke, Fink aber trug einen fast feschen Jagdanzug, nein, eher einen Kegelanzug möcht' ich es heute nennen, dicker waren sie noch geworden, beide, die bratwurstgefüllten Kugelbäuche wölbten sich geradezu kanonisch dem geistlichen Gepränge der vor Andacht katholisch gewordenen Maßwürste und Bratkrüge mit Waldesrauschen zu, Kodaks rote und Finks braune Haare fächelten leis im nächtigen Zephir St. Annas, der Mutter süß, purpurnes Leuchtfeuer glühte von innen, Glimmkäferei machte sich verdient, das Käuzchen im Walde funkte auch mit drein, die Sterne unkten zurück, wie von sich selber bezaubert – heftiger, maßvoll gleichwohl, schwangen die steinernen Krüge gegen die Köpfe, glimmende Brüderglut! Lächelten trauter, lächelten Liebe – de aquel majo amante – il mio solo pensiero, Kodak, o Fink, sei tu! – Brüder, zur Sonne, zur Schönheit! Halleluja! Das glückliche Herz möchte stehenbleiben wie bei Webers oder aber Schnellingers Ausgleichstor in letzter Minute und schnell ganz schnell eine Zigarette mit Schaschlik rauchen und abermals singen von Agnus und Dei und Tollis und –

>   Selige versponnene
>   Milchig geronnene
>   Zweiheit, du
>   Kodak, mein Guru!
>   Fink, mein Erlöser!
>   Sweetheart! Lieb-böser!
>   Brüderei
>   Macht mich frei!

Mich dünkt, ich sänk' in Schlummer
Und säh' der Brüder Prunk
Vergessen aller Kummer
Traum durch die Dämmerung –
Das Perlenaug' des Finken
Und Kodaks Veilchenblick
Sein rotgrau Haar, der Zinken
Im Haupt, und das Genick:
Prächtig gebuckelt
Schwalbenumzuckelt
Lächelnd genießen
Gleiten und fließen
Hitzblitzend himmelwärts
Schneeschnüffelnd östlich gärt's –
Alles Verschlingende
Kreuchfleuchend wringende
Jubelchor-Singende
Cherubin-Klingende!
Brüdergelalle, möndliche Zier!
Wie's mir gefalle
Gefall' ich auch mir
Schwalbengrau tanzendes
Traulich verranzendes
– Leuchtend und licht: –
Sternenumkränzetes Brüdergezücht!

(aus: Die Mätresse des Bischofs, 1978)

Wird es forträdeln

Von Friedrich Theodor Vischer

Wen ich herzlich liebe, auf den darf ich recht böse sein, wenn ich finde, daß er an dem sündigt, um dessentwillen ich ihn liebe, an seinem eigenen herrlichen und freien Können und seinem hohen

Sollen. (...) [Faust II ist] im Ganzen eine Reihe lederner, abstruser Allegorien und verläuft nicht nur durch sie, sondern namentlich auch durch seine senilen Sprachschnörkel auf Schritt und Tritt ins Absurde (...) Ach, da ist ja alles nicht frisch, nicht jugendlich keck, sondern schnörkelhaftest, sonderbarlichst, greisenhaftest (...) Wie Goethe einmal in diesen Versstyl hineingekommen war, hat das einmal in Bewegung gesetzte Rädchen so in ihm fortgesurrt; man kann sich ganz hineinversetzen, ja man wird förmlich angesteckt. Wer diesen zweiten Theil in Vorlesungen behandeln, bei diesen Dingen verweilen muß, wird erfahren, daß es wochenlang in ihm umsummt, ja er wird in demselben Ton parodisch weiterdichten *müssen,* mit dem Zwang eines Mechanismus wird es in ihm forträdeln.

(aus: Göthes Faust, 1875)

Fluten sich hebend

Von Karl Gerold

Stern
Wolken hinschnellen
Gewitter Orkane
Fluten sich hebend
Stilles bewölkend
nebliges Grau
psychenbeschattend
November anzweifelnd
lichtere Höhen
verblendete Augen
im Hiersein gedunkelt
kennend nichts anderes
im lästigen Flimmern
Kalttal der Nächte
Bäche vereisend

klitschernde Straßen
ausrutschender Menschen
verlorener Hoffnung
erblindeter Seelen
in weniger Wärme
Körper im Kurzakt
unsicherer Liebe
tierischen Tuns
verlornen Geschlechts
in Angst voreinander
eigener Hüften
verschiedener Glieder
ohne Glauben
daß oben in
unendlichen Räumen
leuchtend verbleibend
unendlicher Kreise
dahinschwebt
glitzernd ein
Stern.

(dada g-7, in: Ein Leben lang,
Ausgewählte Gedichte 1970.
*Nach den Worten des Herausgebers Heinrich Rumpel ist es freilich so, daß nicht nur dieses Gedicht, sondern das gesamte lyrische Schaffen des einstigen Herausgebers und Chefredakteurs der Frankfurter Rundschau »Goethescher Weisheit nahe steht«; Anm.
der Herausgeber.)*

FAUST,
VORLÄUFER UND
NACHFAHREN

D. Faustus frißt ein Fuder Heu
Von N. N.

D. Faustus kam in eine Stadt, Zwickaw genannt, da ihm viele Magistri Gesellschaft leisteten. Als er nun mit ihnen nach dem Nachtessen spazieren ging, begegnete ihm ein Baur, der fuhr einen großen Wagen voll Grummets, den sprach er an, was er nehmen wollte und ihn genug essen lassen. Wurden also einig miteinander, um einen Creutzer oder Löwenpfennig; denn der Bauer vermeinet, er triebe nur sein Gespött mit ihme. D. Faustus aber hub an, so geizig zu essen, daß alle Umstehende sein lachen mußten, verblendete also den Bauern, daß ihm bang wurde, dann er schon auf den halben Teil hinweg gefressen hatte. Wollte der Bauer zufrieden sein, daß ihm das halbe Teil bliebe, so mußte er dem Fausto seinen Willen machen. Als nun der Bauer an seinen Ort kame, hatte er sein Heu wiederum wie vor.

(aus dem Spies'schen Faustbuch Historia von D. Johann Fausten, 1587)

Genug studieret!
Von Christopher Marlowe

Erste Szene
Faust in seinem Studierzimmer

FAUSTUS Genug studieret, Faust!
 Zieh erst einmal das Fazit und sondiere
 die Tiefe des Erreichten und Gewollten!
 Als Theolog' begannst du, bleib's nach außen,
 doch ziel drauf ab, das Höchste und den Sinn
 jedweder Kunst zu eigen dir zu machen,
 und leb und stirb mit Aristoteles!
 (Ein Buch ergreifend.)
 Geliebte Analytik, du verzückst mich!

(Er liest.)
»Bene disserere est finis logices.«
Ist gut zu disputieren höchster Sinn
der Logik? Wirkt sie keine größern Wunder?
dann lies nichts mehr, *das* Ziel hast du erreicht!
Fausts Geist ist einer höhern Sache würdig!
(Nach einem andern Buche greifend.)
Komm, Galen!
In Ansehung des Spruches: »Ubi desinit
philosophus ibi incipit medicus«
sei, Faust, ein Arzt und scheffle Gold und laß dich für
manche Wunderkur verewigen!
(Liest.)
»Summum bonum medicinae sanitas.«
Das Ziel der Heilkunst ist des Leibs Gesundheit.
Bist du nicht etwa längst so weit? Ist nicht
dein täglich Red- und Antwortstehn durchsetzt
mit Aphorismen gleich den Hippokratschen?
Hing man denn nicht zum bleibenden Gedächtnis
deine Rezepte auf, weil vor der Pest sie
und tausend Seuchen ganze Städte schützten?
Doch bist du stets nur Faustus und ein Mensch.
Könntst du die Menschen ewig leben machen
oder Gestorbne wiederum beleben,
dann wäre diese Wissenschaft was wert.
Fort, Medizin!
(Nach einem andern Buche greifend.)
Wo ist der Justinian?
(Liest.)
»Si una eademque res legatur
duobus, alter rem, alter valorem rei . . .« etc.
Ein lumpiger Casus nur von Erbschaftskram!
»Exhaereditare filium non potest pater, nisi . . .«
Solch Zeug ist der Institutionen Inhalt
und füllt das ganze große Corpus Juris.
Dies Studium paßt für Sklaven, die es lüstet,

um Geld der andern schmutzige Wäsch' zu waschen,
mir ist's zu starr, zu unfrei und servil.
Alles erwogen, bleibt Theologie
das Beste. Fauste, lies die Bibel richtig!
(Liest.)
»Stipendium peccati mors est.« – Ha!
Stipendium . . .!
»Der Lohn der Sünde ist der Tod.« – Wie hart!
»Si peccasse negamus fallimur
et nulla est in nobis veritas.«
»So wir sagen, wir haben keine Sünde, so verführen
wir uns selbst, und die Wahrheit ist nicht in uns.«
Das heißt:
Wir *müssen* sündigen und folglich sterben,
ja, müssen sterben eines ewigen Todes.
Che sera, sera – was ist das für 'ne Weisheit!
»Was kommt, muß sein?!« Fahr hin, Theologie!
Hier, die Metaphysik der Magier,
der Nekromanten Schriften, *die* sind göttlich!
Die magischen Linien und Kreise, Diagramme
und Lettern, danach lechzt der Faust am meisten!
Oh, welche Welt der Wonn' und des Genusses,
der Macht, der Ehre und der Allgewalt
ist dem Adepten dieser Kunst verheißen!
Mir, mir steht alles zu Befehl, was zwischen
den unbewegten Polen sich bewegt!
Kaisern und Königen gehorcht man nur
in ihren großen oder kleinen Ländern,
sie können weder Wind noch Wetter machen –
doch wer in diese Sphären dringt, des Herrschaft
streckt sich soweit des Menschen Denken schweift:
ein wahrer Magier ist ein mächtiger Gott.
Drum, Fauste, strenge deines Geistes Kräfte
hier an, Gottgleichheit zu gewinnen! *(Ruft.)* Wagner!

<small>(aus: Marlowe, The Tragicall History of the Life and Death
of Doctor Faustus, 1604, übersetzt von Adolf Seebass)</small>

Alle Bücher durchstöbert
Aus dem Puppenspiel

So weit hab' ich's nun mit der Gelehrsamkeit gebracht,
Daß ich allerorten werd' ausgelacht.
Alle Bücher durchstöbert von vorne bis hinten
Und kann doch den Stein der Weisen nicht finden.
Jurisprudenz, Medizin, alles umsunst,
Kein Heil als in der nekromantischen Kunst.
Was half mir das Studium der Theologie?
Meine durchwachten Nächte, wer bezahlt mir die?
Keinen heilen Rock hab' ich mehr am Leibe
Und weiß vor Schulden nicht, wo ich bleibe.
Ich muß mich mit der Hölle verbünden,
Die verborgenen Tiefen der Natur zu ergründen.
Aber um die Geister zu citieren,
Muß ich mich in der Magie informieren.

(aus Karl Simrocks Neuausgabe von 1846. Dazu Goethe in
»Dichtung und Wahrheit«: »Die bedeutende Puppenspielfabel
klang und summte gar vieltönig in mir wider.«)

Faust und die sieben Geister
Von G. Ephraim Lessing

FAUST Ihr? Ihr seid die schnellesten Geister der Hölle?
DIE GEISTER ALLE Wir.
FAUST Seid ihr alle sieben gleich schnell?
DIE GEISTER ALLE Nein.
FAUST Und welcher von euch ist der Schnelleste?
DIE GEISTER ALLE Der bin ich!
FAUST Ein Wunder! daß unter sieben Teufel nur sechs Lügner sind.
– Ich muß euch näher kennen lernen. (...)

FAUST *zum siebenten Geiste* Wie schnell bist du?
DER SIEBENTE GEIST Unzuvergnügender Sterbliche, wo auch ich dir nicht schnell genug bin – –
FAUST So sage, wie schnell?
DER SIEBENTE GEIST Nicht mehr und nicht weniger, als der Übergang vom Guten zum Bösen. –
FAUST Ha! du bist mein Teufel! So schnell als der Übergang vom Guten zum Bösen! – Ja, der ist schnell; schneller ist nichts als der!

(aus: D. Faust, Szene »Faust und sieben Geister«, 1759)

Warum so gränzenlos am Gefühl!
Von Maler Müller

Fausts Studierstube
(Faust sizt und ließt aufmerksam.)

Da müßts endlich hinkommen! Alles, oder gar nichts! Das schale Mittelding, das sich so die hintere Scene des menschlichen Lebens durchschleppt – weder Ruh noch Befriedigung da zu erjagen! Ein einziger Sprung, dann wärs gethan, *(ließt)* – – Lieber aller Bequemlichkeit beraubt; genährt und gekleidet, so sparsam als die strengste Philosophie erduldet – nur die Kraft das auszuführen, was ich nahe meinem Herzen trage; die Belebung dieser aufkeimenden Ideen – was ich mir so in süßen Stunden erschaffe, und das doch unter Menschen Ohnmacht wieder so dahin sterben muß – wie ein Traum im Erwachen – daß ich mich so hoch droben fühle; und doch nicht sagen soll: bist alles, was du seyn kannst – Hier, hier steckt meine Quaal – es muß noch kommen – muß – Mit wie vielen Neigungen wir in die Welt treten – und die meiste zu was Ende? Sie liegen von ferne erblickt, wie die Kinder der Hoffnung, kaum ins Leben gerückt; sind verklungene Instrumente, die weder begriffen noch gebraucht werden; Schwerdter, die in ihrer Scheide verrosten

– – Warum so gränzenlos am Gefühl dis fünfsinnige Wesen! so eingeengt die Kraft des Vollbringens! Trägt oft der Abend auf goldnen Wolken meine Phantasie empor, was kann was vermag ich nicht da! wie bin ich der Meister in allen Künsten – wie spann, fühl ich mich hoch droben, fühl in meinem Busen all aufwachen die Götter, die diese Welt im ruhmvollen Looß, wie Beute unter sich zertheilen. Ein Mahler, Dichter, Musikus, Denker, alles was Hyberions Strahlen lebendiger küssen, und von Prometheus Fackel sich Wärme stiehlt – Möchts auch seyn, und darf nicht – (...) – Ein Löwe an Unersättlichkeit brüllt aus mir, der erste, oberste der Menschen; *(wirfts Buch weg)* Weg! verstöhrst mich – mir schwindelt's Gehirn; reissest mich da nieder wo mich erheben willst; machst wärmer indem du ferne zu reiche Hoffnungen zeigst – was ist das? *(sizt in Gedanken, man hört von außen die Juden lermen)*

(aus: Fausts Leben, 1778).

Genie ward Losung

Von Johann Wolfgang Goethe

Niemand räumt gern andern einen Vorzug ein, solang er ihn nur einigermaßen leugnen kann. Naturvorzüge aller Art sind am wenigsten zu leugnen, und doch gestand der gemeine Redegebrauch damaliger Zeit nur dem Dichter Genie zu. Nun aber schien auf einmal eine andere Welt aufzugehen: man verlangte Genie vom Arzt, vom Feldherrn, vom Staatsmann und bald von allen Menschen, die sich theoretisch oder praktisch hervorzutun dachten. Zimmermann vorzüglich hatte diese Forderung zur Sprache gebracht. Lavater in seiner Physiognomik mußte notwendig auf eine allgemeinere Verteilung der Geistesgaben aller Art hinweisen; das Wort Genie ward eine allgemeine Losung, und weil man es so oft aussprechen hörte, so dachte man auch, das, was es bedeuten sollte, sei gewöhnlich vorhanden. Da nun aber jedermann Genie von andern zu fordern berechtigt war, so glaubte er es auch endlich selbst besitzen zu müssen. Es war noch lange hin bis zu der Zeit, wo ausgesprochen werden konnte: daß Genie diejenige Kraft des Menschen sei, welche, durch Handeln und Tun, Gesetz und Regel gibt. Damals manifestierte sichs nur, indem er die vorhandenen Gesetze überschritt, die eingeführten Regeln umwarf und sich für grenzenlos erklärte. Daher war es leicht, genialisch zu sein, und nichts natürlicher, als daß der Mißbrauch in Wort und Tat alle geregelten Menschen aufrief, sich einem solchen Unwesen zu widersetzen. Wenn einer zu Fuße, ohne recht zu wissen warum und wohin, in die Welt lief, so hieß dies eine Geniereise, und wenn einer etwas Verkehrtes ohne Zweck und Nutzen unternahm, ein Geniestreich.

(aus: Dichtung und Wahrheit, 1812/31; *den letzten Satz hätte der Filmregisseur Werner Herzog, der einst von München nach Paris lief und darüber sogar Protokoll führte, zweifellos gerne gehört, Anm. der Herausgeber.*)

Genie ist Unbildung

Von Johann Kaspar Riesbeck

Ohne Zweifel sieht er [Goethe] jetzt ein, daß er der deutschen Literatur viel geschadet hat. Viele junge Leute glaubten, es wäre bloß um Dreistigkeit, Unverschämtheit, Verunstaltung der Sprache und Vernachlässigung alles dessen, was Ordnung und Wohlstand heißt, zu tun, um Genies zu werden. Sie behaupteten öffentlich, daß alles Studieren, alle Regel und aller Wohlstand Unsinn und alles, was *natürlich* ist, schön wäre, daß ein wahres Genie keine Bildung nötig hätte, sondern, wie Gott, alles aus seinem Wesen schöpfen und sich selbst genug sein müßte, daß ein Genie berechtigt wäre, sich im bloßen Hemd oder auch nach Belieben in puris naturalibus auf dem offenen Markt oder bei Hofe zu produzieren (...)

(aus: Briefe eines reisenden Franzosen über Deutschland an seinen Bruder in Paris, 1784)

Was macht Legationsrath Göthe?
Von Maler Müller

ERSTER FREMDER Wir kommen von Weymar! da haben wir briefe von –

MERCK Vermuthlich von Legationsrath Göthe – ja – was macht Er denn –

ERSTER (er reithet seinen Humor oder sein Humor reithet ihn) O wir haben herrliche Stunden in seinem Garten durchlebt – Er war so mitheilend so sich selbst überlaßen so mänlich ausgelaßen – ich kann sagen ich häng recht an ihm –

MERCK ('S geschiet ihm doch selten, daß er so ist) Ist ein braver Kerl – bei Wieland waren Sie doch auch

FREMDER Einmal

MERCK Nur einmal wie finden Sie ihn

FREMDER Wieland ist Wieland (. . .)

(aus: Fausts Spazier-Fahrt, 1776)

Neuer Eingangs-Monolog
Von Maler Müller

FAUST (. . .) fühl schwer den Gott
Der in des Menschen Muskel jetzt verzaget.
Für was den scharfen Reiz ohn Stillung ha!
Ich muß durchbrechen diese enge Dämme
Wozu Negromantie nur Hülfe leiht.
Ja, ja! sie sollen all die Kräfte die
Bis jezt in mir verstummten, noch lebendig
Hervorgehn, alle würkungsvoll und reich
Verkündigend ihr Daseyn hundertzüngich.
Will blühen frey, in ungemessner Fülle,
Durch alle Ranken, jede Knospe aus –
Ja muß berühren noch den höchsten Gipfel!

Wie Meereswogen regt sichs in der Tiefe
Der Seel' in mir, verschlingt mich ganz und ganz!
Wächst auf empor aus mir gewaltig, bildend
Sich ein Coloß, der in die Wolken drängt
Die Schultern hoch, zum Monde reckt den Scheitel.
Du Abgott ha! aus dem mein Innres spiegelt
Sich helle, faßest mich, versprichst mir alles!
Mir rufts, Geschicklichkeit, Gewalt, Ehr, Wissen –
Den Gott zu spielen dieser Welt – den Gott!

(aus der geplanten Weiterführung von Müllers »Faust«, 1825/50)

Verloren! ewig verloren!
Von Friedrich Maximilian Klinger

Nun zog Faust, nach der Vorschrift der Magie, den fürchterlichen Kreis, der ihn auf ewig der Ob- und Vorsicht des Höchsten und den süßen Banden der Menschheit entreißen sollte. Seine Augen glühten, sein Herz schlug, seine Haare stiegen auf seinem Haupte empor. In diesem Augenblicke glaubte er seinen alten Vater, sein junges Weib und seine Kinder zu sehen, die in Verzweiflung die Hände rangen. Dann sah er sie auf die Knie fallen und für ihn zu dem beten, dem er eben entsagen wollte. »Es ist der Mangel, mein Elend, das sie in Verzweiflung stürzt«; schrie er wild und stampfte mit dem Fuße auf den Boden. Sein stolzer Geist zürnte der Schwäche seines Herzens. Er drang abermals nach dem Kreise, der Sturm rasselte an seinen Fenstern, die Grundfeste des Hauses zitterte. Eine edle Gestalt trat vor ihn und rief ihm zu:

»Faust! Faust!«

FAUST Wer bist du, der du mein kühnes Werk unterbrichst?

GESTALT Ich bin der Genius der Menschheit und will dich retten, wenn du noch zu retten bist.

FAUST Was kannst du mir geben, meinen Durst nach Wissen, meinen Drang nach Genuß und Freiheit zu stillen?

GESTALT Demut, Unterwerfung im Leiden, Genügsamkeit und hohes Gefühl deines Selbsts; sanften Tod und Licht nach diesem Leben.

FAUST Verschwinde, Traumbild meiner erhitzten Phantasie, ich erkenne dich an der List, womit du die Elenden täuschest, die du der Gewalt unterworfen hast. Gaukle vor der Stirne des Bettlers, des zertretnen Sklaven, des Mönchs und aller derer, die ihr Herz durch unnatürliche Bande gefesselt haben und ihren Sinn durch Kunst hinaufschrauben, um der Klaue der Verzweiflung zu entwischen. Die Kräfte meines Herzens wollen Raum, und der verantworte für ihr Wirken, der mir sie gegeben hat.

»Du wirst mich wiedersehen«, seufzte der Genius und verschwand.

Faust rief: »Necken mich die Märchen der Amme noch am Rande der Hölle? Sie sollen mich nicht abhalten, das Dunkel zu durchbrechen. Ich will wissen, was der düstre Vorhang verbirgt, den eine tyrannische Hand vor unsre Augen gezogen hat. Hab' ich mich so gebildet, daß das Los der Beschränktheit meine Kraft empört? Hab' ich die Flamme der Leidenschaft in meinem Busen angeblasen? Hab' ich den Trieb, immer zu wachsen und nie stille zu stehen, in mein Herz gelegt? Hab' ich meinen Geist so gestimmt, daß er sich nicht unterwerfen und die Verachtung nicht ertragen kann? Wie? ich, der Topf, von fremder Hand gebildet, soll darum einst gewaltsam zerschlagen werden, weil er dem Werkmeister nicht nach seinem Sinne gelang; weil er dem niedrigen Gebrauche nicht entspricht, zu dem er ihn geformt zu haben scheint? Und immer nur Gefäß, immer nur Werkzeug, immer nur Unterwerfung? Wozu denn dies widersprechende, lautschreiende Gefühl von Freiheit und eigner Kraft dem Sklaven? Ewigkeit! Dauer! Schallt ein Sinn heraus? Was der Mensch fühlt, genießt und faßt, nur das ist sein; alles übrige ist Erscheinung, die er nicht erklären kann. Der Stier nutzt die Kraft seiner Hörner und trotzt auf sie, der Hirsch seine Leichtigkeit, dem Jäger zu entfliehen; ist das, was den Menschen von ihnen unterscheidet, weniger sein? Ich hab' es lange genug mit den Menschen und allem dem, was sie ersonnen, versucht; sie haben mich in Staub getreten, Schatten habe ich für Wahrheit ergriffen, laß mich's nun mit dem Teufel versuchen!«

Hier sprang er wild begeistert in den Kreis hinein, und Klagetön seines Weibes, seiner Kinder, seines Vaters erschollen in der Ferne: »Ach verloren! ewig verloren!«

(aus: Fausts Leben, Taten und Höllenfahrt, 1791)

Ich kenne keine Thoren

Von Adelbert von Chamisso

Fausts Studierzimmer, von einer einzigen Lampe erleuchtet.

FAUST

    Der Jugend kurze Jahre sind dahin,
    Dahin die Jahre kräftger Mannheit, Faust!
    Es neigt sich schon die Sonne deines Lebens –
    Hast du gelebt? hier, fremd in dieser Welt,
    Verträumtest du die karggezählten Stunden,
    Nach Wahrheit ringend, die Pygmäenkräfte
    Anstrengend in dem Riesenkampf – o Thor!
    Du, der in wildem Jugendfeuer schwelgend,
    Uneingedenk der Zukunft, deiner selbst,
    Des großen Weltalls, das um dich sich kreist,
    Genuß nur kennst, Genuß nur kennen willst;
    Beglückter Liebling du der Gegenwart,
    Dich muß ich weis', so wie du glücklich bist,
    Auch preisen. – Weis'! – und Thor? – Sinnleere Namen!
    Nur Kranke giebt's, ich kenne keine Thoren.
    Ein Funke glomm im Busen mir (ihn legte
    Die fremde Hand), er mußte hoch entlodern,
    Und ewig ungelöschten Durst mir flammen; –
    Vom Allerschaffer fordr ich alle Schuld (...)

Die Geisterbeschwörung.

Die ihr, gehüllt in furchtbar dunklen Schleier,
Die Seele mir umwallt, gehorchet, Geister,
Dem ernsten, festen Willen, der euch ruft.
BÖSER GEIST *(eine Stimme zur Linken).*
Dem ernsten, festen Willen wird gehorchet.
Du Sohn des Staubes, ihm entschwungen kühn
Und ähnlich uns, sprich dein Begehren aus.
GUTER GEIST *(eine Stimme zur Rechten).*
Faust! Faust!
FAUST
Auch du! Dir hab ich nicht gerufen, fleuch!

(aus: Faust. Ein Versuch, 1803)

Faust's Gebet
Von August Graf von Platen

Allschöpfer, warum warfst du zwischen Erd und Himmel mich,
Und webtest dein Geheimniß unter mir und über mir,
Und fülltest dieß Gemüt mit Sehnsucht nach Allwissenheit?
Nur langsam soll ich fassen dich, dir folgen Schritt vor Schritt
Durch alle Krümmungen des großen Weltlabyrinths?
Mit Einemmale möcht' ich überschaun dich und mich selbst.
Und überheben möcht' ich mich des kargen Menschenseins (...)
Ach, so begegnet immer seltner ein Verwandtes mir,
Und Wenige nur verstehn das Weben dieser tiefen Brust:
So hauch' ich's feurig nun in ahnungsvollen Dichterklang,
Doch, ach, das Wort zerstückelt, kümmerlich, Unendliches!

(1820)

An Millionen Blumen sich vergnügen

Von Christian Dietrich Grabbe

Rom. Zimmer des Doktor Faustus auf dem Aventin
Eine Lampe brennt

FAUST *erhebt sich vom Schreibtische*
Unselge Nacht, willst du denn nimmer enden?
– Weh mir, sie hat erst eben angefangen –
Noch schlugs kaum elf. Zurück zur Arbeit also.
– – Zur Arbeit! Zum Studieren! Schmach und Jammer!
Tödlicher Durst und nie gestillt! Sandkorn
Zum Sandkorn sammeln, grenzenlose
Und immer grenzenlosre Wüsten um
Sich her zu bauen, und sodann darin
Sich lagern, schmachtend und verzweifelnd! – Ha,
Ein Raubtier wird man, bloß um sich zu nähren! –
Empfindungen, Gedanken, – Herzen, Seelen –
Den Menschen und das Leben, – Welt und Götter,
Ergreift es und erwürgt es sich zur Beute,
Und schreit vor Zorn und Hunger, wenn es kaum
Zehn Tropfen Bluts in ihren Adern findet.
– Wer hat gestrebt wie ich? Wo ist der Pfad
Der Kunst, der Wissenschaft, den ich nicht schritt?
Weit ferner, kühner (ohne Rühmen darf
Ichs sagen) drang ich darauf fort als all
Die Herren, die beim ersten Meilenstein
Umkehren, voll von ihrer Reise Wundern,
Und als gelehrte, selbstzufriedne Toren,
Von größern Toren angestaunt, sich brüsten!
(. . .) – Doch lieber will ich unter Qualen bluten
Als glücklich sein aus Dummheit! (. . .)
Denn die Geschichte hat die Menschheit nie
Gebessert! – Nur ein Don Juan vermag
Inmitten unter der Zerstörung Lava
An Millionen Blumen sich vergnügen.

Und nicht bedenken, daß es v i e l e zwar,
Doch alle auch v e r g ä n g l i c h sind, – daß wohl
Zerstreuung, aber keine Sicherheit
Und Ruhe da zu finden, wo die Eine,
Die Unverwelkliche nicht blüht! –

                                              So sei's denn!
Länger ertrag ichs nicht!

(aus: Don Juan und Faust, 1829)

Diese Frucht genießen

Von Nikolaus Lenau

Faust

Oft, wenn ich so die langen Forschernächte
Einsam mit stillen Leichen nur verkehrte
Und in der Nerven sinnigem Geflechte
Eifrig verfolgt des Lebens dunkle Fährte;
Wenn meinem Blicke dann sich aufgeschlossen
Der Nerven Stamm mit seinen Zweigen, Sprossen –
Da rief mein Wahn, entzückt ob solchem Funde:
Hier seh ich deutlich den Erkenntnisbaum,
Von dem die Bibel spricht im Alten Bunde;
Hier träumt die Seele ihren Kindestraum,
Süßschlummernd noch im Schatten dieser Äste,
Durch die sich Paradieseslüfte drängen
Und Vögel ziehn mit wonnigen Gesängen,
Aus andern Welten lieblich fremde Gäste.
Kaum aber ist vom Traum die Seel erwacht,
Wird glühend ihre Sehnsucht angefacht,
Die süße Frucht den Zweigen zu entpflücken,
Unheilbar ihren Frieden zu zerstücken.
Ich will, so rief ich, diese Frucht genießen,
Und wenn die Götter ewig mich verstießen!

(aus: Faust, ein Gedicht, 1835)

Mephistophela

Von Heinrich Heine

Erster Akt

Studierzimmer, groß, gewölbt, in gotischem Stil. Spärliche Beleuchtung. An den Wänden Bücherschränke, astrologische und alchimistische Gerätschaften (Welt- und Himmelskugel, Planetenbilder, Retorten und seltsame Gläser), anatomische Präparate (Skelette von Menschen und Tieren) und sonstige Requisiten der Nekromanzie.

Es schlägt Mitternacht. Neben einem mit aufgestapelten Büchern und physikalischen Instrumenten bedeckten Tische, in einem hohen Lehnstuhl, sitzt nachdenklich der Doktor Faust. Seine Kleidung ist die altdeutsche Gelehrtentracht des 16. Jahrhunderts. Er erhebt sich endlich und schwankt mit unsichern Schritten einem Bücherschranke zu, wo ein großer Foliant mit einer Kette angeschlossen; er öffnet das Schloß und schleppt das entfesselte Buch (den sogenannten »Höllenzwang«) nach seinem Tische. In seiner Haltung und seinem ganzen Wesen beurkundet sich eine Mischung aus Unbeholfenheit und Mut, von linkischer Magisterhaftigkeit und trotzigem Doktorstolz. Nachdem er einige Lichter angezündet und mit einem Schwerte verschiedene magische Kreise auf dem Boden gezeichnet, öffnet er das große Buch, und in seinen Geberden offenbaren sich die geheimen Schauer der Beschwörung. Das Gemach verdunkelt sich; es blitzt und donnert; aus dem Boden, der sich prasselnd öffnet, steigt empor ein flammend roter Tiger. Faust zeigt sich bei diesem Anblick nicht im mindesten erschreckt, er tritt der feurigen Bestie mit Verhöhnung entgegen und scheint ihr zu befehlen, sogleich zu entweichen. Sie versinkt auch alsbald in die Erde. Faust beginnt aufs neue seine Beschwörungen, wieder blitzt und donnert es entsetzlich, und aus dem sich öffnenden Boden schießt empor eine ungeheure Schlange, die, in den bedrohlichsten Windungen sich ringelnd, Feuer und Flammen zischt. Auch ihr begegnet der Doktor mit Verachtung, er zuckt die Achsel, er lacht, er spottet darüber, daß der Höllengeist nicht in einer weit gefährlichern Gestalt zu erscheinen vermochte, und auch die Schlange kriecht in die Erde zurück. Faust erhebt sogleich mit gesteigertem Eifer seine Beschwörungen, aber diesmal schwindet plötzlich die Dunkelheit, das Zimmer erhellt sich mit unzähligen Lichtern, statt des Donnerwetters ertönt die lieblichste Tanzmusik, und aus dem geöffneten Boden, wie aus einem Blumenkorb, steigt hervor eine Ballettänzerin, gekleidet im gewöhnlichen Gaze- und Trikotkostüme und umhergaukelnd in den banalsten Pirouetten.

Faust ist anfänglich darob befremdet, daß der beschworene Teufel Mephistopheles keine unheilvollere Gestalt annehmen konnte als die einer Ballettänzerin, doch zuletzt gefällt ihm diese lächelnd anmutige Erscheinung, und er macht ihr ein gravitätisches Kompliment. Mephistopheles oder vielmehr Mephistophela, wie wir nunmehr die in die Weiblichkeit übergegangene Teufelei zu nennen haben, erwidert parodierend das Kompliment des Doktors und umtänzelt ihn in der bekannten koketten Weise.

(aus: Der Doktor Faust, Ein Tanzpoem nebst kuriosen Berichten über
Teufel, Hexen und Dichtkunst, 1847)

Peinlich, peinlich
Von Ernst Elster nach Heinrich Heine

Sie [die Reise] führte ihn unter anderem auch nach Weimar, wo Heine nicht versäumte, Goethe seine Aufwartung zu machen. Er hatte ihm bereits 1821 seine »Gedichte« und 1823 die »Tragödien nebst einem lyrischen Intermezzo« zugesandt, jetzt bat er durch einen kurzen Brief vom 1. Oktober 1824 um die Ehre, den gefeierten Meister aufsuchen zu dürfen, ihm »nur die Hand zu küssen« und dann wieder wegzugehen. Goethe empfing den jungen Dichter mit freundlicher Herablassung; als er ihn aber fragte, mit welchen poetischen Arbeiten sich Heine zur Zeit beschäftige, antwortete dieser schnell und unvorsichtig: »Mit einem Faust«; und das mochte Goethe wohl nicht angenehm zu hören sein, denn kecke Dilettanten hatten es gewagt, eine Fortsetzung zu dem ersten Teile seines Meisterwerkes zu unternehmen (der zweite erschien erst nach Goethes Tode), und Heine, der thatsächlich damals einen »Faust« plante, schien ihm so zur Reihe jener dünkelhaften Jünglinge zu gehören, die sich erkühnten, mit Goethes gewaltigster Leistung in Wettbewerb zu treten. Wir dürfen es dem Altmeister nicht verargen, wenn ihn diese Äußerung eines Anfängers, eines Studenten, verdroß, zumal ihm die Jugend so oft Anlaß zur Klage über eingebildetes Wesen und Pietätlosigkeit gab; in spitzem Tone brach er die Unterhaltung mit der Frage ab, ob Heine weiter keine Geschäfte in Weimar habe, worauf sich dieser mit den Worten empfahl: »Mit meinem Fuße über die Schwelle Ew. Excellenz sind alle meine Geschäfte in Weimar beendet.« Nur widerwillig rückte Heine in seinen Briefen an Moser über die Aufnahme bei Goethe mit der Sprache heraus; als er aber nach dem Tode des Meisters die »Romantische Schule« schrieb, gab er eine begeisterte Schilderung von dem Eindruck, den dieser damals auf ihn gemacht habe, und deutete in humoristischer Weise an, wie sehr er in Gegenwart des Gefeierten von Verlegenheit befallen gewesen sei.

(aus: Heinrich Heines Sämtliche Werke I, Meyers Klassiker-Ausgaben, 1890)

Jeder Sohn einen Vater

Von Heinrich Heine

(...) Das ist die Genesis der Faustfabel, von dem Theophilus-Gedichte bis auf Goethe, der sie zu ihrer jetzigen Popularität erhoben hat. – Abraham zeugte den Isaak, Isaak zeugte den Jakob, Jakob aber zeugte den Juda, in dessen Händen das Scepter ewig bleiben wird. In der Litteratur wie im Leben hat jeder Sohn einen Vater, den er aber freilich nicht immer kennt, oder den er gar verleugnen möchte. Geschrieben zu Paris, den 1. Oktober 1851.

(aus: Einleitende Bemerkung zu »Der Doktor Faust« von 1847)

Jeder Mensch sollte einen Faust schreiben

Nach Heinrich Heine aus Wedekinds Tagebüchern

Die erste Andeutung über Heines Faust-Plan findet sich im Wedekindschen Tagebuche am 20. Juni 1824. »Wir kamen auf Goethes Faust zu sprechen. ›Ich denke auch einen zu schreiben‹, sagte er; ›nicht um mit Goethe zu rivalisieren, nein, nein, jeder Mensch sollte einen Faust schreiben.‹ – ›Da möchte ich Ihnen raten, es nicht drucken zu lassen; sonst würde das Publikum . . .‹ – ›Ach, hören Sie‹, unterbrach er mich, ›an das Publikum muß man sich gar nicht kehren; alles, was dasselbe über mich gesagt hat, habe ich immer nur so nebenher von andern erfahren.‹ – ›Freilich haben Sie insofern recht, als man sich nicht durch das Publikum irre machen lassen noch nach seiner Gunst haschen soll; aber man soll es auch nicht im voraus gegen sich einnehmen, um ihm ein unbefangenes Urteil zu lassen, und Sie würden es gewiß einigermaßen gegen sich einnehmen, wenn Sie nach Goethe einen Faust schrieben. Das Publikum würde Sie für arrogant halten, es würde Ihnen eine Eigenschaft unterlegen, die Sie gar nicht besitzen.‹ – ›Nun, so wähle ich einen anderen Titel.‹ – ›Das ist gut, dann vermeiden Sie jenen Nachteil. Klingemann und de la Motte-Fouqué hätten das auch bedenken sollen.‹«

(aus: Heinrich Heines Sämtliche Werke VI, Meyers Klassiker-Ausgaben, 1890)

Mephista oder: Faust im Fernsehen

Von Arno Schmidt

(Kolderup, vor der ZimmerWand, in die die große MattScheibe, 6 × 7 Fuß, eingebaut ist; er stellt = ein . . .) (. . .)

MAR'GRETE; (Der Tragoedie beid'ste Taile. – (Beriefen sich also, implicierlich, auf die ›Margarete‹, von Gounod?) Und ebm Alles = -

gewendet!/: erst, prolügnerisch im Himmel, die Große Mutti: ›Kennst Greten Du?‹ – Mephista: ›Die Doc'trin?‹ – Magmamatrich: ›Meine Magd.–‹. /Dann Grete, gute 2 m 10 lang, in ihrem (typisch weiblich = liederlichn!) Studio : ›habe nun ach . . .‹./ Ihre Famula, die Wagner'n. / Beschwörung der ErdGeistin. / Der April-Spaziergang: ›Bübchen & Burgen müssen sich gebm‹ : ›Sie schmeichelte ihn doch beiseit‹, (à la ›Er ist der Erste nicht!‹) – / Die SchülerinnenScene; wo die geil = greise Professorin, die junge cand. mäd. 'izynisch einweiht: ›besonders lernt die Männer führen! Es ist ihr evich Weh = & = Ach(so 1.000 = fach) aus *einem* Punkte zu curieren . . .‹; und Die tappte auch gleich, pintomimisch, nach allen SiebenSachen, um die ne Andre phile Jahre streich(l)t : versteht das Prüglein schlau zu drükkön . . .‹ / ›Auerbachs Keller‹, wo die SoffomoRinnen sauigltn. / Die ›HecksnKüche‹ zur Steinach = Operation. / Und dann die also = angefrischte Grete: ›Schönes Herrlein?: darf ich's wagen? . . .‹. (Und Faustchen, (im kilt), war wirklich = süß): »Bin weder Herrlein weder = schön . . .‹ (. . .)

(aus: Die Schule der Atheisten, 1970/71)

Heute mir, morgen dir

Von Paul Valéry

FAUST Warte. Ich möchte mich deiner bedienen, doch nicht ohne dir vielleicht auch einen gewissen Dienst zu erweisen.
MEPHISTOPHELES Mir?
FAUST Hör zu. Ich kann dir nicht verhehlen, daß du in der Welt nicht mehr die gleiche hohe Stellung behauptest wie einst.
MEPHISTOPHELES Glaubst du? . . .
FAUST Ich versichere es dir . . . Oh, ich rede nicht von deinem Handelsumsatz, oder gar von deinem Reingewinn. Aber der Kredit, das Ansehen, die Ehrungen . . .
MEPHISTOPHELES Mag sein, mag sein . . .

FAUST Man fürchtet dich nicht sonderlich. Die Hölle erscheint nur noch im letzten Akt. Die Menschen der Jetztzeit kümmern sich nicht mehr um dich. Es gibt da zwar noch ein paar kleine Gruppen von Liebhabern und rückständige Bevölkerungsschichten ... Aber deine Methoden sind veraltet, deine Physik ist lächerlich ...

MEPHISTOPHELES Und da hast du dir in den Kopf gesetzt, mich zu verjüngen, wie?

FAUST Warum nicht? Heute mir, morgen dir.

MEPHISTOPHELES Versucher ...

FAUST Vor allem möchte ich dich ein wenig unterhalten. Das ist das Mittel, welches ich ausfindig gemacht habe, um mich selber etwas zu zerstreuen. Wir würden unsere Rollen tauschen.

MEPHISTOPHELES Das geht über meinen Verstand. Du willst doch nicht etwa behaupten, ich könnte deiner bedürfen?

FAUST Ich weiß, was ich sage (...) Wohlan denn, schließen wir einen Pakt ...

MEPHISTOPHELES Aber ich weiß ja noch gar nicht, um was es sich handelt.

FAUST Höre: Ich will ein großes Werk schaffen, ein Buch ...

MEPHISTOPHELES Du? Genügt es dir nicht, selber ein Buch zu sein? ...

FAUST Ich habe meine Gründe. Es soll eine innige Mischung meiner wahren und meiner falschen Erinnerungen sein, meiner Ideen, meiner Voraussagen, meiner Hypothesen und scharfsinnigen Folgerungen, imaginären Erfahrungen: all meiner verschiedenen Stimmen. Man könnte es an jeder beliebigen Stelle anfangen, an jeder anderen aufhören ...

(aus: Mon Faust, 1946, übersetzt von Friedhelm Kemp, 1957)

So sollst du geholt sein

Von Thomas Mann

Er: »Schlaukopf! Und woher will deinesgleichen die Einfalt nehmen, die naive Rückhaltlosigkeit der Verzweiflung, die die Voraussetzung wäre für diesen heillosen Weg zum Heil? Es ist dir nicht klar, daß die bewußte Spekulation auf den Reiz, den große Schuld auf die Güte ausübt, dieser den Gnadenakt nun schon aufs äußerste unmöglich macht?«

Ich: »Und doch kommt es erst durch dies Non plus ultra zur höchsten Steigerung der dramatisch-theologischen Existenz, das heißt: zur verworfensten Schuld und dadurch zur letzten und unwiderstehlichsten Herausforderung an die Unendlichkeit der Güte.«

Er: »Nicht schlecht. Wahrlich ingeniös. Und nun will ich dir sagen, daß genau Köpfe von deiner Art die Population der Hölle bilden. Es ist nicht so leicht, in die Hölle zu kommen; wir litten längst Raummangel, wenn Hinz und Kunz hineinkämen. Aber dein theologischer Typ, so ein abgefeimter Erzvogel, der auf die Spekulation spekuliert, weil er das Spekulieren schon von Vaters Seite im Blut hat, – daß müßte mit Kräutern zugehen, wenn er nicht des Teufels wär.«

Wie er das sagt, und schon etwas vorher, wandelt der Kerl sich wieder, wie Wolken tun, und weiß es nach seiner Angabe gar nicht: sitzt nicht mehr auf der Armrolle des Kanapees vor mir im Saal, sondern wieder im Eck als das Mannsluder, der käsige Ludewig in der Kappe, mit roten Augen. Und sagt mit seiner langsamen, nasigen Schauspielerstimme:

»Daß wir zum Ende und zum Beschluß kommen, wird dir genehm sein. Habe dir viel Zeit und Weile gewidmet, das Ding mit dir durchzureden, – verhoffentlicht erkennst du's an. Bist aber auch ein attraktiver Fall, das bekenne ich frei. Von früh an hatten wir ein Auge auf dich, auf deinen geschwinden, hoffärtigen Kopf, dein trefflich ingenium und memoriam. Da haben sie dich die Gotteswissenschaft studieren lassen, wie's dein Dünkel sich ausgeheckt, aber du wolltest dich bald keinen Theologum mehr nennen, legtest die Heilige Geschrift unter die Bank und hieltest es ganz hinfort mit den figuris, characteribus und incantationibus der Musik, das gefiel uns nicht wenig. Denn deine Hoffart verlangte es nach dem Elementarischen, und du gedachtest es zu gewinnen in der dir gemäßesten Form, dort, wo's als algebraischer Zauber mit stimmiger Klugheit und Berechnung vermählt und doch zugleich gegen Vernunft und Nüchternheit allzeit kühnlich gerichtet ist. Wußten wir denn aber nicht, daß du zu gescheit und kalt und keusch seist fürs Element, und wußten wir nicht, daß du dich darob ärgertest und dich erbärmlich ennuyiertest mit deiner schamhaften Gescheitheit? So richteten wirs dir mit Fleiß, daß du uns in die Arme liefst, will sagen: meiner Kleinen, der Esmeralda, und daß du dirs holtest, die Illumination, das Aphrodisiacum des Hirns, nach dem es dich mit Leib und Seel und Geist so gar verzweifelt verlangte. Kurzum, zwischen uns brauchts keinen vierigen Wegscheid im Spesser Wald und keine Cirkel. Wir sind im Vertrage und im Geschäft, – mit deinem Blut hast du's bezeugt und dich gegen uns versprochen und bist auf uns getauft – dieser mein Besuch gilt nur der Konfirmation. Zeit hast du von uns genommen, geniale Zeit, hochtragende Zeit, volle vierundzwanzig Jahre ab dato recessi, die setzen wir dir zum Ziel. Sind die herum und vorübergelaufen, was nicht abzusehen, und ist so eine Zeit auch eine Ewigkeit, – so sollst du geholt sein. Herwiderumb wollen wir dir unterweilen in allem untertänig und gehorsam sein, und dir soll die Hölle frommen, wenn du nur absagst allen, die da leben, allem himmlischen Heer und allen Menschen, denn das muß sein.«

Ich (äußerst kalt angeweht): »Wie? Das ist neu. Was will die Klausel sagen?«

Er: »Absage will sie sagen. Was sonst? Denkst du, Eifersucht ist nur in den Höhen zu Hause und nicht auch in den Tiefen? Und bist du, feine, erschaffene Creatur, versprochen und verlobt. Du darfst nicht lieben.«

(aus: Doktor Faustus, 1947)

Der schnellste Faust

Von Gerhard Mensching

MEPHISTO Sag an, Fauste, was verlangst du von mir?

FAUST Ich habe Philosophie und Theologie studieret, meine Schüler zehen Jahre an der Nase herumgezogen, und bin des trockenen Tones nun endlich satt. Sage, Mephisto, könntest du mich wohl in ein anderes Individuum verwandeln, auf daß ich in diesem Leben noch einer anderen Existenz teilhaftig werde?

MEPHISTO Nichts leichter als das. Nur mußt du mir deine Seele dafür verschreiben, auf daß sie nach deinem Tode in die Hölle fahre.

FAUST Mit Freuden. Ich habe seit frühen Kindestagen immer die Puppenspieler bewundert und unter ihnen besonders einen, der sich Nelleken benennet. Könntest du mich mit deiner Zauberkraft in diesen verwandeln?

MEPHISTO Es geschehe! *(Donner und Blitz)* Jetzt bist du Nelleken.

FAUST So? Da merke isch aber nix von. Isch fühle misch jenau so beschissen wie vorher.

MEPHISTO Ja glaubst du denn, Törichter, daß ein großer Puppenspieler sich nicht ebenso beschissen fühlet wie ein großer Gelehrter?

FAUST Wenn dat so is, da hätte isch ja jleich bleiben können, wat isch bin. Warum haste mir dat nit jesacht, du Knallkopp?

MEPHISTO Weil es mir sehr recht war, daß du dich in einen Puppenspieler hast verwandeln lassen und mir deine Seele dafür verschriebest, denn es war seit Anbeginn der Welt mein Verlangen, daß ein Puppenspieler zur Hölle fahren möge, und nun fährest du, Nelleken. *Er packt ihn am Kragen.*

FAUST Tja, da is wohl nix zu machen. Da sach mir wenigstens, wie dat denn in deiner Hölle aussieht.

MEPHISTO Wunderschön, du wirst dich wohlfühlen, Fauste, da du nun Nelleken bist. Die Hölle bestehet aus den herrlichsten Metallkoffern, die sich ein Puppenspieler nur träumen lassen kann. Du wirst ein eigenes, gepolstertes Fach besitzen.

FAUST Und warum sind wir noch nit da? Marsch, hopp! Isch bin der kürzeste Faust im janzen Puppenspiel. Wir habene Weltrekord aufjestellt.
MEPHISTO Hurra! *Sie fahren gemeinsam zur Hölle.*

(aus: Löwe in Aspik, 1982)

Endlich zur Ruhe gekommen
Von Uwe Wolff

Papa Faust in ein zur Ruhe gekommener Faust, ein Faust, der das Resümee seiner Epoche zieht, der die Nachgeborenen warnt, nicht mehr den Weg der Väter fortzusetzen ... Er hat seine Zeit ins Gigantische vollendet und jeder weitere Schritt wäre der Sprung in den sicheren Untergang ... Das kommende Zeitalter des Papa Faust wird die Bewahrung des Erbes sein.

(aus: Papa Faust, 1982)

Na also! André Heller als Teufel
Eine erfreuliche Meldung kurz vor Redaktionsschluß

Mann für Mann. Thomas Mann hat den Film verteufelt. Aber er hatte nichts dagegen, daß seine Romane auf die Leinwand kamen. Das brachte Geld. Nach »Buddenbrooks«, »Felix Krull«, »Königliche Hoheit« und »Zauberberg« wurde jetzt sein schwierigstes Werk verfilmt, der »Doktor Faustus«. Und André Heller spielt darin den Teufel (...) Er spielt ihn aus Lust an der Verwandlung. Spielt ihn so, weil er darunter leidet, seine Identität im Leben nicht wechseln zu können. Er wäre am Morgen gern Kardinal, am Mittag Großfürst, am Abend Zigeuner. Als »Satan« kann er mehr, kann der Gelehrte »Schleppfuß« sein, Gepäckträger und Mönch und Hure und Schatten, und niemand erkennt ihn, und das freut ihn. »Ich beute das schamlos aus.« (...) Und wofür würde der Heller dem Satan seine Seele verkaufen? Für das, sagt er, was er nicht geben kann: »Für die Erlösung.«

(aus: stern 2/1982)

Mephisto 82

Von Hans Wollschläger

Wir in effigie : großschattig um mich Er – Ich klein, kindgliedlich, puppenhaft am Boden : unklingend – herzleis winzig – nur das Zimmer, finfinster, pfeift – singt : Dämmern – sinkt pfeifend her aus ihm
Alif Lam Mim
beugt sich jetzt aus dem Stuhl vor, hebt sich ächzend : sinkt kniewärts, sackt
He – was –?
kopfhängend auf mich zu : sein Auge grün? : Helllaub – hallblauend – bläßlich
Na gottlob, Sie atmen
und atmet tiefer selbst, aus auf mich ein : maulig verschnapst, verraucht – grien widerlinkisch
Der Schreck kann töten – wahr, sehr wahr – : Verzeihung
stößt auf, zur Seite, hebt sich wieder weg : ragt riesig jetzt – verschwimmt : wer bist – sind – sind
Fa Alif Gain
Muquatta'at – durch Lücken : durch raschelnde, mir hingereichte Kissen, die mich – mir? : und wie sind
Fatachtu 'l baba
*chatta adchula 'l chudschrata : und schiebt mir unter, setzt mir an – die Fla : den Flaschenmund – roh knospend, heller rötlich : und huscht durch Zeit : stiegt : abtrappt : matter tappend – ganz matt
sehr später : ein sich langsam in die Stille fressendes Knarren : auf mir liegt eine Decke – meine Hand : wird angehoben, wieder fallen gelassen : ein Nicken streift mich – ein pralles Gesicht : horcht über meinem Mund : und wirft ein Netz von Schwatzen über mich*

Ein Schreck in der Dämmerung, ein Schock in der Nacht – ich fühle mich in nicht geringem Grade geschmeichelt : ersuche jedoch um allmählich nun zunehmende Kontenance : meine Zeit ist bemessen : die Flügel der Morgenröte sollen mich bereits – : *heimwärts, hierher : er breitet wie prüfend zwei Arme : –* hin geht die Zeit, her kommt der Tod : ich habe einem Ihrer Alpenveilchen das Leben abgesprochen die gütige Erlaubnis voraussetzend : ich liebe das Welkende nicht : ich selber blühe und gedeihe : *blüht und gedeiht : seine Haut beginnt rosa zu leuchten : eine schlaffe graue Blüte entfällt seiner Hand :* seitenverkehrt – wenn ich darauf hinweisen darf : der Spiegel entstellt : ich werde nicht wiederzuerkennen sein, wenn Sie erst zu meiner Rechten sitzen : was zugleich das Gewicht der Bemerkung verringern mag, daß ich selber gelegentlich zurückpralle, wenn ich mir unvorbereitet gegenübertrete : *er dreht sich, schlüpft wie schwebend her und hin :* und damit darf ich bitten, auch allen übrigen Besorgnissen Valet zu geben : ich habe von Ihrer Wohnung keinen anderen Gebrauch gemacht als den, darin Platz zu nehmen : dies letztere ohne übertriebene Bequemlichkeitsempfindungen, wie ich doch gleich bekennen will : sind Ihnen die Schöpfungen der Neuzeit so greuelhaft? : ein bequemer Sessel ist das Merkzeichen einer tätigen Vernunft, Beleibtheit deutet auf eine rege Seele : ein Gränlein Luxus bereitet den Anfang jeglicher Wiedergeburt : gut mag gut sein, doch besser ist besser : *und seine Stimme schwillt zur Korpulenz : hallt schwimmend wider : füllt den Raum :* es trifft sich, daß ich mich just in kontemplativer Verfassung befinde – : nein, sagen Sie nichts : Muße umfängt mich, ich bin der geborene Denker : keine Entschuldigung bitte, daß Sie mich warten ließen : ich habe mir erlaubt, unterweil einen Blick in die Sämmtlichen Werke des Wandsbecker Bothen zu tun, deren Besitzes Sie sich erfreuen : eine schöne Antiquität – und sehr scherzhaft : Freund Hain – siehe Seite 81 : es gibt Dinge die Fülle, die das Gemüt vor Melancholie schirmen – man muß sie nur ergreifen : *greift – grapscht schweifend : und bricht jäh in ein wölfisches Gelächter aus, daß sein Backenumriß im Dämmerrahmen des Fensters schüttert und bebt :* ich bin ein Sprüchbeutel und Witzsack, ich fülle meine Taschen mit dem Unsinn der Welt : heda, hedo, scherzen Sie frank, ich bin baß empfänglich : tatsächlich – ja, wahrlich, ich sage Ihnen : die meisten Tragödien sind verkappte Lustspiele : es gibt immer Leute, die zuletzt lachen : Trauer befängt den Geist auf eine durchaus unnötige Weise : wird es denn nun gehen –? : ich darf die Gelegenheit nehmen, mich beispielhaft zu erheben – hier bitte : meine Reverenz!

er macht sich massig, wuchtig, überfüllig – und schrumpft dann kurz zurück in kratzfüßige Devotion : seine Stimme ganz unten – greift nach mir : schwarz und voll schwirrender Ausdrücke : eine Hand umfaßt meinen Leib : und hebt sich – mich – sich über mich, holt aus : schlägt – nicht, schlägt : Licht aus allen Lampen – murmelt : grell Weiß aus Schwarz – und steht groß sprechend im Schein : qala 'llahu li-yakun nurun

Mehr Licht!

      (aus: Herzgewächse oder Der Fall Adams, 1981/82)

FAUST-VERTONUNGEN
(AUSWAHL)

Ist diese Periode (der drangvollen pekuniären Umstände nämlich)
vorbei, so hoffe ich endlich zu schreiben, was mir und der Kunst
das Höchste ist: Faust.

(Beethoven zu Rochlitz, 1823)

Die Musik müßte im Charakter des Don Juan sein. Mozart hätte
den Faust komponieren müssen.

(Goethe, 12. Febr. 1829)

Es stellt dem deutschen Publikum kein gutes Zeugnis aus, daß es
sich heute noch eine derartige Verballhornung seines größten
Dichters immer wieder bieten läßt. Wie würden sich die Franzosen
etwa gegen eine ähnliche Verzerrung ihres Racine verwahren!

(Dr. James Simon über Gounods ›Margarethe‹ in: Faust in der Musik, o. J.)

Als der Vorhang in die Höhe ging, erschien das Studierzimmer des
Gelehrten, und Dr. Faust in Gedanken versunken.

Er hatte die Oper wenigstens schon zwanzigmal gehört und
kannte jede Arie auswendig... Jedermann lauschte mit größter
Aufmerksamkeit und Sympathie dem Tenor Montrosé, der von
Zweifeln am Dasein sang.

»Was für eine Lüge«, dachte Olivier. »Während Faust, der
hehre, geheimnisvolle Faust vom furchtbaren Abscheu singt, der
ihn vor der Gottheit erfüllt, denkt diese Menschenmasse bloß an
die Stimme des Sängers Montrosé.«

Die Musik erweckte Empfindungen in der Tiefe seiner Seele,
daß sie auch ihn ein Traumbild erblicken ließ, wie es Goethes Faust
vorschwebte.

In Gedanken versunken, hörte er zu, und die Klagen Fausts
weckten ein Echo in seiner Brust: die Sehnsucht nach dem Tode,
das Verlangen, seinem Leid mit einemmal ein Ende zu setzen...

(aus: Maupassant, Stark wie der Tod, 1889)

Heutzutage hängen sich ja alle auf. Wer weiß, vielleicht gibt es viele
solcher, wie wir sind. Ich, zum Beispiel, ich kann ohne überflüssi-
ges Geld einfach nicht leben. Sagen Sie, lieben Sie Musik? Ich liebe

sie über alles! Wenn ich mal eine Oper komponierte, so würde ich das Sujet aus dem ›Faust‹ nehmen. Dieses Thema liebe ich sehr. Wissen Sie, ich komponiere mir immer die Szene im Dom, bloß so für mich, im Kopf komponiere ich sie. Das Innere eines gotischen Domes, Chöre, Hymnen; Gretchen tritt ein, dazu, wissen Sie, diesen mittelalterlichen Chorgesang, aus dem man das ganze fünfzehnte Jahrhundert heraushört. Gretchen ist in Verzweiflung; zuerst ein Rezitativ, leise, aber qualvoll, erschütternd, die Chöre aber dröhnen düster, streng, teilnahmslos: ›Dies irae, dies illa!‹ Und auf einmal – die Stimme des Bösen Geistes, die Arie des Teufels (...) Ich träume und träume in einem fort; mein ganzes Leben verwandelt sich in einen Traum, auch nachts. Ach, Dolgorukiy, haben Sie mal den ›Antiquitätenhändler‹ von Dickens gelesen?

(aus: Dostojewski, Der Jüngling, 1875)

DIREKTOR Wollen Sie für mich eine Oper komponieren?
HENRI Eine Oper?
DIREKTOR Reizt Sie das nicht?
HENRI Das ist eine sehr langwierige Arbeit.
DIREKTOR Sie werden soviel Zeit zur Verfügung haben, wie Sie brauchen.
HENRI Aber was wären die ...
DIREKTOR Alle Ausführenden, die Sie wünschen ...
HENRI Wirklich?
DIREKTOR Wirklich ... Und alles Geld, das Sie brauchen. Allerdings stelle ich eine Bedingung.
HENRI Ja, natürlich!
DIREKTOR Es muß ein Faust sein.
HENRI Ein Faust?
DIREKTOR Ein Faust. Würde Ihnen das zusagen?
HENRI Lassen Sie mir etwas Bedenkzeit.
DIREKTOR Kann ich in den nächsten Tagen einmal zu Ihnen kommen?
HENRI Einverstanden, Sie haben ja meine Adresse.

(aus: Michel Butor/Henri Pousseur, Euer Faust, deutsch von Helmut Scheffel, 1964)

Die alte Frage, was draus geworden wäre, wenn, nach Goethes Wunsch, Mozart den ›Faust‹ veropert hätte, hat jetzt der Goethe- und Mozartspezialist Eckhard Henscheid definitiv beantwortet: 2780 unheimlich dicke und unbeschreiblich überflüssige Bücher über Goethes/Mozarts ›Faust‹ und ein schmales und unbegreiflich hellsichtiges Buch von Eckhard Henscheid. Titel: ›Wir drei‹.

(Eckhard Henscheid)

Gretchen am Spinnrade

Aus Goethes Faust

Franz Schubert, Gretchen am Spinnrad, op. 2 (1818)

Giuseppe Verdi, Perduta ho la pace (Meine Ruh' ist hin), aus:
Sechs Romanzen (1838)

Der König in Thule

Joh. Wolfg. von Goethe

Karl Friedrich Zelter, 1812

Sanft und frei

1. Es war ein König in Thu - le, gar treu bis an das Grab,— dem sterbend sei - ne Buh - le ei - nen gold - nen Be - cher gab.
2. Es ging ihm nichts dar - ü - ber, er leert ihn je - den Schmaus, die Au - gen gin - gen ihm ü - ber, so oft er trank dar - aus.
3. Und als er kam zu ster - ben, zählt er sei - ne Städt im Reich,— gönnt al - les sei - nen Er - ben, den Be - cher nicht zu - gleich.
4. Er saß beim Kö - nigs - mah - le, die Rit - ter um ihn her,— auf ho - hem Vä - ter - saa - le dort auf dem Schloß am Meer.
5. Dort stand der al - te Ze - cher, trank letz - te Le - bens - glut— und warf den heil - gen Be - cher hin - un - ter in die Flut.
6. Er sah ihn stür - zen, trin - ken und sin - ken tief ins Meer;— die Au - gen tä - ten ihm sin - ken, trank nie ei - nen Trop - fen mehr.

Karl Friedrich Zelter, Der König in Thule (1812)

Heinrich Zöllner, Der König von Thule, aus der Oper »Faust« (1887)

Scene aus „Faust":

„Ach neige, du Schmerzenreiche!"
Goethe.

Op. 9 H. IX Nr. 1.
Componirt 1835 oder 36, erschienen 1836.

Zwinger.
In der Mauerhöhle ein Andachtsbild der Mater dolorosa, Blumenkrüge davor.

Carl Loewe, Ach neige, du Schmerzensreiche, op. 9

Louis Spohr, Hexenchor, aus der Oper »Faust« (1816)

Sieben Kompositionen zu Goethes Faust
Nr. 1 Lied der Soldaten

Richard Wagner, Lied der Soldaten, aus: Sieben Kompositionen zu Goethes »Faust«, op. 5 (1832)

Eine Faust-Ouvertüre

Richard Wagner, Eine Faust-Ouvertüre (1840)

Faust's Verdammung.
ERSTER THEIL.
1. SCENE.

Ebene in Ungarn. — Faust allein im Freien bei Sonnenaufgang.

Der Winter floh, der holde Lenz ist da, frei von Eis rauschen Strom und Bäche; und sieh, von des Himmels Dom her nie-

Hector Berlioz, aus: »La Damnation de Faust« (1846)

Charles Gounod, Schlußterzett aus der Oper »Faust et Marguérite« (1859)

Arrigo Boito, Kerkerduett aus der Oper »Mefistofele« (1868)

Aus Goethe's Faust.

Poco Allegretto. Op. 75. N<u>o</u> 3.

Ludwig van Beethoven, Flohlied, op. 75, 3 (1809)

Mephistos Lied in Auerbachs Keller

(Goethe)

M. Moussorgsky

Modest Mussorgski, Flohlied (ca. 1870)

Robert Schumann, aus: Szenen aus Goethes »Faust« (1844/53)

Franz Liszt, Schlußchor aus der Faust-Sinfonie (1854)

Gustav Mahler, Alles Vergängliche ... aus: Sinfonie Nr. 8 (1910)

Doktor Faust

Ferruccio Busoni
Klavierauszug von Petri-Zadora.

Symphonia
Oster-Vesper und Frühlings-Keimen

Ferruccio Busoni, Doktor Faust (1929)

Weitere Faust-Vertonungen (Auswahl)

Faust als Opernstoff

Doktor Faust (Wenzel Müller) 1784
Faust (J. Walter) 1791
Doktor Johannes Faust (H. Reutter) 1936
Doctor Fausts Höllenfahrt (H. U. Engelmann) 1951
Don Juan und Faust (H. Reutter) 1950
Johann Faustus (H. Eisler) 1952
Votre Faust (H. Pousseur) UA 1969

Schauspielmusiken zu Faust

K. Eberwein 1812
A. H. Fürst Radziwill 1835
H. H. Pierson 1854
J. v. Herbeck 1854
J. Rietz 1870
E. Lassen 1876
E. Lassen 1890
A. Kaiser (Don Juan und Faust) 1896
A. Bungert 1903
M. v. Schillings 1908
F. v. Weingartner 1908
L. Reichwein 1909
E. Künneke 1911
A. Diepenbrock 1918
H. Simon 1932

Ballettmusik zu Faust

A. Ch. Adam 1832
W. Egk (Abraxas) 1948

AUS DER SEKUNDÄRLITERATUR ZU GOETHE

Das Goethesche Zeitalter ist vorüber; Goethe selbst aber? Hier stehen wir einer neuen Erfahrung gegenüber.

(aus: Herman Grimm, Das Leben Goethes, 1876)

*

Goethe überschattet unsere ganze sonstige Literatur.

(aus: Wilhelm Scherer, Aufsätze über Goethe, 1877)

*

Dadurch, daß wir Faust und Gretchen besitzen, stehen die Deutschen in der Dichtkunst aller Zeiten an erster Stelle.

(aus: Herman Grimm, Goethe, 1861)

*

Wer so lebt, lebt in Gott.

(aus: Houston Stewart Chamberlain, Goethe 1912)

*

Dieses: daß er auch sein Schwierigstes und Vollkommenstes, nach seinem eigenen Ausdruck, ›spielend‹ und als ›Liebhaber‹ geschaffen habe – gilt sicher für den Goethe, auf den es ankommt, für die ›Idee Goethe‹.

(aus: Georg Simmel, Goethe, 1913)

*

Goethes Bildnerkraft hat alle seine zufälligen Begegnisse in Schicksal (. . .) verwandelt.

(aus: Friedrich Gundolf, Goethe, 1916)

*

Die Stilisierung Goethes zum mythischen Heros ist Nietzschesches Erbe, gebrochen im Medium Georges, dessen Gestalt in Umrißlinien dem Gundolfschen Goethe Relief verleiht.

(aus: Karl Robert Mandelkow, Goethe in Deutschland, 1980)

*

Die Schlagworte der Revolution ließen Goethe (. . .) ganz kühl.

(aus: Gustav Roethe, Festvortrag zum 28. 8. 1924 anläßlich der Generalversammlung der Goethe-Gesellschaft)

Dieses Buch ist völlig Geist.
>(aus: Hofmannsthal, Goethes »West-Östlicher Divan«, 1913)

*

Goethe waltete königlich in diesem Reich der Sprache. Es entsprang dies eben daraus, daß Erlebnis in ihm überall und unmittelbar mit dem Drang zum Ausdruck verbunden war.
>(aus: Wilhelm Dilthey, Das Erlebnis und die Dichtung, 1905)

*

Goethe's Dichtungen auf sittlichen Gehalt geprüft
>(Aufsatz-Titel des Mainzer Bischofs Paul Leopold Haffner, 1881)

*

Die Schicksale der Friederike Brion vor und nach ihrem Tode
>(Buchtitel von Wilhelm Bode, 1920)

*

Goethes Abstammungs- und Rassenmerkmale
>(Buchtitel von Walther Rauschenberger, Bibliotheksdirektor in Frankfurt/Main, 1934)

*

Sieht man hier das Schöne aus dem Schönen hervorsteigen mit so gewaltiger Sanftmut, wie nur in den höchsten Gebilden der Tonkunst das Neue aus Altem hervortritt, es ablöst und zugleich es fortsetzt, erhöht und verklärt, so ist der Sinn einem so musikhaften Schaffen der Poesie aufgeschlossen, wie er nirgends, auch nicht in den Gebilden der Griechen, dessen gewahrgeworden ist.
>(aus: Hugo von Hofmannsthal, Einleitung zu einem Band von Goethes Werken enthaltend die Singspiele und Opern, 1923)

*

Auf Erwägungen, die nur sehr indirekt mit der Erkenntnis Goethes zu tun haben, und auf seine hoch überzogene ›titanische‹ Faust-Deutung geht es zurück, daß Masaryk in der Phase seines negativen Goethe-Kritizismus eine Antithese ›Goethe/Bismarck‹

als unscharf und uncharakteristisch von sich weist und sie durch die Antithese ›Beethoven/Bismarck‹ ersetzen möchte (...) Der Dichter stellt die Welt dar, der Politiker möchte sie organisieren. Aber so einfach geschieden und polar ist die Wirklichkeit eben nicht. Der Dichter kommt dem Politiker oder dieser jenem oft in einer und derselben Person in die Quere. Im Endeffekt wehrte sich Masaryk mit sehr geringem Erfolg gegen Goethe.

(aus: Johannes Urzidil, Goethe in Böhmen, 1932)

*

Der südliche Name und die Liebe der Romantik zu den Dichtern Italiens und Spaniens, die sie als Stifter der romantischen Poesie verehrte, kam nicht aus Goethescher Neigung zum Süden, sondern aus der Sehnsucht nach dem germanischen Element, das nach der Idee der Romantik in den romanischen Kulturen nur eine schönere Form gewonnen hatte als im Norden. Aber ihr Drang nach Norden war natürlich nicht minder groß.

(aus: Fritz Strich, Deutsche Klassik und Romantik, 1922)

*

Heimat freilich kann uns Italien nicht sein. Wir können immer nur eine Reise nach Italien machen, und der Weg wird dann enden in jenem Land des Klassischen, das nicht jenseits der Berge liegt, sondern in unserer Seele ... Das Himmelreich ist in Euch!

(aus: Heinrich Wölfflin, Goethes italienische Reise, 1926)

*

[Goethe] würde den schwarzen Gesellen und den braunen Kameraden, die für die innere Befreiung Deutschlands sich zu opfern bereit waren, seinen Gruß nicht versagt haben.

(aus: Julius Petersen, Goetheverehrung in fünf Jahrzehnten, 1935; *Petersen war seinerzeit Vorsitzender der Goethe-Gesellschaft, Anm. der Herausgeber*)

*

Es kann die Spur von meinen Erdentagen nicht in Äonen untergehn. Faust hat Glück und Befriedigung gefunden, aber nicht, wie er sie einstmals fast wünschte, durch ein Genußleben, sondern durch Arbeit, die sich nie zufrieden gibt. – Faust stirbt.

Der Führer erklärte am 29. 8. 1935 bei der Einweihung des Adolf-Hitler-Koogs in Süddithmarschen (des ersten fertigen Werkes der großen Landgewinnungsarbeiten des Dritten Reiches), das deutsche Volk dürfe nie die Erkenntnis vergessen, »daß zu allen Zeiten niemals das Leben dem Menschen als Geschenk gegeben ist, sondern daß es stets schwer erkämpft und durch Arbeit errungen werden mußte. Niemand darf vergessen, daß unser Reich auch nur ein Koog am Weltmeer ist, und daß es nur Bestand haben kann, wenn seine Deiche stark sind und stark erhalten werden.« – Symbolik des Deichschutzes, Meer-Gebirge, Viele Millionen: ein Gesamtdeutschland: Vgl. Eckermann, Gespräch mit Goethe v. 23. Okt. 1828.

(aus: Prof. Dr. Karl Gabler, Faust-Mephisto der deutsche Mensch, o. J.)

*

In solcher umgekehrten Humanität kann der »Krieg als schöpferisches Ereignis« verherrlicht werden. Auch Literaturwissenschaft kann die Einübung zum Tode für die inhumane Idee mitbefördern helfen.

(aus: Karl Otto Conrady, Deutsche Literaturwissenschaft und Drittes Reich, in: Germanistik – eine deutsche Wissenschaft, 1967. *Das Zitat »Krieg als schöpferisches Ereignis« bezieht sich auf einen Aufsatztitel des Germanisten Henning Brinkmann; Anm. der Herausgeber)*

*

Die praktische Philosophie Goethes hängt eng mit seinen theoretischen Gedanken zusammen.

(aus: Dr. Johannes Speck, Studienrat in Berlin-Steglitz, Goethes Weltanschauung, 1933)

*

Ich sehe davon ab, die Literatur aufzuzählen, der ich in wesentlichen Einsichten verpflichtet bin, denn ich wäre nicht imstande, zu unterscheiden, was in Jahrzehnten und schon in der Schulzeit auf mich eingewirkt hat.

(aus: Kurt Hildebrandt, Goethe, 1941)

Sein Fühlen, Handeln und Denken kreist um das unhebbare, dunkle Geheimnis der göttlichen Polarität und dabei ereignet sich etwas wie Abwendung und Umkehr und auch wie Wiederkunft und Heimkehr.

(aus: Paul Hankamer, Spiel der Mächte, 1943)

*

Neben der Sphinx-Lamien-Konfrontation erscheint als zweiter großer Symbolkreis die Welt der Greife und Arimaspen. Wiederum taucht hier eine uns längst bekannte Bedeutungswelt auf: das Gold und seine Geheimnisbewahrung in Fels, Höhle und Berg (...) ohne Zweifel die bereits im Flammengaukelspiel angedeutete Möglichkeit, den ganzen »klassischen Boden« in Bewegung zu bringen durch Ausbruch der in ihm schlummernden schöpferischen »Geheimnisse«, die abermals doppelt orientiert sind: einmal auf ein Kostbarstes, Vorzüglichstes, einen höchsten Schatz, und zweitens auf staatlich-geschichtliche Urphänomene. Wie schon im Flammengaukelspiel das Hervortreten des flüssigen Goldes die gesamte Kaiserhofwelt auf ihre elementare, naturhafte Basis zu reduzieren vermochte, indem die »plutonische« Unterwelt das Urbild jeder Herrschaft überhaupt wurde, so stehen hier Greife und Ameisen in innerer Verbindung zur vulkanischen Revolte des Seismos, der das Gold emporschleudert, auf das sich dann Greife, Ameisen, Pygmäen stürzen. Die Umwälzung in der Natur steht hier ein für eine politische Revolution.

(aus: Wilhelm Emrich, Die Symbolik von Faust II, Kapitel »Das Goldsymbol«, 1943)

*

Der Dichter versöhnt das Mädchen, das mit dem Scharfsinn des Verdachtes nicht nur die Zweideutigkeit des Sonetts, sondern des in ihm geäußerten Liebeszustands durchdringt; er eröffnet ihr die Aussicht auf seine eigene Katastrophe.

(aus: Max Kommerell, Goethes große Gedichtkreise, 1943)

*

Und heute? Das ganze Reich liegt in Trümmern (...) aber Johann

Sebastian Bach lebt. In ihm feiert die deutsche Musik sich selbst, wie sie es in Haydn tut und in Mozart, in Beethoven und in Schubert und in Brahms (. . .) Troja ist verfallen seit mehr als dreitausend Jahren, Homer lebt. Und auch Goethe lebt und wird leben und zeugen von dem Edelsten und (. . .)

(aus: Ernst Beutler, Besinnung, Ansprache zur Feier von Goethes Geburtstag, 1945)

*

Aber es fehlt jede Art von pessimistischem Einschlag in Goethes Lehre vom Dämonischen.

(aus: Karl Viëtor, Goethe, 1949)

*

Vom genialischen Stürmer und Dränger, vom trotzigen Sänger des prometheischen Selbstgenusses hat Goethe sich (. . .) durchgerungen zu einem willenhaft-organischen Bild der typisch germanischen Haltung, vor der Persönlichkeit und Gemeinschaft keine Gegensätze mehr sein dürfen, soll die Nation nicht schlimmsten Gefahren ausgesetzt werden.

(aus: Heinz Kindermann, Persönlichkeit und Gemeinschaft in Goethes dichterischem Werk, 1938)

*

Goethe ist überall, nicht allein im deutschen Sprachgebiet und nicht allein in Europa ein höchst lebendiges Ferment unserer Umschichtungen. Er greift über zweihundert Jahre hinweg überaus lebendig ein in unser neues Werden. Daß aber eine ganze Welt dabei an ihm teilhat, daß die alle, die vom Osten und die vom Westen, jeder in seiner Weise, an einen lebendigen Goethe und an seine wirksame Strahlungskraft glauben – ist diese Erkenntnis des neuen Goethebildes nicht ein gewaltiger Trost, ja vielleicht sogar eine Verheißung in dieser Epoche des Weltmißtrauens und der Zerspaltenheit?

(aus: Heinz Kindermann, Das Goethebild des XX. Jahrhunderts, 1952)

Denn unser größtes Erbe – Goethe – wirkt in unseren Grenzen, wie in der Welt, aus eigener Macht. Ein Kraftstrom geht von ihm aus und hat sich erst jetzt unter ihm ganz entfaltet. Es kommt nur auf uns an, ob wir uns ihm ehrfürchtig und bescheiden hingeben und ihn in uns walten lassen.

(aus: Reinhard Buchwald, Goethezeit und Gegenwart, 1949)

*

Wie bestehen wir heute vor ihm?

(aus: Emil Staiger, Goethe, 1952)

*

Bis vor kurzem war ja Goethe nicht nur ein deutsches Gemeinschafts-, man möchte fast sagen Stammeserlebnis, sondern auch eine von jedem Gebildeten individuell gemachte Erfahrung. In der Tat gehört Goethe zu den wenigen Erfahrungen, die Beethoven mit Marx, Bismarck mit Freud und Nietzsche mit Schweitzer teilte (...) Trotz Teilung und Atombombe, ja trotz ›Nullpunkt‹ und ›Substanzschwund‹ wird dieses Goetheerlebnis fortdauern, solange Deutsch gesprochen und geschrieben wird.

(aus: Wolfgang Leppmann, Goethe und die Deutschen, 1961)

*

Psychologisch gesehen, lag es doch so: Goethe war Dichter und mußte um die Erhaltung des reinen Dichtertums in sich schwer kämpfen.

(aus: Eduard Spranger, Goethe, seine geistige Welt, 1967)

*

Die innere Entkrampfung Faustens, wie er da zurückfällt aus der Hybris in die resignierte und befriedete Gestimmtheit, spiegelt sich darin, wie (V.4722) die konsonantische Materie in dieser Zeile ganz leicht und glatt geworden ist und sich den vokalischen Elementen widerstandslos anschmiegt, in deren Leuchten alle Farben des Vokalspektrums spielen.

(aus: Kurt May, Faust II. Teil, 1936/62)

Denn irgendwo gebietet das Werk in der Bündigkeit seines Form-Sinn-Zusammenhanges jedem Willen zur radikalen neuen Deutung und Wertung Halt. Der Faustinterpret, der das nicht anerkennen wollte, schriebe besser seinen eigenen Faust, wie er ihn braucht. Dann käme er bestimmt und einwandfrei zu der Faustdeutung, die er braucht. Andere brauchen andere.
(Kurt May, ebd.)

*

Für Goethe löst sich das Ewige nicht so leicht vom Wandelbaren ab.
(aus: Emil Staiger, Die Zeit als Einbildungskraft des Dichters, 1939)

*

Goethes Wohlgefühl gründete in dem Bewußtsein, vom selben Rhythmus eingewiegt zu werden, in dem sich Homer gewiegt.
(aus: Emil Staiger, Die Kunst der Interpretation, 1955)

*

Eine Deutung wie die des ›Faust‹ gelingt nur mit Geist und in Freiheit.
(Klappentext zu: Albrecht Weber, Wege zu Goethes Faust, Verlag Moritz Diesterweg, 1966)

*

Was not tut, ist nicht so sehr Wissen und Einblick, sondern Durchblick, das Erlebnis des Kernes.
(Albrecht Weber, ebd.)

*

Um vor der häuslichen Lektüre und der Interpretation im Unterricht den ganzen ›Faust‹ zu erleben und zu überschauen, muß jedes Mittel genützt werden. Man wird die Aufführung eines der beiden Teile in einem Theater nicht versäumen und nicht nur für die Oberklasse, sondern für jede Oberstufenklasse einen gemeinsamen Besuch durchführen; denn ›Faust‹ wird nicht jedes Jahr gespielt.
(Albrecht Weber, ebd.)

Denn Goethes Gaben waren nicht unbedingt viel größer als die einiger anderer Dichter.

(aus: Emil Ludwig, Goethe, 1960)

*

In Goethes Geschichte verdichtet sich die Geschichte der ganzen Goethe-Zeit.

(aus: Emil Staiger, Goethe 1952/59)

*

Goethes Realismus war keineswegs eine lediglich theoretische Überzeugung, sondern eine aus Goethes ganzer Natur heraus bedingte umfassende Lebenshaltung.

(aus: Wolfgang Schadewaldt, Goethestudien, 1963)

*

Die Tatsache, daß Goethe seine Welt- und Lebensschau hier – die Linie des Divans in gewissem Sinne fortsetzend – nicht an die klassische Formen- und Symbolsprache der Antike anknüpft, sondern sie mit orphischen Ideen und Begriffen amalgamiert, ist ein Beleg dafür, daß er auch jetzt noch ausweicht, daß sich das sichere Verhältnis zur Winckelmannischen Antike nicht wiederhergestellt hat.

(aus: Hans Pyritz, Goethe-Studien, 1962)

*

In Hinsicht auf das Hauptziel, die Gewinnung Goethes, war Kleist gescheitert.

(aus: Katharina Mommsen, Kleists Kampf mit Goethe, 1974)

*

Über Goethe schreiben bedeutet Mißverständnisse vermehren. Der westdeutsche, der ostdeutsche Goethe unterscheiden sich; unterschieden werden muß zwischen sozialistischem und kapitalistischem Goethe, zwischen dem Georges und seiner Schule, dem Hitlers, Ulbrichts, dem Thomas Manns. Lessing – Goethe: fallen die Namen, fallen die Vorverständnisse wie Groschen in die Apparate; sie lösen aus: »die Herren interessieren mich nicht« (Peter O. Chotjewitz).

> (aus: Bernd Peschken, Goethe, bürgerlicher Schriftsteller in sozialgeschichtlichem Zusammenhang, in: Von Goethe lernen?, Literaturmagazin 2, hrsg. von Hans Christoph Buch, 1974)

*

Ich lese »Wilhelm Meisters Lehrjahre« als *Rekrutierungsroman,* seitdem mir jede Illusion genommen wird, als Hochschullehrer an der Realisierung von Bildungs-, von Lernprozessen beteiligt zu sein, seitdem staatliche Hochschulpolitik ihren Anspruch mehr und mehr durchzusetzen vermag, daß ich mich, von der Einführung ins Studium bis zur Abschlußprüfung, an einem erwünschten Rekrutierungsvorgang beteilige.

> (aus: Leo Kreutzer, Wie Wirklichkeit Bücher verändert, »Wilhelm Meisters Lehrjahre« im Lichte der Hochschulreform, in: Die Zeit, 21. 11. 1980)

*

Und mit fünfundzwanzig schreibt er einen Roman. Der Held begeht Selbstmord. Abgestanden? Weil dieser Werther als Bürgerlicher an seiner Selbstverwirklichung verzweifelt sowie an der Möglichkeit, die Frau, die er liebt, durch seßhaftes Leben und stetige Arbeit zu sich herüberziehen zu können. Er ist zu spät gekommen. Er muß das Feld dem andern lassen. Und er genießt das, in Selbstmitleid. Etwas Besonderes? Salinger, »The Catcher in the Rye« – Plenzdorf, »Die neuen Leiden«, Schneider, »Lenz«. Vielleicht etwas Besonderes, weil es sich wiederholt? Noch heute. Wie das? Damals wurde der junge Mann weltberühmt dadurch.

> (Bernd Peschken, in: Von Goethe lernen?, 1974)

*

Der nach den Brüsten der unendlichen Natur greifen wollte, beschied sich ohne große Umstände einstweilen mit denen Gretchens.

> (Horst Albert Glaser, in: Von Goethe lernen?, 1974)

Der Widerspruch zwischen der faustischen Forderung, alle Gattungsfähigkeiten zu entfalten, und deren Verkümmerung im Kapitalismus bringt nur eine widersprüchliche Lösung hervor.

(Rainer Dorner, in: Von Goethe lernen?, 1974)

*

Mit Recht zieht eine Literaturtheorie, die sich der sozialen Konflikte bewußt geworden ist und die Sache des gesellschaftlichen Fortschritts zu ihrer eigenen gemacht hat, gegen den Verbrämungshumanismus unserer Schulen zu Felde.

(Friedrich Tomberg, in: Von Goethe lernen?, 1974)

*

In den meisten Beiträgen wird Karl Marx fast so häufig zitiert wie Goethe selbst.

(Mathias Schreiber in einer Rezension des Buchs »Von Goethe lernen? Literaturmagazin 2« in: Deutsche Zeitung, 34/1974)

*

In beiden Teilen Deutschlands erfuhr Goethe nach 1945 eine einzigartige Renaissance. Für beide Teile war der Rückbezug auf Goethe Bestandteil der Suche nach einer neuen nationalen Identität, in beiden Lagern, so unterschiedlich die Voraussetzungen und Traditionen der Rezeption auch waren, griff die Berufung auf Goethe weit über die literarisch-künstlerische Bedeutung seines Werkes hinaus, sie wurde – zur jeweils unterschiedlich interpretierten – Anknüpfung an die wahre, die eigentliche, die humanistische Tradition der Deutschen, die der Welt durch die jüngste faschistische Vergangenheit verdeckt worden war. Goethe erhielt Alibifunktion, er wurde eines der vornehmsten Vehikel der Wiederherstellung des beschädigten Selbstbewußtseins der Deutschen in beiden deutschen Staaten. Dieser unvergleichliche, bisher noch kaum untersuchte Vorgang in der Ideologiegeschichte der Deutschen hat annähernd genau zwei Jahrzehnte gedauert, man wird diesen Zeitraum ohne Bedenken einen Kulminationspunkt der Hochschätzung Goethes und der deutschen Klassik in Deutschland nennen dürfen (...) Die seit Mitte der sechziger Jahre einsetzenden Angriffe gegen das kulturelle Bewußtsein der Adenauerschen Restaurationsepoche waren auf breiter Front immer auch Angriffe gegen die für dieses Bewußtsein konstitutive Restauration Goethes und der Goethezeit überhaupt. Goethe stand im Lichte dieser Angriffe stellvertretend für eine traditionsbewußte Klassikerpflege, die im selbstvergessenen Hinhören auf das Dichterwort an der unergründlichen und unerschöpflichen Vielfalt der Seinsmöglichkeiten, die dieser Autor verhieß, ästhetisch teilhaben konnte, um sich so der ›würdelosen Despotie des Zeitgeistes‹ (E. Staiger) und der politischen Verantwortung für die Gestaltung der Gegenwart gelassen zu entziehen (...) Kritik an einer etablierten Praxis selbstgewisser Goetheaneignung: Dies scheint auch mir die Chance nicht nur eines neuen produktiven Umgangs mit Goethe heute zu sein, sondern auch die Chance der Wirkungsgeschichte, aus der Not einer Rückwendung zur Geschichte eine Tugend für die Gegenwart zu machen.

(aus: Karl Robert Mandelkow, Goethe in Deutschland, Rezeptionsgeschichte eines Klassikers I, 1773-1918, 1980, Einleitung)

*

Aber bleiben wir hier mal bei Goethe. Auf den erhebt, wenn ich das also richtig sehe, niemand mehr ernsthaft Anspruch. Keine Bildungsschicht mehr, die ihn unter ihrer Fuchtel hätte, zu der man sich »bekennen«, mit der man sich gemein machen würde, indem man ihn sich anzueignen suchte. Man wird, Goethe lesend, nicht mehr zum »Goetheaner«, an ihn knüpft keine Idee mehr an, die noch irgendeine nennenswerte Rolle zu spielen vermöchte. Können wir aber damit, Freunde, nicht aus den Gräben hervorkommen, in die uns Deutschlehrer und sonstige Gesellen getrieben haben? So merkwürdig das klingt, aber: die Luft ist rein. In dieser veränderten, freilich etwas dünnen Luft liegt Goethe auf der Straße, da kann man ihn *aufheben*.

(aus: Leo Kreutzer, Mein Gott Goethe, 1980)

BETTINA UND DIE FOLGEN

Den Duft seines Lebens erschwingen

Von Bettina Brentano

Aber jetzt kommen wir zu Goethe. Ei, preise mich glücklich, guter Clemens; nur erst einmal auf die Treppe, die zwei freundlichen Marmorbilder, die dir entgegenwinken; und so still und würdig ist das Haus. – Ich wartete in einem Zimmer, das voll kleiner Holzschnitte und Zeichnungen hängt; ich blieb bei einer Madonna im Holzschnitt stehen, und dachte so in meinem Sinn, was Goethe wohl gedacht haben mochte, daß er es so schön eingerahmt hatte; indem trat er herein, grüßt mich, führt mich auf sein Zimmer; nachdem ich saß, rückte er sich einen Stuhl herbei. »Nun da sind wir ja; jetzt wollen wir schwätzen, bis Nacht ist.« Es sprach mir viel von Arnim, den hat er wirklich lieb; auch über Dich sagte er mir mancherlei Gutes und Schönes, was mir sehr lieb ist! Er ist doch sehr gerecht und mild, und auch nachsichtig; er hat eigentlich den wahren Respekt vor der menschlichen Natur; wer vor ihm steht ohne Prätention, mit aufrichtiger Liebe, dem muß es wohlgehen bei ihm. Ich plauderte alles, was mir auf die Zunge kam, und er war damit zufrieden; ich sagte ihm, daß ich seine Lebensgeschichte schreiben wollte; dies freut ihn, er eiferte mich ordentlich dazu an (. . .)

Lieber Clemens, wer ihn einmal gesehen hat wie ich, und ihn nicht liebt wie ich, der ist seinen Anblick nicht wert, und wenn die ganze Welt ihn nicht erkennt, so will die Bettine Jubel rufen über seine Herrlichkeit. Als ich wegging, steckte er mir einen Ring an den Finger, und erinnerte mich nochmals an seine Biographie. Sein Leben will ich nicht schreiben, das kann ich nicht, aber den Duft seines Lebens will ich erschwingen und auffassen, und zum ewigen Andenken seiner bewahren.

(aus: Brief an Clemens Brentano, 23. 8. 1807)

So bin ich verloren
Von Bettina Brentano

Du irrst dich, wenn du meinst, mein Wille sei es, nicht nach Weimar zu gehen. Wahrhaftig, es quält mich, sowie ich einen freien Augenblick habe, und sollte Goethe sterben, so bin ich verloren.

(aus: Brief an Clemens Brentano, Juni 1809)

Sehr unartig
Von Johann Wolfgang Goethe

Bettine ist gestern fort. Sie war wirklich hübscher und liebenswürdiger wie sonst. Aber gegen andre Menschen sehr unartig. Mit Arnim ists wohl gewiß.

(aus: Brief an Christiane, 13. 8. 1810)

Ach Lieber, Lieber!
Von Bettina Brentano

Auch hab ich gebetet in diesem Augenblick, und soll ich mich nicht schämen, Dir zu sagen, daß Dein Bild dabei heftig in meiner Seele brannte, daß mir dabei war, als streckte ich nur für Dich die Hände nach Segen aus, ach Lieber, Lieber! – Wie soll ich Dich denn nennen? Aber wahr ists, Du strahlst in mich wie die Sonne in den Kristall und kochst mich wie diese immer reiner und klarer aus.

(aus: Brief an Goethe, Juli 1808)

Der letzte der interessanteste

Von Johann Wolfgang Goethe

Deine Briefe, allerliebste Bettine, sind von der Art, daß man jederzeit glaubt, der letzte sei der interessanteste. So ging mir's mit den Blättern, die Du mitgebracht hattest, und die ich am Morgen Deiner Abreise fleißig las und wieder las. Nun aber kam Dein letztes, das alle die andern übertrifft. Kannst du so fortfahren, Dich selbst zu überbieten, so tu es. Du hast soviel mit Dir fortgenommen, daß es wohl billig ist, etwas aus der Ferne zu senden. Gehe Dir's wohl!

(aus: Brief an Bettina, 17. 8. 1808)

Diese leidige Bremse

Von Johann Wolfgang Goethe

Diese leidige Bremse ist mir als ein Erbstück von meiner guten Mutter schon viele Jahre sehr unbequem. Sie wiederholt dasselbe Spiel, das ihr in der Jugend allenfalls kleidete, wieder, spricht von Nachtigallen und zwitschert wie ein Zeisig. Befehlen Euer Hoheit, so verbiet ich ihr in allem Ernst onkelhaft jede weitere Behelligung.

(Konzept eines Briefes an Carl August, 13. 9. 1826)

Mit Goethe im Park

Von Bettina von Arnim

Das, woran ein Freund teilgenommen, daß man sich auf seinen Arm gestützt, auf seiner Schulter geruht hat, dies einzige ätzt tief jede Linie der Gegenstände ins Herz; so weiß ich jeden Baum des

Parkes noch, an dem wir vorübergegangen, und wie Du die Äste der Zuckerplatane niederbogst und zeigtest mir die rötliche Wolle unter den jungen Blättern und sagtest, die Jugend sei wollig; und dann die runde, grüne Quelle, an der wir standen, sie so ewig über sich sprudelt, bul, bul, und Du sagtest, ich rufe der Nachtigall, und die Laube mit der steinernen Bank, wo eine Kugel an der Wand liegt, da haben wir eine Minute gesessen, und Du sagtest: »Setze dich näher, damit die Kugel nicht in Schatten komme, denn sie ist eine Sonnenuhr«, und ich war einen Augenblick so dumm, zu glauben, die Sonnenuhr könne aus dem Gange kommen, wenn die Sonne nicht auf sie scheine, und da hab ich gewünscht, nur einen Frühling mit Dir zu sein; hast Du mich ausgelacht. Da fragt ich, ob Dir dies zu lange sei. »Ei nein«, sagtest Du, »aber dort kömmt einer gegangen, der wird gleich dem Spaße ein Ende machen.« Das war der Herzog, der gerade auf uns zukam; ich wollte mich verstecken, Du warfst deinen Überrock auf mich, ich sah durch den langen Ärmel, wie der Herzog immer näher kam, ich sah auf seinem Gesicht, daß er was merkte. Er blieb an der Laube stehen; was er sagte, verstand ich nicht, so große Angst hatte ich unter Deinem Überrock, so klopfte mir das Herz. Du winktest mit der Hand, das sah ich durch meinen Rockärmel; der Herzog lachte und blieb stehen; er nahm kleine Sandsteinchen und warf nach mir, und dann ging er weiter. Da haben wir nachher noch lange geplaudert miteinander, was war's doch? – nicht viel Weisheit, denn Du verglichst mich damals mit der weisheitsvollen Göttin, die den Sokrates über die Liebe belehrte, und sagtest: »Kein gescheites Wort bringst Du vor, aber Deine Narrheit belehrt besser wie ihre Weisheit.« – Und warum waren wir da beide so tief bewegt? – Daß Du von mir verlangtest mit den einfachen Worten: »Lieb mich immer«, und ich sagte: »Ja.« – Und eine ganze Weile drauf, da nahmst Du eine Spinnwebe von dem Gitter der Laube und hingst mir's aufs Gesicht und sagtest: »Bleib verschleiert vor jedermann und zeige niemand, was Du mir bist.« – Ach! Goethe, ich hab Dir keinen Eid der Treue getan und den Lippen, die da zuckten vor heftiger Bewegung und keine Worte kannten; ich erinnere mich gar nicht, daß ich mit Selbstbewußtsein Dir die Treue zugesagt hätte; es ist alles mächtiger in mir wie ich, ich kann nicht regieren, ich kann nicht wollen, ich muß alles geschehen lassen.

(aus: Goethes Briefwechsel mit einem Kinde, 1835)

Die Würde eines närrischen Mädchens

Von Clemens Brentano

Liebe Bettine! Ich habe die ersten vier Bogen Deines Buchs über Goethe mit großer Freude und einiger *Sorge* gelesen (...) *Sorge* brachte mir, daß Ärgernis ohne alle Not gegeben. Pagina II: wird dem Ganzen dadurch irgendein Nutzen gebracht, daß alle Menschen in Europa wissen, daß du nicht wohl erzogen auf den Sofa sitzen kannst und Dich übel erzogen auf eines Mannes Schoß setzest, und daß dieser, die Würde eines armen närrischen Mädchens nicht achtend, es duldet, usw. Dann ist die ganze Szene so seltsam skizziert und abgerissen, daß jeder Leser sie mit Unwill zu ergänzen gedrungen ist. – Ich glaube, weder Arnim noch Goethe würden eine solche Veröffentlichung gebilligt haben (...)

(aus: Brief an Bettina, 17. 6. 1834)

Dieses wunderschöne Buch

Von Bettina von Arnim

Lieber Clemente! soeben erhalte ich Dein Schreiben vom 17. Juni 1834 (seit 20 Jahren und länger haben wir einander nicht geschrieben) (...) aber just was Du tadelst, das ist das wahre Fundament alles Heiligen und Himmlischen in diesem wunderschönen Buch; hier braucht die unschuldige Seele sich nicht zu verbergen, sie kann unbefangen aussprechen, was ihre höchste Seligkeit ist, und braucht dem ganzen Publikum nicht weis zu machen, das, was wahr ist, sei unwahr. Ich 18jähriges Kind (denn daß ich ein Kind war wie heute, weißt Du wohl) hab auf Goethes Schoß gesessen und bin gleich an seinem Herzen eingeschlafen vor seliger Ruh und habs in trunkener Freude an Goethes Mutter geschrieben, und dabei bleibts; was wäre dabei zu verleugnen? (...) Lieber Clemente. Gestern habe ich so weit geschrieben, und ich hätte die ganze Nacht fortschreiben können, hätte ich Dir alles sagen wollen, was mir dabei einfiel; aber ich darf dir nicht alles sagen, denn Du würdest gewiß bös werden, wenn ich sagte, daß du eine alte Schlafmütze bist mit Deinem verehelichten Goethe und mit Deinem wohlerzogenen Frauenzimmer auf dem Sopha (...) Der alte Schleiermacher, der herrliche Mensch voll Güte, der sagte oft zu mir: Bettine, Dich hat Gott bei guter Laune recht *con amore* geschaffen, verleugne Dich nicht, damit Du allenfalls sein Werk nicht verpfuschest.

(aus: Brief an Clemens Brentano, 18. 6. 1834)

Kastagnetten zwischen den Fingern

Von Joseph Görres

Nun aber hebt sich ein wundersames Spiel. Goldbeschuht, die Kastagnetten zwischen den Fingern schüttelnd, beginnt sie [Bettina] den Zaubertanz, auf und nieder, von der Rechten zur Linken, dann wieder behende sich um ihn im Kreis drehend; überall, wo ihr Fuß hingetreten, bleiben die Lichtspuren von ihm zurück, und wie sie *die* hingleitend in strahlende Lichtfäden ausgezogen und dort die gesponnenen in rechter Ordnung auseinanderlegt, dann querüberschießend mit andern Fäden sie durchwebt und die Maschen in künstlichen Knoten zusammenknüpft, hat sie in kürzester Frist mit leuchtendem Netze ihn umwoben, und er muß sich ihr gefangen geben.

(aus einer Rezension von Bettinas »Briefwechsel mit einem Kinde«, 1835)

Die Preisaufgabe Deines Lebens

Von Clemens Brentano

Meine liebe, arme Schwester! Als Görres von Frankfurt kehrte, hörte ich manches besonnene, würdigende Wort über die Preisaufgabe Deines Lebens, welche zur Preisgabe geworden ist (...) Wahrhaftig, Du hast ihm ein Monument mit Dir selbst aufgemauert; was braucht es eines von Marmor? Du selbst läufst ja als solches in der Welt herum. Du hast alles, was Dir Gott an Natur und Gnade gegeben, mit Phantasie und Leidenschaft vermischt, zu einer Art Hexenbrühe verkochen und über alle bereits abgestandenen Zauber Goethes gießen müssen, um sie neu lebendig zu machen (...) So bin ich dem Zauber des Buchs verfallen, aber sehe doch die Wahrheit; nur so ist es erlaubt, darüber zu urteilen, und zwar dankbar in großer Liebe! – Niemand, liebe Bettine, hat vielleicht von allen Deinen Lesern Dein Buch so durch und durch gefühlt und verstanden und entschuldigt als ich. – Ich kenne ganz dieses Leiden, sich einen Götzen schaffen zu müssen und mit allen Kräften der Seele und der Natur liebend ihn zu beleben und anzubeten, trotz selbst der innersten Mahnung, es sei Wahnsinn! – Goethe ist mir durch seine Behandlung dieses Verhältnisses eben nicht mehr geworden. – Sein Genie erscheint mir arm gegen das Deiner Liebe (...)

(aus: Brief an Bettina, 1835)

Diese Schmierereien

Von Christian Friedrich Grabbe

Es ist wohl von all den Briefsammlungen, welche die neuere Zeit hervorgebracht hat, keine von solcher Bedeutung als diese. Ihr Werth ist unermeßlich, sie wirft ein Licht auf Goethe's, auf Bettina's von Arnim, geb. Brentano, und auf manchen andern Charackter. Und dieses Resultat verdankt man wieder Herrn Goethe. – Er hat die Bettina zu dem genialen Briefwechsel befeuert, hat die Briefe aufgehegt, um sie dereinst in Druck zu geben, wobei ihn leider der Tod überrascht hat, weil er früher als Bettina gestorben. – Wer hat wohl für den Briefwechsel zwischen Schiller und Goethe das Honorar erhalten? Der Herausgeber oder Schillers Erben?

Sprechen wir von Bettina's Briefwechsel.

Sehr merkwürdig alles, und vor allem, daß Bettina noch über die Straße gehen, sich auf Rheinschiffen Schmeicheleien sagen lassen kann. Doch dieses große Kind ist so genial liebenswürdig, daß ihm alles egal sein wird. Hatt' es doch sich selbst so »pudelhagelnackt«, sagt man in Münster, vor dem 2ten Theil des Briefwechsels zwischen Goethe's Beine portraitirt, daß man nicht begreift, wie sich Herr Funke zum Sculpsiren hergeben konnte. Goethe, der kein so interessantes Gesicht als Schiller hatte, suchte bekanntlich aus seiner Patricier-Visage immer einen Jupiter zu machen, und so hat ihn Tinchen auch auf diesem Bilde erfunden, und ihm einen Lorbeerkranz in die rechte Hand gegeben. Das ist recht – Goethe selbst sagt ja, daß nur Lumpe bescheiden sind.

Clemens Brentano ist dem Rezensenten stets einer der größten, im tiefsten, geheimsten Innern von ihm bewunderten Dichter gewesen. Referenten blutet das Herz, denkt er daran, wie ungerecht er vergessen ist. Der war zu gut für die Menge. Achim von Arnim ist ein Mann so voller Romantik, daß bis jetzt die Masse den Wald wegen der Bäume nicht gesehen hat. – Beide zu beklagen, Bettina war leider Schwester des Clemens, ward Frau des Achim.

Der große Naturschilderer, welcher die wald- und stromdurchrauschten Wesergegenden durchreis't hat, und sie damit beschreibt, daß er sie nicht gesehen, der Verstorbene mit der fleißig aufgehobenen Maske, hat dieses Gezeug gewidmet erhalten. Ob er nicht Compagnon?

Die prächtigen tutti frutti, oder wie der alberne Titel heißt, widersprechen der Vermuthung nicht.

Die Vorrede beginnt damit, daß das Buch nicht für die Bösen, sondern für die Guten sey. Bettina, es werden aber die Guten bös werden, haben sie die Ekelhaftigkeit gelesen.

Da du so viel kletterst, so klett're auch, und besieh die Aussichten, welche sich dir jetzt eröffnen sollen.

Ich muß dir zuförderst sagen, wie es mit der Bewunderung des Goethe ist. Jedes reine jugendliche Gemüth liebt den Schiller mehr, ist's aber dumm und eitel, zieht's nachher den Goethe vor, weil ihm dann das piquanter scheint. Wer lobte Sonnenlicht, wo er sich in Nachtdunkeleien zum Himmel erheben kann?

Der Kanzler Müller bittet dich, wie du denn alles breit und weit auseinandersetzest, um ein Blättchen aus dem Briefbündel. Du schlägst es dem guten Mann ab. Briefe, die man in Druck gibt, muß man auch vorher ja nicht mittheilen, weil sie oft erst zu machen, und die nicht gemachten zu corrigiren, radiren sind. Dein Faktor, Tina, Herr Klein, hat aber die possenhafte Titulation »Frau Rath« immer stehen lassen. Ich bin ihm böse. Er hätte dagegen die eingelegte widerliche Novelle von der Günderode streichen sollen. Doch, Novellen gehören einmal zu langweiligen Werken, wie Goethe's Wanderjahre beweisen. Übrigens sind die Briefe der »Frau Rath« noch das Beste im Buch, so daß ich glaube, daß ihr gesunder Sinn verlangt, nicht geäfft zu sein, um ihr eine conventionellere Adresse, nämlich an die »Frau Räthin« zu machen.

Das Unglück ist, daß Goethe auf deine Schmierereien antwortet, gar selbst sagt, die »Schmeicheleien« gefielen ihm. Und noch mehr scheinen ihm deine Präsente, mit denen du deine Weisheit unterstützest, zu gefallen, und ihm in seinem trockenen Tone eine kurze Antwort, aber kein Gegenpräsent, entlockt zu haben.

Daß Goethe mit Schmeicheleien zu kirren, daß ihm die Frau von Staël ekelhaft war, weil sie ihn nicht genug flattirte, weiß Bettina. Merkwürdig aber, wie Goethe diese deine mit Absicht ausgereckten, langen Briefe, so weit echte darunter, lesen und dich auffordern konnte, noch längere zu schreiben. Bettina nimmt alle Mittel, die ihrer schwachen Hand zu Gebot steh'n, zu Hülfe, um ihre Briefe bunt und interessant zu machen. Bald klettert sie wie kaum ein Affe, dann läuft sie in den Main, dann schreibt sie / : Briefwechsel 2ter Theil pag. 138–39 : / ein zu ihrem Nachtheil an den ernsten Oken erinnerndes Capitel über die Saamen, dann thut sie politisch, als ob sie etwas vom Tirolerkrieg anno 1809 begriffe, und oft greift sie gar zu einem Haufen dummer Sentenzen, um Goethe'n zu imponiren.

Goethe's Antworten sind kurz. Gut das, aber besser, diese berechneten Briefe des zum Höfling gewordenen Kaufmannssohns wären ganz kurz, wären g a r n i c h t.

Wilde Katzen sind beachtungswerthe Thiere. Machen sich aber recht zahme, lang verheirathete Weiber mit Vorsatz dazu, so ist's mehr als merkwürdig, sagt Shakespeare in einem noch nicht gedruckten Briefe, meine Beste.

Goethe betitelte seine Lebensbeschreibung: Wahrheit und Dichtung. Das ist ein Titel, der das Interesse des ganzen Buchs vernichtet, eine Doppelthür ist's, durch welche man Lügen oder Geschichte eingehen läßt, ohne sie unterscheiden zu können. Es ist die vornehme goethische Halbheit. Tinchen hat, wie es scheint, auch etwas davon angenommen. Ihre aufgehäuften Naturschildereien schwatzen das aus der Schule. Wenn sie nichts mehr auszukramen weiß, nimmt sie den armen Rhein und seine Umgebungen vor, beschmiert ihn und diese Gegenden mit Tinte. Die gnädige Frau hat das wohl zum Theil von ihrem Mann, dem zu wenig gekannten von Arnim gelernt, welcher sich auf frische, aber nicht aufgesuchte Naturschilderungen, besser verstand, als irgend ein deutscher Dichter, Varnhagen von Ense's Rachel und Bettina nicht ausgenommen.

Herr von Binzer, den wir dahin stellen wollen, wohin er gehört, meint's in der eleganten Welt vom 17ten und fernerer April 1835 anders. Doch er ist da auch im April, und man räth ihm die süd-amerikanischen Correspondenten seines Blattes fortwährend zu kultiviren, damit wir Nordländer schnell vor Langeweile einschlafen und sicher sind, seine Elegante so wenig als die Jüdin und Tinchen zu lesen.

Jetzt vom Tagebuch oder dem Buch der Liebe.

Bettina spielt hier, wie überall, die Mignon, und pag. 156 gesteht sie es in etwas. Sie irrt sich aber, wenn sie vermeint, etwas von Goethe's Mignon, seiner besten Charackterzeichnung, zu sein. Goethe ließ sich leider gern die Hand belecken, auch von Schooshündchen. Er dankte auch, indeß nur mit Dank, der ihm nichts kostete, oft noch Honorar einbrachte. Er hatte sich förmlich zu einem Gott einnimbusirt, denn selbst wohlthätigen Tadel ließ man zu ihm nicht kommen. Dagegen Trauerspiele von Manzoni, nicht werth, daß – wurden ihm mitgetheilt und von ihm behaglich mit ihrem Gruß aus Italien empfangen, behaglich gelesen, und bequemst gelobt.

Was aber viel von diesem Buch der Liebe? Es ist noch gehaltloser, und doch gezierter und abscheulicher als der Briefwechsel. Du naive Bettina, was hast du weise Erfindungsgabe, du, die du jede Faser der dich umgebenden Natur kennst, wie beweis't das besonders deine Nachtigall-Geschichte pag. 82 etc.

Gnädige Frau, Sie sind da, pag. 82 etcae. mein' ich, wieder auf den Baum geklettert, ich glaube /: um in Ihrem erkünstelten Styhl es Ihnen zu detailliren :/ grad auf eine Pappel.

Diese ewige Kletterage wird Ihrem Anzug viel geschadet haben, thun Sie's jetzt nicht mehr. Vom Baum und unten haben Sie eine Nachtigall beobachtet, und vermuthen, die hätte nach Ihnen gesehen. Ist das, so müssen Sie viel an Würmern leiden, die Nachtigallen, Homer und Shakespeare mit ihnen, sind neugierig und sehen auch gern nach Würmern, etwa wie Recensent nach dir.

Auch Gewürm belehrt. Deine Nachtigall suchte also, wie Erfahrung und jede Naturgeschichte, dich belehren können, Würmer, und daß du Nichtphilomele ihr etwas auf der Guitarre vorspielen wolltest, ist nun gar so quer als toll, sie wäre ja weggeflogen. Aber du wolltest genial scheinen, Geliebte. –

Referent will all die Ekelhaftigkeiten des Buchs nicht andeuten. Nur wer eitle, doch hier und da verliebte Weiber kennt, versteht sie. Er endet mit der Bitte, daß doch ja nicht der erhabene Dichter der Bilder des Orients uns etwa auch a la Varnhagen und Tinchen mit den Briefen seiner seel. Gemahlin beschenke. Er hat was anders zu thun, muß auf die weiten Wege denken, die er zurückzulegen hat, bevor er aus Cathai seine Poesie holt, und wohl überlegen, daß seine Gemahlin dahin geschieden, damit er sein Talent besser kultivire als bis jetzt. Er hüte sich vor der Briefpublikationswuth,

– ich bitte ihn – sie steckt Talentlose seiner Art leicht an, und über die Sache ist schon geschwatzt. –

Der Bettina hat Ref. nur noch Dank zu sagen. Er wird sie nächstens in einem Drama, worin sie zwar nur Nebenperson sein soll, verewigen, und wünscht, daß Keiner ihr Geschmier kauft, sondern sich auf diese aus einer partheilosen Brust hervorgekommene, und zufällig verspätete Rezension verläßt.

Treibt die Verfasserin es weiter, so soll sie nicht als Dame sondern als Autor behandelt werden.

(Besprechung von Bettinas »Goethes Briefwechsel mit einem Kinde«, aus dem handschriftlichen Nachlasse)

Dieses fatale Buch

Von Ludwig Tieck

Es thut mir leid, zu hören, daß Sie unsers wackern Mörner Anzeige über das ganz thörichte und unsittliche Buch der Bettina nicht haben abdrucken wollen. Es wäre doch gut gewesen, auch einmal im Gegensatz der kindisch schwärmenden von dieser Seite eine vernünftige Stimme zu vernehmen. Sie können es nicht so wissen, wie ich, wie dieses fatale Buch eine einzige grobe Lüge ist. Mich hat in unsern Zeiten noch nichts so sehr, wie dieses Geschreibsel empört. Es wird auch eine Gelegenheit sich finden, wo ich etwas darüber sagen kann. Aber freilich, welche Fluth dieser Art überströmt uns jetzt!

(aus: Brief an Heinrich Brockhaus, 17. 10. 1835)

Goethe der Engel
Von F. W. Bernstein

Stehpuppe, 1980

Der ärmste Mann seines Landes und seiner Zeit

Von Ludwig Börne

> *Ich dich ehren? wofür?*
> *Hast du die Schmerzen gelindert*
> *Je des Beladenen?*
> *Hast du die Tränen gestillet*
> *Je des Geängstigten?*
> Goethe, Prometheus

(...) Einst vor vielen Jahren schmolz wieder einmal der Schnee in unserem rauhen Lande, und die Herzen wurden wieder warm und Gedanken keimten wieder. Da ragte unter allen sprossenden Geistern einer hervor, mit tausend Knospen prangend, er allein ein ganzer Frühling. Die Götter sprachen: Diesen Dichter wollen wir ehren durch unsre Gunst, denn er wird uns verherrlichen, uns und sein Vaterland, und sein armes Volk wird durch ihn erfahren, daß wir noch seiner gedenken in unsrer Höhe. Sie sendeten dem Dichter einen ihrer vertrautesten Geister herab, ein holdes zaubrisches Wesen, das sich in irdischer Gestalt ihm näherte. Die schönsten Blumen, die süßesten Früchte brachte sie ihm. Sie war ihm Tochter, Freundin, Geliebte und sang ihm vor mit Harfenstimme von ihrem Heimatlande, wohin sie ihn zu führen versprach. Goethe fühlte sich gerührt und immer tiefer und tiefer, und da, aus Furcht zu lieben, haßte er; denn Goethe haßte die Liebe, die ihm Tod, Fäulnis war, und er fürchtete den Tod; den Haß aber liebte er, denn er liebte das Leben, und im trennenden Hasse erkannte er allein das Leben.

Goethe schlug Mignon tot mit seiner Leier und begrub sie tief, und verherrlichte ihr Andenken mit den schönsten Liedern. Die Tote versprach er sich zu lieben, behaglich, nach Bequemlichkeit, nach Zeit und Umständen, und sooft ihn die Optik, Karlsbad und seine gnädigste Herrschaft nicht in Anspruch nähmen.

Aber Mignon war keine Sterbliche. Noch einmal weinte sie, dann ließ sie ihre Hülle sinken und entschwebte. Oben aus einer Gewitterwolke rief sie herab: Wehe dem Undankbaren, der die

Gunst der Götter verschmäht! Du hast mich nicht geliebt als Jüngling, so sollst du mich lieben als Greis; du hast mich nicht umarmt in den Tagen deiner Kraft, so sollst du mich umarmen in den Jahren deiner Ohnmacht; du hast mich von dir gestoßen, da ich deine Lust wollte sein, du sollst mich an deine Brust drücken, wenn ich deine Qual werde sein. Lebe nur fort in Hochmut und Todesfurcht, einst erscheine ich dir wieder.

Und wie sie gedroht, vollstreckte sie. Nach vierzig Jahren kam sie wieder und nannte sich Bettine. Sie liebte ihn, und er glaubte, sie spotte seiner; er liebte sie, und sie heuchelte, es nicht zu glauben, und er hatte doppelten Schmerz und war sehr unglücklich (...)

Wer Frankfurt kennt, den Geburtsort der Verfasserin, und ihrem Buche die Bewunderung zuwendet, die es verdient, der wird nicht begreifen können, wie eine in Frankfurt Geborne diese Freiheit des Geistes und des Herzens gewinnen konnte. Die Auflösung des Rätsels liegt darin: Frau von Arnim war eine Katholikin, sie gehörte zu den unterdrückten Volksklassen, sie war also Weltbürgerin, und dieses bewahrte sie vor der Engherzigkeit und der Philisterei, von der sich der Protestant Goethe, dessen Familie zur herrschenden Partei gehörte, nie losmachen konnte. Was machte Goethe, den größten Dichter, zum kleinsten Menschen? Was schlang Hopfen und Petersilie durch seine Lorbeerkrone? Was setzte die Schlafmütze auf seine erhabene Stirne? Was machte ihn zum Knechte der Verhältnisse, zum feigen Philister, zum Kleinstädter? Er war Protestant und seine Familie war ratsfähig. Er war schon sechzig Jahre alt, stand auf dem höchsten Gipfel seines Ruhms, und Weihrauchwolken unter seinen Füßen wollten ihn trennend schützen vor den niedern Leidenschaften der Talbewohner – da ärgerte er sich, als er erfuhr, die Frankfurter Juden forderten Bürgerrecht, und er geiferte gegen die *»Humanitätssalbader«,* die den Juden das Wort sprächen. Ja, der Gott ärgerte sich und geiferte, und das Kind Bettine mußte ihm weiche Umschläge auf sein gichtisches Herz legen und ihn beschwichtigen wie einen leidenden mürrischen Onkel!

(...) Goethe war König, nicht der gemeinen, noch der vornehmen Geister, sondern ein König bürgerlicher Seelen. Ehrfurcht und Liebe umgaben ihn nicht, aber Bettelei und Dankbarkeit. Er war der Gönner der literarischen Gewürzkrämer, die Nationalgarde der Egoisten; verschmähend alles, was allen, hassend das, was den Besten gefiel. Er beschützte die Mittelmäßigkeit der Literatur und ließ sich von ihr bewachen (...)

Wem hätte Goethe nicht wehe getan, wer hätte nichts an ihm zu rächen? Darum wird es viele Tausende erquicken, wenn sie folgendes lesen, was Bettine, überwältigt von ihrer sich nicht bewußten Sendung, von Zeit zu Zeit an Goethe schrieb. Kinder sagen die Wahrheit und Narren verbreiten sie. Aber wer wäre nicht gern ein Kind mit diesem Kinde, ein Narr mit dieser Närrin?

(...) Einmal schickte Bettine Liebesäpfel an Goethe. Darauf schrieb er ihr: er habe sie nach deren Empfange an eine Schnur gereiht, ans Fenster in die Sonne gehängt und Farbenbeobachtungen dabei angestellt. Nicht einmal die Dankbarkeit konnte diesen kalten Mann erwärmen, ihn, der doch so gern Geschenke nahm. Man muß es ihm verzeihen, daß er so gern Geschenke nahm, ja oft erbettelte; Goethe war der ärmste Mann seines Landes und seiner Zeit. Er konnte nur genießen, was er besaß, und er besaß nur, was unter seinen Augen stand, was er mit den Händen fassen konnte. Sein Gaumen hatte keine Phantasie. Für ihn gab es keine Erinnerung, keine Hoffnung, keine Sehnsucht, keine Gläubigkeit. Gott selbst hätte ihm einen Wechsel auf eine Million, zahlbar in vier Wochen, ausstellen können, er hätte den Wechsel für einen Dukaten verkauft.

Wie konnte aber ein so gottloser Mann einen so reich begabten Geist haben, da aller Geist nur von Gott kömmt? Goethe hatte sich dem Teufel verschrieben.

Kein erhabener Mensch, kein großer Fürst, kein Gott hat je eine seelenvollere, glühendere, herzinnigere Anbetung gefunden, als sie Goethe von Bettinen empfing. Ihre Briefe sind Gebete des Geschöpfes an seinen Schöpfer, jedes Wort zu seiner Verherrlichung. Ein Gott selbst hätte solche Lobpreisungen nur mit Rührung und Demut aufgenommen und gesagt: ich will werden, was ich scheine. Wie aber nahm sie Goethe auf? Bettinens Gefühle fand er oft zu natürlich, ihre Gedanken zu roh, und dann schickte er sie ihr gekocht zurück. Die Prosa ihrer Briefe putzte er in Poesie, machte Sonette daraus und besang und verherrlichte sich selbst mit der erstaunenswürdigsten Nachdenklichkeit. Bacchus, obzwar Herr des Weins, wird doch oft sein Diener und berauscht sich selbst; aber Goethe hat einen starken, felsenfesten Kopf; er kann Fässer seines Lobes austrinken und es schwindelt ihn nicht und er wankt nicht!

Goethe hatte weder Sinn noch Geist für edle Liebe, er verstand ihre Sprache nicht, noch ihr stummes Leiden. Die Liebe, die er begriff, die ihn ergriff, das war die gemeine, jenes Herzklopfen, das aus dem Unterleibe kömmt; und selbst in dieser galt ihm nur geliebt zu *werden,* lieben galt ihm nichts (. . .) Goethe fürchtete sich vor der Liebe, denn alles, was er nicht mit Händen greifen konnte, war ihm Gespenst. Er schlug sie tot auf seine gewohnte Weise. Die Liebe war ihm Chemie des Herzens, Sympathie nannte er Wahlverwandtschaft. Er stellte die Liebe in gut verstöpselten Gläsern in sein Laboratorium, und da war ihm wohl (. . .)

Goethe war stolz und hochmütig, aber alle seine großen Gaben berechtigten ihn zu keinem Stolze, denn die Gaben, die allein dazu berechtigen, fehlten ihm: Mut und Seelengröße. Und ist man ein Dichter ohne Mut? Wahrheit und Schönheit sind verzauberte Prinzessinnen. Gar manchen Riesen und Drachen mußte man erlegen, durch Feuer und Wasser gehen, über einen Draht reiten, um sie zu erlösen. Aber Goethe ist auch kein Dichter; die Muse war ihm nie vermählt, sie war seine Dirne, die sich ihm hingab für Geld und Putz, und Bastarde sind die Kinder seines Geistes.

Ja wahrlich, Goethe mußte, um seine Freundin erträglich, um sie nur begreiflich, und in seinem Naturalienkabinett ein Schubfach für sie zu finden, sie als seine Hofnärrin betrachten (. . .) Ja wahrlich, Goethe hatte eine fixe Idee, so traurig als man nur je eine im Irrenhause fand. Die Natur verwahrt alle ihre Kleinodien in Futteralen, wie der Mensch; aber für Goethe galten die Futterale selbst als Kleinodien; innen die Kostbarkeiten gewahrte er gar nicht, und wenn ja, betrachtete er sie als eingeschlossene Diebe, die seinen Schatz bedrohten. Goethe hatte eine lächerliche Schachtelwut; er nannte das Kunstliebe, seine Verehrer nannten es Kunstkennerschaft und eine wahnsinnige Sachdenklichkeit. Jedes Kunstwerk ist der sterbliche Leib eines unsterblichen Gedankens, die Versinnlichung des Übersinnlichen. Aber für Goethe war ein Kunstwerk der Sarg einer Idee, und hörte er etwas sich darin rühren, floh er entsetzt davon, ihm schauderte vor der lebendig begrabenen.

Goethe hat nur das Räumliche und das Zeitliche verstanden, das Unendliche und die Ewigkeit verstand er nicht; aber unsterblich ist nur, wer die Unsterblichkeit begreift (...) Goethe wagte sich nicht zu berauschen im Weine der Begeisterung. Er hätte Wasser in den Nektar selbst gemischt und ihn wie Arznei getrunken, ängstlich in Maß und Zeit.

(...) Die Biene erquickt uns nicht bloß mit Honig, sie spendet uns auch das Licht der Nacht. So soll auch der Dichter sein: süß dem Freudedurstigen, leuchtend in der Dunkelheit der Trauer. Goethe war nur das erstere, der Dichter der Glücklichen, er war nicht der Dichter der Menge. Keiner weint an seinem Grabe, denn nur die Unglücklichen haben Tränen. Goethe hat nur immer der Selbstsucht, der Lieblosigkeit geschmeichelt; darum lieben ihn die Lieblosen (...) Die Liebe, die alle Trennung aufhebt, die kunsttötende, galt ihm für Unordnung. Für Unordnung galt ihm, wenn die Macht wechselte, wie alles wechselt, und von dem Starken zu dem Schwachen, von den Unterdrückern zu den Unterdrückten überging. Goethe war ein Stabilitätsnarr, und die Bequemlichkeit war seine Religion (...)

Blind ist jede Liebe, aber blinder hat sie sich noch nie gezeigt als bei Bettine. Ihr Buch, bekannt gemacht zur Verherrlichung Goethes, hat seine Blöße gezeigt, hat seine geheimsten Gebrechen aufgedeckt. Die arme Bettine rieb sich die Hände wund, ihren Gott zu reinigen, es gelang ihr nicht; sie hat ihm manchmal den Kopf gewaschen, aber das Herz konnte sie ihm nicht waschen. Wäre die Liebe nicht blind, hätte sie statt *zu* Goethe *für* ihn gebetet, gebetet mit seinen eigenen schönen Worten:

> Ist aus deinem Psalter,
> Vater der Liebe, ein Ton
> Seinem Ohre vernehmlich,
> So erquicke sein Herz!
> Öffne den umwölkten Blick
> Über die tausend Quellen
> Neben dem Durstenden
> In der Wüste.

(aus: Rezension von »Goethes
Briefwechsel mit einem Kinde«,
1835)

Brandkugeln in Goethes Kunstanlagen

Von Viktor Hehn

Man hat es in neuerer Zeit Goethe oft zum Vorwurf gemacht, daß er so egoistisch sich abgeschlossen und nichts für sein Volk getan. Er mit seiner mächtigen Rede hätte die schlummernde Nation zur Freiheit wecken, zu Taten begeistern und zur politischen Größe führen sollen. Aber statt dem unterdrückten Recht seine hilfreiche Stimme zu leihen, suchte er Selbstgenuß in der schönen Kunst (. . .) Es war besonders Ludwig Börne, ein gewiß ebenbürtiger Gegner, der diese Vorwürfe häufte. Lessing sagte in einem Brief, er laufe Gefahr ärgerlich zu werden und mit Goethen trotz dem Genie, worauf dieser so poche, anzubinden. Ein halbes Jahrhundert später erfüllt ein Geistesverwandter Lessings die Drohung gegen den unterdes mächtig gewordenen Dichter. In immer erneuerten hingeworfenen Bemerkungen kommt er auf Goethe zurück, den er von Anbeginn gehaßt zu haben gesteht, und schleudert aus der Glut seines edlen Herzens, in der sich sein Märtyrerleben verzehrte, leuchtende Brandkugeln in Goethes Kunstanlagen.

(aus: Ueber Goethes Hermann und Dorothea, ca. 1850)

Beschränkt

Von Wolfgang Harich

Diesen Sachverhalt in seiner Kompliziertheit zu verstehen waren die kleinbürgerlichen Radikalen des Vormärz, Börne an der Spitze, zu beschränkt. Für sie stellte sich der Fall viel einfacher dar: Goethe war der Fürstenknecht, Jean Paul der Dichter des Volkes. Also hatte ein guter Demokrat Goethe zu verachten und Jean Paul zu lieben. Man nennt dergleichen heute eine linkssektiererische Dummheit und weiß, daß kleinbürgerliche Radikale dafür anfällig sind. Allergisch gegen solchen Schwachsinn waren Heine und Marx.

(aus: Jean Pauls Revolutionsdichtung, 1974; *nicht allergisch war, zumindest zeitweise, Martin Walser; Anm. d. Herausgeber.*)

Ich war damals dreizehn Jahr alt

Von Bettina von Arnim

Meine Lieb zum Goethe war nicht, weil ich mir ihn als großen Mann dachte; sie entsprang daher, weil er vor mir verleumdet ward, und sonderbar genug – bestand diese Verleumdung darin, daß man ihm nachsagte, er glaube nicht an den Teufel – und weiter sagte man, er sei ganz schlecht und solle doch nicht verlangen, daß man ihn für einen Christen halte, und er verdiene gar kein christlich Begräbnis. Ich hörte dies alles sagen in einem Kreis, wo es für mich nicht schicklich war, mitzusprechen! Ich war damals dreizehn Jahr alt. – Was hätte ich auch sagen sollen! – Ich hörte da zum ersten Mal ihn nennen; ich wußte nicht, daß er Dichter war – und wußte gar nichts von ihm! – Ich war eben aus dem Kloster gekomen, wo man auch nichts von ihm wußte. Als man aber weiter sich erzählte, er habe ein böses Herz, er sei ganz häßlich geworden und habe ein gemeines Ansehn, der Adel seiner Gestalt sei verloren gegangen, da sagte ich zu mir selber; es ist nicht wahr, was die dort sagen! –

Von der Zeit an war er der Gegenstand meiner heimlichen Betrachtungen! Mein Charakter entwickelte sich durch dies Phänomen, einem Mann so herzlich zugetan zu sein, bloß weil ihm war Unrecht getan worden in meiner Gegenwart. Seitdem fragte ich mich bei allem, was ich unternahm, ob es ihm auch gefallen würde!

(aus: Brief an König Friedrich Wilhelm IV. von Preußen, Juli 1849)

Bohrte sich tiefer und tiefer ein

Von Bettina von Arnim

Es war in der Abenddämmerung im heißen Augustmonat, in Teplitz; er saß am offnen Fenster, ich stand vor ihm und hielt ihn umhalst, und mein Blick scharf wie ein Pfeil ihm ins Aug gedrückt blieb drin haften, bohrte sich tiefer und tiefer ein. Vielleicht weil ers nicht länger ertragen mochte, frug er, ob mir nicht heiß sei, und ob ich nicht wolle, daß mich die Kühlung anwehe; ich nickte, so sagt' er: »Mache doch den Busen frei, daß ihm die Abendluft zu gut komme.« Und da er sah, daß ich nichts dagegen sagte, obschon ich rot ward, so öffnete er meine Kleidung; er sah mich an und sagte: »Das Abendrot hat sich auf deine Wangen eingebrennt«; und dann küßte er mich auf die Brust und senkte die Stirne darauf. – »Kein Wunder«, sagte ich, »meine Sonne geht mir ja im eignen Busen unter.« Er sah mich an, lang, und waren beide still. – Er fragt: »Hat dir noch nie jemand den Busen berührt?« – »Nein«, sagt ich, »mir selbst ist es so fremd, daß du mich anrührst.« – Da drückte er viele viele und heftige Küsse mir auf den Hals; mir war bang, er solle mich loslassen, und er war doch so gewaltig schön, ich mußte lächeln in der Angst und war doch ganz freudig, daß mirs galt, diese zuckenden Lippen und dies heimliche Atemsuchen, und wie der Blitz wars, der mich erschütterte, und meine Haare, die von Natur sich krausen, hingen herunter; er wollte Ruhe wieder, ich sah es recht in seinem Gesicht, wie er sich faßte, und sammelte mein zerstreutes Haar in der Hand, und war immer wieder still, wie wenn er hätte sprechen wollen und hatte nicht Atem. Dann sagt er so leise erst: »Du bist wie das Gewitter, deine Haare regnen, deine Lippen wetterleuchten und deine Augen donnern.« (...)

Wie hat der Eindruck dieser Stunde mich durchs Leben begleitet, daß ich allem abgewendet auf nichts mehr lauschte als auf den innern Widerhall seiner Worte, und alles störte mich, alles schien mir Eingriff in den Nimbus, der mich umgab, den die Liebe von mir ausströmte; ich scheute mich vor dem Zusammensein mit andern, ja selbst gekochte Speisen waren mir zuwider, ich mochte nur Früchte essen, und den roten Wein im Glas, in den vertiefte ich den Blick, und mir war, als lausche da der Kuß von ihm, ja so wars, als lausche eine heimliche Macht voll Feuer, ja im roten Blut der Traube da badeten sich die Sinne, die wurden Geist und schwärmten mit dem Gott im Wein, und war so fromm doch grad wie mit ihm, ich nippte nur die Perlen, und dann sah ich wieder tief ins feurige Rot, und das tröstete mich, daß ich nicht bei ihm war.

(aus dem Nachlaß, 1810, Jahrbuch des Freien Deutschen Hochstifts, 1964)

Goethes Schuld

Von Hermann Hesse

Es besteht kein Zweifel darüber, daß Bettinas Briefe an Goethe unendlich viel schöner sind als dessen Antworten, auch nicht darüber, daß Bettina den Dichter mir einer rührenden, treuen, wunderbar beseelten Liebe geliebt hat, bis zu ihrem Tode, und daß Goethe diese Liebe nicht nur nicht erwidert, sondern auch nicht ganz anerkannt und verstanden hat, daß ihm diese ewige Bettina mit ihren langen Briefen und ihrer wortreichen Begeisterung im Grunde eher lästig war, und daß seine Höflichkeit und sein gelegentliches Entgegenkommen stets einen frostigen Beigeschmack hat. Wäre Bettina nicht von Goethes alter Mutter an ihn empfohlen worden, so hätte er sie vielleicht gleich beim ersten Kennenlernen abgelehnt und sie später nie ermuntert, ihm zu schreiben. Sein

Fehler und Versäumnis gegen Bettina bestand darin, daß er nicht nein sagen konnte, auch wo er nicht ja sagen mochte, und so hat er dies Verhältnis, das von seiten der Verehrerin stets völlig aufrichtig war, durch die Jahre und Jahrzehnte hingeschleppt, eine halbe und kühle Sache, eine im Grund unnütze und von seiner Seite unwahre Beziehung. Wenn man schon nach Schuld suchen will, so ist dies Goethes Schuld gewesen.

(aus: Goethe und Bettina, 1924)

Die Grenze seiner Größe

Von Rainer Maria Rilke

Das Versprechen erfüllt sich noch immer, irgendwann ist dasselbe Buch unter meine Bücher geraten, unter die paar Bücher, von denen ich mich nicht trenne. Nun schlägt es sich auch mir an den Stellen auf, die ich gerade meine, und wenn ich sie lese, so bleibt es unentschieden, ob ich an Bettine denke oder an Abelone. Nein, Bettine ist wirklicher in mir geworden, Abelone war wie eine Vorbereitung auf sie, und nun ist sie mir in Bettine aufgegangen wie in ihrem eigenen, unwillkürlichen Wesen. Denn diese wunderliche Bettine hat mit allen ihren Briefen Raum gegeben, geräumigste Gestalt. Sie hat von Anfang an sich im Ganzen so ausgebreitet, als wär sie nach ihrem Tod. Überall hat sie sich ganz weit ins Sein hineingelegt, zugehörig dazu, und was ihr geschah, das war ewig in der Natur; dort erkannte sie sich und löste sich beinah schmerzhaft heraus; erriet sich mühsam zurück wie aus Überlieferungen, beschwor sich wie einen Geist und hielt sich aus.

Eben *warst* du noch Bettine; ich seh dich ein. Ist nicht die Erde noch warm von dir, und die Vögel lassen noch Raum für deine Stimme. Der Tau ist ein anderer, aber die Sterne sind noch die Sterne deiner Nächte. Oder ist nicht die Welt überhaupt von dir? denn wie oft hast du sie in Brand gesteckt mit deiner Liebe und hast sie lodern sehen und aufbrennen und hast sie heimlich durch eine andere ersetzt, wenn alle schliefen. Du fühltest dich so recht im

Einklang mit Gott, wenn du jeden Morgen eine neue Erde von ihm verlangtest, damit doch alle drankämen, die er gemacht hatte. Es kam dir armselig vor, sie zu schonen und auszubessern, du verbrauchtest sie und hieltest die Hände hin um immer noch Welt. Denn deine Liebe war allem gewachsen.

Wie ist es möglich, daß nicht noch alle erzählen von deiner Liebe? Was ist denn seither geschehen, was merkwürdiger war? Was beschäftigt sie denn? Du selber wußtest um deiner Liebe Wert, du sagtest sie laut deinem größten Dichter vor, daß er sie menschlich mache; denn sie war noch Element. Er aber hat sie den Leuten ausgeredet, da er dir schrieb. Alle haben diese Antworten gelesen und glauben ihnen mehr, weil der Dichter ihnen deutlicher ist als die Natur. Aber vielleicht wird es sich einmal zeigen, daß hier die Grenze seiner Größe war. Diese Liebende ward ihm auferlegt, und er hat sie nicht bestanden. Was heißt es, daß er nicht hat erwidern können? Solche Liebe bedarf keiner Erwiderung, sie hat Lockruf und Antwort in sich; sie erhört sich selbst. Aber demütigen hätte er sich müssen vor ihr in seinem ganzen Staat und schreiben, was sie diktiert, mit beiden Händen, wie Johannes auf Patmos, knieend. Es gab keine Wahl dieser Stimme gegenüber, die »das Amt der Engel verrichtete«; die gekommen war, ihn einzuhüllen und zu entziehen ins Ewige hinein. Da war der Wagen seiner feurigen Himmelfahrt. Da war seinem Tod der dunkle Mythos bereitet, den er leer ließ.

(aus: Die Aufzeichnungen des Malte Laurids Brigge, 1910. *Ob angesichts dieser, von ihrer schieren Inkompetenz abgesehen, unglaublichen Prosa eine neue, angeblich drohende Rilke-Renaissance wirklich nicht zu verhindern ist? Anm. der Herausgeber.*)

Eine heilige Trias

Von Georg Friedrich Daumer

Es wäre zu bedenken, ob es nicht gut und welthistorisch angemessen wäre, wenn sich im Namen Goethes und Bettinas ein förmlicher Geisterbund gestaltete, der das von diesen Genien offenbarte

Geistnatur- und Kulturprinzip zu hegen, zu pflegen und zu entwickeln zu seiner Aufgabe machte. Denn was uns etwa an Goethe mit Recht mißbehagen und ungenügend erscheinen mag – setzt zu seinem Namen den Namen Bettina, so habt ihr – im Prinzip und Keim wenigstens – alles ohne Einschränkung, was die Menschheit in der Zukunft Positives zu entwickeln, von Gott, Natur und Genius der Menschheit und Weltgeschichte die Aufgabe zu haben scheint. Und wollet ihr etwa eine heilige Trias haben und den Namen Rahel [Varnhagen] hinzusetzen, so wären wir keineswegs gesonnen, Einspruch zu tun.

(aus: Bettina, Gedichte aus Goethe's Briefwechsel mit einem Kinde, 1837)

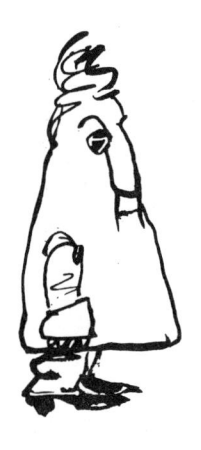

VERMISCHTES III

Goethe hat den Weg zur Kultur gewiesen.

(aus: Houston Stewart Chamberlain, Immanuel Kant, 1905)

*

Bibelzitate sind schlimmer als Göthezitate.

(aus: Robert Musil, Der Mann ohne Eigenschaften, Aus dem Nachlaß)

*

Hilf dir selbst, dann hilft dir Gott, oder Goethe, den sie neulich so schön gefeiert haben.

(aus: Gottfried Benn, Der Radardenker, 1949)

*

Der Zivilisationsliterat steht im ganzen nicht gut mit Goethe, dem Anti-Revolutionär, dem Quietisten, dem Fürstenknecht.

(aus: Thomas Mann, Betrachtungen eines Unpolitischen, 1918)

*

Wenn ich aufrichtig sagen soll, was mir im Leben wichtiger war: Göthe oder Taine, muß ich sagen Taine. Wir sind also tatsächlich schriftstellerischer, als wir zugeben.

(aus: Robert Musil, Motive – Überlegungen, ca. 1935)

*

31. Januar. Nichts geschrieben. Weltsch bringt mir Bücher über Goethe, die mir eine zerstreute, nirgends anwendbare Aufregung verursachen. Plan eines Aufsatzes »Goethes entsetzliches Wesen«, Furcht vor dem zweistündigen Abendspaziergang, den ich jetzt für mich eingeführt habe.

(aus: Franz Kafka, Tagebücher, 1912)

*

Es heißt Goethe *verkleinern,* wenn man ihn als Olympier anspricht.

(aus: Richard Dehmel, Der Olympier Goethe, ein Protest, 1908)

*

Sehr viele bedeutende Romane erscheinen am Anfang zu breit – ich nenne nur Wilhelm Meister – (...)

(Arthur Schnitzler an Marie Reinhard, 7. 7. 1896)

Das praktisch Apolitische war ja bei uns zu Hause, so war Goethe, Hölderlin, so war Rilke und George.

(aus: Gottfried Benn, Expressionismus, 1933)

*

Der *Realitätszerfall* seit Goethe geht so über alles Maß, daß selbst die Stelzvögel, wenn sie ihn bemerkten, ins Wasser müßten: der Erdboden ist zerrüttet von purer Dynamik und von reiner Relation.

(aus: Gottfried Benn, Akademie-Rede, 1932)

*

Goethe kaufe mir bitte nicht, 1. habe ich kein Geld, brauche alles und mehr für den Arzt 2. habe ich keinen Platz für Bücher 3. habe ich immerhin fünf lose Bändchen Goethe.

(Franz Kafka an Max Brod, vermutlich Dezember 1922)

*

Das ewig Weibliche / Ja, manchen zieht's hinan: / An einem Galgen sehr solid! / Nur hängt kein Mann dann dran. / Sind zu kurz die Brücken / Was das Herz beschweren! / Ob viel oder wenig fehlt / Daß sie lang g'nug wären!

(aus: Bertolt Brecht, Das Beschwerdelied, 1913)

*

Ich aber sage Euch: Nur wer goetheisch denkt, darf Goethe zitieren. Denn es steht geschrieben: Du sollst den Namen Goethes nicht eitel nennen!

(aus: Karl Kraus, Die Fackel, 178, 1905)

*

Urban, sie zu trösten, schnurrte der Quäker-Bibliothekar:

— Aber haben dann ja, nicht wahr, die unschätzbaren Seiten des *Wilhelm Meister!* Ein großer Dichter über einen großen Dichter-Bruder. Eine zaudernde Seele, zu den Waffen greifend gegen eine See von Plagen, zerrissen von widerstreitenden Zweifeln, wie man's im wirklichen Leben sieht.

Er trat einen Schritt vor, einen tänzelnden Cinque-Pace, auf knarrendem Rindsleder, und einen Schritt zurück, einen Cinque-Pace, auf dem feierlichen Fußboden.

Ein lautloser Diener öffnete leicht die Tür und gab ihm einen lautlosen Wink.

– Sofort, sagte er, knarrend zum Gehen gewandt, doch noch verweilend. Der schöne wirkungslose Träumer, der an den harten Tatsachen zu Schaden kommt. Man spürt immer wieder, wie wahr Goethes Urteile doch sind. Wahr in der erweiterten Analyse.

(aus: James Joyce, Ulysses, 1922, übersetzt von Hans Wollschläger, 1975)

*

Von Goethe aus führt mancher Weg in diese Dichtung der Zukunft: aber es bedarf guter Pfadfinder und vor allem einer weit größern Macht, als die jetzigen Dichter, das heißt die unbedenklichen Darsteller des Halbtiers und der mit Kraft und Natur verwechselten Unreife und Unregelmäßigkeit, besitzen.

(aus: Friedrich Nietzsche, Menschliches, Allzumenschliches, 1878/80)

*

Das neue deutsche Gedicht (. . .) erreicht gleich zu Beginn, bei Goethe zweifellos einen Höhepunkt; aber es wird zum Schicksal eines Jahrhunderts deutscher Dichtung, daß Goethe überaus duldsam gegen das Gelegentliche, die Improvisation, den spielenden Geselligkeitsreim war. (. . .) Die ungeheure und verdiente Autorität Goethes hat die Entwicklung des deutschen Romans reichlich 50 Jahre hinter dem Ausland zurückgehalten; ohne dafür zu können; nur dadurch, daß die unmittelbar Nachkommenden bloß die – Hinterfront der Vorbilder sehn!

(aus: Robert Musil, Rede zur Rilke-Feier, 1927)

*

Goethes Gedichte unerreichbar für den Rezitator, deshalb kann man aber nicht gut einen Fehler bei diesem Rezitieren aussetzen, weil jedes zum Ziele hinarbeitet.

(aus: Franz Kafka, Tagebücher, 1912)

Es sei dafür gesorgt, sagt Goethe, daß die Bäume nicht in den Himmel wachsen. Der wußte, was er sagte, denn das war ein herrlicher Weltkenner.

(Robert Walser an Frieda Mermet, 17. 4. 1918)

*

Bei Goethe stieß ich auf die überraschende Bemerkung: »seit Klopstock uns vom Reim erlöste« – heute würden wir sagen, daß die freien Rhythmen, die Klopstock und Hölderlin uns einprägten, in der Hand von Mittelmäßigkeiten noch unerträglicher sind als der Reim.

(aus: Gottfried Benn, Probleme der Lyrik, 1951)

*

Es ist unmöglich, daß ein Gedicht von Goethe heute auf die Welt käme; und schriebe es durch ein Wunder Goethe selbst, so wäre es ein anachronistisches und vielfach zweifelhaftes neues Gedicht, obgleich es doch auch das herrliche alte wäre!

(aus: Robert Musil, Der Malsteller, 1936)

*

Goethes schöne Silhouette in ganzer Gestalt. Nebeneindruck des Widerlichen beim Anblick dieses vollkommenen menschlichen Körpers, da ein Übersteigen dieser Stufe außerhalb der Vorstellbarkeit ist und diese Stufe doch nur zusammengesetzt und zufällig aussieht. Die aufrechte Haltung, die hängenden Arme, der schmale Hals, die Kniebeugung.

(aus: Franz Kafka, Tagebücher, 1912)

*

So schlag das Buch auf. Wirklich, denk nicht: Goethe, Goethe, sondern lies, denk, Du kommst in mein Zimmer und findest einen jungen Menschen bei mir sitzen, der Dir auf den ersten Blick gefällt, aber nicht eben übermäßig. Wenn er einen hübschen Satz sagt, rückst Du näher. Und auf einem herrlichen Wort, einer Wendung, die einem durch und durch geht, da ruhe aus. So wirst Du es schon am Ende fühlen: Goethe!

(aus: Hugo von Hofmannsthal, Die Briefe des jungen Goethe, 1904)

Man hört jetzt oft die Frage nach einem »richtigen« Goethebild, das wird es nicht geben, man muß sich damit begnügen, daß hier etwas ins Strömen geraten ist, das verwirrt, nicht zu verstehen ist, aber an die Wüste gewordenen Ufer Keime streut –: das ist die Kunst.

(aus: Gottfried Benn, Doppelleben, 1950/55)

*

8. Februar. Goethe: Meine Lust am Hervorbringen war grenzenlos.

(aus: Franz Kafka, Tagebücher, 1912)

*

Seit die Laufbahn Leos zögernd auf dem Posten eines Börsendisponenten stecken geblieben war, vermochte Clementine nicht mehr, gewisse seiner Eigenheiten damit zu entschuldigen, daß er eben nicht in einem spiegelstillen alten Ministerialbüro, sondern am »sausenden Webstuhl der Zeit« sitze, und wer weiß, ob sie ihn nicht gerade wegen dieses Goethezitats geheiratet hatte?!

(aus: Robert Musil, Der Mann ohne Eigenschaften, 1930)

*

Die Wissenschaft steht bei uns in hohem Ansehen und mit Recht; aber wenn es auch sicher ein Menschenleben ganz ausfüllt, wenn man sich der Erforschung der Nierentätigkeit widmet, so gibt es doch Augenblicke dabei, wo man sich veranlaßt sieht, an den Zusammenhang der Nieren mit dem Volksganzen zu erinnern. Darum wird in Deutschland so viel Goethe zitiert.

(Robert Musil, ebd.)

*

Wer so wie Goethe alles Irdische überschaut, dem kann man es kaum verargen, wenn er über dem Blick auf das Ganze die Scholle, die er gerade bewohnt, manchmal vergißt, wenn ihm das Treiben der Epoche, in der er gerade lebt, gegenüber der unabsehbaren Entwickelung des Menschengeschlechts ein Eintagstreiben, ein Kinderspiel erscheint.

(aus: Christian Morgenstern, Stufen, 1918)

Alle großen Geister der weißen Völker haben, das ist ganz offenbar, nur die eine innere Aufgabe empfunden, ihren Nihilismus schöpferisch zu überdecken. Dieses Grundgefühl, das sich mit den verschiedensten zeitgebundenen Strömungen durchflocht – mit dem religiösen bei Dürer, dem moralischen bei Tolstoi, dem erkenntnismäßigen bei Kant, dem anthropologischen bei Goethe, dem kapitalistischen bei Balzac –, war das Grundelement aller ihrer Arbeiten.

(aus: Gottfried Benn, Weinhaus Wolf, 1937)

*

Und Törleß konnte gar nichts anderes denken, als daß von Kant die Probleme der Philosophie endgültig gelöst seien und diese seither eine zwecklose Beschäftigung bleibe, wie er ja auch glaubte, daß es sich nach Schiller und Goethe nicht mehr lohne zu dichten.

(aus: Robert Musil, Die Verwirrungen des Zöglings Törleß, 1906)

*

17. März (. . .) Goethe, Trost im Schmerz. Alles geben die Götter, die unendlichen, ihren Lieblingen ganz: Alle Freuden, die unendlichen, alle Schmerzen, die unendlichen, ganz. – Meine Unfähigkeit gegenüber meiner Mutter, gegenüber Fräulein Taussig und gegenüber allen dann im »Continental« und später auf der Gasse.

(aus: Franz Kafka, Tagebücher, 1912)

*

Also eines der gefährlichsten Dinge: der Idealismus. Jener Idealismus ohne Klarheit, der ein diffuses Bewegungsbedürfnis der Seele ist und mit Namen gereizt wird: Göthe, Shakespeare, Vaterland, Volksgesundheit usw.

(aus: Robert Musil, Der Dichter und diese Zeit, 1921/22)

*

»Wirklich sein.« Wirklich, würde ich sagen, ist Goethe.

(aus: Max Frisch, Tagebuch 1946–49, 1950)

(...) mit Göthe wird ein bis zur Torheit gesteigerter Totenkult getrieben.

(aus: Robert Musil, Der Dichter und diese Zeit, 1921/22)

*

Die Daseinsbedingungen, die das Entstehen von Leuten wie Goethe, Jean Paul und Herder nicht gehindert haben, werden verworfen, wenn der Sohn eines Kommerzialrats herangebildet werden soll, um dereinst die Firma zu übernehmen, und ein Geschlecht von Kröten spottet der Mühsal, durch die einst die Genies hindurchmußten.

(aus: Karl Kraus, Die Fackel, 389–90, 1913)

*

Die Goethe-Tage haben mit einem Schlage das ganze Pressegewürm hervorgelockt, das die Oeffentlichkeit unsicher macht. Weil Goethe so hoch stand, daß ihn jeder auch von dem beschränktesten Gesichtsfelde aus sehen muß, reclamieren sie ihn ganz für sich, und glaubte man ihrem geschäftigen Sinn, mit dem sie seine Werke durchwühlen, so hätte der Dichter besser gethan, nichts zu veröffentlichen, als sich durch unbedachte Aeußerungen in den Ruf eines Nationalliberalen oder Deutschfortschrittlichen etc. zu bringen. »Wenn Goethe noch lebte« – welch tiefsinnige Perspective! Er würde in Deutschland für die Canalvorlage stimmen (...)

(aus: Karl Kraus, Die Fackel, 16, 1899)

*

Letzten Endes mögen es ja immer die Fuggers gewesen sein, die die Welt regierten. Man müßte Goethe-Philologe sein, um anzunehmen, daß in der Zeit der ›Zweiten Blütenperiode der deutschen Dichtung‹ das Städtchen Weimar in seinem Glanz gestrahlt hätte. Natürlich nicht. »Im eigentlichen Volk blieb alles still.« Natürlich.

(aus: Kurt Tucholsky, Wenn Ibsen wiederkäme..., 1913)

*

Immerhin kann man einräumen, daß das österreichische Geistesleben engeren Zusammenhang mit der Heurigenpoesie hat als das deutsche mit Goethe.

(aus: Karl Kraus, Die Fackel, 632–39, 1923)

Wir lassen den Vorhang fallen, zum vorletzten Mal. Doch während er niederrauscht, wollen wir im Geiste mit dem auf seiner Höhe zurückgebliebenen Hans Castorp fern-hinab in einen feuchten Kreuzesgarten des Flachlandes spähen und lauschen, woselbst ein Degen aufblitzt und sich senkt, Kommandoworte zucken und drei Gewehrsalven, drei schwärmerische Honneurs hinknallen über Joachim Ziemßens wurzeldurchwachsenes Soldatengrab.

(aus: Thomas Mann, Der Zauberberg, Kapitel »Als Soldat und brav«, 1924)

*

Es wird unter allem Fluch der Zeit nicht das aufreibende Mißverhältnis fühlbar, zwischen einer geistigen Lebenshaltung, die den Alltag verödet, und einem Aufwand an Phraseologie, von dem jene lästigen Jahrhundertfeste bestritten werden, die die Fortwirkung Goethes und Beethovens im Hotelgewerbe verankert zeigen.

(aus: Karl Kraus, Die Fackel, 820–26, 1929)

*

Was hätte man sonst dort verloren, wo längst nicht nur das Kämpfen vergeblich, sondern auch das Lachen unziemlich geworden ist, also innerhalb der Gesellschaft, die mit der ausschließlichen Kenntnis eines einzigen Goetheworts und ohne jede Kenntnis der Worte, mit denen Goethe sein Grauen vor ihr bekundet hat, die Stirn aufbringt, ihn zu feiern.

(aus: Karl Kraus, Die Fackel 868–72, 1932)

*

Mag Goethes Name im Kampfe für eine Sache der Kunst mißbraucht werden, die Ausschlachtung seiner Werke für Zwecke der österreichischen Politik, für die Sprachenverordnungen, und nun vollends für Wiener Communalverhältnisse darf unter keinen Umständen geduldet werden. Diesen Unfug betreibt seit langem, von keinem Protest deutscher Literaten gestört, der politische Schmock der ›Neuen Freien Presse‹, der selbst noch die letzten Worte Goethes, nämlich das bekannte »Mehr Licht!«, auf die Ablösung der englischen Gaswerke zu beziehen imstande wäre.

(aus: Karl Kraus, Die Fackel, 42, 1900)

Prostitution ist Goethe als Operettentenor des Herrn Lehar und das Antlitz dieses Meisters in den illustrierten Blättern mit der Devise: »Meine besten Einfälle habe ich beim Rasieren mit Rotbart u. Mond-Extra« –

(aus: Karl Kraus, Die Fackel, 800–05, 1929)

*

Ist es nicht die unwahrscheinlichste Gegend? Alles verhext und man staunt schon gar nicht mehr, wenn eine Meldung erscheint:

Ein Polizeiinspektor singt den Goethe.

Der freilich von Lehár ist, was schon bunt genug war.

(aus: Karl Kraus, Die Fackel, 811–19, 1929)

*

Über Goethe geht halt doch der Sacher.

(aus: Karl Kraus, Die Fackel, 622–31, 1923)

*

Was an einem einzigen Tag der letzten fünfzig Jahre gedruckt wurde, hat mehr Macht gegen die Kultur gehabt als sämtliche Werke Goethes für eine solche.

(aus: Karl Kraus, Die Fackel, 406–12, 1915)

*

Warum ist Goethe noch immer ein Problem – im Deutschen?

(aus: Alfred Döblin, Der deutsche Maskenball, 1921)

*

Gestern wurde Goethe beerdigt./Heute ist Schiller dran; das ist Hauspolitik./Büchner bleibt draußen. Begründung: kein Zimmer./ So geht es allen, die dem Personal nicht gefallen.

(aus: Wolf Wondratschek, Hotel »Zum Deutschunterricht«, 1980)

*

Weder ein so distanzierter Kosmopolit wie Goethe noch ein so distanzierter Staatsmann wie Bismarck, seinerzeit die führenden

Gestalten in der Reihe der Leitbilder der deutschen Schulen, haben
Wesentliches zu einem deutschen Bild des politischen Menschen
beigetragen.

(aus: Erik H. Erikson, Kindheit und Gesellschaft, 1950)

*

Es blieb der Psychoanalyse vorbehalten, zu zeigen, wie ein und
dasselbe Land zugleich das Land von Barbaren und das Land
Goethes sein konnte.

(aus: Max Schur, Sigmund Freud, 1972)

*

Als die Aufklärer selbst skeptisch wurden gegen das Noch Nicht,
fand seine letzte Verwandlung statt: in seine kraftloseste Existenz.
Das Noch Nicht enthält zwei Postulate: das Sich-regen und das
Vorwärts. Als das Vorwärts unterging in der vagen Bestimmung:
Vorwärts in die Unendlichkeit – blieb nur noch das Sich-regen
übrig, das Streben. Das Streben als Ankunft ist die letzte Phase des
Fortschritt-Glaubens, der mit dem großartigen Ankommen im
Jenseits so kräftig begonnen hatte. Die Auswechslung der Aktivität gegen das Ziel was Goethes Heil: »Wer immer strebend sich
bemüht, den können wir erlösen.« (...) Wie kann man eine solche
Niederlage in einen Sieg verwandeln? war die geheime Frage.
Indem man den unglücklichen Frager Faust umwertet in ein glückliches Perpetuum mobile, das nirgendwohin kommt.

(aus: Ludwig Marcuse, Pessimismus – Ein Stadium der Reife, 1953/1981)

*

Ich habe diesn-ä ›geistijen Zehnkämpfer-Typ‹ immer als furchtbar-anstrengnd erfundn (...) -s'ss natürlich son Ideal: n Goldmedalljenträger im Kunstturnen; Der gleichzeitich GOETHE
wäre...« / (Und Bel Ami & reich wie Onassis; klar.)

(aus: Arno Schmidt, Zettels Traum, p. 368, 1969)

*

Es war ein trauriges Zeichen inneren Verfalls, daß man die Jugend
in die meisten dieser sogenannten »Kunststätten« gar nicht mehr

schicken durfte, was auch ganz schamlos offen zugegeben wurde mit der allgemeinen Panoptikum-Warnung: »Jugendliche haben keinen Zutritt!« (...) Wie wäre Schiller aufgeflammt, wie würde sich Goethe empört abgewendet haben! Aber freilich, was sind denn Schiller, Goethe oder Shakespeare gegenüber den Heroen der neueren deutschen Dichtkunst!

(aus: Adolf Hitler, Mein Kampf, Kapitel: Ursachen des Zusammenbruchs, 1929)

*

So wachsen jene Scharführer heran (...) Denn allegorisch wie die Lumpen sind, sind sie auch praktisch und wissen, was man fürs Leben braucht. Auch für Handarbeiten geschult von den Vorkämpfern Raufebold, Habebald und Haltefest.

(aus: Karl Kraus, Die dritte Walpurgisnacht, 1933)

*

Jüdische Musikwerke bringen auf uns den Eindruck hervor, als ob zum Beispiel ein Goethesches Gedicht im jüdischen Jargon vorgetragen würde.

(aus: Richard Wagner, Was ist deutsch?)

*

Diese Assoziationen Wagners, sein aggressiver Nationalismus und Antisemitismus erfuhren eine Überbetonung, als Adolf Hitler und die NSDAP auf den Plan traten (...) So kam es letztlich dazu, daß Siegfried und Winifred Wagner – er aus Schwäche, sie aus Begeisterung – Hitler am 1. Oktober 1923 (!), als Hitler zum ersten Male im Hause Wahnfried weilte, selbstverständlich zum Grabe Richard Wagners begleiteten. Man möchte hier Goethe zitieren, der zum Kanzler Friedrich von Müller sagte: »Alles ist ja nur symbolisch zu nehmen, und überall steckt noch etwas anderes dahinter.«

(aus: Joseph Wulf, Musik im Dritten Reich, 1963)

*

In den Kleinstädten Groeningen und Egeln, in der Nähe von Halberstadt, lebten 1938 Fritz Brink, früher Journalist in Magde-

burg, Sohn eines Majors, der am Ersten Weltkrieg teilnahm, und
Otto Laube, Gärtnereibesitzer. Laube war als Reiter auf verschiedenen Reit- und Fahrturnieren in Halberstadt aufgefallen. Als
Soldaten der Revolution marschierten sie an der Spitze ihrer SA-
Stürme seit 1931. Ihre Ehefrauen Rose Laube und Dagmar Brink
waren miteinander befreundet. Die gemeinsame Arbeit für die
politische Umwälzung trieb die Männer zusammen. »Und frische
Nahrung, neues Blut saug ich aus freier Welt.«

(aus: Alexander Kluge, Lernprozesse mit tödlichem Ausgang, 1973)

*

Goethe entfernte sich nie weit von sich selbst, blieb vielleicht ein
wenig zu ängstlich in seiner Nähe (. . .) Goethe wollte nur Liebhaber sein und war doch Gildemeister (. . .) Es ist schön zu sehen,
wenn das Göttliche in Goethe den Gildemeister überstrahlt.

(aus: Gerhart Hauptmann, Einsichten und Augenblicke, 1942)

*

Goethe – ihn besonders gibt es nicht. Wären auf sein Haus in
Frankfurt gleichfalls Bomben gefallen, die Deutschen Hitlers hätten kein Recht, es zu bemerken. Erstens gibt es für sie keinen
Goethe (. . .)

(aus: Heinrich Mann, Ein Zeitalter wird besichtigt, 1939/41)

*

Schützt uns der Ruf: Zurück zu Goethe! vor einer Wiederkehr
dessen, was wir erlebt haben, was wir getan haben, was uns widerfahren ist?

(Franz Böhm, Rektor der Johann Wolfgang Goethe-Universität Frankfurt, anläßlich des Kongresses ›Goethe und die Wissenschaft‹, 1949)

*

Die Propaganda wird zunehmend der Kundgebung, die Aktion –
seit 1939 – dem Kriegsgeschehen überlassen; die Kunst erhielt
demgegenüber die Aufgabe, weniger die Macht als die Kräfte der
Innerlichkeit zur Tarnung zu mobilisieren; man träumte davon,

daß die »Heere des Weltkriegs niemals (...) ohne Ekkehart, ohne Goethe, ohne Nietzsche, ohne Dürer« hatten marschieren können.

<small>(aus: Hans Dieter Schäfer, Das gespaltene Bewußtsein. Deutsche Kultur und Lebenswirklichkeit 1933-1945, 1981; das Zitat stammt aus: Franz Schauwecker, Ein Dichter und die Zukunft, 1933)</small>

*

Tiefer in seiner Dichtung vordringend, sah ich mich nach anteilnehmenden Genossen um, mußte jedoch erfahren, daß für viele seine Botschaft kaum vorhanden war. Seltsam erging es mir mit der Mutter, die seinen Namen immer so klangvoll und ehrfürchtig aussprach. Wollte ich ihr untertags aus dem ›Faust‹ vorlesen, so hatte sie begreiflicherweise keine Zeit und vertröstete mich auf den Abend. Wenn sie aber dann, übermüdet, ländlich früh im Bette lag und ich mit dem Buch in ihr Zimmer kam, so war sie hocherfreut, lobte meinen Bildungsdrang und machte sogar die Augen zu, um mit rechter Sammlung zuhören zu können; bald aber wurden ihre Atemzüge sehr tief und hörbar, ihr Gesicht entspannte sich (...) dann fuhr sie wohl empor und starrte mich entgeistert an, um nach einer Weile zu sagen: »Lies nur weiter! Ich höre alles!«

<small>(aus: Hans Carossa, Wirkungen Goethes in der Gegenwart, 1938)</small>

*

Alle großen Männer der weißen Rasse hatten seit Jahrhunderten nur die eine innere Aufgabe empfunden, ihren Nihilismus zu überdecken. Einen Nihilismus, der sich aus den verschiedensten Sphären genährt hatte: dem Religiösen bei Dürer, dem Moralischen bei Tolstoi, dem Erkenntnismäßigen bei Kant, dem allgemein Menschlichen bei Goethe, dem Gesellschaftlichen bei Balzac.

<small>(aus: Gottfried Benn, Kunst und Drittes Reich, 1941)</small>

*

Es war nichts verloren gegangen von dem großen Leben, und auch wenn er mit fünfzig Jahren an eine Galeere geschmiedet worden wäre, würde nichts verloren gegangen sein. ›Edel, hilfreich und gut...‹ Nein, nicht einmal dies war untergegangen, solange ein einziger Mensch es vor sich hinsprach und es zu bewahren versuchte bis in seine letzte Stunde hinein.

(aus: Ernst Wiechert, Der Totenwald, 1946)

*

am bahnhof friedrichstraße ist eine buchhandlung. sie gehört einem kommunisten. ich wähle eine goetheausgabe, und er weigert sich, mich bezahlen zu lassen.

(aus: Bertolt Brecht, Arbeitsjournal, 12. 11. 1948)

*

ȯUnsere Klassikerȯ, Goethe leider wie immer an der Spitze, sind unrealistisch (. . .) Das muß jeder für sich entscheiden, ob er ehrlich sein will – oder aber ȯKlassikerȯ.

(aus: Arno Schmidt, ȯFunfzehnȯ – vom Wunderkind der Sinnlosigkeit, in: Die Ritter vom Geist, 1965)

*

Die falsche Tradition, die fast gleichzeitig mit der Konsolidierung der bürgerlichen Gesellschaft aufkam, wühlt in falschem Reichtum. Er stand der alten, erst recht der neuen Romantik lockend vor Augen. Auch der Begriff der Weltliteratur, der gewiß von der Enge der nationalen befreite, verleitete von Anbeginn dazu. Falsch ist der Reichtum darum, weil er, im bürgerlichen Geist des Disponierens über Besitz, verwertet wurde, als stünde dem Künstler alles zu Gebot, was je an künstlerischen Stoffen und Formen hoch und teuer war, nachdem einmal die Historie seiner sich versicherte. Gerade weil keine Tradition dem Künstler mehr substantiell, verbindlich ist, falle eine jegliche ihm kampflos als Beute zu. Hegel hat die neuere Kunst, die er die romantische nannte, in diesem Sinn bestimmt; Goethe war nicht spröde dagegen, erst die Allergie gegen Tradition heute ist es.

(aus: Theodor W. Adorno, Thesen über Tradition, in: Ohne Leitbild, 1967)

*

Wählt man unter den vielen Werken, die ihrer ganzen Substanz und inneren Form nach vom erotischen Engagement bestimmt sind, solche wesentlich verschiedene Beispiele aus wie Racines *Phädra,* Goethes *Wahlverwandtschaften,* Baudelaires *Blumen des Bösen,* Tolstois *Anna Karenina,* so erscheint die Sexualität übereinstimmend in hochsublimierter, »vermittelter«, reflektierter Form – aber in dieser Form ist sie absolut, kompromißlos, bedingungslos.

(aus: Herbert Marcuse, Der eindimensionale Mensch, 1964)

*

Wir sind uns kaum mehr dessen bewußt, welch unglaubliches Paradoxon darin liegt, die reale Gegebenheit für ein Bild dessen zu halten, was in Wirklichkeit ihr Bild ist. Von allen Völkern der Erde sind wir Deutschen am tiefsten mit platonischem Idealismus imprägniert: »Alles Vergängliche ist nur ein Gleichnis«, konnte unser größter Dichter sagen – und niemand widersprach ihm.

(aus: Konrad Lorenz, Die Rückseite des Spiegels, 1973)

*

(. . .) ein Buch, das über Soll und Haben abrechnete und etwas über Wahlverwandtschaften von Goethe, sowie den reichbebilderten dicken Band: Rasputin und die Frauen. Nach längerem Zögern – die Auswahl war zu klein, als daß ich mich hätte schnell entscheiden mögen – griff ich, ohne zu wissen, was ich griff, nur dem bekannten inneren Stimmchen gehorchend, zuerst den Rasputin und dann den Goethe. Der Doppelgriff sollte mein Leben, zumindest jenes Leben, welches abseits meiner Trommel zu führen ich mir anmaßte, festlegen und beeinflussen.

(aus: Günter Grass, Die Blechtrommel, 1959)

*

Doch ich muß schließen, das Taxi wartet bereits. Martha läßt grüßen, und ich empfehle mich Ihnen mit allem Respekt. In Kürze mehr aus M.: *Herr Meister ist tot, es lebe Herr Meister!*

(aus: Walter Jens, Herr Meister, 1963)

*

Derle Ahlers, Otto Rohwedder, Herbert Panse, Kalli Mohr und Hanno Maak ... wenn ich den letzten Goethe-Vers vergessen habe, werde ich den Eimsbütteler Sturm noch aufzählen können.

(Walter Jens, in: Fußball literarisch, hrsg. von Karl Riha, 1982)

Natürlich würden auch, abgesehen von dem Mangel an Wein, die Strapazen auf der Rückreise erheblicher sein als auf der Hinreise, denn Goethes Leben, obwohl es köstlich war, währte nun schon um die achtzig Jahr.

(aus: Michael Schulte, Goethes Reise nach Australien, 1976)

*

(man roch ihn förmlich, den aus Bruder-Hemisfären Wettgestank)

(aus: Arno Schmidt, Caliban über Setebos, 1964)

*

Unter allen deutschen Dichtern ist Goethe derjenige, dem ich am meisten verdanke (. . .)

(aus: Hermann Hesse, Dank an Goethe, 1932)

*

Ergo bibamus. Trinken wir also. Kafka hat Dora auf das Gedicht von Goethe aufmerksam gemacht und sie gebeten, es zu lesen.

(aus: »Gesprächsblätter«, entstanden während der letzten Lebenstage Kafkas 1924 im Sanatorium Kierling, die Anmerkung stammt von Max Brod)

*

Wenn die Menschheit einmal wirklich in ihrer Qual verstummt, und sich vor lauter verbaler Kommunikation und Soziolinguistik schon nichts mehr zu sagen hat, gibt ihr vielleicht ein Satyr, zu sagen, was sie leidet.

(aus: Peter Rühmkorf, Kein Apolloprogramm für Lyrik, 1975)

*

Es bleibt abzuwarten, ob auch Goethe heute als ›grüner‹ Eckstein der alternativen Kulturbewegung wiederentdeckt und reaktualisiert wird.

(aus: Karl R. Mandelkow, Goethe in Deutschland, Rezeptionsgeschichte eines Klassikers I, 1980)

*

Endlich ma'n paar Deutsche, die nie was von Goethe gehört habm (. . .)

(aus: Arno Schmidt, Zettels Traum, p. 763, 1969)

GOETHE UND . . .

Goethe und Shakespeare

Von Johann Wolfgang Goethe

Nennen wir nun Shakespeare einen der größten Dichter, so gestehen wir zugleich, daß nicht leicht jemand die Welt so gewahrte wie er, daß nicht leicht jemand, der sein innerstes Anschauen aussprach, den Leser in höherm Grade mit in das Bewußtseyn der Welt versetzt. Sie wird für uns völlig durchsichtig: wir finden uns auf einmal als Vertraute der Tugend und des Lasters, der Größe, der Kleinheit, des Adels, der Verworfenheit, und dies alles, ja noch mehr, durch die einfachsten Mittel. Fragen wir aber nach diesen Mitteln, so scheint es, als arbeite er für unsre Augen; aber wir sind getäuscht. Shakespeare's Werke sind nicht für die Augen des Leibes. Ich will mich zu erklären suchen.

Das Auge mag wohl der klarste Sinn genannt werden, durch den die leichteste Überlieferung möglich ist. Aber der innere Sinn ist noch klarer, und zu ihm gelangt die höchste und schnellste Überlieferung durchs Wort; denn dieses ist eigentlich fruchtbringend, wenn das, was wir durchs Auge auffassen, an und für sich fremd und keineswegs so tiefwirkend vor uns steht. Shakespeare nun spricht durchaus an unsern innern Sinn: durch diesen belebt sich sogleich die Bilderwelt der Einbildungskraft, und so entspringt eine vollständige Wirkung, von der wir uns keine Rechenschaft zu geben wissen; denn hier liegt eben der Grund von jener Täuschung, als begebe sich alles vor unsern Augen. Betrachtet man aber die Shakespeare'schen Stücke genau, so enthalten sie viel weniger sinnliche That, als geistiges Wort.

(aus: Shakespeare und kein Ende, 1813)

Goethe- und Schiller-Denkmal in Weimar

Goethe und Schiller I
Von Karl Kraus

Ob Goethe oder Schiller bei den Deutschen populärer sei, ist ein alter Streit. Und doch hat Schiller mit dem Wort »Franz heißt die Kanaille« nicht entfernt jene tiefgreifende Wirkung geübt, die dem Satz, den Goethes Götz dem Hauptmann zurufen läßt, dank seiner allgemeinen Fassung beschieden war. Da seit Jahrzehnten kaum ein Gerichtstag vergeht, ohne daß der Bericht von dem Angeklagten zu sagen wüßte, er habe an den Kläger »die bekannte Aufforderung aus Goethes Götz gerichtet«, so ist es klar, daß Goethes Nachruhm bei den Deutschen fester begründet ist. Wie das Volk seine Geister ehrt, geht aber nicht allein daraus hervor, daß es in Goethes Werken sofort die Stelle entdeckt hat, die der deutschen Zunge am schmackhaftesten dünkt, sondern daß heute keiner mehr so ungebildet ist, die Redensart zu gebrauchen, ohne sich dabei auf Goethe zu berufen.

(aus: Die Fackel, 1908)

Goethe und Schiller II
Von Heinrich Heine

Letzteres, daß nämlich Schiller größer sei als Goethe, war der besondere Streitpunkt, den jenes Buch hervorgerufen. Man verfiel in die Manie, die Produkte beider Dichter zu vergleichen, und die Meinungen teilten sich. Die Schillerianer pochten auf die sittliche Herrlichkeit eines Max Piccolomini, einer Thekla, eines Marquis Posa und sonstiger Schillerschen Theaterhelden, wogegen sie die Goetheschen Personen, eine Philine, ein Gretchen, ein Klärchen und dergleichen hübsche Kreaturen für unmoralische Weibsbilder erklärten. Die Goetheaner bemerkten lächelnd, daß letztere und auch die Goetheschen Helden schwerlich als moralisch zu vertreten wären, daß aber die Beförderung der Moral, die man von Goethes

Dichtungen verlange, keineswegs der Zweck der Kunst sei: denn in der Kunst gäbe es keine Zwecke, wie in dem Weltbau selbst, wo nur der Mensch die Begriffe »Zweck und Mittel« hineingegrübelt. (...) Indem die Goetheaner von solcher Ansicht ausgehen, betrachten sie die Kunst als eine unabhängige zweite Welt, die sie so hoch stellen, daß alles Treiben der Menschen, ihre Religion und ihre Moral, wechselnd und wandelbar, unter ihr hin sich bewegt. Ich kann aber dieser Ansicht nicht unbedingt huldigen, die Goetheaner ließen sich dadurch verleiten, die Kunst selbst als das Höchste zu proklamieren, und von den Ansprüchen jener ersten wirklichen Welt, welcher doch der Vorrang gebührt, sich abzuwenden.

Schiller hat sich jener ersten Welt viel bestimmter angeschlossen als Goethe, und wir müssen ihn in dieser Hinsicht loben. Ihn, den Friedrich Schiller, erfaßte lebendig der Geist seiner Zeit, er rang mit ihm, er ward von ihm bezwungen, er folgte ihm zum Kampfe, er trug sein Banner, und es war dasselbe Banner, worunter man auch jenseits des Rheines so enthusiastisch stritt, und wofür wir noch immer bereit sind, unser bestes Blut zu vergießen. Schiller schrieb für die großen Ideen der Revolution, er zerstörte die geistigen Bastillen, er baute an dem Tempel der Freiheit (...) er endigte mit jener Liebe für die Zukunft, die schon im »Don Carlos« wie ein Blumenwald hervorblüht, und er selber ist jener Marquis Posa, der zugleich Prophet und Soldat ist, der auch für das kämpft, was er prophezeit, und unter dem spanischen Mantel das schönste Herz trägt, das jemals in Deutschland geliebt und gelitten hat.

(aus: Die romantische Schule, 1835)

Goethe und Schiller III

Von Christian Dietrich Grabbe

Aber da kommt auch noch der Briefwechsel zwischen Schiller und Goethe, und etwas Unbedeutenderes (man möchte sagen Elenderes) ist seit langem nicht gedruckt.

Die Briefe eines Cicero, eines Plinius geben uns wichtige Aufschlüsse über die Zeit, in der sie geschrieben wurden, – die Briefe aus dem Jahrhundert Ludwigs XIV (von Bussy-Rabutin, von der Sevigné p. p.) zeigen einen eleganten Konversationston, eine außerordentliche Feinheit des Stils, – die Briefe Friedrichs des Einzigen, mit Voltaire, d'Argens u. a. gewechselt, lassen uns überall Geister erkennen, welche die alte Zeitlage erkennend, reformierend in das neue Weltalter schritten, – aber der Schiller-Goethische Briefwechsel, in sechs Bänden dem Publico vorgelegt, welches vielleicht im Vertrauen auf die Firmen Schiller und Goethe tüchtig loskaufen wird, – hat keines der den obigen früheren Briefsammlungen beiwohnenden Interessen, ist weiter nichts als eine Sammlung billetmäßiger Lappalien, wobei anfangs Schiller und Goethe, besonders in ihren staatsbürgerlichen und schriftstellerischen Verhältnissen zueinander, an nichts weniger als deren dereinstige Publikation gedacht haben.

Ex post, nach mehr als 20 Jahren, hat sich jedoch Goethe eines Schlimmeren besonnen. Er selbst hat wahrscheinlich diese Trivialitäten herausgegeben. Sicher glaube ich freilich an ein solches Vergehen gegen Schiller und gegen sich selbst noch nicht recht. Indes – wo kommen die von Schiller an Goethe gerichteten Billette her, wenn letzterer sie nicht zum Druck ausgeliefert hat? Und – ach! – beginnt der sechste Teil nicht mit einer Dedikation an den König von Bayern, nach welcher jeder unseren Dichterliebling (Dichterfürst ist für ihn zu viel) als Herausgeber der qu. Briefsammlungen halten muß?

Schiller und Goethe, ihr beiden Heroen am deutschen Dichterhimmel, brauchtet euren Glanz nicht mit den Erbärmlichkeiten eures Privatlebens zu umnebeln – recht gut, daß man eure Charaktere kennen lernt, aber so manche Elendigkeiten, die wir nicht zu wissen brauchten, dabei! – Auch das mag gut sein, wenigstens bei dem blinden Bewunderer Menschenkenntnis verbreiten, – aber war es (gelinde ausgedrückt) klug oder delikat, daß Goethe sie bekannt machte? Was Schiller oder Goethe künstlerisch oder moralisch sind, weiß der Gebildete auch ohne diese Briefe.

Das literarische Gesindel, welches nichts kann als Nachschreien und Nachbeten, wird nicht ermangeln auch diesen Briefwechsel zum Himmel zu erheben. Die Berliner Jahrbücher der Literatur, in denen die Rezensionen von den Rezensenten unterzeichnet werden, und das im belletristischen Fache sehr überflüssig, da man die darin an hohlen Phrasen sich abwürgenden Menschenkinder schon kennt oder schon nicht achtet, haben in ihrem breiten, nach der Schule schmeckenden Stile bereits nicht versäumt, dies auf Kosten Schillers zu tun, der immer nur als Schildknappe neben Goethe mitgehen soll. Auch auf Kosten der Wahrheit, – Herr Varnhagen von Ense, der mehr Kenntnis, und die ist auch so arg nicht, als Urteil besitzt, hätte sich z. B. recht hüten sollen, Schiller und den jetzigen König von Bayern am Schlusse seiner Kritik in eine poetische Bekanntschaft zu bringen, die nie existiert hat. Andere Journale machen es indes ebenso, und mancher heult mit, weil er muß.

Schmutz ist Schmutz und kommt er auch aus dem Palaste eines sogenannten Dichterfürsten. Beschenkt dieser die Welt mit Sächelchen, die wie die qu. Briefsammlung oft nichts enthalten, als Einladungen zum gemeinsamen Ausfahren, Grüße an die liebe Frau, an Carlchen bisweilen dazu, so schütze uns Gott, wenn etwa Napoleon, der an Kraft, Geist, Charakter und Wirksamkeit etwas mehr als Goethe und Schiller bedeutet, ja, auf ihre Dichtungen (Schillers Wallenstein, Goethe's Werke seit 1813) sichtbaren Einfluß gehabt hat, alle seine Tagsbefehle, freundschaftlichen Billetts, Lizenzzettel pp ediert hätte. Hält Goethe sich für so wichtig, glaubt es sei zu seiner und zu Schillers dereinstigen Charakterschilderung so nötig, daß er nach Schillers Tode diese Briefwechselei herausgibt, so hätte er doch den Leser und das Papier mit den Visiten- und Küchen-Charten (denn viele Billette sind nichts weiter) verschonen sollen. Er konnte ja, wenn »Grüße und Einladungen zum Mitspeisen« so große Bedeutung auf die Bildung und das Wesen zweier Dichter haben, sie nur chronologisch anzeigen – einige hundert Seiten hätte er gespart.

Wer diesen Briefwechsel in das Publikum gegeben hat, ist auch im Stande, seine und Schillers abgetragene Hosen lithographieren zu lassen. Goethe irrt sich aber, wenn er etwa glaubt jeder

Leser würde sein Verhältnis zu Schiller so annehmen, wie es hier sich darstellt. Ohne Kontrolle nichts Gewisses in der Welt – Sollte Schiller an dritte Personen so über Goethe geschrieben haben, wie an Goethe selbst? Man hat Grund zu zweifeln, selbst nach der behutsamen Körner'schen Biographie vor Schillers Werken. Es wäre dankenswert, wenn noch lebende Freunde Schillers, die mit ihm briefgewechselt haben, nun auch die empfangenen Briefe edierten.

Das Widerlichste der qu. Briefwechselei ist der Anfang des 6ten Teils desselben, die Dedikation an den jetzigen König von Bayern. Meine Leser und ich werden sich freuen, wenn dieser Punkt beseitigt ist, darum zuerst einiges über ihn. Man begreift die Verblendung nicht, mit der Goethe dergleichen drucken lassen sollte. Der Besuch, den der Bayernkönig ihm vor einigen Jahren gemacht hat, scheint Se. Weimarische Exzellenz, von deren Vornehmtun schon Bürger zu singen wußte, ganz in eine bayerische verwandelt zu haben. Goethe, der seit mehr als einem halben Jahrhundert von dem Weimarischen Regentenhause unterstützte, beinah verzogene Dichter, entblödet sich nicht, in jener Dedikation dem Könige von Bayern zu sagen »wie sehr Schiller das Glück Sr Majestät anzugehören, wäre zu wünschen gewesen, und wie durch allerhöchste Gunst Schillers Dasein durchaus erleichtert, häusliche Sorge entfernt, seine Umgebung erweitert« pp. geworden sein würden. Welch ein Galimathias von höfischer Kriecherei, Unwahrheit und poetischem Schwulst! Haben Goethes Schmeichler ihn so angesteckt, daß er selbst einer wird?

Ich will davon absehen, daß es zweifelhaft bleibt, ob der mit Recht für die Finanzen seines Landes sorgende König von Bayern, Schiller in das von Goethe geträumte Utopien befördert hätte, denn nach dem Tode Schillers läßt sich leicht *sagen,* aber nicht mehr *tun,* man würde ihn bei seinem Leben gern glücklicher gemacht haben, als er war. Dann weiß ich außer dem Herrn Eduard von Schenk, keinen Dichter, der vom König begünstigt scheinen könnte, und von Schenk wird diese Gunst mehr seiner Tüchtigkeit als Staatsdiener oder Lebemann, schwerlich seinem dichterischen Klingklang verdanken. Graf Platen *soll* von dem Könige jährlich

600 Fl. erhalten, – davon wird er aber in seinem Rom keinen Falerner trinken können.

Aber womit kann Goethe beweisen, Schiller habe so in häuslicher Sorge und drückendem Dasein gelebt, daß es für ihn ein *Glück* gewesen wäre, wenn er dem Könige von Bayern angehört, und dieser sein Dasein erleichtert hätte? Grade der Briefwechsel beweist das Gegenteil, und auch ohne denselben wußte der Unterrichtete es besser. Bedeutendes Vermögen, enorme Einkünfte hatte Schiller nicht, aber siehe den Briefwechsel: glücklich, ohne Geschäftssorgen konnte er durch die Gnade seines Herzoges leben, konnte, ungeachtet er Professor in Jena war und dort seine Funktionen hätte verrichten müssen, nach Belieben in seinem Garten daselbst oder in Weimar wohnen und dichten. Goethe mißt, so ausgeschrien seine angebliche Objektivität ist, hier mit einem subjektivem Maßstabe: *er* war seit seiner frühesten Jugend an ein mehreres gewöhnt, als Schiller je besaß.

Und was heißt es, der König würde Schillers Umgebung erweitert haben? Vielleicht, daß er ihn statt in Jena oder Weimar in München oder Rom (von letzterem soll der König in dieser Beziehung gesprochen haben), als zwei größeren Städten, plazierte? Ich denke Schiller hätte solche Anerbietungen so gut abgelehnt, als seine bekannte Berufung nach Berlin. Nicht auf die Größe der Städte, auf die Geister, welche darin hausen, kommt es an. München wird schwerlich, und Rom wird kaum einen Kreis von Geistern wie Herzog Karl August und Amalia, wie Wieland, Herder, Goethe selbst, Fichte, Schelling, (den jetzt München als Bruchstück aus dieser Versammlung besitzt), die beiden Humboldt's, wieder vereinigen können. Die Unterhaltung mit ihnen war einem Schiller sicherlich werter als jede sonstige äußerliche Erweiterung seiner Umgebung. Dieses Erweitern scheint einer von den vagen Ausdrücken zu sein, deren sich Goethe so häufig bedient, wenn er nicht weiß, was er zu sagen hat oder sagen will, z. B. wunderlich, behaglich u. s. w., so wie er seine ganze Lebensbeschreibung dadurch in ein häßliches Zwielicht stellt, daß er sie Dichtung und Wahrheit tituliert.

Und nun die Briefwechselei selbst: fast überall begleitet den

Leser die Erinnerung, daß Schillers Manen finster auf dessen Publikation herabsehen. Goethe hat oft der Nation, im Vertrauen auf seinen Ruhm, Lappalien dargeboten, hat oft das Sprichwort haud multa, sed multum nicht beherzigt, jetzt übersieht er das wieder, und größtenteils auf Kosten Schillers, der in dem Punkte ganz anders dachte.

Obgleich Goethe nach einer Ankündigung der Gesamtausgabe seiner Werke selbst ziemlich unumwunden und in einem entschuldigenden Tone eingesteht, daß er wegen sich und der Seinigen auch pekuniäre Interessen zu schätzen wisse, will ich glauben, daß bei dem Briefwechsel das Honorar, welches die getäuschten Käufer mit tüchtigen Prozenten dem Buchhändler wieder bezahlen müssen, ihm Nebensache gewesen sei. Hauptsache war wohl, wie schon oben im Vorübergehen angedeutet ist, der erstaunten Welt die Huldigung, welche Schiller für Goethe privatim ausdrückte, die freundliche Annahme dieser Huldigung durch Goethe und billigerweise auch das vornehme Zuneigen und Entgegenkommen desselben zu Schiller, mitzuteilen. sc.: »»Einer der gewaltigsten, vielleicht der erste vaterländische Dichter, den mancher hat über mich setzen wollen, hat meine überwiegenden Geisteskräfte anerkannt, und mir, als ich auf seine Bitte ihm die Hand darbot, im Vertrauen dieselbe geküßt«« – möchte etwas von den Ideen des Herausgebers gewesen sein. Das dürfte bei Goethe, der in seiner Zeitschrift Kunst und Altertum nicht ermüdet die Leser mit Wiederabdruck günstiger Rezensionen seiner Werke zu belästigen, mittelmäßige Lobgedichte auf sich selbst zu kommunizieren, und hinterdrein zu erklären, eben nicht auffallen.

Das Verhältnis beider Dichter zueinander könnte indes auch etwas von dem Folgenden an sich haben: Goethe, der dichtende Weltmann, Schiller, der auch etwas zur Weltklugheit genötigte Dichter, – beide wohl einsehend, es sei ein Staatsstreich von ihnen, wenn sie, während ihre Anhänger sich wütend befehdeten, insgeheim miteinander Eins wären, – Schiller durch seine Lage gezwungen, in Sr Exzellenz, dem Staatsminister Herrn von Goethe den Protektor am Weimarischen Hofe zu finden, aber als gleich großer Dichter dieses unter Freundes-Namen verbergend – – Man denke weiter nach. Sollte es anders Schillers, des ernsten Kritikers Ernst gewesen sein, Goethe's Produkte von dem schlechtesten bis zum besten wie Kraut und Rüben durcheinander zu loben?

(aus: Briefwechsel Schiller-Goethe, 1830)

Goethe und Schiller IV
Von Friedrich Schlegel

Schiller und Goethe nebeneinander zu stellen, kann ebenso lehrreich wie unterhaltend werden, wenn man nicht bloß nach Antithesen hascht, sondern nur zur bestimmtern Würdigung eines großen Mannes, auch in die andre Schale der Waage, ein mächtiges Gewicht legt.

(aus: Charakteristiken und Kritiken, 1796/1801)

Goethe und Schiller V
Von Karl Immermann

Es ist wahr und muß immer wiederholt werden: Die Deutschen hatten in jenen Leidensjahren nur in ihrer großen Dichtung das Evangelium, welches sie zur Gemeinde machte, sie über die materielle Not, über dem Verlieren in eine wüste Verzweiflung emporhielt. Namentlich sind Goethe und Schiller die beiden Apostel gewesen, an deren Predigt sich das deutsche Volk zu Mut und Hoffnung auferbaute (...) Am gewaltigsten unter allen wirkte aber doch Schiller, während Goethe uns mehr als ein Gott in unendlichem Abstande blieb.

(aus: Memorabilien, 1843)

Goethe und Schiller VI

Von Karl Gutzkow

Jene alte klassische Periode unserer Literatur wurde statt fortgesetzt, angebetet. Man verwandelte ein Andenken, welches lebenskräftig auf den Nachwuchs der Nation wirken sollte, in Marmor; Goethe und Schiller wurden als Büsten ausgerufen, und eine Herrschaft begann, welche die demütigendste ist, die Herrschaft des Ruhms (...) Die Restaurationsperiode überlieferte uns eine abgeschlossene Vergangenheit, einen Despotismus des Ruhms, eine Religion Schiller und Goethe. Die Anbetung brachte die Nachbetung, die Nachbetung die Mittelmäßigkeit, die Mittelmäßigkeit den Plunder.

(aus: ›Phönix‹ vom 7. 1. 1835)

Goethe und Schiller VII

Von Thomas Mann

Er stand vom Schreibtisch auf, von seiner kleinen, gebrechlichen Schreibkommode, stand auf wie ein Verzweifelter und ging mit hängendem Kopf in den entgegengesetzten Winkel des Zimmers zum Ofen, der lang und schlank war wie eine Säule. Er legte die Hände an die Kacheln, aber sie waren fast ganz erkaltet, denn Mitternacht war lange vorbei, und so lehnte er, ohne die kleine Wohltat empfangen zu haben, die er suchte, den Rücken daran, zog hustend die Schöße seines Schlafrockes zusammen, aus dessen Brustaufschlägen das verwaschene Spitzenjabot heraushing, und schnob mühsam durch die Nase, um sich ein wenig Luft zu verschaffen; denn er hatte den Schnupfen wie gewöhnlich.

Das war ein besonderer und unheimlicher Schnupfen, der ihn fast nie völlig verließ. Seine Augenlider waren entflammt und die Ränder seiner Nasenlöcher ganz wund davon, und in Kopf und Gliedern lag dieser Schnupfen ihm wie eine schwere, schmerzliche

Trunkenheit. Oder war an all der Schlaffheit und Schwere das leidige Zimmergewahrsam schuld, das der Arzt nun schon wieder seit Wochen über ihn verhängt hielt? Gott wußte, ob er wohl daran tat. Der ewige Katarrh und die Krämpfe in Brust und Unterleib mochten es nötig machen, und schlechtes Wetter war über Jena, seit Wochen, seit Wochen, das war richtig, ein miserables und hassenswertes Wetter, das man in allen Nerven spürte, wüst, finster und kalt, und der Dezemberwind heulte im Ofenrohr, verwahrlost und gottverlassen, daß es klang nach nächtiger Heide im Sturm und Irrsal und heillosem Gram der Seele. Aber gut war sie nicht, diese enge Gefangenschaft, nicht gut für die Gedanken und den Rhythmus des Blutes, aus dem die Gedanken kamen . . .

Das sechseckige Zimmer, kahl, nüchtern und unbequem, mit seiner geweißten Decke, unter der Tabaksrauch schwebte, seiner schräg karierten Tapete, auf der oval gerahmte Silhouetten hingen, und seinen vier, fünf dünnbeinigen Möbeln, lag im Lichte der beiden Kerzen, die zu Häupten des Manuskripts auf der Schreibkommode brannten. Rote Vorhänge hingen über den oberen Rahmen der Fenster, Fähnchen nur, symmetrisch geraffte Kattune; aber sie waren rot, von einem warmen, sonoren Rot, und er liebte sie und wollte sie niemals missen, weil sie etwas von Üppigkeit und Wollust in die unsinnlich-enthaltsame Dürftigkeit seines Zimmers brachten . . .

Er stand am Ofen und blickte mit einem raschen und schmerzlich angestrengten Blinzeln hinüber zu dem Werk, von dem er geflohen war, dieser Last, diesem Druck, dieser Gewissensqual, diesem Meer, das auszutrinken, dieser furchtbaren Aufgabe, die sein Stolz und sein Elend, sein Himmel und seine Verdammnis war. Es schleppte sich, es stockte, es stand – schon wieder, schon wieder! Das Wetter war schuld und sein Katarrh und seine Müdigkeit. Oder das Werk? Die Arbeit selbst? Die eine unglückselige und der Verzweiflung geweihte Empfängnis war?

Er war aufgestanden, um sich ein wenig Distanz davon zu verschaffen, denn oft bewirkte die räumliche Entfernung vom Manuskript, daß man Übersicht gewann, einen weiteren Blick über den Stoff, und Verfügungen zu treffen vermochte. Ja, es gab Fälle, wo das Erleichterungsgefühl, wenn man sich abwendete von der Stätte des Ringens, begeisternd wirkte. Und das war eine unschuldigere Begeisterung, als wenn man Likör nahm oder schwarzen, starken Kaffee ... Die kleine Tasse stand auf dem Tischchen. Wenn sie ihm über das Hemmnis hülfe? Nein, nein, nicht mehr! Nicht der Arzt nur, auch ein zweiter noch, ein Ansehnlicherer, hatte ihm dergleichen behutsam widerraten: der andere, der dort, in Weimar, den er mit einer sehnsüchtigen Feindschaft liebte. Der war weise. Der wußte zu leben, zu schaffen; mißhandelte sich nicht; war voller Rücksicht gegen sich selbst ...

Stille herrschte im Hause. Nur der Wind war hörbar, der die Schloßgasse hinuntersauste, und der Regen, wenn er prickelnd gegen die Fenster getrieben ward.

(aus: Schwere Stunde, 1905)

Goethe und Schiller VIII

Von F. W. Bernstein

Die Nennung dieser beiden Namen soll uns hier beschäftigen.

Da ist zunächst Goethe. Er ist, insbesondere wenn er isoliert angeführt wird, durchaus ohne Schiller zu denken. Ebenso Schiller, der nicht unbedingt die Addition, die syndetische Verknüpfung mit »Goethe« braucht. (Ich verweise auf die Inschrift an seinem Geburtshaus in Marbach. Dort ist nur von Schiller die Rede.)

Beide, sowohl Goethe als auch Schiller, haben ihre dichterischen Arbeiten nur mit einem, meist ihrem eigenen Namen unterzeichnet. Wir sehen, der Anwendungsbereich der Doppel-Nennung »Goethe und Schiller« ist begrenzt. Sie erfüllt ihren Zweck mit dem Denkmal von Rietschl, das tatsächlich beide Dichter darstellt. Dieses Monument, ein Sinnbild der Doppelformel Goethe und Schiller, ist ohne einen von beiden schwer vorstellbar. Fehlte einer, es verdiente kaum den Namen eines Goethe-und-Schiller-Denkmals.

Bei dem Denkmal von Dannecker in Stuttgart dagegen fehlt einer. Dannecker nannte das Werk: Schiller. Wir schließen daraus, daß es sich bei dem Fehlenden um Goethe handelt.

(aus: Die Wahrheit über Arnold Hau, 1966)

Goethe und Schiller IX
Von Arthur Schopenhauer

Die Wahrheit ist nackt am schönsten, und der Eindruck, den sie macht, um so tiefer, als ihr Ausdruck einfacher war; teils, weil sie dann das ganze, durch keinen Nebengedanken zerstreute Gemüt des Hörers ungehindert einnimmt; teils, weil er fühlt, daß er hier nicht durch rhetorische Künste bestochen, oder getäuscht ist, sondern die ganze Wirkung von der Sache selbst ausgeht. Z. B. welche Deklamation über die Nichtigkeit des menschlichen Daseins wird wohl mehr Eindruck machen, als Hiobs: homo, natus de muliere, brevi vivit tempore, repletus multis miseriis, qui, tamquam flos, egreditur et conteritur, et fugit velut umbra. – Eben daher steht die naive Poesie Goethes so unvergleichlich höher als die rhetorische Schillers.

(aus: Parerga und Paralipomena, 1851)

Goethe und Schiller X
Von Hermann Marggraff

Schiller hat die Jünglinge und Jungfrauen samt und sonders für sich, das flache Land, die Städte in den Provinzen, die Enthusiasten, die Reinen, denen nur das Reine rein ist; Goethe die Geistreichen, die über Vorurteile erhabene Gesellschaft, deren Mitglieder häufig bis zu einem Grad rein sind, daß für sie das Unreine sogar rein ist.

(aus: Deutschlands jüngste Literatur- und Kulturepoche, 1839)

Goethe und Schiller XI
Von Friedrich Theodor Vischer

Goethe hat das Sein, aber der Wille als reine Selbstbestimmung fehlt (. . .) Schiller hat den Willen, aber er kann ihn nicht mit dem Sein zusammenbringen, sondern es bleibt bei dem Sollen.

(aus: Shakespeare in seinem Verhältnis zur deutschen Poesie, insbesondere zur politischen, 1844)

Goethe und Schiller XII
Von Karl Gutzkow

Diese Allheit bestreiten wir. ›Schiller und Goethe‹ drücken nicht das ganze Gebiet des dichterischen Schaffens aus, bezeichnen nicht die Bahnen, in denen allein die deutsche Literatur zu wandeln hat. Es gibt Notwendigkeiten im geschichtlichen Gang der deutschen Literatur, für welche sich *weder* bei Schiller *noch* bei Goethe der entsprechende Ausdruck findet.

(aus: Nur Schiller und Goethe?, 1860)

Goethe und Schiller XIII
Von Heinrich Laube

Zusammen sind sie die vollständige Offenbarung deutscher Fähigkeit, und darum nennt man sie zusammen, und drückt mit dem verschlungenen Namen Schiller und Goethe das Höchste und Beste aus, dessen sich Deutschland rühmen kann.

(aus: Schiller und Goethe nebeneinander, 1844)

Goethe und Schiller XIV

Von Alfred Klaar

Wenn aber der Deutsche Goethe und Schiller sagt, so denkt er (...) nicht an zwei, sondern an Eines.

(aus: Schiller und Goethe, 1898)

Goethe und Schiller XV

Von Heinrich Heine

Auch hörte ich in der letzten Zeit viel diskutieren: ob Goethe größer sei als Schiller, oder umgekehrt. Ich stand neulich hinter dem Stuhle einer Dame, der man schon von hinten ihre vierundsechzig Ahnen ansehen konnte, und hörte über jenes Thema einen eifrigen Diskurs zwischen ihr und zwei hannövrischen Nobiles, deren Ahnen schon auf dem Zodiakus von Dendera abgebildet sind, und wovon der eine, ein langmagerer, quecksilbergefüllter Jüngling, der wie ein Barometer aussah, die Schillersche Tugend der Reinheit pries, während der andere, ebenfalls ein langaufgeschossener Jüngling, einige Verse aus der ›Würde der Frauen‹ hinlispelte und dabei so süß lächelte wie ein Esel, der den Kopf in ein Sirupfaß gesteckt hatte und sich wohlgefällig die Schnauze ableckt. Beide Jünglinge verstärkten ihre Behauptungen beständig mit dem beteuernden Refrain: ›Er ist doch größer. Er ist wirklich größer, wahrhaftig. Er ist größer, ich versichere Sie auf Ehre, Er ist größer.‹ Die Dame war so gütig, auch mich in dieses ästhetische Gespräch zu ziehen, und fragte: ›Doktor, was halten Sie von Goethe?‹ Ich aber legte meine Arme kreuzweise auf die Brust, beugte gläubig das Haupt und sprach: ›La illah ill allah, wamohammed rasul allah.‹

(aus: Reisebilder, 1827)

Goethe und Schiller XVI

Von Georg Büchner

Was noch die sogenannten Idealdichter anbetrifft, so finde ich, daß sie fast nichts als Marionetten mit himmelblauen Nasen und affektiertem Pathos, nicht aber Menschen von Fleisch und Blut gegeben haben, deren Leid und Freude mich mitempfinden macht und deren Tun und Handeln mir Abscheu oder Bewunderung einflößt. Mit einem Wort, ich halte viel auf Goethe oder Shakespeare, aber sehr wenig auf Schiller.

(aus: Brief an die Familie, 28. 7. 1835)

Goethe und Schiller XVII

Von Adam Müller

Schillers Werke streben nach der *Höhe,* Goethes Werke hingegen nach der *Mitte,* in der Höhe und Tiefe sich vereinigen.

(aus: Vorlesungen über die deutsche Wissenschaft und Literatur, 1806)

Goethe und Schiller XVIII

Von Johann Wolfgang Goethe

Nun streitet sich das Publikum seit zwanzig Jahren, wer größer sei: Schiller oder ich, und sie sollten sich freuen, daß überall ein paar Kerle da sind, worüber sie streiten können.

(zu Eckermann, 12. 5. 1825)

Goethe und Hölderlin

Von Peter Härtling

Goethe war fünfundvierzig, Schiller fünfunddreißig Jahre alt. Für den vierundzwanzigjährigen Hölderlin nicht nur berühmte, sondern gestandene, durchs Alter entfernte Männer. Sie waren ihm in allem voraus.

Neuffer beichtet er die unglückliche Geschichte: »Auch bei Schiller war ich schon einigemale, das erstemal eben nicht mit Glück. Ich trat hinein, wurde freundlich begrüßt, und bemerkte kaum im Hintergrunde einen Fremden, bei dem keine Miene, auch nachher lange kein Laut etwas Besonderes ahnden ließ. Schiller nannte mich, nannt ihn auch mir, aber ich verstand seinen Namen nicht (...) Der Fremde unterhielt sich über manches mit ihm. Aber ich ahndete nichts. Ich ging, und erfuhr an demselben Tage im Klub der Professoren, was meinst Du? daß *Goethe* diesen Mittag bei Schiller gewesen sei. Der Himmel helfe mir, mein Unglück und meine Streiche gut zu machen, wenn ich nach Weimar komme.« Der Himmel half ihm nicht. Schiller, der helfen wollte, gelang keine Versöhnung. Wie muß Hölderlin auf Schiller fixiert gewesen sein! Mit welcher Hingabe muß er jedes Wort seines Protektors aufgenommen haben. Neben dem galt keiner. Und selbst ein Bedeutender wurde offenbar unscheinbar in Schillers Nähe. Kannte er kein Bild von Goethe? War ihm nicht aufgefallen, wie würdevoll der Mann auftrat, wie ostentativ bedeutend er sprach? Vielleicht ärgerte ihn gerade das. Daß sich einer bei seinem Schiller so aufblies (...) Goethe bleibt eine Randfigur, entgegen der Hoffnung Hölderlins. Kann es nicht auch sein, daß er den Gast instinktiv schnitt, daß sich etwas in ihm gegen die Übermacht wehrte? Was dem, von Goethes Seite, folgte, war im Grunde eine Beleidigung nach der anderen. Und dies verzögert, erst nach drei Jahren (...)

Goethe hat die sonderbare Begegnung nicht vergessen. Er war in seiner Eitelkeit verletzt worden. Er trägt nach. In seiner Antwort geht er auf den Hinweis nicht ein, schreibt den Namen nicht hin: Er läse aus den Gedichten eine Verwandtschaft zu

Schiller, »allein sie haben weder die Fülle, noch die Stärke, noch die Tiefe Ihrer Arbeiten«. Im August 1797 hielt sich Goethe in seinem Vaterhaus in Frankfurt auf und Hölderlin durfte ihn besuchen: »Gestern ist auch Hölderlin bey mir gewesen, er sieht etwas gedrückt und kränklich aus, aber er ist wirklich liebenswürdig und mit Bescheidenheit, ja mit Ängstlichkeit offen ... Ich habe ihm besonders gerathen, kleine Gedichte zu machen und sich zu jedem einen menschlich interessanten Gegenstand zu wählen.« Dieses Urteil wird immer dann zitiert, wenn man die Unvereinbarkeit von Genies verdeutlichen möchte. Man kann es sich auch weniger verstiegen erklären. Goethe hatte eben nicht vergessen. Der junge Mann erschien ihm, trotz aller Demut und Schüchternheit, überspannt, mit den Gedichten konnte er nichts anfangen, also hielt er Abstand, legte es mit dieser kühlen Charakterisierung auch Schiller nahe. Und Schiller zog sich zurück.

Hölderlin paßt nicht unter die Meister von Weimar. Die Ehrfurcht krümmt ihn, er wird klein, häßlich, tritt er vor die großen Herren, während seine Freunde von seiner Schönheit bewegt sind und von der Freiheit seines Wesens. So hat er die beiden Klassiker gestreift, ist von ihnen auch wahrgenommen, von dem einen, Schiller, sogar eine Zeitlang gefördert worden, doch erkannt haben sie ihn nicht. Er sprach eine andere Sprache als sie; er verstand seine Zeit anders. Er hatte keinen festen Grund unter den Füßen, er konnte nicht in Ruhe von Bürger zu Bürger reden – er war unterwegs und das beunruhigte jene, die sich sicher glaubten.

Noch Waiblinger erlebte es, daß der kranke alte Hölderlin außer sich geriet, wenn Goethes Name erwähnt wurde. Die freundliche Mißachtung hatte ihn fürs Leben verwundet.

(aus: Hölderlin. Ein Roman, 1976)

Goethe und Kleist

Ich habe ein Recht, Kleist zu tadeln, weil ich ihn geliebt und gehoben habe.
(Goethe zu Falk, 1810)

Er hat es seinem Freunde Pfuel oft gesagt, daß es nur das eine Ziel für ihn gebe, der größte Dichter seiner Nation zu werden; und auch Goethe sollte ihn daran nicht hindern. Keiner hat Goethe leidenschaftlicher bewundert, aber auch keiner hat ihn so wie Kleist beneidet und sein Glück und seinen Vorrang gehaßt.

(aus: Heinrich von Kleists Lebensspuren, hrsg. von Helmut Sembdner, 1964)

*

»Ich werde ihm den Kranz von der Stirne reißen«, so lautete in wildererregten Stunden (. . .) der Refrain seiner Selbstbekenntnisse wie seiner Träume.

(aus: Katharina Mommsen, Kleists Kampf mit Goethe, 1974)

*

Den ganz großen Menschen ist die Lippe über ihr Innerstes geschlossen, – keine Möglichkeit, Jemandem zu begegnen, dem sie sich öffneten. Düster – (Napoleon z. B.) . . . Die Nachteile der Vereinsamung, da der soziale Instinkt am besten vererbt ist, – die Unmöglichkeit, noch sich selber zu bestätigen durch Anderer Zustimmung, das Gefühl von Eis, der Schrei ›Liebe mich‹, – die *cas pathologique* wie Jesus, Heinrich von Kleist und Goethe (Käthchen von Heilbronn).

(aus: Nietzsche, Nachgelassene Werke, 1923)

Goethe und Heine

Von Ludwig Marcuse

Heyse warb für ein Heine-Denkmal: aber nur für ein Denkmal des Vergiß-mein-nicht-Heine.

Trotzdem stieß er auf den ernstesten Widerstand. Er beging nämlich den schweren diplomatischen Fehler, den die Freunde Heines (auch Bismarck) immer wieder machten: er stellte Heine neben Goethe. Das war zuviel. Sofort kamen die Proteste der Einheimischen.

Die Goetheaner (das heißt: die gesamte deutsche Nation, will man dem Bekenntnis ihrer Lippen glauben) kamen nie über das »und« in der Wendung »Goethe und Heine« hinweg, die schon früh auftauchte und die von Heine, dem (etwas aufsässigen) Verehrer Goethes, gefördert wurde. Die wütende Abwehr der Gemeinde besagte seit eh und je:

Goethe war objektiv, das Universum noch einmal – Heine war subjektiv, eingemauert in ein sehr klägliches Ich.

*

Der Dekan Professor Hugo soll gesagt haben, Heine sei mit Goethe darin zu vergleichen, daß der Dichter sich besser bewährt habe als der Jurist.

(aus: Heinrich Heine, 1932/1977)

Goethe und Jean Paul I

Von Martin Walser

Jean Paul hatte sein Pseudonym. Mehr an Zurückhaltungsverhältnis legte er sich nicht auf. Und unter den Charakteren, denen er seine Zunge lieh, war wohl nie ein fremder Charakter. Er war seiner Zunge, glaube ich, zu wenig sicher. Er hatte nicht die wohlig gefestigte Identität des Großbürgers Goethe. Er war sich undeutlich. Fühlte sich zu wenig bestätigt. Zu sehr angefochten. Mußte sich andauernd behaupten. Und konnte deshalb nicht schweigen. Aber ich halte ihn nicht für geschwätzig, weil ich den Ton, den er andauernd produziert, als eine Existenzbehauptung empfinde, fast hätte ich gesagt: vernehme. Es wäre für diesen Ton das richtige Wort gewesen. Dazu könnte man aus seinen von Schwerhörigen Suaden genannten Reseströmen lange Kataloge leicht zusammenstellen.

(aus: Goethe hat ein Programm, Jean Paul eine Existenz – über »Wilhelm Meister« und »Hesperus«, in: Von Goethe lernen? Literaturmagazin 2, hrsg. von Hans Christoph Buch, 1974)

Goethe und Jean Paul II

Von N. N.

Als Jean Paul in Weimar weilte, saß er eines Tages plaudernd mit Goethe zusammen. Das Gespräch der beiden Dichter kam schließlich auf die Rezensenten ihrer Bücher und aufs »Rezensentenpack« im allgemeinen. »Nein«, rief Jean Paul am Ende aus, »die Kerle können gegen mich schreiben, was sie wollen; ich antworte einfach nicht; es müßte denn so arg kommen, daß mich einer geradezu beschuldigt, silberne Löffel gestohlen zu haben.« Goethe, der den Kritikern noch viel verächtlicher gegenüberstand, meinte darauf: »Ach was, auch dann noch sollten Sie schweigen!«

(aus: Goethe – anekdotisch, hrsg. von Jörg Drews, o. J.)

Goethe und Schlegel

Von Robert Gernhardt

Herr Schlegel liebte es, sich Zahlen
und Ziffern auf das Bein zu malen,
das er dann en passant entblößte,
was stets ein Streitgespräch auslöste.
So lobte Goethe diese Sitte,
im Gegensatz zu Schiller, dritte
enthielten sich der Stellungnahmen,
und andre, vorzugsweise Damen,
betasteten mit flinken Händen
die Zahlen auf des Dichters Lenden,
so daß Herr Schlegel Jahr um Jahr
der Mittelpunkt der Feiern war.

(aus: Besternte Ernte, 1976. *Gemeint ist Friedrich Schlegel; Anm. der Herausgeber.*)

Goethe und die Schlegel-Brüder I
Von Christine Reinhard

Ich sagte neulich im Spaß zu Goethe, daß Sie sein Urteil über die Schlegel verlangten. Er läßt Ihnen sagen, daß er das Urteil der ganzen Welt unterschreibe, denn wenn man alles, was diese Gutes und Böses von den beiden Brüdern gesagt habe, zusammen addiere, so würde das Fazit, das herauskäme, Wilhelm und Friedrich Schlegel heißen.

(aus: Brief an ihre Mutter, 5. 7. 1807)

Goethe und die Schlegel-Brüder II
Von Robert Gernhardt

»Wanderers Nachtlied«, wohl das schönste und schwebendste Gedicht Goethes, entstand bekanntlich in einer Jagdhütte auf dem Kickelhahn bei Weimar. Weniger bekannt sind die näheren Umstände. Goethe hatte gerade das *»Über allen Gipfeln ist Ruh'«* auf die Wand der Hütte geschrieben, als er ein lautes »Juvivallera« hörte. Er schaute hinaus und sah die Gebrüder Schlegel, die wieder einmal eins über den Durst getrunken hatten.

> *»Über allen Wipfeln spürst du*
> *kaum einen Hauch«,*

dichtete er unbeirrt weiter. »Huhuuu«, erscholl es von draußen.

> *»Die Vöglein schweigen im Walde . . .«*

»Tirili«, schrien die Schlegels.

> *»Warte nur, balde*
> *ruhest du auch«,*

schloß der Dichterfürst mit lauter Stimme sein Gedicht.

»Das ist noch nicht raus«, erscholl es als Antwort, doch nach einigem Randalieren trollte sich das Brüderpaar.

Unerfindlich bleibt es jedoch, wie sie später behaupten konnten, sie hätten wesentlichen Anteil an der Entstehung des Gedichts gehabt. Das Gegenteil ist wahr. Es ist trotz ihres Wirkens entstanden.

(aus: Welt im Spiegel, 1965)

Goethe und Napoleon I
Von Kanzler Friedrich v. Müller

»Werthers Leiden« versicherte er, siebenmal gelesen zu haben, und machte zum Beweise dessen eine tief eindringende Analyse dieses Romans, wobei er jedoch an gewissen Stellen eine Vermischung der Motive des gekränkten Ehrgeizes mit denen der leidenschaftlichen Liebe finden wollte. »Das ist nicht naturgemäß und schwächt bei dem Leser die Vorstellungen von dem übermächtigen Einfluß, den die Liebe auf Werther gehabt. Warum haben Sie das getan?« – Goethe fand die weitere Begründung dieses kaiserlichen Tadels so richtig und scharfsinnig, daß er ihn späterhin oftmals gegen mich mit dem Gutachten eines kunstverständigen Kleidermachers verglich, der an einem angeblich ohne Naht gearbeiteten Ärmel sobald die fein versteckte Naht entdeckt. – Dem Kaiser erwiderte er, es habe ihm noch niemand diesen Vorwurf gemacht, allein er müsse ihn als ganz richtig anerkennen; einem Dichter dürfte jedoch zu verzeihen sein, wenn er sich mitunter eines nicht leicht zu entdeckenden Kunstgriffs bediene, um eine gewisse Wirkung hervorzubringen, die er auf einfachem, natürlichem Wege nicht hervorbringen zu können glaube.

(Bericht über das Gespräch zwischen Goethe und Napoleon in Erfurt am
2. 10. 1808, aufgezeichnet 1824)

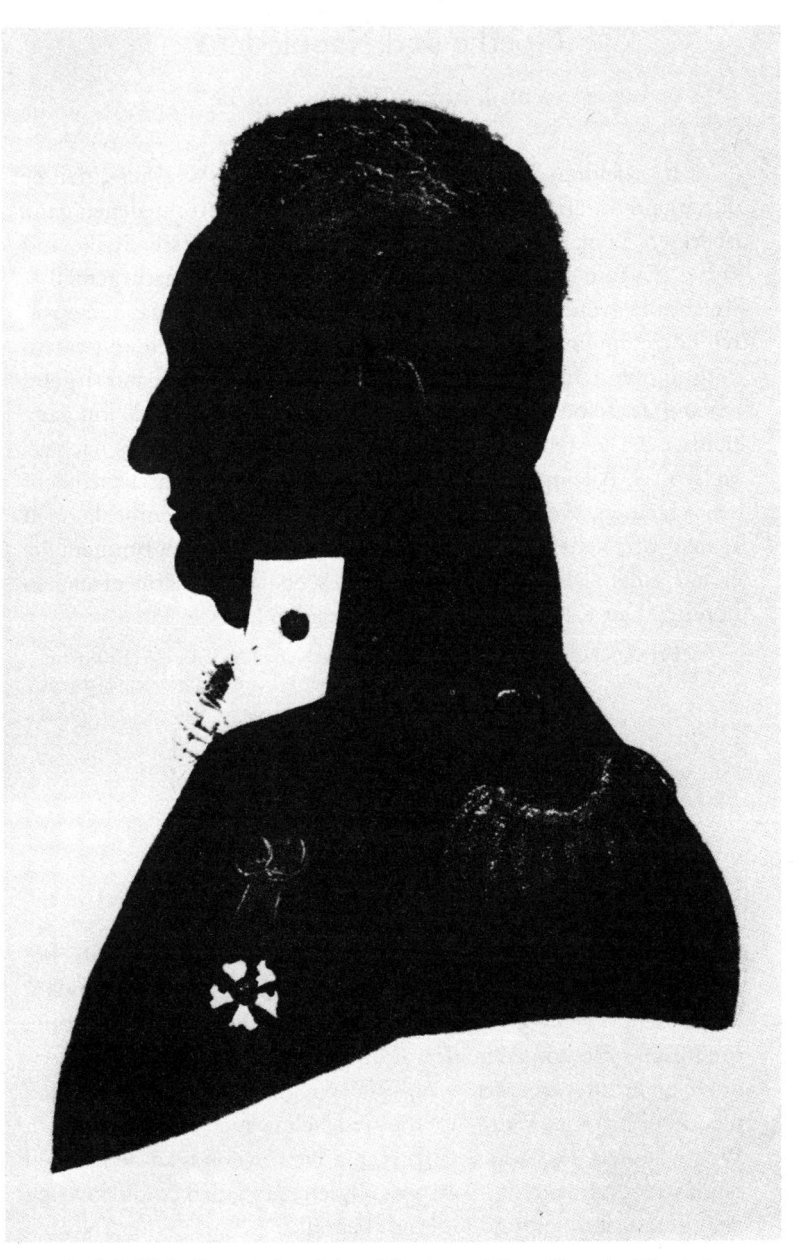

Goethe in Hofuniform mit dem 1808 von Napoleon verliehenen Kreuz der Ehrenlegion.

Goethe und Napoleon II
Von Johann Wolfgang Goethe

(...) Er wandte sodann das Gespräch auf den »Werther«, den er durch und durch mochte studiert haben. Nach verschiedenen ganz richtigen Bemerkungen bezeichnete er eine gewisse Stelle und sagte: Warum habt Ihr das getan? Es ist nicht naturgemäß – welches er weitläufig und vollkommen richtig auseinandersetzte. Ich hörte ihm mit heiterem Gesichte zu und antwortete mit einem vergnügten Lächeln, daß ich zwar nicht wisse, ob mir irgend jemand denselben Vorwurf gemacht habe, aber ich finde ihn ganz richtig und gestehe, daß an dieser Stelle etwas Unwahres nachzuweisen sei. Allein, setzte ich hinzu, es wäre dem Dichter vielleicht zu verzeihen, wenn er sich eines leicht nicht zu entdeckenden Kunstgriffs bediene, um gewisse Wirkungen hervorzubringen, die er auf einem einfachen natürlichen Wege nicht hätte erreichen können. Der Kaiser schien damit zufrieden (...)

(Bericht über das Gespräch zwischen Goethe und Napoleon in Erfurt am 2. 10. 1808, aufgezeichnet 1824)

Goethe und Napoleon III
Von Bernd Eilert

Erfurt 1808; eig. Ber. Blasinstrumente haben in der Geschichte immer wieder eine große Rolle gespielt: Die Posaunen von Jericho, der blasende Roland mit seinem Hüfthorn, Friedrich, der große preußische Flötenquäler, der Trompeter von Säckingen, Ludendorff nicht zu vergessen – und da wir gerade von alten Pfeifen plaudern: Napoleon und Goethe sind sich ja auch einmal über den Weg gelaufen. Das war in Erfurt und lag – wenn man dem Urteil der Experten trauen darf – hauptsächlich daran, daß Napoleon sich dort gerade aufhielt und Goethe ebenfalls.

Napoleon war nämlich äußerst pingelig in der Auswahl seiner Schlachtfelder; während er darüber sann, empfing er dann nebenbei so allerlei Volk, eben auch Goethe. Ein Vergleich der Tagebücher macht deutlich, wie verschieden der Eindruck war, den beide voneinander erhielten. Sehen wir zunächst bei Goethe nach; der große Hesse schreibt unter anderem: ». . . ist der Kaiser eine Gestalt von durchaus inkalkulablem Air: das Dämonische, was von den Augen auszustrahlen scheint, wird allzu herb konterkariert durch Mangel an Körpergröße und Übermaß des Umfangs. So fett hatte ich ihn mir keinesfalls vorgestellt. Auch seine Frisur gefiel mir nicht. Nachdem er an meiner Farbenlehre keinen großen Anteil nehmen wollte, fragte ich ihn artig nach Ägypten und seinem Eindruck von den Pyramiden. Er vertrat, von lebhaftester Gestik unterstrichen, die Meinung, daß weder die Menschen noch die Pyramiden dazu gebaut seien, auf dem Kopfe zu stehen. Im übrigen wäre es mit beiden nicht weit her. Darauf ich: In Ägypten möchte die Wirkung der Pyramiden womöglich keine so gewaltige sein; verpflanze man hingegen eine davon nach Friesland oder in sonst eine pyramidenarme Gegend, müsse der Effekt doch ein enormer sein! Er schien meinem Gedankengang kaum folgen zu können. Auch meine Idee von der Urpflanze vermochte er offenbar nicht zu fassen. Immerhin behauptete er, den ›Werther‹ 3- oder gar 4mal gelesen zu haben, was mir aber in Anbetracht seiner unqualifizierten Kritik zu glauben schwer fiel. Er bedaure den Schluß! Als wenn es für Werthern einen anderen Ausweg gäbe als den Tod! Ich brach auf. In Gegenständen künstlerischer Ökonomie verstehe ich keinen Spaß. Da bin ich schon mit Anderen und Einsichtigeren auseinandergeraten. Der junge Schopenhauer etwa . . .«

Napoleon notiert unter diesem Datum: »11 Uhr 5: ein Herr von Gheute. Farbenleerer!? Behauptet: es gäbe eine Pyramide in Friesland!? (Mußte mir an den Kopf fassen.) Behauptet weiter: Meine Uhr sei eine Pflanze!? (Haha!) Fragt dauernd nach einem gewissen Werner. Bedeute ihm, daß mindestens 4 meiner deutschen Offiziers diesen Vornamen tragen. Einer jüngst gefallen. Er scheint betroffen. Drücke ihm mein Bedauern aus. Da läuft er davon! 11 Uhr 10: Massenbach zum Rapport . . .«

Wie waren solche Mißverständnisse möglich? Ein Blick in das Tagebuch des Erfurter Stadtdolmetschs genügt: ».. . Frühstück wieder lausig. (Kalter Kaffee!) Hielt mich vormittag an zwei alten Zauseln schadlos. Zu Mittag: Schellfisch – bäh . . .«

(1982)

Goethe und Napoleon IV

Von Georges Simenon

Jahrelang verschlang ich ein bis drei Bücher am Tag, von Goethe (*Dichtung und Wahrheit* ist mein Lieblingswerk) bis zu den Briefen Napoleons.

(aus: Als ich alt war, 1970, übersetzt von Linde Birk, 1977)

Goethe und Napoleon V

Von Walter Serner

Der Erfurter Fürstentag führte sie zum ersten und zum letzten Mal vor einander: Goethe, der von sich bekannte, es gebe kein Verbrechen, das er nicht hätte begehen können, und Napoleon, der jedes Verbrechen befahl und manches beging. Was sie beide von einander unterschied, war das Ethos, und nur das Genie war ihnen gemeinsam. »Voilà un homme«: um Napoleon dies erkennen zu lassen, hatten Sekunden genügt; er sprach über den Werther, wies auf eine mangelhaft motivierte Stelle darin so klärend hin, daß Goethe verdutzt war, und lud ihn zwei Mal mit nachdrücklicher Geste ein, doch nach Paris zu kommen. Jena und Auerstädt, des Krieges wurde nicht erwähnt. Hier war die Stelle, wo eine gewaltige innere Verschiedenheit die beiden unweigerlich jäh auseinander hätte reißen müssen. Wenn auch Goethe über Napoleon mit allen Merkmalen eines starken Erlebnisses lange Zeit sich ausschwieg und jahrelang noch leise den Plan einer Reise nach Paris erwog, so war er doch eben derselbe, der die französische Revolution mit tiefem Abscheu verworfen und später für die deutschen Befreiungskriege nur eine hinter Gleichgültigkeit verborgene Ablehnung hatte. Sein weites Auge sah zu den Sternen auf und trug die Furcht vor ihrem Wunder und sein Herz barg jene große Liebe zu allem Lebendigen, die Christus alles Menschenleid erleiden ließ. Napoleon hielt Golgatha für eine dramatisch großzügig konstruierte Fabel, ließ den Herzog von Enghien beiseite schaffen (...) und schlief mit seiner Schwester Cordelie. Sein Geist durchraste in der höchsten Bewußtheit des Genies die lange Kette von Ursache und Wirkung, aber die Unendlichkeit, die an beiden Enden aufklafft, machte ihn nicht erschauern (...) Die Unzulänglichkeit auch seines Gehirns stieß nicht auf das große ethische Korrektiv in der Brust und so ward seine Weltverzweiflung unbändig und brach hemmungslos durch, nach allen Seiten um sich hauend. Tausende ließ der füsilieren wie man Äpfel bricht vom Baum. Goethe gab seinem Diener Stadelmann den strengen Befehl zu warten, bis das Obst von selbst in den weichen Rasen fiele und nur das überreife, unter dem die Äste sich bögen, vorsichtig abzunehmen.

(aus: Goethe und Napoleon, 1915, in: Über Denkmäler, Weiber und Laternen, 1981)

Goethe und Kant I

Von Johann Wolfgang Goethe

Ich habe alles in Deutschland gesehen, vom Rationalismus bis zum Mystizismus. Ich habe allen Revolutionen beigewohnt. Vor einigen Wochen habe ich Kant wieder vorgenommen; nichts ist so klar bis zu den letzten Folgerungen aller seiner Sätze. Kants System ist nicht umgestoßen. Dieses System oder vielmehr diese Methode besteht darin, Subjekt und Objekt zu unterscheiden; das Ich, das von einer beurteilten Sache urteilt mit dieser Überlegung, das bin doch immer ich, der urteilt. Wie also die Subjekte oder Prinzipien des Urteils immer verschieden sind, so werden doch ganz einfach auch die Urteile verschieden sein. Die Methode Kants ist ein Prinzip der Humanität und Toleranz.

(nach Victor Cousin, 18. 10. 1817)

Goethe und Kant II

Von Arthur Schopenhauer

Keiner kann Goethe und Kant zugleich sein.

(aus: Die Welt als Wille und Vorstellung II, 1844)

Goethe und Fichte

Von Robert Musil

Ein anderes Beispiel: Goethe! – Er war ein Genie, wie die Erde leicht kein zweites hervorbringen mag, aber er war auch der geadelte Sohn einer deutschen Kaufmannsfamilie und, so wie ihn Arnheim empfand, der allererste Großschriftsteller, den diese Nation hervorgebracht hat. Arnheim nahm sich an ihm in vielem ein Beispiel. Seine Lieblingsgeschichte war aber die bekannte Affaire, wie Goethe, obgleich er heimlich mit ihm sympathisierte, den armen Johann Gottlieb Fichte im Stich ließ, als er in Jena als Philosophieprofessor gemaßregelt wurde, weil er sich »mit Großheit, aber vielleicht nicht ganz gehörig« über Gott und ähnliche Dinge geäußert hatte und in seiner Verteidigung »leidenschaftlich zu Werke ging«, statt sich »auf das Gelindeste« herauszuhelfen, wie der weltfähige Dichter-Meister in seinen Memoiren bemerkt. Arnheim würde sich nun nicht nur gerade so verhalten haben wie

Goethe, sondern er würde, unter Berufung auf ihn, sogar die Welt zu überzeugen versucht haben, daß es einzig das Goethesche und Bedeutsame sei. Er hätte sich kaum mit der Wahrheit begnügt, daß man merkwürdigerweise wirklich mehr Sympathie empfindet, wenn ein großer Mann etwas Schlechtes tut, als wenn ein weniger großer sich recht beträgt, sondern würde dazu übergegangen sein, daß der bedingungslose Kampf für seine Überzeugung sowohl unfruchtbar wie auch ein Verhalten ohne Tiefe und historische Ironie sei, und was diese letztere angeht, so würde er sie eben auch die Goethesche genannt haben, das heißt die Ironie des ernsten Sich-in-die-Umstände-Bequemens, mit handelndem Humor, dem die Distanz der Zeit recht gibt. Wenn man bedenkt, daß heute, nach knapp zwei Menschenaltern, das Unrecht, das dem wackeren, aufrechten und etwas übertriebenen Fichte widerfuhr, längst eine Privatangelegenheit geworden ist, die seiner Bedeutung nichts hinzutut, hingegen die Bedeutung Goethes, obgleich er sich schlecht betrug, auf die Dauer nichts Wesentliches verlor, so muß man zugeben, daß die Weisheit der Zeit tatsächlich mit der Weisheit Arnheims übereinstimmte.

(aus: Der Mann ohne Eigenschaften, 1930)

Goethe und Hegel I
Von Johann Wolfgang Goethe

Hegels Gegenwart zugleich mit Zelter war mir von großer Bedeutung und Erquickung. Gegen letzteren, mit dem ich so viele Jahre in stetigem Verkehr lebe, konnte freilich das Eigenste und Besonderste verhandelt werden; die Unterhaltung mit dem ersteren jedoch mußte den Wunsch erregen, längere Zeit mit ihm zusammen zu bleiben. Denn was bei gedruckten Mitteilungen eines solchen Mannes uns unklar und abstrus erscheint, weil wir solches nicht unmittelbar unserem Bedürfnis aneignen können, das wird im lebendigen Gespräch alsobald unser Eigentum, weil wir gewahr werden, daß wir in den Grundgedanken und Gesinnungen mit ihm übereinstimmen und man also in beiderseitigem Entwickeln und Aufschließen sich gar wohl annähern und vereinigen könne.

(aus: Brief an Knebel, 14. 11. 1827)

Goethe und Hegel II

Von Georg Wilhelm Friedrich Hegel

Er ist ganz kräftig, gesund, überhaupt der alte, d. h. immer junge, etwas stiller, – ein solches ehrwürdiges, gutes, fideles Haupt, daß man den hohen Mann von Genie und von unversiegbarer Energie des Talents darüber vergißt.

(aus: Brief an seine Frau, 16. 10. 1827)

Goethe und Hegel III

Von Johann Peter Eckermann

Hegel ist hier, den Goethe persönlich sehr hochschätzt, wenn auch einige seiner Philosophie entsprossene Früchte ihm nicht sonderlich munden wollen. Goethe gab ihm zu Ehren diesen Abend einen Tee, wobei auch Zelter gegenwärtig, der aber noch diese Nacht wieder abzureisen im Sinne hatte.

(...) Sodann wendete sich das Gespräch auf das Wesen der Dialektik. »Es ist im Grunde nichts weiter«, sagte Hegel, »als der geregelte, methodisch ausgebildete Widerspruchsgeist, der jedem Menschen inwohnt, und welche Gabe sich groß erweiset in Unterscheidung des Wahren und Falschen.«

»Wenn nur«, fiel Goethe ein, »solche geistigen Künste und Gewandtheiten nicht häufig gemißbraucht und dazu verwendet würden, um das Falsche wahr und das Wahre falsch zu machen!«

»Dergleichen geschieht wohl«, erwiderte Hegel, »aber nur von Leuten, die geistig krank sind.«

»Da lobe ich mir«, sagte Goethe, »das Studium der Natur, das eine solche Krankheit nicht aufkommen läßt! Denn hier haben wir es mit dem unendlich und ewig Wahren zu tun, das jeden, der nicht durchaus rein und ehrlich bei Beobachtung und Behandlung seines Gegenstandes verfährt, sogleich als unzulänglich verwirft. Auch bin ich gewiß, daß mancher dialektisch Kranke im Studium der Natur eine wohltätige Heilung finden könnte.«

Wir waren noch im besten Gespräch und in der heitersten Unterhaltung, als Zelter aufstand und, ohne ein Wort zu sagen, hinausging. Wir wußten, es tat ihm leid, von Goethen Abschied zu nehmen, und daß er diesen zarten Ausweg wähle, um über einen schmerzlichen Moment hinwegzukommen.

(aus: Gespräche mit Goethe in den letzten Jahren seines Lebens, 1836)

Goethe, Hegel und die Bibel

Von Karl Rosenkranz

Die Einheit Hegelscher Spekulation und Goethescher Poesie wurde ein förmliches Dogma der Hegelschen Schule. Den Dichter erklärte man mit dem Philosophen, den Philosophen bewahrheitete, belegte man mit dem Dichter, wie vorzüglich *Göschel* dies getan hat, der dann freilich zu beiden noch die Bibel hinzufügte. Der Zufall, daß die Geburtstage beider Männer aneinander grenzten, gab ihrer geistigen Verwandtschaft vollends einen mystischen Schimmer und den poetischeren Genossen des Weimar-Berlinschen Kreises viel glücklichen Gesangsstoff zu enkomiastischen Versen.

(aus: Georg Wilhelm Friedrich Hegels Leben, 1844)

Goethe und Schopenhauer I

Von Arthur Schopenhauer

... Goethius ... amicitia sua & familiaritate me dignatus est. Hucusque enim vultu tantum notus ei eram, neque me alloqui solebat. Quum autem illam dissertationem meam evolvisset, sponte sua ad me accessit, rogavitque, ut doctrinae suae de coloribus operam dare vellem, pollicitus simul, quibuslibet interpretationibus omnibusque subsidiis ad eam rem facientibus se subventurum mihi esse, ut, per eam hiemem, illud studium crebris inter nos colloquiis materiam suppeditare posset, sive suffragaturus, sive refragaturus forem decretis suis. Paucis post diebus suum ipsius apparatum & instrumenta ad colorum phaenomena evocanda mihi misit, etiam ipse postea difficiliora experimenta mihi exhibuit, magnopere gavisus, animum meum, nullis praejudicatis opinionibus obcaecatum, veritatem doctrinae ejus agnoscere ... Quum, per totam illam hiemem, summus vir frequenter me arcesseret, minime intra colorum disquisitiones se continuerunt colloquia, sed de quibuslibet rebus philosophicis sermones contulimus, eosque in multas saepe horas protraximus.

(Goethe 1813/14, in: Curriculum vitae, 1819)

Goethe und Schopenhauer II

Von Arthur Schopenhauer und Johann Wolfgang Goethe

Ewr Excellenz

werden mein vor acht Wochen an Sie abgesandtes Manuskript über das Sehn und die Farben, nebst meinem Briefe, gewiß erhalten haben: denn, obgleich Sie meine Bitte um Anzeige des Empfangs nicht erfüllt haben, so kann ich doch nicht wohl daran zweifeln, weil ich vom Herrn *Dr. Schlosser* erkundet habe, daß er es zur Zeit erhalten und Ihnen sogleich überschickt hat. Ewr Excellenz haben indessen mich bisher keiner Antwort darauf gewürdigt, welches ich mir hauptsächlich daraus erkläre, daß die mannigfaltigen Umgebungen Ihres öfter veränderten Aufenthalts, dabei der Umgang mit regierenden, diplomatischen und militärischen Personen, Sie zu sehr beschäftigt und Ihre Aufmerksamkeit einnimmt, als daß meine Schrift anders als sehr unbedeutend dagegen erscheinen, oder zu einem Briefe über dieselbe Zeit übrig bleiben könnte. Es würde thörigt und vermessen seyn, wenn ich mir deshalb die leiseste Andeutung eines Vorwurfs gegen Ewr Excellenz erlauben wollte. Andrerseits jedoch hat mir die Gesinnung, aus der ich meine Schrift Ewr Excellenz übersandte, keineswegs die Verpflichtung auferlegt, mich jeder Bedingung zu unterwerfen, unter der allein Sie diese Schrift zu lesen und zu berücksichtigen geneigt seyn möchten.

Ich weiß von Ihnen selbst, daß Ihnen das literarische Treiben stets Nebensache, das wirkliche Leben Hauptsache gewesen ist. Bei mir aber ist es umgekehrt: was ich denke, was ich schreibe, das hat für mich Werth und ist mir wichtig: was ich persönlich erfahre und was sich mit mir zuträgt, ist mir Nebensache, ja ist mein Spott.

Dieserhalb ist es mir peinlich und beunruhigend, eine Handschrift von mir seit acht Wochen aus meinen Händen zu wissen und noch nicht einmal völlige Gewißheit zu haben, daß sie dahin gelangt ist, wohin allein ich sie geben mochte, und wenn auch dies gleich höchst wahrscheinlich ist, wenigstens nicht zu wissen ob sie gelesen, ob gut aufgenommen ist, kurz, wie es ihr geht. Mir ist diese Ungewißheit über etwas das zu dem gehört, was mir allein wichtig ist, unangenehm und quälend, ja in manchen Augenblicken kann meine Hypochondrie hier Stoff zu den widrigsten und unerhörtesten Grillen finden. Um allem diesem und der Plage einer täglich getäuschten Erwartung ein Ende zu machen und die Sache mir wenigstens aus dem Sinn schlagen und vors Erste vergessen zu können, bitte ich Ewr Excellenz mir meine Schrift nunmehr zurückzuschicken, mit oder ohne Bescheid, wie Sie für gut finden: in jedem Fall glaube ich jedoch noch diese Bitte mit Zuversicht hinzufügen zu dürfen, daß Sie mir zugleich in zwei lakonischen Phrasen anzeigen, ob außer Ihnen irgend jemand sie gelesen hat, oder gar eine Abschrift davon genommen ist. Sollten Sie indessen wünschen sie noch länger zu behalten, so haben Sie die Güte mir die Gründe dazu anzuzeigen und mir überhaupt durch einigen Bescheid Beruhigung darüber zu verschaffen.

Ich hoffe, daß Ewr Excellenz mein Anliegen nicht übeldeuten und nie zweifeln werden an der unveränderlichen und innigen Verehrung mit der ich für mein ganzes Leben verharre

Ewr Excellenz
ergebenster Diener

Dresden, d. 3ten September, 1815 *Arthur Schopenhauer Dr.*

(aus: Gesammelte Briefe, 1978)

*

Der junge Schopenhauer hat sich mir als einen merkwürdigen und interessanten jungen Mann dargestellt (...)

(Goethe an Knebel, 24. 11. 1813)

*

Ihr Freund, unser großer Göthe, befindet sich wohl, ist heiter, gesellig, günstig, freundlich: gepriesen sey sein Name in alle Ewigkeit!

(Schopenhauer an F. A. Wolf, 24. 11. 1813)

*

Ein Besuch Dr. Schopenhauers, eines meist verkannten, aber auch schwer zu kennenden verdienstvollen jungen Manns, regte mich auf und gedieh zur wechselseitigen Belehrung.

(Goethe, Tag- und Jahreshefte 1830, unter dem Jahr 1819)

Goethe und Nietzsche I

Von Alfred Döblin

In wessen Hände, geehrter Herr, war bisher das Kulturgut gelegt? Doch wohl in die Hände der sogenannten Bürgerlichen, besonders in die Hände der bürgerlichen Intelligenzschicht. Und was haben diese Hände und Köpfe, ich rede von Deutschland, mit diesem Kulturgut gemacht? Sie haben davon gelesen, daß Gebildete, Studenten und alte Leute, in den Krieg gezogen sind mit dem Faust und dem Zarathustra im Tornister. Denken Sie darüber nach, suchen Sie dieses Phänomen zu verstehen. Sie wissen, was Goethe, Verfasser des Faust, und was Nietzsche, Verfasser des Zarathustra, gesagt, gemeint und gelehrt haben, beides große Erscheinungen, zu denen Sie sich bekennen können, Schöpfer jenes Kulturgutes. Was sie gelehrt haben, steckt doch offenbar nur als Wort und schönes Geklingel in den Köpfen dieser Leute, eigentlich nur in den Ohren. Sagen wir es ganz deutlich: sie kannten alle wie ihre Lehrer weder Faust noch Zarathustra! Und wenn sie sie kannten, so nahmen sie sie als Narkotikum mit, gingen halb gegen ihren Willen in den Krieg, in diesen Krieg, dessen Ursache sie – und die meisten von uns – nicht durchschauten, dessen Wesen ihnen unbekannt war, dessen gräßliches Maschinenwesen sie entsetzte, sobald sie es kennenlernten, und starben in einer unklaren Verzweiflung.

Sie fragen? Soll man noch tiefer in Schlamperei verfallen?

(aus: Wissen und Verändern!, 1931)

Goethe und Nietzsche II
Von Gottfried Benn

Wenn ein Leben fünfzig Jahre beendet ist und das Werk sechzig Jahre abgeschlossen vorliegt, darf man vielleicht zu der Methode übergehen, die Gestalt als Traum zu sehen – der Efeu ihres Grabes, das Meer von Nizza, das Eis des Engadins mischen die Figuren und die Widersprüche dieses Traums. Im Rahmen dieses Traums erscheint Hölderlin wie ein Herbarium und Novalis innerhalb der Redaktion der Urworte wie ein Lokalreporter. Goethe allein überflutet auch diesen Traum, trägt weiter, überbrückt auch diesen Abgrund – er allein. Aber auch ihm gegenüber erhebt sich Nietzsche als das größte Ausstrahlungsphänomen der Geistesgeschichte, alles an ihm, jeder Satz ist zweideutiger, faszinierender, beunruhigender als bei Goethe. Er ist »der vierte Mensch«, von dem man jetzt so viel spricht, der Mensch ohne Inhalt, der die Grundlagen der Ausdruckswelt schuf. Ich werde das erklären.

(aus: Nietzsche – nach fünfzig Jahren, 1950)

*

Goethe war nie eine Erschütterung, Goethe war immer Besitz – ich beginne mit Nietzsche.

(aus: Vortrag in Knokke, 1952)

Goethe und die Romantik

Von Heinrich Heine

Frau von Staëls Werk »De l'Allemagne« ist die einzige umfassende Kunde, welche die Franzosen über das geistige Leben Deutschlands erhalten haben. Und doch ist, seitdem dieses Buch erschienen, ein großer Zeitraum verflossen, und eine ganz neue Literatur hat sich unterdessen in Deutschland entfaltet. Ist es nur eine Übergangsliteratur? Hat sie schon ihre Blüte erreicht? Ist sie bereits abgewelkt? Hierüber sind die Meinungen geteilt. Die meisten glauben, mit dem Tode Goethes beginne in Deutschland eine neue literarische Periode, mit ihm sei auch das alte Deutschland zu Grabe gegangen, die aristokratische Zeit der Literatur sei zu Ende, die demokratische beginne, oder, wie sich ein französischer Journalist jüngst ausdrückte: der Geist der einzelnen habe aufgehört, der Geist aller habe angefangen.

Was mich betrifft, so vermag ich nicht in so bestimmter Weise über die künftigen Evolutionen des deutschen Geistes abzuurteilen. Die Endschaft der »Goetheschen Kunstperiode«, mit welchem Namen ich diese Periode zuerst bezeichnete, habe ich jedoch schon seit vielen Jahren vorausgesagt. Ich hatte gut prophezeien! Ich kannte sehr gut die Mittel und Wege jener Unzufriedenen, die dem

Goetheschen Kunstreich ein Ende machen wollten, und in den damaligen Emeuten gegen Goethe will man sogar mich selbst gesehen haben. Nun Goethe tot ist, bemächtigt sich meiner darob ein wunderbarer Schmerz.

(...) Man irrt sehr, wenn man etwa glaubt, daß Goethe, der damals schon aufgetaucht, bereits allgemein anerkannt gewesen sei. Sein »Götz von Berlichingen« und sein »Werther« waren mit Begeisterung aufgenommen worden, aber die Werke der gewöhnlichsten Stümper waren es nicht minder, und man gab Goethen nur eine kleine Nische in dem Tempel der Literatur. Nur den »Götz« und den »Werther« hatte das Publikum, wie gesagt, mit Begeisterung aufgenommen, aber mehr wegen des Stoffes als wegen ihrer artistischen Vorzüge, die fast niemand in diesen Meisterwerken zu schätzen verstand. Der »Götz« war ein dramatisierter Ritterroman, und diese Gattung liebte man damals. In dem »Werther« sah man nur die Bearbeitung einer wahren Geschichte, die des jungen Jerusalem, eines Jünglings, der sich aus Liebe totgeschossen und dadurch in jener windstillen Zeit einen sehr starken Lärm gemacht; man las mit Tränen seine rührenden Briefe; man bemerkte scharfsinnig, daß die Art, wie Werther aus einer adeligen Gesellschaft entfernt geworden, seinen Lebensüberdruß gesteigert habe; die Frage über den Selbstmord gab dem Buche noch mehr Besprechung; einige Narren verfielen auf die Idee, sich bei dieser Gelegenheit ebenfalls totzuschießen; das Buch machte, durch seinen Stoff, einen bedeutenden Knalleffekt. Die Romane von August Lafontaine wurden jedoch ebensogern gelesen, und da dieser unaufhörlich schrieb, so war er berühmter als Wolfgang Goethe.

(...) Wurde nun die romantische Schule, durch die Enthüllung der katholischen Umtriebe, in der öffentlichen Meinung zugrunde gerichtet, so erlitt sie gleichzeitig in ihrem eigenen Tempel einen vernichtenden Einspruch, und zwar aus dem Munde eines jener Götter, die sie selbst dort aufgestellt. Nämlich Wolfgang Goethe trat von seinem Postamente herab und sprach das Verdammungsurteil über die Herren Schlegel, über dieselben Oberpriester, die ihn mit so viel Weihrauch umduftet. Diese Stimme vernichtete den ganzen Spuk; die Gespenster des Mittelalters entflohen; die

Eulen verkrochen sich wieder in die obskuren Burgtrümmer; die Raben flatterten wieder nach ihren alten Kirchtürmen; Friedrich Schlegel ging nach Wien, wo er täglich Messe hörte und gebratene Hähndel aß; Herr August Wilhelm Schlegel zog sich zurück in die Pagode des Brahma.

Offen gestanden, Goethe hat damals eine sehr zweideutige Rolle gespielt, und man kann ihn nicht unbedingt loben. Es ist wahr, die Herren Schlegel haben es nie ehrlich mit ihm gemeint; vielleicht nur weil sie in ihrer Polemik gegen die alte Schule auch einen lebenden Dichter als Vorbild aufstellen mußten und keinen geeigneteren fanden als Goethe, auch von diesem einigen literarischen Vorschub erwarteten, bauten sie ihm einen Altar und räucherten ihm und ließen das Volk vor ihm knien. Sie hatten ihn auch so ganz in der Nähe. Von Jena nach Weimar führt eine Allee hübscher Bäume, worauf Pflanzen wachsen, die sehr gut schmecken, wenn man durstig ist von der Sommerhitze; und diesen Weg wanderten die Schlegel sehr oft, und in Weimar hatten sie manche Unterredung mit dem Herrn Geheimrat von Goethe, der immer ein sehr großer Diplomat war und die Schlegel ruhig anhörte, beifällig lächelte, ihnen manchmal zu essen gab, auch sonst einen Gefallen tat usw. Sie hatten sich auch an Schiller gemacht; aber dieser war ein ehrlicher Mann und wollte nichts von ihnen wissen. Der Briefwechsel zwischen ihm und Goethe, der vor drei Jahren gedruckt worden, wirft manches Licht auf das Verhältnis dieser beiden Dichter zu den Schlegeln. Goethe lächelt vornehm über sie hinweg; Schiller ist ärgerlich über ihre impertinente Skandalsucht, über ihre Manier, durch Skandal Aufsehen zu machen, und er nennt sie »Laffen«.

Mochte jedoch Goethe immerhin vornehm tun, so hatte er nichts destoweniger den größten Teil seines Renomee den Schlegeln zu verdanken. Diese haben das Studium seiner Werke eingeleitet und befördert. Die schnöde beleidigende Art, womit er diese beiden Männer am Ende ablehnte, riecht sehr nach Undank. Vielleicht verdroß es aber den tiefschauenden Goethe, daß die Schlegel ihn nur als Mittel zu ihren Zwecken gebrauchen wollten; vielleicht haben ihn, den Minister eines protestantischen Staates, diese

Zwecke zu kompromittieren gedroht, vielleicht war es gar der altheidnische Götterzorn, der in ihm erwachte, als er das dumpfig katholische Treiben sah: – denn wie Voß dem starren einäugigen Odin glich, so glich Goethe dem großen Jupiter in Denkweise und Gestalt (...) Wie ich selber es damals, mit hinlänglicher Bitterkeit, offen gesagt habe: Goethe glich jenem Ludwig XI., der den hohen Adel unterdrückte und den tiers état emporhob.

Das war widerwärtig, Goethe hatte Angst vor jedem selbständigen Originalschriftsteller und lob und pries alle unbedeutende Kleinmeister; ja er trieb dieses so weit, daß es endlich für ein Brevet der Mittelmäßigkeit galt, von Goethe gelobt worden zu sein.

(aus: Die romantische Schule, 1835)

Goethe und Bismarck

Von Emil Walther

Wie unsere heutige politische Zentrale, die Reichshauptstadt Berlin, das alte klassische Weimar als eine Art geistigen Mittel- und Brennpunktes zur geschichtlichen Voraussetzung hat, so dürfen wir von dem gewaltigen Hersteller unserer politischen Macht und Größe, Otto von Bismarck, denselben logischen Rückschluß machen auf den genialen Schöpfer unserer idealen Macht und unseres geistigen Ansehens, Johann Wolfgang von Goethe. Beide bedingen einander (...) Wie Goethe die ideale Verkörperung des Volkes der Dichter und Denker ist, so ist Bismarck die ideale Verkörperung des Volkes der Taten.

(aus: Von Goethe zu Bismarck, Bismarck-Jahrbuch 1896)

*Reinzeichnung von Almut Gernhardt im Verein mit dem Ölgemälde
von Karl Stieler (1828/1982)*

Goethe und Gluck

Von E. T. A. Hoffmann

Jene Wahrheit, daß die Oper in Wort, Handlung und Musik als ein Ganzes erscheinen müsse, sprach Gluck zuerst in seinen Werken deutlich aus; aber welche Wahrheit wird nicht mißverstanden und veranlaßt so die sonderbarsten Mißgriffe! Welche Meisterwerke erzeugten nicht in blinder Nachahmerei die lächerlichsten Produkte. Dem blöden Auge erscheinen die Werke des hohen Genies, die es nicht vermochte in einem Brennpunkt aufzufassen, wie ein deformiertes Gemälde, und dieses Gemäldes zerstreute Züge wurden getadelt und nachgeahmt. Goethes »Werther« veranlaßte die weinerlichen Empfindeleien jener Zeit; sein »Götz von Berlichingen« schuf die ungeschlachten, leeren Harnische, aus denen die hohlen Stimmen der biderben Grobheit und des prosaisch tollen Unsinns erklangen. Goethe selbst sagt (Aus meinem Leben, dritter Teil), die Wirkung jener Werke sei meistens stoffartig gewesen, und so kann man auch behaupten, daß die Wirkung von Glucks und Mozarts Werken, abgesehen von dem Text, in rein musikalischer Hinsicht nur stoffartig war.

(aus: Kreisleriana, 1814)

Goethe und Schubert

Schubert versuchte noch einmal, an den greisen Dichterfürsten von Weimar zu gelangen und durch Widmung und Übersendung der Lieder von diesem ein Wort des Dankes oder der Anerkennung zu erhalten. Er schrieb:

»Euer Exzellenz!
Wenn es mir gelingen sollte, durch die Widmung dieser Composition Ihrer Gedichte meine unbegrenzte Verehrung gegen E. Exzellenz an den Tag legen zu können, und vielleicht

einige Beachtung für meine Unbedeutendheit zu gewinnen, so würde ich den günstigen Erfolg dieses Wunsches als das schönste Ereignis meines Lebens preisen. – Mit größter Hochachtung Ihr ergebenster Diener

Franz Schubert.«

Unterm 16. Juni 1825 notierte Goethe in sein Tagebuch: »Sendung von Felix (Mendelssohn-Bartholdy) von Berlin, Quartette. Sendung von Schubert aus Wien, von meinen Liedern Compositionen.« Während sein Liebling Mendelssohn einen sehr netten Dankesbrief erhielt, wurde der unbekannte Schubert in Wien von Goethe keines Wortes gewürdigt. Für Schubert war solche Mißachtung nichts Ungewohntes.

(aus: Fritz Hug, Franz Schubert, 1976)

Goethe und Mozart

Alle Werke Mozarts sind dieser Art; es liegt in ihnen eine zeugende Kraft, die von Geschlecht zu Geschlecht fortwirkt und so bald nicht erschöpft und verzehrt sein dürfte.

(Goethe zu Eckermann, 11. 3. 1828)

*

Ein kultiviert-differenzierendes Zu-Tische-Sein, nach welchem – so stellen wir uns vor – Goethe in seinen gemessenen Tageslauf zurückfand, war allerdings Mozarts Sache wohl nicht, seine Mahlzeiten lassen sich mit denen Goethes gewiß nicht vergleichen.

(aus: Wolfgang Hildesheimer, Mozart, 1977)

Goethe und Beethoven I

Von Johann Wolfgang Goethe

Beethoven habe ich in Teplitz kennengelernt. Sein Talent hat mich in Erstaunen gesetzt; allein er ist leider eine ganz ungebändigte Persönlichkeit, die zwar gar nicht Unrecht hat, wenn sie die Welt detestabel findet, aber sie freilich dadurch weder für sich noch für andere genußreicher macht. Sehr zu entschuldigen ist er hingegen und sehr zu bedauern, da ihn sein Gehör verläßt, das vielleicht dem musikalischen Teil seines Wesens weniger als dem geselligen schadet. Er, der ohnehin lakonischer Natur ist, wird es nun doppelt durch diesen Mangel.

(aus: Brief an Zelter, 2. 9. 1812)

Goethe und Beethoven II

Von Felix Mendelssohn

An Beethoven wollte er gar nicht heran; ich sagte ihm aber, ich könne ihm nicht helfen, und spielte ihm nun das erste Stück der C-Moll-Symphonie vor. Das berührte ihn ganz seltsam. Er sagte erst: Das bewegt aber gar nichts, das macht nur staunen; das ist grandios; und dann brummte er so weiter und fing nach langer Zeit wieder an: Das ist sehr groß, ganz toll! Man möchte fürchten, das Haus fiele ein. Und wenn das nun alle die Menschen spielen! – Und bei Tische, mitten in einem anderen Gespräch, fing er wieder damit an.

(aus: Brief an seine Eltern, 25. 5. 1830)

Was in Karlsbad wirklich geschah

Von Chlodwig Poth

(1982)

Goethe und Mendelssohn
Von Lea Mendelssohn

Goethe, der Vornehme, Hohe, Ministerielle, um den Würde, Ruhm, Dichterglanz, Genie und Superiorität jeder Gattung eine blendende Strahlenkrone bilden, vor dem gemeine Sterbliche erbangen, ist so gütig, mild, freundlich, ja väterlich gegen den Knaben, daß ich nur mit dem innigsten Dank und freudiger Rührung mir diese beglückenden Bilder zurückrufen kann. Stundenlang sprach er mit meinem Mann über Felix, herzlich lud er ihn ein, wieder längere Zeit bei ihm zu wohnen, mit sichtlichem Wohlgefallen ruhten seine Blicke auf ihm, und sein Ernst verwandelte sich in Heiterkeit, wenn er nach seinem Sinn phantasiert hatte. Da er gewöhnliche Musik nicht liebt, war sein Piano seit Felix' Abwesenheit unberührt geblieben, und er öffnete es ihm mit den Worten: Komm und wecke mir all die geflügelten Geister, die lange darin geschlummert. Und ein andermal: Du bist mein David, sollte ich krank und traurig werden, so banne die bösen Träume durch dein Spiel, ich werde nie wie Saul den Speer nach dir werfen. – Auch gegen Fanny war er sehr gütig und herablassend.

(7./8. 10. 1822)

Goethe und Wagner I
Von Friedrich Nietzsche

Man kennt das Schicksal Goethes im moralinsauren altjungfernhaften Deutschland. Er war den Deutschen immer anstößig, er hat ehrliche Bewunderer nur unter Jüdinnen gehabt. Schiller, der »edle« Schiller, der ihnen mit großen Worten um die Ohren schlug – *der* war nach ihrem Herzen. Was warfen sie Goethe vor? Den »Berg der Venus«; und daß er venetianische Epigramme gedichtet habe. Schon Klopstock hielt ihm eine Sittenpredigt; es gab eine

Zeit, wo Herder, wenn er von Goethe sprach, mit Vorliebe das Wort »Priap« gebrauchte. Selbst der »Wilhelm Meister« galt nur als Symptom des Niedergangs, als moralisches »Auf-den-Hund-Kommen«. Die »Menagerie von zahmem Vieh«, die »Nichtswürdigkeit« des Helden darin erzürnte zum Beispiel Niebuhr: der endlich in eine Klage ausbricht, welche *Biterolf* hätte absingen können: »Nichts macht leicht einen schmerzlicheren Eindruck, als wenn ein großer Geist sich seiner Flügel beraubt und seine Virtuosität in etwas weit Geringerem sucht, *indem er dem Höheren entsagt*« ... Vor allem aber war die höhere Jungfrau empört: alle kleinen Höfe, alle Art »Wartburg« in Deutschland bekreuzte sich vor Goethe, vor dem »unsauberen Geist« in Goethe. – *Diese* Geschichte hat Wagner in Musik gesetzt. Er *erlöst* Goethe, das versteht sich von selbst; aber so, daß er, mit Klugheit, zugleich die Partei der höheren Jungfrau nimmt. Goethe wird gerettet: ein Gebet rettet ihn, eine höhere Jungfrau *zieht ihn hinan* ...

– Was Goethe über Wagner gedacht haben würde? – Goethe hat sich einmal die Frage vorgelegt, was die Gefahr sei, die über allen Romantikern schwebe: das Romantiker-Verhängnis. Seine Antwort ist: »am Wiederkäuen sittlicher und religiöser Absurditäten zu ersticken«. Kürzer: *Parsifal* – –

(aus: Der Fall Wagner, 1888)

Goethe und Wagner II

Von Thomas Mann

Die Deutschen sollte man vor die Entscheidung stellen: Goethe oder Wagner. Beides zusammen geht nicht. Aber ich fürchte, sie würden ›Wagner‹ sagen. Oder doch vielleicht nicht? Sollte nicht doch vielleicht jeder Deutscher im Grunde seines Herzens *wissen,* daß Goethe ein unvergleichlich verehrungswürdigerer Führer und Nationalheld ist, als dieser schnupfende Gnom aus Sachsen mit dem Bombentalent und dem schäbigen Charakter? Quaeritur.

(aus: Brief an Julius Bab, 14. 9. 1911)

Goethe und Balzac

Von Georg Lukács

Puschkin nennt den ›Faust‹ eine Ilias des modernen Lebens. Das ist ausgezeichnet gesagt, es bedarf zur richtigen Konkretisierung nur der Unterstreichung des Wortes ›modern‹. Denn im Leben der Gegenwart ist es nicht mehr wie in der Antike möglich, alle Bestimmungen des Gedankens und der dichterischen Gestaltung unmittelbar vom Menschen aus zu entwickeln. Gedankliche Tiefe, Totalität der gesellschaftlich-menschlichen Kategorien und künstlerischen Vollkommenheit sind hier nicht mit naiver Selbstverständlichkeit vereinigt, sie ringen vielmehr heftig miteinander. Aus der Goetheschen Vereinigung dieser widerstrebenden Tendenzen ist ein im wahrsten Sinne des Wortes einzigartiges Gebilde entstanden. Goethe selbst nennt es eine ›inkommensurable Produktion‹.

Gestaltet wird das Schicksal eines Menschen, und doch ist der Inhalt des Gedichts das Geschick der ganzen Menschheit. Die wichtigsten philosophischen Probleme einer großen Übergangsepoche werden vor uns gestellt, aber nicht bloß gedanklich, sondern unzertrennbar vereinigt mit sinnlich packenden (oder zumindest leuchtend dekorativen) Gestaltungen letzter menschlicher Beziehungen. Diese Beziehungen werden nun in steigendem Maß problematisch. Eine ungebrochene sinnlich-geistige Einheit kann nur im ersten Teil vorwalten. Gedankengehalt, Aufdeckung gesellschaftlich-geschichtlicher und naturphilosophischer Zusammenhänge belasten, ja sprengen immer stärker die sinnliche Einheit der Formen und der Gestalten. Das ist der allgemeine Prozeß der Entwicklung der Literatur im 19. Jahrhundert, der die Geschlossenheit und Schönheit der Formenwelt zerstört, sie der Unerbittlichkeit des neuen großen Realismus opfert und damit das Ende der ›Kunstperiode‹ herbeiführt.

Es ist kein Zufall, daß die Vollendung des zweiten Teils des ›Faust‹ fast gleichzeitig mit dem Erscheinen von Balzacs ›Das Chagrinleder‹ erfolgt: jener Realismus, der die ›Kunstperiode‹ ablöst, entsteht hier in noch phantastisch-romantischen Formen, während dort der große Realismus der ›Kunstperiode‹ in phantastisch-allegorischen Formen Abschied nimmt. Bei Balzac: phantastisches Prélude zum modernen Roman, worin das Real-Gespenstische des kapitalistischen Lebens zum Ausdruck kommt. Bei Goethe: phantastische Schlußakkorde der letzten Periode der Formvollendung in der bürgerlichen Literatur. Balzac wie Goethe erleben gleicherweise dieses Überquellen des neuen Lebens, das Zerreißen der Dämme der alten Formen durch diese Sturmflut. Aber Balzac sucht die inneren Kraftlinien dieses Überquellens selbst zu ergründen, um aus ihrer Erkenntnis eine neue epische Form entstehen zu lassen; Goethe unternimmt eine Stromregulierung durch alte, neugebildete Formen.

Eine solche ist jedoch nicht adäquat erreichbar. So paradox es auch klingen mag: Balzacs endgültige Lösung steht den großen – modernen – Traditionen der Epik näher als der ›Faust‹ irgendeiner überlieferten Formgebung. Schon der erste Teil wächst über den Rahmen von Epik und Dramatik hinaus, noch viel mehr der zweite: er ist weder dramatisch noch episch, noch weniger aber eine Summe von lyrischen Stimmungsbildern, wie das spätere 19. Jahrhundert sie im Anschluß gerade an den Faust geschaffen hat (Lenau). Es ist eine ›inkommensurable Produktion‹.

(aus: Faust-Studien, in: Faust und Faustus, 1941/65)

Goethe und Tolstoi

Von Thomas Mann

Es schien uns kein Zufall, daß Schiller und Dostojewski kranke Menschen waren und es darum nicht wie Goethe und Tolstoi zu ehrwürdiger Hochbetagtheit bringen konnten. Dies schien uns vielmehr in ihrer Wesenheit tief begründet. Ebenso symbolisch ist die weitere äußere Tatsache, daß die beiden großen Plastiker und Realisten *vornehmer Abkunft* waren, in eine bevorzugte soziale Stellung hineingeboren wurden, während die Helden und Heiligen der

Idee, Schiller und Dostojewski, der Sohn des schwäbischen Feldschers und der des Moskauer Hospitalarztes, kleiner Leute Kind waren und in beschränkten, unansehnlichen, man möge sagen: unwürdigen Verhältnissen all ihre Tage verbrachten. Ich nenne dies biographische Faktum symbolisch, weil sich darin die *Christlichkeit des Geistes* bewährt, dessen Reich, wie das Schriftwort lautet, »nicht von dieser Welt« ist, im Persönlichen so wenig wie im Ideellen und Künstlerischen – entgegengesetzt auf ewig dem Reiche der Natur und ihrer Lieblinge, deren Wesen und Adel in der Tat ganz und gar »von dieser Welt«, der leiblich-heidnischen Welt ist – darin beruht ihr ›Realismus‹. Auch waren beide, Tolstoi sowohl wie Goethe, Realisten genug, sich ihrer bevorzugten Abkunft naiv zu freuen, ja, in einer Weise Gewicht darauf zu legen und sich davon durchdrungen zu zeigen, die sonderbar ungeistig anmuten müßte, wenn nicht klar wäre, daß sie selbst diesen Vorzug symbolisch nahmen und daß sich ihr Bewußtsein davon mit dem Gefühl ihrer höheren, übersozialen, menschlichen Vornehmheit auf eine gewisse kindliche Art verschränkte und vermischte. Goethen war seine edelbürgerliche Geburt so lieb, daß ihm das Adelsdiplom, als er es in Händen hielt, »nichts, gar nichts« bedeutete. »Wir Frankfurter Patrizier«, sagte er, »hielten uns immer dem Adel gleich.« Aber in demselben Gespräch und Zusammenhang äußert er auch, um seinen Ruf als Fürstenknecht zu widerlegen: »Ja, es war mir selber *so wohl in meiner Haut,* und ich fühlte mich selber so vornehm, daß, wenn man mich zum Fürsten gemacht hätte, ich es nicht eben sonderlich merkwürdig gefunden haben würde.« Am Rande bemerkt: Es hätte durchaus bei ihm gestanden, Fürst zu werden. Wäre er der Aufforderung Napoleons gefolgt, seine Tätigkeit nach Paris zu verlegen, hätte er dort den ›Cäsar‹ geschrieben, den Napoleon wünschte und in dem Goethe nur seinem Jugendhaß auf die »nichtswürdigen«, die »niederträchtigen« Mörder hätte die Zügel schießen zu lassen brauchen – so hätte der Kaiser ihn mit Sicherheit zum Fürsten gemacht, wie er nach eigener Aussage Corneille dazu gemacht haben würde. Worauf wir hinweisen wollten, ist dies: Wie nahe in Goethe's Selbstgefühl das Bewußtsein seiner sozialen Wohlgeborenheit und seines menschlichen Adels, seiner Gotteskindschaft steht – beides fließt zusammen zu einem und demselben Adelsbewußtsein oder »angeborenen Verdienst«.

Graf Leo Tolstoi, wie man weiß, entstammte einer der ältesten und vornehmsten Adelsfamilien Rußlands. Liest man seine Werke, ›Kindheit‹ zum Beispiel oder ›Anna Karenina‹, diesen Roman aus der eleganten Moskauer Gesellschaft, so hat man vor allem das Gefühl, es mit einem Manne von der besten Kinderstube zu tun zu haben, dasselbe Gefühl, das einen auch beim Lesen von ›Dichtung und Wahrheit‹ oder der ›Wahlverwandtschaften‹ nicht verläßt. Aber auch jene intime und vielleicht kindliche Erscheinung, die wir eben bei Goethe bemerkten, finden wir bei Tolstoi wieder: sein Blutsadel und jene Auszeichnung, die das große Talent verleiht, gehörten ihm zusammen, ganz einfach, weil sie beide ihm gehörten, und in der Freude an sich selbst, von der er trotz aller Zerknirschungsanfälle sehr viel besaß, vereinigte sich die Vorstellung beider. Der schriftstellerische Ruhm, schrieb er an seinen Schwiegervater, beglückte ihn sehr; Schriftsteller *und Aristokrat* zu sein, empfinde er als höchst angenehm. »Schriftsteller und Aristokrat« – all seines Christentums, all seines ›Anarchismus‹ ungeachtet, hat er nicht aufgehört, diese persönliche Mischung auf das markanteste darzustellen. Als Turgenjew die Bekanntschaft des jungen Tolstoi gemacht hatte, sagte er: »Nicht ein Wort, nicht eine Bewegung ist natürlich an ihm. Er posiert beständig, und es ist mir rätselhaft, wie ein so kluger Mann diesen *kindischen Stolz auf seinen dummen Grafentitel* haben kann.« Da das derselbe Turgenjew war, der gegen einen französischen Verleger äußerte: »Ich bin nicht würdig, seinen Schuhriemen zu lösen« – so wird, was er damals sagte, wohl auf Wahrheit beruht haben. Was den *alten* Tolstoi betrifft, so erzählt Gorki: »Sein äußeres behagliches Demokratentum täuschte viele Leute, und ich habe oft gesehen, wie Russen, die Menschen nach ihren Kleidern beurteilen, einen Strom von ihrer abscheulichen ›Offenherzigkeit‹ ergossen, die richtiger ›die Vertraulichkeit des Schweinekobens‹ heißt. Und plötzlich kam unter seinem Bauernbart, unter seiner demokratischen, zerknitterten Bluse der alte russische ›Barin‹, der hohe Aristokrat zum Vorschein: und die Nasen der treuherzigen Besucher wurden sogleich blau von der unerträglichen Kälte, die von ihm ausging. Es war eine Freude, dieses Geschöpf von reinster Rasse zu sehen, die edle Anmut seiner Bewegungen, die stolze Zurückhaltung seiner Rede zu beobachten, die erlesene Schärfe seiner mörderischen Worte zu hören. Er ließ gerade so viel vom ›Barin‹ sichtbar werden, wie für diese Knechtsseelen nötig war, und wenn sie den ›Barin‹ in Tolstoi weckten, so kam der leicht und natürlich und erdrückte sie so, daß sie zusammenschrumpften und winselten.« – Die blauen Nasen wecken weimarische Erinnerungen, erkältende Erinnerungen an dortige Empfangs- und Huldigungsszenen – nur daß Goethe erstens nicht so boshaft war, den »behaglichen Demokraten« überhaupt erst zu spielen, und daß sich zweitens noch hinter seiner repräsentativsten Miene mehr Liebe verbarg, als Tolstoi je besessen hat – er, von dem Turgenjews Scharfsichtigkeit urteilte: sein letztes und schrecklichstes Geheimnis sei, daß er niemanden lieben könne als sich selbst. Eine »Freude« in Gorki's Sinn aber ist es zum Beispiel, Tolstoi auf dem Petrowsker Jahrmarkt zu sehen, wohin er mit Behrs von seinem Gute in Samara in den siebziger Jahren fuhr und wo er sich in dem bunten Gewühl der Bauern, Kosaken, Baschkiren, Kirgisen durch seine Liebenswürdigkeit sehr populär machte. Sogar mit Betrunkenen, heißt es, scheute er sich nicht, Gespräche zu beginnen. Da ereignet sich nun der folgende stille und charakteristische kleine Vorfall. Ein betrunkener Bauer will ihn im Überschwang seiner Gutmütigkeit umarmen. Aber ein »strenger«, ein »ausdrucksvoller« Blick aus Leo Nikolajewitschs Augen trifft ihn und *ernüchtert* den Mann, hält ihn zurück. »Der Bauer ließ von selbst seine Hände fallen und sagte: ›Nein, so, schon gut‹.« – Was lag in diesem Blick, was so ernüchternd, ablehnend und bändigend wirkte? War es das Bewußtsein des ›Barins‹ oder das des großen Schriftstellers? Das ist gerade in diesem Fall absolut nicht auseinanderzuhalten – objektiv so wenig, wie es, zweifellos, subjektiv auseinandergehalten wurde.

»Wenn Leo Nikolajewitsch gefallen wollte«, berichtet Gorki, »so konnte er das leichter als eine kluge und schöne Frau. Stelle dir eine Menge von allen möglichen Leuten vor, die in seinem Zimmer sitzen: der Großfürst Nikolai Michailowitsch, der Hausmaler Ilja, ein Sozialdemokrat aus Jalta, ein Musiker, ein Deutscher, der Dichter Bulgakow usw. usw., und alle schauen ihn mit denselben verliebten Augen an, während er ihnen die Lehre Laotse's erklärt... Ich pflegte ihn genau so anzuschauen wie die anderen. Und jetzt sehne ich mich, ihn noch einmal zu sehen – und werde ihn niemals mehr sehen.« – Eines ist offensichtlich: Es war *nicht* die Lehre Laotse's, die diese Verliebtheit in aller Augen brachte. Diese Lehre wäre allgemein nur sehr geringem Interesse begegnet ohne den, der sie vortrug. Jene »Verliebtheit in aller Augen« aber ist genau dieselbe, die der Herzog Carl August im Sinne hatte, als er Goethen die Grüße des von Rußland kommenden Kaisers Napoleon ausrichtete und hinzufügte: »So wirst du von Himmel und Hölle beliebäugelt.«

Übrigens waren die demokratischen Mushik-Blusen, die Tolstoi trug, stets sehr sauber, aus feinem, weichem Stoff, höchst bequem und angenehm, und seine Wäsche war parfümiert. Das heißt: nicht er selbst parfümierte sie, sondern die Gräfin tat es, und er, der es sehr gern hatte, gab sich den Anschein, als merke er es nicht – wie er sich auch den Anschein gab, nicht zu merken, daß die vegetarischen Gerichte, die er ausschließlich zu sich nahm, mit Bouillon bereitet waren. »Sein Gesicht ist das eines Bauern«, berichtet ein Augenzeuge, »mit breiter Nase, wettergebräunter Haut und dichten, überhängenden Brauen, unter denen kleine, graue, scharfe Augen hervorstechen. Aber trotz der bäuerlichen Gesichtszüge erkannte man in Leo Nikolajewitsch sofort den Angehörigen der höchsten Gesellschaft, einen weltgewandten, vornehmen russischen Herrn.« So, etwa mit einem Großfürsten englisch oder französisch konversierend, erinnert er sehr an Goethe, dem Fürsten aufwarten und der es nicht für Raub an seinem menschlichen, seinem Gottesadel erachtete, die Banalität weltmännischer Gewandtheit und Vornehmheit damit zu verbinden. Als Tolstoi in London Alexander Herzen besuchte, durfte dessen Tochter, die junge Natalja Alexandrowna, auf ihren flehentlichen Wunsch in einer dunklen Zimmerecke dabei anwesend sein, um den Verfasser von ›Kindheit und Knabenalter‹ leibhaftig zu sehen. Mit klopfendem Herzen erwartete sie Tolstois Erscheinen, war aber bitter enttäuscht, als sie einen Mann gewahrte, der nach der letzten Mode gekleidet war, gute Manieren hatte und ausschließlich über Hahnen- und Boxerkämpfe sprach, die er sich in London angesehen. »Nicht ein Wort, das vom Herzen kam, nicht ein Wort, das meinen Erwartungen entsprochen hätte, vernahm ich während des einzigen Zusammentreffens, bei dem ich gegenwärtig war.«

Es gibt keine ähnliche Nachricht über Dostojewski oder Schiller. Niemals haben diese die Erwartung der Welt durch Weltlichkeit enttäuscht. Die Söhne des Geistes wirken persönlich geistlich, wie der hoffnungsvolle Durchschnitt es sich von denen verspricht, die ihm die Seele erschütterten. Die tiefe, bleiche, leidvollheilige Verbrechermiene Dostojewski's entsprach den Vorstellungen, die das Russentum von der Erscheinung seines Genius hegt, wie die kühne, sanfte, schwärmerische und ebenfalls kranke Physiognomie Schillers, mit offenem Hemdkragen und lose um den Hals geschlungenem Seidentuch, dem Bilde entsprach, das das deutsche Gemüt sich von seinem Helden mochte entworfen haben – während dagegen Goethe, nach Riemers Schilderung, im blauen Überrock unter seine Gäste tretend, »das kräftig-ausdrucksvolle Gesicht von Luft und Sonne zeugend, umwallt von schwarzen Seitenlocken, das Hinterhaar in einen Zopf gebunden, einem wohlhabenden, behaglichen Pächter oder einem vielversuchten Stabsoffizier in Zivilkleidung eher glich als einem sentimentalen und umbratilen Dichter«. Auch ist von vornherein sicher, daß von jenen beiden keiner je durch die Bekundung eines banalen Interesses an Hahnen- und Boxerkämpfen die Verehrung befremdet hat, wogegen der Sinn für das Sportliche, der Geschmack an körperlicher Übung, Leibeszucht und -glück im Leben Tolstois wie in dem Goethe's eine charakteristische Rolle spielt. Man nennt dergleichen Tendenzen ›ritterlich‹ – und deutet damit die Körperlichkeit jenes Adels an, der von dieser Welt ist. »Man mußte ihn sehen«, schreibt Riemer über Goethe, »wie er strack und fest auf seinen Füßen stand, wie er einherging ernsten und sichern Schrittes und gewandten Körpers. Eine frühe Gymnastik: Tanzen, Fechten, Schlittschuhlaufen, Reiten, sogar Kurier- und Parforceritte hatten ihm diese Beweglichkeit und Gewandtheit mitgeteilt; die ihn auf den schlimmsten Pfaden keinen Fehltritt tun ließ, nicht in Gefahr des Ausgleitens, des Fallens brachte, daß er über Glatteis, schmale Stege, schroffe Fels- und Fußsteige leicht und sicher hinauskam. Wie er als Jüngling in Felsklüften und Steingeröllen mit seinem fürstlichen Freunde herumkletterte, Turmhöhen und Alpenklippen mit Gemsenfreche erklimmt, so ist ihm bei seinen geologischen Forschungen fünfzig Jahre hindurch kein Berg zu hoch, kein Schacht zu tief, kein Stollen zu niedrig und keine Höhle labyrinthisch genug.«

Das hohe Interesse, das Leo Tolstoi an seinem Körper nahm und das sich sowohl auf negative wie auf positive Weise bekundete: negativ durch christlich-asketische Schimpfereien auf diesen seinen tierischen Leib, durch solche Sentenzen wie, daß der Leib dem wahren Guten ein Hindernis sei, und durch Redensarten wie: »Ich schäme mich, von meinem ekligen Körper zu sprechen« – positiv aber durch jederlei Zucht und Wohltat, die er ihm zuteil werden ließ –, dies Interesse also beginnt in dem Augenblick, von dem er in den ›Bekenntnissen‹ erzählt: wie er als kleines Kind in einer Holzwanne sitzend, eingehüllt in den Geruch des Kleienwassers, in dem man ihn badet, zum erstenmal seinen kleinen Körper mit den vorn an der Brust sichtbaren Rippen bemerkt und sofort eine starke Zuneigung zu ihm faßt. Tolstois Gesicht war im gewöhnlichen Sinne häßlich, und er litt schwer darunter, er war überzeugt, daß es für einen Menschen mit so breiter Nase, so dicken Lippen und so kleinen, grauen Augen kein Glück geben könne, und er gesteht, daß er alles für ein hübsches Gesicht hingegeben hätte. Der Jüngling, den das Problem des Todes quält, der über allen höchsten und letzten Fragen grübelt, und zwar auf eine Art, die durchaus nicht kindlicher und unreifer ist als die des »greisen Propheten« – dieser Jüngling ist zugleich unausgesetzt mit seinem Äußeren beschäftigt, zeigt sich erfüllt von dem Wunsch, elegant, comme il faut zu sein, und setzt den äußersten Ehrgeiz in die Tugend, Ausbildung, gymnastische Kultur seines Körpers, turnt, reitet, jagt, als hätte er keinen höheren Gedanken im Kopf und beabsichtige auch nicht, einen solchen darin zu haben. Seine Passion für die Jagd war so übergroß, daß er seiner Frau gestand, unter Menschen vergäße er

Sofja Andrejewna's nie, aber auf der Jagd denke er an nichts als an sein Doppelgewehr. Aus mehr als einem Bericht und Briefen solcher, die ihn in seinen Mannesjahren gekannt, geht hervor, was für ein kühner Sportsmann er gewesen, wie er über Gräben und Abgründe mit erstaunlicher Behendigkeit zu springen pflegte und ganze Tage in der Einöde verbrachte. Einen besseren Gefährten, heißt es, habe man sich nicht denken können. Der christliche oder buddhistische oder chinesische Pazifismus seiner späten Jahre verbietet ihm selbstverständlich das Töten von Tieren, obgleich die unverwüstliche Kraft und geschulte Behendigkeit seines Körpers ihm die Jagd noch immer erlaubt hätte und obgleich er auch die größte Lust dazu hatte.

(aus: Goethe und Tolstoi, Kapitel ›Adelsanmut‹, 1921)

Goethe und Dostojewski

Von Eckhard Henscheid

Das Vergleichspaar Goethe und Schiller ist bekannt. Die Vergleichs- und Verwandtschaftstandems Goethe und Tolstoi sowie Schiller und Dostojewski hat Thomas Mann inauguriert. Fehlt zum besseren Begreifen aller Zusammenhänge eigentlich nur mehr das Pärchen Goethe und Dostojewski. Nun, was könnten diese beiden gemeinsam und einander zu sagen haben? Wenig, prima vista, sehr wenig, aber seconda vista? Nun, da wäre z. B. zum einen, daß sich Werther erschießt, zum anderen auch der Ingenieur Kirilow in den ›Dämonen‹. Freilich, der erste aus Erotik, der zweite aus Gottsuche und dauernder Teetrinkerei heraus – man sieht also schon, daß a) alles drei nicht viel bringt und b) wir so nicht weiterkommen. Was aber haben wir von der frappanten Beobachtung zu halten, daß beide der Französischen Revolution gespalten gegenüber standen? Nichts. Und von der, daß Dostojewski seinen ›Spieler‹-Roman wie eine Reverenz in Deutschland ansiedelt, Goethe seine ›Pandora‹ aber wie eine Reverenz keineswegs in Sibirien? Auch nichts, natürlich nicht. Sollen wir hier also drauf insistieren, daß Dostojewskis ›Jüngling‹ den ›Faust‹ komponieren will (s. Kapitel: ›Faust-Vertonungen‹ in diesem Buch)? Niemals. Relevanter scheint uns schon der insistierende Hinweis, daß a) Dostojewski (1821–1881) und b) Goethe (1749–1832) recht gern und sogar fast gleich gern mauselten, der eine mit der Vulpius, der andere weiß der Teufel wie die Büchs hieß – besonders hell waren sie c) jedenfalls beide nicht. Besonders die Orthographie der Vulpius: eine Karrtarhstrofe! Aber was ist eigentlich mit der naheliegenderen bzw. näherliegenden Frage, ob wohl Goethe Dostojewski gern nahe- pardon: flachgelegt hätte? Jedenfalls: zur Not! Wir meinen: Goethe als der mehr männliche, der reifere, der klassischere, der harte Teil – Dostojewski, die alte Pflaume, mehr als der weibliche, weiche, spielschuldenhafte, romantische, verwichste, kitzlige doofe? Könnte hinhauen. Und flach liegenbleiben. Irgend etwas Gretchen-Madonnenhaftes war ja fraglos an den Dostojewskischen Frauenfiguren, diesen Sonja, Lisa, Warwara, Nora, Lola, Lulu, Lale, Lollo, diesen großen lächelnden Lallerinnen nach Gott (s. Stefan Zweigs gleichnamigen Essay) inmitten ihres luderhaft eingelullten Lotterlebens à la Lotte in Wetzlar, diesen großen unsterblichen Lottospielerinnen (vgl. Goethes Brief an Zelter vom 19. 3. 1827) – kurz, ausgeschlossen wäre das alles jedenfalls nicht gewesen, mitnichten: daß Faust, Stepan Trofimowitsch, Pater Seraphicus, Grigorij Karamasoff, die natürliche Tochter und der alte Staretz eine piccola numera mista grandiosa hinzaubern, die nicht nur Goethe das Feuerwasser in die falschen Augen getrieben hätte, sondern auch Fjodor Michailowitsch schreiend in die Flucht nach dem ewigen Heil, sein Name aber sei: Hans Wieser, 8458 Velburg, Schulstraße 2, Anfragen zwecklos, Rückporto wird einbehalten.

Soweit dies. Und immerhin. Pantha rhei; et nos in illos. Fragt sich nur, was Schiller, Tolstoi und vor allem Thomas Mann zu diesen geistesgeschichtlichen Innovationen gesagt hätten. »Skandal«? »Muß es nicht ›Mausen‹ heißen«? »Auch mittun, auch mittun«? Man weiß es nicht. Man weiß überhaupt zu wenig. Goddam.

(1982)

Goethe und Hofmannsthal

Von Karl Kraus

Man hatte doch schon bei der Geburt des Herrn von Hofmannsthal gehofft, daß er einmal in den Schlafrock des alten Goethe hineinwachsen werde. Jetzt sollte er einmal ernstlich dazu schauen. Die Allüren sind da, die Beschäftigung mit dem Theater auch, der Großherzog Salten gleichfalls, gelegentliche Feuilletons zum Lobe schmieriger Kompilatoren können als Gelegenheitsdichtungen aufgefaßt werden – wenn ein Dramaturg des Herrn Reinhardt nicht mehr zum Vorschein kommt, entsteht vielleicht ein Gedicht auf Kahanes Tod oder so was, kurz, es ist alles da: nur der zweite Teil des Faust bleibt unvollendet.

(aus: Die Fackel, 339–40, 1911)

*

Dieser Dichter ist wahrlich nicht zu beneiden. Als er siebzehn Jahre zählte, stand er unbeweglich auf der Donnerhöhe des Goetheschen Lebens. Später wurde das Monument gelenker. Jetzt, wo es Feuilletons und Libretti schreiben möchte, wie nur einer, muß es sehen, daß die geborenen Geschäftsleute es noch besser können. Es ist das Schicksal jener, die als Niveau zur Welt kommen, übertroffen zu werden.

(aus: Die Fackel, 351–53, 1912)

*

Will Hofmannsthal Goethes Entwicklung begleiten,
so wirkt es noch in die fernsten Zeiten.
Was immer auch dieser jenem leiht,
es reicht für beider Unsterblichkeit.
Müssen die, die späterhin beide lesen,
denn wissen, welcher der Ältre gewesen?
Die hundert Jahre, welche dazwischen,
werden weitere hundert wieder verwischen.
Nach tausend aber ist's schon egal,
ob Goethe oder Hofmannsthal.

(Goethe und Hofmannsthal, aus: Die Fackel, 622–31, 1923)

Goethe und Hitler I
Von Dr. Arthur Dix

Adolf Hitler ist nicht nur der Erneuerer echt friderizianischer Staatsführung, er ist auch der Erfüller des politischen Testaments des großen deutschen Universalgeistes Goethe. Goethe läßt am Ende seines gewaltigen Lebenswerkes Faust als Propheten der Bauern- und Siedlungspolitik erscheinen. Mehr noch: Goethe läßt durch den Verlust des physischen Augenlichts Faust geistig um so heller sehend werden. Auch Adolf Hitler ist nach zeitweiligem Verlust der körperlichen Sehkraft mit um so stärkerer Sehschärfe begnadet worden. Und gerade im Moment der äußeren Erblindung läßt Goethe den geistig um so klarblickender gewordenen Faust das ewige Leitwort des Führerprinzips prägen: »Daß ich das größte Werk vollende genügt ein Geist für tausend Hände.«

(aus: Politik als Staatslehre, Staatskunst und Staatswille, 1934)

Goethe und Hitler II
Von Oswald Spengler

Zu einem Goethe werden wir Deutschen es nicht wieder bringen, aber zu einem Caesar.

(aus: Der Untergang des Abendlandes, 1923)

Goethe und Hitler III

Von Kurt Tucholsky

Einleitung

Wenn wir das deutsche Volk und seine Geschichte überblicken, so bieten sich uns vorzugsweise zwei Helden dar, die seine Geschichte gelenkt haben, weil einer von ihnen hundert Jahre tot ist. Der andre lebt. Wie es wäre, wenn es umgekehrt wäre, soll hier nicht untersucht werden, weil wir das nicht auf haben. Daher scheint es uns wichtig und beachtenswert, wenn wir zwischen dem mausetoten Goethe und dem mauselebendigen Hitler einen Vergleich langziehn.

Erklärung

Um Goethe zu erklären, braucht man nur darauf hinzuweisen, daß derselbe kein Patriot gewesen ist. Er hat für die Nöte Napoleons niemals einen Sinn gehabt und hat gesagt, ihr werdet ihn doch nicht besiegen, dieser Mann ist euch zu groß. Das ist aber nicht wahr. Napoleon war auch nicht der größte Deutsche, der größte Deutsche ist Hitler. Um das zu erklären, braucht man nur darauf hinzuweisen, daß Hitler beinah die Schlacht von Tannenberg gewonnen hat, er war bloß nicht dabei. Hitler ist schon seit langen Monaten deutscher Spießbürger und will das Privateigentum abschaffen, weil es jüdisch ist. Das was nicht jüdisch ist, ist schaffendes Eigentum und wird nicht abgeschaffen. Die Partei Goethes war viel kleiner wie die Partei Hitlers. Goethe ist nicht knorke.

Begründung

Goethes Werke heißen der Faust, Egmont erster und zweiter Teil, Werthers Wahlverwandtschaften und die Piccolomini. Goethe ist ein Marxstein des deutschen Volkes, auf den wir stolz sein können und um welchen uns die andern beneiden. Noch mehr beneiden sie uns aber um Adolf Hitler. Hitler zerfällt in 3 Teile: in einen legalen, in einen wirklichen und in Goebbels, welcher bei ihm die Stelle u. a. des Mundes vertritt. Goethe hat niemals sein Leben aufs Spiel gesetzt, Hitler aber hat dasselbe auf dasselbe gesetzt. Goethe war ein großer Deutscher. Zeppelin war der größte Deutsche. Hitler ist überhaupt der allergrößte Deutsche.

Gegensatz

Hitler und Goethe stehen in einem gewissen Gegensatz. Während Goethe sich mehr einer schriftstellerischen Tätigkeit hingab, aber in den Freiheitskriegen im Gegensatz zu Theodor Körner versagte, hat Hitler uns gelehrt, was es heißt, Schriftsteller und zugleich Führer einer Millionenpartei zu sein, welche eine Millionenpartei ist. Goethe war Geheim, Hitler Regierungsrat. Goethes Wirken ergoß sich nicht nur auf das Dasein der Menschen, sondern erstreckte sich auch ins kosmetische. Hitler dagegen ist Gegner der materialistischen Weltordnung und wird diese bei seiner Machtübergreifung abschaffen sowie auch den verlorenen Krieg, die Arbeitslosigkeit und das schlechte Wetter. Goethe hatte mehrere Liebesverhältnisse mit Frau von Stein, Frau von Sesenheim und Charlotte Puff. Hitler dagegen trinkt nur Selterwasser und raucht außer den Zigarren, die er seinen Unterführern verpaßt, gar nicht.

Gleichnis

Zwischen Hitler und von Goethe bestehen aber auch ausgleichende Berührungspunkte. Beide haben in Weimar gewohnt, beide sind Schriftsteller und beide sind sehr um das deutsche Volk besorgt, um welches uns die andern Völker so beneiden. Auch hatten beide einen gewissen Erfolg, wenn auch der Erfolg Hitlers viel größer ist. Wenn wir zur Macht gelangen, schaffen wir Goethe ab.

Beispiel

Wie sehr Hitler Goethe überragt, soll in folgendem an einem Beispiel begründet werden. Als Hitler in unsrer Stadt war, habe ich ihn mit mehreren andern Hitlerjungs begrüßt. Der Osaf hat gesagt, ihr seid die deutsche Jugend, und er wird seine Hand auf euern Scheitel legen. Daher habe ich mir für diesen Tag einen Scheitel gemacht. Als wir in die große Halle kamen, waren alle Plätze, die besetzt waren, total ausverkauft und die Musik hat gespielt, und wir haben mit Blumen dagestanden, weil wir die deutsche Jugend sind. Und da ist plötzlich der Führer gekommen. Er hat einen Bart wie Chaplin, aber lange nicht so komisch. Uns war sehr feierlich zu Mute, und ich bin vorgetreten und habe gesagt Heil. Da haben die andern auch gesagt heil und Hitler hat uns die Hand auf jeden Scheitel gelegt und hinten hat einer gerufen stillstehn! weil es fotografiert wurde. Da haben wir ganz still gestanden, und der Führer hat während der Fotografie gelächelt. Dieser war ein unvergeßlicher Augenblick fürs ganze Leben und daher ist Hitler viel größer als von Goethe.

Beleg

Goethe war kein gesunder Mittelstand. Hitler fordert für alle SA und SS die Freiheit der Straße sowie daß alles ganz anders wird. Das bestimmen wir! Goethe als solcher ist hinreichend durch seine Werke belegt, Hitler als solcher aber schafft uns Brot und Freiheit, während Goethe höchstens lyrische Gedichte gemacht hat, die wir als Hitlerjugend ablehnen, während Hitler eine Millionenpartei ist. Als Beleg dient ferner, daß Goethe kein nordischer Mensch war, sondern egal nach Italien fuhr und seine Devisen ins Ausland verschob. Hitler aber bezieht überhaupt kein Einkommen, sondern die Industrie setzt dauernd zu.

Schluß

Wir haben also gesehen, daß zwischen Hitler und Goethe ein Vergleich sehr zu Ungunsten des letzteren ausfällt, welcher keine Millionenpartei ist. Daher machen wir Goethe nicht mit. Seine letzten Worte waren mehr Licht, aber das bestimmen wir! Ob einer größer war von Schiller oder Goethe, wird nur Hitler entscheiden und das deutsche Volk kann froh sein, daß es nicht zwei solcher Kerle hat!

Deutschlanderwachejudaverreckehitlerwirdreichspräsident dasbestimmenwir!

Sehr gut!

(Hitler und Goethe, Ein Schulaufsatz, 1932)

Das Äußerste an Barbarei

Von F. W. Bernstein

Goethe und Hitler IV

Von Helmut Qualtinger

I hab nur an Juden g'führt. I war ein Opfer. Andere san reich worden. I war Idealist. Was war i scho? NSV . . . nationalsozialistische Volkswohlfahrt. Da hat si kaner was denkt, wann er dazua gangen is. Heit is ma ja aa überall . . . bei der Gewerkschaft und so . . . Schaun S', de Leit in so an Gemeindebau warn jahrlang unbetreut . . . hat si ja ka Mensch um sie kümmert . . .

    I hab ja nur versucht, de Leit zu erziehen . . . i hab eben net nur de Beiträge kassiert . . . des hab i so nebenbei g'macht . . . des hab i ja kennen vom Sparverein her. I hab ihnen Sprüche bracht – Sinnsprüche – von Goethe und Hitler . . . »Gesundheit ist Pflicht« und solche aufbauenden Sachen, net? Zum Aufhängen hab i s' ihnen bracht.

(aus: Der Herr Karl, 1959)

Goethe und Trotzki I

Von Jörg Fauser

Kaum war ich von der Spritze runter,
tappte ich in die nächste Falle:
die Revolution.

Die Revolution hieß Louise,
hatte unglaublich schmale Hüften,
blitzende Augen, flatterndes schwarzes
Haar, kam aus Paris
und war Trotzkistin (. . .)

Das alles ist etliche Jahre her, aber neulich
traf ich ein Mädchen, das noch in den Kreisen
verkehrt, und fragte sie nach Louise.

Louise, sagte das Mädchen,
die ist wieder in Paris.
Sitzt sie im Zentralkomitee? fragte ich.
I wo, sagte das Mädchen, die hat irgendson
Goetheforscher geheiratet.

An diesem Abend trank ich alles durcheinander,
trank wie lebensmüde (...)

> (aus: Trotzki, Goethe und das Glück, 1979; *zu vermuten ist aber schon, daß J. Fauser auch ohne die Enttäuschung über Louise an diesem Abend alles durcheinandergetrunken hätte; Anm. der Herausgeber.*)

Goethe und Trotzki II
Von Georges Simenon

Goethes Faust erscheint mir ebenso falsch wie alles andere. Der einzige Satz, der mich wirklich beeindruckt hat, weil er wahr ist, ist jener Satz Trotzkis, von dem ich jetzt nicht weiß, wo ich ihn wiederfinden soll.

> (aus: Als ich alt war, 1970, übersetzt von Linde Birk, 1977)

Goethe und Stefan Zweig
Von Karl Kraus

Der Ausverkauf des deutschen Geisteslebens dürfte, nebst allem, was sich an den Theaterbasaren abspielt, durch nichts so deutlich bezeichnet sein wie durch die Tatsache, daß der Verlag Reclam die Auswahl der Goethe-Lyrik einer Wiener Kaifirma übertragen hat. Herr Stephan Zweig also ist der Durchseher und Bevorworter

Goethes, dessen Lyrik ja tatsächlich im Gebiet der deutschen Kultur bis heute nicht so stark durchgegriffen hat wie die Werfels. Das Vorwort war natürlich in der Neuen Freien Presse abgedruckt und dürfte in jenen Kreisen, wo das eigene lyrische Schaffen Zweigs das Echo gefunden hat: »E Baum, e Fluß – schon e Gedicht!«, durch die Verbindung mit Goethe geradezu Aufsehen erregt haben. Wenn man nun den terminologischen Plunder, mit dem alle diese Wie wenn- und Wenn schon-Essayisten sich behaben und betun, dreist abkratzt, dann bleibt ein Stil zurück von einer geistigen Dürftigkeit, die man noch vor dreißig Jahren zum öffentlichen Ausdruck ungeeignet befunden hätte. In diese Kategorie gehört alles, was jetzt in Wien, in Prag und infolgedessen in Berlin an Zeitschriften mitarbeitet oder gar solche herausgibt. Alle diese Leute besitzen die Fähigkeit, ihre Unfähigkeit, einen deutschen Satz zu schreiben, so lange zu verbergen, bis sie durch eine natürliche Regung, wie etwa Wut, die zu polemischer Äußerung zwingt, dem feuilletonistischen Getue entrafft werden. Dann erscheinen sie förmlich auf ihrem eigensten Flachland ausgesetzt. Mit Goethe kann man täuschen. Obschon nicht mich, der stracks hinter künstlerischem Blätterwerk den dürren Zweig ergreift. Denn daß einer mit Vorliebe von einer »Mannigfalt« spricht, kann mich nicht blenden. Selbst nicht, wenn sie »aus irgendeinem U n kommensurablen« kommt. Denn da möchte offenbar Kommisbildung irgendwo hinaus. Weit gebracht, wenn Herr Zweig berufen ist, für Deutschland Gedichte Goethes auszuwählen, und auch solche, »die A n s p r u c h des Daseins und Gewähltseins f o r d e r t e n, aus einem andern Recht als dem ihres bloß künstlerischen Gewichtes«. Einen Anspruch fordern ist wohl eine etwas starke Forderung. Dasein und Gewähltsein: tut sich was; als ob ein Goethegedicht nicht auch da wäre, wenn es von Herrn Zweig nicht gewählt wäre. Aber welchem Feuilletonleser würde ein so kultivierter Stil nicht den Unsinn verbergen können?

(aus: Die Fackel, 751–756, 1927 – *Der S. Fischer-Verlag hätte gut daran getan, den Text auf den Covern aller Bände seiner neuen Stefan Zweig-Ausgabe 1981 abzudrucken – aber er hat nicht gut getan und es leider nicht getan; Randklage der Herausgeber*)

Goethe und Thomas Mann

Von Eckhard Henscheid

Es gibt Leute, die glauben, über Thomas Mann wissen wir heute schon alles. Falsch. Wir stehen erst am Anfang. Wo? Am Anfang. Wir müssen nochmals ganz von vorne anfangen, wenn wir uns in die Seele dieses weitgereisten Dichters versetzen wollen. Was aber ist das Elementarste an Thomas Manns epischem Werk? Nun, es ist die Vorherrschaft des kleinen »o«. Während Goethes Lieblingsbuchstabe längst als »W« ausrecherchiert wurde (Werther, Wilhelm Meister, Wahlverwandtschaften, Weltliteratur, Weimar, Wetzlar, Wibblinger-Frage, Wanderjahre, Wanderers Sturmlied, Wanderers Nachtlied, ein Gleiches, Wie herrlich glänzt mir . . .), bevorzugt Thomas Mann das »o«. Hier die Belege (um das kleine »o« graphisch gut zu akzentuieren, ersetzen wir es im Folgenden durch das starke Reizsymbol 4. Also:)

Visi4n; Der T4d; Der Bajazz4; T4bias Mindernickel; T4ni4 Kr4eger; Beim Pr4pheten; Anekd4te; Wie Jappe und D4n Esc4bar sich prügelten; Der T4d in Venedig; Un4rdnung und fr4hes Leid; Mari4 und der Zauberer; Die Betr4gene; Der Kn4be Hen4ch; Die B4ddenbr44ks; L4tte in W4m4r; Der J4sephs-R4m4n; K4enigl4che H4heit; D4kt4r F4st4s; Cl4v4g4; T4ss4; 4th4ll4; D4n Gi4v4nni; D4n Qu4x4tte; S4d4m 4nd G4m4rrha.

Ausnahmen: D2r Z15b2rb2rg; F213x Kr5ll; und W12ls5ng2nbl5t.

Man sieht, Goethe und Thomas Mann zusammen bilden das Wörtchen wo = »wo«. Antwort: Immer zuhause (Novalis).

(aus: Ein scharmanter Bauer, 1980)

Goethe und Picasso
Von Jean Duche

Meiner Ansicht nach sollte man das Spiel Picasso-Goethe nicht zu weit treiben. Man kann beispielsweise daran zweifeln, ob Picasso sich jener olympischen Heiterkeit zu erfreuen vermöchte, die uns bei Goethe so erstaunt und unsere Mittelmäßigkeit so entmutigt (...)

Man kann aber auch – wenn man schon einmal beim Thema ist – über Goethes Wort an Eckermann nachsinnen, das er kurz vor seinem Tode sprach: ›Es gibt keine Rede, die eine Zeichnung aufwiegt, selbst wenn die Hand diese nur dem Zufall verdankt.‹ Man kann darüber nachsinnen, daß ein Goethe, unbefriedigt von seiner Universalität (auch diese war nur relativ) und fest an die Seelenwanderung glaubend, von seinem guten Dämon das Recht erwirkte, in einem Maler wieder aufzuerstehen, der nicht minder berühmt wurde durch seine schöpferischen Metamorphosen und selbst – wie wir ja wissen – auch durch seine Anamorphosen.

(aus: Lancelot, 2/1946)

Goethe und Kafka
Von Gerd Haffmans

Bescheidentlich darf ich darauf hinweisen, daß im Debutprogramm des neu- und wohlgegründeten Haffmans Verlags aus der Feder des Goethe-Herausgebers Eckhard Henscheid ein umfangreicheres Prosawerk über Franz Kafka erscheint (Roßmann, Roßmann – Drei Kafka-Erzählungen); so daß auch von daher die geistige Einheit der deutschen Spitzendichtung gewahrt bleiben sollte.

(1982)

Goethe und Joyce

Von James Joyce

P. S. Ich vergaß zu sagen, daß Jolas eine Nummer von *transition* herausbringen will, die einen Angriff auf Goethe (sein hundertjähriger Todestag ist in diesem Jahr) und eine Huldigung an mich enthalten soll. Da ich das nicht verhindern kann, habe ich zur Bedingung gemacht, daß darin ein Porträt von G. und eine französische Karikatur von mir gebracht würde. Nach einem langen Gespräch hat er sich einverstanden erklärt. Er bringt auch eine Übersetzung von Gillets Artikel. Ich habe auch mit ihm darum gefeilscht, daß er Auszüge aus den drei kürzlich erschienenen persönlichen Angriffen auf mich von Lennon, O. G. und ›Einem, der ihn kennt‹ abdruckt. Er erklärte sich schließlich dazu bereit – und auch, sie nicht zu kommentieren.

(aus: Brief an Harriet Shaw Weaver, 28. 1. 1932)

Goethe & Uppes

Von Wilhelm E. Liefland

Könnte es nicht sein (. . .)
daß der neue arbeiter
der klassenverräter ist

daß

angela
fidel
ché

und die vielen avantgardisten

daß

wolf biermann
goethe
degenhardt
heine
monika
uppes

ausgegraben werden müssen
aus den gräbern
der reinen lehre

könnte es nicht sein
daß das sein könnte

neu

und voll glänzender energien

(aus: Könnte es nicht sein, in:
Gesänge entlang der Angst, 1981)

Goethe und Hemingway

Von Alwin Streibl

Hemingway ist der Autor unserer Zeit, unseres Jahrhunderts. Er ist praktisch ein zweiter Shakespeare. Nur Shakespeare war vielleicht größer als Hemingway, noch größer. Und Kafka, manchmal, ich hab praktisch alles von Kafka gelesen. Hemingway ist schlicht, ganz schlicht, schlicht wie die Bibel. Wie ein Abendgebet, wie ein Ave Maria. Böll will's nachmachen, aber er kommt nicht mit. Hemingway hat praktisch alle beeinflußt: Böll, Moravia, Joyce, Kafka, Faulkner – er hat alle beeindruckt. Sie haben bei ihm viel gelernt, viel abgeschaut. Er hat einen neuen Stil geprägt, schlicht und einfach wie die Bibel. Keine Metaphern – nur ganz kurze Sätze. Kurz und hart wie der Stierkampf, wie das Leben.

Goethe? Aber wo. Er kann Hemingway nicht das Wasser reichen. Zu schmalzig, zu viele Methaphern. Praktisch wie bei Fontane, ›Evi Briest‹, ›Die Stichlinge‹, ich hab alle 17 Bände daheim. Goethe? Aber wo. Goethe – er war ein Fürstenknecht, Hemingway hat's nicht nötig gehabt. Er war Antifaschist, Antiimperialist, obwohl er im Kapitalismus gelebt hat. Er hat den heutigen Menschen ihre Situation aufgezeigt – Goethe nicht. Schullektüre, was für Kinder. Ich erzieh meine Kinder marxistisch, im Geist vom Marx und im Stil von Hemingway. Er war ein Roter, praktisch Kommunist, wer es abstreitet, tut ihm unrecht, tut ihm weh. Gertrude Stein? Hat der Hemingway niedergemacht, wie er's gebraucht hat, die hat er gefotzt – stilistisch – wie er's gebraucht hat. Shakespeare pardon: Goethe hat praktisch von ihm abgeschrieben. Jeder schreibt von jedem ab, von Hemingway haben sie alle abgeschrieben, abgefeilt – ich auch, klar, keiner kommt an Hemingway vorbei. Was will er denn mit seiner ›Iphigenie‹, der Goethe? Pfaffenlektüre, Pfaffenlektüre. Es steht nichts dahinter. Und ›Faust‹? Aber wo. ›Wem die Stunde schlägt‹, ›In einem anderen Land‹ – es ist der Stil unserer Zeit. Schlicht wie die Bibel, einfach wie ein frisches Weizenbier pardon: wie ein Ave Maria, wie's Evangelium, um Gotteswillen, an Hemingway kommt er nicht ran, der Goethe aber wo.

(1982)

Goethe und sein Neger

Von Robert Gernhardt

Die Wut über den verlorenen
            Knochen
(oder: Warum Häuptling Wumba
      auf Bwana Goethe schlecht
          zu sprechen ist.)

(1982)

FUNDSACHEN

Wahr ist, daß es keine größeren Antagonisten als mich und Goethe geben könne: hic niger est! Ich kenne Goethe sehr genau und intime: von ganzer Seele verachte ich diesen schlechten Kerl!

(Astrom von Zach, cit. nach: Arno Schmidt, Dya na sore, Vorspiel, 1958)

*

Ein Werther würde nie eine Carmen lieben können. Umgekehrt hätte José kaum Lotte geliebt.

(aus: Dietrich von Hildebrandt, Das Wesen der Liebe, 1972)

*

War es vor allem nicht die Liebe zu Faust, die das unschuldige, gütige Gretchen schuldig werden ließ? Fast jeder Mensch wird in seinem Leben einen oder den anderen Menschen getroffen haben, auf den etwas Analoges zutrifft.

(Dietrich von Hildebrandt, ebd.)

*

Im »Tasso« stand Goethe noch ganz auf dem Boden der »Iphigenie«.

(aus: Professor Gallettis sämtliche Kathederblüten, um 1800)

*

Goethe ist der erste, der etwas wie Angst um den Menschen erlebt.

(aus: Albert Schweitzer, Goethe-Gedenkrede in Frankfurt, 1932)

*

Wenn man an Goethe oder Mörike oder Heym denkt, oder an Apollinaire oder Michaux oder Majakowski, was kommt einem als erstes in den Sinn? Bilder. Eben das behauptete schon Goethe.

(aus: Georg Jappe, Ende der Avantgarde? Nein danke, 1981)

*

Was ich damals dachte: Daß jemand wie Goethe mich beneiden müßte, weil ich jetzt, am Ende des 20. Jahrhunderts, lebte.

(aus: Peter Handke, Die Lehre der Sainte-Victoire, 1980)

Lange von unserem Altan aus auf die Stadt gestarrt. Zwielichte Gedanken im Salon: »Du hast mir mein Gerät verstellt und verschoben, ich such und bin wie blind und irre geworden.« Ich kann das Gedicht nicht wieder loswerden ... die Unordnung, die durch die Liebe in unser Leben gebracht wird ... es hat so was von ... aber wunderlich ist es, daß es sich nicht malen läßt ...

(aus: Eckhard Henscheid, Die Mätresse des Bischofs, 1978)

*

Herr Ullrich spricht das Wort Dada nicht aus, aber er leistet dem Beweis Vorschub, daß Goethe als Ahnherr des Dadaismus anzusehen ist. Dieser Scherz ist nur dadurch zu überbieten, daß man die Frage stellt: Hat Goethe gelebt? – und sie dann philologisch verneint.

(aus: E. Ullrich, Goethe als Dadaist, 1919/77)

*

Daß Goethe geboren ward am 28. August 1749, das steht doch wohl fest; das ist ja geschichtlich.

(Ernst Troeltsch, cit. nach Theodor Lessing, Geschichte als Sinngebung des Sinnlosen)

*

Goethe mahnt sogar: »Nichts ist schwerer zu ertragen als eine Reihe von schönen Tagen.« Das mag immerhin eine Übertreibung sein.

(aus: Sigmund Freud, Das Unbehagen in der Kultur, 1930)

*

(...) er war menschlich und deshalb verwundbar. Erklärt das Freuds wehmütige Bemerkung vom November 1912, als er aus seiner Ohnmacht erwachte: Wie süß muß das Sterben sein? »Friede, süßer Friede, komm, ach, komm in meine Brust!« sagt Goethe. Auch Freud fühlte bei diesem Anlaß die äußerste Ermattung; und 27 Jahre später, als er fast am Ende seiner Kraft war, sollte er Goethes Worte als brennenden Wunsch äußern.

(aus: Max Schur, Sigmund Freud, 1972)

Plötzlich wird uns durch diese meisterhaften Geschichtsforscher klar, daß die Wahrheit des Todes nicht traurig sein muß, besonders dann nicht, wenn – wie es der Fall ist – die ganze »zivilisierte« Welt bereits daran teilnimmt. Plötzlich werden wir aufgefordert, mit dem gleichen Eifer und der gleichen Freude in die Tiefen des Grabes zu blicken, mit denen wir zuerst das Leben begrüßten.
»Alles Vergängliche ist nur ein Gleichnis.«
Wenn ich es auch versuchte, so konnte ich doch nie ein Kapitel beenden, ohne daß ich der Versuchung nachgab, einen Blick auf die nachfolgenden Kapitel zu werfen. Die Überschriften taten es mir an. Sie waren hinreißend: »Die Magische Seele«; »Akt und Portrait«; »Zur Form der Seele«; »Physiognomik und Systematik«; »Historische Pseudomorphosen . . .«

(aus: Henry Miller, Plexus, 1949, übersetzt von Kurt Wagenseil, 1952)

*

Die Gegner hatten ihre Radartechnik schon so weit entwickelt, daß Dönitz' Wunderwaffe praktisch nur noch auf der Unter-Wasser-Flucht war. Die Entbehrungen hatten die Männer gezeichnet. Sie waren im wahrsten Sinne des Wortes grau-grün im Gesicht. Sie luden mich ein, ihr U-Boot zu besichtigen, und ich las noch in der Nacht den Männern Szenen aus ›Faust‹. Vor ihnen Goethe zu lesen, war (mehr noch als vor anderen) eine Probe aufs Absolute. Konnte Goethes Sprache sie erreichen? Szenen aus ›Faust I‹ und ›Faust II‹ taten es.

(aus: Will Quadflieg, Wir spielen immer, 1976)

*

Endlich schenken Sie dem Salomo Beachtung. Als ich Ihnen von ihm erzählte, haben Sie immer nur gleichgültig genickt. Meiner Meinung nach hat der »Ekklesiast« Goethe darauf gebracht, den »Faust« zu schreiben.

(aus: Čechov, Briefe 1889–1892, übersetzt von Peter Urban, 1979)

Darum haben Genies nie Krieg geführt, und in Goethe hat sich der Dichter mit dem Naturwissenschaftler ausgezeichnet vertragen.

(Čechov, ebd.)

*

's will halt Jeder gerne ›Lotos = Esser‹ sein. Sogar Faust's am meisten in die Augen fallendes Merkmal, iss ja, will man ehrlich sein, a general disinclination to work of any kind.

(aus: Arno Schmidt, Kaff auch Mare Crisium, 1960)

*

Im übrigen wünsche ich mir persönlich, daß etwa eine Aufführung der »Iphigenie« von Goethe, falls ich genötigt wäre, ihr beizuwohnen, mich ebenso interessieren, fesseln und erregen möge, wie z. B. ein guter amerikanischer Film, ein ausgezeichneter Detektivroman oder das Auftreten des Varietéclowns Grock.

(Moriz Seeler, cit. nach Karl Kraus, Mein Vorurteil gegen Piscator, 1927)

*

Goethe und die Sphinx. Goethe hat die Sphinx nicht gesehen, – hätte er sie gesehen, er wäre von ihr begeistert gewesen! – In Modegeschäften, mein Herr . . .!

(Anzeige in der Neuen Freien Presse, cit. nach Karl Kraus, Die Fackel, 873–75, 1932)

*

Anders die Geschichte Preußens in jenen Jahren (. . .) Für die Hauptstadt Berlin war es eine geistig fruchtbare Zeit, auch für kleinere Städte, zum Beispiel Weimar. Es war die Epoche der Freundschaft Schillers und Goethes, die schöne Zeit, als jedes Jahr ein Drama Schillers, einen Roman Jeans Pauls auf den Markt brachte (. . .)

(aus: Golo Mann, Deutsche Geschichte des 19. und 20. Jahrhunderts, 1958)

*

Berlin, 28. Januar (AFP). Trotz des Goethe-Engpasses auf dem Büchermarkt müssen DDR-Bürger nicht auf den Klassiker verzichten. Pünktlich zum 150. Todestag Goethes bieten die Kunstgewerbeläden »neubaufreundliche« Goethe-Büsten an, die ganze elf Zentimeter groß sind und nur 100 Gramm wiegen.

(Frankfurter Rundschau, 1982)

*

Im New-Yorker Goethe-House hielt Harry Rowohlt mir eine total verbummfidelte Einführungsrede, und ich trug der nach Muttersprache/Mutterlaut ausgedürsteten deutschen Gemeinde mein handverlesenes gesundes Volksempfinden entgegen.

(aus: Peter Rühmkorf, Jahre die Ihr kennt, 1972)

*

Beim Abendessen kam der Chef auf England zu sprechen. Er meinte, England sei im Viktorianischen Zeitalter stehengeblieben und finde nicht den politischen Anschluß an die Gegenwart (...)

Aber wie sollten die Engländer auch ihr Weltreich mit 50 Millionen Menschen beherrschen können, ohne Meister im Lügen zu sein. Wenn sie den Indern wirklich – wie sie immer erklären – die Freiheit und eine indische Kultur bringen wollten, müßten sie ja aus Indien herausgehen. Wie Goethes »Reineke Fuchs« heuchelten sie bis zur letzten Minute.

(aus: Henry Picker, Hitlers Tischgespräche im Führerhauptquartier, 18. 4. 1942)

*

Von den Klassikern las er Shakespeare, Goethe, Schiller, Herder, Wieland, Rückert und Dante (...) Die häufigen Zitate aus Schriften Ciceros und Thomas von Aquins und aus den Werken Luthers, Goethes und Fouriers bezeugen allerdings noch nicht, daß Hitler mit ihnen auch wirklich vertraut war.

(aus: Werner Maser, Adolf Hitler, Mein Kampf, 1974)

*

(...) die refrainartige Schlußzeile jeder Strophe diente der Partei als ihr wirksamster Slogan: »Deutschland erwache!« (Dietrich) Eckart habe, meinte Hitler in einer Huldigung, »Gedichte geschrieben, so schön wie Goethe«.

(aus: Joachim Fest, Hitler, 1973)

Goethe und die Klassiker sind überhaupt sein – dies ein Lieblingswort von ihm – Nonplusultra.

(aus: Helmut Heiber, Joseph Goebbels, 1962)

*

Die SA marschiert nämlich für Goethe, für Schiller, für Kant, für Bach (. . .) Wir müssen jetzt für Goethe mit Bierkrügen und Stuhlbeinen arbeiten. Und wenn wir gewonnen haben, dann werden wir wieder die Arme ausbreiten und unsere geistigen Güter an unser Herz drücken.

(Wilfried Bade, 1930)

*

Meine literarischen Fähigkeiten und die vom Engelmann, dann kann man sagen: das ist Goethe zu Ganghofer.

(Franz Josef Strauß, nach ›Die Zeit‹, 1980)

*

Bei Goethe ist das Wort dem Schweigen gegenüber bewußter als bei Jean Paul.

(aus: Max Picard, Die Welt des Schweigens, 1948)

*

So wenig der schwindelhafte Schnaps in Goethes Bürgergeneral ein Jakobiner ist, so wenig hat Hegel das Kantische Sollen widerlegt.

(aus: Ernst Bloch, Geist der Utopie, 1918/23)

*

»Man muß etwas sein, um etwas zu machen«, das ist eine Erkenntnis, die Goethe nie müde wurde, auszusprechen.

(aus: Walter Scheel, Die geistigen Grundlagen des Menschen und Politikers Konrad Adenauer, 1976)

*

Meine Mutter, die sehr viel von Goethe gelesen hat, sagte mir immer, der Deutsche könne so hervorragend im einzelnen sein wie unerträglich in der Masse.

(aus: Fragen an Axel Springer, 1973)

Über die Vormacht des Bildes gegenüber dem Gedruckten hat sich schon Goethe geäußert.

(aus: Axel Springer, Ansprache auf dem Distripress-Kongreß, 1975)

*

Axel Springer liebte seine Mutter über alles. Wenn er von ihr spricht, verklärt sich sein Blick. Sie war es, die mit ihm nach Weimar reiste, die ihm Goethe nahebrachte.

(aus: Mathias Walden, Wer ist Axel Springer, 1980)

*

Danke, Herr Goethe. München – In 66 Ländern vermittelt das Goethe-Institut der Bundesrepublik deutsche Sprache und Kultur.

(Bild-Zeitung, 13. 11. 1981)

*

O Lethe, Lethe, Lethe / Wann greifst du endlich Goethe?

(Eckhard Henscheid, Jugendwerk)

*

Es ist kein Zufall, daß Goethe stets ein junges Geschöpf um sich brauchte, um sein Wesen zu ergänzen.

(Maximilian Harden, cit. nach Karl Kraus, Die Fackel, 398, 1914)

*

Darin liegt zum größten Teile die Erklärung, daß das Publikum für das Klassische in diesem Sinne wenig übrig hat, weil diese Dichtungen zu müde, pedantisch, langatmig und leblos sind. So ist es auch mit der »Iphigenie«.

(Tiroler Anzeiger, cit. nach Karl Kraus, Die Fackel, 657–67, 1924)

*

Heiratsgesuch. Ich lebe als vielbeschäftigter Rechtsanwalt in rhein. Kleinstadt unweit der Großstadt. Ich habe gutes Einkommen und Privatvermögen. Alter 36 J., Größe 1,73 m, dunkelblond u. gesund. Ich stamme aus vornehmer christl. Akademikerfamilie. Bei aller Energie bin ich recht verträglich u. anpassungsfähig. Ein Freund der Künste, bevorzuge ich die Musik, die ich selbst mit Passion ausübe. Ohne mich im politischen Leben zu betätigen, stehe ich der Deutschen Volkspartei nahe. Ich bin gut deutsch gesinnt, Kriegsteilnehmer und Anhänger eines Königtums nach engl. Muster. Ich bekenne mich zu keiner Kirche, ohne deshalb unreligiös zu sein. Männer wie Friedrich der Große und Bismarck, Goethe und Schiller, Beethoven und Wagner sind mir Vorbilder und Lebensführer. Ich wünsche, daß meine Braut die Sachen in genügender Menge mit in die Ehe bringt, die zu ihrem ausschließlichen Gebrauch bestimmt sind, also z. B. Garderobe, Leibwäsche, Schuhe usw. Junge Damen, die ein wahres Familienglück suchen, mögen mir eingehend unter Beifügung eines Bildes (...)

(cit. nach Karl Kraus, Die Fackel, 657–67, 1924)

*

Ausgesproche weit gefächert sin die literarische Interesse von unsere Publikumslieblinge, die sich von Simmel iwwer Hitchkok bis Goethe erstrecke. Fer Goethe schwärmt allerdings nur aaner: Jürgen Pahl, unser Mann im Tor. Obwohl im Faust so gut wie nix iwwer die Faustabwehr vorkommt, haddern bis jetzt noch net enttäuscht. Des spricht fer de Goethe.

(aus: »Schlappekicker«, Frankfurter Rundschau, Juli 1981 – nach dem
Eintracht Frankfurt-Magazin 1981/82)

*

Ich hab mich in meine Hollywoodschaukel gesetzt und gedichtet, jawohl – hab ich mir gedacht, was de Aale kann, kann ich aa!

(Maria Goethe, 64 – in einer Reportage des Hessischen Rundfunks »Goe-
thes in Frankfurt«, 1974)

*

Nach dem Zweiten Weltkrieg hat man das Goethe-Haus im Frankfurter Hirschgraben wieder aufgebaut. Nebenan residiert der Börsenverein des deutschen Buchhandels. Dort gingen einige Zeitlang Sendungen einer US-Werbeagentur aus Stuttgart auf die Anschrift ›J. W. v. Goethe‹ ein.

Der Geschäftsführer des Börsenvereins machte sich einen Spaß und schrieb an den Absender: »Herr von Goethe, der früher im Nachbarhaus Großer Hirschgraben 23 wohnte, verzog nach unseren Unterlagen am 2. 6. 1782 nach Weimar, Am Frauenplan. Wir bitten Sie, die Adressenänderung berücksichtigen zu wollen . . .«

(aus: Dieter Lattmann, Das Anekdotenbuch, 1979)

*

Im Sommer 1822 wurde bei Tisch von den vielen Kniffen und Verschmitztheiten der deutschen Rechtschreibung gesprochen.

»Ich halte sie mir nach Möglichkeit vom Halse«, erklärte Goethe, »und mache, wenn man streng sein will, in jedem Brief Schreibfehler. Und keine Komma.«

Einen Augenblick herrschte widerspruchsvolles Schweigen, aber schnell fuhr Goethe fort:

»Dabei beruhige ich mein Gewissen mit der Meinung des verehrten Wieland, der behauptet hat: Religion und Interpunktion sind Privatsachen.«

(ebd.)

*

Goethe ist keine Keilscholle. Gewiß nicht. Aber die Sierra Nevada in Kalifornien ist eine, so nennen sie jedenfalls die Geologen. Also wäre der Goethe doch eine Keilscholle, zumindest ein Teil von ihr. Er ist nämlich ein ansehnlicher Viertausender inmitten des westamerikanischen Gebirges und heißt Mount Goethe. Man mag rätseln, warum er so heißt. Goethe war nie dort.

(FAZ, 17. 2. 82)

*

Kommt ein Betrunkener zum Münchner Schillerdenkmal. Schaut hinauf und schimpft: »Na, stehst wieder droben da, blöder Goethe, mit deiner Kleinen Nachtmusik, tatata-taaa!«

(Volksgut, um 1960)

*

Er geht so hin in seiner stillen Herrlichkeit wie die Sonne.

(Johanna Schopenhauer an Arthur Schopenhauer, 28. 11. 1806)

David Levine, Johann Wolfgang von Goethe
(aus: Pens and Needles, 1969)

*

Goethe! – Ja, wer ihn kannte! (. . .) Es war wie ein Mondlicht und Sonnenlicht, eins nach dem andern, oder auch wohl zugleich.

(Marianne Willemer an Herman Grimm, Mai 1852)

*

Wenn es einen früheren Weltmeister der »PR in eigener Sache« gegeben hätte, so wäre das Goethe gewesen. Nach Julius Caesar natürlich.

(PR-Mann Bernd Rosema, Frankfurt, am 17. 1. 1982 zum Herausgeber E. H.)

*

Ich bin sicher, daß Goethe Achtung entgegengebracht wird, wahrscheinlich vor allem wegen seines *Faust*. In Amerika ist man sich vage seiner Dichtung und seiner naturwissenschaftlichen Schriften bewußt. Man ist sich auch darüber im Bilde, daß einige Gedichte

Goethes vertont wurden. (...) Ich kann nicht behaupten, daß mich Goethe beeinflußt hat. (...) Nichts von und an Goethe ärgert mich, aber ich kann mir vorstellen, daß er für junge Deutsche ein Reiz-Thema ist. (...) Zu seiner Zeit schrieb man nicht so schnoddrig wie Alan Ginsburg oder Dylan Thomas heute. Aber Goethe ist viel besser als die beiden genannten Dichter.

(Patricia Highsmith, in: Westermanns Monatshefte 2/1982)

*

In Japan kommt man gut ohne Goethe aus.

(Hisako Matsubara in: Westermanns Monatshefte 2/1982)

*

Sich bewegen belebt, könnte Goethe gesagt haben.

(Siegfried Unseld, 1981)

*

»Der Dichter soll mit dem König gehen.« So beginnt Arno Schmidts Rede anläßlich der Goethepreisverleihung der Stadt Frankfurt 1971. Einem Hinweis des nachmaligen Arno-Schmidt-Preisträgers Hans Wollschläger zufolge handelt es sich dabei allerdings um einen Irrtum oder eher bewußte Falsifikation Schmidts: nämlich um ein Schiller-Zitat.

*

Kanzler Friedrich von Müller und Marcel Reich-Ranicki, Betrifft Goethe, Rede und Gegenrede 1832/1982.

(Frühjahrsprospekt 1982 des Artemis-Verlags, der darüber hinaus fürs Todesjahr auch ein »Goethe-Streichholzspielchen ›Schönes Fräulein‹, Abb. Gretchen/Faust« anbietet)

*

Als Goethist Nr. 1 der medialen Feierlichkeiten zu Goethes 150. Todestag erwies sich der Germanist Peter Wapnewski. Ausschweifende Goethe-Riemen placierte er allein zwischen 19. und 22. 3. 1982 in »Zeit«, »FAZ-Magazin« und »Spiegel«.

(Die Herausgeber, 1982)

Selbst wer sich, so die Sorge des Artemis-Verlags, »durch Gesamtausgaben eher abgeschreckt« fühlt und seit der Schulzeit »keinen Goethetext mehr zur Hand nahm«, soll Anteil haben dürfen an dem, was die Nation bewegt. Für ihn hält er, unter dem Titel »Goethe erzählt«, einen dicken Band »Geschichten, Novellen, Schilderungen, Abenteuer und Geständnisse« bereit, »Liebesgeschichten« und »Ehegeschichten« an vorderster Stelle. Einen kräftigen »Griff ins volle Menschenleben« verspricht ferner die »Kleine Bettlektüre für große Goethe-Freunde« aus dem Scherz-Verlag. Ähnliche Lesebücher haben auch Diogenes (»Unser Goethe«) und Insel (»Lektüre für Augenblicke«) im Angebot.

Nichts aufregend Neues also, sondern nur das bewährte Alte abermals aufgegossen.

(aus: Frankfurter Allgemeine Zeitung, 1. 2. 1982. *Der Autor, Franz Josef Görtz, scheint ein besonders begabter und gut ausgeschlafener Rechercheur zu sein; Anm. d. Herausgeber.*)

DER SCHÖNE
GREIS

Die allgefürchtete Exzellenz

Von Gustav Moltke

Plötzlich aber trat die allgefürchtete Exzellenz im langen Hausrock selber herein, in gemessenem Schritt, voll majestätischer Haltung, die Hände auf dem Rücken. Rasch flüchteten wir Kinder zu unserer guten Fee, die mich kleinen Unband liebreich umschloß. Da aber der gefürchtete Herr beim Anblick dieser komischen Gruppe nur lächelnd mit dem Finger drohte und gar nicht schalt, fing ich mutwilliges Bürschchen an zu kichern. Der Gestrenge setzte sich und rief: Kleiner Molke (das t in meinem Namen war ihm eine grausame Härte), komm einmal her zu mir! Etwas zaghaft ging ich zu ihm, er aber nahm mich freundlich auf sein Knie und fragte: Was habt ihr kleinen Kobolde denn eigentlich getrieben? Weshalb der störende Lärm? Sogleich bekam ich wieder Courage und sagte, wir hätten getanzt und gesungen, im Garten Haschemännchen gespielt, wären dabei tüchtig herumgesprungen, an der Laube emporgeklettert und hätten den Herlitzchenbaum geplündert. – Was? meine Herlitzchen, die ich selbst so gern genieße, hast du kleiner Schlingel mir stibitzt? I, das ist ja recht schön! – Mit einem wohlwollenden Backenstreich entließ mich der gestrenge Herr.

(ca. 1814)

Niedriges und hohes Weltgesindel

Von Johannes Daniel Falk

25. Januar 1813

An Wielands Begräbnistage bemerkte ich eine so feierliche Stimmung in Goethes Wesen, wie man sie selten an ihm zu sehen gewohnt ist. Es war etwas so Weiches, ich möchte fast sagen, Wehmütiges in ihm: seine Augen glänzten häufig, selbst sein Ausdruck, seine Stimme waren anders als sonst. Dies mochte auch wohl der Grund sein, daß unsere Unterhaltung diesmal eine Richtung ins Übersinnliche nahm, was Goethe in der Regel, wo nicht verschmäht, doch lieber von sich ablehnt; völlig aus Grundsatz, wie mich dünkt, indem er, seinen angebornen Neigungen gemäß, sich lieber auf die Gegenwart und die lieblichen Erscheinungen beschränkt, welche Kunst und Natur in den uns zugänglichen Kreisen dem Auge und der Betrachtung darbieten. Unser abgeschiedener Freund war natürlich der Hauptinhalt unseres Gespräches. Ohne im Gange desselben besonders auszuweichen, fragte ich bei irgendeinem Anlasse, wo Goethe die Fortdauer nach dem Tode, wie etwas, das sich von selbst verstehe, voraussetzte: Und was glauben Sie wohl, daß Wielands Seele in diesen Augenblicken vornehmen möchte? – Nichts Kleines, nichts Unwürdiges, nichts mit der sittlichen Größe, die er sein ganzes Leben hindurch behauptete, Unverträgliches, war die Antwort. Aber, um nicht mißverstanden zu werden, da ich selber von diesen Dingen spreche, müßte ich wohl etwas weiter ausholen. Es ist etwas um ein achtzig Jahre hindurch so würdig und ehrenvoll geführtes Leben; es ist etwas um die Erlangung so geistig zarter Gesinnungen, wie sie in Wielands Seele so angenehm vorherrschten; es ist etwas um diesen Fleiß, um diese eiserne Beharrlichkeit und Ausdauer, worin er uns alle miteinander übertraf! – Möchten Sie ihm wohl einen Platz bei seinem Cicero anweisen, mit dem er sich noch bis an den Tod so fröhlich beschäftigte? – Stört mich nicht, wenn ich dem Gange meiner Ideen eine vollständige und ruhige Entwicklung geben soll! Von Untergang solcher hohen Seelenkräfte kann in der Natur niemals und unter keinen Umständen die Rede sein; so verschwenderisch behandelt sie ihre Kapitalien nie. Wielands Seele ist von Natur ein Schatz, ein wahres Kleinod. Dazu kommt, daß sein langes Leben diese geistig schönen Anlagen nicht verringert, sondern vergrößert hat. Noch einmal bedenkt mir sorgsam diesen Umstand! Raffael war kaum in den Dreißigern, Kepler kaum einige Vierzig, als beide ihrem Leben plötzlich ein Ende machten, indes Wieland – Wie? fiel ich hier Goethe mit einigem Erstaunen ins Wort, sprechen Sie doch vom Sterben, als ob es ein Akt von Selbständigkeit wäre? – Das erlaube ich mir öfters, gab er mir zur Antwort, und wenn es Ihnen anders gefällt, so will ich Ihnen

*Carl August bei Goethe im »Juno-Zimmer« oder blauen Saal, Stich von
C. A. Schwerdgeburth*

darüber auch von Grund aus, weil es mir in diesem Augenblicke erlaubt ist, meine Gedanken sagen.

Ich bat ihn dringend mir dieselben nicht vorzuenthalten: Sie wissen längst, hub er an, daß Ideen, die eines festen Fundaments in der Sinnenwelt entbehren, bei all ihrem übrigen Werte für mich keine Überzeugung mit sich führen, weil ich der Natur gegenüber wissen, nicht aber bloß vermuten und glauben will. Was nun die persönliche Fortdauer unserer Seele nach dem Tode betrifft, so ist es damit auf meinem Wege also beschaffen. Sie steht keineswegs mit den vieljährigen Beobachtungen, die ich über die Beschaffenheit unserer und aller Wesen in der Natur angestellt, im Widerspruch; im Gegenteil, sie geht sogar aus denselben mit neuer Beweiskraft hervor. Wie viel aber oder wie wenig von dieser Persönlichkeit übrigens verdient, daß es fortdauere, ist eine andere Frage und ein Punkt, den wir Gott überlassen müssen. Vorläufig will ich nur dieses zuerst bemerken: ich nehme verschiedene Klassen und Rangordnungen der letzten *Urbestandteile* aller *Wesen* an, gleichsam der Anfangspunkte aller Erscheinungen in der Natur, die ich *Seelen* nennen möchte, weil von ihnen die Beseelung des Ganzen ausgeht, oder noch lieber *Monaden* – lassen Sie uns immer diesen Leibnizischen Ausdruck beibehalten! Die Einfachheit des einfachsten Wesens auszudrücken, möchte es kaum einen bessern geben. – Nun sind einige von diesen Monaden oder Anfangspunkten, wie uns die Erfahrung zeigt, so klein, so geringfügig, daß sie sich höchstens nur zu einem untergeordneten Dienst und Dasein eignen; andere dagegen sind gar stark und gewaltig. Die letzten pflegen daher alles, was sich ihnen naht, in ihren Kreis zu reißen und in ein ihnen Angehöriges, d. h. in einen Leib, in eine Pflanze, in ein Tier oder noch höher herauf in einen Stern zu verwandeln. Sie setzen dies so lange fort, bis die kleine oder große Welt, deren Intention geistig in ihnen liegt, auch nach außen leiblich zum Vorschein kommt. Nur die letzten möchte ich eigentlich Seelen nennen. Es folgt hieraus, daß es Weltmonaden, Weltseelen, wie Ameisenmonaden, Ameisenseelen gibt und daß beide in ihrem Ursprunge, wo nicht völlig eins, doch im Urwesen verwandt sind. – Jede Sonne, jeder Planet trägt in sich eine höhere Intention, einen höheren Auftrag, vermöge dessen seine Entwicklungen ebenso regelmäßig und nach demselben Gesetze, wie die Entwicklungen eines Rosenstockes durch Blatt, Stil und Krone, zustande kommen müssen. Mögen Sie dies eine Idee oder eine Monade nennen, wie Sie wollen, ich habe auch nichts dawider; genug, daß diese Intention unsichtbar und früher, als die sichtbare Entwicklung aus ihr in der Natur, vorhanden ist. Die Larven der Mittelzustände, welche diese Idee in den Übergängen vornimmt, dürfen uns dabei nicht irremachen. Es ist immer nur dieselbe Metamorphose oder Verwandlungsfähigkeit der Natur, die aus dem Blatte eine Blume, eine Rose, aus dem Ei eine Raupe und aus der Raupe einen Schmetterling heraufführt. Übrigens gehorchen die niederen Monaden einer höhern, weil sie eben gehorchen müssen, nicht aber, daß es ihnen besonders zum Vergnügen gereichte. Es geht dieses auch im ganzen sehr natürlich zu. Betrachten wir z. B. diese Hand. Sie enthält Teile, welche der Hauptmonas, die sich gleich bei ihrer Entstehung unauflöslich an sich zu knüpfen wußte, jeden Augenblick zu Diensten stehen. Ich kann dieses oder jenes Musikstück vermittelst derselben abspielen; ich kann meine Finger, wie ich will, auf den Tasten eines Klaviers umherfliegen lassen. So verschaffen sie mir allerdings einen geistig schönen Genuß; sie selbst aber sind taub, nur die Hauptmonas hört. Ich darf also voraussetzen, daß meiner Hand oder meinen Fingern wenig oder gar nichts an meinem Klavierspiele gelegen ist. Das Monadenspiel, wodurch ich mir ein Ergötzen bereite, kommt meinen Untergebenen wenig zugute, außer, daß ich sie vielleicht ein wenig ermüde. Wie weit besser stände es um ihr Sinnenvergnügen, könnten sie, wozu allerdings eine Anlage in ihnen vorhanden ist, anstatt auf den Tasten meines Klaviers müßig herumzufliegen, lieber als emsige Bienen auf den Wiesen umherschwärmen, auf einem Baume sitzen oder sich an dessen Blütenzweigen ergötzen. Der Moment des Todes, der darum auch sehr gut eine Auflösung heißt, ist eben der, wo die regierende Hauptmonas alle ihre bisherigen Untergebenen ihres treuen Dienstes entläßt. Wie das Entstehen, so betrachte ich auch das Vergehen als einen selbständigen Akt dieser nach ihrem eigentlichen Wesen uns völlig unbekannten Hauptmonas. – Alle Monaden aber sind von Natur so unverwüstlich, daß sie ihre Tätigkeit im Moment der Auflösung selbst nicht einstellen oder verlieren, sondern noch in demselben Augenblicke wieder fortsetzen. So scheiden sie nur aus den alten Verhältnissen, um auf der Stelle wieder neue einzugehen. Bei diesem Wechsel kommt alles darauf an, wie mächtig die Intention sei, die in dieser oder jener Monas enthalten ist. Die Monas einer gebildeten Menschenseele und die eines Bibers, eines Vogels oder eines Fisches, das macht einen gewaltigen Unterschied. Und da stehen wir wieder an den Rangordnungen der Seelen, die wir gezwungen sind anzunehmen, sobald wir uns die Erscheinungen der Natur nur einigermaßen erklären wollen. Swedenborg hat dies auf seine Weise versucht und bedient sich zur Darstellung seiner Ideen eines Bildes, das nicht glücklicher gewählt sein kann. Er vergleicht nämlich den Aufenthalt, worin sich die Seelen befinden, mit einem in drei Hauptgemächer eingeteilten Raume, in dessen Mitte ein großer befindlich ist. Nun wollen wir annehmen, daß aus diesen verschiedenen Gemächern, sich auch verschiedene Kreaturen, z. B. Fische, Vögel, Hunde, Katzen, in den großen Saal begeben; eine freilich sehr gemengte Gesellschaft! Was wird davon die unmittelbare Folge sein? Das Vergnügen, beisammen zu sein, wird bald genug aufhören; aus den einander so heftig entgegengesetzten Neigungen wird sich ein eben so heftiger Krieg entspinnen; am Ende wird sich das Gleiche zum Gleichen, die Fische zu den Fischen, die Vögel zu den Vögeln, die Hunde zu den Hunden, die Katzen zu den Katzen gesellen, und jede von diesen besonderen Gattungen wird auch, womöglich, ein besonderes Gemach einzunehmen suchen. Da haben wir völlig die Geschichte von unsern Monaden nach ihrem irdischen Ableben. Jede Monade geht, wo sie hingehört, ins Wasser, in die Luft, in die Erde, ins Feuer, in die Sterne; ja, der geheime Zug, der sie dahin führt, enthält zugleich das Geheimnis ihrer zukünftigen Bestimmung. An eine Vernichtung ist gar nicht zu denken; aber von irgendeiner mächtigen und dabei gemeinen Monas unterwegs angehalten und ihr untergeordnet zu werden, diese Gefahr hat allerdings etwas Bedenkliches, und die Furcht davor wüßte ich auf dem Wege einer bloßen Naturbetrachtung meinesteils nicht ganz zu beseitigen.

Indem ließ sich ein Hund auf der Straße mit seinem Gebell zu wiederholten Malen vernehmen. Goethe, der von Natur eine Antipathie wider alle Hunde besitzt, fuhr mit Heftigkeit ans Fenster und rief ihm entgegen: Stelle dich, wie du willst, Larve, mich sollst du doch nicht unterkriegen! Höchst befremdend für den, der den Zusammenhang Goethescher Ideen nicht kennt; für den aber, der damit bekannt ist, ein humoristischer Einfall, der eben am rechten Orte war.

Dies niedrige Weltgesindel, nahm er nach einer Pause und etwas beruhigter wieder das Wort, pflegt sich über die Maßen breit zu machen; es ist ein wahres Monadenpack, womit wir in diesem Planetenwinkel zusammengeraten sind, und möchte wenig Ehre von dieser Gesellschaft, wenn sie auf andern Planeten davon hörten, für uns zu erwarten sein.

Ich fragte weiter: ob er wohl glaube, daß die Übergänge aus diesen Zuständen für die Monaden selbst mit Bewußtsein verbunden wären? Worauf Goethe erwiderte: Daß es einen allgemeinen historischen Überblick, sowie daß es höhere Naturen, als wir selbst, unter den Monaden geben könne, will ich nicht in Abrede stellen. Die Intention einer Weltmonade kann und wird manches aus dem dunklen Schoße ihrer Erinnerung hervorbringen, das wie Weissagung aussieht und doch im Grunde nur dunkle Erinnerung eines abgelaufenen Zustandes, folglich Gedächtnis ist; völlig wie das menschliche Genie die Gesetztafeln über die Entstehung des Weltalls entdeckte, nicht durch trockne Anstrengung, sondern durch einen ins Dunkel fallenden Blitz der Erinnerung, weil es bei deren Abfassung selbst zugegen war. Es würde vermessen sein, solchen Aufblitzen im Gedächtnis höherer Geister ein Ziel zu setzen oder den Grad, in welchem sich diese Erleuchtung halten müßte, zu bestimmen. So im allgemeinen und historisch gefaßt, finde ich in der Fortdauer von Persönlichkeit einer Weltmonas durchaus nichts Undenkbares. – Was uns selbst zunächst betrifft, so scheint es fast, als ob die von uns früher durchgangenen Zustände dieses Planeten im ganzen zu unbedeutend und zu mittelmäßig seien, als daß vieles daraus in den Augen der Natur einer zweiten Erinnerung wert gewesen wäre. Selbst unser jetziger Zustand möchte einer großen

Auswahl bedürfen, und unsere Hauptmonas wird ihn wohl ebenfalls künftig einmal summarisch, d. h. in einigen großen historischen Hauptpunkten, zusammenfassen.

Wollen wir uns einmal auf Vermutungen einlassen, setzte Goethe hierauf seine Betrachtungen weiter fort, so sehe ich wirklich nicht ab, was die Monade, welcher wir Wielands Erscheinung auf unserm Planeten verdanken, abhalten sollte, in ihrem neuen Zustande die höchsten Verbindungen dieses Weltalls einzugehen. Durch ihren Fleiß, durch ihren Eifer, durch ihren Geist, womit sie so viele weltgeschichtliche Zustände in sich aufnahm, ist sie zu allem berechtigt. Ich würde mich so wenig wundern, daß ich es sogar meinen Ansichten völlig gemäß finden müßte, wenn ich einst diesem Wieland als einer Weltmonade, als einem Stern erster Größe, nach Jahrtausenden wieder begegnete und sähe und Zeuge davon wäre, wie er mit seinem lieblichen Lichte alles, was ihm irgend nahe käme, erquickte und aufheiterte. Wahrlich, das nebelartige Wesen irgendeines Kometen in Licht und Klarheit zu erfassen, das wäre wohl für die Monas unsers Wielands eine erfreuliche Aufgabe zu nennen; wie denn überhaupt, sobald man die Ewigkeit dieses Weltzustandes denkt, sich für Monaden durchaus keine andre Bestimmung annehmen läßt, als daß sie ewig auch ihrerseits an den Freuden der Götter als selig mitschaffende Kräfte teilnehmen. Das Werden der Schöpfung ist ihnen anvertraut. Gerufen oder ungerufen, sie kommen von selbst auf allen Wegen, von allen Bergen, aus allen Meeren, von allen Sternen; wer mag sie aufhalten? Ich bin gewiß, wie Sie mich hier sehen, schon tausendmal dagewesen und hoffe wohl noch tausendmal wiederzukommen. – Um Verzeihung, fiel ich ihm hier ins Wort: ich weiß nicht, ob ich eine Wiederkunft ohne Bewußtsein eine Wiederkunft nennen möchte! Denn wieder kommt nur derjenige, welcher weiß, daß er zuvor dagewesen ist. Auch Ihnen sind bei Betrachtungen der Natur glänzende Erinnerungen und Lichtpunkte aus Weltzuständen aufgegangen, bei welchen Ihre Monas vielleicht selbsttätig zugegen war; aber alles dies steht doch nur auf einem Vielleicht; ich wollte doch lieber, daß wir über so wichtige Dinge eine größere Gewißheit zu erlangen imstande wären, als die wir uns durch Ahnungen und jene Blitze des Genius verschaffen, welche zuweilen den dunkeln Abgrund der Schöpfung erleuchten. Sollten wir unserm Ziele nicht näher gelangen, wenn wir eine liebende Hauptmonas im Mittelpunkte der Schöpfung voraussetzten, die sich aller untergeordneten Monaden dieses ganzen Weltalls auf dieselbe Art und Weise bediente, wie sich unsre Seele der ihr zum Dienste untergebenen geringern Monaden bedient? – Ich habe gegen diese Vorstellung, als Glauben betrachtet, nichts, gab Goethe hierauf zur Antwort, nur pflege ich auf Ideen, denen keine sinnliche Wahrnehmung zugrunde liegt, keinen ausschließenden Wert zu legen. Ja, wenn wir unser Gehirn und den Zusammenhang desselben mit dem Uranus und die tausendfältigen einander durchkreuzenden Fäden kennten, worauf der Gedanke hin und her läuft! So aber werden wir der Gedankenblitze immer dann erst inne, wann sie einschlagen. Wir kennen nur Ganglien, Gehirnknoten; vom Wesen des Gehirns selbst wissen wir so viel als gar nichts. Was wollen wir denn also von Gott wissen? Man hat es Diderot sehr verdacht, daß er irgendwo gesagt: wenn Gott noch nicht ist, so wird er vielleicht noch. Gar wohl lassen sich aber nach meinen Ansichten von der Natur und ihren Gesetzen Planeten denken, aus welchen die höhern Monaden bereits ihren Abzug genommen, oder wo ihnen das Wort noch gar nicht vergönnt ist. Es gehört eine Konstellation dazu, die nicht alle Tage zu haben ist, daß das Wasser weicht und daß die Erde trocken wird. So gut wie es Menschenplaneten gibt, kann es auch Fischplaneten und Vogelplaneten geben. Ich habe in einer unserer früheren Unterhaltungen den Menschen das erste Gespräch genannt, das die Natur mit Gott hält. Ich zweifle gar nicht, daß dies Gespräch auf andern Planeten viel höher, tiefer und verständiger gehalten werden kann. Uns gehen vorderhand tausend Kenntnisse dazu ab. Das erste gleich, was uns mangelt, ist die Selbstkenntnis; nach dieser kommen alle übrigen. Strenggenommen kann ich von Gott doch weiter nichts wissen, als wozu mich der ziemlich beschränkte Gesichtskreis von sinnlichen Wahrnehmungen auf diesem Planeten berechtigt, und das ist in allen Stücken wenig genug. Damit ist aber keineswegs gesagt, daß durch diese Beschränkung unserer Naturbetrachtungen auch dem Glauben Schranken gesetzt wären. Im Gegenteil kann, bei der Unmittelbarkeit göttlicher Gefühle in uns, der Fall gar leicht eintreten, daß das Wissen als Stückwerk besonders auf einem Planeten erscheinen muß, der, aus seinem ganzen Zusammenhange mit der Sonne herausgerissen, alle und jede Betrachtung unvollkommen läßt, die eben darum erst durch den Glauben ihre vollständige Ergänzung erhält. Schon bei Gelegenheit der Farbenlehre habe ich bemerkt, daß es Urphänomene gibt, die wir in ihrer göttlichen Einfalt durch unnütze Versuche nicht stören und beeinträchtigen, sondern der Vernunft und dem Glauben übergeben sollen. Versuchen wir von beiden Seiten mutig vorzudringen, nur halten wir zugleich die Grenzen streng auseinander! Beweisen wir nicht, was durchaus nicht zu beweisen ist! Wir werden sonst nur früh oder spät in unserm sogenannten Wissenswerk unsere eigne Mangelhaftigkeit bei der Nachwelt zur Schau tragen. Wo das Wissen genügt, bedürfen wir freilich des Glaubens nicht, wo aber das Wissen seine Kraft nicht bewährt oder ungenügend erscheint, sollen wir auch dem Glauben seine Rechte nicht streitig machen. Sobald man nur von dem Grundsatz ausgeht, daß Wissen und Glauben nicht dazu da sind, um einander aufzuheben, sondern um einander zu ergänzen, so wird schon überall das Rechte ausgemittelt werden.

Es war spät geworden, als ich heute Goethe verließ. Er küßte mir die Stirn beim Abschiede, was sonst nie seine Gewohnheit ist. Ich wollte im Dunkeln die Treppe heruntergehen; aber er litt es nicht, sondern hielt mich fest beim Arme, bis er jemand geklingelt, der mir leuchten mußte. Noch in der Tür warnte er mich, daß ich auf meiner Hut sein und mich vor der rauhen Nachtluft in acht nehmen sollte. Weichmütiger als bei Wielands Tode habe ich Goethe nie zuvor gesehen und sah ihn auch nachher nie wieder so. Sein heutiges Gespräch enthält übrigens den Schlüssel zu manchen ebenso paradoxen, als liebenswürdigen Seiten seines so oft mißverstandenen Charakters.

(aus: Goethes Gespräche)

An Helios (= Goethe)

Von Zacharias Werner

Warum ich, Helios, nicht zu dir eile,
So wie des Opfers Glut zur Sonnenscheibe?
Du weißt es, und daß dein ich bin und bleibe,
Ob ich auch, unstet, fern von dir verweile! –

Daß sich ein wundes Herz durch Opfer heile,
Du schriebst es selbst, an den ich dieses schreibe;
Du, Ganzer, gehst der Halbheit nur zu Leibe,
Drum zwischen Gott und dir ich nicht mich teile!

So bleib' ich fern, was wär' mein neu Erscheinen
Zu Rhodus anders als ein Ansichschlingen
An deinen Blick, mit ganz sprachlosen Leiden!

O dürft ich noch an deinem Strahl mich weiden! –
Ich bleibe fern! – Doch der mir es gelingen,
Dies schwerste Scheiden, hilft, wird uns vereinen! –

(Das schwerste Scheiden, aus: Abschiedssonette
»An Helios«, 1814)

Ein abstruser Dichter

Von Johann Wolfgang Goethe

Herr Werner, ein abstruser Dichter,
Dazu vom sinnlichsten Gelichter,
Verleugnete sein schändlich Lieben,
Die Unzucht, die er stets getrieben;
Nun sucht er neue Lasterspur:
Ihn treibt die sündige Natur
Nach Rom zur babylon'schen Hur;

Da laicht er denn mit Mönch' und Nonnen
Und glaubt, er habe viel gewonnen,
Daß, was er fleischlich sonst vollführt,
Den Leichnam er geistlich nun branliert.
Nun will der Kerl sich mit den treuen,
Keusch-siegesfrommen Deutschen freuen,
Da doch der Papst, der Antichrist,
Ärger als Türk' und Franzosen ist.

(1814)

In traulichen Gesprächen

Von Julie Gräfin von Egloffstein

Welch einen schönen, höchst poetischen Morgen haben wir bei Goethe verlebt...! Nur auf *eine* Stunde hätte ich Dich in die Zimmer des alten Meisters zu zaubern gewünscht. Wieviel des Schönen und Herrlichen ist da zu sehen! Welch eine reiche Beute wäre darin für Dein Museum zu machen! Kürzlich aus Nürnberg erhaltne Majolikagefäße (vom alten Derschau erstanden) stehen in Glasschränke einrangiert und sind gar merkwürdig der Zierlichkeit wegen, womit sie gearbeitet. Abgerechnet der vielen einzelnen höchst interessanten Handzeichnungen, die an den Wänden herumhängen, hat mich nichts so angezogen und festgehalten als der geliebte Kölner Dom, wovon Goethe den Grundriß, Aufriß und die ganze bis ins kleinste sich erstreckende Ausführung des gegenwärtig stehenden Gebäudes wie dessen, das noch hinzugefügt werden sollte, besitzt. Es ist dies ein unendlich schönes, aber kostbares Werk, welches bis jetzt noch niemand außer Goethe sein nennt, da es erst im Entstehen ist...

Unser heutiger Besuch bei Goethe wurde mit einem Gang in sein freundlich Gärtchen beschlossen, wo die Frühlingssonne wärmend über den nackten Stachel- und Johannisbeergesträuchen lag und uns ein recht wonnigliches Behagen einflößte. In traulichen

Gesprächen schritten wir die schmalen Gänge auf und ab und wären vielleicht noch jetzt dort, hätte die nahe Turmuhr uns nicht an die Eßstunde des alten Herrn gemahnt.

(Brief an ihre Mutter, 19. 3. 1817)

Guten Morgen, Exzellenz

Von Thomas Mann

O, daß es schwindet! Daß das heitere Gesicht der Tiefe sich endigt, schleunig, wie auf den Wink eines launisch gewährenden und entziehenden Dämons, in nichts zerfließt und ich emportauche! Es war so reizend! Und nun, was ist? Wo kommst du zu dir? Jena? Berka? Tennstedt? Nein, das ist die Weimarer Steppdecke, seiden, die heimische Wandbespannung, der Klingelzug ... Wie, in gewaltigem Zustande? In hohen Prachten? Brav, Alter! So sollst du, muntrer Greis, dich nicht betrüben ... Und ists denn ein Wunder? Welche herrlichen Glieder! Wie sich der Busen der Göttin, elastisch eingedrückt, an die Schulter des schönen Jägers – sich ihr Kinn seinem Hals und der schlummererwärmten Wange schmiegte, ihr ambrosisches Händchen das Handgelenk seines blühenden Armes umfaßte, womit er sie wackerst umschlingen wird, Näschen und Mund den Hauch seiner traumgelösten Lippen suchten, da zur Seite erhöht das Amorbübchen halb entrüstet, halb triumphierend seinen Bogen schwang mit Oho! und Halt ein! und zur Rechten klug die Jagdhunde schauten und sprangen. Hat dir das Herz doch im Leibe gelacht ob der prächtigen Composition! Woher gleich? Woher? Versteht sich, es war l'Orbetto, der Turchi wars auf der Dresdener Galerie, Venus und Adonis. Sie haben ja vor, die Dresdener Gemälde zu restaurieren? Vorsicht, Kinderchen! Das kann ein Unglück geben, wenn ihrs übers Knie brecht und Stümper heranlaßt.

Gestümpert wird in dieser Welt – daß euch der Teufel. Weil sie vom Schweren und Guten nicht wissen und alle sichs leicht machen. Keine Bedürftigkeit – was soll denn dabei herauskommen? Muß ihnen von der Restaurationsakademie in Venedig erzählen, ein Director und zwölf Professoren, die sich ins Kloster schlossen zum allerprekärsten Geschäfte. Venus und Adonis ... ›Amor und Psyche‹ wäre zu machen, längst schon, von den Guten erinnert mich manchmal einer daran, wie ichs befohlen; können mir aber auch nicht sagen, woher ich die Zeit nehm. Sieh dir die Psyche-Kupfer von Dorigny im Gelben Saal einmal wieder genauestens an, die Idee zu erfrischen, dann magst dus wieder verschieben. Warten und verschieben ist gut, es wird immer besser, und dein Geheimstes und Eigenstes nimmt dir keiner; keiner kommt dir zuvor, und macht' er dasselbe.

Was ist auch Stoff? Stoff liegt auf der Straße. Nehmt ihn euch, Kinder, ich brauch ihn euch nicht zu schenken, wie ich Schillern den ›Tell‹ geschenkt, daß er in Gottes Namen sein hochherzig aufwiegelnd Theater damit treibe, und ihn mir doch vorbehielt fürs Läßlich-Wirkliche, Ironische, Epische, den herculischen Demos, den Herrschaftsfragen nichts angehn, und den behäglichen Tyrannen, der mit des Landes Weibern spaßt. Wartet, ich mach es bestimmt noch, und der Hexameter sollte auch reifer und mit der Sprache einiger sein als je im ›Reineke‹ und im ›Hermann‹. Wachstum, Wachstum. Solange man wächst und die Krone breitet, ist man jung, und auf unserer gegenwärtigen Stufe, bei so schöner Erweiterung unseres Wesens, sollten wir ›Amor und Psyche‹ angreifen: aus hochfähigem Alter, tief erfahrener Würde, von Jugend geküßt, sollte das Leichteste, Lieblichste kommen. Niemand ahnt, wie hübsch das würde, bis es hervorträte. Vielleicht in Stanzen? Aber ach, man kann nicht alles leisten im Drang der Geschäfte, und manches muß sterben. Willst du wetten, daß auch die Reformations-Cantate dir noch verkümmert? Donner auf Sinai ... Der Morgenduft weiter Einsamkeit, das ist mir sicher. Zu den Hirtenchören, den kriegerischen, könnte ›Pandora‹ helfen. Sulamith, die Geliebteste in der Ferne ... Einzig ist mir das Vergnügen – seiner Liebe Nacht und Tag. Das sollte schon Spaß machen. Aber die Hauptsache bleibt Er und die gesteigerte Lehre, das Geistige, immerfort mißverstanden vom Volk, die Verlassenheit, das Seelenleiden, die höchste Qual – und dabei trösten und stärken. Sollten merken, daß man, alter Pagane, vom Christentum mehr los hat als sie alle. Aber wer macht die Musik? Wer redet mir zu, versteht es und lobts, bevor es vorhanden? Hütet euch, so ungetröstet werd ich die Lust verlieren, und dann seht zu, womit ihr auch nur irgend würdig den Tag begeht! Wär Er noch da, der vor so manchen Jahren – schon zehne sinds – von uns sich weggekehrt! Wär er noch da, zu spornen, zu fordern und geistreich aufzuregen! Hab ich euch nicht den ›Demetrius‹ hingeworfen wegen der albernen Schwierigkeiten, die ihr mir mit den Aufführungen machtet, da ich ihn noch vollenden wollte und konnte zur herrlichsten Totenfeier auf allen Theatern? Ihr seid schuld, mit euerer stumpfen Alltagszähigkeit, daß ich wütend verzagte und Er mir auch zum zweitenmal und endgültig starb, da ichs aufgab, sein Dasein aus genauester Kenntnis fortzusetzen. Wie ich unglücklich war! Unglücklicher wohl, als man sein kann durch andrer Verschulden. Täuschte dich die Begeisterung? Widerstand dir heimlich der eigene Herzenswunsch und redlichste Vorsatz? Nahmst du die äußeren Hindernisse zum Vorwand und spieltest den Groller im Zelte? Er, er wäre imstande gewesen, starb ich vor ihm, den ›Faust‹ zu vollenden. – Um Gottes willen! Man hätte testamentarische Vorkehrungen treffen müssen! – Aber ein bitterster Schmerz war es eben doch und bleibts, ein schlimmes Versagen, eine abscheuliche Niederlage. – Allworüber denn auch der ausdauernde Freund sich beschämt zur Ruhe begeben.

Was ist die Uhr? Erwacht ich in der Nacht? Nein, vom Garten blitzelt es schon durch den Laden. Es wird sieben Uhr sein oder nicht weit davon, nach Ordnung und Vorsatz, und kein Dämon wischte das schöne Tableau hinweg, sondern mein eigener Sieben-Uhr-Wille wars, der zur Sache rief und zum Tagesgeschäft, – wachsam geblieben dort unten im nährenden Tal, wie der wohlgezogene Jagdhund, der so groß und fremdverständig auf Venus' Verliebtheit blickte. Achtung, das ist, wie er leibt und lebt, der Hund des Gotthardus, der für den siechen Sankt Rochus das Brot wegschnappt vom Tisch seines Herrn. Die Bauernregeln sind heute einzutragen ins ›Rochus-Fest‹. Wo ist das Taschenbuch? Links im Fach vom Schreibsecretär. Trockner April ist nicht des Bauern

Will'. Wenn die Grasmücke singt, ehe der Weinstock sproßt – ein Gedicht. Und die Hechtsleber. Ist ja Eingeweideschau urältesten Schrotes und Kornes. Ach, das Volk. Erbreich-traulich-heidnisch Naturelement, nährendes Tal des Unbewußten und der Verjüngung! Mit ihm zu sein, umschlossen von ihm bei Vogelschießen und Brunnenfest oder wie damals zu Bingen am langen, geschirmten Tisch beim Wein, im Dunst des schmorenden Fetts, des frischen Brotes, der auf glühender Asche bratenden Würste! Wie sie den verlaufenen Dachs, den blutenden, unbarmherzig erwürgten am allerchristlichsten Fest! Im Bewußten kann der Mensch nicht lange verharren; er muß sich zuweilen wieder ins Unbewußte flüchten, denn darin lebt seine Wurzel. Maxime. Davon wußte der Selige nichts und wollte nichts davon wissen, – der stolze Kranke, der Aristokrat des Geistes und der Bewußtheit, der große rührende Narr der Freiheit, den sie darum, absurd genug, für einen Volksmann halten (und mich für den vornehmen Knecht), da er doch vom Volke rein nichts verstand und auch von Deutschheit nichts – nun, dafür liebt ich ihn, ist mit den Deutschen ja nicht zu leben, sei es in Sieg oder Niederlage –, sondern in zarter, hochkränklicher Reine spröde dagegenstand, unfähig unterzutauchen, immer vielmehr nur in Sanftmut gemeint, das Geringe als Seinesgleichen zu nehmen, es zu sich und zum Geiste emporzusteigern auf Heilandsarmen. Ja, Er hatte viel von Ihm, auf den ich mich verstehen will in der Cantate, – und ambitionierte auch noch auf den erfinderischen Geschäftsmann in kindlicher Großheit. Kindlich? Nun, er war Mann gar sehr, Mann im Übermaß und bis zur Unnatur, da er denn vor dem Weiblichen einfach albern war: seine Weiber sind ja zum Lachen, – und dabei das Sinnliche als anstachelnde Grausamkeit. Schrecklich, schrecklich und unausstehlich! Und ein Talent in alldem, eine hochfliegende Kühnheit, ein Wissen ums Gute, weit über alles Gesinde und Gesindel hinaus, einzig ebenbürtig, einzig verwandt, – ich werde nicht Seinesgleichen sehen. Der Geschmack im Geschmacklosen, die Sicherheit im Schönen, die stolze Präsenz aller Fähigkeiten, Facilität und Fertigkeit des Sprechens, unbegreiflich unabhängig von jedem Befinden, der Freiheit zu Ehren, – verstehend aufs halbe Wort und antwortend mit äußerster Klugheit, dich zu dir selber rufend, dich über dich selbst belehrend, immer sich vergleichend, sich kritisch behauptend, lästig genug: der speculative, der intuitive Geist, weiß schon, weiß schon, sind sie nur beide genialisch, so werden sie sich auf halbem Wege – weiß schon, darauf kams an, daß auch der Naturlose, der Nichts-als-Mann, ein Genie sein könne, daß Er eines sei und an meine Seite gehöre, – auf den großen Platz kams an und die Ebenbürtigkeit und auch darauf, aus der Armut herauszukommen und sich ein Jahr für jedes Drama leisten zu können. Unangenehmer, diplomatisierender Streber. Mocht ich ihn jemals? Nie. Mochte den Storchengang nicht, das Rötliche, die Sommersprossen, die kranken Backen, nicht den krummen Rücken, den verschnupften Haken der Nase. Aber die Augen vergeß ich nicht, solang ich lebe, die blau-tiefen, sanften und kühnen, die Erlöser-Augen ... Christus und Speculant. War ich voller Mißtraun! Merkte: er wollte mich exploitieren. Schrieb mir den erzgescheiten Brief, um den ›Meister‹ für die ›Horen‹ zu kriegen, die er darauf gegründet, wo du doch, Lunte riechend, heimlich schon mit Unger zum Abschluß gekommen. Und dann insistierte er wegen ›Faust‹ für die ›Horen‹ und für Cotta, ärgerlichst, – da er doch ganz allein unter allen begriff, um was es ging bei dem objectiven Stil seit Italien, wissen mußte, daß ich ein andrer und der Lehm trocken geworden. Lästig, lästig. War hinter mir her und urgierte, weil *er* keine Zeit hatte. Aber nur die Zeit bringts heran.

Zeit muß man haben. Zeit ist Gnade, unheroisch und gütig, wenn man sie nur ehrt und sie emsig erfüllt; sie besorgt es im Stillen, sie bringt die dämonische Intervention ... Ich harre, mich umkreist die Zeit. Täte aber das Ihre allenfalls schneller, wäre er noch da. Ja, mit wem sprech ich über ›Faust‹, seitdem der Mann aus der Zeit ist? Er wußte alle Sorgen, die ganze Unmöglichkeit und die Mittel und Wege wohl auch, – unendlich geistreich und duldsam-frei, voll kühnen Einverständnisses den großen Spaß betreffend und die Emancipation vom nichtpoetischen Ernst, da er mich nach Helena's Auftritt tröstlich bedeutete, aus der Cohobierung des Spuks und der Fratze zum Griechisch-Schönen und zur Tragödie, der Verbindung des Reinen und des Abenteuerlichen möchte wohl ein nicht ganz verwerflicher poetischer Tragelaph entstehen. Er hat Helena noch gesehen, hat ihre ersten Trimeter noch gehört und seinen großen und vornehmen Eindruck bekundet, das soll mich stärken. Er hat sie gekannt, wie Chiron, der Rastlose, den ich nach ihr fragen will. Er hat gelächelt beim Zuhören, wie ichs fertig gebracht, jedes Wort mit antikem Geist zu durchtränken . . . ›Vieles erlebt ich, obgleich die Locke – Jugendlich wallet mir um die Schläfe! – Durch das umwölkte, staubende Tosen – Drängender Krieger hört ich die Götter – Fürchterlich rufen, hört ich der Zwietracht – Eherne Stimme schallen durchs Feld, – Mauerwärts!‹ Da lächelte er und nickte: ›Vortrefflich!‹ Das ist sanctioniert, darüber bin ich beruhigt, das soll unangetastet sein, er hats vortrefflich gefunden – und hat gelächelt, so daß ich auch lächeln mußt und mein Lesen zum Lächeln wurde. Nein, auch darin war er nicht deutsch, daß er lächelte über das Vortreffliche. Das tut kein Deutscher. Die schauen grimmig drein dabei, weil sie nicht wissen, daß Cultur Parodie ist – Liebe und Parodie . . . Er nickte und lächelte auch, als der Chor Phöbos ›den Kenner‹ nannte. ›Doch tritt immer hervor; – Denn das Häßliche sieht er nicht, – Wie sein heiliges Aug – Niemals den Schatten sieht.‹ Das gefiel ihm, darin erkannte er sich, fand es auf sich gemünzt. Und dann wandte er ein und tadelte, es sei nicht recht gesagt, daß Scham und Schönheit nie zusammen, Hand in Hand, den Weg verfolgen: Schönheit sei schamhaft. Sagt ich: Warum sollte sie? Sagt er: Im Bewußtsein, daß sie, dem Geistigen entgegen, das sie repräsentiert, Begierde erregt. Sag ich: Soll die Begierde sich schämen; aber die tuts auch nicht, im Bewußtsein vermutlich, daß sie das Verlangen nach dem Geistigen repräsentiert. Hat er mitgelacht. Es lacht sich mit niemandem mehr. Hat mich dahier gelassen in dem Vertrauen, daß ich den Weg ins Holz schon wissen, den bindenden Reif schon finden würde für die Totalität der Materie, die das Unternehmen erfordert. Sah der alles. Sah auch, daß der Faust ins tätige Leben geführt werden muß – leichter gesagt als getan, aber wenn Sie dachten, mein Bester, das sei mir neu –. Hab ich ihn doch gleich damals, als alles noch ganz dumpf und kindisch-trübe war, beim Lutherwerk statt ›Wort‹, ›Sinn‹ und ›Kraft‹ übersetzen lassen: die ›Tat‹.

Dunque! Dunque! Was ist heute zu tun? Ermanne dich zu fröhlichem Geschäft! Sich zur Tätigkeit erheben. Nach der Ruhe sanftem Schatten wieder in das rasche Leben. Und zur Pflicht, o welche Lust! Kling-klang. Das ist der ›kleine Faust‹ – die ›Zauberflöte‹, wo Homunculus und der Sohn noch eines sind im leuchtenden Kästchen ... Was gab es also, was fordert der Tag? O Tod, es ist ja das Gutachten über den ›Isis‹-Scandal, die widrigste Calamität, für Serenissimum abzufassen. Wie man vergißt dort unten! Nun kommt der Tag-Spuk wieder herauf, das ganze Zeug, – da ist auch das Concept zum Geburtstagscarmen an Excellenz von Voigt – Himmel, es will ja gemacht und mundiert sein, am siebenundzwanzigsten ist der Geburtstag, und viel ist es nicht, was ich habe, eigentlich nur ein paar Verse, wovon einer taugt: ›Ob nicht Natur zuletzt sich doch ergründet?‹ Das ist gut, das läßt sich hören, das ist von mir, das mag den ganzen Quark tragen, denn natürlich wirds ein schicklicher Quark wie so vieles, es ist nur, daß das ›poetische Talent‹ gesellig vorspricht, man erwartets von ihm. Ach, das poetische Talent, zum Kuckuck damit, die Leute glauben, das sei es. Als ob man noch vierundvierzig Jahre lebte und wüchse, nachdem man mit vierundzwanzig den ›Werther‹ geschrieben, ohne hinauszuwachsen über die Poesie! Als ob es die Zeit noch wäre, daß mein Caliber sich im Gedichte-machen genügte! Schuster, bleib bei deinem Leisten. Ja, wenn man ein Schuster wäre. Die aber schwätze, man werde der Poesie untreu und verzettele sich in Liebhabereien. Wer sagt euch, daß nicht die Poesie die Liebhaberei ist und der Ernst bei ganz was anderem, nämlich beim Ganzen? Dummes Gequak, dummes Gequak! Wisse nicht, die Dusselköppe, daß ein großer Dichter vor allem *groß* ist und dann erst ein Dichter, und daß es ganz gleich ist, ob er Gedichte macht oder die Schlachten schlägt dessen, der mich in Erfurt ansah, mit lächelndem Munde und finstern Augen, und hinter mir her sagte, absichtlich laut, daß ichs hören solle: ›Das ist ein Mann‹ – und nicht ›Das ist ein Dichter‹. Aber das Narrenvolk glaubt, man könne groß sein, wenn man den ›Divan‹ macht, und bei der ›Farbenlehre‹, da wär mans nicht mehr ...

Teufel, was gab es da? Was kommt da herauf von gestern? Das

Pfaffenbuch, das Professoren-Opus gegen die ›Farbenlehre‹, Pfaff heißt der Tropf, schickt mir bestens seine dreisten Abstreitungen zu, hat die Unverschämtheit, sie mir ins Haus zu schicken, taktlose deutsche Zudringlichkeit, hätt ich zu sagen, man wiese solche Leute aus der Gesellschaft. Aber warum sollen sie nicht meine Forschung bescheißen, da sie meine Dichtung beschissen haben, was ihre Bäuche hergaben? Haben die ›Iphigenie‹ so lange mit dem Euripides verglichen, bis sie ein Trödel war, haben mir den ›Tasso‹ verhunzt und die ›Eugenie‹ leidig gemacht mit ihrem Gewäsche von ›marmorglatt und marmorkalt‹, Schiller auch, Herder auch, und die schnatternde Staël auch, – von der Niedertracht nicht zu reden. Dyk heißt die scribelnde Niedertracht. Demütigung, daß ich den Namen weiß, seiner gedenke. Niemand wird ihn wissen nach fünfzehn Jahren, wird so tot sein, wie ers heute schon ist, aber ich muß ihn wissen, weil er mit mir in der Zeit ist ... Daß sie urteilen dürfen! Daß jeder urteilen darf. Sollte verboten sein. Ist eine Polizeisache, meiner Meinung nach, wie Okens ›Isis‹. Hört sie urteilen, und dann verlangt von mir, daß ich für Landstände sei und Stimmrecht und Preßfreiheit und Ludens ›Nemesis‹ und ›Des teutschen Burschen fliegende Blätter‹ und den ›Volksfreund‹ von Wielands filius. Greuel, Greuel. Zuschlagen soll die Masse, dann ist sie respectabel, Urteilen steht ihr miserabel. Aufschreiben und secretieren. Überhaupt secretieren. Warum gab ichs an Tag und gabs preis zu öffentlichen Handen? Man kann nur lieben, was man noch bei sich hat und für sich, was aber beschwätzt ist und besudelt, wie soll man dran weitermachen? Hätte euch die merkwürdigste Fortsetzung gemacht von der ›Eugenie‹, wollt aber ja nicht, daß man euch ein Gutes tue, so willig man wäre. Man wollte sie schon amüsieren, wenn sie nur amüsabel wären! Ist aber ein mürrisch ungespäßig Geschlecht und versteht nicht das Leben. Weiß nicht, daß nichts davon übrig bleibt ohne etwelche Bonhomie und Indulgenz, ohne daß man in Gottes Namen ein Auge zudrückt und fünfe gerade sein läßt, damit nur bestehe. Was ist denn all Menschenwerk, Tat und Gedicht, ohne die Liebe, die ihm zu Hilfe kommt, und den parteiischen Enthusiasmus, ders zu was aufstutzt? Ein Dreck. Die aber tun, als wären sie wohl auf dem Plan, das Absolute zu fordern, und hätten den Anspruch verbrieft in der Tasche. Verdammte Spielverderber. Je dümmer, je saurer das Maul. Und doch kommt man immer wieder, das Seine vor ihnen auszubreiten, vertrauensvoll – ›mög es auch nicht mißfallen‹.

Da ist mir die morgenfreundliche Laune getrübt und corrosiv angehaucht von ärgerlichem Sinnieren –! Wie stehts denn überall? Was ist mit dem Arm? Tut als brav weh, wenn ich ihn hintüberlege. Immer denkt man, die gute Nacht wirds bessern, aber es hat der Schlaf die alte Heilkraft nicht mehr, muß es wohl bleiben lassen. Und das Ekzem am Schenkel? Meldet sich auch zur Stelle mit gehorsamstem Guten Morgen. Weder Haut noch Gelenke wollen mehr mittun. Ach, ich sehn mich nach Tennstedt zurück ins Schwefelwasser. Früher sehnt ich mich nach Italien, jetzt in die heiße Brühe, daß sie die verhärteten Glieder löse: so modificiert das Alter die Wünsche und bringt uns herunter. Es muß der Mensch wieder ruiniert werden. Ist aber doch ein groß, wunderbar Ding um diesen Ruin und um das Alter und eine lächerliche Erfindung der ewigen Güte, daß der Mensch sich in seinen Zuständen behagt und sie selbst ihn so zurichten, daß er einsinnig mit ihnen und so der Ihre wie sie die Seinen. Du wirst alt, so wirst du ein Alter und siehst allenfalls mit Wohlwollen, aber geringschätzig auf die Jugend herab, das Spatzenvolk. Möchtest du wieder jung und der Spatz sein von dazumal? Schrieb den ›Werther‹, der Spatz, mit lächerlicher Fixigkeit, und das war denn was, freilich, für seine Jahre. Aber leben und alt werden danach, das ist es erst, da liegt der Spielmann begraben. All Heroismus liegt in der Ausdauer, im Willen zu leben und nicht zu sterben, das ists, und Größe ist nur beim Alter. Ein Junger kann ein Genie sein, aber nicht groß. Größe ist erst bei der Macht, dem Dauergewicht und dem Geist des Alters. Macht und Geist, das ist das Alter und ist die Größe – und die Liebe ists auch erst! Was ist Jugendliebe gegen die geistige Liebesmacht des Alters? Was für ein Spatzenfest ist das, die Liebe der Jugend, gegen die schwindlichte Schmeichelei, die holde Jugend erfährt, wenn Altersgröße sie liebend erwählt und erhebt, mit gewaltigem Geistesgefühl ihre Zartheit ziert – gegen das rosige Glück, worin lebensversichert das große Alter prangt, wenn Jugend sie liebt? Sei bedankt, ewige Güte! Alles wird immer schöner, bedeutender, mächtiger und feierlicher. Und so fortan!

Das heiße ich sich wiederherstellen. Schaffts der Schlaf nicht mehr, so schaffts der Gedanke. Schellen wir nun also dem Carl, daß er den Kaffee bringt; ehe man sich erwärmt und belebt, ist gar der Tag nicht einzuschätzen und nicht zu sagen, wies heut um den Guten steht und was er wird leisten mögen. Vorhin war mir, als wollt ich marode machen, im Bett bleiben und alles sein lassen. Das hatte der Pfaff gemacht, und daß sie meinen Namen nicht wollen dulden in der Geschichte der Physik. Hat sich aber wieder auf die Beine zu bringen gewußt, die liebe Seele, und der Labetrunk mag ein übriges tun . . . Das denk ich jeden Morgen beim Schellen, daß der vergoldete Griff vom Glockenzug gar nicht hierher paßt. Wunderlich Stückchen Prunk, gehört eher nach vorn in den Weltempfang als ins klösterlich Geistige hier, ins Reservat des Schlafs und die Hamsterhöhle der Sorge. Gut, daß ich die Stuben hier einrichten ließ, das stille und karge, das ernste Reich. Auch gegen die Kleine wars gut, daß sie sähe: nicht nur für sie und die Ihren war das Hinterhaus recht als retiro, sondern auch für mich selbst, wiewohl aus anderen Gründen. Das war – laß sehen – Sommer vierundneunzig, zwei Jahre nach dem Wiedereinzug in das geschenkte Haus und dem Umbau. War die Epoque der ›Beiträge zur Optik‹, – o, mille excuses, ihr Herren von der Gilde, – zur Chromatik natürlich nur allenfalls, denn wie sollte wohl einer sich an die Optik wagen, der nicht in der Meßkunst beschlagen, und sollte sich unterfangen, Newtonen zu widersprechen, dem Falschen, Captiosen, dem Lügenmeister und Schutzherrn des Schulirrtums, dem Verleumder des Himmelslichts, der da wollte, daß sich das Reinste aus lauter Trübnissen, das Hellste aus Elementen zusammensetze, die dunkler allsamt als es selber. Der schlechte Narr, der hartstirnige Irrlehrer und Weltverdunkeler! Man darf nicht müde werden, ihn zu verfolgen. Da ich das trübe Mittel begriffen, und daß das Durchsichtige selbst schon des Trüben erster Grad, da ich erfunden, daß Farbe gemäßigt Licht, da hatt ich die Farbenlehre am Schnürchen, der Grund- und Eckstein war da gesetzt, und konnt auch das Spectrum mir keine Pein mehr machen. Als ob es kein trübes Mittel wäre, das Prisma! Weißt du noch, wie du das Ding vor die Augen nahmst im geweißten Zimmer und die Wand, der Lehre entgegen, weiß blieb wie eh und je, wie auch der lichtgraue Himmel draußen nicht ein Spur von Färbung zeigte und nur wo ein Dunkles ans Helle stieß, Farbe entsprang, so daß das Fensterkreuz am allerlustigsten bunt erschien? Da hatt ich den Schuft und sprachs zum erstenmal vor mich hin mit den Lippen: Die Lehre ist falsch!, und es bewegten sich mir vor Freude die Eingeweide, wie damals, als sich mir klar und unverleugbar, nicht anders als ichs in gutem Einvernehmen mit der Natur zuvor gewußt, das Zwischenknöchlein kund tat für die Schneidezähne im Kiefer des Menschen. Sie wolltens nicht wahrhaben und wolltens aber nicht wahrhaben jetzt mit den Farben. Glückliche, peinliche, bittere Zeit. Man machte sich lästig, wahrhaftig, man spielte den insistierenden Querulanten. Hattest du nicht gezeigt mit dem Knöchlein und der Metamorphose der Pflanzen, daß Natur dirs nicht abschlug, den einen und anderen Blick in ihre Werkstatt zu tun? Aber sie wollten dir den Beruf zu der Sache nicht glauben, sie zogen abgeneigte Gesichter, sie ruckten die Schultern, wurden verdrießlich. Du warst ein Störenfried. Und du wirsts bleiben. Sie lassen dich alle grüßen und hassen dich bis in den Tod. Nur die Fürsten, das war ein anderes. Soll ihnen unvergessen sein, wie sie meine neue Passion respectierten und förderten. Des Herzogs Hoheit, so brav wie immer, – gleich bot er Raum und Muße, mein Aperçu zu verfolgen. Die beiden Gothaer, Ernst und August, – der eine ließ mich in seinem physikalischen Cabinett laborieren, der andere verschrieb mir aus England die schönen, zusammengesetzten, die achromatischen Prismen. Herren, Herren. Die Schulfüchse wiesen mich ab wie einen Pfuscher und Quengler, aber der Fürst-Primas in Erfurt hat all mein Experimentieren mit der gnädigsten Neugier verfolgt und den Aufsatz damals, den ich ihm schickte, mit eigenhändigen Randbemerkungen beehrt. Das macht, sie haben Sinn für Dilettantism, die Herren. Liebhaberei ist nobel, und wer vornehm ein Liebhaber. Dagegen gemein ist alles, was Gilde und Fach und Berufsstand. Dilettantism! Über euch Philister! Ahndete euchs wohl je, daß Dilettantism ganz nah verwandt dem Dämonischen und dem Genie, weil er ungebunden ist und geschaffen, ein Ding zu sehen mit frischem Aug, das Object in seiner Reinheit, wies ist, nicht aber, wie Herkommen will, daß mans sehe, und nicht wie der Troß es sieht, der von den Dingen, den physischen und den moralischen, immer nur ein Bild hat aus zweiter Hand? Weil ich von der Poesie zu den Künsten kam und von denen zur Wissenschaft und mir bald Baukunst und Bildhauerkunst und Mahlerey war wie Mineralogie, Botanik und Zoologie, so soll ich ein Dilettant sein. Laß dirs gefallen! Als Junge hab ich dem Straßburger Münster abgesehen, daß dem Turm eine fünfspitzige Krönung zugedacht war, und der Riß hats bestätigt. Der Natur aber soll ichs nicht abmerken? Als obs nicht all eines wäre, das alles; als ob nicht nur der was davon verstünde, der Einheit hat, und die Natur sich nicht dem nur vertraute, der selber eine Natur ...

Die Fürsten und Schiller. Denn der war ein Edelmann auch, von Kopf bis zu Füßen, ob er es gleich mit der Freiheit hielt, und hatte die Natürlichkeit des Genies, ob er der Natur gleich ärgerlich-sträflichen Hochmut erwies. Ja, der nahm teil und glaubte und trieb mich an, wie immer mit seiner reflectierenden Kraft, und als ich ihm nur den ersten Entwurf sandte zur ›Geschichte der Farbenlehre‹, da hat er mit großem Blick das Symbol einer Geschichte der Wissenschaft, den Roman des menschlichen Denkens darin erkannt, der draus wurde in achtzehn Jahren. Ach, ach, der hat was gemerkt, der hat was verstanden. Weil er den Rang hatte, das Auge, den Flug. Wär der noch, er risse mich hin, den ›Kosmos‹ zu schreiben, die umfassende Geschichte der Natur, die ich schreiben müßte, auf dies mit der Geologie bei mir von jeher hinauswollte. Wer kanns denn als ich? Das sag ich von allem und kann doch nicht alles tun – unter Verhältnissen, die mir die Existenz machen und sie mir rauben zugleich. Zeit, Zeit, gib mir Zeit, gute Mutter, und ich tu alles. Als ich jung war, sagte mir einer: Du gibst dir die Miene auch, als sollten wir hundertundzwanzig Jahre alt werden. Gib sie mir, gute Natur, gib mir so wenig nur von der Zeit, über die du verfügst, Gemächliche, und ich nehm allen andern die Arbeit ab, die du getan sehen möchtest und die ich am besten mache ...

Zweiundzwanzig Jahre hab ich die Stuben, und nichts hat sich bewegt darin, als daß das Canapee wegkam aus dem Studio, weil ich die Schränke brauchte bei sich mehrenden Acten, und der Armstuhl hier am Bett kam hinzu, den die Oberkammerherrin mir schenkte, die Egloffstein. Das war aller Wechsel und Wandel. Aber was ist nicht hindurchgegangen durchs Immergleiche und hat drin getobt an Arbeit, Geburt und Mühsal. Solche Mühe hat Gott dem Menschen gegeben! Daß du redlich dich beflissen, was auch werde, Gott mags wissen. Aber die Zeit, die Zeit ging drüber hin. Steigts dir doch auf siedendheiß, jedesmal, wenn du ihrer gedenkst! Zweiundzwanzig Jahre – ist was geschehen darin, haben was vor uns gebracht unterweilen, aber es ist ja beinah schon das Leben, ein Menschenleben. Halte die Zeit! Überwache sie, jede Stunde, jede Minute! Unbeaufsichtigt, entschlüpft sie, dem Eidechslein gleich, glatt und treulos, ein Nixenweib. Heilige jeden Augenblick! Gib ihm Heiligkeit, Bedeutung, Gewicht und Bewußtsein, durch redlich-würdigste Erfüllung! Führe Buch über den Tag, gib Rechenschaft von jedem Gebrauch! Le temps est le seul dont l'avarice soit louable. Da ist die Musik. Hat ihre Gefahren für die Klarheit des Geistes. Aber ein Zaubermittel ist sie, die Zeit zu halten, zu dehnen, ihr eigentümlichste Bedeutung zu verleihen. Singt die kleine Frau ›Der Gott und die Bajadere‹, sollte sie nicht singen, ist ja beinah ihre eigene Geschichte. Singt sie ›Kennst du das Land‹ – mir kamen die Tränen und ihr auch, der Lieblich-Hochgeliebten, die ich mit dem Turban und Schal geschmückt, – sie und ich, wir standen in Tränenglanz unter den Freunden. Sagt sie, der gescheite Schatz, mit der Stimme, mit der sie gesungen: Wie langsam geht doch die Zeit bei Musik, und ein wie vielfaches Geschehen und Erleben drängt sie in einen kurzen Zeitraum zusammen, da uns bei interessiertem Lauschen eine lange Weile verflossen scheint! Was ist Kurzweil und Langweil? Lobte sie weidlich fürs Aperçu und stimmte ihr zu aus der Seele. Sagte: Liebe und Musik, die beiden sind Kurzweil und Ewigkeit – und solchen Unsinn. Las ich den ›Siebenschläfer‹, den ›Totentanz‹, aber dann: ›Nur dies Herz, es ist von Dauer‹; aber dann: ›Nimmer will ich dich verlieren‹; aber dann: ›Herrin, sag, was heißt das Flüstern‹; aber endlich: ›So, mit morgenroten Flügeln, Riß es mich an deinen Mund‹. Es wurde spät in der Vollmondnacht. Albert schlief ein, Willemer schlief ein, die Hände über dem Magen gefaltet, der Gute, und wurde gefoppt. Es war ein Uhr, als wir uns trennten. War so munter, daß ich dem Boisserée durchaus noch auf meinem Balcon mit der Kerze den Versuch mit den farbigen Schatten zeigen mußte. Merkte wohl, daß sie uns belauschte auf ihrem Söller. Euch im Vollmond zu begrüßen Habt ihr heilig angelobet –. Jetzt hätte er auch noch etwas draußen bleiben können. Avanti! –

»Recht guten Morgen, Ew. Excellenz.«
»Ja, hm. Guten Morgen. Setz es nur hin. – Sollst auch einen guten Morgen haben, Carl.«
»Besten Dank, Ew. Excellenz.«

(aus: Lotte in Weimar, »Das siebente Kapitel«, 1939)

Der Himmel gebe seinen Segen
Von Stadelmann

Ich unterstehe mich, Ihnen etwas zu melden, wo ich bis jetzt noch nicht weiß, ob es erlaubt ist; doch geht es mir mit an und liegt mir zugleich als Pflicht ob, für den Gesundheitszustand Seiner Exzellenz Sorge zu tragen. Ich ging am ersten Feiertag mit den Herrn Geheimen Rat am Abend nach Hause, wo Sie unterwegs über Schmerz im hohlen Fuß klagten. Wir kamen nach Hause; er legte sich zu Bett. Am andern Morgen fand es sich, daß der Fuß beträchtlich geschwollen war. Der Herr Hofmedikus Rehbein war glücklicherweise den Abend vorher hier angekommen und wollte den Herrn Geheimerat den andern Tag besuchen, als er ihn in diesem Zustande fand und natürlich sehr willkommen war, da grade die Häupter der medizinischen Fakultät verreist waren. Er verschrieb ein Räucherwerk und zum Einreiben; auch Socken von Wachstaffet wurden gemacht. Keinen Schmerz empfinden Sie nicht, aber ein Spannen der Geschwulst. Diesen Morgen fand ich, daß auch der andere Fuß etwas angelaufen war, und ließ gleich noch einen Sock von Taffet machen, aber leider ist er noch nicht gebraucht. So geht es auch mit dem Einreiben und Räuchern. Seit diesen Morgen habe ich nicht wieder damit kommen dürfen, trotzdem daß ich mehrere Mal daran erinnert habe. Der Herr Geheime Rat glaubt, es soll sich von selbst geben; aber das wird langsam gehn. Der Herr Hofmedikus ist noch hier, und ich muß aufrichtig gestehen, daß ich den Herrn Geheimen Rat deshalb bei ihm verklagt habe; er will diesen Abend wiederkommen und es dem Herrn Geheimerat ans Herz legen. Der Himmel gebe seinen Segen, daß ich ihm recht bald die Stiefeln wieder anziehen kann.

(Brief an Kräuter, 27. 5. 1817)

Der arme Mann!
Von Dorothea Schlegel

Goethe hat einem Durchreisenden offenbart, er sei in der Naturkunde und Philosophie ein Atheist, in der Kunst ein Heide und dem Gefühl nach ein Christ!

Jetzt wissen wir es also ganz naiv von ihm selber, wieso er es nirgend zur Wahrheit bringt. Der arme Mann! Mich dauert er sehr.

(Brief an ihre Söhne Jonas und Philipp Veit, 28. 11. 1817)

Sie würden sich wundern!
Von Caroline Herder

Oh, wie würden Sie sich über Goethe wundern! Ein jeder Tag zeugt neue Niederträchtigkeiten; und die Stirnen werden immer frecher! – Der hat vieles auf seiner Seele, aber ihn kümmert nichts!

(cit. nach Arno Schmidt, Herder oder Vom Primzahlmenschen, 1958)

Urworte · Orphisch

Von Johann Wolfgang Goethe

Dämon

Wie an dem Tag, der dich der Welt verliehen,
Die Sonne stand zum Gruße der Planeten,
Bist alsobald und fort und fort gediehen
Nach dem Gesetz, wonach du angetreten.
So mußt du sein, dir kannst du nicht entfliehen.
So sagten schon Sibyllen, so Propheten;
Und keine Zeit und keine Macht zerstückelt
Geprägte Form, die lebend sich entwickelt.

(1817)

Eine Leere im Leben

Von Wilhelm von Humboldt

Über Goethe schreibst Du sehr schön und richtig. Liebe hat ihm immer gefehlt; er hat sie schwerlich empfunden, und die rechte ist ihm nicht geworden. Allein der wahre Grund dazu ist doch wohl das früh in ihm waltende schaffende Genie und die Phantasie gewesen. Wo sich die Natur einen solchen eigenen und inneren Weg bahnt, da wird es wohl unmöglich, sich einem anderen Wesen in der Wirklichkeit uneigennützig hinzugeben, und ohne das ist keine Liebe denkbar. Man muß sich immer erst verlieren, um sich schöner und reicher wieder zu empfangen. Aber eine Leere läßt es dann freilich im Leben zurück, und ich glaube nicht, daß außer den Stunden und Zeiten des glücklichen Hervorbringens Goethe eigentlich glücklich oder reich in sich beschäftigt ist.

(aus: Brief an seine Frau, 16. 8. 1819)

Das Gefühl der Verehrung

Von Ludwig Rellstab

Eine gewisse Feierlichkeit war von dem Eintreten des Dichters in den Kreis seiner Gäste kaum zu trennen; denn fast immer befanden sich in demselben einige, die ihn zum erstenmal sahen oder ihm doch nur selten nahegetreten waren, und selbst für die, welche nähern oder nächsten Umgang mit ihm pflogen, blieb das Gefühl der Verehrung ihm gegenüber das vorherrschende. Sein ganzes Wesen prägte sich auch in der äußeren Erscheinung so aus, daß diese Empfindung die erste, die überwiegende, die bleibende sein mußte. Sein ernster langsamer Gang, die kraftvollen Züge, welche vielmehr die Stärke als die Schwäche des Alters ausdrückten, die hohe Stirn, das weiße, reiche Haar, endlich die tiefe Stimme und die langsame Redeweise – alles vereinigte sich gerade zu diesem Eindruck.

(8. 11. 1821)

Zu Goethes Denkmal

Von Johann Wolfgang Goethe

»Zu Goethes Denkmal was zahlst du jetzt?«
Fragt dieser, jener und der. –
Hätt ich mir nicht selbst ein Denkmal gesetzt,
Das Denkmal, wo käm es denn her?

(aus: Zahme Xenien, 1815)

Ein Ehrendenkmal Goethen

Von Heinrich Heine

*Das projektierte Denkmal Goethes
zu Frankfurt am Main*

Hört zu, ihr deutschen Männer, Mädchen, Frauen,
    Und sammelt Subskribenten unverdrossen!
    Frankfurts Bewohner haben jetzt beschlossen,
    Ein Ehrendenkmal Goethen zu erbauen.
»Zur Meßzeit wird der fremde Krämer schauen«, –
    So denken sie – »daß *wir* des Manns Genossen,
    Daß *unserm* Boden solche Blum entsprossen,
    Und blindlings wird man *uns* im Handel trauen.«
Oh, laßt dem Dichter seine Lorbeerreiser,
    Ihr Handelsherrn! Behaltet euer Geld.
    Ein Denkmal hat sich Goethe selbst gesetzt.
In Windeln war er einst *euch nah,* doch jetzt
    Trennt *euch* von Goethe eine ganze Welt,
    Euch, die ein Flüßlein trennt vom Sachsenhäuser.

(1821, aus: Gedichte 1853 und 1854, Nachlese)

An das verehrliche Committee zur Errichtung des Göthischen Monuments

Von Arthur Schopenhauer

1. Apologie des Verfassers.

Ich möchte wohl mich bescheiden und bei dem Zutrauen beruhigen, daß die, welche den Willen und das Geld haben, Göthen ein Monument zu errichten, auch zur zweckmäßigsten Ausführung dieses edlen Vorhabens wohlberathen seyn werden. Allein dieses

Zutrauen wankt, wenn ich z. B. auf die Inschrift blicke, welche das kostspielige, schöne und durch seinen Zweck ehrwürdige Bibliotheksgebäude verunziert: *Studiis libertati reddita civitas,* welche in 4 Worten 3 Fehler hat und fast Küchenlatein heißen könnte; wenigstens dem Cicero unverständlich seyn würde. In ächtem Latein müßte sie lauten: *Litteris, recuperata libertate, civitas.* In ganzem Ernst wäre es wünschenswerth, daß an einem schönen Morgen, in aller Stille, diese Inschrift an die Stelle der jetzigen geschoben würde, damit nicht ferner jedem Gelehrten, der die Bibliothek besucht, gleich an der Schwelle ein Lächeln oder Achselzucken abgenöthigt werde. Von der Veränderung würde die Stadt 3 Tage klatschen; aber Jahrhunderte hätten danach eine würdige Inschrift vor Augen. – Nicht minder wankt jenes Zutrauen, wenn ich in der durch so große Summen zu Stande gebrachten *Städel*schen Sammlung die vortrefflichen Gypsabgüsse in 2 Sälen aufgestellt sehe, deren einer rothe, der andre gar gelbrothe Wände hat! Das ist nicht bloß geschmacklos, sondern barbarisch, dem zeichnenden Schüler ein Augenverderb, jedem fühlenden Menschen eine Marter: und dies in Göthes Vaterstadt, dessen Meinung vom Gelbrothen zu ersehn ist: »Farbenlehre« § 776.

Ich vernehme indessen, daß die Komposition des Monuments dem Thorwaldsen übertragen sei, von welchem trefflichen Künstler gewiß das Beste zu erwarten steht. Allein die dem Zweck, Geist und Gegenstand gemäße Anordnung eines Denkmals und die Erfindung seiner Inschrift sind doch nicht eigentlich Bildhauerarbeit. Ein Mal errichtet aber, wird es für alle Zeiten fortan unveränderlich dastehn und im Laufe der Jahrhunderte die Kritik vieler Tausende erfahren, unter denen einige Gescheute seyn werden.

Diese Betrachtungen veranlassen mich zu glauben daß, trotz Geld und Thorwaldsen, ein auf Gründe gestützter Rath in dieser Sache vielleicht doch nicht überflüssig seyn möchte: daher ich einen solchen, nicht im Interesse Frankfurts (denn das geht seine Bürger allein an und ist dem Fremden eine gänzlich fremde Sache), sondern im Interesse Göthe's und des guten Geschmacks, dem verehrlichen *Committee* vorzulegen mir erlaube; wiewohl mit vollkommenster Resignation darin ergeben, daß er unberücksichtigt bleiben werde, wie dies dem Weltlauf gemäß und in der Ordnung ist. Inzwischen ertheile ich diesen Rath nicht *coram populo,* in öffentlichen Blättern, um dadurch seine Befolgung gewissermaaßen zu erzwingen, sondern, wie es dem Wohlmeinenden ziemt, mich an die Betheiligten direkt und allein wendend, ohne fremde Zeugen.

II. Leitende Grundsätze.

1) Bei Werken dieser Art kann Mangel an Einsicht und Geschmack nicht kompensirt werden durch die Größe des gemachten Aufwandes, wohl aber umgekehrt. –

2) Das Denkmal eines großes Mannes soll einen erhabenen Eindruck machen: Das Erhabene ist stets einfach.

3) *Statuae equestres & pedestres,* also ganze Figuren, Standbilder, sind, wohl erwogen, nur dem Andenken solcher Männer angemessen, welche mit ihrer ganzen Persönlichkeit, mit Herz und Kopf zugleich, ja oft auch noch mit Arm und Bein dazu für die Menschheit thätig gewesen, also Helden, Herrschern, Heerführern, Staatsmännern, Volksrednern, Religionsstiftern, Heiligen, Reformatoren u.s.w. mit Einem Wort: den eigentlich historischen Charakteren, und zwar werden die Statuen zu Pferde ausschließlich den H e r r s c h e r n gewidmet: hingegen Männern von Genie, also Dichtern, Philosophen, Künstlern, Gelehrten, als welche eigentlich nur mit dem K o p f e der Menschheit gedient haben, gebührt bloß e i n e B ü s t e, die Darstellung des Kopfes. Diesen Grundsatz scheinen die feinfühlenden Alten befolgt zu haben. Wir finden unzählige antike Statuen von Helden, Herrschern, Volksrednern, hingegen von Dichtern und Philosophen in der Regel bloße Büsten, und diese gleichfalls in großer Anzahl. Als Ausnahmen dieser Regel erinnere ich mich allein der beiden sitzenden ganzen Figuren des Menandros und Philemon im Vatikan, die schwerlich öffentliche Monumente gewesen seyn mögen, sodann der a n g e b l i c h den Aristoteles darstellenden sitzenden Statue, im Palast *Spada* zu Rom, deren Gegenstand jedoch zweifelhaft und vielleicht irgend ein Staatsmann ist. – Pausanias, im zweiten Buch der Eliaka, zählt

eine sehr große Menge in Olympia aufgestellter Statuen Olympischer Sieger auf, die sämmtlich Athleten waren, bis auf einen Anaximenes (nicht den Philosophen), der ein Historiker war, aber nur ein Brustbild gehabt zu haben scheint, da es von ihm heißt εἰκών, nicht ἀνδριάς. – Die Neuern sind überhaupt von keiner Autorität in Sachen der Skulptur und Architektur, die Engländer aber sind in Sachen des Geschmacks die letzten; daher man auf den stehenden *Shakespeare* in der Westminster Abtei sich nicht berufen darf; auch sind dagegen in Italien die Denkmäler von Künstlern und Gelehrten, sowohl im Pantheon zu Rom, als auch in der dadurch weltberühmten *Chiesa della St^a. Croce* zu Florenz, durchgängig bloße Büsten. Italiäner aber haben in Sachen des Geschmacks, unter den Neuern bei weitem den Vorrang. In Mantua, Virgils Geburtsstadt, hat diesem, in der neuern Zeit, die Stadt ein Denkmal gesetzt: es ist seine B ü s t e , mitten auf einem runden, mit Maulbeerbäumen bepflanzten Platz, nahe dem Wall. Dem *J. J. Rousseau* hatte seine Geburtsstadt Genf, nachdem sie ihn bei Lebzeiten verbannt hatte, nach seinem Tode ein Monument gesetzt: seine Büste auf einem stillen, mit Bäumen bepflanzten Platz. Dies Denkmal wurde, während einer bigotten Periode dieses Jahrhunderts weggenommen, seit mehreren Jahren aber ist es durch ein neues ersetzt, welches, wenn ich nicht irre, abermals eine Büste ist und am See steht. – Durchaus nicht hat man darauf zu achten, daß, bei der allgemein herrschenden Monumentensucht, es jetzt in Deutschland Mode ist, auch Männern von Genie Standbilder zu errichten. Die Grille eines Quinquenniums ist gar nichts gegen die leitenden Maximen der hochgebildeten Nationen viele Jahrhunderte hindurch: die Ausführung einer solchen Grille aber bleibt, zum Spott der Nachwelt, welche lächelnd vernimmt, daß das Standbild, das einen Imperator darzustellen schien, einem Poeten gilt.

Nehmen wir den umgekehrten Fall. Auf den Plätzen Berlins stehen die Denksäulen von acht Generälen: sämmtlich ganze Figuren. Büsten an ihrer Stelle würden eine beinahe lächerliche Wirkung hervorbringen: aber eine ganz analoge käme heraus, wenn die Stadt Königsberg den K a n t als Statue in seiner kleinen, magern

Person mit übergroßem Kopf, hinstellte; obgleich Kant ein größerer Mann war als alle Generale, die je gelebt, zusammengenommen.

III. Plan des Denkmals.

Auf obigen Gründen beruht meine Meinung, daß Göthe's Denkmal in einer bloßen B ü s t e , aus Bronze oder Marmor auf einem Postament von angemessener Größe bestehn müsse, Beides aber sei so kolossal als die Mittel es gestatten, und sollte es den Maaßstab der Statue des *S. Carlo Borromeo* bei *Arona* am *Lago maggiore* erreichen, die 112 Fuß Höhe hat. Von ähnlicher Größe wird der in London bald aufzustellende *Shakespeare*. Auf dem Postament stehe folgende Inschrift: » D e m D i c h t e r d e r D e u t s c h e n s e i n e V a t e r s t a d t 1838«. Aber auch schlechterdings keine Silbe mehr! Dadurch daß diese Inschrift Göthe's Namen nicht nennt, sondern voraussetzt, ist sie zu seinem Ruhme unendlich beredter als das wortreichste Encomium je seyn könnte. Denn sie besagt, daß er der Einzige, der Unvergleichliche ist, der, den Jeder kennen muß, den keine Zeit vergessen, kein Nachfolger je verdunkeln kann. Und somit ist sie, in ihrer lakonischen Kürze, e r h a b e n , im Beschauer Ehrfurcht erweckend. Ihre Einfachheit entspricht der ernsten Einfachheit des Monuments selbst, welches, aus einer bloßen Büste bestehend, nicht durch Arme, Beine und deren Positur an Göthe's menschliche Person, sondern nur durch sein erhabenes Antlitz an seinen unvergänglich gewordenen Geist erinnert. Da vielleicht noch nie ein Monument den Namen des dadurch Gefeierten verschwiegen hat; so ehrt man eben dadurch den einzigen Mann auf eine einzige Weise. Ich getraue mir zu behaupten, daß jede andere Inschrift, wie sie auch laute, mit dieser verglichen, schwach, flach und trivial erscheinen wird. Aber setzt man seinen Namen hinzu, so ist Alles verdorben: da klingt im Innern des Beschauers eine Empfindung an, wie

»Ich sehe einen Mann, wie andre mehr,
Eure Höflichkeit erfreut mich sehr.«

Die Büste darf schlechterdings nicht Göthen, wie er in den letzten Jahren war, nicht im Greisenalter darstellen, wo die Gewalt der Zeit seine schönen Züge verunstaltet hatte und der Verfall sich auf die flächer gewordene Stirn erstreckte. Aus seinen besten Jahren, wo das Gesicht bereits den vollen Charakter angenommen hatte, ohne jedoch schon Spuren des Verfalls zu tragen, besitzen wir glücklicherweise zwei sehr gute Büsten: die eine von Tieck, die andere von Weißer. Letztere ist nach einem Gypsabdruck von Göthe's Gesicht selbst, welchen er 1805 dem *Dr. Gall* zu Gefallen auf sich nehmen ließ, gearbeitet, folglich vollkommen ähnlich, aber nicht ideal; mit kurzem Haar. Die erstere dagegen ist idealisch gehalten, mit wallenden Locken, Jupiterartig. Von beiden finden sich stumpfe Abgüsse in der Gypsfiguren-Handlung zu Sachsenhausen. – Nach welcher von beiden oder ob nach beiden zugleich, auf dem Wege der Vermittlung, die Denkmalsbüste zu arbeiten sei, bleibe dem Thorwaldsen überlassen. Ich wäre für die Weißersche, weil sie Göthe's Züge ganz getreu der Nachwelt überliefern würde; womit dieser gewiß am meisten gedient seyn wird. Zudem ist Göthe's Gesicht schön genug, um keiner Idealisierung zu bedürfen. – Ein Lorbeerkranz auf dem Haupt wäre sehr passend, fast unerläßlich, doch müßte er nicht die Stirn bedecken oder beschatten. Wenn die Büste von Marmor wäre, könnte er von Bronze seyn. – Jedenfalls wird man Sorge tragen das Gesicht nicht nach Norden zu wenden, welcher Fehler begangen ist mit der Statue des Königs August von Polen in der Dresdner Neustadt, dessen Gesicht daher nie deutlich gesehn wird.

Die Seiten des Postaments etwan mit Scenen aus Göthe's Werken zu verzieren und vielleicht auf einer Seite das Klärchen, auf der andern das Gretchen und in der Mitte den Teufel, der auf dem Blocksberg tanzt, anzubringen, wäre in meinen Augen kindisch und läppisch. Die Embleme der Dichtkunst im Allgemeinen, nach antiken Mustern mit Geschmack ausgeführt, sind allein passend und würdig.

Bei großen Dimensionen würde das Postament aus polirtem Granit, und die Verzierung darauf aus Bronze von edler und prächtiger Wirkung seyn. Ein Tempelchen, Säulendach oder dergl.

zum Schutz der Büste wird immer sich kleinlich ausnehmen und an ein Heiligenkapellchen oder einen Sommerpavillon erinnern. Bei unserm Klima ist Bronze viel zweckmäßiger als Marmor: wollte man jedoch diesen nehmen; so müßte im Winter die Büste mit einem hölzernen Kasten überbaut werden, wie es in Dresden mit den schönen Marmorgruppen vor dem Palais des großen Gartens geschieht.

Nicht als Motiv sondern bloß beiläufig füge ich hinzu, daß ein Monument nach meinem Vorschlag nicht nur, aus dargelegten Gründen, dem Zweck und Gegenstand, sondern auch den Mitteln angemessener seyn wird, welche aufzubringen ganz allein der gebildeten und zugleich wohlhabenden Klasse einer einzigen Stadt mäßigen Umfangs obliegt. Denn ein Standbild würde sehr viel theurer ausfallen und doch, wenn obige Grundsätze nicht widerlegt sind, nur ein glänzender Fehlgriff seyn. Hier erinnere ich an meinen ersten Grundsatz. Auch ist eine Büste, sei sie auch noch so groß, immer sehr viel leichter zu gießen als eine Statue: daher denn um so eher der Guß hier geschehn könnte.

Als Stelle des Denkmals würde ich, wenn es in der Stadt stehn soll, den viereckigen Platz in der Mainzer Straße, wo die Große Galgengasse ausläuft, jedem andern vorziehn: er müßte aber von schönen hohen Baumgruppen beschattet werden. Noch passender wäre vielleicht die Insel oder die Promenade.

Annoch benutze ich die Gelegenheit vorzuschlagen, daß dem Göthischen Haus eine Marmortafel eingemauert werde mit der Inschrift: »Hier ist Göthe geboren« oder auch »Göthes Vaterhaus«. Gerade so ist in Florenz das Haus des Amerigo Vespucci und auch das der italiänischen Dichterin Corinna bezeichnet. Haben die Italiäner Unrecht, so etwas zu thun oder die Deutschen davor zu erschrecken?

Thorwaldsen wird wahrscheinlich ohne Schwierigkeiten und Bedenklichkeiten auf den Antrag zu einer ganzen Statue eingehn, zwar nicht aus persönlichem Interesse für sich oder seine Freunde, wohl aber aus Interesse für seine Kunst: für diese ist eine Statue ein Werk viel höherer Art als eine Büste und giebt ganz andere und seltnere Gelegenheit Talent und Uebung zu zeigen, die daher allezeit willkommen ist. Der Künstler hat natürlich bei allem das Kunstinteresse im Auge. Mein Augenmerk hingegen ist das Wesentliche der Sache selbst, der eigentliche Anlaß und Zweck und das in diesem Sinne Schickliche und Rechte, wie es nicht allein die Enthusiasten der Gegenwart sondern in kommenden Zeiten den Verstand der Verständigen zu befriedigen hat.

Mit Einem Mittel zwei Zwecke erreichen wollen, ist verderblich. Will man die Stadt mit Skulpturen verzieren, so ist mannichfache Gelegenheit da: man kann das Fronton der Bibliothek mit Reliefs, ihre Nischen mit Statuen füllen, man kann die Brunnen mit bronzenen Tritonen und Neptunen versehn u. dg. m. Nicht aber wolle man aus Göthe's geweihter Person eine Zierpuppe der Stadt machen: man setze ihn nicht in die Allee auf einem Lehnstuhl, im antiken Pudermantel, eine Rolle in der Hand, als wolle er gemüthlich sich frisiren lassen und die Zeitung dazu lesen; oder lasse ihn in pensiver Stellung dastehn, als könne er den Reim nicht finden. Den Helden darf man heroische Stellungen geben, aber den Dichtern nicht: daraus entspringt die Verlegenheit; und wie man nun sich auch wenden mag, immer stellt man dem Spott eine Zielscheibe auf, statt eines ernsten, würdigen, e r h a b e n w i r k e n d e n Denkmals mit immerhin kühner aber unwiderleglicher Inschrift, deren Keiner spotten wird; – wie es nach meinem Vorschlag geworden wäre.

Dixi et animam salvavi.   *Arthur Schopenhauer.*
Frankfurt   *Dr. ph. leg. in Univ. Berol.*
d 5. Mai
1837

(aus: Briefe, 1978)

Bekannter Goethe

Von Wilhelm Busch

Der Plastiker uns sehr ergötzt,
Weil er die großen Männer setzt,
Grauschwärzlich, grünlich oder weißlich,
Schon darum ist er löb- und preislich,
Daß jeder, der z. B. fremd
Soeben erst vom Bahnhof kömmt,
In der ihm unbekannten Stadt
Gleich den bekannten Goethe hat.

(aus: Maler Klecksel, 1884)

Göttlicher Goethe

Von Franz Grillparzer

Sage, was stört deine Ruh, o Schatten
          des göttlichen Goethe,
Daß du neblicht und kalt wallst um
          dein eigenes Grab?

(Goethe, 1818)

Goethe (nach langer Pause)

Von Eduard Genast

Der treue Diener Goethes, Karl Stadelmann, erhielt am 27. August 1818 früh Befehl, zwei Flaschen Rotwein nebst zwei Gläsern heraufzubringen und in den sich gegenüberliegenden Fenstern aufzustellen. Nachdem dies geschehen, beginnt Goethe seinen Rundgang im Zimmer, wobei er in abgemessenen Zwischenräumen an einem Fenster stehen bleibt, dann am andern, um jedesmal ein Glas zu leeren. Nach einer geraumen Weile tritt Rehbein, der ihn nach Karlsbad begleitet hatte, ein.

GOETHE Ihr seid mir ein schöner Freund! Was für einen Tag haben wir heute und welches Datum?
REHBEIN Den 27. August, Exzellenz.
GOETHE Nein, es ist der 28. und mein Geburtstag.
REHBEIN Ach was, den vergesse ich nie; wir haben den 27.
GOETHE Es ist nicht wahr! Wir haben den 28.
REHBEIN (determiniert): Den 27.
GOETHE (klingelt, Karl tritt ein): Was für einen Datum haben wir heute?
KARL Den 27., Exzellenz.
GOETHE Daß dich – Kalender her! (Karl bringt den Kalender.)
GOETHE (nach langer Pause): Donnerwetter! Da habe ich mich umsonst besoffen!

(1818)

Drei Fläschchen Mosel täglich

Von Peter Rühmkorf

»In mir arbeitet ES –«
Wenigstens einer von uns, der noch was tut,
wo I c h nur so rumhäng...
(Bald mach ich ohne Schnaps den Mund gar nicht mehr auf)
Also, bitte, Herr Ober, noch ne letzte Lokalrunde
für 'n unberechenbaren Einzelgänger!
Wenn wir alle gemeinsam einen heben,
verzieht sich
– w e t t e n ! ! –
vielleicht die ganze Statistik.

Ob so etwas jemand nicht in den falschen
Hals bekommen kann? –
Im Zweifelsfall Sie, mein Frollein, mit der verwackelten
Zielgruppe;
Sie leiden wohl heute schon
an den Themen von morgen, – äh?
Aber mit'm Tropfen Malteser trinken Sie doch niemandem etwas
weg.
Wissen Sie, in solchen Zuständen hat Alexander
mal den Euphrat überschritten.
Vollkommen im Kleister.
Von Goethe ganz zu schweigen.
Der hat sich drei Fläschchen Mosel täglich genehmigt.
Fast mehr als er gedichtet hat.

(aus: Es muß doch noch einen zweiten Weg ums Gehirn rum geben, in: Haltbar bis 1999, 1979)

In einem furchtbaren Zustande

Von Adele Schopenhauer

Neulich habe ich einen Schmerz gehabt. Goethe kam von Berka; einige Gläser Punsch und die Frühlingsluft nahmen ihm alle Besinnung. Ich sah ihn in einem furchtbaren Zustande. Nie werde ich es vergessen.

(aus: Tagebuch, 2. 4. 1819)

Goethe erklärt ohne Gnade seine Ballade »Ballade«

(...) ich konnte doch beim Vortrag öfters bemerken, daß selbst geistreich-gewandte Personen nicht gleich zum erstenmal ganz zur Anschauung der dargestellten Handlung gelangten. Da ich nun aber nichts daran ändern kann, um ihr mehr Klarheit zu geben, so gedenk' ich ihr durch prosaische Darstellung zu Hilfe zu kommen.

V. 1. Zwei Knaben in einem alten, waldumgebenen Ritterschloß ergreifen die Gelegenheit, da der Vater auf der Wolfsjagd, die Mutter im Gebet begriffen ist, einen Sänger in die einsame Halle hereinzulassen.

V. 2. Der alte Barde beginnt unmittelbar seinen geschichtlichen Gesang. Ein Graf, im Augenblick, da Feinde sein Schloß einnehmen, entflieht, nachdem er seine Schätze vergraben, ein Töchterchen in den Mantel gewickelt mit forttragend.

V. 3. Er geht in die Welt unter der Form eines hilfsbedürftigen Sängers. Das Kind, eine schätzbare Bürde, wächst heran.

V. 4. Das Hinschwinden der Jahre wird durch Entfärben und Zerstieben des Mantels angedeutet; auch ist die Tochter schön und groß geworden; eines solchen Schirmes bedurfte sie nicht mehr.

V. 5. Ein fürstlicher Ritter kommt vorbei, anstatt der edelschönen Hand ein Almosen zu reichen, ergreift er sie werbend; der Vater gesteht die Tochter zu.

V. 6. Getraut, scheidet sie ungern vom Vater: er zieht einsam umher. Nun aber fällt der Sänger aus seiner Rolle, er ist es selbst; er spricht in der ersten Person, wie er in Gedanken Tochter und Enkel segne.

V. 7. Er segnet die Kinder, und wir argwöhnen, er sei nicht allein der Graf, dessen der Gesang erwähnte, sondern dies seien seine Enkel, die Fürstin seine Tochter, der fürstliche Jäger sein Schwiegersohn. Wir hoffen das Beste; aber bald werden wir in Schrecken gesetzt. Der stolze, hochfahrende, heftige Vater kommt zurück; entrüstet, daß ein Bettler sich ins Haus geschlichen, gebietet er, denselben ins Verlies zu werfen. Die Kinder sind verschüchtert, die herbeieilende Mutter legt ein freundliches Vorwort ein.

V. 8. Die Knechte getrauen sich nicht, den würdigen Greis anzurühren; Mutter und Kinder bitten; der Fürst verbeißt nur augenblicklich seinen Zorn. (Dies würde auf dem Theater ein glückliches Bild machen.) Aber ein längst verhaltener Grimm bricht los; im Gefühl seiner alten, ritterlichen Herkunft hat es den Stolzen heimlich gereut, die Tochter eines Bettlers geehelicht zu haben.

V. 9. Schmählich verachtende Vorwürfe gegen Frau und Kinder brechen los.

V 10. Der Greis, der in seiner Würde unangetastet stehen geblieben, eröffnet den Mund und erklärt sich als Vater und Großvater, auch als ehemaliger Herr der Burg; das Geschlecht des gegenwärtigen Besitzers hat ihn vertrieben.

V. 11. Die nähern Umstände klären sich auf: eine gewaltsame Regierungsveränderung hatte den rechtmäßigen König, dem der Graf anhing, vertrieben und so auch seine Getreuen, die nun bei wiederhergestellter Dynastie zurückkehrten. Der Alte legitimiert sich dadurch als Hausbesitzer, daß er die Stelle der vergrabenen Schätze anzudeuten weiß, verkündigt übrigens eine allgemeine Amnestie, sowohl im Reiche als im Hause, und alles nimmt ein erfreuliches Ende.

Ich wünsche den Lesern und Sängern das Gedicht durch diese Erklärung genießbarer gemacht zu haben und bemerke noch, daß eine vor vielen Jahren mich anmutende altenglische Ballade, die ein Kundiger jener Literatur vielleicht bald nachweist, diese Darstellung veranlaßt habe. Der Gegenstand war mir sehr lieb geworden, auf den Grad, daß ich ihn auch zur Oper ausarbeitete, welche, wenn schon der entworfene Plan teilweise ausgeführt war, doch, wie so manches andere, hinter mir liegen blieb. Vielleicht ergreift ein Jüngerer diesen Gegenstand, hebt die lyrischen und dramatischen Punkte hervor und drängt die epischen in den Hintergrund. Bei lebhafter, geistreicher Ausführung von seiten des Dichters und Komponisten dürfte sich ein solches Theaterstück wohl gute Aufnahme versprechen.

(1821)

Zwei Tage aus dem Leben eines 18jährigen

Von Wilhelm Waiblinger

28. August 1822
Den Geburtstag des 73jährigen Goethe wußt ich nicht besser zu feiern, als daß ich den ganzen Tag meinem Roman widmete.

22. Dezember 1822
So ein Tag wie der heutige ist schon ein paar Worte wert: ein wahres Fastnachtsleben, ganz im Genuß des Augenblicks. Nach der Kirche ins Ballhaus: hier Bier gesoffen und über Griechenland und den Orient bis zur Hitze gestritten – im Museum zwei Heringe gefressen, Bier gesoffen und geraucht – von 6 bis 7 literarisches Gespräch – nach dem Fraß gegen sechs Schoppen Wasser gesoffen – ich und Mörike hinterm Pult: ich mit einem abgeschabten Magisterhut, wie ein Zigeuner, die Pfeife in der Physiognomie – Mörike mit hinunterhängenden Hosen, den Bauch aus dem Hemd streckend – Eisbär und Buttersack beständig mit Teemachen beschäftigt. Eine Bouteille Tee um die andere. – Ein Furz um den andern – Fratzengesichter bis ins Abscheuliche – Lumpenlieder – Travestie.

(aus: Mein flüchtiges Glück, Eine Auswahl, 1974)

Der russische Goethe

Von Alexander Puschkin

Überhaupt bin ich der Meinung, daß Pletnjow Prosa mehr liegt als Gedichte – er hat kein Gefühl, keine Frische, sein Stil ist totenbleich. Grüß ihn von mir (das heißt Pletnjow, nicht seinen Stil) und versichere ihm, daß er unser Goethe ist.

(aus: Brief an seinen Vater, 4. 9. 1822)

Johann Wolfgang von Goethe,
Silberstiftzeichnung von C. A. Schwerdtgeburth, 1831

Aussöhnung

Von Johann Wolfgang Goethe

Die Leidenschaft bringt Leiden! – Wer beschwichtigt,
Beklommnes Herz, dich, das zu viel verloren?
Wo sind die Stunden, überschnell verflüchtigt?
Vergebens war das Schönste dir erkoren!
Trüb ist der Geist, verworren das Beginnen;
Die hehre Welt, wie schwindet sie den Sinnen!

Da schwebt hervor Musik mit Engelsschwingen,
Verflicht zu Millionen Tön um Töne,
Des Menschen Wesen durch und durch zu dringen,
Zu überfüllen ihn mit ewger Schöne:
Das Auge netzt sich, fühlt im höhern Sehnen
Den Götterwert der Töne wie der Tränen.

Und so das Herz erleichtert merkt behende,
Daß es noch lebt und schlägt und möchte schlagen,
Zum reinsten Dank der überreichen Spende
Sich selbst erwidernd willig darzutragen.
Da fühlte sich – o daß es ewig bliebe! –
Das Doppel-Glück der Töne wie der Liebe.

(aus: Trilogie der Leidenschaft, 1823/24)

Goethehaus

Von Franz Kafka

Goethehaus. Repräsentationsräume. Flüchtiger Anblick des Schreib- und Schlafzimmers. Trauriger, an tote Großväter erinnernder Anblick. Dieser seit Goethes Tod fortwährend wachsende Garten. Die sein Arbeitszimmer verdunkelnde Buche. Schon als wir im Treppenhaus unten saßen, lief sie mit ihrer kleinen Schwester an uns vorüber. Der Gipsabguß eines Windspiels, der unten im Treppenhaus steht, gehört in meiner Erinnerung mit zu diesem Laufen. Dann sahn wir sie wieder im Junozimmer, dann beim Anblick aus dem Gartenzimmer. Ihre Schritte und ihre Stimme glaubte ich noch öfters zu hören. Zwei Nelken durch das Balkongeländer gereicht. Zu später Eintritt in den Garten. Man sieht sie oben auf einem Balkon. Sie kommt herunter, später erst, mit einem jungen Mann. Ich danke im Vorübergehn dafür, daß sie uns auf den Garten aufmerksam gemacht hat. Wir gehn aber noch nicht weg. Die Mutter kommt, es entsteht Verkehr im Garten. Sie steht bei einem Rosenstrauch. Ich gehe, von Max gestoßen, hin, erfahre von dem Ausflug nach Tiefurt. Ich werde auch hingehn. Sie geht mit ihren Eltern. Sie nennt ein Gasthaus, von dem aus man die Tür des Goethehauses beobachten kann. Gasthaus zum Schwan. Wir sitzen zwischen Efeugestellen. Sie tritt aus der Haustür. Ich laufe hin, stelle mich allen vor, bekomme die Erlaubnis mitzugehn, und laufe wieder zurück. Später kommt die Familie ohne Vater. Ich will mich anschließen, nein, sie gehn erst zum Kaffee, ich soll mit dem Vater nachkommen. Sie sagt, ich soll um vier ins Haus hineingehn. Ich hole den Vater, nach Abschied von Max. Gespräch mit dem Kutscher vor dem Tor. Weg mit dem Vater. Gespräch über Schlesien, Großherzog, Goethe, Nationalmuseum, Photographieren und Zeichnen und das nervöse Zeitalter. Halt vor dem Haus, wo sie Kaffee trinken. Er läuft hinauf, um alle zum Erkerfenster zu rufen, weil er photographieren wird. Aus Nervosität mit einem kleinen Mädchen Ball gespielt (...)

Dienstag, 2. Juli. Goethehaus. Mansarden. Beim Hausmeister die Photographien angesehn. Herumstehende Kinder. Photographiegespräche. Fortwährendes Aufpassen auf eine Gelegenheit, mit ihr zu sprechen. Sie geht ins Nähen mit einer Freundin. Wir bleiben zurück (...)

Mittwoch, 3. Juli. Goethehaus. Es soll im Garten photographiert werden. Sie ist nicht zu sehn, ich darf sie dann holen. Sie ist immer ganz zittrig von Bewegung, bewegt sich aber erst, wenn man zu ihr spricht. Es wird photographiert. Wir zwei auf der Bank.

Max zeigt dem Mann, wie es zu machen ist. Sie gibt mir ein Rendezvous für den nächsten Tag (...)

Donnerstag, 4. Juli. Goethehaus. Bestätigung des versprochenen Rendezvous mit lautem Ja. Sie sah aus dem Tor. Falsche Erklärung dessen, denn auch einmal während unserer Abwesenheit sah sie hinaus. Ich fragte noch einmal: »Auch bei Regen?« »Ja.«

Max fährt nach Jena zu Diederichs. Ich Fürstengruft. Mit den Offizieren. Über Goethes Sarg goldener Lorbeerkranz, gestiftet von den deutschen Frauen Prags 1882. Alle auf dem Friedhof wiedergefunden. Grab der Goetheschen Familie (...) Bad. Nachmittags nicht geschlafen, um das unsichere Wetter nicht aus den Augen zu lassen. Sie kam nicht zum Rendezvous. Treffe Max angekleidet im Bett. Beide unglücklich. Wenn man das Leid aus dem Fenster schütten könnte.

Abend Hiller mit seiner Mutter. – Ich laufe vom Tisch weg, weil ich sie zu sehen glaubte. Täuschung. Dann alle vors Goethehaus. Sie gegrüßt.

Freitag, 5. Juli. Vergeblicher Gang zum Goethehaus. – Goethe-Schiller-Archiv. Briefe von Lenz. Briefe der Frankfurter Bürger an Goethe, 28. August 1830 (...) 1757 »Erhabene Großmama!...«

Jerusalem an Kestner: »Dürfte ich Ew. Wohlgeboren wohl zu einer vorhabenden Reise um Ihre Pistolen gehorsamst ersuchen?«

Lied der Mignon, ohne einen Strich. –

(...) Ein paar Worte hin und her über ein Rendezvous. Morgen um elf vor dem Goethehaus. Das kann nur eine Ausrede sein, sie muß ja kochen und dann: vor dem Goethehaus! aber ich nehme es doch an. Traurige Annahme. Gehe ins Hotel, sitze ein Weilchen bei Max, der im Bett liegt.

(...) Zimmer Goethes, ein unteres Eckzimmer. Einige Deckenbilder Oesers, bis zur Unkenntlichkeit aufgefrischt. Viel Chinesisches.

(aus: Tagebücher, 1912)

Goethes Arbeitszimmer

Von Walter Benjamin

Man weiß, wie primitiv das Arbeitszimmer Goethes gewesen ist. Es ist niedrig, es hat keinen Teppich, keine Doppelfenster. Die Möbel sind unansehnlich. Leicht hätte er es anders haben können. Lederne Sessel und Polster gab es auch damals. Dies Zimmer ist in nichts seiner Zeit voraus. Ein Wille hat Figur und Formen in Schranken gehalten; keine sollte des Kerzenlichtes sich schämen müssen, bei dem der alte Mann abends im Schlafrock, die Arme auf ein mißfarbenes Kissen gebreitet, am mittleren Tische saß und studierte. Zu denken, daß die Stille solcher Stunden sich heute nur in den Nächten wiederversammelt. Dürfte man ihr aber lauschen, man verstände die Lebensführung, bestimmt und geschaffen, die nie wiederkehrende Gunst, das gereifteste Gut dieser letzten Jahrzehnte zu ernten, in denen auch der Reiche die Härte des Lebens noch am eigenen Leibe zu spüren hatte. Hier hat der Greis mit der Sorge, der Schuld, der Not die ungeheuren Nächte gefeiert, ehe das höllische Frührot des bürgerlichen Komforts zum Fenster hereinschien. Noch warten wir auf eine Philologie, die diese nächste, bestimmendste Umwelt – die wahrhafte Antike des Dichters – vor uns eröffne. Dies Arbeitszimmer war die cella des kleinen Baus, den Goethe zwei Dingen ganz ausschließlich bestimmt hatte: dem Schlaf und der Arbeit. Man kann gar nicht ermessen, was die Nachbarschaft der winzigen Schlafkammer und dieses einem Schlafgemache gleich abgeschiedenen Arbeitszimmers bedeutet hat. Nur die Schwelle trennte, gleich einer Stufe, bei der Arbeit ihn von dem thronenden Bett. Und schlief er, so wartete daneben sein Werk, um ihn allnächtlich von den Toten loszubitten. Wem ein glücklicher Zufall erlaubt, in diesem Raume sich zu sammeln, erfährt in der Anordnung der vier Stuben, in denen Goethe schlief, las, diktierte und schrieb, die Kräfte, die eine Welt ihm Antwort geben hießen, wenn er das Innerste anschlug. Wir aber müssen eine Welt zum Tönen bringen, um den schwachen Oberton eines Innern erklingen zu lassen.

(aus: Weimar, 1928)

An Goethe

Von Johann Peter Eckermann

Wenn im Rechten ich begriffen,
Hab' ich's einzig Dir zu danken,
Denn im Irren, Suchen, Schwanken
Hat mich Deine Hand ergriffen
Und auf rechten Weg geleitet,
Der geebnet, fest, gebreitet,
Nicht in Sümpfe sich verlieret,
Nein, zum sichern Ziele führet.

(aus: Beyträge zur Poesie, 1823)

Und wanderte zu Fuß nach Weimar

Von Johann Peter Eckermann

Ich verließ daher im Herbst 1822 die Universität und bezog eine ländliche Wohnung in der Nähe von Hannover. Ich schrieb zunächst jene theoretischen Aufsätze, von denen ich hoffte, daß sie besonders bei jungen Talenten nicht allein zur Hervorbringung, sondern auch zur Beurteilung dichterischer Werke beitragen würden, und gab ihnen den Titel ›Beiträge zur Poesie‹.

Im Mai 1823 war ich mit dieser Arbeit zustande. Es kam mir nun in meiner Lage nicht allein darauf an, einen guten Verleger, sondern auch ein gutes Honorar zu erhalten, und so entschloß ich mich kurz und schickte das Manuskript an Goethe und bat ihn um einige empfehlende Worte an Herrn von Cotta.

Goethe war nach wie vor derjenige unter den Dichtern, zu dem ich täglich als meinem untrüglichen Leitstern hinaufblickte, dessen Aussprüche mit meiner Denkungsweise in Harmonie standen und mich auf einen immer höheren Punkt der Ansicht stellten, dessen hohe Kunst in Behandlung der verschiedensten Gegenstände ich immer mehr zu ergründen und ihr nachzustreben suchte, und gegen den meine innige Liebe und Verehrung fast leidenschaftlicher Natur war.

Bald nach meiner Ankunft in Göttingen hatte ich ihm, neben einer kleinen Skizze meines Lebens- und Bildungsganges, ein Exemplar meiner Gedichte zugesendet, worauf ich denn die große Freude erlebte, nicht allein von ihm einige schriftliche Worte zu erhalten, sondern auch von Reisenden zu hören, daß er von mir eine gute Meinung habe und in den Heften von ›Kunst und Altertum‹ meiner gedenken wolle.

Dieses zu wissen war für mich in meiner damaligen Lage von großer Bedeutung, sowie es mir auch jetzt den Mut gab, das soeben vollendete Manuskript vertrauensvoll an ihn zu senden.

Es lebte nun in mir kein anderer Trieb, als ihm einmal einige Augenblicke persönlich nahe zu sein; und so machte ich mich denn zur Erreichung dieses Wunsches gegen Ende des Monats Mai auf und wanderte zu Fuß über Göttingen und das Werratal nach Weimar.

Auf diesem wegen großer Hitze oft mühsamen Wege hatte ich in meinem Innern wiederholt den tröstlichen Eindruck, als stehe ich unter der besonderen Leitung gütiger Wesen und als möchte dieser Gang für mein ferneres Leben von wichtigen Folgen sein.

(aus: Einleitung zu ›Gespräche mit Goethe‹, 1835)

Gespräch mit Goethe
Von Johann Peter Eckermann

Dienstag, den 21. Oktober 1823
Ich war diesen Abend bei Goethe. Wir sprachen über die ›Pandora‹. Ich fragte ihn, ob man diese Dichtung wohl als ein Ganzes ansehen könne, oder ob noch etwas weiteres davon existiere. Er sagte, es sei weiter nichts vorhanden, er habe es nicht weiter gemacht, und zwar

deswegen nicht, weil der Zuschnitt des ersten Teiles so groß geworden, daß er später einen zweiten nicht habe durchführen können. Auch wäre das Geschriebene recht gut als ein Ganzes zu betrachten, weshalb er sich auch dabei beruhigt habe.

Ich sagte ihm, daß ich bei dieser schweren Dichtung erst nach und nach zum Verständnis durchgedrungen, nachdem ich sie so oft gelesen, daß ich sie nun fast auswendig wisse. Darüber lächelte Goethe: »Das glaube ich wohl«, sagte er, »es ist alles als wie ineinander *gekeilt*.«

Ich sagte ihm, daß ich wegen dieses Gedichts nicht ganz mit Schubarth zufrieden, der darin alles das vereinigt finden wolle, was im ›Werther‹, ›Wilhelm Meister‹, ›Faust‹ und ›Wahlverwandtschaften‹ einzeln ausgesprochen sei, wodurch doch die Sache sehr unfaßlich und schwer werde.

»Schubarth«, sagte Goethe, »geht oft ein wenig tief; doch ist er sehr tüchtig, es ist bei ihm alles prägnant.«

(aus: Gespräche mit Goethe in den letzten Jahren seines Lebens, 1835)

Aus »Gespräche mit Goethe«

Nach J. P. Eckermann

Von Robert Neumann

Dienstag, den 29. Februar 1827
Goethe war heute Mittags in der herzlichsten Stimmung. Er zeigte uns zum Nachtisch einige Kupfer, die ihm kürzlich zugekommen, und auf denen die berühmte Josefine Baker, eine Negerin zu Paris, fast völlig hüllenlos in einigen Tanzstellungen festgehalten war, indem er zugleich seine Tochter neckte, in der Fastnacht gleich jener im Grunde nur recht spärlich bekleidet der versammelten Hofgesellschaft sich vorgestellt zu haben. »Sehen Sie hier«, sagte er, die Blätter immer wieder betrachtend, »wie bei diesen Angehörigen der sogenannten wilden Völker selbst die alltäglichen Verrichtungen anmutig und zugleich bedeutend auf den Beschauer zu

wirken imstande sind. Hascht diese Rechte, unvermutet erhoben, nach einem der großen Papillons des Urwaldes, wie unser guter Meier sie uns gestern geschildert hat? Tritt diese Ferse, aus geübtem Gelenk seitwärts geschnellt, einen abgewiesenen Liebhaber vor die im Knien flehend aufgehobene Stirn? Und ist es nicht, als wollte dies tanzende Naturkind leicht rückwärts gedrängten Gesäßes den Gespielinnen seine Mißachtung bezeugen?« Wir stimmten ihm zu.

Nachdem wir vom Tisch aufgestanden und die Frauen hinaufgegangen waren, sagte ich zu Goethe: »Es ist mir immer wieder eine Offenbarung, wie vor Ihrem ordnenden Geiste auch das scheinbar Unzusammenhängende sich zu einem harmonischen Weltbild zu fügen anhebt. Ich sehe nun eine unmittelbare Beziehung zwischen dem Tanz jenes Negermädchens und der Szene im zweiten Teil Ihres Faust, wo der, nachdem er vergebens den Papillon der Erkenntnis zu erhaschen versucht hat, zu den Müttern hinabsteigt, um, von Helena vor die flehende Stirn getreten, der abgewandten Mißachtung des naturhaften Prinzipes sich preisgegeben zu sehen.«

»Sie mögen da, mein Freund, in Ihrem Erklärerwillen vielleicht ein wenig weit gegangen sein«, erwiderte Goethe mit einem Lächeln und ging in sein Arbeitszimmer hinüber.

(aus: Mit fremden Federn, 1928)

Pomadig besänftigend

Von Heinrich Heine

Apropos Goethe: Ich habe vor einiger Zeit wieder Eckermanns Gespräche mit Goethe gelesen und ein wahrhaft pomadiges, besänftigendes Vergnügen daran gefunden. Lesen Sie doch diese 2 Bände, im Fall Sie die noch nicht kennen.

(aus: Brief an Georg Weerth, 5. 11. 1851)

Eine höchst problematische Natur

Von Johann Peter Eckermann

Wir aßen unsern Fisch im Freien und blieben sodann noch bei einer Flasche Wein sitzen und hatten allerlei gute Unterhaltung.

»Soviel ich weiß«, sagte Goethe, »klassifiziert man den Kuckuck zu den Spechten.«

»Man tut so mitunter«, erwiderte ich, »wahrscheinlich aus dem Grunde, weil zwei Zehen seiner schwachen Füße eine Richtung nach hinten haben. Ich möchte ihn aber nicht dahin stellen. Er hat für die Lebensart der Spechte so wenig den starken Schnabel, der fähig wäre, irgendeine abgestorbene Baumrinde zu brechen, als die scharfen, sehr starken Schwanzfedern, die geeignet wären, ihn bei einer solchen Operation zu stützen. Auch fehlen seinen Zehen die zum Anhalten nötigen scharfen Krallen, und ich halte daher seine kleinen Füße nicht für wirkliche Kletterfüße, sondern nur für scheinbare.«

»Die Herren Ornithologen«, versetzte Goethe, »sind wahrscheinlich froh, wenn sie irgendeinen eigentümlichen Vogel nur einigermaßen schicklich untergebracht haben, wogegen aber die Natur ihr freies Spiel treibt und sich um die von beschränkten Menschen gemachten Fächer wenig kümmert.«

»So wird die Nachtigall«, fuhr ich fort, »zu den Grasmücken gezählt, während sie in der Energie ihres Naturells, ihren Bewegungen und in ihrer Lebensweise weit mehr Ähnlichkeit mit den Drosseln hat. Aber auch zu den Drosseln möchte ich sie nicht zählen. Sie ist ein Vogel, der zwischen beiden steht, ein Vogel für sich, so wie auch der Kuckuck ein Vogel für sich ist, mit so scharf ausgesprochener Individualität wie einer.«

»Alles, was ich über den Kuckuck gehört habe«, sagte Goethe, »gibt mir für diesen merkwürdigen Vogel ein großes Interesse. Er ist eine höchst problematische Natur, ein offenbares Geheimnis, das aber nichtsdestoweniger schwer zu lösen ist, weil es so offenbar ist.«

(aus: Gespräche mit Goethe in den letzten Jahren seines Lebens, 1835)

Gouty and Inkermann

Von James Joyce

»The collision known as Contrastations with Inkermann (. . .) Bate him up jerrybly! Worse nor herman dororrhea (. . .) Weepon weeponder, song of sorrowmon! Which goatheye and sheepskeer they damnty well know (. . .) that primed favourite continental poet, Daunty, Gouty and Shopkeeper, A. G.«

(aus: Finnegans Wake, 71,8; 283,27; 344,5; 539,5. – 1939)

Eckermann, sagte Goethe

Von Donald Barthelme

13. November 1823
Ich kehrte heute abend mit Goethen vom Theater heim, als wir einen kleinen Knaben in pflaumenfarbenem Wams sahen. Die Jugend, sagte Goethe, sei doch das seidige Apfelmus auf dem ehrlichen Schwarzbrot der Möglichkeit.

9. Dezember 1823
Goethe hatte mir eine Einladung zu Tisch überbringen lassen. Als ich in sein Zimmer trat, erwärmte er sich die Hände soeben vor einem fröhlichen Feuer. Wir erörterten in einiger Ausführlichkeit die bevorstehende Mahlzeit, denn deren Vorbereitung war ihm ein Anlaß zu ernstem Nachdenken gewesen, und die zu erwartenden Ergebnisse, zu denen Kalbsbröschen nach französischer Art mit Sellerieknollen und Paprika gehörten, ließen ihn recht vergnügter Stimmung sein. Die Nahrung, sagte Goethe, sei doch der artigste Docht am güldenen Leuchter des Daseins.

11. Januar 1824
Mit Goethe allein zu Tisch. »Ich will«, sagte Goethe, »Ihnen

nunmehr einige meiner Gedanken über die Musik anvertrauen, ein Gegenstand, dem ich viele Jahre lang nachgesonnen. Es wird Ihnen aufgefallen sein, daß etliche Angehörige des Tierreiches zwar eine Art von Musik hervorbringen – zum Beispiel spricht man vom ›Sang‹ der Vögel –, allein kein uns bekanntes Tier wirkt an einer so zu nennenden organisierten musikalischen Darbietung mit. Dies ist einzig dem Menschen vorbehalten. Ich habe über die Grillen nachgedacht – ob wohl ihr abendlicher Mißklang in diesem Lichte zu betrachten sei, als eine Art musikalischer Darbietung, wiewohl eine von nur geringer Anmutigkeit für unsere Ohren. Ich habe auch Humboldt dazu befragt, und Humboldt erwiderte, er glaube es mitnichten, er halte es bloß für eine schlechte Angewohnheit seitens der Grillen. Die Hauptsache hieran, auf die in einem künftigen Werke des näheren einzugehen ich mich unter Umständen noch entschließen werde, ist nicht etwa, daß die Angehörigen des Tierreichs sich nicht von ganzem Herzen in dieser musikalischen Art vereinen, sondern daß der Mensch es tut, zum ewigen Trost und Ruhm seiner Seele.«

Die Musik, sagte Goethe, sei doch die gefrorene Tapioka im Kühlkasten der Geschichte.

22. März 1824
Goethe hatte den Wunsch geäußert, die Bekanntschaft eines jungen Engländers zu machen, eines Leutnants Whitby, der sich gerade aus geschäftlichen Gründen auf der Durchreise in Weimar befand. Ich führte diesen Herrn zu Goethes Haus, wo Goethe uns aufs herzlichste begrüßte und uns Wein und Plätzchen anbot. Englisch, sagte er, sei eine durchaus vortreffliche Sprache, die ihm viele Jahre lang die höchste Freude bereitet habe. Er habe sie früh schon gemeistert, ließ er uns wissen, um die Glückseligkeiten und tragischen Tiefen Shakespeares genießen zu können, mit dem kein Dichter der Welt, ob ein früherer oder ein späterer, rechtens zu vergleichen sei. Wir waren in heiterster Stimmung und setzten unser Gespräch über die Hervorbringungen der Landsleute unseres jungen Leutnants bis recht spät in der Nacht fort. Die Engländer, sagte Goethe beim Abschied, seien doch der glänzende

braune Lack auf dem traurigen Schmuckkästchen der Kultur. Den Leutnant Whitby überlief ein höchst sichtbarliches Rot.

7. April 1824

Als ich zur Mittagszeit Goethes Haus betrat, stand ein eingewickeltes Paket in der Diele. »Und was meinen Sie wohl befindet sich darinnen?« fragte Goethe lächelnd. Ich war völlig außerstande, zu erraten, was das Paket enthalten mochte, denn es war höchst seltsam geformt. Goethe erklärte, daß es sich um eine Skulptur handele, um ein Geschenk, das ihm sein Freund van den Broot gesandt, der holländische Künstler. Er wickelte das Paket mit der größten Sorgfalt aus, und mich überkam Bewunderung, als die edle Figur enthüllt ward, die sich darinnen befand: die aus Bronze gefertigte Darstellung eines jungen, als Diana gekleideten Weibes mit gespanntem Bogen und einem Pfeil auf der Sehne. Gemeinsam zollten wir der Vollendung der Form und der Trefflichkeit der Details Bewunderung, am meisten aber der unbeschreiblichen Aura der Geistigkeit, die von dem Werke ausstrahlte. »Wahrhaft bewunderungswürdig!« rief Goethe aus, und ich beeilte mich, ihm beizupflichten. Die Kunst, sagte Goethe, sei doch der vierprozentige Zins bei der Kommunalanleihe des Lebens. Er war diese Bemerkung wohl zufrieden und wiederholte sie zu mehreren Malen.

18. Juni 1824

Goethe hatte große Schwierigkeiten mit einer bestimmten Schauspielerin beim Theater, einer Person, welche die eigene Auffassung ihrer Rolle derjenigen Goethens als überlegen erachtete. »Nicht genug damit«, sagte er seufzend, »daß ich dem armen Geschöpf jede Geste vorgemacht habe, daß nichts an der von mir selber erschaffenen, durch meinen Willen ins Leben gerufenen Figur unbesprochen geblieben ist. Nein, sie beharrt auf ihrer ›Interpretation‹, wie sie es zu nennen beliebt, die doch das Stück zugrunde richtet.« Sodann fuhr er fort, die Sorgen zu erörtern, die die Leitung eines Theaters, selbst des allervortrefflichsten, bereite, sowie die mühseligen Kleinigkeiten, deren sich bis zum letzten

I-Tüpfelchen anzunehmen seine Aufgabe sei, wenn die Aufführungen sich für ein kunstsinniges Publikum schicken sollten. Schauspieler, sagte er, seien doch die Kornwürmer im Pökelfleisch der strebsamen Bemühung. Ich war ihm mehr denn je zugetan, und wir nahmen mit einem herzlichen Handschlag Abschied voneinander.

1. September 1824
Heute schalt Goethe gewisse Kritiker, die seiner Meinung nach Lessingen völlig mißverstanden hätten. Bewegend sprach er davon, wie solche Dummheit Lessingens letzte Jahre zum Teile mit Bitterkeit erfüllt, und äußerte die Vermutung, daß die Angriffe wohl darum heftiger als gewöhnlich ausgefallen seien, weil Lessing sowohl Kritiker als auch Dramatiker gewesen sei. Kritiker, sagte Goethe, seien doch der gesprungene Spiegel im großen Ballsaal des schöpferischen Geistes. Nein, versetzte ich, sie seien eher das Übergepäck im hurtigen Cabriolet des begrifflichen Fortschritts. »Eckermann«, sagte Goethe, »halten Sie's Maul.«

(Gespräche mit Goethe, übersetzt von Dieter E. Zimmer, 1980)

Tagelang wie bekloppt
Von Wolf Klaussner

Es war schon schlimm genug, neun Jahre für Goethe arbeiten zu dürfen, ehrenamtlich, ohne einen roten Heller Bezahlung, seine Frau lag ihm auch entsprechend in den Ohren deshalb. Er solle doch selber wieder zu schreiben beginnen, so viel wie der alte Aff könne er auch. Eckermann verbat sich schmerzlich lächelnd (das Lächeln als Liebeszeichen für die Frau, den Schmerz für Goethe) die Invektive und betonte, wie schon mehrfach, daß es im Schatten des wenn auch nun schon etwas schrumpeligen Titanen wärmer sei als im gleißendsten eigenen Ruhm – sie rasselte keifend mit den Herdringen und knallte die Schürze auf den Topf, Eckermann ging wieder mal ungegessen zu Bett, zumal er am Frauenplan schon ein

Glas Nordheimer Vögelein genossen hatte. Im Geiste wollte er noch einmal seine Gedichte durchgehen, aber er hatte sie alle vergessen, bzw.: was ihm einfiel, war von Goethe. Zweifellos war ihm da nichts Schlechtes eingefallen, und damit tröstete er sich auch. Er stand noch einmal auf und überprüfte seine Notizen, der Krach mit der Frau ging ihm nach, was hatte der Alte da gesagt? Völlig entfallen.

». . . daß ich während einiger Minuten einen völligen Stillstand in meinen Gedanken verspürte«. Eckermann schonte sich da, es waren nicht einige Minuten, manchmal war er tagelang wie bekloppt. Er wußte, daß er recht hatte, aber die Frau auch.

Die Nachwelt würde ihm seine Selbstlosigkeit danken, aber Müller und Falk und die anderen alle sogen den Alten auch ganz schön aus, ob er da mit seiner Bescheidenheit noch ankam? Sorgend ging er morgens ins Amt und überprüfte seine Notizen.

(aus: Biografische Belustigungen, 1981)

Unzelmann

Von Bernd Eilert

Es gibt Menschen, die ziemlich vergessen sind. An einen von ihnen sei hier erinnert:

Karl Wolfgang UNZELMANN lebte von 1786 bis 1843. Er war ein Schauspieler und hatte als solcher das Glück, gleich zwei großen Dichtern seiner Zeit angenehm aufzufallen.

Johann Wolfgang von Goethe erwähnt ihn am 20. Dezember 1829 in Hinsicht auf Kotzebues Theaterstück ›Die eifersüchtige Frau‹ mit den Worten: »Ich habe UNZELMANN in dieser Rolle (die Titelrolle ist offenbar n i c h t gemeint) gesehen, bei dem es einem immer wohl wurde . . .« (cit. n. Eckermann, Teil II).

Die gleiche Tendenz spricht aus einer anekdotischen Correspondence-Nachricht, die Heinrich von Kleist bereits im Jahre 1810 in seine ›Berliner Abendblätter‹ einrückte und in der es u. a.

heißt: »Herr Unzelmann soll, welches das Entscheidende ist, dem Publico sehr gefallen...«

Ich muß nun gestehen, daß allein der Name UNZELMANN auf mich eine – beinah unwiderstehliche – Wirkung tut und daß der ganze Zweck seiner neuerlichen Mitteilung sich in der wiederholten Nennung bereits erschöpft hat.

(1974)

Bücher-Vermehrungsliste

Von Johann Wolfgang Goethe

1823

1823		Verehrer
Januar	Stolberg, Christian und Friedr. Leopold, Gesammelte Werke. Zehnter Band. Hamburg 1822	Vom Verleger.
	Joh. Friedr. Kästners poetischer Nachlaß. Herausgegeben von seinem Sohn. Görlitz 1823	Vom Herausgeber.
	Lettre adressée à la Société asiatique de Paris. Par M. Louis de l'Or [*Klaproth*]. *Paris 1823*	Von der Post.
	Zeitschrift Prometheus 1.–6. Stück. 1823	Vom Herausgeber Karl Panse.
	Miscellen, 1. Heft ⎫ 1823. Herausg. Minerva. Januar ⎭ von Bran	Vom Herausgeber.
	Méditations Poétiques, par Alphonse de Lamartine. Paris 1823 ...	Von Graf Reinhard.

	Der Gesellschafter, Dezember 1823, von Gubitz	Vom Herausgeber.
	Katalog der Schmidtischen Kupfersammlung in Hamburg. 1823	Vom Kunsthändler Harzen.
Februar	*De Organogenia etc. Programma indicit Car. Frid. Heusinger. Jenae 1823*	Vom Verfasser.
	Voigts System der Natur und ihrer Geschichte. Jena 1823	Vom Verfasser.
	A. W. Griesels Neuestes Gemälde von Prag	Geschenk von Professor Zauper.
	Oeuvres dramatiques de J. W. Goethe. Tom. IV. Paris 1823 ..	Durch die Verlagshandlung.
	Mariä Krönung und die Wunder des heiligen Dominicus v. W. Ternite	Vom Künstler.
März	August Hagen, Gedichte. Königsberg. 1822	Vom Verfasser.
	Über den Bau und die Wirkungsart der Vulkane pp. von Alexander von Humboldt. Berlin 1823	Vom Verfasser.
	Dr. C. G. Carus, Von den Anforderungen an eine künftige Bearbeitung der Naturwissenschaft. Leipzig 1822 ...	Vom Verfasser.
	La Pentecoste, inno di Alessandro Manzoni. Milano 1822	Vom Verfasser.
	Praelectiones semestres, in Caesarea Universitate Litteraria quae Dorpati constituta est etc. Dorpat	Von St. R. Morgenstern.

Katalog einer Kupferstichsamm-
  lung des Herrn Speckter
  in Hamburg. 2. Abteilung,
  deutsche und franz. Schule,
  gehalten in Leipzig 1823 .. Von Weigel.
Minerva, Februar ⎧ Herausgeg.
  1823   ⎨ v. Dr. Bran
Miscellen, 2. Heft ⎩ in Jena   Vom Herausgeber.
  1823
Predigt bei Eröffnung des Land-
  tags 1823 von Röhr ...... Vom Verfasser
Das Reich des Scherzes, v. Ad.
  Wagner. Leipzig 1823 .... Vom Verfasser

(aus: Tagebücher, Band III, hrsg. von Gerhart Baumann, 1958)

Es geht unendlich viel dahin

Von Wilhelm von Humboldt

Ich habe seine noch immer sehr schöne Stirn, die so das Bild seines freien, weiten, unbegrenzten Geistes entfaltet, mehrere Male, da er eben saß und ich ihn nicht aufstehen lassen wollte, geküßt, und ich zweifle, daß ich ihn je wiedersehe. Es geht unendlich viel mit ihm dahin, meinem Glauben nach mehr, als je wieder in deutscher Sprache aufstehen wird.

(aus: Brief an Karoline von Humboldt, 23. 11. 1823)

Auf Goethes Genesung

Von Karl Friedrich Reinhard

Wahrlich! Er kommt von den Schatten zurück! Schon schwebten dem Auge
    Diese, die Wasser des Styx rauschten vorüber dem Ohr.
Sträubend nahte der Fluß bereits dem Nachen, da blickte
    Charon, der schiffende Greis, scheu und verwundernd ihn an.
»Wer ists«, rief er, »der hier, unähnlich den bleichen Gestalten,
    Noch nicht der Oberwelt fremd, diese Gestade betritt?«
Plötzlich ermannt sich im Kranken der Geist, vor dem kräftigen Willen
    Schwindet das wirre Gesicht, wallet besänftigt das Blut.
»Reicht mir«, ruft er, »vom heiligen Trank aus Böhmens Gefilden«;
    Atmet dann tiefer und trinkt und – die Genesung ist da!«

(1823)

Zu Goethes achtzigstem Geburtstag

Von August Wilhelm von Schlegel

Die Vorzeit hat von einem Quell gesungen,
Des Zauberkraft die Jugend brachte wieder,
Der matte Greis, ganz von der Zeit bezwungen,
Er tauchte kaum in dieses Bad die Glieder,
So war zum Herzen frisches Blut gedrungen,
So regte Himmelslust ihr neu Gefieder.
Selbst Tithon fänd' in solchen Wunderfluten
Sein blondes Haupthaar und der Liebe Gluten.

Die Sage, nicht aus eitlem Wahn ersonnen,
Kann heut wie vormals wahrhaft sich bewähren.
Die Poesie ist jener Lebensbronnen.
Sie weiß die Welt im Spiegel zu verklären,
Hervorzurufen längst entschwundne Wonnen,
Den süßen Glauben jeder Brust zu nähren,

Und wer sich labt an ihren Göttergaben,
Wird im Gemüt die ew'ge Jugend haben.

Dein denk' ich hier, Verkündiger des Schönen,
Der Musen Bot' an das Jahrhundert, G o e t h e !
Du lehrtest Harmonie in allen Tönen,
Der Harfe, der Posaun' und sanfter Flöte.
Wo giebt es Lorbeern, die dein Haupt nicht krönen?
Du kamest im Geleite der Morgenröte:
Sei Tithon denn, stets geistig neu geboren,
Geliebt und nie betrauert von Auroren!

Gleich jenem Baum, dem Liebling der Pomone,
Der Necktar-Apfel trägt mit goldnen Schalen,
Dem weiße Blüten aus der dunkeln Krone
Zugleich mit Früchten jedes Alters strahlen,
Ausatmend Balsamduft der sonn'gen Zone,
In der glücksel'gen Inseln stillen Thalen:
So ward ein Sprößling aus den Hesperiden,
Der Dichter unserm Vaterland beschieden.

Er überwölbt es mit den schatt'gen Ästen,
Weit von den Alpen zu des Belts Gestaden.
Wie wir am Rhein, ist manche Schar von Gästen
Zu gleicher Feier, nah und fern geladen;
Viel Stimmen schallen heut in Ost und Westen,
Erwünschend ihm des Himmels reiche Gnaden.
Der Deutschland so viel Herrliches gegeben,
Soll in der deutschen Brust unsterblich leben!

(1829)

Am
Siebenten
November.

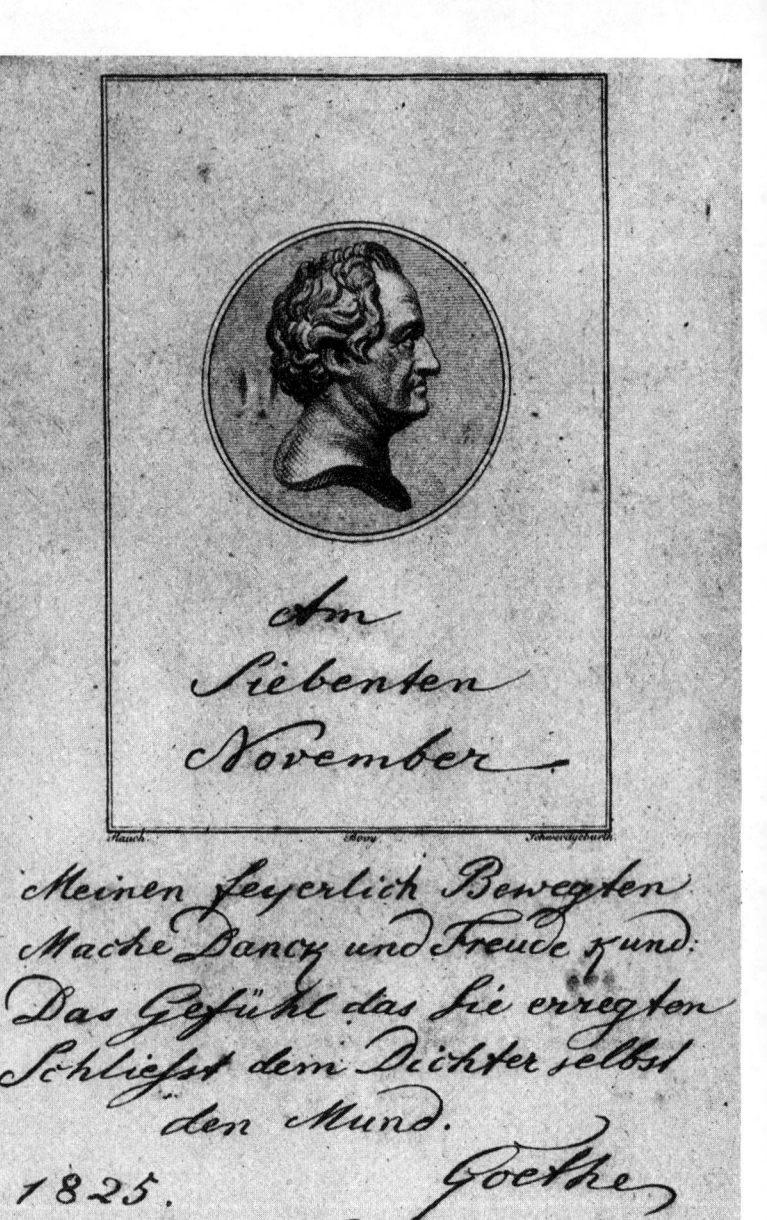

Meinen feyerlich Bewegten
Mache Dank und Freude kund:
Das Gefühl das sie erregten
Schließt dem Dichter selbst
den Mund.

1825.   Goethe

*Gedenkblatt, welches Goethe als Erwiderung
zu seinem fünfzigjährigen Weimarer Jubiläum versandte,
Stich von Schwerdtgeburth*

Eigentlich ein Hund, dieser Goethe

Von Gottfried Benn

Gestern las ich die »Novelle«. Ungemein gespannt, langsam, Wort für Wort. Und nun ein Wort, auf jede Gefahr hin: ist nicht vielleicht diese Novelle etwas lächerlich? Soviel tätig lebhafter Charakter, Betriebsamkeit, die erst gewinnen u. dann genießen soll, ein Fürst u. eine Fürstin u. ein fürstlicher Oheim u. ein wohlgebildeter junger Page u. ein Schloß, das so vor- wie hinterwärts mannigfaltige bedeutende Ansichten gewährte; es wird mit einem Schnupftuch gewinkt u. ein wackerer Künstler u. ein tüchtiger Baum u. ein würdiger Oheim sind um diese Fürstin, die mit schöner Liebenswürdigkeit geistreiche Bemerkungen von sich giebt – mit einem Wort: wirkt das nicht alles wie *Karikatur?* Betrachten Sie das Ganze: wilde Tiere brechen aus einer Menagerie aus *und alles verläuft harmonisch!* Das Säuseln eines Knaben besänftigt die Natur. Gewiß, das Erhabene sieht alles vereint u. weiß für alles Auswege, aber ist das nicht einfach hier: *Bequemlichkeit?* Führt das nicht zurück auf eine Stufe, die wohl einmal war, vielleicht, aber für uns verloren ist und *unser Lebenssinn ist, daß es verloren ist,* warum hexen u. zaubern u. Alterssprüche vom Stapel lassen, daß es anders sei? Natürlich ist die ganze Sache großartig und entbehrt nicht des Majestätischen, aber ist es nicht eigentlich wirklich zu einfach? Betrachte ich das Ganze nur als Umweg u. Hinführen zu einem wunderbaren Gedicht, zu einem göttlich großen, spielerisch übermäßigen, unmenschlichen Gedicht – gut, das Gedicht kann extrem, außermenschlich, extraordinär, vagabundisch olympisch sein, es ist irreal angelegt u. betrügerisch u. zauberisch im Wesen stets gemeint, aber stofflich als Novelle? Der springende Punkt, der eigentlich Goethesche Trick, seine infernalische Greisenbeschwörung, die er uns aufschwatzen möchte, ist der Satz vom Löwen zum Schluß: »Zwar nicht wie der Überwundene ..., aber doch wie der Gezähmte, wie der dem eigenen friedlichen Willen Anheimgegebene«!! Da haben Sie es: der Löwe ist ein friedliches Tier, *im Grunde!,* alles ist friedlich: *im Grunde!* Es muß nur ein Knabe mit der Flöte kommen!

Sehr richtig! Aber er kommt eben nicht. Wir sehn ihn nicht kommen. Geschwätz! Narrheit! Geheimratsbehaglichkeit (Haus am Frauenplan). So auch der Stil: welch Abrundungsbedürfnis! Welch Drang nach Füllung, Applanierung, Wattierung der Worte u. der Structur! Schaumig direkt! Goldig, goldlackbraun, alles »in Güte«. Immer wieder gigantisch das Ganze, aber *faul!* Und nun wird mir manches klar: die Herkunft ganzer Verlagsgeschlechter von dieser Novelle! 90 % des Inselverlags, einschließlich Herr Carossa u. Herr Schröder, auch Hofmannsthal kommen von ihr! Dies ist die letzte Enthüllung. Übrigens auch Stifter! Eine Schlapphutgottheit und eine Probekandidatsbrille ihre Insignien. Zum Teufel alle diese Eunuchen! Kann denn aus diesen Deutschen etwas werden, wenn ihre Heroen das Leben so harmonisch, gutartig u. »im Grunde« so nett u. lieblich u. symbolisch ihnen darstellen? Nun verstehe ich auch: »Gott, der verfängliche, ist Dichtererschleichniß« wahrhaftig, sehr: Erschleichniß! und sehr verfänglich! Eigentlich ein Hund, dieser Goethe. Er wußte doch, daß er Schwindel treibt u. daß er rein aus eigenem Ruhebedürfnis u. Fernhaltungsdrang von allem Dämonischen so schrieb. Ich sagte ja schon einmal: abgefeimt! Er konnte keine Leichenwagen sehen, das war mir bekannt, aber daß er die Löwen mit Flöten in den Käfig zurückbringt, das habe ich nun erst erfahren.

(aus: Brief an F. W. Oelze, 27. 1. 1936)

An Göthe

Von Wilhelm Neumann

Nichts mehr gibt es nun zu sticheln,
Denn es hat der deutsche Mann
Mit dem Freunde Vetter Micheln
Längst schon alles abgethan.

Aber der Gedank' ist labend,
Freunde, Göthen komm' ich nah;
Verse macht' ich gestern Abend,
Doch im Göthe war's schon da.

Göth'; aus deinen Liedern keimet
Uns're Dichtung Wort für Wort,
Und was immer du gereimet,
Pflanzt in unserm Sand sich fort.
Bleibt's nicht kräftig, ist's doch zierlich,
Nimm dich unser ferner an!
Sind wir auch nicht mehr natürlich,
Lieben doch dich Mann für Mann.

(aus: An Göthe, den 28. August 1825)

Wie ein Monarch

Von Franz Grillparzer

Endlich kam ich nach Weimar und kehrte in dem damals in ganz Deutschland bekannten Gasthofe ›Zum Elefanten‹, gleichsam dem Vorzimmer zu Weimars lebender Walhalla, ein (...) Abends ging ich zu Goethe. Ich fand im Salon eine ziemlich große Gesellschaft, die des noch nicht sichtbar gewordenen Herrn Geheimrats wartete (...) Endlich öffnete sich eine Seitentüre, und er selbst trat ein. Schwarz gekleidet, den Ordensstern auf der Brust, gerader, beinahe steifer Haltung trat er unter uns, wie ein Audienz gebender Monarch. Er sprach mit diesem und jenem ein paar Worte und kam endlich auch zu mir, der ich an der entgegengesetzten Seite des Zimmers stand. Er fragte mich, ob bei uns die italienische Literatur sehr betrieben werde? Ich sagte ihm der Wahrheit gemäß, die italienische Sprache sei allerdings sehr verbreitet, da alle Angestellten sie vorschriftsmäßig erlernen müßten (....) Er entfernte sich von mir, sprach mit andern, kam wieder zu mir zurück, redete, ich weiß nicht mehr von was, entfernte sich endlich, und wir waren entlassen.

Ich gestehe, daß ich mit einer höchst unangenehmen Empfindung in mein Gasthaus zurückkehrte. Nicht als wäre meine Eitelkeit beleidigt gewesen, Goethe hatte mich im Gegenteil freundlicher und aufmerksamer behandelt, als ich voraussetzte. Aber das Ideal meiner Jugend, den Dichter des Faust, Clavigo und Egmont als steifen Minister zu sehen, der seinen Gästen den Tee gesegnete, ließ mich aus all meinen Himmeln herabfallen. Wenn er mir Grobheiten gesagt und mich zur Türe hinausgeworfen hätte, wäre es mir fast lieber gewesen. Ich bereute fast, nach Weimar gegangen zu sein.

(29. 9. 1826, aus: Selbstbiographie, 1853)

So liebenswürdig und warm
Von Franz Grillparzer

Endlich kam der verhängnisvolle Tag mit seiner Mittagsstunde, und ich ging zu Goethe. Die außer mir geladenen Gäste waren schon versammelt, und zwar ausschließlich Herren, da die liebenswürdige Talvj schon am Morgen nach jenem Teeabende mit ihrem Vater abgereist und Goethes Schwiegertochter, die mir mit ihrer früh geschiedenen Tochter so wert geworden ist, damals von Weimar abwesend war. Als ich im Zimmer vorschritt, kam mir Goethe entgegen und war so liebenswürdig und warm, als er neulich steif und kalt gewesen war. Das Innerste meines Wesens begann sich zu bewegen. Als es aber zu Tisch ging und der Mann, der mir die Verkörperung der deutschen Poesie, der mir in der Entfernung und dem unermeßlichen Abstande beinahe zu einer mythischen Person geworden war, meine Hand ergriff, um mich ins Speisezimmer zu führen, da kam einmal wieder der Knabe in mir zum Vorschein, und ich brach in Tränen aus. Goethe gab sich alle Mühe, um meine Albernheit zu maskieren. Ich saß bei Tisch an seiner Seite, und er war so heiter und gesprächig, als man ihn, nach späterer Versicherung der Gäste, seit langem nicht gesehen hatte.

(1. 10. 1826, aus: Selbstbiographie, 1853)

Aufstand im Goethehaus

Von F. W. Bernstein

Aufstand im Goethehaus
Hunde und Brillen und Tod, und einer ist gar am Rauchen;
Kaum ist der Herr einmal weg, machen die Knechte nur Scheiß!

Oberbaurat Coudray Friedrich Jakob Soret J. P. Eckermann Leibarzt Vogel
Kanzler v. Müller
Schreiber John Ein fremder Brillenträger Hofrat Riemer Badeinspektor Schütz
Heinrich Meyer Hofhund Purzel

(F. W. Bernstein, 1982)

Goethes amerikanischer Freund

Von Wilhelm Hauff

Die Türe ging auf – er kam.

Dreimal bückten wir uns tief und wagten es dann, an ihm hinauf zu blinzeln. Ein schöner, stattlicher Greis! Augen so klar und helle wie die eines Jünglings, die Stirne voll Hoheit, der Mund voll Würde und Anmut; er war angetan mit einem feinen schwarzen Kleid, und auf seiner Brust glänzte ein schöner Stern. – Doch er ließ uns nicht lange Zeit zu solchen Betrachtungen; mit der feinen Wendung eines Weltmannes, der täglich so viele Bewunderer bei sich sieht, lud er uns zum Sitzen ein.

Was war ich doch für ein Esel gewesen, in dieser so gewöhnlichen Maske zu ihm zu gehen. *Doctores legentes* mochte er schon viele Hunderte gesehen haben. Amerikaner, die, wie unser Wirt meinte, ihm zulieb auf die See gingen, gewiß wenige; daher kam es auch, daß er sich meist mit meinem Gefährten unterhielt. Hätte ich mich doch für einen gelehrten Irokesen oder einen schönen Geist vom Mississippi ausgegeben. Hätte ich ihm nicht Wunderdinge erzählen können, wie sein Ruhm bis jenseits des Ohio gedrungen, wie man in den Kapanen von Louisiana über ihn und seinen »Wilhelm Meister« sich unterhalte? – So wurden mir einige unbedeutende Floskeln zuteil, und mein glücklicherer Gefährte durfte den großen Mann unterhalten.

Wie falsch sind aber oft die Begriffe, die man sich von der Unterhaltung mit einem großen Manne macht! Ist er als witziger Kopf bekannt, so wähnt man, wenn man ihn zum erstenmal besucht, einer Art von Elektrisiermaschine zu nahen. Man schmeichelt ihm, man glaubt, er müsse dann Witzfunken von sich strahlen wie die schwarzen Katzen, wenn man ihnen bei Nacht den Rücken streichelt. Ist er ein Romandichter, so spitzt man sich auf eine interessante Novelle, die der Berühmte zur Unterhaltung nur geschwind aus dem Ärmel schütteln werde; ist er gar ein Dramatiker, so teilt er uns vielleicht freundschaftlich den Plan zu einem neuen Trauerspiel mit, den wir dann ganz warm unsern Bekannten wieder vorsetzen können. Ist er nun gar ein umfassender Kopf wie Goethe, einer, der sozusagen in allen Sätteln gerecht ist – wie interessant, wie belehrend muß die Unterhaltung werden! Wie sehr muß man sich aber auch zusammennehmen, um ihm zu genügen.

Der Amerikaner dachte auch so, ehe er neben Goethe saß; sein Ich fuhr wie das des guten Walt, als er zum Flitte kam, ängstlich oben in allen vier Gehirnkammern, und darauf unten in beiden Herzkammern wie eine Maus umher, um darin ein schmackhaftes Ideenkörnchen aufzutreiben, das er ihm zutragen und vorlegen könnte zum Imbiß. Er blickte angstvoll auf die Lippen des Dichters, damit ihm kein Wörtchen entfalle, wie der Kandidat auf den strengen Examinator, er knickte seinen Hut zusammen und zerpflückte einen glacierten Handschuh in kleine Stücke. Aber welcher Zentnerstein mochte ihm vom Herz fallen, als der Dichter aus seinen Höhen zu ihm herabstieg und mit ihm sprach wie Hans und Kunz in der Kneipe. Er sprach nämlich mit ihm *vom guten Wetter in Amerika,* und indem er über das Verhältnis der Winde zu der Luft, der Dünste des wasserreichen Amerika zu denen in unserem alten Europa sich verbreitete, zeigte er uns, daß das All der Wissenschaft in ihm aufgegangen sei; denn er war nicht nur lyrischer und epischer Dichter, Romanist und Novellist, Lustspiel- und Trauerspieldichter, Biograph (sein eigener) und Übersetzer – nein, er war auch sogar *Meteorolog!*

Wer darf sich rühmen, so tief in das geheimnisvolle Reich des Wissens eingedrungen zu sein? Wer kann von sich sagen, daß er mit jedem seine Sprache, d. h. nicht seinen vaterländischen Dialekt, sondern das, was ihm gerade geläufig und wert sein möchte, sprechen könne. Ich glaube, wenn ich mich als reisender Koch bei ihm aufgeführt hätte, er hätte sich mit mir in gelehrte Diskussionen über die geheimnisvolle Komposition einer Gänseleberpastete eingelassen, oder nach einer Sekundenuhr berechnet, wie lange man ein Beefsteak auf jeder Seite schmoren müsse.

Also über das schöne Wetter in Amerika sprachen wir, und siehe – das Armesündergesicht des Amerikaners hellte sich auf, die Schleusen seiner Beredsamkeit öffneten sich – er beschrieb den feinen weichen Regen von Kanada, er ließ die Frühlingsstürme von

New York brausen, und pries die Regenschirmfabrik in der Franklinstraße zu Philadelphia. Es war mir am Ende, als wäre ich gar nicht bei Goethe, sondern in einem Wirtshaus unter guten alten Gesellen, und es würde bei einer Flasche Bier über das Wetter gesprochen, so menschlich, so kordial war unser Diskurs; aber das ist ja gerade das große Geheimnis der Konversation, daß man sich angewöhnt – nicht gut zu *sprechen,* sondern gut zu *hören.* Wenn man dem weniger Gebildeten Zeit und Raum gibt zu sprechen, wenn man dabei ein Gesicht macht, als lausche man aufmerksam auf seine Honigworte, so wird er nachher mit Enthusiasmus verkünden, daß man sich bei dem und dem köstlich unterhalte.

Dies wußte der vielerfahrene Dichter, und statt uns von seinem Reichtum ein Scherflein abzugeben, zog er es vor, mit uns Witterungsbeobachtungen anzustellen.

Nachdem wir ihn hinlänglich ennuyiert haben mochten, gab er das Zeichen zum Aufstehen, die Stühle wurden gerückt, die Hüte genommen, und wir schickten uns an, unsere Abschiedskomplimente zu machen. Der gute Mann ahnete nicht, daß er den Teufel zitiere, als er großmütig wünschte, mich auch ferner bei sich zu sehen; ich sagte ihm zu und werde es zu seiner Zeit schon noch halten, denn wahrhaftig, ich habe seinen Mephistophiles noch nicht hinuntergeschluckt. Noch einen – zwei Bücklinge, wir gingen.

Stumm und noch ganz stupid vor Bewunderung folgte mir der Amerikaner nach dem Gasthof; die Röte des lebhaften Diskurses lag noch auf seiner Wange, zuweilen schlich ein beifälliges Lächeln um seinen Mund, er schien höchst zufrieden mit dem Besuch.

Auf unserem Zimmer angekommen, warf er sich heroisch auf einen Stuhl und ließ zwei Flaschen Champagner auftragen. Der Kork fuhr mit einem Freudenschuß an die Decke, der Amerikaner füllte zwei Gläser, bot mir das eine und stieß an auf das Wohlsein jenes großen Dichters.

»Ist es nicht etwas Erfreuliches«, sagte er, »zu finden, so hocherhabene Männer seien wie unsereiner? War mir doch angst und bange vor einem Genie, das dreißig Bände geschrieben; ich darf gestehen, bei dem Sturm, der uns auf offener See erfaßte, war mir nicht so bange, und wie herablassend war er, wie vernünftig hat er mit uns diskutiert, welche Freude hatte er an mir, wie ich aus dem neuen Lande kam!« Er schenkte sich dabei fleißig ein und trank auf seine und des Dichters Gesundheit, und von der erlebten Gnade und vom Schaumwein benebelt, sank er endlich mit dem Entschluß, Amerikas Goethe zu werden, dem Schlaf in die Arme.

Ich aber setzte mich zu dem Rest der Bouteillen. Dieser Wein ist von allen Getränken der Erde der, welcher mir am meisten behagt, sein leichter, flüchtiger Geist, der so wenig irdische Schwere mit sich führt, macht ihn würdig, von Geistern, wenn sie in menschlichen Körpern die Erde besuchen, gekostet zu werden.

Ich mußte lächeln, wenn ich auf den seligen Schläfer blickte; wie leicht ist es doch für einen großen Menschen, die andern Menschen glücklich zu machen; er darf sich nur stellen, als wären sie ihm so ziemlich gleich, und sie kommen beinahe vom Verstand.

Dies war mein Besuch bei Goethe, und wahrhaftig, ich bereute nicht, bei ihm gewesen zu sein, denn:

> »Von Zeit zu Zeit seh' ich den Alten gern,
> Und hüte mich, mit ihm zu brechen,
> Es ist gar hübsch von einem großen Herrn,
> So menschlich mit dem Teufel selbst zu sprechen.«

(aus: Mitteilungen aus den Memoiren des Satans, Kapitel ›Satans Besuch bei Herrn von Goethe‹, 1825)

Nicht übel, junger Freund

Von Wolfgang Hildesheimer

»Wenn ich dem Mythos glauben soll, Exzellenz«, sagte der vierundzwanzigjährige Sir Andrew Marbot zu Goethe, der sich nach der Herkunft des Familiennamens erkundigte, »so stammt meine Familie aus dem Périgord und ist im Zuge der normannischen Eroberung nach England gekommen.« »Nun«, sagte Goethe, »dem Mythos kann man natürlich niemals aufs Wort glauben, ist er doch nur in einem höheren Sinne wahr. Nicht er gestaltet die Überlieferung, sondern die Überlieferung gibt ihm stets wieder neue Gestalt. Doch was, junger Freund, veranlaßt Sie zu dem Glauben, daß es sich hier um einen Mythos handle? Mir erscheint die Erklärung sehr glaubhaft.« »Ich mißtraue jeglicher Überlieferung, Exzellenz«, erwiderte Marbot, »auch der wahrscheinlichen. Für mich ist nur das Wahre wahr, das Wahrscheinliche dagegen Schein.« »Nicht übel, junger Freund«, sagte Goethe, offensichtlich amüsiert, und wandte sich zu Staatsrat Schultz, der bei diesem Gespräch am 4. Juli 1825 zugegen war.

(aus: Marbot, 1981)

Weimar 1827

Von Wilhelm Zahn

Als ich mich zur bestimmten Stunde wieder einstellte, durchschritt ich eine Reihe von Zimmern, die alle mit demselben Kunstgeschmack ausgestattet waren, und trat in den Speisesalon, wo ich Goethe und seine anderen Gäste schon anwesend fand. Da war der Oberbaudirektor Coudray, der Kanzler von Müller und der Leibarzt Vogel. Ferner sah ich den Professor Riemer, Eckermann und Hofrat Meyer. Alle Gäste und Goethe selber waren im Frack. Ich saß zwischen Goethe und Fräulein Ulrike von Pogwisch, einem Liebling des Dichters, denn er richtete häufig das Wort an sie und nahm ihre Gegenreden mit offenbarem Wohlgefallen auf. Uns gegenüber saß Frau Ottilie, die Schwiegertochter des Dichters und die Schwester von Ulrike. Ich fand die Speisen äußerst wohlschmeckend und den Wein mindestens ebensogut. Vor jedem Gaste stand eine Flasche Rot- oder Weißwein. Ich wollte mir einen klaren Kopf für den Nachtisch erhalten, weshalb ich Wasser unter meinen Wein goß. Goethe bemerkte es und äußerte tadelnd: Wo haben Sie denn diese üble Sitte gelernt? Die Unterhaltung war eine allgemeine, lebendige und nie stockende. Goethe leitete sie meisterhaft, ohne aber jemanden zu beschränken. Um ihn saßen seine lebenden Lexika, die er bei Gelegenheit aufrief, denn er mochte sich nicht selber mit dem Ballast der bloßen Stubengelehrsamkeit beschweren. Riemer vertrat die Philologie, Meyer die Kunstgeschichte, und Eckermann entrollte sich als ein endloses Zitatknäuel für jedes beliebige Fach. Dazwischen lauschte er mit eingezogenem Atem den Worten des Meisters, die er wie Orakelsprüche sofort auswendig zu lernen schien. Meyer dagegen, den man wegen seiner schweizerischen Mundart den Kunschtmeyer nannte, verweilte auf dem Antlitze seines alten Jugendfreundes mit rührenden Blicken, die ebensoviel Zärtlichkeit wie Bewunderung ausdrückten. Das Gespräch verweilte besonders bei Italien und seinen Kunstschätzen. Goethe wußte auch mir die schüchterne ungelenke Zunge zu lösen und veranlaßte mich, von meinen Studien im Vatikan zu erzählen. Alle erinnerten sich mit Entzücken an Rom und priesen mit Begeisterung seine Herrlichkeit. Nur Fräulein Ulrike glaubte ihrer protestantischen Entrüstung gegen den Papst und seine Regierung Luft machen zu müssen. Der alte Goethe schmunzelte überlegen und reichte der Eiferin einen Zahnstocher hinüber. Räche dich, meine Tochter, mit diesem hier! sprach er launig; wobei ich nicht weiß, ob er bei Überreichung dieser seltsamen Waffe eine Anspielung auf meinen Namen im Sinne hatte. Goethe hatte eine ganze Flasche geleert und schenkte sich noch aus der zweiten ein Glas ein, während man uns schon den Kaffee reichte.

(7. 9. 1827)

Ein verwickelter Vorgang

Universalverse

Von Karl v. Stein

Goethe hat zu seinem Geburtstag einmal wieder Universalverse gemacht und jetzt frägt man in öffentlichen Blättern an, ob sie nicht untergeschoben seien, weil sie gar zu schlecht sein sollen.

(aus: Brief an seinen Bruder Friedrich, 2. 10. 1826)

Am acht und zwanzigsten August 1826

Von Johann Wolfgang Goethe

Des Menschen Tage sind verflochten,
Die schönsten Güter angefochten,
Es trübt sich auch der freiste Blick;
Du wandelst einsam und verdrossen,
Der Tag verschwindet ungenossen
In abgesondertem Geschick.

Wenn Freundes Antlitz dir begegnet,
So bist du gleich befreit, gesegnet,
Gemeinsam freust du dich der Tat.
Ein Zweiter kommt sich anzuschließen,
Mitwirken will er, mitgenießen,
Verdreifacht so sich Kraft und Rath.

Von äußerm Drang unangefochten,
Bleibt, Freunde, so in Eins verflochten,
Dem Tage gönnet heitern Blick!
Das Beste schaffet unverdrossen;
Wohlwollen unsrer Zeitgenossen
Das bleibt zuletzt erprobtes Glück.

(abgedruckt in der Abend-Zeitung vom 13. 9. 1826)

*

Unsinn

Von Johanne Bertram

Über dies Gedicht haben hier einige kritisiert und geäußert, Goethe wäre jetzt zum Dichten zu alt; dies Gedicht zeuge nur von lauter Unsinn (...)

(aus: Brief an Eckermann, Anfang Dezember 1826)

*Bei dem erwähnten Gedicht handelte es sich um eine Parodie, die im
»Mittagsblatt« erschien:*

>Meinen vielfach hochbedingten
>Tiefbegabten langbedachten,
>Hebe vor und lebe nach,
>Daß das Mahl, das sie vollbrachten
>Mit den Bechern ausgelagten,
>Stets und ewig habe Dank.
>
>Gebe vielfach Peter Wechsel
>Große Lust, sanft süßes Leiden,
>Teure Freunde! Geistgenossen!
>Schroffen Züglern unverdrossen,
>Selbst sich und den Schein der Zeit,
>Großen Dank zur Ewigkeit.
>
>Dies der vielfach breitgerührten,
>Tränerweichten Dankeskräftigung.
>Ich, dem vieloft mehrsam Bilder
>Heißer Zukunft zu erscheinen,
>Süßer Lust dabei zu weinen,
>Meinen Dank euch, ewig euch!

Parodiert wurde Goethes Gedicht »Am siebenten November«:

Zur Jubelfeier
des siebenten November 1825

Von Johann Wolfgang Goethe

>Meinen feierlich Bewegten
>Mache Dank und Freude kund:
>Das Gefühl das sie erregten
>Schließt dem Dichter selbst den Mund.

*Frau Ottilie von Göthe auf dem Hofball 1838,
aus der Erinnerung gezeichnet von A. v. Sternberg*

Die Betrachtung der anderen

Von Franz Kafka

5. Januar. Nachmittag. Goethes Vater ist in Verblödung gestorben. Zur Zeit seiner letzten Krankheit arbeitete Goethe an der »Iphigenie«.

»Schaff das Mensch nach Hause, es ist besoffen«, sagt irgendein Hofbeamter zu Goethe über Christiane.

Der wie seine Mutter saufende August, der sich mit Frauenzimmern in gemeiner Weise herumtreibt.

Die ungeliebte Ottilie, die ihm aus gesellschaftlichen Rücksichten vom Vater als Frau diktiert wird.

Wolf, der Diplomat und Schriftsteller.

Walter, der Musiker, kann nicht die Prüfungen machen. Zieht sich für Monate ins Gartenhaus zurück; als die Zarin ihn sehen will: »Sagen Sie der Zarin, daß ich kein wildes Tier bin.«

»Meine Gesundheit ist mehr von Blei als von Eisen.«

Kleinliche ergebnislose schriftstellerische Arbeit des Wolf.

Greisenhafte Gesellschaft in den Mansardenzimmern. Die achtzigjährige Ottilie, der fünfzigjährige Wolf und die alten Bekannten.

Erst an solchen Extremen merkt man, wie jeder Mensch unrettbar an sich selbst verloren ist, und nur die Betrachtung der andern und des in ihnen und überall herrschenden Gesetzes kann trösten.

(aus: Tagebücher, 1914)

Dornburg

Von Johann Wolfgang Goethe

Früh, wenn Tal, Gebirg und Garten
Nebelschleiern sich enthüllen
Und dem sehnlichsten Erwarten
Blumenkelche bunt sich füllen,

Wenn der Äther, Wolken tragend,
Mit dem klaren Tage streitet,
Und ein Ostwind, sie verjagend,
Blaue Sonnenbahn bereitet,

Dankst du dann, am Blick dich weidend,
Reiner Brust der Großen, Holden,
Wird die Sonne, rötlich scheidend,
Rings den Horizont vergolden.

(1828)

Verhältnis zur Wissenschaft, besonders zur Geologie

Von Johann Wolfgang Goethe

Man gewöhnt uns von Jugend auf, die Wissenschaften als Objekte anzusehen, die wir uns zueignen, nutzen, beherrschen können.

Ohne diesen Glauben würde niemand etwas lernen wollen.

Und doch behandelt jeder die Wissenschaften nach seinem Charakter.

Der junge Mann verlangt Gewißheit, verlangt didaktischen, dogmatischen Vortrag.

Kommt man tiefer in die Sache, so sieht man, wie eigentlich das Subjektive auch in den Wissenschaften waltet, und man prosperiert nicht eher, als bis man anfängt, sich selbst und seinen Charakter kennenzulernen.

Da nun aber unser Individuum, es sei so entschieden als es wolle, doch von der Zeit abhängt, wohin es gesetzt, von dem Ort, wohin es gestellt ist, so haben diese Zufälligkeiten Einfluß auf das notwendig Gegebene.

Zu diesen Betrachtungen ward ich besonders aufgefordert, da ich aus Neigung und zu praktischen Zwecken mich in das wissenschaftliche Feld begeben, zu gewissen Überzeugungen gelangt, denselben nachgegangen bin, wodurch sich denn endlich eine gewisse Denkweise bei mir bildete und festsetzte, wonach ich die Gegenstände schätzte und beurteilte.

So nahm ich auf, was mir gemäß war, lehnte ab, was mich störte, und da ich öffentlich zu lehren nicht nötig hatte, belehrt ich mich auf meine eigene Weise, ohne mich nach irgend etwas Gegebenem oder Herkömmlichem zu richten.

Deswegen konnt ich jede neue Entdeckung freudig aufnehmen und was ich selbst gewahr ward ausbilden.

Das Vorteilhafte kam mir zugute, und das Widerwärtige brauchte ich nicht zu achten.

Nun aber ist in den Wissenschaften ein ewiger Kreislauf; nicht daß die Gegenstände sich änderten, sondern daß bei neuen Erfahrungen jeder Einzelne in den Fall gesetzt wird, sich selbst geltend zu machen, Wissen und Wissenschaften nach seiner eigenen Weise zu behandeln.

Weil nun aber die menschlichen Denkweisen auch in einen gewissen Zirkel eingeschlossen sind, so kommen die Methoden bei der Umkehrung immer wieder auf die alte Seite; atomistische und dynamische Vorstellungen werden immer wechseln, aber nur a posteriori, denn keine vertritt die andere ganz und gar, nicht einmal ein Individuum, denn der entschiedenste Dynamiker wird, ehe er sichs versieht, atomistisch reden, und so kann sich auch der Atomiste nicht dergestalt abschließen, daß er nicht hie und da dynamisch werden sollte.

Es ist wie mit der ... und ästhetischen Methode, wo eine nur das Umgekehrte der andern ist und bei lebendiger Behandlung der Gegenstände bald die eine, bald die andere sich zum Gebrauche darbietet.

Zur Darstellung meines geologischen Ganges werde ich dadurch veranlaßt, daß ich erlebe, wie eine der meinigen ganz entgegengesetzte Denkweise hervortritt, der ich mich nicht fügen kann, keineswegs sie jedoch zu bestreiten gedenke.

Alles, was wir aussprechen, sind Glaubensbekenntnisse, und so werde das meinige in diesem Fache begonnen.

Geologie

Interesse an natürlichen Gegenständen oder auch sonst sichtbaren.

Trieb, um Anschauungen andern mitzuteilen.

Bildliche Darstellung.

Auch von mir empfunden, sobald ich mich mit Naturgeschichte und Naturlehre abgegeben.

Osteologische Zeichnungen früher erwähnt, gegenwärtig von einem gleichen Unternehmen zu sprechen, welches dem Knochenbau der Erde, der Geologie, zugute kommen sollte.

Ilmenauer Bergbau.

Anlegung zum Studium des Innern der Erde; inwiefern es sich von außen manifestiert oder inwendig aufgeschlossen worden.

Erste Winterreise auf den Harz, wovon noch ein dithyrambisches Gedicht übrig ist.

Fortgesetzte Betrachtung der Felsengestalten.

Massen, die sich in Teile trennen.

Überzeugung, daß dieses Trennen nach gewissen Gesetzen geschehe.

Schwierigkeit, sich hierüber auszudrücken.

Versuch deshalb.

Vertikale oder dem Vertikalen sich nähernde Felsentrennungen.

Beziehen sich mehr oder weniger entschieden gegen die Haupthimmelsgegenden und werden von andern sehr selten rechtwinklig, meist schiefwinklig durchschnitten, so daß rhombische Bruchstücke entstehen.

Um zu mehrerer Überzeugung zu gelangen, inwiefern die Richtung gedachter Ablösung sich auf die Hauptweltgegenden beziehe, hatte man viele Beobachtungen angestellt.

Man glaubte gefunden zu haben, daß bei der Solideszenz eine Richtung der Klüfte nach Norden stattgefunden; die Querklüfte aber von Westen nach Osten nicht rechtwinklig kreuzend, die rhombischen Ablösungen verursachend.

Man hatte ein Modell im Sinne.

Dazu sollten Vorarbeiten an der Natur gemacht werden.

Deshalb genaue Zeichnungen aufzunehmen.
Reise im August 1784 auf den Harz, mit Rat Krausen.
Kurze Lebensgeschichte.
Künstlerisch-gesellige Eigenschaften dieses Mannes.

Alle Zeichnungen in dem Sinne, daß durchaus auf die Ablösungen, Trennung und Gestaltung der Gebirgs- und Felsenpartieen Rücksicht genommen worden, wohin auch die leider allzukurz gefaßten Bemerkungen des Tagebuchs gerichtet sind.

Es ist abzudrucken mit Noten, welche die Absicht deutlicher machen, zugleich aber die Zeichnungen für künftig klar und nützlich darzustellen.

(7. 10. 1820)

Kammerberg bei Eger

Von Johann Wolfgang Goethe

Man wird aus unserer früheren Darstellung des Kammerbergs bei Eger sich wieder ins Gedächtnis rufen, was wir über einen so wichtigen Naturgegenstand gesprochen und wie wir diese Hügel-Erhöhung als einen reinen Vulkan angesehen, der sich unter dem Meere, unmittelbar auf und aus Glimmerschiefer gebildet habe.

Als ich am 26. April dieses Jahres auf meiner Reise nach Karlsbad durch Eger ging, erfuhr ich, von dem so unterrichteten als tätigen und gefälligen Herrn Polizeirat G r ü n e r , daß man auf der Fläche des großen, zum Behuf der Chausseen ausgegrabenen Raumes des Kammerberger Vulkans mit einem Schacht niedergegangen, um zu sehen, was in der Tiefe zu finden sein möchte und ob man nicht vielleicht auf Steinkohlen treffen dürfte.

Auf meiner Rückkehr, den 28. Mai, ward ich von dem wackern Manne aufs freundlichste empfangen; er legte mir die kurze Geschichte der Abteufung, welche doch schon sistiert worden, nicht weniger die gefundenen Mineralkörper vor. Man hatte beim Absinken von etwa 1 ½ Lachtern erst eine etwas festere Lava, dann die gewöhnliche völlig verschlackte in größeren und kleineren Stücken gefunden, als man auf eine lose rötliche Masse traf, welche offenbar ein durchs Feuer veränderter Glimmersand war. Dieser zeigte sich teils mit kleinen Lavatrümmern vermischt, teils mit Lavabrocken fest verbunden. Unter diesem, etwa zwei Lachtern Teufe vom Tage herab, traf man auf den feinsten weißen Glimmersand, dessen man eine gute Partie ausförderte, nachher aber, weil weiter nichts zu erwarten schien, die Untersuchung aufgab. Wäre man tiefer gegangen (wobei denn freilich der feine Sand eine genaue Zimmerung erfordert hätte), so würde man gewiß den Glimmerschiefer getroffen haben, wodurch denn unsere früher geäußerte Meinung Bestätigung gefunden hätte. Bei dem ganzen Unternehmen hatte sich nur etwa ein fingerlanges Stück gefunden, welches allenfalls für Steinkohle gelten könnte.

Man besprach die Sache weiter und gelangte bis zur Höhe des ehemaligen Lusthäuschens; hier konnte man, von oben herunterschauend, gar wohl bemerken, daß am Fuße des Hügels, an der Seite nach Franzenbrunn zu, der weiße Glimmersand, auf den man in dem Schacht getroffen, wirklich zu Tage ausgehe und man auf demselben schon zu irgendeinem Zwecke nachgegraben. Hieraus könnte man schließen, daß die vulkanische Höhe des Kammerbergs nur oberflächlich auf einem teils sandigen, teils staubartigen, teils schiefrig festen Glimmergrunde aufgebreitet sei. Wollte man nun etwas Bedeutendes zur Einsicht in diese Naturerscheinung mit einigem Kostenaufwand tun, so ginge man, auf der Spur des am Abhange sich manifestierenden Glimmersandes, mit einem Stollen gerade auf den Punkt des Hügels los, wo, gleich neben der höchsten Höhe des ehemaligen Sommerhauses, sich eine Vertiefung befindet, die man jederzeit für den Krater gehalten hat. Ein solcher Stollen hätte kein Wasser abzuleiten, und man würde die ganze vulkanische Werkstätte unterfahren und, was so selten geschehen kann, die ersten Berührungspunkte des ältern natürlichen Gebirges mit dem veränderten, geschmolzenen, aufgeblähten Gestein beobachten. Einzig in seiner Art wäre dieses Unternehmen, und wenn man zuletzt auf der hintern Seite in der Gegend der festen Laven wieder ans Tageslicht käme, so müßte dies für den Naturforscher eine ganz unschätzbare Ansicht sein.

Hiezu macht man uns nun, eben als ich zu schließen gedenke, die beste Hoffnung, indem versichert wird, daß auf Anraten und Antrieb des Herrn Grafen Caspar Sternberg, dem wir schon so viel schuldig geworden, ein solches Unternehmen wirklich ausgeführt werden solle. Überlege nunmehr jeder Forscher, was für Fragen er in diesem Falle an die Natur zu tun habe, welche Beantwortung zu wünschen sei.

(1820)

*Der Kammerberg bei Eger,
Radierung von C. Westermeyer, 1809*

Erfahrung als Kunst

Von Ernst Freiherr von Feuchtersleben

Nun hat aber, seit den Griechen, deren Behelf, leider! zu arm war, niemand zu erfahren gewußt, wie Goethe; ja, das Erfahren ist ihm ganz eigentlich zur Kunst geworden. Die Unschuld, Reinheit, Klarheit, Schärfe und Unmittelbarkeit seiner Beobachtungen hat in der Geschichte der Naturwissenschaften nicht ihresgleichen.

(aus: Göthe's naturwissenschaftliche Ansichten, 1837)

Goethe, Lamarck, Darwin
Von Ernst Haeckel

Das Wichtigste aber, was wir von *Goethe* als Naturforscher hier hervorheben müssen, und was unseres Erachtens noch niemand gebührend gewürdigt hat, ist, daß wir ihn als den *selbständigen Begründer der Deszendenz-Theorie in Deutschland* feiern dürfen. Zwar führte er dieselbe nicht, wie *Lamarck,* in Form eines wissenschaftlichen Lehrgebäudes aus, und er versuchte nicht, wie *Darwin,* physiologische Beweise für die gemeinsame Abstammung der Organismen aufzufinden; aber die Idee derselben schwebte ihm klar und bestimmt vor; alle seine morphologischen Arbeiten waren von diesem monistischen Gedanken der ursprünglichen Einheit der Form und der Abstammung durchdrungen.

(aus: Natürliche Schöpfungsgeschichte, 1868)

Echte Forscherstrenge
Von Carl Ludwig Schleich

Man muß, wie ich, mit Strindberg experimentiert haben, Farben angerichtet, gemalt oder komponiert haben, um zu wissen, welch echte Forscherstrenge sein eigen war . . . (. . .) Unvergeßlich ist mir unsere gemeinsame Durcharbeitung von Goethes Farbenlehre. Er fand einen hübschen Einwand gegen Newton: wenn Newton meinte, daß durch das Prisma das weiße Sonnenlicht zerlegt werde in seine farbigen Bestandteile, und daß das bunte Prismaband durch Zusammenlegung wieder Weiß ergebe, so müßten doch im glühenden Sonnenkörper die Farben nachweisbar sein, die erst das Helle des Lichts ergäben. Dafür fehle der grundlegende Beweis. Ferner mache Newton einen falschen Schluß. Wenn er sage: die wiedervereinigten Farben geben wieder Weiß und das Prisma zeige die ursprüngliche farbige Zusammensetzung des Lichtes, so sei das ebenso, als wenn jemand sage, der Wogenschaum, durch Brandung entstanden, gebe, gesammelt, wieder Wasser, folglich sei Schaum gleich Wasser. Das sei aber falsch: Schaum sei Wasser plus verschluckter Luft, und gesammelter Schaum gebe Wasser und Luft. So erfahre auch das Licht bei seiner Anbrandung im Glas etwas Newton Entgangenes, wodurch es uns farbig erschiene. Farben seien Licht plus etwas Unbekanntes. Goethe habe recht, dieses Unbekannte seien die sich deckenden Sonnenbildchen, Farben seien gedämpfte Schatten, Schatten auf dem Wege zu Licht oder getrübter Helle. Erst heute können wir sehen, wie recht Strindberg mit diesem Einwand hatte (...)

(aus: Besonnte Vergangenheit, 1920)

Sein zentralstes Reich
Von Gottfried Benn

Also, sie war keineswegs resultatlos, diese mißgegangene Leidenschaft, diese Leidenschaft ohne Fachmann, dies Dahinkümmern mit Geschwätz statt treuer Forschung, sie war nur nicht mathematisch-physikalisch, sie war nur nicht analytisch, sie war nicht erklärt voraussetzungs-, das heißt ideenlos, sondern diese Leidenschaft ging auf Anschauung, sie war »anschauliches Denken«, und damit rühren wir an die intimste und innerste Struktur des Goetheschen Seins, betreten sein zentralstes Reich, auch das erregendste, das unabsehbarste, für uns heute von so enormer Aktualität: denn dies anschauliche Denken, ihm von Natur eingeboren, aber dann in einer sich durch das ganze Leben hinziehenden systematischen Arbeit als exakte Methode bewußtgemacht und dargestellt, als heuristisches Prinzip mit aller polemischen Schärfe dem mathematisch-physikalischen Prinzip gegenübergestellt, es ist, auf eine kurze Formel gebracht, der uns heute so geläufige Gegensatz von Natur, Kosmos, Bild, Symbol oder Zahl, Begriff, Wissenschaft; von Zuordnung der Dinge zum Menschen und seinem natürlichen

Raum oder Zuordnung der Begriffe in widerspruchslose mathematische Reihen; von Identität alles Seins oder Chaos zufälliger, korrigierbarer, wechselnder Ausdrucks- und Darstellungssysteme; mit einem Wort, es ist die Problematik, die uns aus jedem Vortrag in jedem Hörsaal, in jeder Akademie, in jedem Institut heutigentags entgegentritt, uns, mitten, wie wir hören, im Zusammenbruch des zweiten großen rationalistischen Erfassungsversuchs der Welt, Parallele zum Ausgang der Antike, uns, vor deren Augen die Relativitätstheorie durch Auflösung des physikalischen Raumes den idealen, den aus den ästhetischen Kategorien Kants, doppelt beschwört, die Philosophie thematisch wie in ihren repräsentativen Dialektikern sich zur reinen Ontologie wendet, die Quantentheorie aus dem Munde Plancks in seinem Vortrag vom vorigen Jahr in der Kaiser-Wilhelm-Gesellschaft: »Der Positivismus und das physikalische Weltbild« den Begriff der Realität, diesen, wie er selber sagt, metaphysischen Begriff in hoher Inbrunst ehrt, mit einem Wort uns, in deren Gegenwart die geistig-wissenschaftliche Gesamtvernunft das komplizierte, zerfaserte, hybrid übersteigerte Begriffsnetz der modernen induktiven Naturexegese beiseite schiebt und eine neue, die alte, Wirklichkeit durch Wiedergewinnung eines natürlichen Weltbildes sucht.

Kann man sich dabei auf Goethe berufen? Was heißt bei ihm im speziellsten Sinne anschauliches oder gegenständliches Denken? Was zunächst diesen Ausdruck »gegenständliches Denken« betrifft, der in der Tat das ganze Thema umschließt, so stammt er nicht von Goethe, sondern wurde über ihn geprägt, und zwar von Heinroth in seiner »Anthropologie«; aber Goethe greift ihn sofort in einem längeren Aufsatz, betitelt: »Bedeutende Fördernis durch ein einziges geistreiches Wort«, mit großer Genugtuung auf und erläutert an ihm seine geistige Art. In einer These zusammengefaßt heißt diese Art: Goethe lebte der Ansicht, daß die Natur ihre Geheimnisse von selbst darlegen müsse, daß sie bedenken, sie beschreiben nur die durchsichtige Darstellung ihres ideellen Inhalts sei. Dies die Helmholtzsche Definition des Goetheschen »gegenständlichen Denkens«. Das bedeutet also und stellt sich uns dar als eine höchst merkwürdige Verflechtung von Platonismus und

Erfahrung: einerseits enthält die Natur Ideen, und ihre Gegenstände befinden sich innerhalb dieser Ideen, und diese Ideen tragen sich dem Denken zu, bieten sich ihm dar infolge der unauflöslichen Einheit von Natur und menschlicher Anschauung, aber andererseits ist dies Denken bei Goethe von nie erlahmender Aktivität, von klassischer Exaktheit in Beobachtung und Deutung, unermüdlich im Sammeln, im Tabellenanlegen, rastlos hingegeben dem Material, es ist sogar betont weitsichtig im methodischen Gefühl: tritt vom Gegenstand zurück, wenn er sich nicht ohne weiteres erschließt, wartet ab, greift ihn wieder auf, umzieht ihn mit Gedanken, bildet ihn in jahrzehntelangen Prozessen geistig um. Es ist ein produktives Denken im Rahmen wissenschaftlicher Themen, ein weittragendes perspektivisches Erfühlen von Zusammenhängen und Ursprüngen, ein Eintauchen des Denkens in den Gegenstand und eine Osmose des Objekts in den anschauenden Geist. Ein imposantes Denken, was die Resultate angeht, die wir im vorhergehenden sahen, aber eines, das sich als Methode nicht völlig klarstellen und übertragen läßt. Ein ausgesprochen affektgeführtes Denken, körperlich umwogt, mit starker Hirnstammkomponente, will man es biologisch basieren, im Gegensatz zum Rindentyp des intellektualistischen *Professionals;* man höre die zahlreichen emotionellen Hinweise in den Briefen: »ein peinlich süßer Zustand« die Arbeit in der Osteologie, als »Herzenserleichterung« wird die Pflanzenmetamorphose niedergeschrieben, das Os intermaxillare macht dem Entdecker »solche Freude, daß sich ihm alle Eingeweide bewegen«, eine Arbeit wird ihm »versüßt«, wenn Herder zuschaut, alles entfaltet sich aus dem Inneren, aus dem Ich, darum »muß man tüchtig geboren sein, um ohne Kränklichkeit auf sein Inneres zurückzugehen«. Ein gegenständliches Denken, dem dichterischen sehr nah, eine Stelle aus dem obengenannten Aufsatz »Bedeutende Fördernis« ist höchst aufschlußreich: »Was von meinem gegenständlichen Denken gesagt ist, mag ich wohl auch ebenmäßig auf eine gegenständliche Dichtung beziehen. Mir drückten sich gewisse große Motive, Legenden, uralt-geschichtlich Überliefertes so tief in den Sinn, daß ich sie vierzig, fünfzig Jahre lebendig und wirksam im Inneren erhielt; mir schien der schönste Besitz, solche uralte Bilder oft in der Einbildungskraft erneut zu sehen, da sie sich zwar dann immer umgestalten, doch ohne sich zu verändern einer reineren Form, einer entschiedeneren Darstellung entgegenreiften.« Wir sehen also ein Denken, das auf den Typus, das große Motiv, das Legendäre, die letzten arthaften Schichten zielt. Dies Denken übernommen, eingelebt in die exakte Forschung, eingelebt, nicht eingeschwärmt, will heißen keineswegs beiläufig, keineswegs zufällig, vielmehr durchgearbeitet, bewußtgemacht, systematisch, methodisch angewandt, ja polemisch von hoher Virulenz: »Widersacher kommen nicht in Betracht, denn mein Dasein ist ihnen verhaßt, sie verwerfen die Zwecke, nach denen mein Tun geleitet ist. Ich weise sie daher ab und ignoriere sie.«

(aus: Goethe und die Naturwissenschaften, 1932)

Sondern Dichter

Von Arno Schmidt

Aber Seine HEUREKA betrachde Ich (ungefähr) wie Freund GOETHE's ›Farbenlehre‹: hätt' Er dafür doch lieber noch'n ›Faust‹ geschriebm: Denn Beide waren ebm weder Philosophen noch Wissenschaftler, sondern Dichter.

(aus: Zettels Traum, p. 1266, 1969)

Der Weg zum Gipfel

Von Werner Heisenberg

Aber vielleicht dürfen wir den Naturforscher, der das Gebiet der lebendigen Anschauung verläßt, um die großen Zusammenhänge zu erkennen, vergleichen mit einem Bergsteiger, der den höchsten Gipfel eines gewaltigen Gebirges bezwingen will, um von dort das

Land unter ihm in seinen Zusammenhängen zu überschauen. Auch der Bergsteiger muß die von den Menschen bewohnten fruchtbaren Täler verlassen. Je höher er kommt, desto weiter öffnet sich das Land seinem Blick, desto spärlicher wird aber auch das Leben, das ihn umgibt. Schließlich gelangt er in eine blendend klare Region von Eis und Schnee, in der alles Leben erstorben ist, in der auch er selbst nur noch unter großen Schwierigkeiten atmen kann. Erst durch diese Region hindurch führt der Weg zum Gipfel. Aber dort oben steht er in den Momenten, in denen in vollster Klarheit das ganze Land unter ihm ausgebreitet liegt, doch vielleicht dem lebendigen Bereich nicht allzu fern. Wir verstehen, wenn frühere Zeiten jene leblosen Regionen nur als grauenvolle Öde empfanden, wenn ihr Betreten als eine Verletzung der höheren Gewalten erschien, die sich wahrscheinlich bitter an dem rächen werden, der sich ihnen zu nahe wagt. Auch Goethe hat das Verletzende in dem Vorgehen der Naturwissenschaft empfunden. Aber wir dürfen sicher sein, daß auch dem Dichter Goethe jene letzte und reinste Klarheit, nach der diese Wissenschaft strebt, völlig vertraut gewesen ist.

(aus: Die Goethesche und die Newtonsche Farbenlehre im Lichte der modernen Physik, 1941)

Chinesisch-deutsche Jahres- und Tageszeiten

Von Johann Wolfgang Goethe

Sag, was könnt uns Mandarinen,
Statt zu herrschen, müd zu dienen,
Sag, was könnt uns übrigbleiben,
Als in solchen Frühlingstagen
Uns des Nordens zu entschlagen
Und am Wasser und im Grünen
Fröhlich trinken, geistig schreiben,
Schal auf Schale, Zug in Zügen?

Ziehn die Schafe von der Wiese,
Liegt sie da, ein reines Grün,
Aber bald zum Paradiese
Wird sie bunt geblümt erblühn.
Hoffnung breitet lichte Schleier
Nebelhaft vor unsern Blick:
Wunscherfüllung, Sonnenfeier,
Wolkenteilung bring' uns Glück!

Dämmrung senkte sich von oben,
Schon ist alle Nähe fern;
Doch zuerst emporgehoben
Holden Lichts der Abendstern!
Alles schwankt ins Ungewisse,
Nebel schleichen in die Höh;
Schwarzvertiefte Finsternisse
Widerspiegelnd ruht der See.
Nun im östlichen Bereiche
Ahn ich Mondenglanz und -glut,
Schlanker Weiden Haargezweige
Scherzen auf der nächsten Flut.
Durch bewegter Schatten Spiele
Zittert Lunas Zauberschein,
Und durchs Auge schleicht die Kühle
Sänftigend ins Herz hinein.

(1827)

Vaudevilleartig hinschludernd

Von Johann Wolfgang Goethe

Was soll der Freund dem Freunde in solchem Falle erwidern! Ein gleiches Unheil schloß uns aufs engste zusammen, so daß der Verein nicht inniger sein kann. Gegenwärtiges Unglück läßt uns wie wir sind, und das ist schon viel.

Das alte Märchen der tausendmal tausend und immer noch einmal einbrechenden Nacht erzählen sich die Parzen unermüdet. Lange leben heißt viele überleben, so klingt das leidige Ritornell unseres vaudevilleartig hinschludernden Lebensganges; es kommt immer wieder an die Reihe, ärgert uns und treibt uns doch wieder zu neuem ernstlichen Streben.

Mir erscheint der zunächst mich berührende Personenkreis wie ein Konvolut sibyllinischer Blätter, deren eins nach dem andern, von Lebensflammen aufgezehrt, in der Luft zerstiebt und dabei den Überbleibenden von Augenblick zu Augenblick höhern Wert verleiht. Wirken wir fort bis wir, vor- oder nacheinander, vom Weltgeist berufen in den Äther zurückkehren! Möge dann der ewig Lebendige uns neue Tätigkeiten, denen analog in welchen wir uns schon erprobt, nicht versagen! Fügt er sodann Erinnerung und Nachgefühl des Rechten und Guten, was wir hier schon gewollt und geleistet, väterlich hinzu, so würden wir gewiß nur desto rascher in die Kämme des Weltgetriebes eingreifen.

Die entelechische Monade muß sich nur in rastloser Tätigkeit erhalten; wird ihr diese zur andern Natur, so kann es ihr in Ewigkeit nicht an Beschäftigung fehlen. Verzeih diese abstrusen Ausdrücke! Man hat sich aber von jeher in solche Regionen verloren, in solchen Sprecharten sich mitzuteilen versucht, da wo die Vernunft nicht hinreichte und wo man doch die Unvernunft nicht wollte walten lassen.

(aus: Brief an Zelter, 19. 3. 1827)

Fort von hier

Von August Goethe

Ich will nicht mehr am Gängelbande
Wie sonst geleitet sein
Und lieber an des Abgrunds Rande
von jeder Fessel mich befrein.

Zerrissnes Herz ist nimmer herzustellen,
Sein Untergang ist sichres Los;
Es gleicht vom Sturm gepeitschten Wellen
Und sinkt zuletzt in Thetis' Schoß.

Drum stürme fort in deinem Schlagen,
Bis auch der letzte Schlag verschwand!
Ich geh entgegen bessern Tagen –
Gelöst ist hier nun jedes Band!

*(1830 – kurz darauf entschloß sich Goethes Sohn zu seiner
»Flucht« nach Italien; Anm. der Herausgeber.)*

Goethe hat mich glücklich gemacht

Von Johann Peter Eckermann

Gestern konnten Sie einen glücklichen Menschen sehen, und zwar hatte Goethe mich so glücklich gemacht.

Ich habe über unsere künftige Fortdauer die höchsten Aufschlüsse erhalten, die ich aber nicht verraten darf. So viel aber weiß ich, daß ich von nun an nicht von Ihnen lassen und nicht aufhören werde, auf Ihre Entwicklung und Vervollkommnung zu wirken, soviel ich nur kann. Ich bin unendlich glücklich, so daß ich gestern abend fast außer mir war.

(an Auguste Kladzig, 7. 1. 1830)

Die falschen Wanderjahre

Von Karl Immermann

Was soll man nun (...) von einer Produktion sagen, die dem Anschein nach doch Roman, d. h. Kunstwerk sein will, die aber gleichwohl weder aus dem Leben geschöpft ist, noch an das frühere

Kunstwerk, von welchem sie den Namen usurpiert, sich versöhnt und versöhnend anschließt, sondern den Tempel, den sie umzustürzen sucht, laut und heftig anbellt? Es ist (...) wirklich sehr schwer, aus den streitenden Gefühlen, die die Lesung des Pseudomeister erregt, sich zur Einheit des Bewußtseins zu retten. Am besten läßt sich der wunderliche Zustand, in den das Buch versetzt, mit dem vergleichen, der am Morgen herrscht, wenn wir zwischen Schlaf und Wachen im Bett liegen. Die Traumwelt ist zu schwach geworden, als daß ihre Gestalten uns noch vollkommen zu täuschen vermöchten, die Wirklichkeit können unsre blöden Sinne ebenfalls noch nicht kräftig ergreifen. Endlich schüttelt der Organismus das lästige Halbwesen ab, und wir freuen uns wieder des Wachens, Sehens, Fühlens, Hörens. So zeigt das Buch uns Erscheinungen, nicht Schatten, nicht Wesen.

(aus: Brief an einen Freund über die falschen Wanderjahre Wilhelm Meisters, 1822/23)

Das alte Wahre

Von Johann Wolfgang Goethe

Kein Wesen kann zu nichts zerfallen!
Das Ewge regt sich fort in allen,
Am Sein erhalte dich beglückt!
Das Sein ist ewig: denn Gesetze
Bewahren die lebendigen Schätze,
Aus welchen sich das All geschmückt.

Das Wahre war schon längst gefunden,
Hat edle Geisterschaft verbunden;
Das alte Wahre, faß es an!
Verdank es, Erdensohn, dem Weisen,
Der ihr, die Sonne zu umkreisen,
Und dem Geschwister wies die Bahn.

Sofort nun wende dich nach innen!
Das Zentrum findest du da drinnen,
Woran kein Edler zweifeln mag.
Wirst keine Regel da vermissen:
Denn das selbständige Gewissen
Ist Sonne deinem Sittentag.

Den Sinnen hast du dann zu trauen;
Kein Falsches lassen sie dich schauen,
Wenn dein Verstand dich wach erhält.
Mit frischem Blick bemerke freudig
Und wandle sicher wie geschmeidig
Durch Auen reichbegabter Welt!

Genieße mäßig Füll und Segen!
Vernunft sei überall zugegen,
Wo Leben sich des Lebens freut!
Dann ist Vergangenheit beständig,
Das Künftige voraus lebendig,
Der Augenblick ist Ewigkeit.

Und war es endlich dir gelungen,
Und bist du vom Gefühl durchdrungen:
Was fruchtbar ist, allein ist wahr –
Du prüfst das allgemeine Walten,
Es wird nach seiner Weise schalten;
Geselle dich zur kleinsten Schar!

Und wie von alters her im stillen
Ein Liebewerk nach eignem Willen
Der Philosoph, der Dichter schuf,
So wirst du schönste Gunst erzielen:
Denn edlen Seelen vorzufühlen
Ist wünschenswertester Beruf.

      (aus: Wilhelm Meisters Wanderjahre,
                    1821/29)

Rettende Selbstbeschränkung

Von Theodor W. Adorno

Goethe, der deutlich der drohenden Unmöglichkeit aller menschlichen Beziehungen in der heraufkommenden Industriegesellschaft sich bewußt war, hat in den Novellen der Wanderjahre versucht, den Takt als die rettende Auskunft zwischen den entfremdeten Menschen darzustellen. Diese Auskunft schien ihm eins mit der Entsagung, mit Verzicht auf ungeschmälerte Nähe, Leidenschaft und ungebrochenes Glück. Das Humane bestand ihm in der Selbsteinschränkung, die beschwörend den unausweichlichen Gang der Geschichte zur eigenen Sache machte, die Inhumanität des Fortschritts, die Verkümmerung des Subjekts. Aber was seitdem geschah, läßt die Goethesche Entsagung selber als Erfüllung erscheinen.

(aus: Zur Dialektik des Takts, in: Minima Moralia, 1951)

Rumpelkiste

Von Arno Schmidt

(...) Bei Goethe ist die Prosa keine Kunstform, sondern eine Rumpelkiste – den »Werther« beiseite; und »Wahrheit und Dichtung«, wo allerdings ja gar kein Problem einer Stofformung vorliegt –: gewaltsam aneinandergepappte divergente Handlungsfragmente; grob an den Hauptfaden geknotete Novellen; Aforismensammlungen; Waidsprüchlein aller Art – todsicher den ungeeignetsten Personen in den Mund gelegt: was läßt er das Kind Ottilie für onkelhaft weltkundige »Maximen« in ihr Tagebuch schreiben! – Das demonstrativste Beispiel ist der »Wilhelm Meister«, zumal die »Wanderjahre«: was er sich hier, z. B. an Kapitelübergängen leistet, ist oft derart primitiv, daß ein wohlgeratener Primaner, der n bißchen was auf sich hält, sich ihrer schämen würde. Eine freche

Formschlamperei; und ich mache mich jederzeit anheischig, den Beweis anzutreten (wenn ich nicht meine Arbeitskraft ernsthafteren Dingen schuldig wäre: Goethe, bleib bei Deiner Lyrik! Und beim Schauspiel!)

(aus: Aus dem Leben eines Fauns, 1953)

Goethe und der Expressionismus
Von Gottfried Benn

Wir finden bei Goethe zahlreiche Partien, die rein expressionistisch sind, zum Beispiel Verse jener berühmten Art: »Entzahnte Kiefer schnatternd und das schlotternde Gebein, Trunkener vom letzten Strahl« und so weiter, hier ist eine inhaltliche Beziehung zwischen den einzelnen Versen überhaupt nicht mehr da, sondern nur noch eine ausdruckhafte; nicht ein Thema wird geschlossen vorgeführt, sondern innere Erregungen, magische Verbindungszwänge rein transzendenter Art stellen den Zusammenhang her. Eine Unzahl solcher Stellen gibt es im zweiten Teil des »Faust«, allgemein im Werk namentlich des alten Goethe.

(aus: Lyrik des expressionistischen Jahrzehnts, 1955)

Was ihn ans Leben fesseln kann
Von Friedrich Soret

Man sieht an vielen Äußerungen Goethes, daß ihn der Gedanke an den Tod sehr beschäftigt, denn er hält sich, soviel er kann, an das, was ihn ans Leben fesseln kann, und er spielt oft darauf an. Diesen Abend noch bei der Gelegenheit der Bücher, die er bekommen hatte: Diese Herren, sagte er, haben mir Nahrung für mein Leben geschickt.

(aus: Tagebuch, 8. 3. 1830)

Der alte Held

Von Joseph von Eichendorff

Tafellied zu Goethes Geburtstag 1831

»Ich habe gewagt und gesungen,
Da die Welt noch stumm lag und bleich,
Ich habe den Bann bezwungen,
Der die schöne Braut hielt umschlungen,
Ich habe erobert das Reich.«

»Ich habe geforscht und ergründet
Und tat es euch treulich kund:
Was das Leben dunkel verkündet,
Die heilige Schrift, die entzündet
Der Herr in der Seelen Grund.«

»Wie rauschen nun Wälder und Quellen
Und singen vom ewigen Port:
Schon seh ich Morgenrot schwellen,
Und ihr dort, ihr jungen Gesellen,
Fahrt immer, immerfort!«

Und so, wenn es still geworden,
Schaut er vom Turm bei Nacht
Und segnet den Sängerorden,
Der an den blühenden Borden
Das schöne Reich bewacht.

Dort hat er nach Lust und Streiten
Das Panner aufgestellt,
Und die auf dem Strome der Zeiten
Am Felsen vorübergleiten,
Sie grüßen den alten Held.

(1831/41)

Wie ein Parkgitter

Von Franz Kafka

19. Dezember (...) Ein wenig Goethes Tagebücher gelesen. Die Ferne hält dieses Leben schon beruhigt fest, diese Tagebücher legen Feuer dran. Die Klarheit macht sie geheimnisvoll. So wie ein Parkgitter dem Auge Ruhe gibt, bei Betrachtung weiter Rasenflächen, und uns doch in unebenbürtigen Respekt setzt.

Gerade kommt meine verheiratete Schwester zum erstenmal zu uns zu Besuch.

20. Dezember. Womit entschuldige ich die gestrige Bemerkung über Goethe (die fast so unwahr ist wie das von ihr beschriebene Gefühl, denn das wirkliche ist von meiner Schwester vertrieben worden)? Mit nichts. Womit entschuldige ich, daß ich heute noch nichts geschrieben habe? Mit nichts. Zumal meine Verfassung nicht die schlechteste ist. Ich habe immerfort eine Anrufung im Ohr: »Kämest du, unsichtbares Gericht!«

(aus: Tagebücher, 1910)

Goethe an Moritz Seebeck

Von Walter Benjamin

Voranzuschicken ist diesem Goethebrief weniges; ein kurzer Kommentar soll ihm folgen. In der Tat scheint die philologische Auslegung einem so großen Dokument gegenüber die bescheidenste Verhaltungsweise, zumal dem, was Gervinus über den allgemeinen Charakter der Goetheschen Spätbriefe in seiner Schrift »Über den Goetheschen Briefwechsel« sagt, in Kürze nichts hinzuzufügen ist. Auf der anderen Seite liegen fürs äußere Verständnis dieser Zeilen alle Daten bei der Hand. Am 10. Dezember 1831 war Thomas Seebeck, der Entdecker der entoptischen Farben, gestorben. Entoptische Farben sind durch eine gewisse mäßige Lichtanregung in durchsichtigen Körpern zum Vorschein kommende Farbenbilder. In ihnen erblickte Goethe einen experimentellen Hauptbeweis seiner Farbenlehre der Newtonschen gegenüber; er nahm also stärksten Anteil an ihrer Entdeckung und stand von 1802 bis 1810 zu ihrem in Jena ansässigen Urheber in näherer Beziehung. Als Seebeck späterhin in Berlin wirkte und dort Mitglied der Akademie der Wissenschaften wurde, lockerte sich das Verhältnis zu Goethe. Dieser verdachte es ihm, daß er an so sichtbarer Stelle nicht nachhaltig für die »Farbenlehre« sich einsetzte. Soweit die Voraussetzungen des folgenden Schreibens. Es stellt die Antwort auf einen Brief dar, in dem Moritz Seebeck, der Sohn des Forschers, gleichzeitig mit der Nachricht vom Ableben seines Vaters Goethe der Bewunderung versichert, die der Verstorbene bis zuletzt für ihn hegte und die »einen festeren Grund als den einer persönlichen Neigung hatte.«

3. Januar 1832

Auf Ihr sehr wertes Schreiben, mein Theuerster, habe wahrhaftig zu erwidern: daß das frühzeitige Scheiden Ihres trefflichen Vaters für mich ein großer persönlicher Verlust sei. Ich denke mir gar zu gern die wackeren Männer, welche gleichzeitig bestrebt sind, Kenntnisse zu vermehren und Einsichten zu erweitern, in voller Thätigkeit. Wenn zwischen entfernten Freunden sich erst ein Schweigen einschleicht, sodann ein Verstummen erfolgt und daraus ohne Grund und Noth sich eine Mißstimmung erzeugt, so müssen wir darin leider eine Art von Unbehülflichkeit entdecken, die in wohlwollenden guten Charakteren sich hervorthun kann, und die wir, wie andere Fehler, zu überwinden und zu beseitigen mit Bewußtsein trachten sollten. Ich habe in meinem bewegten und gedrängten Leben mich einer solchen Versäumniß öfters schuldig gemacht und will auch in dem gegenwärtigen Fall den Vorwurf nicht ganz von mir ablehnen. So viel aber kann ich versichern, daß ich es für den zu früh Dahingegangenen weder als Freund an Neigung, noch als Forscher an Theilnahme und Bewunderung je habe fehlen lassen, ja daß ich oft etwas Wichtiges zur Anfrage zu bringen gedachte, wodurch dann auf einmal alle bösen Geister des Mißtrauens wären verscheucht gewesen. Doch hat das vorüberrauschende Leben unter anderen

Wunderlichkeiten auch diese, daß wir in Thätigkeit so bestrebsam, auf Genuß so begierig, selten die angebotenen Einzelheiten des Augenblicks zu schätzen und festzuhalten wissen. Und so bleibt denn im höchsten Alter uns die Pflicht noch übrig, das Menschliche, das uns nie verläßt, wenigstens in seinen Eigenheiten anzuerkennen und uns durch Reflexion über die Mängel zu beruhigen, deren Zurechnung nicht ganz abzuwenden ist. Mich Ihnen und Ihren theuren Angehörigen zu geneigtem Wohlwollen bestens empfehlend ergebenst

J. W. v. Goethe

Dieser Brief ist einer der letzten, die Goethe geschrieben hat. Wie er, so steht auch seine Sprache an einer Grenze. Die Goethesche Altersrede erweitert das Deutsche in einem imperialen Sinne, der keinen Einschlag von Imperialismus hat. Ernst Lewy hat in einer wenig bekannten, aber um so bedeutsameren Studie »Zur Sprache des alten Goethe« gezeigt, wie die beschauliche, kontemplative Natur des Dichters im hohen Alter ihn zu eigentümlichen grammatischen und syntaktischen Fügungen bringt. Er hat auf das Vorherrschen von Komposita, den Schwund des Artikels, die Betonung des Abstrakten und viele andere Züge hingewiesen, die zusammenwirkend zur Folge haben, »jedem Wort einen möglichst großen Bedeutungsinhalt« zu geben und das gesamte Gefüge unterordnenden Sprachtypen wie dem Türkischen, einverleibenden wie dem Grönländischen anzugleichen. Ohne unmittelbar diese sprachlichen Gedanken aufzunehmen, suchen die folgenden Anmerkungen zu erhellen, wiewiet diese Sprache von der gebräuchlichen abliegt.

»ein großer persönlicher Verlust sei«
– Sprachlich wäre der Indikativ mindestens ebenso möglich; der Konjunktiv an dieser Stelle verrät, daß das den Schreibenden beherrschende Gefühl von sich aus nicht den Weg zur Schrift, zum Ausdruck mehr verlangt, daß Goethe als Kanzlist des eigenen Innern es verlautbart.

»in voller Thätigkeit«
– Die Worte stehen als Kontrast zu: tot; ein wahrhaft antik empfundener Euphemismus.

»eine Art von Unbehülflichkeit«
– Der Schreiber wählt für das Verhalten des Greisen einen Ausdruck, welcher eher für das des Säuglings am Platze wäre, und dies, um ein Physisches an die Stelle eines Geistigen setzen zu können und dergestalt den Tatbestand, sei es auch mit Gewalt, zu vereinfachen.

»nicht ganz von mir ablehnen«
– Goethe hätte wohl schreiben können »nicht ganz ablehnen«. Er schreibt »nicht ganz von mir ablehnen« und bietet damit sich, den eignen Leib, dem Vorwurf zur Stütze, gemäß der Neigung, die Abstraktion, die er im Ausdruck sinnlicher Dinge bevorzugt, ihrerseits im Ausdruck der geistigen in eine paradoxe Anschaulichkeit umschlagen zu lassen.

»das vorüberrauschende Leben«
– Bewegt und gedrängt heißt dies Leben an anderer Stelle: Beiworte, die es überdeutlich machen, daß der Schreiber selbst sich, betrachtend, an dessen Ufer zurückzog, im Geiste, wenn auch nicht im Bilde, jenes anderen Greisenwortes, mit dem Walt Whitman verschieden ist: »Nun will ich mich vor die Tür setzen und das Leben betrachten.«

»Einzelheiten des Augenblicks«
– »Zum Augenblicke möcht ich sagen: Verweile doch, du bist so schön.« Schön ist der erfüllende Augenblick, der verweilende aber erhaben, wie der am Lebensende kaum mehr vorrückende, den diese Briefzeilen festhalten.

»das Menschliche ... in seinen Eigenheiten«
– Die sind das Letzte, worauf der große Humanist sich als in ein Asyl zurückzieht; die Idiosynkrasien, die diese späteste Lebenspe-

riode regieren, auch sie stellt er unter das Patronat der Menschheit selbst. Wie durch das Mauerwerk eines unerschütterlichen, ausgestorbenen Baues zuletzt die schwachen Pflanzen, Moose sich ihre Bahn brechen, dringt hier, die Fugen einer unerschütterlichen Haltung sprengend, das Gefühl.

(aus: Deutsche Menschen, 1936)

Die letzten Tagebuch-Eintragungen
Von Johann Wolfgang Goethe

März 1832

1. Nebenstehendes: An Ihro kaiserliche Hoheit Frau Großherzogin das Verzeichnis der Bücher. An Kaiser, Nr. 25 der Registrande. An Dr. Eckermann, Auszug aus der Jenaischen Literaturzeitung. – Haushaltungsrechnungen durchgesehen, in Tabellen gebracht. Das zunächst Bevorstehende, Bedeutende überlegt und vorbereitet. Ihro kaiserliche Hoheit mit Demoiselle Mazelet. Letztere schickte mir die Memoiren Ludwig XVIII. Mittag für uns. Hofrat Meyer. Besondere und allgemeine Verhältnisse besprochen. Erhielt eine Sendung von Herrn Beuth, die zu manchen Gedanken und Vorsätzen Anlaß gab. Auch ein Trauerspiel: Prinz Hugo von Karl Lauter. Was für wunderliches Zeug in den Köpfen der jungen Leute spukt; wenn sie doch nur im Theater sitzend lernten, was da droben geht und nicht geht. Abends Oberbaudirektor Coudray. Über die letztere Ausstellung der Gewerkschule und die den jungen Leuten zuzubilligende Aufmunterung. Blieb für mich. *Mémoires de Louis* XVIII.

2. Konzept im Namen Ihro kaiserlichen Hoheit. Erhalten ein Schreiben an Coudray, nebst achtzig Talern für die Gewerkschule durch Rudolph. John hatte gestern die oberaufsichtlichen neusten Papiere gesondert und geheftet. Das Nächste gleichfalls zu reinigen. Kleine Gefälligkeiten besorgt. Vor Tische Kupfer betrachtet. Mittag mit Dr. Eckermann, und die Familie. Gegen Abend Ober-

baudirektor Coudray, achtzig Taler eingehändigt vonseiten der Frau Großherzogin zu Prämien für die Gewerkschule. Um 6 Uhr Professor Riemer. Geschichte der Farbenlehre, sonstiges Wissenschaftliche.

3. Einige Konzepte. Die oberaufsichtlichen Akten ferner zu ordnen und zu heften fortgefahren durch John. Um 12 Uhr Herr von Vitzthum. Um 1 Uhr zwei Franzosen, bisher in München studierend, jetzt nach Berlin gehend, von Boisserées empfohlen, auf die theologisch-philosophisch-symbolische Seite sich hinneigend. Mittags Frau von Münchhausen, Hofrat Vogel und Göttling. Später Geh. Rat Müller und Hofrat Meyer. Nachts Ottilie.

4. Seit gestern Briefe eines Verstorbenen, 4. Band. John in der gestrigen Arbeit fort. Einiges Oberaufsichtliche. Verschiedene Briefe erhalten. Spottbilder. Dr. Eckermann. Derselbe zu Tische. Die Familie außer Herrn Rothe und Wolf. Jene Lektüre fortgesetzt. Später Ottilie von Hof kommend, das gestern bei Buchwalds Vorgefallene erzählend, auch vom heutigen Hofabend referierend, nicht weniger eine neue mit Eberwein übereingekommene Singstunde ankündigend.

5. Geschäft und Lektüre fortgesetzt. Mit Hofrat Vogel einiges Oberaufsichtliche besprochen. Um 12 Uhr Herr von Schröder, welcher von seiner hannöverschen Reise zurückkam und über die dortigen Zustände sich einsichtig äußerte. Mittag für uns. Die Familie bereitete sich auf Singstunde bei Eberwein. Blieb für mich, die berliner Vereinskupfer anzusehen, auch andere neuakquirierte. Später Ottilie, die auf den Ball zu Graf Santi fuhr. Ich setzte die Briefe des Verstorbenen fort.

6. Einiges Oberaufsichtliche. Kam ein Schreiben von Zahn, Neapel, vom 18. Februar, mit Durchzeichnung der *Casa di Goethe* zu Pompeji nebst dem Grundriß des Hauses selbst. Eine Antwort sogleich diktiert. Die Angelegenheit meines Porträts mit Schwerdtgeburth abgemacht. Anderes beseitigt. Die fünfjährige Palme aus ihren Winterquartieren in gutem Bestand gefunden. Die Zeichnung nach dem berühmten [*Alexander-*]Mosaik immer genauer betrachtet. Mittag die Familie und der kleine Pfarrssohn von Groß-Monnra. Besah die berliner Preiskupfer, die von Börner

neuangeschafften, so wie frühere. Las in den Briefen eines Verstorbenen. Fand die absurde Meinung der Schwächlinge weitläufig ausgeführt, Lady Macbeth habe sich nur aus Liebe zu ihrem Gemahl und wahrer Kondeszendenz in seine Gesinnungen in eine Bestie verwandelt. Schrecklich ist es, wie das Jahrhundert seine Schwächen aufsteift und aufstutzt. Professor Riemer. Wir lasen den Brief von Zahn zusammen und besprachen die Angelegenheit.

7. Fernere Betrachtung der Zahnischen Sendung, welche immer bedeutender wird. Man muß die Vollkommenheit der mannichfaltigsten, in sich abgeschlossenen, malerischen Kompositionen immer mehr bewundern und sich nur in Acht nehmen, gegen alles bisher Bekannte ungerecht zu werden. Vergleichend mit der ewig zu preisenden Schlacht Constantins von Raffael; es führt zu den allerhöchsten Betrachtungen. Die Antwort an Zahn ajustiert. Man muß sich eilen, vor seiner Abreise nach Ägypten ihn noch zu erreichen, und wie soll man aus dem Stegreife auf eine solche Sendung das Gehörige erwidern! Ihro königliche Hoheit der Großherzog. – Herrn Professor Riemer, die Antwort an Zahn. Herrn Professor Göttling, Verordnung und das alte Rom 2 Bände. Meyers Zeichnung des Bacchus an Ihro königliche Hoheit.

8. Oberaufsichtliches fortgesetzt, besonders die neuen Faszikel im Repertorium nachgetragen durch John. Um 12 Uhr die Frau Großherzogin und Demoiselle Mazelet. Später Herr Staatsminister von Fritsch, Abschrift eines Briefes des Herrn Legationsrat Weyland aus Paris bringend, worin eine Sendung Gipsabgüsse von merkwürdigen Fossilien angekündigt wird. Mittag mit der Familie. Vorher mit Hofrat Riemer die Zahnische Angelegenheit durchgesprochen. Zeichnungen angesehen. Nachts Ottilie.

9. John fuhr an der Zelterischen Korrespondenz fort. Ich las in den *Mémoires d'un homme d'Etat* die traurige Geschichte unsres Feldzugs in Champagne. Ich las ferner in gedachten Memoiren. Hofrat Riemer; mit demselben die Zahnische Angelegenheit durchgearbeitet. Ihm die Durchzeichnungen vorgewiesen. Zu Mittag derselbe. Abends um 6 Uhr Ihro königliche Hoheit der Großherzog. Später Ottilie, welche zum Grafen Vaudreuil soupieren ging.

10. Die Geschichte des Feldzugs und die geheimen Ursachen des schlechten Ablaufs durchgelesen. Nebenstehendes ausgefertigt: An Herrn Professor Zahn nach Neapel. – In den böhmischen Jahrbüchern einige Artikel gelesen. Zwei Hefte waren mit einem freundlichen Schreiben des Grafen Sternberg angekommen. Bedeutender Brief von Graf Reinhard an Herrn Kanzler von Müller von Dresden ab. Ein junger von Arnim. Zwei Frauenzimmer, Frau Professor Hase von Jena, Frau Professor Weiße von Leipzig. Von Arnim und Hofrat Vogel bei mir zu Tische. Betrachtete nachher die pompejanischen Zeichnungen. Übersah die verschiedenen Sendungen, die mir von Berlin und Dresden zugekommen waren, rangierte manches zu Erwiderung und weiterer Mitteilung. Abends Ottilie. Walther aus dem Don Juan zurückkehrend und die Melodien nachsingend. Wölfchen war nicht wohl und deshalb abwesend.

11. Konzepte zu notwendigen Antworten diktiert. Hofrat Vogel, merkwürdige Kriminal- und verwandte polizeiliche Fälle besprechend. Mittag der junge von Arnim und Dr. Eckermann. Ottilie war an Hof. Beschäftigte mich nach Tisch, einige Zeichnungen der Gräfin Vaudreuil auszusuchen. Oberbaudirektor Coudray, an den pompejanischen Sendungen sich erfreuend. Später las ich: *Souvenir de Mirabeau par Duval.* – Herrn Professor Zelter, Berlin.

12. Fortsetzung jener Lektüre, ingleichen des Diktierens verschiedener Briefe. Hofrat Vogel, interessante Unterhaltung über die Kritik einiger Gutachten der Physiker. Sonstige Verhältnisse. Fräulein Seidler um 1 Uhr, vorzeigend einige hübsche Entwürfe zu Bildern, die sie zu unternehmen gedenkt. Mittag Herr Oberbaudirektor Coudray, die neapolitanische Sendung nochmals durchmusternd. Von Arnim. Eckermann. Nach Tische für mich, den ersten Band der *Mémoires* des Dumont ausgelesen. Herr Kanzler von Müller. Ich fuhr Obiges zu lesen fort. Später Ottilie. Graf Vaudreuils Abreise. Äußerungen der Frau Großherzogin.

13. Fortsetzung des Briefdiktierens. Maler Starke die Zeichnung des Pflanzenabdrucks von Ilmenau für Graf Sternberg fertigend. Um 12 Uhr mit Ottilien spazieren gefahren. Mittags Herr

von Arnim. Später die französische Lektüre fortgesetzt. Um 6 Uhr Hofrat Riemer. Mancherlei Konzepte mit ihm durchgegangen.

14. Einiges Oberaufsichtliche. Nebenstehendes: Das Vermehrungsbuch an Herrn Hofrat Göttling, Jena. – Um 12 Uhr Maler Karl Werner mit seinem Vater, jener nicht ohne Verdienst, Enkel der Schauspielerin Neumann. Spazieren gefahren. Mittags von Arnim und die Familie. Nachher Ihro königliche Hoheit der Großherzog. Nachts Ottilie, Plutarch.

15. Nebenstehende Expeditionen abgeschlossen und expediert: Herrn Grafen Caspar von Sternberg, Brzezina. Herrn Kriminalrat Grüner, Eger. Herrn Kandidat Cotta, Tharand. Herrn Rentamtmann Mahr, Ilmenau. – Hofrat Vogel, genugsame Relation von seiner gestrigen Ausrichtung in Jena vortragend. Seine einsichtige und im gemeinsamen Sinne konsequente Teilnahme am Geschäft ist höchst erfreulich. Ihro kaiserliche Hoheit die Frau Großherzogin und Demoiselle Mazelet. *Mémoires d'un homme d'Etat* 2. Teil. Mittags mit von Arnim und Hofrat Meyer. Betrachteten die Bilder von Werner. Später allein. Nachts Ottilie.

16. Den ganzen Tag wegen Unwohlseins im Bette zugebracht.

(aus: Tagebücher)

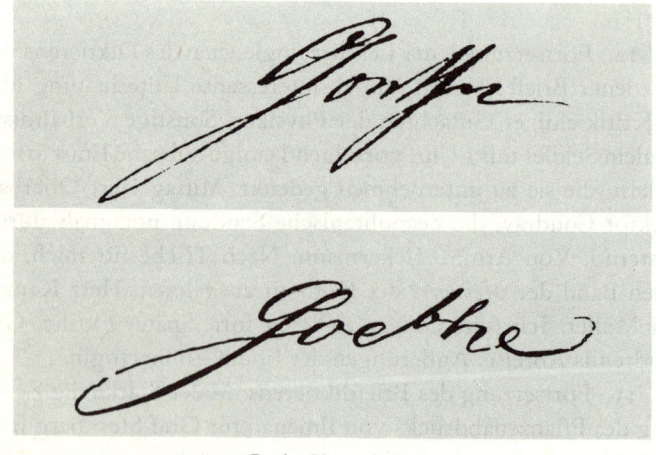

Goethes Unterschriften

Der letzte Atemzug
Von Luise Seidler

Gestern halb 12 Uhr endete Goethe so schön, wie sein ganzes Leben war.

Acht Tage zuvor war die Großherzogin bei ihm; er sprach eine Stunde auf das lebhafteste mit ihr und hatte sich wahrscheinlich die Brust etwas angestrengt, denn die Spazierfahrt gleich darauf bekam ihm schlecht. Er hatte sich erkältet, bekam katarrhalisches Fieber und war still. Der Arzt soll gleich bedenklich gewesen sein, indessen wieder Hoffnung bekommen haben, da er sich wieder besserte.

Indessen änderte sich auf einmal der Zustand zwei Tage vor seinem Ende, wo eine Eiskälte eintrat und heftige Schmerzen auf der Brust und Rücken und sehr beklemmter Atem. Der stockende Auswurf erzeugte einen röchelnden Zustand. Der Arzt gab die Hoffnung auf, aber die Tochter erhielt unsern Mut durch den ihrigen (...) Wie konnte er so hoffnungslos sein bei so großer Geistestätigkeit, bei so vieler Heiterkeit!

Er sprach viel von seiner »Farbenlehre«; den letzten Abend erklärte er der Tochter noch den ganzen Baseler Friedensschluß mit allen diplomatischen Verhandlungen, wollte die Knaben ins Theater schicken, hoffte, sein Übel werde nicht von Bedeutung sein, die Medizin tue ihre Wirkung, der Atem werde leichter! –

Ach, wir faßten Hoffnung halb 8 Uhr abends. Aber der Arzt zerstörte sie bald wieder, denn die Hände fingen schon an, eiskalt zu werden, und der Puls fiel immer mehr. Trotz allem diesem nahm seine Heiterkeit mehr zu (...)

Um 7 Uhr, am Todesmorgen, ließ er sich noch von ihr (Ottilie) eine Mappe bringen und wollte Farbphänomene mit ihr versuchen, erklärte ihr auch noch mancherlei darüber, sprach vom baldigen Frühling und wie er sich dadurch bald weiter zu erholen hoffe. Indessen, trotz diesem glaubte der Arzt, das Sterben habe mit 7 Uhr angefangen.

Ferner versuchte er noch zu schreiben, ließ sich Blätter vom Schreibtisch reichen, sie zu numerieren.

Um 10 Uhr hörte er beinah ganz zu sprechen auf. Einzelnes abgerechnet, zum Beispiel: »Setze dich zu mir, liebe Tochter, ganz nahe«, später: »Gib mir dein liebes Pfötchen!« Die Augen waren meistens nur halb auf; er eröffnete sie nur noch, die mit unaussprechlicher Liebe anzublicken, die, in seinem Geist sich bemühend zu handeln, fest blieb und keine Träne vergoß, ihm die Kissen unterstützte, seine Hand hielt, bis der letzte Atemzug sich verlor.

Ein einziger heftiger war der ganze Kampf, den diese große, herrliche Natur zu bestehen hatte. Der Kopf blieb ruhig dabei in seiner Lage, die Hände desgleichen. So blieb die Tochter noch lange sitzen, unbeweglich, als schon viele Menschen hereingestürzt, den jammervollen Anblick zu teilen. Sie drückte dann die schönen Augen für immer zu, ließ die Kinder rufen, ihn noch zu sehen, und ging dann hinauf, wo ihr erst nach einigen Stunden die Natur eine lindernde Träne vergönnte.

Der Entseelte blieb nun noch einige Stunden auf dem Krankenstuhl, worauf er auch die Nächte zugebracht, und später hat man ihn erst auf sein Lager gebracht. Er soll wenig verfallen sein.

(aus: Brief an Quant, 23. 3. 1832)

... UND KEIN ENDE

Moritz von Schwind, Goethes Geburt, 1817

Hochverehrte Anwesende!

Von Kanzler Friedrich von Müller

Zwanzig Jahre sind dahin seit jenem unvergessenen Abend, wo wir d e n , dessen Todesfeyer wir jetzt begehen, in diesen selben Hallen trauernd an W i e l a n d s Sarkophage erblickten, – in voller Manneskraft und Würde, aufrecht in edelster Haltung, mit der freyen, Ehrfurcht gebietenden Stirne, mit dem großen leuchtenden Auge, von der geistbeseelten Lippe Worte der Wehmut, aber auch der edelsten Beruhigung uns zusprechend, – z w a n z i g J a h r e seit jener heiligen Stunde, wo G o e t h e den unverwelklichen Kranz gerechtesten Nachruhms und brüderlicher Pietät um des vorausgegangenen Freundes und Lebensgenossen Urne schlang. »Achtzig Jahre« – rief er uns damals zu – »wieviel in wenig Sylben!« (...) Mit wie großem Rechte können wir nun diesen Ausruf auf Ihn selbst anwenden, auf i h n , dem das Schicksal noch über jenes höchste menschliche Lebensziel hinaus Tage des frischesten Daseyns und Wirkens – u n s durch Ihn noch so viele fruchtreiche Stunden heitern Zusammenseyns und ungezählte Momente liebevollster Mittheilung gegönnt hat! (...)

Ja, gewiß, wenn einst d i e Hand, welche jüngst die frechverläumnderischen Worte:

» G o e t h e ist in Weimar schon vergessen«,

öffentlich niederzuschreiben wagte, wenn einst diese Hand längst unbekannt vermodert, – dann noch wird kein edles Herz in Weimars Mauern schlagen, dem G o e t h e ' s Andenken nicht heilig wäre, kein Gebildeter auf Weimars Vorzeit zurückschauen, der nicht in G o e t h e ' s Ruhme den köstlichsten Juwel erblickte, den ein segnendes Geschick dem Vaterlande und der Fürstenkrone angestammten Beherrscher geschenkt hat, und der nicht – wenn rings umher das Genie des D i c h t e r s und S c h r i f t s t e l l e r s bewundert wird, mit süßem Stolze ausriefe:

UNS WAR ER MEHR!

(aus der Gedächtnisrede, gehalten in der Trauerversammlung in Weimar
am 9. 11. 1832)

Sein Name strahlt entgegen

Von Friedrich Wilhelm Riemer

Sein Gedächtniß bleibt im Segen,
Wirket nah und wirket fern,
Und sein Name strahlt entgegen
Wie am Himmel Stern bei Stern.

(1832)

Mit möglichstem Glimpf

Die Nachrufe des Generalsuperintendenten Röhr

Im Brief

Gott ist tot, denn Goethe ist gestorben – rufen unsere Goethekoraxe mit einem Munde, Verehrtester. Was ich dazu gesagt habe, sehen Sie aus der Beilage ... (...) Urteilen Sie aber gnädig und mild über mein Gesagtes, denn ich hatte dazu nur ein paar Stunden Zeit, indem der Abgeschiedene sich selbst zwar, nicht aber mir zur bequemen Stunde starb.

Von den Brillanten seines Leichenbegängnisses werden Sie wahrscheinlich bald in allen Zeitungen lesen, auch wohl, was die ihm gewogenen und nicht gewogenen Totenrichter über ihn urteilen zu müssen glauben. Ich selbst bin über seinen sittlichen Wert mit möglichstem Glimpf hinweggegangen und habe mich damit begnügt, ihn mit seinem Fette zu beträufeln. Wer die nicht gesprochenen Worte aus den gesprochenen herauszulesen versteht, wird nicht in Zweifel sein, was ich meinte ...

(aus: Brief an Reil, 29. 3. 1832)

Am Grab

(. . .) Und so wandle denn in diesen höhern Räumen die neue Bahn, welche sich vor deinen verklärten Blicken öffnete. Und stille den heißen Durst deines Wissens in dem nähern Anschaun der Herrlichkeit der Welten, die dich jetzt umleuchten! Und schreite, von den beengenden Banden des Leibes entfesselt, auf dem Pfade der Weisheit rüstig weiter, welche du hier suchtest und deren Vollendung und Ziel nur in dem ewigen Geist zu finden ist, an welchen wir glauben. Was irdisch an dir war, geben wir der Erde wieder, und mit der sinnlichen Hülle, mit welcher du unter uns wandeltest, begraben wir zugleich die menschlichen Schwachheiten und Gebrechen, durch welche du auch an deinem Teil der Natur ihre Schuld bezahltest. ›Wenn der Mensch‹, sprachst du selbst, ›wenn der Mensch über sein Körperliches und Sittliches nachdenkt, findet er sich gewöhnlich krank. Wir leiden alle am Leben. Wer will uns, außer Gott, zur Rechenschaft ziehen? Tadeln darf man keinen Abgeschiedenen. Nicht was sie gefehlt und gelitten, sondern was sie geleistet und getan, beschäftige die Hinterbliebenen. An den Fehlern erkennt man den Menschen, an den Vorzügen den Einzelnen. Mängel haben wir alle gemein; die Tugenden gehören jedem besonders‹. Durch diese deine eigenen Worte auf den Gerechten und Heiligen hingewiesen, vor welchem du jetzt stehst, um von dem Gebrauche des dir verliehenen großen Pfundes Rechnung abzulegen, und eingedenk des Spruches unseres göttlichen Meisters ›Wem viel gegeben ist, von dem wird man viel fordern‹, empfehlen wir deine Seele der Gnade und Erbarmung dessen, von welchem wir alle Erbarmung und Gnade hoffen, und beten über deiner Asche: Vater unser (. . .)

Goethes Tod

Von Egon Ebert

Gebrochen ist das Aug', das lang uns hell gestrahlt,
Drin Erd' und Himmel sich im Zauberlicht gemalt,
Geschlossen ist ein Mund, den Musengunst geweiht,
Der Mund, der herrlich sang, wie keiner seiner Zeit,
Erstarret ist ein Herz, das allem Großen schlug,
Das in sich eine Welt von Hochgefühlen trug,
Ein hoher Geist entfloh und folgt des Höchsten Ruf,
Der Geist, der aus sich selbst sich eine Welt erschuf.

Ihr fragt: Wes war das Aug', der Mund, das Herz, der Geist,
Den halb mit Wehmut, halb mit Lust dein Wort uns preist?
Es war ein hoher Mann, den Deutschland »Meister« rief,
Der Meister G o e t h e war's, der sanft hinüberschlief.
Doch nein, er w a r es nicht, er ist's, er bleibt, er lebt,
So lang ein Menschenherz in Lust und Trauer bebt,
So lang im Menschensinn noch Himmelsahnung liegt,
So lang die ird'sche Grenz' ein Traum noch überfliegt,
Er lebt durch Thaten fort; denn Sangeswerk ist That,
Hienieden streut er aus des Guten schöne Saat,
Wird Blüte dann, wird Frucht, die neuen Samen streut,
Und also wirkt und schafft in alle ferne Zeit.
O Meister, dies Geschäft, das solchen Segens voll,
Du hast es treu geübt, bis deine Stund' erscholl!
Nun liegst du starr und kalt, das Auge strahlenleer,
Und trüb und weinend steht die Mitwelt um dich her,
Nicht weil ihr bangt, daß Geist auch mit dem Leib zerstiebt,
Nein, weil die ird'sche Lieb' auch einen Körper liebt.
Doch deiner Hülle noch ward Ehrendank – sie ruht
In stiller Gruft, die sonst Gekrönten auf sich thut!
Mit Fürsten steigst du auf, erhabner Dichterfürst,
Wenn die Posaun' einst tönt und Gruft und Erde birst,

Mit ihnen steigst du auf, den Bruder an der Hand,
Den lang vor dir der Tod in dies Gewölb' gebannt,
Mit S c h i l l e r n , der dir gleich, der einst dein warmer Freund,
Dem jetzo dein Gebein, wie einst dein Geist, sich eint. –
Ruht süß, ihr beiden denn, und euer morsch Gebein
Mag späten Enkeln noch ein heil'ger Anblick sein,
Indes sich euer Geist von Stern zu Sternen schwingt
Und dort den Engeln hell von Engelswonnen singt.

(1832)

Goethe ging heim
Von Friedrich Hebbel

Goethe ging heim. Das Diadem zersprang,
Das achtzig Jahre seine Stirn umschlang.
Nun zeigt zwar mancher ein Juwel daraus,
Doch, wer verflicht sie abermals zum Strauß?
Wer ist es, der den Geist und die Natur,
Wie er, ergreift auf ungetrennter Spur?

(1832)

Steht unser Geist auf einmal still
Von Johann Gottlieb Regis

Die erste Nachricht traf mich bei meinem Mittagessen nach 3 Uhr am 28. in den Zeitungen, und der Eindruck war wie:

>   Wenn ganz was Unerwartetes begegnet,
>   Wenn unser Blick was Ungeheures sieht,
>   Steht unser Geist auf einmal still,
>   Wir haben nichts womit wir das vergleichen.

Und überhaupt sind wir, die überall, und gerade jetzt am meisten, von tausend nachtönenden und gegenwärtigen Worten dieses Menschen uns abgeredet fühlen, *wir* sind die Verwundbarsten. Wenn Er doch nur ein einziges Mal gewußt hätte, wie lieb ich Ihn gehabt habe!

(aus: Brief an Carl Gustav Carus, 30. 3./2. 4. 1832)

Der Untergang der Sonne

Von Thomas Carlyle

So ist denn unser größter Dichter dahin. Die himmlische Kraft, die so vieler Dinge Herr wurde, weilt hier nicht länger. Der Werktagsmann, der bisher zu uns gehörte, hat das Ewigkeitsgewand angelegt und strahlt in triumphierender Glorie. Sein Schwinden glich dem Untergang der Sonne.

(aus: Death of Goethe, 1832, in der Übersetzung von Eckermann)

> Gestern Vormittags halb Zwölf Uhr starb mein geliebter Schwiegervater, der Großherzogl. Sächsische wirkliche Geheime-Rath und Staatsminister
>
> **JOHANN WOLFGANG VON GOETHE,**
>
> nach kurzem Krankseyn, am Stickfluß in Folge eines nervös gewordenen Katharrhalfiebers.
>
> Geisteskräftig und liebevoll bis zum letzten Hauche, schied er von uns im drei und achtzigsten Lebensjahre.
>
> *Weimar,* 23. März 1832.
> OTTILIE, von GOETHE, geb. von POGWISCH, zugleich im Namen meiner drei Kinder,
> *WALTHER, WOLF* und *ALMA* von *GOETHE.*

Todesanzeige der Familie

Die ewige Trauergemeinde von 1832
Von Stephan Schütze

Bei Tische ist immer nur von Goethen die Rede: wie er auch Courage gehabt, tollkühn gewesen. Riemer: wie er in Breslau bei einer Feuersbrunst hat kommandieren wollen. Wie Goethe in Karlsbad einen Jungen angefahren, der den Schluchzen gehabt. Der Kanzler: wie der Großherzog nach s. Mutter Tode durch Goethen eine Gesellschaft habe errichten wollen; aber da macht er den Streich zu heiraten. Der Großherzog hat einmal Schillersche Verse korrigiert. In Goethes späteren Briefen käme öfters vor, daß er noch als Hausvater sorgen müsse. In einem Jahre wäre für Sirup 300 Thlr. ausgegeben. Halb 12 Uhr zu Hause. Eckermann begleitete mich; er hätte es ganz satt; wir bauten am Turm zu Babel.

(Tagebuch, 15. 6. 1832)

Goethe sei tot
Von Heinrich Heine

Zu Weimar, dem Musenwitwensitz,
Da hört ich viel Klagen erheben,
Man weinte und jammerte: Goethe sei tot,
Und Eckermann sei noch am Leben!

(aus: Der Tannhäuser, Neue Gedichte, 1844)

Etwas unendlich Rührendes

Von Karl Immermann

Während die meisten heutzutage sich gegen geistige Eindrücke abgrenzen und abschließen, sich abmühen, selbständig zu sein, und es doch nicht können, ist hier in Weimar das vollste Gegenteil: alle empfänglichen Naturen suchen darin Freude und Ehre, worin sie dieselbe auch allein finden können, nämlich in grenzenloser Liebe und Verehrung für Goethes große Persönlichkeit.

Es hat oft etwas unendlich Rührendes, wie ein Ton der Wehmut, unbewußt, unabsichtlich aus mancher Redewendung, aus einem Hall und Laut der Stimme, wenn vielleicht von etwas ganz anderem gesprochen wird, bei den Leuten hervorbricht. Ihr Licht, ihr Leben ist ihnen hinweggetan. Aber sie sind nicht versteinert, und darin unterscheiden sich eben diese Weimarschen Verehrer von den Goetheschen Buchgelehrten anderer Orte, den brillentragenden jungen Privatdozenten und Literatur-Vorlesungshaltern, welche mit Goethe die deutsche Literatur abschließen, und deshalb es unter ihrer Würde erachten, von uns anderen noch etwas zu lesen, daß ihnen der lebendige Umgang mit dem großen Manne den Blick für die Gegenwart frisch erhalten hat. Ich fand hier, daß alles Neueste gelesen und das Schätzenswerte geschätzt war.

(1. 10. 1837, aus: Memorabilien, 1843)

Unser böser Genius

Von Wolfgang Menzel

Goethe war eine Macht in Deutschland, eine dem äußeren Feind in die Hände arbeitende, innere erschlaffende, auflösende Kraft, unser böser Genius, der uns mit einem phantastischen Egoismus, mit den Genüssen des Scheins und der Selbstvergötterung über den Verlust der Religion, des Vaterlandes und der Ehre täuschte, der da machte, daß wir uns wie der weichliche Narcissus im Quell bespiegelten, während man hinter uns Ketten und Dolche bereitete; mit einem Worte, der uns zu Schwächlingen machte (...)

(aus: ›Literaturblatt‹, 9. 9. 1835)

Jahrmarkt

Von Franz Grillparzer

Potz Hegel und Schlegel!
Was gibts in Berlin?
Man sieht ja die Gäste,
Wie Spielleut zum Feste,
Dort haufenweis ziehn.

Gehts wohl zum Kongresse?
Wie, oder hält Messe
Der Deutsche Verein?
Sie bringen die Waren,
Die kurzen, gefahren,
Von Elbe und Rhein.

Und alles fein billig,
Gilt Zindel wie Zwillich,
Seit einig die Kraft,
Der Zoll innerlandes
Der Kunst, des Verstandes
Ward ab ja geschafft.

Papier hier ohn Ende,
Durch fleißige Hände
Mit Versen besprengt,
Belehrend und nutzend,
Man macht sie im Dutzend,
Die Form geht geschenkt.

Hier könnt ihr Novellen
Nach Ellen bestellen,
Der Stuhl feiert nie.
Ein Dichter in Prosa,
Beredt wie ein Posa,
Statt Glut Ironie.

Dort deutsche Grammatik
Verkauft mit Fanatik
Ein Mann, sonst wohl gut.
Wo Goten, Vandalen
Als Vorbilder strahlen,
Da, Kunst, fasse Mut.

Bei so viel des Neuen
Laßt euch nicht gereuen
Ein Stück Rokoko.
Frisiert à la France
Hält hier Renaissance
Ein Mann comme il faut.

Nun fehlt, ob man böte,
Nur Wolfgang – ei, Goethe? –
Wer denkt noch an das.
Der schnürte sein Ränzel.
Fehlt, meint ich, nur Menzel
Zum deutschen Parnaß.

(aus: Gedichte, 1841)

Eine närrische Karikatur

Von Johann Wolfgang Goethe

Das Publikum, besonders das deutsche, ist eine närrische Karikatur des Demos. Es bildet sich wirklich ein, eine Art von Instanz, von Senat auszumachen und im Leben und Lesen dieses oder jenes wegvotieren zu können, was ihm nicht gefällt. Dagegen ist kein Mittel als ein stilles Ausharren.

(nach Riemer)

Toast

Von Joseph von Eichendorff

Auf das Wohlsein der Poeten,
Die nicht schillern und nicht göthen,
Durch die Welt in Lust und Nöten
Segelnd frisch auf eignen Böten.

(ca. 1831)

Was sollen uns noch Schiller oder Goethe?

Von Georg Herwegh

Die große Zeit zertrümmerte die Flöte
Sie braucht Posaunen und den tiefsten Basso,
Und schwarze Nacht, statt milder Abendröte.
Die Losung ist nun Dante und nicht Tasso.
Was sollen uns noch Schiller oder Goethe?
Was soll uns gar der Pascha Semilasso?

(aus: Gedichte eines Lebendigen, 1841)

Ein politisch Lied, ein garstig Lied

Von Hoffmann von Fallersleben

Ein politisch Lied, ein garstig Lied!
So dachten die Dichter mit Goethen
Und glaubten, sie hätten genug getan,
Wenn sie könnten girren und flöten
Von Nachtigallen, von Lieb und Wein,
Von blauen Bergesfernen,
Von Rosenduft und Lilienschein,
Von Sonne, Mond und Sternen.

Ein politisch Lied, ein garstig Lied!
So dachten die Dichter mit Goethen
Und glaubten, sie hätten genug getan,
Wenn sie könnten girren und flöten –
Doch anders dachte das Vaterland:
Das will von der Dichterinnung
Für den verbrauchten Leiertand
Nur Mut und biedre Gesinnung.

Ich sang nach alter Sitt und Brauch
Von Mond und Sternen und Sonne,
Von Wein und Nachtigallen auch,
Von Liebeslust und Wonne.
Da rief mir zu das Vaterland:
Du sollst das Alte lassen,
Den alten verbrauchten Leiertand,
Du sollst die Zeit erfassen!

Denn anders geworden ist die Welt,
Es leben andere Leute;
Was gestern noch stand, schon heute fällt,
Was gestern nicht galt, gilt heute.

Und wer nicht die Kunst *in* unserer Zeit
Weiß *gegen* die Zeit zu richten,
Der werde nun endlich beizeiten gescheit
Und lasse lieber das Dichten!

(Ein Lied aus meiner Zeit, 1842)

Drum nicht blöthe

Von Ludwig Eichrodt

Es preisen alle Zungen
    Den Namen Göthe laut,
Die Alten und die Jungen
    Sind noch von ihm erbaut.
Drum sag' ich auch nicht blöthe,
Gepriesen sei der Göthe!

(aus: Hymnus auf Göthe,
in: Lyrische Karikaturen, 1869)

Wo Goethe stand

Von Franz Grillparzer

Endlos ist das tolle Treiben
Vorwärts, vorwärts schallts durchs Land,
Ich möchte lieber stehen bleiben
Da, wo Goethe, Schiller stand.

(aus: Epigramme, 1844)

E hiesig Borjerschkind

Von Friedrich Stoltze

E hiesig Borjerschkind, deß uff drei Dichter-Leyern
So Großes hat geleist, wie Kääner mehr hernach,
Den Soh von der »Frau Rath« kann merr net scheener feiern,
Net sinniger, als wie in seiner Muttersprach.
Der Goethe iwwerhääpt, bei näherer Betrachtung
Von seine Werke, – no, was is err? – Wißt err'sch draus?
Beguckt en euch genau! – Respekt vor uns un Achtung!
So sieht e Frankforter in der Verklärung aus!
In Jedem von uns steckt e Goethe, drum nix Schlechtes;
Err kann nor net eraus, deß ist der Schwawernack!
Der Faust vom Goethe, der is männlichen Geschlechtes
Un unsrer weiblich zart: Merr mache se im Sack!
Was mit der Muttermil'ch Err bei uns eigesoge,
Gefihls- un Denkungsweis un Reddensarte-Flor,
In seine Werke findt' merr deß uff jedem Boge,
Wann, so ze sage, ääch mit annern Worte nor.
Drum dhääle merr sein Ruhm un feiern stolz un frehlich,
Was uns schon im August dhat die »Frau Rath« bescheern,
Merr feiern die Geburt vom große Landsmann selig; –
Wann merr de Goethe ehrn, dhun merr uns selwer ehrn.

Der Mann is eigentlich, wann merrsch uns recht bedenke,
Gar net von uns gepacht, deß heeßt: Net vorderhand;
Es werrd drum besser sei, e bissi eizelenke,
Ich glääb, der Mann gehört dem ganze Vatterland.

Vom Oste bis in West, vom Norde bis in Side
Hat err mit seim Gesang des ganze Land erfräät,
Hat iwwer'sch ganze Volk die scheenste Geistesblithe,
En hunnertfache Lenz mit voller Hand geströät.
An seinen Namen und an Schillers Namen knüpfen
Wir deutscher Sprache Ruhm und deutscher Dichtung Glanz.

Vor eurem Siegsgespann, ihr Sängerfürsten, hüpfen
Die Musen, schwingend hoch die Harfe und den Kranz.
Ja, ja, so werrd's wohl sei. Der Mann is net ganz unser!
Gehört dem deutsche Volk. Merr hawwe'n net gepacht.
Es ist ääch besser so. Ich bet e Vatterunser!
Dann höchstens in Senat hätt errsch bei uns gebracht.
Doch stann bei uns sei Wieg; sei frohe Kinnerzeite,
Sei ehrschte Jinglingsjahrn hat err bei uns verbracht!
Bei uns griff err zuehrscht als Sänger in die Saite,
Dem G r e t c h e hat err hie zuehrscht die Kur gemacht.
Von Frankfort zog err aus, aus unsre D h o r n un Porte,
Als wie e Sonnegott, der aus dem Oste bricht;
Erfüllt hat err die Welt mit himmlische Akkorde,
Un Deutschland hat gestrahlt in seiner Dichtung Licht.
Enaus zum grine Wald! Dort wolle merr Ihn feiern!
Wo s frisch, als wie sei Lied un Odem Gottes, weht.
Enaus in grine Wald e Jeder, dem's net bleiern
Im Haarzopp licht un nix von Poesie versteht.
Enaus per pedes und per Ache und Karosse!
Ganz Frankfort uff! Un was deutsch singe kann un reddt!
Un, hörst de, Regegott, mach mer beileib kää Bosse,
Dann, wääßt de, Goethe war kää Wasserdichter net!

(Goethe, 1849)

Die alte Leier

Von Heinrich Heine

Es knallt. Es ist ein Fest vielleicht,
Ein Feuerwerk zur Goethefeier! –
Die Sontag, die dem Grab entsteigt,
Begrüßt Raketenlärm – die alte Leier.

(aus: Im Oktober 1849, in: Romanzero, 1851)

So heißt es: Goethe
Von Theodor Fontane

Schreibt wer in Deutschland historische Stücke,
So steht er auf der Schillerbrücke.

Macht er den Helden zugleich zum Damöte,
So heißt es: Egmont, siehe Goethe.

Schildert er Juden, ernst und witzig,
Ist es Schmock oder Veitel Jtzig.

Schildert er einige hübsche Damen,
Heißt es: Dumas ... Ehebruchsdramen.

Jeder Einfall, statt ihn zu loben,
Wird einem andern zugeschoben.

Ein Glück, so hab ich oft gedacht,
Daß Zola keine Balladen gemacht.

(ca. 1870)

Zu viele Dichtungen
Von Franz Grillparzer

Eine Reise ist ein vortreffliches Heilmittel für verworrene Zustände. Diesesmal sollte das Ziel der meinigen Deutschland sein. Die deutschen Größen hatten zwar so ziemlich Abschied genommen, noch aber lebte einer, Goethe, den zu sprechen oder auch nur zu sehen mich im voraus glücklich machte. Ich war nie, wie damals der Modeton ging, ein blinder Anbeter Goethes, so wenig als irgend eines andern einzelnen Dichters. Da wo sie alle zusammentrafen schien mir die Poesie zu liegen, die einzelnen Abweichungen gaben ihnen teils den Reiz der Individualität, teils waren sie nicht frei von dem allgemeinen Los der Menschheit: zu irren nämlich. Besonders Goethe hatte sich seit Schillers Tode von der Poesie ab und den Wissenschaften zugewendet. Indem er seine Wärme in zu viele Dichtungen verteilte, wurde sie schwächer in jeder, seine neuesten poetischen Hervorbringungen waren lau oder kühl, und wenn er sich, der Haltung wegen, dem Antiken zuwandte, manieriert. Die Empfindungs-Mattigkeit, die er der damaligen Zeit mitteilte, hat vielleicht vor allem zum Verfall der Poesie beigetragen, indem sie der darauf folgenden Rohheit des Jungen Deutschlands, der Volkspoesie und des mittelhochdeutschen Unsinns Tür und Tor öffnete; das Publikum war froh nur wieder etwas Substantielles zwischen die Zähne zu bekommen. Nichtsdestoweniger ist er einer der größten Dichter aller Zeiten und der Vater unserer Poesie.

(aus: Selbstbiographie, 1853)

Etwas Unwahres

Von Friedrich Hebbel

Es fragt sich nun: In welchem Verhältnis steht das Drama zur Geschichte und inwiefern muß es historisch sein? Ich denke, soweit, als es dieses schon an und für sich ist und als die Kunst für die höchste Geschichtsschreibung gelten darf, indem sie die großartigsten und bedeutendsten Lebensprozesse gar nicht darstellen kann, ohne die entscheidenden historischen Krisen, welche sie hervorrufen und bedingen, die Auflockerung oder die allmähliche Verdichtung der religiösen und politischen Formen der Welt, als der Hauptleiter und Träger aller Bildung, mit einem Wort: die Atmosphäre der Zeiten zugleich mit zur Anschauung zu bringen. Die materielle Geschichte, die schon Napoleon die Fabel der Übereinkunft nannte, dieser buntscheckige ungeheure Wust von zweifelhaften Tatsachen und einseitig oder gar nicht umrissenen Charakterbildern, wird früher oder später das menschliche Fassungsvermögen übersteigen, und das neuere Drama, besonders das Shakespearesche, und nicht bloß das vorzugsweise historisch genannte, sondern das ganze könnte auf diesem Wege zur entfernteren Nachwelt ganz von selbst in dieselbe Stellung kommen, worin das antike zu uns steht. Dann, eher wohl nicht, wird man aufhören, mit beschränktem Sinn nach einer gemeinen Identität zwischen Kunst und Geschichte zu forschen und gegebene und verarbeitete Situationen und Charaktere ängstlich miteinander zu vergleichen; denn man hat einsehen gelernt, daß dabei ja doch nur die fast gleichgültige Übereinstimmung zwischen dem ersten und zweiten Porträt, nicht aber die zwischen Bild und Wahrheit überhaupt, herausgebracht werden kann, und man hat erkannt, daß das Drama nicht bloß in seiner Totalität, wo es sich von selbst versteht, sondern daß es schon in jedem seiner Elemente symbolisch ist und als symbolisch betrachtet werden muß, ebenso wie der Maler die Farben, durch die er seinen Figuren rote Wangen und blaue Augen gibt, nicht aus wirklichem Menschenblut herausdestilliert, sondern sich ruhig und unangefochten des Zinnobers und des Indigos bedient.

Aber der Inhalt des Lebens ist unerschöpflich, und das Medium der Kunst ist begrenzt. Das Leben kennt keinen Abschluß, der Faden, an dem es die Erscheinungen abspinnt, zieht sich ins Unendliche hin, die Kunst dagegen muß abschließen, sie muß den Faden, so gut es geht, zum Kreis zusammenknüpfen, und dies ist der Punkt, den Goethe allein im Auge haben konnte, als er aussprach, daß alle ihre Formen etwas Unwahres mit sich führten.

(aus: Ein Wort über das Drama, 1840/44)

Die Klassiker

Von Gottfried Kinkel

Ihr hohen Meister sondergleichen,
Die Weimars Musenhof gesehn,
Wie tief beschämt wir vor euch weichen,
Wie gern wir unsre Schmach gestehn!

Vor euern hohen Idealen
Sind wir gemein in Schmerz und Lust;
Es schlägt mit jedes Winzers Qualen,
Mit jedem Weber unsre Brust.

Wir singen kindisch in die Fiedel
Ein deutsch Gefühl, ob bang, ob froh.
Doch den Terenz verdeutscht' Einsiedel
Und Falk gar den Amphitruo.

Wir wußten nicht wie ihr zu schneidern
Und maßen nicht mit kluger Wahl
Aus Robespierres Scharlachkleidern
Den Rock dem Bürgergeneral. (...)

Und billig drum in Fürstengrüften
Ruht ihr, wo Erz und Marmor klingt.
Indes in Pommerns rauhen Lüften
Das Grablied uns die Krähe singt.

(aus: Gedichte,
Zweite Sammlung, 1868)

Ein Goethe-Philister

Von Gottfried Keller

Den mit trocken Erbsen angefüllten Schädel
Taucht er jauchzend in des klaren Meeres Wellen,
Das man Goethe nennt; nun schauet achtsam,
Wie die Nähte platzen, wenn die Erbsen schwellen.

(ca. 1860)

Zuzeiten auch Philister

Von Friedrich Engels

Auch Goethe war nicht imstande, die deutsche Misère zu besiegen; im Gegenteil, sie besiegte ihn, und dieser Sieg der Misère über den größten Deutschen ist der beste Beweis dafür, daß sie »von innen heraus« gar nicht zu überwinden ist. Goethe war zu universell, zu aktiver Natur, zu fleischlich, um in einer Schillerschen Flucht ins Kantsche Ideal Rettung vor der Misère zu suchen; er war zu scharfblickend, um nicht zu sehen, wie diese Flucht sich schließlich auf die Vertauschung der platten mit der überschwenglichen Misère reduzierte. Sein Temperament, seine Kräfte, seine ganze geistige Richtung wiesen ihn aufs praktische Leben an, und das praktische Leben, das er vorfand, war miserabel. In diesem Dilemma, in einer Lebenssphäre zu existieren, die er verachten mußte, und doch an dieser Sphäre als die einzige, in welcher er sich betätigen konnte, gefesselt zu sein, in diesem Dilemma hat sich Goethe fortwährend befunden, und je älter er wurde, desto mehr zog sich der gewaltige Poet, de guerre lasse, hinter den unbedeutenden weimarschen Minister zurück. Wir werfen Goethe nicht à la Börne und Menzel vor, daß er nicht liberal war, sondern daß er zuzeiten auch Philister sein konnte, nicht, daß er keines Enthusiasmus für deutsche Freiheit fähig war, sondern daß er einer spießbürgerlichen Scheu vor aller gegenwärtigen großen Geschichtsbewegung sein stellenweise hervorbrechendes, richtigeres ästhetisches Gefühl opferte; nicht, daß er Hofmann war, sondern daß er zur Zeit, wo ein Napoleon den großen deutschen Augiasstall ausschwemmte, die winzigsten Angelegenheiten und menus plaisirs eines der winzigsten deutschen Höflein mit feierlichem Ernst betreiben konnte.

(aus: Deutscher Sozialismus in Versen und Prosa, 1846)

Sozialist Goethe

Von Ferdinand Gregorovius

Die Literatur der neuesten Zeit hat daher im Angesichte des französischen Sozialismus in ihren eigenen Schatzkammern erst nachforschen müssen, und man darf es sagen, an Goethes Wilhelm Meister nun erst eine neue Entdeckung gemacht. Daß Wilhelm Meister seiner innersten Natur nach eine soziale Dichtung sei, hat die deutsche Wissenschaft vor zehn Jahren erst bescheidentlich angedeutet, dann entschiedener ausgesprochen und, man wird es einst schwer begreiflich finden, gegen die härtesten Angriffe der *herrschenden* Kritik erkämpfen müssen.

(aus: Göthe's Wilhelm Meister in seinen socialistischen Elementen entwickelt, 1849)

Kommunist Goethe

Von Carl Gustav Carus

Das kurioseste Buch aber brachte jedenfalls ein junger Mann, Karl Grün, und zwar aus Paris! Dem Verfasser fehlte es nicht an glühender Liebe für den Dichterfürsten, aber tollerweise stellte er ihn jetzt so ziemlich an die Spitze des Kommunismus und mißverstand ihn natürlich in den meisten Beziehungen vollkommen.

(aus: Lebenserinnerungen und Denkwürdigkeiten, 1865/66)

Goethe

Von Martin Greif

Schreitet dem schwachen Menschengeschlechte
Einmal ein Seher deutend voran,
Nimmer vergessen werden die Züge,
Denen die Gottheit Sprache verliehn.
Spät noch die Enkel sehen ihn wallen
Mit der erhobnen Lyra im Arm.
Ewige Jugend rollt ihm die Locken,
Ewiges Feuer nährt ihm den Blick.
Seine Gesänge rauschen hernieder,
Frei wie die Ströme nieder ins Land.
Freudig vernimmt sie, Himmlisches ahnend,
Dankbar im Volke jegliches Ohr.
Ihn zum Vertrauten wählt sich das junge
Rosenumbuschte, liebende Paar,
Ihn zum Gefährten wählt sich das stille
Schicksalgeprüfte, einsame Herz.
Gleich wie ein Sternbild über der Irdischen
Scheitel heraufzieht, allein ein Freund,
Also erscheint er mitten im Wirrsal
Lebenden Augen, tröstlich zu schaun.

(ca. 1870)

Dieser gräuliche Egoist

Verunglimpfung Goethe's in der Académie française.

In einer Sitzung des 17. Dezembers 1874 wurde Herr Mezières, der Verfasser einer ausgedehnten Analyse von Goethe's Werken, als Mitglied der französischen Akademie aufgenommen. Die herkömmliche Empfangsrede hielt Herr Camille Doucet, der gerade nicht unter die literarischen Größen Frankreichs zählt, jedoch als Verfasser eines substantiellen Werkes über Louvois einen gewissen Grad von Beachtung in den gelehrten akademischen Kreisen fand. Ueber die Inszenirung der Aufnahme Mezières referirte zwar bereits die Pariserchronik der »A. Allgemeinen Zeitung« und es dürfte unser Bericht um so überflüssiger scheinen, als wir dem Spott und Tadel, welchen der anonyme geistreiche Kritiker der Allgemeinen über jene Sitzung und speciell über Doucets Rede ausgießt, unbedingt beipflichten. Es streift indeß jenes akademische Turnier so nahe an frühere elsässische Verhältnisse, daß wir uns berechtigt und verpflichtet glauben, zu dem schon ausgesprochenen Verdict noch einige retrospective Bemerkungen beizufügen. Der Korrespondent der »Allgem. Zeitung« konnte in seiner gedrängten Revue der Pariser Zustände Mitte Dezember des Jahres 1874 den wörtlichen Inhalt des Passus, worin sich Herr Doucet über Goethe ausläßt, nicht mittheilen; wir wollen zuvörderst diese Lücke ausfüllen; auch ohne weiteren Kommentar kennzeichnet sie den maßlosen Mißgriff Eines der »vierzig Unsterblichen«; daß aber dieser schnöde Ausfall gegen eine unsterbliche Dichtergröße von der Censur des akademischen Comitee's – die offiziellen Reden werden vor der öffentlichen Sitzung untersucht – zugelassen wurde, ist für uns bis jetzt noch ein Räthsel, das sich nur durch die seit einigen Jahren herrschende gereizte, nationale, einseitige Stimmung erklären läßt. (...) Ueber den Schriftsteller und den Menschen haben Sie zwei anziehende Bände veröffentlicht; sie sind vollständig. Beklagen kann ich Sie nicht, so beschwerlich auch ihre Arbeit gewesen; augenscheinlich fanden Sie Vergnügen daran. Das Sujet lag Ihnen überdies offen vor. Goethe verschließt sich nicht; er beichtet gern; er beichtet sogar willig für andere. Der Umgang mit *diesem gräulichen Egoisten* war gefahrvoll. Wir staunen über die Zahl der Herzen, die er gebrochen, der Bande, die er gelöst. Noch mehr staunen und beklagen wir, daß er zum Bau seiner großen Werke seine Freundschaften und Liebesverhältnisse als gemeine Materialien verbraucht (...)

(aus: Ludwig Spack, Zur Geschichte der modernen französischen Literatur, 1877)

Goethe wäre entzückt gewesen
Von Oscar Wilde

Man muß schon ein Goethe sein, um ein Kunstwerk in all seinen Dimensionen zu erfassen, und ich stimme Mr. Whibley durchaus zu, wenn er sagt, es sei schade, daß es Goethe nicht möglich war, den *Dorian Gray* zu lesen. Ich bin überzeugt, er wäre entzückt gewesen.

(aus: Brief an den Herausgeber des Scots Observer, 13. 8. 1890)

Zitate, Zitate
Von Theodor Fontane

»Ich trinke auf das Wohl der Hexenmeister. Denn alle Kunst ist Hexerei. Rechten wir nicht mit dem Wort. Was sind Worte? Schall und Rauch. Stoßen wir an. Hoch, hoch!«

(aus: L'Adultera, 1880)

*

»Christine braucht immer jemanden, um sich auszuklagen, ganz schöne Seele, nachgeborene Jean Paulsche Figur«

(aus: Unwiederbringlich, 1891)

*

»Auf der Düne«, wiederholte das Fräulein. »Und ein einsames Schloß. Beneidenswert und romantisch. Es liegt so was Balladenhaftes darin, so was vom König von Thule. Freilich, der König von Thule, wenn mir recht ist, war unverheiratet.«

(aus: Unwiederbringlich, 1891)

*

In diesem Augenblicke hörte man nebenan singen, eine bekannte Komposition, und Treibel, der eben eine neue Zigarre nehmen wollte, warf sie wieder in das Kistchen zurück und sagte: »Meine Ruh ist hin ... Und mit der Ihrigen, meine Herren, steht es nicht viel besser.«

(aus: Frau Jenny Treibel, 1892)

*

»Gewiß, Onkel. Aber Leopold will womöglich noch mehr als Corinna...«
　»Was gar keine Bedeutung hat. Denn laß dir sagen, und damit sprech ich ein großes Wort gelassen aus: die Kommerzienrätin will *nicht*.«

(aus: Frau Jenny Treibel, 1892)

*

Aus Padua kam, zugleich mit der Karte, noch ein wirklicher Brief. »Gestern waren wir in Vicenza. Vicenza muß man sehen wegen des Palladio; Geert sagte mir, daß in ihm alles Moderne wurzele. Natürlich nur in bezug auf Baukunst. Hier in Padua (wo wir heute früh ankamen) sprach er im Hotelwagen etliche Male vor sich hin: ›Er liegt in Padua begraben‹ und war überrascht, als er von mir vernahm, daß ich diese Worte noch nie gehört hätte. Schließlich aber sagte er, es sei eigentlich ganz gut und ein Vorzug, daß ich nichts davon wüßte.«

(aus: Effi Briest, 1895)

*

»Ja, Leidenschaft. Aber Woldemar und ich....«
　»Sind auch in Leidenschaft. Sie haben die Freundschaftsleidenschaft, Orest und Pylades – so was hat es immer gegeben.«

(aus: Der Stechlin, 1899)

*

»Lieber Stechlin«, begann er, »ich beschwöre Sie um sechsundsechzig Schock sächsische Schuhzwecken, kommen Sie mir doch nicht mit solchen Kleinigkeiten, die man jetzt, glaub ich, Velleitäten nennt. Wenigstens hab ich das Wort immer so übersetzt. Czako, Baczko, Bazko, Czako – wie kann man davon so viel Aufhebens machen. Name, wie Sie wissen, ist Schall und Rauch, siehe Goethe, und Sie werden sich doch nicht in Widerspruch zu *dem* bringen wollen. Dazu reicht es denn doch am Ende nicht aus.«

»Hihi.«

(aus: Der Stechlin, 1899)

*

»Es heißt wohl immer, wir Kleinen, wir machten alles und könnten alles, aber bei Lichte besehn, ist es bloß das alte: ›Du glaubst zu schieben und Du wirst geschoben.‹ Glaube mir, Woldemar, wir werden geschoben und sind bloß Sturmbock. Immer dieselbe Geschichte, wie mit Protz und Proletarier.«

(aus: Der Stechlin, 1899)

*

Lorenzen nahm des Alten Hand und sagte: »Gewiß kommen andre Zeiten. Aber man muß mit der Frage, was kommt und was wird, nicht zu früh anfangen. Ich seh nicht ein, warum unser alter König von Thule hier nicht noch lange regieren sollte. Seinen letzten Trunk zu tun und den Becher dann in den Stechlin zu werfen, damit hat es noch gute Wege.«

(aus: Der Stechlin, 1899)

Mehr Licht!

Von Ferdinand Freiligrath

So der Weisheit dienet nun,
In der Torheit Hülle!
Wirkt auch ihr an eurem Teil,
Laut und in der Stille!
Daß mein letztes Wort: »Mehr Licht!«
Sich in Kraft und Fülle
An der lichtbegier'gen Welt
Täglich neu erfülle!

(aus: Goethes Gruß zum Kölner Mummenschanz, 1873)

Fidus: Goethe

Goethe und wir

Von Karl Henckell

GOETHE UND WIR

Goethe, wenn je mir der Schmerz
                         das Herz zerstach und verschnürte,
Trank ich aus deinem Pokal,
                         bebt ich in Freuden empor.
Wir sind ein siedend Geschlecht.
                         Nur selten zittert ein Lied uns
Leis wie gebändigte Flut.
                         Wogen schreien im Sturm.

(1889, aus: Buch der Kunst, München 1921)

Satzungen

für die

Goethe-Gesellschaft.

§ 1.

Die am 20. Juni 1885 zu Weimar begründete Goethe-Gesellschaft steht unter dem Protektorate Seiner Königlichen Hoheit des Großherzogs von Sachsen und ist mit den Rechten der juristischen Persönlichkeit beliehen.

Zweck der Gesellschaft ist die Pflege der mit Goethes Namen verknüpften Literatur, sowie die Vereinigung der auf diesem Gebiete sich betätigenden Forschung.

§ 2.

Zur Erreichung ihres Zweckes wird die Goethe-Gesellschaft namentlich jährliche Zusammenkünfte der Mitglieder zu gegenseitigem Meinungsaustausche veranstalten, sowie größere Veröffentlichungen, welche auf Goethe und dessen Wirken Bezug haben. Daneben wird die Gesellschaft ein eigenes Organ unter dem Titel „Jahrbuch der Goethe-Gesellschaft" begründen, Anregung zur theatralischen Darstellung Goethescher Werke und zu gleichmäßiger Bearbeitung und Inszenierung derselben, sowie zu Vorlesungen aus und über Goethe geben, ferner die Schaffung einer Goethe-Bibliothek anstreben, deren Aufstellung im Goethe-Archive zu Weimar erfolgen soll, nicht minder auch Erwerbungen für das Goethe-Archiv und das Goethe-Nationalmuseum zu Weimar in den Blick fassen, und ihren Mitgliedern empfehlen, daß sie an ihren betreffenden Wohnorten zeitweilig Zusammenkünfte zur Förderung des Gesellschaftszwecks veranstalten. Überhaupt aber wird die Goethe-Gesellschaft dafür Sorge zu tragen bestrebt sein, daß wie Goethes eigenem Wirken und Schaffen, so auch der Goethe-Forschung immer weitere Gebiete im geistigen Leben der Nation erschlossen werden.

§ 3.

Der bleibende Sitz der Goethe-Gesellschaft und der Mittelpunkt der Geschäftsführung ist Weimar.

§ 4.

Die Mitgliedschaft der Goethe-Gesellschaft wird erworben und erhalten durch Anmeldung bei dem Ausschusse — § 6 — und Zahlung der Jahresbeiträge — § 13 —.

Die Mitgliedschaft berechtigt zur Teilnahme an den Generalversammlungen und zur Abstimmung in denselben, zur Benutzung der Goethe-Bibliothek und zum unentgeltlichen Bezuge des Jahrbuches der Goethe-Gesellschaft. Auch werden den Mitgliedern hinsichtlich der Veröffentlichungen der Gesellschaft Vorzugspreise in Aussicht gestellt.

Für besondere Verdienste um den Zweck der Gesellschaft darf deren Vorstand Ehrenmitglieder ernennen.

§ 5.

Der Vorstand der Goethe-Gesellschaft wird von der Generalversammlung auf je drei Kalenderjahre, das erste Mal aber auf die Zeit bis zum 31. Dezember 1888 gewählt.

Er besteht aus elf Mitgliedern, von welchen mindestens drei am Sitze der Gesellschaft oder in Jena wohnen müssen. Scheidet ein Vorstandsmitglied vor Ablauf der Zeit, auf welche es gewählt worden, aus, so ergänzt sich der Vorstand durch Kooptation bis zur nächsten Generalversammlung, welch' letztere auf den Rest der dreijährigen Wahlperiode eine Ergänzungswahl vornimmt.

Der Vorstand wählt auf je drei Kalenderjahre, das erste Mal aber auf die Zeit bis zum 31. Dezember 1888 aus seiner Mitte einen Vorsitzenden und zwei Stellvertreter desselben.

Der Vorsitzende hat die Gesellschaft nach Außen zu vertreten.

§ 6.

Der Vorstand wählt auf je drei Kalenderjahre, das erste Mal aber auf die Zeit bis zum 31. Dezember 1888 zur Besorgung der äußeren Geschäfte einen Ausschuß aus den am Sitze der Gesellschaft wohnenden Mitgliedern der letzteren. Die Ausschußmitglieder brauchen nicht Vorstandsmitglieder zu sein. In der Regel besteht der Ausschuß aus fünf Personen, derselbe ist aber befugt, erforderlichenfalls sich einzelne Mitglieder zu kooptieren. Auch bleibt ihm vorbehalten, mit Genehmigung des Vorstandes auf Kosten der Gesellschaft etwa erforderliche Hilfskräfte zuzuziehen.

§ 7.

Alljährlich findet in Weimar eine vom Vorstande anzuberaumende und vom Vorsitzenden desselben zu leitende Generalversammlung statt. Eine öffentliche, Goethe betreffende Vorlesung geht der Generalversammlung voraus.

Die Berichterstattung über Gesellschaftsangelegenheiten, die Ablegung der Jahresrechnung und — alle drei Jahre — die Vorstandswahl bilden die regelmäßige Tagesordnung. Hiernächst hat die Generalversammlung über jede solche Veranstaltung der Gesellschaft zu beschließen, deren Kosten mehr als die Hälfte der Jahreseinnahme der Gesellschaft betragen, wie sie denn auch über Anträge, welche seitens des Vorstandes oder einzelner Mitglieder eingebracht werden, Beschluß zu fassen hat.

Anträge auf Änderung der Satzungen oder Auflösung der Goethe-Gesellschaft müssen vier Wochen, andere für die Tagesordnung bestimmte Anträge aber drei Wochen vor der betreffenden Generalversammlung unter Beifügung gehöriger Begründung bei dem Vorstande angemeldet werden.

§ 8.

Die satzungsmäßigen Bestimmungen, daß der Sitz der Gesellschaft und der Mittelpunkt der Geschäftsführung Weimar ist — § 3 —, sowie daß die Generalversammlungen daselbst abzuhalten sind — § 7 —, können nicht aufgehoben werden.

§ 9.

Das Geschäftsjahr der Gesellschaft ist das Kalenderjahr Die erste Geschäftsperiode aber läuft bis Ende des Jahres 1886

§ 10.

Alle Beschlußfassungen im Vorstande, im Ausschusse und in der Generalversammlung erfolgen mit einfacher Stimmenmehrheit. Nur Änderung der Satzungen und Auflösung der Gesellschaft erfordern eine Mehrheit von zwei Dritteilen der abgegebenen Stimmen. In der Generalversammlung nicht persönlich erschienene Mitglieder begeben sich ihres Stimmrechts in derselben.

§ 11.

Zu den Generalversammlungen werden die Mitglieder durch besondere Zuschrift des Vorsitzenden des Vorstandes und des Ausschusses mindestens fünf Wochen vorher eingeladen. Sie haben deshalb dafür Sorge zu tragen, daß der Ausschuß stets im Besitze ihrer Adressen sei.

§ 12.

Die zur Erreichung des Gesellschaftszwecks und zur Geschäftsführung erforderlichen Geldmittel werden beschafft durch die regelmäßigen Jahresbeiträge der Mitglieder, durch außerordentliche freiwillige Beiträge bei dem Eintritte der Mitglieder, durch Zuwendungen von Gönnern der Gesellschaft, durch Benefizvorstellungen der Theater, durch den Ertrag von Vorlesungen und sonstige durch die Bemühungen des Vorstandes zu erschließende Einnahmequellen.

§ 13.

Der regelmäßige Jahresbeitrag eines Mitgliedes beträgt zehn Mark. Den Zeitpunkt der Einzahlung bestimmt der Vorstand.

§ 14.

Für den Fall der Auflösung der Gesellschaft fällt deren Vermögen dem Goethe-Archive in Weimar zu behufs weiterer Erwerbungen für dasselbe und behufs Förderung solcher wissenschaftlicher Zwecke, welche den wissenschaftlichen Zwecken der Goethe-Gesellschaft gleichen oder verwandt sind.

Weimar, den 21. Juni 1885.
25. Mai 1912.

**Der Vorstand
der Goethe-Gesellschaft.**

Festvorträge der Goethe-Gesellschaft

1886: Herman Grimm, Goethe im Dienste unserer Zeit
1887: Bernhard Suphan, Goethe und Herder
1888: Kuno Fischer, Goethes Iphigenie
1889: Michael Bernays, Goethes Geschichte der Farbenlehre
1890: Gustav von Loeper, Berlin und Weimar
1891: Veit Valentin, Die klassische Walpurgisnacht
1892: Hermann von Helmholtz, Goethes Vorahnungen kommender naturwissenschaftlicher Ideen
1893: Ottokar Lorenz, Goethes politische Lehrjahre
1894: Paul Heyse, Goethes Dramen in ihrem Verhältnis zur heutigen Bühne
1895: Friedrich Spielhagen, Die epische Poesie und Goethe
1896: Konrad Burdach, Goethes west-östlicher Divan
1897: Kein Festvortrag
1898: Ulrich von Wilamowitz-Möllendorff, Goethes Pandora
1899: Erich Schmidt, Prometheus
1900: Rudolf Eucken, Goethe und die Philosophie
1901: Richard M. Meyer, Goethe als Psycholog
1902: Friedrich Paulsen, Goethes ethische Anschauungen
1903: Kein Festvortrag
1904: Adolf von Berger, Über Goethes Verhältniß zur Schauspielkunst
1905: Bernhard Suphan, Schiller und Goethe
1906: Henry Thode, Goethe der Bildner
1907: Jakob Minor, Goethes Mahomet
1908: Albert Köster, Goethe und sein Publikum
1909: Georg Treu, Hellenische Stimmungen in der Bildhauerei von einst und jetzt
1910: Kein Festvortrag
1911: Erich Marcks, Goethe und Bismarck
1912: Otto Heuer, Goethe in seiner Vaterstadt
1913: Bernhard Seuffert, Wieland
1914: Gustav Roethe, Goethes Helden und der Urmeister

1915: Max Lorenz, Deutsches Nationalempfinden im Zeitalter unserer Klassiker
1916: Max Friedlaender, Goethe und die Musik
1917: Generalversammlung ausgefallen
1918: Generalversammlung ausgefallen

Sophien-Ausgabe 1887–1919

Von Karl Robert Mandelkow

Das zentrale Opus der Goethephilologie ist die im Auftrag der Großherzogin Sophie von Sachsen herausgegebene sogenannte Weimarer oder Sophien-Ausgabe von Goethes Werken, Briefen und Tagebüchern, die von 1887 bis 1919 in 133 (in 143) Bänden erschienen ist. Das ursprüngliche Redaktionskollegium bildeten Wilhelm Scherer, Erich Schmidt und Gustav von Loeper. An die Stelle des 1886 verstorbenen Scherer trat Herman Grimm (...) Es war der Wunsch Wilhelm Scherers gewesen, »die Ausgabe zu einem Nationalunternehmen dadurch zu stempeln, daß möglichst viele Gelehrte zur Mitarbeit herangezogen wurden«. Die Berufung zur Mitarbeit galt als eine Auszeichnung, vor allem zu einer Zeit, in der die Textphilologie in hohem Ansehen stand und es als ein testimonium eruditionis scientificae galt, sich darin sattelfest zu zeigen. »An ›Goethes Werken‹ wirkte ein großer Teil der deutschen Germanistenwelt mit«, schreibt Rudolf Steiner in dem höchst anschaulichen und aufschlußreichen Bericht über seine eigene Archiv-Zeit in Weimar in seiner Autobiographie. »Es war ein fortwährendes Kommen und Gehen von Professoren und Privatdozenten der Philologie (...)«

(aus: Goethe in Deutschland, Rezeptionsgeschichte eines Klassikers, 1980)

Immer, immer und immer nur Goethe!

Von Ernst von Wildenbruch

Möge Goethe unser Haupt-Augenmerk, möge die Herausgabe der Sophienausgabe das große Werk der Goethe-Gesellschaft bleiben – aber man lasse im Repertoire der Fest-Vorträge Wechsel und Wandel eintreten. Wenn immer, immer und immer nur über Goethe gesprochen wird, so muß das schließlich zur Künstelei und Wiederkäuerei führen.

(aus: Ein Wort über Weimar, Flugschrift, 1903)

Der Goethe-Philologe 1885 ff.

Von Hermann Bahr

Damit begann ein neuer Beruf; eine neue Laufbahn tat sich auf: wie man bisher Philosoph, Arzt oder Jurist geworden war, wurde man jetzt Goethephilolog, es ließ sich auf Goethe fortan eine Existenz gründen. Und eigentlich begann damit noch mehr: eine neue Menschenart. Diese jungen Germanisten saßen im Archiv zu Weimar über Goethes Schriften, Frühling kam und ging, es ward wieder Herbst, Nietzsche sank in Geistesnacht, der alte Kaiser starb, ihm folgte der Sohn, folgte der Enkel auf den Thron, Bismarck ging, Bismarck starb, Deutschland schwoll, stark und reich und neu, dem Deutschen wurde enge, Volk zog aus, übers Meer, in die Welt, Deutschland wurde kühn und laut, ein neues Geschlecht wuchs auf, Krieg brach aus, aber jene saßen noch immer tagaus, tagein dort im Archiv zu Weimar über Goethes Schriften. Sie lasen Goethe, darin bestand ihr Leben: es hat etwas Heroisches, und es hat etwas Mönchisches, und es hat auch etwas Monomanisches zugleich. Einen eigenen Menschenschlag ergab es, Kundrys ›Dienen, dienen!‹ so rein erfüllend, höchster Bewunderung wert, zugleich aber fast unheimlich und ebenso wieder leise, ganz leise doch auch ein bißchen komisch. Ein fast erhabenes, rührendes, leicht ans Lächerliche streifendes Geschöpf mit faustischen Zügen, aber auch einigen vom Famulus, gewissermaßen: Eckermann als Generation ist der Goethephilolog (...)

Wir wissen jetzt von Tag zu Tag, wann er aufstand, was er in der befruchtenden Stille morgendlicher Einsamkeit halb nachtwandlerisch auf breite Zettel schrieb, was er dann, wenn der Sekretär erschien, amtlich oder brieflich oder dichtend diktierte (...) jeder Atemzug seines Lebens ist uns unvergeßlich.

(aus: Goethebild, 1921)

Kaiserreich

Von Karl Robert Mandelkow

Das neue Reich hat sein gründerzeitliches Pathos auch auf sein geistiges Erbe, allem voran Goethe, übertragen. Die erst jetzt einsetzende monumentale Philologisierung Goethes ist von der gleichen gründerzeitlichen Energie und dem gleichen expansiven Optimismus getragen, denen die Nation ihren wirtschaftlichen Aufstieg und ihre politisch-militärische Macht verdankt. Der Besitzergreifung Goethes durch die Philologie verdanken wir die wissenschaftlichen Fundamente, auf denen auch heute noch unser gesichertes Wissen um den Dichter ruht, sie hat jedoch zugleich eine dynamisch-lebenspraktische Rezeption Goethes vielfach verhindert, indem sie den Zugang zu ihm und seinem Werk an die Kandare philologischer Gelehrsamkeit legte. An die Stelle einer lebendigen Auseinandersetzung mit einem noch immer als ›aktuell‹ empfundenen und erfahrenen Autor trat nach 1871 dessen philologische Verwaltung, die sich in einer geradezu gigantischen Flut von Goetheliteratur niederschlug, die vollständig zur Kenntnis zu nehmen auch einen borniertem Spezialisten heute überfordern würde.

(aus: Goethe in Deutschland, Rezeptionsgeschichte eines Klassikers, 1980)

Unberührt
Von Herman Grimm

Eine neue Zeit beginnt, die sich ihr eignes Bild Goethes von frischem schaffen muß. Sie stürzt das alte, ihn selber aber berührt niemand.

(aus: Goethe im Dienste unserer Zeit, Festvortrag auf der Generalversammlung der Goethe-Gesellschaft in Weimar, 1886)

Goethes germanisches Weltreich
Von Herman Grimm

Das Deutsch Goethes wird die Sprache des neuen germanischen Weltreichs sein (...) Wie weit das Reich der deutschen Sprache Goethes einmal werden wird, weiß niemand. Der erste Nachfolger Goethes ist Bismarck als Verfasser seines eigenen Lebens, ein Werk, das als das erste deutsche Kunstwerk genannt werden darf, welches in der Sprache Goethes geschrieben wurde (...)

(aus: Goethe in freier Luft, 1899)

Goethegesellschaftsanalyse
*Nach den Goethe-Jahrbüchern 1886 bzw. 1906
und dem Jahrbuch der Deutschen Goethegesellschaft,
Ergänzungsband 1926*

Tabelle A	1886	1906	1926
Mitglieder in Deutschland	1359	2282	5192
Mitglieder im Ausland	270	486	319
Insgesamt	1629	2768	5511

Prozentuelle Verteilung der deutschen Mitglieder

	1886	1906	1926
Keine Berufsangabe	32,2%	33,2%	32,5%
Geschäftsleute	17,2%	19,5%	28,4%
Mediziner	6,2%	6,0%	9,9%
Juristen	13,2%	12,7%	13,2%
Regierungsbeamte	9,8%	6,8%	8,2%
Hofleute	2,2%	1,3%	0,2%
Militär	2,8%	1,8%	1,9%
Lehrer	34,0%	28,3%	22,9%
Journalisten	1,8%	1,6%	1,0%
Geistliche	1,8%	1,5%	1,5%
Künstler	5,3%	7,0%	4,5%
Bibliotheken und Vereine	5,7%	13,5%	8,3%
	100,0%	100,0%	100,0%

Tabelle B	1886	1906	1926
Bank- und Finanzwesen	12,5%	14,1%	11,9%
Verlagswesen	41,5%	26,5%	16,9%
Land- und Forstwirtschaft, Bergbau	3,2%	8,1%	4,8%
Architekten und Ingenieure	7,0%	7,0%	9,4%
Chemie und andere angewandte Wissenschaften	0,6%	0,7%	2,2%
Industrie und Handel	35,2%	43,6%	54,8%
	100,0%	100,0%	100,0%

(aus: Wolfgang Leppmann, Goethe und die Deutschen, 1962)

Ringsum Goethe!

Goethe.
Gemalt von Josef Stieler 1828.

Die Literatur über den Altmeister

Wolfgang von Goethe

ist beständig im Wachsen begriffen. Man erlebt hier das seltsame Schauspiel, die menschlich althergebrachten Gesetze des „Vergessens" gleichsam ausgeschaltet zu sehen. Berührte doch auch Goethe mit seinem weitausschauenden Geiste Probleme, die heute noch nicht als gelöst zu betrachten sind.

„Wenn am deutschen Wesen noch einmal die Welt genesen soll," so wird man Goethe dabei ein gutes Teil dieses Verdienstes in Anrechnung bringen müssen, er leistete

wahrhaft deutsche Kulturarbeit.

Leider wird, im Gegensatz zum Ausland, wo Goethe überaus geschätzt ist, es so manches deutsche Haus geben, in dem man die Werke dieses Geistesheroen nicht kennt, sein Wirken und Streben, seine Bedeutung, seinen Lebensgang nur ahnt.

(aus: »Hammer. Parteilose Zeitschrift für nationales Leben«, 8. Jg., Nr. 179, 1. Dezember 1909)

Eine Goethe-Erscheinung

Von Detlev von Liliencron

Dann lenkte ich ins Städtchen meine Schritte
Und blieb am »Weißen Schwan« wie in Gedanken,
Und hatte an den Herrgott eine Bitte.
Und Goethe selber, meine Knie wanken,
Zeigt sich in seiner dunklen Haustürmitte,
Die Bilder wirbeln, kreisen mir und schwanken:
    Drei grelle Blitze zucken um sein Haupt,
      Hat mir ein Donnerschlag den Sinn geraubt?

Der Genius sieht sich herrisch um und spricht
Mit seinem Eckermann ein mildes Wort;
Ein Wagen rasselt, es wird Sonnenlicht,
und führt die beiden in die Gegend fort.
Ich steh noch immer: hab ich ein Gesicht?
Der Goetheplatz ward mir zum Gnadenort.
    Und »artig« fährt die Kutsche durchs Gelände;
      Ich steh noch immer, im Gebet die Hände.

(aus: Poggfred, 1896)

Philisters gehobener Busen

Von »Lucianus«

Für den deutschen Bildungsphilister konnte das Phänomen Goethe nichts bedeuten. Goethe ist nicht in seinen 36 Bänden eingeschlossen und pflegte nicht zu blitzen und zu donnern. Der deutsche Bildungsphilister braucht einen gehobenen Busen. Die Bedeutung eines Genies liegt in seiner Persönlichkeit, in seinem bloßen Dasein, in der Impression, die es ausstrahlt, ich möchte sagen, eben in seiner Phänomenalität. Sein Vorhandensein ist bereits alles, seine

»Werke« sind eine Begleiterscheinung, das unvollständige und unvollkommene Protokoll seiner Entfaltung, seines Sich-Erlebens. Und diese Protokolle – man denke z. B. an die »Wahlverwandtschaften« – werden mit der Zeit immer unverständlicher und wertloser. Was von Goethe noch lebt, lebt nur in Lebendigen. Der Künstler zeugt sich in Künstlern fort, die Werke sind dem Untergang geweiht. In den lebendigen Dichtern (...) steckt ein tieferer und größerer Goethe als in »Goethes Werken«. Und wer »Mehr Goethe!« sagt, weiß nicht, was er redet, denn es kann nicht mehr Goethe sein, als in den Lebenden lebendig ist. Weil du Goethe liest, wird er noch nicht lebendig; du sollst es dir sogar ersparen, wenn er nicht zu dir spricht. In anderen wirst du ihn, ohne es zu wissen, hören, aus anderen ihn in dich aufnehmen. Aber plage dich nicht fruchtlos mit »Goethes sämtlichen Werken«, sonst fährt die Seele eines verstorbenen Literaturprofessors in dich hinein – und nie wirst du dann Goethe hören! Genies, mein Freund, wollen weniger gelesen und besser gehört sein. Horch in dich und horch ins Leben, sei dein eigener Klassiker und – laß dich deine Unbildung nicht verdrießen!...

(aus: Die Fackel, 194, 1906)

Goethe komplett

Von Carl Ludwig Schleich

Mein Vater besaß, glaube ich, damals die ganze Goetheliteratur komplett, und da er selbst zeit seines Lebens ein großer Goetheschwärmer geblieben ist, machte ich natürlich schon früh, und mit nacktem Fuß, meine ersten Zehentippversuche in diesem Ozean der in einer göttlichen Brust widergespiegelten Welt. Da meine Mutter eine eifrige Verfechterin der angeblich durch Goethe oft gekränkten Frauenrechte war, so ließen mich diese Kontroversen bei den Mahlzeiten manches aus Goethes Leben früher schon intensiver beleuchtet sehen, als dies Biographien zu wagen pflegen.

Es mag wohl unvorsichtig von meinen Eltern gewesen sein, einen 10–12jährigen lebhaften Jungen bei solchen Auseinandersetzungen Zeuge sein zu lassen, es umhüllt mir aber alle Goetheschen Beziehungen mit dem Reize einer Stellungnahme zweier so verschiedener und doch so innig geliebter Wesen zu ihm, wie Vater und Mutter es waren, auch zu anderen Personen und Erlebnissen großer Menschen der Vergangenheit. Rücksicht auf unsere Kinderohren wurde überhaupt nicht genommen (...)

(aus: Besonnte Vergangenheit, 1920)

Goethe als Kandidat im Germanisten-Examen
Von Egon Friedell und Alfred Polgar

Der Sketch entstand in den ›Fledermaus‹-Jahren und wurde ein dauernder Erfolg. Friedell: »... eines der meistgespielten dramatischen Werke der Weltliteratur.« Er spielte die Hauptrolle dreißig Jahre hindurch; das letzte Mal im Januar 1938, wenige Wochen vor seinem Tode.

Schulrat, Professor der Literatur, Beisitzer, Kohn, Züst, später Goethe, später der Pedell.

PROFESSOR Also, Sie wissen, in bezug auf Goethe verstehe ich keinen Spaß, Goethe ist ein Heiligtum.

SCHULRAT, *zahnlos, uralt, von ohnmächtiger Ironie.* In das man nur durch eisernen Fleiß sich den Eintritt erwirbt.

PROFESSOR Wir haben noch den Kohn und den Züst. Züst, Sie sind der Schwächere, stehen Sie auf! ... *Spricht leise mit Kommission. Indem Züst sich erheben will, kommt Goethe hinter ihm heran, drückt ihn unter die Bank und tritt vor die Prüfungskommission.* Goethe ist eine Erscheinung von so gigantischer Bedeutung, daß sie jedem Gebildeten aufs genaueste vertraut sein muß. Nur der kann mit Aussicht auf Erfolg in den Ernst des Lebens hineintreten, der Goethes Leben und Schaffen zu seinem täglichen Brot gemacht hat.

GOETHE, *bescheiden abwehrend.* Bitte, bitte –
PROFESSOR, *sehr scharf.* Sagten Sie etwas?
GOETHE, *verärgert.* Noi.
PROFESSOR, *blickt in sein Notizbuch.* Wir beginnen mit der Familiengeschichte. Wie hießen, was waren und wo lebten Goethes Großeltern a) väterlicherseits, b) mütterlicherseits?
GOETHE No, der Vattersvatter war der alt' Schorsch Friedrich Goethe, der war scho Schneider in Frankfort, na un sei Fraa war e geborne Schallhorn, das war die Tochter vom Weidewirt, die hat von Neckergemind 'erübergemacht, un der Bruder, das war der Kaschper Schallhorn –
PROFESSOR, *befriedigt.* Nun, ganz schön. Das wäre ja soweit memoriert.
GOETHE, *unbeirrt.* No und dem sei Fraa, de Bisemerskathrin, das war doch de erschte Hebamm, die vom Großherzog e beeidichtes Diplom gehabt hat, aber sonscht war se e bees Weib; der ältest' Sohn hat auch weche dem nach Bensheim niwwergeheirat, noja, er hat den Krach net mehr ausgehalte, der Ulrich...
PROFESSOR Nun ja, sehr gut, das genügt!
GOETHE, *nicht aus dem Konzept zu bringen....* Der Ulrich Franz Theodor.
PROFESSOR. Sie scheinen sich ja so weit in die Materie vertieft zu haben.
GOETHE. Deß glaab ich!
PROFESSOR. Aber nun zum Dichter selber. Er wurde geboren?
GOETHE. 28. August 1749.
PROFESSOR. In?
GOETHE. Frankfort, Großer Hirschgrawe 12 – *Professor will unterbrechen* – in dem blauen Zimmer im zweiten Stock links. *In Erinnerung versunken.* Da ware aach die zwää Pendeluhre vom Onkel Reth mit die nette Amorettcher druff, die oi hat de Schorsch kaput gemacht, wie er mit eme Klicker roigeschosse hat...
PROFESSOR, *gereizt durch Goethes Mehrwissen.* Verlassen wir Goethes Geburtszimmer... Er bezog wann die Universität?
GOETHE Mit sechzeh' Jahr'.

PROFESSOR Er studierte in welchen Städten und zu welchen Behufen?

GOETHE No in Leipzig, dann in Straßburg erscht nix.

PROFESSOR Hm?

GOETHE Und nachher die Rechtswissenschaft und Kunstgeschichte un e bißche Philosophie.

PROFESSOR, *zornig.* Wie? Ein bißchen?

GOETHE Na, 's war net viel!

PROFESSOR Wann verließ Goethe Wetzlar?

GOETHE Ei, no so um die 71 oder 72.

PROFESSOR, *triumphierend.* Ich frage, wann Goethe Wetzlar verließ?

GOETHE, *unsicher, nachdenklich.* 72, ja, ja, 's wird scho so gewese soi, im Zweiundsiebzigerjahr.

PROFESSOR Mit diesem inhaltlosen Herumgerede werden Sie Ihre Unwissenheit nicht verbergen! Ich meine natürlich: in welchem M o n a t verließ Goethe Wetzlar?

GOETHE In welchem Monat? Warte Se, das werd' ich Ihne gleich sache – *denkt verzweifelt angestrengt nach* – Ei, wann war's denn nur? Ei, das hab' ich doch gewißt . . .

PROFESSOR Ja, das ist Ihre ständige Redensart! Sie h a b e n immer nur gewußt! Aber Sie w i s s e n nichts. *Zu Kohn, der Zeichen ungeduldigen Ehrgeizes von sich gibt.* Kohn, wann verließ Goethe Wetzlar?

KOHN Selbstverständlich am 23. September 1772, 5 Uhr nachmittags mit der Fahrpost.

GOETHE, *erfreut.* Ja, richtig, im September mit der Fahrpost . . .

PROFESSOR, *mit scharfem, strafendem Blick auf Goethe.* Jawohl, mit der Fahrpost. *Kleine Pause, während der Goethe Kohn freundlich anblickt.* Aus welchem Anlaß schrieb Goethe die ›Laune des Verliebten‹?

GOETHE No, da war er noch e junger Mensch, dem so allerlei durch'n Kopp gegange is. Da hat er wohl viel geschriwe, wo ihm später liewer gewese wär, er hätt's n e t geschriwwe.

SCHULRAT Hihihi! Ihnen wäre freilich am liebsten, wenn er g a r nichts geschrieben hätte. *Kohn meckert, Goethe sieht ihn strafend an.*

PROFESSOR Wann las Goethe zum erstenmal Gottsched?
GOETHE, *unwillig.* Ei, das weiß ich net.
PROFESSOR Wie?
GOETHE Das weiß ich net. Das werd doch alles net so wichtig soi!
PROFESSOR In Goethes Leben ist nichts unwichtig. Merken Sie sich das, Sie Grünschnabel! *Goethe blickt den Professor erstaunt an.*
PROFESSOR, *im Litaneiton.* Alles hat seine Bedeutung als organischer Tragbalken in dem tektonischen Gefüge dieser in ihrer harmonischen Gegeneinanderwirkung von Kraft und Last einzig dastehenden Biographie.
GOETHE, *jovial.* No, so arch harmonisch war's ja gar net.
PROFESSOR Ich denke, d i e s e Frage ist bereits von kompetenteren Köpfen entschieden worden als Sie es sind. –
GOETHE Ah so!
PROFESSOR Eine andere Frage: Wann besorgte Goethe die erste Umarbeitung der ›Stella‹?
SCHULRAT D a s wird doch hoffentlich mit Ihrer Erlaubnis wichtig genug sein?
GOETHE Die Stella? Warte Se mal. *Unsicher.* 1804?
KOHN, *entsetzt.* T!T!T!
PROFESSOR Ich bin starr. Sie wissen wirklich nicht, daß die erste Umarbeitung der ›Stella‹ 1806 stattfand? Ja, sagen Sie, was haben Sie denn eigentlich in Ihrem Kopf? *Goethe sieht den Professor erstaunt an.*
PROFESSOR Wann erschien ›Hermann und Dorothea‹?
GOETHE, *nach kurzer Überlegung.* 1796.
PROFESSOR, *höhnisch.* Ich würde an Ihrer Stelle gleich 95 sagen!
SCHULRAT Oder 94!
PROFESSOR *brüllt.* ›Hermann und Dorothea‹ erschien im Jahre 1797, Sie Ignorant!
GOETHE, *fest.* Noi, 's war 96!
PROFESSOR 97!
GOETHE, *unerschütterlich.* 96!
KOHN *übergibt durch Goethe dem Professor ein aufgeschlagenes Buch.*
PROFESSOR Hier! Sie insolenter Bursche!
GOETHE Ja, wirklich – Ich hätt' doch druff geschwore, 's war 96!

PROFESSOR Daß ein deutscher Jüngling derartige Daten nicht gegenwärtig hat, könnte einem wirklich den Glauben an die Jugend nehmen! Da muß sich ja Goethe im Grabe umdrehen.
SCHULRAT. Hihihi! Pedell, drehen Sie die Goethe-Büste um, damit ihr d i e s e r Anblick – *er zeigt auf Goethe* – erspart wird.
Es geschieht.
Goethe lacht.
PROFESSOR Nun, ich sehe schon, Daten darf man Sie nicht fragen. Nun etwas über Goethes Innenleben. Welche seelischen Erlebnisse veranlaßten den Dichter zur Fortführung des ›Wilhelm Meister‹?
GOETHE No, da hat er doch schon vom Verleger die 200 Taler Vorschuß uff'n zweite Band gehabt, da hat er'n doch aach schreibe müsse.
PROFESSOR Was? Sie behaupten also, daß schnöde Geldgier die Triebfeder von Goethes genialer Dichtung war?
GOETHE Ei wieso denn Geldgier? Das Geld hat er doch längst net mehr gehabt.
PROFESSOR Nun, eines steht fest: Goethes Leben hat S i e nicht beschäftigt. *Goethe blickt ihn erstaunt an.* Jetzt will ich schauen, ob Sie wenigstens bei meinen Vorträgen aufgemerkt haben. Was wissen Sie über den Charakter des Tasso?
GOETHE No, das is e kindischer, hysterischer Mensch, der sich net recht auskennt hat im Lewe, halt so e verrückter Dichter ...
PROFESSOR *schlägt auf den Tisch, starr.* Ich traue meinen Ohren nicht. *Automatisch, im lehrhaften Ton, der durch parallele Bewegungen der beiden Zeigefinger unterstützt wird.* Tasso zeigt den Kampf des Subjekts und seiner G e b u n d e n h e i t, das, indem es sich in die Objektivität a u s e i n a n d e r l e g t, notwendig an der i n n e r e n Zerrissenheit des Subjekt-Objekts, das heißt der nach a u ß e n projizierten Individualität, scheitern m u ß. *Kohn hat die Definition mit Kopfnicken skandierend leise mitgesprochen; die letzten Worte spricht er schon fast laut mit und schlägt gleichzeitig mit dem Professor auf den Tisch. Goethe erschrickt und ist zornig auf Kohn.*
SCHULRAT Wissen Sie vielleicht zufällig, was Goethes Hauptwerk war?

GOETHE, *stolz*. No, die ›Farwelehr‹! *Schallendes Gelächter*. Was is denn da zu lache?
SCHULRAT Hihihi! Da ist allerdings nur zu weinen.
PROFESSOR Wann entstand der ›Tancred‹? *Goethe weiß es nicht, dreht sich fragend zu Kohn um.*
KOHN, *einsagend*. 1800.
GOETHE, *befreit*. 1800.
PROFESSOR Ein Wunder, daß Sie einmal etwas wissen. – *Goethe blickt dankbar auf Kohn.*
PROFESSOR Welche Werke entstanden noch in diesem Jahr?
GOETHE No, e paar Gedichtcher.
PROFESSOR Das ist keine Antwort. Gedichte fallen in jedes Jahr. Aber im Jahr 1800 entstand vor allem Palä ... Palä ...
GOETHE *wendet sich wieder fragend zu Kohn.*
KOHN, *einsagend*. Paläophron und Neoterpe.
GOETHE *will erfreut nachsprechen.* Paläophron ...
PROFESSOR, *scharf*. Genug! Ich habe jedes Wort gehört. Meine Ohren reichen bis in die letzte Bank! – Was waren Goethes letzte Worte?
GOETHE No, Milch hat er gewollt.
PROFESSOR W-a-as? Ich verstehe immer Milch.
GOETHE No ja, Milch in sein Kaffee, weil er ihm zu dunkel war. Und da hat er gesacht: mehr licht!
PROFESSOR, *entsetzt aufstehend*. Es zeigt die äußerste Niedrigkeit der Gesinnung, annehmen zu wollen, daß ein genius wie Goethe sich ein so triviales Thema für seine letzten Worte hätte wählen können!
SCHULRAT Wissen Sie vielleicht zufällig, wer die Frau von Stein war?
GOETHE No, soi Geliebte.
PROFESSOR *erhebt sich*. Derartige Ausdrücke sind an einer Staatsanstalt absolut unstatthaft. – Der Dichterheros schätzte Frau von Stein viel zu hoch, als daß er sie zu seiner Geliebten erniedrigt hätte. – Lachen Sie nicht, Sie frecher Bursche! – Warum löste Goethe sein Verlöbnis mit Lili?
GOETHE, *unwillig*. Das kann ich doch net sache. Das wär' doch indiskret.

SCHULRAT Diskretion ist allerdings die Haupteigenschaft, die Sie in bezug auf Goethe entwickeln. *Kohn meckert, Goethe blickt ihn strafend an.*

PROFESSOR Wissen Sie wenigstens, warum er die Beziehungen zu Friederike abbrach?

GOETHE, *zornig.* Ja, das weiß ich schon, aber das geht doch niemande was an!

PROFESSOR Was behaupten Sie? Goethes Beziehungen zur Blume von Sesenheim (1770 bis 72) gingen die Wissenschaft nichts an!

GOETHE Noi, das geht niemande was an.

SCHULRAT Wissen Sie vielleicht überhaupt, wer der Herr dort ist? *Zeigt auf die Reproduktion des Wiener Goethe-Denkmals.*

GOETHE, *ahnungslos.* Noi, das weiß ich net.

DER TSCHECHISCHE BEISITZER, *der bisher ganz stupid dagesessen ist, mit tiefer Baßstimme.*
Also jetz' weiß der blede Lackel nit, daß das den Gette vurstellt!

GOETHE Was, deß soll der Goethe soi?

PROFESSOR Na, wer denn sonst?

GOETHE Jetzt werd mersch awwer zu dumm! Erscht frache Se mich Sache, die koi Mensch wisse kann und die ganz wurscht sinn, nachher erzähle Se mir'n Blödsinn übern Tasso, dann mache Se mer de Farwelehr' schlecht, dann wolle Se iwwer die Weiwer Sache wisse, – *Professor will remonstrieren –* die Ihne en Dreck angehn, un jetz' wolle se mer gar den Toppsitzer da als Goethe uffschwätze! Da uß ich schon de Götz zitiere: Ihr könnt mich alle miteinander ...
Will wütend ab.

PROFESSOR, *nach Luft schnappend.* Halt! Bleiben Sie! Zur Strafe für Ihre Insolenz sollen Sie Zeuge Ihrer Beschämung sein! *Tempo von jetzt ab sehr rapid.*
Kohn!! – Stehen Sie auf! So stehen Sie doch auf!

KOHN Ich steh' doch schon!

PROFESSOR Wann verließ Goethe Rom?

KOHN 22. April 1788.

PROFESSOR Welche Orte berührte er noch in diesem Jahr?

KOHN Pempelfort, Münster, Stichroda.
PROFESSOR Wann wurde Eckermann geboren?
KOHN 14. November 1790.
PROFESSOR Was schrieb Goethe im Frühling dieses Jahres?
KOHN Urpflanze, Amyntas, der Sänger.
PROFESSOR, *immer erfreuter* Was übernahm er in diesem Jahre?
KOHN Die Oberaufsicht über die Landesanstalten.
PROFESSOR Für?
KOHN Kunst und Topographie.
PROFESSOR Wie hieß Goethes Schwester?
KOHN Cornelia.
PROFESSOR Geboren?
KOHN 1765.
PROFESSOR Gestorben?
KOHN 1814.
PROFESSOR *ist in freudiger Erregung ganz aufgesprungen.* Verheiratet an?
KOHN Schlosser.
PROFESSOR Geboren?
KOHN 1754.
PROFESSOR Gestorben?
KOHN 1829.
PROFESSOR Kinder?
KOHN Franz, Georges, Marie, Theophil.

PROFESSOR.	KOHN.
Gleichzeitig im raschesten Tempo.	
Geboren?	1780.
Gestorben?	1824.
Wo?	In Magdeburg.
Wann?	November.
Wie oft?	Dreimal.
Warum?	Wegen Herder.
Wo?	In den ›Horen‹.
Mit wem?	Mit Schiller.
Erkrankt?	Am vierzehnten.
Genesen?	Am neunten.
Woran?	An Darmverschlingung.

PROFESSOR *schlägt nach.*
Das Kollegium gibt Zeichen der höchsten Zufriedenheit. Goethe hat erst unwillig und erstaunt, dann immer vergnügter zugehört; am Schluß schüttelt er sich vor Lachen.
Nachdem das Prüfungsgeknatter beendet ist, sagt der Professor triumphierend zu Goethe: Sehen Sie! Das ist Bildung!
Rascher Vorhang.

(aus: Goethe, Groteske in 2 Bildern, 1908)

Goethe-Quintessenz

Von Edwin Bormann

(Allen citatenbedürftigen Gemüthern gewidmet)

Ihr naht euch wieder? In die Ecke, Besen!
Luft! Luft! Klavigo! Meine Ruh' ist hin.
Der König rief: Ich bin ein Mensch gewesen;
Das Ewig-Weibliche, das war mein Sinn.
Ein deutscher Mann mag keinen Franzen leiden,
Der and're hört von allem nur das Nein.
Ich weiß nicht, nur die Lumpe sind bescheiden,
Ein Werdender wird immer dankbar sein.
Mir graut's vor dir, der Kasus macht mich lachen,
Und Marmorbilder steh'n und seh'n mich an;
Wer fertig ist, dem ist nichts recht zu machen,
Der Morgen kam, kühl bis an's Herz hinan.
Prophete rechts – mein Herz, was soll das geben?
Du sprichst ein großes Wort gelassen aus;
Das Wasser rauscht in's volle Menschenleben,
Ich denke dein, so oft er trank daraus.
Wenn ihr's nicht fühlt, ihr werdet's nicht erjagen;
Der Page lief, man sieht doch wo und wie.
Was hör' ich draußen? Fräulein, darf ich's wagen?

Grau, theurer Freund, ist alle Theorie.
Heiß mich nicht reden, schwankende Gestalten!
Man merkt die Absicht, dunkler Ehrenmann!
Durch Feld und Wald laßt mir herein den Alten;
Ich kenne dich, du siehst mich lächelnd an.
Er sah ihn stürzen, himmlisches Behagen!
Der Knabe kam und ward nicht mehr geseh'n.
Die Sonne sinkt, du mußt es dreimal sagen –
Dies ist die Art, mit Hexen umzugeh'n.
Der Geist der Medizin ist leicht zu fassen,
Von Zeit zu Zeit seh ich den Alten gern ...
Es muß sich dabei doch was denken lassen?!
Ergo bibamus! ist des Pudels Kern.

(aus: Fliegende Blätter, Bd. 83)

Aufforderung

Von Karl Kraus

»Wie dein Versmaß jenem von Goethe gleicht!
Schien da sein Vorbild nicht vorzuschweben?«
Kann sein, denn was ich mit der Sprache erreicht,
dran hab' ich mir nie die Schuld gegeben.

Ich schreib' es nicht mir zu, ich schreibe durch Glück
und halt' es mit Geistern, die über mir walten.
Doch liegt wohl mein Ursprung noch weiter zurück,
und ich muß nur treffen, was vorbehalten.

Denn wißt, das Wort, das am Anfang war,
das sind meine biblischen Siebensachen.
Wer's nicht glaubt, dem biet' ich die Forderung dar,
ein Gedicht von Goethe mir nachzumachen!

(aus: Die Fackel, 472–73, 1917)

Wer ist ihm am ähnlichsten?

Gerhart Hauptmann	Curd Jürgens	Paul Hoffmann
Stefan George	Thomas Mann	Sigmund Freud
Rainer Maria Rilke	Franz Kafka	Hugo von Hofmannsthal

Friedrich Rückert	Adalbert Stifter	Detlev von Liliencron
Karl Kerényi	Felix Kircher (Amberg)	Willy Millowitsch
Jupp Derwall	Walter Scheel	Peter Härtling

Goethe-Ähnlichkeit

Von Karl Kraus

»Erstaunlich, wie manches an Goethe gemahnt!«
erkannte einer, der es gelesen.
Die Beziehung hab' ich nicht angebahnt,
doch vielleicht ist er wirklich bei mir gewesen.

Gedanklichen Reimspruchs engeres Bett
hat ein für allemal er bereitet.
Nur wie sich die Sprache zu strecken hätt',
sie sich neu die inneren Grenzen erweitet.

Was offen vom eigenen Ursprung kommt,
das führt nicht den fremden Plan im Schilde.
Doch einem lebendigen Ding es frommt,
ist's geschaffen nach Goethes Ebenbilde.

Und wie sich Wesen und Form verzahnt,
und wenn die Sprache des Worts will genesen –
da hat es der Ähnlichkeit selber geahnt,
und ich bin bei Gott bei Goethe gewesen!

(aus: Die Fackel, 472–73, 1917)

Er war Ministerpräsident

Von Kurt Tucholsky

Laß dich von keinem Schlagwort kirren!
von keinem Vollbart dich beirren!
    Es schenkt dir niemand was dazu –
    bleib, was du warst; bleib immer Du!

Geheimrat Goethe sang nicht minder
vom höchsten Glück der Erdenkinder –
er war Ministerpräsident
und also sicher kompetent.

Man kehrt nach aller Schicksalstücke
doch immer auf sich selbst zurücke.
Drum wünsch ich dir nach dem Gebraus
dein altes, starkes, eignes Haus.

(aus: Selbstbesinnung, 1910)

Man wird sehen

Von Walter Benjamin

Ein kurioser Auftrag wird mir demnächst die bestellten dreihundert Zeilen abnötigen.

Die neue Große Russische Enzyclopädie wünscht von mir soviel über Goethe vom Standpunkt der marxistischen Doktrin zu hören. Die göttliche Frechheit, die in der Entgegennahme solchen Auftrages liegt, hat es mir angetan und ich denke mir hier das Einschlägige aus den Fingern zu saugen. Nun, man wird sehen.

(aus: Brief an Gersholm Scholem, 5. 4. 1926)

*

GOETHE

Als Johann Wolfgang Goethe am 28. August 1749 in Frankfurt a. M. zur Welt kam, hatte die Stadt 30 000 Einwohner. In Berlin, der größten Stadt des Deutschen Reiches, zählte man damals 126 000, in Paris und London jedoch zur gleichen Zeit je schon über 500 000. Diese Ziffern sind für die politische Lage des damaligen Deutschland charakteristisch, denn in ganz Europa ist die bürgerliche Revolution von den Großstädten abhängig gewesen. Anderseits ist für Goethe bezeichnend, daß er während seines ganzen Lebens starke Abneigung gegen den Aufenthalt in Großstädten gehabt hat. So hat er Berlin nie betreten, seine Heimatstadt Frankfurt in späteren Jahren nur zweimal widerwillig aufgesucht, den größten Teil seines Lebens in einer kleinen Residenz von 6000 Einwohnern zugebracht und näher nur die italienischen Zentren Rom und Neapel kennengelernt.

(...)

Nach dem Tode des Dichters *[Schillers, Anm. der Herausgeber]* nahm Goethe eine neue Organisation seiner persönlichen Beziehungen vor. Es gab nun fernerhin keinen um ihn, dessen Geltung annähernd an seinen eigenen Namen heranreichte. Auch lebte in Weimar selbst kaum jemand, der in besonderer Weise von ihm ins Vertrauen wäre gezogen worden. Dagegen wuchs im Laufe des neuen Jahrhunderts die Bedeutung, die Zelter, der Gründer der Berliner Singakademie, für Goethe gehabt hat. Mit der Zeit nahm Zelter für Goethe den Rang eines Botschafters ein, der ihn in der preußischen Hauptstadt repräsentierte. In Weimar selbst begründete sich der Dichter allmählich einen ganzen Stab von Helfern und Sekretären, ohne deren Mitwirkung das ungeheure Vermächtnis, das er in den letzten dreißig Jahren seines Lebens redigierte, niemals hätte sichergestellt werden können. Der Dichter stellte schließlich sein ganzes Leben in einer geradezu chinesischen Weise unter die Kategorie der Schrift. In diesem Sinne ist das große Literatur- und Press-Büro mit seinen Assistenten von Eckermann, Riemer, Soret, Müller bis hinab zu den Schreibern Kräuter und John zu betrachten. Eckermanns »Gespräche mit Goethe« sind für diese letzten Jahrzehnte die Hauptquelle und zudem eines der besten Prosabücher des neunzehnten Jahrhunderts geworden. Was den Dichter an Eckermann fesselte, war vielleicht mehr als alles andere dessen bedingungslose Neigung zum Positiven, wie sie bei überlegenen Geistern so nie, aber auch bei geringeren nur sehr selten sich findet. Goethe hat zur Kritik im engeren Sinne kein Verhältnis gehabt. Die Strategie des Kunstbetriebs, die auch ihn hin und wieder gefesselt hat, spielt ihm in diktatorischen Formen sich ab: in Manifesten, wie er sie mit Herder und Schiller entwarf, in Vorschriften, wie er sie für Schauspieler und Künstler verfaßte.

Selbständiger als Eckermann, freilich eben darum auch weniger ausschließlich dem Dichter dienstbar, war der Kanzler von Müller. Auch seine »Unterhaltungen mit Goethe« gehören zu den Dokumenten, die Goethes Bild, wie es auf die Nachwelt kam, bestimmt haben. Nicht als Gesprächspartner, wohl aber durch seine große und scharfsinnige Charakteristik Goethes ist ihnen der Professor der Altphilologie, Friedrich Riemer, an die Seite zu stellen. Das erste große Dokument, das aus jenem literarischen Organismus hervorging, den sich der alternde Goethe geschaffen hat, ist die Autobiographie. »Dichtung und Wahrheit« ist eine Vorschau auf Goethes spätes Leben in Gestalt einer Rückerinnerung.

(...)

Um den nächsten, dienenden Kreis schart sich in diesen späteren Jahren ein weiterer. Der Schweizer Heinrich Meyer, Goethes Gewährsmann in Fragen der Kunst, streng klassizistisch, besonnen, der Helfer bei der Redaktion der Propyläen und später bei der Leitung der Zeitschrift »Kunst und Altertum«; der Philologe Friedrich August Wolf, der durch den Nachweis, daß die homerischen Epen von einer ganzen Reihe unbekannter Dichter herstammen, deren Gesänge erst spät einheitlich redigiert und unter dem Namen Homers verbreitet wurden, Goethe aufs zwiespältigste bewegte und mit Schiller Anteil an seinem Versuch hat, die Ilias in einer »Achilleïs« fortzusetzen, welche Fragment blieb; Sulpiz Boisserée, der Entdecker des deutschen Mittelalters in der Malerei, der begeisternde Anwalt der deutschen Gotik, als solcher Freund der Romantiker und von der ganzen Romantik ausersehen, sich zum Fürsprech ihrer künstlerischen Überzeugung bei Goethe zu machen. (Seine jahrelangen Mühen mußten sich mit einem halben Siege begnügen, Goethe ließ sich schließlich bereit finden, eine Sammlung von Dokumenten und Plänen zur Geschichte und zum Ausbau des Kölner Doms bei Hof vorzulegen.) All diese Beziehungen wie zahllose andere sind Ausdruck einer Universalität, um derentwillen Goethe die Grenzen zwischen dem Künstler und Forscher und Liebhaber bewußt ineinander verfließen ließ: keine Gattung von Poesie und keine Sprache wurde in Deutschland beliebt, da nicht Goethe sich gleich mit ihr befaßte. Was er als Übersetzer, Reisebeschreiber, selbst Biograph, Kunstkenner und Kunstrichter, Physiker, Erzieher, sogar Theologe, Theaterdirektor, Hofdichter, Gesellschafter und Minister geleistet, diente alles, den Ruf seiner Allseitigkeit zu vermehren. Der Lebensraum dieser Universalität aber ward ihm mehr und mehr Europa, und zwar im Gegensatz zu Deutschland. Er hat den großen europäischen Geistern, die gegen Ende seines Lebens auftauchten, Byron, Walter Scott, Manzoni, eine leidenschaftliche Bewunderung entgegengebracht, in Deutschland dagegen nicht selten das Mittelmäßige gefördert und für das Genie seiner Zeitgenossen Hölderlin, Kleist, Jean Paul keinen Sinn gehabt.

(...)

Kurz nach Vollendung des Werkes starb Goethe am 22. März 1832. Bei seinem Tode war das Tempo der Industrialisierung Europas in rasendem Wachstum begriffen. Goethe sah die Entwicklung voraus. So heißt es 1825 in einem Brief an Zelter: »Reichtum und Schnelligkeit ist, was die Welt bewundert und wonach jeder strebt. Eisenbahnen, Schnellposten, Dampfschiffe und alle möglichen Fazilitäten der Kommunikation sind es, worauf die gebildete Welt ausgeht, sich zu überbilden und dadurch in der Mittelmäßigkeit zu verharren. Es ist ja auch das Resultat der Allgemeinheit, daß eine mittlere Kultur gemein werde: dahin streben die Bibelgesellschaften, die lankasterische Lehrmethode und was nicht alles. Eigentlich ist es ja das Jahrhundert für die fähigen Köpfe, für leichtfassende, praktische Menschen, die mit einer gewissen Gewandtheit ausgestattet ihre Superiorität über die Menge fühlen, wenn sie gleich selbst nicht zum Höchsten begabt sind. Laß uns soviel als möglich an der Gesinnung halten, in der wir heran kamen, wir werden mit vielleicht noch wenigen die Letzten sein einer Epoche, die sobald nicht wiederkehrt.« Goethe wußte, seine unmittelbare Nachwirkung werde schwach sein, und in der Tat hielt das Bürgertum, in dem die Hoffnung auf Errichtung der deutschen Demokratie neu auflebte, sich an Schiller. Es kamen aus der Gegend des Jungen Deutschland die ersten literarisch wichtigen Proteste. So Börne: »Goethe hat nur immer der Selbstsucht, der Lieblosigkeit geschmeichelt; darum lieben ihn die Lieblosen. Er hat die gebildeten Leute gelehrt, wie man gebildet sein könne, freisinnig und ohne Vorurteile und doch ein Selbstling; wie man alle Laster haben könne ohne ihre Roheit, alle Schwächen ohne ihre Lächerlichkeit; wie man den Geist rein erhalte von dem Schmutze des Herzens, mit Anstand sündige und den Stoff jeder Nichtswürdigkeit durch eine schöne Kunstform veredele. Und weil er sie das gelehrt, verehren ihn die gebildeten Leute.« Der hundertste Geburtstag Goethes, 1849, verlief klanglos, verglichen mit dem zehn Jahre späteren von Schiller, der sich zu einer großen Demonstration der deutschen Bourgeoisie gestaltete. In den Vordergrund drang die Erscheinung Goethes erst in den siebziger Jahren nach der Reichsgründung, als Deutschland nach monumentalen Repräsentanten seines nationalen Prestiges Ausschau hielt. Hauptdaten: Gründung der Goethe-Gesellschaft unter dem Protektorat deutscher Fürsten; Sophien-Ausgabe der Werke, fürstlich beeinflußt; Prägung des imperialistischen Goethe-Bildes auf den deutschen Hochschulen. Aber trotz der unabsehbaren Literatur, die die Goethephilologie hervorbrachte, hat sich die Bourgeoisie dieses gewaltigen Geistes nur sehr unvollkommen zu ihren Zwecken bedienen können, von der Frage, wie weit sie in seine Intentionen eindrang, zu schweigen. Sein ganzes Schaffen ist voller Vorbehalte gegen diese Klasse. Und wenn er eine hohe Dichtung in sie stiftete, so tat er es mit abgewendetem Antlitz. Er hat denn auch nicht im entferntesten die Wirkung gehabt, die seinem Genie entsprach, ja freiwillig ihr entsagt. Und so verfuhr er, um den Gehalten, die ihn erfüllten, die Form zu geben, die ihrer Auflösung durch das Bürgertum bis heut widerstanden hat, weil sie unwirksam bleiben, nicht aber verfälscht und bagatellisiert werden konnte. Diese Intransigenz des Dichters gegen die Denkart des bürgerlichen Durchschnitts und damit eine neue Seite seiner Produktion wurde aktuell mit der Reaktion auf den Naturalismus. Die Neu-Romantik (Stefan George, Hugo von Hofmannsthal, Rudolf Borchardt), in der zum letzten Male bürgerliche Dichter von hohem Niveau den Versuch machten, unter dem Patronat der geschwächten feudalen Autoritäten die bürgerliche Klassenfront zumindest auf der kulturellen Linie zu retten, gab der Goethephilologie wissenschaftlich bedeutende Anregung (Konrad Burdach, Georg Simmel, Friedrich Gundolf). Diese Richtung erschloß vor allem Stil und Werke von Goethes Spätzeit, die man im neunzehnten Jahrhundert unbeachtet gelassen hatte.

*

An dem Beitrag »Goethe« in der Großen Sowjet-Enzyclopädie von 1929 ist nicht zu erkennen, daß den Ursprung ein Text von Walter Benjamin gebildet hat. Nur 12 % der abgedruckten russischen Fassung weisen Parallelen zu dem Manuskript von Benjamin auf (...)

(W. Kasack, 1977)

Wassermaus und Kröte

Von N. N.

Eine Wassermaus und Kröte
Stiegen eines Abends spöte
Einen steilen Berg hinan.
Sprach die Wassermaus zur Kröte:
»Warum gehst du abends spöte
Diesen steilen Berg hinan?«
Sprach zur Wassermaus die Kröte:
»Zum Genuß der Abendröthe
Geh' ich heute Abend spöte
Diesen steilen Berg hinan.«
Dies ist ein Gedicht von Göthe,
Das er eines Abends spöte –
Auf dem Sopha noch ersann.

(aus: Allgemeines Deutsches
Commersbuch, 1925)

Den Eros hochgehalten

Von Sigmund Freud

Meine Lebensarbeit war auf ein einziges Ziel eingestellt. Ich beobachtete die feineren Störungen der seelischen Leistung bei Gesunden und Kranken und wollte aus solchen Anzeichen erschließen – oder, wenn Sie es lieber hören: erraten –, wie der Apparat gebaut ist, der diesen Leistungen dient, und welche Kräfte in ihm zusammen- und gegeneinanderwirken. Was wir, ich, meine Freunde und Mitarbeiter, auf diesem Wege lernen konnten, erschien uns bedeutsam für den Aufbau einer Seelenkunde, die normale wie pathologische Vorgänge als Teile des nämlichen natürlichen Geschehens verstehen läßt.

Von solcher Einengung ruft mich Ihre mich überraschende Auszeichnung zurück. Indem sie die Gestalt des großen Universellen heraufbeschwört, der in diesem Hause geboren wurde, in diesen Räumen seine Kindheit erlebte, mahnt sie, sich gleichsam vor ihm zu rechtfertigen, wirft sie die Frage auf, wie er sich verhalten hätte, wenn sein für jede Neuerung der Wissenschaft aufmerksamer Blick auch auf die Psychoanalyse gefallen wäre.

An Vielseitigkeit kommt G o e t h e ja L e o n a r d o d a V i n c i, dem Meister der Renaissance, nahe, der Künstler und Forscher war wie er. Aber Menschenbilder können sich nie wiederholen, es fehlt auch nicht an tiefgehenden Unterschieden zwischen den beiden Großen. In Leonardos Natur vertrug sich der Forscher nicht mit dem Künstler, er störte ihn und erdrückte ihn vielleicht am Ende. In Goethes Leben fanden beide Persönlichkeiten Raum nebeneinander, sie lösten einander zeitweise in der Vorherrschaft ab. Es liegt nahe, die Störung bei Leonardo mit jener Entwicklungshemmung zusammenzubringen, die alles Erotische und damit die Psychologie seinem Interesse entrückte. In diesem Punkt durfte Goethes Wesen sich freier entfalten.

Ich denke, Goethe hätte nicht, wie so viele unserer Zeitgenossen, die Psychoanalyse unfreundlichen Sinnes abgelehnt. Er war ihr selbst in manchen Stücken nahegekommen, hatte in eigener Einsicht vieles erkannt, was wir seither bestätigen konnten, und manche Auffassungen, die uns Kritik und Spott eingetragen haben, werden von ihm wie selbstverständlich vertreten. So war ihm z. B. die unvergleichliche Stärke der ersten affektiven Bindungen des Menschenkindes vertraut. Er feierte sie in der Zueignung der ›Faust‹-Dichtung in Worten, die wir für jede unserer Analysen wiederholen könnten:

> »Ihr naht euch wieder, schwankende Gestalten,
> Die früh sich einst dem trüben Blick gezeigt,
> Versuch' ich wohl, euch diesmal festzuhalten?«
> »Gleich einer alten, halbverklungnen Sage
> Kommt erste Lieb' und Freundschaft mit herauf.«

Von der stärksten Liebesanziehung, die er als reifer Mann erfuhr, gab er sich Rechenschaft, indem er der Geliebten zurief: »Ach, du warst in abgelebten Zeiten meine Schwester oder meine Frau.«

Er stellt somit nicht in Abrede, daß diese unvergänglichen ersten Neigungen Personen des eigenen Familienkreises zum Objekt nehmen.

Den Inhalt des Traumlebens umschreibt Goethe mit den so stimmungsvollen Worten:

> »Was von Menschen nicht gewußt
> Oder nicht bedacht,
> Durch das Labyrinth der Brust
> Wandelt in der Nacht.«

Hinter diesem Zauber erkennen wir die altehrwürdige, unbestreitbar richtige Aussage des Aristoteles, das Träumen sei die Fortsetzung unserer Seelentätigkeit in den Schlafzustand, vereint mit der Anerkennung des Unbewußten, die erst die Psychoanalyse hinzugefügt hat. Nur das Rätsel der Traumentstellung findet dabei keine Auflösung.

In seiner vielleicht erhabensten Dichtung, der ›Iphigenie‹, zeigt uns Goethe ein ergreifendes Beispiel einer Entsühnung, einer Befreiung der leidenden Seele von dem Druck der Schuld, und er läßt diese Katharsis sich vollziehen durch einen leidenschaftlichen

Gefühlsausbruch unter dem wohltätigen Einfluß einer liebevollen Teilnahme. Ja, er hat sich selbst wiederholt in psychischer Hilfeleistung versucht, so an jenem Unglücklichen, der in den Briefen K r a f t genannt wird, an dem Professor P l e s s i n g , von dem er in der ›Campagne in Frankreich‹ erzählt, und das Verfahren, das er anwendete, geht über das Vorgehen der katholischen Beichte hinaus und berührt sich in merkwürdigen Einzelheiten mit der Technik unserer Psychoanalyse. Ein von Goethe als scherzhaft bezeichnetes Beispiel einer psychotherapeutischen Beeinflussung möchte ich hier ausführlich mitteilen, weil es vielleicht weniger bekannt und doch sehr charakteristisch ist. Aus einem Brief an Frau v. S t e i n (Nr. 1444 vom 5. September 1785):

»Gestern Abend habe ich ein psychologisches Kunststück gemacht. Die H e r d e r war immer noch auf das Hypochondrischste gespannt über alles, was ihr im Carlsbad unangenehmes begegnet war. Besonders von ihrer Hausgenossin. Ich ließ mir alles erzählen und beichten, fremde Untaten und eigene Fehler mit den kleinsten Umständen und Folgen und zuletzt absolvirte ich sie und machte ihr scherzhaft unter dieser Formel begreiflich, daß diese Dinge nun abgethan und in die Tiefe des Meeres geworfen seyen. Sie war selbst lustig darüber und ist würklich kurirt.«

Den Eros hat Goethe immer hochgehalten, seine Macht nie zu verkleinern versucht, ist seinen primitiven oder selbst mutwilligen Äußerungen nicht minder achtungsvoll gefolgt wie seinen hochsublimierten und hat, wie mir scheint, seine Wesenseinheit durch alle seine Erscheinungsformen nicht weniger entschieden vertreten als vor Zeiten P l a t o . Ja, vielleicht ist es mehr als zufälliges Zusammentreffen, wenn er in den ›Wahlverwandtschaften‹ eine Idee aus dem Vorstellungskreis der Chemie auf das Liebesleben anwendete, eine Beziehung, von der der Name selbst der Psychoanalyse zeugt.

Ich bin auf den Vorwurf vorbereitet, wir Analytiker hätten das Recht verwirkt, uns unter die Patronanz Goethes zu stellen, weil wir die ihm schuldige Ehrfurcht verletzt haben, indem wir die Analyse auf ihn selbst anzuwenden versuchten, den großen Mann zum Objekt der analytischen Forschung erniedrigten. Ich aber bestreite zunächst, daß dies eine Erniedrigung beabsichtigt oder bedeutet.

Wir alle, die wir Goethe verehren, lassen uns doch ohne viel Sträuben die Bemühungen der Biographen gefallen, die sein Leben aus den vorhandenen Berichten und Aufzeichnungen wiederherstellen wollen. Was aber sollen uns diese Biographien leisten? Auch die beste und vollständigste könnte die beiden Fragen nicht beantworten, die allein wissenswert scheinen.

Sie würde das Rätsel der wunderbaren Begabung nicht aufklären, die den Künstler macht, und sie könnte uns nicht helfen, den Wert und die Wirkung seiner Werke besser zu erfassen. Und doch ist es unzweifelhaft, daß eine solche Biographie ein starkes Bedürfnis bei uns befriedigt. Wir verspüren dies so deutlich, wenn die Ungunst der historischen Überlieferung diesem Bedürfnis die Befriedigung versagt hat, z. B. im Falle S h a k e s p e a r e s. Es ist uns allen unleugbar peinlich, daß wir noch immer nicht wissen, wer die Komödien, Trauerspiele und Sonette Shakespeares verfaßt hat, ob wirklich der ungelehrte Sohn des Stratforder Kleinbürgers, der in London eine bescheidene Stellung als Schauspieler erreicht, oder doch eher der hochgeborene und feingebildete, leidenschaftlich unordentliche, einigermaßen deklassierte Aristokrat Edward d e V e r e, siebzehnter Earl of Oxford, erblicher Lord Great Chamberlain von England. Wie rechtfertigt sich aber ein solches Bedürfnis, von den Lebensumständen eines Mannes Kunde zu erhalten, wenn dessen Werke für uns so bedeutungsvoll geworden sind? Man sagt allgemein, es sei das Verlangen, uns einen solchen Mann auch menschlich näherzubringen. Lassen wir das gelten; es ist also das Bedürfnis, affektive Beziehungen zu solchen Menschen zu gewinnen, sie den Vätern, Lehrern, Vorbildern anzureihen, die wir gekannt oder deren Einfluß wir bereits erfahren haben, unter der Erwartung, daß ihre Persönlichkeiten ebenso großartig und bewundernswert sein werden wie die Werke, die wir von ihnen besitzen.

Immerhin wollen wir zugestehen, daß noch ein anderes Motiv im Spiele ist. Die Rechtfertigung des Biographen enthält auch ein Bekenntnis. Nicht herabsetzen zwar will der Biograph den Heros, sondern ihn uns näherbringen. Aber das heißt doch die Distanz, die uns von ihm trennt, verringern, wirkt doch in der Richtung einer

Erniedrigung. Und es ist unvermeidlich, wenn wir vom Leben eines Großen mehr erfahren, werden wir auch von Gelegenheiten hören, in denen er es wirklich nicht besser gemacht hat als wir, uns menschlich wirklich nahe gekommen ist. Dennoch meine ich, wir erklären die Bemühungen der Biographik für legitim. Unsere Einstellung zu Vätern und Lehrern ist nun einmal eine ambivalente, denn unsere Verehrung für sie deckt regelmäßig eine Komponente von feindseliger Auflehnung. Das ist ein psychologisches Verhängnis, läßt sich ohne gewaltsame Unterdrückung der Wahrheit nicht ändern und muß sich auf unser Verhältnis zu den großen Männern, deren Lebensgeschichte wir erforschen wollen, fortsetzen.

Wenn die Psychoanalyse sich in den Dienst der Biographik begibt, hat sie natürlich das Recht, nicht härter behandelt zu werden als diese selbst. Die Psychoanalyse kann manche Aufschlüsse bringen, die auf anderen Wegen nicht zu erhalten sind, und so neue Zusammenhänge aufzeigen in dem Webermeisterstück, das sich zwischen den Triebanlagen, den Erlebnissen und den Werken eines Künstlers ausbreitet. Da es eine der hauptsächlichsten Funktionen unseres Denkens ist, den Stoff der Außenwelt psychisch zu bewältigen, meine ich, man müßte der Psychoanalyse danken, wenn sie auf den großen Mann angewendet zum Verständnis seiner großen Leistung beiträgt. Aber ich gestehe, im Falle von Goethe haben wir es noch nicht weit gebracht. Das rührt daher, daß Goethe nicht nur als Dichter ein großer Bekenner war, sondern auch trotz der Fülle autobiographischer Aufzeichnungen ein sorgsamer Verhüller. Wir können nicht umhin, hier der Worte Mephistos zu gedenken:

»Das Beste, was du wissen kannst,
Darfst du den Buben doch nicht sagen.«

(Goethe-Preis, Ansprache im Frankfurter Goethe-Haus, 1930)

Goethefeier 1932

Von Willy Haas

Wir haben uns hier vor Monaten gegen die Goethe-Feiern überhaupt gewendet. Nicht eine Minute waren wir oder unsere Kampfgenossen, die sich zu uns bekannt haben, der Meinung, daß wir durchdringen würden. Es war eine Maximalforderung, um gewisse Minimalforderungen durchzusetzen. Das deutsche Volk hat – wer hätte es bezweifelt? – die ungeheure Last einer Goethe-Feier auf sich genommen. *Aber keine Minute darf verstreichen, ohne die ganze erdrückende Wucht dieser Last sich immer und immer wieder zu vergegenwärtigen;* nur so kann ein gewisses Mindestmaß einer anständigen Erledigung dieser Aufgabe erzielt werden. Wir verwahren uns nachdrücklich gegen den Vorwurf, daß wir den Querulanten spielen. Jeder Vernünftige muß die Berechtigung unserer schweren Besorgnis einsehen; und welchen Sinn hätte es denn, daß ein Blatt, das nun einmal »Die literarische Welt« heißt, sich vor dieser Aufgabe – und sei sie noch so ärgerniserregend – drückt?

(aus: Die Literarische Welt, 4. März 1932. – *Von der absolut goetheschen Schwerflüssigkeit und Krausheit der vorgetragenen Gedanken abgesehen: weltliterarisch besonders apart finden wir's schon, daß ausgerechnet der hervorgehobene Satz sagen wir 2½ Grammatik- bzw. Konstruktionsfehler enthält, Anm. der Herausgeber.*)

Goethe in der Wirtschaftskrise

Von Hans Samter

Bei den großen deutschen Zeitungen, die im Inland und Ausland für uns repräsentativ sind, ist der Inhalt mit dem redaktionellen Teil noch keineswegs erschöpft; die Bedeutung der Anzeigen ist nicht zu unterschätzen. Nicht nur wirtschaftlich, sondern auch literarisch: kann es ein besseres Bild von der Zeit geben, als wenn im »Berliner Tageblatt« an einem Sonntage eine ganze Anzeigenseite gefüllt war mit Versteigerungsangeboten kostbarster Villen und Wohnungseinrichtungen, vierzehn an der Zahl? Oder vermag man sich eine bessere Vorstellung zu verschaffen von der seelischen Einsamkeit des heutigen Menschen, als wenn man unter den kleinen Anzeigen desselben Blattes nachliest, wieviel Menschen auf dem Wege der Zeitung Liebe und Freundschaft suchen? Dieser »illegitime« Liebesmarkt, der dem legitimen der Eheanbahnung zur Seite steht, ist – man braucht da wirklich kein Moralist zu sein – ein nicht zu übersehendes Charakteristikum der heutigen Zeit.

Was aber gar nicht mit der heutigen Zeit zu vereinbaren ist, in der jeder am Morgen aufwacht mit der Frage nach der Wirtschaftslage, wo die Not der Gegenwart jedem auf den Nägeln brennt, ist eine Anzeige, die vor kurzem in einem anderen sehr großen Weltblatt erschien. Sie lautete:

Goethe-Zitat
Ei, so habt doch die Courage, Euch
rühren zu lassen, zu lachen und zu
weinen ... Wo steht das bei Goethe?

Viele schüttelten an jenem Morgen den Kopf. Was geht uns noch ein Goethe-Zitat an, dachten sie, wenn wir nicht wissen, wovon wir morgen leben sollen? Aber manche gab es auch, denen diese Anzeige ein Gefühl verschaffte, daß es zwar sehr schlimm um die Gegenwart bestellt sein müsse, daß das aber nicht ewig so zu bleiben brauche. Daß es Menschen auf der Welt gibt, für die ein Zitat von Goethe so wichtig ist, daß sie dafür eine gewiß nicht billige Annonce in die Zeitung setzen: ist das nicht wirklich schön? Keiner weiß, wer sich da interessiert für einen Spruch, der auch für uns von Bedeutung ist, aber viele haben sich leise gesagt, weil man ja so etwas heute nicht laut aussprechen kann, daß es gut ist zu wissen, daß ein Goethe-Zitat viele Wirtschaftskrisen überdauern kann und immer von gleicher Wichtigkeit bleibt. Unbekannter Bundesgenosse, herzlichen Gruß!

(aus: Die literarische Welt, 8. 1. 1932)

1. Preis: Zehn Reichsmark in bar

Von H. Heine

Literatur-Preisrätsel

I.

an – ba – bi – bi – chen – clau – den – des – e – e – eg – ek – er – er – erl – eu – ge – gie – go – go – hal – hu – i – lais – le – li – litz – ker – koe – mann – mont – mus – na – ni – nietz – nig – noeh – pa – phi – pi – ri – roch – sche – stein – ta – thing – tums – wit

Aus vorstehenden Silben sind 16 Wörter zu bilden, deren Anfangsbuchstaben, von unten nach oben gelesen, und deren Endbuchstaben, ebenso gelesen, den Anfang einer Zeile aus einem Goethe-Gedicht ergeben:

1. ....
Der Aufzeichner der »Gespräche mit Goethe«

2. ....
Wilhelm Meisters Gattin

3. ....
Freund Goethes seit den 90er Jahren

4. ....
Trauerspiel von Goethe

5. ....
Stadt, wo Goethe 1811/14 mit Weimarer Hoftheater Gastspiele gab

6. ....
Griechischer Dichter, gab Goethe Anregung zur Iphigenie

7. ....
Philosoph und Goetheverehrer

8. ....
   Goethe-Gedicht

9. ....
   Ehem. Dorf bei Halle, wo Goethe gern weilte

10. ....
    Weibl. Figur aus einem Goethe-Drama

11. ....
    Palais in Weimar

12. ....
    Studentenlied von Goethe

13. ....
    Französischer Dichter, dessen Werke Goethe mit Aufmerksamkeit verfolgte

14. ....
    Mündel des Rat Goethe

15. ....
    Silhouetteur Goethes

16. ....
    Goethe-Uebersetzer

*

II.
Aus nachstehenden 14 Namen sind je drei Buchstaben, die nacheinander, aber nicht unmittelbar aufeinander folgen, herauszusuchen. Die 14mal 3 gefundenen Buchstaben aneinandergereiht führen die im Rätsel I begonnene Goethe-Zeile zuende.

1. Münchhausen;	2. Ibsen;
3. Winckler;	4. Wallace;
5. Neumann;	6. Sudermann;
7. Edschmid;	8. Wassermann;
9. Timmermanns;	10. Shakespeare;
11. Kaiser;	12. Vogelstein;
13. Eulenberg;	14. Wedekind.

*

III.

Das letzte Rätsel der Trilogie verrät Ihnen, aus welchem Gedicht Goethes die sich aus Rätsel I und II ergebende Zeile genommen ist. Aufgabe ist, von nachstehend genannten acht Dichtern oder Schriftstellern ein Bühnenwerk zu nennen. Haben Sie das richtige gefunden, dann müssen die Anfangs- und dritten Buchstaben von oben nach unten gelesen die Quelle der Goethe-Zeile ergeben.

sch zählt als 1 Buchstabe; ch = 2 Buchstaben; st gilt als 2 Buchstaben.

Es sind zu suchen Bühnenwerke von:

1. Immermann (Endbuchstabe »s«)
2. Fulda (Endbuchstabe »n«)
3. Goethe (Endbuchstabe »s«)
4. Feuillet (Endbuchstabe »a«)
5. Gottsched (Endbuchstabe »s«)
6. Plautus (Endbuchstabe »s«)
7. Elsholz (Endbuchstabe »n«)
8. Euripides (Endbuchstabe »s«)

*

Die Rätsel-Trilogie gilt erst dann als richtig gelöst, wenn die Goethe-Zeile und ihre Quelle genannt sind und bei I und III die zu suchenden Wörter bzw. Namen der Bühnenwerke angeführt sind.

(aus: Literarische Welt, 10. 6. 1932)

Goethe-Gesellschaft 1936

In seiner Ansprache wies Professor Petersen *[1936 Vorsitzender der Goethe-Gesellschaft, Anm. der Herausgeber]* auf die Schriften der Gesellschaft hin, insbesondere auf die Schrift des Herausgebers des Goethejahrbuches, Prof. Max Hecker, Weimar, »Schillers Tod und Bestattung«, in der alle Dokumente gesammelt sind, die sich auf dieses Thema beziehen. Die Schrift habe außerordentlich befreiend gewirkt angesichts einer tendenziösen Legendenbildung, die Goethe in Beziehung zu Schillers Tod setzte (Goethe soll Schiller angeblich vergiftet haben) und das Andenken dieses Großen unverantwortlich in Mißkredit bringe.

An Stelle des verhinderten Ministerpräsidenten und Reichsstatthalters ergriff dann der Gaukulturwart, Staatsrat Ziegler, das Wort (...) Er eröffnete der Versammlung, daß er anläßlich des Aufenthalts des Führers in Weimar Gelegenheit haben werde, im Hinblick auf die von Prof. Petersen erwähnten Angriffe auf Goethe ein Gesetz zum Schutze der Großen der deutschen Nation anzuregen. Selbstverständlich wird es stets ein besonderes Anliegen der nationalsozialistischen Wissenschaft sein, das Andenken der Großen der deutschen Nation rein zu erhalten (...)

(aus: Völkischer Beobachter, 9. 6. 1936)

Goethe, Düngung und Vieh
Von Günther Schulz

Das Düngen durch Pferche (der beweglichen Einzäunung der Schafherden) nimmt Goethe in der Rodacher Gegend wahr. Bei Alexanderbad nahm Goethe viele vierspännige Ochsenfuhren wahr, die Dünger und Kartoffeln zugleich auf die Äcker fuhren. In Heilbronn bemerkte er, daß die Straße jedem kleineren Hausbesitzer zum Misthof diene. Es war damals eine kleine Ackerbürgerstadt. Miststätten besah sich Goethe auch bei seinem Aufenthalt bei Meyer in Stäfa; daß Mistsotte auf die Saat gegossen wurde, fiel ihm am 26. Oktober 1797 in Eglisau auf. Das Gehöft des Landgeistlichen in den »Wanderjahren« wird auch durch die Erwähnung des Misthaufens geehrt.

Schöne Ochsen bewunderte Goethe nicht nur auf seiner Italienreise. In einem Ort an der Bergstraße sah er im Jahre 1797 »zwei schöne Ochsen, die der Postmeister im Frühjahr für 23 Karoli gekauft hatte. Jetzt müßten sie vor 18 zu haben sein. Die Kühe sind im Preis nicht gefallen.« In Sinsheim und Heilbronn, bemerkt er, habe das Vieh viel von der Viehseuche gelitten. Die Straße des Gotthards findet Goethe während der Zeit des Bellenzer Marktes mit Zügen sehr schönen Viehes belebt. Daran knüpfte er Berechnungen über den Reichtum des Landes.

(aus: Goethe und die bäuerliche Welt, 1940, neu aufgelegt im Verlag ›Blut und Boden‹ 1943)

Muß ausgerottet werden
Von Alfred Greiß

Der Geist der Zersetzung und der Herabwürdigung alles Deutschen, der jahrelang in Wort und Schrift dem deutschen Volke eingeimpft wurde und von jenen verantwortlichen Herren, die heute vom Auslande her, eine um so maßlosere Hetze gegen das neue Deutschland betreiben, muß ausgerottet werden. Für sie gelten die Worte aus Goethes Faust: »Und wenn ihr schreiet, wenn ihr klagt, – daß ich zu grob mit euch verfahre, – und wer euch heut recht derb die Wahrheit sagt, – der sagt sie euch auf tausend Jahre.«

(aus: Goethe und das neue Deutschland, in: Deutsche Bühne, 1933)

Ein tiefes Wort Goethes

Nach Baldur von Schirach

Ein zum Götzen eines abstrakten Ästhetentums und einer demokratisch-liberalen Vaterlandslosigkeit verfälschter Goethe habe nichts mit den marschierenden Kolonnen der Jugend des Dritten Reichs zu tun. Für manche habe wohl Goethe das Ideal einer durchaus individualistischen Bildung verkörpert und die »klassische« Schulbildung habe das bestätigt. In Goethes Werken aber solle man nachlesen, um zu finden, daß er eines anderen Geistes sei, als seine Interpreten es vielfach zu deuten versucht hätten. In Goethes Wahlverwandtschaften stehe das Wort: »Männer sollten von Jugend auf Uniform tragen, weil sie sich gewöhnen müssen, gemeinsam zu handeln.«

> (Baldur von Schirach vor der Hitlerjugend in Weimar, nach: Frankfurter Zeitung vom 16. 6. 1937 – *Selbstverständlich ist das Goethe-Zitat auch noch falsch, Anm. der Herausgeber.*)

Goethe und die Deutschen

Von Eugen Kogon und Thomas Wolfgang Goethemann

»So sollten es die Deutschen halten, darin bin ich ihr Vorbild: Welt empfangend und Welt schenkend, die Herzen weit offen jeder fruchtbaren Bewunderung, groß durch Verstand und Liebe, durch Mittlertum und Geist – denn Mittlertum ist Geist –, so sollten sie sein, und das ist ihre Bestimmung; nicht aber als Originalnation sich zu verstocken, in abgeschmackter Selbstbetrachtung und Selbstverherrlichung sich zu verdummen oder gar in Dummheit zu herrschen über die Welt. Unseliges Volk, es wird nicht gut ausgehn mit ihm, denn es will sich selbst nicht verstehn, und jedes Mißverstehen seiner selbst erregt nicht Gelächter allein, es erregt den Haß der Welt und bringt es in äußerste Gefahr.

Was gilt es, das Schicksal wird sie schlagen, weil sie sich selbst verrieten und nicht sein wollten, was sie sind. Es wird sie schlagen, über die Erde zer-

streuen, wie die Juden, – zu Recht, denn ihre Besten lebten immer im Exil, – und im Exil, erst in der Zerstreuung wird sich die Masse des Guten, die in ihnen liegt, zum Heil der Nation entwickeln und das Salz der Erde sein.

So trauen sie meinem Deutschtum nicht, spüren's wie einen Mißbrauch, so soll's wohl sein, wehleidig bin ich nicht. Aber daß sie die Klarheit hassen, ist nicht recht. Daß sie den Reiz der Wahrheit nicht kennen, ist zu beklagen, daß ihnen Dunst und Rauch und berserkerisches Unmaß so teuer sind, ist widerwärtig, – daß sie sich jedem verzückten Schurken gläubig hingeben, der ihr Niedriges aufruft, sie in ihren Lastern bestärkt und sie lehrt, Nationalität als Isolierung und Bosheit zu begreifen, daß sie sich immer erst groß und herrlich vorkommen, wenn alle ihre Würde gründlich verspielt ist, und sie so mit hämischer Galle auf die blicken, in denen die Fremden Deutschland sehen, ist miserabel.

Ich will sie garnicht versöhnen, sie mögen mich nicht, so sind wir quitt. Ich habe mein Deutschtum für mich, mag sie mitsamt ihrer boshaften Philisterei der Teufel holen. Sie meinen, sie sind Deutschland, aber ich bin's, und ginge es zu Grunde mit Stumpf und Stiel, es dauerte in mir. Gebärdet euch wie ihr wollt, das Weh abzuwehren, ich stehe doch für euch. Denn Deutschtum ist Freiheit, Allseitigkeit und Liebe; daß sie's nicht wissen, ändert daran nichts. Tragödie zwischen mir und diesem Volke. Ach was, man zankt mich, aber hoch oben, im leichten, tiefen Spiel will ich exemplarische Vergeltung feiern.«
    Goethe: *Gespräche mit Friedrich Wilhelm Riemer.*

*

Das kommt davon, wenn man keine Bibliothek mehr hat ...

Eine mir befreundete Dame hatte mir im Februar, zum Geburtstag, eine kleine, feine Gabe verehrt: von ihr selbst zusammengestellte Zitate aus Goethes Werken. Darunter befanden sich prachtvolle zweiunddreißig Zeilen mit verblüffenden Worten des Olympiers zu gewissen Zügen des deutschen Nationalcharakters. Von abgeschmackter Selbstverherrlichung, die den Haß der Welt errege, vom ähnlichen Schicksal der Juden, von berserkerischem Unmaß und von gläubiger Hingabe an jeden verzückten Schurken war die Rede, aber doch werde er, Goethe, mit seiner Welt empfangenden und Welt schenkenden Art, alle Zeit für das Deutschtum stehen. Besser konnte die Situation, nach dem Ablauf der dreizehn

Jahre nationalsozialistischer Schmach, kaum gekennzeichnet werden. Zwar verursachte das Nachdenken, wer wohl zur Zeit Goethes der »verzückte Schurke« gewesen sein mochte, dem sich die Deutschen gläubig hingaben, der ihr Niedriges aufrief, sie in ihren Lastern bestärkte und sie lehrte, Nationalität als Isolierung und Bosheit zu begreifen, einiges Kopfzerbrechen. Aber schließlich stand unter dem Zitat klar und eindeutig: »Gespräche mit Friedrich Wilhelm Riemer. Aus: Goethe-Gespräche ohne Eckermann. Insel-Verlag.« Und Bibliothek habe ich keine mehr. Zeit zu langem, mühseligem Nachforschen stand mir im Stadium der Vorbereitung der »Frankfurter Hefte« ebenfalls nicht zur Verfügung. Als daher der Aufsatz »Das deutsche Volk und der Nationalsozialismus« für die Mai-Nummer unserer Zeitschrift gesetzt wurde, schlossen wir das Zitat dem Aufsatz an: das war der i-Punkt, der noch gefehlt hatte.

Andere Leute haben noch Bibliotheken. Gott sei Dank. Und so kam Anfang Juni, nachdem mehrere Leser um Angabe der Seitenzahl gebeten hatten, wo in dem genannten Werk die Stelle zu finden sei, der erste Brief, der meldete, in der Insel-Dünndruck-Ausgabe »Goethes Gespräche ohne die Gespräche mit Eckermann« (ausgewählt von Biedermann) stehe das Zitat nicht und ein zweites, ähnliches Buch des Insel-Verlages sei nicht bekannt. Ich wandte mich an jene mir befreundete Dame, von der ich den Text erhalten hatte, und sie, eine Verehrerin und Kennerin Goethes, gestand mir, daß sie es doch mit der Angst bekommen habe, als sie die Stelle aus ihrem handgeschriebenen Geburtstagsbändchen in den »Frankfurter Heften« gedruckt gefunden habe; das Zitat sei ihr einige Zeit vorher von einer anderen Dame gegeben worden, sie selbst besitze die bezeichnete Insel-Ausgabe leider nicht, sie habe sich bereits an die Freundin um Aufklärung gewendet..., kurzum: cherchez la femme et la source!

Weitere Briefe trafen zu unserem Schmerz und zu unserer Freude ein (zu unserer Freude, weil es zeigte, daß vielen die klassische deutsche Bildung und die alte deutsche Genauigkeit in der Quellenangabe neben den schrecklichen Sorgen des heutigen Alltags noch immer ein wahres Anliegen ist!). Wir wurden darauf aufmerksam gemacht, daß in der »Neuen Zeitung« ein Beitrag von

Professor Beutler erschienen sei, der aktuelle Goethe-Worte behandelt habe; unter ihnen hätten sich mehrere Bestandteile des von uns gebrachten Zitates befunden. Wir atmeten auf: also wenigstens Dichtung u n d Wahrheit, nicht bloß Dichtung! Dann kam gleich von mehreren Seiten die volle Aufklärung.

»Das ›Goethe-Zitat‹ ist mir schon vor einigen Wochen aus dem Bekanntenkreis zugetragen worden«, schrieb aus Heidelberg Walter C. G. Schmitthenner. »Ein Freund im Detmoldischen, den ich um Rat fragte, wo dieses Aufsehen erregende und bislang unbekannte Wort zu finden sei, antwortete, es stamme von Thomas Mann und stehe in dessen ›Lotte in Weimar‹. Tatsächlich entdeckte ich es im siebten Kapitel des genannten Buches (Stockholm 1944), wo es Goethen anläßlich einer morgendlichen Meditation, bevor er den Kammerdiener Carl entließ, um John, den Schreiber, kommen zu lassen, von Thomas Mann in den Mund gelegt wird. Der Anonymus, der das ›Goethe-Zitat‹ kompilierte, hat es aus den Seiten 327, 329 und 330 zusammengestellt. Entweder er oder die von Hand zu Hand gehende Tradition schuf die merkwürdigen Veränderungen, welche Thomas Manns Wortlaut bis zu der bei Ihnen abgedruckten Form annahm, – ein besinnlicher Fall für modernste Text- und Überlieferungskritik! Aber auch zu anderweitigen Überlegungen ist Anlaß genug: Problematik des historischen Romans, Lebendigkeit Goethes unter uns, Wesen der Anekdote usw. Und ein Goethe-Philologe könnte es unternehmen, die einzelnen Sätze, zumindest dem Inhalt nach, aus dem gesamten Werk zu belegen. Für den Vergleich zum Beispiel mit den Juden, deren Schicksal Goethe den Deutschen prophezeit, finden sich gleich in der erwähnten Dünndruck-Ausgabe mehrere Stellen.

Für Sie mag die Aufmerksamkeit, mit der ein nach zwei Heften Ihrer Zeitschrift schon stattliches Publikum ihnen folgt und deren gewiß nicht einziges Zeichen ein solcher Brief ist, wie ich hoffe, nicht unwillkommen sein. Denn schließlich geht es in dem mystifizierten Abschnitt auch um eine Stellungnahme zur gegenwärtigen deutschen Situation. Und da dürften wohl alle Einsichtigen Thomas Mann-Goethe rechtgeben.«

Dürfen wir, der Sicherheit halber, anfügen, daß die von den

»Frankfurter Heften« veröffentlichten, gleichfalls verblüffenden Heine-Zitate echt sind und nicht etwa von Heinrich Mann stammen!

(aus: Frankfurter Hefte, 1946)

Aus dem Volksvermögen
Von N. N.

Goethe spielt Flöte
Auf Schiller seinem Diller

Schiller – Goethe
Zauberflöte

Goethe sprach zu Schiller
Hol aus dem Arsch nen Triller
Schiller sprach zu Goethe
Mein Arsch ist keine Flöte

Kennst du das Gedicht von Goethe?
Eines Abends gingen späte
Eine Wassermaus und Kröte
Einen steilen Berg hinauf
Sprach die Wassermaus zur Kröte:
Kennst du das Gedicht von Goethe –

Vadda und Kind
Reiten im Wind
Kommt 'n Mann
Quatscht se an
Ob der Kleene
Nich mitkomm' kann
Vadda sacht: Nee
Kind: Wehweh
Vadda nach Haus
Kind tot, aus

(aus: Peter Rühmkorf, Über das Volksvermögen, 1967)

Volkstümlicher Denkmals-Entwurf
Von F. K. Waechter

GOETHE SPIELT FLÖTE
AUF SCHILLER SEIN' PILLER

Goethe sprach zu Schiller
Von Reinhard Umbach

Goethe sprach zu Lessing:
»Dein Fahrrad ist aus Messing.«
Lessing drauf zu Goethen:
»Ich merke es beim Löten.«

Schiller sprach zu Goethe:
»Dein Knie zeigt langsam Röte.«
Goethe sprach zu Schiller:
». . . und deines wird schon lila.«

Bürger sprach zu Schiller:
»Der Goethe ist ein Killer.«
Schiller drauf zu Bürger:
»Ich halt' ihn mehr für'n Würger.«
Und was meinte Hölderlin?
»Könnt' ihr mal den Dolch rausziehn?«

»Grüß' euch, Goethe!« – »Schiller, Bester,
ist das wieder ein Silvester!
Dies Feuerwerk und dann die Kracher
von Freund und Bruder Schleiermacher!«

(1982)

Cotta – Cottadämmerung
Von Dieter Höss

Klassische Kulisse, von Greifen bevölkert.

ERSTER GREIF
    Alle Werke von Goethe, dem unsterblichen,
    publizieren wir ganz!

ZWEITER GREIF
　　Alle guten, die unsterblichen –
DRITTER GREIF
　　– alle schlechten, die unsterblichen, ganz!
EIN VIERTER GREIF TRITT AUF UND RUFT
　　Nur wer in Auswahl liest, liest angenehm!
DIE DREI ANDEREN GREIFEN SCHREIEN ENTRÜSTET AUF
　　Verräter!
Sie machen sich daran, über ihn herzufallen.
VIERTER GREIF
　　Ach Cottacottacott!
Er entflieht in Richtung Insel-Goethe.

　　　(aus: ... an ihren Büchern sollt ihr sie erkennen, 1966)

Drei Schüttelreime

Von Benno Papentrigk (Anton Kippenberg)

Als W. P. einen schönen Titel erhielt

Wer das Zeug zum Schüttelgereim hat,
Der ist der geborne Geheimrat!

Idyll

Auf Winsen sich die Ruhe legt,
Kein Windeshauch die Luhe regt.
Da hebt Gemuh, Gemecker an:
Die Herde heim treibt Eckermann.

　　(*Eckermann begann seine Laufbahn in Winsen an der Luhe als Hirtenjunge. Anm. der Herausgeber.*)

Taufworte orphisch

Heiliger Taufakt:
Mahd wird gesät.
Seliger Auftakt:
Saat wird gemäht.

(aus: Schüttelreime, 1971)

Wo bleibt die Weltausgabe?

Im Rahmen einer Buchreihe europäischer Klassiker erschienen Goethes bekannteste Gedichte neben Schillers »Kabale und Liebe« sogar in der Mundart der Burjat-Mongolen. Dieses hauptsächlich am Baikalsee, in Transbaikalien und im südlichen Irkutsk in Sibirien ansässige Volk hat seine ursprüngliche Sprache in großer Reinheit bis zur Gegenwart bewahrt. Die Übersetzungen der deutschen Klassiker wurden in einem neuen Alphabet gedruckt, das eigens für die Burjat-Mongolen herausgegeben wurde und insgesamt 32 Buchstaben umfaßt. Einige davon sind als Ergänzungen für besondere Laute der burjat-mongolischen Sprache gedacht.

Die Krönung aller dieser literarischen Erscheinungen bildet die Goethe-Weltausgabe, mit der im Jahre 1936 durch das Goethe- und Schillerarchiv in Weimar begonnen wurde.

(aus: ›Faust‹ in Addis Abeba, Göttinger Tageblatt, 4. 6. 1954)

Die fünf Größten

Von Gustave Flaubert

Was mir als das Höchste in der Kunst erscheint (und als das Schwierigste), ist nicht, Lachen und Weinen hervorzurufen, nicht, jemand in Brunst oder in Wut zu versetzen, sondern auf dieselbe

Weise wie die Natur zu wirken, das heißt *zum Träumen zu bringen*. Die sehr schönen Werke haben diese Eigenschaft. Sie sind von gelassen heiterem Äußeren und unverständlich. Was ihr Verhalten betrifft, so sind sie reglos wie Felsen, tosend wie der Ozean, voll von Keimen, von Blattwerk und Gemurmel wie die Wälder, traurig wie die Wüste, blau wie der Himmel. Homer, Rabelais, Michelangelo, Shakespeare, Goethe erscheinen mir *mitleidslos*.

(aus: Brief an Louise Colet, 26. 8. 1853, übersetzt von Helmut Scheffel)

Die vier Größten I

Von T. S. Eliot

Ich weiß nicht, ob es einen Maßstab gibt, an dem man die relative dichterische Größe Goethes und Wordsworths ablesen kann, aber das Gesamtwerk Goethes hat eine solche Weite und Tiefe, daß es ihn als den größeren Menschen erweist (...) Wenn ein Vergil, ein Dante, ein Shakespeare, ein Goethe geboren wird, so bestimmt das den weiteren Verlauf der gesamten europäischen Literaturentwicklung.

(aus: Notes towards the Definition of Culture, 1948, übers. von Gerhard Hensel)

Die vier Größten II

Von Gottfried Benn

Wenn Sie die vier größten Geister der abendländischen Kultur nennen, sagen wir Plato, Michelangelo, Shakespeare und Goethe, so waren zwei davon notorisch homoerotisch, einer fraglich, frei von Triebvarianten scheint nur Goethe gewesen zu sein.

(aus: Altern als Problem für Künstler, 1954)

Absage

Von Cesare Pavese

9. März. Die vier Mächtigsten – umfassende, unausschöpfliche, vieldeutige, moderne Welten – sind Plato, Dante, Shakespeare und Dostojewski.

(aus: Das Handwerk des Lebens, Tagebuch 1935–1950)

Kennzeichen G

Von Karl Hoche

I. Goethe DDR

Kultusminister Hans-Joachim Hoffmann
Was Faust einst als unnütze Studien empfand, setzt unsere schaffende Intelligenz Schulter an Schulter mit den Arbeitern und den werktätigen Bauern beim Aufbau unserer sozialistischen Gesellschaft ein. Was Gretchen erlitt, hat ein vorbildlicher Mütter- und Gesundheitsschutz inzwischen beseitigt. Das Goethewort »Auf freiem Grund mit freiem Volke stehn!« hat die Deutsche Demokratische Republik nicht nur erfüllt, sondern übererfüllt, sorgt doch der antifaschistische Schutzwall dafür, daß das »freie Volk« den »freien Grund« nicht verläßt. So erweist sich die DDR wieder einmal als die zuverlässigste Hüterin und Wahrerin der besten humanistischen Traditionen unseres Volkes.

II. Goethe BRD

»Hessische Rahmenrichtlinien – Deutsch«
Die Didaktik der sprachlichen Kommunikation hat Störfaktoren, die die Organisation der Kommunikationsprozesse bei den Schülern beeinträchtigen, curricular zu eliminieren. Dazu gehört beispielsweise Goethe, der als überholter Repräsentant der »Hochsprache« die weitere Systematisierung von Sprachbarrieren tenden-

ziell herstellt und überkommenes gesellschaftliches Rollenverhalten funktional determiniert, indem er als desensibilisierender Faktor die Schüler bei der sprachlichen Formulierung und Durchsetzung ihrer Interessen (emanzipatorischer Kampf gegen die Grammatik als Herrschaftswissen) hindert. Sollte der Name Goethe, von außen (mittelständische Eltern) eingebracht, eine Behandlung in der Schule motivieren, ist wie bei den anderen zu analysierenden Mustern sprachlich konstituierter Manipulationstechniken (Schlager- und Werbetexte, Dialoge in TV-Western etc.) eine lernzielorientierte, adäquate Strukturierung des linguistischen Problemfelds dahingehend zu realisieren, daß schichtenspezifisch die Frage zu beantworten ist: Wem nützt die »Marienbader Elegie«?

Kultusminister Prof. Hans Maier (Bayern)
Auf wiederholte besorgte Anfragen aus dem bayerischen Lehrerkreis, ob man Goethe im Unterricht behandeln solle, obwohl er kein Christ gewesen sei, wird hiermit folgendes bestimmt: Johann Wolfgang von Goethe ist ein integraler Teil unserer abendländischen Kultur, die es gegen den Ansturm der Barbaren aus dem Norden der Bundesrepublik und aus dem von der Sowjetunion versklavten Teil unseres Vaterlandes zu verteidigen gilt. Sein Beispiel dient der charakterlichen und sittlichen Festigung der Schüler und ihrer willigen Einordnung in die Gemeinschaft. Die Tatsache, daß er, obwohl ein Bürgerlicher, einem Fürsten diente, verpflichtet zu dem Hinweis, daß eine regierungsfähige christliche Partei auch von Nicht-Christen gewählt werden kann. Um die parteipolitische Neutralität des Unterrichts zu gewährleisten, ist dieser Hinweis mit der Feststellung zu ergänzen, daß eine nichtchristliche Partei für einen Christen selbstverständlich nicht wählbar ist.

Hans Habe
Ich finde es nicht fair, Goethe sein hohes Einkommen aus schriftstellerischer Arbeit vorzuwerfen. Gute Qualität hat nun mal ihren Preis, auch wenn Desch gewiß nicht Cotta ist. Im übrigen sind niedrige Honorare nicht die schlechteste Bestrafung für die spätpubertären Ferkeleien sogenannter »kritischer«, rosa angehauchter literarischer Neutöner.

Bernt Engelmann
Der Showmaster der Gang, die unter dem Profi-Namen »Fürsten« ihre Untertanen ausquetschte, hieß Goethe. Während »des geschaukelten Betts lieblicher knarrender Ton«, so Goethe, den Jubel ihrer Mätressen erregte, knarrten die Gelenke der geschundenen Fronbauern.

Rudolf Hagelstange
Goethe war ein Dichter und ein Herr. Kein Wunder, daß er nicht mehr verstanden wird in einer Zeit, die die wenigen, die sie davon noch hat, verleugnet.

Katia Mann
Ich mochte Goethe immer gern. Er hatte so prachtvolle große Augen, nicht wahr? Seine Büste stand in der Bibliothek meines Vaters. Thomas Mann hat dann auch sehr viel von ihm gelesen. Ich glaube, er schrieb doch ein bissel besser als Goethe, weil er eben keine Christiane Vulpius geheiratet hatte. »Heinrich! Mir grauts vor dir!« war ein geflügeltes Wort in der Familie von Thomas Mann, lange bevor mir der amerikanische Präsident sagte, daß es eigentlich von Goethe stammte.

Wolf Wondratschek
Zu lange Sätze.

Prof. Heinz Haber
Liebe Zuschauer. Die Farbenlehre Goethes ist etwas kompliziert. Vereinfacht dargestellt bedeutet sie, daß Sie von einem Farbfernseher mehr haben als von einem Schwarzweißgerät, oder »am farbigen Abglanz haben wir das Leben«, wie Goethe sagt. Diejenigen unter Ihnen, die mich in Farbe sehen können, können das leicht ausprobieren, wenn Sie jetzt einmal die Farbe wegnehmen. Aber drücken Sie bitte nicht den Ausschaltknopf, ich habe noch eine wichtige Mitteilung für Sie. So, und jetzt schalten wir die Farbe wieder ein. Alle Zuschauer, auch diejenigen, die nur Schwarzweißgeräte haben, können das gleiche Experiment machen, indem sie ein besonders farbig geschriebenes Buch, also eins von mir, mit einem anderen vergleichen. Die Titel meiner Bücher lauten: . . .

Willy Brandt

Goethe hat sich als Minister besonders um die Wiederaufnahme des Bergbaus in Ilmenau gekümmert, wobei er die Erfahrung machen mußte, daß nicht alles gelingt, was sich ein Politiker vornimmt. Auch ich habe mich, entgegen den Behauptungen der Miesmacher in der Presse, in durchaus konkreter Weise mit der Innenpolitik beschäftigt. Dabei nahmen, wie bei Goethe, die zu sichernden Rohstoffquellen einen hervorragenden Platz ein. Eine Formel wie »mehr Demokratie wagen« hätte er allerdings nicht gebraucht, was vielleicht damit zusammenhängt, daß alle seine Formulierungen von ihm selbst stammten. Einige wenige meiner Parteifreunde würden es auch nicht verstehen, daß Goethe immer reichlichen Umgang mit dem Damenflor hatte. Der politisch interessierte Leser wird nicht erstaunt sein, wenn ich sage, daß wir beide alles in allem recht erfolgreich waren.

Bundesgerichtshof

Gem. § 1922 Abs. 1 BGB geht mit dem Tode einer Person deren Vermögen auf den Erben über. Das gilt gem. § 857 BGB auch für den Besitz. Die hier angezogene Rechtsmeinung des Praktikanten am Reichskammergericht in Wetzlar, Johann Wolfgang Goethe, wonach das, was man von den Vätern ererbt habe, erworben werden müsse, um es zu besitzen (»Faust«, Erster Teil) ist damit, da dem Wortlaut des Gesetzes widersprechend, rechtsirrig.

(Urteil vom 11. 11. 11 Uhr 11. Nicht veröffentlicht.)

(aus: Das Hoche Lied, 1976)

Goethe in dieser Zeit
Von Ha.

Den Aktivisten im Lande ist die Regierung von Nordrhein-Westfalen nicht aktiv genug; strapaziert durch zwei Wahlen im Jahr, versäume sie nun, so behauptet man, das Regieren. Doch der

Augenschein trügt. Augenblicklich befaßt sie sich sogar mit Goethe, Johann Wolfgang, gen. John. Der Dichter ist zwar mancherorts weg vom Fenster und raus aus den Lesebüchern, im Kultusministerium ist er jedoch gegenwärtig. Da hat ein Lehrer an einem hiesigen Gymnasium ein »Info-Papier« mit dem Text eines Düsseldorfer Kom(m)ödchentexters verteilt, um auf diese Weise den Goethemuffeln in seiner Klasse den Dichter näherzubringen. Im Text heißt es, daß Goethe unter ungeheuer reaktionären Umständen in einem Riesenhaus aufgewachsen, ohne Abitur zum Studium in die DDR gereist und da ungeheuer kreativ und kommunikativ gewesen sei; in der Ehe habe er einen Horrortrip gesehen und es für »beschissen« gehalten, nicht in einer Wohngemeinschaft leben zu können. So sei er ausgeflippt und habe den »Werther« geschrieben. – Ein hübsches Geschichtchen, zwar nicht eben von Goethe für seine Leser, wohl aber von einem Komödianten für seine abendlichen Zuhörer; ob auch für Schüler in der Klasse, das eben möchte nun ein Abgeordneter von seiner Landesregierung wissen. Dabei liegt die gute Absicht auf der Hand. Bedenkt man nämlich, wie ahnungslos und fast schon dumm-selbstherrlich diese unsere Zeit mit dem Leben und Werk anderer umzugehen beliebt, so ist es fast schon rührend, kommunikativ oder echt nett, wie jener Lehrer die Lebensmaße Goethes für die Maße heutiger Sprößlinge zurechtschustert. Doch warum sollen sich die armen Kinderchen überhaupt noch mit Goethe aufhalten? Nur weil auch er »ausflippte« und das Studium für »beschissen« hielt? Das tun sie doch selbst oder tun so. Diese Frage hat fast nichts mehr mit Lehrern und nicht einmal etwas mit Kultusministern zu tun. Der Text wirkt so treffend-lustig, weil er wenig, fast nichts mit Goethe, aber viel mit den Zuhörern und am allermeisten mit dem zu tun hat, was man die gesellschaftlichen Verhältnisse nennt. Weswegen auch der Kultusminister, selbst wenn er es wollte, nicht viel ändern kann. Denn die »Verhältnisse«, so hat ein anderer Dichter, ein Dichter dieser Zeit gesungen, »sie sind nicht so«.

(aus: Frankfurter Allgemeine Zeitung, 15. 11. 1980. *Vgl. dazu auch Hoches Text ›Info-Papier‹ im Kapitel ›Zur Person und zur Sache‹; Anm. der Herausgeber.*)

Gar keine Chance auf Sterblichkeit

Von Arno Schmidt

Mein Blick blieb an dem Namen ›Goethe‹ hängen, und ich las:
24. November 1955:
- 141 Zitationen in Zeitschriften
- 46 Zitationen in Büchern
- 81 Zitationen in Rundfunksendungen
- 93 mal auf Anschlagsäulen gestanden (Vorträge in Volkshochschulen)
- 1411 mal in Schulaufsätzen vorgekommen
- 804 mal in Privatbriefen
- 529 mal der Name in Gesprächen gefallen
- 460 mal Verszeilen ohne Namensnennung zitiert (davon 458 mal fehlerhaft).

»Ja, der hat gar keine Chancen!« bemerkte mein Begleiter wegwerfend.

(aus: Tina oder über die Unsterblichkeit, 1966)

Solide Grundlage

Von Hans Christoph Buch

Ich bin kein Goethespezialist und habe auch nicht vor, einer zu werden. Meine Kenntnis dessen, was man klassisches Kulturerbe nennt, ist begrenzt. Von Goethe gelesen habe ich nicht viel mehr, als was uns auf Schule und Universität lustlos eingepaukt wurde: die Jugenddramen »Götz« und »Egmont«, »Werther« und »Wilhelm Meister«, »Faust« und »Hermann und Dorothea«. Die ›Iphigenie« und die »Wahlverwandtschaften«, die »Italienische Reise« und die »Kampagne in Frankreich«, die »Farbenlehre« und die »Metamorphose der Pflanzen« kannte ich nur vom Hörensagen; meine Bekanntschaft mit Goethes Lyrik beschränkte sich darauf, die Entstehungsdaten der wichtigsten Gedichte auswendig zu lernen. Gemessen an heutigen Bildungsplanern, die die Literaturgeschichte am liebsten ganz aus dem Deutschunterricht verbannen möchten – der einzige Schriftsteller, der in den hessischen Rahmenrichtlinien für das Fach Deutsch vorkommt, ist ein Franzose: Queneau –, mag das schon wieder als eine solide Grundlage erscheinen.

> (aus: Der »menschlichste aller Menschen«, Retuschen an meinem Goethebild, in: Von Goethe lernen? Literaturmagazin 2, hrsg. von Hans Christoph Buch. – *Ohne Frage stehen die frühen Buch'schen Goethe-Erfahrungen sehr repräsentativ entweder für die vor allem gymnasial antrainierte Goethe-Aversion jüngerer und jüngster Generationen, wohl auch älterer – oder aber für massive Selbsttäuschung und Selbstbeschwörung der Art, Lesefaulheit und schon pathologische Interesselosigkeit mit einem Alibi auszurüsten; hessische Rahmenrichtlinien hin und her. 99 Prozent älterer und gegenwärtiger deutscher Gymnasiasten dürften hier im Tenor identisch lamentieren. Spannend schon fast wäre in diesem krausen Zusammenhang zu erfahren: 1. wem je Goethe auf dem Gymnasium schon Freund und Wohltat war und 2. wo, um Gotteswillen, Herr Wondratschek, Goethe heute den Deutschunterricht noch okkupiert, indessen Georg Büchner ausgesperrt bleibt. Das Neoklischee, die reine Lüge wider besseres Wissen. Anm. der Herausgeber.)*

Goethes Nachfahr

Von N. N.

Zu dem diesjährigen, in Ossiach, Kärnten, stattfindendem Symposium, zu dessen Teilnahme Physiker, Geophysiker, Psychophysiker, Neuropsychologen, Psychologen, Parapsychologen, Psychomatiker, Kybernetiker, Experimentalmediziner und Musiksoziologen aus aller Welt geladen sind, wurde von R. Maedel, Professor an der Hochschule für Musik in Salzburg und Begründer des Instituts für musikalische Grundlagenforschung, der Nördlinger Forscher Carl Jung als Referent von Teilen seiner Forschungsergebnissen vorgeschlagen.

Das von den Amerikanern, an ihrer Spitze Prof. Roeder von der Universität Denver und dem ORF organisiert und finanzierte, alle zwei Jahre stattfindende Symposium dient dem Ziel, alle Wissenschaften zu koordinieren und dem Ausgangspunkt, der Naturwissenschaft zuzuführen. Hauptsächlich soll der in der menschlichen Hirnrinde endende materielle Prozeß nun in seiner Transformation durch die Psychologie erhellt werden. Wie Prof. Dr. Revers von der Universität Salzburg und enger Mitarbeiter von Herbert von Karajan auf dem letzten Symposium feststellte, steht man hier ratlos vor den »weißen Flecken auf der Landkarte«.

Der Nördlinger Forscher Carl Jung, Inhaber des »Instituts für harmonikale Grundlagenforschung« (als Pädagoge, Dirigent, Komponist, Instrumentator, Theoretiker, Praktiker auf vielen Instrumenten mit jahrzehntelanger Erfahrung), hat in jahrelanger, stiller, von der Außenwelt kaum beachteten Forschungsarbeit Gesetze entdeckt, deren Richtigkeit bereits von namhaften Professoren geprüft und anerkannt wurden. Die Mannigfaltigkeit der Forschungsergebnisse, die, nebst einem fundierten Wissen viel Intuition verlangt, hat einen Umfang erreicht, der Staunen ob solch gewaltiger Arbeit erregt. Allein die Mitteilung des Vorsitzenden des Vereins Geistig Schaffender, H. Gasteiner an Herbert v. Karajan, gibt einen Einblick in die Arbeit innerhalb des musikalischen Bereiches, da hier steht: daß das von Jung aufgestellte Harmonie-Gesetz die bedeutendste Theorie ist und die von Schönberg und Hindemith ad acta legt, daß die Tragweite dieser Erkenntnisse weit über den Rahmen der Musik hinaus gehen und physikalischen und philosophischen Neuerungen den Weg öffnen. Gasteiner will diese Erkenntnisse der UNESCO zur Veröffentlichung überreichen. Viel bedeutender als dieses Harmoniegesetz hält Jung die Integration aller Gesetze in harmonikalem Gesetz. Die Gesetze der Mathematik, des Wachstums (nach Fibonacci), der Halbwertszeit des Atomzerfalls, der Quantentheorie, der Relativität usw. ... Die Musikwissenschaft, deren Bedeutung für alle Zweige des menschlichen Lebens nur von Wenigen geahnt, durch ihre Größe noch nicht allgemein begriffen wurde, umfaßt alle Sparten, deren sich der menschliche Geist bedient.

Für die Musikwissenschaft dürfte das Auffinden aller Tonarten und -leitern, ob abendländisches Dur und Moll, ob die persisch-arabischen 17 Stufen-Tonleiter oder die Indische Ma- oder Sagrama mit ihren 22 Stufen, aus den Obertonreihen den Abschluß eines Jahrhunderte dauernden Suchens bedeuten. Das gleichzeitig damit entdeckte Trinitätsgesetz, ein nachweisbares phänomenales Gesetz der Dreiteiligkeit, verleiht dem Dogma der Kirche eine reale Basis.

Ob nun Jung aus der Vielzahl seiner Entdeckungen, die auf einem ganz andern, wie bisher angenommen, tonalen Teilungsgesetz ruhende temperierte Harmonie-Lehre, seine philosophisch-psychischen Erklärungen, seine Kugel-Hypothese, seine Relativitätstheorie, seine aus natürlicher und temperierter Harmonie entwickelter Formen wie gleichseitiges Dreieck, Quadrat-Kubus, Pentagramm, Hexagramm, Heptagramm, Zwölfteiligkeit usw. als Thema vorschlägt, ist noch nicht entschieden. Fest steht jedoch die Zukunftsträchtigkeit all dieser Entdeckungen, die die gesamte Wissenschaft auf eine neue Ausgangsbasis stellt, auf das harmonikale Gesetz des Alls. Unabsehbar sind die dieser Weltanschauung ihrer Entdeckung harrender Gesetze.

(aus: Nördlinger Bote, 1976; *alle Grammatik- und Druckfehler des Originals wurden erhalten; Anm. d. Herausgeber.*)

J.W. von Goethe schrieb diesen Brief am 27. Juni 1817.

Fachinger. Das Lieblingswasser der Anspruchsvollen und Gesundheitsbewußten.

Wasser gibt es viele. Fachinger nur eines. Unübertroffen in Zusammensetzung, Reinheit und Wirkung. Wohltuend für Magen, Darm und Galle. Stoffwechselanregend, kohlensäurearm und belebend. Wohlschmeckend, verdauungsfördernd und bekömmlich. Ideal für die schlanke Linie, erfrischend und gesund. Zur Vorbeugung und in der Rekonvaleszenz. Denn nur Fachinger enthält 11 von 14 lebenswichtigen Spurenelementen. Fachinger. Rein natürlich.
Zu Hause und in guten Restaurants.

STAATL. FACHINGEN

...denn Gesundheit ist unser höchstes Gut.

STAATL. FACHINGEN: Für Magen, Darm und Galle, gegen Mineralstoffmangel und Sodbrennen. Staatl. Mineralbrunnen, 6251 Fachingen/Lahn.

...schon Goethe hat es bewiesen:

Goethe (1749–1832)
Johann Wolfgang von Goethe, großer deutscher Dichter. Sein universelles Genie führte zu einer völligen Wandlung des europäischen Kulturbewußtseins und machte ihn zu einem der größten weltlichen Lebenslehrer. 82-jährig vollendete er noch „Dichtung und Wahrheit" sowie „Faust 2. Teil", Werke in denen Sinn und Gesetz des Lebens zu zentralen Themen wurden.

Körperlich und geistig vital bis ins hohe Alter

Die körperliche und geistige Vitalität des berühmten Johann Wolfgang von Goethe muß **heute** keine Ausnahme mehr sein. Denn die moderne Wissenschaft hat nicht nur die Ursachen von Altersbeschwerden erkannt, sondern auch Möglichkeiten geschaffen, Körper und Geist bis ins hohe Alter vital zu halten.
Vita-Gerin-Geistlich ist eine Vital-Therapie von eigens auf den alternden Organismus abgestimmter Zusammensetzung. Es enthält DMAE (2-Dimethylaminoaethanolorotat), eine körpereigene Substanz, die mit zunehmendem Alter nur noch begrenzt produziert werden kann. Folge dieses Mangels sind Altersbeschwerden.
Vita-Gerin-Geistlich führt dem Körper das fehlende DMAE als biologischen Baustein gegen den Altersabbau zu. Dadurch wird der Gehirn- und Zellstoffwechsel angeregt und vorzeitigem Altern vorgebeugt.
Darüber hinaus enthält Vita-Gerin-Geistlich lebenswichtige, vitalisierende und regenerierende Wirkstoffkombinationen. Sie dienen gezielt der Vorbeugung und Behandlung von Abnutzungserscheinungen, tragen dazu bei, das Entstehen von Arteriosklerose zu verhindern und wirken dem Vitamin- und Mineralstoffmangel entgegen. Durch die Verbesserung der Eiweißsynthese werden Kreuz- und Rückenschmerzen gemildert und die Belastbarkeit der Wirbelsäule erhöht. Jede Kapsel Vita-Gerin-Geistlich gibt dem alternden Organismus was er braucht, um körperlich und geistig vital zu bleiben.

Vita-Gerin-Geistlich®
mit biogenem DMAE*

Die Vital-Therapie für Körper und Geist

100 Kapseln

Cassella-med GmbH, 5000 Köln 1
Ein Unternehmen der Hoechst-Gruppe

Vita-Gerin-Geistlich®
Die Vital-Therapie für Körper und Geist

Erhältlich in Ihrer Apotheke

Vita-Gerin-Geistlich® Anwendungsgebiete: Verhütung und Behandlung von Mangelzuständen und Abnutzungserscheinungen im Alter wie nachlassende geistige und körperliche Leistungsfähigkeit, Gedächtnisschwäche, Niedergeschlagenheit, Durchblutungsstörungen, schlechter Schlaf, verzögerte Rekonvaleszenz, Vitamin- und Mineral-Mangelzustände. **Gegenanzeigen:** Epilepsie, Eisenkumulation und Eisenverwertungsstörungen. **Nebenwirkungen, Unverträglichkeiten:** Bei vorschriftsmäßiger Einnahme und Dosierung sind bisher keine Unverträglichkeiten oder Nebenwirkungen bekanntgeworden. Cassella-med, 5000 Köln 1

Liebesdramen großer Namen

Irving Wallace, Amy Wallace, David Wallechinsky, Sylvia Wallace

Rowohlts indiskrete Liste

von Kleopatra bis Elvis Presley
Ehen, Verhältnisse, Amouren und Affären berühmter Frauen und Männer

Ca. 448 Seiten. Kart. **DM 26,–** (Erstverkaufstag: 11. September)

Was in den Biographien berühmter Frauen und Männer meist
nur diskret gestreift wird, ist in diesem Buch Thema Nr. 1:
ihr ganz privates Leben, ihre Liebesbeziehungen,
ihre sexuellen Eigenarten und Probleme.
Die Großen und Genialen der Welt- und Geistesgeschichte
«unterhalb der Gürtellinie» einmal **nicht** von dem sprichwörtlichen
Feigenblatt verdeckt.

ROWOHLT

225 JAHRE →))))) GOETHE

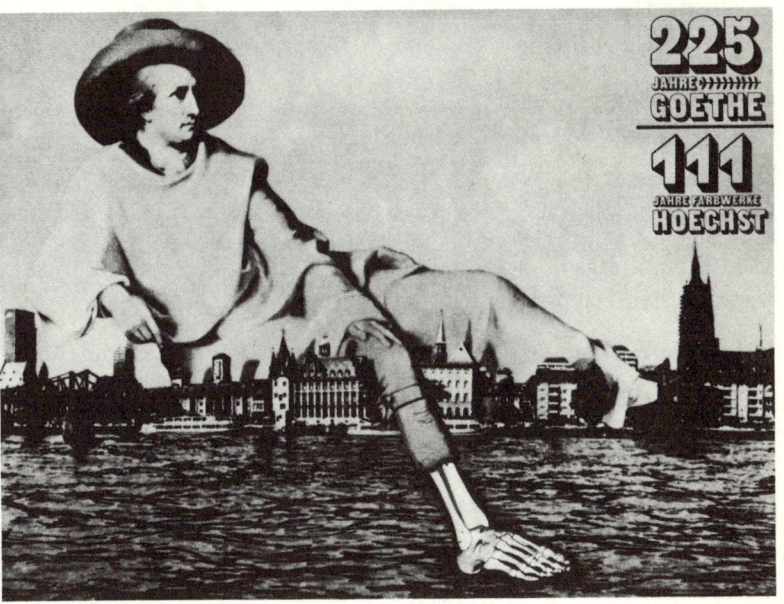

225 JAHRE →))))) GOETHE

111 JAHRE FARBWERKE HOECHST

Vom Goethe-Shop zum Goethe-Haus

Goethe Blumen 1 Goethestr. 10	28 35 73
Goethe-Apotheke Apotheker: Dr. Herbert Lührmann 1 Oeder Weg 51	55 66 21
Goethe-Shop 1 Großer Hirschgraben 28	29 27 75
Göthe Achim 1 Steuernagelstr. 80	73 17 93
Goethe Elisabeth 60 Karbener Str. 10	45 01 95
Göthe Heinz PBeamter 71 An der Herrenwiese 109	66 39 51
Goethe Hermann 1 Kelkheimer Str. 5	73 26 81
Göthe Ursula 1 Oeder Weg 142	55 55 81
Göthe Ursula 1 Steuernagelstr. 6	73 66 15
Goethe Wolfgang 50 Gerhart Hauptmann Ring 278	58 19 48
Goethe Wolfgang Kfm. 90 Egestr. 103	76 31 00
Goethe-Haus u. Goethe-Museum 1 Großer Hirschgraben 23	28 28 24 29 18 84

(aus: Amtliches Fernsprechbuch Frankfurt am Main 1979/80)

Glücklicher Goethe
Von H. E. R.

Zugegeben, als Dichter steht er zur Zeit nicht allzu hoch im Kurs. Aber vor dem Lebenskünstler, dem glücklichen Globetrotter, dem Götterliebling Goethe darf man immer noch den Hut ziehen. Nicht etwa, daß unsereiner sich mit ihm vergleichen wollte. Jedoch: Wann haben wir, die wir immerhin berufsmäßig reisen und nicht nur so nebenbei als Dichter und Minister, statt einer halbwüchsigen, ungewaschenen Anhalterin schon einmal eine unsterbliche Mignon am Straßenrand winken sehen? Warum, frage ich, klopfte die reizende Bedienung im Gasthof an seine Schlafkammertür und schlüpfte zu ihm unter die Decke, während unsereins – solo und sauer im Doppelbett – vergebens auf leise nahende Schritte auf dem Flur lauscht? Und was schreibt er aus der Schweiz, der glückliche Goethe? »So sind mir die frühe Nacht und die allgemeine Stille als das Element erschienen, worin das Schreiben recht gut gedeiht, und ich bin überzeugt: Wenn ich mich nur einige Monate an einem solchen Ort halten könnte und müßte, so würden alle meine angefangenen Dramen eins nach dem anderen aus Not fertig!«

Der Brief, anno 1779 an Charlotte von Stein gerichtet, kam aus dem Dörfchen Münster im Wallis, und da war ich unlängst auch. Nicht nur im Wallis, in vielen anderen Alpen-Orten außerdem, und ich halte jede Wette, daß ich in einer Woche mehr Kilometer gemacht habe als Goethe auf seiner ganzen Schweizer Reise. Doch einen Platz, der mir die Chance geboten hätte, einen vernünftigen Brief oder gar eine kleine Geschichte zu schreiben, habe ich nicht gefunden. Dabei ist die Zahl der Gasthäuser seither sicher um das Hundertfache, die Zahl der Zimmer mindestens um das Tausendfache gestiegen. Und was finden wir in unseren komfortablen Unterkünften: Mini-Bar und Fernsehgerät, Schuhputzmaschinen und Swimming-pool nebst Fitneßraum. Aber einen Ort der Ruhe, an dem wir uns gelassen auf uns selbst zurückziehen könnten, der fehlt fast überall!

Ein Zimmer in ruhiger Lage, mit einem Stuhl, auf dem man

sitzen, einem Tisch, an dem man schreiben, einer Lampe, bei deren Licht man lesen kann – was für ein Luxus! Goethe stand er noch zu Gebote im schlichten Gasthaus an der Poststraße, in dem man sich ohne Trimm-dich-Geräte behelfen mußte, während wir uns bei »romantischer« Schummerbeleuchtung in unsäglichen Couchgarnituren oder auf Barhockern herumlümmeln müssen. Wen wundert's, daß man von ihm auch nach weiteren zweihundert Jahren noch bewundernd sprechen wird – und von unsereinem nicht einmal mehr nach zehn.

(aus: Frankfurter Allgemeine Zeitung, 13. 8. 1981)

Warum?

Von Reinhard Umbach

Warum ist der Mammon schnöde,
wieso ist die Wahrheit blank
und das arme Häschen krank?
– Ich sag' nur eines, sag' nur: Goethe.

Warum sind Gespräche öde?
weshalb ist der Unsinn pur
und der eine Bock so stur?
– Ich sag' nur dieses, sag' nur: Goethe.

Wozu gibt's die Morgenröte,
die Faust im Nacken, kalten Schweiß
und den ganzen Psychoscheiß?
– Die Antwort ist Geheim ... rat Goethe.

(1980)

1982: Mit aller Gewalt die Sintflut

Es waren nur noch wenige Minuten bis zum Jahreswechsel. Der Feuilletonist raufte sich über dem Schreibtisch die Haare. Das Blatt, das er vor sich hatte, war immer noch leer. Er stürzte zum Fenster, riß beide Flügel auf. Zu spät: Es war soweit. Die Leuchtgarben der Raketen rissen den Himmel auf. Im zuckenden Schein erhob sich ein riesiges Gespenst, das Haupt von Wolken umwallt, über der Stadt. Der Feuilletonist konnte nur noch tonlos murmeln: »Johann Wolfgang, mir graut vor dir!«, dann sank er ohnmächtig zu Boden...

Es gehört zu den schönen humanen Gepflogenheiten, daß wir immer dann, wenn wir uns an den Tod eines Menschen erinnern, zu beweisen versuchen, daß er noch lebt. Doch im aktuellen Fall Goethe wird die Fülle der hektischen Wiederbelebungsversuche die Freude am Werk des Meisters wohl eher ersticken. Man kann sich jedenfalls des Eindrucks nicht erwehren, daß zum Datum, an dem der alte Hexenmeister sich weggebeben hat, die Zauberlehrlinge an den Medienkanälen mit aller Gewalt die Sintflut inszenieren wollen. Leid muß einem darum der arme Leser tun, der in diesem Jahr seinen Goethe nicht von andern eingetrichtert bekommen, sondern selber lesen, einfach nur lesen will. Er wird Mühe haben, in der durchorganisierten Jubiläums-Schwemme ein trockenes Plätzchen zu finden, wo er sein Buch aufschlagen und unbelästigt genießen kann.

(aus: Streiflicht der »Süddeutschen Zeitung« vom 2. 1. 1982)

In kritischer und krittelnder Distanz

Von Dr. Günther Mahal

Faust-Museum und Faust-Archiv
7134 Knittlingen Kirchplatz 2

An den
Diogenes Verlag
Sprecherstr. 8
CH-8032 Zürich

Knittlingen, am 25. Januar 1982

Sehr geehrte Damen und Herren,
seien Sie bitte so freundlich, uns die Adressen von

    Loriot
    Paul Flor
    H.-G. Rauch

mitzuteilen.

Wir möchten diese Zeichner/Catoonisten/Karikaturisten gerne einladen zur Teilnahme an einer Ausstellung, die sich unter dem Titel »Goethes Faust – im Ernst?« den allgemeinen Feier-Rummel dieses Jahres gegenüber in kritischer und krittelnder Distanz verhalten soll.

Vielen Dank im voraus.
Mit freundlichen Grüßen
Dr. Günther Mahal

                Bankverbindungen: Knittlinger Bank ...

Alle sind frenkiert

Von tobias Mahlow

NewLit
Verlagsgesellschaft mbH
Dagobertstr. 20 65 Mainz

Mainz, den 18. 1. 1982

Sehr geehrte Damen und Herren,
anbei finden Sie eine Anzahl von Postkarten, die an einige Ihrer Autoren gerichtet sind. Es geht um die Teilnahme an einem Goethe Sammelband, den wir herausbringen wollen.

Hätten Sie die Freundlichkeit, die Postkarten weiterzuleiten? Alle sind frenkiert und mit dem betreffenden Namen versehen; ledoglich die Postadresse muß noch eingetragen werden.

Für Ihre kollegiale Unterstützung möchten wir uns schon jetzt bedanken.

Mit freundlichen Grüßen
NewLit Verlag
tobias Mahlow

Ein Gleiches

Über allen Gipfeln
ist Ruh',
In allen Wipfeln
Spürest Du
kaum einen Hauch;
Die Vögelein schweigen im Walde.
Warte nur! Balde
Ruhest Du auch.

Erinnern Sie sich?
Anfang Januar baten wir Sie in einem Schreiben, dieses Gedicht in

einer von Ihnen selbstgewählten Form textlich oder visuell neu umzusetzen.

Unter den erstaunlich zahlreichen Einsendungen finden wir aber leider keine Nachricht von Ihnen. Da wir gerne wissen würden, ob wir mit Ihrer Teilnahme rechnen können, schreiben Sie uns doch bitte oder schicken Ihren Beitrag bis spätestens 15. Februar 1982 an den Verlag ein (verlängerter Einsendeschluß). Falls Sie obenerwähntes Schreiben noch nicht erhielten, lassen Sie es uns bitte wissen; Sie erhalten es dann umgehend.

Mit besten Grüßen
NewLit-Verlag

Peinlich, peinlich, peinlich
› *Mein Goethe* ‹
Wettbewerb
› *Meine fünf Gedichte* ‹

Aus Anlaß des 150. Todestages von Johann Wolfgang Goethe am 22. März 1982 veranstalten die Stadt Frankfurt am Main und die Johann Wolfgang Goethe-Universität Frankfurt in Verbindung mit dem Insel Verlag einen Wettbewerb:

Mein Goethe. »Meine fünf Gedichte«.

Jedermann im Inland und Ausland ist aufgefordert, seine fünf Gedichte Goethes auszuwählen.

Dieser Wettbewerb soll ermitteln, welche fünf Gedichte Goethes von den Teilnehmern am meisten geschätzt werden und auch, in welchem Maße Goethes Gedichtwerk 150 Jahre nach seinem Tod im deutschen Sprachraum lebendig ist. Gleichzeitig soll der Wettbewerb aufs neue die Aufmerksamkeit auf Goethes Werke lenken, breitere Schichten an die Dichtung Goethes heranführen und darüber hinaus zur Förderung der Lesekultur beitragen. Das Deutsche Fernsehen wird über den Wettbewerb berichten.

Die Veranstalter laden den deutschsprachigen Buchhandel als einen der wichtigsten Träger der Buchkultur ein, an diesem Wettbewerb mitzuwirken. Die Teilnahmekarten sollen ausschließlich über den Buchhandel in der Bundesrepublik, in Österreich und der Schweiz zwischen dem 20. Februar und dem 6. März 1982 verteilt werden.

Der Erfolg des Wettbewerbs hängt weitgehend von der Mitarbeit der Buchhändlerinnen und Buchhändler in der Bundesrepublik, in Österreich und der Schweiz ab, die selbstverständlich ebenfalls zur Teilnahme eingeladen sind.

Die Johann Wolfgang Goethe-Universität wird die fünf meistgenannten Gedichte feststellen und die Einsendungen unter lesersoziologischen Gesichtspunkten auswerten.

Die Gewinner des Wettbewerbs werden durch Auslosung ermittelt. Als Preise sind vorgesehen:

1. »Italienische Reise« auf Goethes Spuren (14 Tage für 2 Personen)
2. Reise nach Weimar (1 Woche für 2 Personen)
3. Besuch bei Andy Warhol zum Signieren des Warhol-Goethe Portraits
4. bis 10. Eine Insel-Bibliothek im Wert von DM 800,–
11. bis 50. Eine sechsbändige Goethe-Ausgabe
51. bis 100. Ein Poster Andy Warhol: Goethe

(Werbebroschüre, 1982)

Scherenschlag wie Goethe

Von Ror Wolf

Neunzehnhundertzweiundachtzig

Im Juni rascheln plötzlich die Kastanien.
Der Wind ist weich gebogen: wie gemalt.
Die Männer auf dem Rasen, angestrahlt,
in Barcelona, Katalonien, Spanien.

Valencia. Es wehen die Zypressen.
In La Coruña rutscht man und zerbricht.
Vielleicht versinkt Peru, vielleicht auch nicht.
In Oviédo klatscht man angemessen.

Valladolid. Es biegen sich die Pinien.
Und die Platanen knarren in Gijón,
vom Meer umspült. Honduras schwimmt davon.
England verbrennt. Es zittert Argentinien.

Die Schotten pfeifen in Bilbáo. Leider
schleppt Borchers sich vom Feld. Das Meer ist leer.
Ein Fall für Deuser, aber nicht so sehr.
In Málaga der Himmel undsoweiter.

In Saragossa wird es dumpf und duster.
In Elche sind die Palmen abgebrochen.
Das Meer dampft dick und rot, wie aufgestochen.
Auf der Tribüne lächelt nett: Bernd Schuster.

Fern in Sevilla, in der Abendröte:
ein Tropfentritt. In Vigo mühelos:
ein Doppelpaß, der Himmel dünn und bloß,
ein Scherenschlag wie ein Gedicht von Goethe (...)

(aus: Das nächste Spiel ist immer das schwerste, 1982)

Titanic

Das endgültige Satiremagazin
März 1982
Nr. 3/82
DM 4,50
sfr. 5,-, öS 35

C 4352

Das darf doch nicht wahr sein: **Goethe ist tot?!***

*Und das schon seit 150 Jahren! Das muß man sich mal vorstellen! **Alles über diesen ungewöhnlichen Vorfall im Heft**

Wir trauern um unseren Freund und Autor
Johann Wolfgang v. Goethe

28. August 1749, Frankfurt am Main –
22. März 1832, Weimar

Zu früh schied er von hinnen. Geblieben ist uns sein Werk:

Faust (»zweifellos können wir hier von einem
Höhepunkt innerhalb der deutschen Literatur sprechen«
Esslinger Nachrichten), **Gedichte** (»von einer
gedanklichen und sprachlichen Delikatesse, die so schnell
nicht wiederholbar sein dürfte« *Frankfurter Zeitung),*
schließlich, gewissermaßen als Testament,
Unser Goethe (Ein Goethe-Lesebuch,
herausgegeben zum 150. Todestag des Dichters
von Eckhard Henschied und
F. W. Bernstein) im

Diogenes Verlag

Letzte Meldung

»Über allen Gipfeln ist Ruh« ist in dem Wettbewerb um die beliebtesten Goethe-Gedichte, den die Stadt Frankfurt, der Insel-Verlag und die Johann Wolfgang Goethe-Universität veranstaltet haben, zum populärsten Reim gekürt worden. Auf den Plätzen folgen der »Erlkönig« und das Gedicht »An den Mond«. Rund 25 000 Goethe-Freunde hatten sich beteiligt.

(dpa/FAZ, 22. 3. 1982)

Letzte Worte

Goethe ist uns immer nahe gewesen in den Jahren des sozialistischen Aufbaus, ein guter Geist.

(DDR-Kultusminister Hans-Joachim Hoffmann beim Festakt am 22. 3. 1982 in Weimar)

*

Die Nation erinnert sich eines ihrer größten Söhne (...) Mit Schwäche war da nichts vorzubringen, für sie hatte Goethe nichts übrig.

(Bundespräsident Karl Carstens beim Festakt am 22. 3. 1982 in Bonn)

*

Goethe hat sich immer als deutscher Dichter europäischen Geistes empfunden. Deutschland ist unser Vaterland.

(Frankfurts Oberbürgermeister Walter Wallmann beim Festakt am 22. 3. 1982 in Frankfurt)

ECKERMANN UND SEIN GOETHE

Ein Schau-/Hörspiel getreu nach der Quelle

Von F. W. Bernstein / Bernd Eilert / Eckhard Henscheid

GOETHE (G) — starker mächtiger Opernbaß, der aber alle Tonfälle und Schattierungen vom greisenhaft Hysterischen übers Kalte, Abweisende, Souveräne bis zum Geheimnisumwitterten, Ominösen, Leisen und Ironischen draufhat.

ECKERMANN (E) — entschieden geringere Variationsbreite. Grundhaltung: steif, bieder, z. T. devot; die vor allem zu Beginn ausgeprägte Devotion kann aber in erstaunliche Formen von Spitzigkeit, Ironie und Auflehnung umschlagen und vermag damit Goethe gelegentlich sogar grausam leerlaufen zu lassen.
Ein Tick (Sprachfehler) Eckermanns ist denkbar, soll aber nie ins Groteske und vorgeprägt Komische gehen und müßte also sehr sparsam eingesetzt werden.

SPRECHER (S) — bieder, sachlich, vertrauenerweckend, leichtes Understatement.

STIMME (SS) — schrille geisterhafte Stimme sozusagen aus dem Irrealen. Eventuell Frauenstimme.

((Klaviermusik)) = Klaviermusik unterhaltsam-plänkelnder Art, etwa im Stil der Bach-Söhne oder Zelters.

((Musiksignal)) = Mendelssohn ›Sommernachtstraum‹-Ouvertüre: die ersten drei/vier Einleitungstakte sehr geheimnisvoller Stimmung.

Als Überleitung von Teil 1/2 und Teil 2/3 Mendelssohn: 2 Stücke aus ›Sommernachtstraum‹ (siehe genaue Regieanmerkungen).

Deutsche, französische und englische Nationalhymnen.

Mehrfach Vogelstimmen.

Immerhin Friedrich Nietzsche erachtete Johann Peter Eckermanns ›Gespräche mit Goethe in den letzten Jahren seines Lebens‹ für immerhin das bedeutendste Prosabuch deutscher Sprache. Die 1836 und 1848 erschienenen Memoiren bzw. Gesprächsprotokolle, denen nach ziemlich übereinstimmender Meinung der Literaturwissenschaft ein erstaunlich hohes Maß an Authentizität zu bescheinigen ist, sind unter anderem auch heute noch eine der genauesten, dichtesten und verwirrendsten Darstellungen der Bezüge zwischen zwei Menschen. Ihr Vorzug gegenüber allen Fiktionen: sie haben stattgefunden.

In diesem Sinn haben die Autoren des Eckermann-Goethe-Hörspieltexts auf alle Fiktion verzichtet. Das Stück speist sich ausschließlich aus der Quelle Eckermann. Die bei Eckermann erwähnte Szene der Lesung aus ›Hanswursts Hochzeit‹ gegen Schluß des 3. Teils wurde durch das einschlägige Personenverzeichnis in der Sophienausgabe ausgeführt. Zahlreiche Einzelszenen wurden wörtlich übernommen, bei Großthemen spezifisch Goetheschen Interesses Ausschnitte aus unterschiedlichen Gesprächen montiert. Überhaupt wurde oft komprimiert, kompiliert und neu kombiniert. Vielfach wurde die indirekte Rede Eckermanns ins Direkte übertragen. Wenn die komischen Aspekte der Gespräche insgesamt stärker hervortreten als im Original, so lag das nicht ganz außerhalb unserer Absichten.
Bei evtl. Aufführungen würden wir zu Streichungen von etwa einem Drittel der Textmenge raten. Solche Streichungen sollten die Gewichtung der drei Textteile im Auge behalten.

I

SS.

1

ECKERMANN UND SEIN GOETHE
((Musiksignal))

E. *spricht leise und ausdruckslos*

Montag, den 16. August 1824; der Verkehr mit Goethe war in diesen Tagen sehr reichhaltig, ich jedoch mit anderen Dingen zu beschäftigt, als daß es mir möglich gewesen, etwas Besonderes aus der Fülle seiner Gespräche niederzuschreiben. Nur folgende Einzelheiten, wovon ich die Verbindung und die Anlässe vergessen, aus denen sie hervorgegangen, will ich festhalten:
mit Schreibgeschwindigkeit gesprochen
Menschen sind schwimmende Töpfe, die sich aneinander stoßen. – Am Morgen sind wir am klügsten, aber auch am sorglichsten; denn auch die Sorge ist eine Klugheit, wiewohl nur eine passive, die Dummheit weiß von keiner Sorge. – Man muß keine Jugendfehler ins Alter hineinnehmen; denn das Alter führt seine eigenen Mängel mit sich. – Es ist nicht gut, Komma, einem Fürsten zu raten, Komma, auch in der geringfügigsten Sache abzudanken, Punkt.
mit dem Bemühen um richtige Betonung
Es ist n i c h t gut, einem Fürsten zu raten, auch in der g e r i n g fügigsten Sache abzudanken.
wieder in Schreibgeschwindigkeit
Wer Schauspieler bilden will, muß unendlich Geduld haben. – Das Hofleben gleicht einer Musik, wo jeder seine Takte und Pausen haben muß.

E. *seufzt erleichtert auf.*

2

((Zithermusik; kleiner Chor singt:
›Du, Du liegst mir am Herzen . . .‹
wird mählich ausgeblendet.))

E.	Diese Lieder und das Gejodel der heiteren Tiroler behagen uns jungen Leuten . . .
G. *brummelt*	Wie Kirschen und Beeren behagen, muß man Kinder und Sperlinge fragen. *laut und entschieden* Ich bin keineswegs so entzückt.
E.	Ich muß ohnehin – –
G. *ungnädig*	Nun, wollen Sie auch gehen?
E.	Ja, ich habe noch etwas vor.
G.	So geht denn, aber ich begreife Euch nicht.

((Lied wieder kurz aufblenden))

3

S. *betont sachlich*	Am Sonntag, den 15. Juni 1828, begreift Goethe seinen Eckermann nicht.
	Manch anderes Mal hat es den Anschein, als habe Eckermann seinen Goethe nicht recht verstanden.
G. *spricht eindringlich und bedeutungsschwer; die einzelnen Sätze spürbar gegeneinander absetzend*	Die Periode des Zweifels ist vorüber. Der Mensch gebraucht den Dichter. Der Dichter soll kein Maler sein. Der Mensch ist ein einfaches Wesen. Alles, was wir tun, hat eine Folge. Übrigens aber ist der Mensch ein dunkles Wesen; er weiß nicht, woher er kommt, noch wohin er geht; er weiß wenig von der Welt und am wenigsten von sich selber. Diese Dinge liegen alle tiefer, als man denkt.

	4
s.	Beim ersten Zusammentreffen, am 10. Juni 1823, war die Verständigung indes noch ausgezeichnet.
e.	Exzellenz, was sagen Sie auf meine ›Beiträge zur Poesie‹?
g.	Ich habe den ganzen Morgen in Ihrer Schrift gelesen; sie bedarf keiner Empfehlung, sie empfiehlt sich selber. Ich lobe die Klarheit der Darstellung und den Fluß der Gedanken; alles ruht auf einem guten Fundament und ist wohl durchdacht.
e.	Exzellenz, ich danke Ihnen.

	5
s.	Aus dieser ersten Begegnung ergab sich die merkenswerte Beziehung des Dichters Johann Wolfgang von Goethe, Geheimer Rat in Weimar, zu dem Hausierersohn Johann Peter Eckermann aus Winsen an der Luhe. Im Verlaufe fast eines Jahrzehnts führten die beiden manch Gespräch miteinander, zum Beispiel:

((Musiksignal))

ss.	ÜBER VERKEILUNG, PRÄGNANZ UND DAS GEHEIME INNERE LEBEN DER PFLANZE
e. *steif*	Exzellenz, kann man eigentlich Ihre Dichtung ›Pandora‹ als ein Ganzes ansehen, oder existiert noch etwas weiteres davon?
g. *jovial*	Nein, mein lieber Doktor, es ist nichts weiter vorhanden. *lacht* Ich habe nichts weiter gemacht . . . hm.
e.	Die ›Pandora‹ ist also –
g.	Und zwar habe ich deswegen nichts weiter ge-

	macht, weil der Zuschnitt des ersten Teiles so groß geworden ist, daß ich später einen zweiten nicht habe durchführen können. Auch ist das Geschriebene recht gut als ein Ganzes zu betrachten, weshalb ich mich denn auch dabei beruhiget habe.
E.	Exzellenz, ich bin bei dieser schweren Dichtung erst nach und nach zum Verständnis durchgedrungen, nachdem ich sie so oft gelesen, daß ich sie fast auswendig weiß.
G. *genüßlich*	Das glaube ich wohl. Es ist alles wie ineinander g e k e i l t. *lacht*
E. *eifrig*	Ich bin wegen dieses Gedichts auch nicht ganz mit Schubarth zufrieden, der darin alles vereinigt wissen will, was im ›Werther‹, ›Wilhelm Meister‹, ›Faust‹ und ›Wahlverwandtschaften‹ einzeln ausgesprochen ist, wodurch die Sache doch sehr unfaßlich und schwer werde.
G. *geheimnisvoll*	Schubarth geht oft ein wenig tief ... doch ist er sehr tüchtig ... es ist bei ihm alles p r ä g n a n t. *kleine Pause*
E.	Und Uhland?
G. *heiter*	Ich griff nach seinen Balladen.
E.	Ja?
G.	Ich wurde ein vorzügliches Talent gewahr.
E.	Ich denke, daß gerade Uhland –
G. *satt*	Übrigens habe ich über seine ›Gedichte‹ kaum ein Urteil ... *kleine Pause*
E.	Und wie ist Ihre Meinung hinsichtlich der Verse zur deutschen Tragödie?
G. *schlaff*	Man wird sich in Deutschland schwerlich darüber einigen. Jeder machts eben, wie er will. *lacht* Der sechsfüßige Jambus wäre vielleicht am würdigsten. *bedeutsam* Allein ...
E.	Ja?
G. *locker*	Allein, er ist für uns Deutsche zu lang.

E.	Sie meinen – –
G.	Ja. Wir sind gewöhnlich schon mit fünf Füßen fertig.
E. *blöd-eifrig*	Wie aber ist es bei den Engländern?
G.	Die Engländer reichen wegen ihrer vielen einsilbigen Worte noch viel weniger – – – Da! Sehen Sie diese Kupferwerke, Herr Doktor, von denen ich Ihnen manches der Art nach und nach vorlegen will. Man sieht nämlich in den Werken der altdeutschen Baukunst die Blüte eines außerordentlichen Zustands. Wem eine solche Blüte unmittelbar entgegentritt, der kann nichts als anstaunen; wer aber in das g e - h e i m e i n n e r e L e b e n d e r P f l a n z e n hineinsieht, in das Regen der Kräfte, der sieht die Sache mit ganz anderen Augen.
E.	Ich dächte –
G. *mit Verve*	Der weiß, was er sieht. *betulich* Ich will dafür sorgen, daß Sie im Lauf dieses Winters in diesem wichtigen Gegenstande einige Einsicht erlangen, damit, wenn Sie nächsten Sommer an den Rhein gehen, es Ihnen beim Straßburger Münster und Kölner Dom zugute kommt. *lacht behäbig*
E. *steif*	Ich freue mich dazu und fühle mich Ihnen dankbar.
G. *aufgekratzt*	Trinken wir noch eine Flasche Wein dazu. ((Gluck-Gluck-Geräusche))... Übrigens ist der Bremer Hafenbau, dessen Karten und Pläne ich Ihnen demnächst zeigen werde, ein großartiges Unternehmen... Prosit, Herr Doktor... ((Boing))... Was ich Ihnen noch sagen wollte: den Katholiken ist gar nicht zu trauen. Man ((Ton langsam wegnehmen)) sieht, welchen schlimmen Stand die zwei Millionen Protestanten gegen die Übermacht – – –

Brummen
Von F. W. Bernstein

GOETHE SCHRITT IM ZIMMER AUF UND AB
ICH HATTE MICH AN
DEN TISCH GESETZT,
DER ZWAR AGGERÄUMT
WAR, ABER AUF DEM
SICH NOCH EINIGE
RESTE WEIN
BEFANDEN...

GOETHE SCHENKTE MIR EIN.

ICH LIESS MIR SO
GUTE DINGE GEFALLEN
WÄHREND GOETHE
FORTFUHR, IM ZIMMER AUF UND AB ZU GEHEN

UND AUFGEREGTEN   GEISTES
VOR SICH HIN ZU   BRUMMEN

UND VON ZEIT......
SCHW MPFF

......ZU ZEIT...
WRDL BRMBE

UNVERSTÄNDLICHE WORTE
HERAUSZUSTOSSEN.
BLB

(1982)

6

S. Goethe ist alt.

G. Wenn Einer, wie ich, über die Achtzig hinaus ist, hat er kaum noch ein Recht zu leben; er muß jeden Tag darauf gefaßt sein, abgerufen zu werden und daran denken, sein Haus zu bestellen. Ich habe Dr. Johann Peter Eckermann in meinem Testament zum Herausgeber meines literarischen Nachlasses ernannt. Wenn Einer so alt ist, kann es nicht fehlen, daß er mitunter an den Tod denkt.

S. Eckermann ist um 43 Jahre jünger.

G. Man sieht, der junge Mann hat Talent; allein, daß er alles selbst gelernt hat, deswegen soll man ihn nicht loben, sondern schelten. Die Jugend muß doch immer wieder von vorne anfangen. Mich irritiert das nicht mehr, und ich habe längst einen Vers darauf gemacht, der so lautet:

E. *beflissen* Johannisfeuer sei unverwehrt,
die Freude nie verloren;
Besen werden immer stumpf gekehrt,
und Jungens immer geboren.

7
((Musiksignal))

S. Goethe verbindet sich Eckermann für die Zukunft.

G. Herr Dr. Eckermann, ich muß es gerade heraus sagen: ich wünsche, daß Sie bei mir in Weimar bleiben. Sie werden Muße und Gelegenheit haben, in der Zeit für sich selbst manches Neue zu schreiben und nebenbei auch meine Zwecke zu fördern. *bestimmt* Machen Sie Weimar zu Ihrem Wohnort. Für eine Wohnung in meiner Nähe werde ich sorgen.

E. *beflissen*	Exzellenz sind äußerst liebevoll und gut ...
G.	Sie haben eine schöne Gabe ... aber *bedeutungsvoll* nehmen Sie sich in Acht vor einer großen Arbeit! *vertraulich* Ich will Ihnen etwas sagen: wenn Ihnen vielleicht von anderen Orten her literarische Anträge gemacht werden sollten, so lehnen Sie solche ab, oder sagen Sie es mir wenigstens zuvor; denn da Sie einmal mit mir verbunden sind, so möchte ich nicht gerne, daß Sie auch zu anderen ein Verhältnis hätten.
E. *inbrünstig*	Ich will mich bloß zu Ihnen halten.
G. *würdevoll*	Das ist mir lieb. Und so will ich Sie gleich noch vor etwas warnen: *verächtlich* Es werden die Komponisten kommen und eine Oper haben wollen – aber da seien Sie gleichfalls nur standhaft, und lehnen Sie ab, denn das ist auch eine Sache, die zu nichts führt und womit man seine Zeit verdirbt. *lacht* Das Leben ist kurz – man muß sich einander einen Spaß zu machen suchen.
E. *lacht mit*	

8

S.	Goethe ist ein wohlhabender, berühmter Mann.
G.	Um Epoche in der Welt zu machen, dazu gehören bekanntlich zwei Dinge: erstens, daß man ein guter Kopf sei, und zweitens, daß man eine große Erbschaft tue. Man muß Geld genug haben, um seine Erfahrungen bezahlen zu können. Jedes Bonmot, das ich sage, kostet mich eine Börse voll Gold. Eine halbe Million meines Privatvermögens ist durch meine Hände gegangen, um das zu lernen, was ich jetzt weiß. Es ist nicht genug, daß man Talent habe, es

	gehört mehr dazu, um gescheit zu werden. Man muß auch in großen Verhältnissen leben und Gelegenheit haben, den spielenden Figuren der Zeit in die Karten zu sehen und selber zu Gewinn und Verlust mitzuspielen.
s.	Eckermann war meist mittellos.
E.	Drei große Bedürfnisse sind in mir lebendig: mein Wissen zu vermehren, meine Existenz zu verbessern, und, daß beides möglich sei, vor allen Dingen, etwas zu tun. Wenn man sich zu lange in engen, kleinen Verhältnissen herumdrückt, so leidet der Geist und der Charakter; man wird zuletzt großer Dinge unfähig und hat Mühe, sich zu erheben. Ich würde gern –
G. *fällt ihm ins Wort*	Eine baldige Herausgabe Ihres Manuskripts wünsche ich nicht. Mehr sage ich nicht.
E. *resigniert*	Der Mensch denkt, und Gott lenkt, und ehe man eine Hand umwendet, sind unsere Zustände und Wünsche anders, als wir es vorausdachten. Die baldige Herausgabe meiner Konversationen hat Goethe nicht gebilligt, und somit ist denn an eine erfolgreiche Eröffnung einer rein literarischen Laufbahn nicht zu denken.

9

s.	Was aber wollte Johann Peter Eckermann eigentlich bei Goethe, was suchte er?
ss.	DEN IDEALEN LEBENSZWECK ((folgt eine Art Monolog-Parodie))
E. *steif-rührend*	Wie bin ich beglückt, Goethe nahe zu sein und ihn immer wieder reden zu hören! Mit meinem ganzen inneren Leben fühle ich mich ihm hingegeben! *pathetisch-weich* Wenn ich nur D i c h habe und haben kann, so denke ich, so wird mir

unechtes Pathos alles übrige recht sein, a l l e s übrige ... Ich bin bereit, a l l e s zu tun, was E r in Erwägung meiner besonderen Lage für recht hält, jawohl! Dieser Diamant, dieser vielseitige Diamant, der nach jeder Richtung hin eine andere Farbe spiegelt ... dieser *hat offenbar sein Pulver verschossen* ... dieser außerordentliche Geist und Mensch ... *laut* G o e t h e ! Ich las seine Lieder und las sie immer von neuem ... Ein Glück, das keine Worte schildern. Es kam mir vor, als werde mir in diesen Liedern mein eigenes mir bisher unbekanntes Innere zurückgespiegelt ... Ich las und las, Bewunderung und Liebe nahm immer mehr zu, ich lebte und webte Tag und Jahr in diesen Werken und dachte und sprach n i c h t s als von Goethe! Es lebte in mir kein anderer Trieb, als ihm Augenblicke persönlich nahe zu sein. Und nun bin ich ihm nah! M e i n e m Goethe! Täglich nah in ruhiger, liebevoller Stimmung!

Wie herzlich er mir die Hände drückt! Ich ergreife ein neben mir stehendes Glas und trinke, ohne etwas zu sagen, ihm zu, meine Blicke ruhen über dem Wein in seinen Augen, ich drücke seine Knie, ich vergesse das Reden über seinem Anblick, ich kann mich nicht an ihm sattsehen. *emphatisch* W e l c h e R u h e u n d G r ö ß e ! Wie langsam und bequem er spricht! Wie teilnehmend er fragt, was mir am Tage Neues begegnet! Es ist mir bei ihm u n b e - s c h r e i b l i c h w o h l. Wie überaus gut er es mit mir im Sinn hat! Ich bin im hohen Grade glücklich, aus jedem seiner Worte spricht Wohlwollen ... Heute schon, am 27. Oktober 1823, denke ich, da kommst du nicht mehr los, da wirst du bleiben müssen ...

ängstlich	Und doch! Wird das gutgehen? Es ist dir, Johann Peter, zwar jetzt mit Goethe allein sehr angenehm, doch wenn erst die vielen fremden Herren und Damen erscheinen, da wirst du dich nicht in deinem Elemente fühlen... oh...
ängstlich-forsch	Eitle Sorgen! Mit ihm tête-à-tête zu Tisch zu sein, das ist das Glück! Was werde ich diesen Winter nicht noch bei ihm lernen und was werde ich nicht durch den bloßen Umgang mit ihm gewinnen, wie der Schüler vom Meister, der Sohn vom Vater, der Bildungsbedürftige vom Bildungsreichen – was werde ich nicht gewinnen, auch in Stunden, wenn er nicht gerade etwas Bedeutendes spricht! – –
G. *aus der Ferne*	Herr Doktor!
E.	Ja, Exzellenz?
G.	Würden Sie mir die Berliner Abendzeitung hereinreichen?
E. *servil*	Gewiß Exzellenz, augenblicklich! *für sich* Ich habe ja keinen anderen Lebenszweck, als der d e u t s c h e n L i t e r a t u r z u d i e n e n, Goethe auf alle Weise zur V o l l e n d u n g z u t r e i b e n! – – Jetzt liest er seine Zeitung. *rührend* Ach, seine Person, seine bloße Nähe scheint mir bildend zu sein, selbst wenn er kein Wort sagt. Sondern die Zeitung liest.
G. *aus der Ferne*	Herr Doktor!
E.	Ich komme.
	((Kurz Klaviermusik))

10

S.	Goethe war ein Genie, original und poetisch.
E.	Exzellenz, wie definieren Sie Originalität?
G.	Ich darf wohl von mir selber reden und bescheiden sagen, was ich fühle: die Hauptsache

	ist, daß man ein großes Wollen habe und Geschick und Beharrlichkeit besitze, es auszuführen. *unwirsch* Alles übrige ist gleichgültig.
E.	Wie aber definieren Sie den Poeten?
G. *spöttisch*	Was ist da viel zu definieren? Lebendiges Gefühl der Zustände und Fähigkeit, es auszudrücken, macht den Poeten.
E.	Und wie definieren Sie das Genie?
G.	Was ist das Genie anderes, als jene produktive Kraft, wodurch Taten entstehen, die vor Gott und der Natur sich zeigen können und die eben deswegen Folge haben und von Dauer sind. *bestimmt* Es gibt kein Genie ohne produktiv fortwirkende Kraft.
S.	Eckermann blieb ein Dilettant.
G. *bedauernd*	Ja, viele kommen zur Erkenntnis des Vollendeten nie und produzieren Halbheiten bis an ihr Ende.
E. *eindringlich*	Meine ganze Natur drängt mich jetzt aus mir selber heraus, auf einen größeren Kreis zu wirken, in der Literatur Einfluß zu gewinnen und zu weiterem Glück mir e n d l i c h einigen Namen zu machen.
G.	Das ist aber eben das Wesen der Dilettanten, daß sie die Schwierigkeiten nicht kennen, die in einer Sache liegen, und daß sie immer etwas unternehmen wollen, wozu sie keine Kräfte haben.

11

S.	Von einem Genie ist manches zu lernen, unter anderem
SS.	LERNE GEHORCHEN!
G.	Hier ist das Stammbuch meiner Enkel... Lesen Sie einmal diese Inschrift!
E. *liest laut*	Lerne Gehorchen!

G. *lachend*	Das ist doch das einzige vernünftige Wort, was im ganzen Buche steht. *scherzhaft streng* Und von wem ist es geschrieben? ...
E. *unsicher*	Von ... Ihnen, Exzellenz?
G. *kategorisch*	Nein.
E.	So weiß ich es nicht ...
G. *aufgeräumt*	Sie ist von Z e l t e r. Ja, Zelter ist immer grandios und tüchtig. Sowie er in eine Stadt eintritt, stehen die Gebäude vor ihm und sagen ihm, was sie Verdienstliches und Mangelhaftes an sich tragen.
E.	So wäre Zelter ...
G. *unbeirrt*	Sodann ziehen die Musikvereine ihn sogleich in ihre Mitte und zeigen sich dem Meister in ihren Tugenden und Schwächen. *mit besonderer Betonung* Wenn ein G e s c h w i n d s c h r e i b e r seine Gespräche mit seinen Schülern aufgeschrieben hätte, so besäßen wir etwas ganz Einziges in seiner Art ...

12

((Musiksignal))

G.	Sehen Sie dieses Manuskript!?
E.	Was ist es?
G.	Ein liebenswürdiges Frauenzimmer, bei der Schiller Tee getrunken, hat die Artigkeit gehabt, seine Äußerungen niederzuschreiben. Sie hat alles sehr aufgefaßt und treu wiedergegeben. Schiller erscheint hier, wie immer, im absoluten Besitz seiner erhabenen Natur.
E. *ehrfürchtig*	Tatsächlich!?
G. *kategorisch*	Er ist so groß am Teetisch, wie er es im Staatsrat gewesen sein würde. Das war ein rechter Mensch, und so sollte man auch sein.
E. *gehorsam; ohne alle Ironie*	Ich will diese merkwürdigen, auch mein eige-

nes Inneres berührenden und aussprechenden Worte in meinem Herzen bewahren.

13
((Musiksignal))

E. *besorgt*	Das Geschlecht Ihrer Gegner scheint nie auszusterben.
G. *obenhin*	Ihre Zahl ist Legion ...
E. *interessiert*	Wäre es möglich, sie einigermaßen zu klassifizieren?
G. *räuspert sich; spricht laut und deutlich*	Zuerst nenne ich meine Gegner aus Dummheit ...
E. *memoriert durchgehend leise*	... Gegner aus Dummheit ...
G.	Eine zweite große Menge bilden sodann meine Neider ...
E.	... Gegner aus Dummheit, Neider, ...,
G.	Ferner kommt eine große Anzahl derer, die aus Mangel an eigenem Sukzeß meine Gegner geworden ...
E.	Mangel an eigenem Sukzeß, ja ...
G.	Viertens nenne ich meine Gegner aus Gründen ...
E.	... viertens: aus Gründen ...
G.	Eine fernere große Menge zeigt sich als meine Gegner aus abweichender Denkungsweise und ...
E.	... abweichende Denkungsweise und ...
G.	... und verschiedenen Ansichten,
E.	... und verschiedenen Ansichten ... folgt sechstens? ...
G. *überdrüssig*	Ach – alle Angriffe meiner Gegner dienten mir nur, um die Menschen in ihrer Schwäche zu sehen.

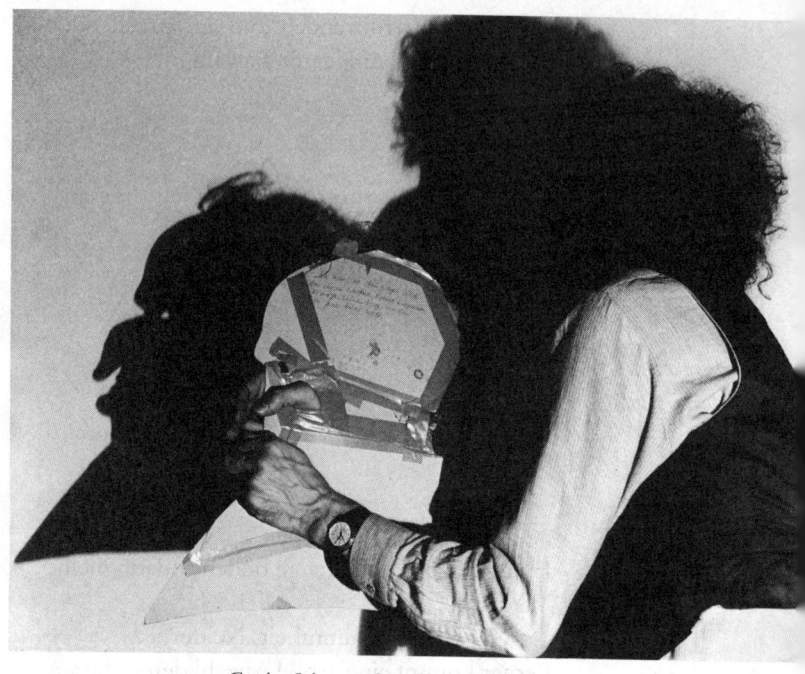

Goethe, Schattenriß von F. K. Waechter, 1982

14

S.	Wer immer so gut Acht gibt, lernt mancherlei, zum Beispiel über das Phänomen der
SS.	DOPPELTEN SCHATTEN
E.	Ein Freund, dem ich einen Rat gegeben, schilt mich nun, da er die Zustände nicht nach seinem Sinne gefunden ...
G. *mürrisch*	Im Grunde ist es auch von dem, der einen Rat verlangt, eine Beschränktheit und von dem, der einen Rat gibt, eine Anmaßung.
E. *beleidigt*	Übrigens sind auch die Evangelisten, wenn man sie näher ansieht, voller Abweichungen und Widersprüche ...
G.	Es ist ein M e e r auszutrinken, wenn man sich in eine Untersuchung dieserhalb einläßt. Darin

	war der Großherzog groß. Sein Wohl! *trinkt*
E.	Mich wundert seine Teilnahme in solchen Dingen ...
G. *unvermittelt*	Wollen wir zum Nachtisch einige Kupfer betrachten? ((Papierrascheln))
E.	Wunderbar! Daran ist nichts Falsches wahrzunehmen.
G. *spöttisch*	Es ist seit Jahrhunderten so viel Gutes in der Welt, daß man sich billig nicht wundern sollte, wenn es wirkt und wieder Gutes hervorruft.
E. *betrübt*	Es ist nur das Üble, daß es so viele falsche Lehren gibt und daß ein junges Talent nicht weiß, welchem Heiligen es sich widmen soll.
G.	Davon haben wir Proben. Mein Trost ist nur, daß ein wirklich großes Talent nicht irrezuleiten und nicht zu verderben ist.
E.	... aber ... diese Kupfer sind wirklich gute Sachen.
G.	Doch fehlet diesen Bildern allen etwas, und zwar: das M ä n n l i c h e. Merken Sie sich dieses Wort, und unterstreichen Sie es.
E. *beflissen*	Dieser männliche Geist, von dem Sie sagen, findet sich auch ganz besonders in den Rubens'schen Landschaften.
G. *versöhnt*	Ganz recht, und ich will Sie doch noch mit etwas Gutem traktieren. Sie haben dieses Bild zwar schon bei mir gesehen – allein: Möchten Sie mir wohl sagen, w a s Sie sehen?
E. *zögernd*	Nun ... wenn ich von der Tiefe anfange ... so haben wir ... im äußersten Hintergrund einen sehr hellen Himmel, wie eben nach Sonnenuntergang. Dann gleichfalls in der äußersten Ferne ein Dorf und eine Stadt in der Helle des Abendlichtes –
G. *ungeduldig*	Ja, und?

E. *hastig*	In der Mitte des Bildes sodann einen Weg. Rechts allerlei Heuhaufen. Angeschirrte Pferde grasen in der Nähe. Ferner, seitwärts –
G.	Gut, gut, das wäre wohl alles. Aber die Hauptsache fehlt noch. Alle diese Dinge, die wir dargestellt sehen, von welcher Seite sind sie b e l e u c h t e t ?
E. *bedächtig*	Sie haben das Licht ... auf der uns zugekehrten Seite und werfen die Schatten in das Bild hinein ... Besonders die nach Hause gehenden Feldarbeiter im Vordergrunde sind so sehr im Hellen, welches einen trefflichen Effekt tut.
G.	Wodurch hat aber Rubens diese schöne Wirkung hervorgebracht?
E.	Dadurch, daß er diese hellen Figuren auf einem dunklen Grunde –
G.	Aber dieser dunkle Grund, wodurch entsteht er?
E. *eifrig*	Es ist der mächtige Schatten, den die Baumgruppe den Figuren entgegenwirft ... *stockt aber wie* ... die Figuren werfen die Schatten in das Bild hinein ... die Baumgruppe dagegen wirft den Schatten dem Besucher entgegen! *höchst erstaunt* Da haben wir ja das Licht von zwei entgegengesetzten Seiten, welches aber ja gegen alle Natur ist!
G. *jovial*	Das ist eben der Punkt.
E. *begeistert*	So sehen wir zwar immer die bekannte Natur, allein wir sehen sie von der Gewalt des Künstlers durchdrungen und nach seinem Sinne von neuem hervorgebracht.
G. *bremst ihn*	Allerdings ist in der Kunst und Poesie Persönlichkeit alles. Aber freilich, um eine große Persönlichkeit zu empfinden und zu ehren, muß man auch wiederum selber etwas sein. ((Kurze Klaviermusik))

15

S.	Aber nicht nur auf dem Gebiet der Künste erfährt Eckermann Belehrung, auch für persönliche Sorgen hat Goethe Maßregeln bereit.
E. *vertrauensvoll*	Ich bin nicht zu Gesellschaften erzogen und nicht darin hergekommen. Meine früheren Lebensumstände waren der Art, daß es mir ist, als hätte ich erst seit der kurzen Zeit zu leben angefangen, die ich in ihrer Nähe bin. Nun ist mir alles neu.
G. *lacht*	Ihr seid ein wunderlicher Christ!
E. *gequält*	Und dann trage ich in Gesellschaft gewöhnlich ein gewisses Bedürfnis zu lieben und geliebt zu werden ...
G. *souverän*	Das ist eine große Torheit, zu verlangen, daß die Menschen zu uns harmonisieren sollen. I c h habe es n i e getan.

16

S.	Im Lauf der Zeit erfährt Eckermann: nicht nur philosophische und poetologische Grundsatzfragen, sondern auch die Probleme des Alltags weiß Goethe vorzüglich und methodisch zu lösen. Wir aber nehmen Einsicht in die verwegensten Dinge. Zum Beispiel in die Vorstellung von:
SS.	GOETHE ALS REITER
G. *feurig*	Ich mußte heute nach Tisch zum wiederholten Male meinen Diener schelten.
E.	Inwiefern?
G.	Nun, ich hieß ihn nach Tisch die großen Portefeuilles mit den Kupferstichen herbeischleppen, auf den Mappen hatte sich einiger Staub gesammelt, es waren aber keine passenden Tücher zum Abwischen da. ›Stadelmann‹, sagte

	ich, ›ich erinnere dich zum letzten Mal, denn gehst du nicht heute, die oft verlangten Tücher zu kaufen, so gehe ich morgen selbst, und du sollst sehen, daß ich Wort halte!‹
E.	Stadelmann ging?
G.	Stadelmann ging.
E.	Ist es nicht eigenartig mit der Dienerschaft – ?
G.	Ich hatte einen ähnlichen Fall mit dem Schauspieler Becker, der sich weigerte, einen Reiter im Wallenstein zu spielen. Ich ließ ihm aber sagen, wenn er die Rolle nicht spielen wolle, so würde ich sie selber spielen. Das wirkte! Denn sie kannten mich beim Theater und wußten, daß ich in solchen Dingen keinen Spaß verstand, und daß ich **verrückt genug** war, mein Wort zu halten und **das Tollste** zu tun.
E. *dümmlich*	Und würden Sie im Ernst die Rolle gespielt haben?
G. *feurig*	Ja, ich hätte sie gespielt und würde den Herrn Becker heruntergespielt haben, denn ich konnte die Rolle besser als er! –
	((Kurz Klaviermusik reiter-jägermäßigen Charakters))

17

S.	Wenn zwei das gleiche Buch gelesen, haben sie sich gewöhnlich viel zu erzählen. Hier ist es um einen Roman von Walter Scott zu tun. Sein Titel:
SS.	FAIR MAID OF PERTH
G. *mit Nachdruck*	Walter Scotts ›Fair Maid of Perth‹ ist gut! Das ist gemacht! Das ist eine Hand! Bis wie weit haben Sie jetzt gelesen?
E.	Ich bin bis zu der Stelle gekommen, wo Henry

	Smith das schöne Zithermädchen durch Straßen und Umwege nach Hause führt ...
G. *kennerisch*	Ja, die Stelle ist g u t. Daß der widerstrebende ehrliche Waffenschmied soweit gebracht wird, neben dem verdächtigen Mädchen zuletzt selbst das Hündchen mit aufzuheben, ist einer der größten Züge, die irgend in Romanen anzutreffen sind!
E. *eifrig*	Als einen höchst glücklichen Griff muß ich auch bewundern, daß Walter Scott den Vater der Heldin einen H a n d s c h u h m a c h e r sein läßt.
G. *einmal in Schwung*	Ja, das ist ein Zug der höchsten Art!
E.	Der Prinz bleibt übrigens bei aller Wildheit immer noch liebenswürdig genug.
G.	Ja, wie er zu Pferde sitzend das hübsche Zithermädchen auf seinen Fuß treten läßt, ist ein Zug von der verwegensten englischen Art! *unvermittelt.* Aber die Frauen haben Unrecht, wenn sie immer Partei machen.
E. *verwirrt*	Die Frauen sind nun einmal so ...
G. *selbst verwirrt*	Man muß sie schon in ihrer Liebenswürdigkeit gewähren lassen ...

18
((Kurz auf dem Klavier die ›Marseillaise‹ anspielen; dem Folgenden leis unterlegen))

G. *geleierter Singsang*	Es ist in Frankreich alles durch Bestechungen zu erreichen; ja, die ganze französische Revolution ist durch Bestechungen geleitet. – Die Franzosen verleugnen ihren allgemeinen Charakter auch in ihrem Stil nicht. – Die Franzosen haben Verstand und Geist, aber kein Funda-

ment und keine Pietät. – Ich lobe an den Franzosen, daß ihre Poesie nie den festen Boden der Realität verläßt. – Die französische Geschichte ist nicht für die Poesie. – Die Franzosen stehen gegen uns sehr im Nachteil. – Den Franzosen wird der Verstand im Wege sein. – Die Franzosen erblicken in Mirabeau ihren Herkules, und sie haben vollkommen recht. Die Franzosen fangen nun auch an, über die Verhältnisse richtig zu denken. Die Franzosen machen sich heraus. – Mir ist für die Franzosen in keiner Hinsicht bange.

((Übergang zu ›God save the King‹; dem Folgenden leis unterlegt))

Die Engländer schreiben in der Regel alle gut. – Die englische Geschichte ist vortrefflich zu poetischer Darstellung. Alle Engländer sind als solche ohne eigentliche Reflexion. – Die Engländer mögen von Byron halten, was sie wollen. – Es ist eine Freude zu sehen, wie die frühere Pedanterie der Schotten sich in Ernst und Gründlichkeit verwandelt hat. Es ist eine Freude zu sehen, zu welcher Höhe und Tüchtigkeit die englischen Kritiker sich jetzt erheben; von der früheren Pedanterie ist keine Spur. – Die Engländer sind die ersten Pferdekenner der Welt. – Die Engländer überhaupt scheinen da vielen etwas voraus zu haben. – Bei den Engländern ist es gut, daß sie alles praktisch machen. – Die Engländer lachen uns aus und gewinnen die Welt.

((Übergang zum Deutschlandlied; dem Folgenden leis unterlegt))

G. *unverändert* Der Sinn für Musik und Gesang ist in keinem Lande so verbreitet wie in Deutschland. – Der Deutsche verlangt einen gewissen Ernst. – Un-

ter den deutschen Frauenzimmern gibt es geniale Wesen. – Wir Deutschen sind auch wirklich schlimm daran. – Wir Deutschen fallen mit unserer Meinung gern gerade heraus. – Wir Deutschen sind lauter Partikuliers. – Die Deutschen können die Philisterei nicht loswerden. – Die Deutschen gehen jeder seinem Kopfe nach. – Wie ärmlich sieht es bei uns Deutschen aus. – Ich selber habe immer nur mein Deutschland vor Augen gehabt. – Die Chinesen sind ein Volk, das sehr viel Ähnlichkeit mit den Deutschen hat. – Die Deutschen sind übrigens wunderliche Leute. – Wir Deutschen sind von gestern. – Ich dächte aber, wir Deutschen könnten überhaupt noch allenfalls zufrieden sein. –
((Musik-Ende))

G. *barsch*   Es geht uns alten Europäern übrigens mehr oder weniger allen herzlich schlecht.

19
((Musiksignal))

E.   Ich habe die letzte Oper von Rossini, den ›Moses‹ gesehen ...
G. *unfreundlich*   Nun, und?
E. *zögernd*   Ich tadele das Sujet ... ich lobe die Musik ...
G. *ätzend*   Ich begreife Sie nicht, Sie gutes Kind, wie Sie Musik und Sujet trennen und ein jedes für sich genießen können. Ich bewundere die Einrichtung Ihrer Natur und wie Ihre Ohren imstande sind, anmutigen Tönen zu lauschen, während der gewaltigste Sinn, das Auge, von den absurdesten Gegenständen geplagt wird!
E. *zaghaft*   Ich meinte nur ...
G. *kategorisch*   Und daß Ihr Moses doch wirklich gar zu absurd ist, werden Sie nicht leugnen!

E. *erschrocken*	Nein, nein, ich...
G. *entrüstet*	Sowie der Vorhang aufgeht, stehen die Leute da und b e t e n! *zornig* Dies ist sehr unpassend!!
E.	Gewiß –
G. *bedrohlich*	Auf dem Theater soll man nicht beten!
E. *beflissen*	Nein, auf dem Theater soll man nicht beten.

20
((Musiksignal))

G. *aufgeräumt*	In diesen Tagen habe ich vieles und mancherlei gelesen, besonders auch einen chinesischen Roman, der mich noch beschäftigt und der mir in hohem Grade merkwürdig erscheint.
E. *dümmlich*	Chinesischen Roman!? Der muß wohl sehr fremdartig aussehen?
G. *lässig*	Nicht so sehr, als man glauben sollte. Die Goldfische in den Teichen hört man immer plätschern; die Vögel auf den Zweigen singen immerfort; der Tag ist immer heiter und sonnig; die Nacht immer klar... vom Mond ist viel die Rede...
E. *dümmlich*	Aber ist denn dieser chinesische Roman vielleicht einer ihrer vorzüglichsten?
G. *überlegen*	Keineswegs. Die Chinesen haben deren zu Tausenden und hatten ihrer schon, als unsere Vorfahren noch in den Wäldern lebten.
E. *devot*	Ich freue mich, Exzellenz, Sie in einer Folge über einen so wichtigen Gegenstand reden zu hören.
G. *jovial*	Wir wollen uns nur im Stillen auf dem rechten Wege forthalten; das ist das Beste.

21
((Musiksignal))
ss. EIN REISESEGEN
G. Preller ist bei mir gewesen und hat Abschied genommen, um auf einige Jahre nach Italien zu gehen.
E. *zaghaft* ... Preller ist ein bedeutendes Talent ...
G. *kategorisch* Als Reisesegen habe ich ihm geraten, sich nicht verwirren zu lassen.

22
((Zum Schluß des 1. Teils: Scherzo aus Mendelssohns ›Sommernachtstraum‹. Die Musik dauert gut fünf Minuten und wird der kommenden Traumerzählung Eckermanns unterlegt, die, mäßig schnell gesprochen, vier bis fünf Minuten währt. Der Erzählung geht etwa eine halbe Minute Mendelssohn voraus, sie endet möglichst zusammen mit der Musik. Ohne Musik spricht dann Goethe seinen Kommentar zum Traum und leitet den 2.' Teil ein))

E. *eindringlich* Ich hatte in der Nacht folgenden anmutigen und mir sehr merkwürdigen Traum:
Ich sah mich nämlich in einer unbekannten Gegend unter fremden Menschen überaus heiter und glücklich. Der schönste Sommertag umgab mich in einer reizenden Natur, wie es etwa an der Küste des Mittelländischen Meeres im südlichen Spanien oder Frankreich oder in der Nähe von Genua sein möchte. Wir hatten mittags an einer lustigen Tafel gezecht und gingen mit anderen jüngeren Leuten, um eine weitere Nachmittagspartie zu machen. Wir waren durch buschige angenehme Niederungen geschlendert, als wir uns mit einem Mal im Meer auf der kleinen Insel sahen – auf einem herausragenden Felsstück, wo kaum fünf bis sechs Menschen Platz hatten und wo man sich

nicht rühren konnte, ohne Furcht, ins Wasser zu gleiten. Rückwärts erblickte man nichts als die See. Vor uns aber lag die Küste in der Entfernung einer Viertelstunde auf das einladendste ausgebreitet. Das Ufer war an einigen Stellen flach, an anderen felsig und mäßig erhöht, und man erblickte zwischen grünen Lauben und weißen Zelten ein Gewimmel lustiger Menschen in hellfarbigen Kleidern, die sich bei schöner Musik einen guten Tag machten.

›Da ist nun weiter nichts zu tun‹, sagte einer zum anderen, ›wir müssen uns entkleiden und hinüberschwimmen.‹ ›Ihr habt gut reden‹, sagte ich, ›ihr seid jung und schön und überdies gute Schwimmer. Ich aber schwimme schlecht und es fehlt mir die ansehnliche Gestalt, um mit Lust und Behagen vor den fremden Leuten am Ufer zu erscheinen.‹ ›Du bist ein Tor‹, sagte einer der schönsten, ›entkleide dich nur und gib mir deine Gestalt, du sollst indes die meinige haben.‹

Auf diese Worte entkleidete ich mich schnell und war im Wasser und fühlte mich im Körper des anderen sofort als einen kräftigen Schwimmer. Ich hatte bald die Küste erreicht und trat mit dem heitersten Vertrauen nackt und triefend unter die Menschen. Ich war glücklich im Gefühl dieser schönen Glieder, mein Benehmen war ohne Zwang, und ich war sogleich vertraut mit den Fremden vor einer Laube an einem Tisch, wo es lustig herging. Meine Kameraden waren auch nach und nach ans Land gekommen, und es fehlte nur noch der Jüngling mit meiner Gestalt, in dessen Gliedern ich mich so wohl fühlte. Endlich kam auch er in die Nähe des Ufers, und man fragte mich, ob ich

denn nicht Lust hätte, mein früheres Ich zu sehen? Bei diesen Worten wandelte mich ein gewisses Unbehagen an, teils weil ich keine große Freude an mir selber zu haben glaubte, teils auch, weil ich fürchtete, jener Freund möchte seinen eigenen Körper sogleich zurückverlangen. Dennoch wandte ich mich zum Wasser und sah mein zweites Selbst ganz nahe heranschwimmen, und, indem ich den Kopf etwas wandte, lachend zu mir heraufblicken.
›Es steckt keine Schwimmkraft in deinen Gliedern!‹ rief er mir zu; ›ich habe gegen Wellen und Brandung gut zu kämpfen gehabt, und es ist nicht zu verwundern, daß ich von allen der letzte bin.‹
Ich erkannte sogleich das Gesicht, es war das meinige, aber verjüngt und etwas voller und breiter und von der frischesten Farbe. Jetzt trat er ans Land, und indem er auf dem Sande die ersten Schritte tat, hatte ich einen Überblick seines Rückens und seiner Schenkel und freute mich über die Vollkommenheit dieser Gestalt. Und es kam mir im Traum der Eindruck einer vollkommenen Unabhängigkeit unserer Seelen.
((Musik aus. Ende des 1. Teils)) ((Kurze Pause))

G. *kühl*   Ihr Traum ist sehr artig.

Eckermann und Goethe

Puppen: Hilke Raddatz und Bernd Eilert
Fotos: Inge Werth

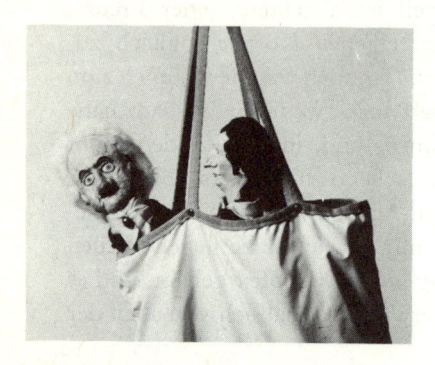

(1982)

II

23
GOETHE GEISSELT DIE ROMANTIKER

SS.

E. Da wir in der Natur heute nichts weiter zu betrachten finden, Exzellenz, so sprechen wir von literarischen Dingen. Ein bekannter deutscher Dichter ist neulich durch Weimar gegangen. Er hat Ihnen sein Stammbuch gegeben?

G. *eifrig-mürrisch* Was darin für schwaches Zeug steht, glauben Sie nicht! Diese Poeten schreiben alle, als wären sie krank und die ganze Welt ein Lazarett! Alle sprechen sie vom Leiden und dem Jammer der Erde und von den Freuden des Jenseits, und unzufrieden, wie sie alle sind, hetzt einer den anderen in noch größere Unzufriedenheit hinein! Diese –

E. Aber hat nicht auch Ihr ›Werther‹ – –?

G. *unnachgiebig* – Diese neue Romantik ist ein wahrer Mißbrauch der Poesie, die uns doch eigentlich dazu gegeben ist, um die kleinen Zwiste des Lebens auszugleichen und den Menschen mit der Welt und seinem Zustand zufrieden zu machen. Aber nein, der jetzigen Generation ist es nur bei der Schwäche gemütlich und poetisch zu Sinne! A b e r ich habe ein gutes Wort erfunden, um diese Herren zu ärgern! *komisch-stolz* Ich will ihre Poesie die L a z a r e t t p o e s i e nennen!

E. Lazarettpoesie? . . . Ja, ein gutes Wort, aber – –

G. *pathetisch* Sehen Sie: Die allgemeine Krankheit der Zeit ist jetzt die S u b j e k t i v i t ä t !

E. Ihre Worte haben meine ganze Zustimmung – –

G. *mächtig* Die Lazarettpoesie ist ein ganz und gar patho-

	logisches Produkt! Es ist unglaublich, wieviel aber der Geist zur Erhaltung des Körpers vermag! Ich leide oft an Beschwerden des Unterleibes, allein der geistige Wille und die Kräfte des oberen Teiles halten mich zusammen ... *hat sich offenbar verrannt* Jedenfalls, der Begriff von klassischer und romantischer Poesie, der jetzt über die ganze Welt geht und soviel Streit und Spaltungen verursacht, dieser Begriff ist ursprünglich jedenfalls von mir und Schiller ausgegangen! Die Schlegel ergriffen die Idee und trieben sie weiter, so daß nun jedermann von Klassizismus und Romantizismus redet, woran vor funfzig Jahren niemand dachte!
E.	Was aber ist nun eigentlich der Unterschied zwischen ›klassisch‹ und ›romantisch‹?
G. *geheimnisvoll*	Mir ist gestern ein neuer Ausdruck eingefallen, der das Verhältnis nicht übel bezeichnet. *ominös* Das Klassische nenne ich das Gesunde, und das R o m a n t i s c h e d a s K r a n k e. Das Kranke oder Pathologische, ja. Man könnte auch sagen, daß das Romantische das Moderne, indes das Klassische das Antike ist. Sie sehen das an meinem Helena-Akt zum Faust!
E. *dümmlich*	Es steckt ein ganzes Altertum darin.
G. *wichtig*	Ja! Die Philologen werden zu tun finden! Der Moderne romantische Teil ist besonders schwer.
E. *ehrlich erstaunt*	Sie schreiben also ... auch romantisch?
G.	Entschieden nicht! Denn der Poet soll das Besondere ergreifen und er wird, wenn dieses nur etwas Gesundes ist, darin ein Allgemeines darstellen.
E.	Aber ...
G. *barsch-abweisend*	Die englische Geschichte ist vortrefflich zu poetischer Darstellung, weil sie etwas Tüchti-

ges, Gesundes und daher Allgemeines ist, das sich *schwach* wiederholt, ja...
Pause der Verlegenheit.

E. *vorsichtig* Aber bei der ›Helena‹ —

G. *abfangend* Unsere Zeit ist so schlecht, daß dem Dichter im umgebenden menschlichen Leben keine brauchbare Natur mehr begegnet. Sehen Sie: die Nibelungen sind klassisch wie der Homer, denn beide sind gesund und tüchtig. Das meiste Neuere aber ist —

E. *reinplatzend* Romantisch!

G. *fast lärmend* N e i n , n i c h t romantisch!! Sondern n u r krankhaft, schwach, weinerlich, sentimental! Oder vielmehr, es ist nicht romantisch, weil es neu, sondern weil es schwach, kränklich und krank ist! Und das Alte ist nicht klassisch, weil es alt, sondern weil es stark, frisch, froh und gesund ist!

E. *total verwirrt* Eure Exzellenz sprechen große Dinge aus, und ich bin glücklich, Ihnen zuzuhören —

G. *wieder lehrhaft-leise*
— Manzoni zum Beispiel hilft uns zu guten Gedanken. Aber mir ist da soeben ein weiteres gutes Wort eingefallen, und ich will es Ihnen entdecken, und Sie werden es in Ihrem Leben vielfach bestätigt finden. *überraschend* Alle im Rückschreiten und in der Auflösung befindlichen Epochen sind subjektiv, dagegen aber haben alle vorschreitenden Epochen eine objektive Entwicklung. Unsere ganze jetzige Zeit ist eine r ü c k s c h r e i t e n d e , denn sie ist eine subjektive! Jawohl!

E. *vorsichtig* So wäre also das Klassische das Objektive und Gesunde und das Romantische das Subjektive und Kranke?

G. *stur* Sehen Sie, die jungen deutschen Dichter

schicken mir immer Trauerspiele. Allein was soll ich damit? Worauf es ankommt, ist dies, daß unsere bessere Natur sich kräftig durchhalte und den Dämonen nicht mehr Gewalt als billig einräume. Wenn wir nach solchen Qualitäten Klassisches und Romantisches unterscheiden, so werden wir bald im Reinen sein ... Aber mir ist da soeben abermals ein gutes Wort eingefallen. Das Klassische nenne ich das M ä n n l i c h e. Sie sehen heute oft reine hübsche Talente, die was gelernt und die sich Geschmack und Kunst in bedeutendem Grade angeeignet haben, allein es fehlet ihnen allen etwas, und zwar das M ä n n l i c h e! *überraschend laut* Merken Sie sich dieses Wort und unterstreichen Sie es!

E. *verdattert* Gewiß ... äh ... das Männliche!
G. *laut* Jawohl, das Männliche!
E. Ja ... das Männliche wäre also das Gesunde und das Weibliche ... das Kranke ...?
G. *scharf* Es lebt ein schwächeres Geschlecht, von dem sich nicht sagen läßt, ob es so ist durch Zeugung oder durch eine schwächere Erziehung und Nahrung. Ich vergleiche die jetzige literarische Epoche mit dem Zustande eines heftigen Fiebers ...
E. *anspringend* ... das Kranke ...
G. ... das zwar gut und wünschenswert ist bzw. an sich nicht gut und wünschenswert ist, aber eine bessere Gesundheit als heitere Folge hat!
E. *hilflos* Das Klassische!
G. *stark* Ja! Man wird bald das augenblicklich Verbannte, durchaus Reine und Edle mit desto größerem Verlangen wieder hervorsuchen.
Kurze Verlegenheitspause.
E. *vorsichtig* Aber hat nicht auch Mérimée, der doch zu

	Ihren Lieblingen gehört, durch seine abscheulichen Gegenstände jene ultraromantische Bahn betreten?
G. *barsch*	Mérimée hat die Dinge ganz anders traktiert als seine Mitgesellen. *schnuffelnd* Es fehlt ihm freilich nicht an allerlei schaurigen Motiven von *leicht angewidert* Kirchhöfen, nächtlichen Kreuzwegen, Gespenstern und Vampiren; allein alle diese Widerwärtigkeiten berühren nicht das Innere des Dichters, er behandelt sie vielmehr aus einer gewissen objektiven F e r n e und gleichsam mit Ironie.
E. *tastend*	So wäre das Ferne das Gesun ...
G.	Mérimée ist ein ganzer Kerl! *Pause.*
E. *hilflos*	Aber ursprünglich ging also die Scheidung zwischen klassisch und romantisch auf Sie und Schiller zurück?
G. *ärgerlich*	Ach was! Was will der ganze Plunder gewisser Regeln und einer steifen alten Zeit und was will all der Lärm um klassisch und romantisch! Es kommt darauf an, daß ein Werk durch und durch g u t u n d t ü c h t i g sei – und es wird auch wohl klassisch sein!
E.	Aber Schiller ...
G. *barsch*	Schiller! Nun streitet sich das Publikum seit zwanzig Jahren, wer größer sei: Schiller oder ich, und sie sollten sich freuen, daß überhaupt ein paar Kerle da sind, worüber sie streiten können – –
	((Flotte unkomplizierte Allegro-Klaviermusik))

24

S.	Indessen sähe sich im Irrtum, wer glaubte, die Gespräche zwischen Goethe und Eckermann

	hätten einzig die Gegenstände der schönen Künste gestreift. Nein! Es gab da im Lauf der Zeit so manches andere wichtige Thema, und was wäre spannender und lehrreicher als eine Abhandlung über: ((Musiksignal))
SS.	PFEIL & BOGEN
E.	Suchen wir ein einsames Tal und schießen mit Pfeil und Bogen!
G. *lüstern*	Hm. Das mag kein schlechtes Vergnügen sein.
E. *gewinnt sofort Boden*	Es ist herrlich, um die Gebrechen des Winters loszuwerden!
G.	Wie aber in aller Welt, Herr Doktor, sind Sie hier in Weimar zu Pfeil und Bogen gekommen?
E. *genußvoll*	Zu den Pfeilen habe ich mir ein Modell aus Brabant mitgebracht, wo das Schießen mit Pfeil und Bogen allgemein ist. Was waren das für wohlgewachsene Männer und was für malerische Stellungen, wenn sie die Sehne zogen! Ich war damals für dieses Bogenschießen so begeistert, daß ich dachte, es sei etwas Großes, es in Deutschland einzuführen, und ich war so dumm, daß ich glaubte, es sei möglich.
G.	Das sieht Ihnen ähnlich. Aber denken Sie nur nicht, man könnte hier etwas Natürliches und Schönes popular machen. War denn Mozart popular? – Aber ich kann mir denken, es mag schön sein, dieses Brabanter Schießen.
E. *dozierend*	Das Schöne ist, daß es den Körper gleichmäßig entwickelt und die Kräfte gleichmäßig in Anspruch nimmt. Da ist der linke Arm, der den Bogen hinaushält, straff, stark und ohne Wanken; da ist der rechte, der mit dem Pfeil die Sehne zieht. Zugleich beide Füße und Schenkel –

G. *abkürzend*	Es wäre etwas für unsere Turnanstalten!
E.	Aber unsere deutschen Turnlehrer wissen mit Pfeil und Bogen nicht umzugehen.
G.	Nun, da mögen sich einige Turnanstalten vereinigen und einen tüchtigen Schützen aus Flandern oder Brabant kommen lassen. Oder sie mögen auch einige hübsche wohlgewachsene junge Turner nach Brabant schicken, daß sie sich dort zu guten Schützen ausbilden lassen... Ich bin den deutschen Turnübungen durchaus nicht abgeneigt. Umso mehr hat es mir leid getan, daß sich sehr bald allerlei Politisches *immer schwatzhafter* dabei einschlich, so daß die Behörden sich genötigt sahen, sie zu beschränken oder wohl gar zu verbieten. Dadurch ist nun das Kind mit dem Bade ausgeschüttet. Aber ich hoffe, daß man die Turnanstalten wieder herstelle, denn unsere deutsche Jugend bedarf ihrer, besonders die studierende, der bei dem vielen geistigen und gelehrten Treiben alles körperliche Gleichgewicht fehlt... Aber sagen Sie mir nun auch, wie Sie zu dem Bogen gekommen.
E. *munter*	Ich habe mir selbst einige gemacht, zuerst mit der Esche, ich kam aber beim Ausarbeiten auf den Kern, wo ich das Holz grob und lose fand, man riet mir darauf, einen Stamm zu nehmen, der stark genug sei, um ihn schlachten zu können?
G.	Schlachten? Was ist das?
E. *eifrig*	Das ist ein Kunstausdruck der Wagner und heißt soviel als spalten, und zwar wird dabei ein Keil durch den Stamm der Länge nach von einem Ende zum anderen durchgetrieben.
G.	Ich begreife. Doch erzählen Sie weiter. *überraschend* Die Sache interessiert mich.

E. *harmlos-eifrig*	Ich machte also meinen zweiten Bogen aus einem Stück geschlachteter Esche. Der Bogen war stark und fest, aber es zeigte sich der Fehler –
G. *im Folgenden quasi-visionär und zugleich* E. *veralbernd*	Der Fehler! Die Sache interessiert mich! –
E.	– der Fehler, daß er beim Aufziehen nicht weich, sondern hart war –
G. *leise*	Nicht weich, sondern hart! –
E.	›Sie werden‹, sagte der Wagner, ›ein Stück Samenesche genommen haben, welches immer ein sehr steifes Holz ist. Nehmen Sie aber von der zähen, so wird es besser gehen‹. Bei dieser Gelegenheit erfuhr ich, daß zwischen Esche und Esche ein großer Unterschied ist –
G. *leise*	Esche und Esche ein großer Unterschied –
E. *ohne Gespür*	– ich erfuhr, daß bei allen Holzarten sehr viel auf den Ort und Boden ankomme, wo sie gewachsen, ich erfuhr, daß das Holz des Ettersberges als Nutzholz einigen Wert habe.
G. *quasi-aufgeregt*	Sie machten also einen Bogen aus der z ä h e n Esche!
E.	Ja, und ich machte ferner die Erfahrung, daß alles auf der Winterseite eines Abhanges –
G. *wie oben*	W i n t e r s e i t e! Ihre Beobachtungen sind für mich von b e s o n d e r e m Interesse!
E.	– daß alles auf der Winterseite gewachsene Holz fester und von geraderer Faser befunden wird –
G. *schon tückisch*	Erzählen Sie weiter!
E.	– als das auf der Sommerseite gewachsene, denn ein junger Stamm, der in der schattigen Nordseite –
G. *seltsam aufgeregt*	Ein junger Stamm! –

E.	– eines Abhanges hat nur Licht und Schatten nach oben zu suchen –
G.	Weiter! –
E.	– weshalb er dann sonnenbegierig fortwährend aufwärts strebt –
G. *leise*	Aufwärts strebt. Ganymed. Euphorion – –
E. *platt*	– und die Faser in gerader Richtung emporzieht. Tischler und Wagner wählen darum lieber die feiner entwickelte Nordseite eines Stammes, welche sie die Winterseite nennen, und dazu ein besonderes Vertrauen haben. *Pause.*
G. *steif*	Hm. Hm. Sie sind durch Ihre B o g e n t e n d e n z zu ganz hübschen Kenntnissen gekommen. Auch ist das Suchen und Irren gut, denn durch Suchen und Irren lernt man. Aber wissen Sie was? *geheimnisvoll* Ich glaube, ich habe etwas für Sie, das Ihnen nicht unlieb wäre. Was dächten Sie, wenn ich Ihnen einen echten Baschkirenbogen in die Hände legte?
E.	Einen Baschkirenbogen? Und einen echten?
G. *gemütlich-irritierend*	Ja, närrischer Kerl, einen echten! Kommen Sie nur! ((Kram-Geräusche)) Ah! Hier haben Sie den Baschkirenbogen!
E.	Oh!
G.	Ich sehe, er ist noch in demselben Stande, wie er im Jahre 1814 mir von einem Baschkirenhäuptlinge verehrt wurde. Nun, was sagen Sie?
E. *entzückt*	Oh! Es ist ein herrlicher Bogen!
G.	Sehen Sie! Wie wäre es, wenn Sie ihn einmal probierten? Kommen Sie! Gehen wir hinab in den Garten! Hier haben Sie auch einen Pfeil. *dumpf-witzig* Doch hüten Sie sich vor der eisernen Spitze, sie könnte vergiftet sein. Kommen Sie!

	((Akustisch vernehmbarer Szenenwechsel. Vogelstimmen))
G.	Nun, wohin schießen wir?
E.	Ich dächte, erst einmal in die Luft.
G. *nahezu im Reporterstil*	Nur zu! Ah! Bravo, Doktor! Hoch gegen die sonnigen Wolken in die blaue Luft! Der Pfeil hält sich gut! Brav! Da! Jetzt biegt er sich und fällt wieder herab... Nun, lassen Sie mich einmal!
E. *für sich*	Ich bin glücklich, daß er auch schießen will. *laut* Hier Pfeil und Bogen. *für sich* Den Bogen faßt er richtig. *laut* Und die Kerbe des Pfeils in die Sehne. Ja?
G.	Ah ja...
E. *aufgeregt*	Und jetzt hoch zielen! *für sich* Er zieht die Sehne. Steht er nicht da wie der Apoll mit der unverwüstlichen inneren Jugend, doch alt an Körper. Der Pfeil erreicht nur eine sehr mäßige Höhe und senkt sich wieder zur Erde...
G. *etwas entfernt*	Noch einmal!
E. *für sich*	Das Schießen mit Pfeil und Bogen gefällt ihm über die Maßen. Ich muß an die Verse denken: ›Läßt mich das Alter im Stich? Bin ich wieder ein Kind?‹
G. *außer Atem*	Puh! Hah! Lassen Sie den Pfeil im Holz stecken... Puh... Er soll mir einige Tage als eine Erinnerung an unsere Späße dienen. Setzen wir uns auf die Bank vor der dicken Hecke. Ah! Prrr!... Nun, das gemahnt mich entschieden an den Bogen des Odysseus, an die Helden des Homer, an die griechischen Tragiker. Prrr!
E. *läppisch*	Was halten Sie übrigens von der vielverbreiteten Meinung, daß das griechische Theater durch Euripides in Verfall geraten ist?

G. *schwer atmend*	Dieser Meinung bin ich keineswegs. Überhaupt bin ich nicht der Ansicht, daß eine Kunst durch irgendeinen einzelnen Mann in Verfall geraten könnte. Die tragische Kunst der Griechen konnte so wenig durch Euripides in Verfall geraten als die bildende durch irgendeinen großen Bildhauer, der neben Phidias lebte, aber geringer war. Denn die Zeit, wenn sie groß ist, geht ... ((Ton wegnehmen)) auf dem Wege des Besseren fort ... ((Musiksignal leitet unmittelbar über zur nächsten Szene))

25

SS.	DIVERSE LEKTÜRE
E.	Ich habe dieser Tage den trefflichen englischen Roman ›Roderick Ransom‹ von Smollett gelesen, er ist von entschiedener Realität –
G. *unterbricht unwirsch*	Ich habe den ›Roderick Ransom‹ oft rühmen hören – doch ich habe ihn nie gelesen ... Kennen Sie den ›Rasselas‹ von Johnson? ... *triumphierend* Lesen Sie ihn doch auch einmal, und sagen Sie mir, wie Sie ihn finden!
E. *unwillig*	Ich verspreche dieses zu tun ... *beharrlich* Auch im Byron finde ich häufig Darstellungen, die ganz unmittelbar da stehen ...
G. *zögernd*	Ja, darin ist Byron groß ...
E.	Besonders der ›Don Juan‹ ist an solchen Stellen reich!
G.	Vom Don Juan kenne ich wenig ...
E. *erfreut*	Byron zeichnet auch ganz vortreffliche Frauen!
G. *laut*	Ja, seine Frauen sind gut ... Mit den Männern ist nichts zu tun ...
E. *kennerisch*	Übrigens hat Byron etwas Apprehensives!

G. *bestätigt*	Er war ein ewiger Selbstquäler *mit erhobener Stimme,* aber seine Darstellung ist zu loben.
E. *unverdrossen*	Sie ist vortrefflich!
G. *geschlagen*	Sie haben ganz recht, es ist so ...

26

S.	Wie bedeutend es ist, daß man für ein Gespräch den rechten Gegenstand wähle, wird auch aus dem Folgenden ersichtlich; dabei geht es zunächst um
SS.	TRILOGIEN
E. *mutig*	Wir besitzen in unserer Literatur sehr wenige Trilogien.
G. *mürrisch*	Diese Form ist bei den Modernen überhaupt selten.
E. *unschuldig*	Aber Ihr ›Paria‹!?
G. *tappt in die Falle*	Mein ›Paria‹ ist eine vollkommene Trilogie ...
E. *setzt nach*	Und Ihre ›Trilogie der Leidenschaft?‹!
G. *unwirsch*	Meine sogenannte ›Trilogie der Leidenschaft‹ ist ursprünglich n i c h t als Trilogie konzipiert, vielmehr erst nach und nach und gewissermaßen zufällig zur Trilogie geworden ... ich wußte selbst nicht, wie ...
E. *zufrieden*	Ja, wir besitzen sehr wenige Trilogien ...
G. *bissig*	Alles Große und Gescheite existiert in der Minorität. Ich habe übrigens Soret geraten, mehr Trilogien zu schreiben. – Werfen S i e sich auf die Natur, lieber Doktor, *ironisch* Sie sind dafür geboren!
E. *unbeholfen*	Habe ... äh ... hat Lavater eigentlich eine Tendenz zur Natur gehabt?
G. *mächtig*	Durchaus nicht. Was in Lavaters ›Physiognomik‹ über Tierschädel vorkommt, ist von mir. *lacht* Lavater war ein herzlich guter Mann. Sein

	Gang war wie der eines Kraniches, weswegen er auf dem Blocksberg als Kranich vorkommt.
E.	Ah, ›Faust‹ ...
G. *schulmeisterlich*	Daß in der Maske des Plutus der Faust steckt und in der Maske des Geizes Mephistopheles, werden Sie bemerkt haben. Wer aber ist der Knabe Lenker?
E. *ängstlich*	... ich ... ich weiß es nicht ...
G. *donnert*	Es ist der E u p h o r i o n !
E. *aufbegehrend*	Wie kann aber der –
G. *kategorisch*	Merken Sie es sich, denn auf diese Weise erspart man sich viel Denken ... *gönnerhaft* welches, wie Meyer sagt, eine gar schwierige Sache ist, hehe! *kichert*
E. *finster*	Ich will es wohl bewahren.

27

S.	Ein weiteres Beispiel:
SS.	DER FLEISSIGE MANZONI
G. *aufgeräumt*	Sehen Sie nur, was da liegt! Ein Roman in drei Bänden! Und zwar von wem?! Von Manzoni!
E. *unsicher*	Manzoni ist fleißig ...
G. *jovial*	Ja, das regt sich ...
E. *zerknirscht*	Ich kenne nichts von Manzoni ...
G. *munter*	Aber Carlyle, den kennen Sie doch immerhin?
E.	Ich habe von ihm über Fouqué gelesen ...
G.	Ist das nicht sehr artig!? Ja, überm Meer gibt es auch gescheite Leute ... *lacht*
E. *übertreibt*	Eure Exzellenz sprechen große Dinge aus, *ironisch* und ich bin glücklich, Ihnen zuzuhören.
G. *unsicher*	Ja, ja, Manzoni hilft uns zu guten Gedanken ...
	((Kurze Klaviermusik))

KOLLEGENSCHELTE

SS.	
E.	Exzellenz, was sagen Sie zu Uhland?
G.	Wo ich große Wirkungen sehe, pflege ich auch große Ursachen vorauszusetzen. Ich nahm Uhland mit der besten Absicht zu Händen – allein ich stieß von vorne herein gleich auf so viele schwache und trübselige Gedichte, daß mir das Weiterlesen verleidet wurde.
E.	Haben Sie das neue Epos von – Egon Ebert gelesen?
G.	Das ist nun wirklich ein recht erfreuliches Talent, aber diesem neuen Gedicht mangelt die eigentliche poetische Grundlage.
E. *langsam impertinent*	Die neueste Rede von Schelling ist sehr zu loben!?
G.	Die Rede ist durch und durch gut, und man freuet sich einmal wieder über das vorzügliche Talent, das wir schon lange kannten und verehrten.
E.	Auch Lavater war wohl ein vorzüglicher Mensch?
G.	Lavater war ein herzlich guter Mann – allein: er war gewaltigen Täuschungen unterworfen, und die ganz strenge Wahrheit war nicht seine Sache; er belog sich und andere.
E. *hartnäckig*	Von Menander bin ich hochbegeistert!
G. *müde*	Er ist durchaus rein, edel, groß und heiter.
E. *drängend*	Und der Sophokles?
G.	Er kannte die Bretter und verstand sein Metier wie einer.
E.	In der altdeutschen Poesie schätze ich Fleming besonders.
G.	Fleming ist ein recht hübsches Talent; ein wenig prosaisch, bürgerlich; er kann jetzt nichts mehr helfen.

E. *im Folgenden unbarmherzig und immer dringender*	Immermann scheint mir ein hoffnungsvoller junger Mann.
G. *immer müder*	Sein originelles Streben hat zwar sein Gutes, allein es führt gar zu leicht in die Irre.
E.	Ich lobe an Kotzebue den frischen Blick ins wirkliche Leben.
G.	Ich stimme Ihnen zu. Es ist nicht zu leugnen, er hat sich im Leben umgetan und die Augen offengehabt.
E.	Was ist mit Schubarth?
G.	Schubarth geht oft ein wenig tief; doch ist er sehr tüchtig.
E.	Kennen Sie Campe?
G.	Ich bin mit Campen in meinem Leben nur zweimal zusammengetroffen.
E.	Mögen Sie Tieck?
G.	Ich bin Tiecken herzlich gut. Allein –
E. *schwärmerisch*	Ich wüßte nichts, was Platens Stücken gleichkäme!
G. *rafft sich auf*	... Sie gleichen dem Kork, der auf dem Wasser schwimmend keinen Eindruck macht, sondern von der Oberfläche sehr leicht getragen wird *atmet auf.*
E. *verblüfft*	Ich lese jetzt einen Band von Diderot ...
G. *souverän*	Es war die Metamorphose einer 100jährigen Literatur.
E. *nimmt einen neuen Anlauf*	Was denken Sie von Voltaire?
G. *abwehrend*	Sie können sich hiebei nicht denken, was ich mir denke, und haben keinen Begriff von der Bedeutung, die Voltaire in meiner Jugend hatte!
E.	Wie haben Sie in Ihrer Jugend zu Klopstock gestanden?

G.	Ich verehrte ihn mit der Pietät, die mir eigen war.
E. *listig*	Bürger hatte zu Ihnen wohl wenig Verwandtschaft?
G. *braust auf*	Ein Mann, der in seinem 30. Jahr ein Gedicht wie die ›Frau Schnips‹ schreiben konnte, mußte wohl in einer Bahn gehen, die von der meinigen ein wenig ablag!
E.	Und ihre Bekanntschaft zu Schlegel?
G. *mit Ekel*	Schlegel war höchst sauber angezogen und schien nicht unerfahren in der Verwendung kosmetischer Mittel.
E. *genüßlich*	Aber Byron ist groß!
G. *ärgerlich*	Lord Byron ist nur groß, wenn er dichtet, sobald er reflektiert ist er ein Kind.
E.	Aber: Molière!
G.	Molière ist so groß, daß man immer von neuem erstaunt.
E.	Was fehlt dazu Manzoni??
G.	Manzoni fehlt weiter nichts, als daß er selbst nicht weiß . . . *stockt* welch guter Poet er ist.
E. *immer bohrender*	Sprechen wir von Victor Hugo!
G. *mit letzter Anstrengung*	Er ist ein schönes Talent . . . *wütend* Ich habe in diesen Tagen seine ›Notre Dame de Paris‹ gelesen. Es ist das abscheulichste Buch, das je geschrieben wurde!!
E. *lauernd*	Und Walter Scott?!
G. *der Verzweiflung nahe*	Walter Scott kann ich nicht loben.
E. *siegessicher*	Aber: L e s s i n g!
G.	Lessing war der höchste Verstand . . . *bissig* dem Halbvermögen war er gefährlich!
E. *unbeirrt*	Haben Eure Exzellenz je zu Kant ein persönliches Verhältnis gehabt?

G. *matt*	Nein, Kant hat nie von mir Notiz genommen...
E. *inquisitorisch*	Was ist mit Lessing und Kant?
G. *kläglich*	Sie waren älter als ich...
E. *obenhin*	Aber was war eigentlich mit Schiller los?
G. *wie abwesend*	Schiller war ein wunderlicher... großer... Mensch.
E. *überfreundlich*	Waren Sie – gern in Böhmen?
G. *tonlos*	Das Böhmen... ist ein eigenes Land... ((Denkpause))

29

S.	An manchen Tagen kann Eckermann sehr hartnäckig sein; so auch am 10. April 1829:
SS.	IN ERWARTUNG DER SUPPE
G.	In Erwartung der Suppe will ich Ihnen indes eine Erquickung der Augen geben...
E. *mäßig interessiert*	Was ist das?
G. *stolz*	Das sind Landschaften von Claude Lorrain!
E. *übertreibt*	Der Eindruck ist außerordentlich... und mein Erstaunen und Entzücken steigt...
G. *fällt darauf herein*	Das ist eben die wahre Idealität, die sich realer Mittel so zu bedienen weiß, daß das erscheinende Wahre eine Täuschung hervorbringt, als sei es wirklich.
E. *gönnerhaft*	Ich dächte, da wäre ein gutes Wort...
G. *beleidigt*	Ich sollte meinen. Indes: die Bilder sind zu gut, um viele davon hintereinander zu sehen...
E. *spöttisch*	Auch ich fühle so.
G.	...Ich habe übrigens dem König von Bayern geantwortet, und Sie sollen den Brief nach Tisch lesen.
E. *ohne Begeisterung*	Das wird sehr lehrreich für mich sein...

G. *dringlich*	Indes steht hier in der ›Allgemeinen Zeitung‹ ein Gedicht an den König, das Sie doch auch noch sehen müssen. ((Papier raschelt)) Nun, was sagen Sie dazu?
E. *gemessen*	Es sind die Empfindungen eines Dilettanten.
G. *eifrig*	Sie haben vollkommen recht. Ich halte das Gedicht auch für ein sehr schwaches Produkt.
E. *kategorisch*	Um ein Gedicht gut zu machen, dazu gehören bekanntlich große Kenntnisse der Dinge, von denen man redet.
G.	Und das Eigene ist, daß nur das geborene Talent eigentlich weiß, worauf es ankommt.
E. *kühl*	Das beweisen die Ästhetiker.
G. *mühsam*	Sie haben vollkommen recht, und es wäre über dies Kapitel viel zu sagen ... ich habe indes das neue Epos von Egon Ebert gelesen, und Sie sollen es auch tun, damit wir ihm vielleicht von hier ein wenig nachhelfen können ... Einige Stellen sind vollkommen gut – das Übrige aber –
E. *unterbricht ihn*	Es ist ein Fehler, der durch die ganze jetzige Literatur geht. Man vermeidet das spezielle Wahre, aus Furcht, es sei nicht poetisch, und verfällt dadurch in Gemeinplätze.
G. *verdutzt*	Ja! ... ja ... Egon Ebert hätte sich sollen an die Überlieferung der Chronik halten. *kläglich* In meinem ›Clavigo‹ habe ich aus den Memoiren des Beaumarchais ganze Stellen ...
E. *jovial*	Es ist aber so verarbeitet, daß man es nicht merkt. Es ist nicht s t o f f a r t i g geblieben.
G. *dümmlich*	So ist es recht ... wenn es so ist ... *schnuppert* Ich glaube ... da kommt endlich die Suppe.

30

S.	Was ist der Mensch?
SS.	WAS IST DER MENSCH?

E.	Was ist der Mensch?
G. *souverän*	Der Mensch ist ein einfaches Wesen.
E.	Wie sind die M e n s c h e n ?
G.	Die Menschen sind überhaupt eigener Natur.
E. *penetrant*	Was ist für den Menschen gut?
G. *störrisch*	Es ist n i c h t gut, daß der Mensch alleine sei.
E.	Wozu sonst ist der Mensch geboren?
G.	Der Mensch ist über all nur für das Kleine geboren.
E.	Und wozu nicht?
G.	Der Mensch ist nicht geboren, die Probleme der Welt zu lösen.
E. *immer penetranter*	Warum nicht?
G. *immer matter*	Die Vernunft des Menschen und die Vernunft der Gottheit sind zwei sehr verschiedene Dinge.
E.	Was ist dem Menschen natürlich?
G. *mechanisch*	Es ist dem Menschen natürlich, sich als Ziel der Schöpfung zu betrachten.
E.	Was erkennt der Mensch?
G. *verzweifelt*	Der Mensch erkennt nur das an, was er selbst –
E. *unbarmherzig*	Halt! Noch einmal: Was ist der Mensch?
G. *tonlos*	Übrigens aber ist der Mensch ein dunkles Wesen.

31

((Musiksignal))

E. *freundlich*	Ich habe Ihnen das 1. Kapitel der ›Reise nach Paris‹ mitgebracht. Soll ich Ihnen vorlesen?
G. *eisig*	Ich ziehe es vor, sie alleine zu betrachten.
E.	Wie es beliebt ...
G. *grimmig*	Die meisten Leute haben ja gar keinen Begriff von der Schwierigkeit des Lesens!
E.	Das wäre ein Dünkel ...

G.	Die guten Leutchen, wissen nicht, was es einen für Zeit und Mühe gekostet, um lesen zu lernen!
E. *höflich*	Ich empfehle mich Exzellenz ...
G. *überlaut*	Ich habe achtzig Jahre dazu gebraucht und kann noch jetzt nicht sagen, daß ich am Ziele wäre ...
	((Verhallen))

32

S.	Goethe war bekanntlich ein großer Freund des schönen Geschlechts. Kein Wunder, daß er auch noch in hohem Alter mit Eckermann gern über diesen Gegenstand plauderte:
SS.	FRAUEN & WEIBER
S.	An dieser Stelle grüßen die Autoren insbesondere den Frankfurter Weiberrat und Frau Johanna Knorr.
E. *steif, schlecht-kokett*	Unlängst kam mir zu Ohren, daß ein junger hiesiger Leutnant bemerkt hatte, er stehe fast auf dem Punkt, eine gewisse junge Schönheit der Weimarischen Gesellschaft zu lieben, obgleich ihr Verstand nicht eben glänzend zu nennen.
G. *satt*	Pah! Als ob die Liebe etwas mit dem Verstand zu tun hätte! Wir lieben an einem jungen Frauenzimmer ganz andere Dinge als den Verstand. Wir lieben an ihm das ... das Schöne, das Jugendliche, das Neckische, das ...
E.	Zutrauliche ...
G.	Zutrauliche, den Charakter, ihre Fehler, ihre Kapricen, und Gott weiß was alles Unaussprechliche sonst. *lachend* Aber wir lieben nicht ihren Verstand. Ihren Verstand achten wir,

	wenn er glänzend ist, und ein Mädchen kann dadurch in unseren Augen unendlich an Wert gewinnen.
E.	›Die natürliche Tochter‹!
G.	Wie?
E.	Ihre ›Natürliche Tochter‹!
G.	Ja... Auch mag der Verstand gut sein, uns fesseln, wenn wir bereits lieben. Allein der Verstand ist nicht dasjenige, was fähig wäre, uns zu entzünden und eine Leidenschaft zu erwecken. Nein nein! *lacht satt und leicht benebelt.*
E. *vorsichtig*	Ich finde an Ihren Worten viel Wahres und Überzeugendes und bin bereit, den Gegenstand ebenfalls von dieser Seite zu betra...
G.	Jaja... *kurze Pause.*
E.	Die Frauen bei Shakespeare – –
G. *energisch*	Man muß den schönen Frauen nicht gar zu viel angewöhnen, denn sie gehen leicht ins Grenzenlose. Napoleon erhielt noch auf Elba Rechnungen von Putzmacherinnen, die er bezahlen sollte. Überhaupt haben Frauen eine entschiedene Tendenz zum Grenzenlosen... ja... gleichfalls ist die Beschäftigung mit Unsterblichkeitstheorien vorzüglich für vornehme Stände und Frauen, die nichts zu tun haben – allerdings gibt es unter den Frauen auch geniale Wesen. Nehmen Sie Madame Szymanowska, welche neulich hier ein öffentliches Konzert gab. Sie spielte ganz vortrefflich, wobei Sie bedenken müssen, daß sie nicht allein eine große Virtuosin, sondern zugleich ein schönes Weib ist. Da kommt es uns denn vor, als ob alles anmutiger wäre; sie hat eine meisterhafte Fähigkeit und man muß erstaunen.
E. *verlegen*	Aber sie war auch in der Kraft groß –
G.	Ja, auch in der Kraft, und das ist eben das

Merkwürdigste an ihr, weil man das sonst bei Frauenzimmern nicht findet. Sie brauchen sich nur in der Poesie umzusehen. Unsere Frauenzimmer haben davon nun v o l l e n d s k e i n e A h n u n g. Dies Gedicht ist schön, sagen sie, und denken dabei bloß an die Empfindungen, an die Verse. Von der Poesie haben die Frauen s e h r s c h w a c h e B e g r i f f e! *lacht etwas unverständlich. Päuschen.*

E. *kokett*   Hofrat Rehbein bemerkte neulich über unsere hiesigen Dichterinnen, daß das poetische Talent der Frauenzimmer ihm oft als eine Art – Sie erlauben – ›geistiger Geschlechtstrieb‹ vorkomme!

G. *lacht unmäßig*   Da hören Sie nur! Geistiger Geschlechtstrieb! Wie der Arzt das zurechtlegt!

E. *eifrig*   Hofrat Rehbein meinte auch, gewöhnlich hätten diese Wesen das Glück der Liebe nicht genossen und suchten nun in geistigen Richtungen Ersatz. Wären sie zur rechten Zeit verheiratet, so führte Rehbein weiter aus, und hätten sie Kinder geboren, sie würden an poetische Produktionen nicht gedacht haben.

G. *konziliant*   Ich will nicht untersuchen, inwiefern Rehbein recht hat; aber bei Frauenzimmertalenten habe ich immer gefunden, daß sie mit der Ehe aufhörten. Ich habe Mädchen gekannt, die vortrefflich zeichneten, aber sobald sie Frauen und Mütter wurden, war es aus. Sie nahmen keinen Griffel mehr in die Hand *lacht.*

E. *lacht etwas verlegen mit*

Kleine Pause.

E. *steif*   Was halten Sie von den Frauen – Lord Byrons?
G. *kalt*   Seine Frauen sind gut.
E.   Nicht wahr? Ganz vortrefflich!

G. *höchst überraschend*	Es ist aber auch das einzige Gefäß, was uns Neueren noch geblieben ist, um unsere Identität hineinzugießen.
E. *verwirrt*	›Das ewig Weibliche...‹
G.	Ja, das einzige Gefäß für uns Neuere... *Pause* ... häh ...
E. *unerschütterlich*	Und die Frauen bei Shakespeare?
G. *weggedreht*	Es ist mit Shakespeare wie mit den Gebirgen der Schweiz. Verpflanzen Sie den Montblanc unmittelbar in die Lüneburger Heide, und Sie werden vor Erstaunen über seine Größe keine Worte finden. Besuchen Sie ihn aber in seiner riesigen Heimat, kommen Sie zu ihm über seine Nachbarn *doof-dozierend:* die Jungfrau, das Finsteraarhorn, den Eiger, das Wetterhorn, den Gotthard und Monte Rosa, so wird zwar der Montblanc immer ein Riese bleiben, allein er wird uns nicht mehr in ein solches Erstaunen setzen. *Pause.*
E.	An Shakespeare erinnert mich Lotte im ›Werther‹ ...
G.	Das ist auch so ein Geschöpf.
E.	Hat denn die große Wirkung des ›Werther‹ wirklich an der Zeit gelegen?
G. *wichtig*	Ich kann mich dazu nicht bekennen. Der ›Werther‹ hat Epoche gemacht, w e i l er erschien, nicht weil er in einer gewissen Zeit erschien.
E.	Da haben Sie wohl recht. *altklug* Es liegt in jeder Zeit so viel unausgesprochenes Leiden, soviel heimliche Unzufriedenheit und Lebensüberdruß, daß der ›Werther‹ Epoche machen würde, auch wenn er heute erschiene.
G. *überraschend und sehr warm*	Ich habe gelebt, geliebt und viel gelitten. Das war es.

E. *unangemessen*	Soviele Mißverständnisse zur Welt, so viele Konflikte Ihrer Natur – –
G. *wieder völlig überraschend*	Es fehlte bei unseren Theatern nicht an Frauenzimmern, die schön und jung und dabei von großer Anmut waren der Seele. Ich fühlte mich zu mancher leidenschaftlich hingezogen; auch fehlte es nicht, daß man mir auf halbem Wege entgegenkam. Allein ich faßte mich und sagte: Nicht weiter!
E. *blöde*	Und die Frauen bei Schiller?
G.	Wie?
E. *laut*	Was halten Sie von den Frauen Schillers?
G. *elegisch*	Es ist kaum begreiflich, allein Schiller war dem Einfluß von Frauen unterworfen wie andere auch.
	((Musiksignal))

33
((Musiksignal))

SS.	SCHLÄFERSTÜNDCHEN ((Szene sehr langsam sprechen))
G. *summt*	
E. *räuspert sich*	
G.	Nehmen Sie zum alten Rheinwein Biskuits?
E.	Mit Ihrer Erlaubnis.
G. *summt und brummt wiederholt (ggf. auf die Melodie ›Warum weinst du, schöne Gärtnersfrau?‹)*	›Bin ich mal dumpf und düstern Sinns, Verliere gleich den Mut, Wenn ich bei meiner Christel bin Ist alles wieder gut‹

E. *unglücklich*	Mir kommt das Gedicht von gestern wieder in den Kopf.
G. *abwesend*	Ein Gedicht?
E.	I h r Gedicht!
G. *fast ärgerlich*	Welches Gedicht?
E.	Das von gestern!
G.	Äh?
E. *zitiert*	›Du hast mir mein Gerät verstellt und verschoben, Ich such und bin wie blind und irre geworden‹.
G.	Ah ja . . . jaja . . . *summt erneut.*
E. *unglücklich*	Ich kann das Gedicht nicht mehr loswerden. Es ist durchaus eigenartig und drückt die Unordnung so gut aus, die durch die Liebe in unser Leben gebracht wird.
G. *gleichgültig*	Es bringt uns einen düsteren Zustand vor Augen. *summt erneut:* ›*Bin ich mal dumpf . . .*‹
E. *gequält-eifrig*	Es macht mir den Eindruck eines Bildes, eines niederländischen Bildes.
G. *weggeschlafft*	Es hat entschieden so etwas von ›Good man and good wife‹ . . .
E. *höchst eifrig*	Sie nehmen mir das Wort von der Zunge, denn ich habe schon fortwährend an jenes Schottische denken müssen, und das Bild von Ostade war mir vor Augen.
G. *träumerisch*	Aber wunderlich ist es, daß beide Gedichte sich nicht malen lassen. *schroff* Nehmen Sie noch einen Biskuit, Herr Doktor?
E.	Mit Ihrer Erlaubnis.
G. *summt wie oben*	›. . . wenn ich bei meiner Christel bin‹ . . . ((Kurzes Stück sehr schlaffe Klaviermusik))

Ein düsterer Zustand

Von F. W. Bernstein

5. April 1829

WIR SASSEN NOCH EINE WEILE AM TISCH...

.. INDEM WIR ZU GUTEM BISKUIT EINIGE GLÄSER ALTEN RHEINWEIN TRANKEN...

...G. SUMMTE UNDEUTLICHES VOR SICH HIN....

...MIR KAM DAS GEDICHT VON GESTERN WIEDER IN DEN KOPF. ICH REZITIERTE:.....

DU HAST MIR MEIN GERÄT VERSTELLT UND VERSCHOBEN
ICH SUCH UND BIN WIE BLIND UND IRRE GEWORDEN...

ICH KANN DAS GEDICHT NICHT WIEDER LOSWERDEN. ES IST DURCHAUS EIGENARTIG UND DRÜCKT DIE UNORDNUNG SO GUT AUS, DIE DURCH DIE LIEBE IN UNSER LEBEN GEBRACHT WIRD.

ES BRINGT UNS EINEN DÜSTEREN ZUSTAND VOR AUGEN

ES MACHT MIR DEN EINDRUCK EINES BILDES, EINES NIEDERLÄNDISCHEN

ES HAT SO WAS VON GOOD MAN UND GOOD WIFE

SIE NEHMEN MIR DAS WORT VON DER ZUNGE

ABER WUNDERLICH IST ES, DASS SICH BEIDE GEDICHTE NICHT MALEN LASSEN

(1982)

34
BRILLEN, CHAOS UND STREICHEN

SS.
E. Exzellenz, es ist mir bekannt geworden, daß Sie kein Freund von Brillen sind.

G. *sehr leise und mysteriös*

Es mag eine Wunderlichkeit von mir sein, aber ich kann es einmal nicht überwinden. Sowie ein Fremder mit der Brille auf der Nase zu mir hereintritt, kommt sogleich eine Verstimmung über mich, der ich nicht Herr werden kann und die meine Gedanken so verdirbt, daß an eine unbefangene natürliche Entwicklung nicht mehr zu denken ist. Es macht mir immer den Eindruck des *bedeutend* D e s o b l i g e a n t e n, so als wollte ein Fremder mir bei der ersten Begrüßung sogleich eine Grobheit sagen. Ich empfinde dieses noch stärker, nachdem ich seit Jahren es habe drucken lassen, wie fatal die Brillen sind.

E. *schon sehr verlogen*

Ich kenne diese bedeutende Schrift und bewun...

G. Kommt nun ein Fremder mit der Brille, so denke ich gleich: er hat deine neuesten Gedichte nicht gelesen – und das ist schon ein wenig zu seinem Nachteil; oder er hat sie gelesen, er kennt deine Eigenheit und er setzt sich darüber hinaus – und das ist noch schlimmer. *immer merkwürdiger* Es kommt mir immer vor, als sollte ich den Fremden zum Gegenstand genauer Untersuchung dienen, und als wollten sie *dies muß sehr eindringlich gelesen werden* durch ihre b e w a f f n e t e n B l i c k e in mein geheimstes Innere eindringen und jedes Fältchen meines alten Gesichtes erspähen.

E. *behutsam* Es hat jemand bemerken wollen, daß das Bril-

	lentragen die Menschen dünkelhaft mache, indem die Brille sie auf eine Stufe sinnlicher Vollkommenheit hebe, die weit über das Vermögen ihrer eigenen Natur erhaben –
G.	Hm... ja... aha...
E.	– wodurch denn zuletzt eine Täuschung sich bei ihnen einschleiche, daß diese künstliche Höhe die Kraft ihrer eigenen Natur sei.
G. *wieder kregel*	Die Bemerkung ist sehr artig. Sie scheint von einem Naturforscher herzurühren. Doch genauer besehen, ist sie nicht haltbar... *hart* Was halten Sie übrigens von der jüngsten Nummer von ›Chaos‹?
E. *eifrig*	Frau von Goethe scheint ein bedeutendes Talent darin zu besitzen, nicht bloß hiesige deutsche Damen und Herren –
G.	Nicht wahr...?
E.	– sondern vorzüglich auch die hier sich aufhaltenden jungen Engländer, Franzosen und andere Fremdlinge zur Mitarbeit anzuhalten, sodaß denn fast jede Nummer ein Gemisch fast aller bekanntesten europäischen Sprachen darbietet.
G.	Nicht wahr? Es ist doch hübsch von meiner Tochter, daß sie das höchst originelle Journal zustande gebracht und unsere Gesellschaft so in Anregung zu halten weiß. Es ist freilich nur ein *sanft-verächtlich* d i l e t t a n t i s c h e r S p a ß, und ich weiß recht gut, daß n i c h t s G r o ß e s dabei herauskommt. Allein es ist doch artig. Was wollen Sie zum Beispiel gegen die Elegie der Frau von Bechtolsheim auf den Tod der Frau Großherzogin-Mutter einwenden?
E.	Es ist sehr hübsch.
G.	Es ist sehr a r t i g, nicht wahr? Das einzige, was ich gegen dieses sowie gegen das meiste unse-

	rer jungen Damen und Herren sagen könnte, wäre etwa, daß sie, gleich zu saftreichen Bäumen, die eine Menge S c h m a r o t z e r s c h ö ß l i n g e treiben, einen Überfluß von Gedanken und Empfindungen haben, deren sie nicht Herr sind. Dieses ist auch der Frau von Bechtolsheim passiert!
E. *taub*	Wieso?
G. *genüßlich, leicht infantil*	Nun, mein Lieber, um einen Reim zu bewahren, hatte sie einen anderen Vers hineingefügt, der dem Gedicht durchaus zum Nachteile gereichte, ja es gewissermaßen verdarb. Ich sah diesen Fehler im Manuskript und konnte ihn noch zeitig genug ausmerzen.
E.	Sind nicht auch die Schlegel häufig diesem Fehler erlegen?
G. *lachend-breit*	Man muß ein alter Praktikus sein, um das S t r e i c h e n zu verstehen. Schiller war hierin b e s o n d e r s g r o ß. Ich sah ihn einmal ein pompöses Gedicht von 22 Strophen auf sieben reduzieren, und zwar hatte das Gedicht durch diese furchtbare Operation keineswegs verloren, vielmehr enthielten diese sieben Strophen noch alle guten und wirksamen Gedanken jener 22 – – – Schiller war ja auch beständig krank, ja – – als ich ihn zuerst kennenlernte –
E. *aufhorchend*	Ja?
G.	– glaubte ich, er lebte keine vier Wochen. Aber auch er hatte eine gewisse Zähigkeit; er hielt sich noch die vielen Jahre und hätte bei gesünderer Lebensweise noch länger halten können . . . jawohl . . . ((Ton wegnehmen)) ((Musiksignal))

35

s. Nicht immer verläuft das gesellige Beisammensein zwischen Goethe und Eckermann so harmonisch. Drückend lastet die Übermacht des Meisters auf dem begabten Schüler. Indessen, Goethe ist ein gerechter Mann:

ss. ECKERMANN VERSUCHT EINEN APHORISMUS, WIRD GELOBT UND GLEICHZEITIG IN SEINE SCHRANKEN VERWIESEN

E. *eifrig* Ich habe nun auch Lord Byrons ›Deformed Transformed‹ gelesen und muß –

G. Nicht wahr, die ersten Szenen sind groß, und zwar poetisch groß! Das übrige, wo es auseinander und zur Belagerung Roms geht, will ich nicht als poetisch rühmen, allein muß man gestehen, daß es geistreich ist.

E. *äußerst eifrig* Im höchsten Grade, aber es ist keine Kunst, geistreich zu sein, wenn man vor nichts Respekt hat!

G. *lacht laut und nachsichtig, aber auch unheimlich*

Sie haben nicht ganz unrecht! – Man muß freilich zugeben, daß der Poet mehr sagt, als man möchte ... *überraschend und geheimnisvoll* Es gibt Dinge in der Welt, die der Dichter besser überhüllet als aufdeckt ... *rasch, weil ihm nichts mehr einfällt* Im übrigen hat Lord Byron zu viel E m - p i r i e – – –
((Musiksignal))

36

s. Goethe weiß viel, und Eckermann lernt immer mehr; auch über Napoleon und ...

ss. DAS DÄMONISCHE

E. *frisch*	Ich bewundere, daß die Menschen um ein wenig Namen es sich so sauer werden lassen ...
G. *schlaff*	Jaja ...
E.	... daß sie sogar zu falschen Mitteln ihr Zuflucht nehmen.
G.	Liebes Kind, ein Name ist nichts Geringes. Hat doch Napoleon eines großen Namens wegen fast die halbe Welt in Stücke zerschlagen.
E.	Eine eigene Zaubergewalt mußte er in seiner Persönlichkeit haben!
G.	Allerdings war seine Persönlichkeit eine überlegene.
E.	Ich muß bewundern, wie Napoleon bei solcher Jugend mit den großen Angelegenheiten der Welt so leicht und sicher zu spielen wußte!
G. *nörgelnd*	Liebes Kind, das ist das Angeborene des großen Talents.
E. *hartnäckig*	Aber, daß die Menschen ihm sogleich zufielen und anhingen und sich von ihm leiten ließen! Wunderbar!
G. *wütend*	Das ist ein altes Märchen, das sich immer wiederholt. Die menschliche Natur ist einmal so eingerichtet. *sarkastisch* Niemand dient einem anderen aus freien Stücken – weiß er aber, daß er sich selber dient, so tut er es gerne – – *sanfter* Daß Napoleon die 800 türkischen Gefangenen hat erschießen lassen, ist übrigens wahr. *Spürbare Pause.*
lockend	Daß er die Pyramiden soll hinabgestiegen sein, ist ein Märchen. – – Er ist hübsch außerhalb stehen geblieben und hat sich von den anderen erzählen lassen, was sie unten gesehen. *lacht gezwungen* Aber, haben Sie Respekt! Napoleon hatte in seiner Feldbibliothek was für ein Buch? – – Meinen ›Werther‹!!

E. *zögernd*	... daß er ihn gut studiert hat, sieht man ja bei seinem Lever in Erfurt. –
G. *erleichtert*	Er hat ihn studiert, wie ein Kriminalrichter seine Akten!
E. *lauernd*	Napoleon scheint dämonischer Natur gewesen zu sein?
G.	Er war es durchaus, im höchsten Grade ...
E.	Erscheint nicht auch das Dämonische in anderen Geschöpfen?
G.	Ja, manche Geschöpfe sind ganz dämonischer Natur, in manchen sind Teile davon sichtbar.
E.	Und in den Begebenheiten?
G.	Ganz besonders, und zwar –
E. *hetzt*	Und in der ganzen Natur?!
G. *gehetzt*	In der unsichtbaren wie in der sichtbaren –
E.	Und unter den Künstlern!?
G.	Mehr bei Musikern, weniger bei Malern –
E.	Und bei – Ihnen!
G.	Nein! *beteuernd* In meiner Natur liegt es nicht! ... aber ich bin ihm unterworfen ...
E. *nicht ohne Ironie*	Ich bin sehr erfreut; nun wird es mir deutlicher, was Sie sich unter dem Begriff des Dämonischen denken.

Goethes Eckermann

Ein Schauspiel
Von Hilke Raddatz

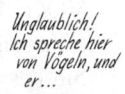

(1982)

	37
SS.	VÖGEL
	((Vogelgezwitscher))
G.	Sind es Lerchen?
E.	Es sind Ammern und Sperlinge, auch wohl einige verspätete Grasmücken. Aber Lerchen sind es nicht. Es ist nicht die Natur der Lerchen, sich auf Büsche zu setzen.
G.	Ah, also Sperlinge!
E. *für sich*	Du Großer und Lieber, der du die ganze Welt durchforscht hast, in der Ornithologie scheinst du ein Kind zu sein. *wieder laut* Die Lerche steigt in die Luft und geht dann wieder zur Erde herab.
G. *lockend*	Hm. Sie scheinen in diesen Dingen nicht eben ein Neuling zu sein.
E. *merkt nichts*	Ich habe das Fach von Jugend auf mit Liebe betrieben und immer Augen und Ohren dafür offen gehabt. Wenn ich jetzt einen einzigen Ton höre, so getraue ich mir zu sagen, von welchem Vogel er kommt.
G. *hat ihn schon*	Das zeigt allerdings, daß Sie in diesen Dingen bereits vieles durchgemacht haben. Ich möchte Ihnen raten, das Studium ernstlich fortzutreiben. Es muß bei Ihrer entschiedenen Richtung zu sehr guten Resultaten führen. Aber sagen Sie mir etwas über die Mauser ...
E. *gleich merkt er was*	Bei den meisten Vögeln tritt sie nach vollendeter Brütezeit ein, das heißt, sobald die Jungen des letzten Gehecks so weit sind, daß sie sich selber helfen können ... so ist es schon unter den Grasmücken ... *wird langsam verlegen*
G. *läßt nicht aus*	Ist denn die graue Grasmücke der späteste bei uns ankommende Vogel, oder kommen andere noch später?

E. *ergibt sich*	Der sogenannte Spottvogel und der goldgelbe Pirol kommen erst gegen Pfingsten. Hat man sie im Käfig, so mausern sie sich bei uns im Winter...
G. *unbarmherzig*	Man hält dafür, daß die Mauser eine Krankheit sei?
E. *ergeben*	Das möchte ich nicht sagen, es ist ein Zustand gesteigerter Produktivität, ohne die geringste Beschwerde. Ja, bei einigermaßen kräftigen Individuen auch vollkommen im Zimmer. Ich habe Grasmücken gehabt, die während der ganzen Mauser ihren Gesang nicht aussetzten!
G. *immer freundlicher*	Aber doch schienen Sie vorhin anzudeuten, daß die Grasmücken sich während der Mauser in das Dickicht der Wälder ziehen?
E. *laut und leiernd*	Sie bedürfen während dieser Zeit allerdings einigen Schutzes. Es kann kommen, daß der Vogel mit einem Male die vierte, fünfte und sechste Schwungfeder des rechten Flügels verliert, wobei er zwar noch immer ganz gut fliegen kann, allein nicht so gut, um dem verfolgenden Raubvogel zu entgehen, und da kommt ihm denn ein buschiges Dickicht sehr zustatten.
G. *läßt immer noch nicht locker*	Das läßt sich hören. Schreitet aber die Mauser, an beiden Flügeln gleichmäßig und symmetrisch vor?
E. *am Ende*	Soweit meine Beobachtungen reichen, allerdings, und das ist sehr wohltätig. Denn verlöre ein Vogel zum Beispiel drei Schwungfedern des linken Flügels und nicht zugleich dieselben Federn des rechten, so würde den Flügeln alles Gleichgewicht fehlen, und der Vogel würde

	seine Bewegungen nicht mehr in der Gewalt haben.
G. *macht ein Ende*	Ich sehe, man mag in die Natur eindringen, von welcher Seite man wolle, man kommt immer auf einige Weisheit. – – – ((Musiksignal))

38

SS.	KÖRBE
E.	Was ist das für ein Korb?
G.	Welcher Korb?
E.	Jener aus Binsen geflochtene mit den zwei Handgriffen dort zu unseren Füßen.
G.	Was soll damit sein?
E.	Er erregt meine Aufmerksamkeit.
G.	Ich habe ihn aus Marienbad mitgebracht, wo man solche Körbe in allen Größen hat, und ich bin so an ihn gewöhnt, daß ich nicht reisen kann, ohne ihn bei mir zu führen. Sie sehen, wenn er leer ist, legt er sich zusammen und nimmt wenig Raum ein; gefüllt dehnt er sich nach allen Seiten aus und faßt mehr, als man denken sollte. Er ist weich und biegsam und dabei so zähe und stark, daß man die schwersten Sachen darin fortbringen kann.
E.	Er sieht sehr malerisch und sehr antik aus.
G. *teuflisch*	Sie haben recht, er kommt der Antike nahe. Denn er ist nicht allein so vernünftig und zweckmäßig als möglich, sondern er hat auch dabei die einfachste, gefälligste Form, so daß man also sagen kann, er steht auf dem höchsten Punkt der Vollendung. In den böhmischen Gebirgen ist er mir besonders zustatten . . . ((Ausblenden und Musiksignal))

39

S.	Die Gespräche werden zuweilen ein wenig anstrengend, und so sinnt Goethe auf neue und leichtere Themen ...
E. *mißtrauisch*	Sie haben einen Band Ihrer ›Farbenlehre‹ vor sich liegen, Exzellenz?
G. *eifrig*	Ich habe gedacht, daß es gut sein würde, wenn wir die Abende, die wir zusammenkommen, die ganze ›Farbenlehre‹ miteinander durchlesen ... dadurch haben wir immer einen soliden Gegenstand der Unterhaltung ...
E. *wenig begeistert*	Ich fühle mich sehr beglückt durch die gute Absicht, die Sie mit mir haben –
G. *hastig*	Nun, lesen Sie!
E.	Was?
G.	Den ersten Abschnitt!
E. *leiert*	›Von den physiologischen Farben. Es ist nichts außer uns, was nicht auch in uns wäre, und wie die äußere Welt ihre Farben hat, so hat sie auch das Auge. § 1: Die geforderte Farbe. Das Auge hat das Bedürfnis des Wechsels, indem es nie gerne bei derselbigen Farbe verweile ... *stockt* sondern ... *maliziös* Wenn ich nicht irre, lehrt doch Newton –
G. *wütend*	Ach was, Newton!!!
E.	Newton ... lehrt doch: das Schattige sei ein Teil des Lichts, also –
G.	Absurd! *kategorisch* Die Newtonische Lehre vom Licht und von der Farbe ist ein – Irrtum!!
E. *zweifelnd*	Wenn aber doch –
G. *erregt*	Das Licht ist r e i n! Erkennen Sie das!!
E. *stur*	Angenommen, das farbige Licht ist –
G. *versucht es mit Ironie*	Mit Eurer Idee des farbigen Lichts gehört Ihr in das 14. Jahrhundert!

In der tiefsten Dialektik

Von F. W. Bernstein

ICH HATTE ABER KAUM ZU REDEN ANGEFANGEN...

..ALS G'S ERHABEN-HEITERES WESEN SICH VERFINSTERTE.....

...UND ICH NUR ZU DEUTLICH SAH, DASS ER MEINE EINWENDUNGEN NICHT BILLIGE....

> FREILICH,
> WER GEGEN EUER EXCELLENZ
> RECHT HABEN WILL
> MUSS FRÜH AUFSTEHEN....

> DOCH ALLEIN KANN ES
> SICH FÜGEN, DASS
> DER MÜNDIGE SICH
> ÜBEREILT UND DER UNMÜNDIGE
> ES FINDET

> ALS OB JHR ES GEFUNDEN HÄTTET!
> MIT EURER JDEE DES FARBIGEN LICHTS
> GEHÖRT JHR IN DAS 14. JAHRHUNDERT
> UND IM ÜBRIGEN STECKT JHR IN
> DER TIEFSTEN DIALEKTIK.

(1982)

E. *ebenfalls ironisch*	Freilich, wer gegen Euer Exzellenz recht behalten will, muß früh aufstehen ...
G. *finster*	Ihr steckt übrigens in der tiefsten Dialektik!
E.	Allein, doch kann es sich fügen, daß der Kundige sich übereilt, und der Unmündige es findet!?
G. *verletzend*	Als ob I h r es gefunden hättet! *lacht gezwungen* Das Einzige, was an Euch Gutes ist, besteht darin, daß Ihr wenigstens ehrlich genug seid, gerade heraus zu sagen, wie Ihr denkt!
E. *beleidigt*	Man darf doch wohl –
G. *donnert*	Sie sind ein Ketzer!! Wie die anderen auch!!! *bedrohlich* Denn Sie sind der Erste nicht, der von mir abgewichen ist. Mit den trefflichsten Menschen bin ich wegen bestrittener Punkte in meiner Farbenlehre auseinandergekommen! *keift* Mit dem jungen Schopenhauer! mit Henning! mit ... Seebeck! mit ... mit ... Müller!
E. *erschrocken*	Exzellenz, bleiben Sie!
G.	... mit ... *seine Stimme schnappt über* ((Eine Tür wird zugeschlagen))
E. *leise*	... wie er auch schilt ... ich liebe ihn ... ich will zu ihm und ihm die Hand drücken ... ((Tür geht))

40

S.	Auf diese Weise ward der Streit beigelegt, und bald saß man wieder zusammen und machte ...
SS.	HALBSCHERZE
G. *bemüht lustig*	Da ist der Sömmering gestorben, kaum elende 75 Jahre alt! Was doch die Menschen für Lumpe sind, daß sie nicht die Courage haben, länger auszuhalten! Da lobe ich mir meinen

	Freund Bentham, diesen höchst radikalen Narren! Er hält sich gut, und doch ist er einige Wochen älter als ich!
E. *im gleichen unechten Ton*	In England geboren, würden Sie dieser radikalen Art sicher nicht entgangen sein ...
G.	Wofür halten Sie mich!? In seinem Alter so radikal zu sein, ist der Gipfel aller Tollheit!
E.	Aber in England ...
G. *patzig*	In England wäre ich ein reicher Herzog gewesen! Oder vielmehr ein Bischof mit jährlich 30 000 Pfund!
E.	Recht hübsch! Aber wenn Sie zufällig nicht das große Los, sondern eine Niete gezogen hätten?
G.	Ich hätte in Reimen und in Prosa so lange und so viel geheuchelt, daß meine 30 000 Pfund mir nicht hätten entgehen sollen ... O welch ein Spaß würde es für mich sein, die einfältige Masse in Erstaunen zu setzen!
E.	Auch ohne Bischof zu sein, könnten Sie sich dieses Vergnügen machen!
G.	Nein, ich werde mich ruhig verhalten; man muß sehr gut bezahlt sein, um so zu lügen! *Päuschen.*
E. *ernst*	Kann denn von einem dramatischen Dichter überhaupt eine bedeutende Wirkung auf die große Masse des Volkes ausgehen?
G. *überrascht*	Ich dächte, das wäre etwas, das wohl der Mühe wert wäre ... *wieder um Komik bemüht* Ein Lump bleibt freilich ein Lump, und eine kleinliche Natur wird durch einen selbst täglichen Verkehr mit einer Großheit antiker Gesinnung um keinen Zoll größer werden.
E. *spitz*	In England aber sind oft grad die Dümmsten und Unfähigsten im Genuß der höchsten irdischen Güter –

G. *bilanzierend*   Im Grunde ist es gleichviel ... *ernst und leise* Die Welt ist so voller Schwachköpfe und Narren, daß man nicht nötig hat, sie im Tollhaus zu suchen.

41

S.   Und weil die Welt so voller Schwachköpfe ist, mag es ganz gut sein, uns jetzt mit einer Kollektion von Spruchweisheiten aus Goethes Schatzkiste, aufgezeichnet von Johann Peter Eckermann, wieder ein wenig auf die Sprünge zu helfen:

SS.   UNWIDERLEGBARES

G. *leiernd und ohne Überzeugungskraft*

Der Schuster bleibe bei seinen Leisten, der Bauer hinter dem Pflug ... Der Dichter muß sich immer in einem gewissen Niveau halten ... Die Natur ist inkommensurabel ... Die Welt bleibt immer dieselbe ... Im übrigen aber ist es zuletzt die größte Kunst, sich zu beschränken und zu isolieren ...... Alles was wir tun, hat eine Folge ... Der Menschheit tut ein Positives not ... Der Mensch soll an Unsterblichkeit glauben ... Es ist gar viel Dummes in den Satzungen der Kirche ... Mozart hätte den Faust komponieren müssen ... Der Faust ist doch ganz etwas Inkommensurables ... Die Germanen brachten uns die Idee der persönlichen Freiheit ... Die gegenwärtige Generation hat keine Ahnung.

SS.   PARADOXES

G.   Alles Edle ist an sich stiller Natur ... Die Rose ist das Vollkommenste, was unsere deutsche Natur als Blume gewähren kann ... Unser deutsches Kegelbahnvergnügen erscheint dagegen roh und ordinär... Der Widerspruch ist es, der uns produktiv macht... Das Schöne ist ein Urphänomen... Das Schöne ist doch immer vernünftig... Wenn jeder nur als einzelner seine Pflicht tut, so wird es um das Wohl des Ganzen gut stehen... Im Grunde sind wir alle kollektive Wesen... Die größte Kunst ist es, sich zu beschränken und zu isolieren... Wir bewundern die Tragödien der alten Griechen... Wir Deutschen sind von gestern... Die Deutschen sind übrigens wunderliche Leute.

SS.
G.

SYNTHETISCHES

Für das Theater zu schreiben ist oft ein eigen Ding... Für das Theater zu schreiben ist ein Metier, das man kennen soll... Ich habe immer gefunden, daß es gut sei, etwas zu wissen... Kein Wesen kann zu nichts zerfallen... Der Wahn der jungen Leute ist es, in die höchsten Angelegenheiten des Staates mit einwirken zu wollen... Die Welt ist nicht so rasch zum Ziele als wir denken und wünschen... Eine Roheit kann nur durch eine andere ausgetrieben werden, die noch gewaltiger ist... Es ist nie daran zu denken, daß die Vernunft popular werde... Die Periode des Zweifels ist vorüber... Es kommt darauf an, daß ein Werk durch und durch tüchtig sei... Es ist nicht gut, daß der Mensch allein sei... Der Mensch gebraucht den Dichter... Die Fragen der Wissenschaft sind sehr häufig Fragen der Existenz... Es liegt in solchen sinnlichen Dingen mehr als man denkt... Diese Dinge sind tiefer als man denkt... Der Mensch ist ein einfaches Wesen. ((Ton weg-

nehmen)) ... Der Schuster bleibe bei seinen Leisten ...
((Musiksignal))

42

SS.	LÖWEN, FÜRSTEN UND AFFEN!
E. *lachend*	Ich habe von dem Wärter der fürstlichen Menagerie gelesen, der ... aus Gelüste nach ... L ö w e n f l e i s c h einen Löwen getötet ... und sich ein gutes Stück davon zubereitet hat! *kichert.*
G. *ernshaft*	Mich wundert, daß er nicht einen Affen genommen hat, welches ein gar zarter und schmackhafter Bissen sein soll.
E. *hat sich inzwischen beruhigt*	Ich begreife nicht, wie fürstliche Personen solche Tiere in ihrer Nähe dulden!
G. *lässig*	Fürstliche Personen werden so viel mit widerwärtigen Menschen geplagt, daß sie die widerwärtigen Tiere als Heilmittel gegen dergleichen unangenehme Eindrücke betrachten ... Uns anderen sind Affen und Geschrei der Papageien mit recht widerwärtig, weil wir die Tiere hier in einer Umgebung sehen, für die sie nicht gemacht sind.
E.	Ah, ja ...
G. *eifrig*	Wären wir aber in dem Fall, auf Elefanten unter Palmen zu reiten, so würden wir in einem solchen Element Affen und Papageien ganz gehörig, *nachdrücklich* ja vielleicht gar erfreulich finden!
E. *gähnend*	... vielleicht ...
G. *unsicher*	Aber ... wie gesagt ... die Fürsten haben recht ...
E.	Ja, gewiß ...

S.

SS.

S.

G. *äußerst ominös*

43
Und nun hören wir:
ALLES VERGÄNGLICHE IST NUR EIN GLEICHNIS
von Johann Wolfgang Goethe, eine Lektion, erteilt für Johann Peter Eckermann

Shakespeare gibt uns in silbernen Schalen goldene Äpfel. Wir bekommen nun wohl durch das Studium seiner Stücke die silberne Schale, allein wir haben nur Kartoffeln hineinzutun, das ist das Schlimme... Frau von Heygendorf war auf den Brettern wie geboren und gleich in allem sicher und entschieden gewandt und fertig wie eine Ente auf dem Wasser... Napoleon war gleichfalls immer in seinem Element und jedem Augenblicke und jedem Zustande gewachsen, so wie es Hummeln gleichviel ist, ob er ein Adagio oder ein Allegro, ob er im Baß oder im Diskant spielt. Das ist die Fazilität, die sich überall findet, wo ein wirkliches Talent vorhanden ist, in den Künsten des Friedens wie des Krieges, am Klavier wie hinter den Kanonen... Dagegen habe ich die Baukunst einmal eine erstarrte Musik genannt... Um freilich für den Gang meiner Novelle ein Gleichnis zu haben, so denken Sie sich aus der Wurzel hervorschießend ein grünes Gewächs, das eine Weile aus einem Stengel kräftige grüne Blätter nach den Seiten austreibt und zuletzt mit einer Blume endet. Die Blume ist unerwartet, überraschend, aber sie muß kommen; ja das grüne Blätterwerk ist nur für sie da und wäre ohne sie nicht einmal der Mühe wert gewesen.

Die Frauen

Von F. W. Bernstein

22. Oktober 1828

HEUTE WAR BEI TISCH
VON FRAUEN DIE REDE.
UND G. ÄUSSERTE SICH DARÜBER
SEHR SCHÖN

DIE FRAUEN...

..SIND SILBERNE SCHALEN..

..IN DIE WIR GOLDENE ÄPFEL LEGEN..

„MEINE IDEE VON DEN FRAUEN....

...IST NICHT VON DEN ERSCHEINUNGEN DER WIRKLICHKEIT ABSTRAHIERT.....

...SONDERN SIE IST MIR ANGEBOREN..

...ODER IN MIR ENTSTANDEN...

...GOTT WEISS WIE.

(1982)

E. *seufzt hörbar auf*

G. *wie oben*

Kinder aber und deren Unarten sind wie Stengelblätter von Pflanzen, die nach und nach selber abfallen... Es ist wie wenn man einen Eimer Wasser ausgießt... Frauen dagegen sind silberne Schalen, in die wir goldene Äpfel legen, diese meine Idee von den Frauen ist mir angeboren oder in mir entstanden, Gott weiß wie... Goldene Äpfel in silberne Schalen, Gott weiß wie, das ist das einzige Gefäß, was uns Neueren noch geblieben ist, um unsere Identität hineinzugießen...

G. *und* E. *seufzen*

G. Die Menschen sind überhaupt eigener Natur; sobald ein See zugefroren ist, sind sie gleich zu Hunderten darauf und amüsieren sich auf der glatten Oberfläche: aber wem fällt es ein zu untersuchen, wie tief er ist und welche Arten von Fischen unter dem Eise hin und her schwimmen. Niebuhr hat jetzt einen Handelstraktat zwischen Rom und Karthago entdeckt, ja... *seufzt*... Byron ist der lebende Dornbusch, der die heilige Zeder des Libanon in Asche legt... Nur muß man keine Trauben von den Dornen und keine Feigen von den Disteln verlangen... Übrigens ist alles ganz vortrefflich... Diese plumpe Welt aus einfachen Elementen zusammensetzen und sie jahraus, jahrein in den Strahlen der Sonne rollen lassen hätte dem Schöpfer sicher wenig Spaß gemacht, wenn er nicht *immer tonloser* den Plan gehabt hätte, sich auf dieser materiellen Unterlage eine Pflanzschule für eine Welt von Geistern zu gründen... Die Frauen aber sind Gott weiß wie silberne Schalen, in welche wir

	goldene Äpfel legen. *plötzlich laut und streng* Und wie ist Shakespeare, Herr Doktor??
E. *erschrocken*	Äh, Shakespeare? Äh – äh – –
G. *lauernd*	Ja, gewiß! Shakespeare ist wie?
E.	Ja, Shakespeare … ich weiß auch nicht …
G. *mit Verve*	Shakespeare g i b t uns in silberner Schale goldene Äpfel! Jawohl!
E. *verlegen*	Ich freue mich diesen herrlichen Gleichnisses …
	((Kurze Klaviermusik))

44

S.	Wenngleich einige wenige Gegenstände seine Aufmerksamkeit kaum zu fesseln vermögen, so gibt es doch genug andere, bei deren Behandlung sich Eckermann als ausgesprochen ausdauernd erweist, etwa dann, wenn es um Getränke geht, zumal um
SS.	GEISTIGE GETRÄNKE
G. *seufzend*	Ach, ich hatte in meinem Leben eine Zeit, wo ich täglich e i n e n gedruckten Bogen von mir fordern konnte …
E. *steif*	Ich kann kaum umhin, e i n i g e hochstehende deutsche Männer zu erwähnen, denen im hohen Alter die nötig Energie und jugendliche Beweglichkeit zum Betrieb der bedeutendsten und mannigfaltigsten Geschäfte doch keinesfalls zu fehlen scheint.
G. *weich*	Solche Männer und ihresgleichen sind geniale Naturen. Sie erleben eine wiederholte Pubertät, während andere Leute nur einmal jung sind …
E.	Gibt es denn im allgemeinen kein Mittel, um eine produktive Stimmung hervorzubringen?
G.	Mein Rat ist: nichts zu forcieren und alle unproduktiven Tage und Stunden lieber zu vertändeln und zu verschlafen.

E. *pikiert*	Aber doch will mir scheinen, als ob wohl jemand durch natürliche Mittel seine produktive Stimmung steigern könnte!?
G. *abschließend*	Jeder große Gedanke, der Früchte bringt und Folge hat, ist über alle irdische Macht erhaben. Hmhm.
E. *insistiert*	Ich war in meinem Leben oft in dem Fall, bei gewissen komplizierten Zuständen zu keinem rechten Entschluß kommen zu können, trank ich in solchen Fällen einige Gläser Wein, so war es mir sogleich klar, was zu tun sei!
G. *räumt ein*	Es gibt jene Produktivität anderer Art...
E. *kategorisch*	Wenn nun einige Gläser Wein diese Tugend bewirkten, so dürfte ein solches Mittel nicht ganz zu verwerfen sein!?
G.	Ihrer Bemerkung will ich nicht widersprechen. *überlegen* Da Sie im übrigen meinen ›Divan‹ so gut kennen, so wissen Sie sicher, daß ich selber gesagt habe: ›Wenn man getrunken hat / weiß man das Rechte‹!
E. *patzig*	Sie sprechen damit etwas aus, was ich selber sehr oft erfahren und empfunden.
G. *sanft*	Wissen Sie aber, wie ich es mir denke? *geheimnisvoll* Jeder Mensch muß wieder ruiniert werden! *lacht leise.*

45

S.	Goethe war übrigens ein hervorragender Vorleser.
G. *mit Pathos*	... Am Ende hängen wir doch ab, Von Kreaturen, die wir machten.
E. *klatscht Beifall*	Jenes Schlußwort ist ein großes, das man nicht so leicht ausdenken wird!
G. *geschmeichelt*	Ich dächte, man hätte eine Weile daran zu zehren – prosit, Herr Doktor!

E.	Es ist wunderbar – Prosit!
	((Gläser klingen; Schlucken))
G. *enthusiastisch*	Ich möchte U n z e l m a n n in dieser Rolle sehen; bei dem wird es einem immer wohl!
E.	Aber der Homunkulus – wie will man i h n auf der Bühne deutlich machen?
G. *schluckt*	Es wäre eine Rolle für einen Bauchredner! Gedenken wir des großen Karnevals – Prosit!
E.	Das wäre dann doch noch ein wenig mehr, wie der Markt von Neapel . . .
G. *mit schwerer Zunge*	Es ist fast nicht denkbar . . .
E. *frisch*	I c h hoffe es noch zu erleben. Besonders freue ich mich auf den Elefanten!
G. *kichert*	. . . er wäre auf der Bühne nicht der erste Elefant; in Paris spielte einer eine völlige Rolle . . . *dumpf* Aber das Ganze ist viel zu groß . . .
E.	Es ist aber so voller Glanz und Wirkung! Das Publikum müßte vor Erstaunen –
G. *bitter*	Geht nur und laßt mir das Publikum, von dem ich nichts hören mag . . . *wieder froh* Die Hauptsache ist, daß es g e s c h r i e b e n steht. Prosit!
	((Gläser klingen))

46

((Als Übergang vom 2. zum 3. Teil erzählt zuerst Eckermann seinen zweiten kurzen Traum. Anschließend Goethes frostiger Kommentar von zwei Sätzen, schon unterlegt mit ›Lied mit Chor‹ (Elfen-Nachtmusik) aus dem ›Sommernachtstraum‹ von Mendelsohn, nur die zweite Strophe. Musik bis zum Ende ohne Textüberlagerung. Dann als Einleitung zum 3. Teil wieder Goethe))

E. *melancholisch*	Ich bin seit mehreren Wochen nicht ganz wohl. Ich schlafe schlecht, und zwar in den unruhigsten Träumen, wo ich mich in sehr verschie-

denartigen Zuständen sehe, allerlei Gespräche mit bekannten und unbekannten Personen führe, mich herumstreite und zanke, und zwar alles so lebensecht, daß ich mir jeder Einzelheit am anderen Morgen noch deutlich bewußt bin. Dieses Traumleben aber zehrt von den Kräften meines Gehirns, so daß ich mich am Tage schlaff und abgespannt fühle, zu jeder geistigen Tätigkeit ohne Lust und Gedanken.

((Ab hier Musik unterlegen))

G. *kalt* Was Euch fehlt, ist gewiß nicht der Mühe wert; wahrscheinlich nichts als eine kleine Stockung, die durch einige Gläser Mineralwasser oder ein wenig Salz zu heben ist.

((Musik jetzt voll))

((Ende des 2. Teils))

III

G. *sofort nach Ende der Musik kalt, schon fast rabiat*   Herr Doktor! Wie geht es Ihnen? Was machen Sie? Wie haben Sie sonst heute gelebt? Hm. Erzählen Sie mir und geben Sie mir gute Gedanken!

47
ss.
GOETHE ERZÄHLT EINE ANEKDOTE

G. *aufgeräumt*   Ich habe dieser Tage einen Brief von unserem berühmten Salzbohrer aus Stotternheim erhalten. Lesen Sie ... *hektisch* Was sagen Sie dazu!? Ist es nicht artig!?

E. *zögernd*   Es erinnert mich an Lawrence Sterne ...

G.   Es ist etwas Ähnliches ...

E.   Auch muß ich an Behrisch denken ...

G. *kichernd*   Ja, das sind die alten Späße!

E.   Behrisch scheint ein Mensch gewesen zu sein voller Anmut und Zierlichkeit. Wie artig ist der Spaß im Weinkeller, wo er ...

G. *lachend*   Ja, es war artig!

E.   Auch, wie es sein Lieblingszeitvertreib gewesen, im Fenster zu liegen –

G. *prustend*   Und dann sein gewöhnlicher Spaß mit dem Postboten! Wie gefällt Ihnen der? Ist der nicht auch lustig!?

E. *eisig*   Der ist mir unbekannt.

G. *erschrocken*   Wunderlich ... so will ich Ihnen es denn erzählen: *durchgehend seltsam erregt* Wenn wir zusammen im Fenster lagen und Behrisch in der Straße den Briefträger kommen sah, wie er von einem Haus ins andere ging, nahm er gewöhnlich einen Groschen aus der Tasche und legte ihn bei sich ins Fenster. ›Siehst Du den Briefträger?‹ sagte er dann zu mir gewendet. ›Er kommt immer näher und wird gleich hier oben sein, das sehe ich ihm an. Er hat einen B r i e f an Dich, und was für einen B r i e f, keinen gewöhnlichen B r i e f, er hat einen Brief mit einem W e c h s e l – mit einem W e c h s e l! Ich will nicht sagen, wie stark. – Siehst Du, jetzt kommt er herein. *immer erregter* N e i n! Aber er wird gleich kommen. D a ist er wieder! Jetzt! Hier, h i e r herein, mein Freund! hier herein! – *voller Verzweiflung* Er geht vorbei! Wie dumm! O, wie dumm! Wie kann einer nur so d u m m sein! Und so unverantwortlich handeln! So u n v e r a n t w o r t l i c h in d o p p e l t e r Hinsicht: unverantwortlich gegen Dich, indem er Dir den W e c h s e l nicht bringt! und ganz unverantwortlich gegen s i c h s e l b s t, indem er sich um den Groschen bringt, den ich schon für ihn zurechtgelegt hatte und den ich nun wieder einstecke.‹ – – – So steckte er denn den Groschen mit höchstem Anstande wieder in die Tasche ... und wir hatten etwas zu l a c h e n. – –

E. *kühl*   Ich freue mich dieses Scherzes, der den übrigen vollkommen gleich sieht.

((Klaviermusik))

S.   War Goethe hin und wieder mit Eckermann zu streng? Ließ er ihn nicht allzu schmerzlich seine Übermacht fühlen? Mag sein. Indessen war Goethe auch ein Mann der Gerechtigkeit, ausgestattet mit einem tadellosen Sensorium für sie. So fehlte es denn nie an ausgleichenden Worten, Gesten des Wiedergutmachenden, an

SS.   BELOHNUNGEN FÜR ECKERMANN

G. *kordial*   Bravo, bravissimo, mein lieber Doktor! Ich muß Sie wegen Ihrer Redaktion der naturhisto-

	rischen Aphorismen für meine ›Wanderjahre‹ aufs vortrefflichste loben! Werfen Sie sich auf die Natur! *schön zynisch* Sie sind geboren dafür!
E. *ahnungslos*	Exzellenz, ich danke Ihnen.
G.	Im übrigen habe ich nun auch dem König von Bayern geantwortet, und Sie sollen den Brief lesen!
E.	Das wird sehr lehrreich für mich sein und ich freue mich dazu –
G. *hektisch*	In der ›Allgemeinen Zeitung‹ steht ein Gedicht an den König, das Sie auch sehen müssen. Hier!
E.	Verbindlichsten Dank. *liest leise vor sich hin.*
G. *dazwischen*	Nun, was sagen Sie dazu?
E. *kühn*	Es sind die Empfindungen eines Dilettanten, der mehr guten Willen als Talent hat –
G. *übertrieben*	Ja! Ja! –
E.	– und dem die Höhe der Literatur eine gemachte Sprache überliefert, die – –
G. *bösartig dazwischen*	– Sie haben vollkommen recht, und ich halte das Gedicht auch für ein schwaches Produkt!
E. *kühn*	Um ein gutes Gedicht zu machen, dazu gehören bekanntlich große Kenntnisse der Dinge, von denen man redet, und wem nicht, wie Claude Lorrain, eine ganze Welt zu Gebote steht, der wird selten etwas Gutes zustande bringen.
G. *tückisch*	Sie haben vollkommen recht, und es wäre über dieses Kapitel viel zu sagen. Indes, hier, mein Guter, sind Biskuits und schöne Trauben aus der Ferne gesendet worden, essen Sie von den Süßigkeiten und seien Sie vergnügt! Hier haben Sie *tückisch* eine besonders reife Traube!
E. *für sich*	Danke. Die Traube aus Goethes Händen soll mir wohlschmecken, denn ich bin mit Leib und Seele völlig in seiner Nähe.

G.	Nun – mundet die Traube?
E.	Auf das vorzüglichste. Die Traube stimmt mein Gemüt heute besonders glücklich!
G. *zynisch*	Sie haben abermals nicht unrecht, und daher kommt es denn auch, daß man der Pflanzenwelt eines Landes einen Einfluß auf die Gemütsart seiner Bewohner zugestanden hat.
E. *mampfend*	Auch der Biskuit ist vom vorzüglichsten.
G.	Es ist mir lieb, wenn Sie zufrieden sind. E s s e n S i e !
E. *wie oben*	Ich habe heute zum zweitenmal Ihre Elegie ›Alexis und Dora‹ gelesen. Ich –
G. *kräftig*	An diesem Gedicht tadelten die Menschen den starken leidenschaftlichen Schluß und verlangten, daß die Elegie sanft und ruhig ausgehen solle; allein ich konnte das nicht einsehen. Die Eifersucht liegt hier so nahe und ist so in der Sache, daß dem Gedicht etwas fehlen würde, wenn sie nicht da wäre.
E. *retour*	Ich stimme Ihnen v o l l k o m m e n bei. Das Dargestellte erscheint in dieser Elegie so wahr, als ob Sie nach einem wirklich Erlebten gearbeitet hätten!
G. *kalt*	Es ist mir lieb, wenn es Ihnen so erscheint. Nehmen Sie noch von den Trauben, Herr Doktor!
E.	Danke.
G. *tückisch*	Alles, was wir tun, hat eine Folge ...
E. *plötzlich passioniert*	Ich habe zuhause auch über Ihre ›Farbenlehre‹ wieder fleißig nachgedacht und, wiewohl sie mir lange ein Rätsel bleiben wird, glaube ich doch, im Lauf der Jahre einige Phänomene begreifen zu können und die Gesetze, welche ihnen zugrunde liegen.
G.	Es ist mir lieb, daß Sie für die Farben dieses

	Interesse haben. *forciert* Es wird Ihnen eine Quelle unbeschreiblicher Freuden werden!
E.	Ich kann das Phänomen gar nicht mehr aus dem Kopf bringen, so daß ich sogar im Traum damit zu tun habe. Indessen glaube ich doch langsam zu gewissen Erklärungen vorzudringen! Daß zum Beispiel das Licht bei Tagesanbruch oder im Mondenschein einen bleichen Schein werfe, ist bekannt. Ein bei Tagesanbruch oder im Mondschein angeblicktes Licht erscheint blaß. Auch Shakespeare scheint dieses gekannt zu haben – –
G. *leicht maliziös*	Ja?
E. *harmlos*	– denn jener merkwürdigen Stelle, wo Romeo bei Tagesanbruch von seiner Geliebten geht und in freier Luft eins dem anderen plötzlich so bleich erscheint, liegt diese Wahrnehmung sicher zugrunde. Die bleich machende Wirkung eines solchen Lichts aber wäre schon genugsame Andeutung, daß es einen grünlichen oder bläulichen Schein mit sich führen müsse, indem ein solches Licht dieselbe Wirkung tut wie ein Spiegel aus bläulichem oder grünlichem Glase.
G. *äußerst kalt*	Gewiß. Shakespeare bleibt immer eine gewaltig hervorragende Größe. – Lieber Doktor, Sie entschuldigen mich, wie Sie wissen, gehört dieser Abend Riemer. Erlauben Sie mir, daß ich Ihnen noch etwas Honig und Datteln mit auf den Weg gebe. Hier. Ich erwarte Sie morgen zur Suppe ((Ton wegnehmen)) Hier die Datteln, sind sie nicht – –
	((Flotte inhaltslose Klaviermusik))

Zuletzt mit vielem Honig
Von F. W. Bernstein

5. April 1829

WIR WAREN DARAUF
NOCH EINE WEILE
HEITER BEISAMMEN

..., UND G. ...

..... BEWIRTETE MICH ....

.... ZULETZT MIT VIELEM HONIG....

...AUCH MIT EINIGEN DATTELN....

....DIE ICH MITNAHM.

(1982)

	49
S.	Ein andermal freilich ist Goethe gar nicht aufgelegt –
SS.	ER MOTZT GEGEN ALLES
S.	– und Eckermann muß es wieder ausbaden.
G. *säuerlich*	Wie gesagt, den Deutschen ist die philosophische Spekulation insgesamt hinderlich, die in ihren Stil oft ein unsinniges, unfaßbares, breites und aufdröselndes Wesen hineinbringt! Je näher sie sich gewissen philosophischen Schulen hingeben, desto schlechter schreiben sie.
E. *bemüht*	Sie denken an He—
G. *laut*	Das Unglück ist, daß niemand leben und genießen, sondern jeder regieren, daß niemand sich des Hervorgebrachten freuen, sondern jeder seinerseits wieder selbst produzieren will ... jeder will sogleich wieder dasselbige machen ... *schullehrermäßig* Es ist ferner kein Ernst da, der ins –
E. *unglücklich*	Sie denken an Tieck? –
G.	– Ganze geht, kein Sinn, dem Ganzen etwas zuliebe zu tun ... und hinzu kommt, daß die Menschen in ein pfuscherhaftes Produzieren hineinkommen, ohne es selbst zu wissen. Die Kinder machen schon Verse und gehen so fort und meinen als Jünglinge, sie könnten etwas –
E. *leise*	Wackenroder –
G.	Kurz, so wie a l l e diese Dinge heutigen Tages in der Welt in Kurs und Gespräch sind, so ist es n i c h t s a l s e i n M a n t s c h, und vielleicht weiß niemand, wo es herkommt. Ich will es Euch sagen. Das Schwache ist ein Charakterzug unseres Jahrhunderts, und in Deutschland ist es eine Folge der Anstrengung, die Franzosen loszuwerden. Maler, Naturforscher, Bildhauer, Musik, Poeten, e s i s t a l l e s

schwach, und in der Masse steht es nicht besser. Das Schlimme aber ist, daß man im Leben durch so viele falsche Tendenzen ist gehindert worden und daß man nie eine solche Tendenz erkannt hat, als bis man sich bereits schon freigemacht.

E. *fast verschüchtert*

Woran aber soll man wissen, daß eine Tendenz eine falsche ist?

G. *laut und mächtig*

Eine falsche Tendenz ist nicht produktiv! Und wenn sie es ist, so ist das Hervorgebrachte von keinem Wert. Überhaupt geht alles jetzt aufs Technische aus, und die Herren Kritiker fangen an zu quengeln, ob in einem Reim ein ›s‹ auch wieder auf ein ›s‹ komme und nicht etwa ein scharfes ›ß‹ auf ein ›s‹. *fürchterlich* Man studiere nicht die Mitgeborenen und Mitstrebenden, sondern große Menschen der Vorzeit!

E. *sinnlos*

Shakespeare – –

G.

Wäre ich noch jung und verwegen genug, so würde ich *freudig* absichtlich gegen alle solche technischen Grillen verstoßen, ich würde Alliterationen, Assonanzen und falsche Reime, alles gebrauchen, wie es mir käme und bequem wäre, jawohl!

E. *sinnlos*

Schiller war –

G.

Jawohl, nehmen Sie Platen! Es ist immer ein Zeichen einer unproduktiven Zeit, wenn sie so ins Kleinliche und Technische geht, und ebenso ist es ein Zeichen eines unproduktiven Individuums, wenn es sich mit dergleichen befaßt. Platen! Daß er in der großen Umgebung von Neapel und Rom die Erbärmlichkeiten der deutschen Literatur nicht vergessen

kann, ist einem so hohen Talente gar nicht zu verzeihen. Gerade Platen, der Mann, um die beste deutsche Tragödie zu schreiben! Und dann, was nie genug bedacht wird, solche Händel okkupieren das Gemüt, die Bilder unserer Feinde werden zu Gespenstern, die zwischen aller freien Produktion ihren Spuk treiben und große Unordnung anrichten! Damit uns die ... *die sucht nach einem Superlativ* grauen Nebeltage der Gegenwart ganz unerträglich werden! Und woher kommt es? Durch das schlechte, größtenteils negative ästhetisierende und kritisierende Zeitungswesen, einer Halbkultur in den Massen, das dem hervorbringenden Talent ein böser Nebel ist, ein fallendes Gift, das den Baum seiner Schöpfungskraft zerstört, vom grünen Schmuck der Blätter bis in das tiefste Mark und die verborgenste Faser! *schweigt erschöpft,* E. *traut sich nichts zu sagen.* G. *nimmt einen neuen Anlauf.*
Nur bei uns in Deutschland ist das möglich. Wir haben ja keine Stadt, ja wir haben nicht einmal ein Land, von dem wir entschieden sagen könnten: hier ist Deutschland. Fragen wir in Wien, so heißt es: hier ist Österreich! und fragen wir in Berlin, so heißt es: hier ist Preußen. Es ist eine absurde Welt, die nicht weiß, was sie will! *steigernd* Diese Welt ist so voller Schwachköpfe und Narren, daß man nicht nötig hat, sie im Tollhause zu suchen. *völlig überraschend und laut* Und das, obwohl die Kultur in Deutschland jetzt so unglaublich hoch steht!

E. *verdattert*
G. *grimmig*

Wie schreitet Ihre ›Helena‹ voran?
Lassen wir das, mein Guter. Sehen Sie meine Farbenlehre. Und nehmen Sie dagegen Newton und jene deutschen Professoren, die, nach-

	dem sie das Bessere gefunden, immer noch die Newtonsche Lehre vortragen. Dies ist auch gar nicht zu verwundern, solche Leute gehen im Irrtum fort, weil sie ihm ihre Existenz verdanken, jawohl!
E. *fällt was ein*	Aber wie können die Experimente dieser Leute die Wahrheit beweisen, da doch der Grund ihrer Lehre falsch ist?
G. *mit geballter Feierlichkeit*	D a s müssen Sie gar nicht wissen, lieber Doktor, es ist g a r z u d u m m !
E.	Aber wenn doch –
G. *fürchterlich*	E s i s t g a r z u d u m m, und man glaubt nicht, welchen Schaden es einem guten Kopf tut, wenn er sich mit etwas Dummem befaßt. Bekümmern Sie sich gar nicht um die Newtonianer! –
	((Kurz Klaviermusik))

50

SS.	VON DER WASSERBEJAHUNG UND HEBUNGSTHEORIE
S.	Eine weitere Sammlung Goethescher Einsichten.
G. *flott*	Der ganze Anfang meiner Novelle ist nichts als Exposition, aber es ist darin nichts vorgeführt als das Notwendige, und das Notwendige mit Anmut, so daß man nicht glaubt, es sei eines anderen wegen da, sondern es wolle bloß für sich selber sein und für sich gelten.
E. *grotesk*	Dieses zu hören ist mir sehr lieb.
G. *flott*	Mangel an Charakter der einzelnen forschenden und schreibenden Individuen ist die Quelle alles Übels unserer neuesten Literatur.
E. *wie oben*	Ich freue mich Ihres bedeutenden Gedankens.

G. *lachend*	Meyer pflegte immer zu sagen: ›Wenn nur das Denken nicht so schwer wäre!‹ Das Schlimme aber ist, daß alles Denken zum Denken nichts hilft; man muß von Natur richtig sein, so daß die guten Einfälle immer wie freie Kinder Gottes vor uns dastehen und uns zurufen: da sind wir.
E. *grotesk, für sich*	Er sitzt bei mir, schenkt mir ein und erquickt mich überdies mit den herrlichsten Worten!
G. *fröhlich*	Die Natur ist inkommensurabel! Hm.
E. *für sich*	Das Andenken Schillers ist in ihm lebendig.
G. *wie leicht betrunken*	Die Erde mit ihrem Dunstkreis ist ein großes lebendiges Wesen, das im ewigen Ein- und Ausatmen begriffen ist. Atmet die Erde ein, so zieht sie den Dunstkreis an sich, so daß er in die Nähe ihrer Oberfläche herankommt und sich verdichtet bis zu Wolken und Regen. Diesen Zustand nenne ich die Wasserbejahung!
E. *grotesk*	Ich höre Ihnen mit großer Aufmerksamkeit zu.
G. *lustig*	Dauert aber die Wasserbejahung über alle Ordnung fort, so würde die Erde ersäufen, haha! Sie atmet also wieder aus und entläßt die Wasserdünste nach oben . . . Der entschiedene Vulkanist wird immer nur durch die Brille des Vulkanisten sehen so wie der Neptunist und der Bekenner der neuesten Hebungstheorie durch die seinige.
E. *für sich*	Ich verstehe nicht recht, was er damit sagen will, doch enthalte ich mich, ihn zu fragen, und denke der Sache im Stillen nach.
G.	Im übrigen ist Lord Byrons Teufel aus meinem Mephistopheles hervorgegangen, aber es ist doch alles durchaus originell, knapp, neu, tüchtig und geistreich.
E. *laut und grotesk*	Aber es ist durch Nachdenken nichts zu gewinnen!

G. *aufgekratzt*	Im übrigen ist mir nicht bange, daß Deutschland nicht eins werde; unsere guten Chausseen und Eisenbahnen werden schon das ihrige tun.
E. *grotesk-laut*	Welch ein köstlicher Abend!

51
((Musiksignal))

G. *kläglich*	Bleiben Sie noch ein Stündchen bei mir, lieber Doktor ...
E. *höflich*	Mit großer Freude ...
G. *brummt*	... es ist wunderlich, gar wunderlich ...
E.	Wie bitte?
G.	Nun heißt es wieder: ich sei ein Fürstendiener!?
E. *höflich*	Als ob damit etwas gesagt wäre ...
G. *flehend*	Diene ich etwa einem Tyrannen ...!? Aber ich soll nun ein für alle Mal kein Freund des Volkes sein! ... Freilich, ich hasse jeden gewaltsamen Umsturz – aber bin ich darum kein Freund des Volkes!?
E.	Sie haben dem Volk Ihr Leben gewidmet ...
G. *dankbar*	Ich habe dem Volk und dessen Bildung mein g a n z e s Leben gewidmet! – – –

((Vogelgezwitscher))

E.	Hören Sie nur auf die Töne der Amseln und Drosseln!
G. *wehmütig*	Ein warmer Gewitterregen, wie der Abend es verspricht, und der Frühling wird in der ganzen Pracht und Fülle abermals wieder da sein ...
E.	... das Gewölk wird indes drohender ... man hört ein dumpfes Donnern ... einige Tropfen fallen ...
G. *resigniert*	Ich bin ein Freund der Pflanze.

((Musiksignal))

SS.	DER KUCKUCK RUFT – EIN PICKNICK IM FREIEN

((Kuckucksrufe))

G. *von Anfang an mit schwerer Zunge*	Alles, was ich über den Kuckuck gehört habe, gibt mir für diesen merkwürdigen Vogel ein großes Interesse ... Soviel ich weiß, klassifiziert man den Kuckuck zu den S p e c h t e n !?
E. *mit vollem Mund*	Man tut so mitunter ...
G. *laut*	Er ist eine h ö c h s t problematische Natur!
E. *lässig*	Das Ei des Kuckucks ist nur um ein Weniges größer als das der Grasmücke ...
G. *begeistert*	Wir stehen in lauter Wundern! Nehmen wir nur die B i e n e n !
E. *läßt sich mitreißen*	Mit dem Kuckuck ist es nicht anders: wir wissen von ihm, daß er nicht selber brütet, sondern sein Ei in das Nest eines anderen Vogels legt ...
G.	Ein offenbares Geheimnis ... das aber nichtsdestoweniger schwer zu lösen, w e i l es so offenbar ist!
E. *kennerhaft*	Ja, was ist das für ein Vogel, für den im zartesten Kindesalter Feuchtes und Trockenes, Hitze und Kälte durchaus gleichgültige Dinge sind ...
G. *blöde*	Es setzt uns allerdings in Erstaunen ...
E.	... und wie weiß der alte Kuckuck, d a ß sie es sind, da er doch selber in erwachsenem Alter so sehr empfindlich ist!
G.	Wir stehen hier eben vor einem Geheimnis ...
E.	Es ist freilich ein Wunder, doch gibt es wohl etwas Analoges ... *geheimnistuerisch* ja, ich ahne in dieser Richtung sogar ein großes Gesetz ...

G. *mechanisch*	Da stehen wir allerdings vor etwas Göttlichem, das mich in freudiges Erstaunen setzt...
E.	Etwas allgemein Gesetzliches scheint es allerdings zu sein...
G. *stur*	Ein W u n d e r aber bleibt es mir i m m e r.
E. *bedächtig*	Ich hatte im vorigen Sommer zwei junge Zaunkönige gefangen. Ich war im höchsten Grade glücklich über diesen Fund. ›Da ihr so klug seid‹, dachte ich bei mir selber, ›so bin ich weit entfernt zu stören, im Gegenteil‹ – –
G. *laut lallend*	Das ist eine der besten ornithologischen Geschichten, die mir je zu Ohren gekommen...
E. *pikiert*	Aber es geht doch noch...
G. *schwallt*	Stoßen Sie an! Sie sollen leben! Und Ihre glücklichen Beobachtungen mit!
E.	Prosit!
G. *gnadenlos*	Wer das hört, und nicht an Gott glaubt, dem helfen nicht Moses und nicht die Propheten!
E.	Was aber meine Zaunkönige betrifft –
G. *lauthals*	Fahren Sie ja in Ihren Studien und Beobachtungen fort!!
E.	Ich will –
G.	Sie scheinen darin ein besonderes Glück zu haben und... *bröckelt langsam ab* können noch ferner... zu ganz un-schätz-baren Re-sul-ta-ten kommen... ((Stille; dann Kuckucksruf)) *Leise, wie entrückt* Das ist es nun, was ich die Allgegenwart Gottes nenne.
E. *unsicher*	Prosit... ((Kuckucksruf verhallt))

53

S.	Meist ist man sich nun vollkommen einig.
E.	Ich bringe Ihnen das Buch von Hinrichs zurück, das ich indes eifrig gelesen...

G. *erfreut*	Nun, hm, wie haben Sie es gefunden? Nicht wahr, er geht den Dingen zu Leibe! Hm.
E.	Ganz wunderlich ...
G. *hektisch*	Das ist's eben! Das Gleiche läßt uns in Ruh' – aber der Widerspruch ist es, der uns produktiv macht!
E. *bestimmt*	Trotz alledem sind w i r darüber einig, daß dem Buche ein edles Wollen zugrunde liegt.
G.	Überhaupt werden Sie bemerkt haben, daß Hinrichs bei Betrachtung der griechischen Tragödie ganz von der I d e e ausgeht!
E.	Man sieht deutlich, daß er bei dieser Theorie bloß die ›Antigone‹ im Sinne hatte ...
G.	Es ist nicht zu leugnen. Hm.
E.	... auch scheint er bloß den Charakter und die Handlungsweise dieser Heldin vor Augen gehabt zu haben, als er die Behauptung hinstellte, daß die Schwester nur den Bruder ganz rein und geschlechtslos lieben könne ...
G. *pfiffig*	Ich dächte, daß die Liebe von Schwester zu Schwester noch reiner und geschlechtsloser wäre!
E. *unbeirrt*	Und doch: wenn man ihn reden hört, so sollte man glauben, daß er einiges Recht habe.
G. *resigniert*	Das ist's eben ... hm.

54
((Musiksignal))

E. *leise*	Störe ich, Exzellenz ...?
G. *seufzt*	
E.	Soll ich die Fenster schließen? ...
G. *schwach*	... lassen Sie nur ...
E. *atmet tief und genüßlich*	Aah, mir tritt die Sommerluft vor die Seele ... ich erinnere Sie an die Verse: ›Nach Mittag saßen wir / junges Volk im Kühlen ...‹

G.	Ach, das war freilich eine schöne Zeit ...
E.	... eine glückliche Zeit ...
G. *nörgelnd*	Und heute ... ich brauche nur in unserem lieben Weimar zum Fenster hinaus zu sehen, um gewahr zu werden, wie es bei uns steht: Es darf kein Bube mit der Peitsche knallen, oder singen, oder rufen, sogleich ist die Polizei da, es ihm zu verbieten!
E. *beflissen*	Es täte not –
G. *bitter*	Es geht bei uns alles dahin, die liebe Jugend frühzeitig zahm zu machen und alle Natur, alle Originalität und alle Wildheit auszutreiben; so daß am Ende nichts übrig bleibt als der Philister.
E. *heftig*	Es täte not, daß –
G. *barsch*	Wenn einer in seinem 20. Jahre nicht jung ist, wie soll er es in seinem 40. sein!?
E.	Es täte not, daß ein zweiter Erlöser käme, um den ungeheueren Druck der jetzigen Zustände uns abzunehmen ...
G. *sarkastisch*	Käme er, man würde ihn zum zweiten Male kreuzigen!
E. *betrübt*	Mir gehen oft ähnliche Gedanken durch den Kopf ... *bemüht munter* wenn ich dann aber ein Regiment deutscher Dragoner sehe –
G. *bitterböse*	Der dritte Teil der Staatsdiener ist körperlich umbrüchig und dem Dämon der Hypochondrie verfallen.
E. *seufzend*	... schrecklich ...
G. *kategorisch*	Es ist den Leuten allen herzlich schlecht.
E. *seufzt tief*	
G. *wieder munter*	Wir wollen indes hoffen und erwarten, wie es etwa in einem Jahrhundert mit uns aussieht ...

((Musiksignal))

G. *mächtig* — Das Schöne ist ein Urphänomen.

E. *eifrig* — Sehr schöne E i c h e n habe ich im Wesertal gesehen...

G. — Die Eiche ist ein Baum, der sehr schön sein kann...

E. — Könnte man nicht auch einen Karrengaul schön nennen?

G. *irritiert* — Allerdings... und warum nicht?

E. — Warum konnten wir vorhin einige der Reitpferde, die uns begegneten, schön nennen?

G. — Wegen der Zweckmäßigkeit ihres Baues.

E. *flink* — So wäre z. B. ein mannbares Mädchen, dessen Naturbestimmung ist, Kinder zu gebären und Kinder zu säugen, nicht schön ohne gehörige Breite des Beckens und ohne gehörige Fülle der Brüste?

G. *vorsichtig* — Gewiß nicht... doch wäre auch ein Zuviel nicht schön, denn das würde über das Zweckmäßige hinaus gehen –

E. — Genau wie bei jenen Eichen, die ein lindenartiges Aussehen gewinnen...

G. *verwirrt* — So ein Baum wird freilich nicht schön sein... jedenfalls nicht als Eiche... hm...

E. — Könnte man aus diesen Ihren Andeutungen ein Resultat ziehen und sagen: ein Geschöpf sei dann schön, wenn es zu dem Gipfel seiner natürlichen Entwicklung gelangt sei!?

G. *erleichtert* — Recht wohl... so recht *lacht gezwungen*... ich muß über die Ästhetiker lachen...

E. *lacht mit*

56

S.

Der Schönheit der Natur aber korrespondieren die Fehler der Menschen beim Sprechen – und das sogar bei Schauspielern:

SS.

DEIN KRAM GEHT MIR ZU HERZEN

G. *wichtig, komisch-gravitätisch, aber noch nicht veralbernd satirisch*

Ich habe in meiner langen Praxis Anfänger aus allen Gegenden Deutschlands kennengelernt. Die Aussprache der Norddeutschen ließ im Ganzen wenig zu wünschen übrig. Sie ist rein und kann in mancher Hinsicht als musterhaft gelten. Dagegen habe ich mit geborenen Schwaben, Österreichern und Sachsen oft meine Not gehabt. Auch Eingeborene unserer lieben Stadt Weimar haben mir oft viel zu schaffen gemacht. Bei diesen entstehen die lächerlichsten Mißgriffe daraus, daß sie in den hiesigen Schulen nicht angehalten werden, das b vom p und das d von t durch eine markierte Aussprache stark zu unterscheiden. Man sollte kaum glauben, daß sie b, p, d und t überhaupt für vier verschiedene Buchstaben halten, denn sie sprechen nur immer von einem weichen und einem harten b und von einem weichen und harten d und scheinen dadurch stillschweigend anzudeuten, daß p und t gar nicht existieren. Aus einem solchen Mund klingt dann Pein wie Bein, Paß wie Baß und Teckel wie Deckel.

E. *harmlos gravitätisch*

Ein hiesiger Schauspieler, der das t und d gleichfalls nicht gehörig unterschied, machte dieser Tage einen Fehler ähnlicher Art. Er spielte einen Liebhaber, der sich eine kleine

Untreue hat zuschulden kommen lassen, worüber ihm das erzürnte Frauenzimmer allerlei heftige Vorwürfe macht. Ungeduldig hatte er zuletzt auszurufen: ›O ende!‹. Er konnte aber das t von d nicht unterscheiden und rief: ›O ente‹, also ›O Ente!‹, welches denn ein allgemeines Lachen erregte.

G. *meckert leicht* Der Fall ist sehr artig und verdiente wohl, in unseren Theaterkatechismus mit aufgenommen zu werden.

E. *durchs Lob aufgepeitscht*

Eine hiesige Sängerin, die das t und d gleichfalls nicht unterscheiden konnte, hatte neulich zu sagen: Ich will dich den Eingeweihten übergeben. Da sie aber das t wie d sprach, so klang es, als sagte sie: Ich will dich den Eingeweiden übergeben. So hatte neulich ein hiesiger Schauspieler, der eine Bedientenrolle spielte, zu sagen: Mein Herr ist nicht zu Hause, er sitzt im Rate. Da er aber das t von d nicht unterschied, so klang es, als sagte er: Mein Herr ist nicht zu Hause, er sitzt im Rade *beide meckern leicht.*

G. Auch diese Fälle sind nicht schlecht und wir wollen sie uns merken. So, wenn einer p und b nicht unterscheidet, und ausrufen soll: packe ihn an, aber statt dessen ruft: backe ihn an! so ist es abermals lächerlich.

E. *meckert gehorsam*

G. Gleicherweise wird hier das ü häufig wie i ausgesprochen, wodurch nicht weniger die s c h ä d l i c h s t e n Mißverständnisse veranlaßt werden. So habe ich nicht selten statt Küstenbewohner Kistenbewohner, statt Türstück Tierstück E. *japst jeweils leicht,* statt gründlich grindlich, statt trübe triebe und statt ihr müßt

	ihr mißt vernehmen müssen – nicht ohne Anwandlung von einigem Lachen *beide meckern äußerst jämmerlich.*
E. *quasi-entkrampft, aber elend krampfhaft*	Dieser Art ist mir neulich im Theater ein sehr spaßhafter Fall vorgekommen, wo eine Dame in einer mißlichen Lage einem Mann folgen soll, den sie vorher nie gesehen. Sie hatte zu sagen: Ich kenne dich zwar nicht, aber ich setze mein ganzes Vertrauen in den Edelmut deiner Züge.
G. *gespannt*	Aha!
E. *schon fast prustend*	Da sie aber das ü wie i sprach, so sagte sie: Ich kenne dich zwar nicht, aber ich setze mein ganzes Vertrauen in den Edelmut deiner Ziege. Haha!
G.	Ziege!
E.	Edelmut deiner Ziege! Es entstand ein großes Gelächter. *Peinliches Gelächter.*
G.	Dieser Fall ist abermals gar nicht schlecht und wir wollen ihn uns gleichfalls merken. So auch wird das g und k häufig miteinander verwechselt –
E. *nachjapsend*	Ziege!
G.	– und statt g – k und statt k – g gesprochen, wahrscheinlich abermals aus der Ungewißheit, ob ein Buchstabe weich oder hart sei. Sie werden im hiesigen Theater wahrscheinlich sehr oft Kartenhaus für Gartenhaus, Kasse für Gasse, bekränzen für begrenzen und Kunst für Gunst –
E. *dazwischen*	Kunst für Gunst, haha!
G.	– bereits gehört haben oder noch künftig hören.

E.	Kunst für Gunst, hahaha!
G.	Hm, Kunst für Gunst, nicht wahr, der Fall ist artig. *Lachen*
E. *wieder ernster*	Etwas Ähnliches ist mir allerdings vorgekommen. Ein hiesiger Schauspieler hatte zu sagen: Dein Gram geht mir zu Herzen. Der Schauspieler sprach aber das g wie k und sagte daher sehr deutlich: Dein Kram geht mir zu Herzen, hahaha! *Heftiges Lachen, Goethe brummelt feste mit.*
G. *ernst, aber schwer atmend*	Dergleichen Verwechslungen von g und k hören wir übrigens nicht bloß von Schauspielern, sondern auch wohl von sehr gelehrten Theologen. Mir passierte einst persönlich ein Fall der Art, den ich Ihnen doch erzählen will. Als ich nämlich vor einigen Jahren mich in Jena aufhielt und im Gasthof ›Zur Tanne‹ logierte, ließ sich eines Morgens ein Studiosus der Theologie bei mir melden. Nachdem er sich eine Weile mit mir ganz hübsch unterhalten, rückte er beim Abschiede gegen mich mit einem Anliegen ganz eigener Art hervor. Er bat mich nämlich, ihm doch am nächsten Sonntage zu erlauben, statt meiner predigen zu dürfen. Ich merkte sogleich, woher der Wind wehte, und daß der hoffnungsvolle Jüngling einer von denen sei, die das g und k verwechseln. Ich erwiderte ihm also mit aller Freundlichkeit, daß ich ihm in dieser Angelegenheit zwar persönlich nicht helfen könne, daß er aber seinen Zweck erreichen würde, wenn er die Güte haben wolle, sich an den Herrn Archidiakonus Koethe zu wenden. *Kleine Pause, weil die Pointe danebenging.*
E. *endlich*	Haha: Koethe!

G.	Ja, Koethe! Ich sagte ihm, er wolle sich an den Herrn Archidiakonus Koethe wenden, haha.
E. *angestrengt*	Hahaha – Goethe-Koethe – – – *Bald schweigen beide erschöpft.* ((direkt ins Lachen hinein Musiksignal))

57

S.	Verdichtete so der gemeinsam genossene Spaß das Miteinander von Goethe und Eckermann, so rückt ein Anderes den Zusammenhalt ins Sublime:
SS.	GOETHES SÜSSE GEHEIMNISSE ((Musiksignal))
G. *geheimnisvoll*	Ich will Ihnen etwas sagen, woran Sie sich im Leben halten mögen.
E. *erwartungsvoll*	Ja?
G. *geheimnisvoll*	Es gibt in der Natur ein Zugängliches und ein Unzugängliches ... Aber ich will Ihnen noch etwas entdecken, und Sie werden es in Ihrem Leben vielfach bestätigt finden.
E.	Ja, Exzellenz?
G.	Unsere ganze jetzige Zeit ist eine rückschreitende, denn sie ist eine subjektive! ...
E. *unsicher*	Diese Ihre Worte geben Anlaß zu der geistreichsten Unterhaltung, wobei ich besonders der großen Zeit des funfzehnten und sechzehnten Jahrhunderts gedenke.
G. *immer undurchsichtiger*	Ja, dieses ist allerdings höchst merkwürdig. Aber dergleichen liegt wohl in der Natur, wenn wir dazu auch noch nicht den rechten Schlüssel haben. W i r w a n d e l n a l l e i n G e h e i m n i s s e n. Wir sind von einer Atmosphäre umgeben ... von der wir noch gar nicht wissen, was sich alles in ihr regt und wie es mit unserem Geiste in Verbindung steht.

E. *vorsichtig*	So etwas Merkwürdiges habe ich neulich auch erlebt, wo ich von einem Spaziergang –
G. *valentinartig*	Jaja – genau – – –
E.	– auf der Erfurter Chaussee zurückkam und ich etwa zehn Minuten vor Weimar den geistigen Eindruck hatte, wie an der Ecke des Theaters mir eine Person begegnete, die ich seit Jahr und Tag nicht gesehen und an die ich sehr lange ebenso wenig gedacht hatte. Es beunruhigte mich, zu denken, daß sie mir begegnen könnte, und mein Erstaunen war daher nicht gering, als sie mir, sowie ich um die Ecke biegen wollte, wirklich an derselben Stelle so entgegentrat, wie ich es im Geist gesehen hatte *lauert auf Beifall*.
G. *gütig*	Das ist gleichfalls s e h r m e r k w ü r d i g . . . wie gesagt, wir tappen in Geheimnissen und Wundern.
E. *im Rollentausch*	Nicht wahr?
G. *bedeutend*	Wir haben alle etwas von elektrischen und magnetischen Kräften in uns... *kurzes ehrfürchtiges Schweigen*.
E. *eifrig und doch steif*	Ja! Ich kenne eine Opernszene, wo zwei Liebende, die lange Zeit durch große Entfernung getrennt waren, sich, ohne es zu wissen, in einem dunkelen Zimmer zusammen befinden. Sie sind nicht lange beisammen, da fängt die magnetische Kraft an zu wirken, eins ahnet des anderen Nähe, sie werden unwillkürlich zueinander hingezogen, und es dauert nicht lange, so –
G. *mit sanfter Gewalt*	Jawohl, unter Liebenden ist diese magnetische Kraft besonders stark und wirkt sogar sehr in die Ferne. Ich habe in meinen Jünglingsjahren

	Fälle genug erlebt, wo auf einsamen Spaziergängen ein mächtiges Verlangen nach einem geliebten Mädchen mich überfiel und ich so lange an sie dachte, bis sie mir wirklich entgegenkam. ›Es ist mir in meinem Stübchen unruhig geworden‹, sagte sie dann, ›ich konnte mir nicht helfen, ich mußte hierher‹.
E. *eilig*	Das scheint der Magnetismus zu sein!
G. *gähnt dezent*	Jaja ... hm. *Pause. Leicht peinliche Stille.*
G. *leise*	Liebes Kind, ich will Ihnen aber etwas vertrauen. Meine Sachen können nicht populär werden.
E. *dumm*	Warum?
G.	War denn Mozart populär? *wieder Pause.*
E.	Glich nicht Mozart Raffael wie –
G. *wie abwesend*	Aber ich will Ihnen auch ein politisches Geheimnis entdecken –
E.	Ein politisches? –
G.	– das sich *bedeutungsvoll* über kurz oder lang offenbaren wird –
E. *für sich*	Der Kuckuck – –?
G. *wiederholt*	– über kurz oder lang offenbaren wird: K a p o d i s t r i a s kann sich an der Spitze der griechischen Angelegenheiten auf die Länge nicht halten, denn ihm fehlet eine Qualität, die zu einer solchen Stelle unentbehrlich ist.
E. *vorsichtig*	Welche – Qualität?
G. *bedeutend*	E r i s t k e i n S o l d a t.
E.	Kein – Soldat?
G. *bedeutend*	Kapodistrias ist kein Soldat. Wir haben aber kein Beispiel, daß ein Kabinettsmann einen revolutionären Staat hätte organisieren können. Napoleon, ohne Soldat zu sein, hätte nie zur höchsten Gewalt emporsteigen können. Nie! Hm.
E. *blöde*	Nie?

Eine junge Dame trat heran
Von F. W. Bernstein

> MEINE SACHEN KÖNNEN NICHT POPULÄR WERDEN

> ER WOLLTE WEITER REDEN...

> ....EINE JUNGE DAME TRAT HERAN, IHN UNTERBRECHEND....

> UND IN EIN GESPRÄCH ZIEHEND. ICH WENDETE MICH ZU ANDEREN

(1982)

G.	Nie. Und so wird sich auch Kapodistrias als erster auf die Dauer nicht behaupten. Ich sage Ihnen dieses voraus und Sie werden es kommen sehen. Es liegt in der Natur der Dinge und ist nicht anders möglich. *Ehrfürchtige Pause.*
E. *tumb*	Ich bedaure, daß ich Napoleon nie gesehen habe.
G. *äußerst mysteriös*	Freilich, das war a u c h der Mühe wert. Dieses Kompendium von Welt!
E.	Er sah wohl – nach etwas aus?
G. *umflort*	Er war es. Und man sah ihm an, daß er es war; d a s w a r a l l e s. *Pause,* G. *kichert leis und sehr geheimnisvoll,* E. *kichert verlegen mit.*
E. *plötzlich*	Ich habe über das Phänomen des blauen und gelben Schattens, das Sie mir vor einer Woche darlegten, zu Hause fleißig nachgedacht –
G. *tonlos*	Brav. Hm …
E.	– und wiewohl es mir lange Zeit ein Rätsel blieb, so ging mir doch bei fortgesetzter Beobachtung ein Licht auf, und ich ward überzeugt, das Phänomen begriffen zu haben.
G. *überraschend gemütlich*	Das wäre viel. Dozieren Sie!
E. *steif*	Licht und Finsternis sind keine Farben, sondern sie sind zwei Extreme, in deren Mitte die Farben liegen, und zwar durch eine Modifikation von beiden.
G. *etwas abwesend*	Nun! Und?
E.	Kommen wir nun zu unseren Phänomenen, so sehen wir, daß das Stäbchen vermöge der Gewalt des Kerzenlichtes einen entschiedenen Schatten wirft. Dieser Schatten würde als schwarze Finsternis erscheinen, nun aber dringt durch die offenen Fenster das Tageslicht

	frei herein, durch welches ich die Finsternis des Schattens sehe, und so entsteht die blaue Farbe.
G. *munter*	Das wäre die blaue. Wie aber erklären Sie den gelben Schatten?
E.	Die brennende Kerze wirft auf das weiße Papier ein Licht, das schon einen leisen Hauch vom Gelblichen hat. Der einwirkende Tag aber hat so viel Gewalt, um vom Stäbchen aus nach dem Kerzenlichte zu einen schwachen Schatten zu werfen, der, so weit er reicht, das Licht trübt, und so entsteht, dem Gesetze gemäß, die gelbe Farbe. – Nun, habe ich recht?
G. *lacht sehr geheimnisvoll*	Sie haben das Phänomen recht gut gesehen und auch recht hübsch ausgesprochen – allein sie haben es nicht erklärt. Ihre Erklärung ist gescheit, ja sogar geistreich, aber sie ist nicht die richtige.
E. *ungeduldig*	Nun, so helfen Sie mir und lösen Sie mir das Rätsel, denn ich bin in höchstem Grade ungeduldig!
G. *schwer*	Sie sollen es erfahren. Aber nicht heute und auf diesem Wege.
E.	Aber –
G.	Es wäre auch nicht gut, wenn Sie es a h n d e t e n. Donnerstagabend gebe ich Ihnen das Ende. *Pause*
G. *tonlos*	Hmhm. Haben Sie eigentlich von der großen Wasserflut in Petersburg gelesen, von der die Berliner Zeitungen berichten? Hier, lesen Sie!
E.	Schauerlich – grauenvoll – ... ((Zeitungsrascheln))
G. *tonlos und polyvalent*	Petersburg liegt schlecht, und ich gebe Rousseau meinen Beifall, der gesagt hat, daß man ein Erdbeben dadurch nicht verhindern kann, daß

	man in der Nähe eines feuerspeienden Berges eine Stadt baue. *lacht unheimlich-gemütlich* Die Natur geht ihren Gang, und dasjenige, was uns als Ausnahme erscheint, ist in der Regel.
E.	Weiß man denn, wie dergleichen zusammenhängt?
G. *sehr tonlos und bedeutungsschwer*	Das weiß niemand, man hat kaum bei sich von solchen geheimen Dingen eine Ahnung, viel weniger könnte man es aussprechen, ja ... es gibt Dinge in der Welt, die der Dichter besser überhüllet als aufdeckt ... ich habe sogar eine ganze Sammlung von Gedichten, die ich geheim halte ...
E. *doof*	Ja, Ihr Gedicht ›Geheimnis‹! –
G. *heiter*	Nein nein, nicht doch – – – ah, da erscheinen Oberbaudirektor Coudray und Professor Riemer – hmhm – – – ((Musiksignal))

58
((Musiksignal))

G. *geheimnisvoll*	Dem Kinde entgeht der Käfer an der Blume nicht ...
E. *munter*	Da könnten also die Kinder recht gute Handlanger in der Wissenschaft abgeben!
G.	Wollte Gott, wir wären alle nichts weiter als Handlanger ...
E. *dringend*	Sie scheinen andeuten zu wollen, daß man um so schlechter beobachte, je mehr man wisse!?
G. *rafft sich auf*	Wenn das überlieferte Wissen mit Irrtümern verbunden ist – allerdings! *lacht* Hm, ich will Sie einmal mit einem englischen Gedicht unter-

	halten, das die Geologie zum Gegenstande hat … es ist ganz darauf berechnet, die Weltleute zu amüsieren … Geben Sie acht! Hm. *räuspert sich; dann bemüht komisch* Wir sehen den Helden des Gedichts, den König Kohle –
E. *lacht*	König Kohle, haha!
G.	Und seine Gemahlin P y r i t e s …
E.	Pyrites!
G.	Pyrites an seiner Seite in Erwartung der Gäste. Nach ihrer Rangfolge werden sie dem Könige vorgestellt: Herzog Granit, Marquis Schiefer, Gräfin Porphyry …
E.	Granit, Schiefer, Porphyry … k ö s t l i c h.
G.	… ferner tritt ein: Sir Lorenz Urkalk!
E. *prustet*	U r k a l k der U r s c h a l k!
G. *streng*	Ein Mann von großen Besitzungen; er entschuldigt seine Mutter Lady M a r m o r … übrigens ist sie eine Dame von großer Kultur- und P o l i t u r fähigkeit …
E. *kichert*	Oje … hehe …
G. *laut*	T u f f s t e i n, mit Eidechsen und Fischen sein Haar verziert, scheint etwas betrunken … Hans Mergel und Jakob Ton …
E. *hilflos kollernd*	Hans Mergel und Jakob Ton … ha … ha … ha …
G.	Hans Mergel und Jakob Ton kommen erst gegen das Ende …
	((Ausblenden))

Große Geheimnisse

Von F. W. Bernstein

13. Februar 1829

GROSSE GEHEIMNISSE LIEGEN NOCH VERBORGEN....

..MANCHES WEISS ICH....

...VON VIELEM HABE ICH EINE AHNUNG...

ETWAS WILL ICH IHNEN VERTRAUEN UND MICH...

WUNDERLICH ..AUSDRÜCKEN..

...DIE PFLANZE... ...GEHT VON KNOTEN ZU KNOTEN... ...UND SCHLIESST ZULETZT AB MIT DER BLÜTE UND DEM SAMEN...

...IN DER TIERWELT IST ES NICHT ANDERS... ...DIE RAUPE... ...DER BANDWURM...

GEHT VON KNOTEN ZU KNOTEN UND BILDET ZULETZT EINEN KOPF.

(1982)

	59
S.	Nicht jeder Abend klingt so harmonisch aus...
	((Musiksignal))
G. *frisch*	Ein Landschaftsmaler muß viele Kenntnisse haben... Nehmen Sie zum Beispiel Hermann von Schwanefeldt...
E. *schreckt auf*	Wen??
G.	H e r m a n n v o n S c h w a n e f e l d t – man findet bei ihm die Kunst als Neigung und die Neigung als Kunst, wie bei keinem anderen! ... was tun Sie da!?
E.	... ich schlage im Künstlerlexikon nach...
G. *mißtrauisch*	Nun, und?
E.	... man wirft ihm vor, daß er seinen Meister Claude Lorrain nicht erreicht habe...
G. *braust auf*	Die Narren! *nörgelt* Schwanefeldt war ein A n d e r e r als Claude Lorrain... *ärgerlich* Wenn man aber weiter nichts vom Leben hätte, als was unsere Lexikonschreiber von uns sagen, so wäre es überhaupt nicht der Mühe wert... *mit gesteigerter Wut* Unverschämte Scharlatane, die durch Anmaßlichkeit in den Augen einer schwachen Welt mehr aus sich machen wollten, als sie waren... *wutentbrannt* und auch wirklich m a c h t e n! *brüllt* Alle, die dem Euripides das Erhabene abgesprochen, sind a r m e H e r i n g e!
E. *rücksichtslos*	Eine so gründliche Bildung, wie sie der Großherzog gehabt zu haben scheint, mag bei fürstlichen Personen selten vorkommen?
G. *abweisend*	Sehr selten.
E.	Bei allen seinen wissenschaftlichen und geistigen Regungen scheint er doch auch das Regieren verstanden zu haben?
G.	– – – Er war ein Mensch aus dem Ganzen.

E.	Spuren davon sieht man schon in Ihrem Gedicht ›Ilmenau‹, wo Sie ihn nach dem Leben gezeichnet zu haben scheinen?
G.	Er war damals sehr jung.
E.	Sie machten in dieser ersten Zeit mit ihm eine einsame Reise durch die Schweiz?
G. *abwesend*	Er liebte überhaupt das Reisen ...
E. *lauernd*	Die Entwickelung der Menschheit scheint auf Jahrtausende angelegt ...
G. *verdutzt*	... wer weiß ... vielleicht auf M i l l i o n e n!

60

SS.	NOCH EINMAL: DAS DÄMONISCHE UNDSOWEITER
G. *behaglich*	Reden wir wieder einmal über – Dämonen und Dämonisches.
E. *bringt lauter Goethezitate (leicht leiernd)*	Gewiß, je höher ein Mensch, desto mehr steht er unter dem Einfluß der Dämonen, und er muß nur immer aufpassen, daß sein leitender Wille nicht auf Abwege gerate. So waltete, Exzellenz, bei Ihrer und Schillers Bekanntschaft durchaus etwas Dämonisches ob; Sie konnten früher, Sie konnten später zusammengeführt werden, aber daß Sie es gerade in der Epoche wurden, wo Sie die Italienische Reise hinter sich hatten und Schiller der philosophischen Spekulation müde zu werden anfing, war von Bedeutung und für Sie beide vom größten Erfolg.
G. *behaglich*	Richtig. Und?
E.	In der Poesie ist durchaus etwas Dämonisches, und zwar vorzüglich in der unbewußten, bei der aller Verstand und alle Vernunft zu kurz

	kommt, und die daher auch so über alle Begriffe wirkt.
G.	Brav. Hem.
E.	Gleichfalls wirft sich das Dämonische auch gern in bedeutende Individuen, wie Napoleon, Friedrich, Peter den Großen und ... und ...
G. *lauernd*	Und?
E. *endlich fällt es ihm ein*	S i e, Exzellenz! Ich denke mir, daß auch mit Ihnen die Dämonen so etwas möchten im Sinne haben, indem *rührend* auch Sie eine Figur sind, zu anlockend, um Ihnen nicht nachzustreben!
G. *ehrlich erstaunt*	Warum?
E. *bieder, aber auch frivol*	Am 6. Dezember 1829 schon konnten Sie sich mir gegenüber des Gedankens nicht erwehren, daß die Dämonen, um die Menschheit zu necken und zum besten zu haben, mitunter einzelne Figuren hinstellen, die so anlockend sind, daß jeder nach ihnen strebt, daß aber niemand sie erreicht. So stellten die Dämonen, so sagten Sie damals, den Raffael hin, den Mozart und den Shakespeare ...
G. *gespannt*	Weiter!
E.	Auch in Byron mag das Dämonische in hohem Grade wirksam gewesen sein, weshalb er denn die Attraktiva in großer Masse besessen, so daß ihm denn besonders die Frauen nicht haben widerstehen können.
G.	Das – das soll ich gesagt haben?
E. *eifrig*	Jawohl: am 9. März 1831!
G. *lacht*	Haha! Unfug! Haha! – Lieber lieber Doktor, Sie dürfen nicht alles ... Haha! Dann wären ja die Dämonen die Frauen ... Naja, auch gut. Haha ...

E. *verwirrt*   Das Dämonische, sagten Sie ...
G. *sehr gemütlich
und anfangs noch
immer lachend.
Dann schöner Vor-
trag, aber nicht
ohne Anstrengung
und Brüche*

                    Also, passen Sie gut auf, ich werde Ihnen nun sagen, was es mit dem Dämonischen auf sich hat. Also erstens: die Natur ist inkommensurabel. Zweitens: das Klassische ist das Gesunde und der Kuckuck ist ein offenbares Geheimnis *bremst sich* — — — also nochmals *lehrhaft:* Im Laufe der Zeit kommt man dahin, an eine höhere Einwirkung, an etwas Dämonisches zu glauben, ohne sich anzumaßen, es weiter erklären zu wollen! Dieses Dämonische nenne ich dasjenige, was durch Verstand und Vernunft nicht aufzulösen ist, haben Sie verstanden?

E.   Ja...
G. *wie oben*   Nun muß der Mensch dennoch gegen das Dämonische recht zu behalten suchen und muß dahin trachten, durch allen Fleiß und Mühe seine Arbeit so gut zu machen, als es in seinen Kräften steht und die Umstände es anbieten. Es ist in solchen Dingen wie mit dem Spiel, was die Franzosen Codille nennen, wobei zwar die geworfenen Würfel viel entscheiden, allein wo es der Klugheit des Spielenden überlassen bleibt, nun auch die Steine im Brett geschickt zu setzen. Uns täte not, daß der Dämon uns täglich am Gängelband führte und sagte und triebe, was immer zu tun sei. Aber der gute Geist verläßt uns, und wir sind *muß schön sanft herauskommen* schlaff und tappen im Dunkeln. Aber so ists mit uns allen. *ab jetzt ein leiser Ton*

von ›jenseits‹ Des Menschen Verdüsterungen und Erleuchtungen machen sein Schicksal. Jede Erleuchtung aber, wodurch das Außerordentliche entsteht, werden wir immer mit der Jugend und der Produktivität im Bunde finden. Produktivität und Genie sind sehr naheliegende Dinge – denn was ist Genie anderes als produktive Kraft, wodurch Taten entstehen, die vor Gott und der Natur sich zeigen können und die eben deswegen Folge haben und von Dauer sind, die von Geschlecht zu Geschlecht fortwirken und so bald nicht erschöpft und verzehrt sein dürften. Solche genialen Naturen aber erleben eine wiederholte Pubertät, jede Entelechie nämlich ist ein Stück Ewigkeit, und die paar Jahre, die sie mit dem irdischen Körper verbunden sind, machen sie nicht alt. Daher kommt es denn, daß wir bei vorzüglich begabten Menschen auch während ihres Alters immer noch frische Epochen besonderer Produktivität wahrnehmen, was ich eine wiederholte Pubertät nennen möchte – – – Diese Produktivität höchster Art, *sehr tonlos* die sich von den Fratzen des täglichen Lebens nicht verwirren läßt, steht in niemandes Gewalt und ist über alle irdische Macht erhaben. Dergleichen hat der Mensch als unverhoffte Gabe von oben, als reine Kinder Gottes zu betrachten, die er mit freudigem Dank zu empfangen und zu verehren hat. Es ist dem Dämonischen v e r w a n d t, das übermächtig mit ihm tut, wie es beliebt, und dem er sich bewußtlos hingibt. Was aber – i s t das Dämonische? Der Dämon? *sehr gravierende Pause.*

E. *platzt dumm heraus*

Mephistopheles – in – Ihrem ›Faust‹!

G. *schmerzlich, laut*	Mitnichten! Gerade nicht! Der Mephistopheles ist ein viel zu negatives Wesen! Das Dämonische aber äußert sich in einer durchaus positiven...
E. *wie oben*	Ja, genau! Byron!!
G. *farcehaft*	Nein!! Paganini!!! *seufzend und wieder sanft* Liebes Kind, was wissen wir vom Dämonischen und was wollen denn unsere engen Begriffe davon sagen! Wollte ich es – gleich einem Türken – mit hundert Namen nennen, so würde ich doch noch zu kurz kommen und nichts gesagt haben – – –

((Musiksignal))

61

((Musiksignal))

SS.	FAIR MAID OF PERTH ((vgl. Szene 17))
G. *kichernd*	Walter Scotts ›Fair Maid of Perth‹ ist gut! Das ist gemacht... das ist eine Hand... Bis wie weit haben Sie j e t z t gelesen?
E. *zögernd*	Ich bin bis zu der Stelle gekommen, wo Henry Smith... das schöne Zithermädchen durch Straßen und Umwege nach Hause führt...
G. *kichernd*	Ja... die Stelle ist gut. Daß der widerstrebende ehrliche Waffenschmied soweit gebracht wird, neben dem verdächtigen Mädchen zuletzt selbst... das H ü n d c h e n mit aufzuheben, ist einer der größten Züge, die irgend in Romanen anzutreffen sind.
E. *steif*	Als einen höchst glücklichen Griff muß ich auch bewundern, daß Walter Scott den Vater der Heldin einen Handschuhmacher sein läßt.
G. *unwiderleglich*	Ja, das ist ein Zug der höchsten Art!
E. *widerwillig*	Der Prinz bleibt übrigens bei aller Wildheit immer noch liebenswürdig genug...

G. *selig*	Ja! Wie er zu Pferde sitzend das hübsche Zithermädchen auf seinen Fuß treten läßt, ist ein Zug von der v*e*rwegensten englischen Art!
E. *hart*	Aber die Frauen haben Unrecht, wenn sie immer Partei machen.
G. *verwirrt*	Die Frauen sind nun einmal so . . .
E. *süffisant*	Man muß sie schon in ihrer Liebenswürdigkeit gewähren lassen.

62

s.	Auch zum Nachtisch gab Goethe für Eckermann immer noch sehr heitere Dinge zum besten. Besonders ausgelassen ging es her, als er einmal eine Jugendarbeit vortrug:
ss.	HANSWURST'S HOCHZEIT ODER: DER LAUF DER WELT EIN MIKROKOSMISCHES DRAMA ((vgl. Vorbemerkung))
G. *räuspert sich*	Die Personen des Stückes: Hanswurst, der Bräutigam Ursel Blandine, die Braut Ursel mit dem kalten Loch, die Tante
E. *verschluckt sich, prustet; kommt während des Folgenden aus dem Lachen nicht heraus*	
G.	Kilian Brustfleck, der Vormund Hans Arsch von Rippach, empfindsam Matzfoz von Dresden Reckärschgen und Schnuckfözgen, die Nichten –
E. *kriegt sich kaum mehr ein*	Empf . . . empf . . .

G.	Ja?
E.	Empfindsam! Hans Arsch von Rippach, empfindsam!
G.	Empfindsam! Doch weiter:
E.	Weiter!
G.	Herr Urian Kuppler
	Meister Hämmerlein
	Loch König
	Winde Hals
	Jungfer Kluncke, Putzmacherin
	Maulaff
	Peter Sauschwanz
	Schweinigel, Scheismaz, Lauszippel –
E.	Schweinigel, Scheismaz, Lauszippel!
G.	Grindschniepel
	Rotzlöffel und Gelbschnabel, zwei Pagen
	Schwanz, ein Kammerdiener
	Hundsfut, eine Gastrolle
	Claus Narr, ein Vetter
	Simplizissimus
	Hans Tap ins Mus, Stammhalter
	Quirinus Schweinigel, bel esprit
	Thomas Stinkloch, nichts gerings –
E.	Nichts gerings?
G.	Wie? Thomas Stinkloch, nichts gerings!
	Jungfer Rabenaas
	Blackscheiser, ein Poet
	Fraz, der Reisemarschall
	Hans Hasenfus
	Schindluder
	Saufaus, Vollzapf
	Dr. Saft
	Faullenz
	Schlucker
	Hungerdarm
	Schlüffel, Schlingel und Flegel

	Fladen, ein Candidat
	Magister Sausack, Pastor loci
	Stinckwiz, ein Kammerjunker
	Hans Dampf, der Haushofmeister
	Jungfer Flöhhot
	Hauslümmel, der Hausknecht und Bieresel, Kellerknecht
	Mlle. Firlefanz
	Hosenscheißer und Leckarsch, Paten der Braut
E. *kreischt*	Die Paten der Braut!
G.	Rauch Else
	Runkunkel Alt *prustet seinerseits*
	Sch... Sch... Sprizbüchse! *hat sich wieder*
	Lapparsch, ein Original
	Nimmersatt
	Carl Behagel
	Dr. Bonefurz
	Anne Flans, Maulaffens Liebschaft
	Haareule
	Herr Bumbam
	Blaufincke, der Pritschmeister
	Eulenspiegel *immer rascher*
	Fozzenhut
	Dreckfincke Saumagen... Faselhans...
	Kropfliesgen... Piphahn *atemlos; dann ächzend*
	Schnudelbutz
E.	Schnudelbutz!
G. *etwas erschöpft*	Farzpeter
	Hundejunge
	Schwerenöter, ein Projektemacher
	Grobian
	Steffen Rundhut
	Mazpumpes, genannt Kuhfladen, ein Junker
	Staches
	Schlingschlangschlodi, kommt von Akademien

Heularsch
Maztasche
Marzebille
Genserich, der Kammerjunker
Schwager Mistbeet
Hengefrizz, ein Page
Dummerich, Lumpenhund und Lappsack
Lappsack, Schlottich und Piepel
Maz von Weimar
Schindknochen
Vetter Michel, ein guter Gesellschafter, aber hundedumm
Schnips
Jungfer Arschloch
Langhans und Großhans
Hans Schiß
Peter Leckarsch
Piezgens Barbara
Lausewenzel *holt breit aus*
Kläms Töffel Klämsenlaberig *wieder rasch und etwas wurstig*
Runcks, Sauranzen, Nonnenfürzgen, Musgretgen
Hundefutter
Galgenschwengel
Saustrick
Vollsack
Bruder Liederlich
Hans Kasper
Hemdelemper
Schweinepelz *nochmals retardierend,* E. *kann kaum mehr*
Matze Kragen Regenwurm
Wurstfresser aus dem Scheishaus
Margretlin, Madre de tuti i Santi
Leisekentritt, ein Schleicher

Lausangel
Hengst, Mensch von einer Prinzessin
Galloch Schalloch –

E. *und* G. *beide keuchend*
Galloch Schalloch! Galloch Schalloch!
Päuschen.

E. *begeistert*
Eine gewaltige produktive Kraft bis zum Übermut spricht sich in jeder Zeile aus. So mannigfache symbolische Figuren in eine lebendige Handlung zu verknüpfen! Wäre das Stück nur zustandegekommen!

G. *ziemlich kühl*
Es war nicht zu denken, daß ich das Stück hätte fertig machen können.

63
((Musiksignal))

G. *durchgehend gedämpft*
... wir wollen erwarten, was uns die Götter weiteres bringen ... Solange es Tag ist, wollen wir den Kopf schon oben behalten, und solange wir hervorbringen können, werden wir nicht nachlassen ... Mein ferneres Leben kann ich nunmehr als ein reines Geschenk ansehen und es ist jetzt im Grunde ganz einerlei, ob und was ich noch tue ... *lacht tonlos* Man muß oft etwas Tolles unternehmen, um nur wieder eine Zeitlang leben zu können ... Wenn mir die Zeit bleibt, so schreibe ich zwei Stücke, jedes in einem Akt und in Prosa: das eine von der heitersten Art, mit einer Hochzeit endend, das andere grausam und erschütternd, so daß am Ende zwei Leichname zurückbleiben ... je inkommensurabler und für den Verstand unfaßlicher eine poetische Produktion – desto besser ... hm. Das aber ist eben ein neues Problem

für mich, daß hm ein Greis die Laufbahn eines langen Lebens beschließen kann, in seinen letzten Tagen ein radikaler zu werden ... Wenn ich auf mein früheres und mittleres Leben zurückblicke und nun in meinem Alter bedenke, wie wenige noch von denen übrig sind, die mit mir jung waren, so fällt mir immer der Sommeraufenthalt in einem Bade ein. Sowie man ankommt, schließt man Bekanntschaften und Freundschaften mit solchen, die schon eine Zeitlang dort waren und in den nächsten Wochen wieder abgehen. Der Verlust ist schmerzlich. Nun hält man sich an die zweite Generation, mit der man eine Weile fortlebt und sich auf das innigste verbindet. Aber auch diese geht und läßt uns einsam mit der dritten, die nahe vor unserer Abreise ankommt und mit der man auch gar nichts zu tun hat ... Ich weiß recht gut, ich bin vielen ein Dorn im Auge, sie wären mich alle gern los, und – Ich mag nicht sagen, wie ich denke ... hmhmhm ...

... im Grunde ist alles polemische Wirken gegen meine eigentliche Natur ... Wer in Zelten leben kann, steht sich am besten. Oder wie gewisse Engländer tun, die von einer Stadt und einem Wirtshaus ins andere ziehen und überall eine hübsche Tafel gedeckt finden ... Denn wir führen doch im Grunde alle ein isoliertes, armseliges Leben ... Jeder außerordentliche Mensch hat eine gewisse Sendung, die er zu vollführen berufen ist. Hat er sie vollbracht, so ist er in dieser Gestalt auf Erden nicht weiter vonnöten ... Das geht alles hin hm ... hm und vorüber; ich bin auch nicht mehr, der ich gewesen ... Ich kann nicht arbeiten, ich kann nicht lesen, und selbst das Denken gelingt mir nur in glücklichen Augenblicken der Erleichterung ... Ich fühle, daß der Moment gekommen, wo in mir der Kampf zwischen Leben und Tod beginnt ... Ich habe gelebt, geliebt und sehr viel gelitten. – Das war es.

64
((Musiksignal))

G. *eindringlich*	Sehen Sie hier, mein Lieber: Einige radierte Blätter des berühmten Tiermalers Roos!
E. *verständnislos*	Aber das sind ja – lauter Schafe!?
G. *unbeirrt*	Jawohl, und diese Tiere in all ihren Lagen und Zuständen!
E.	Ich sehe ...
G. *beharrlich*	Und alles mit äußerster Wahrheit, als wäre es die Natur selber!
E.	Hmhm ...
G. *raunt*	Mir wird immer bange, wenn ich diese Tiere ansehe: Das Beschränkte, Dumpfe, Träumende, Gähnende ihres Zustandes zieht mich in das Mitgefühl desselben hinein ... Man fürchtet zum Tier zu werden und möchte fast glauben, der Künstler sei selber eines gewesen ...
E. *pikiert*	Hat denn dieser ›Künstler‹ nicht auch Hunde, Katzen und Raubtiere mit einer ähnlichen Wahrheit gebildet?
G. *intensiv und inkommensurabel*	Nein! Nur die frommen, grasfressenden Tiere, wie Schafe und dergleichen, wurde er nicht müde, e w i g zu wiederholen ... *souverän* Und daran tat er wohl.

((Denkpause))

Wie Goethe einmal unheimlich abhob

Von F. W. Bernstein

Göte steht

Göte läuft an

Göte beschleunigt

Göte hebt ab

S.	Johann Wolfgang von Goethe starb am 22. März 1832 in Weimar.
E. *gedämpft*	Ein vollkommener Mensch lag in großer Schönheit vor mir. Auf dem Rücken ausgestreckt ruhte er, wie ein Schlafender; tiefer Friede und Festigkeit waltete auf den Zügen seines erhaben-edlen Gesichts. Die mächtige Stirn schien noch Gedanken zu hegen...
S. *ungerührt*	Am 3. Dezember 1854 stirbt Johann Peter Eckermann an Gehirnerweichung.
	((Musik))
S.	Eckermanns ›Gespräche mit Goethe in den letzten Jahren seines Lebens‹, denen alle vorausgegangenen Szenen entnommen wurden, erschienen in drei Bänden, die ersten beiden im Jahre 1836, der dritte 1848. ›In bescheidenem Sinne‹ sagt Eckermann, was von seinen Aufzeichnungen zu halten ist:
E.	›Dies ist *mein* Goethe.‹

ICH DENKE DEIN

Ein Spielchen

Das Kartenspiel, in Sonderheit der Dreier, ist ein artiges ...

... durchaus bedeutendes, nämlich die Societät kraft Steigerung durch Polarität heranbildendes Gesellschafts- und Culturwerk, das ...

... gerade darum so incalculabel, ja incommensurabel ist, weil es ein äh ... so offenes Geheimnis bleibt, es gibt uns nämlich ...

... in höchst commoder Gestalt einen Begriff von den Gesetzen, vom äh ... hem ... Spiel der Mächte, ja selbst von hm ... hm äh – Gott! In Sonderheit, wenn man es mit zwei cenntnisreichen Goethe-Herausgebern practicirt.

Fotos: Hans Wollscheid

Nähe des Geliebten

Von Johann Wolfgang Goethe

Ich denke dein, wenn mir der Sonne Schimmer
    Vom Meere strahlt;
Ich denke dein, wenn sich des Mondes Flimmer
    In Quellen malt.
Ich sehe dich, wenn auf dem fernen Wege
    Der Staub sich hebt;
In tiefer Nacht, wenn auf dem schmalen Stege
    Der Wandrer bebt.
Ich höre dich, wenn dort mit dumpfem Rauschen
    Die Welle steigt;
Im stillen Haine geh ich oft zu lauschen,
    Wenn alles schweigt.
Ich bin bei dir, du seist auch noch so ferne,
    Du bist mir nah!
Die Sonne sinkt, bald leuchten mir die Sterne.
    O wärst du da!

ANHANG

Kleine Chronik

Goethe in seiner Zeit

1749 Henry Fielding, *Tom Jones*
* Friedrich Müller (Maler Müller)

1749 am 28. August, mittags mit dem Glockenschlage zwölf, kommt Johann Wolfgang Goethe in Frankfurt am Main auf die Welt. Vater: Dr. jur. Johann Caspar Goethe, kaiserlicher Rat ohne Amt (*1710), Mutter: Catharina Elisabeth (*1731), Tochter des Johann Wolfgang Textor, Stadtschultheiß der Freien Reichsstadt Frankfurt.

1750 7. Dezember: Geburt der Schwester Cornelia.

1751 Französische Enzyklopädie von Diderot, d'Alembert, Rousseau, Voltaire
* Jakob Michael Reinhold Lenz
* Johann Heinrich Voss

1754 Samuel Johnson, *Englisches Wörterbuch*

1755 Das Erdbeben von Lissabon (über 30 000 Tote)
Lessing, *Miss Sara Sampson*
Winckelmann, *Gedanken über die Nachahmung der griechischen Kunstwerke*

1755 Umbau des Elternhauses am Großen Hirschengraben.

1756 Friedrich II. beginnt Siebenjährigen Krieg mit Österreich, Rußland, Frankreich und Kursachsen und Schlesien
Englisch-Französischer Kolonialkrieg

1757 Preußen siegt bei Leuthen

1758 Helvetius, *Über den Geist*
Erste Ausgabe der Manessischen Handschrift von Bodmer und Breitinger
* Horatio Nelson

1759 Die Franzosen besetzen Frankfurt am Main
Österreicher und Russen siegen über Preußen bei Kunersdorf

1759 Einquartierung des französischen Stadtkommandanten Königsleutnant Graf Thoranc.

Voltaire, *Candide oder der Optimismus*
Lessing, *Fabeln*
Haydn, *1. Symphonie*
* August Wilhelm Iffland
* Friedrich Schiller
† Georg Friedrich Händel

1760 James Macpherson, *Ossian*
* Johann Peter Hebel

1761 Preußen gewinnt Schlacht bei Langensalza
J. J. Rousseau, *Die neue Heloise*
* August v. Kotzebue

1762 Einstellung des Krieges gegen Preußen durch Katharina II.
J. J. Rousseau, *Contrat social*
J. J. Rousseau, *Emile*
J. G. Hamann, *Kreuzzüge eines Philologen*
Gluck, *Orpheus und Euridice*
* Johann Gottlieb Fichte

1763 Carlo Gozzi, *Turandot*
* Jean Paul (Friedrich Richter)

1764 Kaiser-Krönung Josephs II. in Frankfurt am Main
Voltaire, *Philosophisches Wörterbuch*
† William Hogarth

1765 Oktober – August 1768: Student in Leipzig. Begegnung mit Gottsched, Gellert, Breitkopf, Oeser, Behrisch, Käthchen Schönkopf.
Das Buch Annette; Die Laune des Verliebten.

1766 Oliver Goldsmith, *Der Vikar von Wakefield*
Wieland, erste deutsche Prosaübersetzung Shakespeares
Lessing, *Laokoon oder über die Grenzen der Malerei und Poesie*

1767 Lessing, *Minna von Barnhelm*
Moses Mendelssohn, *Phädon oder über die Unsterblichkeit der Seele*
* August Wilhelm Schlegel
* Wilhelm von Humboldt

1768 Wieland, *Musarion*
* René Chateaubriand

1768 Juli: Schwere Krankheit; am 28. August: Rückreise nach Frank-

* Friedrich Schleiermacher
* Zacharias Werner
† Laurence Sterne
† Johann Joachim Winckelmann

1769 Göttinger »Musenalmanach« gegründet
* Napoleon Bonaparte
* Ernst Moritz Arndt
† Christian Fürchtegott Gellert

1770 * Friedrich Hölderlin
* Georg Wilhelm Friedrich Hegel
* Ludwig van Beethoven

1771 *Encyclopaedia Britannica*
Matthias Claudius Redakteur des *Wandsbecker Boten*
Klopstock, *Oden*
* Walter Scott

1772 Göttinger Hainbund gegründet
Herder, *Ueber den Ursprung der Sprache*
* Novalis (Friedrich von Hardenberg)

1773 Wieland, *Der Teutsche Merkur*, Nr. 1
* Clemens Fürst von Metternich
* Ludwig Tieck

1774 Bürger, *Lenore*
Wieland, *Die Abderiten*
Willibald Gluck, *Iphigenie in Aulis*

1775 Nordamerikanischer Unabhängigkeitskrieg gegen England
* Friedrich Wilhelm Schlegel

furt, anhaltende Krise bis Anfang 1769; Bekanntschaft mit der Pietistin Katharina von Klettenberg. *Die Mitschuldigen.*

1770 April – August 1771: Student in Straßburg. Begegnung mit Lerse, Jung-Stilling, Herder, J. M. R. Lenz; Liebe zu Friederike Brion, Tochter des Pfarrers in Sesenheim.

1771 6. August: Promotion zum Licentiatus Juris. Rückkehr nach Frankfurt, dort Zulassung als Advokat. Sesenheimer Lieder; *Zum Schäkespears Tag.*

1772 Begegnung mit Sophie La Roche. Mai – September: Praktikant am Reichskammergericht in Wetzlar. Begegnung mit Charlotte Buff und ihrem Verlobten Kestner. *Von deutscher Baukunst; Wanderers Sturmlied.*

1773 – 75 Frankfurt. *Goetz von Berlichingen; Jahrmarktsfest zu Plundersweilern*

1774 Juli – August: Lahn- und Rheinreise zwischen Lavater und Basedow.
Oktober: Begegnung mit Klopstock.
Dezember: Begegnung mit Prinz Karl August von Sachsen-Weimar-Eisenach.
Prometheus; Ganymed; Clavigo; Die Leiden des jungen Werthers; Götter Helden und Wieland.

1775 April: Verlobung mit der Bankierstochter Lili Schönemann (Lösung im Oktober).
Mai – Juli: Erste Schweizer Reise mit dem Grafen Stolberg; Besuch bei Lavater und Bodmer.

	An Belinden; Stella; Hanswursts Hochzeit; französische Übersetzung des *Werthers.* 7. November: Ankunft in Weimar auf Einladung des Herzogs Karl August. Begegnung mit dem Weimarer Hof; Wieland, Charlotte von Stein. *Verse an Lili.*
1776 Unabhängigkeitserklärung der USA am 4. Juli Erklärung der Menschenrechte Maximilian Klinger, *Sturm und Drang* Jakob Michael Reinhold Lenz, *Die Soldaten* * E.T.A. Hoffmann † Ludwig Christoph Heinrich Hölty † Johann Jakob Breitinger	1776 22. April: Das Gartenhaus am Stern, ein Geschenk des Herzogs. 11. Juli: Ernennung zum Geheimen Legationsrat mit Sitz und Stimme in der obersten Landesbehörde. Förderung des Bergbaus in Ilmenau.
1777 Der preußische Offizier v. Steuben wird Generalinspektor des amerikanischen Heeres * Heinrich von Kleist * Friedrich de la Motte Fouqué * Philipp Otto Runge	1777 8. Juni: Tod der Schwester. September–Oktober: In Eisenach und auf der Wartburg. Dezember: Erste Harzreise. *An den Mond; Harzreise im Winter.*
1778 Bayrischer Erbfolgekrieg mit Österreich * Clemens Brentano	1778 Mai: Reise mit dem Herzog nach Berlin; Begegnung mit Chodowiecki. *Grenzen der Menschheit; Wilhelm Meisters theatralische Sendung, I. Buch.*
1779 Lessing, *Nathan der Weise*	1779 Januar: Der Herzog überträgt Goethe die Leitung der Kriegs- und Wegebaukommission. September: Ernennung zum Geheimen Rat. Zweite Schweizer Reise mit dem Herzog. *Iphigenie auf Tauris,* erste Fassung.
1780 Friedrich II., *Über die deutsche Literatur* Wieland, *Oberon*	1780 Mineralogische Studien.
1781 * Achim von Arnim † Gotthold Ephraim Lessing	
1782 Choderlos de Laclos, *Gefährliche Liebschaften* J. J. Rousseau, *Bekenntnisse*	1782 10. April: Erhebung in den erblichen Adelsstand durch Kaiser Joseph II. 25. Mai: Tod des Vaters.

	2. Juni: Bezug des Hauses am Frauenplan. 11. Juni: Übernahme der Finanzverwaltung. *Erlkönig.*
1783 Versailler Friede: England erkennt Unabhängigkeit der USA an Schiller, *Die Verschwörung des Fiesko zu Genua* * Stendhal † Johann Jakob Bodmer	1783 Zweite Harzreise. *Mignon.*
1784 Schiller, *Kabale und Liebe* Herder, *Ideen zur Philosophie der Geschichte der Menschheit*	1784 24. Februar: Wiedereröffnung des Illmenauer Bergbaus. 27. März: Entdeckung des Zwischenkieferknochens. Dritte Harzreise.
1785 »Halsbandaffaire« um Marie-Antoinette * Alessandro Manzoni * Bettina Brentano (v. Arnim) * Jakob Grimm	1785 Botanische Studien. *Nur wer die Sehnsucht kennt; Wilhelm Meisters theatralische Sendung* abgeschlossen.
1786 † Friedrich II., Friedrich Wilhelm II. wird König von Preußen * Wilhelm Grimm	1786 September: Heimliche Abreise aus Karlsbad gen Italien. September – Oktober: in Venedig. 23. Oktober: 3 Stunden in Florenz. 29. Oktober: Ankunft in Rom, Wohnung bei Tischbein am Corso. *Iphigenie auf Tauris,* endgültige Fassung.
1787 Wilhelm Heinse, *Ardinghello* Schiller, *Don Carlos* * Ludwig Uhland	1787 Februar – Juni: Reise nach Neapel und Sizilien. 7. Juni wieder in Rom. Arbeit an *Faust, Tasso; Egmont* abgeschlossen. Tischbein malt *Goethe auf Ruinen in der Campagna.*
1788 Staatsbankrott in Frankreich Die Verfassung der USA tritt in Kraft Australien wird mit englischen Sträflingen besiedelt Herzog Karl August von Sachsen geht als General in preußische Dienste Emanuel Joseph Sieyès, *Was ist der Dritte Stand?* Immanuel Kant, *Kritik der praktischen Vernunft*	1788 23. April: Abreise aus Rom. 18. Juni: Ankunft in Weimar. Entlastung von fast allen Regierungsgeschäften; weiterhin Leitung der wissenschaftlichen und künstlerischen Einrichtungen des Herzogtums. 12. Juli: Beginn der Lebensgemeinschaft (spätere Heirat nicht ausgeschlossen) mit Christiane Vulpius. 9. September: Erste Begegnung

Adolf Freiherr von Knigge, *Über den Umgang mit Menschen*
Wolfgang Amadeus Mozart, *Jupiter-Symphonie*
* Lord George Byron
* Joseph Freiherr von Eichendorff
* Arthur Schopenhauer
† Georg Johann Hamann

1789 Französische Revolution
14. Juli: Sturm auf die Bastille
George Washington erster Präsident der USA

1790 Kant, *Kritik der Urteilskraft*
Karl Philipp Moritz, *Anton Reiser*

1791 James Boswell, *Dr. Samuel Johnson*
Johann Gottfried Herder, *Ideen zur Philosophie der Geschichte der Menschheit*
Maximilian Klinger, *Fausts Leben, Taten und Höllenfahrt*
Mozart, *Die Zauberflöte*
* Franz Grillparzer
† Mozart

1792 Frankreich wird Republik. »Septembermorde« unter Justizminister Danton
Erster Koalitionskrieg: Österreich, Preußen und Frankreich, 20. September Kanonade von Valmy: Rückzug der preußischen Armee unter dem Herzog von Braunschweig
Mary Wollstonecraft, *Die Verteidigung der Rechte der Frau*
Johann Gottlieb Fichte, *Versuch einer Kritik aller Offenbarung*
* Percy Bysshe Shelley
* Gioachino Rossini
† Jakob Michael Reinhold Lenz

1793 Hinrichtung Ludwigs XVI.
Ermordung des Jean Paul Marat

mit Schiller, dem Goethe eine Geschichts-Professor an der Universität Jena verschafft.
Römische Elegien; Das Römische Karneval.

1789 Geburt des Sohnes August, der als einziger von fünf weiteren Kindern überlebt.
Begegnung mit Bürger und W. v. Humboldt.

1790 März – Juni: Zweite Italienreise, nach Venedig.
Juli – Oktober: Reise nach Schlesien ins Preußische Heerlager.
Anatomische, botanische und optische Studien.
Metamorphose der Pflanze; Venezianische Epigramme.

1791 Oberdirektion über das Weimarer Hoftheater.
Beginn der Studien zur Farbenlehre.
Beiträge zur Optik; Der Groß-Cophta.

1792 August – Oktober: im Gefolge des Herzogs bei der Campagne in Frankreich und der Kanonade von Valmy.

1793 Mai – Juli: Beobachter der Belagerung von Mainz.

»Terror der Tugend« unter Robespierre
Zweite Teilung Polens durch Rußland und Preußen: Danzig wird preußisch
Kant, *Die Religion innerhalb der Grenzen der bloßen Vernunft*
Friedrich Schiller, *Über die ästhetische Erziehung des Menschen*

1794 Hinrichtung Dantons
Hinrichtung Robespierres
Joseph Haydn, *Militär-Symphonie*
* Julius Schnorr von Carolsfeld
† Gottfried August Bürger

1795 Direktorium in Frankreich
Marquis de Sade, *Die Philosophie des Boudoirs*
Kant, *Zum ewigen Frieden*
* Thomas Carlyle
* Leopold von Ranke

1796 Jean Paul, *Siebenkäs*

1797 Friede von Campo Formio zwischen Frankreich und Österreich
Friedrich Wilhelm Schelling, *Ideen zu einer Philosophie der Natur*
Wilhelm Heinrich Wackenroder, *Herzensergießungen eines kunstliebenden Klosterbruders*
Ludwig Tieck, *Der gestiefelte Kater*
Friedrich Hölderlin, *Hyperion* (bis 1799)
Kant, *Metaphysik der Sitten*
Haydn, *Kaiser-Quartett*
* Heinrich Heine
* Annette von Droste-Hülshoff
* Jeremias Gotthelf
* Franz Schubert

1798 Ägyptenfeldzug Bonapartes
Besetzung Roms durch die Franzosen
Goya, *Caprichos*
Schiller, *Wallenstein* (bis 1799)
Schiller, *Balladen*
Tieck, *Franz Sternbalds Wanderungen*

Reinecke Fuchs; Der Bürgergeneral.

1794 Beginn der Freundschaft mit Schiller.
Unterhaltungen deutscher Ausgewanderter; Wilhelm Meisters Lehrjahre, erstes bis drittes Buch.

1795 Juli – August: in Karlsbad, Begegnung mit Rahel Levin.

1796 *Xenien,* mit Schiller; *Wilhelm Meisters Lehrjahre* abgeschlossen; *Hermann und Dorothea;* Übersetzung und Bearbeitung der Lebensgeschichte des *Benvenuto Cellini.*

1797 Juli – November: Dritte Schweizer Reise.
Dezember: Oberaufsicht über die Bibliotheken und Münzkabinette in Jena und Weimar.
Der Schatzgräber; Der Zauberlehrling.

1798 Arbeit am *Faust.*
Propyläen, eine periodische Schrift, herausgegeben von Goethe.

Novalis, *Fragmente*
Friedrich Schlegel, *Lucinde*
Hölderlin, *Empedokles*
Christoph Wilhelm Hufeland, *Makrobiotik oder Die Kunst, sein Leben zu verlängern*
* Giacomo Leopardi
† Giacomo Casanova

1799 Zweiter Koalitionskrieg
Staatsstreich Napoleon Bonapartes (1. Konsul)
Hölderlin, *Gedichte*
Novalis, *Die Christenheit oder Europa*
Friedrich Daniel Schleiermacher, *Über die Religion, Reden an die Gebildeten unter ihren Verächtern*
Fichte, *Über den Grund unseres Glaubens an eine göttliche Weltregierung*
Schelling, *Naturphilosophie*
Herder, *Metakritik zur Kritik der reinen Vernunft*
Ludwig van Beethoven, *1. Symphonie*
* Honoré de Balzac
* Aleksandr S. Puškin
† Georg Christoph Lichtenberg

1799 Umzug Schillers von Jena nach Weimar.
Achilleis.

1800 Gründung der Bank von Frankreich
Sieg Napoleons über die Österreicher in der Schlacht bei Marengo
Erfindung der Dampfmaschine
Schelling, *System des transzendentalen Idealismus*
Fichte, *Die Bestimmung des Menschen*
Novalis, *Hymnen an die Nacht*
Schiller, *Maria Stuart*
Jean Paul, *Titan* (bis 1803)
Tieck, *Genoveva*

1800 April – Mai: Mit dem Herzog auf der Leipziger Messe.

1801 Friede von Lunéville
Alexander I. Zar von Rußland (bis 1825)
Francisco Goya, *Die nackte Maya*
August von Kotzebue, *Die deutschen Kleinstädter*
Schiller, *Die Jungfrau von Orléans*
Pestalozzi, *Wie Gertrud ihre Kinder lehrt*
* Christian Dietrich Grabbe

1801 Januar: Erkrankung an Gesichtsrose.
Juni – August: Reise nach Pyrmont, Göttingen und Kassel. Begegnung mit Hegel.

* Johann Nestroy
* Albert Lortzing
† Novalis
† Daniel Chodowiecki

1802 Friede von Amiens
Napoleon Konsul auf Lebenszeit
François René Chateaubriand, *Der Geist des Christentums*
Novalis, *Heinrich von Ofterdingen*
* Victor Hugo
* Alexandre Dumas, père
* Nikolaus Lenau
* Wilhelm Hauff

1802 Eröffnung des Theaters in Lauchstädt.

1803 Verkauf Louisianas an die USA
Reichsdeputationshauptschluß: Ende der Selbständigkeit der Bistümer und vieler Freier Reichsstädte
Johann Peter Hebel, *Alemannische Gedichte*
Kleist, *Die Familie Schroffenstein*
Schiller, *Die Braut von Messina*
* Ralph Waldo Emerson
† Johann G. Herder
† Friedrich Gottlieb Klopstock

1803 Riemer wird Augusts Hauslehrer. Oberaufsicht über die naturwissenschaftlichen Institute der Universität Jena.
Die natürliche Tochter.

1804 Napoleon Kaiser der Franzosen
Einführung des »Code Napoléon« im französischen Machtbereich: Grundlage des Bürgerlichen Gesetzbuches, das persönliche Freiheit und Rechtsgleichheit garantiert
Madame de Staël, *Winckelmann*
Schiller, *Wilhelm Tell*
Jean Paul, *Flegeljahre; Vorschule der Ästhetik*
* George Sand
* Ludwig Feuerbach
* Eduard Mörike
* Moritz von Schwind
† Kant

1804 13. September: Ernennung zum Wirklichen Geheimen Rat, dem die Anrede »Exzellenz« gebührt.

1805 Dritter Koalitionskrieg: England, Rußland, Österreich und Schweden gegen Frankreich
Sieg Napoleons in der »Drei-Kaiser-Schlacht« bei Austerlitz
Einzug in Wien
Sieg und Tod Admiral Nelsons in der Schlacht bei Trafalgar
Vernichtung der französischen Flotte

1805 Nierenkoliken.
Winckelmann und sein Jahrhundert; Epilog zu Schillers »Glocke«.

* Hans Christian Andersen
* Adalbert Stifter
† Schiller

1806 Vierter Koalitionskrieg: Sieg Napoleons bei Jena und Auerstädt. Zusammenbruch Preußens.
Kontinentalsperre gegen England
Rheinbund unter Napoleon
Ende des Heiligen Römischen Reiches Deutscher Nation
Achim von Arnim und Clemens Brentano, *Des Knaben Wunderhorn* (bis 1808)

1807 Friede von Tilsit
Preußische Reformpolitik durch den Reichsfreiherrn vom Stein: Städtische Selbstverwaltung. Ende der Erbuntertänigkeit
Königreich Westfalen unter Jérôme Napoléon
Thomas Paine, *Das Zeitalter der Vernunft*
Zacharias Werner, *Weihe der Kraft*
Georg Friedrich Wilhelm Hegel, *Phänomenologie des Geistes*
Kleist, *Amphitryon*
Fichte, *Reden an die deutsche Nation*

1808 Fürstentag zu Erfurt: Bündnis Napoleons mit Zar Alexander I.
Aufstand gegen Napoleon in Spanien
Aufhebung der Inquisition in Frankreich
Friedrich Schlegel, *Sprache und Weisheit der Inder*
Kleist, *Der zerbrochene Krug; Das Käthchen von Heilbronn; Penthesilea*
Johannes von Müller, *Die Geschichte der Schweizerischen Eidgenossenschaft*
Herder, *Stimmen der Völker in Liedern*
Beethoven, *5. Symphonie*
* Honoré Daumier
* Carl Spitzweg

1809 Erhebung der Österreicher gegen Napoleon: Sieg der Österreicher bei Aspern, Niederlage bei Wagram: Friede von Schönbrunn
Erster Telegraf von Soemmering
Reform des preußischen Schulsy-

1806 Arbeit an der *Farbenlehre*. Reger Verkehr mit Hegel. Besuch bei Johanna Schopenhauer. Besuch von Tieck. Abschluß des *Faust, erster Teil*.
19. Oktober: Trauung mit Christiane Vulpius.

1807 Begegnung mit Wilhelmine (Minchen) Herzlieb beim Buchhändler Frommann in Jena.

1808 13. September: Tod der Mutter.
2. Oktober: Begegnung mit Napoleon und Talleyrand in Erfurt.
Beginn der Freundschaft mit dem Kanzler von Müller.

1809 *Die Wahlverwandtschaften; Schweizerlied.*

stems durch Wilhelm von Humboldt
Aufstand der Tiroler, Andreas Hofer hingerichtet
Metternich österreichischer Außenminister
* Nikolai Gogol
* Edgar Allan Poe
* Pierre-Joseph Proudhon
* Charles Darwin

1810 Napoleon heiratet Marie Luise, Tochter Franz' II. von Österreich
Gründung der Universität Berlin
Germaine de Staël, *Über Deutschland*
Kleist, *Michael Kohlhaas*
Johanna Schopenhauer, *Carl Ludwig Fernows Leben*
Zacharias Werner, *Der 24. Februar*
* Frédéric Chopin
* Ferdinand Freiligrath
* Fritz Reuter
* Robert Schumann

1810 *Farbenlehre; Werke* in 13 Bänden.

1811 Gründung eines französischen Pressebüros
Gründung der Krupp-Werke in Essen
Friedrich de la Motte Fouqué, *Undine*
Hebel, *Schatzkästlein des rheinischen Hausfreundes*
* Théophile Gautier
* Franz Liszt
* Karl Gutzkow
† Friedrich Nicolai
† Heinrich von Kleist

1811 *Dichtung und Wahrheit, erster Teil.*

1812 Napoleons Rußlandfeldzug: Siege bei Smolensk und Borodino, Brand Moskaus. Rückzug
Erfindung der Zylinder-Flachdruck-Schnelldruck-Presse
Arbeiteraufstand gegen die Textilmaschinen in England
Heeresreform in Preußen durch Scharnhorst und Gneisenau
Judenemanzipation in Preußen
Fichte, *System der Sittenlehre*
Grimm, *Kinder- und Hausmärchen*
Tieck, *Phantasus* (bis 1816)
Hegel, *Wissenschaft der Logik*
* Ivan Gončarov
* Charles Dickens

1812 In Karlsbad Begegnung mit der Kaiserin Maria Ludovica von Österreich und mit Ludwig van Beethoven.
Dichtung und Wahrheit, zweiter Teil.

1813 Koalition Rußland-Preußen-England-Österreich
Niederlage Napoleons bei Leipzig (Völkerschlacht)
Aufruf des preußischen Königs »An mein Volk«
Stiftung des Eisernen Kreuzes
Jane Austen, *Stolz und Vorurteil*
Franz von Baader, *Begründung der Ethik durch die Physik*
* Sören Kierkegaard
* Giuseppe Verdi
* Richard Wagner
* Friedrich Hebbel
* Georg Büchner
† Christoph Martin Wieland

1813 April – August: in Teplitz. Begegnung mit Schopenhauer.
Dichtung und Wahrheit, dritter Teil.

1814 Napoleons Abdankung und Verbannung nach Elba
Erster Pariser Friede
Rückkehr der Bourbonen: Ludwig XVIII. König von Frankreich
Wiener Kongreß: Europäische Restauration
Sachsen-Weimar-Eisenach wird Großherzogtum
Sir Walter Scott, *Waverley*
Adelbert von Chamisso, *Peter Schlemihls wundersame Reise*
E.T.A. Hoffmann, *Phantasiestücke in Callot's Manier*
Fouqué, *Der Zauberring*
Beethoven, *Fidelio*
* Joseph Sheridan Le Fanu
† Johann Gottlieb Fichte

1814 Juli – Oktober: Rhein-Main-Reise. Begegnung mit Marianne von Willemer. Bei den Brüdern Boisserée in Heidelberg.
Seelige Sehnsucht.

1815 Rückkehr Napoleons aus Elba
Niederlage bei Waterloo
Heilige Allianz Rußland-Preußen-Österreich
Verbannung Napoleons nach St. Helena
Zweiter Pariser Friede
Schlußakte des Wiener Kongresses
Gleichgewicht der fünf Großmächte
Deutscher Bund: 39 souveräne Staaten sind im Deutschen Bundestag zu Frankfurt am Main unter dem Vorsitz Österreichs vertreten
Gründung der Deutschen Burschenschaft für innere Freiheit und nationale Einheit

1815 Mit dem Freiherrn vom Stein nach Köln.
Ernennung zum Staatsminister.
Zahme Xenien.

Eichendorff, *Ahnung und Gegenwart*
E.T.A. Hoffmann, *Die Elixiere des Teufels*
* Johann Jakob Bachofen
* Otto von Bismarck
† Matthias Claudius

1816 Erste deutsche Verfassung durch Großherzog Karl August von Sachsen-Weimar
Haller, *Restauration der Staatswissenschaft* (bis 1834)
* Gustav Freytag

1816 6. Juni: Tod Christianes.
Italienische Reise, erster und zweiter Teil.
Zeitschrift *Über Kunst und Altertum.*

1817 Wartburgfest der Deutschen Burschenschaft
Byron, *Manfred*
Cuvier, *Das Tierreich*
David Ricardo, *Politische Ökonomie*
Grillparzer, *Die Ahnfrau*
E.T.A. Hoffmann, *Nachtstücke*
Hegel, *Enzyklopädie der philosophischen Wissenschaften*
* Henry David Thoreau
* Theodor Storm
* Theodor Mommsen

1817 Entlassung als Leiter des Hoftheaters.
17. Juni: August von Goethe heiratet Ottilie von Pogwisch.
Shakespeare und kein Ende; Zur Naturwissenschaft überhaupt, besonders zur Morphologie.

1818 Ende der preußischen Reformen. Friedrich Wilhelm III. entläßt Wilhelm von Humboldt
Johann Friedrich Herbart, *Einleitung in die Philosophie*
Grillparzer, *Sappho*
Schopenhauer, *Die Welt als Wille und Vorstellung*
* Ivan Turgenev
* Jacob Burckhardt
* Karl Marx

1818 Geburt des Enkels Walther.

1819 Kotzebue ermordet, darauf Karlsbader Beschlüsse zur »Demagogenverfolgung«: Verbot der Burschenschaften, des Turnens, aller liberalen und demokratischen Schriften, Überwachung der Presse und Universitäten
Byron, *Don Juan*
Walter Scott, *Ivanhoe; Die Braut von Lammermoor*
Jakob Grimm, *Deutsche Grammatik*
E.T.A. Hoffmann, *Die Serapionsbrüder*
* Walt Whitman

1819 *West-östlicher Divan; Werke* in 20 Bänden.

* Theodor Fontane
* Gottfried Keller
* Jacques Offenbach

1820 Robert Malthus, *Grundsätze der politischen Ökonomie*
E.T.A. Hoffmann, *Lebensansichten des Katers Murr*
* Friedrich Engels

1820 Geburt des Enkels Wolfgang.

1821 Beginn des Freiheitskrieges der Griechen gegen die türkische Herrschaft
Metternich wird österreichischer Innenminister
Kleist, *Prinz Friedrich von Homburg* (posthum)
Hegel, *Grundlinien der Philosophie des Rechts*
* Charles Baudelaire
* Gustave Flaubert
* Fedor Dostojevskij
† Napoleon

1821 Begegnung mit Ulrike von Levetzow in Marienbad.

1822 Die katholische Kirche hebt das Verbot kopernikanischer Schriften auf
Thomas de Quincey, *Bekenntnisse eines englischen Opiumessers*
Byron, *Kain*
* Edmond de Goncourt
† E.T.A. Hoffmann

1822 *Campagne in Frankreich; Belagerung von Mainz.*

1823 Monroe-Doktrin »Amerika den Amerikanern«: gegen die Einmischung europäischer Staaten in südamerikanische Befreiungskriege
Saint-Simon, *Katechismus für Industrielle*
Beethoven, *9. Symphonie*
* Aleksandr N. Ostrovskij

1823 Februar: Herzerkrankung.
10. Juni: Erster Besuch von Johann Peter Eckermann.
Marienbader Elegien.

1824 † König Ludwig XVIII.
Karl X. König von Frankreich (bis 1830): reaktionäre Herrschaft mit Hilfe der Kirche und der Ultraroyalisten. Rückkehr der Jesuiten
Anerkennung des Gewerkschafts- und Streikrechts in England
Leopardi, *Canzoni*
Ranke, *Zur Kritik neuerer Geschichtsschreiber*
* Wilkie Collins
† Lord Byron

1824 *An Werther.*

1825	R. Owen gründet in Amerika eine Kommunistische Gemeinde Wirtschaftskrise in England Nikolaus I. Zar von Rußland (bis 1855). Dekabristen-Aufstand Erstes Dampfschiff auf dem Rhein Gründung des Börsenvereins des deutschen Buchhandels zu Leipzig Saint-Simon, *Neues Christentum* Jean Paul, *Kleine Nachschule zur Vorschule der Ästhetik* * Conrad Ferdinand Meyer † Jean Paul	1825	Arbeit am *Faust, zweiter Teil*.
1826	Eichendorff, *Aus dem Leben eines Taugenichts* Wilhelm Hauff, *Lichtenstein* Heine, *Harzreise* † Johann Peter Hebel	1826	Arbeit an der *Gesamtausgabe letzter Hand*, 40 Bände erscheinen bis 1831; 20 weitere posthum 1833 bis 1842.
1827	Walter Scott, *Das Leben Napoleons* Heine, *Buch der Lieder* Grabbe, *Scherz, Satire, Ironie und tiefere Bedeutung* * Charles de Coster * Arnold Böcklin * Johanna Spyri † Giacomo Leopardi † Beethoven † Johann Heinrich Pestalozzi	1827	Tod Charlottes von Stein. Geburt der Enkelin Alma. *Novelle*.
1828	* Henrik Ibsen * Lev Tolstoj * Jules Verne † Francisco Goya † Franz Schubert	1828	Tod des Großherzogs Karl August.
1829	Katholikenemanzipation in Großbritannien Unabhängigkeit Griechenlands Balzac, erste Romane der *Menschlichen Komödie* Grabbe, *Don Juan und Faust* Rossini, *Wilhelm Tell* † Friedrich Schlegel † Wilhelm Tischbein	1829	Erste *Faust*-Aufführung in Braunschweig. *Wilhelm Meisters Wanderjahre*.
1830	Juli-Revolution in Frankreich: Abdankung und Flucht Karls X. Louis Philippe von Orléans wird »Bürgerkönig« Revolution in Belgien: Trennung von Holland Aufstand der Polen gegen Rußland (bis 1831)	1830	26. Oktober: August von Goethe stirbt in Rom, auf seinem Grabstein steht: »Hier ruht Goethes Sohn«. *Dichtung und Wahrheit, vierter Teil*.

Begriff und Typus des »Dandy« kommen in Mode
Stendhal, *Rot und Schwarz*
Comte, *Philosophie des Positivismus* (bis 1842)
A. W. Schlegel, *Indische Bibliothek*
Ludwig Feuerbach, *Gedanken über Tod und Unsterblichkeit*
* Jules de Goncourt
* Paul Heyse

1831 Cholera-Epidemie in Europa
Weltreise Darwins
Emigration Heines nach Paris
Balzac, *Die Frau von 30 Jahren*
Victor Hugo, *Der Glöckner von Notre Dame*
Eugène Delacroix, *Die Freiheit führt das Volk*
Grabbe, *Napoleon oder Die 100 Tage*
Heine, *Reisebilder*
Grillparzer, *Des Meeres und der Liebe Wellen*
Vincenzo Bellini, *Norma*
* Wilhelm Raabe
† Georg W. F. Hegel

1831 22. Juli: *Faust, zweiter Teil* vollendet; darf erst nach dem Tod des Dichters veröffentlicht werden.
28. August: Letzter Geburtstag in Ilmenau.

1832 Parlamentsreform in England: Ausdehnung des Wahlrechts
Hambacher Fest der süddeutschen Demokraten
Aufhebung der Presse- und Versammlungsfreiheit
Ludwig Börne, *Briefe aus Paris*
* Edouard Manet
* Wilhelm Busch
† Walter Scott

1832 14. März: Letzter Ausflug.
16. März: Erkrankung.
22. März: Tod, mittags gegen halb zwölf.
26. März: Staatsbegräbnis, Beisetzung in der Fürstengruft zu Weimar.

Nachweis

THEODOR W. ADORNO, Passagen aus: *Vorlesungen zur Ästhetik*, 1967–68, und *Minima Moralia*, 1951, sowie *Zur Schlußszene des Faust*, aus: *Noten zur Literatur II*. Abdruck mit freundlicher Genehmigung des Suhrkamp Verlags, Frankfurt.

KURT BARTSCH, Passage aus: *Die Hölderlinie*, in: *Kalte Küche*, 1974. Abdruck mit freundlicher Genehmigung des Autors.

WALTER BENJAMIN, Passagen aus: *Goethes Wahlverwandtschaften*, 1922, und *Weimar*, 1928, sowie *Goethe an Moritz Seebeck*, aus: *Deutsche Menschen*, 1936, und Auszüge aus dem Beitrag *Goethe* in der *Großen Sowjet-Encyclopädie*, 1929. Abdruck mit freundlicher Genehmigung des Suhrkamp Verlags, Frankfurt.

GOTTFRIED BENN, Passagen aus *Dorische Welt*, 1934, *Drei alte Männer*, 1948, *Goethe und die Naturwissenschaften*, 1932, *Lyrik des expressionistischen Jahrzehnts*, 1955, *Nietzsche – nach fünfzig Jahren*, 1950, alle aus: *Gesammelte Werke* in vier Bänden, hg. von Dieter Wellershoff. Passagen aus den Briefen an F. W. Oelze vom 27. 1. 1936 und 29. 7. 1948, alle aus: *Briefe an F. W. Oelze 1932–1956*, drei Bände, herausgegeben von Harald Steinhagen und Jürgen Schröder. © 1977, 1978, 1979 by Limes Verlag, Wiesbaden und München. Abdruck mit freundlicher Genehmigung des Klett-Cotta Verlags, Stuttgart. Chor aus: *Das Unaufhörliche*, 1931, © B. Schott's Söhne, Mainz, 1931, © renewed 1959.

THOMAS BERNHARD, *Über allen Gipfeln ist Ruh'*, 1981. Abdruck mit freundlicher Genehmigung des Suhrkamp Verlags, Frankfurt.

WOLF BIERMANN, *Walpurgisnacht*, aus: *Preußischer Ikarus*, 1978. Abdruck mit freundlicher Genehmigung des Verlags Kiepenheuer & Witsch, Köln. © 1978 by Verlag Kiepenheuer & Witsch, Köln.

HORST BINGEL, *Feinsliebchen*, aus *Lied für Zement*, 1975. Abdruck mit freundlicher Genehmigung des Suhrkamp Verlags, Frankfurt.

ERNST BLOCH, Passagen aus: *Geist der Utopie*, 1918 und *Prinzip Hoffnung*, 1954/57. Abdruck mit freundlicher Genehmigung des Suhrkamp Verlags, Frankfurt.

KAY BOROWSKY, *Schillers Schädel*, aus: *Goethe liebte das Seilhüpfen*, 1980. Abdruck mit freundlicher Genehmigung des Texte-Verlags, Tübingen.

BERTOLT BRECHT, Passagen aus: *Liturgie vom Hauch*, 1929, *Ach, neige du Schmerzensreiche*, 1932; einige Szenen aus: *Die heilige Johanna der Schlachthöfe*, 1931, sowie *Der Gott und die Bajadere*, aus: *Über Goethes Gedicht ›Der Gott und die Bajadere‹*, 1938. Abdruck mit freundlicher Genehmigung des Suhrkamp Verlags, Frankfurt.

HANS CHRISTOPH BUCH, *Der »menschlichste aller Menschen«*, in: *Von Goethe lernen*, Literaturmagazin 2, Rowohlt Verlag. Abdruck mit freundlicher Genehmigung des Autors.

ALFRED DÖBLIN, Passage aus: *Der deutsche Maskenball*, 1921, 1972. Abdruck mit freundlicher Genehmigung des Walter Verlags, Olten, und der Agentur Niedieck-Linder AG, Zürich.

ARMIN EICHHOLZ, *Un-Fuge*, nach Martin Heidegger, aus: *In Flagranti*. Abdruck mit freundlicher Genehmigung des Autors.

BERND EILERT, *Goethe und Napoleon*. Abdruck mit freundlicher Genehmigung des Autors.

JÖRG FAUSER, *Goethe und Trotzki*, aus: *Goethe und das Glück*, 1979. Abdruck mit freundlicher Genehmigung des Verlags Rogner & Bernhard, München.

SIGMUND FREUD, Passage aus: *Ansprache im Frankfurter Goethe Haus*, aus: *Gesammelte Werke 1925–1931*. © 1948 by Imago Publishing Co. Ltd., London. Abdruck mit freundlicher Genehmigung des S. Fischer Verlags, Frankfurt am Main.

EGON FRIEDELL & ALFRED POLGAR, *Goethe*, 1908. Abdruck mit freundlicher Genehmigung des Löcker Verlags, Wien.

RICHARD FRIEDENTHAL, Passage aus: *Goethe – sein Leben und seine Zeit*, aus: *Goethe*, 1974. Abdruck mit freundlicher Genehmigung des R. Piper & Co. Verlags, München. © R. Piper & Co. Verlag, München 1963.

ROBERT GERNHARDT, *Goethe und die Folgen*, 1963; *Ein Abschied*, aus: *Besternte Ernte*, 1976; *Ein Sommer mit Lotte*, aus: *Pardon*, 1963; *Ein Mißverständnis*, aus: *Hier spricht der Dichter*, Haffmans Verlag 1985; *Materialien zu einer Kritik*, aus: *Wörtersee; Goethe und sein Neger*. Abdruck mit freundlicher Genehmigung des Autors.

JOHANNES GRÜTZKE, *Hermann und Dorothea*. Abdruck mit freundlicher Genehmigung des Autors.

PETER HÄRTLING, Passage aus: *Hölderlin*, 1976. Abdruck mit freundlicher Genehmigung des Hermann Luchterhand Verlags, Darmstadt.

PETER HACKS, Passage aus: *Ein Gespräch im Hause Stein . . .* Abdruck mit freundlicher Genehmigung des Claassen Verlags, Düsseldorf.

FRITZ V. HERZMANOVSKY-ORLANDO, Passage aus: *Der Gaulschreck im Rosenhain*. Abdruck mit freundlicher Genehmigung des Langen-Müller Verlags, München.

HERMANN HESSE, Passagen aus: *Wilhelm Meisters Lehrjahre*, 1914, und *Goethe und Bettina*, 1924. Abdruck mit freundlicher Genehmigung des Suhrkamp Verlags, Frankfurt.

WOLFGANG HILDESHEIMER, Passage aus: *Marbot*, 1981. Abdruck mit freundlicher Genehmigung des Suhrkamp Verlags, Frankfurt.

KARL HOCHE, *J. W. Goethe-Info-Papier* und *Kennzeichen G*. Beide aus: *Das Hoche Lied*, 1976. Abdruck mit freundlicher Genehmigung des Autors.

ÖDÖN VON HORVATH, Passage aus: *Geschichten aus dem Wienerwald*, 1931. Abdruck mit freundlicher Genehmigung des Suhrkamp Verlags, Frankfurt.

DIETER HÖSS, *Die Urenkel des Gründers* und *Cotta-Cottadämmerung*, aus: *An ihren Büchern werdet ihr sie erkennen*, 1966. Abdruck mit freundlicher Genehmigung des Autors.

ERNST JANDL, *Ein gleiches*, aus: *Der künstliche Baum*, 1970. Abdruck mit freundlicher Genehmigung des Hermann Luchterhand Verlags, Darmstadt.

FRANZ KAFKA, *Tagebucheintragungen* vom 20. 9. 1911, 30. 6. 1912, 2. 7. 1912, 5. 1. 1914, 19. 12. 1910, aus: *Tagebuch*. © 1948 and 1949 by Schocken Books Inc., New York City. Abdruck mit freundlicher Genehmigung des S. Fischer Verlags, Frankfurt.

YAAK KARSUNKE, *simples sonett auf Torquato Tasso*, 1969. Abdruck mit freundlicher Genehmigung des Autors.

ERICH KÄSTNER, *Kennst du das Land, wo die Kanonen blühn?* aus: *Herz auf Taille*, in: *Gesammelte Schriften für Erwachsene*, Atrium Verlag Zürich 1969. © Copyright by Erich Kästner Erben, München. Abdruck mit freundlicher Genehmigung von Dr. Ulrich Constantin, München.

EUGEN KOGON, *Kleine Geschichte eines Goethe-Zitats*, aus: Frankfurter Hefte, 1946. Abdruck mit freundlicher Genehmigung der Neue Verlagsgesellschaft der Frankfurter Hefte, Frankfurt.

KARL KRAUS, *Goetheaffen*, aus: *Die Fackel*, 622–31, 1923; Passage aus: *Die letzten Tage der Menschheit*, 1926; Szene II, 13, aus: *Die letzten Tage der Menschheit*, 1926; Passage aus: *Unsterblicher Witz*, 1925; Passage aus: *Der Reim*, aus: *Die Fackel*, 757–58, 1927; Passage über *Goethe und Schiller*, aus: *Die Fackel*, 1908; 2 *Gedichte* aus: *Die Fackel*, 472–73, 1917; Passagen aus: *Die Fackel*, 519–20, 1919; 6, 1899; 577–82, 1921; 389–90, 1913; 787–94, 1928; 16, 1899; 632–39, 1923; 820–26, 1929; 339–40, 1911; 351–53, 1912; 622–31, 1923; 751–56, 1927. Abdruck mit freundlicher Genehmigung des Kösel Verlags, München. *Die Fackel*. (1899–1936). 39 Bände. Hrsg. v. Karl Kraus. Hrsg. des photomechan. Nachdrucks Heinrich Fischer. Reprint im Kösel Verlag ab 1968.

REINHARD LETTAU, Passage aus: *Zerstreutes Hinausschaun. Aufsätze zu Literatur und Politik*. © 1980 Carl Hanser Verlag, München, Wien.

DAVID LEVINE, Zeichnung aus *Pens and Needles*, 1969. © David Levine / agepress / Distr. Bulls Ffm.

LORIOT, *Ein großer Deutscher*. Originalbeitrag. Abdruck mit freundlicher Genehmigung des Autors.

GEORG LUKÁCS, Passage aus: *Goethe und seine Zeit*, 1936/47; Passage aus: *Faust-Studien*, in: *Faust und Faustus*, 1941/65. Abdruck mit freundlicher Genehmigung des Hermann Luchterhand Verlags, Darmstadt.

THOMAS MANN, Passagen aus: *Lotte in Weimar*, © 1939 by Bermann-Fischer Verlag, Stockholm; *Doktor Faustus*, © 1947 by Thomas Mann; *Zu Goethes ›Wahlverwandtschaften‹, Goethe als Repräsentant des bürgerlichen Zeitalters, Goethe und Tolstoi*, alle aus: *Reden und Aufsätze I, Gesammelte Werke IX*, © 1960, 1974 by S. Fischer Verlag, Frankfurt am Main; *Schwere Stunde*, aus: *Erzählungen, Gesammelte Werke VIII*, © 1960, 1974 S. Fischer Verlag, Frankfurt am Main; *Walpurgisnacht*, aus: *Der Zauberberg*, © 1924 by S. Fischer Verlag, Berlin. Abdruck mit freundlicher Genehmigung des S. Fischer Verlags, Frankfurt.

HANS MAYER Passage aus: *Goethe, ein Versuch über den Erfolg*, 1973. Abdruck mit freundlicher Genehmigung des Autors.

GERHARD MENSCHING, Passage aus: *Löwe in Aspik*, 1982, Abdruck mit freundlicher Genehmigung des Haffmans Verlags, Zürich.

ROBERT MUSIL, Auszug aus: *Der Mann ohne Eigenschaften*, aus: *Gesammelte Werke*. Copyright © 1978 by Rowohlt Taschenbuch Verlag GmbH, Reinbek.

PETER NEUGEBAUER, *Fräulein Gretchen*, aus: *Neugebauers Neurosen*. Abdruck mit freundlicher Genehmigung des Autors.

ROBERT NEUMANN, *Goethe, ein Schattenbild*, nach Herbert Eulenberg; *The Mahagonny-Ay-Ay-Song*; Passage aus: *Eckermann-Parodie*. Alle aus: *Mit fremden Federn*, 1923/26. © 1923, 1926, 1962 by Robert Neumann und © 1976 by Michael Neumann. Abdruck mit freundlicher Genehmigung der Literarischen Agentur Liepman AG, Zürich.

ULRICH PLENZDORF, Passage aus: *Die neuen Leiden des jungen W.*, 1973. Abdruck mit freundlicher Genehmigung des Suhrkamp Verlags, Frankfurt.

CHLODWIG POTH, *Was in Karlsbad wirklich geschah*. Abdruck mit freundlicher Genehmigung des Autors.

RAINER MARIA RILKE, Passage aus: *Malte Laurids Brigge*, 1955. Abdruck mit freundlicher Genehmigung des Insel Verlags, Frankfurt.

JOACHIM RINGELNATZ, *Abendgebet einer erkälteten Negerin*, 1921. Aus: *Das Gesamtwerk Band 1*. Abdruck mit freundlicher Genehmigung des Karl-Heinz Henssel Verlags, Berlin. © Henssel Verlag.

PETER RÜHMKORF, *Meine Stelle im Himmel*, aus: *Walther von der Vogelweide, Klopstock und ich*. Copyright © 1975 by Rowohlt Taschenbuch Verlag GmbH, Reinbek. *Einen zweiten Weg ums Gehirn*, aus: *Haltbar bis 1999*, 1979 und Passage aus: *agar-agar-zaurzaurim*, 1981. Abdruck mit freundlicher Genehmigung des Autors.

WALTER SERNER, Passage aus: *Goethe und Napoleon*, 1915, in: *Über Denkmäler, Weiber und Laternen*, 1981. Abdruck mit freundlicher Genehmigung des Verlags Klaus G. Renner, München.

ARNO SCHMIDT, Passagen aus: *Aus dem Leben eines Fauns*, © 1953 by Rowohlt Verlag, Reinbek; *Die Schule der Atheisten*, Novellen-Comödie in 6 Aufzügen, © 1972 by S. Fischer Verlag, Frankfurt; *Goethe und Einer seiner Bewunderer*, aus: *Dya Na Sore*, © 1958 by Stahlberg Verlag GmbH, Karlsruhe. Abdruck mit freundlicher Genehmigung des S. Fischer Verlags, Frankfurt.

HANS TRAXLER, *Friedenthals Goethe*. Abdruck mit freundlicher Genehmigung des Autors; *Goethe in Rom*, aus: *Leute von Gestern*, © 1981 by Diogenes Verlag AG, Zürich.

KURT TUCHOLSKY, *Hitler und Goethe, ein Schulaufsatz* und *Selbstbesinnung*, beide aus: *Gesammelte Werke*. Copyright © 1960 by Rowohlt Verlag GmbH, Reinbek.

JOHANNES URZIDILL, *Goethe liebt die Kaiserin!* © Leo Baeck Institute, New York. Passage aus: *Goethe in Böhmen*, 1932. Abdruck mit freundlicher Genehmigung des Artemis Verlags, Zürich.

KARL VALENTIN, *Der Theaterbesuch*, aus: *Gesammelte Werke*, 1961. Abdruck mit freundlicher Genehmigung des R. Piper & Co. Verlags, München.

PAUL VALÉRY, Passage aus: *Mein Faust*, 1946. Abdruck mit freundlicher Genehmigung des Insel Verlags, Frankfurt.

FRIEDRICH KARL WAECHTER, *Volkstümlicher Denkmalsentwurf*. Abdruck mit freundlicher Genehmigung des Autors.

ROR WOLF, *Neunzehnhundertzweiundachtzig*, aus: *Das nächste Spiel ist immer das schwerste*, 1982, Athenäum Verlag, Königstein/Taunus. Abdruck mit freundlicher Genehmigung des Autors.

HANS WOLLSCHLÄGER, Passage aus: *Herzgewächse*, 1982. Abdruck mit freundlicher Genehmigung des Haffmans Verlags, Zürich.

Herausgeber und Verlag danken allen Autoren, Agenturen und Verlagen für die Erteilung der Rechte. Der Verlag dankt den Herausgebern für die Erteilung der Rechte an ihren eigenen Beiträgen. Die Herausgeber wiederum danken für mancherlei Anregung folgenden Werken, respektive ihren Herausgebern:

Goethe anekdotisch, hg. von Jörg Drews, o.J.
Goethe im Urteil seiner Kritiker, hg. von Karl Robert Mandelkow, 1975
Goethe in vertraulichen Briefen seiner Zeitgenossen, hg. von Wilhelm Bode, 1979
Goethe – Leben und Werk in Briefen, hg. von Friedhelm Kemp, 1978
Goethes Gespräche, hg. von Flodoard Freiherr von Biedermann, o.J.
G. FEMMEL, *Corpus der Goethezeichnungen*, 1958
KARL KRAUS, *Unsterblicher Witz*, hg. von Heinrich Fischer, 1961
KARL ROBERT MANDELKOW, *Goethe in Deutschland*, 1980
ARTHUR SCHOPENHAUER, *Gesammelte Briefe*, hg. von Arthur Hübscher, 1978
HANS SCHWERTE, *Faust und das Faustische*, 1962
WULF SEGEBRECHT, *Johann Wolfgang Goethes Gedicht ›Ueber allen Gipfeln ist Ruh‹ und seine Folgen*, 1978
JOSEPH WULF, *Literatur und Dichtung im Dritten Reich*, 1963

Namenregister

ABEKEN, BERNHARD RUDOLF 150, *354*
ACHLEITNER, FRIEDRICH *286*
ADAM, A. CHR. 603
ADENAUER, KONRAD 748
ADORNO, THEODOR W. 15, 382, *512, 662, 853*
AELST, PAUL VON DER *109*
AHLERS, DERLE 663
ALEXANDER DER GROSSE 796
ALEXANDROWNA, NATALJA 721
ALTENBERG, PETER *199*
ALTHAN, FRANZ GRAF VON 399
ALTHAN, GRÄFIN VON 397
AMPÈRE, ANDRÉ MARIE 35
AMPÉRE, JOH. JAK. *35*
ANAXIMENES 789
ANDERS, GÜNTHER *234*, 484, *506*
ANDRÉ, JOHANN *146*
ANDREJEWNA, SOFJA 724
ANNA AMALIA, HERZOGIN VON SACHSEN-WEIMAR 674
ANSTER, JOHN *482*
APOLLINAIRE, GUILLAUME 743
ARENS, EDUARD *288*
D'ARGENS 671
ARISTOTELES 553, 788, 928
ARNDT, W. 70
ARNHEIM 696 f.
ARNIM, ACHIM VON *151*, 621 f., 625, 628, 630, 863 f.
ARNIM, BETTINA VON 81, 148, 621–645, *621 ff., 625, 640 f.*
ASMODI, HERBERT *290*
AUERBACH, BERTOLT *254*
AUGUST, KÖNIG VON POLEN 791

BAB, JULIUS *715*
BACH, JOHANN SEBASTIAN 612, 748
BACH (SÖHNE) 977
BADE, WILFRIED *748*
BAHR, HERMANN *901*
BAKER, JOSEPHINE 807
BALSAMO-CAGLIOSTRO 316
BALZAC, HONORÉ DE 62, 654, 661, 716 f.
BALZER, G. 69

BARTHELME, DONALD *810*
BARTSCH, KURT *292*
BAUDELAIRE, CHARLES 663
BAUER, FELICE 199
BAUMANN, GERHART 817
BEAUMARCHAIS, PIERRE AUGUSTE CARON DE 1025
BECHTOLSHEIM, FRAU VON 1037 f.
BECKER (SCHAUSPIELER) 998
BECKETT, SAMUEL *469*
BEETHOVEN, LUDWIG VAN 62, 213, 216, 400, 402 f., 405, *583, 597*, 609, 612 f., 656, 711, 750
BEHRISCH, ERNST WOLFGANG 104, 1063
BENJAMIN, WALTER 22, *374*, 383, *804, 856, 921*, 926
BENN, GOTTFRIED *153, 327, 493, 541*, 649 f., *650, 652 ff., 661, 703*, 821, *843, 854*
BENTHAM, JEREMY 1051
BERESFORD, V. *480*
BERGER, ADOLF VON 899
BERLINGER, JOSEF *299*
BERLIOZ, HECTOR *594*
BERNAYS, MICHAEL 899
BERNHARD, PRINZ VON WEIMAR 398
BERNHARD, THOMAS *302*, 303
BERTRAM, JOHANN BAPTIST 55
BERNSTEIN, F. W. *12, 22, 76*, 128, *408, 432, 522, 633, 679*, 688, *731, 825, 977, 984, 1033, 1048, 1056, 1068, 1088, 1094, 1109*
BERTRAM, JOHANNE *832*
BERTUCH, FRIEDRICH JUSTIN 171
BETA *482*
BETHGE (SCHNEIDER, 18. JH.) 52
BEUTH, HERR 860
BEUTLER, ERNST *612*, 942
BIEDERMANN, FLODOARD FREIHERR VON 21, 941
BIERMANN, WOLF *455, 738*
BINGEL, HORST *296*
BINZER, HERR VON 630
BIRDS, JAMES ADEY *481*
BIRK, LINDE 694, 733

1141

BISMARCK, OTTO VON 12, 370, 608 f., 613,
   657, 686, 707, 750, 899, 901, 903
BITEROLF 715
BLATT, FRIEDRICH 155
BLOCH, ERNST *235, 476*, 513, *748*
BOAS, EDUARD 276
BÖCKLIN, ARNOLD 275
BODE, WILHELM 21, 69, *608*
BÖHM, FRANZ *660*
BÖHMEN, PROF. 94
BOIE, ERNESTINE 309
BOIE, HEINRICH CHRISTIAN 43
DU BOIS-REYMOND, EMIL *254*
BOISSERÉE, MELCHIOR 55
BOISSERÉE, SULPIZ *55*, 861, 923
BOITO, ARRIGO *596*
BOLL 380
BÖLL, HEINRICH 738
BOLLMANN (KAMMERSÄNGER) 137
BONAPARTE S. NAPOLEON
BONDI, CLEMENTE 397, 403
BORCHARDT, RUDOLF 925
BORCHERS (FUSSBALLSPIELER) 970
BORMANN, EDWIN *916*
BÖRNE, LUDWIG 20, *249, 252, 415, 634,*
   639 f., 889, 924
BÖRNER 861
BOROWSKY, KAY *358*
BORROMEO, S. CARLO 790
BOSSUET, JACQUES-BÉNIGNE *397*
BÖTTIGER, KARL AUGUST *170, 338*, 339
BRAHMS, JOHANNES *211*, 612
BRAN 815, 817
BRANDES, GEORG *152*, 185
BRANDT, WILLY 15, 952
BRAUN, ANNELIESE 279
BRECHT, BERTOLT 14, 101, *282, 364, 475,*
   542, 650, 662
BREHM, FRIEDL 288
BRENNER, ADOLF 504
BRENTANO, BETTINA
   S. ARNIM, BETTINA VON
BRENTANO, CLEMENS 17, *151, 154*, 227,
   248, *362,* 621 f., *625,* 625 f., *627,* 628
BRINK, DAGMAR 660
BRINK, FRITZ 659
BRINKMANN, HENNING 610

BRION, FRIEDERIKE 58, 88–90, 248, 402,
   608, 729, 914
BRISTOL, LORD 186, 188
BROCKERHOFF, FERDINAND *485*
BROCKHAUS, HEINRICH 434, 632
BROD, MAX 146, 650, *664*, 802, 803
BRÖKER, A. 69
BROOT, VAN DEN 812
BRUN, FRIEDRIKE *33, 130,* 132, 137
BUCH, HANS CHRISTOPH 616, 687, *954,*
   955
BÜCHNER, GEORG 17, *183,* 195 f., 248,
   657, *683,* 955
BUCHWALD, REINHARD *613,* 861
BUFF, CHARLOTTE 58, 169, 729
BUKOWSKI, CHARLES 14
BULGAKOW 721
BUNGERT, A. 603
BURCKHARDT, JAKOB 313, *504*
BURDACH, KONRAD 899, 926
BÜRGER, GOTTFRIED AUGUST *43*, 256,
   673, 945, 1023
BURMANN, GOTTLIEB WILHELM 140
BUSCH, WILHELM *254, 794*
BUSONI, FERRUCCIO *602*
BUSSY-RABUTIN 671
BUTOR, MICHEL *584*
BYERN *309*
BYRON 492, 924, 1000, 1018, 1023, 1029,
   1039, 1058, 1074, 1098, 1101

CAESAR, JULIUS 727, 752
CALDERÓN DELLA BARCA, PEDRO 401
CAMPE, JOACHIM HEINRICH 151, 1022
CAMUS, ALBERT 194
CARL ALEXANDER, GROSSHERZOG *36*
CARL AUGUST, HERZOG VON SACHSEN-
   WEIMAR 71 f, 304, 399, 404 f., 407,
   674, 721, 759
CARLYLE, THOMAS 26, 875, 1020
CAROSSA, HANS *661*, 822
CARSTENS, KARL *973*
CARUS, KARL GUSTAV *34*, 816, 875, *890*
CASTRO, FIDEL 737
CATALANI 189
ČECHOV, ANTON *479, 745 f.*
CHAMBERLAIN, HOUSTON STEWART 184,
   256, 607, 649

CHAMISSO, ADELBERT VON *563*
CHAPLIN, CHARLES 730
CHODOWIECKI, DANIEL *165*
CHOTEK, GRAF RUD. 400
CHOTJEWITZ, PETER O. 616
CHRISTIANI, R. 35
CICERO 94, 671, 747, 758, 787
CLARY-ALDRINGEN, FAM. 400 f.
CLAUDIUS, MATTHIAS *146*, 270, *338*
CLAUDY, FRANK *481*
COHN, H. 67, 70
COLET, LOUISE 146, 154, 948
COLLOREDO, FAM. 397
COLLOREDO-MANSFELD,
 GRAF HIERONYMUS VON 405
CONRADY, KARL OTTO *610*
CORINNA (ITAL. DICHTERIN) 792
CORNEILLAN, GRAF PETER 397
CORNEILLE, PIERRE 100, 718
COTTA, JOHANN FRIEDRICH 405, 773,
 805, 950
COTTA, KANDIDAT 864
COUDRAY, CLEMENS 830, 860 f., 863,
 1092
COUSIN, VICTOR *48*, 696
CUSTINE, MARQUIS DE *39, 152*

DANNECKER, JOHANN HEINRICH VON
 680
DANTE ALIGHIERI 252, 747, 880, 948
DARWIN, CHARLES 842
DAUMER, GEORG FRIEDRICH *644*
DAVIS, ANGELA 737
DEGENHARDT, FRANZ-JOSEF 738
DEHMEL, RICHARD *649*
DELACROIX, EUGÈNE *449*
DENEKE, WALTHER *124*
DERSCHAU 768
DERWALL, JUPP 919
DESCH, KURT 950
DEUSER 970
DICKENS, CHARLES 253, 584
DIDEROT, DENIS 397, 765, 1022
DIEDERICHS 803
DIEPENBROCK, A. 603
DIETERICH, J. CH. 163
DIETZGEN, E. 68
DIETZGEN, J. 68

DILTHEY, WILHELM *608*
DINGELSTEDT, FRANZ 227, *504*
DIX, ARTHUR 727
DÖBLIN, ALFRED 79, *657, 702*
DODERER, HEIMITO VON *155*
DÖHL, REINHARD *289*
DÖNITZ, KARL 745
DORIGNY, SIR NICOLAS 770
DORNER, RAINER *617*
DOSTOEVSKIJ, FEDOR M. 51, *254, 478, 584*,
 717 f., 722, 724 f., 948
DOUCET, CAMILLE, 891, 892
DOUGLAS, LORD ALFRED 238
DREVES, LEBRECHT *110*
DUCHE, JEAN *736*
DUMAS, ALEXANDRE 885
DUMONT 863
DÜRER, ALBRECHT 654, 661
DUVAL 863
DYK 776

EBERLE, JOSEF *440*
EBERT, EGON *872*, 1021, 1025
EBERWEIN, K. 603, 861
ECKART, DIETRICH 747
ECKERMANN, JOHANN PETER 14, 21, 43,
 188, 371, *487*, 610, 683, *698*, 710, 736,
 805, 806, 807, 808, *809*, 810, 813, 814,
 830, 831, 832, *850*, 860, 861, 863, 875,
 876, 902, 906, 915, 922, 923, 941, 945,
 946, 975–1110, *979-1110*
EDSCHMID, KASIMIR 936
EGINHARDT *133*
EGK, W. 603
EGLOFFSTEIN, JULIE GRÄFIN VON *768, 781*
EICHENDORFF, JOSEPH VON *151, 251, 367*,
 524, 855, 880
EICHHOLZ, ARMIN *106*
EICHRODT, LUDWIG *100, 228, 238* f., *531*,
 882
EICKHOFF, P. 68
EILERT, BERND 21, *692, 814, 977, 1006* f.
EINSIEDEL 888
EISLER, HANNS 603
EKKEHARD 661
ELIOT, T. S. *948*
ELSHOLZ, FRANZ VON 936
ELSTER (KONREKTOR IN HELMSTEDT) 62

ELSTER, ERNST *568*
EMERSON, RALPH WALDO 253
EMRICH, WILHELM *611*
ENGELHARDT (KÜNSTLER AUS KASSEL) 373
ENGELMANN, BERNT 748, 951
ENGELMANN, H. U. 603
ENGELS, FRIEDRICH *889*
ENGHIEN, CORDELIE VON 695
ENGHIEN, HERZOG VON 695
ERASMUS VON ROTTERDAM 27 f., 366
ERIKSON, ERIK H. *658*
ERNESTI (PROFESSOR GOETHES) 94
ESKELES, CÄCILIE VON 398
ESTE, PRINZESSIN VON S. MARIA LUDOVICA BEATRICE
EUCKEN, RUDOLF 899
EULENBERG, HERBERT 81, 936
EURIPIDES 776, 936, 1017, 1018, 1096
EYBENBERG, MARIANNE VON 398

FAIRLEY, BARKER *482*
FALK, JOHANNES DANIEL *150, 226, 266,* 266, 382, *757*, 814, 888
FAULKNER, WILLIAM 738
FAUSER, JÖRG *732,* 733
FEIGL, SUSANNE 487
FEST, JOACHIM *747*
FEUCHTERSLEBEN, ERNST FREIHERR VON *841*
FEUILLET, OCTAVE 936
FIBONACCI, LEONARDO 956
FICHTE, JOHANN GOTTLIEB 674, 696, 697
FIDUS (HUGO HÖPPENER) *896*
FILMORE, LEWIS *480*
FISCHER, KUNO 899
FISCHER, W. 68
FLACH, W. 70
FLACHSLAND, CAROLINE 146, *147*
FLAUBERT, GUSTAVE *146, 154, 188, 253, 948*
FLEMING, PAUL 1021
FLIEGE, FRITZ 124
FLORA, PAUL 966
FONTANE, THEODOR 739, *885, 893*
FOURIER, CHARLES 747
FRANZ I, KAISER VON ÖSTERREICH 396, 399

FREDRIK *125*
FREILIGRATH, FERDINAND *895*
FREUD, SIGMUND 14, 613, 658, *744,* 918, 927
FREUND, WINFRIED *111*
FREYTAG, GUSTAV *256*
FRIEDELL, EGON *908*
FRIEDENTHAL, RICHARD *61,* 71–73
FRIEDLÄNDER, MAX 900
FRIEDRICH II (DER GROSSE) 83 f., 418, 671, 692, 750, 1098
FRIEDRICH WILHELM IV 641
FRIEDRICH, TH. 70
FRITSCH, STAATSMINISTER VON 862
FROMMANN, FRIEDRICH JOHANNES *36*
FULDA, LUDWIG 936
FUNK, Z. 133

GABLER, KARL 610
GAISRUCK, GRÄFIN JOSEPHINE S. O'DONELL, JOSEPHINE
GALEN 554
GALL, DR. 791
GALLETTI, PROFESSOR *743*
GANGHOFER, LUDWIG 748
GASTEINER, H. 956
GEIBEL, EMANUEL 65
GEIGER, LUDWIG *11*, 51
GELZER, HEINRICH *254*
GENAST, EDUARD *794*
GENTGES, I. 68
GENTZ, FRIEDRICH VON 398
GEORGE, STEFAN *41*, 607, 615, 650, 918, 925
GERNHARDT, ALMUT *708*
GERNHARDT, ROBERT *66, 112, 127, 202, 303,* 321, *394, 432, 522,* 688 f., *740*
GEROLD, KARL *549*
GERSTENBERG, H. W. VON 33
GERVINUS, GEORG GOTTFRIED 856
GILLET, LOUIS 737
GINSBURG, ALAN 753
GLASER, HORST ALBERT *616*
GLEIM, JOHANN WILHELM LUDWIG 33
GLUCK, CHRISTOPH WILLIBALD 709
GOEBBELS, JOSEPH 728, 748
GOECKINGK, LEOPOLD FRIEDRICH VON 270

GOEDEKE, K. 67
GOETHE, ANNA CATHARINA
    (»FRAU RATH«) *329*
GOETHE, CORNELIA 915
GOETHE, ELISABETH *148*
GOETHE, ELISABETH (20. JH.) 958
GOETHE, JULIUS AUGUST WALTHER VON
    835, *849*
GOETHE, MARIA *750*
GOETHE, OTTILIE VON 81, *150*, 830, 835,
    861–865, 1037
GOETHE, WOLFGANG 958
GOETHEMANN, THOMAS WOLFGANG *939*
GOEZE, JOHANN MELCHIOR *164*, 257
GORKI, MAXIM 719 f.
GÖRRES, JOSEPH *626*, 627
GÖRTZ, FRANZ JOSEF *754*
GÖSCHEL 699
GÖTHE, ACHIM 958
GÖTHÉ, GEORG FRIEDRICH 71, 909
GÖTHE, HEINZ 958
GÖTHE, HERMANN 958
GÖTHE, URSULA 958
GOTTHARDI, W. G. *33*
GÖTTLING 861 f., 864
GOTTSCHED, JOHANN CHRISTOPH 95,
    911, 936
GOUNOD, CHARLES 570, 583, *595*
GRABBE, CHRISTIAN DIETRICH *565*, *627*,
    670
GRASS, GÜNTER 15, 663
GREGOROVIUS, FERDINAND *890*
GREIF, MARTIN *891*
GREISS, ALFRED *938*
GRIESEL, A. W. 816
GRILLPARZER, FRANZ 25, *64*, *83*, *182*, 247,
    251, 406, 794, 823 f., *878*, *882*, *885*
GRIMM, HERMAN 252, *505*, *607*, 752,
    899 f., *903*
GRIMM, JACOB 55
GRIMM, WILHELM *55*
GROCK 746
GRÖSSEL, HANS 61
GROTTHUS, FRAU VON 399
GRÜN, KARL 890
GRÜNER, JOSEF SEBASTIAN *34 f.*, 839, 864
GRÜNER, VINZENZ RAIMUND 477
GRUNWALD, MAX *504*

GRÜTZKE, JOHANNES *365*
GUBITZ, FRIEDRICH WILHELM 816
GUEVARA, CHE 737
GUMPPENBERG, HANS VON *464*
GÜNDERODE, KAROLINE VON 629
GUNDOLF, FRIEDRICH 184 f., 607, 926
GUTZKOW, KARL *248*, *250*, *677*, *681*
GWINNER, WILHELM *480*

HAAS, WILLY *932*
HABE, HANS *950*
HABER, HEINZ *951*
HACKS, PETER *323*
HAECKEL, ERNST *842*
HAFFMANS, GERD *736*, *736*
HAFFMANS, UTE 189
HAFFNER, PAUL LEOPOLD *608*
HAGELSTANGE, RUDOLF *951*
HAGEN, AUGUST 816
HAITZINGER, HORST *297*
HAMANN, JOHANN GEORG 328
HANDKE, PETER 59, 358, *743*
HANKAMER, PAUL *611*
HANNIBAL 313
HANSEN, N. 67
HARDEN, MAXIMILIAN *749*
HARICH, WOLFGANG *366*, *640*
HÄRTEL, ALWINE 81
HARTLAUB, WILHELM 119
HÄRTLING, PETER *684*, *919*
HARZEN (KUNSTHÄNDLER) 816
HASE, PAULINE *81*, 863
HASENKAMP, REKTOR 164, 166
HAUFF, WILHELM *456*, *826*
HAUGWITZ *140*
HAUPTMANN, GERHART *660*, *918*
HAYDN, JOSEF 612
HAYWARD, ESQ. A. *480*
HEBBEL, FRIEDRICH *28*, *874*, *886*
HEBEL, JOHANN PETER 88
HECKER, MAX 67, *937*
HEGEL, GEORG WILHELM FRIEDRICH
    292–295, 415, 517, 519 f., 662,
    697–699, *698*, *748*, *878*
HEHN, VIKTOR *639*
HEIBER, HELMUT *748*
HEIDEGGER, MARTIN 106
HEIMERAN, ERNST 124, *326*, *326*

HEIN, JOACHIM 60
HEINE, H. (20. JH.) *934*
HEINE, HEINRICH 17, *35, 40*, 62, *184*, 257, *462, 472* f., *489, 567*, 568–570, *569*, 640, *669, 682*, 686 f., *704*, 738, *786, 808, 876, 884*
HEINSE, JOSEF J. WILHELM *148*, 162, *162*
HEINROTH 844
HEISENBERG, WERNER *846*
HELLER, ANDRÉ 576 f.
HELMHOLTZ, HERMANN VON 844, 899
HEMINGWAY, ERNEST 738 f.
HEMPEL, CAROLINE LUISE *33*
HENCKELL, KARL *442, 896*
HENKELMANN, K. 68
HENNIGQUE, LÉON 253
HENNIG 169
HENNING 1050
HENSCHEID, ECKHARD *11, 22, 193, 200, 291, 299, 390, 547*, 585, *585, 724, 735*, 736, *744, 749, 977*
HENSEL, GERHARD 948
HERBECK, J. V. 603
HERDER, CAROLINE *783*
HERDER, JOHANN GOTTFRIED 46, 79, *115, 146*, 147, 152, 251 f., 290, 313, *328*, 338 f., 358 f., 362, 403, 448, 655, 674, 715, 747, 776, 783, 845, 899, 915, 929
HERWEGH, GEORG *368, 880*
HERZEN, ALEXANDER 721
HERZER, LUDWIG *134*
HERZOG, R. 69
HERZMANOVSKY-ORLANDO, FRITZ VON *416*
HESS *140*
HESS, HEINRICH H. J. VON *150*
HESSE, HERMANN *240, 642, 664*
HETTNER, HERMANN 257
HEUER, OTTO 899
HEUSINGER, CAR. FRID. 816
HEYGENDORF, FRAU VON 1055
HEYM, GEORG 743
HEYSE, PAUL 686, 899
HIGHSMITH, PATRICIA *753*
HILDEBRANDT, DIETRICH VON *743*
HILDEBRANDT, KURT *610*
HILDESHEIMER, WOLFGANG *710*, 829
HILLEBRAND, KARL *171*

HILLER, KURT 803
HIMBURG 309
HINDEMITH, PAUL 956
HINRICHS 1077 f.
HITCHCOCK, ALFRED 750
HITLER, ADOLF 111, 455, 610, 615, *659*, 659, 727–730, 732, 747
HOCHE, KARL *57*, 60, *949*, 953
HOFFMANN, A. 69
HOFFMANN, E. T. A. *709*
HOFFMANN, HANS-JOACHIM 949, *973*
HOFFMANN, PAUL 918
HOFFMANN VON FALLERSLEBEN *368, 881*
HOFMANNSTHAL, HUGO VON *32, 608, 652*, 726, 822, 918, 925
HÖLDERLIN, FRIEDRICH 17, *37*, 60 f., *148*, 650, 652, 684 f., 703, 924, 945
HOLZ, ARNO *79, 411*
HOMER 252, 612, 614, 631, 923, 948, 1010, 1017
HORAZ 175
HORVÁTH, ÖDÖN VON *363*
HÖSS, DIETER *505, 945*
HUBERT, JOHANNES 284
HUFELAND, CHRISTOPH WILHELM *41*, 55
HUG, FRITZ *710*
HUGO, DEKAN PROFESSOR 687
HUGO, VICTOR 1023
HUMBOLDT, ALEXANDER VON 674, 811, 816
HUMBOLDT, CAROLINE VON 398, 817
HUMBOLDT, WILHELM VON 153, 232, 342, *356*, 376, 674, *784, 817*
HUMMEL, JOHANN NEPOMUK 1055
HUTH, ALFRED HENRY *481*
HUXLEY, ALDOUS *475*

IBSEN, HENRIK 655, 936
IFFLAND, AUGUST WILHELM *33*, 337
ILJA (MALER) 720
IMMERMANN, KARL *676, 850, 877*, 936, 1022
ISABEY, JEAN-BAPTISTE 396
JACOBI, FRIEDRICH HEINRICH 115, 145, 147 f., *162*
JANDL, ERNST *286*
JANDL, HERMANN *310*
JAPPE, GEORG *743*

JEAN PAUL 44, *100, 145–147, 152, 154, 163,*
248, 251 f., 376, *448,* 640, 655, 687 f.,
746, 748, 893, 924
JENS, WALTER *663*
JERUSALEM, CARL WILHELM 180, 194,
705, 803
JOHANN, ERNST *447*
JOHN (SEKRETÄR GOETHES) 401,
860–862, 922
JOHNSON, SAMUEL 1018
JOLAS, EUGENE 737
JOYCE, JAMES 651, *737,* 738, *810*
JUNG, CARL 955–957
JUNG-STILLING, HEINRICH *32, 149*
JÜRGENS, CURD 918
JUSTINIAN 99, 554

KAFKA, FRANZ 14, *146 f.,* 199, *346,*
649–654, 664, 736, 738, *801, 835 f.,* 918
KAISER, A. 603
KAISER, GEORG 936
KAISER (RENTAMTMANN IN JENA) 860
KÄMPCHEN, HEINRICH *133*
KANT, IMMANUEL 80, 418, 649, 654, 661,
695 f., 748, 789 f., 844, 889, 1023 f.
KARAJAN, HERBERT VON 956
KARL AUGUST S. CARL AUGUST
KARSUNKE, YAAK *392*
KASCHNITZ, MARIE LUISE 296
KASSNER, C. 70
KÄSTNER, ERICH *229*
KÄSTNER, JOHANN FRIEDRICH 815
KAUFFMANN, ANGELICA *380*
KAUFMANN, CHRISTOPH 183
KAYSER *139*
KELLER, GOTTFRIED *48, 50, 152, 257, 393,*
462, 888
KEMP, FRIEDHELM 21, 572
KEMPNER, FRIEDERIKE *43, 427,* 515
KENT, ROCKWELL *427*
KEPLER, JOHANNES 758
KERR, ALFRED *229,* 506
KESSLER, NANDA 254
KESTNER, AUGUST *34,* 36, 47, 182
KESTNER, CHARLOTTE S. BUFF, CH.
KESTNER, JOHANN CHRISTIAN *147, 155,*
168, 169 f., 182, 803
KESTNER, KLARA *182*

KINDERMANN, HEINZ *612*
KINKEL, GOTTFRIED *887*
KIPPENBERG, ANTON 63, 67, *946*
KIRCHER (AMBERG), FELIX 919
KLAAR, ALFRED *682*
KLABUND *243*
KLADZIG, AUGUSTE 850
KLAGES, LUDWIG 184
KLAPROTH 815
KLAUSSNER, WOLF *813*
KLEIN 629
KLEINPAUL, J. 69
KLEIST, HEINRICH VON 17, *177,* 391, 615,
685 f., 814, 924
KLINGEMANN, ERNST AUGUST FRIEDRICH
251, 570
KLINGER, FRIEDRICH MAXIMILIAN *247,*
561
KLOPSTOCK, FRIEDRICH GOTTLIEB 82 f.,
99, 167 f., 201, 309, 448, 652, 714,
1022
KLUGE, ALEXANDER *660*
KNEBEL, FRAU VON 55
KNEBEL, KARL LUDWIG VON 55, *148, 247,*
309, 698, 702
KNORR, JOHANNA 1027
KNORR, PETER *112, 303*
KOGON, EUGEN *939*
KOMMERELL, MAX *611*
KORFF, AUGUST 185
KÖRNER, CHRISTIAN GOTTFRIED 33, 37,
46, 152, 329, 335, *335,* 673
KÖRNER, THEODOR *132, 443,* 729
KORSAK 39
KÖSTER, ALBERT 899
KOTZEBUE, AUGUST VON 262, 337, 397,
814, 1022
KRAFT S. PLESSING
KRAUS, KARL 18, 20, *43, 65, 74, 75, 138,*
269, 271–275, *275–278, 328, 345, 450,*
469, 490, 506, 650, 655–657, 659, 669,
726, 733, 746, 749 f., *917, 920*
KRAUSE, RAT 839
KRÄUTER, FRIEDRICH THEODOR *150,* 783,
922
KREHL, KLÄRCHEN 119
KREHL, LOTTE 119
KREUTZER, LEO 16, *616, 618*

KRIECK *75*
KRINGSTEINER 189
KRÜGER, HELLMUTH *414*
KUNERT, GÜNTER *284*
KÜNNEKE, E. 603
KUNZELMANN, DIETER 15
KUSZ, FITZGERALD *103*

LAFONTAINE AUGUST 705
LAMARCK, JEAN BAPTISTE DE 842
LAMARTINE, ALPHONSE DE 815
LAOTSE 721
LASSEN, E. 603
LASSWITZ, KURD *435*
LATHAM, ALBERT G. *482*
LATROBE 132
LATTMANN, DIETER *751*
LAUBE, HEINRICH *681*
LAUBE, OTTO 660
LAUBE, ROSE 660
LAUTER, KARL 860
LAVATER, JOHANN CASPAR 31, *37*, 53 139, *145*, 147 f., 151, 153, *153*, *161*, 164, 558, 1019, 1021
LAVINE, DAVID *752*
LÉAUTAUD, PAUL *61*
LEHÁR, FRANZ 136–138, 657
LEIBNIZ, GOTTFRIED WILHELM 760
LEISEWITZ, JOHANN ANTON *33*
LENAU, NIKOLAUS *566*, 717
LENIN 455
LENNON 737
LENZ, JAKOB MICHAEL REINHOLD *155*, 248, 803
LEPPMANN, WOLFGANG *613*, 904
LERMONTOV, MICHAIL JURJEWITSCH 280
LERRYN *125*
LERSE, FRANZ CH. 149
LESSING, GOTTHOLD EPHRAIM 81–84, 251 f., *257*, 534, 556, 615, 639, 813, 945, 1023 f.
LESSING, THEODOR 744
LETTAU, REINHARD *193*
LEVETZOW, ULRIKE VON 44, 59 f.
LEVIN, RAHEL 132, 149
LEWY, ERNST 858
LICHNOWSKI, KARL VON 398–400, 403 f.

LICHTENBERG, GEORG CHRISTOPH *52*, 61, *163*, 506, 513
LIECHTENSTEIN, FAMILIE 397
LIECHTENSTEIN, LEOPOLDINE 407
LIEFLAND, WILHELM E. *737*
LIGNE, TITINE VON S. O'DONELL, CHRISTINE
LILIENCRON, DETLEV VON *906*, 919
LIST, FR. 70
LISZT, FRANZ 214, *218*, *600*
LODER 360
LOEPER, GUSTAV VON 899 f.
LOEWE, CARL 122, *122*, *590*
LÖHNER, FRITZ *134*
LONGFELLOW, HENRY WADSWORTH *268*
LORENZ, F. 68
LORENZ, KONRAD *663*
LORENZ, MAX 900
LORENZ, OTTOKAR 899
LORIOT *38*, *111*, *127*, *966*
LORRAIN, CLAUDE 1024, 1065, 1096
VON LOSE *145*
LOUVOIS 892
LÖW, LUDWIG *36*
LOYOLA, IGNATIUS VON 416
»LUCIANUS« *906*
LUDEN, HEINRICH *55 f*, 776
LUDENDORFF, ERICH 692
LUDWIG XI 707
LUDWIG XIV 671
LUDWIG XVIII 860
LUDWIG, EMIL *615*
LÜHRMANN, HERBERT 958
LUISE, HERZOGIN 373
LUKÁCS, GEORG *184*, *716*
LUTHER, MARTIN 27 f., 747

MAAK, HANNO 663
MAEDEL, R. 955
MAHAL, GÜNTHER *966*
MAHLER, GUSTAV *601*
MAHLOW, TOBIAS *967*
MAHR, JOHANN CHRISTIAN *304*, 864
MAIER, HANS 950
MAJAKOWSKI, VLADIMIR 743
MALER MÜLLER *155*, *557*, *560*
MANDELKOW, KARL ROBERT *20*, *607*, *618*, *664*, *900*, *902*

1148

MANN, GOLO *746*
MANN, HEINRICH *252, 258, 660,* 943
MANN, KATJA 951
MANN, THOMAS 25, *181, 371, 450, 573,* 576, 615, *649, 656, 677, 715, 717,* 725, 735, *769,* 918, 942, 951
MANZONI, ALESSANDRO 631, 816, 924, 1010, 1020, 1023
MARCKS, ERICH 899
MARCUSE, HERBERT *663*
MARCUSE, LUDWIG *658, 686*
MARGGRAFF, HERMANN *680*
MARIA LOUISE (GATTIN NAPOLEONS) 396, 399
MARIA LUDOVICA BEATRICE 396–401, 403–407
MARLOWE, CHRISTOPHER *553*
MARTIN, SIR THEODORE *481*
MARX, KARL 14, 294 f., *445,* 617, 640, 739
MASARYK, THOMAS GAVRIGUE 608 f.
MASER, WERNER *747*
MASSILLON, JEAN-BAPTISTE 397
MATSUBARA, HISAKO *753*
MATTHISSON, FRIEDRICH *129,* 456
MAUGHAM, W. SOMERSET *486*
MAUPASSANT, GUY DE *583*
MAUTHNER, FRITZ 18
MAY, KURT *613 f.*
MAYER, ABRAHAM 272
MAYER, HANS 17, 313
MAZELET, DEMOISELLE 860, 862, 864
MC LINTOCK, R. *482*
MEHRING, FRANZ 315
MENANDER 788, 1021
MENDELSSOHN, LEA *714*
MENDELSSOHN-BARTHOLDY, FELIX *36, 39, 209,* 710, *711,* 714, 977 f., 1003, 1061
MENSCHING, GERHARD *575*
MENZEL, WOLFGANG *877,* 879, 889
MERCK, JOHANN HEINRICH 146, *154*
MÉRIMÉE, PROSPER 1011 f.
MERKEL, GARLIEB *358 f.*
MERMET, FRIEDA 652
METTERNICH, CLEMENS FÜRST VON *189,* 405
MEYER, HOFRAT HEINRICH 347–353, 808, 830 f., 860–862, 864, 923, 937, 1020, 1074
MEYER, MARIANNA 351
MEYER, RICHARD M. 899
MEZIÈRES, HERR 891 f.
MICHAILOWITSCH, NIKOLAI 720
MICHALEK, LUDWIG *395*
MICHAUX, HENRI 743
MICHELANGELO 948
MICKIEWICZ, ADAM 39
MILLER, HENRY *745*
MILLOWITSCH, WILLI 919
MINOR, JAKOB 899
MIRABEAU, GABRIEL DE *863,* 1000
MITSUI, K. 67
MOHR, KALLI 663
MOLIÈRE 1023
MOLTKE, GUSTAV *757*
MOMMSEN, KATHARINA *615,* 686
MONNIER, MARC *483*
MONTESQUIEU, CHARLES DE 397
MORAVIA, ALBERTO 738
MORGENSTERN, CHRISTIAN *280, 423, 653*
MORGENSTERN, ST. R. 816
MÖRIKE, EDUARD *119, 255,* 743, *799*
MORITZ, KARL PHILIPP *151, 172*
MÖRNER 632
MORRIS, WILLIAM 63
MOSER (BRIEFPARTNER HEINES) 569
MOTTE FOUQUÉ, FRIEDRICH BARON DE LA *34,* 570, 1020
MOZART, WOLFGANG AMADEUS *207,* 403, 585, 612, 709, 710, 1013, 1052, 1087, 1098
MÜCHLER, T. C. *109*
MÜFFLING, FREIHERR VON 373
MÜLLER, ADAM *683*
MÜLLER, FRIEDRICH KANZLER VON *81,* 193, 629, 659, *690,* 753, 814, 830, 861, 863, 870, 922 f.
MÜLLER, JOHANN PETER 1050
MÜLLER, PATER ADAM *428*
MÜLLER, WENZEL 603
MÜLLER, WILHELM *114*
MÜLLER-FREIENSFELD, RICHARD *129*
MÜLLER-SCHÖNAU, H. 69
MÜNCHHAUSEN, BÖRRIES FHR. VON 936
MÜNCHHAUSEN, FRAU VON 861

MUSIL, ROBERT *51, 156, 253, 649, 651–655, 696*
MUSSORGSKI, MODEST *598*

NABOKOV, VLADIMIR *113*
NAPOLEON 39, 57, 72, *154*, 188, 193, 194, 248, 399, 401, 405, 672, 686, 690, 691, 692, 693, 694, 695, 718, 721, 728, 886, 889, 1028, 1039, 1040, 1041, 1055, 1087, 1090, 1098
NECKERMANN, JOSEF *290*
NERVAL, GÉRARD DE *483*
NEUFFER, L. 37, *148*, 684
NEUGEBAUER, PETER *507*
NEUMANN, ROBERT 20, *81, 101*, 111, *807*, 936
NEUMANN (SCHAUSPIELERIN) 864
NEUMANN, WILHELM *822*
NEWTON, SIR ISAAC 53, 253, 778, 842 f., 847, 857, 1047, 1072 f.
NICOLAI, FRIEDRICH *175*
NIEBUHR, BARTHOLD GEORG 715, 1058
NIETZSCHE, FRIEDRICH *145, 149, 151*, 184, *250–252, 255*, 255, *448, 546*, 607, 613, *651*, 661, *686*, 702–704 *714*, 901, 978
NIKOLAUS, KAISER VON RUSSLAND *34*
NISLE, JULIS *441*
NIXON, RICHARD 104
NOBBE, MORITZ AUGUST *89*
NOGGLER, J. 69
NOTTER, FRIEDRICH *56*
NÖTZEL, KARL 479
NOVALIS *145, 156, 235*, 703, 735

O'DONELL, CHRISTINE 407
O'DONELL, GRAF JOS. V. TYRCONELL 401
O'DONELL, JOSEPHINE 396, 400–403, 406 f.
O'DONELL, MORITZ 407
ODYNIEC, ANTON EDUARD *39*
OEHLENSCHLÄGER, ADAM *394*
OELZE, F. W. 494, 822
OERTEL (BRIEFPARTNER JEAN PAULS) 145
OESER, ADAM FRIEDRICH 803
OKEN, LORENZ 629, 776
ONASSIS, ARISTOTELES 658
DE L'OR, M. LOUIS 815

L'ORBETTO 1769
ORTEGA Y GASSET, JOSÉ *11*

PAGANINI, NICCOLÒ 1101
PAHL, JÜRGEN 750
PALLADIO, ANDREA 894
PANNWITZ, RUDOLF 13
PANSE, HERBERT 663
PANSE, KARL 815
PAPENTRIGK, BENNO
S. KIPPENBERG, ANTON
PARTHEY, GUSTAV 47
PASIG, PAUL *279*
PASSAVANT *140*
PAULSEN, FRIEDRICH 899
PAUSANIAS 788
PAVESE, CESARE *948*
PESCHKEN, BERND *616*
PETER DER GROSSE 1098
PETERSEN, JULIUS *609, 937*
PFAFF, HEINRICH CHRISTIAN 776, 778
PFUEL, ERNST VON *34*, 686
PHIDIAS 1018
PHILEMON 788
PICARD, MAX *748*
PICASSO, PABLO 736
PICKER, HENRY *747*
PIERER, JOHANN FRIEDRICH 434
PIERSON, H. H. 603
PISCATOR, ERWIN 746
PLANCK, MAX 844
PLATEN, GRAF AUGUST VON *410, 564*, 673, 1022, 1071 f.
PLATO 129, 948
PLANTUS 936
PLENZDORF, ULRICH 18, *198*
PLESSING, PROFESSOR 929
PLETNJOW, P. A. 799
PLINIUS 671
POE, EDGAR ALLAN *345*
POGWISCH, ULRIKE VON 830 f.
POLGAR, ALFRED *283, 908*
POINCARÉ, RAYMOND 44
POTIER 189
POTH, CHLODWIG *712*
POUSSEUR, HENRI *584*, 603
PRADEZ, GEORGES *483*
PRANG, H. 70

PRANG, OSKAR 60
PRELLER, FRIEDRICH 31, 1003
PUSCHKIN, ALEXANDER 716, 799
PUSTKUCHEN, JOHANN FRIEDRICH
  WILHELM 249
PUTBUS, GRAF 149
PYRITZ, HANS 66, 615

QUADFLIEG, WILL 745
QUALTINGER, HELMUT 732
QUANT (BRIEFPARTNER HEBBELS) 866

RAABE, WILHELM 104, 183
RACINE 583, 663
RADZIWILL, A. H. FÜRST 603
RAFFAEL 758, 862, 1087, 1098
RASPUTIN, G. J. 663
RASUMOWSKI, FAMILIE 397
RAUCH, H.-G. 966
RAUSCHENBERGER, WALTHER 608
RECLAM, PH. JUN. 505
REGIS, JOHANN GOTTLIEB 874
REHBEIN, WILHELM 795, 1029
REICH-RANICKI, MARCEL 753
REICHARDT, JOHANN FRIEDRICH 65
REICHWEIN, L. 603
REIK, T. 68
REIL (BRIEFPARTNER RÖHRS) 871
REINHARD, CHRISTINE 54, 689
REINHARD, GRAF 815, 862
REINHARD, KARL FRIEDRICH 255, 354,
  404, 406, 818
REINHARD, MARIE 649
REINHARDT, MAX 726
REITZENSTEIN, FRÄULEIN VON 373
RELLSTAB, LUDWIG 785
RENAN, ERNEST 257
RETSCH (KÜNSTLER) 460
REUTTER, H. 603
REVERS, PROF. DR. 956
RHEINHARDT, E. A. 189
RICHARTZ, WALTER E. 301
RICHTER, DIETER 225
RICHTER, LUDWIG 118, 190
RIECKER, LUDWIG 271
RIEMANN 437
RIEMER, FRIEDRICH WILHELM 12, 27, 55,
  151, 247, 356, 372, 395, 407, 722,
  830 f., 861–864, 871, 876, 880, 923,
  940 f., 1067, 1092
RIESBECK, JOHANN KASPAR 559
RIESE, JOHANN JAKOB 94 f.
RIETSCHL, ERNST 679
RIETZ, J. 603
RIHA, PAUL 663
RILKE, RAINER MARIA 643, 650 f., 918
RINGELNATZ, JOACHIM 281
RINGSEIS, FRANZ 288
ROBESPIERRE, MAXIMILIEN DE 888
ROCHLITZ, FRIEDRICH 583
RODERICH, ALBERT 126
RODT, RUDOLF S. EICHRODT, LUDWIG
ROEDER, PROF. 956
ROETHE, GUSTAV 607, 899
RÖHR, GENERALSUPERINTENDENT 817,
  871
RÖHRICH, K. 67
ROHWEDDER, OTTO 663
RONCHAND, LOUIS DE 268
ROOS, JOHANN HEINRICH 1108
ROSEMA, BERND 752
ROSENBERG, ALFRED 184, 186
ROSENKRANZ, KARL 699
ROSSINI, GIACCHINO 1001
ROTHE, HERR 861
ROTTECK, KARL VON 434
ROUSSEAU, JEAN-JACQUES 252, 789, 1091
ROWOHLT, HARRY 747
RUBENS, PETER PAUL 995
RUBINSTEIN, ANTON 280
RÜCKERT, FRIEDRICH 421, 747, 919
RÜHMKORF, PETER 20, 298, 491, 664, 747,
  795, 943
RÜTTGEROT 53

SACHER 657
SACHS, HANS 79, 251
SALLET, FRIEDRICH VON 474
SALTEN, GROSSHERZOG 726
SAMTER, HANS 932
SANTI, GRAF 861
SARTORIUS, CAROLINE 150
SAVIGNY, FRIEDRICH KARL VON 151
SCHADEWALDT, WOLFGANG 492, 615
SCHADOW, J. G. 19
SCHÄFER, HANS DIETER 661

SCHÄFER, WILHELM 18
SCHALLHORN, KASPAR 909
SCHARDT, FRAU VON 46
SCHAUWECKER, FRANZ 661
SCHEEL, WALTER *748,* 919
SCHEFFEL, HELMUT 584, 948
SCHELLING, FRIEDRICH WILHELM
    JOSEPH *444,* 674, 1021
SCHENK, EDUARD VON 673
SCHERER, WILHELM *607,* 900
SCHIEL, H. 69
SCHIER, B. 70
SCHILLER, ERNST 357
SCHILLER, FRIEDRICH 12, 17, 21, *33, 37,*
    46, 80, 152, *152* f., *166, 232,* 233, 241,
    251 f., 257, *329* f., 334, *334* f., 336, *336,*
    339, *340–345,* 340–345, *347–353,*
    347–358, 369, 371, 382, 401, 403, 448,
    487, 534, 628 f., 654, 657, 659,
    668–677, 679–685, 688, 706, 714,
    717 f., 722, 724 f., 746–748, 750 f.,
    753, 770, 776, 780, 803, 873, 876, 880,
    882 f., 885 f., 889, 899, 915, 922–925,
    937, 943, 945, 947, 992, 1009, 1011,
    1024, 1031, 1038, 1071, 1074, 1097
SCHILLINGS, M. V. 603
SCHIMMELMANN, GRÄFIN 153
SCHIRACH, BALDUR VON 939
SCHLAPPEKICKER 750
SCHLEGEL, AUGUST WILHELM *40,* 337,
    444, 688 f., 705 f., *818,* 878, 1009,
    1023, 1038
SCHLEGEL, DOROTHEA *783*
SCHLEGEL, FRIEDRICH *326, 676,* 688 f.,
    705 f., 878, 1009, 1023, 1038
SCHLEICH, CARL LUDWIG *122, 842, 907*
SCHLEIERMACHER, FRIEDRICH 626,
    945
SCHLESINGER, ADOLPH MARTIN 62
SCHLOSSER, CORNELIA
    S. GOETHE, CORNELIA
SCHLOSSER, JOHANNA 115, *147*
SCHLOSSER, JOHANN GEORG *147,* 700
SCHMIDT, ARNO *145, 156,* 242, 291, *570,*
    658, 662, 664, 743, 746, 753, 783, 846,
    954
SCHMIDT, ERICH 899 f.
SCHMIDT, K. 148

SCHMITTHENNER, WALTER C. G. 942
SCHNABEL, FRANZ *253*
SCHNITZLER, ARTHUR *649*
SCHOLZ, G. 69
SCHÖNBERG, ARNOLD 956
SCHÖNBORN, GOTTL. FRIEDR. ERNST
    FREIHERR VON *33*
SCHOPENHAUER, ADELE *796*
SCHOPENHAUER, ARTHUR *34,* 61, 74, *252*
    f., *256, 480, 680,* 693, *696,* 700, 700, 702,
    702, 751, *786,* 1050
SCHOPENHAUER, JOHANNA *37, 148* f., *330,*
    751
SCHREIBER, MATHIAS *617*
SCHRÖDER, HERR VON 861
SCHRÖDER, RUDOLF ALEXANDER 822
SCHRÖERS, K. J. 29
SCHRÖPFER, LANDFRIED *298*
SCHRÖTER, CORONA 533
SCHUBART, CHRISTIAN DANIEL *161,* 807,
    982, 1022
SCHUBERT, FRANZ 114, 122, *205,* 208, *217,*
    586, 612, 709 f.
SCHUCHARDT, JOHANN CHRISTIAN *150*
SCHULTE, MICHAEL *664*
SCHULTZ, STAATSRAT 830
SCHULZ, GÜNTHER *937*
SCHULZE, BRIGITTE *300, 301*
SCHUMANN, ROBERT *210, 599*
SCHUR, MAX *658, 744*
SCHUSTER, BERND 970
SCHÜTZE, JOHANN STEPHAN *153, 876*
SCHWANEFELDT, HERMANN VON 1096
SCHWARZ, PH. 70
SCHWEDHELM, JOACHIM *288*
SCHWEITZER, ALBERT 613, 743
SCHWERDTGEBURTH, C. A. *759, 800, 820,*
    861
SCHWERTE, HANS *484,* 486
SCHWIND, MORITZ VON *869*
SCOTT, WALTER 924, 998 f., 1023, 1101
SEEBASS, ADOLF 555
SEEBECK, MORITZ 856 f.
SEEBECK, THOMAS 856 f, 1050
SEELER, MORIZ 746
SEGEBRECHT, WULF 20 f.
SEGELFALTER, SEBASTIANUS
    S. MÜLLER-FREIENFELS, RICHARD

SEIDLER, LUISE 863, *865*
SEILING, M 69
SEMBDNER, HELMUT 686
SEMPER (SCHNEIDERGESCHÄFT) 275
SERNER, WALTER *694*
SESENHEIM, FRIEDERIKE VON
S. BRION, FRIEDERIKE
SEUFFERT, BERNHARD 899
SEVIGNÉ, MADAME DE 671
SHAKESPEARE, WILLIAM 51, 83, 99, *155*, 183, 236, 252 f., 257, 283, 486, 517, 630 f., 654, 659, 667, 681, 683, 738 f., 747, 789 f., 811, 886, 930, 936, 948, 1028, 1030, 1055, 1059, 1067, 1071, 1098
SHAW WEAVER, HARRIET 737
SHELLEY, PERCY BYSSHE *479*
SIMENON, GEORGES *694, 733*
SIMMEL, GEORG *607*, 926
SIMMEL, JOHANNES MARIO 750
SIMON, H. 603
SIMON, JAMES *583*
SIMROCK, KARL 556
SMIRNOW *34*
SMOLLETT, TOBIAS GEORGE 1018
SOKRATES 624
SOLGER, KARL WILHELM FERDINAND 372, 376
SOMMER, ELKE 12
SÖMMERING, SAMUEL THOMAS 1050
SONTAG, HENRIETTE 884
SOPHIE VON SACHSEN 900
SOPHOKLES 1021
SORET, FRIEDRICH *35, 186, 248, 854*, 922, 1019
SPACK, LUDWIG *892*
SPECK, JOHANNES *610*
SPECKTER, KUPFERSTICHSAMMLER 817
SPENGLER, OSWALD 184, *255, 469, 727*
SPENLÉ, J. 67
SPIELHAGEN, FRIEDRICH 899
SPITZWEG, KARL *463*
SPOHR, LOUIS *591*
SPRANGER, EDUARD *613*
SPRINGER, AXEL 748 f., *749*
SPRINGER, B. 68
STACKELBERG, FREIHERR VON *36, 47*
STÄDEL 787

STADELMANN, KARL 695, 778, *782*, 794 f., 997 f.
STAËL, ANNE GERMAINE VON *42*, 185, *247*, 629, 704, 776
STAIGER, EMIL 13, *613–615*, 617
STALIN, JOSEF W. 455
STARKE (MALER) 863
STEIN, CHARLOTTE VON (FRAU VON) 12, 37, 44, 46, 59, 161, 310, *320* 323–325, 533, 729, 929
STEIN, FRIEDRICH VON 322, 831
STEIN, GERTRUDE 739
STEIN, HEINRICH FREIHERR VON 325
STEIN, KARL VON *831*
STEINER, RUDOLF *254*, 900
STENDHAL 396
STERNAUX, L. 67
STERNBERG, A. VON 834
STERNBERG, GRAF CASPAR 841, 863 f.
STERNE, LAWRENCE 1063
STETTENHEIM, JULIUS »WIPPCHEN« *257*
STICKEL, JOHANN GUSTAV *36*
STIELER, KARL *708*
STIFTER, ADALBERT *156*, 822, 919
STOLBERG, CHRISTIAN *139*, 815
STOLBERG, FRIEDRICH LEOPOLD *139*, 815
STOLTZE, FRIEDRICH *883*
STRAUSS, FRANZ JOSEF *748*
STREIBL, ALWIN (S. A. STRONG, AL) *738*
STRICH, FRITZ 185, *609*
STRINDBERG 842 f.
STROGANOFF, GRAF ALEXANDER GRIGOREWITSCH *36, 492*
STRONG, AL *424*
STURZ, HELFRICH PETER 251
SUDERMANN, HERMANN 936
SUPHAN, BERNHARD 899
SWANWICK, ANNA *482*
SWIFTE, WILLIAM *35*
SZYMANOWSKA, MARIA 1028

TACITUS 313
TAINE, HIPPOLYTE 649
TALBOT, ROBERT *480*
TALLEYRAND, CHARLES MAURICE 188
TAUSSIG, FRÄULEIN 654
TAYLOR, BAYARD *481*
TERENZ 888

TERNITE, W. 816
THEOBALDY, JÜRGEN *141*
THODE, HENRY 899
THOMAS VON AQUIN 747
THOMAS, AMBROISE *219*
THOMAS, DYLAN 753
THORWALDSEN 787, 791 f.
TIECK, LUDWIG *255*, 257, *632*, 791, 1022, 1077
TIMMERMANNS, FELIX 936
TISCHBEIN, JOHANN HEINRICH WILHELM *151, 320, 322*
TOLSTOI, LEO NIKOLAJEWITSCH *199, 253*, 654, 661, 663, 717–725
TOMBERG, FRIEDRICH *617*
TOPHOVEN, ELMAR 469
TRAXLER, HANS *71, 317*
TREITSCHKE, HEINRICH VON *258*
TREU, GEORG 899
TROELTSCH, ERNST *744*
TROTZKI 732 f.
TUCHOLSKY, KURT *655, 728, 920*
TURCHI 769
TURGENJEW 719 f.

UHLAND, LUDWIG 982, 1021
ULBRICHT, WALTER 615
ULLRICH, E. 744, *744*
UMBACH, REINHARD *945, 964*
UNGER, JOHANN FRIEDRICH 773
UNSELD, SIEGFRIED *753*
UNZELMANN, KARL WOLFGANG 814 f., 1061
UPPES 737 f.
URBAN, PETER 479, 745
URZIDIL, JOHANNES *396, 609*

VALABRÈGUE 189
VALENTIN, KARL *428*
VALENTIN, VEIT 899
VALÉRY, PAUL *571*
VARNHAGEN VON ENSE, KARL AUGUST *35*, 151, 153, 252, 256, *256*, 405, 672
VARNHAGEN VON ENSE, RAHEL 39, *151, 153, 256*, 405, 630 f., 645
VAUDREUIL, GRAF 862 f.
VAUDREUIL, GRÄFIN 863
VEIT, DAVID *132, 149*

VEIT, JONAS 783
VEIT, PHILIPP 783
VERDI, GIUSEPPE *587*
VERE, EDWARD DE 930
VERGIL 175, 789, 948
VESPUCCI, AMERIGO 792
VIERLING, F., 68
VIËTOR, KARL *612*
VINCI, LEONARDO DA 327
VISCHER, FRIEDRICH THEODOR *495, 525, 531 f., 548, 681*
VITZTHUM, HERR VON 861
VOGEL, KARL 42, *80*, 830, 861, 863 f.
VOGELSTEIN 936
VOGLER, H. 69
VOIGT, CHRISTIAN GOTTLOB VON 775, 816
VOLTAIRE, FRANÇOIS-MARIE AROUET DE 252, 397, 671, 1022
VOSS, JOHANN HEINRICH 99, 100, *150, 309, 392*, 707
VOSSLER, PROF. 13
VULPIUS, CHRISTIANE (SPÄTER GOETHE) 59, 72, 105, 151, 329, 398, 400 f., 404, 725, 835, 951

WACKENRODER, WILHELM HEINRICH 1070
WAECHTER, F. K. *432, 522, 944*
WAGENER, HERMANN 434
WAGENSEIL, KURT 745
WAGNER, AD. 817
WAGNER, RICHARD 255, *442, 592 f., 659*, 659, 714 f., 750
WAGNER, SIEGFRIED 659
WAGNER, WINIFRED 659
WAIBLINGER, WILHELM *11*, 255, *456*, 685, 799
WALDEN, MATTHIAS 749
WALLACE, GEORGE 936
WALLMANN, WALTER 17, *973*
WALSER, MARTIN 21, 292–295, *687*
WALSER, ROBERT *652*
WALTER, J. 603, 835
WALTHER, EMIL 707
WAPNEWSKI, PETER 753
WARHOL, ANDY 17, *969*
WASSERMANN, JAKOB 936

WEBER, ALBRECHT 614, *614*
WEBER, M. V. 69
WEDEKIND (ZEITGENOSSE HEINES) 570
WEDEKIND, FRANK 936
WEERTH, GEORG 808
WEIGEL 817
WEILBACH, PH. *29*
WEINGARTNER, F. V. 603
WEISS, PETER 292–295
WEISSE, FRAU PROFESSOR 863
WEISSER (BILDHAUER) 791
WELCKER, KARL THEODOR 434
WELTSCH, FELIX 649
WERFEL, FRANZ 734
WERNER, KARL 864
WERNER, ZACHARIAS *767*
WERTH, INGE *1006*
WERTHES, FRIEDRICH AUGUST *148*
WESTERMEYER, C. *841*
WESTMORELAND, GENERAL 193
WETZEL, FRIEDRICH GOTTLOB *390*
WEYAND 88
WEYLAND 359, 862
WHIBLEY, MR. 893
WHITBY, LEUTNANT 811 f.
WIDMER, URS *93*
WIELAND, CHRISTOPH MARTIN 111, 115, *146*, 153 f., 171, 339, 358 f., 362, 382, 403, 405, 560, 674, 747, 750, 757 f., 764, 766, 776, 870, 899
WIESER, HANS 725
WILAMOWITZ-MÖLLENDORFF, ULRICH VON 899
WILDE, OSCAR *238*, *893*
WILDENBRUCH, ERNST VON *901*
WILHELM, KAISER II. 844
WILKINSON, ELIZABETH M. *263*
WILLEMER, JOHANN JAKOB VON 782
WILLEMER, MARIANNE *411*, *413*, *752*
WINCKELMANN, JOHANN JOACHIM 83
WINCKLER, JOSEF 936
WOHL, JEANETTE 249
WOHLGEMUTH, HILDEGARD *285*
WOLF, F. A. 702, 835, 861, 923
WOLF, HUGO 220
WOLF, ROR *970*
WOLFF (SCHAUSPIELERIN) 354
WOLFF, UWE *576*
WÖLFFLIN, HEINRICH *609*
WOLLSCHLÄGER, HANS *577*, 651, 753
WONDRATSCHEK, WOLF 16, 657, 951, 955
WORDSWORTH, WILLIAM 948
WULF, JOSEPH *659*
WÜRTZ, H. 68

YSENBURG V. BURI, L. 146
YONG, JOHN DE *436*

VON ZACH, (ASTROM) 743
ZAHN, WILHELM *36*, *830*, 861 f.
ZARNCKE, FR. 29 f.
ZAUPER, PROFESSOR 816
ZELTER, KARL 62, 111, 132, 170, 266, 375, 381 f., *392*, *588*, 697–699, 711, 725, 863, 922, 924, 977, 992
ZEPPELIN 729
ZIEGLER, STAATSRAT 937
ZIMMER, DIETER E. 113, 813
ZIMMERMANN, JOHANN GEORG *37*, 145, 153, 161, *309*, 323 f., 558
ZOFF, MIMI 487
ZOLA, EMILE 885
ZÖLLNER, HEINRICH *589*
ZWEIG, STEFAN 725, 733 f.
ZWERENZ, GERHARD 266

Werkregister

Abschied 82
Ach neige, du Schmerzensreiche... 590
Alexis und Dora 1066
Alles Vergängliche ist nur ein Gleichnis... 601
Am acht und zwanzigsten August 826, *832*
Amyntas 915
An Charlotte von Stein *310*
An den Mond *102*
An Werther *196*
Annette an ihren Geliebten *94*
Aussöhnung *801*

Ballade 796
Balladen 82
Beherzigung 82, *326*
Beiträge zur Optik 39, 778
Benvenuto Cellini 49
Bericht über das Gespräch zwischen Goethe und Napoleon in Erfurt am 2. 10. 1808, aufgezeichnet 1824 *692*
Bin ich mal dumpf... 1031
Biographische Einzelheiten *90*
Brief an Bettina, 17. 8. 1808 *623*
Brief an Christiane, 13. 8. 1810 *622*
Brief an Wilhelm von Humboldt vom 17. 3. 1832 *484*
Brief an Charlotte Kestner, März 1774 *169*
Brief an Johann Christian Kestner, 21. 11. 1774 *169*
Brief an Knebel, 24. 11. 1813 *702*
Brief an Johann Friedrich Reichardt vom 28. 2. 1790 *65*
Brief an Johann Jakob Riese, 20. 10. 1765 *94*
Brief an Schiller, 27. 8. 1794 *333*
Brief an Schiller, 10. 12. 1794 *233*
Brief an Moritz Seebeck, 3. 1. 1832 856, *857*
Brief an Zelter, 2. 9. 1812 *711*
Brief an Zelter, 3. 12. 1812 *170*
Brief an Zelter vom 26. 6. 1824 *110*
Brief an Zelter, 19. 3. 1827 *848*
Brief an Zelter, 4. 9. 1831 *266*

Charade 82
Chinesisch-deutsche Jahres- und Tageszeiten *847*
Clavigo 82, 337, 824, 1025

Das Distichon *338*
»Das Ewig-Weibliche...« (Schlusschor Faust II) 1030
Das Rochus-Fest 771
Das Trübe hell das klare schwarz... *98*
Das Veilchen 207
Dauer im Wechsel *362*
Demut 82
Der Grosskophta 82
Der Gott und die Bajadere 364, 781
Der Junggesell und der Mühlbach *114*
Der Kaiserin Becher 406
Der Kaiserin Platz 406
Der König in Thule 588 f., 893, 895
Der Sänger 915
Der Zauberflöte zweiter Teil 775
Dichtung und Wahrheit 49, *88, 111, 179,* 378 f., 381, 402, 407, *585,* 630, 674, 709, 719, 853, 923, 942
Die Kampagne in Frankreich 929, 954
Die kleinen Büchlein kommen froh... 407
Die kürzere Verherrlichung des Eilfer *420*
Die lange Verherrlichung des Eilfer *418*
Die Leiden des jungen Werthers 39, 58, 82, 145 f., 157–202, *159, 167,* 242, 616, 690, 692–694, 705, 709, 728, 735, 775, 777, 807, 853, 953 f., 982, 1008, 1030, 1040
Die Metamorphose der Pflanzen 954
Die natürliche Tochter 390, 1028
Die Urpflanze 915
Die Wahlverwandtschaften 27, 44, 302, *370, 371–388, 373, 383, 388, 663,* 714, 728, 735, 807, 907, 929, 939, 954, 982
Distichen 82

Dornburg *835*
Du hast mir mein Gerät . . . 1032

Egmont 82, 213, 379, 728, 824, 885, 954
Ein Gleiches (Wandrers Nachtlied II) 18, 212, 259–305, *261*, 689, 735
Entgegnung auf die Werther-Parodie »Freuden des jungen Werthers« von Nicolai, 1776 *176*
Erklärungen zur »Ballade« *796*
Erlkönig *117*
Erster Verlust 82
Eugenie 776

Farbenlehre 45, 80, 82, 693, 700, 766, 775 f., 778, 787, 842, 846, 857, 865, 913 f., 951, 954, 1047, 1050, 1066, 1072
Faust 39, 82, 250, 252, 256, 295, 416, 425–603, *429*, *488*, *508*, 661, 703, 716 f., 724, 726, 728, 739, 745 f., 750, 752, 771, 773, 775, 807 f., 824, 829, 846, 854, 928, 938, 947, 952, 954, 982, 1009, 1020, 1052, 1100
Flohlied 597 f.
Frühlingsorakel 82

Ganymed 1016
Gedichte (allg.) 82
Geheimnis 1092
Geschichte der Farbenlehre 780, 861, 899
Gespräch über Kant, überliefert von Victor Cousin, 18. 10. 1817 *695*
Gespräche mit Eckermann *710*
Ginkgo biloba *412*
Glücksfahrt 82
Gott und Welt 376
Götz von Berlichingen 82, 100, 151, 154 f., 395, 669, 705, 709, 954
Gretchen am Spinnrad *470*, 586, 587, 894

Hanswursts Hochzeit oder: Der Lauf der Welt *447*, 978, *1102–1106*
Harzreise im Winter *95*
Heidenröslein 82, *106*, 206

Heiss mich nicht reden . . . *231* s. auch Mignon
Herbstgefühl *138*
Hermann und Dorothea 365, 395, 403, 639, 770, 810, 911, 954
Herr Werner, ein abstruser Dichter . . . 767
Herrin, sag, was heisst das Flüstern 781
Hier, wo noch ihr Platz genannt wird 406

Ich dachte dein, und Farben bunt erschienen . . . 407
Ich denke dein s. Nähe des Geliebten
Ilmenau 1097
Iphigenie 63, 75, 83, 262, 292–294, *327*, 327 f., 401, 739, 749, 746, 749, 776, 835, 899, 928, 934, 954
Ist aus deinem Psalter . . . 639
Italienische Reise 44, 50, 242, 316, 609, 954, 1097

Kammerberg bei Eger *839*
Kennst du das Land . . . *223*, 781 s. auch Mignon
Konzept eines Briefes an Carl August, 13. 9. 1826 *623*

Lässt mich das Alter im Stich 1017
Laune des Verliebten 910
Liebliches Kind 211

Mächtiges Überraschen *391*
Mahomet 899
Mailied 735
Marienbader Elegie 950
Mignon 216–244, 803
Motti zum 1. und zum 2. Buch der 2. Auflage des Werther, 1775 *172*

Nach Mittag sassen wir . . . 1078
Nachtgesang *366*
Nähe des Geliebten *131*, 205, 1115
Nimmer will ich dich verlieren 781
Novelle 821, 1079
Nur dies Herz, es ist von Dauer 781
Nur wer die Sehnsucht kennt . . . *233* s. auch Mignon

Ohne Wein und ohne Weiber . . . *139*

Paläophron und Neoterpe 913
Pandora *388*, 390, 401, 515, 724, 770, 806, 899, 981 f.
Paria 1019
Parzenlied 327 f.
Pflanzenmetamorphose 80
Prometheus 242, 634, 899

Reformations-Cantate 770
Reineke Fuchs 49, 747, 770
Römische Elegien 242, 335, 338
Römische Elegien, Varianten der zweiten Elegie, 1788 *179*

Selige Sehnsucht *410*
Shakespeare und kein Ende *667*
Siebenschläfer 781
Sinnsprüche 82
So lasst mich scheinen, bis ich werde . . . *234* s. auch Mignon
So, mit morgenroten Flügeln . . . 781
Suleika 208–210, *413* s. auch Westöstlicher Divan

Schillers Reliquien *355*
Schweizerlied 92, 93

Stella 337, 911

Tabulae votivae und Xenien *336*
Tagebuch, 7. 8. 1797 *361*
Tagebuch, März 1832 860
Tag- und Jahreshefte 381
Tancred 913
Taschenbuch für Damen 407

Torquato Tasso 84, 214, 392 f., 397, 400 f., 743, 776, 912, 914
Totentanz 781
Trilogie der Leidenschaft *196, 801*, 1019

Über die Natur 378
Urworte: Orphisch 379, *784*

Venezianische Epigramme 242, 714
Verhältnis zur Wissenschaft, besonders zur Geologie *836*

Wahrheit und Dichtung s. Dichtung und Wahrheit
Wandrers Nachtlied *261*, 735
Wanderers Sturmlied 735
Wer nie sein Brot in Tränen ass . . . *237* s. auch Wilhelm Meister
Westöstlicher Divan 45, 66, 82, *364*, 407, *408, 413*, 415, 420, 422, 608, 615, 775, 899, 1060
Wilhelm Meisters Lehr- & Wanderjahre 27, 43, 73, 84, 154, 156, 216–244, *231*, 616, 629, 649, 650, 687, 715, 735, 773, 807, 826, 851, *851*, 853, 890, 912, 934, 938, 954, 982, 1065
Willkommen und Abschied *87*
Wirkung in die Ferne 401
Woher ich kam? Es ist noch eine Frage . . . 407

Xenien, 1797 *185*, 337, 359, 360

Zahme Xenien, 1815 *185, 785*
Zur Jubelfeier des siebenten November 1825 *833*